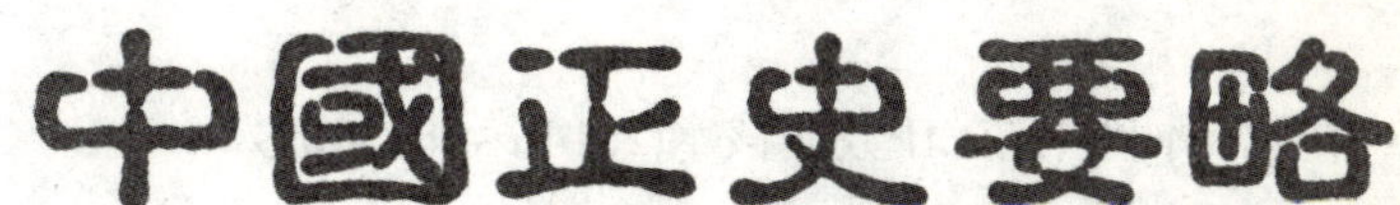

ZHONG GUO ZHENGSHIYAOLUE

袁家荣 编著

图书在版编目（CIP）数据

中国正史要略 / 袁家荣主编. -- 北京 : 团结出版社, 2014.5

ISBN 978-7-5126-2685-0

Ⅰ. ①中… Ⅱ. ①袁… Ⅲ. ①中国历史 Ⅳ. ①K2

中国版本图书馆CIP数据核字(2014)第081580号

中国正史要略

出 版：团结出版社
（北京市东城区东皇城根南街84号 邮编：100006）
电 话：（010）65228880 65244790
网 址：www.tjpress.com
E-mail：65244790@163.com
经 销：全国新华书店
印 刷：北京华忠兴业印刷有限公司

开 本：787 × 1092 1/16
字 数：578千字
印 张：43
版 次：2014年7月第1版
印 次：2014年7月第1次印刷

书 号：978-7-5126-2685-0
定 价：66.00 元

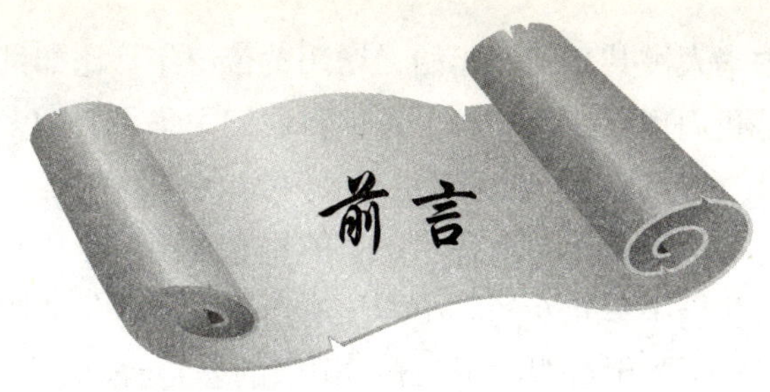

本史是依据王大有先生的《三皇五帝时代》、张习孔先生和田钰先生的《中国历史大事编年》、王桧林先生和郭大钧先生的《中国现代史（即近代史）》以及齐鹏飞先生和杨凤城先生《当代中国编年史（即现代史）》等书择要攥编而成。亦是编年史。是从数百万字中精选、压缩到七十余万字，它具有“古今大事集一体，万年历史一览知”的特点。因而能使忙于政治工作的领导者在短时间翻阅所需：对历史爱好者亦可简易阅读，并可供教育工作者作为工具书查阅。其便于查阅的特点，就是叙述事件是按年编排的，以年为线，一翻便是。一般是当年一事一叙，也有少数是后事连叙，以追朔始末，或作交代。它还是资料宝库，最适合图书馆收藏，以供读者寻求所需。

本史命名为《中国正史要略》，顾名思义，就是从中国之正统史以简提纲挈领选择其要，着重于政治、军事，很少涉及经济、文化。以中国正统兴衰更替为目的。对社会有显著影响的人物，略有记叙。

以下几点说明：

一、因本史以正统为主，故对分裂国不加详叙，或不叙。如“春秋战国”以周为主，不涉及周很少有叙。

二、本史对夏代的始年是依据《三皇五帝时代》、夏始于公元前2070年。不料这样恰与“夏商周断代工程”相吻合（请见《三皇五帝时代》下册（六）三皇五帝时代综合年表。此书是中国时代经济出版社，2005年1月第1次印刷。）因此本史对“夏、商、周”三朝的框架基本与“夏商周断代工程”一致。但至于各朝每一世帝王的在位年数，不一定相符。

三、取材是由古向今趋详：远古从略，近古较详，现代细之。迷信、个人崇拜词句和疑词未采用（如商帝沃丁在位十九年（从《今本纪年》，还有他说。）本史只采用“沃丁在位十九年”。却不录（从《今本纪年》，还有他说。）字样。

四、对于现代史的划分：则从中华人民共和国成立时始。因为：其一，从社会性质来说，中国已由旧社会进入新社会，属现代；其二，所谓“现代史”，它所记载的事现时人所做的事，才称之为现代。对那五六十年前的人事皆非，又何能称为现代。

五、本史从中华人民共和国元年始，增用黄帝纪年。比如世界用公元纪念耶酥的生年。黄帝是我们华夏的奠基人，是他将我们中华民族的多民族部落，于公元前 4513 年，釜山会盟时统一起来的，建立中华民族的完整国家，称为黄帝。我作为炎黄子孙的一员，既然有这种想法，就将它提出，希望我华夏儿女，都认识到这点：黄帝在我们中华儿女的心中应该有所纪念，每年清明节扫祭是一种，我们也应该将轩辕黄帝釜山会盟称帝，统一中国的公元前 4513 年作为“纪念年”，加上现在公元 2009 年，则是“黄帝纪年 6522 年”，以后每年都是这样递增。

黄帝留给我们后人的业绩可大哩！据《三皇五帝时代》记载，余以三言简述之：

封功臣，始姓氏。创练兵，以卫国。

制甲子，纪年历。究医术，著《内经》。

迄今六千多年，华夏儿女，谁能离开上述之事而能生活。姓始于黄帝，而广于周代。在黄帝之前不知兵，黄帝开始训练军队，用来征服异己，保卫国家。六十甲子，制历法始于黄帝。中医学术之祖，《黄帝内经》是黄帝著的。中华儿女，谁能说他不是黄帝之后。现在中华儿女已分布于世界各地。

六、这本史书只能作为稿本，因本人文化知识浅，历史方面更贫乏，不过有这种编史的想法，只能作为提供意见，渴望爱国人士提出宝贵意见，以予协助。更希望有我师为其完善问世。本书有不妥之处，请予批评指正。谢谢！

拟稿人：袁家荣

2009 年 4 月 23 日

目 录

一卷 三皇

一、天皇燧人氏…………………………………………………………1
一、人皇伏羲氏…………………………………………………………2
三、地皇炎帝神农氏……………………………………………………4

二卷 五帝

一、轩辕黄帝时代 ……………………………………………………6
二、少昊颛顼时代………………………………………………………8
三、帝喾、挚、尧、舜、禹时代………………………………………11
（一）帝喾帝挚时代，前 3431——前 3345 年………………………11
（二）帝唐尧，前 2357——前 2154 年………………………………12
（三）帝舜，前 2136 年——前 2119 年………………………………13

三卷 夏朝

一、帝禹，前约 2070 年——前 2026 年 ……………………………15
二、帝启，前 2025 年——前 2016 年 ………………………………15
三、帝太康，前 2016 年——前 1988 年 ……………………………15
四、帝仲康，前 1987 年——前 1976 年 ……………………………16
五、帝相，前 1975 年——前 1948 年 ………………………………16
六、帝少康，前 1908 年——前 1887 年 ……………………………16
七、帝杼，前 1886 年——前 1869 年………………………………16
八、帝槐，前 1868 年——前 1844 年………………………………16
九、帝芒，前 1843 年——前 1826 年………………………………16
十、帝泄，前 1825 年——前 1815 年………………………………16
十一、帝不降，前 1814 年——前 1755 年…………………………17
十二、帝扃，前 1754 年——前 1734 年……………………………17
十三、帝廑，前 1 733 年——前 1 713 年…………………………17
十四、帝孔甲， 前 1712 年——前 1682 年…………………………17
十五、帝皋，前 1681 年——前 1670 年……………………………17
十六、帝发，前 1669 年——前 1653 年……………………………17
十七、帝桀，前 1653 年——前 1600 年……………………………17

四卷 商朝

一、成汤，前 1600 年——前 1571 年……18
二、帝外丙，前 1571 年——前 1569 年……18
三、帝中壬，前 1569 年——前 1565 年……18
四、帝太甲，前 1565 年——前 1553 年……18
五、帝沃丁，前 1553 年——前 1534 年……19
六、帝太庚，前 1534 年——前 1529 年……19
七、帝小甲，前 1529 年——前 1512 年……19
八、帝雍己，前 1512 年——前 11500 年……19
九、帝太戊，前 1500 年——前 1425 年……19
十、帝中丁，前 1425 年——前 11414 年……19
十一、帝外壬，前 1414 年——前 1399 年……19
十二、帝河亶甲，前 1399 年——前 1390 年……19
十三、帝祖乙，前 1390 年——前 1371 年……19
十四、帝祖辛，前 1371 年——前 1357 年……19
十五、帝沃甲，前 1357 年——前 1352 年……20
十六、帝祖丁，前 1352 年——前 1343 年……20
十七、帝南庚，前 1343 年——前 1327 年……20
十八、帝阳甲，前 1327 年——前 1323 年……20
十九、帝盘庚，前 1323 年——前 1295 年……20
二十、帝小辛，前 1395 年——前 1282 年……20
二十一、帝小乙，前 1282 年——前 1271 年……20
二十二、帝武丁，前 1271 年——前 1211 年……20
二十三、帝祖庚，前 1211 年——前 1199 年……20
二十四、帝祖甲，前 1199 年——前 1165 年……20
二十五、帝廪辛，前 1165 年——前 1151 年……20
二十六、帝康丁，前 1151 年——前 1141 年……21
二十七、帝武乙，前 1141 年——前 1106 年……21
二十八、帝文丁，前 1106 年——前 1096 年……21
二十九、帝乙，前 1095 年——前 1099 年……21
三十、帝辛，前 1099 年——前 1066 年……21

五卷 西周

一、周武王 姬发，前 1066 年——前 1064 年……23
二、成王 姬诵，前 1063 年——前 1027 年……23

三、康王 姬钊，前 1026 年——前 1001 年……………………………25
四、昭王 姬瑕，前 1001 年——前 977 年……………………………25
五、穆王 姬满，前 976 年——前 922 年……………………………25
六、共王 伊邑，前 921 年——前 909 年……………………………26
七、懿王 姬喜，前 908 年——前 885 年……………………………26
八、孝王 辟方，前 884 年——前 870 年……………………………26
九、夷王 姬燮，前 869 年——前 858 年……………………………26
十、厉王 姬胡，前 857 年——前 840 年……………………………26
十一、二相执政共和，前 839 年 ——前 828 年……………………27
十二、幽王 宫煜，前 781 年——前 771 年……………………………28

六卷 春秋

一、周平王 宜臼，前 770 年辛未——前 720 年辛酉……………29
二、周桓王 姬林，前 719 年壬戌——前 697 年甲申……………30
三、周庄王 姬佗，前 696 年乙酉——前 682 年己亥……………30
四、周僖王 胡齐，前 681 年庚子——前 677 年甲辰……………30
五、周惠王 姬阆，前 676 年乙巳——前 653 年戊辰……………31
六、周襄王 姬郑，前 652 年己巳——前 619 年壬寅……………32
七、周顷王 壬臣，前 618 年癸卯——前 613 年戊申……………35
八、周匡王 姬班，前 612 年己酉——前 607 年甲寅……………36
儿、周定王 姬瑜，前 606 年乙卯——前 586 年乙亥……………36
十、周简王 姬夷，前 585 年丙子——前 572 年己丑……………36
十一、灵王 泄心，前 571 年庚寅——前 545 年丙辰……………37
十二、景王 姬贵，前 544 年丁巳——前 520 年辛巳……………38
十三、敬王 姬勾，前 519 年壬午——前 476 年乙丑……………40

七卷 战国

一、周元王 姬仁，前 476 年——前 467 年……………………………48
二、东周定王 姬介，前 468 年癸酉——前 441 年庚子…………49
三、周孝王 姬嵬，前 440 年辛丑——前 426 年乙卯……………49
四、威烈王 姬午，前 425 年丙辰——前 402 年己卯……………50
五、周安王 姬骄，前 401 年庚辰——前 376 年乙巳……………50
六、周烈工 姬喜，前 375 年丙午——前 369 年壬子……………51
七、周显王 姬扁，前 368 年癸丑——前 321 年……………………51
八、周慎靓王 姬定，前 320 年辛丑——前 315 年丙午…………55
九、周赧王 姬延，前 314 年丁未——前 256 年……………………56

八卷 秦朝

一、秦始皇 嬴政，前 221 年庚辰—前 210 年辛卯…………………71
二、秦二世 胡亥，前 209 年—前 206 年……………………………………73

九卷 汉朝

一、高祖 刘邦，前 206 年——前 195 年………………………………………77
二、惠帝 刘盈，前 194 年——前 188 年………………………………………84
三、高后 吕雉，前 187 年——前 180 年………………………………………85
四、文帝 刘恒，前 179 年——前 157 年………………………………………86
五、景帝 刘启，前 156 年——前 141 年………………………………………87
六、武帝 刘彻，前 140 年——前 87 年…………………………………………88
七、昭帝 佛陵，前 86 年——前 74 年……………………………………………96
八、宣帝 刘询，前 73 年——前 49 年……………………………………………97
九、元帝 刘奭，前 48 年——前 33 年……………………………………………99
十、成帝 刘骜，前 32 年——前 7 年……………………………………………100
十一、哀帝 刘欣，前 6 年——前 1 年……………………………………………101
十二、平帝 刘衎 1 年——公元 5 年……………………………………………102
十三、孺子婴 居摄 6 年——8 年………………………………………………108

十卷 东汉

一、光武帝 刘秀 25 年——57 年………………………………………………109
二、汉明帝 刘庄 58 年——75 年………………………………………………112
三、肃宗章帝 恒 76 年——88 年………………………………………………113
四、和帝 刘肇 89 年——105 年…………………………………………………114
五、殇帝 刘隆 106 年——106 年………………………………………………115
六、安帝 刘祜 107 年——125 年………………………………………………115
七、顺帝 刘保 126 年——144 年………………………………………………116
八、冲帝 刘炳 145 年——145 年………………………………………………117
九、质帝 刘缵 146 年——146 年………………………………………………118
十、恒帝 刘志 147 年——167 年………………………………………………118
十一、灵帝 刘宏 168 年——189 年……………………………………………119
十二、献帝 刘协 189 年——220 年……………………………………………121

十一卷 西晋

一、武帝 司马炎 265 年——290 年……………………………………………138
二、惠帝 司马衷 290 年——306 年……………………………………………141
三、怀帝 司马炽 307 年——313 年……………………………………………146

四、愍帝 司马邺 313 年——317 年……………………………………147

十二卷 东晋

一、元帝 司马睿 317 年——332 年……………………………………148
二、明帝 司马绍 323 年——325 年……………………………………149
三、成帝 司马衍 326 年——342 年……………………………………150
四、康帝 司马岳 343 年——343 年……………………………………152
五、穆帝 司马聃 345 年——361 年……………………………………153
六、哀帝 司马丕 362 年——365 年……………………………………156
七、海西公 司马奕 366 年——371 年…………………………………156
八、简文帝 司马昱 371 年——372 年…………………………………157
九、孝武帝 司马曜 373 年——396 年…………………………………158
十、安帝 司马德宗 397 年——418 年…………………………………162
十一、恭帝 司马德文 419 年——420 年………………………………166

十三卷 南北朝

一、宋北魏……………………………………………………………166
二、齐北魏……………………………………………………………174
三、梁北魏……………………………………………………………178
四、梁、东魏、西魏…………………………………………………182
五、梁、东魏、西魏、北齐…………………………………………185
六、陈、北齐北周……………………………………………………187
七、陈北周……………………………………………………………190
八、陈隋………………………………………………………………190

十四卷 隋朝

十五卷 唐朝

一、高祖 李渊 618——626 年…………………………………………201
二、太宗 世民 627——649 年…………………………………………206
三、高宗 李治 650——683 年…………………………………………210
四、则天 武后 684——704 年…………………………………………215
五、中宗 李显 705——710 年…………………………………………219
六、睿宗 李旦 710——712 年…………………………………………220
七、玄宗 隆基 712——756 年…………………………………………221
八、隶宗 李亨 756——762 年…………………………………………227
九、代宗 李豫 763——779 年…………………………………………235
十、德宗 李适 780——805 年…………………………………………239

十一、宪宗 李纯 806——820 年……243
十二、穆宗 李恒 821——824 年……246
十三、敬宗 李湛 825——826 年……246
十四、文宗 李昂 827——840 年……246
十五、武宗 李炎 841——746 年……248
十六、宣宗 李忱 847——859 年……249
十七、懿宗 李漼 860——873 年……250
十八、僖宗 李犹 874——888 年……250
十九、昭宗 李晔 889——903 年……255
二十、哀帝 李祝 904——907 年……260

十六卷 五代十国

一、后梁……262
二、后唐……267
三、后晋……270
四、后汉……274
五、后周……276

十七卷 宋辽夏金

一、太祖 赵匡胤 960 年——976 年……281
二、太宗 光义 977 年——997 年……288
三、真宗 赵恒 998——1022 年……294
四、仁宗 赵祯 1023——1063 年……297
五、英宗 赵曙 1064——1067 年……303
六、神宗 赵顼 1068——1085 年……304
七、哲宋 赵煦 1086——1100 年……308
八、徽宗 赵佶 1101——1125 年……310
九、钦宗 赵桓 1126——1127 年……319

南宋

一、高宗 赵构 1127 年——1162 年……320
二、孝宗 赵音（慎）1163——1189 年……344
三、光宗 赵惇 1190——1194 年……346
四、宁宗 赵扩 1195——1224 年……347
五、理宗 赵昀 1225——1264 年……354
六、度宗 赵椹 265——1274 年……363
七、恭帝 赵昰 1275——1276 年……367
八、端宋 赵昰 1276 ——1278 年……369

九、幼帝 赵昺 1278——1279 年……………………………………371

十八卷 元朝

一、世祖 忽必烈 1279 —— 1294 年……………………………………372
二、成宗 铁木儿 1294 ——1307 年……………………………………375
三、武宗 海山 1307 —— 1311 年……………………………………376
四、仁宗 爱育黎拔力八达 1312——1320 年…………………………377
五、英宗 硕德八刺 1320——1323 年…………………………………377
六、泰定帝 也孙铁木儿 1324——1328 年……………………………378
七、天顺帝 阿速吉八 1328 年…………………………………………378
八、明宗 和世㻋 1329 年………………………………………………378
九、文宗 图贴睦尔 1328——1332 年…………………………………379
十、宁宗 懿璘质班 1332 年……………………………………………380
十一 顺帝 妥懽贴睦尔 1333——1368 年……………………………381

十九卷 明朝

一、明太祖 朱元璋 1368——1398 年…………………………………395
二、惠帝 允炆 1399——1402 年………………………………………402
三、成祖 朱棣 1403——1424 年………………………………………407
四、仁宗 高炽 1424——1425……………………………………………411
五、宣宗 瞻基 1426——1435 年………………………………………412
六、英宗 祁镇 1436——1449 年………………………………………413
七、景帝 祁钰 1450——1456 年………………………………………415
八、宪宗 见深 1465——1487 年………………………………………417
九、孝宗 枯樘 1488——1505 年………………………………………420
十、武宗 厚照 1506——1521 年………………………………………420
十一、世宗 厚熜 1522 ——1566 年……………………………………424
十二、穆宗 朱载垕 1567——1572 年…………………………………429
十三、神宗 翊钧 1573——1620 年……………………………………429
十四、熹宗 由校 1621——1627 年……………………………………436
十五、思宗 由检 1628——1644 年……………………………………440

二十卷 清朝

一、世祖 福临 顺治 1644 年——1661 年………………………………449
二、圣祖 玄烨 康熙 1662 年——1722 年………………………………462
三、世宗 胤祯 雍正 1723——1735 年…………………………………478
四、高宗 弘历 乾隆 1736——1795 年…………………………………481
五、仁宗 颙琰 嘉庆 1796——1822 年…………………………………492

六、宣宗 旻宁 道光 1821——1839 年……………………………498

二十一卷 近代史

一、宣宗 旻宁 道光 1840——1850 年……………………………502
二、文宗 奕宁 咸丰 1851——1861 年……………………………508
三、穆宗 载淳 同治 1862——1874 年……………………………527
四、德宗 载恬 光绪 1875——1908 年……………………………535
五、宣统 溥仪 1909——1911 年…………………………………562

中华民国 (1912 年—1949 年)

1912 年壬子，中华民国元年……………………………………567
1. 中华民国成立……………………………………………………567
2. 清帝溥义退位……………………………………………………568
3. 袁世凯任临时大总统……………………………………………569
1913 年癸丑，中华民国二年（总统袁世凯）…………………569
1. 宋教仁被刺案……………………………………………………569
2. 二次革命…………………………………………………………570
3. 国会选举总统……………………………………………………571
4. 解散国民党………………………………………………………571
1914 年甲寅，民国三年（袁世凯政府，国民党被袁解散）……571
1. 麦克马洪线………………………………………………………571
2.《中华民国约法》…………………………………………………571
3. 西姆拉条例约……………………………………………………571
4. 中华革命党成立…………………………………………………572
1915 年乙卯，中华民国四年（袁世凯政府）…………………572
1. 日本提出二十一条………………………………………………572
2. “五・九”国耻……………………………………………………572
3.《中俄蒙协约》6 月 7 日，中、俄、蒙协约签字………………572
4. 筹安会鼓吹帝制…………………………………………………573
5. 洪宪帝制…………………………………………………………573
6. 护国军……………………………………………………………573
1916 年丙辰，中华国民五年（袁世凯称帝）…………………574
1. 云南都督府正式成立……………………………………………574
2. 袁世凯在革命浪潮下，撤销洪宪帝制…………………………574
3. 孙中山发表第二次讨袁宣言……………………………………574
4. 徐州会议…………………………………………………………575
1917 年丁巳，中华民国六年（上年 6 月黎元洪任总统）……576

1. 张勋复辟……576
2. 黎元洪辞职……577
3. 冯国璋就职代理总统……577
1918 年戊午，中华民国七年（上年 8 月冯国璋代总统）……578
1. 护法联合会……578
2. 新民学会成立……578
3. 徐世昌当选总统……579
4. 世界大战结束……580
1919 年已未，中华民国八年……580
1. 中国代表在巴黎和会上失败……580
2. 南北和平会议……582
3. 五四运动……582
1920 年庚申，中华民国九年……584
1. 中国共产党诞生……584
1921 年辛酉，中华民国十年……584
1922 年壬戌，中华民国十一年……585
1. 直奉首次战争结束……585
1923 年癸亥，中华民国十二年……585
1. “二七惨案”……585
2. 中国共产党第三次全国代表大会……586
3. 孙中山主张国共合作……586
1924 年甲子，中华民国十三年（曹锟）……586
1. 中国国民党第一次全国代表大会……586
2. 黄埔军校的创办……587
3. 第二次直奉战争……587
4. 段祺瑞执政……587
1925 年乙丑，中华民国十四年（段祺瑞执政）……588
1. 孙中山逝世……588
2. 中国共产党第四次全国代表大会……588
3. 国民会议促成会全国代表大会……588
4. 五卅运动……588
1926 年丙寅，中华民国十五年（段祺瑞）……589
1. 中国国民党第二次全国代表大会……589
2. 蒋介石的权势增长，野心更大，开始反共……589
3. “三一八惨案”……589
4. 北伐战争及其胜利……590

1927 年丁卯，中华民国十六年……………………………………590
1. 毛泽东的《湖南农民运动考查报告》……………………………590
2. “南京惨案” ………………………………………………………591
3. 中国共产党第五次全国代表大会…………………………………591
4. 七一五“分共”国民革命的失败…………………………………591
1928 年戊辰，中华民国十七年（蒋介石至 1949 年）…………591
1. 第二次北伐…………………………………………………………591
2. “五三惨案”又称“济南惨案” …………………………………592
3. 北伐全胜，国民政府宣称全国统一………………………………592
4. 中国共产党第六次全国代表大会…………………………………592
1929 年己巳，中华民国十八年……………………………………593
1. 中国国民党第三次全国代表大会…………………………………593
2. 蒋桂战争……………………………………………………………593
3. 蒋冯战争……………………………………………………………593
4. 鄂豫皖、洪湖湘鄂西、广西右江等根据地建立…………………593
5. 红四军党的第九次代表大会（即古田会议）……………………594
1930 年庚午，中华民国十九年……………………………………594
1. 左江革命根据地创建和闽西、江西苏维埃政府成立……………594
2. 中原大战……………………………………………………………594
3.《苏维埃土地法》和“土地革命路线” …………………………594
4. 第一次反“围剿” …………………………………………………595
1931 年辛未，中华民国二十年……………………………………595
1. 第二次反“围剿” …………………………………………………595
2. 第三次反“围剿” …………………………………………………595
3. 九一八事变…………………………………………………………596
4. 中华苏维埃第一次全国代表大会…………………………………596
1932 年壬申，中华民国二十一年…………………………………596
1. 一、二八事变………………………………………………………596
2、日本扶持的“满洲国” ……………………………………………597
1933 年癸酉，中华民国二十二年…………………………………597
1. 第四次反“围剿” …………………………………………………597
2. 王明的“左”倾冒险主义…………………………………………597
3. 第五次反“围剿” …………………………………………………598
1934 年甲戌，中华民国二十三年…………………………………598
1. 长征开始……………………………………………………………598
2. 油山游击根据地建立………………………………………………598

1935 年乙亥，中华民国二十四年……598
1. 遵义会议……598
2. 毛泽东领导红军长征……599
3. 陕北瓦窑保会议……600
4. 一二九运动……601
5. 国民党第五次代表大会……601
1936 年丙子，中华民国二十五年……601
1. 中共领导人《致东北军全体将士书》……601
2. “西安事变”……601
1937 年丁丑，中华民二十六年……602
1. 卢沟桥事变……602
2. 八一三事变……602
3. 红军改编为国民革命第八路军……603
4. 陕北洛川中共中央政治局扩大会议……603
5.《中苏互不侵犯条例》……604
6. 日军以 37 万人分三路侵犯华北……604
7. 八路军出师华北及平型关大战役……605
8. 南京大屠杀……605
1938 年戊寅，中华民国二十七年……606
1. 台儿庄战役……606
2. 徐州、广州、武汉的沦陷……606
3. 毛泽东的《论持久战》……607
4. 汪精卫的“反共睦邻”……607
1939 年己卯，中华民国二十八年……608
1. 中日第一次长沙会战……608
1940 年庚辰，中华民国二十九年……608
1. 国民党军进攻八路军……608
2. 枣庄之战争，张自忠殉国……609
1941 年辛巳，中华民国三十年……609
1. 第二次长沙会战……609
2. 皖南事变……609
1942 年壬午，中华民国三十一年……610
1. 联合国宣言……610
2. 第三次长沙会战……610
1943 年癸未，中华民国三十二年……610
1. 华北地区解放军对日反“扫荡”战争……611

1944 年甲申，中华民国三十三年……611
1. 日本向中国下战书……611
2. 豫湘桂战役使国民党大溃败……611
1945 年乙酉，中华民国三十四年……612
1. 中国共产党第七次全国代表大会……612
2. 国民党第六次全国代表大会……612
3. 美、英、苏三国首脑波茨坦会议……612
4. 毛泽东发表《对日寇的最后一战》……613
5. 中苏友好同盟……613
6. 抗日战争的伟大胜利——日本投降……613
7. 联合国成立……613
1946 年丙戌，中华民国三十五年……614
1. 停战后，国民党军继续向解放区进攻……614
2. 国民党军向解放军全面进攻……614
3. 国民大会……615
1947 年丁亥，中华民国三十六年……615
1. 国民党军包围延安……615
2. 台北“二二八事件”……615
3. “五二〇”惨案……615
4. 国民党的“勘乱总动员”……616
5.《中国人民解放军宣言》……616
6. 杨家沟会议……616
1948 年戊子，中华民国三十七年……617
1. 西柏坡会议……617
2. 济南战役……617
3. 辽沈战役……617
4. 淮海战役……618
1949 年己丑，中华民国三十八年……619
1. 平津战役……619
2. 国共谈判破裂……620
3. 渡江战役……621
4. 中国人民政治协商会议……622
5. 中华人民共和国成立……623
6. 全国大陆解放……623

一卷 三皇

一、天皇燧人氏

据壬子年《拾遗记》："燧明国有大树名燧，盘据万顷（可能是这种树生长在原始森林中，占有万顷山场）。后世有圣人游日月之外，至于其国，息于其树下，有鸟啄树，灿燃火出。圣人感焉，因用小枝钻火，号燧人氏。"这种鸟就是今天人们称的啄木鸟。当时的人受其启发，就用这种方法来钻木取火，猎取的食物就用火来烧熟吃。克服了生食果蔬、蚌蛤、野兽那种腥臊恶臭，而且伤害脾胃的坏习惯，有益于身体健康，这是人类社会的一大进步。有异于禽兽，号为燧人氏。燧人氏以火记，象征太阳，故托燧人于天为天皇，开始了中华民族史上的燧人时代，大约两万年间，天皇是那个时代的总称。

燧人氏是古羌氏的一支，祖居昆仑山。大约一万年前，原在青藏高原上的古羌戎群族，由于雪线下移，就不得不由寒冷的高原上向利于避寒的高原台坝、河谷的草甸区转移，他们从古昆仑山山脉向下移动，逐渐进入祁连山一带的河西走廊。约一万年后黄河河套地区发生了中国境内的第一次大洪水，山洪与地平线连成了一片，持续了十几年。洪水退后，燧人氏又从祁连山转移，选择依山傍水的河谷高台穴洞与丘坝，逐渐转移到黄河、洛水、甘肃、陕西等地。为生存和发展，燧人氏观察天象，发明了《河图》、《洛书》和大山纪历，确定了十月太阳历的雏形天干纪历系统。开始由渔牧游猎向半农半牧过渡。

燧弇（音掩）兹合雄氏是中华民族第一始祖，又是中华人种美洲支殷地安人始祖。距1.4万~1万年间纯文化已经在长江流域万年道县问世，夙姓宿沙氏编席，席地而坐已成为首长行使权力的礼义，农业时代开始，这时也发明了陶器。距今约九千年时燧人氏弇兹氏一支迁徙到湖南沣县彭头山，留下了精美的陶器及其徽铭。距今七千四年的湖南，今阳台庙文化和长沙大塘文化的陶器上有美人、美央的燧人弇兹氏图腾徽铭。

燧人氏的文化成就：发明人工取火，发明陶器，发明编织。创造织衣、编衣、皮衣，立极开天，设方辟地，创立姓氏，立人伦，走婚之始，男夜入女家，昼归母家，是渔猎和游牧时代，也是舍饲（就是开始关养）半农半牧前期。

燧人时代的主要文化成就归纳为：

1. 由保存天燃火种到人工取火：燧木取火，钻木取火，燧石取火。
2. 给山川百物命名，创氏族图腾、徽铭制，自命风性，中华民族进入人文时代。
3. 大山搏木太阳历发明（约1.5万-1.35万年）。
4. 河图、洛书、星象历发明（1.5万-1.35万年）。

5. 以右枢天乙（天龙座 a 星）为北极星，以太乙织女星（天琴座 a 星）为北极星（距今 16250 年 -1750 年），首建紫微恒天地之中天文系统。

6. 结纯而治，初创八索表纯圭表纪历，名“ ”、“ ”、“微”、“紫”。

7. 发现大纲天太极印与太极涡旋宇宙生化模式。

燧人氏母系下传，姓为“ ”、“姒”，以渔、猎、牧业为主，栽培菜、麦、果蔬。以树木为日表，以枝干为圭纪度始知四时。昆仑山、祁连山是帝都，燧人氏是诸羌族共同的祖先。

燧人氏首创大山纪历，创立天干。即：甲、乙、丙、丁、戊、己、庚、辛、壬、癸。以及所谓《河图》、《洛书》。《河图》即是仰观天河星象，作《星系轮布图》也称《宇宙全息图》；《洛书》是天地气候图。

燧人时代发现纯索，搓纯索的就是氏族中的女姓，称为《织女》第一位织女是龠兹氏九天玄女龠兹圣母。所编制的搓织纯索，编结为大、小不同的“纯扣”，具有记数、记事的性质。结纯记事年代距今约一万年以上。

中华圣母龠兹始祖与华胥氏：他们是赫胥氏、仇夷氏、雷泽氏、妪氏、华氏、龠兹氏。燧人氏的活动中心或观天旬，祭天中心有三处：第一处是合黎山、龙首山的古昆仑山；第二是湟中拉脊山；第三是六盘山。燧人氏姓、风姓，姓诸支分布在其周围。

一、人皇伏羲氏

（公元前 7724 年丁丑 -5008 年癸巳）2716 年

燧人氏没，伏羲氏继文，又称庖羲氏，风姓。伏羲女娲以人事纪，再造人类。中国各族人民共同认伏羲为人文初祖，共认伏羲为百王先。据《河图》、《洛书》创八卦，为中华文明的太乙大帝号羲皇，又称为人皇。

伏羲氏、燧人氏都是一个时代的总称。伏羲氏时代是指伏羲氏和女娲氏作为氏族首领和个人与群体，所创造的舍饲半农半牧的大山扶本圭表八卦纪历的上古文化时代。这个时代既包括伏羲氏、女娲氏的父母双亲氏系原族群体，又包括伏羲氏、女娲氏群体，大约跨越距今一万至七千年。

这个时代的社会情况：

1. 舒饲牧畜和牧草，菜的引种与向菜、麦改良。

2. 文字发明和推广使用。

3. 扶木、建木、圭表八卦太阳历与青龙白虎星座，北斗九星天齐星象历天文学诞生与推广，建寅为正，上元太初历颁行。

4. 始嫁娶，制白鹿皮俪聘，优生再造人类。

第一代伏羲首领的诞生：

伏羲的祖先是燧人氏的后裔赫卢氏和华胥氏，他们均由康青藏高原进入黄土高原，以甘肃的东南境和陕西的西南境为聚居区。集中分布在西汉水和渭河的上、中、下游及其支流葫芦河、干河、漆水河、泾河、石川河，其次为北洛河流域。

伏羲的母亲是风兖部落的女首领，她住在现在的甘肃的华亭、华池、合水一带的河边。那时称“华胥之渚”，因她被称为“华胥氏”。华胥氏能干，她年轻时就和她的族叔姬，领着她的部属逐水草而居，游牧到水草丰茂的雷泽——现在的甘肃西和成县一带。在这里结识了雷泽氏酋长。华胥氏在水草丰茂的雷泽畔踏着这男子汉的大脚，春情发动，心有所感，向浓密的草丛走去，云雨交加，从此就怀孕了。后来在河西仇夷山生下伏羲。

公元前 7774 年丁亥是伏羲（第一代）的诞生。

按母系氏族社会的惯例所生子女，要送回母亲所属氏族抚养，所以伏羲仍然要回到华胥氏的发祥地（即甘肃华亭、华池一带）。游牧氏族活动性较大，华胥氏族往来于六盘山华嘉陵江风州、泰山领南、华阳等地。最后在今甘肃省泰安县大地湾一带定居下来，伏羲也就在这里长大。

伏羲和女娲联姻：伏羲和女娲为夫妇社会流传多种说法：有说他俩是兄妹为婚，“古时一次自然大灾难，人都死光了，只剩下他兄妹二人，怎么办哩？女娲说：哥，我俩从山上各放一扇石磨，由山顶下滚，你放下扇我放上扇，如果两扇合扰，合二为一，我俩就拜为夫妇。于是她和他各放一扇，同时推下，正好两扇合二为一。于是兄妹二人就结为夫妇。”秦汉以来，古籍所载及至今苗、彝、壮、瑶等民族几乎都说女娲是伏羲妇，他俩是兄妹为婚。但《战国楚帛书，乙篇第一节》说女娲风性，并明确记载了女娲是“虔夏子之子”，与伏羲不是同一氏族，这就否定了他们是兄妹为婚。

伏羲和女娲合婚后，伏羲女娲氏族形成。伏羲去世后，女娲就承继了伏羲的帝位，称女羲。

公元前 7744 年丁巳，女娲合婚。

他俩合婚地点是陕西风州，这时伏羲是三十周岁（伏羲是前 7774 年生），女娲小伏羲十五岁，也就是十五岁。伏羲是公元前 7707 年甲午寿终，七十周岁；女娲是公元前 7759 年壬寅生。公元前 7653 年戊子寿终，寿 106 岁。寿大于伏羲三十六年。伏羲逝世时女娲是五十五岁。就是说女娲代伏羲摄政，是五十二年，以后二世、三世的伏羲皆听命子女娲，称她为皇，死后葬于风陵度。（由此得出“女娲补天”即中国第一次大地震发生于公元前 7601–7653 年间，地点是甘肃甘谷，作者补叙，括号内均作者叙。）

伏羲和女娲两个世族，以后就成为世代联姻，绵延数千年，共153代。其中纯伏羲女娲血下传23代，外母、外父血缘是54代，共77代。

伏羲于公元前7724年丁丑在甘肃榆中称帝，代燧人氏，继天道而王，为天下诸氏族敬仰依托为百王先，帝号罗奉，人治天下，史称人皇。以共工为上相，主管榆中不周山的天齐表的木观象台，主持大风雨的观测，用八索判断方向（地维）为历法天象总管，掌祭天权，仅次于伏羲。以后大风拆断了天表，女娲撤共工相职，任用骊侯。

前6790年辛亥，共工死于祁连山。这事被后世的学者，误认为共工与女娲争位不胜而死，其实是为女娲撤了他的相位而含愤而死。

伏羲时代的畜牧和蚕丝发展：用野生麦饲养牧畜，发展了牧业养羊；用山桑养蚕取丝织布，取代披树叶为衣的古老生活。这时人们已穿三种衣服：皮衣、麻衣、丝衣。

伏羲作八卦：伏羲“仰观测象于天，俯观测法于地；观鸟兽之文与地之宜，近取诸身，远取诸物，于是始作八卦，以通明之德，以类万物之情”。“教民以猎”、“制嫁娶，以人骊皮为礼”作琴瑟等。由于这些业绩，因此伏羲氏在上古人类集团中，成为开化程度最高的氏族，进入文化阶段，继天而王，建都于陈，东封泰山。伏羲氏以河南西山地和汝水、涡水、白龟山舞阳贾湖和泰山为中心居住点。泰山在中国并非是高山峻岭，为什么历代易主新王，要去封告泰山？这是由于中国的文明教化，始于泰岱山区一带的羲皇，泰山是中华民族的发源地。

三、地皇炎帝神农氏

（前5000——前4513年）487年

伏羲氏之后，即神龙氏继之，悉地力，种五谷，称为地皇。

炎帝神龙氏是烈山之子，名柱，能植百谷百蔬，教民为农，开始耕种。因一日见一种鸟名叫阳鸟，口衔嘉谷，穗落于田，柱（炎帝）拾而种之，植粟成功，开百谷之先，再而种稷繁殖，以此高稷官，专司粟，稷种植繁殖技术，为农官田正，烈山氏子柱，世掌此官（掌农业生产的官），生而称农，死后尊为神农。子柱（即第一代炎帝神农氏）世传一百二十年，也有说是一百四十年，不在帝位。自子柱后世孙临魁才开始称帝，传七帝至榆罔，天下称他们为神农氏。自子至临魁之前的烈山氏称炎帝神农氏（见炎帝神农氏世系表）柱及其子孙世为炎帝神农田正。炎帝世传祝融这一代与他重臣共工后裔名叫木器的争夺帝位，因此炎帝就发生内乱，诸侯也叛变，子柱的后裔临魁就趁机称帝，取而代之。天下诸侯随风就顺都归服了他，尊临魁为神农氏（那时神农氏是首领称号），其实炎帝神农氏不是一脉相承的，已是异姓主，炎帝号尚存，名存实亡。从此炎帝氏族分为东西二部，在太行山南麓，始于共工，祝融氏为邻。至帝榆罔时因天灾，不得不由陈留再西退；又与共工、夸父诸炎帝后裔族冲突，榆罔取胜，占据伊川，常羊山空桑共工氏领地，建都于空桑。共工、夸父才联合蚩尤收复失地。蚩尤于是登九淖，以代空桑（即占了帝位），并赶神农氏末帝榆罔，榆罔逐求救于鼋氏（即轩辕）领兵南下，经过涿鹿、阪泉之战，先打败了蚩尤，又打败了夸父（炎帝第九世孙），此二人皆轩辕人应龙所杀。黄帝轩辕就取代了神农氏。神农氏末帝榆罔在帝位五十五年，被黄帝降封于（轩辕助人而夺权）洛水上游祁村湾卢氏城。丢失帝位的榆罔就丧失了故土，率了族人南迁神农氏天下遂亡（榆罔是否是引狼入室）。

附：涿、阪泉之战的大概。

公元前 4515 年丙午十月，神农轩辕氏联军与炎帝三苗柯约耶劳支在滹沱河激战，苗民失同合城栾城。在此前，于此同直十月冬至前十八天，蚩尤已被在解村（冀县菜地）执刑。他的尸体被奢龙氏偷运到河南濮阳西水坡秘密下葬，各族法老秘密会晤，商议蚩尤帝归天仪式，议定以蚌地画为符，记蚩尤耶劳万世的功勋。

同年，蚩尤死后，夸父、少昊、风伯雨师商议：趁轩辕神农氏沉浸在战胜的狂欢中，举旌南下逃亡，凡是能随军逃亡的全都走。蚩尤部推滹沱营夏萨印彪与轲约耶劳王苗姓支耶玖哩部的群长，由他们和风伯雨师为前峰，冲峰陷阵；中间是祖先的神位，夸父断后；祝融是西路，九黎穷桑是东路，护持两翼。大军计划入山东回家乡，向泰山东平湖进发。不料力木应龙率军从冀川巨鹿向东南、西南包抄过来，南来北上夹击。炎夷联军只好沿黄河北岸逃难。大部分九黎人从濮、范、冠地区涉水过河，南逃入山东本土；夸父三苗人在长垣、封丘，东坝头强渡黄河。东坝头是蚩尤当年驱逐神农氏的地方，榆罔旧恨新仇顿冲头顶，决意在这里亲征蚩尤余部。

东坝头一战，蚩尤、少昊、夸父、共工联军又受到重大打击。联军一分为三，各自逃生，蚩尤和夸父，共工军民一部分顺黄河北岸一直向西，退向太行山和华山。应龙穷追不舍：一部分蚩尤三苗主力和风伯的祝融、夸父军民渡过黄河，沿着贾鲁河一直向西逃去；一部分止于渭水，向西进入白龟山、鲁山、涔水等。

公元前 4514 年丁未，轩辕集中力量继续追剿风、夸、炎联军。首先轩辕派风后与少昊、天昊谈叛，分化炎夷联军，只要少昊中立，不再进攻轩辕军民，双方便息干戈，少昊、天昊应允。于是轩辕就集中力量追剿风伯、夸父、炎帝的联军。已经退到桐柏山南方的风柏夸父听到少昊叛变，就回师北上，在南阳盆地与神农轩辕联军相遇，双方激战。夸父联军生长于此，利用地理形势，从东西南北出去。应龙攻势凌历，夸父联军全力出击，冲破神农防线，打回老家平阳夸父山，已是七月，夸父领地已是一半丢失，阳平左右，自焦原至潼关，三百里桃林寨是夸父之野，华山是树中天建木圣地，姐华胥氏，盘夸氏神庙俱在此，祝融祖庙在潼关，夸父灵山就是夸父山，崤山是夸父近日推策之地。

夸父、蚩尤联军大失败。

公元前 4514 年 10 月，应尤射杀夸父：黄帝神农氏联军从秦岭南和涵谷关以东，沿弘农间包围蚩尤、夸父联军。黄帝的前敌指挥部设在灵宝的五农林，神农氏的指挥部设在北陂头乡的桐桑焦家原，正面战场在西阎乡和焦村原。夸父蚩尤北部主力在西阎乡，阻止神农黄帝西进。双方经过殊死博斗，但夸父蚩尤常羲联军失败。夸父军民死伤惨重，撤出山谷，迂回北上到枣香河下游，保卫帝都桃林神树林。为了阻止南来追击的应尤大军，在桃都以南设立营垒。怎奈轩辕重兵压境，三百里夸父之野，于 9 日尽被攻占，尸体遍野，血染桃林，夸父大半阵亡。

夸父率夸父大营和八社子营军民周旋于夸父山和应龙山，但已被应龙参卢军团团围住。夸父不忍全军覆没，百姓殊族，即组织突围，向潼转移。恰好风伯联系西去的夸父、共工、蚩尤军派人前来接应，于是夸父断后，风伯共工于前，中间是夸父军民百姓余部，浴血奋战三百里，血染三百里的夸父山。夸父誓死保卫盘古原桃都芦社庙，扼守关隘，持大弩，箭无虚发，掩护余部向华山以西退去。应龙士兵爬上山崖，万箭齐发，射杀夸父，夸父长啸一声，仰面倒下，血溅巨石飞崩，帝夸父被应龙擒杀。

二卷　五帝

一、轩辕黄帝时代

（前约 4513——前 4050 年）463 年

轩辕是伏羲氏后裔：炎帝神农氏之弟少昊氏的后裔少典娶有娇氏之女附宝为妻（妃），在电闪雷鸣，风雨交加之际，阴阳相交，感而受孕，怀胎二十四个月，生下黄帝于寿兵轩辕之地，故名轩辕。又称轩辕氏（这样说来轩辕是少典之子）。随母姓姬。轩辕，即今河南新郑县。

公元前 4513 年戊申，黄帝釜山会盟。

黄帝登上帝位：上节已叙，炎帝神农氏的末帝榆罔，求轩辕协助涿鹿、阪泉之战，打败了蚩尤和夸父，遂代神农氏为帝。接着，又把他直接统治的中心内各民族征服后，又开拓边界，把燧人氏裔族古匈奴人从地方的势力范围所及地方赶走。这样就使黄帝的北方（阴山到西辽河以北）威胁解除了。接着就在釜山与参加协助他战争的诸侯会盟。釜山，即今涿鹿县保垡乡窖予头村后的山丘。诸侯拥戴黄帝为共同的领袖。“釜山会盟”是一重大的历史事件，是我国北方各地，各民族实现第一次政治联合，并实现统一的事件，奠定了中华民族多元一统的国家基础。黄帝就在釜山立了会盟石碑（此石如今仍立在釜山之顶）是立体方形，高二丈，顶正方形，边长五尺，方内一园，直径如边长，园内雕刻一个凹平 × 与四方形的四角相对，× 的交叉点是个园窝，直径一尺。

接着，黄帝将国都定在涿鹿山下，国号为轩辕。政权以云为名：青云春官，缙云夏官，白云秋官，黑云冬官。这五官中缙云官由黄帝一支担任，世袭，为缙云氏，又置左右大监（相当以后的丞相）。任用东夷中风夷领导袖后风为相，九夷的力牧为将，苍颉为左右史官。

前 4512 年己酉，黄帝在具茨山封功臣：釜山会盟，天下初定，之后，于第二年（即前 4512 年）正月初，黄帝率群臣南下新郑大孤儿院隗所居具茨山，封功臣名将。黄帝首先拜大隗山主人华盖童子，因他善预策历算，助黄帝择吉日三月初三出兵北上战败应龙和夸父功极大，故黄帝先拜华盖童子。再登上大隗山顶，拜四岳五方诸神灵，然后封名将功臣。对有功于朝的进行赐姓大分封：其中有二十五个宗亲或个人入赘加盟到黄帝氏族，被黄帝赐命为十二姓：姬、酉、祁、滕、葳、任、荀、僖、嬉、依、衣、己。这十二姓中只有姬姓是黄帝的本族，也就是只有黄帝的亲生子，以德居官可以得姓。黄帝有二十五个儿子，有十四个儿子得了姬姓，还有十一个没有得黄帝的本姓，可见这条件是很高。

黄帝封禅泰山，告天下大统一。封禅就是在泰山上筑土为坛祭天，在泰山的下面小山除草扫地为场而祭地，向地报告天下太平。黄帝会合炎帝，东夷诸国（族）的首领于泰山，封土为禅，举行盛大的祭天典礼。黄帝端坐于旬车上，六个蛟龙族人驾车，毕方人坐在车傍侍卫着圣主，应龙族人在车前开路，风伯清扫道路，雨师在路上洒水，虎族、狼族前卫，腾蛇族人在山下护卫，凤凰族人在山上护卫。如此大会，万国万帮首领作《清角》乐。

同年，黄帝命大挠作六十甲子龟力周期，首创勾股算数，确立金、木、水、火、土所主阴阳五气。

前 4511 年庚戌，进一步实行划一的土星六十龟甲历十二月为一年。建正子时，分一昼一夜为十二辰二十四时，这是羲和昼观日，常羲夜观星、月。又以龟背二十四裙边甲中分为昼夜的综合。裙边甲二十四，取象二十四节气。始能按照时候节令播种百谷，较神农氏又进步多了。

六十甲子的形成：名为“天元龟甲历”即是六次天干甲、乙、丙、丁、戊、己、庚、辛、壬、癸和五次地支：子、丑、寅、卯、辰、巳、午、未、申、酉、戌、亥相配而得“六十甲子”。

黄帝使史官沮诵和苍颉作书，统一天下文字。

中国境内的文字（汉字）始于燧人时代的结纯（前文已叙），刻符记事。到伏羲时代，伏羲仰观天文，俯察地理，观鸟兽纹，近取诸身，远取诸物，始作八卦象形会意文字和数字1-10算筹历数系统，通神明之德，类万物之情，故文字为通天达地的巫觋（音檄）的职事（事神明），因有契刻文字。刻于石、陶、木、竹、角等，可以保存的体裁上成册。苍颉不是首创文字（社会上相传是苍颉造字），而是整理、归纳，综合各国（指中国境内的诸侯国或族），已经发明和使用的文字，进行分理别类作新书（这是公元前4500年时，距今年六千余年）。

历法文字，是黄帝统一天下后推行的德政，因带有强制性质，推行了大约有110年，就出现了“九黎乱德”，不用黄帝的历法和文字。

黄帝实行民族分划和迁移：黄帝统一政权后，就对那些不与自己合作的氏族，进行分流。首先使东夷民族三苗、九夷联盟分化，再把东夷少昊部进一步分化，使青阳少昊与东夷旧部西迁：分化应龙恶者北迁，善者留住原处为邹奢氏；分化共工氏，任命后土；分化夸父，使其东、西、南、北分流，化为于夷、遇夷、雩（音于）夷、巫支祁、博父等国小支……于是发生了空间未有的大动荡，大分化，大抗争，大融合，大迁徙。

前4413年戊子，轩辕黄帝寿终：黄帝于这年八月甲戌日在都城涿鹿去世，终年117岁。黄帝是公元前4530年辛卯出生。死后葬于桥山。传十代，共二千二百二十年（这年数恐是指黄帝世系，包括非执政世代，黄帝的寿数及在位年数从世系表上也看不出）。黄帝本人，从前4514年，协助神农氏未帝榆罔，打败了夸父和应龙，代零星了榆罔的帝位，在帝位100年。

黄帝的帝都涿鹿：故城在河北省矾山镇三堡村北。涿鹿，又名轩辕丘，轩辕台、轩辕城。经实测得：城墙南北长510米至540米，东西宽450米至500米；城墙南高16米，顶宽3米，底宽16米；城墙为夯土所筑，呈阶梯状。经国家考古队在城内试掘，最下一层是仰韶文化层。黄帝时代对人类还有一大切身利益的贡献——就是学中医必读之书《黄帝内经》，此书借着黄帝同他的大臣岐伯，用问答式叙述人体的病理、病因和治疗。

二、少昊颛项时代

（前约4050-前3380年）970年

当黄帝氏族祁、姬联盟势力削弱时，少昊势力强胜就代替了黄帝帝位，进入少昊时代。少昊和颛顼的时代有区别：少昊以前是以氏族——部族（含国族）为一个整体，族内有统一掌管祭祖、祭天、祭地、祭山川万物，日月星辰的巫贞集团。及其巫、政、军、教合一的王族首领（联盟长），由他们口耳相传，并刻籍书以成典籍，加以流传。而到了颛顼时代，则以父权为中心的家族、家庭制迅速发展，达到繁荣，统一的宗族，一部族化为繁多的分支“家自为巫”，故难以记远，只能记录近事。少昊和颛顼时代的分界为：

前4050年—前3790年是少昊时代260年。

前3790年—前3080年是颛顼时代710年。

少昊是伏羲女娲氏第六代，母日皇娥，从母系下传；父系白帝之子（太白之精）从父系下传，观察金星号金星氏。少昊氏又是太昊氏迁徙到古黄河下游的一支，在今山东曲阜一带；另一支约在距今7400年的海浸和洪水灾难时迁到美洲，也有迁到甘陕、云贵地区。四川凉山和云贵彝族及海南的彝族都是少昊后裔。

少昊时代到了末世，产生具有私有制家庭的特征，他们各自有自己的信仰历法，产生了“巫政乱德”，致使其时代结束，颛顼受之，进入了颛顼时代。

颛顼之祖：黄帝嫘祖生昌意，娶蜀山氏女昌仆生高阳；又一种说法是昌意入赘蓐收该封了在大奎部落的朝云司之国，生子韩流，韩流又入赘蜀山氏为婿，以蜀山氏阿女昌仆为妻。昌仆生在天文世家，于是日夜观察星斗，某夜昌仆在房间看夜暮星空，忽见八斗星的第八星招瑶星璠光贯日如虹，照临她的房间，她与韩流二人阴阳二气相结，成孕生子颛顼于落水之野。颛顼出生的地方是共工树立空桑表木的旧地，在不周山附近。

颛顼长大以后，从师伯夷父就任少昊昌意昌濮联盟的联盟长，帮助西部少昊摄行朝云司彝之国的王政，行金历，号金天氏。颛顼十负佐少昊，二十登帝位，少昊清阳举颛顼为帝，自己告退熙养天年。青阳以颛顼佐帝有功封高阳，历史就进入颛顼时代。

颁布颛顼历：以南正的职司立八尺标杆，观测正午的太阳，正南方向上空中天的景（日影）位，确定太阳在一年中的周天度和四进八节远程。火正的职司是观大火（心宿二），定一年春季的开始，同时观测大火在一年中与二十八宿的关系，用以指导百姓生产。颛顼据此“裁时以象天”“建在北维”，处会宫，以观北斗斗机旋运，以修熙为玄冥，并测冬至日太阳晷影最长之值——“修”以及回归年开始的坐标——照光重现“以孟在正月为元，其时正朔立春。五星（金、木、水、火、土）会于营室”《古史》建正为寅。在二十四节气史上第一次明确地把以物观测为重点，转移到以天象观测为重点，有了历、元、正朔、五星营室等概念，把一年节气安排得相当好了，进入治历时期的新阶段。历名为《颛顼历》，建寅为正（就是正月为寅，每年如此，直至如今）宗（祖之间）伏羲，使天、地、人、神秩序恢复正常。

共工治水防灾，颛顼认为是引水淹自而伐之：

共工氏居住在今河南辉县西北的共北山至安阳的江水一带，是古黄河河道太行后转拆向的流经地，处在黄河积冲扇上，因此河道密布，成为七水三陆的比例。太行山的水系有共、淇、江、漳等河流，都是由西向东流。当它们与黄河汇合时，就为逆流，水横行四溢，在今邯郸以东形成巨大的汪洋，黄河沿着今釜阳河入海。共水是共地黄河转向所纳的大水之一。在此之前，黄河先后纳入了汾、渭、洛、沁诸河水，水势渐大，及到此地，黄河由山地而下入平原，又纳入了共水，于是奔腾咆哮起来。每到雨季，河水冲出河道则构成大患。这样一个多水害的地区，其居民不得不与洪水斗争，在斗争中求生存和发展，于是就总结一套治理洪水的办法。他们把高地铲平，把低洼地填高，筑起土围子，阻住洪水，保卫家园。史称“壅防百川，堕高堙卑”。正是由于这种与他们的生产、生存与发展有关的重要治水的发明，使他们成为历代联盟政权和中央政权的“水师”。可是，有利也有害，一但治水失败，或防洪失利，使洪水决堤，那它就更凶猛地向东狂奔，能冲破土圩子，不但共工氏受害，而且邻居也必受害，首当其冲的就是颛顼氏族。因此颛顼就认为这是共工采用的水战术，用水战来战胜他，而夺去帝位，用水来淹我的首府“空桑”。颛顼就以大巫教主的身份率领族众讨伐共工氏。共工派助手“浮游”，操舟水战，败于颛顼，自沉于渊，潜行而出。共工氏敌众我寡，打不过颛顼氏，退居太行山浊涪河故地。

海水上浸，致使共工氏与颛顼氏水战结束。

前3500年辛丑，海水上浸，淹没华北大平原，在严重自然灾害面前，颛顼氏、少昊、共工等氏族都纷纷乘船或芦苇舟向山地逃生。在华北他们沿着太行山往北，进入燕山，向东北转入努鲁儿虎山，再转入朝鲜关岛，日本三千列岛，阿留申群岛。也有到今美国俄亥俄州亚当斯县定居。也还有留在中华境内的“涅”氏，依涅水而居。颛顼与共工相居二三百年因水纷争的恩怨从此结束。

前3380年–3100年间，华北平原大移民。

黄河下游再次洪水灾难之际，又造成华北平原居民的大移民，特别是山东半岛南北部与冀州接攘的地方，渤海周围的民族，纷纷向东北幽州山地逃亡：在山东半岛南端与江相接的云台山附近地区居民纷纷向茅山、大别山、桐柏山方向的山地、丘陵地逃亡。位于兖州地区的四湖周围和太行山东部黄河下游的颛顼氏族和东夷各氏族，则纷纷向豫州山地和太行山逃亡，黎氏居浊章河黎城。与时于居住在这里的共工、后土、夸父、四岳、大彭等氏族发生了冲突。特别是帝颛顼的帝都濮阳与共工氏聚落中心江国（今安阳），至共工山头一带相距很近，颛顼氏族居民向共工山头逃亡，遭到共工氏族的驱逐，引起械斗，共工氏堤坝被毁，决淇水、江水，冲击颛顼居地，颛顼被迫就舍弃濮阳，向北方逃难，于冀北潴龙河畔建高阳城，从此颛顼氏族衰弱。

颛顼与共工北迁，中原无主，帝喾就当权。

居住在伊洛地区高辛氏喾征伐共工，攻下共头山，破温都江国城，共工氏从河中逃亡，随颛顼北去，中原无主，被高辛氏占去了。

三、帝喾、挚、尧、舜、禹时代

（前约 3380——前 2070 年）

（一）帝喾帝挚时代（前 3431——前 3345 年）86 年

帝喾是少昊之孙，少昊氏入赘有娇氏生娇及，娇及又入赘陈丰氏，与陈丰氏女握 （音浮）结婚生喾，所以喾是少昊之孙。喾氏族与陈丰氏自陈仓（今宝鸡）向东迁移，进入太行山南河地区，已是颛顼时代。喾随陈丰氏与颛顼氏结成连盟，喾又过继于颛顼氏为子。十五岁就被颛顼任职，颛顼封他在川辛地，称高辛氏，上节叙到高辛氏打败了共工。三十岁登上了帝位，继承了颛顼，以木德王天下，建都于毫（今河南堰师都寨），因此史称帝喾，传三代，迁都嵩山。后因避水灾，又向南迁徙。帝喾继承颛项的时间不长，死后葬丁顿丘城南台阴荒野，今顿丘城西北土山颛顼陵西侧（右）比颛顼陵稍靠南，传说是帝喾陵，不知是原建在此，还是迁移至此，当地人称高王庙（喾未称帝前是高辛氏摄政王）。

帝喾死后，帝挚代立，帝挚是帝喾氏族的嫡传子裔氏族。入赘于少昊玄枵青阳鸷氏族，直袭少昊青阳玄枵“鸷”名号，为鸷氏大鸥，帝挚继位，既是帝喾政权的延续，又是宙喾氏政权的东夷转移。帝挚就职时，正处于洪水茫茫，山东半岛除山地丘陵外平地几乎都受水灾，帝挚是在这洪水大灾中就任，组织东夷各族人民抗洪救灾，向山地转移，重新划分氏族领地。帝挚作为新的中央领导政权，必须既保住内地居民的生命、财产、住房的安全，最主要的是临近水区的居民转移到安全地带。转迁山东、江苏的海滨地区人民向鲁西、豫南、安徽山地丘陵疏散。这次水灾形成了东夷凿民向山东和苏北的西南方大迁徙，导致了大汶口文化向鲁西、豫北、湖北、安徽、苏南、江北的传播。

陈丰氏姜炎内地氏族大巫女丑，为解旱情，登海岛祈雨，遭到扶桑日居羲和氏裔十日从支胥教氏族的杀害，激起姜炎氏族的愤慨，爆发了姜炎氏族女丑与东夷的十日氏族间的斗争，帝挚不能制止。唐侯尧联合东夷氏族有穷氏后羿，击杀了十日氏族，并以此为转机，对东夷氏族实行打击，取代了帝挚在位九年。

（二）帝唐尧（前 2357– 前 2154 年）203 年（不含舜摄政）

前 2357 年甲辰，尧联合东夷氏族有穷氏后羿，击杀了十日氏族，就取代了帝挚帝位称帝，国号陶唐，建都于山西平阳，以后又借羿的力量，驱逐帝挚的母系亲属，击杀其属族，剪除可与他抗争的东夷酋长长老。

尧将国事安定后，就召集各族长老，讨论研究治水大计，伊洛汝水侯伯鹤（音贯）兜说："共工世为水正，可当其重任。共工已在黄河中集结了本氏族民众，预备好了木石土料，只等命令，即可动工。"尧说："我闻共工浮辟穷奇，堕高堙库，违背天常，不可用他治水。"鹤兜又进言道："昔时共工为伏羲臣（指的是前某代共工），复又职能炎帝王位，至颛顼、帝喾皆有水库，所居水处十之七，陆占十之三，历来至今不绝其人，传有《洪范九畴》，其子句龙后为黄帝后土，皆因治水有功，诸侯族中唯有共工治水有方，而可举用。"尧听他这样说，也动了心。就说："既如此，就让他试试，以观其效。"于是共工赴命治水。

共工治水见成效，不料山崩遭重灾而获罪。

黄河壶口受阻，横溢奔流，山崩石毁，陷落于河床，积石雍川，旋涡倒流，危及唐首都平阳，王屋山和太行山等。夹带淤泥沙石，阻塞黄河中流，灾情严重。共工后土集中主力，治理壶口龙门山，其余诸侯协助各段。共工采取用石和土筑坝方式，在山顶居民点四周砌石夯土，垒筑墙垣，又把原坝底部低凹处洪水浸泡处，推积石块，埋固石桩，填入泥土，使基层加固不崩塌。又使人跳入水中，先组成人墙，再垒坝截流，清理河床积聚的沙石，再凿开龙门山的河口排水，这样汾河的水势才减小，灾情减轻，怀山襄陵难民亦居于寨墙之内，洪水不入，黎民欢心。不料河津梁山崩塌，乱石又积淤了河床，使河水复又倒灌，洪水如猛兽，汾水灾情又严重。尧帝震怒，降罪于共工，撤其职。

鲧的治水九年无功，退居嵩山而拒尧。

共工撤职后，尧召百官求治水人，众人推举"鲧"。尧先不同意，经四岳劝说才同意。

鲧的治水方法是：夯城版筑营邑。

一、对主要城邑、林庄、芦舍、农田的防治。是用土塞围墙（亦称护庄堤）。鲧大规模地发动各族民工，大兴工程，冬、秋、春的筑城，筑圩堤，将村庄，田地围住。可是雨季一到，山洪暴发，即冲毁掉。毁了再筑，加高加厚，年复一年，有的高得三仞（一仞八尺）。

二、防苑都城的治水方法。为保帝都平阳的安全，在汾水上游的太原筑堤拦水。又在冀州南部黄河夯卫河，滏阳河入海的两侧，筑拦防洪堤（这样就抬商了黄河的水位，威协着黄河上游的堤坝），黄帝后裔天元氏和巳氏，在鲧的带领下，分段合围构筑拦洪堤坝，参差绵巨，状若鸡龟首尾相衔，他们同心协力，共同治水。经九年，筑城郭堤防，时筑时毁。尧帝说：“鲧治水九年无成绩，白费了人力物力，果然负命毁族，不可再用了。”尧遂举兵杀鲧（将他召回罢职，何须用兵），鲧退字嵩山，守喾堂墟城。加固城郭，抵抗尧帝。直到舜时，舜治他的罪。

（三）帝舜（前2136年——前2119年）17年（此后禹摄政至前2070年）

舜，东夷人，虞族，是东夷少昊氏白虎部水白天昊裔族。

一天，尧对四岳说：“我已老矣！汝恭谨行事，颇得吾重望，可践帝位否？”四岳说：“我等鄙俚无德，若行天子事，有辱帝位，不可。”尧又说：“不论是侯、伯、贵戚，或者在民间，有没有胜任的人选哩？”从人齐说，有一位叫舜的人可以。尧说：“吾亦闻之，听说他至孝。”从人就讲有虞舜的至孝故事。尧听罢，心想：“能至孝就能和谐亲族，治家如治国，可试一试他的德行和能力。”就说：“吾试之而察其道。”尧就将自己的两位爱女娥皇与女英嫁于舜，使她俩从内部观察舜的德行；又差使九个儿子跟舜做事，从外部观察舜的政治行为。百官筹备喜宴，舜到尧处入赘，赴涿鹿潘城完婚。

舜居妫纳，二女事行舜亲戚，竭尽妇道。舜耕于历山（今名釜山，在涿鹿堡堡乡故潘城西北），二女事舜于畎亩中，不敢妖贵，陶于桑干河滨，渔雷泽，舜又结交七族酋长。

舜和二女返姚墟，拜舜母握登坟茔；事奉舜父瞽叟（瞎子老头）及继母和她生的弟象，同他们相处，舜父及继母与弟都恨舜，想方设法杀害他；差舜到粮屋内去泥墙，舜将这事告诉娥皇和女英。她姐妹俩说：“夫君，此恐有诈，不得不防，你可穿上百鸟衣，进屋泥墙，以防不测。”舜从之。果然舜入室后，瞽和象就纵焚屋。舜穿了防火的百鸟衣，无恙安然而出。舜的瞎眼父和异母弟和晚母这样对待他，他仍能宽怀相处。尧观舜这样贤德，就令他摄政行天子事，又经二十年，舜已是五十岁的人了，尧就在这年将帝位让于舜。

前2136年乙酉正月初一日，圣帝唐尧将帝位让于贤主舜。

舜正式行使天子事，每五年进行一次全面的巡视，四方诸侯分别在四岳朝见天子，报告政绩述职，天子认真考核他们的功过得失，把车马衣物奖给有功之臣（诸侯）。

舜将尧时的九洲划为十二洲：冀、兖、青、徐、荆、杨、豫、梁、雍、幽、并、营。生洲封一座镇山，同时疏通河川。

舜制定五种刑法：在用器上刻着五种刑的内容，使人们能看到儆戒，用流放的办法代替五刑：犯了错误也可以钱赎罪。

前2128年癸巳，尧帝去世，这年是舜帝第八年。尧是十九岁登帝，尧帝九十年让位于舜，退休后又八年卒。以19 + 90 + 8 = 117，因尧是117岁，2128 + 117 = 2245，因此尧是公元前2245年生（丙申年）。

前2133年戊子，大禹治水（是舜帝三年，尧尚在世）。禹是鲧之子，鲧治水二十九年，无功有过，上节叙到尧以兵去捕杀他，他坚守嵩山抗拒。至舜即位被殛诛了，并流放共工。鲧死后，禹就随母（有辛氏女名叫“修巳志”）为父守孝于漳渚。守孝三年中悲思父伤：治水一辈无功被诛，总结经验，吸取教训，韬光养晦，也可是父亲的失败，使为儿子的成功之母，才使以后大禹治水成功。舜殛了鲧，大禹又守孝三年，这三年中无人治理水灾，于是水灾更严重。渤海、黄海、东海和海滨地区，普遍淹没。洪水滔天，包山湊岗，江淮通流，四海汪洋，民登丘陵，赴攀树木求生。舜召禹来，沉痛地说：“禹啊：天降洪水儆予！你再继你父业哩！”于是任命禹为司空治理洪水，并派伯益、后稷、契、皋陶为禹的助手。遂命令天下诸侯，百姓悉听从禹的指挥。

大禹治水的方法和过程。

禹调动各州牧人众劳役劈土，导川、夷岳、修堤筑坝，疏通河道，分流入海。他这方法正好同他父亲拦截修堤筑圩相反。

于是，禹率众，陆行乘车，水行乘船，泥行乘撬，山行乘辇。以身为度，左手持准绳，右手握规矩，用以测量设计，施行水利工程，以合天地之道。劳身焦思，致力于疏决九州大河入海，沟通田间，使入河。真是风餐露宿，躬亲为民行劳苦。禹年三十娶涂山氏女女娇，自辛、壬、癸、甲四日，复往治水（这是说禹结婚只在家待了辛、壬、癸、甲四天，就离家赶往工地）。居外十三年，过家门而不入，倾心竭立于治水工作。经他十三年的治理，平息大陆九州的水患，将水灾治理好了。

大禹治水是从冀州尧帝的首都平阳开始的。黄河水害始于西河段壶口山，上连孟门，下控龙门，居中未河，扼水不畅。禹开辟凿通壶口，清除河道沙石的淤积，随河瀑布冲击而下。继而导河积石至于龙门山，开凿禹门口，再开凿梁山，疏通黄河河身，河身通畅南流不再横流河津口。又凿渭河上游山蚶（音干）山、岐山、荆山，使关中河流引向东，形成一段大江流，迫使南来的黄河水在华山潼关向东流，而不南溢四溃。继而整治汾水，使积蓄在太原及霍山一带的洪水流入汾水、平阳。西部、北部的洪水危害彻底解决，把它顺利导入海，冀中水患就平息了。帝舜二十年，禹治水成功（从舜三年开始，到二十年成功，不止十三年，或者其中有几年停工）。舜赐禹黑色大圭，以表彰他的功劳，天下皆颂禹为山川神主，再生父母，功扬千古，英名不朽。

公元前2119年壬寅（即舜二十二年），舜让位于禹，受于禹摄政，代替帝王事业，行使职权，实际就是禅让，培养他的才干，作为继承人。舜于三十九年去世。

舜去世，将帝位让于禹，但禹起初未就任，将帝位又让于舜子商均。可是人民对商均没有感情，不附于他，追到禹的居处颍川阳城，昼夜吟歌、登高呼号："禹舍弃我们，这日子怎么过啊！"求禹复位（因禹在舜生前代理帝事已十七年）。禹被人民的悲哀呼号声感动，不得已只好就任而登帝位。

三卷 夏朝

（前2070年至前1600年）

一、帝禹（前约2070年——前2026年）

禹之家族：禹，姒姓，名文命。原为夏后氏部落领袖，亦称夏禹。禹父名鲧，鲧父颛顼，颛顼之父曰昌意，昌意，黄帝之子。禹者，黄帝玄孙也。帝颛顼之孙。昌意与鲧虽不在"帝位"而为"人臣"，但已见其家煊赫。

禹发展农业，孔子称禹"身宫室而尽力乎沟洫"，为发展原始农业做出贡献。

禹平治水患，十三年，三过家门而不入，定九州、伐三苗（今汉水上游丹江、南蛮）教服有邑。帝舜论其功德无量，帝舜22年令禹摄政，禹摄政17年至帝舜39年，帝舜崩，禹服丧三年。禹将摄政位让舜子商均于颍川阳城（今河南登丰县东南三十里告城镇北），万民不附商均，追到阳城，昼歌夜吟，登高呼号："禹弃我，这日子怎么过？"禹哀民，不得已而登上帝位。禹在位四十五年（夏代君主，生时称后，死后称帝，下同）。

二、帝启（前2025年——前2016年）

启，禹之子，其母涂山氏之女。初禹传位于益，启杀益取之，即天子位。中国历史从此成为"家天下"父传子制。

启灭有扈氏；传说西方同姓诸侯有扈氏不服夏启，启伐之，大战于甘（今陕西户县西南）有扈氏被灭。启在位十年。

三、帝太康（前2016年——前1988年）

太康失位：传说太康乐于打猎，不惜民事，十日不归，东夷族有穷氏的首领后羿，乘虚而入斟郡（太康的居处河南登丰西北）。太康不得归，在位二十九年。

四、帝仲康（前 1987 年——前 1976 年）

太康卒，后羿立其弟仲康，但后羿掌权。仲康在位十三年卒，子相立。

五、帝相（前 1975 年——前 1948 年）

帝相因夏政凌乱，乃徙居帝丘（今河南濮阳西南），依同姓诸侯斟灌氏。

● 寒浞杀羿：羿代夏政，淫于田猎，不修政事，委政于寒浞，浞居寒（今山东潍坊东北），后羿用他为助手。是时寒浞媚内赂外，乘机杀羿。自立为帝，夺羿妻生二子，名浇与豷。

● 寒浞使其子浇杀相：寒浞令浇灭斟灌氏，相逃至斟那氏，浇灭斟那，杀相。相妻后缗有娠，从墙洞逃出，逃归母家有仍氏（今山东济宁东南），生子少康。相在位二十八年。

无王之世，前约 1947 年——前 1908 年。

相死后，寒浞篡立，夏祀中绝四十年，是为无王之世。

六、帝少康（前 1908 年——前 1887 年）

少康中兴，少康生于有仍氏，为有仍氏牧正。寒浞追捕逃奔有虞氏（今河南虞城东北），有虞氏乃舜的后裔，其君思不忍，贤者大禹绝后，遂以二女嫁少康，并封于纶（今虞城东北），有田方十里，奴隶五百。少康收夏众复官。使大臣女艾至浇（寒浞子）处为间谍；使子季杼诱豷（寒浞子）。遂灭浇杀豷。建都于阳翟（今河南禹县）。史称“少康中兴”。

● 少康封庶子于越：传说禹葬会稽（今浙江绍兴），少康为子对禹的祭祀，封庶子于越，号曰无余。

● 杜康（酒）之始：少康即是杜康，杜康用高粱制酒，故今人称酒为杜康。少康在位二十一年，子杼立。

七、帝杼，前 1886 年——前 1869 年。

● 杼迁都：北渡黄河，迁于原（今河南济源西北），又南渡，迁至老丘（今河南开封东）。

● 杼之功绩：杼作甲和矛；使其子征东夷至东海；佐其父定寒浞之乱，成中兴之功。在位十七年，子槐立。

八、帝槐，前 1868 年——前 1844 年。

槐作“圆土”（监狱），在位二十六年，卒，子芒立。

九、帝芒，前 1843 年——前 1826 年。

芒在位十年，芒卒，子泄立。

十、帝泄，前 1825 年——前 1815 年。

泄在位十年，泄卒，子不降立。

十一、帝不降，前 1814 年——前 1755 年。

不降在位五十九年，卒，子扃立。

十二、帝扃，前 1754 年——前 1734 年。

扃在位二十一年，卒，子廑立。

十三、帝廑，前 1 733 年——前 1 713 年。

帝廑时，夏又衰，退居西河（今河南安阳东南），在位二十一年，廑卒，不降之子孔甲立。

十四、帝孔甲，前 1712 年——前 1682 年。

● 孔甲乱复：孔甲好方术鬼神事，淫乱，又喜豢龙，蛊惑群众，故诸侯多叛，夏国势日衰。孔甲在位三十一年，卒，子皋立。

十五、帝皋，前 1681 年——前 1670 年。

帝皋在位十一年，卒，其墓在殽（今河南陕县雁翎关村，传说有夏后皋墓），子发立。

十六、帝发，前 1669 年——前 1653 年。

发七年泰山震，这是世界上最早的一次地震记录。发在位十三年，发卒，子履癸立，是为桀（《史记·夏本纪》索隐引《世本》作发与桀为兄弟，俱是皋子。此从《史记》）。

十七、帝桀，前 1653 年——前 1600 年。

● 夏桀无道：桀居斟寻（今河南登封西北），桀不务德而暴虐，宠爱那妹喜。为她做琼宫台，殚百姓之财；为肉山酒池，一鼓者而牛饮（像牛喝水）三千余人（女人）：似虎入市，而视其惊。太史令终古泣谏，不听，终古奔商；大臣关龙逢多次进谏，被桀囚杀。由于桀“残贼海内，赋敛无度”，遂使“万民甚苦”。故夏民曰：“时（这个）日（指桀）曷丧，予与汝皆亡”，是以夏亡有日。

● 汤灭夏：汤率诸侯伐桀，战于鸣条（今河南封丘东）之野，桀败走，死于南巢（今安徽巢县），在位五十二年。夏亡。夏自禹至桀十七世，有王与无王，共四百七十周年。

夏代世系表

1. 禹	前 2070-2026	10. 帝泄	前 1814-1755
2. 启	前 2025-2016	11. 帝不降	前 1814-1755
3. 太康	前 2016-1988	12. 帝扃	前 1754-1734

4. 仲康	前 1987-1976	13. 帝晋	前 1933-1713
5. 帝相	前 1975-1948	14. 孔甲	前 1712-1682
无王之世	前 1947-1908	15. 帝皋	前 1681-1670
6. 少康	前 1907-1887	16. 帝发	前 1669-1653
7. 帝杼	前 1886-1869	17. 帝桀	前 1653-1600
8. 帝槐	前 1868-1844	说明：未注说明，皆父子相传，后各朝代如此。	
9. 帝芒	前 1843-1826		

四卷 商朝

（公元前 1600 年——1066 年）

一、成汤，前 1600 年——前 1571 年。

汤之始祖名契，相传为帝喾高辛氏之后裔，契母简狄，有娀氏之女。契佐禹治水有功，被封于商（今河南商丘南）传至孙相土，相土孙冥，从事农业，善于治水；冥子壬亥，从事畜牧业，发展贸易，后被有易氏之君绵臣杀死，夺去牛群。壬废亥的儿子上甲微借河伯之兵，攻杀绵臣，商族复兴，再六传到汤，共十四代，经八迁，汤始建都于亳（今山东曹县东南）汤以伊尹为右相，仲虺（灰）为左相，共谋伐夏，陆续攻灭夏之属国葛（今河南宁陵东北）、韦（河南滑县东南）、顾（今山东鄄城东北）、昆吾（今河南濮阳南）等国，历“十一征而无敌于天下”遂代桀。在出征前，作《汤誓》（战前动员）指出桀为害夏邑，建立商朝。

成汤即位经十七年灭夏，在天子位（即灭夏以后）十二年卒。因太子太丁未立早亡，故立太子之弟外丙为帝。

二、帝外丙，前 1571 年—前 1569 年。

外丙，名胜，在位二年，卒，其弟中壬立（商朝君主，生前称王，死后称帝，下同）。

三、帝中壬，前 1569 年——前 1565 年。

中壬君亳，以伊尹为卿士，在位四年卒，伊尹乃立太子之子太甲。

四、帝太甲，前 1565 年——前 1553 年。

● 伊尹放迎太甲：元年，伊尹作《伊训》，言烈祖之德；作《肆命》，陈政教所当为；作《徂后》，方成汤之法度，以教太甲。太甲立三年，不明，暴虐，“颠复汤之典刑，于是伊尹放逐太甲于桐（今河南虞城东北）。太甲居桐宫三年，悔过反善，伊尹乃迎太甲归其政。太甲修德，诸侯咸归，百姓以宁。太甲在位十二年卒，子沃丁立。

五、帝沃丁，前 1553 年——前 1534 年。

伊尹卒，沃丁以天子礼葬于毫，亲临丧三年，以报其德。沃丁在位十九年卒，弟太庚立。

六、帝太庚，前 1534 年——前 1529 年。

太庚在位五年，卒，子小甲立。

七、帝小甲，前 1529 年——前 1512 年。

小甲名商，居毫，在位十七年，卒，弟雍已立。

八、帝雍己，前 1512 年——前 11500 年。

雍已名仙：是时商衰，诸侯可不朝，在位十二年卒，弟太戊立。

九、帝太戊，前 1500 年——前 1425 年。

● 殷复兴：太戊修德外阙，谨慎小心，不敢怠惰，是时以伊陟（伊尹子）为相，治国有绩，诸侯归之，殷复兴，史称为太戊中兴，在位七十五年卒，子中丁立。

十、帝中丁，前 1425 年——前 11414 年。

● 帝中丁元年自毫迁于嚣（今河南荥阳东北敖山）中丁在位十一年卒，弟外王立。

十一 、帝外壬，前 1414 年——前 1399 年。

外壬居嚣，在位十五年卒，弟河亶甲立。

十二、帝河亶甲，前 1399 年——前 1390 年。

河亶甲自嚣迁相（今河南内黄东南），是时先征兰夷，后征班方，商复衰，在位九年卒，子相乙立。

十三、帝祖乙，前 1390 年——前 1371 年。

祖乙时巫贤（巫咸子）任职，商复兴。史称祖乙与成汤、太甲、武丁齐名，为“天下之盛君”。

祖乙迁都邢（今河北邢台）在位十九年卒，子祖辛立。

十四、帝祖辛，前 1371 年——前 1357 年。

祖辛在位十四年卒，弟沃甲立。

十五、帝沃甲，前 1357 年——前 1352 年。

沃甲名瑜，居庇（今山东郓城北）在位五年卒，立祖辛之子祖丁。

十六、帝祖丁，前 1352 年——前 1343 年。

祖丁在位九年卒，立沃甲之子南庚。

十七、帝南庚，前 1343 年——前 1327 年。

南庚名更，自兹迁于奄（今山东曲阜），在位十六年卒，立祖丁之子阳甲。

十八、帝阳甲，前 1327 年——前 1323 年。

商自中丁至阳甲，前后五代九王，因“废立诸弟子，或争相代立”商复衰，诸侯莫朝。阳甲在位四年卒，弟盘庚立。

十九、帝盘庚，前 1323 年——前 1295 年。

盘庚迁殷：盘庚名旬，自奄迁殷（今河南安阳西北小屯村，在大河之南。周灭商后称殷）。称为中兴贤王。盘庚在位二十八年卒，弟小辛立。

二十、帝小辛，前 1395 年——前 1282 年。

小辛名颂，居殷。是时，殷复衰，小辛在位十三年卒，弟小乙立。

二十一、帝小乙，前 1282 年——前 1271 年。

小乙名敛，在位十年卒，子武丁立。

二十二、帝武丁，前 1271 年——前 1211 年。

武丁兴殷：武丁名昭，少时久劳于外，生活于平民中，因知“稼穑之艰难”，即位后，思复兴殷，三年不问政事，委决于冢宰（即后世宰相），以观国风，后夜梦得圣人，名日说，令百官求之，乃得说于傅险（即傅岩，今山西平陆东）中，是时，说为胥靡（奴隶名）筑于傅岩，武丁举以为相，殷大治，遂以傅为姓，号日傅说（读悦）。于是百姓皆欢，老少无怨，殷大治复兴。武丁在位五十九年卒，子祖庚立。

二十三、帝祖庚，前 1211 年——前 1199 年。

祖庚名耀：在位十一年卒，弟祖甲立。

二十四、帝祖甲，前 1199 年——前 1165 年。

祖甲名载，迨其末年，“重作汤刑”，淫乱，殷复衰，在位三十三年，卒，子禀辛立。

二十五、帝禀辛，前 1165 年——前 1151 年。

禀辛名先，在位十四年卒，弟康丁立。

二十六、帝康丁，前 1151 年——前 1141 年。

康丁在位九年卒，子武乙立。

二十七、帝武乙，前 1141 年——前 1106 年。

武乙无道，作革襄盛射之，日“射天”。武乙猎子谓河间，为暴雷震死，在位三十五年，子文丁立。

二十八、帝文丁，前 1106 年——前 1096 年。

文丁在位九年卒，子乙立。

二十九、帝乙，前 1095 年——前 1099 年。

乙在位十年卒，子辛立。

三十、帝辛，前 1099 年——前 1066 年。

纣之统治，纣，即帝辛，名受。其人“资辨捷疾，闻见甚敏，材力过人，手格猛兽。”然好酒淫乐，宠爱妲己，唯其言是从，造鹿一台，为琼室玉门，厚赋税，以实鹿台之财，盈钜桥（粮仓名）之粟；益广王都苑囿，“南距朝歌（今河南淇县），北据邯郸及沙丘（今河北广宗西北太平台）皆为离宫别馆。”大聚乐戏于沙丘，以酒为池，以肉为林，为长夜之饮；更重刑辟（法），制炮烙之刑，暴虐百姓，自恃才智，拒谦饰非，逼起微子（名启，纣庶兄），杀死比干（纣叔父）梅伯（贵族），囚禁箕子（纣叔父），残害忠良；又连年征东夷，激化社会矛盾，民视为仇敌，商亡成为定局。

周之兴始，及分商根源：周原是商的方国，其始祖名弃，传说是黄帝曾孙帝喾文妃，有邰氏之女姜源所生，弃善农作，尧时为农师，舜时封子邰（今陕西武功西）号日“后稷”，姓姬氏，其后三传到公刘，迁居于豳人举国归之。古公于此，划分田界，挖沟泄水，发展农业，作五官有司，管理庶民，国号日“周”；并开始“翦商”，周朝王业自此始。古公三子：长子太伯，次子仲雍，奔江南，后建立吴国。古公卒，幼子季历立，季历内修古公遗道，外与商贵族任姓挚氏通婚，并亲自朝商，武乙赐于土地三十里，玉十珏，马八匹，周之势力日益壮大。到商王文丁时，周成为商朝西方一大强国，文丁为了遏制周人势力，杀死周主季历，季历之子昌立，是为“西伯”晚年自号文王。商杀季历，结下商周之根。

文王治周：西伯好仁，敬老慈少，礼贤下士，士多归之。纣王以西柏积善，将对己不利，于是囚西伯于羑（音有），里（今河南汤阳北），周臣太颠，天，散宜生献美女，名马于纣，纣释西伯，使之专职“征伐”。西伯欲成后稷，公创之业，访贤于渭水，而得吕尚（姜姓，先进封于吕，名望，字子牙，又称太公望），拜之为军师。吕尚辅佐西伯，政和讼平，民心大定，河东小国纷纷归附，西伯乃受命称“文王”。文王乘专征伐之机，西伐大戎，攻灭密须（今甘肃灵台西南）、黎（今山西长治西南）、邗（今河南沁阳西北）、崇（今河南嵩县北）等国。势力达于江、汉、巴、蜀，并建丰邑（今陕西长安沣水西岸）为国都。至是，文王“三分天下有其二”，奠定了灭商的基础。文王称王九年而卒，在位五十年，太子发即位，是为武王。

武王伐纣：武王即位，以太公望为师（尊称尚父）负责军事；以周公旦（武王弟，名旦，又称周公）为辅佐，负责政务；以召公（名爽）、毕公（名高）为左右助手，师修文王之业。

武王卒诸侯伐纣，战于牧野（今河南淇县西南），甲子日，绪兵败，纣走鹿台，自焚而死，在位三十三年，商亡，商从汤至纣，凡十七代，三十王，约五百五十四年。

商朝世系表

1. 成汤	1600-1571	11. 帝外壬	1414-1399	21. 帝小乙	1281-1271
2. 帝外丙	1571-1569	12. 帝河禀甲	1399-1390	22. 帝武丁	1270-1211
3. 帝中壬	1569-1565	13. 帝祖乙	1390-1371	23. 帝祖庚	1210-1199
4. 帝太甲	1565-1553	14. 帝祖辛	1371-1357	24. 帝祖甲	1198-1165
5. 帝沃丁	1553-1534	15. 帝沃甲	1357-1352	25. 帝禀辛	1565-1151
6. 帝太庚	1534-1529	16. 帝祖丁	1352-1343	26. 帝康丁	1150-1141
7. 帝小甲	1529-1512	17. 帝南庚	1343-1327	27. 帝武丁	1141-1106
8. 帝雍已	1512- 1500	18. 帝阳甲	1327-1323	28. 帝文丁	1105-1096
9. 帝太戊	1500-1425	19. 帝盘庚	1323-1295	29. 帝乙	1095-1099
10. 帝中丁	1425-1414	20. 帝小辛	1295-1282	30. 帝辛	1099-1066

五卷 西周

（约前 1066 年——前 771 年）

一、周武王姬发 前 1066 年——前 1064 年

武王克商：武王四年（从《中国史稿》又有作十一年或十三年），下令出师，遍告诸侯；殷有重罪，不可不伐。于是，武王亲率戎车三百乘，虎贲（勇士）三千人，甲士四万五千人，与西南地区和江汉流域的庸、蜀、羌、髳（矛）、微、卢、彭、濮等族，东渡孟津以伐纣。二月五日，战于商郊牧野（今河南淇县西南）。纣发兵十七万（一说七十万）拒之。武王以师尚父为前锋，麾动虎贲，戎车驰入纣师，“巴师锐勇，歌舞以凌殷人”。纣师虽众皆无战心，纷纷倒戈以助武王。武王率师入朝歌，纣登鹿台，自焚而死，殷亡（按武王克商之年《尚书·牧誓》仅纪日，无年代，故史家推算，其说法达十余种，范文澜《中国通史》作前 1066 年，前从之）。

武王都镐：武王既克商，乃分兵征伐诸侯，征服九十九国，臣服者六百五十二国，商区遂定，班师西归。定都镐京（今陕西长安西北），号称宗周，西周建立。

约前 1065 年，丙子，周武王五年。

封邦建国：武王以天下未定，夜不能寐，乃封功臣昆弟，“以藩屏周”，封姜太公于齐，都营丘（今山东临淄北）；封周公旦于鲁，都曲阜（今山东曲阜），周公不就封，留佐武王；封召公奭于燕，都于蓟（今北京城西南隅），以长子就封；封弟叔振铎于曹，都陶丘（今山东定陶北）。又封舜后人妫满（胡公满）于陈（今河南淮阳），以奉舜祀；封大禹之后东楼公于杞（今河南杞县），以奉夏后氏祀；又求太伯、仲雍之后，如仲雍曾孙周章为吴君，因而封之；并封周章弟虞仲于虞（今山西平陆北）。

约前 1064 年丁丑，周武王六年。

武王克殷后二年，天下未宁而卒，太子诵立，是成王。

二、成王 姬诵 前 1063 年——前 1027 年

周公辅成王：成王年少，天下初定，周公恐诸侯不服，乃摄行政事。是时、管、蔡及群弟流言于国曰：“公将不利于王”，周公乃告太公望，如公奭曰：“我之所以弗避而摄行政者，恐天下判国，无以告我先王。”于是卒相成王。七年后还政于成王。

三叔以武庚叛：“武王死矣，成王尚幼，周公见疑矣，此百世之始也，请举

事。”武庚从之。于是“三叔及殷（武庚），东徐（今山东临沂一带），奄及熊、盈以叛，周公奉命东征。

周公平管、蔡之乱：前1061年庚辰，周公东征，诛管叔，杀武庚，放逐蔡叔，降霍叔为庶人。继之攻灭熊，盈族十七国，还殷民于洛邑九里之地。奄国蒲姑随武庚叛，周公灭之，迁蒲姑之君，以其地封吕尚，东土遂定，诸侯皆服，周之势力达于东海。

周公封长子伯禽于鲁：同年，周公以奄国和殷民六族（徐氏、条氏、萧氏、索氏、长与氏、尾与氏）封给长子伯禽，并赐以许多典册文物、宝器和仪仗，于奄地建立鲁国。行前，周公告戒伯禽：“我是文王之子，武王之弟，成王之叔，我于天下亦不贱矣。然我一沐三捉发，一饭三吐哺，起以待士，犹恐失天下之贤人，子之鲁，慎勿以国骄人。”要伯禽至鲁，礼贤下士，以治其国。

周公封微子于宋：同年，微子名启，纣王庶兄，受封于微（今山东梁山西北），位列子爵，故称微子。初，微子见商将亡，数谏纣王，不听，遂出走。及武王灭商，乃“肉袒而缚”，向周乞降。至是周公封微子于宋，都商丘（今河南商丘东南），以奉殷祀。微子“仁贤”，故殷之余民甚爱戴。

周公封康叔于卫：前1060年，周成王四年，辛巳。康叔名封，初封于康（今河南禹县西北），故称康叔。是时，周公以殷民七族（陶、施、繁、铸、樊、饥、终癸七氏族）封康叔，居黄河、淇河间故商墟，仍都朝歌（今河南淇县）国号卫。周公以康叔年少，乃作《康诰》，告戒康叔：“必要殷之贤人君子长者，问以殷先为何兴？为何亡，而务要爱民”；并要惩治奸恶不法之徒。又作《梓材》告康叔为政之道，亦如梓人之教诲。故能如集其民，民大悦。

周公广封亲族，以为周室屏藩（后为列国，战国）。相传武王、周公、成王先后封建七十一国，姬姓五十三（不止这些）。

周公被谮，周成王八年，成王临朝，周公北面就臣位，恭谨事成王。后周公被谮奔楚。不久，被召还。

周公作《无逸》，周公恐成王有所淫佚，乃作《无逸》，以诫告王，要成王勤于政务，不要过度游乐。

前1056年乙酉，封叔虞于唐，督虞，武王子，成王弟，虞，古国，传说是尧后裔所建。是时，唐有乱，成王灭之。遂将叔虞封唐，都翼（今山西翼城西），其子燮徙居晋水旁，改唐为晋，称晋侯。

周公卒于封，周成王十一年，1053年，戊子。

周公在丰（今陕西长安沣河西岸）病危，请将他葬于成周，以明基不敢离开成王。周公卒，周成王以周公“勤劳王家”其“德明光子上下，勤施于四方”，故葬于毕（今陕西西安西北）。

前1027年甲寅，周成王三十七年。

成王封熊降为楚君。

熊绎，芈（音米）姓，始祖鬻熊。成王之时，举文，武勤劳之后嗣，封熊绎子男之田子楚蛮，建都丹阳（今湖北秭归东南）。

成王病卒：四月甲子日，成王病卒，顾念太子，乃命“如太保奭、芮伯、彤伯、毕公、卫侯、毛公（时为六卿）、师氏（官名）、虎臣（天子守卫之臣）、百尹（百官之长）”至御前，命群臣辅佐太子。翌日，王卒，太子钊立，是为康王。

三、康王 姬钊 前1026年——前1001年

康王钊即位，作《康王之诰》申戒诸侯。

约前1021年庚申，周康王六年，太公望卒。

约前1001年庚展，周康王二十六年。

太保召公奭卒，初，召公治西方，甚得民和。有司请如民，至庭听讼。召公曰：“不劳一身而劳百姓，非吾先君文王之志也。”乃巡行乡邑，听断于棠树之下，至是年卒，人思其政，不伐其附，作《甘棠之诗歌》咏之。

“成康之治”：成、康之际，遵循先王之教，奋勉为政，于是“天下安宁，刑措四十余年不用”，史称“成康之治”。

康王钊卒，子瑕立。是为昭王。

四、昭 王 姬瑕 前1001年——前977年

前985年丙申周昭王十六年，昭王南征，徙汉水，伐楚荆，振族凯旋而归。

前977年，昭王二十四年甲辰，昭王南征不返。

昭王亲率六师，南征荆楚，渡于汉水，船夫陷害，进献胶舟（用胶粘结的船）王御船至中流，胶液融化，船只解体，王与祭公溺水而死，周军六师大部丧亡。周人伟言此事，伪称“昭王南征而不返”。周朝衰落自此始。昭王子满立，是为穆王。

五、穆王 姬满 前976年——前922年

穆王筑祇宫（离宫）于南郑。

穆王征犬戎：前965年乙丑，穆王十二年，

犬戎诸部居于西北地区。周初以来被列为荒服（古五服最近的地方）常贡于宗国。穆王时，势益强，穆王欲征之，祭公谋父谏曰：“先王耀德不观兵，不可征”。王不听，遂征之。得四白狼、四白鹿（或系民族微号）以归。既是荒服者不至。

穆王西征：前960年庚申，穆王十七年，

穆王西至昆仑丘（今新疆田河和叶尔亮河一带）见西王母（西北某一部落的女首领）。其年西王女来朝，实于昭宫（晋代从战国魏墓中发现的《穆天子传》记叙穆王驾八骏马西游，反映了周与西方少数民族的交往情况）。

前922年己亥，穆王五十一年，穆王卒，子伊扈立，是为共王。

六、共王伊邑前921年——前909年

密国为女而亡：周共王元年，共王游于泾水上，密国之君康公从行，此时有三个女子跟随，康公母欲将三女献于王，康公不同意。于是共王起兵灭密（今甘肃灵台西南）。

周共王十二年，前910年辛亥，共王卒，子僖立，是为懿王。

七、懿王 姬喜 前908年——前885年

懿王徙都于犬丘：懿王之时，王室衰弱，懿王被迫自镐徙都犬丘（今陕西兴平东南）懿王二十五年前885年丙子，懿王卒，共王弟辟方立，是为孝王。

八、孝王 辟方 前884年——前870年

前877年甲申，周孝王七年，冬，大雨雹，牛、马死，江、汉俱冻。

前872年乙丑，周孝王十三年，非子封秦：非子，传说是帝颛顼之后裔，其先世大费（即伯翳，又作伯益）佐禹平水土，佐舜驯鸟兽，舜赐姓嬴氏。是时，非子居犬丘（今甘肃天水西南），善养马，孝王命非子主管养马于汧（音千）水、渭水间，马犬蕃息，乃封非子于秦（今天水西南），使继嬴氏祀，号曰秦嬴，为秦国始祖（《史记》未系年，以历年帝王年表）。

前870年辛卯，周孝王十四年，孝王卒，诸侯复立懿王太子燮，是为夷王。

九、夷王 姬燮 前869年——前858年

周衰礼废：夷王时，周益衰，“荒服不朝”天子始下堂诸侯，觐礼废。

夷王伐戎：夷王时，戎狄不朝，乃命虎公率六师攻太原之戎（今甘肃锁原一带），至于俞泉，获马千匹。

楚国益强：夷王时，楚君熊渠甚得江，汉民心，乃兴兵伐庸（吉国，今湖北竹山西南），杨粤（即杨越，今湖南长沙北，湖北沔阳南之间地）至于鄂（今湖北鄂城）。

前858年癸卯，周夷王十二年，夷王卒，子胡立，是为厉王。

十、厉王 姬胡 前857年——前840年

前845年丙辰，周厉王十三年，王亲征淮夷，命狠土虎仲为将，征服东夷、南夷二十六国，大胜而归（据《无其盘》铭文）。

前844年丁巳，周厉王十四年，王使卫巫监谤。

厉王暴虐：专尽山林川泽之利，断绝人民渔猎樵采之源。于是“下民胥怨”，国人谤王。召公谏曰：“民不堪命矣！”王怒，使卫巫（卫国之巫，以巫人通神灵，有谤必知之）监谤者，国人莫敢言，道路相遇，互以目示意。王喜，告如公曰：“吾能弭谤矣。”召公曰：“仿民之品，甚于防川。川壅而溃，伤人必多，民亦如之。是故为川者决之使导，为民者宣之使言。”王不听，于是国人莫敢言。

十一、二相执政共和 前839年——前828年

国人暴动：周厉王“专利作威，佐乱进祸”，致使人民财务穷尽。于是国人（居于都城之内，以平民为主，包括百工，商贾及下层群众）举行暴动，攻厉王，王逃于彘（今山西霍县）。太子靖匿于召公（如穆公名虎，召公奭的后代）之家，国人闻而围之，召公乃以己子代太子，太子得免。是时，王在彘，召公、周公（周公旦之后）二相行政，号曰：“共和”（从《史记》、《竹书纪年》作“共伯和干王位”）。自是，西周分崩离析（《史记·十二诸侯年表》始于是年，自是年起，中国历史始有确实年代）。

前828年，癸酉，共和十四年。

周厉王胡死于彘，太子静长于召公家。召公，周公共立之，是为宣王，共和行政结束。

宣干 姬静 前827年—前782年

周召辅政：宣王即位，周公、召公工公辅政，效法：文、廿、成康先王遗风，诸侯复归宗周。

宣王不籍田，宣王时，“不藉（藉，周王亲耕的传统仪式）千亩。”虎文公谏曰：“民之大事在农，古人‘三时（春、夏、秋）务农而一时（冬）讲武，故征则有威，守财有财。今天子欲修先王之绪而弃其大功，匮神乏祀而困民财，将何以求福用民？”王不听。

前823年戊寅，周宣王五年，

周伐严狁：严狁（居于西北黄土高原上之戎狄部落）自西周中期以后，屡犯宗周，致使周人“靡室靡家”。王命南仲筑城于朔方，又命尹吉甫（即兮伯吉父）“薄伐严狁，至于太原”。于是严狁北逃，其他戎狄部落乃复臣服于周。

前822年己卯，周宣王六年。

王命秦仲伐西戎：初，王以秦仲（非子曾孙）为大夫，伐西戎。秦种立十二年死于西戎。秦仲有五子，宣王召之，与兵七千，复伐西戎，破之，西戎由是少却。宣王乃立秦仲长子，予以大骆（非子父）旧地，为西垂大夫，是为庄公，居西犬丘（今甘肃天水西南）。

宣王率师伐徐方：皇父、休父从之，止于淮。“四方既平，徐方来庭（觐见）。”至是，周势复振，号称“中兴”。

前806年乙未，周宣王二十二年。

周宣王封庶弟友于郑（今陕西华县东），是为郑恒公。

前786年乙巳，周宣王三十二年。

王师伐鲁，杀其君伯御，立懿公弟称，是为孝公。（《史记》十二诸侯年表）。

前792年壬子，周宣王三十九年，

宣王伐申戎（即西申，今陕西、山西间也）破之。

宣王伐姜氏之戎，战于千亩（今山西介休南）周军大败，尽丧“南国之师”。

宣王“料民”：宣王末年，“民不肯尽力于公田”，“民卒流亡”，于是，料民（调查户口人丁）于太原。中山甫（亦作仲山父）谏曰：“民不可料也！无故而料民，天之所恶也，害于政而防后嗣。”王不听，卒料民（调查民情，有何不可）。

前785年丙辰，周宣王四十三年。

王杀大夫杜伯：初，王将杀其臣杜伯，杜伯无罪，伯之友左儒争之于王，九复之而王不许。王卒杀杜伯，左儒死之。杜伯子隰叔避周难，出奔晋。

前782年己未，周宣王四十六年。

周宣王命其舅申伯（姜姓）作邑于谢（今河南南阳东南）建申国（今南阳东北）。周宣王卒，太子宫涅立，是为幽王。

十二、幽王 宫煋 前781年——前771年

督带始建赵氏于晋国：初，造父为穆王御，因功封于赵城（今山西洪洞北），由此称赵氏。自造父以下六世至奄父，早公仲，为周宣王御。奄父生督带。至是，幽王无道，叔带主周投晋，事晋文侯，始建赵氏于晋国（参与以后三家分晋）。

前779年壬戌，周幽王三年。

幽王宠褒姒：褒姒，褒国（今陕西汉中西北）人，姒姓，褒国纳之于王，为幽王所宠。褒姒不爱笑，乃举烽火（王与诸侯约，有寇，白天烧柴草以烟为号，称为“燧”；夜间举火把为号，称为“烽”）。并击大鼓，召诸侯来援，诸侯兵至而无寇，褒姒乃大笑，幽王悦之，其后皇数举烽火，诸侯不至。

幽王用虎石父为狼士，其人“佞巧、善叟、好利”，国人皆怨。褒姒与虎石父潜申后及太子。

前774年丁卯，周幽王八年。

幽王废太子宣臼与其母申后，以褒姒为后，立其子伯服（一作伯盘或伯般）为太子，宣臼出奔申。

前 772 年己巳，周幽王十年。

幽王与诸侯盟于太室山（即中岳嵩山），并派兵讨伐申国（今河南南阳东北）。

前 771 年庚午，周幽王十一年。

西周灭亡：申侯（宜臼外祖父）与曾、西弗、犬戎联兵攻周，幽王举烽召诸侯兵，救兵不至。联兵破镐京，杀幽王、伯服及郑桓公于骊山（今陕西临潼东南）下，虏褒姒，尽取周财宝而去，周亡。

周二王并立：申侯、鲁侯及许文公立太子宜臼于申，是为平王；虎公翰立王子余臣于携，称携王，二王并立。

西周世系表（约前 1066 年至前 771 年）

1. 武王姬发	1066-1064	8. 孝王辟方	884-870
2. 成王姬诵	1063-1027	9. 夷王姬燮	869-858
3. 康王姬钊	1006-1001	10. 厉王姬胡	857-840
4. 昭王姬瑕	1001-977	共和	839-828
5. 穆王姬满	977-922	11. 宣王姬静	827-782
6. 共王翳扈	921-909	12. 幽王宫涅	781-771
7. 懿王姬僖	908-885		

六卷 春秋

（东周前 770 年至前 476 年）

一、周平王 宜臼 前 770 年辛未——前 720 年辛酉。

平王东迁：稿京残破，迫近西戎，平王由晋文侯、郑武公、卫武公、秦襄公夹铺，东徙洛邑（今河南洛阳王城公园一带）东周开始。

秦始列诸侯：庚午之变。王室东迁，秦襄公皆有功，平王遂封秦为诸侯，赐之岐（今陕西岐山县东北）以西之地。曰：戎无道侵本我岐、丰（今长安西南），秦能攻逐戎，即有其地。秦，于是始列诸侯。

前 760 年辛巳，周平王十一年，晋文侯杀携王余臣（从古本《纪年》，今本《纪年》系于周平王二十一年），结束周二王并立局面。

前 722 年，已未，周平王四十九年，我国最早编年史书《春秋》记事开始。

前720年辛酉，周平王五十一年三月，周平王宜臼卒，太子泄父早死，太孙林立，是为桓王。

同年四月，周、郑交恶：初，周、郑相依，郑之桓公、武公、庄公辅周室，为周卿士。桓王立，欲授虎公政以分郑伯之权。郑伯遂命祭仲（亦称祭仲足）率师取周温（今河南温县西）地之麦。周、郑始交恶。

二、周桓王 姬林 前719年壬戌——前697年甲申。

前707年，甲戌，周桓王十三年，秋，儒葛之战：周桓王奇郑庄，公政，庄公不朝。王率王师及蔡、卫、陈之师伐郑。王为申祭虎公林父将右军，蔡、卫之师属焉，周公黑肩（周桓公）将左军，陈师属焉。郑庄公纳公子元谋，列三队以迎战。以太子忽为右拒（即矩、方形战阵），祭仲为左拒，自为中军。战于儒葛（即长葛、郑邑，今河南长葛东北）。郑先以二拒鼓而进，蔡、卫、陈之师皆溃，王师亦乱，继而郑三军会攻王师，祝聃射王，中肩，王卒大败。

前704年丁丑，周桓王十六年，冬，周桓王以曲沃武公杀其君小子侯，命右卿士虎公付之，武公自翼退保曲沃。虎公立哀侯之弟缗于翼。

前703年戊寅，周桓王十七年，秋，周卿士虎仲与芮、梁（嬴姓国，在今陕西韩城南）、贾（姬姓国，在今山西襄汾西）、荀（前707年，其地为曲沃武公所夺），四国之君伐晋曲沃武公。

前697年甲申，夏，周桓王林卒，子佗立，是为庄王。

三、周庄王 姬佗 前696年乙酉——前682年己亥。

前694年丁亥，周庄王三岁，是岁，周公黑肩谋杀庄王。而欲以王子克代之，周大夫辛伯告庄王，庄王杀黑肩。王子克奔南燕（从《左传》，《史记》系于庄王四年）。

前688年癸巳，周庄王九年，正月，周以大夫子突率师救卫黔牟。

前687年甲午，周庄王十年，四月，“辛卯（五月），夜，恒星不见。夜中星陨如雨。”此为世界有关天琴座流星雨最早记载。

前682年已亥，周庄王十五年，是岁（不知某月）周庄王佗卒，子胡齐立，是为僖（或作釐）王。

四、周僖王，胡齐，前681年庚子——前677年甲辰。

春，齐桓公始盟诸侯：齐桓公为平宋乱，与宋、陈、蔡、邾之君会盟于北杏（齐地，今山东东阿西北）。春秋时期以诸侯而主盟会，此始。

前680年辛丑，周僖王二年，夏，周命大夫单伯会三国之君伐宋，宋桓公请和，三国之师自宋郊还（齐、卫、郑三国）。

前679年壬寅，周僖王三年，春，齐桓公称霸，齐桓公再会宋桓公、陈宣公、卫惠公、郑厉公，诸侯咸服，齐始称霸。

前678年癸卯，周僖王四年，周命曲沃武公为诸侯，曲沃武公灭翼，尽以其宝器赂献周僖王。僖王使卿士虎公命武公以一军为晋侯，是为晋武公。

前677年甲展，周僖王五年，某月，周僖王胡齐卒，子阆立，是为惠王。

五、周惠王，姬阆，前676年乙巳——前653年戊辰。

前675年丙午，周惠王二年，秋，王子颓伐惠王，王子颓，周庄王之子，惠王异母弟。初，周庄王嬖宠予颓，以大夫为国为之师。惠王即位，绌予颓，取为国之圃，惠王又取大夫边伯之宫，夺子禽祝跪，詹父二大夫之田，收膳夫之禄。是以五大夫共奉王子颓以攻惠王，不克，出奔于温。温，苏氏之邑，苏氏奉子颓至卫，用卫师、燕（南燕）师伐惠王，惠王自王城出奔。至前674年丁未夏郑厉公奉周惠王归。王居于栎。

前673年戊申，周惠王四年，夏，周惠王复国，郑厉公、虎公丑同奉周惠王伐王子颓，王与郑伯自王城南门入，虎公自北门入。惠王复国，杀王子颓及五大夫。惠王以虎牢之东，郑武公之旧地封郑厉公；以酒泉予虎公。

前667年甲寅，周惠王十年，冬，周以齐桓公为侯伯，周惠王命其卿士召伯廖赴齐，赐命齐桓公为侯伯（诸侯首领）。周王以卫助王子颓之乱，命齐讨之。齐桓公会鲁庄公于城濮（卫地，今山东鄄城西南）谋伐卫。

前666年乙卯，周惠王十一年，三月，齐桓公伐卫，败卫师，责之听王命，取赂而还。

夏，晋申生，重耳，夷吾出居，晋献公有子八人，太子申生，公子重耳，夷吾皆有贤名，分别为齐姜，狐姬，狐娣所出。献公嬖骊姬，骊姬争立其子奚齐，谮三公子于献公，献公遂使申生出居曲沃。重耳出居蒲城（今山西阳县西北），夷吾出居二屈（南屈、北屈，两地密集，皆在今吉县境）。

前664年丁巳，周惠王十三年，四月，周卿士虎公讨樊皮（樊皮于上年叛周）入樊（今河南济源西南），执樊皮以归京师。

前655年丙寅，周惠王二十二年。

正月，晋杀申生，晋太子申生祭于曲沃，归胙（祭肉）于献公，骊姬使人置毒于胙，诬申生弑父，谮重耳夷吾参预其事。献公怒，欲杀三子。申生自缢，夷吾保其封地二屈，重耳出奔于狄。

秋，首止之盟，周惠王宠少子带，有废太子郑之意。齐桓公会宋、鲁、陈、卫、郑、许、曹之君于首止（卫地，今河南睢县东）与周太子盟，以定太子之位，惠王使周公宰孔召郑伯间之，郑伯逃盟。

前654年丁卯，周惠王二十三年。是岁，百里奚相秦，秦穆公夫人媵臣（男子之陪嫁者）百里奚逃亡至楚，穆公闻其贤，欲以重金赎之，恐楚人不予，乃以五羖（羖，黑色公羊）羊皮赎之归。穆公于语因事三日，大悦，授之国政，号称“五羊大夫”。百里奚辞让曰：“臣不及臣友蹇叔，蹇叔贤而世莫知。”穆公复以蹇叔为上大夫。

前663年戊辰，周惠王二十四年，闰十二月，周惠王卒，太子郑立是为襄王。襄王患其弟带争之，秘不发丧而求救于齐。明年襄王始以惠王之丧讣告诸侯。

六、周襄王，姬郑，前652年己巳——前619年壬寅。

前651年庚午，周襄王二年，九月，葵丘之盟：齐桓公与宋、鲁、卫、郑、许、曹之君及王使盟于葵丘，初命曰：“诛不孝，无易树子（不要废立太子），无以妾为妻。”再命曰：“尊贤育德，以彰有德。”三命曰：“敬老慈幼，无忘宾、族。”四命曰：“士无世官，官事无摄（公家职务，不要兼摄）。取士必行（得贤、得人），无专杀大夫。”五命曰：“无曲防（不要到处筑堤），无遏米（不要禁止邻国来采购粮食），无有封而不告（不报告盟主）”（从《孟子·告子下》）。

前649年壬申，周襄王四年，夏，督带攻襄王：襄王之弟叔带（即王子带）觊觎王位，招杨拒、泉皋、伊洛之戎（诸戎在王城四周及伊、洛两水一带）攻京师，焚东门。秦、晋助襄王，兴师伐戎。

前648年癸酉，周寰王五年，夏，周襄王讨其弟叔带。秋，太叔带奔齐。冬，周、晋与戎不睦，齐桓公使管仲、阳朋分赴周、晋为之媾和。周欲以上卿之礼待管仲，仲三让，受下卿之礼以见周王。

前647年甲戌，周寰王六年，冬，“泛舟之役”：晋饥荒，乞米于秦。秦穆公问诸大夫曰：“与诸乎？”百里奚村曰：“天灾流行，国家代有，救灾恤邻，道也。”丕郑之子丕豹则主乘机伐晋。秦穆公曰：“其君是恶，其民何罪？”秦于是乎输粟子晋，自雍及绛相继，人称“泛舟之役”。

前645年丙子，周襄王，春，诸侯盟子牡丘：楚以徐（徐戎所建，今江办泗洪南）亲北方诸侯，伐之。齐、宋、鲁、陈、卫、郑、许、曹之君谋救徐，盟以特丘（刘邑，今山东聊城东北）诸侯止于匡（今河南睢县西），命其大夫率师救徐。

冬，秦、晋战于韩原：秦以晋背已，伐之。秦三败晋戎边之卒，渡河而东。晋惠公迎战于韩原（今山西河津、稷山间）、晋师大败，惠公被俘。

秦、晋盟于王城：穆公自伐晋归，至于王城（今陕西大荔东）。与群臣谋，曰：“杀晋君，与逐出之，与以归之，与复之，熟利？”大夫子桑曰：“归之而质其太子，必得大成。”是时，穆公夫人亦为其弟惠公请。穆公乃许晋和，与晋侯盟于王城，秦许释惠公，晋以太子圉质秦，许秦以河东之地。

前644年丁丑，周襄王九年：晋惠公与群臣谋杀重耳，重耳闻之，离狄赴齐，齐桓公以宗女妻之。

前641年庚辰，周囊王二年，六月，曹南之盟：齐襄公欲继齐桓公之后为侯伯，主持诸侯盟会，乃会曹、邾、曾等国之君于曹南鄙。曾君后至，襄公使邾君执而祭（人祭）于睢水之社。左师子鱼曰："齐桓公存三亡国（鲁、邢、卫）以属诸侯，义士犹曰薄德，今一会而虐二国（滕、曾）之君，将以求霸，不亦难乎？"

前639年壬午，周襄王十四年，秋，楚成王执宋襄公，宋襄公召诸侯会盟，楚成王怒曰："召我？我将好住而袭寿之。"宋、楚、陈、蔡、郑、许、曹等国君主会于盂（宋地，今河南睢县境），楚成王执宋襄公以伐宋，败宋师。于冬释宋襄公。

前638年癸未，周襄王十五年，十一月楚宋泓水之战：宋、楚两国之师战于泓水（已湮，在今河南柘城西北）、楚师未全渡，宋师已成列，子鱼以彼众我寡，请半渡而击之。襄公不听。楚师既渡而未成列。子鱼又曰："可击"公曰："君子不以阻隘，不鼓而成列，不重伤（已伤者，不再伤之），不擒二毛（头发班白）"。子鱼曰：兵以胜为功，必如公言，又何战为？楚军布阵而击，宋师败绩。

前637年甲申，周襄王十六年：晋重耳在楚，重耳在齐五年，乃去。过曹、宋、郑诸国，而至于楚，楚成王待以诸侯之礼，曰：公子若返回晋国，何以报答我？对曰：若以君之灵，得返晋国，晋、楚治后，遇于中原，其避君三舍（一舍为三十里）。若不获命，其左执鞭弭，右属櫜（音高，盛箭之器）鞬（盛弓之器），以于君国旋（重耳居楚数月，应秦之召入秦）。

前636年乙酉，周襄王十七年，春，重耳入主晋国：晋人闻重耳在秦阴来劝之返国，为内应者甚众。秦穆公并发兵助重耳。重耳与秦师济河，晋邑令狐、桑泉、白衰（皆在山西临猗境）悉降。重耳入绛，立为晋君，是为晋文公。怀公奔高梁（今临汾东），文公使人杀之。怀公近臣吕甥，惧诛作乱，谷芮从之，文公借秦师平之。

夏，周出狄师伐郑，滑叛郑亲卫，郑伐之，周襄王遣赴郑，为滑诸命。郑以襄王右祖卫，滑执王使。襄王遂出狄师伐郑，取栎（郑邑，今河南禹县），襄王纳狄女隗氏为后。

秋，襄王奔汜，襄王王后私通王子带，襄王废之。狄怒，与王子带共攻襄王，败王师，获周公忌父，原伯、毛伯，富辰，襄王出奔于汜（今河南襄城南），冬，周襄王告难于晋、秦、鲁等国。

前635年丙戌，周襄王十八年。

四月，晋文公纳襄王：秦驻军河上，将纳襄王。晋狐偃（字，子犯）谓文公曰：“求霸莫如尊周，方今尊王，晋之资也。请先于秦而纳襄王（好政治策略）。晋出师，左师围王子带于温，右师迎王于汜，纳王于王城，取王子带而杀之。襄王予文公以阳樊、温、源、赞茅四邑。于是晋拓疆至南阳（太行山以南，黄河以北）。

前633年戊子，周襄王二十年，冬，晋作三年：宋大夫公孙固赴晋告急。晋先轸以为取威，定霸在此一举，请许宋国之请。文公于是阅兵于被庐，作三军，谋元帅。赵衰以谷毂可以为元帅，晋侯乃使文将申军，谷溱佐之。狐毛将上军，狐偃佐之，栾枝将下军，先轸佐之。

前632年已丑，周襄王二十一年，四月，濮阳之战，楚将子玉使宛春告于晋君，曰：“请复卫侯而封曹。臣亦释宋子围。”“晋私许曹，卫以间楚；而妨宛春以激子玉，子玉怒，进逼晋师。晋师退避三舍，至于城濮（卫地，今山东鄄城西南），以车七百乘而与楚师战。”子玉将中军曰：“今日必无晋矣”子西将左，子上（勃）将右。晋胥臣以虎皮蒙马，先犯陈、蔡。陈、蔡军奔，楚右师溃（陈、蔡属右师），晋栾枝率下军伪遁诱敌，楚左师追之，先轸、谷溱以中军横击，狐毛、狐偃又以上军夹攻，楚左师溃。于玉收师而上。故中军不败。楚师归，子玉自杀。晋师驻于衡雍（郑地，今河南原阳西）。

五月，践士之盟，周襄王涖践士（在衡雍西南）劳师，晋献楚俘于玉、襄王策命晋文公为侯伯（诸侯之长），“敬服王命，以缓四国（四方诸侯）。”文公与齐、宋、鲁、蔡、郑营之君及卫侯之弟叔武盟。陈侯到会听命。

十月，晋文公召周王：晋以卫、许未服，欲会诸侯讨之。惧诸侯不奉命，乃如周王（诸侯召王非礼《春秋》讳文，书曰：“天子狩于河阳”。）以朝天子名义会诸侯。晋、齐、宋、鲁、蔡、陈、郑、莒、邾之君及秦人会于温（晋邑，今河南温县西）。晋侯率诸侯朝王于践士。

前630年辛卯，周襄王二十三年。

秋，周襄王许晋文公之请，释卫成公，成公归国，杀公子瑕及妇人元亘。

九月，烛之武退秦师，晋师、秦师围郑。晋驻军函陵（今河南新郑北）。秦驻军汜南（中牟南）。郑大夫佚之狐言于郑文公曰；“国危矣，若使烛之武见秦君，师必退。”公从之，烛之武辞曰：“臣之壮也，犹不如人。今老矣，无能为也。”公曰：“吾不能早用子，今急而求子，是寡人之过也，然郑亡，子亦有不利焉。”烛之武许之，见秦君曰：春、郑远，亡郑，有益于晋，无利于秦，秦焉用亡郑以益晋？夫晋何厌之有，既东封（拓疆）郑，又欲肆其西封，若不阙秦（摧毁），焉取之？秦穆公悦，与郑盟。使杞子逢孙，杨孙等戍郑，秦师退，郑请和于晋，晋许之。

前628年癸巳，周襄王二十五年。

冬，晋文公重耳卒，子灌立，是为晋襄公。晋文公主国事七年。

前625年丙申，周襄王二十八年。

二月，秦、晋战于彭衙，秦以孟明视伐晋，以报肴之役。晋襄公御之，先且居将中军，赵衰佐之。秦、晋师战于彭衙（秦地，今陕西澄城西北），秦师败绩，秦穆公仍以孟明视主持秦国军政。

是岁，由余使秦，戎王使由余入秦，由余，其先晋人，亡入戎。穆公示以宫室，积聚。由余曰："使鬼为之，则劳神矣，使人为之，亦苦民矣。"穆公以由余贤，留之终年不遣。

前623年戊戌，周襄王三十年。

秦霸西戎：秦穆公用由余伐西戎，益国十二，开地千里，遂霸西戎。周襄王使召公过贺穆公以金（铜）鼓。

前621年庚子，周襄三十二年。

春，晋以赵盾主国政。晋之军帅多死，于是废新上军，新上军，恢复三军建制，并计划新帅。晋以赵盾（宣子，赵衰之子）为中军帅。狐射姑（贾季，狐偃之子）佐之，赵质主国攻（晋中军帅为正卿，出则主军，入则主政），定章程，修法令，理诉讼，清积弊，起贤能。

夏，秦葬穆公以人殉，穆公任好卒，葬于雍（今陕西风翔南），以人殉葬，从死者一百七十七人（亦曰一百七十人），秦之良臣，子车氏之三子奄息，仲行、铁虎皆在从死之中，国人哀之，为之赋《黄鸟》（见《诗·秦风》，太子莹（英）立，是为康公。

前619年壬寅，周襄王三十四年，

八月，周襄王卒，子壬臣立，是为顷王。

七、周顷王，壬臣，前618年癸卯——前613年戊申。

前615年丙午，周顷王四年。

冬，秦、晋战于河曲，秦康公伐晋，取霸马（今山西永济南）晋军御之，两军对崎于河曲（在霸马之南，黄河至此，折而向东，成一曲，故名）。赵盾纳臾骈之谋，深垒固军，以疲秦师，秦师患。赵盾昆弟赵穿好勇而狂，秦师激之。穿独以所部出战。盾惧穿有失，乃命全师跟进。秦师退，晋师亦还。秦师复出，入瑕（今河南灵宝西）。

前613年戊申，周顷王六年，

春，周顷王壬臣卒，子班立，是为匡王。周公阅，王孙苏西卿士争政。

秋，周公阅，王孙苏因争政而讼于侯伯晋，赵盾听讼并为之和解。

八、周匡王，姬班，前612年己酉——前607年甲寅。

前611年，庚戌，周匡王二年，楚庄王“三年不鸣，鸣将惊人”，楚庄王即位三年，不出号令。伍举、苏从相继进谏，举曰：“有鸟在阜，三年不飞不鸣，是何鸟也？”庄王曰：“三年不动，将定意志；不飞，将长羽翼；不鸣，将览民则。”又曰：“三年不飞，飞将冲天；三年不鸣，鸣将惊人。”于是听政，所诛者数百人，所进者数百人。任伍举、苏从以政，国人大悦（从《史记·楚世家》）。

前607年甲寅，周匡王六年。

十月，周匡王班卒，子瑜立，是为定王。

九、周定王，姬瑜，前606年乙卯——前586年乙亥

春，楚庄王问鼎中原：庄王伐陆浑之戎（即姜戎，散居黄河南，熊耳山北之阴地，又曰阴地戎），至于洛水，观兵于周疆。周定王使王孙满慰劳。楚王问九鼎大小，轻重（传说铸九鼎，象征九州，夏、商、周奉为传国之宝。楚庄王问九鼎，意在取周而代之），王孙满以“在德不在鼎”答之。

前593年戊辰，周定王十四年，秋，周王室复乱。毛，召之党讨王孙苏，王孙苏奔晋。冬，晋以士会和解王室。士会不习周礼，归而讲求之。

前586年乙亥，周定王二十一年。

冬，周定王瑜卒，子夷立，是为简王。

十、周简王，姬夷，前585年丙子——前572年己丑。

前583年，戊寅，周简王三年。六月，晋诛赵同、赵括，赵庄姬以赵同、赵恬放逐赵婴于齐（前586年），怀恨于心，潜于景公，诬同、恬将为乱。栾、谷不满赵氏，为庄姬作证。晋侯遂诛同、恬，灭赵氏之族。赵朔，庄姬之子赵武随母庄姬畜于公宫。韩厥对晋侯曰：“成季（赵衰）之勋。宣孟（赵盾）之忠，而无后，善者其惧矣。”乃立赵武，而返其田。赵、韩两世家说晋大夫屠岸贾谷诛赵氏，乃对诸将说，赵穿弑灵公“盾虽不知，犹为贼首，以臣弑君，子孙在朝，可以惩罪，请诛之。”于是，攻赵氏于下宫，皆灭其族，孤儿赵武是程婴，公孙许臼二人救出。

前582年己卯，周简王四年。

春，晋会诸侯于蒲，晋屡失信，诸侯多有离心。晋患之，会、齐、宋、鲁、卫、郑、曹、莒之君于蒲（卫地，今河南长垣东），以重温马陵之好，季文子谓范文子曰：“德之不境（终）寻盟何为？”晋欲会吴王，吴王不至。

前578年癸未，周简王八年。

夏、晋率诸侯伐秦，晋厉公及周大夫刘康公，成肃公率诸侯伐秦。晋以栾书，荀庚、士燮、谷奇、韩厥、荀蓥、赵族、谷至率四军（中、上、下、新中）。诸侯之师败秦师于麻隧（秦地，今陕西泾阳北），至侯丽（今礼泉东）而还。获秦成差及水更（爵名）女父（人名）。成肃公，曹宣公皆卒于师。

前 575 年丙戌，周简王二十一年。

夏，晋、楚焉陵之战，郑叛晋，亲楚，代宋，晋师，卫师伐之。晋厉公与栾书、士燮、谷奇率中、上、下、新四军渡河。又使谷犨、栾黡兴齐、鲁之师，郑乞师于楚。楚共王与子重、子反、子辛军楚三军及蛮师援郑。晋、楚两军战于鄢（今河南鄢陵北）。自晨至墓，楚师少受挫，楚王伤一目。子反准备明早再战，而楚共王夜遁，楚师遂还，子反自杀。

前 572 年己丑，周简王十四年，

秋，周简王夷卒，子泄心立，是为灵王。

十一、灵王 泄心 前 571 年庚寅——前 545 年丙辰。

前 570 年辛卯。夏，祁奚荐贤，晋中军慰祁奚告老，晋悼公问谁可代。祁奚荐解狐。悼公曰：“解狐非子之仇邪？”对曰：“君问可，非问臣之仇也。”解狐将立而卒，悼公又问，祁奚荐其子午。悼公又问：“午非子之子也？”对曰：“君问可，非问臣之子也。”午为军尉，军无秕政。时人赞曰：“祁奚可谓不党矣，外举不稳仇，内举不隐子。”

魏绛守职，鸡泽之会，晋悼公之弟杨干独犯军法，扰乱行列。中军司马（主管军法）魏绛戮杨干车夫。悼公以绛辱其弟，与羊知赤言：“必杀绛”。赤谏之。言终，魏绛至，陈执法之由，并请归死于司寇（司国法者）。公跣而出，曰：“寡人之言，亲爱也；吾予之讨，军礼也。寡人有弟勿能教训，使干（触犯大命，寡人之过也。”悼公以绛为能，使佐新军。

前 569 年壬辰，周灵王三年。

冬，魏绛和戎，无终（山戎国名，晋之北邻）之君嘉父使孟乐赴晋求好。晋悼公初欲拒之，魏绛请与之和。曰：“和戎有五利焉，戎狄荐君（逐水草而居），贵货易土（轻土地），土可贾焉，一也：边鄙不耸（无警），民狎其野，穑人成功，二也：戎狄事晋，四邻振动，诸侯威怀，三也；以德绥戎，师徒不勤，甲兵不顿（不损坏）四也……远至尔安（远邻来，近邻安），五也。”晋侯悦，使绛与戎盟。

前 551 年庚戌，周灵王二十一年。

夏八月二十七日（公历 9 月 28 日）孔丘诞生，丘先世为宋贵族，孔防叔，因华氏之逼，自宋奔鲁。防叔生伯夏，伯夏生叔梁纥，叔梁纥娶颜氏之女，生孔丘。生而头上圩顶（中低而周高），故名曰丘，字仲尼（《孔子演义，第二章》

公历9月28日）。

前545年丙辰，周灵王二十七年。

冬，周灵王泄心卒，子贵立，是为景王。

十二、景王 姬贵 前544年丁巳——前520年辛巳。

夏，季扎聘诸侯，吴王夷未使其弟季扎通好北方诸侯。季扎历访鲁、齐、郑、卫、晋等诸国。在鲁，请观周乐：在齐，以为齐政将有所归（归于田氏）；在郑，以为郑政将归于子产；在卫，赞遽瑗（字伯玉《淮南子》言其“年五十而知四十九年非”），为君子；在晋，以为晋政将在家门。

冬，司马穰苴治军，晋、燕伐齐，齐师败绩，晏婴荐田完苗裔穰苴于景公，使治兵。景公命其宠臣庄贾为穰苴监军，庄贾后至，穰苴斩之以徇三年。景公遣使持节赦监军。穰苴曰：“将在军，君命有所不受。”卒斩之，士卒次舍，穰苴亲问饮食，疾病、医药，与之平分粮食，故争出为之赴战。晋师、燕师闻之罢去。景公尊为大司马。

前543年戊午，周景王二年。

十月，郑子产为政，郑良香侈而愎，郑人杀之。子皮罕虎当国，以子产贤，授之以政，子产使都皮有章（城、乡有别），上下有服（上下各有职责），田有封洫（田有疆界沟洫）。庐井有伍（庐舍之民编为卒伍），大夫之忠俭者举之，泰侈者黜之。

前541年庚申，周景王四年。

秋，医和谈六淫致病。晋平公疾，求医于秦。秦伯使医和往视之，和致晋，曰：天有阴、阳、风、雨、晦、明六气，过则为灾。阴淫（过度为淫）寒疾；阳淫热疾，风淫未（四肢）疾，雨淫腹疾，晦淫惑疾，明淫心疾。君疾如蛊，淫于女室也。病不可为。赵武以为良医，厚礼遣归之。

前539年壬戌，周景王六年，

正月宴婴论齐，叔向谈晋，齐晏婴聘晋，与晋叔向相与言齐，晋。晏婴曰：齐政将归陈氏，公失其民。民三其力，二入于公（收三分之二赋税）。国之诸市，屦贱而踊贵（刑法残暴，断脚配假腿，因而屦贱踊贵）。陈氏以家量代民，而以公量收之（家量大于公量）。民爱之如父母，归之如流水。叔向曰：晋亦当未世。公室滋侈，厚赋为台池，庶民罢（疲）敝。民闻公命，如逃寇仇。公室将卑，政在家门。

前536年乙丑，周景王九年。

三月郑子产作刑书，子产将刑书铸于鼎，以为常法。晋叔向致书反对，曰：“夏有乱政，而作禹刑；商有乱政，而作汤刑；周有乱政，而作九刑。三辟（夏、商、周三刑）之兴，皆叔世（晚年）也……铸刑书，将以靖民，不亦难乎？”铸刑书，标志郑国后期阶段矛盾尖锐。

前534年丁卯，周景王十一年，陈哀公三十五年。

四月，陈公室乱，初，陈哀公欲废太子偃师而立嬖子留，将留托付于司徒招（哀公之弟）。及招杀偃师，哀公又以其擅杀太子而欲诛之。招以兵国哀公，哀公自缢，公子留奔郑，陈大乱。

冬，楚灵王灭陈，灵王闻陈大乱，使公子弃疾（熊居，子居）率师奉陈故太子偃师之子吴讨之。灭陈。楚以陈为县，使大夫穿封戍为陈公（后穿封戍死，以公子痉疾继之）。

前531年庚午，周景王十四年，蔡灵侯十二年。

冬，楚灭蔡，筑三城，楚师破蔡，楚灵王以太子为牺牲，祭祀阙山，蔡亡。灵王扩建陈、蔡、不羹（西不羹，今河南襄城东南：东不羹，今武阳北）三城，使人方于范无宇（申无字）曰：“今吾城三国，赋皆千乘，亦当晋矣，又加之以楚，诸侯其来乎？”使弃疾为蔡公。

前529年壬申，周景王十六年，楚灵王十二年。

夏，楚灵王之死和平王之立，楚灵王暴虐，国人咸怨，左右离心，诸侯携贰。其弟公子比（子干），公子弃疾，公子黑肱（子皙）欲乘之取王位。灵王在乾奚谷，三公子率陈、蔡、不羹、许、叶这师入郢，杀灵王太子禄，以子比为王。三公子使至乾奚谷，令灵王之众曰：郢有王矣，先归者复爵邑田宅，后至者受劓刑。灵王师溃自缢。灵王实死，而弃疾使人走呼于郢曰：“王至矣？”子比、黑肱皆自杀，弃疾即位，是为平王（家天下，骨肉相残）。

平王封陈、蔡、复迁邑，平王取得王位，多由陈蔡之助，于是恢复陈、蔡两国，使蔡故太子有之子庐归于蔡（新蔡，今河南新蔡），是为平侯。使陈故太子偃师之子吴归于陈，是为惠公。使被迁者各还旧邑。

秋，晋治兵邾南，晋自平公以来，内则公室卑微，赵、魏、韩、知、范、中行六氏称强，政出多门；外则不竞于楚，坐视陈、蔡相继败灭。于是盟主威信日降，诸侯多有二心。叔向为昭公谋，请会诸侯而示之以威。晋遂以鲁师擅自取更（前532年），会诸侯讨之。晋治后全邾之南部，甲车四千乘，军容之盛，前所未有。鲁惧，听命。昭公会周卿士刘献公及齐、宋、卫、郑、曹、莒、邾、滕、薛、杞、小邾之君平丘（今河南封丘东）而盟之，不许鲁君人盟。

前525年丙子，周景王二十年，楚平王四年，吴王僚二年。

冬，天、楚战于长岸，吴公子光率舟师伐楚，战于长岸（今安徽当涂西），楚师先败，司马子鱼（公子鲂）战死。继而楚师大败吴师，获吴王乘舟。吴王夜袭，又败楚师，夺回乘舟。

前522年己卯，周景王二十三年，楚平王七年，

三月，楚太子建，伍员出奔，楚大夫费无极潜太子建于平王曰：建于其傅伍奢将以方城之外叛。平王信之，使人杀太子建，建闻之，出奔于宋（后又奔郑）。伍奢及其长子伍尚被杀，尚弟伍员（子胥）出奔于吴，说吴伐楚。

前520年辛巳，周景王二十五年。

夏，王子朝与悼王争王位，周景王卒，周大夫单旗（穆公）刘狄（伯岔）立景王长子猛，是为悼王。景王庶子王子朝依靠旧官，百工之失业者，灵、景之族，与悼王争王位，败王师，悼王出奔，告急于晋。

冬，晋籍谈（籍父）荀跞（知跞，知文子）率九州之戎之焦瑕、温、原之师护悼王归王城，悼王卒，母北王子匀立，是为敬王。晋师、王师伐王子朝于京（今洛阳西南）。

十三、敬王　姬匀　前519年壬午——前476年乙丑。

夏，京之役，王子朝受挫，晋师遂还，及晋返，王子朝之师复振，败敬王之师，入居王城。

秋，周敬王居于狄泉，狄泉在王城东，人称东王，王子朝亦在王城称王，人称西王，周东王、西王并立。

前517年甲申，周敬王三年，鲁昭公二十五年。

九月，鲁三桓逐昭公：鲁公丧政四世（宣、成、襄、昭），政在季氏三世（文子、武子、平子）。后，臧之族皆怨季氏。鲁昭公遂依后氏，臧氏之众伐季氏。季氏垂危。叔孙氏之众曰："无季氏是无叔孙氏也"救之。孟氏亦以其众来会。三家共败昭公，后氏、臧氏、昭公出奔于齐。

前516年乙酉，周敬王四年。

冬，王子朝奔楚，晋知跞，赵鞅率师助敬王伐王子朝，克巩（今河南巩县西南）。王子朝及召氏之族，毛伯得，尹氏固，南富嚣奉周之典籍奔楚、敬王还入成周（洛邑）。晋师使成公般戍周而还。

前515年丙戌，周敬王五年，吴王僚十二年，

春，吴二公款子伐楚：吴王僚乘楚丧使其弟掩余，烛庸率师伐楚之六（今安徽六安东北）、潜（今霍山县北），使季扎于晋，以观诸侯之变。楚沈尹戌率师遏吴师于穷（今霍山丘西南）。左尹谷宛、工尹寿率师截吴师于潜。吴师进退两难。

四月，专诸刺王僚：公子光求王位，谋于专诸（即专设诸）曰：我，真王嗣也，当立。专诸曰："王僚可杀也，母老子弱，而西公子将兵攻楚，楚绝其路"。于是光伏甲于窟室，而宴王僚。专诸置匕首于奚鱼中以进，刺杀王僚。光竟代立，

是为吴王阖闾（或曰阖庐）。公子掩余奔徐，公子烛庸奔钟吾（今江苏宿迁北）。

前 514 年丁亥，周敬王六年，晋顷公十二年。

夏，晋灭祁、杨两族：祁盈（祁午之子）、杨食我（叔向之子）皆晋之宗室，而相恶于晋君。晋六卿欲弱公室，言于晋侯，借故杀祁盈、杨食我（即是砍晋左右膀），并尽灭祁、杨两族。于是晋室亦为孤立（好为后三家分晋）。

秋，晋六卿益强，晋灭祁、杨，而以祁氏之邑为七县邬（今山西介休东北）、祁（今祁县东南）、平陵（今文水东北）、梗阳（今清徐）、涂水（今榆次市西南）、马首（今平定东南）、盂（今盂县），以杨氏之邑为三县，铜革是（今沁县南）、平阳（今临汾市）、杨氏（今洪洞东南）。以贾辛、僚安为十县大夫。十大夫中六卿之庶子四人，于是六卿益强。

是岁，吴王阖闾召伍员为行人（外交官），以伯鼓为大夫，共谋国事。

孔丘赴齐、学《韶乐》，三月不知肉味。齐景公问政，孔丘曰："君君、臣臣、父父、子子"，又曰："政在节财"。

前 512 年己丑，周敬王八年，吴王阖闾三年。

冬，阖闾与伍员谋伐楚，伍员请分兵以扰楚，曰：楚抗政众而不和，互为推诿。我若分为三师，轮流出扰，彼出我归，彼归我出。楚必疲于奔命，及其疲敝，而后三师齐出，必大胜，阖闾纳伍员之谋以扰楚。

孙武和《孙子兵法》，孙武之长卿，齐国田氏之后，齐景公时，齐之贵族互相砍伐，孙武避乱于吴，伍员荐之吴王阖闾。武与吴王讨论晋六卿强弱，讽其效赵氏田制，大其亩而轻其税。为阖闾治兵，威振楚、越。传世有《孙子兵法》十三篇。1972 年在山东临沂汉墓中又发现《吴问》等选文。《孙子兵法》是古代最伟大的军事学著作，世界主要国家皆有译本。外国盛称孙子"是古代第一个形成战略思想的伟大人物（约翰·柯林斯《大战略》）"。

前 510 年辛卯，周敬王十年，吴王阖闾五年。

夏，吴王阖闾伐越，吴王率军伐越，越军允常迎战。吴、越始交兵。越相传为少康庶子所建，土于会稽，以奉守禹祀。文身断发，披草莱而邑，传二十余世，至允常。

是岁，老聃在世，孔丘随南宫敬叔至周，问礼于老予。老子姓李，名耳，字伯阳，号聃，楚国苦县（今河南鹿邑东），厉乡曲仁里人，曾任周守藏室之史（管理图书官吏），其学以自隐无名为务，通晓上下古今之变。君周久之，见周之衰，乃去。至关，应关令尹喜之请，著书上下篇，言道德五千余言。莫知其所终。

前 505 年丙申，周敬王十五年，吴王阖闾十年。

夏，秦师，楚师反击吴师，秦以子蒲，子虎率车五百乎乘救楚。子蒲以"吾未知吴道（战法）”，使楚先与吴战，而自稷（今河南桐伯境）会之，大败夫概（阖闾弟）于沂（今河南正阳境）楚公子申（子西）败吴师于军祥（今湖北随县西）。

秋，阖闾败归，吴腹背受敌，前有秦师、楚师，后有越师，阖闾之弟夫概乘之，潜归自立为王。阖闾闻之，以兵攻其弟，夫概兵败奔楚。阖闾与楚、秦之师再战，败绩于麇，公婿之奚谷，吴王归，楚昭王还郢。

前 504 年丁酉，周敬王十六年，郑献公十年。

春，郑伐周，鲁伐郑，王子朝之余党儋翩将在周作乱，郑助之，为之伐周六邑，冯（今洛阳市近郊）、滑、胥靡（皆在今偃师东南）、负黍（今登封西南）、狐人（今临颍）、阙外（伊阙之南）、鲁奉晋命伐郑，讨其攻周，取郑之匡邑（今长垣）。阳虎等过卫，不假道，卫公使大夫弥子瑕追之。

冬，周儋翩作乱，周敬王自成周出走，居于姑莸（周邑）。

前 502 年己亥，周敬王十八年，鲁定公八年。

十月，鲁阳虎之变，鲁季桓予（斯）家臣阳虎之势日盛，欲取三桓而代之。季孙氏与叔孙氏庶子季寂和叔孙镊皆无宠于季桓子和叔孙武叔（州仇）。阳虎遂与二子谋杀三桓，以季寐取代季桓子，以叔孙辄取代叔孙武叔，自己取代孟懿子（何忌）。阳虎谋杀桓子，不遂。三桓攻阳虎，阳虎战败，据灌（今宁阳北），阳吴（在灌之东）以叛。

前 501 年庚子，周敬王十九年，鲁定公九年。

是岁，鲁以孔丘为中都宰，一年，四方皆则（效法）之。由中都宰为司空，由司空为大司寇。

前 500 年辛丑，周敬王二十年。

春，孔丘诛少正卯，少正卯（少正，一说为氏，一说为官，卯是名），春秋鲁之闻人。据说与孔丘同时讲学，“孔子之门三盈三虚”。孔丘为司寇三月，以少正卯，“必达而险，行辟而坚，言伪而辩，记丑而博，顺非而泽……乃小人之桀雄”诛之（诛少正卯，学术界尚有不同意见）。

前 498 年癸卯，周敬王二十二年，鲁定公十二年。

夏，鲁堕三都，鲁司寇孔丘言于定公曰：“臣无藏甲，太夫无百雉之城（高丈长丈曰堵，三堵曰雉）。请堕三都（三桓之都邑逅、费、成）。是时三桓之家臣势大振主，三桓亦许堕之。叔孙氏之逅先堕，及其将堕季氏之费，季氏家臣公山不狃及叔孙辄率费人袭鲁都。仲居命申名项，乐颀败之，遂堕费。将堕成，孟孙氏家臣公敛父言于孟孙曰：“无成，是无孟孙也。”不随。

前 497 年甲辰，周敬王二十三年。

春，孔丘出走，堕三都旨在强公室弱私门，孔丘遂为三桓所不容。是时，齐以女乐馈鲁，季氏受之，与定公三日不理朝政。子路曰：“夫子可以行矣”遂与众弟子离鲁赴卫。

前496年乙巳，周敬王二十四年，越王勾践元年，吴王阖闾十九年，

夏，越败吴于槜李，吴王阖闾闻越君允常卒，兴师伐越。吴战战于槜李（即，醉李，今浙江嘉兴南），吴师败债，越大夫灵姑浮以戈击阖闾，斩其大趾。阖闾还，卒子陉（去携七里）。子夫差继立。

附录：

吴越青铜剑，春秋后期，吴越为宝剑之乡。著名剑匠，吴有干将、莫邪，越有欧冶子。平将与欧冶子同师学艺，铸剑技术甚高。干将、莫邪为吴王铸二剑，称为“干将”、“莫邪”；欧冶子为勾践铸名剑五：湛卢、纯钧、胜邪、鱼肠、巨阙。又与干将为楚王铸三剑：称为龙渊、泰阿、工布。今存吴、越青铜剑有：湖北江陵出土“越王鸠浅（勾践）自作用剑”、山西平原和安徽寿县出土的吴王光剑，河南辉县和湖北襄阳出土的吴王夫差剑等。其冶铸淬炼之精，合金技术之巧，外镀之精良，花纹文铸造，均为艺术上之超越成就。（周纬、《中国兵器史稿》）

前494年丁未，周敬王二十六年，吴王夫差二年，越王勾践三年。

春，吴败越于夫椒，勾践闻吴王夫差欲伐越，日夜勒兵，谋先讨之，夫差悉发精兵击越，败越师于夫椒（今太湖中之西洞庭山，也说在今浙江绍兴北）。吴师入越。勾践以甲盾五千栖于会稽山上（今绍兴南），使大夫文种赂伯喜请和，伍员请吴王勿许，曰：“今不灭越，后必悔之。勾践贤居、种（文种）蠡（范蠡）良臣，若反国，将为乱。是时，夫差方有志于北方，不纳予胥之言，卒与越讲和。勾践与范蠡为质于吴，卑事夫差，而受国于文种。

前491年庚戌，周敬王二十九年，越王勾践六年。

是岁，勾践尝胆，越王勾践在吴三年，夫差遣之归国，乃苦身焦思，置胆于坐，坐卧饮食皆尝之，曰：“女（汝）忘会稽之耻邪？”食不加味，衣不重采，折节下贤人，振贫吊死于民，身自耕作，与百姓同其劳。于是土民安抚，皆欲投吴雪耻。

前484年丁巳，周敬王三十六年，吴王夫差十二年，

秋，夫差杀伍员，初，吴王夫差欲援鲁伐齐，伍员以为勾践乃吴心腹大患，请吴王释齐而伐越。夫差不听，命其出使于齐。伍员在齐，属其子于鲍氏，及吴胜齐，夫差闻之，赐剑使伍员自刎。

冬，仲尼返鲁，初，孔丘去鲁，历访卫、曹、宋、郑、陈、蔡、楚等国，而返于卫。冉求以孔子为圣人，荐之于季康子（肥）。季子纳冉求之言，以重币召之，孔丘乃归。孔丘周游列国，时十四年。返鲁，鲁哀公问政，对曰：“政在选臣”。季康子问政，对曰：“政者正日也”。季氏知孔丘与己不合遂不用。孔丘编《诗》、《书》、《礼》、《乐》、《春秋》，以授弟子。

前482年己未，周敬王三十八年，吴王夫差十四年，越王勾践十五年。

夏，勾践伐吴，吴王夫差远出，国内空虚。勾践乃发兵四万，私卒群子（亲兵）六千伐吴。越大夫畴无余，讴阳率师先至吴都城郊，为吴师所败，二大夫被俘。勾践率师复至，大败吴师，获太子友，王也弥庸，奉于姚，破吴都。吴人告败于夫差。

七月，黄池之盟，吴王夫差与晋定公会盟于黄池（今河南封丘西南）。与盟者尚有周卿土单平公和鲁哀公。吴、晋皆争先献血（先献血者为盟主）。吴王曰："于姬姓，我为伯（晋当时为诸侯首领）。"各不相让。后夫差闻越师破其都，始让于晋侯，吴师归。

冬，吴王夫差使人以厚礼请和于越。越王勾践自度亦未能灭吴，乃许之。

前479年壬戌，周敬王四十一年，鲁哀公十六年。

四月，孔丘卒，乙丑（十一日）孔丘卒，享年七十二岁（前551至前479年）。生平除从政周游列国外，主要时间从事教育及整理古籍，为春秋末年的伟大思想家、教育家，是儒家的创始人。"礼"、"仁"思想是孔丘思想的核心，还主张为政宽猛相济，使民以时，创私人讲学之风，主张"有教无类"、"因材施教"孔丘以其所编《诗》、《书》等授徒，传说及门弟子三千，身通六艺者七十二人。无私人著作，《论语》为孔门师生问答记录。

七月，《春秋》记事结束，《春秋》为我国最早一部编年史著作，其记事上起鲁隐公元年（前722年），下迄本年。其中鲁哀公十四年（前481年）以前为孔丘据鲁史改编而成，以后两篇为其门人续作。春秋以鲁十二君（隐、桓、庄、闵、僖、文、宣、成、襄、昭、定、哀）纪年。共记二百四十四年史事。其中记录日食三十七次，三十三次准确，为世界上最早最完整的记录。

前478年癸亥，周敬王四十二年，越王勾践十九年，吴王夫差十八年。

三月，越、吴战于笠泽，勾践伐吴，夫差御渚笠泽（又名囿，在今淞江入太湖处），两年来水而阵。越先以左右两翼扰吴师，及吴师分兵抵御，越以三军会攻吴之中军。吴军败北。（《春秋左传》"哀公十七年，三月，越予伐吴，吴子御之笠泽，夹水而阵。越子为左右句卒，使夜或左或右，鼓噪而进，吴师今以御之。越予以三军潜涉，当吴中军而鼓之，吴师大乱，遂败之。"）

七月，楚灭陈，初，楚国有白公之乱，陈曾乘之伐楚，楚国既以安定，遂命公孙朝（子思之子）率师伐陈，灭之而有其地，杀陈闵公。

前476年乙丑，周敬王四十四年。

冬，周敬王卒（敬王积年，据《左传》为四十四年，《史记年表》作四十三年。两者皆可，不过周年和虚年之分）子仁立，是为元王。

春秋东周及诸侯国世系表（公元前 770–476）

	周	鲁	齐	晋	秦	楚	宋	郑	卫	陈	蔡	吴	越
王公侯	平王	孝公	庄公	文侯	襄公	若敖	戴公	武公	武公	平公	僖侯		
名称	宜臼							滑突					
年数	51 年	38 年	64 年	35 年	12 年	27 年	34 年	27 年	55 年	23 年	48 年		
王公侯	桓王	惠公	僖公	昭侯	文公	宵敖	武公	庄公	庄公	文公	共侯		
名称	林	弗湟	禄父	伯		熊坎	司空	寐生	扬	圉	兴		
年数	23 年	46 年	33 年	6 年	50 年	6 年	18 年	43 年	23 年	年	2 年		
王公侯	庄王	隐公	襄公	孝侯	宁公	汾冒	宣公	厉公	桓公	桓公	戴侯		
名称	佗	息姑	诸儿	平		熊熙	力	突	完	鲍			
年数	15 年	11 年	12 年	16 年	12 年	17 年	19 年	28 年	16 年	38 年	10 年		
王公侯	僖王	桓公	桓公	鄂侯	出公	武王	穆公	文公	宣公	厉公	宣侯		
名称	胡齐	允	小白	郗		熊通	和	捷	晋	跃	孝父		
年数	5 年	18 年	43 年	6 年	6 年	17 年	9 年	45 年	19 年	7 年	35 年		
王公侯	惠王	庄公	孝公	哀侯	武公	文王	殇公	穆公	惠公	庄公	桓侯		
名称	阆	同	昭	光		熊赀	与夷	兰	朔	林	封人		
年数	24 年	32 年	10 年	2 年	20 年	15 年	10 年	22 年	31 年	7 年	20 年		
王公侯	襄王	闵公	昭公	武公	德公	堵敖	庄公	灵公	懿公	宣公	哀侯		
名称	郑	启方	潘	称		熊僖	冯	夷	赤	杵臼	献舞		
年数	34 年	2 年	20 年	39 年	2 年	3 年	18 年	1 年	9 年	45 年	20 年		
王公侯	顷王	僖公	懿公	献公	宣公	成王	闵公	襄公	文公	穆公	穆侯		
名称	王臣	申	商人	诡诸		顼	捷	坚	毁	款	肮		
年数	6 年	33 年	4 年	26 年	12 年	46 年	10 年	18 年	25 年	16 年	29 年		
王公侯	匡王	文公	惠公	惠公	成公	穆王	桓公	悼公	成公	共公	庄侯		
名称	班	兴	元	夷吾		商臣	御说	费	郑	朔	甲午		
年数	6 年	18 年	10 年	14 年	4 年	12 年	31 年	2 年	35 年	18 年	33 年		
王公侯	定王	宣公	顷公	文公	穆公	庄王	襄公	成公	穆公	灵公	文侯		
名称	瑜	馁	无野	重耳		旅	兹父	能	速	平国	申		
年数	21 年	18 年	17 年	9 年	39 年	23 年	14 年	14 年	11 年	15 年	20 年		
王公侯	简王	成公	灵公	襄公	康公	共王	成公	僖公	定公	成公	景侯	王	
名称	夷	黑肱	环	欢		审	王臣	髡顽	臧	午	固	寿梦	
年数	14 年	18 年	28 年	7 年	12 年	31 年	17 年	5 年	12 年	30 年	49 年	25 年	

续表

王公侯	灵王	襄公	庄公	灵公	共公	康王	昭公	简公	献公	哀公	灵侯	吴王	
名称	泄心	午	光	夷皋		昭	杵血	嘉	衎	溺	股	诸樊	
年数	27年	31年	6年	14年	5年	15年	9年	36年	18年	35年	12年	13年	
王公侯	景王	昭公	景公	成公	桓公	郏敖	文公	定公	殇公	惠公	平侯	吴王	
名称	贵	裯	杵血	黑臀		麇	鲍	宁	剽	吴	庐	余祭	
年数	25年	32年	58年	7年	27年	4年	22年	16年	12年	24年	8年	4年	
王公侯	敬王	定公	安孺子	景公	景公	灵王	共公	献公	献公	怀公	悼侯	王	王
名称	匄	宋	荼	据		虔	固	虿	复位	柳	东国	灵米	勾践
年数	44年	15年	1年	19年	40年	12年	13年	年13	4年	4年	3年	17年	21年
王公侯		哀公	悼公	厉公	哀公	平王	平公	声公	襄公	闵公	昭公	王僚	
名称		蒋	阳生	寿曼		熊居	成	胜	恶	越	申		
年数		19年	4年	8年	36年	13年	44年	25年	9年	23年	28年	12年	
王公侯			简公	悼公	惠公	昭王	元公		灵公		成公	王	
名称			王	周		轸	佐		元		朔	阖闾	
年数			4年	15年	10年	27年	15年	年	42年		15年	19年	
王公侯			平公	平公	悼公	惠王	景公		出公			王	
名称			骜	彪		章	栾		辄			夫差	
年数			5年	26年	14年	13年	41年		13年			20年	
王公侯				昭公	厉共				庄公				
名称				夷	公				蒯溃				
年数				6年	1年				2年				
王公侯				顷公					出公				
名称				弃疾					复				
年数				14年					1年				
王公侯				定公									
名称				午									
年数				36年									

春秋东周及诸侯国简明表

国名	代数	起年	止年	年数	附言
东周	13	前 770	前 477	293 年	下接战国
鲁	14	前 770	前 476	294 年	前 1065 年武王封周公旦于鲁，前 1061 年周公又封长子伯禽于鲁。
齐	16	前 770	前 476	294 年	前 1065 年武王封姜太公于齐，下接战国
晋	19	前 770	前 476	294 年	下接战国
秦	17	前 770	前 476	294 年	前 871 年周孝王封非予于秦，下接战国
楚	16	前 770	前 476	294 年	前 1027 年成王封熊绎为楚君，下接战国
宋	16	前 770	前 476	294 年	前 1061 年周公封微子于宋
郑	14	前 770	前 476	294 年	前 806 年周宣王封庶弟友于郑
卫	18	前 770	前 476	294 年	前 1060 年周公封康叔于卫
陈	14	前 770	前 478	292 年	前 1065 年武王封舜后胡公蒲于陈
祭	15	前 770	前 476	294 年	周初封国前 476 年被楚灭
吴	7	前 585	前 476	109 年	
越	1	前 585	前 476	20 年	下接战国

七卷 战国

（东周前476年——前221年）

一、周元王 姬仁 前476年——前467年

是岁，扁鹊行医。扁鹊，姓秦，名越人，齐国勃海郡鄚（今河北任丘北）人。学医于长桑君，尽得其“禁方书”（不公开的单方医书）。他行医各地，“随俗为变”，在赵为“带下医”（妇科）；至周为“耳目痹医”（五官科）；入秦为“小儿医”，医名卓著。虎国太子“暴厥而死”，扁鹊诊为“尸厥”（昏迷假死），乃以针法，熨法，汤济活疗，二旬复愈。故天下尽以为扁鹊能起死回生。扁鹊过齐，见桓侯曰：“君有疾在腠理（皮肤），不治将深。”桓侯曰：“寡人无疾”，其后扁鹊又三见桓侯，告其疾已入血脉，肠胃、骨髓，桓侯不信，未几死去。扁鹊后至秦，为秦武王治病，被太医令李酚杀害。

公输般的发明创造，公输般约为春秋战国时人。因系鲁国人，般与班同音，故称鲁班。曾创造磨粉用的硙（石磨）。为楚国制造攻城用的云梯和舟战用的钩拒。据《墨子》一书记载，曾用竹片和木料制作飞鹊，能飞“三日不下”，“自以为至巧”，又相传为其母制作木车马，“机关备具”，由木人驾御，“载母其上，一驱不返”。因发明木作工具，长予制作器械，工艺精巧，被尊为木匠祖师。

前473年戊辰，周元王三年，越王勾践二十四年，吴王夫差二十三年。

十一月，越灭吴，初（前494年），越王勾践为吴所败，求和于吴。勾践返国，乃苦身焦思，尝胆明志，折节下贤，刻苦图强。任用范蠡、文种等人整顿国政，十年生聚，十年教训，终于转弱为强，乃伐吴、大破吴师，囚吴王于姑苏山（今江苏苏州西南，山上有姑苏台），吴王使公孙雄，肉袒膝行请和，越王勾践不许，遂灭吴。越王请吴王居角东（一个角句东，越地，今浙江舟山岛普陀北），与之夫妇三百，以终王年，吴王谢曰：“吾老矣，不能事居王！”遂自杀。越人送归其尸。

是岁，范蠡离越，范蠡楚国宛（今河南南阳）人，字少伯，越大夫，事越王勾践苦身戮力二十余年。越灭吴，封上将军，蠡以为大名之下，难以久居，遂离越游齐，改名为鸥夷子皮。齐人闻其贤，以为相，蠡以为久受尊名，不详，乃归相印。后至陶（今山东定陶西北），以经致富，号陶朱公。

文种楚国郢（今湖北江陵人），字少商（也称子禽），越大夫，辅佐越王勾践治理国事，君臣刻苦图强，卒灭吴，是时，范蠡自齐至文种书曰：“蜚（古同飞）鸟尽，良弓藏，狡兔死，走狗烹。越王为人长颈鸟喙，可与共患难，不可与共安乐，子何不去？”种见书，称病不朝，越王听信谗言，赐剑命文种自杀。

越王称霸，勾践灭吴后，会齐、晋诸侯于徐州（今山东微山东北），致贡于周。周元王封勾践为伯（诸侯之长）。越以淮上地于楚，归吴所侵宋地与宋，与鲁泗东地六百里，越横行江淮东，遂霸诸侯。

前469年壬申，周元王七年。

冬，周元王卒，子介立，是为定王（又贞定王）。

二、东周定王 姬介 前468年癸酉——前441年庚子

前465年丙子，周定王四年，越王勾践三十二年，十一月，越王勾践卒，子鹿郢立。

前453年戊子，周定王十六年，晋出公二十二年。

三月，晋三卿灭知瑶，知瑶与三卿围晋阳三年不能下，乃引汾水灌其城。城中巢居而处，悬釜而炊，财食将尽，士卒病羸。赵无恤惧，乃使其相张梦谈夜会韩、魏，晓以唇亡齿寒之理，共讨知瑶，是月，三卿大败知瑶师，杀知瑶，三分其地，知氏亡。从此，“三家分晋”局面形成。

前447年甲午，周定王二十二年，楚惠王四十二年，蔡侯齐四年，

楚灭蔡，蔡、周初封国，是岁，为楚所灭，蔡侯齐出奔，蔡亡。

前445年丙申，周定王二十四年，楚惠王四十四年，杞简公四年。

楚灭杞，杞、周初封国，姒姓，相传开国之君为禹之后裔东楼公。是岁，为楚所灭。

前444年丁酉，周定王二十五年，晋敬公八年，魏文侯二年。

晋、韩、魏灭伊洛阳戎（古戎族，君今河南西部伊河、洛河之间），其逃脱者，西瑜汧（音干，今陕西千河）、陇。自此中原无戎患（古时不文明，弱肉强食）。

前441年庚子，周定王二十八年。

周定王介卒，子去疾立，是为哀王。哀王立三月，弟叔杀哀王而自立，是为思王，思王立五月，又被弟嵬杀而自立是孝王。

三、周孝王 姬嵬 前440年辛丑——前426年乙卯。

周孝王封弟揭于王城（今河南洛阳王城公园一带，在孝王都城，成周西），号西周，是为西周桓公，亦称西周君。

前433年戊申，周孝王八年，晋幽公柳元年。

晋幽公时，韩、赵、魏强大。公室仅有绛（晋都，今山西曲沃西北）与曲沃（晋别都，今山西闻喜东北）之地，余皆归三家，晋侯反朝于三家之君。

前431年庚戌，周孝王十年，楚简王中元年。

楚灭莒，莒、西周封国，开国君主是兹舆期，建都介根（今山东胶县西南）。

春秋初年，迁于莒（今山东莒县）。是岁，为楚所灭。

前426年乙卯，周孝王十年。

周孝王嵬卒，子午立，是为威烈王。

四、威烈王，姬午，前425年丙辰——前402年己卯。

前414年丁卯，周威烈王十二年。

西周君桓公揭卒，子威公立。

中山武公初立，中山，可能是春秋鲜虞之后（一说是新建的姬姓国，近年中山王墓出土文物证明，中山国内鲜虞和华夏杂处，但中山王族是否出自鲜虞有待研究。）

前403年戊寅，周威烈王二十三年。

三家分晋，晋献公之时杀群公子，从此晋无公室，大臣执政，为正卿。春秋末期，晋国六卿逐渐强大。前458年，晋四卿灭范氏，中行氏。前453年，韩、赵、魏灭知氏，“三家分晋”局面形成。晋幽公时，晋侯反朝于三家之君。至是年，周王始正式册命韩虔、魏斯、越籍列为诸侯，史家称为“三家分晋”。

前402年已卯，周威烈王二十四年。

周威烈王卒，予骄立，是为安王。

五、周安王，姬骄，前401年庚辰——前376年乙巳。

公仲连改革赵政，是时，赵烈侯好音乐，欲赐郑歌者枪、石二人田各万亩。相国公仲连诺而不与，烈侯屡问，连称疾不朝。时有番吾君者（番吾君史失其名；番吾，地名，今河北磁县），向公仲连荐举牛畜、荀欣、徐越三人，连又荐之于烈侯。牛畜等劝烈侯行“仁义”，“举贤使能”，“节财俭用”，烈侯从之，遂中止赐歌者田。起用牛畜为“师”（掌教化），荀欣为“中尉”（掌指挥作战与选举官吏），徐越为“内史”（掌财务），赵实行法治，讲求仁义，进行改革。

前395年丙戌，周安王七年，魏武侯击元年。

吴起论治国，魏武侯同吴起同舟泛西河（今陕西、山西界上黄河）而下，至中流，武侯谓吴起曰：“美哉乎山河之固，此魏国之宝也！”起对曰：“为政之道，在德不在险，若君不修德，舟中之人尽为敌国也。”武侯曰：“善”。

前385年甲申，周安王十七年，秦出子二年。

秦内乱，秦君出子年幼，其母当政，“群众不悦自匿，百姓郁怨非上”，秦庶长菌改杀出子及其母，迎立灵公太子师隰于河西（因灵公卒时，师隰不得立，出居河西）是为献公。魏乘秦乱，夺其河西地。

前382年己亥，周安王二十年，楚悼王二十年。

吴起在楚变法，魏相公督谮吴起，起奔楚，楚王重用之。初为宛（今河南南阳）守，旋即任令尹（楚最高官职）辅佐悼王，实行变法。起主张明法审令，实行法治，废除贵族世卿世禄制，对已传三传之封君，取消爵禄，降为平民：徙贵族于边境，以实广虚之地；裁减冗官，选贤任能，削减官吏禄秩，厚赏选练之士，禁止私门请托，一楚国之俗，改郢人“西版垣”（用夹板填土筑墙，高二尺为一版）建筑法，建设楚都郢（今湖北江陵西北）。于是，楚国日强。“南平百越，北并陈、蔡、却三晋，伐西秦，诸侯患楚之强。”唯楚贵族恨之。

前381年庚子，周安王二十一年。

吴起被害，吴起、卫国左氏（今山东定陶）人，善用兵，至鲁，初学于曾子（名西），后学兵法，为鲁将，大破齐师。后于魏、魏文侯任为将，攻占秦五城，出任西河守，使秦兵不敢东向。因遭陷害，亡奔楚，实行变法，使楚日强，但得罪了楚国贵族。是岁，悼王卒，贵族作乱，攻吴起，起伏于王尸之上，先遭乱箭射刺，后被车裂肢解而死。

前376年乙巳，周安王二十六年，

周安王骄卒，子喜立，是为烈王。

墨子卒，墨子（约前468—前376年），墨家学派创始人，名翟，宋国人（一说鲁国人），出身低微，做过工匠，自称“贱人”。宋昭公时，曾受任为大夫，后居鲁国，弃儒倡墨。力倡“兼相爱，交相利”，为大众“摩顶放踵利天下为之”。反对“天命”，认为“命者暴王所作”，若相天命，天下必乱，“衣食之财将必不足”。主张强力，认为“赖其力者生，不赖其力者不生”；“强必治，不强必乱”，“强必饱，不强必饥”，提倡“尚贤”，认为“尚贤者政之本也”，“虽在农与工肆之人，有能别举之”。厉行“非攻”，反对“厚葬久丧”。其弟子称为墨者。讲究艰苦实践，服从纪律。墨子学说，影响当时思想界极大，与儒家并称“显学”。现存《墨子》五十三篇，出自墨子及其弟子或后学之乎。

六、周烈王，姬喜，前375年丙午——前369年壬子。

韩灭郑，魏攻楚，战于榆关（今河南中牟西南），郑恃魏而轻韩，韩乃乘机灭郑，并其国，徙都至郑（今河南新郑）。郑园，自前806年周宣王封其弟发于郑，至是岁亡。凡四百三十一年。

前369年，壬子，周烈王七年。

周烈王喜卒，在位七年，弟扁立，是为显王。

七、周显王，姬扁，前368年癸丑——前321年

前367年甲寅，周显王二年。

越与韩分裂周，初、考王都成周（今河南洛阳东郊白马寺之东），封其弟揭于河南（即王城，今洛阳王城公园一带），以续周公之官职，是为西周桓公。桓公卒，子威公立。是岁，威公卒，少子公予根与太子朝争立，韩、赵助公子根叛立于巩（今河南巩县）。“以奉王（周显王）”，是为东周惠公。

前 362 年己未，周显王七年，秦献公二十三年。

秦孝公发愤强秦，秦献公师隰卒，子渠梁立，是为孝公。是时，河山以东强国六，淮泗之间小国十余，楚、魏与秦接界，皆以夷狄遇秦，摈斥之，不得与中国会盟。于是，孝公发愤修政，欲以强秦。

前 361 年庚申，周显王八年，魏惠王九年。

四月，魏迁都大梁，魏自安邑（今山西夏县西北）徙都大梁（今河南开封市）从此魏亦称梁。自此，魏摆脱秦、韩、越包围，向中原发展。

是岁，卫鞅入秦，秦孝公下令国中：“宾客群臣有能出奇计强秦者，吾且尊官，与之分土。”于是，卫鞅闻之，乃西入秦。卫鞅、卫国贵族，公孙氏，名鞅，亦称卫鞅。鞅少好刑名之学，初事魏相公叔痤，痤知其贤。会痤病，荐鞅于魏王，鞅少“有奇才，原君举国而听之！”如不用，必杀之，勿令出境。王谓左右曰：“公叔病甚，悲乎，欲令寡人以国听卫鞅也！既又劝寡人杀之，岂不悖哉！”卒未采其言。鞅遂携李悝《法经》西入秦。

前 360 年辛酉，周显王九年。

《甘石星经》书成，甘德，齐人，相传他测定恒星一百八十座，计五百一十一颗星；著有《天文星占》八卷，今佚。石申，魏人，相传他测定恒星一百三十八座，计八百一十颗星：著有《天文》八卷，今佚。传世《甘石星经》已非二人原著，约于是年前后（见《战国史》第十一章，二人精密纪录黄道附近一百二十颗，恒星位置及其与北极距离，此是世界上最古恒星表，它比欧洲第一个恒星表——希腊八月巴谷的星表早约二百年。

前 359 年壬戌，周显王十年，秦孝公三年。

秦酝酿变法，卫鞅劝孝公变法，曰：“苛可以强国，不法其故；苛可以利民，不可循礼。”大臣甘龙、杜挚不以为然，曰：“法古无过，循礼无邪”，“智者不变法而治”，“缘法而治者，吏习而民安”。卫鞅据史斥之曰：“前世不同道，何古之法？帝王不相复，何礼之循？”“治世不一道，便国不法古，故汤、武不循古而王。夏殷不易礼而亡”，只有因“当时而立法，因事而治礼”，才能使国家富强，孝公善之。

前 356 年乙丑，周显王十三年，秦孝公六年。

秦第一次变法，孝公以卫鞅为左庶长，卒定变法这令，陆续所下法令其者有五：（一）编造户籍，五家为“伍”，十家为“什”；实行连坐，告奸者尝，不告奸者腰斩，匿奸者伍什同罪，以降敌论处。（二）居民有二男以上不分居者倍其赋。（三）奖励军功，按军功授爵位，定秦爵二十级，凡斩敌首一个，赐爵一级，依爵位等级占有田宅和奴婢，享受特定衣服车骑：宗室无军功者，不得列入宗室属籍，虽富亦不得逾制芬华；为私斗者，按其轻重处罚。（四）鼓励耕织，生产粟帛多者“复其身（即免除徭役）”从事末业（经商）及惰而贫者，连同妻子没为官奴婢。（五）烧毁《诗》、《书》，禁止私门请托，游说求官活动。

卫鞅立术为信，卫鞅为取信于民，于法令未布之先，乃立三丈之木于国都南门，募民有能徙移至北门者予十金。民怪之，莫敢徙。复曰：“能徙者予五十金”，有一人徙之，遂尝五十金。百姓皆信卫鞅令出必行，乃下变法令。

前353年戊辰，周显王十六年，魏惠王十七年，越成侯二十二年。

围魏救赵之战，初，孙膑（齐国人，孙武后代）与庞涓同学兵法于鬼谷子。庞涓任魏将，妒其才能，诓之于魏，处以膑（去膝盖骨）刑，故称孙膑。后经齐使者窃归，任为军师。是岁，魏任围邯郸，赵求救于齐，齐威王命田忌为将，孙膑为军师，率兵教赵。田忌用孙膑策，进兵大梁；又使宋、卫会齐师攻魏之襄陵（今河南睢县），成夹攻之势。十月，魏破邯郸，邯郸降魏。魏师回救大梁，与齐战于桂陵（今河南长垣西北。一作桂阳）魏师大败，庞涓被擒。

前351年庚午，周显王十八年，韩昭侯十二年。

申不害相韩，韩昭侯任郑国京人申不害为相。申子主张，国君要“因任而授官，循名以责实，操生杀之，课群臣之能”（《韩非子·定法》）；臣下要“治不逾官（不能越职办事），虽知弗言”，君臣做到“君设其本，臣操其末；君治其要，臣操其未：君治其要，臣行其祥：君操其本，臣事其常”以其加强君主专制。韩国由是内修政教，外应诸侯，国治后强，诸侯不敢侵伐。

前350年辛未，周显王十九年，秦孝公十二年。

秦第二次变法，鞅二次下令变法，其要者有五：（一）徙都咸阳（今陕西咸阳东北）。按鲁、卫国都规模建筑冀阙（古时宫）廷门外一种高建筑，用以悬示教令；人臣至此，必思其所阙失）和宫廷。（二）并诸小乡聚（村落）为县，凡四十一县，置县令（一县之长）、丞（县长助手）、尉、分掌全县民政和军事；令，丞、尉皆由国君任命。（三）废井田，开阡陌“以尽人力垦、翻，弃地悉为田畴”，使民得买卖。（四）颁布标准度量衡量，统一斗、桶（即斛）、权、衡、丈、尺。（五）革除戎翟陋习，禁止父子兄弟同室而居（上叙法令，非颁之于一年，如“平斗桶权衡丈尽”，乃秦孝公十八年所布，为便于查阅，故列此）。

前349年壬申，周显王二十年，秦孝公十三年。

秦初在县置秩史，秦初在国置有定额之秩史（秩、俸禄，史，疑为“吏”字之误）；县令（万户以上设县令）俸禄为六百石至一千石；县长（不满万户设县长）俸禄是三百石至五百石；令、长以下为丞和尉，俸禄为二百至四百石。以上皆称“长吏”。百石以下之官称“必吏”。秦县的组织日趋完备。

前346年乙亥，周显王二十三年，秦孝公十六年。

商鞅刑太子师传，太子驷犯法。卫鞅以为“法之不行，自上犯之”，但“太子君嗣也，不可施刑”。故刑（劓刑、割鼻）其传公子虔，黥（面上刺花）其师公孙贾，于是“法大用、秦人治。”

前342年己卯，周显王二十七年，魏惠王二十八年，韩昭侯二十一年。

马陵之战，齐威王以田忌，田婴（一作兮）为将，孙膑为师，起兵伐魏救韩，直走大梁。魏以太子申、庞涓为将，将兵十万迎战。孙膑用“减灶诱敌”之计，诱魏军就范魏将庞涓以为齐军情，乃“率轻锐倍日并行逐之”。孙膑设伏兵于马陵，魏师至，万弩齐发，大败魏师，虏太子申，庞涓自刎（前353年庞涓被擒，可能后被齐放回魏国，再度为将，故参与马陵之战。关于马陵之战的时间，说法不一。《古本竹书纪年辑证》云“马陵之战为当时一大战役，始于惠成王（魏惠王）二十七年十二月，决战则在次年。”从是说，从此魏国日衰，孙膑“名显天下，世传其兵法”。

《孙膑兵法》。孙膑，齐国阿（今山东阳谷东北）人，所著《孙膑兵法》久已失传。但1972年夏于山东临沂银雀山汉墓出土，约有四百四十片，一万一千余字。孙膑认为战争关系国家安危极大，“战胜而强立”，战不胜则危亡。强调兵之强弱，在于休民，能“得众”。重视对士卒严格挑选和组织训练，同时要赏罚分明，“赏不逾日，罚不还面”。战争中，要掌握战争规律，运用“权、势、谋、诉”，灵活实施兵力配备，队形、阵法、战法，如此，则“必攻不守”，胜利在握，该书系我国兵家代表作。

前340年辛巳，周显王二十九年，秦孝公二十二年。

秦封卫鞅于邬，卫鞅破魏师，因功被封于邬，改名曰商（今陕西商县东南商洛镇）。故称卫鞅为商君或商鞅。

前338年癸未，周显王三十一年，秦孝公二十四年。

商鞅被害，秦经商鞅变法，秦国大治，秦民悦。然变法“陵轹公族”，至“宗室贵戚多怨”。及孝公卒，太子立，公子虔之徒告商君谋反，遂发吏捕之。商君出亡，欲止容舍，舍人曰：“商君之法，舍人无验者坐之”。商君遂奔魏，魏人不受。复归秦，走商於，发邑兵出击郑（今陕西华县西南）为秦兵败于彤（今华县西南），被车裂以殉，尽灭其家。然商君虽死，秦法未败。

前329年壬辰，周显王四十年，秦惠文王九年。

张仪入秦，张仪魏人。初，事鬼谷先生（姓名不闻，以所隐地自号），学纵横之术；后游说诸侯。尝从楚相饮，楚失璧，执张仪，掠笞数百，被逐于楚。归而见其妻，妻曰；“嘻！予勿读书游说，安得其辱乎？”仪曰：“视吾舌尚在不？”其妻笑曰：“舌在也。”仪曰：“足矣”。是岁入秦。

前328年癸巳，周显王四十一年，秦惠文王十二年。

张仪相秦，秦设相国，以张仪为相，仪行“连横”之策（即“事一强而攻从弱”），因使公子桑攻魏，取蒲阳（今山西隰县），已而复归之，使公子繇质于魏；又自适魏，说魏王；“秦之遇魏甚厚，魏不可以无礼于秦。”遂迫魏纳上郡十五县与秦。

前326年乙未，周显王四十三年，秦惠文王十二年。

十二月，秦初腊癸，立腊日，猎禽兽于岁终祭祖（我国多项事件从秦始）。

前323年戊戌，周显王四十六年，秦惠文王更元二年，魏惠王后元十二年，韩宣惠王十年，越武灵王三年，燕易王十年，齐威王三十四年。

“五国相王”，魏将公孙衍行“合纵”之策，因使魏、韩、赵、燕、中山“五国相王”以抗秦。赵、燕、中山始称王。

前329年庚子，周显王四十八年。

周显王扁卒，子定立，是为慎靓王。

八、周慎靓王，姬定，前320年辛丑——前315年丙午。

前319年壬寅，周慎靓王二年，魏惠王后六十六年，齐宣王辟疆元年。

孟轲见魏惠王，孟子，邹（今山东邹县东南）人，名轲，字子舆，受业于子思之门人。魏惠王（即《孟子》见梁惠王）晚年，卑辞厚礼以招贤者，于是孟轲至魏。魏王曰：“叟，不远千里辱幸至敝邑之廷，将何以利吾国？”孟轲曰：“君不可以言利若是，夫君欲利则大夫欲利，大夫欲利则庶人欲利，上下争利，则国危矣。为仁君，仁义而已矣，何以利为！”王曰：“善”。

孟轲适齐，孟轲见魏襄王（襄王，惠王之子，惠王见孟轲后，不久卒），退而语人曰：“望之不似人君，就之而不见所畏焉。”遂离魏适齐。说齐宣王行“仁政”。

前318年癸卯，周慎靓王三年，魏襄王嗣元年，秦惠文王更元十一年，韩宣惠王十五年，赵武灵王八年，楚怀王十一年，燕王哙三年。

五国攻秦，公孙衍发动魏、赵、韩、燕、楚五国共伐秦，推楚怀王为纵约长，秦迎战于函谷关（今河南灵宝北），五国之师皆败走。

义渠攻秦，初，义渠君朝魏，公孙衍谓义渠君曰：“中国无事（即关东六国不攻秦），秦得烧掇焚杅（焚烧侵略）君之国；有事（即关东六国共伐秦）。秦将轻使重币事君之国。”是岁，五国攻秦，会陈轸谓秦王曰：“义渠者蛮夷之贤也，不如赂之以抚其志。”王曰：“善”。乃以“文绣千匹，好女百人”赂之。义渠君召群臣而谋曰：“此公孙衍所谓邪！”乃起兵袭秦，大败秦人于李伯之下。

前316年乙巳，周慎靓王五年，秦惠文王更元九年。

秦来巴蜀，巴、蜀二国居今四川，蜀国都成都，为“戎狄之长”，巴国都巴（今四川重庆嘉陵江北岸），在今四川东部地区。是岁，巴蜀相攻，俱告急于秦。秦王欲伐蜀，以道险难至，韩又来攻，犹豫未决。张仪主“攻韩”，“下兵三川（河、洛、伊三水），以临二周之郊，据九鼎，按图籍，挟天子以令诸侯”，以建王业。司马错主“伐蜀”，因“得其地足以广国，取其财足以富民”；且可“利尽四海”，从蜀道通楚“得蜀则得楚，楚亡则天下并矣！”故不如伐蜀。惠文王从之，使张仪、司马错、都尉墨等人带兵经牛石道（今陕西勉县西南行，越七盘岭，入四川，经朝天驿趋剑门关）伐蜀。十月取之。贬蜀王为侯，令陈庄相蜀，以张若为蜀国守；又以“戎伯尚强”，乃移秦民万人以实之。是时，又灭巴国，虏岨王，封为“君长”；置巴郡，郡治江州（今四川重庆北）。巴、蜀乃定，秦更富强。

前315年丙午，周慎靓王六年。

周慎靓王定卒，子延立，是为赧王。

赧王徙都，时东周、西周分治（见前367年，赵与韩分裂周），赧王从成周（今河南洛阳白马寺之东）西自欺欺人徙王城（今河南王城公园一带）。

九、周赧王，姬延，前314年丁未——前256年。

前313年戊申，周赧王二年，秦惠文王更元十二年，楚怀王十六年。

张仪诳楚，秦王欲伐齐，患齐、楚之纵亲，乃使张仪至楚，说楚王曰：“大王诚能闭关绝约与齐，臣请献商於之地六百里。”楚王悦而许之。群臣皆贺，唯陈轸独吊。王怒曰：“寡人不兴师而得六百里地，何吊也？”对曰：“夫秦之所以重楚，以其有齐也，今绝齐则楚孤，两国之后必俱至。为王计者，不若阴合而阳绝于齐，使人随张仪，苟与吾地，绝齐未晚也。”王曰：“原子闭吻复言，以待寡人之得地！”乃以相印授张仪，厚赐之。楚遂绝齐，使人随张仪入秦，仪佯堕车，不朝三日。楚王闻之曰：“仪以寡人绝齐未甚耶？”乃使勇士宋遗至齐，北骂齐王，齐王大怒，折节而事秦。齐、秦之交合。仪乃朝，见楚使者曰：“子何不受地？从某至某，广袤六里。”使者还报，楚王大怒，欲发兵而攻秦。陈轸曰：“攻之不如赂之一名都，与之并兵而攻齐，是吾亡地于秦，而取偿于齐也。”王不听，使屈丐率师伐秦，秦亦发兵使庶长章击之。

前312年己酉，周赧王三年，秦惠文王更元十三年，楚怀王十七年，齐宣王八年。

秦大败楚师，秦使魏章，樗里疾，甘茂攻楚，韩助秦，大破楚师于丹阳（今河南西峡西丹水以北地区），虏其将屈丐及裨将逢侯丑等七十余人，斩首八万，取汉中地六百里，置汉中郡，楚怀王悉发国内兵复袭秦，秦败之于兰田（今湖北钟祥西北）。韩、魏乘楚之困再袭楚，至邓（今湖北襄樊北）。楚乃引兵归，割西城与秦和。

前311年庚戌，周赧王四年，韩襄王仓元年，燕昭王职元年，越武灵王十五年，楚怀王十八年，秦惠文王更元十四年，魏襄王八年。

燕王求贤，昭王即位，发愤谋齐，“吊死问孤，与百姓同甘苦，卑身厚币以报贤者”，便问计于郭隗曰：“齐因孤之国乱而袭破燕，孤极知燕小力少，不足以报。然诚得贤士以共国，以雪先王之耻，孤之愿也，先生视可者，得身事之。”郭隗曰：“王必欲致士，先从隗始。况贤于隗者，岂远千里哉！于是，昭王优礼郭隗，以师事之。”乐毅自魏往，邹衍自齐往，剧辛自赵往，士争趋燕。从此燕国殷富。

张仪使楚，秦王愿分汉中之半给楚，与楚结盟，楚王恨张仪，愿得张仪，不愿得地。仪使楚，楚王囚仪，欲杀之。仪厚赂楚王嬖臣靳尚，又得宠姬郑袖进合，张仪得释。

张仪游说五国连横以事秦，张仪说楚王曰：“秦地半天下，兵敌四国，被险带河，四塞以为固。虎贲之士百余万，车千乘，骑万匹，积粟如山丘。若欲与纵拒秦，无异于驱羊群而攻猛虎，不敌明矣。今王不事秦，秦动韩驱魏而攻楚，则楚危矣。大王诚听臣，请令秦楚长为兄弟之国，无相攻伐。”楚王许之。仪至韩，说韩王曰：“韩地除恶山居，五谷所生，非菽而麦，国无二岁之食；见卒不过二十万。秦被甲百余万，以韩抵秦，此无异于垂千钧之重于鸟卵之上，必无幸矣！为大王计，莫若事秦而攻楚，以转祸而悦秦。”韩王许之。仪复使齐，说齐王曰：“纵人说大王者，必曰：‘刘蔽于三晋，地广民从，兵强士勇，虽有百秦，将无奈齐何。今秦、楚嫁娶；韩献宜阳；魏效河外；赵割河间（今河北献县东南）。大王不事秦，秦驱韩，魏、赵攻之，虽欲事秦，不可得也。”齐王许之。仪又西说赵王曰：“大王收率天下以摈秦，秦兵不敢出函谷关者十五年。今秦、楚为昆弟，韩、魏称藩臣，齐献鱼盐之地，以断越之右肩也。夫断右肩而与人斗，失其党而孤居，欲求无危得乎！为大王计，莫若与秦约为兄弟之国。”赵王许之。仪再北说燕王曰：“今赵以事秦，秦下甲云中（今内蒙古呼和浩特西南）九原（今内蒙古包头西北）。驱赵攻燕，则易水，长城非王之有矣。”燕子请献常山（即恒山，今河北涞源西南）之尾五城以和。

秦封张仪六邑，号武信君。

前310年辛亥，周赧王五年，秦武王荡元年，魏襄王九年。

张仪诡说秦王而相魏，武王即位，张仪惧诛，乃谓王曰："为王计者，东方有变，然后王可以多割得地。今闻齐王甚憎仪，仪之所在，齐必伐之。故仪愿乞其不消之身往魏，齐必伐魏。齐、魏交兵而不能相去，王可乘其间伐韩，入三川，挟天子，按图籍，此王业也。"秦王以为然，乃使仪入魏，魏以仪为相。齐果伐魏，魏王恐，仪曰："王勿患也，请令齐罢兵。"仪乃使其舍人冯喜至楚，借楚人为使至齐，楚使者言："甚矣！王这托仪于秦也。"王曰："何故？"对曰："张仪之去秦也，固与秦王谋矣，欲使齐、魏相攻，而令秦取三川也，今王果伐魏，是王内疲国而外伐与国而托仪于秦王也。"齐王闻之，乃解兵还。张仪相魏一年卒（张仪还好，得以善终）。

前301年，庚申，周赧王十四年，齐宣王十九年，楚怀王二十八年，越武灵王二十五年。

齐、韩、魏联军攻楚，齐将匡章，魏将公孙喜，韩将暴鸢共攻楚方城（今河南方城东北），楚使唐眛（一作唐篾）率兵拒之，夹比水（今河南唐河境）两军相持六月。三国之军闻"荆人所盛守，尽其浅者也；所简守，皆其深者也。"匡章遂派精兵自楚人或守处夜渡而袭之，大败楚师于比水旁之重沙（今唐河西南）杀其将唐眛，韩、魏取宛（今河南南阳）、叶（今河南叶县西南）以此地，是为垂沙之役。

前300年辛酉，周郝王十五年，韩襄王十二年。

韩救西周，东周与西周战，韩救西周。有人为西周说韩王曰："西周故天子之国，多名器重宝，王按兵勿出，可以得东周，而西周之宝必尽归于韩矣。"

前299年壬戌，周赧王十六年，楚怀王三十年，秦昭王八年。

是岁，秦诱执楚怀王：秦伐楚，取八城。秦王致书于楚王："原与群王会武关（今陕西商南东南），面相约，结盟。"楚王欲往，恐见欺，欲不往，恐秦怒。屈平（原）谏曰："王勿行，请发兵自守。秦虎狼之国，有并诸侯之心，不可信。"怀王子子兰劝王行，王乃入秦。秦王乃令一将军作为王，伏兵武关，动之入咸阳，要求割巫（今湖北清江中，上游和四川东部），黔中（今湖南西部和贵洲东北部）之郡，怀王不许，秦扣留之。后逃归不成，卒于秦。

楚立顷襄王横，楚大夫以怀王拘于秦，太子质于齐，欲立怀王子在国者，屈原曰："今违王命立其庶子，不宜"，乃诈讣于齐，齐王归楚太子横，楚人立之，是为顷襄王。

屈原作《离骚》，屈原，名平。初为怀王左徒，志洁行廉，明于治乱，娴于辞令。入则与王图议国事，出以号令，主张立法图治；出则接待宾客，应对诸侯。

力主“联齐抗秦”，王甚任之。后以谗见疏，而犹卷顾不忘，遂作《离骚》以抒愤。

前 298 年癸亥，周赧王十七年秦昭王九年。

孟尝君自秦逃归，田文相秦，有人谓秦王曰：“文相秦，必先齐而后秦，秦其危哉！”王囚文，欲杀之。文使人求解于秦，王幸姬，姬欲得其狐白裘，而文先以献于秦王。文吝有善于狗帘者，盗裘以献。姬言于王而放田文。王后悔，使人追之。文至关，关法，鸡鸣乃出客，时尚早，追者将至，客有善为鸡鸣者，野鸡皆应之。文乃得逃归。孟尝君归齐，为齐相。

前 296 年乙丑，周赧王十九年，赵惠文王三年。

赵灭中山，中山立国于春秋末，初都顾（今河北定县），前 406 年灭于魏，约前 380 年复国。徙都灵寿（今河北平山），是岁，为赵所灭。迁其王于肤施（今陕西米脂西北）。

前 289 年壬申，周赧王二十六年。

孟轲（约前 372 年—前 289 年）卒，孟子，名轲。字子舆，邹（今山东邹县东南）人。先世系鲁国公族，受业于子思之门人。曾在宋偃王称王时，游历宋国、滕国。先后会见魏惠王，魏襄王、继而任齐宣王客卿。晚年与门人万章、公孙丑等著书立说。《汉书 · 艺文志》著录《孟子》十一篇，今存七篇。孟轲主张“法先王”、“行仁政”，恢复井田制，省刑薄赋，以使“黎民不饥寒”。提出“民贵君轻”说，劝说国君行仁政，以巩固其统治。倡性善说，认为人本性善，但庶民去之，君子存其统治。倡性善说，认为人本性善，但庶民去之，君子存之”，故主张对人进行教化。他把人分为“劳心者”和“劳力者”，认为“君子劳心，小人劳力”（这种说法不对，劳动的人就是小人吗？劳心者、干出害人利己的事多着矣！）“劳心者治人，劳力者治于人；治于人者食人，治人者食于人”，是天下之通义。其思想在家哲学中称为思孟学派。他以孔门嫡系自居，有“亚圣”之称。

前 288 年癸酉，周赧二十七年，秦昭王十九年，齐暋王十三年。

十月，秦齐称帝，秦昭王自称西帝于宜阳（今河南宜阳西）遣魏冉立齐王为东帝，欲约共伐赵。时有苏秦者自燕适齐，齐王曰：“秦使魏冉致帝，子以为何如？”对曰：‘愿王受之而勿称也。夫称帝，天下独尊秦而轻齐；齐释帝则天下爱齐而憎秦，故臣愿王不如释帝以收天下之望，发兵以伐桀宋。宋举，则楚、赵、梁、卫皆惧矣！”齐王从之。

十二月，齐、秦复称王，齐去帝号，背约摈秦。吕礼自齐入秦，秦亦去帝号复称王。

前 287 年甲戌，周赧王二十八年，秦昭王二十年，魏昭王九年，燕昭王

二十五年，

苏秦、李竞约五国攻秦，苏秦，洛阳乘轩里（今河南洛阳东）人，字季子，年辈后于张仪（世人多认为与张仪同时人），为齐瞖王时人（《史记》误作与张仪同时代人，并把苏秦之事误作苏代、苏厉之事，致使苏秦之时代，事迹皆乱。此据《战国纵横家》正之）。其人是纵横家主要人物，为燕昭王亲信。他奉命入齐，欲使齐“西劳于宋，南罢（疲）于楚”。以防齐谋燕。是岁，与赵国李兑约赵、齐、楚、韩、魏五国攻秦，军至荥阳（今河南荥阳东北）、成皋（今荥阳西北）、逼秦归温（今河南温县西南）、高平（今济源西南向城）与魏；归王公、符逾，与赵以求和。

前286年乙亥，周赧王二十九年，齐瞖王十五年，宋王偃四十三年。

齐灭宋，宋王偃荒淫暴虐，“群臣谏者辄射之”，诸侯皆曰：“桀宋。”是岁，齐王任韩珉（一作韩聂）为相，发兵攻宋。燕出兵助齐，宋民散亡，宋王奔魏，死于温（今河南温县西南），至此，宋国亡。齐与魏、楚三分其地。

前283年戊寅，周赧王三十二年，秦昭王二十四年，赵惠文王十六年。

赵以廉颇为上卿，赵将廉颇大破齐师，攻取晋阳（今山东郓城西），拜廉颇为上卿。

完璧归赵，赵王得楚和氏璧（楚人卞和得玉璞，献于楚王，王使玉匠理之而成宝，故曰和氏璧）秦王请以十五城易之。赵王欲不与之，畏秦强；欲与之恐被欺。蔺相如（时为宦者缪贤舍人）曰：“臣愿奉璧而往，如秦不与城，臣请完璧而归。”相如至秦，献璧与秦王，王传之美人及左右，左右皆呼万岁。相如视秦王无意偿城，乃前曰：“璧有瑕，请指示王。”王授璧，相如持璧睨柱，怒发冲冠，谓秦王曰：“臣观大王无意偿城邑，故臣复取璧。大王必欲逼臣，臣头与璧俱碎于柱！”秦王恐其璧破，乃辞谢固请。相如度秦王诈，乃要求秦王斋戒而后授璧，乘间使其从者怀其璧，间行归赵，而以身待命于秦。秦王以为贤而弗诛，礼而归之。赵王以相如为上大夫。

前280年辛巳，周报王三十五年。

庄子（约前369年至280年）卒，庄子，名周，宋国蒙（今安徽蒙城）人，做过家乡漆园吏。家贫，曾向监河侯贷米度日。楚威王闻其贤，用厚币礼聘，许以为相，他表示宁为“孤豚”，不作“牺牛”，甘愿逍遥物外。他曾与魏相惠施交游，终身不仕。著《庄子》三十三篇（一般认为内七篇是庄子作，外二十六篇出于他人依托）。其思想原出于老子，但比老子更消极，认为“物（人）不胜天”，完全失去人对自然斗争的信念，因而主张“绝圣弃知，大盗乃止”，“掊斗折衡（破坏斗升，折断秤杆），而民不争”。要求人民“愚而朴”，希望社会回到“同与禽兽居，族与万物并”、“同乎无知”、“同乎无欲”的更为原始状态（这种思想不值下传）。老子和庄子合称老庄。

前279年周赧王三十六年，秦昭王二十八年，赵惠文王二十年。

秦赵渑池之会，秦王告赵王，愿为好会于河外渑池（今河南渑池西），赵王行，蔺相如从之，廉颇送至境曰：“王三十日不还，则请立太子以绝秦望。”王许之，及会，酒酣。秦王请赵王鼓瑟，赵王鼓之，秦御史（史官）书曰：“某年月日，秦王与赵王会饮，令赵王鼓瑟”相如复请秦王击缶（音否），秦王不肯，相如曰：“五步之内，臣请得以颈血溅大王！”左右欲刀相如，相如张目叱之。左右皆靡，秦王乃一击缶。相如如御史书曰：“某年月日，秦王为赵王击缶”。秦之群臣请献十五城为秦王祝寿；相如亦请秦献咸阳为赵王祝寿。酒罢，秦终不能有加于赵，赵人亦盛为之备，秦不敢动，秦、赵复修好。赵王归，以相如为上卿，位在廉颇之右（古以右为尊）。将相和灌，渑池会后，廉颇曰：“我为将，有攻城野战之功。相如素贱，徒以口舌而位居我上，我见必辱之。”相如闻之，不肯与会。每朝，常称病，不与廉颇争列。出而望见，辄引车避匿，其舍人皆以为耻。相如曰：“子视廉将军孰于秦王？”曰：“不若。”相如曰：“夫以秦王之威，而相如廷叱之，辱其群臣，相如虽驽，岂能畏廉将军！吾所念者，秦所不敢加兵于赵，皆以吾两人在，今两虎相斗，其势不俱生，吾所以为此者，以先国家之急而后私仇也。”廉颇闻之，肉袒负荆，至门谢罪，将相乃和，遂为刎颈交。

燕昭王尊礼乐毅，乐毅既破齐，独莒（今山东莒县）与即墨（今山东平度东南）未下，有人谗于王曰：“乐毅智谋过人，呼吸之间克七十余城，今不下者仅两城，非其力不能拔，欲久仗兵威服以镇齐人，遂南面而王。”昭王于是置酒大会，责谗言者曰：“齐为无道，乘孤国之乱以害先王……今乐君亲为寡人破齐，夷其宗庙，报塞先仇，齐国因乐君所有，非燕之所得也。乐君若能有齐，与燕并为列国，结欢同好，以抗诸侯之难，燕国之福，寡人之愿也。汝何敢言若此！”乃斩之。赐乐毅妻后服，遣加相立毅为齐王，毅惶恐不受，拜书以死自誓。

乐毅奔赵，燕惠王改用骑劫，乐毅惧诛，乃奔赵，赵封乐毅于观津（今河北武邑东南），号望诸君，后卒于赵。

前278年癸未，周赧王三十七年，楚顷襄王二十一年。

屈原（约前340年至前278年）卒，楚顷襄王时，屈原再度遭谗毁，被放逐江南，流浪沅、湘流域（今湖南沅江、湘江），常为离故都之日远而叹息，为“生民之多艰“而流涕，至是年，秦兵破郢，屈原深恶楚国政治之黑暗，痛感国家之沦亡，遂投汨罗江（今湖南湘阴以北，湘江支流），以死殉其志。

前271年庚寅，周赧王四十四年，赵惠文王二十八年。

赵奢谏平原君，赵国田部吏赵奢收租税，平原君赵胜家不肯出，赵奢以法治之，杀平原君用事者九人，平原君怒，将杀赵奢，赵奢曰："君子赵为贵公子，今纵君家而不奉公则法削，法削则国弱，国弱则诸侯加兵，是无赵也，君安得有此富乎！以君之贤，奉公如法则上下平，上下平则国强，国强则赵固，而君为贵戚，岂轻于天下邪！"平原君以为贤，言之于王，王使治国赋太平，民富而府库实。

前270年辛卯，周赧王四十五年，秦昭王三十七年。

范雎至秦。范雎（音虽）或作范且，字叔，魏人。初为魏中大夫须贾家臣。是岁，从须贾使予齐。齐王闻其贤，私赐于金。贾疑雎"以国阴事告齐"，归告其相魏齐。魏齐怒，笞击雎，折胁、折齿，卷以箦（竹席），置厕中，使客醉者溺之。雎佯死，谓守者曰："能出我者，我必有厚偿"，守者乃请弃之，范雎得出。魏人郑安平持雎亡匿，更名张禄。时有厅长谒者（掌兵赞受事之官）王稽使魏，稽潜载雎入秦。秦王召雎于离宫，雎向秦王进策曰："远交而近攻，得寸则王之寸，得尺亦王之尺。韩、魏地处天下枢，王若用霸，必亲中国以为天下枢，以威楚、赵；楚赵附则齐必惧；齐附则韩魏可虏也。"秦王乃以范雎为客卿，与谋国事。

前266年乙未，周赧王四十九年，秦昭王四十一年。

范雎相秦，初、秦昭王立，以魏冉为将，后五次任相，封于穰（今河南邓县），号穰侯。与昭王母宣太后同专国政。是刚，范雎谓秦王曰："臣居山东时，闻秦有太后，穰侯，不闻有王。失擅国之谓王，能利害之谓王，刺生杀之谓王。今太后擅行不顾，穰侯出使不报"，臣尊主卑实危国之道。秦王以为然，于是废太后，收穰侯之印，以范雎为相，封于应（今河南定丰西南），号应侯。

前263年戊戌，周赧王五十二年，秦昭王四十四年，楚顷襄王三十六年。

楚太子完自秦逃归，初，黄歇与楚太子为质子秦。及楚王病，黄歇谓范雎曰："今楚王疾，恐不起，秦不如归其太子。太子得立，其事秦必重，而得相国无穷，是亲于国而得万乘世。若不归，则咸阳一布衣耳：楚更立太子，必不事秦，是失于国而绝成乘之和，非计也。"范雎以告王，王不许。黄歇与太子谋，太子因变服为楚使者御而亡归。秦王怒，欲杀歇。范雎曰："楚太子立，必用歇，故不如无罪而归之，以亲楚。"王从之，黄歇乃归。

前262年，周赧王五十三年，秦昭王四十五年，楚考烈王完元年。

黄歇相楚，黄歇，楚国贵族，顷襄王时任左徒。是岁，楚以黄歇为相，封春申君，赐淮北地十二县。是时，齐有孟尝君，赵有平原君，魏有信陵君，楚有春申君，人称四公子。四公子"方争下士，招致宾客，以相侵夺，辅国持权"，可谓重矣！

前260年辛丑，周赧王五十五年，秦昭王四十六年，赵孝成王六年。

九月，赵括败于长平，七月，秦攻赵，夺四垒壁。廉颇坚壁以待，秦数挑战，赵不出兵。赵王怒，数责之。秦相范雎使人持千金赴赵行反间计，曰："秦独畏马服君（赵奢）之子括为将耳，廉颇易与，且降矣。"赵王既怒廉颇坚壁不战，又中秦国反间之计，因使赵括代廉颇为将。括少学兵法，自"以天下莫能当"；与其父言兵事，其父莫能难，然并无实际指导作战才干。秦王闻括为将，乃阴使白起为上将军，以王龁为裨将，令军中敢泄者斩。括至军，"悉更（廉颇）约束（规章），易置军吏"，冒然出击。白起佯败走，张二奇兵以劫之。括军逐胜，追至秦壁不得入，而秦奇兵绝其后，断赵军为二，绝其粮道，赵战不利，筑壁坚守以待援。秦王闻之，亲至河内，赐民爵一级，征发年十五以上者悉至长平，阻绝赵救兵及粮运。赵军食绝四十六日，杀人而食。赵括分兵四队，轮番急攻秦垒，不能破，括自率精兵搏战，被秦兵射死，卒四十余万人皆降。白起恐赵卒"为乱"，除"遗其小者二百四十人归赵"外，余皆抗死。赵前后所亡四十五万。长平之战，前后历时三年，至此结束。

前 259 年壬寅，周赧王五十六年，秦昭王四十八年。

秦王释归平原君，初，魏齐相魏，笞击范雎，使雎几至于死（见前 270 年）。及范雎任秦相，急欲报其仇。魏齐闻之，逃奔赵，匿于平原君家。秦王诱平原君至秦而执之，遣使至赵王曰："不得齐首，吾不出王弟于关。"魏齐穷，乃与赵相虞卿逃至魏，欲因信陵君以走楚，信陵君惧秦，有难色，魏齐闻之遂自刎（范雎仇报了）。赵王取其首与秦，平原君才得归。

前 258 年癸卯，周赧王五十七年，赵孝成王八年。

毛遂自荐，毛遂，赵人，平原君门下食客。邯郸被围，赵王使平原君往楚乞师。平原君选门下食客文武兼备者二十人随行，得十九人，余无可取者，毛遂自荐同往。平原君曰："夫贤士之处世，如锥外囊中，其末（锥尖）立见。今先生处胜门下三年矣，胜未有所闻，是先生无所有也。"遂曰："臣乃今日请处囊中耳，使臣得早处囊中，乃脱颖（锥柄）而出，非特其末见而已。"平原君乃与至楚，与楚王言合纵之利，久不决。毛遂按剑历阶而上曰："纵之利害，两言而决耳！今日出而言，日中不决，何也？"楚王怒斥之，遂按剑而前曰："王之所以斥遂者，以楚国之众也。今十步之内，王不得持楚国之众也！王之命悬于遂手。今以楚之强，天下弗能当，而白起一战举鄢郢（见前 279 年），再战烧夷陵，三战而辱王之人（谓焚夷楚文陵庙），此百世之怨，赵之所羞，而王不知恶焉。合纵为楚，非为赵也。"楚王"唯唯"，纵约乃定，楚使春申君黄歇率师救赵。平原君归，以毛遂为上客。

前 257 年甲辰，周赧王五十八年，秦昭王五十年。

秦杀白起，初，秦攻邯郸，白起“称病”不肯行。是岁，秦兵大败，白怨秦王“不听臣计”。王闻之，怒，强起之。白起称“病笃（重病）”，范雎请之，不起。于是，免武安君为士伍（夺其官职，降为士兵），迁之阴密（今甘肃灵台西南），行至杜邮（今陕西咸阳东北），王与范雎群臣谋曰：“白起之迁，意尚怏怏，有余言。”王乃赐剑自裁，白起遂自杀。

秦立异人为太子，异人，秦昭王之庶孙，太子柱之庶子，夏姬所出。初，异人质于赵。秦数败赵，赵不礼之，异人困不得意。时阳翟（今河南禹县）大贾吕不韦适邯郸见之，视为“奇货可居！”遂往见异人曰：“请以千金为子西游，立子为嗣。”异人曰：“必如君策，请得分秦国与君共之”。吕不韦乃入秦，求见华阳夫人（秦王太子爱姬，楚人，无子）姊，使之说夫人立异人以为嫡，夫人以为然，乘间言之，遂以异人为嗣。是岁，异人自赵逃归，楚服而见夫人，夫人大悦，异人更名曰：“子楚”。

前256年乙巳，周赧王五十九年，秦昭王五十一年。

秦灭西周，秦攻韩，西周恐，周君遂背秦，与诸侯合纵，率天下锐师出伊阙（今河南洛阳西南龙门）攻秦，令秦不得出阳城。秦王怒，使谬攻西周，取河南（西周君都此，今洛阳西），西周君入秦，尽献其邑三十六，口三万。秦迁西周于单（单但）狐（今河南临汝西北），西周遂亡。

周赧王延卒，赧王在位时，名为天子，实依西周以存身。相传曾因逃债避居宫内台上，周人名曰逃债台。秦灭西周，赧王卒，周民东亡，秦取九鼎宝器。至此，东周君虽尚存，则不再称王，史家遂以秦王记年。

附：秦王纪年，前255年丙午，秦昭王五十二年。

范雎免相，秦法，“任人而所任不善者，各以其罪罪之”，先前，范雎荐郑安平为将，安平降赵，又荐王稽为河东守，今王稽又“与诸侯通”而被诛。秦王大怒，范雎恐，惧诛，乃谢病请归相印，荐蔡泽于王。秦王以蔡泽为相国，数月免相，号纲成君，同年范雎卒。

前254年丁未，秦昭王五十三年，魏安僖王二十三年，卫怀君二十九年。

魏灭卫，卫、周初封国，周武王之弟康叔所建。初，都朝歌（今河南淇县）。前660年被狄击败，得齐国帮助，迁都楚丘（今河南滑县东北），后又迁都帝丘（今河南濮阳西南）是岁，为魏所灭，沦为魏国附庸。

前251年庚戌，秦昭王五十六年，赵孝成王十五年，燕王喜四年。

秋，秦昭王稷卒，子柱立，是为孝文王，王以华阳夫人为王后，子楚为太子。赵奉子楚夫人及其子政归秦。韩王及各国将相入秦吊祭。

李冰兴建水利，李冰，秦昭王时人，约前256年至前251年任蜀郡守。任内，他征发民工在今四川灌县西北岷江中流修建综合性防洪灌溉都江堰，使川西平原无水旱之患，二千二百多年来水利效益卓著。他还主持凿平青衣江的涵崖（今四川夹江县境），“以杀沫水，通正水道”；治导会郈等县的洛水和邛崃等县的汶川井汇；又穿广都（今四川双流县境）盐井诸陂池等工程。

前 250 年辛亥，秦孝文王柱元年，赵孝成王十六年，燕喜王五年。

冬，秦孝文王卒，秦孝文王立一年而卒，子楚立，是为庄襄王，尊华阳夫人为华阳太后，夏姬（子楚生母），为夏太后。

前 249 年壬子，秦庄襄王子楚元年，楚孝烈王十四年，鲁顷公二十四年。

吕不韦相秦，吕不韦，因立子楚，有“定国立君”之功，秦王任之为相国，封为文信侯，食河南洛阳十万户。

秦灭东周，东周君与诸侯谋伐秦，秦使吕不韦灭东周于巩（今河南巩县西南），迁东周君子阳人聚（即阳人，今河南临汝西北），至此，东、西周皆入秦，周亡。

楚灭鲁，鲁、周初封国，系周公旦之子伯禽所建，都曲阜（今山东曲阜）。是岁，楚迁鲁君于卞（今山东泗水东），贬为家人（庶民），鲁亡。

前 247 年甲寅，秦庄襄王三年。

五月，秦庄襄王子楚卒，太子政立，年十三，国事皆决于吕不韦，尊吕不韦为相国，称为“仲父”。

前 246 年乙卯，秦王政元年。

秦作郑国渠，郑国，韩国水工。韩欲疲秦，使无力东伐，乃使郑国游说秦国，兴修水利，秦王听之，征发民工，于泾水，北洛水间凿渠三百余里。工程进行中，秦王觉察郑国的用意，欲诛之。郑国曰：“臣为韩延数年命，然渠成亦秦万世之利也。”秦乃许继续施工。渠成后，引泾水灌田四百余顷，泾水肥效丰富，使盐碱之地，亩产达一钟（每亩合今零点七四亩），一钟即六石四斗，每斗合今二升，折合今天每亩产量一石二斗八升，约二百斤。于是，“关中为沃野，无凶年，秦以富强，卒并诸侯，因命（名）曰“郑国渠”。

前 245 年丙辰，秦王政二年，赵孝成王二十一年，魏安喜王三十二年。

廉颇奔魏，赵悼襄王使武襄居乐乘代廉颇，廉颇怒，攻乐乘，乐乘败走，廉颇遂奔大梁。后入楚，死于寿春（今安徽寿县西南）。

前 241 年庚申，秦王政六年，赵悼襄王四的，楚孝烈王二十二年，魏景泯王二年，燕王喜十四年，韩桓惠王三十二年。

秦迁卫君角于野王，秦取魏朝歌（今河南淇县）及卫濮阳（今河南濮阳西南）以濮阳为东郡治所；迁卫君角及其支属于野王（今河南沁阳），为秦附庸。

五国共击秦，秦置东郡，断“山东从（纵）亲文腰“，危及韩、魏。赵将宠缓率赵、楚、魏、韩、燕五国之师共击秦，攻至蕞（今陕西临潼北），兵败于秦，五国罢兵。此乃战国最后之合纵。

前239年壬戌，秦王政八年，赵悼襄王六年。

秦长安君降赵，秦王弟长安君成桥将兵击赵，至屯留（今山东屯留南）叛秦降赵，秦尽斩屯留军吏，并迁其民于临洮（今甘肃岷县）。赵封成桥于饶（今河北饶阳东北）。

秦封缪毐为长信侯，缪毐（音、烙、矮），原是吕不韦舍人，后荐为宦官，与太后私通，很得太后宠幸，门下有食客千余人，家童（奴隶）几千人，权势极大，是岁，封为长信侯，赐于山阳（今河南焦作东南）和河西（一作汾西）、太原西地作为封地。是时，国政皆决于毐。

“司南”的发明。《吕氏春秋·精通篇》云：“磁石召铁，或引之也。”是时，已发现磁性作用，并利用其指性，发明正方向，定南北之仪器——“司南”。故《韩非子·有度篇》云：“先王立司南以端朝夕”，司南形如汤匙，用磁石做成，其底圆而滑，置于刻有方位的铜盘上，使用时转动勺把，停止时，勺把指向南方。此系世界上最早的指南仪器，后来逐渐发展成为指南针。

前238年癸亥，秦王政九年，

四月，秦王亲政，秦王政二十二岁，依制至旧都雍（今陕西风翔南），行加冠礼，带剑，主国政。

是岁，秦平缪毐之乱。缪毐乘秦王至雍，盗用御玺及太后玺，发兵作乱，攻雍都蕲年富，秦王令相国昌平君，昌文君（具失其名）发卒攻毐，战于咸阳，暂首数百，尽获缪毐等人。车裂缪毐，夷其三族；其党羽重者枭首，轻者罚徒役三年；夺爵迁蜀者四千余家；幽禁太后于雍。缪毐之乱平。

李园杀春申君。李园，赵人。初，园进其妹与楚春申君黄歇，知其有娠，乃与其妹谋。其妹承间谓春申君曰：“楚王无子，若进妾与王，赖天而有男，立为太子，则君之子为王，楚国可尽得。”春申君遂献园妹于楚王，果生男，立为太子，园妹为后，李园亦用事。是岁，楚王卒，李园恐春申君泄其谋，乃杀春申君。尽灭其家。太子悍（一作悼）立，是为幽王。

荀况终老兰陵。前255年，楚以荀况为兰陵（今山东苍山丁南兰陵镇）令，至是岁，“春申君死而荀卿废”，遂家居著书，终老其地。著有《荀子》三十二篇。他反对天命，神鬼迷信之说，提出“制天命而用之”的人定胜天思想，对古代唯物主义有所发展。他针对孟子的“性善”说，提出了“性恶”论，认为人性是“好利”、“疾恶”、“好声色”，“其善者伪也”，故重视对人的教育工作。认识到“君者舟也，庶人者水也”，故重视对人的教育工作。认识到“君者舟也，庶人者水也，水则载舟，水则覆舟”，故主张“节用裕民”，减轻赋税。其思想源于儒家，又吸收融化先秦其他学说，对秦汉儒家影响很大（荀况生卒年不可考，从郭沫若主编《中国史稿》荀况卒年）。

前237年甲子，秦王政十年。

李斯谏秦逐客。李斯，楚国上蔡（今河南上蔡西南）人，从学于荀况。学成入秦，任为郎（王侍从官）。他劝秦王“灭诸侯，成帝业，为天下一统”，因升为长吏，后拜为客卿。是岁，秦“大索”，下令逐客卿，李斯因上《谏逐客书》指出“秦山不让土壤，故能成其大；河海不择细流，故能就其深”；“物不产于秦，可宝者多；士不产于秦，而愿忠者众。”今下令逐客，是借兵于敌人，送粮于大国，“内自虚而外树怨”，其国必危。秦王从此谏，遂除逐客令，复李斯官，用其谋，后业，李斯官至廷尉（掌刑狱）。

尉缭入秦。缭，魏国大梁人，其姓失传，是岁入秦，劝秦王收买六国权臣，乱其部署，统一中国。秦任之为国尉（掌全国军事），因称尉缭。

前236年乙丑，秦王政十一年，赵悼襄王九年，燕喜王十九年。

秦攻赵九城。秦以救燕为名，派王翦、桓齮、杨端和攻赵取阏与（今山西和顺）、撩阳（今山西左权）、邺（今河北磁县南邺镇）、安阳等九城，尽取漳水流域之地。

秦令吕不韦迁蜀。吕不韦居洛阳，“诸侯宾客使者相望于道”，秦王恐其为变，乃赐吕不韦书曰：“君何功于秦？封于河南，食十万户。君何亲于秦？号称仲父”。遂勒令全家迁蜀（今四川成都）。

前235年丙寅，秦王政十二年，

是岁，吕不韦恐诛（吕不韦知有今日，何必当初）饮酒而死，其宾客数千人“窃葬”不韦于洛阳北芒山。秦令：其舍人临（哭）者，三晋之人，逐出令归；秦人六百石以上，夺其官爵，迁于房陵（今湖北房县），五百石以下不临，不夺官爵，亦迁房陵。此后操国事有如缪毐，不韦者，籍没其一门，皆为徒隶。

前233年戊辰，秦王政十四年，韩王安六年，赵王迁三年。

李牧败秦军。秦使桓齮继续攻赵，战于赤丽、宜安（今河北石家庄东南）。赵派大将军李牧败秦军于肥（今河北晋县西），桓齮畏罪出奔于燕（据《战国史》第九章注释，桓齮即秦将樊於期），李牧因功封为武安君。

韩非入秦。韩非，韩国贵族，与李牧同师荀卿，好刑名法术文学，数以书谏韩王，王不能用。非“为人口吃，不能道说，而善著书。”著《孤愤》、《五蠹》、《说难》等篇十余万言。秦王读其书，叹曰：“寡人得见此人与之游，死不恨矣！”秦急攻韩，韩遣韩非入秦。韩非劝秦王先伐赵而缓伐韩。已而遭李斯、姚贾陷害，自杀狱中。韩非综合商鞅之“法”治，申不害之“术”治，慎到之“势”治，创立“法、术、势”三者合一之封建君统治术；力昌君主集权论，主张法治，要求以法为教，以吏为师，明其赏因，奖励耕作，其学说对后世影响甚大。

前232年己巳，秦王政十五年，赵王迁四年，燕王喜二十三年。

燕太子丹自秦逃归。初，燕太子丹质于赵，秦王政生于赵，其少时与丹善，及政立为秦王，而丹质于秦，秦王待之不礼，故丹怒而亡归。

前230年辛未，秦王政十七年，韩王安九年。

秦灭韩。韩国，韩景侯（名虔）创建，建都阳翟（今河南禹县），后迁都新郑，是岁，秦派内史滕攻韩，虏韩王安，尽取其地。以其地置颖川郡，韩亡。

前229年壬申，秦王政十八年，赵王迁七年。

李牧被杀。秦派王翦率上党兵直下井陉（今河北井陉）；派杨端和率河内兵进围邯郸，又使羌瘣将兵助战。赵使李牧、司马尚御之。秦贿赵王宠臣郭开，使毁李牧，司马尚欲反。赵王中秦计，以赵葱、颜聚代之：牧不受命，遂杀李牧，废司马尚。

前228年癸酉，秦王政十九年，赵王迁八年。

是岁，秦虏赵王迁。秦将王翦、羌鬼击赵。太破之，杀赵葱，败颜聚，遂克邯郸，虏赵王迁。秦王至邯郸，故与母家有仇怨者皆杀之。赵公子嘉率其宗族数百人奔代郡，自立为代王，与燕兵合，屯军上谷郡。

前227年甲戌，秦王政二十年，燕王喜二十八年。

荆轲刺秦王。荆轲，其先世为齐人，后徙卫，卫人称为庆卿；卫灭，复逃亡至燕，燕人称为荆庆或荆叔。时秦兵临燕，燕太子丹震惧，欲得天下勇士刺秦王，故卑辞厚礼拜荆轲为上卿，使之带秦叛将樊于期头及燕督元（今河北涿郡，易县，固安一带）图入秦，令副使秦舞阳（燕勇士，年十三）随之。燕太子送行至易水，高渐离击筑（古乐器名），荆轲和歌：“风萧萧兮易水寒，壮士一去兮不复还！”其声悲壮。士皆瞋目，发尽上指冠。荆轲乃就车而去。至咸阳，献地图与秦王，图中夹带匕首，乘机行刺，未遂被杀。

秦派王翦，辛胜攻燕。燕师，代师共抗秦，秦破燕，代师于易水之西。

前226年乙亥，秦王政二十一年，燕王喜二十九年。

燕王走保辽东。秦王翦攻燕，破燕都蓟城（今北京城西南）燕王及太子率其精兵走保辽东，秦使李信追之，燕王杀太子丹献秦。

前225年丙子，秦王政二十二年，魏王假三年。

秦灭魏。魏，魏文侯（名斯）创立。建都安邑（今山西夏县西北）。魏惠王迁都大梁。马陵之战后，国势不振。是岁，秦派王贲攻魏，围大梁。引黄河，大沟水灌之，大梁城坏，虏魏王假，尽取其地，魏亡。

前223年戊寅，秦王政二十四年，楚王负刍五年。

秦灭楚。楚国，南方古国，立于荆山一带，后臣服于周，周人称为荆蛮。初都郢（今湖北江陵西北），后迁于陈（又作郢陈今河南淮阳），又迁巨阳（今安徽太和东南），再迁寿春（今安徽寿县）。是岁，秦王翦，蒙武，破楚军，攻入寿春，虏楚王负刍，楚文昌君死，项燕自杀，楚亡。

前222年己卯，秦王政二十五年，燕王喜三十三年，赵代王嘉六年。

秦灭燕。燕国，周初封国，召公爽所建，建都蓟（今北京西南）。前226年迁都辽东。是岁，秦将王贲攻取辽东，虏燕王喜，燕亡。

秦灭赵。赵国，赵烈侯（名籍）创建，建都晋阳（今山西太原西南）。前386年迁都邯郸（今河北邯郸），长平之战后，国势衰落。前228年赵公子嘉自立为代王。是岁，秦将王贲攻代，虏代王嘉。赵亡。

战国东周及诸侯国世系表（前475年至221历254年）

	周	秦	魏	韩	赵	楚	燕	齐	晋	越
王公名 年	元王 7年	厉共公 34年			襄子 51年	惠王 57年	孝公 43年	平公 25年	定公 37年	勾践 32年
	定王 28年	躁公 14年	文侯 50年		桓子 1年	简王 24年	成公 16年	宣公 51年	出公 23年	鹿郢 6年
	孝王 15年	怀公 4年	武侯 26年		献侯 15年	声王 6年	文公 24年	康公 26年	敬公 18年	不寿 10年
	威烈王 24年	灵公 10年	惠王 35年	武于 16年	烈侯 22年	悼土 21年	简公 45年		幽公 18年	朱句 37年
	安王 26年	简公 15年	后元 16年	景侯 9年	敬侯 12年	肃王 11年	桓公 8年		烈公 27年	翳 36年
	烈王 7年	惠公 13年	襄王 23年	烈侯 13年	成侯 25年	宣王 30年	文公 29年		桓公 20年	诸咎 13年
	显王 48年	出子 2年	昭王 19年	文侯 10年	肃侯 24年	威王 11年	易公 12年			亢余之 12年
	慎靓王 6年	献公 23年	安鳌王 34年	哀侯 2年	武灵王 27年	怀王 30年	燕王哙 9年			无颛 8年

	郝王 59 年	孝公 24 年	景泯王 15 年	懿侯 12 年	惠文王 33 年	顷襄王 36 年	昭王 33 年			无疆 10 年
		惠文王 13 年	魏王似 3 年	昭侯 30 年	孝成王 21 年	孝烈王 25 年	惠王 7 年			
		更元 14 年		宣惠土 21 年	悼襄王 9 年	幽王 10 年	武成王 14 年			
		武王 4 年		襄王 16 年	赵王迁 8 年	楚王负刍 5 年	孝王 3 年			
		昭王 56 年		鳌王 23 年	代王喜 6 年		燕王喜 33 年			
		孝文王 1 年		桓惠王 34 年						
		庄襄王 3 年		韩王安 9 年						
		秦王政 26 年								

战国东周乃诸侯国简表

国名	代数	起年	止年	年数	附　言
周	9	前 475	前 256	199 年	东周共 549 年
秦	16	前 475	前 221	254 年	秦自前 872 年受封至前 221 年历 651 年
魏	9	前 445	前 225	220 年	
韩	12	前 424	前 230	194 年	
赵	13	前 475	前 222	253 年	
楚	12	前 475	前 223	252 年	
燕	13	前 475	前 222	253 年	
齐	3	前 475	前 379	96 年	
晋	6	前 475	前 369	106 年	
越	9	前 475	前 333	142 年	前 1868 年后夏少康封庶子无余于越

八卷 秦朝

（前 221 年—前 206 年）

一、秦始皇 嬴政 前 221 年庚辰——前 210 年辛卯。

灭齐，统一六国：秦将王贲从燕南攻入齐都临淄（今山东益都西北）虏齐王田建，齐亡。至此，秦灭六国，统一中国。

秦王政称始皇帝：秦王政既并诸侯，以“名号不更，无以称成功，传后世”下令议帝号。丞相王绾、御史大夫冯劫、廷尉李斯等以为，秦王政德兼三皇，功过五帝，上尊号为“秦皇”，命为“制”，令为“诏”，天子自称“朕”。秦王去泰，取“皇”，用上古帝位号，称“皇帝”，其他如议。并废除谥法，自号“始皇帝，后世以计数，二世、三世至于万世”。

定官制，废分封，行郡县，统一制度；定三公、九卿，全国设四十郡。在全国范围内统一度量衡标准。

前 219 年壬午，秦始皇帝二十八年。

求神仙及不死之药：在东巡途中，齐人方士徐芾（读福），上书言海上蓬莱、方丈、瀛州三神山，有仙人及不死药。始皇派徐芾率童男女数千人入海求之。因事本是虚妄，徐等乃谎言：“因风未能至，望见之焉。”

张良谋刺秦始皇：张良，韩国贵族，父、祖五世相韩。秦灭韩，张良变卖家产，弟死不葬，欲为韩报仇。始皇东巡至博浪沙（今河南原阳东南），张良令力士用铁锥伏击，误中副车。始皇令天下大索十日。张良改换名姓亡匿下邳（今江苏宿迁西北）。始皇索刺客不得，遂登之罘（音浮，之罘，今烟台东北）。刻石颂德而还。

前 213 年戊子，秦始皇帝三十四年。

焚书：始皇在咸阳宫大宴群臣，仆射（读叶）周青臣颂秦始皇“平定海内……以诸侯为郡县，人人自安乐，无战争之患，传之万世，自上古不及陛下威德。”始皇悦。博士淳于越进曰：“殷周之王千余岁，封弟子功臣，自为枝辅。今陛下有四海，而子弟为匹夫，卒有田常（齐世卿，杀简公），六卿（晋智、范、中行、韩、赵、魏，共分晋）之臣，何以相救！事不师古而能长久者，三代不相袭……今诸生不师今而学古，以非当世，惑乱黔首……人闻令下，则各以其学议之，入则心非，出则巷议，夸主以为名，异趣以为高，率群下以造谤。”因此建议：心秦记以外列国史书，皆焚毁；除博士官外，私藏《诗》、《书》、百家语者，限期送郡守、尉烧毁；偶语《诗》、《书》者弃世；以古非今者族：官吏知情者不举同罪；令下三十日不烧，黥面，罚四年筑城劳役：惟医药、卜筮、种树之书不烧。欲学法令者以吏为师。始皇批准李斯建议，下令施行。

前212年已丑，秦始皇三十五年。

营造宫殿和骊山墓：始皇以咸阳人多，先王之宫廷小，于渭水南上林苑（在今西安市)，营造朝宫。阿房宫前殿，东西宽五百步，南北长五十丈，上可以坐万人，下可以建五丈旗，宫前立十二铜人，各重二十四公斤，用磁石作大门，以防有人私带兵器入宫。同时继续建造骊山墓，墓高五十余丈，周围五里余。墓基极深，用铜液灌注。墓中建造宫殿及百官位次，奇珍异宝，不可计数。以水银为江河百川大海，机械转动。以人鱼膏为烛，以期长明。令工匠特制机关弩矢，有人穿坟入内，弓弩自动发射。近年于墓东侧发兵马俑坑，面积12600平方米，陶俑与真人真马大小相仿，估计全部武士俑有6000个(近有人考证兵马俑系秦昭王陵之物，异说特征）为修建朝宫与坟墓，征发隐宫（宫刑患风，须入隐室，故称隐宫），刑徒七十余万人。北山石椁，蜀荆地材皆至。朝宫计关中三百所，关外四百所。迁徙三万家于骊邑（今陕西临潼）五万家于云阳，皆免除十年征役。

坑儒：方士侯生、卢生讥议始皇“刚戾自用”、“贪于权势”、“专任狱吏”，博士“备员费用”，“未可为之求仙药”，并相约逃亡。始皇大怒，指责“诸生或为妖言以乱黔首”派御史案问，诸生相举发，牵引四百六十余人，皆坑杀于咸阳，始皇长子扶苏劝谏始皇：“天下初定，远方黔首未集，诸生皆诵法孔子，今上皆重法绳之，臣恐天下不安。”始皇怒，使扶苏至上郡（今陕西榆林东南）监蒙恬军。

前210年辛卯，秦始皇三十七年，

十月，始皇病于平原：始皇东巡，少子胡亥，左丞相李斯、中车府令赵高等随行。十一月，行至云梦（今湖北长江南北一带），祀虞舜。浮江而下，经丹阳、钱塘（今浙江杭州），渡过浙江，登会稽山，祭大禹，立石颂德。北归时，路过吴中，从江乘（今江苏镇江北）渡江，至海上，北上琅邪，之罘至平原津（今山东行州南）而病。

七月，沙兵之变：秦始皇病重，令赵高作书赐扶苏曰：“与丧，会咸阳而葬。”书已封，在赵高处，未付使者。始皇就死在沙丘宫（今河北平乡东北）。丞相李斯见始皇已死在外，恐生变乱。赵高生而隐宫，通狱法，始皇曾使其教胡亥决狱；尝犯法，蒙毅依律断高死罪，后为始皇赦免。高由是与蒙氏有隙，因乘机与胡亥、李斯谋仪，篡改始皇诏书，立胡亥为太子，赐扶苏、蒙恬死。扶苏见诏书后自杀，蒙恬疑有诈，不肯死，被捕下狱。胡亥、赵高回咸阳发丧，胡亥袭位，是为二世皇帝。

九月，胡亥葬始皇于骊山，下令凡后宫妃嫔无子者全部殉葬，为保守墓中机密，将制作机弩的工匠闭死墓中。

蒙恬、蒙毅死；二世欲诛蒙恬兄弟，兄子子婴劝其勿“谋杀忠臣而立无节行之人，”二世不听，遂杀蒙毅；蒙恬吞药自杀。

二、秦二世 胡亥 前209年一前206年

前209年壬辰，秦二世元年。

四月，二世杀诸公子、公主：二世回咸阳，谓赵高曰：“吾既已临天下矣，欲悉耳目之所好，穷心志之所乐，以终吾年寿，可乎？”高曰：“此贤主之所能行，而昏乱主之禁也，然沙丘之谋，诸公子及大臣皆疑矣。今陛下初立，此其属意怏怏皆不服，恐为变，陛下安得为此乐乎？”赵高因劝二世严法刻刑，诛灭大臣及宗室，然后收举遗民，贫者富之，贱者贵之，远者近之，使成亲信。于是二世“更为法律”力求严酷，杀公子十二人，公主十人，牵连者不可胜数。

七月，大泽乡起义：二世征发“闾左”（秦时贫弱民户居乡里之左，富者居右）九百人戍守渔阳（今北京密云）。至蕲（音奇）县大泽乡（今安徽宿县西南），天降大雨，道路不通，预计不能按期到达。依秦法，失期当斩。阳城（今河南登丰东南）雇农陈胜（字涉）与阳夏（今河南太康）贫农吴广（字叔），私下计议：“今亡亦死，举大计亦死，等死，死国可乎？”为了号召群众，陈胜、吴广用“鱼腹丹书”、“篝火狐鸣”制造舆论“大楚兴，陈胜王”，并伺机杀死两名押送将尉，令其徒属曰：“公等皆失期当斩，假令毋斩，而戍死者十之六七。且壮士不死则已，死即举大名耳。王侯将相，宁有种乎！”众皆从之。陈胜因天下愁怨秦暴政，遂以公子扶苏和楚名将项燕名义，为天下倡，筑坛为盟，称大楚。陈胜自立为将军，吴广为都尉，首先攻下大泽乡，进而攻战蕲县及附近各县；及攻占陈县（今河南淮阳）义军拥有战车六七百辆，骑兵千余人，步兵数万人。魏国名士张耳，陈余亡匿在陈，献计陈胜“遣人立六国后，自为树党，为秦益敌。”陈胜不听，乃自立为王，国号“张楚”。诸郡县民苦秦苛法，“斩木为兵，揭竿为旗”，争杀长吏以应陈胜。

周文兵败：陈胜封吴广为假王，监诸将西攻荥阳，派武臣，周市分取赵、魏旧地，邓宗政取九江郡，陈胜闻周文习军事，颁给将军印，使攻关中，周文收集沿途义军数十万人越过函谷关，一举进至戏（今陕西临潼关）；二世大惊，下令赦免骊山刑徒，发给武器，令少府章邯率领，抗击周文，周文军败，向东撤退。

八月，武臣自立为赵王：武臣进兵至邯郸，闻周文败退，在张耳、陈余等谋划下，自立为赵王，以陈余为大将军，张耳为右丞相。陈胜大怒，但为其西击秦

兵，接受柱国房君之谋，派人往贺。张耳、陈余察觉其用意，拒绝西进，令部将韩广攻燕，李良攻常山，张自攻上党，欲乘秦楚之敝争夺天下。

九月，刘邦起兵于沛：刘邦（前256—195；又为247—前195）。字季，沛（今江苏沛县）人，父太公，母刘媪，妻吕雉（即吕后）。初为泗水亭长。为县送徒骊山，徒多中途逃亡，自度比至则也亡，至丰（沛之聚邑）西泽中亭，乘夜尽释所送徒曰："公等皆去，吾亦从此逝矣。"徒中壮士从者十余人，亡匿芒、砀（今安徽砀山东，芒山在此北）山泽间。陈胜起义后，在沛吏肖何、曹参支持下，杀死沛令，收兵二千余人，起兵称沛公。

项梁、项籍（即项羽）起兵于吴：项梁，下相（今江苏宿迁西）人，楚名将项燕之子，曾因杀人，与侄项籍。避仇吴中（今江苏苏州）。项籍，字羽，少时学书、学剑，俱不成，项梁怒。项籍曰："书足以记名姓而已！剑，一人敌不足学：学万人敌。"项梁乃教籍兵法。项籍，身长八尺，力能扛鼎，才器过人。秦始皇游会稽，渡浙江，梁与籍同观，籍曰："彼可取而代也。"梁以此奇籍。陈胜起义后，项梁使项羽杀死会稽郡守殷通，举吴中兵，得精兵八千人，梁自立为会稽郡守，以项籍为裨将，占领会稽郡各县。时籍年二十四岁。

韩广等自立为王：韩广攻占燕地后，自立为燕王。齐贵族田儋杀死狄县令，自立为齐王，发兵以击周市占据齐地。周市自狄还，至魏地，迎魏公子咎于陈，立为魏王，自为丞相。

前208年癸巳，秦二世二年，

十一月，周文败死，田藏杀吴广：周文退出函谷关，章邯追击至渑池（今河南铁门），周文兵败自杀。秦三川郡守李由（李斯之子）守荥阳，吴广久攻不克；将军田藏闻周文已败，秦军将至，遂矫陈胜令杀死吴广。陈胜任命田藏为上将军。田藏留李归等少数兵力同围困荥阳，自率主力至敖仓（今荥阳西北），迎击秦军，兵败身亡。章邯击李归于荥阳城下，李归死。

十二月，陈胜被害：二世增派长史司马欣，董翳佐章邯击楚。陈王退至下城父（今安徽蒙城西北），为其车夫庄贾杀害，庄贾叛降秦军，陈县失守。陈胜部将吕臣率"苍头军"收复陈县，杀死庄贾，葬陈王于砀山，谥为隐王。

前207年甲午，秦二世三年。

正月，张耳、陈余立赵歇为赵王：初，赵王牙臣部将李良，攻取常山（今河北正定南）后，赵王复使进攻太原。秦将假二世名义，招降李良，李良回兵邯郸，杀死赵王武臣。张耳、余收集散兵，击败李良。李良降章邯。正月，张耳、陈余立赵贵族赵歇为赵王。居信都（今河北衡水东）。

秦嘉立景驹为楚王：先是，陈人秦嘉，符离人朱鸡石等起兵于郯（今山东郯县西南），秦嘉杀陈王监军武平君畔，自立为大司马。正月，秦嘉得知陈胜兵败，立景居为楚王，居留（今江苏沛县东南）。

沛公得张良：刘邦赴留，依楚王景驹，途中遇张良。刘邦拜张良为厩将（掌马之官），得所属部下百余人，张良用《太公兵法》为刘邦谋划，刘邦常用其策，张良遂留不去。

六月，项梁杀景驹：立楚怀王孙心；先是，陈王部将如平，得知陈王兵败，乃渡江矫陈王令，拜项梁为楚上柱国，使引兵西击秦。项梁渡江，陈婴、英布、蒲将军相继率部归附项梁。项梁拥兵六七万人，驻军下邳（今江苏宿迁西北）。梁曰："陈王首事，战不利，未闻所在，今秦嘉背陈王而立景驹，大逆不道。"乃出兵击杀秦嘉，景驹走死梁地。六月，项梁确知陈王已死。在薛召集起义将领议事，刘邦应召前往。居巢（今安徽巢县东南）人范增（前277—前204）年七十岁还出谋划策，以陈胜失败在于"未立楚后而自立"，引用"楚虽三户，亡秦必楚"之说，劝项梁立，定都盱治，以陈婴为上柱国。项梁自号武信君。并采纳张良建议，立韩公子成为韩王。以良为司徒，与韩王将千余人西据韩地。

八月，项梁败死：项梁既破邯军于东阿、濮阳，乘胜攻定陶，再破秦军。项羽、刘邦又大败秦军于雍丘（今河南杞县），斩秦三川郡守李由。项梁益轻秦，有骄色，宋义进谏不听。秦二世以全部兵力增援章邯，在定陶大皮楚军，项梁败死。项羽、刘邦等随楚怀王迁都彭城（今江苏徐州）。

李斯之死：各地义军兴起，二世曾多次责备李斯："居三公位，如何令盗如此！"李斯恐，曲意逢迎，上书二世"行督责之术以独断于上。"于是，二世行督责益严，"税民深者为明吏，杀人众者为忠臣"，以致"刑者相伴于道，而死人日成积于市。"是时二世从郎中令赵高议，深居宫中，事政皆决于高。赵高诬李斯欲裂地而王，并诬李斯子李由与义军私通。李斯闻之，上书言赵高"有邪佚之志，危反之行"。继又与右丞相冯去疾，将军冯劫进谏二世，请减轻赋役，停修阿房宫。二世斥责李斯曰："群盗并起，君不能禁，又欲罢先帝之所为，是上无以报先帝，次不为联尽忠力，何以在位！"遂将李斯等三人下狱问罪，冯去疾、冯劫自杀；腰斩李斯于咸阳，并夷三族。二世任赵高为中丞相（以其宦人，深入禁中），事无大小，皆决于高。

十二月，巨鹿之战：宋义率军进至安阳（今山东曹县东），留四十六日不进，项羽主张立即渡河，"楚击其外，赵应其内"，以破秦军。宋义意欲先斗秦、赵，以承秦文敝，宣布不服，从命令者，斩首；遣其子宋襄相齐，并送至无盐（今山东东平），饮酒高会，天寒大雨，士卒冻饥。十一月，项羽杀宋义，出令军中曰："宋义与齐谋友楚，楚王阴令籍诛之！"诸将皆惧服。楚怀王因以项羽为上将军，率军北进。十二月，项羽先令英布和蒲将军率丘二万渡河，截断秦军粮道；然后亲率全军渡河，命令“皆沉船，破釜甑，烧卢舍，持三日粮，以示士卒必死，无一还心。”于是，与秦军遇，楚军呼声动天，无不以一当十，几经九战，大破秦军，遂擒王离，杀苏角，迫涉间自杀，章邯败逃。

前 206 年乙未，秦二世四年，汉刘邦元年。

二月，刘邦向武关进兵：先是，上年十月，刘邦率军攻下成武，十二月引兵至粟（今河南夏邑）。春二月，北击昌邑（今山东金乡西北），彭越率千余人来归；刘邦率军西过高阳（今河南杞县西），儒生郦食其为里门监，求见刘邦。刘邦正距床，使两女子洗足，郦食其“长揖不拜”曰：“足下必欲诛无道秦，不宜倨见长者。”刘邦乃辍洗而起，延郦生上坐，向其问计。郦食其指出，刘邦兵少，不宜“径入强秦”，而应攻取交通要道陈留。刘邦遣郦生往说陈留，引兵随之，遂下陈留。刘邦号郦食其为广野君。其弟郦商率四千人来属刘邦，刘邦以为将。三月，刘邦攻克白马（今河南滑县东北）。四月，进占颍川（今河南禹县），张良率军从属刘邦，刘邦留韩王成守阳翟，与张良一同南进。七月，刘邦听从南阳（今河南汝阳）郡守吕龄舍人陈恢建议，接受郡守投降，封为殷侯。从此，刘邦西进，无不下者。大军到丹水，王陵等投降，刘邦率军直指武关（今陕西商县东）。

七月，章邯降楚：王离覆灭后，章邯军驻棘原（今河北巨鹿西南）。二世多次派人责备章邯，章邯恐惧，派长史欣去咸阳陈述军情，赵高避而不见。是时，陈余亦致书章邯，劝其投降。项羽驻军漳南，率兵在汗水（今河南临漳南）上大破秦军，章邯遂降楚。

八月，赵高逼二世自杀：赵高专擅朝政，恐群臣不服，乃先设验，在二世前“指鹿为马”。二世问左右，或默，或言鹿。赵高因阴谋杀害诸言鹿者。八月，刘邦攻克武关，赵高惧二世问罪，诡称有病，不能上朝，阴与其婿咸阳令阎乐，弟郎中令赵成密谋，逼二世在望夷宫自杀，立二世兄子子婴，贬号为秦王。

九月，子婴杀赵高：赵高令子婴斋戒五日，准备受玺，即位。子婴与其子二人谋曰：“高杀二世，恐群臣诛之，乃诈以义立我……我称病不行，丞相必自来，来则杀之。”高果自往，子婴遂杀高于斋宫，并夷其三族。

刘邦破崎关：秦遣兵拒峣关（今陕西兰田东南，一名兰田关），刘邦用张良计，先使郦生、陆贾往说秦将，诱之以利；然后乘其无备出击，乃大破秦军。

九卷 汉朝

（前206年–25年含王莽及更始）

一、高祖刘邦 前206年——前195年

前206年乙未，汉王刘邦元年（此时刘邦为汉王，至前202年始称皇帝，是为汉太祖高皇帝）。

十月，沛公至霸上：刘邦至坝上（今陕西西安东南），秦王子婴素车，白马，以组（印绶）系颈，封皇帝玺、符、节，在轵道（秦阳亭名）迎降，秦亡。

肖何收秦图籍：刘邦西入咸阳，诸将皆争取钱帛财物，唯肖何独先入收丞相府图籍文书，以此得具知“天下扼（隘）塞，户口多少，强弱之处。”刘邦从樊哙、张良议，还军霸上。

十一月，约法三章：刘邦召集诸县父老豪杰谓曰：“父老苦秦苛法久矣！诸侯约，先入关者王之；吾当王关中。与父老约法三章耳：杀人者死，伤人及盗抵罪。余悉除去。”秦民大喜。

项羽坑秦降卒：秦军降楚，诸侯吏卒乘胜折辱，奴虏使之，秦吏卒多怨，窃窃私语。项羽虑秦降卒心不服，至关必危。于是夜击坑秦卒二十余万于新安（今河南新安西）城南。

十二月，鸿门宴：刘邦派兵扼守函谷关，项羽攻破之，进至戏（今陕西临潼东北）。时项羽拥兵四十万，号百万，屯兵新丰鸿门（在今陕西临潼东，今名项王营）；刘邦兵十万，号二十万。驻军霸上。范增说项羽急击刘邦。项羽季父项伯素善张良，夜马告之。刘邦因请项伯从中调解，并于翌日亲至鸿门与项羽言好求和；项羽设宴相待。席间，范增三举所佩玉环，示意项羽杀死刘邦，项羽犹豫不决。范增使项庄（项羽堂弟）来席前舞剑，欲乘机击杀刘邦。项伯亦拔剑起舞，常以身翼蔽刘邦。张良出召樊哙，樊哙带剑拥盾闯入军门，指责项羽“欲诛有功之人，此亡秦之续。”项羽无言以应。刘邦借如厕之机，在樊哙等人拥护下，间行急还霸上。

项羽屠咸阳城：项羽引兵西，屠咸阳，杀秦降王子婴，烧秦宫室，火三月不灭；掘始皇帝冢，收货宝，妇女而东。秦民大失所望。

正月，尊怀王为义帝：项羽既入关，使人报命楚怀王。怀王坚持前约：“先入关中者王之”。项羽怒，乃阳尊怀王为义帝，徙于江南。

二月，项羽分封：项羽自立为西楚霸王（旧名江陵为南楚，吴为东楚，彭城为西楚），王梁，楚地九郡，都彭城（今江苏徐州）。又分封十八诸侯王；刘邦

为汉王，董翳为翟王，以阻塞汉路。申阳为河南王，司马卬（昂）为殷王，张耳为常山王，英布为九江王，吴芮为衡阳王，共敖为临江王，藏荼为燕王，田都为齐王，田安为济北王。徙魏王魏豹为西魏王，赵王赵歇为代王，燕王韩广为辽东王，齐王田芾（读福）为胶东王；韩王韩成为韩王。

四月，刘邦就国：刘邦以项羽负约，怒欲攻之；为肖何所阻下，暂去汉中就国。刘邦以肖何为丞相。

刘邦拜韩信为大将：韩信（？—前 196 年）江苏淮阴人。家贫，无行，常从人寄食，人多厌之。项梁渡淮，韩信仗剑从之；项梁败，又属项羽，曾数向项羽献策，项羽不纳，遂亡归汉。信犯法，当斩；信曰："上不欲就天下乎，何为斩壮士？"滕公夏侯婴奇其言，壮其貌释之，并荐于刘邦，未被重用。韩信数与肖何语，为肖何所器重。刘邦至南郑（陕西汉中），将士皆思东归，逃亡不少。韩信刘邦不能重用，亦逃去。肖何亲自追回，在刘邦面前力荐韩信："王必欲长王汉中，无所事信；必欲争天下，非信无足与计事者。"刘邦纳肖何议，择良日，斋戒，设坛场，拜韩信为大军，部署诸将，准备出击。留肖何收巴、蜀田租，供给军食。

前 205 年丙申，汉王二年。

十月，项羽杀义帝：项羽密使九江王英布、衡山王吴芮、临江王共敖击义帝，杀之江中。

张良归汉：张良自韩间行归汉，刘邦以为成信侯。良多病，未尝独自将兵，常在刘邦左右出谋划策。

十一月，刘邦立信为韩王。

刘邦为义帝发丧：刘邦至洛阳新城，采纳三老（官名，掌一乡之教化）董公建议，为义帝发丧，遣使告各路诸侯，共讨项羽。

陈余发兵助汉：刘邦遣使者至越，约共讨项羽。陈余曰："汉杀张耳，乃从。"先是，张耳与陈余为刎颈交。秦二世二年（前 208 年），秦兵破邯郸，张耳与赵王歇走入巨鹿城，秦兵围之。陈余率数万人驻军巨鹿北，张耳数使人召陈余进兵，陈余自度兵少，不敢出战。张耳由是怨陈余。其后项羽破秦兵，解巨鹿之围，张耳数责陈余，陈余怒解印绶予张耳，张耳不让，陈、张由是结怨深。汉元年二月，项羽分封，立张耳为常山王，仅封陈余三县，隐余怨羽。齐王田荣叛楚，陈余假齐兵攻张耳，张耳败投刘邦。以是陈余诸杀张耳。刘邦为纠结反楚力量，求与张耳面相似者斩之，持其头遗陈余，陈余乃发兵助汉。

四月，刘、项彭城之战：刘邦乘项羽出兵齐地，彭城空虚之际，亲率诸侯兵五十六万人伐楚。至外黄（今河南杞县东），彭越（字仲，昌邑人，常渔巨鹿泽中，秦末聚众起义）率兵三万余人归汉。刘邦拜越为魏相国，令将兵定梁地。刘邦遂入彭城，收项羽货宝美人，日置酒高会。项羽闻彭城失守，令其将击齐，自率精兵三万，来夺彭城，自晨至午，大皮汉军。汉军入谷、泗、睢水死者二十余万人。刘邦于飞沙扬石中与数十骑遁去。途逢子刘盈（后来的惠帝），女鲁元公主，载之同去。刘邦父太公及妻子吕雉，为楚军所执。自是诸侯复叛汉亲楚。刘邦问道逃至下邑（今江苏砀山东，吕后兄吕泽驻兵处），稍稍收集来归士卒。

肖何说降英布：刘邦用张良策，遣肖何出使九江。说九江王英布发兵反楚。

五月，汉取敖仓粟：刘邦至荥阳，诸败军皆来会，肖何亦发关中兵来援，汉军复大振。刘邦拜灌婴为中大夫令，将骑兵击楚骑兵于荥阳东，大破之，楚以故不能过荥阳而西。汉军筑角道（道之两侧筑有桓寺，以防敌军抄掠），以取敖仓（在荥阳北，临河有仓，故名敖仓）粟。

刘邦重陈平：陈平，河南阳武人，少时家贫，好读书；陈胜起义，投魏王咎，为太仆。后从项羽入关，任都尉。刘邦下殷，乃挺身仗剑归汉。刘邦与之谈话，甚悦，当日拜为都尉，使主护军。汉王部将哗然。刘邦闻之，益厚陈平，拜为护军中尉，监护诸将，诸将乃不敢复言。

肖何守关中：刘邦命肖何守关中，侍太子，为法令约束，立宗庙、社稷、官室、县邑；事有不及奏决者，得便宜施行。

前 204 年丁酉，汉王三年，

十月，韩信破赵之战：韩信、张耳率军数万越太行山，东攻赵。赵王歇与赵军统帅成安君陈余聚兵于井陉口（关名，亦名土门关，在今河北井陉，为太行山八大隘口之一）号称二十万，欲与韩信决战。广武君李左车进言“从间道绝其辎重“以出奇制胜，陈余不能用。韩信引兵未至井陉口三十里而止。夜半，传发，选轻骑二千人，人手执一赤旗，从间道出，依山隐藏。另派万人先行，至绵蔓水（在井陉县境）东岸，背水而阵。天明，韩信建大将旗鼓，鼓行出井陉口，赵军开壁击之，大战良久。韩信佯败，走水上军，赵军空壁来战，汉骑驰入赵壁，拔赵帜为汉帜。水上军皆殊死战，不可败，赵军久战不利，欲还归壁，见汉帜，大惊，纷纷逃散。汉军乘势央击大破赵军，斩陈余于泜水（即鹿泉水）上，擒赵王歇及李左车等。

十二月，英布归汉：肖何至九江说英布杀楚使者，起兵攻楚，楚击破之，英布乃与肖何间行归汉，楚尽杀英布妻子。

同月，范增死：先是，刘邦采纳陈平献计，使持黄金四万斤，纵友间于楚军，使内相诛，楚围刘邦于荥阳，刘邦请和，项羽遣使至汉，陈平为太牢县（牛日太牢，具、肴馔）举进，见楚使而佯惊曰：“吾以为亚父（指范增）使，乃项王使！”

因持去，而更以恶草具进。使归以报，项羽果大疑范增。范增欲急攻下荥阳，项羽不听，范增知项羽疑已，怒曰："天下事大定矣，君王自为之，愿请骸骨归！"未至彭城，疽发背死。

又，借箸筹策：楚数侵夺汉角道，汉军乏食。郦食其说刘邦，立六国后，以削弱楚国，刘邦令郦食其速刻印，佩之行使六国。未行，张良来谒。刘邦方食，具以郦生语告良。良曰："谁为陛下画此计者？陛下事去矣！""臣请借前箸，为大王筹之；昔汤，武封桀、纣之后者，度能制其死生之命也；今陛下能制项籍之死命乎？其不可一也。武王入殷，表商客之间，释箕子之囚，封比干之墓；今陛下能乎？其不可二也。发巨桥之粟，散鹿台之钱，以赐贫穷；今陛下能乎？其不可三也。殷事已比……示天下不复用兵；今陛下能乎？其不可四也。休马华山之阳，示以无为；今陛下能乎？其不可五也。放牛桃林之阴，以示不复输积；今陛下能乎？其不可六也。天下游士……从陛下游者，徒欲日夜望咫尺之地。今复立六国后，天下游士各归事其主……陛下谁与取天下乎？其不可七也。且夫楚唯无强（当今唯楚最强，只有使楚不强），（否则）六国立者复桡而从之（若复立六国，六国皆桡而从之），陛下焉得而臣之？其不可八也。刘邦辍食，吐哺骂曰："竖儒几败而公事！"下令销印。

五月，辕生说刘邦：刘邦入关，收兵欲复东向击楚。辕生建议刘邦，从武关出，进军宛（今河南南阳）、叶（今河南叶县）间，与英布军配合，展开攻势，以调动楚军南下，会彭越破楚军于下邳（今江苏宿迁西北），项羽闻刘邦在宛，果引兵南；刘邦坚壁不与战。

前 203 年戊戌，汉王四年。

刘邦数项羽十罪：项羽欲与刘邦独身挑战，邦曰："吾宁斗智，不能斗力。"因数之曰："羽负约，王我于汉，罪一，矫杀卿子冠军，罪二；救赵不报，而擅动诸侯入关，罪三；烧秦宫室，掘始皇帝冢，私其财，罪四：杀秦降王子婴，罪五；诈坑秦子弟新安二十万，罪六；王诸将善地，而徙逐故主，罪七；出逐义帝，自都彭城，夺韩、梁地，罪八；使人阴杀义帝江南；罪九：为政不平，主约不信，天下所不容，大逆无道，罪十。"项羽大怒，伏弩射中刘邦，刘邦伤胸，乃扪足曰："虏中，吾指（趾）!"因病创卧，张良请强起劳军，以安士卒，刘邦从之。疾甚，因驰入成皋。

十一月，韩信定齐：韩信定临轴，遂东追齐王。项羽使龙且读疽将兵二十万救齐，齐、楚与汉夹淮水而阵。信夜令人布囊盛沙，壅水上流；引军半渡击龙且，佯败还走。龙且追信，信侵入决壅堤，水大至，龙且军大半不得渡。韩信急击杀龙且，虏齐王田广。田横遂自立为齐王，汉将灌婴击之，田横亡归彭越，韩信遂尽定齐地。

汉立张耳为赵王，立韩信为齐王，征其兵击楚。

八月，楚、汉言和：楚、汉在广武相持数月，项羽自知少助，食尽，韩信又进兵击之，被迫与刘邦订立和约；以鸿沟（在荥阳东南）为界，中分天下，鸿沟以西归汉，以东属楚。

九月，项羽送还太公，吕后，引兵东归。张良、陈平说刘邦乘楚兵饥疲，派军追击。

前 202 年己亥，汉高帝五年，

十月，刘邦固陵之败：刘邦追项羽至固陵（即固始，今河南淮阳西北），与齐王韩信，魏相国彭越期会击楚；信，越不至，楚军击汉，大破之。汉王复坚壁自守，谓张良曰："诸侯不从，奈何？"对曰："楚兵且破，二人未有分地，其不至固宜：君王能与共天下，可立致也。"刘邦从张良议，为信，越划定分地，于是二人皆引兵来。

十二月，垓下之战：项羽至垓下（安徽灵璧东南），兵少食尽，韩信等以大军乘之，拜败入壁，汉及诸侯兵围之数重。项羽夜闻汉军四面皆楚歌，乃大惊曰："汉皆已得楚乎？是何楚人之多也！"起饮帐中，有美人名虞，常幸从；骏马名骓，常骑之，于是项羽乃悲歌慷慨，自为诗曰："力拔山兮气盖世，时不利兮骓不逝！骓不逝兮可奈何，虞兮虞兮奈若何！"歌数阕，美人和之。项羽泣数行下，左右皆泣，莫能仰视。于是项羽乃乘乌骓马，率领八百余骑，当夜溃围南走。天明，汉军觉，令骑将灌婴率五千骑追赶。项羽渡淮，骑能从者仅百余人。至阴陵（今安徽和县北），迷失道，问一田父，田父欺之，因陷大泽中，为汉兵追及，至东城（今安徽定远东南），仅有二十八骑，汉骑追者数千人。项羽自度不得脱，谓其骑曰："吾起兵八岁，身经七十余战，未尝败北。今卒困此，此天亡我，非战之罪也！今日固决死，必溃围折将，令诸军知之。"于是大呼驰下，斩汉一将，一都尉，杀数十百人。最后退至乌江（今安徽和县东北）岸头，自刎而死。

汉葬项羽：楚地悉定，独鲁不下；刘邦使人持项羽头以示鲁父兄，乃降。刘邦以鲁公（怀王曾封项已为鲁公）礼葬项羽于谷城（今山东寿张东），封项伯等四人为列侯，赐姓刘氏。

刘邦称帝：刘邦即皇帝位于汜（音范）水（今山东曹县附近）之阳，尊王后日皇后（历史上第一个皇后），太子曰皇太子，

五月，刘邦论取天下：刘邦置酒洛阳南宫，与群臣论所以取天下之道，曰："夫运筹帷幄之中，决胜千里之外，吾不如子房；镇国家，抚百姓，给饷馈，不绝粮道，吾不如萧何：连百万之众，战必胜，攻必取，吾不如韩信。三者皆人杰，吾能用

之，吾之所以取天下者也。项羽有一范增而不能用，此所以为我擒也。”群臣悦服。（项羽心善：鸿门宴不杀刘邦，将刘邦父妻子送还，刘邦失信，毁和约）。

同月，刘邦赦季布斩丁公：季布，楚人，项羽部将，曾数窘寿刘邦。项羽败亡，刘邦悬赏千金购求季布。季布自卖于鲁之“侠士”朱家为奴。朱家通过滕公夏侯婴向刘邦进言，得赦免召拜郎中。季布同母弟丁公，亦为项羽将，在楚汉战争中，曾逐窘刘邦于彭城西，短兵相接。刘邦谓丁公曰：“西贤岂相片哉！”丁公引兵而还。刘邦称帝，丁公来谒，刘邦斩丁，公号令全军曰：“使后人为人臣者无效丁公也!”（刘邦为己恩将仇报，以丁公事而警告臣下忠于他。）

前 201 年庚子，汉高帝六年。

十月，刘邦伪游云梦：韩信初至封国，巡行县邑，陈兵出入。有人上书告韩信反。刘邦用陈平计，伪游云梦（云梦泽，在今湖北京山南），发使告诸侯会于陈，欲诱捕韩信。

十二月，黜韩信为淮阴侯：刘邦会诸侯于陈，韩信持钟离昧（韩信的好友，项羽大将，羽败后逃亡韩信，刘邦于上年九月诏信见捕钟，略）首来见。刘邦令武士捕信。信曰：“果若言：狡兔死，走狗烹：飞鸟尽，良弓藏；敌国破，谋臣亡。’天下已定，我固当烹！“（刘邦是狼毒无义者），遂械系以归。田肯贺曰：“陛下得韩信，又治秦中（关中）。秦，形胜之国也，带河阻山，地势便利，其以下兵于诸侯，譬犹居高屋之上建瓴水也。”刘邦赐田肯金五百斤。至洛阳，赦韩信，黜为淮阴侯。

同月，封功臣：刘邦剖符封曹参平阳侯、陈平户牖侯，夏侯婴汝阴侯等十人为烈侯。

又，续封张良为留侯，肖何赞侯、樊哙武阴侯、周勃为绛侯、灌婴颖阴侯、郦商典周侯，周昌汾阴侯等十七人为彻侯。

又，张良谢病不朝：入关，张良素多病，即杜门不出，曰：“家世相韩：及来韩，不爱万金之资，为韩报仇强秦，天下振动。今以三寸舌为帝者师，封万户侯，此布衣之极，于良足矣。愿弃人间事，欲从赤松子（古仙人号）游耳。”

又，封同姓王：刘邦以天下初定，子幼、昆弟少、惩秦孤立而亡，欲大封同姓以镇抚天下（刘邦将全中国据为己有）。立从兄刘贾为荆王，弟刘交为楚王，兄刘喜为代王，子刘肥为齐王。

又，韩王信叛匈奴冒顿引兵攻太原，围韩王信于马邑（今山西朔县西北）。信使使求和解，汉疑信有二心，使人责让信。信恐诛，以马邑降匈奴。

前 200 年辛丑，汉高帝七年。

十月，白登之围：刘邦自将兵击韩王信，破其军，信逃匈奴。刘邦闻冒顿居代谷（今山西繁峙西北），欲击之，使人窥视匈奴虚实。冒顿匿其壮士，肥牛马，但见老弱羸者，使者十辈来，皆言匈奴可击。刘邦复使刘敬（即娄敬）往，未还，刘邦悉发汉军三十二万北击匈奴。刘敬还报匈奴有诈，不可进兵，刘邦不听，囚刘敬。亲率汉军先头部队进至平城（今大同东），步兵未尽到。冒顿以四十万精骑，围刘邦于白登（今大同东南）凡七日，汉兵内外不得相救。刘邦用陈平计，使人重赂匈奴阏氏（烟支，犹汉言皇后），始得突围，至平城，汉军到，匈奴解围去。汉亦罢兵归。刘邦斩前使者十辈，赦刘敬。

前 199 年壬寅，汉高帝八年。

二月，迁都长安：先是汉高帝五年，刘邦以娄敬、张良之言西都关中，然都邑未成，则犹居栎阳（今陕西临潼东北），今未央宫成，始自栎阳徙都长安（今西安西北）。

九月，刘敬献和亲策：匈奴冒顿屡扰北边。刘敬说刘邦以嫡长公主妻单于，与匈奴和亲。刘邦欲遣长公主。吕后日夜泣曰："妾唯太子，一女，奈何弃之匈奴！"未果行。

冬，汉与匈奴和亲，刘邦取"家人子"（汉宫人之名）名为长公主，以妻单于，使刘敬往结和亲约。

前 196 年乙巳，汉高帝十一年。

正月，吕后杀韩信；刘邦讨陈浠，淮阴侯韩信称病，不从，阴使人致豨所，与通谋。淮阴侯舍人得罪于信，信欲杀之；其弟告发韩信密与陈豨通谋叛乱，攻袭吕后、太子。吕后与肖何谋，诈言豨已败死，诓韩信入贺，使武士缚信，斩之。信曰："吾悔不用蒯彻之计，乃为儿女子所诈！"遂夷三族。

三月，杀彭越释栾布：先是，刘邦击陈豨，征兵于梁，彭越称病，使将将兵至邯郸。刘邦怒，派兵掩袭彭越，囚于洛阳，嗣废为庶人，徙之蜀；途中遇吕后，越泣言无罪，吕后与越同至洛阳，使人告越复谋反，下廷尉治罪，夷越三族，枭越首于洛阳。梁大夫栾布使齐还，祠而哭之，吏捕以闻。刘邦欲烹之，栾布历数彭越在彭城、荥阳、垓下几次战役中所建奇功，今杀彭越，恐功臣人人自危！刘邦因赦栾布，拜为都尉。

五月，立赵佗为南越王：南越、秦时已置郡。秦末农民战争后，原南越郡尉任嚣病危，召龙川令赵佗行南海尉事。赵佗乘秦末农民起义和和楚汉战争之机，占据南海、桂林等郡，自立为南越王。至是，刘邦遣陆贾使南越，拜赵佗为南越王。令称臣，使和集百越。归报，刘邦拜陆贾为太中大夫。

七月，淮南王英布反；初，淮阴侯死，英布已心恐，及彭彭越诛，醢其肉以赐诸侯，布大恐，发兵反。英布东击杀荆王刘贾，尽劫其兵，渡淮击楚，楚王刘交败走，布遂引兵西。刘邦自将兵击之，立皇子刘长为淮南王。

前195年丙午，汉高祖十二年。

十月，英布败死，刘邦破英布军于蕲西（今湖北蕲春西），英布败走江南，长沙王吴臣使人诱与走越，杀之。

十二月，王卫尉谏系肖何：肖何以长安地狭，上林苑中多弃之空地，令民得入苑耕作，不得收取禾秆，以为禽兽食。刘邦怀疑肖何接受贾人财物，以取媚于民，下何廷尉狱。王卫尉谏曰："夫职事苟有便于民而请之，真宰相也……陛下距楚数年，陈豨、黥布反，陛下自将而往；当是时，相国守关中，关中摇足，则关以西非陛下有也！"刘邦意解，肖何被赦出狱。

前194年丁未。

二、惠帝 刘盈 前194年——前188年

二月，周勃代樊哙将：刘邦病重，人或言：樊哙党于吕氏，天子晏驾，必以兵诛赵王如意之属。刘邦怒，用陈平谋，密令周勃代将其军，并下令将樊哙斩首。陈、周二人于路计议："樊哙，帝之故人也，功多，又吕后女弟吕嬃之夫，有亲且贵。帝以忿怒故欲斩之，则恐后悔，宁囚而致上，上自诛之。"用囚车将樊哙押送到长安。刘邦令周勃代樊哙为将，将兵定燕反县。

四月，刘邦死：刘邦击英布时，为流矢所中，疾甚。吕后问；"陛下百岁后，萧相国死，谁令代之？"曰："曹参可。"问其次，曰："王陵可，然少戆，陈平可以助之。平智有余，然难独任，周勃厚重少文，然安刘氏者必勃也，可令为太尉。"复问其次，刘邦曰："此后亦非乃所知也。"甲辰，刘邦死于长乐宫，年五十三。

十二月，吕后杀赵王如意及戚夫人：先是刘邦死，吕后令囚戚夫人，衣赭衣，令香、遣使召赵王如意。三返，赵相周昌谓使者曰："高帝属臣赵王，闻太后欲诛之，臣不敢遣。王亦病，不能奉诏。"太后怒，先使人召昌至长安，再使人复召赵王。惠帝自迎赵王霸上，与入宫，挟与起居饮食。太后欲杀之，不得间。冬十二月，惠帝辰出射猎，赵王年少，不能早起，吕后使人用药酒毒死如意。遂断戚夫人（赵王生母）手足，去眼、煇耳（用药熏耳致聋），饮喑药，使居厕中，名曰："人彘"，惠帝见而大哭，病岁余，从此不听政。

前193年戊申，汉惠帝二年，

七月，肖何死：夏，相国肖何病，惠帝亲自临视，因问曰："君即百岁后，谁可代君者？"对曰："知臣莫如主。"惠帝曰："曹参何如？"何曰："帝得之矣，臣死不恨！"七月，何死。肖何平时置田宅，必居穷僻处为家，不治垣屋，曰："后世贤，师吾俭，不贤，毋为势家所得。"

前192年己酉，汉惠帝三年。

春，匈奴和亲：匈奴冒顿方强，致书吕后戏之曰："两主不乐，无以自娱；以其所有，而其所无。"吕后怒，召将相大臣，议斩其使者，发兵击之。季布建议吕后宜以平城之役为戒。吕后纳布言，报书逊谢，遗以车马。冒顿自知前书失礼，复使使来谢。因献马，遂和亲。

前191年庚戌，汉惠帝四年。

十月，立皇后张氏，后、帝姊鲁元公主之女，吕后欲为重亲，故以配帝。

前190年辛亥，惠帝五年。

八月，相国曹参死。九月，长安成城，城方六十三里，经纬各十二里（《史记·吕后纪》注）。

前189年壬子，汉惠帝六年。

夏，留侯张良死，舞阳侯樊哙死，以周勃为太尉。

前188年癸丑，汉惠帝七年。

八月，惠帝死：吕后使吕台、吕产将南、北军（汉守卫宫廷之兵谓之南军，京城之兵谓之北军）。

九月，太子嗣位（惠帝无子，吕后取后宫子以为帝子立之），吕后临朝称制。

三、高后 吕雉 前187年——前180年

前187年甲寅，高皇后吕雉元年。

十一月，吕后以王陵为帝太傅，陵病免归。以陈平为右丞相（此时右为大），审食其为左丞相；任敖为御使大夫。

立吕台（吕后兄子）为吕王。（不足一年即死）

前184年丁巳，高皇后四年。

四月，吕后封其妹婴为临光侯；少帝自知非皇后子，吕后杀其母，口出怨言，吕后囚之永巷（宫中长巷）中，言帝病，不能治天下，幽杀之。

五月，立恒山王义为帝，更名曰弘；以吕后临朝称制，故不称元年。

前182年己未，高皇后六年。

十月，吕后立吕产（吕后兄子）为吕王。

前181年庚申，高皇七年，

七月，陆贾说陈平：陈平患诸吕，力不能制。陆贾往见平曰："天下安，注意相；天下危，注意将。将相和调，则士豫（顺也）。附：天下虽有变，权不分。为社稷计，在两君掌握耳。君何不交灌太尉（指周勃）。"平用其计，两人深相结，吕氏谋亦衰。

前180年辛酉，高皇后八年。

七月，吕后死：遗诏吕产为相国，吕禄（吕后兄子）女为少帝后，审食其为帝太傅。

九月，平定诸吕：吕后死，相国吕产、上将军吕禄谋作乱。八月，齐王刘襄发兵讨之。吕产使灌婴将兵击刘襄。婴留屯荥阳，与齐王联合，以待吕氏变而共诛之。时军权归诸吕。太尉周勃与陈平计议，以郦寄素善吕禄，可使说以归还将印，齐即罢兵。九月，吕禄解“北军”印绥，以兵授太尉周勃。周勃入军门，行令军中曰：“为吕氏右袒，为刘氏左袒。”军中皆左袒。勃遂将“北军”。然尚有“南军陈平命刘章前往助勃。勃令放映章监这门，不准吕产入殿门。吕产不知吕禄已去“北军”，欲入宫为乱；至殿门，不得入，徘徊往来。刘章率军千余人入未央宫掖门（宫廷旁门），击杀吕产。周勃遣人悉捕诸吕男女，无老少皆斩之。

闰九月，代王恒立：诸吕既诛，诸大臣相与谋，以为少帝及诸王皆非孝惠子，乃吕后诈名他人子而立之，以强吕氏。今不如视诸王最贤者立之。经共同商定。迎立刘邦中子代王恒为帝。刘恒车驾由代至长安，在群臣拥戴下，即天子位，是为太宗孝文皇帝。文帝拜宋昌为卫将军，领南、北军；张武为郎中令，巡察殿中。有司分部诛少帝及诸王于邸。

四、文帝刘恒前 179 年——前 157 年

前 179 年壬戌，汉孝文帝刘恒元年。

十一月，陈平、周勃为左右相，陈平谢病，文帝问之，平曰：“高祖进，勃（周勃）功不如臣，及诛诸吕，臣功亦不如勃：愿以右丞相让勃。”十一月，文帝徙陈平为左丞相，大将军灌婴为太尉。

前 178 年癸亥，汉文帝二年。

正月，立子启为皇太子，三月，立窦氏为皇后。诏赈贷鳏、寡、孤、独、穷因之人。令“八十以上，月赐米、肉、酒；九十以上，加赐帛、絮。”

前 178 年癸亥，汉文帝二年。

十月，丞相陈平死，周勃复为丞相。

前 177 年甲子，汉文帝三年。

正月，贾谊论积贮：贾谊说文帝曰：“夫积贮者，天下之大命也：苟粟多而财有余，何为而不成……今驱民而归之农，皆著于本；使天下各食其力，抹技游食之民转而缘南亩，则蓄积足而人乐其欣矣。”文帝纳其言，诏开藉田（天子躬耕之田）以劝百姓。

四月，刘长杀审食其：初，赵张敖献美人与刘邦，得幸，有娠，弗肯言，审食其不强争。美人已生子，愤而自杀，使奉上其子，刘邦悔，名之曰长，令吕后母之，后封为淮南王。刘长渐长，常心怨审食其，以为不强争之吕后，以致其母

恨死。是岁入朝，往见食其，自袖铁缒击杀之。

前168年癸酉，汉文帝十二年。

三月，晁错论贵粟粟：晁错上疏陈农民疾苦，商人兼并之烈，指出：“欲民务农，在于贵粟，贵粟之道，在于使民以粟为赏罚。今募天下入粟县官（指朝廷），得以拜爵，得以除罪。”文帝从之。文帝复纳晁错“郡县足支一岁以上，可时赦，勿收农民租”之议，诏免农民当年租税之半。

是岁，贾谊死：贾谊（前200–前168年），洛阳人，十八岁即以博学能文著称，二十余岁为博士，一年中擢为太中大夫。文帝欲以贾谊任公卿之位，因周勃、灌婴等谗毁，出为长沙王太傅，后转让梁怀王太傅。怀王坠马死，谊郁郁自伤，岁余后去世，年仅三十三岁。《汉书·艺文志》著录贾谊赋七篇，今存四篇，其中《吊屈原赋》为贬往长沙途径湘水时作，借凭吊屈原以抒发自己理想不能实现之忧愤。论政文以《过秦论》、《陈政事疏》亦称《治安策》、《率积贮疏》为代表作。

前158年癸未，汉文帝后六年。

冬，周亚夫屯军细柳：匈奴六万骑侵入上郡（今陕西榆林东南），云中（今内蒙托克托），杀掠甚众，烽传于长安。文帝命将军周亚夫（周勃次子）等屯兵以备之。亚夫屯军细柳（今陕西咸阳西南）文帝亲自劳军，至细柳。先驱至，不得入，曰：“天子且至！”军门都尉曰：“将军令曰：‘军中闻将军令，不闻天子之诏”。文帝至，亦不得入。于是文帝乃遣使持节召亚夫：“吾欲入营劳军。”亚夫乃传言“开壁门”。至营，亚夫手持兵器揖曰：“甲胄之士不拜，请以军礼见。”劳军毕，出军门，群臣皆惊。文帝曰：“此真将军矣！”称善者久之，月余，匈奴兵退，拜亚夫为中尉。

前157年甲申，汉文帝后七年。

六月，文帝死：遗诏短丧，令天下吏民三日皆释丧服，葬霸陵（西安西北）。太子启即位，是为景帝。

文帝政绩：文帝昌导以农为本，进一步推行“轻徭薄赋”、“约法省禁”政策。在位二十三年，宫室、苑囿、车骑、服御，无所增益；有不便，辄弛以利民。尝欲作露台（犹今之凉台），召匠计费，值百金。文帝以百金，中人十家之产，因作罢。身衣弋（黑色）绨；所幸慎夫人，衣不拽地：帷帐无文绣，以示敦扑，为天下先。治霸陵，皆瓦器，不得以金、银、铜、锡为饰；因其山，不起坟。景帝为政略为严峻，然节俭恤民，仍师文帝，五六十载之间，府库充盈，非遇水旱之灾，民则人给家足，“至于移风易俗，黎民醇厚。”史称“文景之治”。

五、景帝刘启前156年——前141年

前154年丁亥，汉景帝三年。

正月，七国之乱：文帝时，晁错数上书请削吴王封士。景帝即位，吴王益骄横，晁错又上“削藩策”，明确指出：“今削之亦反，不削亦反。削之，其反急，祸小：不削，反迟，祸大。”景帝用晁错之策，削楚王东海郡，赵王常山郡，胶西王六县，以次将及吴国。是月，削郡诏书方至，吴王刘濞（刘邦兄子），即联合楚、赵、胶西、胶东、甾川、济南等六国。以“诛晁错，清君则”为名，发动武装叛乱，史称“七国之乱”。汉景帝开始心存疑虑，竟然听信袁盎谗言，误杀晁错。但吴王等叛乱，“其意不在错”，而在于夺取西汉中央政权；因此，晁错虽死，诸王并未退兵，吴王濞并扬言“我已为东帝。”景帝悔恨之余，决定用武力平叛，乃遣太尉周亚夫将三十六将军率军进讨。

二月，亚夫平吴楚：周亚夫乘六乘传（六乘阳车），将会兵荥阳，发至霸上，纳赵涉议，从武吴出，抵洛阳。吴方攻梁（今河南开封），亚夫不救，引兵东北走昌邑（今山东定陶东）。坚壁而守，使轻骑兵绝吴，楚军粮道，大破叛军，斩首十余万级。三月，追斩刘濞于丹徒（今江苏丹徒东南）。胶西王印（昂）、楚王戊、赵王遂，济南王辟光、甾川王贤、胶东王雄渠皆自杀。七国之乱于以平定。

前150年癸巳，汉景帝七年。

正月，废皇太子荣（其母栗姬，因亦称栗太子）为临江王。

四月，立夫人王氏为皇后，胶东王彻为后太子。

前144年丁酉，汉景帝中六年，

六月，李广巧计退敌：匈奴侵入燕门（今山西平原北），上郡（今陕西榆林东南），取苑马：吏率战死者二千人。陇西人李广为上郡太守，尝从百骑出，遇匈奴数千骑，广骑大恐，欲驰还走。广曰：“吾去大军数十里，今走，匈奴追射立尽。今我留，匈奴必以我为大军之诱，不敢出。”李广命部下进至距匈奴二里许，下马解鞍，以示不走。匈奴一白马将出监军，李广率十余骑射杀之，还令士卒皆纵马卧。会暮，匈奴兵终怪不敢击，以为汉有伏兵于旁，夜皆引去。平明，李广乃率军安归大营。

前143年戊戌，汉景帝后元年。

八月，周亚夫下狱死：亚夫子为父买尚方甲盾可葬者，为人所告，事连于亚夫。诏诣廷尉，不食五日，呕血而死（功臣为葬物致死有亏）。

前141年庚子，汉景帝后三年。

正月，武帝立：景帝死，皇太子刘彻嗣位，年十六，是为孝武皇帝。

六、武帝刘彻 前140年——前87年

前140年辛丑，汉孝武皇帝刘彻建元元年。

十月，始建年号：武帝用“建元”为年号，自古帝王未有年号，这是刘彻一

大发明。我国历史上用年号纪年，从此开始。

董仲舒对策：诏举贤良方正直方极谏之士，武帝亲自策问以古今治道及天人关系问题。董仲舒三次上书对策，献“天人三策”。董仲舒（前179–前104），广川（今河北枣强）人。少治《春秋公羊传》，景帝时为博士，“下帷讲诵”、“三年不窥园”，一心钻研孔学学说。在对策中，董仲舒请黜刑名，崇儒术，明教化，兴太学，令郡国尽心求贤。根据《公羊春秋》立说，董仲舒在第三策中对曰：“《春秋》大一统者，天地之常经，古今之通谊也。”其所谓“大一统”，即损抑诸侯，一统于天子，并使四海“来臣”。董仲舒提出以儒家学说作为封建国家统治思想，凡“诸不在六艺（六经）之科，孔子之术者，皆绝其道，勿使并进。”此即所谓“罢黜百家，独尊儒术。”武帝善其对策，以仲舒为江都相。董仲舒著有《春秋繁露》一书，留传于世。

前139年壬寅，汉武帝建元二年。

三月，以许昌为丞相，以卫青为太中大夫。卫青（?——前106年），字仲卿，河东平阳（今山西临汾西南）人，卫皇后子夫同母弟，本武帝妹平阳公主家奴；后为武帝重用，官至大将军，封长平侯，曾七次率兵出击匈奴，斩捕首虏五万级。

前138年癸卯，汉武帝建元三年。

是岁，张骞初使西域：汉武帝鉴于大月氏（读支，大月氏人原在河西走廊一带，汉文帝时，为匈奴人所逼，迁至阿姆河上、中游）与匈奴不和，欲与大月支联盟，夹击匈奴，募人出使西域。汉中人张骞自愿应募。张骞率一百余人向西域进发，不料中途为匈奴所获，被囚十年，后逃脱。展转经乌孙（原苏联中亚东部），康君（今苏联中亚北部）而抵大月氏。时大月支在中亚，“地肥饶，少寇，志安乐，又自以远远（远离之意）汉殊无报胡之心。”张骞不得要领，居岁余而还。归途又被匈奴俘获，扣留年余。元朔三年（前126年）回到长安。张骞此行，前后历时十三年，虽未完成出使任务，但却获得大胆量有关西域资料，班固称此行为“凿空”。

武帝微行；武帝入终南山（在今陕西西安东南）下射猎，车骑践踏农田，民皆号呼詈骂。地方官欲拘捕之，从人示以乘舆物，乃得免。又尝夜至柏谷（今河南灵宝西南），客舍主人翁疑为奸盗，聚少年欲攻之；主人妪异武帝状貌，饮翁以酒而缚之，武帝始得脱。

东方朔谏治上林：武帝派官征购长安附近民田辟上林苑，以为游猎场所。东方朔以秦哭阿房而天下乱为谏。武帝悦拜朔为太中大夫，赐黄金百斤；然遂起上林苑。

前137年甲辰，汉武帝建元四年。

是岁，南越王赵佗死，其孙文王赵胡立。

前133年戊申，汉武帝元光二年。

六月，马邑之谋：武帝从大臣王恢议，阴使马邑（今山西朔县）豪为间，亡入匈奴，诱匈奴单于入塞。命韩安国为护军将军，李广、公孙贺、王恢、李息等为将军，将车骑，材官三十余万匿马邑旁谷中，俟机出击。单于将十万骑未至马邑百余里，见畜布野而无人牧，怪之。得雁门尉史，知汉兵所居，乃引兵还。王恢以罪下廷尉，自杀。自是之后，匈奴绝和亲，然关市仍未绝。

前130年辛亥，汉光武元光五年。

正月，汉通西南夷：光武使唐蒙通夜郎（在今贵州西部），置犍为郡（今四川宜宾）；使司马相如通邛（四川西昌东南），筰（四川汉源东南），为置——都尉，属蜀郡。

前129年壬子，汉光武元光六年。

春，卫青击匈奴：匈奴入上谷（今河北怀来西南），武帝遣卫青、公孙敖、公孙贺、李广等四将军各将万骑分道出击。卫青至龙城（匈奴单于祭天大会诸部处），斩首七百级；余皆失利。李广被匈奴兵所获，用绳索网置西马间，行十余里；广佯死，忽腾上匈奴兵马背，夺其弓，鞭马南驰，遂得脱归，汉下李广吏，当死，赎为庶人。

前128年癸丑，汉光武元朔六年。

秋，匈奴畏李广：匈奴入辽西，杀太守；入渔阳、雁门，杀掠三千余人。武帝遗遣卫青等将三万骑击退之；并重新起用李广，拜为右北平（郡治平刚，即今河北平泉）太守。匈奴号李广曰：“汉之飞将军”，避之，数岁不敢入右北平。

前127年甲寅，汉光帝元朔二年。

正月，河南之战：匈奴入上谷，渔阳，杀掠吏民千余人。武帝遣卫青、李息等击之，俘获数千人，牛羊百余万头，驱走匈奴白羊，楼烦王，因取河南地（即黄河河套西北部地区）。汉于此立朔方郡，发十余万人筑朔方城，复缮故秦时蒙恬所为塞，因河为固。募民徙住朔方十万口。

前126年乙卯，汉光帝元朔三年。

春，公孙弘为布被：武帝以公孙弘为御史大夫。弘为布被，食不重肉。汲黯曰：“弘信在三公，奉禄甚多，然为布被，其诈也。”武帝问弘，弘谢曰：“有之，臣诚饰诈，欲以钓名，如汲黯言。且如汲黯忠，陛下安得闻此言？”武帝以为谦让，愈益厚之。

前124年丁巳，汉武帝元朔五年。

冬，卫青为大将军：匈奴右贤王数侵扰朔方（今内蒙西北部），武帝遣卫青率六将军几十余万出击。卫青等出塞六七百里，俘匈奴小王十余人，男女万五千余人，畜数十百万。还，武帝遣使者持大将军印，即军中拜卫青为大将军，诸将皆受其节制。

前 123 年戊午，汉光帝元朔六年。

二月，卫青击匈奴：卫青复统领公孙敖、公孙贺、赵信、苏建、李广、李沮等六将军出定襄（今内蒙和林格尔）击匈奴，斩首数千级而还。

四月，卫青再击匈奴：卫青再统六将军出襄击匈奴，俘斩万余人。前将军赵信败，降匈奴。右将军苏建亡其军，独身脱还，贬为庶人。栗姚校尉（栗姚，勇健轻捷之意）霍去病率轻勇骑八百人，随同出征，俘斩匈奴相国，当户及骑士二千余人，功独多，封冠军侯。校尉张骞以知水草处，军得以无饥渴，因前使绝域功，封博望侯（博望，今河南南阳东北）。

前 121 年庚申，汉武帝元狩二年。

三月，霍去病击匈奴：骠骑将军霍去病率万骑出陇西，击匈奴，历五国王，转战六日，过焉支山（在今甘肃山丹东南）千余里。杀匈奴二小王，执浑邪王子及相国，郡尉，俘斩八千九百余人，并获休屠王祭天金人（像）。夏，去病复与公孙敖、张骞、李广等三人将数万骑击匈奴，异道，去病深入二千余里，过居延泽（甘肃北部），至祁连山（今甘肃张掖西南），斩首三万二百级，俘小王七十余人，相国，都尉以众降者二千五百人。

秋，匈奴浑邪王降：匈奴单于怒浑邪，休屠王为汉所杀虏数人，欲召而诛之，并其众共四万人以降汉。武帝令霍去病半兵往迎之，渡河，斩其欲亡者八千人，独遣浑邪王乘骒车至在所，尽率其众渡河。居顷，乃分徙匈奴前后降者于陇西（今甘肃临洮）、北地（今甘肃庆阳西北）、上郡（陕西榆林东南）、朔方（内蒙伊盟西北）、云中（今内蒙托克托）等五郡，因此故俗为五属国。

前 119 年壬戌，汉武帝元狩四年，

夏，北漠之战：武帝命卫青、霍去病各将五万骑，私负从马（随行军运行李的私人马）四万匹，步兵及转运者数十万人，分从定襄（今内蒙和林格尔）、代郡（河北蔚县）出，向漠北穷追匈奴。卫青出塞千里，度漠，见单于兵阵而待。于是令武刚车（兵车）自环为营，然后派五千骑后创见追击；匈奴单于派万骑迎战。日暮，大风起，砂砾击面，两军不相见。卫青命左右翼骑兵迂回争抄，单于战不能胜，率壮骑数百冒围驰去。汉发轻骑夜追之，不得单于，捕斩一万九千余级，至寞颜山赵信城（蒙古纳特山）而还。霍去病军出塞二千余里，与匈奴左贤王接战，俘小王三人，将军、相国、当户、都尉八十三人，获七万四百四十三级，封狼居胥山（蒙古德尔山）而还。是时，汉所杀虏匈奴合八九万级，汉士卒死亦数万。是后，匈奴远盾，漠南无王庭。汉亦以马少，未再大举出击。战后，卫青霍去病皆加大司马衔，秩禄相等。武帝为褒奖霍去病军功，为造宅第，令视之。去病对曰："匈奴未灭，无以家为！"由此武帝益重爱之。

又，李广自杀：前将军李广于漠北之役，因迷路失期后至。卫青命长史究治，李广自杀。广平日恤士卒，士以此乐为用；及死，全军皆哭。

是岁，张骞再使西域：为断匈奴右臂，漠北之战后，武帝派张骞为中郎将，再使西域，招乌孙回河西故地。张骞偕副使及将士三百人，马各匹，牛羊以万计数，金币系帛巨万，张骞至乌孙，未得要领。张骞即分遣付使去宛（今苏联中亚东部）康君（苏联中亚北部）月氏（阿姆河上中游）大厦（阿富汗北部）。

前 117 年甲子，汉武帝元狩六年。

九月，霍去病死：大司马冠军侯霍去病死，葬茂陵旁，为冢象祁连山。

前 115 年丙寅，汉武帝元鼎二年。

是岁，西域始通：张骞使鸟孙还，鸟孙使者数十人，随张骞至汉报谢。汉与西域交通序幕于此揭开。

前 111 年庚午，汉武帝元鼎六年。

十月，平南越、置九郡：伏波将军路博德，楼船将军杨仆出击南越，火攻番禺（今广州）城，俘南越王建德，相吕嘉，南越亡。遂以其地为南海（广州）、苍梧（今广西梧州）、郁林（今广西贵县东）、合浦（今广东合浦）、交趾（泛指五岭以南，后来汉武帝所置十三刺史部之一，辖境相当于今广东、广西大部、赵南北部、中部）、九真、日南（均在今越南国境）。珠崖（今广东琼山东南）、儋耳（今广东儋县）等九郡。

又，平西南夷、置五郡：且兰（今贵州都匀北）君杀汉使及犍为太守，率其众反：汉发巴、蜀罪人、遣中郎将郭昌，卫广将而击之，诛且兰及邛君、筏侯，遂平南夷为洋柯郡（郡治且兰，在今贵州都匀北）夜郎侯始倚南越，南越灭，夜郎侯入朝。汉以为夜郎王。西夷冉、拢（音忙）之属皆振恐，请臣服。乃以邛都为越嶲郡（今四川西昌东南），筏都为沈黎郡（在今四川汉源东南），冉陇为汶山郡（郡治汶江，在今四川茂汶东），广汉西白马为武都郡（郡治武都，在今甘肃成县东）。

秋，置张掖、敦煌郡：汉遣公孙贺、赵破奴各将万余骑分道出击匈奴，深入二千余里，不见匈奴一人而还。乃分武威，酒泉地增置张掖、敦煌二郡，徙民实之。

前 110 年辛未，汉武帝元封元年。

十月，武帝勒兵巡边：武帝北巡出长城，北登单于台（今内蒙托克托西北），勒兵十八万骑，旌旗径千余里。遣使者郭吉告单于令臣于汉，单子怒，留吉，迁之北海上；然匈奴亦终不敢出。

又，东越人杀越王余善降汉，武帝诏悉迁其民于江淮之间。

前109年壬申，汉武帝元封二年

秋，征朝鲜：募天下死为兵，遣两将军从水陆两路略地朝鲜。

前108年癸酉，汉武帝元封三年。

十二月，赵破奴击楼兰：楼兰（西域国名，后更名鄯善，在今新疆鄯善县东南）王姑师攻劫汉使，为匈奴耳目，武帝遣将军赵破奴击之，虏楼兰王，遂破车师（车师分前后王，前王治王交河城。在今新疆吐鲁番附近：后王治务涂谷，在今新疆吉木萨尔南）。于是既酒泉至玉门关（在今甘肃敦煌西）皆设亭障。

夏，朝鲜降汉：朝鲜悔奚谷相参使人杀朝鲜王右渠降汉。汉以其地为乐浪（今朝鲜平壤南），临屯（今朝鲜咸镜南道南部）、玄菟（今辽宁清原附件）、真番（今朝鲜开城一带）四郡。

前106年乙亥，汉武帝元封五年。

四月，初置刺史：置冀、幽、并、兖、徐、青、杨、荆、豫、益、凉及朔方、交趾等州，凡十三郡，皆置刺史。刺史每八年巡视所部郡、国、省空治状，断理冤狱，以六条问事。一条，强宗豪右田宅愉制，以强凌弱，以众暴寡。二条，二千石背公向私，侵渔百姓。三条，二千石不恤疑狱，肆意杀人。四条，二千石选置不平，苟阿所爱，蔽贤宠顽。五条自欺欺人要，二千石子弟依仗权势，请托所监。六条，二千石阿附豪强，割损政令。

前104年丁丑，汉武帝太初元年。

五月，造《太初历》武帝命大中大夫公孙卿、壶遂、太史令司马迁及历官邓平等二十余人改订历法，编定《太初历》。

是岁，司马迁始著《史记》：司马迁，字子长，左冯翊夏阳（今陕西韩城）人。幼以孔安国受《古文尚书》。二十岁后遍游南北，查看风物，采访史迹。元封三年（前108年），继其父司马谈为太史令，因得“抽（音抽，缀集之意），史记石室金匮之书”，准备继承其父未竟之业。于改定《太初历》之同时，开始撰修《史记》。天汉二年（前99年），李陵败降匈奴，司马迁因在朝廷为李陵辩解，被判腐刑。于是发愤继续完成所著史籍（以便扬冤）。历时十余年，终于完成千古不朽史学巨著（有心人，事竟成；使后人，知已冤）。

《史记》，原名《太史公书》。包括十二本记，十表、八书、三十世家，七十列传，共一百三十卷，五十二万余字。记事上起黄帝，下迄汉武，以人物传记为主，兼取编年、记事等体之长。开创记传体编史之先河。司马迁所撰《报任安书》，对其下狱受刑经过及著书志愿，言之极详。

前 103 年戊寅，汉武帝太初二年。

正月，公孙贺拜相：丞相庆死，以公孙贺为丞相。时朝廷多死，督责大臣。丞相多坐事死。贺不敢接印绶，顿首涕泣不肯起。武帝退朝去，贺不得已乃拜曰："我从是殆矣！"

秋，李广利攻宛失利：李广利攻大宛不利，兵还至敦煌，士不过什一二，武帝闻之，大怒，馒使遮玉门曰："军有敢入者辄斩之。"

又，赵破奴军败：汉遣赵破奴率二万骑出朔方（今内蒙伊盟西北部）西北，深入匈奴境二千余里，匈奴八万骑围之，赵破奴被生擒，汉军全军没于匈奴。匈奴因大掠边境而去。

前 102 年已卯，汉武帝太初三年。

秋，任文击走匈奴：匈奴大举攻入定襄（今内蒙和林格尔），云中（今内蒙托克托），杀掠数千人，坏汉所筑城障；又使右贤王入甘肃酒泉，张掖掠数千人。汉将任文击走匈奴，救回全部被掠军民。

是岁，汉大举攻宛：汉发囚徒，恶少年及边骑六万人，从式师将军李广利出敦煌，出大宛。继又增发七科谪——吏有罪者，亡命者，赘婿，贾人，故有市籍，父母有市籍，大父母有市籍者为兵，并发甲卒十八万屯酒泉，张掖北。汉军至宛，围攻四十余日，宛贵人杀其王毋寡降汉。汉军取其善马（汗血马）数十匹，中马以下牝壮三千余匹，立故时亲汉之宛贵人昧蔡为宛主，与盟而罢兵。

前 100 年辛巳，汉武帝天汉元年。

三月，苏武使匈奴：武帝为回报匈奴，答其善意，派中郎将苏武，付中郎将张胜及随员常惠等送还匈奴使留汉者，并厚馈单于财物，以示和好。苏武等至匈奴，汉降人虞常等与张胜密谋，劫单于母阏氏归汉。事发，单于派汉降臣卫律召武，欲降之。苏武谓常惠等："屈节辱命，虽生，何面目以归汉！"引佩刀自刺，为卫律抱持，未死。卫律软硬兼施，苏武不为所动。单子乃幽苏武于大窖中，断绝饮食；天雨雪，苏武吞旃饮雪，数日不死。匈奴以为神，乃徙武北海上无人处（匈奴统治的极北地区，亦说即今之贝加尔湖），使牧羝（雄羊）曰："羝乳（产子）乃得归。"苏武羁留匈奴几十九年，历尽艰苦，始终不屈。

前 99 年壬午，汉武帝天汉二年。

九月，李陵降匈奴：骑都尉李陵率步兵五千人，出居延（今甘肃张掖北），击匈奴，至浚稽山（蒙古国乌兰巴托西北）。杀匈奴数千人。单于率匈奴八万余骑围陵，李陵率部力战，失尽道穷而降。

司马迁受宫刑：武帝闻李陵降匈奴，怒甚，群臣皆罪李陵，惟太史令司马迁谓李陵"身虽陷败，然其所摧败（杀伤匈奴之兵）亦足暴（章）于天下。彼之不死，宜欲得当以报汉（言欲立功以抵罪）”武帝以迁诬罔，欲沮贰师，为陵游说，处迁宫刑（腐刑）。

前 97 年甲中，汉武帝天汉四年。

正月，族诛李陵家：武帝派将军公孙敖入匈奴迎李陵，敖与左贤王战，无功而还，因曰：“捕得生口，言李陵教单于为兵以备汉军，故臣无所得。”于是族诛李陵家。既而闻之，教单于为备者，乃汉降将李绪。陵使人刺杀李绪。

前 92 年己丑，汉武帝征和元年。

十一月，巫蛊始起：方士及神巫聚京师，左道惑众。女巫往来宫中，教美人度厄，埋木人祭祀；彼此妒忌，更相告讦，以为沮咒皇帝。武帝怒，所杀后宫延及大臣，死者数百人。发三辅骑士大搜上林，索长安城中，十一月乃解。于是巫蛊（音古）事起。

前 91 年庚寅，汉武帝征和二年。

七月，巫蛊之祸：先是，武帝拜江充为直指绣衣使者（皇帝特使，衣绣衣，以示尊宠），使督察贵族，近臣。充尝从武帝往甘泉宫，逢太子据（即戾太子，宣帝时追谥曰戾）家令乘车马行驰道（即御道，天子驰走车马之路）中，充以属吏问罪。太子使人请充宽假，充竟以其事奏武帝，由是大见信用。武帝病，江充见帝年老，恐帝死后已为太子所诛，因言武帝病在蛊惑。于是武帝以充为佼者，治巫蛊狱。以巫蛊坐死者，前后数万人，江充巫言太子宫中木人尤多，又有帛书，所言不道。太子惧，用少傅石德计使人诈称使者，捕杀江充等人。武帝命丞刘屈氂派兵捕斩，太子发兵对抗，激战五日，太子兵败。八月，太子自杀。

前 90 年辛卯，汉武帝征和三年。

三月，李广利等出击匈奴：汉遣李广利、商丘成、马通等三将率步骑三万人分道出击匈奴。五月，商丘成领兵至浚稽山（在蒙古国喀尔喀境），与匈奴兵接战，多斩首。马通至天山（在新疆境内），匈奴见汉兵强盛，引去，是时，汉恐车师（西域国名，在今新疆境内吐鲁番附近）遮马通军，遣将军成娩将楼兰（鄯善，在新疆女若羌东北）等六国兵，共围车师，俘其王及臣民而还。式师将军与匈奴右大都尉及卫律五千骑接战，击破之。

九月，田千秋讼太子冤：吏民举发巫蛊，案验多不实。田千秋上书讼太子冤，武帝大感悟，召见千秋，拜为大鸿胪（武帝改典客为大鸿胪，掌接待少数民族等事宣，为儿卿之一），族灭江充家。武帝怜太子无辜，乃作思子宫，为归来望思之台于湖（今河南卢氏北）。

前 89 年壬辰，汉武帝征和四年。

三月，罢方士求神仙事：武帝封禅泰山、石闾，追悔已往之非，纳田千秋认，悉罢诸方士求神仙事。之后，武帝每对群臣自叹："向时遇惑，为方士所欺。天下岂有仙人？尽妖忘耳！节食服药？差可少病而已。"

八月，卫律害贰师（贰师是李广利的别名）：卫律嫉贰师（贰师将军李广利）得宠于单于。会匈奴单于母阏氏病，卫律命胡巫言当杀贰师以祠兵（兵将出战，杀牧畜以飨士卒）。于是收（即捕）贰师杀之。

前88年癸巳，汉武帝后元元年。

正月，立子去母：武帝欲立少子弗陵为太子，以其年稚，母少，恐女主独居骄蹇，重演吕后专权故事，乃使黄门画周公负周武王朝诸侯图以赐奉车都尉霍光。光、去病之弟。数日后，武帝赐弗陵母赵健仔（即钩弋夫人，因居钩弋宫故名）死。

前87年甲午，汉武帝后元二年。

二月，武帝托孤：武帝幸五柞宫，病重。霍光问后事，武帝曰："立少子，君行周公之事。"封光为大司马、大将军，金日磾为车骑将军，上官桀为左将军。武帝死，皇太子弗陵嗣位，是为孝昭皇帝。霍光、金日磾、上官桀受遗诏共领尚书事，辅政。三月，葬武帝于茂陵。

七、昭帝佛陵前86年——前74年

前86年乙未，汉孝昭皇帝弗陵始元元年。

夏，益州夷二十四邑，三万余人起事。汉遣水衡都尉吕破胡募吏民及发犍为（今四川宜宾）、蜀郡（今四川成都）精勇击破之。

前82年己亥，汉昭帝始元五年。

正月，诈称卫太子案：夏阳（今陕西韩城南）卜者成方遂（一作张延年）诈称卫太子（武帝太子据，卫皇后所生，故称），乘黄犊车诣未央宫北阙。长安中吏民聚观者数万人。京兆尹隽不疑令从吏收缚，送廷尉要验治，坐诬罔不道，腰斩。

前81年庚子，汉昭帝始元六年。

二月，苏武归汉，初，苏武既徙北海上，持汉节牧羊，起卧操持，节旄尽落。单于使李陵至海上，劝苏武投降匈奴，武誓死不从。是时，匈奴壶衍鞮单于新立，国内乖离，常恐汉兵袭之，于是与汉和亲，乃归苏武及马宏等（前使西域为匈奴所遮，亦不肯降），官属随武还者九人。既至京师，拜为典属国（官名，掌管少数民族事务）。苏武羁留匈奴几十九年，始以强壮出，及还须发尽白。

前77年甲辰，汉昭帝元凤四年。

六月，傅介子诱杀楼兰王：楼兰王安归数遮杀汉使。大将军霍光纳中郎（近侍之官）傅介子建策，派介子携金币，扬言以赐外国为名，至楼兰（西域国名，在新疆若羌东北）。王贪汉物，来见。介子与坐饮，王醉，介子谓王曰："天子使我私报王。"王起，随介予入帐中。壮士二人从后刺之，遂斩其首。汉立其弟尉屠耆（时在汉）为王，更名其国为鄯善，别遣司马一人，吏士四十人屯田伊循城（楼兰一城名）以镇抚之。

前74年丁未，汉昭帝元平元年。

四月，昌邑王立而复废：昭帝死，无嗣。大将军霍光承皇后诏，遣少府乐成等迎昌邑王刘贺（武帝孙，昌邑哀王之子）诣长安。六月，受皇帝玺绶，即皇帝位。贺立为天子，日益骄溢，荒淫迷惑，失帝王礼谊，大臣进谏不听。霍光甚感忧懑，与大司农田延年，车骑将军张安世谋废之。既定议，召丞相、御史、将军、列侯、中二千石、大夫，博士会议未央宫，议废昌邑王。议者皆曰："唯大将军令！"霍光即与群臣俱白太后，由太后召昌邑王伏前听诏。霍光脱王玺绶，奉上太后；扶王下殿，送至邸。诏归刘贺于昌邑，赐汤沐邑二千户；国除，为山阳郡（郡治在今山东金乡西北）。昌邑王受玺凡二十七日而废。

七月，霍光立宣帝：前廷尉监丙吉上书霍光曰："武帝曾孙名病已在掖廷（宫旁舍，即永巷），外家者，今十八、九矣，通经术，有美材，行安而节和，愿将军决定大策。"霍光召集丞相以下百官仪定所立，遂上奏皇太后请立病已为帝，皇太后诏曰："可"。霍光迎病已入未央宫，见太后，即皇帝位，是为中宗孝宣皇帝。

八、宣帝刘询前73年——前49年

五月，免本年农业租税。

七月，以黄霸为廷尉正：宣帝在民间时，知百姓苦吏严急，闻霸持法平，乃召为廷尉正（秩千石）；数决疑狱，庭中称平。

前72年己酉，汉宣帝本始二年。

秋，汉与乌孙共击匈奴，匈奴数侵汉边，又西攻乌孙。乌孙昆弥（王）及解忧公主教上书，言昆弥愿发兵五万骑击匈奴。汉因乌孙之请，派田广明、赵充国等五将军，兵十五万骑，校尉常惠持节护乌孙兵，共击匈奴。

前71年庚戌，汉宣帝，本始三年。

五月，匈奴兵远盾：正月，汉遣五将军发长安。匈奴闻之大恐，老弱驱产远盾。五月，军罢。五将军共斩俘三千余级。乌孙昆弥自将五万骑与校尉常惠从西方入，至匈奴右谷蠡王庭，俘斩匈奴名王，都尉以下四万级，畜口七十余万头。

冬，匈奴大衰：匈奴单于自将数万骑击乌孙，颇老弱。欲还，遇天大雨雪，人民、畜产冻死，还者不能什一，于是零丁（北方少数言辞，在今贝加尔湖以南地区）、乌孙乘势进攻，三国所杀几数万级，获马数万匹，牛羊甚众；又因饥饿，人民死者什三，产畜什五。匈奴势力大衰，前附于匈奴各国皆瓦解。其后汉派三千余骑为三道，攻入匈奴，生俘数千而还。自是匈奴益欲与汉和亲，边境渐趋安宁。（这

次匈奴被打击最惨）

前66年乙卯，汉宣帝地节四年。

七月，霍氏谋反族诛：大司马霍禹（霍光子）与母霍显及霍云、霍山（霍光兄去病孙）及光婿范明友、邓广汉等谋反诛丞相魏相，平恩侯许广汉，废宣帝而立禹。事发，霍云、霍山自杀，霍禹腰斩，霍显及诸姊妹皆弃市；与霍氏相连坐诛灭者数十家。八月，皇后、霍氏废。

前64年丁巳，汉宣帝元良二年。

五月，宣帝更名刘询，原名病已，以百姓难讳，更名为询。

前62年已未，汉宣帝元康四年。

正月，遣使循行天下，存问鳏寡，览观风俗，察吏治得失，举茂材异伦之士。

又，诏年八十以上，非诬告杀伤人，它皆勿论。

前61年庚申，汉宣帝神爵元年。

七月，赵充国击西羌：骑都尉义渠安国杀先零羌豪三十余人。又纵兵击杀其种人千余级，于是先零羌侯杨玉率诸降羌叛，攻域邑，杀长吏；安国为羌人所击，失亡车重兵器甚众。汉遣后将军赵充国将兵击之。六月，充国至金城（今甘肃兰州西北），常以远斥侯（侦察敌情之人）为务，行必为战备，上必坚营壁，尤能持，爱士卒，先计而后战，充国坚守，欲以分化瓦解诸羌，上书请先击先零，则罕幵（皆西羌种）可不烦兵而服，七月，玺书报从充国计，后罕幵竟不烦兵而下。

前60年辛酉，汉宣帝神爵二年。

九月，始置都护：匈奴日逐王率其降汉，骑都尉郑吉发西域诸国五万人迎之。吉威振西域，遂并护车师以西北道，故号都护。都护之置自吉始。吉设西域都护府于乌垒城（今新疆轮台东），督察乌孙、康居等三十六国，汉之号令行于西域。

前57年甲子，汉宣帝五凤元年。

七月，肖望之谏伐匈奴：匈奴五单于争立，国内大乱。汉议者多请乘机灭匈奴。惟御史大夫肖望之以“乘乱幸灾，彼必奔走远遁。不以义动，兵恐劳而无功”，力主遣使吊问，辅其微弱，宣帝从之。

前54年丁卯，汉宣帝五凤四年。

正月，匈奴单于称臣：匈奴单于称臣，遣弟右谷蠡王入侍，汉以边塞无事，减戍卒什二。

四月，冯夫人锦车持节：初，解忧公主使者冯潦，随公主至乌孙，为乌右大将妻。冯潦能吏书，内习汉事，外习西域诸国事，尝持汉节为公主使，城郭诸国敬信之，号曰：“冯夫人”。及肥王翁归靡胡妇子乌就屠袭杀狂王，自立为昆弥，乌孙政局动荡。汉遣破羌将军辛武贤率兵万五千人至敦煌，待命征讨。都护郑吉闻右大将军与乌就屠相善，使冯夫人说乌就屠降汉。宣帝亲自召问，遣付佼二人送冯夫人。冯夫人锦车持节，诏乌就屠至赤谷城见汉长罗侯常惠，立元贵靡（肥王嫡长男，解忧公主所生）为大昆弥，乌就屠为小昆弥。破羌将军不出塞而还。

前 51 年庚午，汉宣帝甘露三年。

二月，画功臣图于麒麟阁：宣帝以四夷宾服，思股肱之美，乃图画功臣霍光、张安世、赵充国、苏武等十一人于麒麟阁（在未央宫中，法其容貌，署其官司爵，姓名：唯霍光因其子禹叛不名曰："大司马、大将军、博陆侯，姓霍氏。"

冬，解忧公主归汉：乌孙大昆弥元贵靡死，公主上书言："年老土思（怀乡），愿得归骸骨，葬汉地！"宣帝怜而迎之。至京师，待之如公主之制。后二岁卒。

又，王政君入宫：皇太子所幸司马良娣（太子妃有三等，曰妃、曰良娣、曰孺子）病死，太子忽忽不乐，帝令皇后择后宫家人子（汉宫人名号）可以娱侍太子者，得元域（今河北大名东）王政君送太子宫。是岁，是岁生成帝刘骜，为嫡皇孙。

前 49 年壬申，汉宣帝黄龙元年。

十二月，宣帝死：皇太子刘奭（音释）嗣位，是为孝元皇帝。

九、元帝刘奭前 48 年——前 33 年

前 42 年己卯，汉元帝永光二年。

七月，冯奉世讨西羌：陇西羌反，遣右将军冯奉世等率兵六万人进讨。八月，以太常任千秋为奋威将军，别将五校之后并进。冬，十一月，大破之，斩首数千级，余皆走出塞，汉军罢，稍定，留屯田，备要害处。

前 36 年乙酉，汉元帝见昭三年。

冬，郅支单于败死：汉三次遣使至康居，求谷吉等尸（郅支杀汉使谷吉，汉元帝初元五年略）；郅支困辱使者，不肯奉诏，西域都护甘延寿，付校尉陈汤矫制发屯田车师吏卒及西域十五国兵共四万人，分两道入康居，攻杀匈奴郅支单于，斩阏氏，太子，名王以下一千五百一十八级；生俘一百四十五人，降者千余人，匈奴随郅支单于西走者几尽。

前 33 年戊子，汉元帝竟宁元年。

正月，昭君出塞：匈奴呼韩邪单子来朝，愿为汉婿。元帝以后宫良家王嫱字昭君赐单于。单于谢归，号昭君为宁胡阏氏。昭君生一男伊屠智牙师，后为匈奴右日逐王。

五月，元帝死，六月，太子刘鳌即位，是为孝成皇帝。以长舅王凤为大司马、大将军，领尚书事，辅政。

十、成帝刘骜前 32 年——前 7 年

前 27 年甲午，汉成帝河平二年。

六月，王氏五侯：成帝悉封诸舅王谭、王商、王立、王根、王逢时为列侯。五人同日封，故世谓之“五侯”。王氏专权自此

前 26 年乙未，汉成帝河平三年。

八月，刘向著《洪范五行传论》：成帝使谒者陈友救遗书于天下。诏光禄大夫刘向（汉之宗室）校经传，诸子，诗赋。刘向以王氏权位太盛，乃因《尚书，洪范》，集合上古至秦汉符瑞，实异之记，此类相从，各有条目，几十一篇，号曰：《洪范五行传论》，奏之，成帝心知刘向此论为王凤兄弟而发，然终不能夺其权。

前 19 年壬寅，汉成帝鸿嘉二年。

夏，徙郡国豪杰资五百万以上五千户于昌陵（成帝陵墓）邑。

前 18 年癸卯，汉成帝鸿嘉三年。

是岁，成帝悦歌舞者赵飞燕，及其妹合德，召姊妹入宫，俱封倢仔，贵倾后宫。

前 16 年乙巳，汉成帝永始元年，

五月，封王莽为新都侯：王莽为元帝后王政君之侄。王政君之父及兄弟皆以元、成世封侯，居位辅政，家有九侯，五大司马。唯王莽父王曼早死，不侯。莽群兄弟皆将军五侯子，因时侈靡，以舆马声色佚游相高。莽独孤贪贫，因折节为恭俭，勤身博学，外交英俊，内事诸父，曲有礼意。阳朔中，伯父大将军王凤病，莽侍疾，亲尝药，乱首垢面，不解衣带连月。王凤将死，以其托于太后及成帝，拜为黄门郎。至是又封新都侯，国南阳新野之都乡（今河南新野南）。迁骑都尉，光禄大夫，侍中。

六月，刘向著《新序》、《说苑》、《列女传》成弟宠幸赵飞燕姊合德，封昭仪，居昭阳宫，皆以黄金、白玉、明珠、翠羽饰之。飞燕立为皇后，居别馆，多私通侍郎，宫奴多子者，然卒无子。光禄大夫刘向以为“王教由内及外，自近者始，于是采取《诗》、《书》所载贤妃、贞妇兴国显家及孽嬖为乱亡者，序次为《列女传》，又采传记行事，著《新序》、《说苑》奏之。

前 12 年己酉，汉成帝元延元年。

是岁，昭仪赵合德（赵飞燕之妹）杀害后宫皇子。

前 8 年癸丑，汉成帝绥和元年。

二月，诏立定陶王刘欣（元帝之孙）为皇太子。

十一月，王莽为大司马：王根久病，荐光禄大夫王莽以自代，成帝以莽为大司马，辅政。莽既拔出同列。欲令名誉过前人，遂克自不倦，愈为俭约。母病，

公卿列侯遣夫人问疾，莽妻迎之，衣不拽地，布蔽膝，见之者以为是童使，问之才知是夫人，皆惊。其饰名如此。

前7年甲寅，汉成帝绥和二年。

三月，成帝素强无疾病，昏夜平善，向晨欲起，不能言而死。民间喧哗，咸归罪赵昭仪。皇太后召大司马王莽与御史、丞相、廷尉、杂治，问皇帝起居病状；赵昭仪自杀。

四月，皇太子，前定陶王刘欣嗣位，是为孝哀皇帝。

十一、哀帝 刘欣 前6年——前1年

前6年乙卯，汉孝哀皇帝刘欣建平元年。

正月，司隶校尉解光奏言："赵昭仪倾乱圣朝，亲灭嗣继，家属当伏天诛。"哀帝令外朝议罪，于是免赵飞燕弟新成侯赵钦等为庶人，家属徒辽西郡。

前3年戊午，汉哀帝建平四年。

八月，鲍宣上书：名儒谏大夫鲍宣上书育陈时政阙失谓民有七亡：阴阳不和，水旱为灾；县官重责更赋税租；贪吏依公，受取不已；豪强大姓，蚕食无厌；苛吏徭役，失农桑时；部落鼓鸣，男女遮列（闻桴鼓声，以为有盗贼，皆当遮列而追捕）；盗贼劫掠，取民财物。七亡之外，又有七死：酷吏欧杀；治狱深刻；冤陷无辜；盗贼横发：怨仇相残；岁恶饥饿；时乞疾疫。指出："天下乃皇天之天下，官爵乃天下之官爵"，治天下者，当用天下之心为心，不得自专快意而已。

前2年己未，汉哀帝元寿元年。

是岁，博士弟子景卢从大月氏王使臣伊存受《浮屠经》（《三国志·魏志·东夷传》注引《魏略·西戎传》）。此为佛教思想传入中国最早的记录。

前1年庚申，汉哀帝元寿二年。

正月，匈奴单于及乌孙大昆弥伊秩靡皆来朝。是时，西域几五十国，自译长（翻译官）至将、相、侯、大、皆佩汉印绥，几三百七十六人；而居康、大月氏、安息、罽宾、乌弋之属，绵以绝远，不在数中。

六月，哀帝死。

七月，迎元帝庶孙中山王箕子为嗣。

八月，孝成皇后赵飞燕前害皇子，孝哀皇后傅氏骄僭，皆废为庶人，即日自杀。

九月，王莽秉政；中山王箕子即皇帝位，年九岁，是为孝平皇帝，太皇太后王氏临朝，大司马王莽秉政，百官总已以听于莽，莽徙孔光为平帝太傅，以马宫为大司徒。

十月，葬哀帝于义陵（在今陕西西安市郊）。

十二、平帝 刘衎 1年——公元5年。

1年辛酉，汉孝平皇帝刘衎元始元年。

二月，王莽号“安汉公“：王莽辅王，欲以致远人，公德比周公，或众，乃讽益州，令南方远国自称越裳氏，献黑、白雉，以祭宗庙。于是群臣盛陈王莽功德，“宜赐号曰安汉公。”王莽上书固让数四而后受。又暗示公卿奏称：“太后春秋高，不宜亲省小事。”令太后诏曰：“自今以来，唯封爵乃以闻，他事安汉公平决。”

以孙光为太傅，王舜为太保，王莽为太傅，甄丰为少傅，号为“四辅”。

2年壬戌，汉平帝元始二年。

春，平帝更衎名（音侃）。

秋，九月，王莽暗示匈奴单子令遣王召君女须卜居次云入待太皇太后。

又，王莽颁四条与匈奴单子：车师后王姑句忏汉戌已校尉徐普，亡入匈奴。婼羌国王去胡来王唐兜为赤水羌所逼，西域都护但钦不以时救助；唐兜困急，率妻子，人民千余人亡入匈奴。王莽使人使匈奴，索车师后王及婼羌国王，杀之，以示威于西域诸国；并立四条与单于，令奉行；几汉人、乌孙人、谣域诸国佩汉印绶者及鸟桓人逃入匈奴者，匈奴皆不得受其降。又使使者暗示单于，改名为一字，以符汉制。单于上书，改名囊知牙斯日知。

是岁，全国有民户一千二百二十三万三千六十二；口五千九百五十九万四千九百七十八：垦田八百二十七万五百三十六顷。

3年癸亥，汉平帝元始三年。

春，太皇太后诏有司为平帝纳采安汉公王莽女为皇后，又诏光禄大夫刘歆等杂定婚礼。

夏，王莽诛除异己：王莽子王宇非莽隔绝卫氏，恐久后受祸，私与平帝舅卫宝，师吴章等人谋反莽。事党，宇下狱死。尽灭卫氏支属，吴章腰斩。莽因是狱，穷治党与，被牵连及索忠直不附者，内及敬武公主（元帝妹），红阳侯王立（王莽叔）以及名臣何武、鲍宣等，皆坐死，几数百人，海内震惊。

4年甲子，汉平帝元始四年。

正月，诏日妇女非身犯法及男子年八十以上，七岁以下家非坐不道，诏书指名特搏者，皆不得囚系。

二月，立王莽女为皇后。

夏，王莽加号“宰衡”（周公为周太宰，伊尹为商阿衡，故采以尊之），位上公。

5年乙丑，汉平帝元始五年。

五月，王莽加九锡：太皇太后王政君为殊礼宠异王莽，特策以九锡：车马、衣服、乐器、朱户、纳陛（谓可从中阶升殿），武贲、铁钺，弓矢、柜鬯（祭祀用之香酒）。

十二月，王莽害平帝：先是，平帝初即位，王莽恐帝外家卫氏夺其权。白太皇太后拜帝卫姬为中山孝王后，留中山（今河北唐县东北），不得至京师。平帝年益长，以母卫后故，怨不悦。王莽因年终大祭，上椒酒，置毒于酒中，平帝死，年十四。

王莽居摄践祚，如周公故事。许莽称“假皇帝”，臣民谓之“摄皇帝”。

王莽居摄，6 年

6 年，丙寅，孺子婴摄居元年。

三月，立宣帝玄孙刘婴为皇太子，年二岁，号曰“孺子”。

7 年丁卯，居摄二年。

九月，翟义起兵反莽：东郡（今河南濮阳南）太守翟义（成帝朝丞相翟方进之子）以都试日，勒车马，材官士，部署将帅，立汉宗室严乡侯刘信为天子；义自号大司马，柱天大将军；移檄郡国，众十余万。王莽怕惧不能食，乃遣王邑孙建等七将军击之，又遣武让等三将军分屯要隘。

又，赵明，霍鸿起义：三辅二十三县人民闻翟义起兵反莽，也纷纷起义响应。槐里人赵明（又作朋）霍鸿等自称将军，焚烧官府，击杀官吏，众至十余万。起义军进攻长安，火光见于未央宫前殿。王莽遣两将军西击赵明等；又遣三将军屯京效；以甄邯为大将军统之。

十二月，翟义败死。

8 年戊辰，居摄三年。

二月，赵明等败死。掘翟义父方进及先祖冢在汝南者，烧其棺柩，夷灭三族。

十二月，王莽称新皇帝：梓潼（今四川梓潼）人哀章素元行，好为大言，见莽居摄，作铜匮，书言“王莽为真天子”日昏持至高庙（刘邦祠庙），仆射（高庙有令及仆射）以闻。王莽至高庙，拜受金匮神禅，还坐未央宫前殿，即真天子位，定国号曰：“新”。以十二月朔为始建国元年正月之朔。

新皇帝，王莽，9 年。

9 年己巳，新皇帝王莽始建国元年。

正月，王莽废孺子刘婴为定安公，封以万户，地方百里。

又，封拜四辅、三公、四将：以王舜为太师，平晏为太傅，刘歆为国师，哀章为国将，是为四辅，位上公。甄邯为太司马、王寻为大司徒，王邑为大司空，是为三公。甄丰为更始将军，王兴为卫将军，孙建为立国将军，王盛为前将军，是为四将。

11年辛未，新莽始建国三年。

是岁，严尤谏王莽：王莽遣使招诱匈奴呼韩邪单于诸子，欲以次拜为十五单于。单于怒，分告诸部入塞，大肆杀掠。王莽欲用兵。将军严尤谏曰："今天下比年饥谨，西北边尤甚，大用民力，功不可必立。"王莽不听。

百姓流亡：以击匈奴，征发苛急，人民流亡为乱。数年之间，北边虚实，野有暴骨。

12年壬申，新莽始建国四年。

是岁，高句骊、涉貘皆反，王莽遣严尤击斩高骊侯，更名高句骊为下句骊。于是貘人愈犯边，东北与西南夷皆乱。

13年癸酉，新莽建国五年。

是岁，西域诸国以王莽积失恩信，焉耆先叛，杀都护但钦。

17年丁丑，新莽天凤四年。

八月，瓜田仪与吕母起义：汪莽法令烦苛，民摇手触禁，而徭役繁剧，官吏苛暴，加以天灾相因，民不得耕桑，农民纷纷起义。临淮（今山东诸城东南）吕母聚贫穷少年百余人起义，杀海曲（今山东日照）宰（王莽改县令为宰），引兵入海，众至五万。

又，绿林起义：时荆州饥馑，民众入海泽。掘草根为食，仍不能活。饥民数百人共推新市（湖北京山东北）人王匡、王凤为渠帅（大帅），发动起义：南阳人马武、颖川（河南禹县）人王常、成丹等皆往从之。起义群众以绿林山（湖北当阳境内）为根据地，因称"绿林军"。数月间至七八千人。南郡人张霸、江夏人羊牧等同时俱起，众皆万人。

18年戊寅，新莽天凤五年。

是岁，樊崇与刁子都起义：琅邪人樊崇聚众百余人起义于莒（山东莒县），转入秦山，一岁间至万余人。同郡人逢安，东海人徐宣、谢禄、杨音各起兵，合数万人，转战青、徐间。东海人刁子都亦起义，袭击徐、兖。王莽发郡国兵镇压，不能克。

19年己卯，新莽天凤六年。

春，大募天下丁男及死罪囚、吏名奴，名曰："猪突"、"浠勇"，以为锐卒；税天下吏民资料，三十取一，以充军费；令公卿以下至吏民皆保养军马，以秩为差；又广征有奇技可攻匈奴者，待以不次之位。

又，关东饥旱连年，青、徐百姓流亡日众，樊崇、刁子都部众增至六七万人。

20年庚辰，新莽地皇元年。

九月，起九庙于长安城南，黄帝庙方四十丈，高十七丈，余庙半之，制度甚盛。广征天下工匠图画，穷极百工之巧，功费数百巨万，卒徒死者万数。

又，巨鹿人马适求谋举燕、赵兵诛王莽，事觉被杀，牵连死者数千人。

21 年辛巳，新莽地皇二年。

秋，民因犯私铸之法传诣钟官（主持铸钱之官）者男女以十万数，到者易其夫妇（改相匹配）。悉苦不愿死者什六七。

又，王莽使人说瓜田仪出降，仪未出而死。莽求其尸葬之，为起冢、立祠，谥曰："瓜宁殇男"，冀以招来其余，然无肯降者。

是岁，绿林大败官军：荆州牧发奔命（锐卒）二万人进攻绿林军，王匡等相率迎击于云杜（湖北沔县西北），大破牧军，杀数千人，尽获辎重。牧欲北归，马武又中途拦击。遂攻拔竞陵（湖北中祥），转击云杜，安陆（湖北安陆），还入绿林山中，声势益壮，州郡不能制。

22 年壬午，新莽三年。

二月，樊崇等杀王莽太师景尚。

四月，赤眉军：初，樊崇起义军众日盛，乃相与为约："杀人者死，伤人者偿创（伤也）。"其中最尊号三老，次从事，次卒史。王莽遣太师王匡，更始将军廉丹向樊崇进攻。崇等恐其众与莽兵乱，乃皆朱染其眉以相识别，由是号曰："赤眉"。王匡、廉丹率锐士十余万人。所过放纵，百姓重困。东方为之语曰："宁逢赤眉，不逢太师：太帅尚可，更始杀我！"

冬，刘縯、刘秀起兵：汉宗室刘縯（音演）及弟刘秀率春陵（湖北剌阳东）子弟七八千人，部署宾客，称汉军。刘縯自称"柱天都部"。刘秀时年二十八岁。縯使族人招说新市、平林兵，共同攻拔棘阳（河南新野东北）。

十二月，汉军取莽辎重：先是，十一月，刘縯攻宛（河南南阳），与莽将甄阜，梁丘赐战，大败。縯复收兵保棘阳。莽军留辎重于兰乡（河南沁阳北），乘胜引精兵十万南临比水（河南沁阳境）。会下江兵（王常、成丹西入南郡军，号"下江兵"）五千余人至宜秋（河南沁阳东南）。刘縯、刘秀兄弟往见王常，说以合从之利。王常等引兵与汉军及新市兵（王风、王匡、马武等军入南阳号"新市兵"），平林兵事，诸部齐心同力，锐气益壮。十二月末，潜师夜起，袭取兰乡，尽获莽军辎重（刘秀以起义军壮大了自己）。

23 年癸未，新莽地皇四年，汉更始皇帝（淮阳王）刘玄元年。

正月，刘縯围宛：汉兵与下江兵攻斩甄阜，梁丘赐，杀二万余人，刘縯乘胜围宛。

二月，立刘玄为皇帝：春陵戴侯曾孙，刘秀族兄圣公刘玄在平林兵中，号"更始将军。时汉兵已十余万，诸将议以兵无统一，欲立刘氏以从人望。新市、平林（平林人陈牧和廖湛聚众千余人起义，称“平林兵”）、下江将帅共同定策，立刘玄为皇帝。二月朔设坛场于淯水（一曰白河，出今河南嵩县，经南阳，至襄阳，入汉水）上，刘玄南面朝群臣，改元更始，置公卿，以刘縯为大司徒，陈牧为大司空，朱鲔为大司马。

三月，偏将刘秀等攻下昆阳（河南叶县），定陵（河南舞阳北）、郾（河南郾城西南）。

五月，王寻、王邑围昆阳：先是，王莽闻严尤，陈茂败，乃遣司徒王寻，司空王邑发兵平定山东；征诸明兵法六十三家以备军吏，以长人巨毋霸为垒尉，又驱诸猛兽虎、豹、犀、象之属以助威武。兵四十二万，号百万。五月，出颍川（河南禹县），与严尤陈茂会合，遂以先锋部队十万人围昆阳。积弩乱发，矢下如雨，城中负户（门板）而汲。王凤等乞降，不许。

又，刘秀突围：汉军诸将见王莽兵盛，欲散归诸城。刘秀为图画成败，认为只有同心合力，坚守待援，功庶可立。时城中唯有八九千人。刘秀使王凤、王常等守昆阳，乘夜与李轶等十三骑，出城南门，征集援军。

又，岑彭降汉：王莽棘长岑彭守宛城，汉兵攻之数月，城中人相食，乃降。刘玄入宛以为都城，封岑彭为归德侯。

六月，昆阳之战：刘秀至郾、定陵，悉发诸营兵。六月朔，刘秀自将步骑千余为前锋，去大军四五里而阵。王寻、王邑派数千人与战。刘秀身先士卒，诸将胆气益壮，无不以一当百。刘秀率勇士三千人迂回至昆阳城西，涉昆水，猛攻敌军中坚，王寻、王邑以汉军兵少，自将万余人迎战，敕诸营皆按兵毋动。莽军战不利，大军不敢擅相救；寻、邑阵乱，王寻被杀。城中守军乘势出击。“中外合势，震呼动天地”，莽军大溃，走者相践踏，伏尸百余里，会大风、雷、屋瓦皆飞，雨下如注，澧川盛溢，士卒溺死者以万计。汉军尽获其军实辎重，不可胜数。莽军四散奔走，王邑独与所将长安勇士数千人逃还洛阳，关中闻之震恐。

又，刘秀攻下颍川（河南禹县），郡掾冯异说父城（河南宝丰东南）等五县降。

又，刘玄杀刘縯：新市、平林诸将以刘縯兄弟威名益盛，阴劝刘玄除之。刘演部将刘稷闻刘玄立为皇帝，不服；刘玄以刘稷为抗威将军，稷不肯拜；刘玄收稷，将诛之，刘縯固争，因执刘縯并杀之。刘秀自父城，诣宛谢罪，未尝自伐昆阳之功，又不敢为刘縯发丧，饮食言笑如平常。刘玄拜刘秀为破虏大将军。

七月，王莽国师刘歆，大司马董忠谋劝王莽降汉，事泄，刘歆自杀，董忠坐斩，族诛。

又，隗嚣起兵：成纪（甘肃泰安北）人隗（音委）嚣起兵应汉，称大将军，移檄郡国，数莽罪恶。勒兵十万，分遣诸将攻下陇西、武都、金城、武威、张掖、酒泉、敦煌等郡。

又，公孙述起兵：茂陵（陕西兴平东北）人公孙述起兵成都，自称辅汉将军，兼益州牧。

八月，刘望起兵：前钟武人侯刘望（一作刘圣）起兵汝南（今河南上蔡西），称皇帝，严尤、陈茂往归之；刘望以严尤为大司马，陈茂为丞相。

九月，王莽死：刘玄遣大将军申屠建攻武关，所在迎降，三辅震动。汉军入长安，王莽逃至渐台（在未央宫中），欲阻池水。众兵上台，商人杜吴杀王莽，校尉公宾就斩莽首，众脔割之。

十月，刘玄都洛阳：刘玄将都洛阳，以刘秀为司隶校尉，使前整修官府。刘秀乃置僚属，作文移，从事司察，一如旧章。刘玄遂北都洛。

又，刘秀徇河北：更始帝刘玄以刘秀行大司马事，持节北渡河，镇抚诸郡。刘秀至河北，所过郡县考察官吏，黜陟能否，平遣囚徒，废除王莽苛政，复汉官名；吏民喜悦，争持牛酒迎劳，秀皆不受。南阳邓禹追刘秀至邺（今河北磁县西），进说刘秀延揽英雄，收买人心，恢复刘氏基业，安定天下。刘秀留邓禹与定计议。

十二月，王郎称帝：邯郸卜者王郎聚众起义，称皇帝于邯郸，赵国以北，辽东以西，望风响应。

24年甲申，汉更始二年。

二月，更始委政赵萌：刘玄迁都长安，功臣封王者十余人。以李松为丞相，赵萌为右大司马，共秉朝政。刘玄纳赵萌女为夫人，日夜饮宴于后庭；赵萌专权，生杀自恣。以至群小，膳夫皆滥授官爵。由是关中离心，四海叛怨。

刘秀击王郎：蓟中反，应王郎，时郡国皆已降王郎，独信都（河北衡水东）太守任光，和戎（王莽分信都为和戎，居下典阳）太守邳彤（音容）不肯从。刘秀走信都，任光、邳彤来会。刘秀拜任光、邳彤为大将军，移檄边郡，共击邯郸，郡县还复响应。

五月，王郎败灭：刘秀攻破邯郸，王郎乘夜逃走，刘秀使王霸追斩之。

又，刘秀受爵不就征：更始帝遣使立刘秀为肖王，令罢兵，与诸将有功者诣行所在。刘秀辞以河北未平，不就征。

又，刘秀拜吴汉、耿弇（音掩）为大将军，持节发幽州十郡突骑击败铜马、大彤、高湖、重连、铁胫、大枪、尤来、上江、青犊、五校、五幡、五楼、富平、获索等农民军（他们各领部曲），或以山川土为名，或以军容强盛为号，共有数百万人。

又，公孙述自立为蜀王，都成都，民、夷皆附之。

又，赤眉军西击长安：赤眉军樊崇、逢安自武关，徐宣、谢禄、杨音从陆浑关（今河南崇县北），两路西攻长安。刘玄派王匡、成丹等拒之。

又，刘秀遣邓禹将兵入关，自引兵北徇燕、赵。

又，梁王刘永据国（梁国都睢阳，在今河南商丘南）起兵，攻下济阴（今山东定陶）、山际（今东金乡西）等二十八城，结农民军山阳佼强、东海（今东郯县西）董宪、琅邪（今山东诸城东南）张步等帅，督青、徐二州，与之连兵，遂专据东方。

又，秦丰攻占邔（意忌，今湖北宜城）、宜城（在宜城南）等十余县，有众万人，自号楚黎王。

又，汝南田戎据夷陵（今湖北宜昌东）起事，自称扫地大将军，有众数万人。

十三、孺子婴居摄 6 年——8 年

附：新王莽 9 年 –23 年

更始 刘玄 23 年 –25 年

西汉世系表（附王莽及更始）

1. 汉高祖 刘邦	前 206/195 十一年	9. 元帝 刘奭	前 48/33 年十五年
2. 惠帝 刘盈	前 194/188 年六年	10. 元帝 刘骜	前 32/7 年二十五年
3. 高后 吕雉	前 182/180 年二年	11. 哀帝 刘欣	前 6/1 年五年
4. 文帝 刘桓	前 179/157 年二十二年	12. 平帝 刘衍	公元 1/5 年五年
5. 景帝 刘启	前 156/141 年十五年	13. 孺子婴	公元 6/8 年二年
6. 武帝 刘彻	前 140/87 年五十三年	新 王莽	公元 9/23 年十四年
7. 昭帝 弗陵	前 86/74 年十二年	更始 刘玄	公元 23/25 年二年
8. 宣帝 刘询	前 73/49 年三十四年		

十卷 东汉

（公元25年—220年）

一、光武帝 刘秀25年——57年

25年乙酉，汉更始三年，汉世祖光武皇帝刘秀建武元年。

三月，更始帝刘玄遣丞相李松与赤眉军战于弘农（今河南宝灵南），松等大败，死者三万人。

四月，公孙述称帝：公孙述于成都称皇帝，号成家，建元龙兴，以李恢为大司徒，公孙光为大司马。

六月，刘秀称帝：刘秀即皇帝位于高（音镐，今河北柏乡），南，建元建武，是为汉世祖光武皇帝（《谥法》：“能绍前业曰光，克定祸乱曰武。”）。改高为高邑。

前将军邓禹大破更始帝定国公王匡于安邑（今山西安邑东北）。

赤眉立刘盆子为皇帝。

七月，光武帝以邓禹为大司徒，王梁为大司空，吴汉为大司马。伏湛为司直。

光武帝击降刘茂：宗室刘茂聚众于京（今河南荥阳东南）密（今河南密县东南）间，自称厌新将军，攻下颍川（今河南禹县）汝南（今河南上蔡东南），众十余万人，光武帝遣将击降之。

九月，赤眉入长安：赤眉入长安，更始帝出奔，部下多降赤眉。光武帝下诏封更始为淮阳王，吏人敢有贼害者，罪同大逆。

十月，光武帝定都洛阳：诸将围洛阳数月，以朱鲔坚守未能下。光武帝以岑彭尝为朱鲔校尉，令往说鲔，鲔乃举城降。冬十月，光武入洛阳，遂定都焉，更称东汉。

更始帝降于赤眉（与刘秀有杀兄之仇，不敢降汉）封畏威侯（此封号恰当），继封长沙王。

十二月，赤眉军使谢禄缢杀更始帝（刘玄归宿）。

匈奴立卢芳为汉帝：安定三水（今甘肃泾川附近）卢芳诈称武帝曾孙刘文伯云：“曾祖母，匈奴浑邪王之姐也”称上将军，西平王，使人与西羌，匈奴结和亲。匈奴欲立刘氏，“令尊事我”乃迎卢芳入匈奴，立芳为汉帝。

26年丙戌，汉光武帝建武二年。

正月，邓禹入长安：赤眉樊崇弃长安，西入安定（今甘肃泾川西北）、北地（今甘肃中宁）；大司徒邓禹引兵入长安。

六月，立贵人郭氏为皇后，以其子强为皇太子。

九月，赤眉败邓禹，复入长安。

刘嘉降汉：汉中王刘嘉大破赤眉将廖湛十八万，光武帝命邓禹招嘉，嘉诣禹降。

27 年丁亥，汉光武帝建武三年。

正月，刘盆子降汉：冯异与赤眉约期会战，使壮士着赤眉服，伏于道侧，两军交战，伏兵卒起，衣服相乱，赤眉分不清敌我，众遂惊溃，追击，大破之于崤底（崤山，在今南绳池，洛宁两县间），降男女八万人，赤眉余众东奔余阳。光武帝亲统六军，严阵以待，赤眉惊震，刘盆子及丞相徐宣以下皆降，上所得传国玺绶。光武帝赐樊崇等洛阳田宅（后樊崇，逢安反，被杀），以盆子为赵王（名良，光武叔父）郎中。

28 年戊子，汉光武帝建武四年。

十月，马援见刘秀：隗嚣使马援奉书洛阳，见光武帝。援曰："天下反复，盗名字者（指称帝号）不可胜数，今见陛下恢廓大度，同符高祖，乃知帝王自有真也。"

32 年壬辰，汉光武帝建武八年。

闰四月，光武征隗嚣：春、遣中郎将来歙伐隗嚣，取略阳（今甘肃泰安东北），斩其守将金梁。隗嚣悉其众数万人围略阳，斩山筑堤，激水灌城，来歙固守，嚣攻之累月，不能下。闰四月，光武帝自将征隗嚣，军至高平第一（高平，今甘肃固原）窦融率五郡太守与大军会，遂分数道上陇。嚣大将年邯等十四人，属县十六，众十余万皆降。嚣偕妻子奔西城（即西县城、在今陕西安康西北），留田龠，李育保上封（今甘肃天水西南），光武进兵上封，使吴汉，岑彭围西城。

八月，得陇望蜀：光武西征，颖川，河东大乱，京师骚动。八月，光武自上封辰夜东驰，赐岑彭等书曰："两地城（西城，上封）若下，复望蜀（公孙述所部）。每一发兵，头须为白。"

34 年甲午，汉光武帝建武十年。

正月，吴汉败匈奴兵：吴汉率四将军六万人击卢芳将贾览，匈奴数千骑来救，战于平城（今山西大同），匈奴兵败走。

夏，冯异击斩公孙述将赵匡于天水。

八月，隗嚣将高峻降。

十月，陇右平：来歙等攻破落门（今甘肃武山东），隗纯（隗嚣子，隗嚣于 33 年正月死，子纯嗣）降。陇右平。

35 年乙未，汉光武帝建十一年。

八月，岑彭等大破蜀兵：岑彭破公孙述将侯丹于黄石（今四川涪陵东）。辅威将军铖宫与公孙述将延岑战于沈水（在今四川广汉界）大破之。王元以其众降。

十月，岑彭被刺；公孙述使刺客诈为亡奴，降岑彭，夜，刺杀岑彭。

36 年丙申，汉光武帝建武十二年。

正月，光武帝谕公孙述：吴汉败公孙述将史兴于武阳（今四川彭山东），进军克广都（今四川华阳东南），光武帝谕公孙述来附，述终无降意。

九月，吴汉败公孙述：吴汉进兵成都，与公孙述战于广都，成都之间，八战八克，遂军于成都外城。

十一月，公孙述败死，蜀地平：吴汉，藏宫与公孙述战于成都，大破之，述被创，夜死。延岑以成都降，吴汉杀述妻子，尽灭公孙氏，并族延岑，蜀地悉平。

37 年丁酉，汉光武帝建武十三年。

四月，光武不用功臣为政：吴汉既蜀振旅还京师，光武大宴将士，功臣增邑更封者几三百六十五人。定封邓禹为高密（今山东高密西南）侯，食四县；李通为固始（今河南沈丘）侯，食六县；贾复为缪东（今山东平度东南）侯，食六县；余各有差。光武帝在兵间久，厌武事，且知天下疲耗，思乐息肩，自陇蜀平后，非警急，未尝复言军旅。邓禹、贾复知帝偃干戈，修文德，不欲功臣拥众京师，乃去甲兵，敦儒学。光武欲完功臣，不令以吏职为过。遂罢左、右将军官。耿龠等亦上大将军，将军印绶，皆以列侯就第，加位特进，奉朝请（以奉朝请名义参加朝会）是时，光武以吏事责三公（太尉、司徒、司空），列侯唯邓禹、李通、贾复与公卿参议国家大事。其余功臣并不用。

39 年己亥，汉光武帝建武十五年。

二月，遣吴汉率马成，马武等北击匈奴，迁徙雁门（今山西代县北）、代郡（今山西大同东）、上谷（今北京怀来东南）吏民六万余口，安置居庸关（今北京昌平西北）常山关（今河北唐县西北）以东，以避匈奴，匈奴右部遂转居塞内。

40 年庚子，汉光武帝建武十六年。

十二月，卢芳降汉：匈奴闻汉购求卢芳，贪得财帛，遣芳还降。既而使使请降，不称匈奴所遣，汉立卢芳为代王。

42 年壬寅，汉光武建武十八年。

五月，卢芳复亡入匈奴。

43 年癸卯，汉光武帝建武十九年。

四月，马援定岭南：伏波将军马援破交趾，斩征侧等，又击降九真（今越南清化附近）豪帅都阳，岭南悉定。援与越人申明旧制以约束之，自后骆越奉行马将军故事。

六月，更立皇太子：废皇太子刘强为东海王；立东海王刘阳为皇太子，更名刘庄。

董宣强项不屈：董宣为洛阳令；帝姊湖阳公主家奴杀人，匿公主家，吏不能捕。及公主出行，以奴骖乘，董宣于夏门亭（洛阳十二城门之一）格杀家奴。公主诉之于帝，光武帝召董宣使叩头谢主，宣不从：强使顿之，宣两手据地，终不肯俯。光武帝因敕“强项令出！”赐钱三十万。董宣搏击豪强，京师莫不震惊。

49年己酉，汉光武建武二十五年。

正月，高句丽扰右北平（今河北丰润）、渔阳（今北京密云西南）、上谷（今河北怀来东南）、太原（今山西太原西南），辽东太守祭肜招降之。肜又以财利抚纳鲜卑攻匈奴，计首级受赏赐，自是匈奴益衰。

三月，伏波将军马援等破武陵蛮于临沅，斩获二千余人。

夏，马援卒于军中。

是岁，复置乌桓校尉：辽西乌桓人大郝旦等率众内属，诏封乌桓渠帅为侯、王、君长者八十一人，使居塞内，布于缘边诸郡，令为汉真侯，助击匈奴，鲜卑，复置乌桓校尉子上谷宁城以监护之，并兼领鲜卑赏赐、质子、互市事务。

54年甲寅，汉光武建武三十年。

是岁，斑彪死：班彪著名史学家。字叔皮，扶风安陵（今陕西咸阳东北）人，西汉未，天下大乱，彪初在天水依隗嚣，后至河西，为窦融从事，画策事汉。东汉初，授徐令，以病免，彪才高，而述作，尢专心于史籍，以《史记》所记史实，止于汉武帝太初年间，乃采前史遗事，傍贯异同，作《史记后传》六十余篇，其子固，女昭先后续成，称为《汉书》。

57年丁巳，汉光武帝建武中元二年。

二月，倭奴国遣使奉献：倭奴国王遣使漂洋过海，来到洛阳，奉贡朝贺，使人自称大夫，光武帝赐赠金印一枚，上刻“汉倭奴国王”五个金字，此为中日政府间第一次友好往来。该金印子公元1784年（清乾隆四十九年），为日本农民于九州福冈市志贺岛西南海岸一块大石下发掘出来，现珍藏于福冈市美术馆。

二月，光武帝死：光武帝每且视朝，日昃乃罢，数引公卿，郎将，讲论经理，夜半乃寐。皇太子请顾爱精神，帝曰：“我自乐此，不为疲也！”卒年六十二岁，遗诏曰：“朕无益百姓，皆如孝文皇帝制度，务从约省。刺史，二千石长吏皆无离城郭，无遣吏及因邮奏”，太子庄即位，是为显宗孝明皇帝。

是岁，全国户四百二十七万一千六百三十四，三千一百万七千八百二十人。

二、汉明帝 刘庄 58年——75年

58年戊午，汉显宗孝明皇帝刘庄永平元年。

五月，太傅邓禹死。

60 年庚申，汉明帝永平三年。

二月，图中兴功臣：明帝思念中兴功臣，乃命人图画二十八将于南宫云台。以邓禹为首，冯成、吴汉、王梁、贾复、陈俊、耿龠、杜茂、寇恂、傅俊、岑彭、坚镡、冯异、王霸、朱祯、任光、祭遵、李忠、景丹、万倏、盖延、邳彤、铫期、刘值、耿纯、臧宫、马武、刘隆、王常、李通、窦融、卓茂。后四位另增共三十二。马援因椒房之亲（援女为明帝后）故未列。

64 年甲子，汉明帝永平七年。

是岁，明帝遣使求佛：明帝闻西域有神，其名曰佛，因遣郎中蔡漳等使天竺（今印度）求其道：得其书及沙门以还。其书大抵以虚无为宗，贵慈悲不杀，以为人死，精神不灭，随复受形；生时所行善恶，皆有报应，故所贵修炼精神，以致为佛。诸书俱不载其竿月，唯《老子化胡经》载《广弘明集》置于永平七年，今从之。

66 年丙寅，汉明帝永平九年。

是岁，立学于南宫：明帝崇尚儒学，自皇太子，诸王侯及大臣弟子、功臣子孙、莫不受经，又为外戚樊氏（光武母家）郭氏、阴氏（皆光武后家）、马氏（明帝后家）等“四姓小侯”（因四姓非列侯，故曰小侯）立学于南富，置五经师，搜选高能，以授其业，自期门、羽林之士（皆军土），悉令通《孝经》章句。匈奴亦遣子入学。

73 年癸酉，汉明帝永平十六年。

二月，班超立功西域：窦固遣假司马班超使西域至鄯善，超会吏士三十六人，因夜以火攻杀匈奴使者，鄯善王广震恐。遂纳子为质，超以功升军司马，复西定于阗（西域国名）等地，西域与汉绝六十五载，至是复通。

75 年乙亥，汉明帝永平十八年。

八月，明帝死，皇太子炟（音达）嗣位，是为肃宗孝章皇帝。

十一月，诏以行太尉事赵喜为太傅，司空牟融为太尉，并录尚书事（尚书有录名，自此始）。

三、肃宗章帝 恒 76 年——88 年

77 年丁丑，汉帝章建初二年。

八月，马防等大破羌兵：先是，烧当羌率诸种起事，败金城太守郝崇，攻汉阳（原天水郡）、陇西（今甘肃临洮）、遣车骑将军马防、长水校尉耿恭将北军五校（越骑、屯骑、步兵、长水、射声）兵及诸郡射十三万人击之，斩首四千余级，降其一部。

79 年己卯，汉章帝建初四年。

十一月，白虎观会议：皇帝召太常："将、大夫、博士、郎官及诸、儒会白虎观（在洛阳北富），议《五经》同异。"章帝亲临主持，并命班固将讨论结果编成《白虎议奏》（即《白虎通》），作为观方典籍公布。

80年庚辰，汉章帝建初五年。

是岁，班超经营西域：班超上书请经营西域，章帝议欲给兵，命襟韩为假司马，将刑徒及义从（自愿跟随者）千余人往助超。班超首先攻破背汉之疏勒都尉番辰，俗因乌孙之力进图龟兹，乃上言遣使招尉，与共合力，为章帝所采纳。

83年癸未，汉章帝建初八年。

是岁，章帝抑窦宪：外戚宪恃宫掖势，以贱值请夺沁水公至（明帝女）园田，公主不敢与争，后为章帝发觉，大怒，召宪切责曰："深思前过夺主田园时，何异赵高指鹿为马！……贵主尚见狂夺，况小民哉！国家弃宪，如孤雏、腐鼠耳！"宪大惧，皇后（窦宪妹）为降服深谢，使以田还公主。

88年戊子，汉章帝章和二年。

二月，章帝死，皇太子肇嗣位，是为孝和皇帝，年十岁，窦太后临朝。

四、和帝 刘肇 89年——105年

89年己丑，汉孝和皇帝刘肇永元元年。

六月，窦宪破匈奴于稽落山：窦宪、耿秉出朔方塞，大破北匈奴于稽落山（在今内蒙白云鄂博附近），斩获甚重，降二十余万人。宪、秉出塞三千余里，登燕然山（外蒙抗爱山）命中护军班固刻石记功而还。北单遣弟入侍。

九月，窦宪以功拜大将军，位在三公上，于是窦氏权势炽盛（现在不是孤雏和腐鼠了）。

90年庚寅，汉和帝永元二年。

五月，班超击降月氏：大月氏王求尚公主，为西城长史班超所拒，由是怨恨，遣其副王谢将兵七万攻超。超众少，皆大恐；超谕军士但当收兵坚守，不过数十日，月氏饥穷自降；月支副王谢攻超不下，又抄掠无所得，乃遣使向龟兹求食，超于中途伏兵潜击，持其使首以示谢，谢遣使谢罪。月氏由是大震，岁奉贡献。

91年辛卯，汉和帝永元三年。

二月，窦宪破匈奴于金微山：窦宪遣耿，任尚出居延塞，大破北匈奴单于金微山（今苏联西伯利亚境内），获其母阏氏，名王以下五千余级，北单子逃走，不知去向，出塞五千里而还，自汉出师，未所尝至也。

92年壬辰，汉和帝永元四年。

六月，窦宪伏诛：窦宪父子兄弟并为卿、校、充满朝廷，潜图弑逆。帝阴知其谋，而外臣莫由亲接，以中常钩盾令（钩盾属少府、宦官）郑众、谨敏有心机，

不事豪党，遂于郑众定议诛窦宪。诏执金吾，五校尉勒兵屯卫南、北宫，闭城门，收捕窦宪党射声校尉郭璜、卫尉聚叠等，皆下狱死。遣谒者仆射收宪大将军印绶，更封为冠军侯，与弟笃、景、瑰皆就国。窦、景、笃到国皆迫令自杀，独瑰以河南尹张铺上疏求免，得以独全，窦氏宗族宾客，以窦为官者，皆免归故郡。

94 年甲午，汉和帝永元六年。

七月，西域诸国内属：西域都护班超发龟兹、鄯善等八国兵合七万余人，大破焉耆、尉犁，杀其王，暂首五千余级，俘一万五千人，更立焉耆左侯元孟为焉耆王。于是西域五十余国悉纳质内属，至于海滨（西海之滨，指条支、大秦等国），四万里外，皆重译贡献。

102 年壬寅，汉和帝永元十四年。

九月，班超死：初，斑超年老乞归，久之未报。超妹昭（曹寿妻，宫中尊称曹大家，家读姑）上书为超求哀，帝惑其言，乃征超还。八月至洛阳，九月卒。

105 年乙巳，汉和帝永元十七年。

十二月，和帝死，少子隆生方百余日，立为皇太子，是夜即皇帝位。是为孝殇皇帝，尊邓后（邓禹孙女）为皇太后，太后临朝称制。

是岁，蔡伦改进造纸术：自古书契多编以竹简，其用缣帛者为之为纸。缣贵帛又重，并不便于使用。宦者尚方令蔡伦集中前人经验，用树皮、麻头及布，破渔网造纸，价格低廉，自是全国仿制，人称“蔡侯纸”。

106 年丙午，汉孝殇皇帝刘隆延平元年。

五、殇帝 刘隆 106 年——106 年

八月，殇帝死：太后定策迎立清河王子刘祜嗣位，是为孝安皇帝，邓太后仍临朝。

九月，西域诸国攻都护任尚，诏遣副校尉梁慬将河西四郡五千骑驰救，慬大破之，追斩数万级，获生口数千人。

六、安帝 刘祜 107 年——125 年

108 年戊申，汉安帝永初二年。

十一月，先零羌起事：先零羌滇零称天子于北地（今甘肃中宁）结武都参狼羌、上郡、西河诸种羌攻掠三辅。东入赵、魏，南入益州，杀汉中太守董炳。梁慬引兵赴击，连破走之，羌稍退散。

115 年乙卯，汉安帝元初二年。

十月，虞诩破羌于赤亭：虞诩为武都（今甘肃成县西北）太守，羌众数千遮诩于陈仓崤谷（今山西宝鸡西南），诩停车不进，宣言上书请兵待发。羌人乃

分兵抄掠傍县，诩因其兵散，日夜进道，兼行百余里，令吏士各作两灶，日增倍之，羌不敢逼。或问曰："孙膑减灶，而君增灶；兵法日行不过三十里，而今日且二百里，何也？"诩曰："虏众多，吾兵少，徐行则易为所及，速进则彼所不测。虏见吾灶日增，必谓郡兵来援，众多行速，必惮追我。孙膑见弱，吾今示强，势有不同故也。"既到郡，兵不满三千，而众万余，攻围赤城（今甘肃徽成西南）数十日。诩乃令军中强弩勿发，而潜发小弩；羌以为矢力弱，并力急攻。诩于是用二十强弩共射一人，发无不中，羌大震，退。诩因出城奋战，多所杀伤，又潜道五百余人于羌人退路设伏掩击，大破之，羌人由是败散。

118年戊午，汉安帝初五年。

十月，度辽将军邓遵募上郡全无种雕何刺杀狼莫，诸羌瓦解，自羌人起事十余年间，军族之费，几用二百四十余亿，府帑空竭，边民及内郡死者不可胜数，并、凉二州遂至空耗。

121年辛酉，汉安帝永宁二年。

三月，邓太后死，安帝始亲政事。

九月，《说文解字》书成：许慎，字叔重，汝南（今河南上蔡东南）人，博综篆籀古文之体，发明六书之旨，因形见义，分类部从，作《说文解字》十四篇。以和帝永元十二年（100年）创稿，至安帝建光元年（121年）九月最后写定，几历时二十二年，为中国文字学史上第一部有系统之创作。

125年乙丑，汉安帝延光四年。

三月，安帝死，皇后阎氏定策，迎北乡侯刘懿嗣位，是为少帝。

十月，北乡侯刘懿死。

十一月，顺帝立：中常侍孙程等拥立废太子济阴王刘保是为孝顺皇帝，孙程等皆封列侯，宦官权势从此日盛。

七、顺帝 刘保 126年——144年

126年丙寅，汉孝顺皇帝刘保永建元年。

十月，班勇（班超子）使人斩杀乐且弥（西域国名，今新疆乌鲁木齐西）王，略定西域东部；继发诸国兵击北匈奴，呼衍王逃走，其众二万余人皆降。北单于自将万骑来攻车师后部，勇使人逐走之，追斩其贵人骨都侯。

132年壬申，汉顺帝永建七年。

七月，张衡创制"地动仪"：张衡（78-139），字平子，南阳西鄂（今河南南阳南）人。少善属文，游学长安，洛阳，日夜攻读，博通群书。永元中，作《二京赋》，十年乃成。又善机巧，尤致思于天文、阴阳、历算。安帝公车特征拜郎

中，再迁为太史令，掌管天象观测，撰成著名天文学著作《灵宪》；并作浑天仪，以精铜铸成，圆径八尺，合盖隆起，形似酒樽，为当时世界上第一台地动仪器。它曾准确地记录公元138年陇西地震，时人皆服其妙。

133年癸酉，汉顺帝阳嘉二年。

五月，诏举敦朴之士：顺帝诏群公、卿士各举敦朴之士之一，李国、马融、张衡皆与其选。李国，字子坚，汉中南郑（今陕西南郑）人，东汉名儒。少好学，常不远千里，负笈寻师，积十余年，博通古今，阳嘉二年（133年），因对策，直陈外戚，宦官专权之敝，顺帝嘉纳，任为议郎。冲帝时，官至太尉，与大将军梁冀参录尚书事。后在立帝问题上与梁冀相左，为梁冀诬构，下狱死。著、章、表、奏议、教令、对策、记、铭几十余篇，以《与黄琼书》最著名，载《后汉书·黄琼传》。马融，字季长，扶风茂陵（今陕西兴平东北）人，著名经学家。安帝时，曾任校书郎，议郎等职。融才高博洽，遍注《诗》、《书》、《易》、《三礼》、《论语》、《孝经》门徒常千余人，著名学者郑玄即出其门下，著有赋、颂、表、奏、对策等二十一篇，今存明人辑《马季长集》。张衡，著名科学家兼文学家，见阳嘉元年七月条。

142年壬午，汉顺帝汉安元年。

八月，张纲埋轮：朝廷遣杜乔、张纲等信人分行州郡，出贤黜奸，乔等受命到部，张纲独埋其车轮于洛阳都亭，曰："豺狼当道，安问狐狸！"遂劾奏大将军梁冀及其弟河南尹梁不疑无君之心十五事，书进，京师震竦。

144年甲申，汉顺帝汉安三年。

八月，范容、周生起义：九江人范容、周生等起义，攻城邑，屯居历阳（今安徽和县）：遣御史中丞冯绲督州兵击之。

冲帝立，顺帝死：皇太子刘炳嗣立，是为孝冲皇帝，皇太后梁氏临朝称制。以太尉赵峻为太博，大司马李国为太尉，参录尚书事。

十一月，余风、马勉起义：九江人徐风、马勉等起义，攻烧城邑；风称无上将军，勉称皇帝，建年号，置百官，筑营于当涂山（今安徽怀远东南）中。

十二月，九江人黄虎等起义，攻合肥。

全国有户九百九十四万六千九百一十九；口四千九百七十三万五百五十，垦田六百八十九万六千二百七十一顷五十六亩一百九十四步（《后汉书·郡国志》引应劭《汉官仪》）。

八、冲帝刘炳 145年——145年

145年乙酉，汉孝冲皇帝刘炳永嘉元年。

九、质帝 刘缵 146 年——146 年

正月，质帝立，冲帝死：大将军梁冀与太后定策立渤海王鸿之子刘缵（年八岁）为皇帝，是为孝质皇帝。

十一月，华孟起义：历阳（今安徽和县）人华孟起义，称黑帝攻杀九江太守；滕抚击之，孟败死，被杀者三千八百人，被俘者七百余人。

146 年丙戌，汉孝质皇帝刘缵本初元年。

闰六月，梁冀鸩杀质帝：质帝尝因朝会，目梁冀曰："此跋扈将军也！"冀深恶之。嗣潜使左右置毒于煮饼而进之，质帝死。

梁冀以立嗣问题与李固异论，白太后先策免固，迎蠡吾侯刘志入即位，太后犹临朝听政。

十、恒帝 刘志 147 年——167 年

147 年丁亥，汉孝桓帝刘志建和元年。

十月，以司徒赵戒为太尉，司空袁汤为司徒，前太尉胡广为司空。

十一月，梁冀杀李固、杜乔：清河人刘文与南郡人刘鲔交通，预立清河王蒜为皇帝，劫杀国臬，事败，被杀。梁冀因诬太尉李固、杜乔与谋，皆下狱死。

151 年辛卯，汉桓帝元嘉元年。

正月，张陵劾梁冀：群臣朝贺，大将军梁冀带剑入朝，尚书张陵叱令出，敕羽林、虎贲夺剑。冀跪谢，陵不应，即劾奏冀，请廷尉论罪。有诏以一岁俸（工资）赎，百僚那肃然。

十一月，崔寔作《政论》：诏百官举独行之士，涿郡举崔寔，寔称病，不应征，退而论世事，名曰《政论》。要旨曰："凡为天下者，自非上德，严之则治，宽之则乱。"

159 年己亥，汉桓帝延熹二年。

八月，梁冀伏诛：太将军梁冀专擅威柄，凶恣日积，秉政十九年，以私憾杀人至众。威行内外，天子拱手，桓帝密召宦官单超、徐璜、具瑗、左官、唐衡等五人定议诛冀，遣具瑗与司隶校尉张彪率羽林、虎贲等千余人共围冀宅，使光禄勋袁盱持节收冀大将军印绶、冀与妻孙寿皆自杀；悉收梁氏、孙氏中外宗亲送诏狱，无少长皆弃市。太尉胡广、司徒韩演，司空孙朗皆坐阿附梁冀，减死免为庶人。故吏宾客免黜者三百余人。收冀财物，折钱三十余万万。赏定乱有功者，封宦官单超等五人为县侯。自是宦官亦横。

162 年壬寅，汉桓帝延熹五年。

十一月，冯绲大破武陵蛮：先是武陵蛮攻江陵（今湖北江陵），南郡太守李

肃奔走；以冯绲为车骑将军，将兵十余万击之。借公卿以下俸，以助军饷。十一月，冯绲大破武陵蛮，斩首四千余级，受降十余万人，荆州平定。

166 年丙午，汉桓帝延熹九年。

是岁，大捕“党人”：河内（今河南武陡）术士张成教子杀人，为司隶校尉李膺捕杀。宦官教成弟子牢修上书诬告李膺“养太学游士，共为部党，诽讪朝廷，疑乱风俗”。桓帝收系李膺，并下令郡国大捕“党人”，辞连太仆杜密及陈宴、范滂等二百余人。案经三府（太尉、司徒、司空官署）太尉陈蕃不肯连署，并上书及谏，被免官。

167 年丁未，汉桓帝延熹十年，

六月，禁锢“党人”：城门校尉窦武（桓帝窦皇后之父）上疏申救李膺等人，膺等又多引宦官弟子，宦官惧，请帝赦“党人”。遂赦，改元永康；“党人”二百余人皆归田里，书名三府，禁锢终身。

十二月，灵帝立，桓帝死：尊皇后窦氏为皇太后，太后临朝，定策迎立解渎亭（今河北安国东北）侯刘宏，是为孝灵皇帝。

十一、灵帝 刘宏 168 年——189 年

168 年戊申，汉孝灵帝刘宏建宁元年。

正月，以城门校尉窦武为大将军，前太尉陈蕃为太傅，与司徒胡广参录尚书事。

九月，曹节矫杀陈蕃，窦武：陈蕃与窦武同心协力，以奖王室，征天下名贤李膺、杜密、尹勋、刘瑜等，皆列于朝廷，与共参政事。中常使曹节、王甫等共相朋结，谄事太后。蕃、武疾之，与尚书令尹勋共定诛除之策，上疏窦太后请尽诛宦官。事泄，曹节劫持太后，矫诏诛太傅陈蕃，大将军窦武及尚书令尹勋、侍中刘瑜、屯骑校尉冯述，皆夷族。迁窦太后于南宫。

169 年己酉，汉灵帝建宁二年。

十月，钩党狱起：初，李膺等虽废锢，天下士大夫皆高尚其道，而汙秽朝廷，更相标榜，为之称号：以窦武、陈蕃、刘淑为“三君”；李膺、荀昱、杜密、王畅、刘祐、魏朗、赵典、朱寓为“八俊”；郭泰、范滂、尹勋、巴肃、宗慈、夏馥、蔡衍、羊陟为“八顾”：张俭、翟超、岑蛭、苑康、刘表、陈翔、孔昱、檀敷为“八及”；度尚、张邈、王孝、刘儒、胡母班、秦国、蕃向、王间为“八厨”。宦官疾恶膺等，侯览、曹节讽有司奏前司空虞放、太仆杜密、长乐少府李膺、司隶校尉朱寓、颍川太守巴肃、沛相荀昱、河内太守魏朗、山阳太守翟超等皆为钩党（相牵引为党人），下狱，死者百余人，妻子徙边，附从者锢及五服内亲。诏州郡大举钩党，天下豪杰名士陷党籍者甚多。

178 年戊午，汉灵帝熹平七年。

是岁，灵帝卖官：初开私邸卖官，入钱各有差：二千石二千万；四百石四百万；于西园（宫中官署名）立库以贮之。令长，随县丰约有价。富者则先入钱，贫者到官倍输。又私令左右卖公卿，公千万，卿五百万。

181 年辛酉，汉灵帝光和四年。

十月，作列肆于后宫：灵帝作列肆于后宫，使诸采女贩卖。更相盗窃争斗。灵帝着商贾服，饮宴为乐。又于西园弄狗。着进贤寇，带绶。又驾四驴，灵帝躬自操辔，驰逐周旋，京师转相仿效，驴价遂于马齐。灵帝又好私蓄天下珍宝，每郡国贡献，令于常例外别有所输于中署，名为“导行费”。

184 年甲子，汉灵帝光和七年。

二月，黄巾起义：初，巨鹿张角奉事黄老，号“太平道”，自称“大贤良师”，为徒众画符治病；并分遣弟子周行四方传道，深得农民信任，十余间年，徒众数十万。遍布青、徐、幽、冀、荆、扬、兖、豫八州。张角部署道为三十六方，大方万余人，小方六七千人，各立渠帅。并传播“苍天（指东汉政府）已死，黄天（批“中黄太乙”神，太平道的自称）当立，岁在甲子（公元 184 年），天下大吉。”以白上涂写“甲子”二字于京城及州郡官府之门。大方马元义等先收荆，扬数万人，以中常侍封婿、徐奉等为内应，约以三月初五日内外俱起。不意角弟子唐周告密，于是收元义，车裂于洛阳。汉廷下令冀州刺史逐捕角等。角等知事已露，驰敕诸方，一时俱起，皆着黄巾以为标帜，人称“黄巾军”。角自称“天公将军”，弟宝称“地公将军”，弟梁称“人公将军”。所在燔劫，长吏逃亡，旬月之间，天下响应。

三月，东汉政府进攻黄巾军：以河南尹何进为大将军，将兵屯都亭（在今洛阳市内），以镇市师。置函谷、太谷、广成、伊阙、轘圜、旋门、孟津、小平津等八关都尉。大赦党人，发全国精兵，遣北中郎将卢植，左中郎将皇甫嵩，右中郎将朱儁分击黄巾军。

五月，皇甫嵩败波才：朱儁战败，黄巾军遂围皇甫嵩于长社（今河南长葛西），依草结营。会大风，嵩令军士皆手持一束燃苇登城，使锐士乘间突围，纵火大呼，城上举燎应之，嵩从城中鼓噪出击，会骑都尉曹操至，合攻黄巾军，波才军大败，战死数万人。

八月，董卓攻张角不能胜，以皇甫嵩代卓。皇甫嵩与黄巾军战于苍亭（今山东范县界），获其帅卜已。

黄巾首领张角病死。

十月，张梁战死：皇甫嵩与黄巾军张梁（张角弟）战于广宗，梁被杀，黄巾死者三万人。赴河死者五万余人。破张角棺戮尸。

十一月，张宝战死：皇甫嵩攻张宝（张角弟）于下曲阳（今河北晋县西），张宝战死，黄巾死十余万人。

朱儁破黄巾于宛：先是张曼成战死后，黄巾余众更以赵弘为帅，据宛城（河南南阳），众十余万。朱儁与荆州刺史合兵围之，自六月至八月不拔；后儁击斩弘。黄巾复以韩忠为帅；忠死，复以孙夏为帅。儁攻破宛城，孙夏被杀，于是黄巾破散。

185年乙丑，汉灵帝中平二年，

二月，各地农民纷纷起义：张角起义后，博陵（今河北蠡县南）张牛角、常山（今河北元氏西）褚飞燕及黄龙、左校、于氏根、张白骑、刘石、左髻丈八，平汉大计，司隶缘城，雷公、浮云、白雀、杨风、于毒、五鹿、李大目、白绕、眭固、苦蝤等同时奋起，大者二三万，小者六七千人。张牛角于战斗中中流矢死，褚飞燕代为帅，改姓张，据黑山（今河北沙河北），众至百万，张飞燕寻降，拜平难中郎将，使领河北诸山谷事。

189年己巳，汉灵帝中平六年，少帝刘辨光熹元年，汉孝献皇帝刘协永汉元年。

四月，灵帝死，皇子辨嗣位，尊皇后为皇太后。太后临朝，改元光熹。以后将军袁隗为太傅，与大将军保进参录尚书事。

同月，上军上尉宦者蹇硕谋杀大将军何进，立陈留王协，事党被杀。

八月，袁绍诛宦官：中常侍张让、段洼等杀大将军何进；司隶校尉袁绍收捕诸宦官，无少长皆斩之，几二千余人。张让、段洼劫少帝走小平津（今河南巩县西北），尚书卢植追及之，诛张让等。少帝还宫。

九月，献帝立：董卓废少帝为弘农王，立陈留王协，是为孝献皇帝，改元永汉。

以太尉刘虞为大司马，董卓自为太尉，以太中大夫杨彪为司空，豫州牧黄琬为司徒。

十二、献帝 刘协 189年——220年

190年庚午，汉献帝初平元年。

正月，关东州郡起兵讨董卓，推袁绍为盟主。

二月，董卓迁都长安：董卓以山东兵盛，欲迁都以避之，公卿皆不欲而莫敢言，司徒杨彪，太尉黄琬皆因谏迁都被免官。卓助献帝西迁，杀京师富室，没其财产，悉驱徒百姓数百万口于长安，饥饿寇掠，积尸盈路，又悉烧宫室民居，二百里内，室屋荡尽，无复鸡犬；又使吕布发诸帝陵及公卿以下冢墓，收其珍宝。

三月，董卓以袁绍之故，杀太傅袁隗。太仆袁其及其家大小五十余人。

冬，公孙度为辽东守：董卓以公孙度为辽东太守。度到官，以法诛灭郡中名豪大姓百余家，郡中震惊。乃东伐高句丽，西击乌桓；分辽东为辽西，中辽郡，各置太守，又越海收东莱诸县，置营州刺史，自立为辽东侯，平州牧。

191年辛未，汉献帝初平二年。

二月，董卓自立为太师，位在诸侯王上。

孙坚太破董卓兵，入洛阳，得传国玺于城南甄宫（官置名）井中。

192年壬申，汉献帝初平三年。

四月，王允诛董卓：司徒王允与司隶校尉黄琬、仆射士孙瑞密谋诛董卓，允素善中郎将吕布，使为内应。献帝有疾新愈，群臣大会未央殿，卓朝服乘车而入，王允使士孙瑞自书诏书以授布，布令能士十余人伪著卫士服，守卫宫门以待卓。卓入，以戟刺之；卓伤臂，堕车，顾大呼曰："吕布何在？"布曰："有诏讨贼臣！"应声持矛刺卓，促兵斩之。即出怀中诏书以令使士曰："诏讨卓耳，余皆不问。"吏士皆称万岁。百姓欲舞于道，暴卓尸于市。以王允录尚书事，吕布为奋威将军，共秉朝政。

蔡邕被杀：蔡邕，著名文学家，书法家。字伯喈，陈留圉（今河南杞县南）人，蔡琰（文姬）之父。少博学，喜好辞章、数术、天文，精通经史、音律、工书法，尤以隶书著称。灵帝时为议郎，因上书论朝政阙失，遭诬陷、流放朔方。遇赦后，畏宦官陷害，亡命江湖十余年。董卓专权，被迫出任侍御史，官至左中郎将。董卓被诛。邕在允所，闻讯叹息，因被收廷尉，邕上书谢罪，愿黥首刖足，继成《后汉记》，不允，遂死狱中生平所著诗、赋、碑、铭、论仪、表章等几一百零四篇。《隋书·经籍志》著录有集二十卷，已散佚。后人辑有《蔡中郎集》。

六月，董卓部将李傕、郭汜等攻陷长安，杀司徒王允、司隶校尉黄琬等，并灭其族。

十二月，曹操收降青州黄巾：曹操追青州（今山东临淄黄巾至济北，悉降之，得戎卒三十余万，男女百余万口，收其精锐者，号"青州兵"。

194年甲戌，汉献帝兴平元年。

十二月，徐州牧陶谦死：刘备代领州事。

是岁，孙策据江东：扬州刺史刘繇与袁术将孙策战于曲河（今江苏丹阳），繇军败绩，孙策遂据江东。

196年丙子，汉献帝建安元年。

七月，袁术欲称帝：闻孙坚得传国玺，拘坚妻而夺之。孙策与术书戒之。

九月，曹操迁帝于许：曹操纳荀彧、董昭计，奉献帝东迁，自为大将军，封武平（今河南鹿邑西北）侯。自此政归曹氏，天子守虚位而已。

197 年丁丑，汉献帝建安二年。

正月，袁术称帝：袁术称帝于寿春（今安徽寿县），自称仲家，置公卿百官，效癸天地。

198 年戊寅，汉献帝建安三年。

十二月，曹操杀吕布：曹操围吕布于下邳（今江苏宿迁西北），月余不克，乃引沂，泗水灌城。布部将侯成等执陈宫、高顺降。布与麾下登白门楼（城南门门楼），曹兵围之急，布乃降。曹操欲活之，时刘备居曹操坐上，以为不可，乃与陈宫等缢杀之。

199 年己卯，汉献帝建安四年。

六月，袁术死。

十二月，刘备攻据徐州：初，董承称受帝衣带诏，与刘备谋诛曹操。操从容谓刘备曰："今天下英雄，惟使君与操耳。本初（袁绍名）之徒，不足数也！"备方食，失匙箸，值雷震，备因曰："圣人云：'迅雷风烈必变'良有以也。"遂与承及长水校尉种辑同谋。会操遣备击袁术，备遂杀笔州刺史车胄，以关羽守下邳，行太守事。郡县多叛操为备，备众数万人，遣使与袁术连兵，操遣将击之，不克。

200 年庚辰，汉献帝建安五年。

正月，曹操击破刘备，获其妻子，进拔下邳，擒关羽，备奔袁绍。

四月，斩颜良，诛文丑：袁绍遣大将颜良攻白马（今河南浚县东北），曹操引兵兼行趋白马，良来迎战。曹使张辽、关羽击之。关羽望见良麾盖，策马刺良于万军之中，斩其首而还，遂解白马之围。绍渡河追之，至延津（今河南延津）南，操陈辎重诱敌，率将纵击，大破之。及杀良，暂绍骑将文丑。

关羽奔刘备：初曹操敬关羽之为人，而察其无留意，使张辽问其情。羽叹曰："吾极知曹公待我厚；然吾受刘将军恩，誓以共死，不可背之。要当立效报曹公乃去耳。"辽以报曹，操义之。及杀良，操知其必去，重加厚赐。羽尽封其所赐，拜书告辞，而奔刘备于袁军。左右欲追之，操曰："彼各为其主，勿追也。"

孙策为刺客所杀，弟权代领其众，周瑜以中护军与张昭共掌众事。

九月，官渡之战：袁绍军阳武（今河南原阳东南），曹操出兵与袁绍战，不胜。操兵少，粮尽，士卒疲乏，百姓困于征赋。多叛归袁绍。操从荀或策，坚壁持之，绍运粮车数千乘至官渡（今河南中牟东北），操遣将击烧之。十月，绍复遣军运谷，使其将淳于琼将兵万余人送之，屯故市乌巢（今河南延津东南）。操自将兵骑五千人，皆用袁军旗帜，衔枚缚马口，夜以间道出，人抱束薪。既至，围屯，大放火，营中惊乱，操急攻之，斩琼等，尽毁其粮谷，袁军惊扰大溃。绍与八百骑渡河。操追之不及，尽收其辎重，图书、珍宝，余众皆降，操尽坑之，前后所杀七万余人。

202 年壬午，汉献帝建安七年。

五月，袁绍死，子潭与尚争立。

203 年癸未，汉献帝建安八年。

是岁，华佗死：（华佗（141–203），著名医学家，字元化，沛国谯（今安徽亳州）人，擅长医学，尤精于外科手术，为世界医学史上最早之全身麻醉剂。华佗认为人需要经常运动，以促进血液流通，饮食消化。他创作“五禽戏”模仿虎、鹿、熊、猿、鸟五种动物动作。以锻炼身体。增强体质。因为不为曹操治病被杀。

205 年乙酉，汉献帝建安十年。

正月，曹操赦陈琳：官渡之战，袁绍使陈琳为檄书，数操罪恶，连及家世，极其丑诋。及袁氏败，琳归操，操曰：“卿者为本初移书，但可罪状孤身，何乃上及父祖邪！”琳谢罪，操释之，使之陈留阮禹俱管记室。

207 年丁亥，汉献帝建安十二年。

八月，曹操平定乌桓：曹操率大军出卢龙塞（今喜峰口至冷口），堑山埋谷，五百余里，经白坛（今河北承德西），历平冈（今河北平泉），东指柳城（今辽宁朝向南，乌桓政治中心），未至二百里，蹋顿单于与袁尚、袁熙将数万骑来迎战。曹操登白狼山（今河北平泉境内），使张辽为先锋，纵兵击之，乌桓兵大败，斩蹋顿，胡、汉降者二十余万口。辽东乌桓单子速仆凡与袁尚、袁熙奔辽东太守公孙康。为纪念此役，曹操于回军途中，路过碣石（今河北秦皇岛附近），曾写下一首词为《步出夏门行·观沧海》的著名诗篇。

是岁，诸葛亮隆中对策：诸葛亮隐居邓县隆中（今湖北襄阳西），时称“卧龙”。刘备在荆州，访求贤士。司马徽和徐庶向刘备推荐诸葛亮，备凡三往，乃得见。诸葛亮向刘备提出：“东联孙吴，西据荆州，南和南夷，北抗曹操”的统一全国的方略。即著名的“隆中对”。

208 年戊子，汉献帝建安十三年。

九月，曹操进兵荆州：曹操进兵荆州，至新野，刘琮举州降。时刘备屯樊城（在襄阳东北），琮不敢告备。曹操至宛，备大惊骇，将其众去，过襄阳，琮左右荆州人多归备，比到当阳（今湖北当阳东），众十余万，辎重数千辆，日行十余里，别遣关羽乘船数百艘会江陵（今湖北江陵），操将精骑五千急追之，及于当阳之长坂（今湖北当阳东北），备弃妻子，与诸葛亮、张飞、赵云等数十骑走，张飞将二十骑拒后，飞据水断桥，慎目横矛曰：“身是张益德也，可来共决死！”操兵无敢近者。云抱备子禅，与关羽船会，得济沔（即汉水），遇刘琦众万余人，与俱到夏口（今湖北武汉市汉口），曹操遂据有江陵。

十月，赤壁之战：刘表病卒，孙权遣鲁肃吊表（即是到刘表的儿子处悼念）二子，并说备使抚衷众，共拒曹操。肃与刘备遇于当阳长坂，劝备进驻樊口（今湖北鄂城西北）。曹操自江陵顺江东下，刘备遣诸葛亮与鲁肃一道往见孙权于柴桑（今江西九江西南），共议抗曹大计。是时，曹操约有军队二十余万人，号称八十万；孙、刘联军共有五万人。曹操致书孙权，以武力进行恫吓。孙权召集群臣策划，众臣议论纷纭，和战难以卒定。孙权召集大将周瑜还，周瑜向孙权详细分析双方实力，指出曹军远来疲敝，士兵不习水土；"舍鞍马，仗舟楫"舍长用短；马腾、韩遂盘距关西，为曹后患等不利条件，力主抵抗。孙权从而坚定抗曹决心，遂以周瑜、程普为左右督，将兵与刘备共同抗曹；以鲁肃为赞军校尉，助画方略。孙、刘联军与曹军战于赤壁（今湖北蒲圻西北长江南岸）。周瑜采用部将黄盖献计，用火攻烧曹军战船，延及岸上营落，曹军人马烧溺死者甚众。刘备、周瑜水陆并进，追操至南郡（治江陵），时曹军兼以饥疫，死者过半。操留曹仁守江陵，乐进守襄阳，引军北还。

十二月，刘备徇定荆州四郡：刘备表刘琦为荆州刺史，引兵南徇武陵（今湖南长德西）、长沙（今湖南长沙）、桂阳（今湖南郴县）、零陵（今湖南永州西北），四郡皆降。备以诸葛亮为军师中郎将，使督诸郡，调其赋税以充军实。

209 年己丑，汉献帝建安十四年。

正月，刘备领荆州牧：刘琦卒，孙权表刘备领荆州牧。周瑜分荆州江南四郡（武陵、长沙、桂阳、零陵）以给备。备立营于油口，改名为公安（今湖北公安西北）。权以妹妻备，妹才捷刚猛，有诸兄凤。

十二月，荀悦死：荀悦（148–209），著名政论家，史学家。字仲豫，颍川颍阴（今湖南许昌西）人，少好学，善于解说《春秋》，灵帝时因宦官专权，隐居不仕。后被曹操征召，为黄门侍郎，迁秘书监、侍中等职。献帝以《汉书》繁重难读，命其用编年史改写，乃依《左传》体裁，撰成《汉记》三十篇，词约事详，为时人所称。另有《申鉴》五篇，评击谶纬符瑞，反对土地兼并，主张"德刑并用"，表现了他政治社会思想。

210 年庚寅，汉献帝建安十五年。

十二月，孙权以荆州借刘备：刘备诣京口（今江苏镇江东南丹徒镇）见孙权，求都督荆州（州治江陵，在长江北岸，据此可控制全荆）。周瑜、吕范劝权扣留刘备。权以曹操在北，未从。周瑜图取蜀，未行，病死巴丘（今湖南岳阳西南）。权以鲁肃代领其军，肃劝权以荆州借于刘备，与共拒曹操，权从之。

211 年辛卯，汉献帝建安十六年。

十二月，刘备入蜀；刘璋遣军议校尉法正至荆州迎刘备，刘备留诸葛亮、关羽等守荆州，自将步卒数万人入益州。

212年壬辰，汉献帝建安十七年。

正月，加曹操赞拜不名，入朝不趋，剑履上殿，如肖何故事。

九月，孙权徙建业：长史张纮以秣陵山川形胜，劝孙权以为治所；刘备过秣陵，亦劝权居之。权于是作石头城。徒治秣陵，改名建业（今江苏南京）。

213年癸巳，汉献帝建安十八年。

五月，曹操自立为魏公，加九锡，以丞相领冀州牧如故。

214年甲午，汉献帝建安十九年。

三月，魏王曹操进位诸侯王上。

闰五月，刘备领益州：刘备围雒城（今四川广汉北，雒同洛）且一年，庞统中流矢死。法正与刘璋书，为陈形势强弱，璋不答，雒城溃，备进围成都。诸葛亮、张飞、赵云引兵来会。马超知张鲁不足与计事，密书请降刘备，备令引兵屯城北，城中震怖。备使从事中郎荀雍入说刘璋，遂开城出降。备迁璋于公安（今湖北公安东北），尽归其财物，佩振威将军印绶。备入成都，自领益州牧，以诸葛亮为军师将军，益州太守。

诸葛亮以严治蜀：诸葛亮佐刘备治蜀，颇尚严峻。法正谓亮曰："昔高祖入关，约法三章，秦民知德。愿君缓刑驰禁，以慰此州之望。"亮曰："秦以无道，政苛民怨，匹夫大呼，天下土崩；高祖因之，可以弘济。刘璋暗弱，德政不举，威刑不肃，君臣之道，渐以陵替……吾今威之以法，法行则知恩，限之以爵，爵加则知荣，荣恩并济，上下有节，为治之要，于斯著矣。"

十一月，曹操以皇后伏氏与父伏完书密令图己，使御史大夫郗虑，尚书令华歆勒兵入宫，收后下暴室狱，以幽死，灭其族及二皇子。

215年乙未，汉献帝建安二十年。

五月，孙、刘划分荆州：刘备以得益州，孙权令诸葛瑾，从备求还荆州诸郡；备不许。权遂置长沙、零陵、桂阳三郡长史，关羽逐之；权使鲁肃将万人屯益阳（今湖南益阳西）以拒羽。会曹操将攻汉中，备使使求和于权，遂分荆州，以相水为界：长沙、江夏，桂阳以东属权；南郡、零陵、武陵以西属备。

216年丙申，汉献帝建安二十一年。

四月，曹操进号为魏王。

217年丁酉，汉献帝建安二十二年。

十月，魏以五官中郎将曹丕为太子。

鲁肃死，孙权以吕蒙代其职。

218 年戊戌，汉献帝建安二十三年。

七月，曹操自将击刘备。

九月，曹璋破乌桓：曹璋击代郡乌桓，身自捕战，铠中数箭，意气益厉；大破乌桓于桑干（属代郡）之北，俘斩以千数，鲜卑大人轲比能惧，乃将数万骑请服，北方悉平。

219 年己亥，汉献帝建安二十四年。

正月，刘备破斩夏侯渊：曹操征西将军夏侯渊与刘备相拒于平关（今陕西沔县西北）。备自阳平南渡沔水，缘山稍前，营于定军山（今陕西沔县东南），渊引兵来争。备使黄忠乘高鼓噪攻之，渊军大败，被杀。

五月，曹操与刘备相守积月，魏军士多亡，为保存实力，曹操悉引出汉中诸军还长安，刘备遂有汉中。

七月，刘备立为汉中王，上还左将军，宜城停侯印绶，立子刘禅为王太子，还治成都。

八月，关羽大破曹军：关羽攻樊城，时汉水溢，平地数丈，魏将于禁等七军皆没；禁于诸将登避水，羽乘大船攻之，禁等降。羽乘船临城，立围数重，内外断绝，又遣别将围襄阳，魏荆州刺史皆降。

十二月，关羽败死：关羽自知孤穷，乃西保麦城（今湖北当阳东南）。孙权使人诱之，羽伪降，立幡旗为象人于城上，因遁走，兵皆解散，随着十余骑。权使朱然、潘章断其径路，获羽及其子平于章乡（今湖北当阳东北）斩之。孙权称臣于曹操：曹操表孙权为骠骑将军，假节，领荆州牧。权上书称臣于操，称说天命。操以权书示外曰："是儿欲踞吾著炉火上邪！"侍中陈群等皆言曹操宜正大位。操曰："若命在吾，吾为周文王矣。"

是岁，张仲景死：张仲景（约 150–219）七十岁，著名医学家。名机，河南南阳人。建安中，南阳流疫盛行，张机宗族病死三分之二，于是张机"勤求古训，博采众方"，撰写《伤寒杂病论》十六卷。晋王叔和编次其书，析为《伤寒论》及《金匮要略》二种。张机为后代奉为"医圣"。

吕蒙病死：吕蒙（178–219）字子明，汝南富陂（今安徽阜阳南）人，鲁肃死，蒙代领其军，率军袭破荆州，擒杀关羽，授郡太守，少时不修书传，后接受孙权劝告，多读史书、兵书。

东汉世系表（公元25年至220年）

1. 光武帝 刘秀	公元25/57年 三十二年	8. 顺帝 刘保	公元126/144年 十八年
2. 明帝 刘庄	公元58/75年 十七年	9. 冲帝 刘炳	公元145年 一年
3. 章帝 刘炟	公元76/88年 十二年	10. 质帝 刘缵	公元146年 一年
4. 和帝 刘肇	公元89/105年 十六年	11. 桓帝 刘志	公元147/167年 二十年
5. 殇帝 刘隆	公元106年 一年	12. 灵帝 刘宏	公元168/189年 二十一年
6. 安帝 刘祜	公元107/125年 十八年	13. 少帝 刘辩	公元189年 一年
7. 少帝 刘懿	公元125年 一年	14. 献帝 刘协	公元189/220年 三十一年

附：三国魏、蜀、吴（220年-265年）

220年庚子，汉献帝刘协延康元年，魏文帝曹丕黄初元年。

正月，曹操死，曹丕袭魏王爵：曹操（155-220年）病死于洛阳，葬于高陵（今河北临漳西南）。他识奇才，知人善任，赏罚分明，是杰出的政治家、军事家、文学家和诗人。有《曹操集》。

曹操之子袭位，寻、汉献帝诏授丞相印、绶、魏王玺、绶、领冀州牧。

汉献帝改元延康（曹操窃权24年）。

十月，曹丕称皇帝：曹丕废汉，即皇帝位，改元黄初，国号曰“魏”，建都洛阳。

至此，东汉共历十四帝，一百九十五年。

十一月，曹丕废汉献帝为山阳公，命其行汉正朔，上书不称臣。

魏复三公官：魏改相国为司徒，御史大夫为司空，大理为廷尉。自建安十三年（208年）罢三公官，至今恢复旧制。

221年辛丑，魏黄初二年，蜀昭烈帝刘备章武元年。

四月，刘备称帝：汉中王刘备在成都即皇帝位，改元章武，是为汉昭烈皇帝，史称“蜀汉”，简称“蜀”，又称“季汉”。以诸葛亮为丞相，许靖为司徒。

孙权徙都武昌：孙权自公安（今湖北公安）徙都于鄂，遂更名鄂为武昌。

五月，蜀主刘备立子刘禅为皇太子。

六月，蜀张飞遇害：先主刘备将伐吴，张飞先率兵万人自阆中（今四川阆中）会江州（今四川重庆北）。临发部下张达、范疆杀飞，持其首投奔孙权。

七月，刘备兴师攻吴：刘备愤孙权袭关羽，帅诸军攻吴。翊军将军赵云认为：“国贼曹操，非孙权也。若先灭魏，则权自服……不应置魏，先与吴战。”群臣亦谏。刘备力排众议，并不许孙权遣使求和，命吴班、冯习发兵攻吴巫县（今四川巫山），进军秭归（今湖北秭归）。孙权任陆逊为大都督，领兵五万拒之。

八月，孙权遣使降魏：孙权向魏称臣，并释于禁还魏。初，于禁被关羽所俘，建安二十四年（219 年）孙权攻关羽，南郡得于禁，今送魏。文帝嘉之，即拜孙权为吴王，加九锡。

222 年壬寅，魏黄初三年，蜀章武二年，吴王孙权黄武元年。

二月，蜀、吴虎亭之战；刘备自率诸将屯于夷道虎亭（今湖北宜都北）。吴将皆欲击之，陆逊以为备举兵东下，锐气方盛，且乘高守险，难以进攻。诸将愤怨，皆以为陆逊畏备。五月，蜀军自巫峡建平（今四川巫山东）连营至夷陵（今湖北宜昌）界。陆逊见刘备处处结营。已为决战时机已到。六月，陆逊先遣兵攻蜀一营，试之。然后命全军将士持火携茅攻营，斩蜀将张南、冯习及胡王沙摩柯等，破蜀军四十余营。刘备逃至马鞍山（今湖北宜昌西北），又被吴军围攻，士卒死伤上万，连夜逃入白帝城（今四川奉节东）。

223 年癸卯，魏黄初四年，蜀章武三年，后主刘禅建兴元年，吴黄武二年。

三月，刘备托孤：刘备在永安（今四川奉节东）病重，命丞相诸葛亮辅太子刘禅处理朝政，备谓亮曰：“君才十倍曹丕，必能安国，终成大事。若其子可辅，辅之；如其不才，君可自取。”诸葛亮流涕应答：“臣敢不竭股肱之力，效忠贞之节，继之以死！”四月，刘备死，时年六十三岁，谥曰：“昭烈皇帝，诸葛亮奉丧还成都。

五月，刘禅继位：刘禅即位，时年十七岁，是为蜀后主，改元建兴，封丞相诸葛亮为武乡侯，领益州牧。政事无巨细，咸出于亮。亮约官职，修法制，与群下曰：“大参署者，集众思，广忠益也。”常谓：“集思广益”一语，源出于此。

225 年乙巳，魏黄初六年，蜀建兴三年，吴黄武四年。

三月，诸葛亮南征：诸葛亮兵向南中（今云南，贵州两省部分地区和四川省西南部一带），讨伐雍闿。临发，参军马谡指出：“南中恃其险远，不服久矣；

虽今日破之，明日复反耳。”建议：“用兵之道，攻心为上，攻城为下，心战为上，兵战为下，愿公服其心而已。”诸葛亮采纳这一正确策略。

七月，诸葛亮七擒孟获：诸葛亮至南中，所在皆捷。亮由越崔（今四川西昌）人，斩雍闿及高定。孟获收闿余众以拒亮。诸葛亮因孟获在南中有影响，故在一擒之后，使其参观兵营，问曰：“此军何如？”孟获答：“向者不知虚实，故败。今蒙赐观阵营，若只如此，即定易胜耳。”诸葛亮纵获再战。七擒之后。亮犹遣获，获止不去，曰：“公，天威也，南人不复反矣！”于是，亮至滇池，即命孟获等渠帅为官，南中、益州、永昌、洋柯、赵崔四郡皆平。

十月，魏文帝攻吴，兵马临江。是时天寒，吴人又严兵固守，文帝叹曰：“嗟乎，固天所以限南北也！”遂还师。

226年丙午，魏黄初七年，蜀建兴四年，吴黄武五年。

五月，魏文帝死：魏文帝曹丕死，皇太子曹叡即位，是为明帝。曹真、陈群、司马懿等受遗诏辅政。

227年丁未，魏明帝曹叡太和元年，蜀建兴五年，吴黄武六年。

三月，诸葛亮出师汉中：诸葛亮上出师表，指出：“今南方已定，兵甲已足，当奖帅三军，北定中原。”遂率诸军北驻汉中，筹备攻魏。

228年戊申，魏太和二年，蜀建兴六年，吴黄武七年。

正月，诸葛亮第一次攻魏：诸葛亮从汉中出师，扬言从斜谷道（今陕西眉县西南）取眉（今陕西眉县东北），使赵云、邓芝据箕各（今陕西太白）为疑兵，实则亲率大军攻祁山（今甘肃县东）魏天水（今甘肃天水、泰安一带）、南安（今甘肃陇西西南）、安定（今甘肃平琼、固原、泾川一带）三郡背魏降蜀。亮使参军马谡督诸军与魏将张郃于街亭（今甘肃泰安东北）。冯谡违亮节度，不听裨将王平谏阻，舍水上山，下不据城，遂为张郃所败，士卒离散。唯王平领千人鸣鼓自守，张郃疑其有伏兵，不往逼之，于是平徐徐收命诸营率将士而归。

街亭失守，诸葛亮进无所据，遂拔西县（今甘肃天水）千余家还汉中。亮自请降爵三级，奖励王平，进位讨寇将军，挥泪斩马谡。蒋琬谓亮曰：“天下未定而戮智计之士，岂不惜乎？”亮流涕曰：“四海分裂，兵交方始，若复废法，何用讨贼也！”亮以右将军行（代理）丞相事。

魏天水参将姜维归降诸葛亮。

五月，魏三路攻吴：魏明帝命曹休领兵十万向皖（今安徽潜山）、司马懿向江陵（今湖北江陵）、贾逵向东关（今安徽含山西南濡须山上）三路进攻东吴。

八月，吴败曹休：孙权以陆逊为大都督，以朱桓、全琮为左右督，各领三万人，与魏将曹休战于石亭（今安徽潜山），斩杀万余人，得军资器械无数。

十二月，诸葛亮第二次攻魏：上月，诸葛亮闻曹休为吴所败，魏兵东下，关中虚弱，欲出兵击魏，群臣以为疑，亮遂再次上表，请许北伐。是月，亮引兵散关（今陕西宝鸡西南）、围陈仓（今陕西宝鸡东），攻战二十余日，因粮尽而退，斩魏将王双。

229 年己酉，魏太和三年，蜀建兴七年，吴大帝孙权黄龙元年。

春，诸葛亮第三次攻魏：诸葛亮攻陷魏武都（今甘肃徽县、应县），阳平（今甘肃文县西）二郡。后主刘禅复拜亮为丞相。

四月，孙权称帝；吴王孙权即皇帝位，改元黄龙、立子孙登为皇太子，以诸葛恪为太子左辅、张休为右弼，顾谭为辅正，陈表为翼正都尉。

六月，吴、蜀联盟：蜀遣陈震使吴，贺权称帝，约中分天下，以豫、青、徐、幽属吴，兖、冀、并、凉属汉，司州以函谷关（今河南陕县至灵宝间崤山山区，为入关中要道）为界。

九月，吴迁都至建业（今江苏南京）。

230 年庚戌，魏太和四年，蜀建兴八年，吴黄龙二年。

正月，魏筑合肥新城以备吴。

二月，吴遣卫温等至夷州：孙权使将军卫温、诸葛直领兵万人，乘船过海求夷州（今台湾）、亶州所在绝远，不可得至，遂至临海东南夷州。这是大陆军民大规模到达夷州第一次明确记载。

十二月，吴拢魏合肥。

231 年辛亥，吴太和五年，蜀建兴九年，吴黄龙三年。

二月，卫温等自夷州返吴：卫温、诸葛直因士卒疫死者十之八九。得夷州数千人返吴。温、直无功，下狱诛死。

诸葛亮第四次攻魏：诸葛亮领兵攻魏，围祁山（今甘肃西和北祁山堡），造木牛运粮。魏因曹真有疾，命司马懿领兵抵御。三月，诸葛亮至上邽（今甘肃天水）挑战，司马懿坚守不战，蜀军遂还齿城（今甘肃天水及甘谷之间）。五月，蜀、魏两军交战，蜀军斩杀魏军三千人，大胜。六月，诸葛亮因粮尽退军。魏将张郃军命追击，至木门谷（今甘肃天水西南九十里）遇伏，飞矢中膝而死。

232 年壬子，魏太和六年，蜀建兴十年，吴嘉禾元年。

九月，魏第一次讨伐公孙渊：魏因公孙渊与吴通好，遂命田豫督青州（今山东东北部临淄、益都一带）诸军，自海道入辽东，幽州刺史王雄督陆军，共讨公孙渊。屡攻不克诏令罢军。

十一月，曹植死：曹植（192–232），字子建，是三国时期杰出诗人。其诗由于大量运用比兴手法，形象生动，语言凝练，形成“骨气奇高，辞采华茂”之独特风格，是建安诗歌代表作，为五言诗发展起推动作用。

233年癸丑，魏太和七年，蜀建兴十一年，吴嘉禾二年。

三月，吴封公孙渊为燕王：先二月，公孙渊遣使奉表称臣。是月，吴孙权命太常张弥、中使秦定等领兵万人，送金宝珍货，九锡备物，由海道入辽，封公孙渊为燕王。

吴使张弥至辽东，公孙渊又考虑吴远曹近，思想变卦，而将张杀了，首级送魏，魏明帝任其为大司马，封乐浪公。吴中使秦旦等逃到高句丽，宣吴王诏，假称有赐为辽东公孙所夺。其王位宫大喜，命使送吴旦等还吴，奉表称臣。贡貂皮千条、鶡（音和）鸡皮十具。及归、旦等皆拜校尉。

是岁，诸葛亮制作木牛流马：诸葛亮劝农讲武，做木牛流马，运粮集于斜谷口（今陕西郿县西南），准备攻魏。

234年甲寅，魏青龙二年。蜀建兴十三年，吴嘉禾三年。

二月，诸葛亮第五次攻魏：诸葛亮领兵十万出斜谷攻曹魏，并且遣使约吴共举。四月，诸葛亮军抵眉（陕西眉县东北）进据谓水南岸五丈原（今陕西眉县西南）与北岸二十万魏军相对峙，诸葛亮因魏兵坚壁不战，乃分兵屯田，为久驻之基“耕者杂于渭滨居民之间，而百姓安堵，军无私焉。”八月，亮数次挑战，并遣以巾帼妇人之服激怒司马懿，但魏军固守。诸葛亮积劳成疾，卒于军中，时年五十四岁。长史扬仪整军还蜀。司马懿至亮驻营处，叹曰：“天下奇才也！”诸葛亮字孔明，人称“卧龙”。他励精图治，任人唯贤，赏罚必信。死后葬定军山（今陕西勉县南），著有《诸葛亮集》。

吴分兵三路夹魏：吴应蜀约攻魏，于五月，吴主自领兵十万居巢湖口，向合肥新城；又遣陆逊领兵万人入江夏沔口（今湖北汉口），向襄阳（今湖北襄樊一带）；孙韶等向广陵（今江苏江北淮南地区）、淮阴（今江苏淮阴）。七月，魏明帝亲率水师，东征孙权。魏将满宠烧吴攻具，射杀孙泰，吴遂退兵。

八月，马岱斩魏延：蜀将魏延与杨仪不睦，诸葛亮死后，借故厮杀。杨仪遣郎将马岱斩杀魏延，并夷延三族。

235年乙卯，魏青龙三年，蜀建兴十三年，吴嘉禾四年。

正月，扬仪杀魏延后，居功自傲，后主刘禅罢其官，徙汉嘉郡（治今四川名山北）。后杨仪自杀。

八月，马钧作指南车：魏明帝诏博士扶风（今陕西兴平一带），人马钧作司南车，水转百戏。钧精于机械制造，改进织造机，提高效率四、五倍，又制造灌溉工具翻车（即木水车、分手拉、脚蹬）。时人称他为“天下名巧”，是著名机械制造家。

237年丁巳，魏青龙五年，蜀建兴十五年，吴嘉禾六年。

七月，魏第二次讨伐公孙渊：魏因公孙渊屡出恶言，遂遣荆州刺史毋丘俭帅诸军并联合鲜卑、乌桓屯辽东（今辽宁省一带）南界，命渊入朝。公孙渊起兵拒之。是时，十余日连天大雨，辽水上涨，俭引兵还右北平（今长城一线稍北）。公孙渊据辽东，自立为燕王，改元绍汉，遣假鲜卑单于玺。

238年戊午，魏景初二年，蜀延喜元年，吴嘉禾七年。

六月，司马懿攻辽东：三月，魏帝诏司马懿，领兵四万，第三次讨伐辽东公孙渊。六月，司马懿至辽东，公孙渊命卑衍、杨祚屯兵辽隧（今辽阳西南），围堑二十八里。渊既坚壁不战，司马懿多张旗帜似出其南，暗中渡水出其北，直指渊部襄平（今辽宁辽阳）。卑衍等惊恐，为魏军击散，司马懿进围襄城。七月襄城粮尽，渊将杨祚归降。八月，渊与子修等数百骑突围东南走，魏军追击，在梁水（今太子湖）斩公孙渊父子。魏遂据有辽东，带方（今朝鲜黄海南道），乐浪（今朝鲜平安南道），玄菟（今辽宁东部）四郡。

239年已未，魏景初三年，蜀延熙二年，吴赤乌二年。

正月，魏明帝死；明帝死，皇太子曹芳继位，时年八岁。曹爽、司马懿辅政。

241年辛酉，魏正始二年，蜀延熙四年，吴赤乌四年。

四月，吴大举攻魏：吴分兵四路攻魏，全琮攻淮南（今安徽寿县）、决芍陂（今安徽寿县南），与魏将王凌等战，琮败走：诸葛恪攻六安（今安徽淮南以南、霍邱、六安以东），朱然围樊城（今湖北襄樊），魏将胡质以轻兵救樊，城中乃安；诸葛瑾攻祖中（祖读租）。

244年甲子，魏正始五年，蜀延熙七年，吴赤乌七年。

二月，曹爽攻蜀：魏帝诏曹爽攻蜀。三月，曹爽至长安（今陕西西安），发兵十余万人，与夏侯玄自洛（今陕西周至西南）入汉中（今陕西南部汉水流域），蜀将王平命刘敏据兴势（今陕西洋县），多张旗帜，横亘百里。四月，曹爽因关中及氐羌骚扰，军需给养不能供，牛马骡驴多死；蜀援军又至，遂引军还。五月，蜀将费祎据三岭（今陕西中南山沈岭、衙岭、分水岭）击爽，曹爽苦战败回，损伤甚众。

245年乙丑，魏正始六年，蜀延熙八年，吴赤乌八年。

二月，陆逊死：陆逊（183–245），吴丞相，本名议，字伯言。善谋略，以功封娄侯。其子陆抗袭爵，代领兵五千，为建武将军。

247年丁卯，魏正始八年，蜀延熙十年，吴赤乌十年。

二月，曹爽专擅朝政：曹爽用何晏等谋，专擅朝政，多树亲党。司马懿不能禁，遂称疾，不参预政事。

248年戊辰，魏正始九年，蜀延熙十一年，吴赤乌十一年。

冬，司马懿诡称病重：曹爽心腹李胜出为荆州刺史，借辞行之机，窥探司马懿行动。司马懿遂诡称病重，持衣衣落，指口言渴，侍婢进粥，懿不持杯而饮，粥皆流出沾胸。李胜见此流涕道："何意尊体乃尔！"司马懿伪装耳聋，断断续续道："年老枕疾，死在旦夕……以子师，昭兄弟相托。"李胜辞出，告慰曹爽，遂不以司马懿为虑。

249年己巳，魏正始十年，蜀延熙十二年，吴赤乌十二年。

正月，魏高平陵事：魏帝曹芳与大将曹爽、中领军曹羲等至高平陵（今河南洛阳东南大石山），癸扫明帝陵墓。太傅司马懿遂以皇太后令，闭诸城门，占据武库，逞兵洛水浮桥；命司待高柔假节行大将军事，据爽营；大仆王观行中领军事，据羲营；派人送奏章给曹芳，揭露曹爽兄弟罪恶，要求罢免爽等兵权。曹爽迫害不知所为。司农桓范劝爽兄弟使车驾去许昌，发四方兵以自辅。爽羲兄弟默然不语，自初更至五更，爽乃投刀子地曰："我亦不失作富家翁！"遂奉帝还宫。不久，司马懿又以曹爽与何晏、邓风、丁谧、毕轧、李胜等阴谋反叛罪，将爽等斩首，并夷三族。史称"高平陵事变"。

250年庚午，魏嘉平二年，蜀延熙十三年，吴赤乌十三年。

八月，吴废太子和，杀鲁王霸，群臣切谏，吴主皆杖，杀之。

十二月，魏分道攻吴：魏征南将军王昶建议分道攻吴，魏帝遂命泰州袭巫（今四川巫山），秭（今湖北秭归），王基攻夷陵（今湖北宜昌东南），王昶攻江陵（今湖北江陵）。

251年辛未，魏嘉平三年，蜀延熙十四年，吴赤乌十四年。

八月，司马懿死：司马懿（179–251）字仲达，多谋略，善权变，是魏重臣。死后，其子司马师为抚军大将军，录尚书事。

252年壬申，魏嘉平四年，蜀延熙十五年，吴会稽王孙亮建兴元年。

四月，吴大帝孙权死：吴主孙权死，时年七十一岁，权字仲谋，为吴国创建者。太子孙亮即位，改元建兴。孙亮，孙权少子，即位时年十岁，命诸葛恪为太傅，滕胤为卫将军，吕岱为大司马。

十二月，魏三路攻吴，魏王昶攻南郡（今湖北汉水以西，江陵，当阳一带）；毌丘俭攻武昌（今湖北鄂城），胡遵，诸葛涎攻东兴。吴诸葛恪领兵四万，昼夜兼行往救，时大雪大寒，魏将胡遵等置酒高会。吴将丁奉见此，谓士卒曰："取封侯爵赏，正在今时！"遂使兵皆解铠，去矛戟，但兜釜刀遁，倮身沿堤前进。魏军望见，大笑之，不加防守。吴军鼓噪而进，斩魏将韩综等。破魏军数万，获车乘，牛马，骡驴各以千计。

253年癸酉，魏嘉平五年，蜀延熙十六年，吴建兴二年。

十月，吴杀诸葛恪：吴孙俊等谋杀诸葛恪，并夷三族。孙俊为丞相，封富春侯。

254年甲戌，魏嘉平六年，魏高贵乡公曹髦正元元年，蜀延熙十七年，吴五凤元年。

九月，司马师废曹芳立曹髦：魏司马师废魏帝曹芳为齐王，迁之河内（今河南武陵）。从元城（今河北大名东）迎接高贵乡公曹髦，十月至洛阳，即皇帝位，改元正元。是时，曹髦年仅十四岁。

255年乙亥，魏正元二年，蜀延熙十八年，吴五凤二年。

正月，毋丘俭等起兵讨司马师：魏杨州刺史曹饮，镇东将军毋丘俭等假太后诏，起兵于寿春，移檄州郡，请废司马师，领兵五六万渡淮水，西至项城。是时，司马师虽割目瘤术未愈，仍带病领兵讨伐俭、饮，召东、西、北三方之兵，会于陈（今河南淮阳）、许（今河南许昌东）。闰正月，司马师至南顿（今河南项城西）、汝阳（今河南商水西北），与俭交战，一日突破出。司马师忍痛再战，击败俭军。俭、饮计穷，众心涣散，归降司马师者甚多。文钦奔吴，毋丘俭逃至慎县（今安徽霍北），被张属所杀，传首京师。司马师诛俭三族。不久，司马师死于许昌。

二月，司马昭自为大将军：司马师死后，其弟司马昭自为大将军，录尚书事。

257年丁丑，魏甘露二年，蜀延熙二十年，吴太平二年。

五月，魏葛诞向吴称臣：魏征东大将军诸葛诞据寿春（今安徽寿县）遣长史吴刚及少子诸葛靓至吴，称臣并请援救，魏司马昭领兵讨之，吴遣将领兵三万援救诸葛诞。

六月，姜维攻魏：蜀姜维乘魏内乱，领兵出骆谷（今陕西周至西南）攻魏。是时，蜀人因姜维屡攻伐，怨声载道，中散大夫谯周作《仇国论》以讽之。

258年戊寅，魏甘露三睥，蜀景耀元年，吴太平三年。

二月，司马昭破寿春：司马昭破寿春（今安徽寿县），诸葛诞突围出走，被胡奋部下所杀，吴援军被俘及死者数万。

九月，孙琳废吴帝：孙琳废吴帝为会稽王，使吴楷等迎接琅邪王孙休。

十月，孙休即帝位：孙休即帝位，是为景帝，改元永安；以孙琳为丞相，荆州牧；封故南阳王和子孙皓为乌程侯；令减轻吏役。

十二月，吴杀孙琳：吴帝孙休恐孙琳有变，遂和左将军丁奉密谋，用计杀孙琳（孙琳冤不冤？是功臣，是罪人，自己否知？），并诛三族。

260年庚辰，魏甘露五年，魏元帝曹奂景元元年，蜀景耀三年，吴永安三年。

五月，魏帝讨司马昭被杀：魏帝曹髦见司马昭威权日重，不甚其念，与侍中王沈，尚书王经，散骑常侍王业道："司马昭之心，路人所知也，吾不能坐受废辱，今日当与卿自出讨之。"王经劝帝慎重行事，帝乃出怀中黄素诏投地道："行之决矣，正使死何惧，况不必死邪！"于是入白太后。王沈、王业走告司马昭。魏帝遂拔剑升辇，率殿中宿卫苍头宣僮鼓噪而出，被太子舍人成济所杀，时年二十岁。司马昭追废曹髦为庶人，使子中护军司马炎去邺（今河北磁县东南）迎接常道乡公曹璜。

六月，曹奂即皇位：曹璜入洛阳，更名曹奂，即皇帝位，时年十五岁，是为元帝，改元景元。

262年壬午，魏景元三年，蜀景耀五年，吴永安五年。

十月，司马昭杀害嵇康：嵇康（223–262），字叔夜，谯（今安徽宿县）人。魏宗室女婿，曾任中散大夫，世称嵇中散。他少时孤贫，聪慧博学，崇尚老庄，与阮籍、阮咸、山涛、向秀、王戎、刘伶等相友善，游山水竹林之间，饮酒清谈，不拘形迹，号称"竹林七贤"。嵇康拒与司马氏合作，极力抨击当时虚伪的礼法和趋炎附势之士，为司马昭杀害，死时年进四十。他临死，从容不迫，弹《广陵散》一曲。著有《幽愤诗》、《与山巨源绝交书》等。今传《嵇中散集》十卷。

263年癸未，魏景元四年，蜀景耀七年，吴永安六年。

五月，魏发兵攻蜀：魏帝诏诸军大举攻蜀。征西将军邓艾三万余人自狄道（今甘肃临洮西南）进军甘松（今四川松潘西南）、沓中（今甘肃舟曲以西，岷县以南）；雍州刺史诸葛值得督三万余人自祁山（今甘肃西礼东北）进军武街桥头（今甘肃徽成西）、断绝姜维归路；钟会统十余万众分从斜谷（今陕西眉县西南），骆谷（今陕西周至西南）、子午谷（今陕西洋县东）攻汉中（今陕西南部，汉水流域）。

十月，魏司马昭始称相国、晋公、受九锡。先是，数诏，昭固辞不受。至是，以征蜀屡捷，诏复命，昭乃受命。

邓艾破锦竹：邓艾自阴平（今甘肃文县西北）行无人之地七百里，取道江油，进克涪县（今四川绵阳）、破绵竹（今四川德阳），斩杀诸葛瞻。

十一月，刘禅降魏：魏军邓艾至成都，刘禅急召群臣商议对策，从议不一。光禄大夫谯周力主降魏；北地王刘湛（刘禅儿子）极力反对。刘禅命侍中张绍等奉玺绶向邓艾投降，又敕命姜维等罢兵，蜀亡。蜀自刘备在公元221年称帝，至此，经二帝历四十三年。

魏灭蜀，得蜀户二十八万，口九十四万，甲士十万二千，吏四万人；米四十余万斛，金、银各二千斤，锦、绮、彩、绢各二十万匹。

264年甲申，魏景元五年，吴永安七年，吴乌程侯孙皓元兴元年。

正月，钟会，邓艾死：平蜀之后，邓艾（197—264）颇自聆其功，数与司马昭言，欲筹伐吴。昭使监军卫瓘喻艾："事当须报，不宜辄行。"艾重言曰："《春秋》之义，'大夫出疆，有可以安社稷，利国家，专之可也'……"时钟会（225—264）内有异志，与姜维结交，情深谊等，趁艾承制专事，乃与卫瓘密白，艾有反状，并仿艾书章表，易其言，底毁司马昭，以激昭怒，疑艾反。果然，是月昭以槛车征艾赴京。会遂独统大军，威震西士，决意谋反，矫太后诏，起兵成都。时姜维欲会杀尽北来诸将，谋复蜀汉，与会密谋。谋泄。盛传会已作大坑，将连枷活埋诸军，于是皆鼓噪而起，杀会及维。卫瓘恐艾因乱有变，遣护军田续杀艾父子于绵竹（今四川绵竹东南）。

三月，司马昭为晋王，增封十郡。

封刘禅为安乐公，魏迁蜀后主于洛阳，封安乐公。他日司马昭宴请刘禅，演出蜀地技艺，旁人皆触景伤情，而刘禅喜笑自若（这是刘禅因时屙遒，延年益寿的绝招）。司马昭见此谓贾充道："人之无情，乃至于此，虽使诸葛亮在，不能辅之久全，况姜维邪！"未几，司马昭再问刘禅："颇思蜀否？"禅答："此间乐，不思蜀也。"（刘禅应是这样对答，此时、此境，思蜀何用。）

七月，孙皓继帝位：吴景帝孙休死，乌程侯孙皓继位，改元元兴。

三国世系表（220—265 年）

一、魏（220—265）	1. 文帝　曹丕	公元 220/226 年六年
	2. 明帝　曹叡	公元 226/239 年十二年
	3. 齐王　曹芳	公元 239/254 年十五年
	4. 高贵乡公曹髦	公元 254/260 年六年
	5. 元帝　曹奂	公元 260/265 年五年
二、蜀（221—263）	1. 照烈帝　刘备	公元 221/223 年二年
	2. 后主　刘禅	公元 223/263 年四十年
三、吴（222—280）	1. 大帝　孙权	公元 222/252 年三十年
	2. 废帝　孙亮	公元 252/258 年六年
	3. 景帝　孙休	公元 258/264 年六年
	4. 未帝　孙浩	公元 264/280 年十六年

十一卷 西晋

（265 年—317 年）

一、武帝司马炎 265 年——290 年

265 年己酉，魏成熙二年，晋武帝司马炎奉始元年，吴元兴二年，甘露元年。

八月，司马昭死：司马昭（211-265），字子上，专国政。日谋代魏。故有“司马昭之心，路人所知也”之谚。其子司马炎袭爵。继相国，晋王位。

九月，吴迁都武昌：吴接受西陵步阐建议，迁都武昌（今湖北鄂城）。

十二月，司马炎建立晋朝：司马炎迫魏曹奂退位，自称皇帝，改魏为晋，史称西晋，改元泰始，建都洛阳。司马炎即晋武帝，以何曾为太尉，贾充为车骑将军，诏除魏室禁锢，罢部曲将领及长史纳质任；又设置谏官，命散骑长史傅玄，皇甫陶为之。傅玄上疏，奏请崇礼教，退虚伪，以肃士风。

魏自文帝曹丕起共传五世，历四十六年而亡，废帝曹奂为陈留王，居于邺（今河北磁县东）。

是岁，晋大封诸王：以司马孚等二十七人为王，以郡为国，邑二万户为大国，一万户为次国，五千户为小国。大国置三军，兵五千人；次国置二军，兵三千人；小国置一军，兵五百人。

266 年丙戌，晋泰始二年，吴保鼎元年。

八月，陆机建议还都：吴命陆机为左丞相。是时，扬州（今安徽淮水以南，江苏南部，浙江及江西各一部）之民甘于溯流供给，故有童谣：“宁饮建业（江苏南京）水，不食武昌（今湖北鄂城）鱼；宁还建业死，不止武昌居。”陆机建议还都建业。吴主从，十二月迁都。

267 年丁亥，晋奉始三年，吴宝鼎二年。

正月，李密上《陈情表》：晋武帝征召犍为（今四川彭山东）李密为太子洗马（太子太傅、少傅属官）。密因祖母年老，上《陈情表》固辞。武帝许之。表中情辞恳切，文笔动人。其中“茕茕孑立，形影相吊”，“日薄西山，气息奄奄，人命危浅，朝不虑夕。”等句，历来称颂。

268 年戊子，晋泰始四年，吴宝鼎三年。

十月，吴攻交趾败：吴遣刘俊等攻交趾（今越南河内北）被晋将毛炅（音贵）击败斩杀。郁林（今广谣贵县南）、九镇（今越南清化、河静等地区）皆附近。

十二月，晋诏郡国信守五条：晋颁五条诏书于郡国：一正身，二勤百姓，三抚孤寡，四敦本息未，五去人事。

是岁，晋立常平仓：丰则米，俭则粜，以利百姓。

269 年己丑，晋泰始五年，吴宝鼎四年，建衡元年。

二月，晋置秦州：晋因鲜卑归降者数万，据雍（今陕西关中及甘肃东部）、凉（今甘肃河西及兰州一带）间，特分雍、凉、梁（今陕西南部，汉水上游）三州，设置秦州（今甘肃东部，渭水上游，天水、泰安一带），命胡烈为刺史。

271 年辛卯，晋秦始七年，吴建衡三年。

三月，裴秀死：裴秀（224–271）。字秀彦，河南闻喜（今山西闻喜）人。其创（制图六体）理论，为我国制图者所遵循，在世界制图史上有重要地位。著有《禹贡地域图》、《地形方丈图》。

七月，吴攻陷交趾：吴将陶璜等以十万之兵攻陷交趾（今越南河内北），俘晋将杨稷，毛炅等。毛贵不屈被杀，九真、日南（今越南中部）皆还属于吴。

十二月，安乐公刘禅死。刘禅于 263 年十一月降魏，至 271 年死，延续寿命四年。

272 年壬辰，晋泰始八年，吴凤凰元年。

二月，晋皇太子司马衷，纳贾南风（贾充女）为妃。太子时年十三，妃年十五。

十二月，羊祜示吴人以德：羊祜行军吴境，割谷为粮，令人计量，以绢偿之，每游猎，常止晋地。所得禽兽，若先为吴人所伤，皆送还之。于是吴边人皆悦服，称羊祜为“羊公”。

273 年癸巳，晋泰始九年，吴凤凰二年。

左国史韦昭被杀：吴帝孙皓欲为父作纪，左国史韦昭拒曰：“不登极位，不为传，不当为纪。”遂被害。韦昭（203–273），云阳（今江苏丹阳）人，著有《吴书》、《国语注》、《汉书音义》等书。

七月，晋武帝诏选六宫：晋武帝诏选公卿以下女备六宫，挑选未完，禁止婚嫁。

274 年甲午，晋泰始十年，吴凤凰三年。

三月，晋诏选良家及小将吏女五千人入宫，母女号哭，声闻四野。

四月，孙奋因谣遭杀：会稽（今浙江钱塘江以东），谣言：章安侯孙奋当为天子。吴帝遂杀孙奋及其五子。

七月，陆抗死：吴大司马荆州牧陆抗（226–274）疾病，上疏孙皓曰：“臣父逊昔在西垂陈言，以为西陵（今湖北宜昌东南）国之西门，虽云易守，亦复易失。若有不守，非但失一郡，则荆州非吴有也……若臣死后，乞以西方为属。愿陛下思览臣言，则臣死且不朽。”建议孙皓加强西方御防。陆抗卒，吴主使其子晏、景、玄、机、云等分掌其兵。机、云皆属文，名重于世。

278年戊戌，晋咸宁四年，吴天纪二年。

十月，晋将攻吴皖城：晋遣将军应绰攻吴皖城（今安徽安庆北），杀五千人，焚积谷一百八十余万斛，践稻田四千余顷，毁船六百余艘。

279年己亥，晋咸宁五年，吴天纪三年。

十一月，晋大举攻吴；晋武帝接受杜预请求，发兵二十万，以贾充为大都督，总统众军，分水陆六路攻吴。司马伷出涂中（今安徽除县东南），王浑出江西（今长江下游北岸淮河以南），王戎出武昌（今湖北鄂城），胡奋出夏口（今湖北武汉），杜预出江陵（今湖北江陵），王睿、唐彬领巴（今四川阆中）、蜀（今四川成都）之兵顺江而下。

280年庚子，晋成宁六年，太康元年，吴天纪四年。

二月，杜预会诸军攻吴都：在武昌，杜预会各路晋军，商讨攻吴都。会上有人建议来冬进军，杜预曰："昔乐毅藉济西一战以并强齐，今兵威已振，譬如破竹，数节之后，皆迎刃而解，无复著手处。"遂指授群帅方略，乘胜进攻吴都建业（今江苏南京）。

三月，吴帝孙皓降晋：晋将王浑、王睿等皆逼近建业，吴帝孙皓命光禄勋薛莹，中书令胡冲奉书向晋请降。晋军进入建业，收吴版图，户籍。共四州四十三郡三百一十三县，五十二万三于户，吏三万三千，男女人口二百三十万，士兵二十三万。吴传四主，历五十八年而亡。至此，全国又归一统，群臣庆贺。

四月，晋武帝封孙皓为归命侯。

晋户口数：户二百四十五万九千八百四十。口，一千六百一十六万三千八百六十三人。

281年辛丑，晋太康二年。

三月，晋武帝专注游宴；平吴以后，晋武帝专注游宴，怠于政事，常乘羊车，漫游后宫，纵情享乐。富人竟以竹叶插户，盐汁酒池，以引羊拉的帝车。

是岁，晋整理竹书；晋武帝令卫桓整理非掘墓而得的竹书，改写为今文。卫桓死后，由束哲完成整理工作，并作考证。

282年壬寅，晋太康三年。

是岁，王恺，石崇斗富：王恺、石崇皆富于财，竞以奢侈相高。恺以麦粮洗锅，崇用石蜡当柴。晋武帝每助舅父王恺，曾赐高二尺之珊瑚树，石崇以铁如意击碎。凯怒，石崇曰："不足多恨，今还卿！"遂命家人取珊瑚树，高三四尺者六七株，任王恺挑选。恺悦然自失。车骑司马傅咸观此上书曰："奢侈之费，甚于天灾。"

皇甫谧死：皇甫谧（215-282）六十七岁，著名医学家，文学家。他患风疾症，仍手不释卷。著有《帝王世纪》、《列女》等书，其中《针灸甲乙经》，在我国和世界上享有盛名。

283 年癸卯，晋太康四年。

十一月，归命侯孙皓死。孙皓 280 年降晋，延命三年。

285 年乙巳，晋太康六年，是岁，晋大败慕容廆：慕容删被部下杀死，部众迎立徙归子慕容廆。廆为父报仇，请晋攻打字文部。晋帝不同意，庞遂大怒，进攻辽西（今河北昌黎一带）军与魔战于肥如（今河北卢龙北），大败慕容魔。

慕容庞击扶余：（今松花江中游平原及吉林西北部）。扶余王依虑自杀，子弟逃至沃沮（今吉林东南部）。魔遂毁其城，驱万余人而归。

286 年丙午，晋太康七年。

正月，扶余向晋求援：慕容廆攻辽东，已故扶余王依虑之子依罗向晋东夷校尉何龛求援。何龛派督护贾沈攻慕容庞，斩其将孙丁，遂复扶余国。

289 年已酉，晋太康十年。

五月，慕容廆向晋求降：鲜卑慕容廆因屡遭于文氏及段氏攻击，遣使向晋请降，晋武帝拜慕容廆为鲜卑都督。庞因辽东僻远，迁居徒河之青山（今辽宁义县东北）。

十一月，晋武帝封子孙六人为王：皇子乂（音义）为长沙（今胡南长沙）王，颖为成都（今湖北武昌）王，晏为吴（今江苏苏州）王，炽为豫章（今江西南昌）王，演为代（今河北蔚县）王，皇孙遇为广陵（今江苏扬州东北）王。改诸王国丰为内史。皇孙遇聪敏过人，五岁时，皇宫失火，武帝登楼观望，遇牵帝衣轻声道："暮夜仓猝，宜备非常，不可令照见人主。"武帝奇之，遂于大臣中称赞不已。

二、惠帝 司马衷 290 年——306 年

290 年庚戌，晋孝惠帝司马衷永照元年。

四月，晋武帝死：武帝死，太子司马衷继位，是为晋惠帝，改元永照。立贾充之女贾南风为皇后，命武帝杨皇后之父杨骏为太尉、太傅、大都督，总揽朝政。

八月，立广陵王通为皇太子。

十月，晋惠帝命刘渊为建威将军，匈奴五部大都督。

291 年辛亥，晋永康元年。

三月，贾后干预朝政：贾后南风欲干预政事，为太傅杨骏压抑，遂与殿中中郎孟观，李肇及黄门董猛合谋，命楚王司马玮带兵入朝，杀杨骏等，并夷三族，废皇太后杨氏为庶人。改元永康，命汝南王司马亮为太宰，与太保卫灌皆录尚事。共同辅政。

六月，贾后杀亮、玮二王：太宰汝南王司马亮，太保卫灌恶楚王玮刚愎好杀，欲夺其兵权，谋遣司马玮与诸王就国玮愤怨。舍人岐盛劝玮自昵于贾后，后留玮

领太子少傅。卫瓘迁怒于盛，将收之。盛与人谋，谮亮、瓘于贾后，云将谋废立。后素怨瓘，且恶亮，瓘执政，已不得专恣，矫诏使楚王玮杀司马高及卫瓘：又以专杀之罪，收斩司司玮。于是贾后专朝，委任亲党，以贾模为侍。张华儒雅而有筹略，为众望所依，与裴顾皆委以侍中，掌管机要。史称“八王之乱”由此始。

296 年丙辰，晋元康六年。

八月，氐帅齐万年称皇帝：度元击败雍州刺史解系，秦（今甘肃东部渭水上游天水、秦安一带），雍（今陕西关中及甘肃东部）地区，氐、羌纷起响应，推氐族齐万年为首领，称皇帝，有众七万，围攻泾阳（今甘肃平凉西）。十一月，晋遣安西将军夏侯骏，建威将军周处攻齐万年。

297 年丁已，晋元康七年。

正月，周处败死：征西大将军梁王司马肜，因与周处有隙，为报私怨，强令周处以五千人马，在六陌（今陕西兴平）与齐万年大战。时万年有众七万，而从军士未食，自旦战至暮，弦绝矢尽，救兵不至，处力战而死。

是岁，陈寿死：陈寿（233–297）字承祚，巴西安汉（今四川南充北）人。少时好学，拜谯周为师。在蜀为观阁令史，及入晋张华荐为著作郎，治书侍御史。著有《三国志》，号为“良史”。夏侯湛见此书，自愧不如，遂毁自所著《魏书》。陈寿还著有《益部耆旧传》、《古国志》，编辑《蜀相诸葛亮集》等书。

298 年戊午，晋元康八年。

是岁，张华、陈准等因梁王司肜攻战不力，遂荐孟观领兵攻齐万年。

299 年已未，晋元康九年。

正月，孟观在中亭（今陕西扶风美阳西）大败氐从，擒齐万年。

八月，鲁褒作《钱神论》：晋惠帝昏溃无知，在华林园闻声，遂问左右：“此鸣者，为官乎，为私乎？”时天下荒馑，百姓饿死，惠帝闻之曰：“何不食肉糜？”权在群下，政出多门，势位之家，更相荐托，有如互市。鲁褒作《钱神论》以饥之曰：“钱之为物”无德而尊，无势而热，排金门，入紫闼，危可史安，死使活，贵可使溅，生可使杀，是故纷争非钱不胜，幽滞非钱不拔，怨雠非钱不解，令闻非钱不发……凡今之人，唯钱而已！

十二月，废太子，贾后因无子，恐大权旁落，暗中与董猛密谋，使帝废太子通为庶人。

300 年庚申，晋永康元年。

正月，贾后幽禁废太子适于许昌（今河南许昌东），宫，刘振守之。

三月，贾后杀废太子通：太子已废，朝廷众情愤怒，右卫督司马雅等与执掌重兵之赵王伦及孙秀谋废贾后，复太子。事将行，孙秀向赵王伦进言：太子聪明刚猛，复位后必不受制，何况赵王曾与贾后为党，难免杀身之祸。若延期举事，贾后必害太子。“然后废贾后，为太子报仇，非徒免祸而已，乃可以更可德志。”赵王伦依其计，孙秀使人行反间计，扬言殿中人欲废贾后，立太子；又劝贾后亲党早除太子，以绝众望。贾后乃矫诏使人至许昌，杀废太子遹。

四月，赵王伦杀贾后专权：赵王伦、孙秀以贾后杀太子罪，矫诏遣齐王冏等带兵入宫，杀贾后亲党谧等，废贾后为庶人，旋又矫诏赐死。

赵王伦与孙秀谋篡位，欲先诛朝望，遂杀司空张华及裴顾等，并夷三族。伦自为相国，都督中外诸军事，后加九锡：亲党孙秀等皆封太郡，并据兵权。赵王伦素庸愚，为中书令孙秀所制，秀遂权威震朝廷。

八月，淮南王兵讨赵王：中护军淮南王允知赵王伦，孙秀有异志，阴养死士，谋讨之。伦、秀乃转允为太尉，欲夺其兵权。允遂起兵围相府，与伦激战于洛阳城中，旋被诱杀。其子郁迪受牵连者数千人皆诛死。

301年辛酉，晋永宁元年。

三月，齐王冏等起兵讨赵王伦：齐王冏得知赵王伦篡位，于许昌起兵，檄告诸王及各地共讨赵王伦、孙秀等。成都王颖，河间王颖，常山王义等起兵响应，众数十万，赵王伦分兵拒战。

四月，晋惠帝复位：齐王冏等起兵，百官将士群起响应，皆欲杀赵王伦、孙秀。左卫将军王舆等率营兵七百余人入宫，杀孙秀等，迎惠帝复位，改元永宁。囚赵王伦、寻赐死。凡百官为伦所用者皆斥免。自齐王冏等起兵以来，六十余日，战死者近十万人。

十月，李特在绵竹起义：初，益州刺史罗尚逼令流民返乡，限七月上道，并于沿途设卡勒索流民财物。流民人人愁怨，且水潦方盛，年谷未登，无以为行资。李特一再请罗宽限归期，不许。流民皆相率归特，旬月间过二万人，李特乃结大营于绵竹。十月，罗尚派兵袭击特营，为特所败。于是，六郡流民共推李特为镇北大将军：承制封拜，特兄辅、弟骧、子雄等皆为将帅。特攻据广汉（今四川成都平原以东），进攻成都，与蜀民约法三章，施舍赈贷，礼贤拔滞，军政肃然。蜀民大悦，有民谣云：“李特尚可，罗尚杀我。”

302年壬戌，晋永宁二年，太安元年。

五月，李特击败官军：河间王颙遣衙博攻打李特，驻军梓潼，罗尚派张龟驻扎繁城（今四川郫县东北）配合作战。李特使了荡袭衙博，自将兵击张龟。衙博，张龟先后败北，梓潼太守张演弃城走，毛植以巴西郡（今四川阆中至南充一带）归降。李特自称大将军，益州牧，都督梁益二州诸军事。

清河王覃为太子：惠帝子尽，其兄弟大将军司马颖有继立之势。齐王冏为长久专权，遂立年方八岁之清河王覃为皇太子，自为太子太师。

十二月，长沙王杀齐王：齐王冏既得志，颇骄奢擅权，嬖宠用事，大造府茅，坏公私庐舍，数以百计，臣民失望。河间王颙与长史李含密议，上表列齐王冏罪状，扬言率领十万人马，将与成都王颖，新野王歆，范阳王虓（音潇）共会洛阳。十二月，李含屯军阴盘（今陕西临潼），张方军至新安，激长沙王义围攻洛阳，齐王冏遣董艾袭义。长沙王义命宋洪等纵火烧千秋神武门。两军在城内激战三日，齐王冏大败，被擒斩首，暴尸三日，同党皆夷三族，死者二千余人。长沙王义自为太尉，都督中外诸军事，改元太安。

303 年癸亥，晋太安二年，李特初建元年。

正月，李特始建年号：李特渡江击罗尚，蜀郡太守徐俭以少城（今四川成都）降，李特入城大赦，建元建初。晋命荆州刺史宗岱，带领水军三万，以建平（今四川巫山）太守孙阜为先锋，进逼德阳（今四川遂宁东南），增援罗尚攻李特。

二月，李特牺牲：罗尚乘李特不备，约豪强坞堡袭击李特，先后斩杀李特、李辅、李远。李特部众由李流率领，还保赤祖（今四川绵竹东）。

五月，张昌起义：晋惠帝颁"壬午（即五月初九）诏书"征发荆襄地区武勇赴益州镇压李流，号"壬午兵"。民惮远征，皆不欲行，郡县官长亲出驱逐，民怨沸腾。义阳郡平氏县（今河南桐柏）蛮族人张昌，趁机以宗教为号召，更名李辰，在安陆（今湖北安陆）石岩山募众。流民及逃避征役者，投奔甚众。郡守弓饮遣兵镇压，不胜。张昌遂率众攻打安陆郡，郡守败逃，昌乘势据江夏（今湖北安陆）声言："当有圣人出为民主"，拥立山都（今湖北襄樊西北）县吏丘沈（后改名刘尼）为天子，建号曰："汉"，建元"神凤"，设制百官，自为相国。江沔所在，起兵响应，旬月间众至三万。朝廷派监军华宏镇压，败于障山（今湖北安陆东）。新野王司马歆上表请兵讨昌。其表云："妖贼犬羊万计，绛头毛面，挑刀走戟，其锋不可当。请台敕诸军三道救助。"张昌乘胜杀至樊城（今湖北襄樊北），斩司马歆，进兵襄阳。

七月，陶侃击败张昌：陶侃等进攻张昌，在竟陵（今湖潜江西北）与义军激战，大破之，前后斩首数万级。张昌败退至下儁山（今湖南源陵），集结再战。

304 年甲子，晋永兴元年。

正月，长沙王被杀：东海王越见张方围洛阳日紧，遂暗中与殿中诸将相约，动用皇城禁卫军，收捕长沙王义，囚于金墉城，奏帝免义官，改元永安。但将士谋劫出义以拒颖。司马越恐惧，遣人密告张方，方至金墉城，执长沙王义，炙而杀之。成都王颖进入洛阳，诏为丞相，还镇邺城（今河北磁县东南，南邻河南安阳），东海王越为尚书令。

三月，周汜一定江南：周汜与陈敏在建康（今江苏南京）、围攻张昌部众石冰，石冰北走，投奔徐州起义首领封云。叛徒张统杀冰及云，归降周汜。扬、徐二州遂平，史称“周汜一定江南”。

七月，东海王奉帝讨颖：东海王越因颖失众望，传檄四方，奉帝北征成都王颖，两军在荡阴（今河南汤阴西南）激战，东海王越大败，逃回封国。惠帝面颊中三矢，幸亏老臣稽绍以身卫帝，保全性命。颖士兵引绍欲斩之，惠帝止曰：“忠臣也，勿杀！”对曰：“奉太弟令，唯不犯陛下一人耳。”遂杀绍，血溅帝衣，左右欲洗帝衣，帝曰：“稽侍中血，勿浣也！”司马颖遣人迎帝入邺城，改元建武。

王浚兵讨司马颖：幽州刺史王浚与司马颖有隙，联合鲜卑族段务勿尘、乌桓族羯朱及东赢公司马腾同起后讨颖，大破之，邺中大震，颖与卢志率数十骑奉惠帝乘牛车逃回洛阳，张方拥兵专朝政。

十月，匈奴刘渊称汉王：刘渊迁至左围城（今山东离石东北）对部众说：“昔汉有天下久长，恩结于民。吾、汉氏之甥，约为兄弟，兄亡弟绍，不亦可乎！”于是，刘渊即汉王位，建国号曰：“汉”，尊蜀汉刘禅为孝怀皇帝，建元元熙。

同月，李雄称成都王：李雄称成都王，建元建兴，废除晋法，与民约法七章，即减轻赋税徭役，开设学校等。

十一月，张方迁惠帝至长安：在洛阳之张方，挟持惠帝和成都王颖，豫音王炽等迁往长安（今陕西西安）。惠帝入长安，复永安年号。

305 年乙丑，晋永兴二年。

七月，石勒，汲桑响应公孙藩起兵：成都王颖被废，其故将公师蕃等在赵、魏聚众数万起兵，自称将军。上党武乡（今山西榆社北）羯人石勒和汲桑率数百骑响应。初，石勒家贫，靠佣工度日，并州（今山西北部至东南部）饥荒，石勒被司马腾掠去，卖给茌平（今山东东阿北）师懽为奴。师懽见石勒有胆识，善骑射，遂释之为民。未儿，与牧师汲桑结壮士，响应公师藩起兵。

306 年丙寅，晋永兴三年。

正月，河间王杀张方：河间王颙因刘乔兵败，欲与东海王越讲和，但恐张方不从，遂使人杀之。送首级于东海王越清和，越不许，命宋胄等率鲜卑兵西迎惠帝。

五月，惠帝东还洛阳：东海越前锋祁弘连败河间王颙军，入关，颙单马逃入太白山（今陕西郿县）。司马颖也自武关（今陕西商县南）奔新野（今河南新野南）后奔朝歌（今河南淇县）。祁弘所部鲜卑军，在长安城中大肆劫掠，杀二万余人。百官逃入山中，拾橡实充饥。祁弘迎惠帝，乘牛车东还洛阳。六月，惠帝至洛阳，改元光熙。

六月，李雄称帝：成都王李雄称皇帝，改元晏平，国号大成，以范长生为天地太师，立百官制度。

十一月，惠帝死：惠帝食饼中毒死（一说是司马越毒杀），时年四十八岁，皇太弟炽继位，是为孝怀皇帝。

自惠帝永平元年（291年）至此，前后十六年间，有汝南王亮，楚王玮、赵王伦、齐王冏，长沙王义、成都王颖、河间王禺页、东海王越互相残杀，史称“八王之乱”。

三、怀帝　司马炽 307 年——313 年

307年丁卯，晋孝怀皇帝司马炽永嘉元年。

二月，周玘二定江南：周玘、顾荣等得庐江（今安徽中西部安庆、六安、巢湖一带）内史华谭书，遂遣使约征东大将军刘准发兵，已为内应。刘准出兵历阳（今安徽和县），周玘等起兵响应。陈敏见部众离心，单骑北逃，至江乘（今江苏句容县北）被擒，送建业（今江苏南京）斩首，夷三族。史称“周玘二定江南”。

308年戊展，晋永嘉二年，

正月，刘渊遣将略地：汉王刘渊遣刘聪等十将南据太行（今山西晋城南），石勒等十将东下攻赵（今河北赵县、临城一带），魏（今河北磁县、临漳、广平一带）。

十月，刘渊称帝；汉王刘渊即皇帝位，改元永风。

309年己巳，晋永嘉三年。

正月，汉刘渊迁都平阳（今山西临汾西），因在汾水得玉玺，遂改元河瑞。

三月，刘渊遣将攻洛阳：晋将朱诞归附刘渊，具陈洛阳、孤弱，劝渊攻之。刘渊命诞为前锋都督，刘景为大都督，攻下黎阳（今河南浚县西南），又陷延津（今河南延津西北至滑县以此一带）沉三万余人于河。

310年庚午，晋永嘉四年。

二月，周玘三定江南：吴兴（今浙江湖州南）人钱浍起兵，自称平西将军，进攻阳羡（今江苏宜兴东）。三月，周玘率乡人配合晋军攻杀钱浍。史称“周玘三定江南”。

七月，刘渊死：汉刘渊死，谥光文皇帝，庙号高祖，子刘和继位。和性猜忌无恩，命马景攻刘聪，聪遂起兵杀和等人，即帝位，改元光兴。

311年辛未，晋永嘉五年。

六月，刘聪陷洛阳：刘聪将王称，刘曜等攻陷洛阳，纵兵抢掠珍宝，焚烧宫殿、庙宇，挖掘陵墓，杀太子铨等及士民三万余人，俘晋怀帝，送至平阳（今山西临汾西）。刘聪封怀帝为阿公，改元嘉平。

荀藩拥秦王业奔许昌：司空荀藩等檄推琅邪王司马睿为盟主，又拥其甥秦王司马业奔许蛀（今河南许昌）。同月，征东大将军苟浠立豫章王司马端为皇太子，屯蒙县（今河南商丘市北）自领尚书令，百姓饥馑，米斛万余价。

九月，石勒擒苟浠及豫章王司马端。

313 年癸酉，晋永嘉七年。

二月，刘聪杀晋怀帝及故晋臣十余人。

三月，刘聪纳谏：刘聪立刘娥为皇后，建造风仪殿，廷尉陈元达谏阻。刘聪大怒，命拽出斩首，并其妻同枭首东市。刘后得知，密令停刑，手疏上言：今四海未一，宜爱民力，廷尉之言，社稷之福也，陛下宜加封赏。如陛下为妾营殿而杀谏臣，愿赐死此堂，以塞陛下之过。刘聪遂谓元达曰："外辅如公，内辅如后，联复何忧！"令赐谷帛，更名"逍遥园"，曰"纳贤园"，"李中堂"为"愧贤堂"。

四月，司马业即皇帝位：秦王司马业在长安即皇帝位，是为孝愍皇帝，改元建兴，以索琳为尚书右仆射，掌握军国大事。

四、愍帝 司马邺 313 年——317 年

周汜忧愤而死，吴兴太守周汜为司马睿所忌，又为刁协所轻，乃与其党谋诛执政，事泄，忧愤而死。死前与其子周勰道："杀我者，诸伦子（吴人谓中州人为伦）也；能复之，乃吾子也。"

315 年乙亥，晋建兴三年。

二月，猗卢建代国：晋诏拓跋猗卢为代王，置官属，那建立代国。猗卢用法严，国人犯法者，或举部就诛。

陶佩搬砖：陶侃破杜驶岁有功，王敦忌之，遂使陶侃出任广州刺史。陶侃到广州，击败王机等，政局安定，侃在广州无事，每晨远百甓于室外，暮又运回塞内。人问其故，答曰："吾方致力中原，过而优逸，恐不堪事，故自劳耳。"

316 年丙子，晋建兴四年。

三月，代王猗卢为其子六修所杀，左将军卫雄等带领部众及乌桓三万家，马牛羊十万头，归附刘琨。

十一月，晋愍帝出奔：刘曜围攻长安，断绝供应，城中饥甚，米斗值金二两，人相食，死者过半。仅太仓有麦（即麦、大豆等混合），数十麦并，煮粥供晋愍帝吃。愍帝因城中食尽，外无救授，遂出城向汉投降。刘曜送愍帝及公卿以下于平阳，刘聪以愍帝为光禄大夫，封怀安侯。至此，西晋历四帝，共五十二年而亡。

十二卷 东晋

（317 年—420 年）

一、元帝 司马睿 317 年——332 年

317 年丁丑，晋王司马睿建武元年。

三月，司马睿建立东晋：琅琊王司马睿在建康（今江苏南京）称晋王，改元建武，史称东晋。

318 年戊寅，晋中宗孝元皇帝司马睿太光元年。

三月，司马睿称帝：司马睿称帝，是为中宗孝元皇帝，改元太兴，立子绍为皇太子，瘦亮妹为太子妃，瘦亮为中书郎侍讲东宫。司马睿于百官朝贺时，命王导升御床共坐，导固辞，乃止。故谚云：“王与马，共天下。”

七月，汉王刘聪死，子刘桀继位，改元汉昌。八月，靳准杀之，自号大将军，汉天王，遣使告晋，迎怀愍之丧。

十月，刘曜称帝：刘曜自长安至赤壁（今山西河津西）称皇帝，改元光初。以石勒为大司马，大将军。

石勒攻靳准：石勒攻靳准，氏、羌、羯等族归附者十余万。勒皆徒之于所部郡县（今河北中部冀县、南宫、枣强一带）。

319 年乙卯，晋太兴二年。

三月，石勒诛曹平乐三族：石勒于前月遣左长史王修、刘茂等向汉主刘曜献捷。曜授勒太宰，领大将军，进爵赵王。是时王修舍人曹平乐暗中向曜进言，谓石勒此举，是为探听虚实。俟修复命，将袭乘舆。刘曜信之，遂斩王修。石勒还至襄国（今河北邢台西南），得知刘茂逃归，王修惨死，大怒曰：“刘氏得志，还欲相图！赵王、赵帝，孤自为之。”乃诛曹平乐三族。

六月，刘曜改国号曰：“赵”，史称“前赵”。

十一月，石勒建赵：石勒称王，国号“赵”，史称后赵。据有河内等二十四郡。初，勒命法曹令史贯志，集旧律之要，作《辛亥制》，设置经学祭酒，律学祭酒，史学祭酒，门臣祭酒，（主胡辞讼）等官；遣使巡行州郡，劝课农桑。以张宾为大执法，专总朝政。

321 年辛巳，晋太兴四年。

十二月，拓跋贺辱为代王；拓跋猗色妻惟氏，忌代王郁律之强。乃杀之。郁律子什翼犍在襁褓之中，其母王氏匿于裤中，幸免于难，唯氏立子拓跋贺辱（音

农）为代王，擅权专制。

322 年壬午，晋永昌元年。

正月，王敦举兵反：大将军王敦以除君侧之恶为名，在武昌（今湖北鄂城）举兵，反叛朝廷，沈充在吴兴（今浙江西部湖州一带）起兵响应。元帝大怒，亲率六军攻王敦。

三月，王敦进拒石头城：元帝以王导为讨王敦前锋大将军，遣王廙往谕王敦收兵，敦不从并留廙，进军石头城（今江苏南京，为建康之卫城）。时守将周札见敦兵至，开城门应之。王敦又败刁协、刘隗。王敦拥兵不朝，放士卒劫掠。元帝令公卿百官诣石头见敦，以敦为丞相，都督中外诸军事，录尚书事，江州牧、封武昌公，敦并让不受。敦素忌周颇、戴渊二人之才，遂杀之。刘隗、刁协逃走。四月，王敦还武昌。

闰十一月，晋元帝死：晋元帝忧愤成疾，死。太子绍即皇帝位，司空王导受遗诏辅政。

二、明帝司马绍 323 年——325 年

323 年癸未，晋肃宗孝明皇帝司马绍太宁元年。

六月，晋明帝立妃庾氏为皇后，其兄庾亮为中书监。

八月，晋明帝畏王敦之逼，遂以郗鉴为外援，使镇合肥（今安徽合肥东北）。王敦忌之，表鉴为尚书令。鉴遂与帝谋讨王敦。

324 年甲申，晋太宁二年。

六月，王敦再反朝廷：王敦疾甚，谓其党羽钱风曰："我死之后，莫若释兵散众，归身朝廷，保全门户，上计也；退还武昌，收兵自守，贡献不废，中计也；及吾尚存，悉众而下，万一侥幸，下计也。"风曰："公之下计，乃上策也。"遂与沈充定谋。敦使左司马温峤觇伺朝廷。峤至建康，尽以敦逆谋告帝，请先为之备。帝知敦将举兵反，乃乘巴滇骏马微行，至于湖（今安徽当涂南），阴察敦营垒而出。帝知敦虚实，遂部署讨敦，以王导为大都督，温峤都督东安北部诸军事，郗鉴都督从驾诸军事，又诏征苏峻、祖约等人卫京师。王敦知朝廷将讨，病转笃，不能自将，遂以兄王含为元帅，钱风、邓岳、周抚等率众五万向京师。七月，王含军至建康，为明帝遣军击败。王敦闻军败而死，其党，钱风、王含、沈充等先后被杀。有司掘敦尸焚之。

325 年已酉，晋太宁三年。

三月，明帝立司马衍为皇太子。

五月，陶侃复治荆州：明帝命陶侃为荆州刺史，复治荆州（今湖北西部及中部）。

侃为政勤谨，常语人曰：“大禹圣人，乃惜寸阴，至于众人，当惜分阴。岂可逸游荒醉，生无益于时，死无闻于后，是自弃也！”并开导官吏振作精神，应忠于职守，爱护庄稼，注意节约。

三、成帝司马衍 326 年——342 年

闰七月，成帝立，晋明帝死，时年二十七岁，皇太子司马衍继皇帝位，是为显宗成皇帝。成帝年仅五岁，九月皇太后瘐氏临朝称制。以司徒王导录尚书事，与中书令瘐亮，尚书令卞壶参辅朝政。

327 年丁亥，晋成和二年。

十一月，苏峻、祖约之乱：瘐亮以苏峻在历阳（今安徽和县），终为祸乱，欲下诏征之入朝，实夺其兵权。举朝以亮此举为不可，亮皆不听。苏峻闻之，益怨，遂不应命，并遣参军徐会、请祖约共计讨瘐亮。祖约大喜，十一月，遣祖涣，许槲以兵会峻。十二月，苏峻将韩晃，张健袭陷姑孰（今安徽当涂），尽取朝廷积屯之盐米。京师戒严。

328 年戊子，晋成和三年。

二月，苏峻攻破建康：苏岭乘瘐亮不备，走小丹阳（今安徽马鞍山东），进逼建康，京师震动，尚书令卞壶都督诸军与峻苦战，力竭而死，瘐亮逃奔寻阳（今江西九江）。苏峻一举占有宫城纵兵抢掠官库，计布二十万匹，金银五千斤，钱亿万，绢数万匹，又火烧台营及诸营、寺、署；驱役百官，令光禄助王彬等负担登蒋山（即钟山）。裸剥士女，一时哀号之声，震动内外。苏峻自称骠骑将军，录尚书事，朝廷之事，一皆由之。

四月，庾亮、温峤、邀陶侃共讨苏峻，宣布祖约、苏峻罪状。五月，陶侃率众至寻阳，庾亮诣侃拜谢，遂同趋建康戎卒四万，旌旗七百余里。苏峻迁帝于石头城（今江苏南京清凉山），分兵以拒侃。

九月，苏峻败死：苏峻在石头城与庾亮、温峤等大战时坠马，陶侃部将彭世等投矛斩峻首，余众推峻弟逸为主，闭城自守。

329 年己丑，晋成和四年。

三月，陶侃为太尉：晋成帝论平苏峻之功，以陶侃为太尉，封长沙郡公，都督荆、襄、雍、梁、广、交、宁七州军事；郗鉴为司空，温峤为骠骑将军。四月，温峤死，葬于豫章（今江西南昌）。

九月，前赵亡：后赵石虎大破前赵兵，乘胜追至上邽，擒刘熙及刘胤与公卿将校等三千余人，皆杀之。又移关东流民、秦雍大族九千余人于襄国（今河北邢台西南），坑五郡屠各（即匈奴五部之众）五千余人于洛阳。秦陇悉平。至此，前赵刘氏灭亡，共历二十六年。

330年庚寅，晋成和五年。

二月，石勒称大赵天王：后赵石勒自称大赵天王，行皇帝事，立世子石弘为太子，以石宏为骠骑大将军，大单于，封秦王，以石虎为太尉，尚书令，进爵为王。石虎恃功不满，口出怨言曰："念之令人气塞，不能寝食！"

九月，石勒称皇帝，改元建平。太子弘为皇太子。

331年辛卯，晋成和六年。

夏，石勒纳谏：石勒因廷尉续咸阻谏新宫，怒欲斩之，中书令徐光上言："咸言不可用亦当容之，奈何一旦以直言斩列卿乎！"石勒叹曰："为人君不得自专如是乎！"遂赐续咸绢百匹，稻百斛；又诏公卿以下岁举贤良方正，以广求贤之路。

332年，壬辰，晋咸和七年。

正月，石勒论古今得失：石勒大宴群臣及高句丽，宇文屋孤使者，席间徐光等颂扬石勒谋略过于汉高祖。勒笑曰："卿言太过。联若遇汉高祖，当称臣事之，与韩、彭比眉；若遇光武帝，当并驱中原，未知鹿死谁手。"群臣服勒论古今得失，皆顿首称万岁。勒虽不学，好使诸生读书而听之。

333年癸巳，晋咸和八年。

正月，石勒遣使与晋修好，晋成帝以世仇，诏焚其币。

七月，石勒死：石勒（274-333），以"八骑"起家，创建后赵。勒死，子石弘继位，石虎专权。八月，虎自为丞相，大单于，总揽朝政。

334年甲午，晋成和九年，成王衡二十四年。

六月，陶侃（259-334年）告老归长沙（今湖南长沙），船至樊奚谷（今湖北武蛙西）病故，享年七十五岁。侃明毅善断，人不能欺。尚书梅陶推崇曰："陶公机神明鉴似魏武，忠顺勤劳似孔明。

李雄死：成主李雄因头疮病逝，太子李班继位，以建宁王李寿辅政，录尚书事。

十月，成主李雄之子李期，李越兄弟，不服李班，谋杀之。期即帝位。越为相国，封为建宁王。

十一月，后赵石虎废石弘为海阳王，自称居摄赵天王。未几杀石弘等人。

336年丙申，晋咸康二年，后赵建武二年。

十二月，后赵石虎大兴土木：石虎在襄国（今河北邢台西南）作太武殿，在邺（今河北磁县东南）作东西宫。太武殿下穿伏室（即地下室），置卫士五百人。选二十以下，十三以上士民之女入宫，游宴自娱。于邺南投石于河，以作飞桥，功费数千亿，桥竟不成，役夫饥甚。又遣张弥迁洛阳钟虡（音巨）、九龙、翁仲、铜驼、飞廉等于邺。是时，后赵大旱，金一斤值粟二斗，百姓饥甚。

337年丁酉，晋成康三年，后赵建武三年，前燕慕容皇光元年。

正月，后赵石虎称大赵天王、太子邃为天王皇太子。

七月，石邃被杀：后赵天王皇太子石邃图谋夺权，石虎察觉杀之，诛其党羽二百余人，另立子宜为天王皇太子。

十月，慕容皇光称燕王；慕容皇光接受封奕建议，即燕王位，称元年，不用晋年号，史称前燕。命封奕为相国，韩寿为司马，世子儁为太子。慕容皝因段辽屡为边患，遣宋回向石虎称藩，并约期明年，共讨段辽。

338年戊戌，晋成康四年，后赵建武四年，代拓跋计翼犍建国元年。

三月，石虎击降段辽：石虎挥师取渔阳（今北京密云西南）、上谷（今河北张家口及怀柔、赤城、延庆一带）、代郡（今山西东北部大同以东、阳高及河北桑干河上游一带）四十余城。段辽见石虎势盛，不敢战，献名马请降。石虎迁段辽民二万余户于司（今河南洛阳西，山西西南，陕西东南），雍（今陕西关中及甘肃东部），兖（今山东中西部，河南东北部），豫（今河南东部及安徽西北部）四州。

四月，成李寿称皇帝：成汉王李寿废李期，自称皇帝，改国号为汉，改元汉兴，立世子势为皇太子。

十一月，什翼犍继代王：代王拓跋翳槐死，什翼犍继为代王，改元为建国，始置百官，定反逆杀人奸盗之法。其境东自秽佰（今朝鲜元山至春川一带），西至破落那（今苏联费尔干纳盆地），南临阴山（今内蒙古色头北），北尽沙漠，有众数十万。

341年辛丑，晋成和七年，前燕五年。

二月，晋封慕容皇光为燕王：燕王慕容皝遣使刘翔至建康（今江苏南京），求燕王音玺。晋成帝封皇光为大将军，幽州牧，大单于，燕王；以其子谯为安北将军，东夷校尉，左贤王；赐军资器械以千万计。

342年壬寅，晋咸康八年，

六月，晋康帝继位：成帝死，时年二十二岁。其子丕，奕皆在襁褓，故以其弟琅琊王司马岳继位，是为康皇帝。庾冰、何充受命辅政。

四、康帝 司马岳 343年——343年

343年癸卯。

七月，瘐翼北伐：瘐翼向以灭赵取蜀为已任，遣使约燕、凉举兵。时，康帝下诏议经略中原，翼欲悉所部之众北伐，表桓宜为梁州刺史，前往丹水（今河南浙川西），桓温为前锋小督，帅众及临淮（今江苏盱眙），后自移镇襄阳（今湖北襄樊一带），帝及朝土皆遣使劝阻，翼不听，遂违诏北行，至夏口。瘐翼为人

傲世，忌杜义、殷浩才名冠世，每与人语："此辈宜束之高阁，俟天下太平，然后徐议其任耳。"故后世有"束之高阁"一语。

344年甲辰，晋建元二年。

九月，晋穆帝继位：晋康帝疾笃，立聃（音丹）为皇太子。帝死，中书监何充以遗旨奉太子即帝位，是为孝宗穆皇帝。时帝二岁，皇太后褚氏临朝称制。

五、穆帝司马聃345年——361年

345年乙巳，晋孝宗穆皇帝司马了聃永和元年，后赵建武十一年，前燕九年。

正月，石虎淫逸暴虐：后赵王石虎征发诸州十六万人修长安未央宫，二十六万人修洛阳宫；又征百姓牛二万头配朔（今内蒙古河套地区）牧宫：征民女三万余人，配东宫及公侯。荆楚（今河南西南及东南一带，是故荆、楚之地），扬（今安徽、江苏南部及浙江一带），徐（今山东东南部、江苏北部及安徽东北部）之民大骇。

八月，桓温为安西将军：晋帝因荆楚为国之西门，户口百万，地势险阻，得人则中原可定，失人则社稷可忧，遂命桓温为安西将军，都督荆、司、雍、益、梁、宁六州诸军事，领护南蛮校尉，荆州刺史。

347年丁未，晋永和三年，汉（成）嘉宁二年。

三月，桓温灭蜀：桓温军至彭模（今四川彭山），欲分两军俱进。袁乔曰："当合势齐力，以取一战之捷。若分两军，则众心不一，万一偏败，大事去矣。不如全军而进，弃去釜甑，备三日粮，以乐无还民，胜可必也。"温从之，自将步卒直指成都。流主李势悉众出战于成都之笮桥（即成都万里桥），温前锋不利，参军龚护战死，矢及温马首，众惧。袁乔拔剑督士卒力战，遂大破之。温乘胜长驱至成都，势众无复斗志，逃至蘖萌（今四川广元西南），使王幼送降文于温，诣军门。温送李势及宗室十余人至建康，晋穆帝封李势为归义侯。汉（成）亡共历四十七年。

348年戊申，晋永和四年，后赵建武十四年。

八月，平蜀之后，桓温威名大振，会稽王司马昱忌之，乃以扬州刺史殷浩为心腹，以抗桓温。护军将军王羲之以为内外协和，国家可安，劝殷浩不必与桓温构隙，浩不从。

石虎杀太子：后赵王石虎宠石韬，由是韬亦骄横。太子石宣忌之，与所幸扬怀谋杀于邺城东佛寺。虎疑宣杀韬，盘诘，始如其谋，遂绞杀焚烧之。诛其四率已下三百人，宦者五十人，皆车裂节解，弃之漳水。将宫之东富挖平以养猪牛，东宫卫士十万余人皆谪戍凉州。九月，张举等请立石世为太子。

燕王慕容皝死，十一月，其子慕容谯继位，遣使至建康告丧。

349年己酉，晋永和五年，后赵石虎太宁元年。

五月，石虎死：后赵石虎死，太子世即位。其兄石遵举兵杀世自立。石冲不服，遂起兵，败死。

十一月，后赵武兴公石闵杀石遵，立义阳王石鉴。闵为大将军。

350年庚戌晋永和六年，后赵石祗永宁元年，冉魏永兴元年。

正月，后赵部将石闵自立，更国号曰："卫"，易姓李，改元青龙，国内大乱。

闰正月，李闵（即原石闵），自立为皇帝：卫李闵杀石鉴，并杀石虎二十八孙，尽灭石氏，遂自立为皇帝，改元永兴，国号大魏，史称冉魏，李闵本姓冉。名良，父瞻，魏郡内黄（今河南内黄）人。初，石勒破陈午获瞻及闵，石勒命虎以孙养之（石勒真是养虎害自身）。

三月，后赵新兴王石祗在襄国（今河北邢台西南）即皇帝位，改元永宁。

四月，后赵石祗遣部将十万攻冉魏。冉闵遣使临江告晋，约共讨后赵。

351年辛亥，晋永和七年，后赵石祗永宁二年，前秦符健皇始元年。

正月，符健建前秦：符健即天王，大单于位，国号大秦，都长安，建元皇始，史称前秦，立子符苌为太子。

四月，后赵亡：石祗为部将刘显所杀，传首于邺。魏主冉闵焚烧石祗首级，后赵亡。后赵自石勒称赵王共传二主四子，历三十三年。

352年壬子，晋永和八年，前燕元玺元年，冉魏永兴三年。

四月，前燕灭冉魏：燕子慕容谯遣将攻冉魏及鲜卑段勤。段勤归降，冉闵被擒，送于龙城（今辽宁朝阳北）燕王慕容谯斩之，冉魏亡，共历三年。

十一月，燕群僚上尊号子燕王慕容谯，谯许之，称皇帝，自谓获传国玺，改元元玺。始置百官，以相国封奕为太尉，都蓟（今天津蓟县），建留台于龙都（即龙城）。

353年癸丑，晋永和九年，前秦皇始三年，前凉建兴四十一年。

十月，殷浩北伐败绩：殷浩趁前秦内乱之机，自寿春（今安徽寿县）率众七万北伐前秦，以姚襄为前锋。姚怀恨殷忌已，遂令部众夜遁，伏甲山桑（今安徽蒙城北），纵兵袭之。殷浩大败，弃辎重，只身逃至谯城（今安徽亳县）。

十一月，前凉张重华死，世子曜灵立，称大司马，凉州刺史，西平公。曜灵年幼，由重华庶兄重祚辅政。

354年甲寅，晋永和十年，前凉张祚和平元年。

正月，张祚自称凉王，改建兴四十二年为和平元年，自此，凉王对外不用建兴年号。

殷浩免为庶人：晋朝廷因征西将军桓温上疏，指责殷浩连年北伐败绩，粮械丢尽，不得已免浩为庶人，并徒之于东阳信安（今浙江衢州）。殷浩至信安，虽愁怨而不形辞色，唯终日书写“咄咄怪事”四字。浩甥韩康伯至所，与人侃侃而语，浩不以为然，曰：“康伯来得我牙后慧。”未几，桓温以浩尚书令，先以书告之。浩欣然许诺，遂答温书。虑有谬误，开闭者十数，竟达空函，恒温大怒，由是与浩绝交。殷浩死于信安。

四月，晋、秦兰田之战：晋、秦两军在兰田（今陕西兰田西）大战。桓温督师大败秦兵，进军灞上（今西安东）。三辅（今陕西中部地区）郡县皆来迎桓温，民争持牛酒慰劳晋军。老者垂泣曰：“不图今日复睹官军。”

五月，王猛扪虱谈世务：北海（今山东潍坊南）人，王猛披褐（毛布）见桓温，扪虱而谈当世之务，旁若无人，温甚异之，问曰：“吾奉天子之命，将锐兵十万为百姓除残贼，而三秦豪杰未有至者，何也？”猛答：“公不远数千里，深入敌境，今长安咫尺而不渡灞水，百姓未知公心，所以不至。”温无语以答，徐曰：“江东无卿比也！”乃署王猛军谋祭酒。

六月，白鹿之战：桓温与秦丞相符雄战于白鹿原（今陕西西安东），温兵不利，死者万余人。初，温指秦麦为粮，既而秦人将麦割尽，温军无食，又遭秦军袭击，徒关中三千余户而归，欲与王猛俱还，猛辞不就。

355 年乙卯，晋永和十一年，前凉四十三年，前秦符生秦光元年。

六月，秦符健死：太子符生即位，改元寿光。

七月，前凉内乱：凉王张祚谣虐无道，上下怨愤，河州刺史张瑾举兵废祚，复立曜灵。八月，张祚杀曜灵。闰九月，骁骑将军宋混发兵为曜灵举哀，军至姑藏（今甘肃武威）。凉王张祚恐惧，欲杀张瑾弟及子嵩。其弟据及嵩得知，募数百人，扬言兄大军至城东，敢动手者诛三族，遂开西门迎宋混军入城，杀张祚，立年仅七岁之凉武侯张玄靓为主，复称建兴四十三年，宋混为尚书仆射。

357 年丁巳，晋穆帝升平元年，前秦符坚永兴元年。

五月，苻坚得王猛：符生暴虐，赏罚无准。权翼说东海王苻坚（苻健之侄）曰：“主上绩忌暴虐，中外离民，方今主秦祀者非殿下而谁！愿早为计，勿使他姓得之。”苻坚问尚书吕婆楼，婆楼遂推荐同乡王猛。符坚与王猛一见如故，谈及时事，坚大悦，自谓如刘玄德这遇孔明也。

六月，苻坚自称大秦王：苻坚杀苻生，去皇帝文号。自称大秦王，改元永兴。封弟苻融为阳平公，吕婆楼为司隶校尉，王猛为中书侍郎。

358 年戊午，晋升平二年，前秦永兴二年。

九月，苻坚杀樊世：王猛理政，秦虽大旱而不为灾。唯宗亲勋旧多嫉王猛。氐之豪族姑臧侯樊世，自恃功勋。当众辱骂王猛："吾辈耕之，君食之邪？"王猛曰："非徒使君耕之，又将使君炊之！"樊世大怒曰："要当悬汝头于长安城门，不然，吾不处世！"王猛告苻坚，坚曰："必杀此老氐，然后百僚可肃。"会樊世入言事，与王猛争论，欲起击猛，苻坚大怒，斩之。于是群臣皆惧。

359年己未，晋升平三年。

八月，王猛严惩豪强：太后之弟光禄大夫强德，恃势横行，掠人财物及子女。中书令，领京兆尹王猛将强德斩于市，随后又诛杀惩办不法者二十余人，于是百僚震肃，奸猾敛迹路不拾遗，风化大好。苻坚叹曰："吾始知今天下有法也！"

360年庚申，晋升平四年，前燕慕容玮建熙元年。

正月，燕王慕容谯死：太子慕容玮继位，改元建熙，以太原王慕容恪为太宰，专录朝政。

361年辛酉，晋升平五年。

六、哀帝 司马丕 362年——365年

五月，晋穆帝死：穆帝死，时年十九，无子。皇太后令琅琊王丕继位，是为哀皇帝。

364年甲子，晋兴宁二年，前燕建熙五年。

三月，晋哀帝信方士，服药发病，不能理事，褚太后复临朝称制。

是岁，葛洪死：葛洪（284–364），著名炼丹家及医学家，著有《抱朴子》内外篇，以及《隐逸传》、《肘后备急方》等。葛洪最早记载"尸注"（即肺结核），提出免疫法。从四十多岁起，一直在广东罗浮山炼丹，死时八十一岁。

365年乙丑，晋兴宁三年，

二月，晋哀帝死：哀帝无子，皇太后诏帝弟琅琊王司马奕即帝位，是为废帝海西公。

七、海西公 司马奕 366年——371年

十月，司马勋反晋：梁州刺史司马勋反晋，自号梁、益二州牧，成都王。十一月，勋引兵入剑阁，围成都。大司马桓温表鹰扬将军朱序为征讨都护以救之。次年五月，晋将朱序、周楚俘司马勋及其党羽，大司马桓温斩之，传首建康。

367年丁卯，晋太和二年，前秦建元三年。

十月，前秦苻氏晋公柳、赵公双、燕公武、魏公廋（音搜）等通谋作乱，据地举兵反苻坚。

368年戊辰，晋太和三年，前秦建元四年。

正月，苻坚遣兵平叛；坚命杨世成，毛嵩分讨上邽（今甘肃天水东南）、安定（甘肃平凉）；王猛、邓羌攻蒲阪（今山西永济西）；杨安、张蚝攻陕城（今陕西三门陕西北）。坚命蒲，陕之军皆距城三十里，坚壁勿战，俟秦、雍已平，然后并力取之。四月，吕光击败赵公双、燕公武，斩首一万五千级。五月，王猛、邓羌败晋公柳，尽俘其众。七月，拔上邽，斩赵公双、燕公武。九月，拔蒲阪，斩晋公柳。

369年己巳，晋太和四年，前燕建熙九年，前秦建元五年。

四月，桓温伐燕：桓温率步骑五万北伐前燕，发自姑孰（安徽当涂）。六月，温军至金乡（山东金乡），天旱水路绝，遂使毛虎生凿巨野（山东巨野南）三百里，引汶水会干清水。温引舟师自清水入河，舳舻数百里。温遣建威将军檀玄攻湖陆（山东鲁台），擒燕将慕容忠，又乘胜击败燕将慕容厉；温军前锋朱序击败燕将傅颜。七月，温至枋头（河南浚县西南），燕以慕容垂为南讨大都督以拒温，又遣使求救于秦，许以赂以虎牢（河南荥阳汜水镇）以西之地。八月，秦遣将军苛池，邓羌率骑二万救燕。九月，温与燕战，不利，粮储复竭，又闻苻坚援军将至，遂焚舟，弃辎重，铠仗退兵。燕将慕容垂以八千骑追击，斩温军三万余人。秦苟池邀击漫于谯（安徽毫州）又破之，死者复以万计。

十月，桓温收散卒，屯于山阳（江苏淮安）。温深耻丧败，乃归罪于袁真，晋免真为庶人，又免邓遐官。真以温诬已，不服，据寿春反朝廷，降前燕，为燕扬州刺史。

370年庚午，晋太和五年，前燕建熙十年，前秦建元元年，

四月，秦王苻坚遣王猛等十人统步骑六万，分两路攻燕。

八月，王猛克壶关（山西长治东南）所过郡县，望风皆降。

九月，王猛入晋阳（山西太原）。十月，与燕将慕容评战于潞川（山西长治北），燕军大败，进围邺（河北磁县东南）。

十一月，苻坚灭前燕：秦王苻坚自率精锐十万赴邺，俘燕王慕容玮，前燕诸州牧守及六夷渠帅皆来归降，燕遂亡。前秦得燕郡一百五十七，户二百四十六万，口九百九十九万。至此，前燕经，三主历三十四年而亡。迁燕慕容玮及后妃王公百官同鲜卑四万余户于长安，封玮为新兴侯。

八、简文帝 司马昱 371年——372年

371年辛未，晋太和六年，太宗简文皇帝司马昱咸安元年，

十一月，桓温专权废帝：桓温入建康，废晋帝为东海王，以丞相，会稽王司马昱为帝，是为太宗简皇帝，改元咸安。桓温继而杀东海王三子，废武陵王浠，新蔡王晃，又杀庾倩，殷涓及其一族。十二月，又降封东海王为海西县公。

372年壬申，晋成安二年，前秦建元八年。

七月，晋简文帝死：简文帝死，郡臣不敢立嗣，皆以为当大司马桓温处理，独尚书仆射王彪之曰：“天子崩，太子代立，大司马何容得异！”朝议乃立太子昌明为帝，是为烈宗孝武皇帝。

八月，王猛治秦：王猛为相，官必当才，刑必当罪，劝课农桑，练习军羽，由是国富民强，秦国大治。

秦王苻坚召见前燕尚书郎高泰，问其治国之本。高泰曰：“治本在得人，得人在审举，审举在核真，未有官得其人而国家不治之也。”苻坚赞曰：“可谓辞简而理博矣。”遂命高泰为尚书郎。

九、孝武帝 司马曜 373年——396年

373年癸酉，晋烈宗孝武皇帝司马曜宁康元年。

七月，桓温死（312—375）病危，以世子熙才弱，使弟桓冲领其众。温死，桓冲以温遗命立温五岁少子桓玄为嗣，袭封南郡公。

376年丙子，晋孝武帝太元元年，前凉升平二十年，代建国三十九年，前秦建元十二年。

八月，苻坚灭前凉：苻坚遣使命张天锡入朝，天锡杀秦使又自领兵五万屯子金昌（甘肃古浪）拒秦。秦军奉命攻之，凉将马建迎降，又与赵充哲战于赤岸（甘肃武威南），斩杀三万八千人。天锡惧，退姑臧（甘肃武威）请降。至此，前凉亡。共传九主，历七十五年。秦统一北方。

十月，前秦击代：匈奴刘卫辰为代仆翼犍攻击，向秦求救，苻坚遣大司马苻洛等领兵三十万击代。

十一月，秦军战胜鲜卑白部，独孤部，又败南部大人刘库仁十万之众。代王什翼犍带病率诸部奔阴山之北，因高车反叛，遂复渡漠南。

十二月，前秦灭代：代王什翼犍还云中（山西平原西南）因继嗣未定，庶长子实君杀诸弟及父什翼犍。秦军杀实君。什翼犍孙拓跋洼与母贺钉投左贺讷（贺兰部酋长贺野干之子）。代遂亡，历时三十九年。秦分代民为二部，河东为刘库仁，河西为刘卫辰统辖。后来，刘库仁部拥拓跋洼，击败库狄部，徒桑干川（山西山阴东北）。

379年己卯，晋太元四年，前秦建元十五年。

前秦陷襄阳：秦将苻丕命诸军并力攻襄阳，屡为晋将朱序击退。襄阳督护李伯护叛晋，密遣其子与秦相约，作内应苻丕遂克襄阳，擒获朱序，送至长安。苻坚以序能守节，拜为度支尚书；以李伯护不足，斩这。

380年庚辰，晋太元五年，前秦建元十六年。

三月，苻洛反秦：秦幽川刺史行唐公苻洛自以为灭代有功，未为重用，由是怨愤，据和龙（辽宁朝阳）自称秦王，分遣使者征兵于鲜卑、乌桓、高句丽、百济、新罗、休忍诸国。秦王苻坚遣吕光、窦冲督师四万攻之。五月，擒苻洛，送至长安，幽州悉平。

381 年辛巳，晋太元六年，前秦建元十七年。

二月，东夷，西域六十二国向秦入贡。

十二月，秦兵二万侵竞陵（湖北潜江西北）晋将桓石虔击破之，斩秦将阎振，吴仲等七千人，俘万人。

383 年癸未，晋太元八年，前秦建元十九年。

八月，秦大举南侵：苻坚遣阳平公苻融督慕容垂，张蚝等步骑二十五万为前锋：以兖州刺史姚苌督、益、梁二州诸军，由蜀东下；苻坚自率六十余万步兵，二十七万骑兵，从长安出发，分道攻晋。

九月，晋分兵拒秦：晋以尚书仆射谢石为征讨大都督，谢玄为前锋都督，与谢琰、桓尹等领众八万拒秦。

十月，秦苻融攻下寿阳（安徽寿县），命梁成率众五千屯于洛涧（淮河支流），栅淮以遏晋兵。

十一月，秦晋淝水之战：晋将刘牢之以精兵五千袭秦将梁成于洛涧，斩士卒一万五千人，尽收其器械军实。于是谢石等诸军，水陆继进。苻坚登寿阳城望之，见晋军阵营严整，又望八公山上草木皆以为是晋兵，顾谓融曰："此亦劲敌，何谓弱也！"晋兵进至淝水（安徽东淝河），不得渡，遣使约秦兵后移，过淝水决战。苻坚欲待晋兵半渡袭之，遂排众议，挥军稍退。是时，朱序在阵乘饥高呼："秦兵败矣！"秦兵惊恐大奔，不可复止。晋军抢渡进击，苻融马倒，为乱兵所杀。秦兵死者，蔽野塞川，走者闻风声鹤唳：皆以为是晋兵至，昼夜不敢息。苻坚逃至淮北，收集离散，回至洛阳。谢玄乘胜攻占寿阳、彭城，擒秦淮南太守郭褒。

淝水一战，秦兵皆溃，唯慕容垂所得三万人独全，苻坚以千余骑赴之。行至渑池，垂言于坚曰："北鄙之民，闻王师不利，轻相煽动，臣请奉诏书以镇尉安集之……"坚许之，垂潜与燕之故臣谋复燕祚。十二月，丁零翟斌起叛秦，坚使垂将兵讨之。行至安阳，得知氐将苻飞龙谋已，遂怒杀氐兵千人，使人至邺，密告慕容农等起兵响应。

384 年甲申，晋太元九年，秦建元二十年，后燕慕容垂燕元元年，后秦姚苌白雀元年，西燕慕容泓燕兴元年。

正月，燕容垂称燕王：慕容垂为丁零翟斌等奉为盟主，遂举兵反秦，取邺（河北磁县东南），至荥阳，乃自称大将军，大都督，燕王，史称后燕。垂引军至邺，改秦年号为燕元元年。

三月，慕容泓建西燕；秦北地长史慕容泓闻燕王慕容垂攻邺，遂收集鲜卑众至数千，据华阳（陕西渭南），自称雍州牧，济北王。四月，建元燕兴，史称西燕。

四月，姚苌建后秦：羌族姚苌奉坚命攻慕容泓，兵败奔谓北（陕西渭水之北）。是时，天水、尹纬、南安（甘肃陇西东北）庞演率其部五万余家，归附姚苌，推苌为盟主，姚苌遂称大单于，万年秦王，建元白雀，史称后秦。

六月，西燕谋臣高盖杀慕容泓，立慕容冲为太弟，承制行事，置百官，高盖为尚书令。

385年己酉，晋太元十年，西燕慕容冲更始元年，后秦白雀二年，西秦乞伏国仁建义元年。

正月，慕容冲即帝位：慕容冲在阿房（陕西西安北）即皇帝位，改元更始。冲有自得之志，赏罚任情。

五月，苻坚逃奔五将山：西燕慕容冲围攻长安，秦王苻坚身自督战，屡败，关中士民流散，道路断绝，遂留太子苻宏，守长安，自率数百骑逃奔五将山（陕西挟风西北）。

六月，前秦太子苻宏弃长安，西奔下辨（甘肃成县西）归晋，西燕慕容冲入长安，纵兵杀掠。

七月，后秦姚苌遣将吴忠围五将山，擒秦王苻坚，送新平幽禁。

八月，姚苌杀苻坚：后秦姚苌向苻坚求传国王玺，坚讥之曰："小羌敢逼天子，五胡次序，无汝羌名。"姚苌遣人缢坚于新平佛寺。后谥坚曰："壮烈天王。"（一世壮烈）。

前秦长乐公苻丕，得知长安失守，自邺至晋阳（山西太原西南），闻坚死，乃发丧，即皇帝位，改元大安。

九月，乞伏国仁建西秦：乞伏国仁自称大单于，领秦、河二州牧，建元建义，史称西秦，都勇士城（甘肃榆中东北）。

十一月，仇池杨定自称仇池公，陇西王。

386年丙戌，晋太元十一年，魏拓跋涟登国元年，后凉吕光太安元年。

二月，西燕左将军韩延杀慕容冲，立冲将段随为燕王，改元昌平。三月，燕将慕容恒，慕容永杀段随，立宜都王子顾为燕王，改元建明，率鲜卑男女四十余万口离长安东走。至临晋（陕西大荔东），恒弟韬杀顾。慕容恒乃立慕容冲子瑶为帝，改元建平。慕容永杀瑶，立慕容泓子忠为帝，改元建武。

四月，代王改国号魏：代王拓跋涟改国号为魏，自称魏王，史称北魏，亦称后魏或拓跋魏。

后秦王姚苌在长安称皇帝，改元建初，国号大秦。

十月，慕容永称帝：慕容永向秦借道东还，秦不许，遂在襄陵大战，秦兵败北，永据长子（在山西）即皇帝位。

十一月，苻登称帝：上月，秦主苻丕因不准西燕慕容永假东归，与永大战，兵败被杀。是月，众推南安王苻登为主，登遂于南安（甘肃陇西东北）称帝，改元太初。

十二月，吕光建凉：吕光自称凉州牧，酒泉公，建都姑臧，国号凉，史称后凉。

393 年癸巳，晋太元十八年，后秦建初八年。

十二月，姚苌死：后秦姚苌死，子姚兴称大将军，前秦苻登闻苌死，喜曰："姚兴小儿，吾折杖笞之耳。"遂于次年正月大举进攻。

394 年甲午，晋太和十九年，西燕中九年，西秦太初七年，前秦苻崇延初元年。

七月，苻登死：苻登遣子苻宗质子河南王乞伏乾归以请救。乾归遣将率骑一万救之。登引兵与后秦姚兴大战于马毛山（陕西固原南），为姚兴擒杀，姚兴散其部众，使归农，徒阴密（陕西彬县）三万户至长安。苻登子苻崇奔湟中（青海泊水两岸）即皇帝位，改元延初。

八月，慕容垂灭西燕：西燕慕容永因燕王慕容垂围城日急，先向后晋、魏求救。援兵未至，部将伐勤等出城降。燕军乃入城，杀慕容永，刁云等三十余人，西燕亡，共历十一年。后燕得西燕所统八郡七万余户及服、伎乐、珍宝甚众。

十月，西秦灭前秦：前秦苻崇为西秦乞伏乾归击败，投奔陇西王杨定。乾归挥军再战，杀崇及定，斩首万七千级，占有陇西之地。前秦历六主，四十二年而亡。杨定侄盛及苻崇子宜固守仇池（今甘肃成县西北洛谷镇）。

十二月，乞伏乾归自称秦王，史称西秦。

395 年乙未，晋太元二十年，后燕建当十年，魏登国十年。

十一月，燕魏参合陂之战：燕、魏相持日久，燕太子慕容宝，得知国内慕舆嵩等谋反，忧恐，遂烧船夜遁。魏王引兵济河，留辎重，选精兵二万余急追之。燕军至参合陂（山西大同西北），以赵王慕容麟将三万骑居军后以备非常。然麟似骑游猎，不肯设备，解鞍寝，魏军晨夜兼行，至参合陂西。时燕军在陂东，营于蟋羊南水上。魏壬洼夜分诸将，掩覆燕军，士卒衔枚束马口潜行。日出，魏军登山，下临燕营；燕军将东行，顾见之，士卒大惊优乱。魏王洼似兵击之，燕军走赴水，人马相踏，压溺死者以万计，尸积如山，擒燕兵四五万人，尽坑之。获兵甲粮货以巨万数，杀燕将吏数千人，唯太子慕容宝单骑走脱，仅以逃命。

396 年丙申，晋太元二十一年，后燕慕容宝永康元年，魏皇始元年。

四月，慕容垂疾转笃，乃还军，死于上谷沮阳（河北怀来北），太子慕容宝继位，改元永康。

九月，晋安帝立，晋孝武帝死，皇太子司马德宗继位，是为安皇帝。安帝不能言，甚至寒署饥饱亦不知，朝政全委于会稽王司马道子。

十、安帝司马德宗 397 年——418 年

397 年丁酉，晋安帝司马德宗隆安元年，南凉秃发乌孤太初元年，北凉段业神玺元年。

正月，秃发乌孤自称大单于，西平王，建元太初，都西平（青海西宁），史称南凉。

五月，段业自称建康公：吕光遣部将攻沮渠蒙逊，是时，蒙逊从兄沮渠男成起兵乐涫（甘肃酒泉东南），推太守段业为主，称凉州牧，建康公，建元神玺，史称北凉。

398 年戊戌，晋隆安二年，南燕慕容德元年。

正月，慕容德称燕王：后燕范阳王慕容德因魏将入邺城，率民户四万，车二万七千乘，南徒滑台，称燕王，依燕元故事称元年，史称南燕。

十二月，魏王洼称皇帝：魏王拓跋洼称皇帝，改元天兴，命朝野皆束发加帽，徙六州二十二郡守宰，豪杰二千家至代都（即平城）。399 年己亥，晋安隆三年，北凉段业天玺元年。

二月，段业即凉王位，改元天玺，命沮渠蒙逊为尚书左丞。

十月，孙恩起义：晋孙恩因民心骚动，自海岛登陆，杀上虞县令，斩会稽内史王凝之。于是会稽、吴郡、吴兴、义兴等八郡皆起而响应。旬日间数十万人，郡县兵卒，望风披靡。孙恩自称征东将军，号其部众为“长生人”。十二月，孙恩为晋将谢琰、刘牢之、刘裕等击败，遂东入海岛。朝廷忧恩复至，以放琰为会稽太守，帅徐州文武戎海浦（即沿海）。

400 年庚子，晋隆安四年，西凉元年。

五月，孙恩第二次登陆：孙恩从浃口（浙江镇海东南）入余姚，破上虞，进至会稽。败谢琰，朝廷大震，增派北府兵堵击孙恩。

十一月，李嵩为凉公：北凉晋昌太守唐璠起兵，推李嵩为凉公，领敦煌太守，建元庚子，史称西凉。

401 年辛丑，晋隆安五年。

二月，孙恩第三次登陆：孙恩领众登陆，自浃口攻句章（浙江宁波南），未下，三月，恩转攻海盐，为晋将刘裕击败。

五月，孙恩败退入海：孙恩攻陷沪渎（上海）、杀吴国内史袁山松，死者四千人。六月，攻至丹徒（江苏镇江东丹徒镇）众至十余万，楼船千艘。建康震骇，内休

戒严，百官入居省内。帝命谯王司马尚之入卫京城，刘裕至丹徒与孙恩激战，破之。孙恩复整兵，径向京师，至京口（江苏镇江），知朝廷有备，遂由郁川（江苏连云港东云台山一带）入海。

402 年壬寅，晋安帝司马德宗元兴元年。

正月，晋诏讨桓玄：晋帝下诏讨桓玄，以司马元显为骠骑大将军，征讨大都督，刘牢之为前锋都督。桓玄闻之，留桓伟守江陵，抗表传檄，罪状元显，举兵东下。

二月，桓玄连夺数城，又败司马尚之。前锋都督刘牢之素恶司马元显骄恣，欲假桓玄之手以除之，再司机取代桓玄，遂不许部将刘裕与玄战。

三月，桓玄入建康：桓玄攻入建康（南京），复称隆安六年，自总百揆，废会稽王司马道子，杀其子司马元显等。未几，改元大亨。刘牢之惧玄自缢，玄令暴尸于市。

孙恩败死：孙恩再次登陆攻临海，为太守辛景击败，投海而死。其部众从死者数以百计，谓之“水仙”。余众数千人推其妹夫卢循为主。桓玄欲抚安东土，乃以卢循为永嘉（浙江温州）太守。

403 年癸卯，晋安帝元兴元年，后凉神鼎三年。

七月，后凉亡：南凉王秃发辱擅与北梁沮渠蒙逊联合出兵进攻后凉，吕隆被逼，乃遣使请迎于秦。八月，后秦将齐难徙吕隆宗族，僚属及民万户至长安。后凉共三主，历十八年而亡。

九月，晋帝以桓玄为相国，总百揆，封十郡，为楚王，加九锡。

十二月，桓玄称皇帝：楚王桓玄行天子礼乐，使临川王宝逼晋帝写禅让诏书。桓玄即皇帝位，国号楚，改元永始，废晋安帝为平固王，迁至寻阳（江西九江）。

404 年甲辰，晋元兴三年。

二月，晋益州刺史毛璩传檄远近，列桓玄罪状，率众进屯白帝城（四川奉节）。

刘裕还京口，谋复兴晋室，与何无忌、孟昶、刘毅等起兵讨桓玄，众推刘裕为盟主，进军建康。

三月，刘裕入建康：刘裕领兵逼近覆舟山（南京太平门内玄武山），以老弱登山，张旗帜为疑兵，自与刘毅身先士卒，攻入建康，诛桓玄宗族。桓玄挟晋安帝逃往江陵。司马休之，刘敬宜闻桓玄败，遂来归，刘裕以敬宣为金陵太守，休之领荆州刺史。

五月，桓玄兵败：桓玄收集荆州兵，有众二万，复帅诸军挟帝东下，至峥嵘州（湖北黄岗西北）与刘毅、何无忌等相遇。毅等乘风纵火，尽锐争先，玄众大溃，烧辎重夜遁，挟帝单舸西走，入江陵。是夜，城市内乱，玄乃与亲近心腹百余人出城西走，将奔汉中，屯骑校尉毛修诱玄入蜀。至枚回洲（湖北江陵南），为益州督护冯迁斩杀，送首建康；执桓升送江陵，斩于市。桓玄告终。

405年乙巳，晋安帝义熙元年。

正月，刘毅入江陵：晋将刘毅等诸军至马头（江陵南），桓振遣使求割江、荆二州，奉送天子。刘毅不许，发兵击败桓振，进入江陵。晋安帝改元义熙。

二月，晋安帝由何无忌迎还建康。

五月，桓玄余党桓亮等分扰荆、湘、江、豫诸州。刘毅等攻之，先后平定。诏以刘毅为都督淮南等五郡军事。

407年丁未，晋义熙三年，北燕高云正始元年。

六月，刘勃勃称大夏天王：刘勃勃自称大夏天王，大单子，国号夏，建元龙升，旋改姓赫连，置百官。

七月，后燕亡，北燕立：后燕冯跋乘慕容熙为其后苻氏送葬之机起事，拥高云为天王，建元正始，定都龙城（辽宁朝阳）史称北燕。高云杀慕容熙，后燕亡，共四主，历二十四年。

409年己酉，晋义熙五年，南燕太上五年，魏天赐六年。

五月，刘裕北代南燕：刘裕自建康至琅琊（今山东临沂北），深入燕境，料南燕贪婪，不知远计，必不能守险清野，遂纵兵入大岘（沂水北穆陵关）。过后，刘裕举手指天曰："虏已入吾掌中矣。"六月，谮师袭陷临朐城，南燕退守广固（山东益都北），刘裕挥师进围之。燕兵惊恐，慕容超派张纲向后秦求救。

七月，刘裕答秦使：后秦姚兴遣使警告刘裕："慕容氏相与邻好，今晋攻之急，秦已遣铁骑十万屯洛阳（秦恐吓晋），晋军不还，当长驱而进。"刘裕谓秦使曰："语汝姚兴，我克燕之后，息兵三年，当取关洛（指陕西关中，河南洛阳）；今能自送，便可速来！"刘裕乃加坚围广固。

十月，魏王拓跋洼为其子清河王绍所杀，太子济王嗣杀绍继位，是为明元帝，改元永兴。

410年庚戌，晋义熙六年，南燕太上六年。

二月，刘裕灭南燕：刘裕督众攻广固，南燕尚书悦寿开城归降，晋军生擒慕容超，送建康斩首。南燕经二主，历十三年而亡。

414年甲寅，晋义熙十年，西秦永康三年，南凉嘉平七年。

五月，西秦乘虚袭乐部：西秦乞伏炽磐得知南凉王秃发辱檀率七千骑袭乙弗等部，获马牛羊四十余万，遂发步骑二万乘虚袭陷乐都（青海东部），徙南凉太子虎台及文武百姓万余户至抱罕（甘肃临夏）。次月，南凉秃发辱檀因乐都失守，遂向西秦请降。南凉亡，共三主，历十九年。逾年，秃发辱檀为西秦鹤死。

415的乙卯，晋义熙十一年，夏风翔三年。

三月，夏王赫连勃勃攻陷后秦杏城（陕西黄陵），坑士卒二万人。

五月，晋诏加太尉刘裕为太傅，扬州牧，剑履上殿，入朝不趋，赞拜不名（刘裕将要篡晋）。

416年丙辰，晋义熙十二年。

正月，晋加刘裕都督二十二州，以其子义符为豫州刺史。

八月，刘裕伐后秦：刘裕以进予义符为监太尉留府事，以刘穆之内总朝政，外供军族。以王镇恶，檀道济将步军自淮，淝向许、洛：以朱超石等趋阳城（河南登丰东南）；沈田子趋武关（陕西丹风东南）；刘遵考将水军出石门（河南巩县东），自汴入河，王仲德督前锋诸军，开巨野入河。

十月，刘裕诸军，向所皆捷。檀道济军逼洛阳，后秦陈留公姚洮开城迎降。

十二月，晋帝纵刘裕为相国，总百揆，封十郡，为宋公，备九锡之礼，位在诸侯王上，裕辞不受。

417年丁巳，晋义熙十三年，后秦永和二年。

四月，刘裕入洛阳：刘裕将水军入河，魏王戒备，以阿薄干等将步骑十万屯河北岸，以数千骑比重河随裕军西行骚扰。裕遣白直队主丁昨率军为阵，斩魏将阿薄干，魏乃退军。裕入洛阳。

七月，晋军分两路进入关中（陕西中部，渭水流域）。一路由沈田子等率领入武关（陕西丹风东南），另一路从潼关直取长安。

八月，后秦亡：晋将王镇恶率水军自河入渭以趋长安，至渭桥，令军登岸，谕士卒曰："吾属并家在江南，以为长安北门，去家万里……今进战而胜，则功名俱显；不胜，则骸骨不返。无地岐矣，卿等勉之。"乃身先士卒，众腾跃争进，大破姚丕于渭桥，入平朔门（长安北门），姚泓等请降，后秦亡，共三主，历三十四年。

九月，刘裕入长安：刘裕入长安谓王镇恶曰："成吾霸业者卿也！"镇恶谢曰："明公之威，诸将之功，镇恶何功之有！"刘裕遣使送姚泓至建康（南京）斩于市。

418年戊午，晋义熙十四年。

正月，傅弘之击败夏兵：夏赫连璝举兵至关中，沈田子畏其众盛，遣使还报王镇恶。镇恶谓王修曰："公以十岁儿（指刘义真）付吾属，当共思竭力，而拥兵不进，虏何由得平？"使者还，以告田子。田子与镇恶素有相图之志，由是益忿。未几，田子请镇恶至傅弘之营计事，使宗人沈敬仁斩之，矫称受太尉（刘裕）令。弘之奔告刘义真，义真与王修披甲登横门（是长安城北出东头第一门），以察其变。俄而田子至，言镇恶反，修执田子，数以专戮，斩之（给王镇恶报了仇）；

以冠军将军毛修之代镇恶为安西司马。傅弘这大破夏赫连溃于池阳（陕西泾阳西北），斩获甚众，夏复乃退。

六月，刘裕受相国、宋公、九锡之命。

十一月，朱龄石至长安，夏将赫连溃率兵三万穷追义真。傅弘之，蒯恩等为夏兵所擒杀，龄石焚宫殿，奔潼关。夏王赫连勃勃入长安，即皇帝位，改元昌武。

十二月，刘裕使中书侍郎王韶之缢安帝于东堂。裕称遗诏奉帝弟琅琊王司马德文继位，是为恭帝。

十一、恭帝 司马德文 419 年——420 年

419 年已未，晋恭帝司马德文元熙元年。

七月，刘裕晋爵为宋王。

西晋世代表（265-317）

1. 武帝 司马炎	公元 265/290 年 二十五年	3. 怀帝 司马炽	公元 307/313 年 六年
2. 惠帝 司马衷	公元 290/306 年 一十六年	4. 愍帝 司马邺	公元 313/317 年 四年

十三卷 南北朝

（420 年—588 年）

一、宋北魏

420 年庚申，晋恭帝元熙二年，宋高祖武皇帝刘裕永初元年，魏泰常五年。

六月，刘裕称帝建宋：裕以傅亮所拟禅位诏，使晋恭帝抄录，帝欣然操笔，书赤纸为诏。刘裕即皇帝位，定都建康（今南京），建元永初，国号宋，史称刘宋。南北朝时期由此开始。刘裕大赦犯乡论清仪者，改“泰始历”为“永初历”，废晋恭帝为零陵王。东晋亡，共十一帝，历一百零四年。

421 年辛酉，宋元初二年，魏泰常六年。

三月，北凉灭西凉：北凉沮渠蒙逊攻破敦煌，李恂自杀，西凉亡。共三主，历二十二年。西域诸国惧北凉，皆归附之。

九月，刘裕杀晋恭帝：宋武帝刘裕以毒酒一罂（音英，是小口大肚之瓶）使郎中令张伟酖零陵王（晋恭帝），伟叹曰："酖君以求生，不如死！"乃于道自饮而卒（忠臣）。零陵王自逊位，深思祸及，与诸妃共处一室。刘裕又遣右卫将军叔度往视诸妃，乘妃出，使人输墙而入，以被掩杀零陵王（张伟未让帝服毒），遂开"禅让"者被杀之端。

422年王戎，宋永初三年，魏泰常七年。

五月，宋武帝死：宋武帝刘裕疾甚，手诏曰："后世若有幼主，朝事一委宰相，母后不烦临朝。"武帝崩，太子刘义符即位，时年十七，是为少帝。刘裕清简寡欲，严整诱发度，游宴甚稀，嫔御至少，财帛皆在外府，内无私藏。

九月，魏发兵攻宋：魏得知宋武帝死，随命司空奚斤步骑二万渡河攻宋。后因滑台（河南滑县东）久未攻下，魏王大怒，自将诸国兵五万余人，为奚斤声援。

十一月，昊今攻下滑台，乘胜进逼虎牢（河南荥阳记水镇）宋沿河诸郡多为魏据有。

423年癸亥，宋少帝刘义符景平元年，魏泰常八年。

二月，魏备置戍卒，筑长城，起自赤城（河北龙关东北），终于五原（内蒙五原东），绵延二千余里，以防柔然。

三月，魏将奚斤，公孙表共击虎牢，宋将毛祖德于城内穴地入七丈，分为六道，出魏围外，募敢死之士四百人，使参军范道基等帅之，从穴中出，掩袭其后，魏军惊扰，斩首数百级，焚其攻具而还。

闰四月，魏宋大战虎牢：魏王济自灵昌津至成皋（河南汜水镇），绝虎牢汲河之路。停三日，自督众攻城，竟不能下，又命孙叔建自滑台西就奚斤、共攻虎牢。虎牢被围二百日，无日期不战。魏人毁其外城，毛德祖于内更筑三重城以拒之。魏作地道以泄虎牢城中井，井深四十丈，城中人马渴乏，无力抵抗，虎牢遂陷，德祖为将军代人豆代田所擒，魏军士卒死者十之二三。魏占有司、豫、诸郡县。

十一年，魏明元帝拓跋嗣死：子招跋焘立，是为世祖太武皇帝。

424年甲子，宋景平二年，宋太祖文皇帝刘义隆嘉元年。

五月，徐羡文等杀少帝：司空徐羡文、尚书令傅亮召南兖州安泰为内应，收少帝玺绶，称皇太后令，数帝过恶，废为营阳王。六月羡文等使邢安泰杀少帝，迎宜都王义隆于江陵。未几，又杀前庐陵王刘义真。八月，宋文帝立：宜都王刘义隆至建康。即皇帝位，改元元嘉，是为太祖文皇帝。绍免拖欠租谷及旧债，减荆、湘二州今年税币之半。羡之进位司徒。

426年丙寅，宋元嘉三年，魏始光三年。

正年，宋文帝杀徐羡之等：宋文帝下诏暴徐羡之、傅亮，谢晦杀营阳光、庐陵王之罪，命有司诛傅亮、徐羡之及其二子。谢晦得知廷有变，遂与何承天商议，以请君侧之恶为名，在江陵举兵。

二月，谢晦为檀道济、到彦之击败，逃至安陆延头，为主光顺之所擒，槛送建康斩首。

五月，宋文帝关心吏治：宋文帝诏大使巡行四方，观省风俗，命散骑常侍渝等十六人分行诸州郡县，观察吏政，访求民隐，使郡县各言损益，又亲监延贤堂听讼，自是每岁三讯（讯郡臣、讯群吏、讯万民，三讯罪定则杀之）广纳嘉谋。

九月，魏、宋攻夏：魏王拓跋焘闻赟诸子相图，国人不安，遂遣司空奚斤率四万伍千人袭蒲阪（山西永济西）；宋兵将军周几率万人袭陕城（河南陕县）河东太守薛谨为向导。十一月，魏王至君子津（内蒙托克托南）济河，袭夏都统万（内蒙乌审旗白城子）。夏主出战而败，退入城中。魏军夜宿城北，分兵四掠，杀获数万，得牛马十余万，徙其民万余家而还。周几长驱三辅（长安一带），奚斤攻克蒲阪。

427 年丁卯，宋元嘉四年，魏始光四年。

六月，魏攻陷复都通万城：魏王至统万，分军伏于深谷，以少众至于城下，以示其弱。夏王将步骑三万出城，魏收众伪遁，引而疲之。夏兵鼓噪追行五六里，魏分骑左右队力战，败夏众，乘胜追夏王至城北，夏王不及入城，遂奔上邽（甘肃天水东），魏王入城，获夏公、卿、将、校及后妃、宫人以万计，马三十余万匹，牛羊数万头，府库珍宝、车旗、器物不可胜计。魏以执金吾桓贷，莫云留镇统万。

是岁，陶潜死：陶潜（365–427）六十二岁，字渊明，柴桑（江西九江）人。其为彭泽（江西湖口）县令，官至八十余余日，因不愿奉迎督邮，叹道："吾不能为五斗米折腰（那时俸禄很低，县官只五斗米），拳拳事乡里小人邪！"乃解印绶辞官而去，赋《归去来辞》，著《五柳先生传》即此写照。有《陶渊明集》传世。

428 年戊辰，宋元嘉五年，魏太武帝拓跋焘神䴥元年。

二月，魏在定州（河北定县、石家庄一带）捕获白䴥即白鹿，遂改元神䴥。

夏赫连定称皇帝：夏王赫连昌为魏将安部所擒，其弟赫连定收集余众，还平凉（甘肃平凉西北），即皇帝位，改元胜充。

三月，魏马髦岭之败：魏将奚斤攻夏，于马髦岭（内蒙固原南）遭夏兵伏击，士卒死亡六七千人，奚斤、娥清皆为夏俘虏。夏兵乘胜克安定（甘肃泾川西北），复取长安。

429 年己巳，宋元嘉六年，魏神腹二年。

五月，魏大破柔然：魏兵至漠南（蒙古大沙漠以南），舍辎重，以轻骑袭柔然，柔然可汗烧庐舍逃遁，部落四散，魏俘斩甚众，前后归降者三十余万落，获戎马百余万匹。

七月，柔然纥升盖可汗为魏军所败，愤悒死，子吴提立，号敕连可汗。

杨难当自称武都王；仇池氏王杨玄死，其子保宗立，其弟难当废保宗，自称武都王。

430年庚午，宋元嘉七年，魏神鹿三年。

六月，宋以瓦王杨难当为秦州刺史，武都王。

十一月，宋文帝诏加征南大将军檀道济都督征讨诸军事，帅从伐魏。是时，到彦之闻洛阳、虎牢不守，诸军相继奔散，乃引兵自清入济，南至历城（山东济南）茯舟弃甲，步趋彭城（江苏徐州）。十二月，到彦之、王仲德皆下狱免官。

431年辛未，宋元嘉八年，魏神鹿四年，夏胜光四年，西秦永泓四年。

正月，檀道济至寿张（山东东平西南）大破魏军，再战，斩魏济州刺史悉烦库结。

夏灭西秦：夏赫连定击降西秦乞伏暮末，西秦遂亡。共四主、历四十七年。

二月、檀道济唱筹量沙：宋将檀道济等进至济上（山东济水），二十余日间，前后与魏三十余战，道济多捷。军至历城（山东济南），遭魏将叔孙建等轻骑夹击，草谷被焚，道济军乏食，不能进，遂引军还。魏军追之。道济夜唱筹量沙（在夜间大声报着算码量沙子），以所余少米覆其上，及旦，魏军见之，谓道济资粮有余，竟不敢再追，道济才可全军而返。

六月，吐谷浑灭夏：夏为魏所逼，驱秦民十余万口，渡河攻北凉沮渠蒙逊，欲夺其地。魏属国吐谷浑王慕璝遣将率骑三万，待夏半渡，发兵袭击，遂生擒夏赫连定，夏亡。共三主，历二十五年。

432年壬申，宋元嘉九年，魏太武帝拓跋焘延和元年。

三月，吐谷王慕送赫连定于魏，求增土地。魏以慕贵“贪求无厌，不可许也”，由是慕璝贡使遂简。魏杀赫连定。

六月，吐谷浑向宋告捷：吐谷浑遣司马赵叙，向宋文帝告捷（指擒夏王赫连定）。文帝封其王慕为陇西王、令归还南方将士（即刘裕北伐后秦，还师建康、夏王乘虚入据长安，保南方将士一百五十余人）。

436年丙子，宋元嘉十三年，魏太延二年，北燕太兴六年。

三月，檀道济冤死：宋司空檀道济威名甚重，朝廷疑惧。是时，宋文帝有病，司徒刘义康矫诏称：“道济潜散金货，招诱剽猾，因朕寝疾，规肆祸心”。遂斩道济及其子等十一人。临刑，檀道济脱帻投地，怒目而视，曰：“乃坏汝万里长城！”魏人得知，喜曰：“道济死，吴子辈（指宋人）不足复惮。”

四月，魏灭北燕：魏灭北燕：魏将攻克北燕白猿城（辽宁喀喇沁左翼西南）。是时，高句丽遣将至和龙（辽宁朝阳）迎北燕。王燕尚书令郭生反对燕王逃往高句丽，遂开城门迎魏兵，魏恐有诈，不入，生遂与高句丽大战，中流矢而死。高句丽兵入城大掠。五月，燕王宫殿，逃往高句丽，北燕遂亡。共三主、历三十八年。魏遣封拔至高句丽索北燕王。

437 年丁丑，宋元嘉十四年，魏太延三年。

十一月，魏通亚城：魏遣散骑侍郎董琬、高明等多带金帛出使西域，招抚九国。董琬至乌（今伊犁河及葱岭北），其王甚喜，遣导译送魏使至破落那（大宛）、者舌（康居）等国招抚。附近各国得知，皆争遣使随魏使至魏朝贡。

438 年戊寅，宋元嘉十五年，魏太延四年。

三月，冯弘被杀：北燕冯弘至高句丽，素侮其王，高句丽夺弘侍人，取其太子为质。弘怨高句丽，遣使上表宋文帝，求迎归。宋派遣王白驹等迎之，并令高句丽资遣。高句丽王不欲使弘南归，遣将孙漱等杀之，并其子孙十余人，白驹等帅所领七千余人讨漱等。高句丽以白驹专杀，执送于宋。文帝下白驹狱，已而原之。

439 年己卯，宋元嘉十六年，魏太延五年，北凉永和七年。

六月，魏帝命臣下作书，数北凉王沮渠牧犍十二条罪状，自领兵攻之。

九月，北凉亡：魏兵至姑藏（甘肃武威），沮渠牧犍领文武五千人归降，北凉遂亡。共三主、历四十三年。魏得北凉城内户口二十余万，仓库珍宝不可胜计，以保周、源贺等分徇诸郡，杂胡降者又数十万，置将守之。

十月，魏徙沮渠牧犍宋族及吏民三万户至平域（山西大同）。

443 年癸未，宋元嘉二十年，魏太武拓跋焘太平真君四年。

正月，魏将连败宋军，王奂之，强玄明等宋将战死。

三月，乌洛侯告魏祖先在北荒：乌洛侯国（黑龙江北部大兴安岭以西、额尔古纳河东南地区）遣使与魏通好，告魏祖先于北荒（据近年米文平先生考古发现，在今黑龙江呼伦贝尔盟鄂伦春自治旗首府里河镇西北十公里处，有魏远祖旧墟石室遗址，当地人称之为“嘎仙洞”。）之石庙（高七十尺，深九十步）具在。魏帝遣中书侍郎李敞至石庙致祭，并刻祝文于石壁而还。

魏诱杀武都王杨保宋、杨氏部属立杨文德为主，进围仇池，自号仇池公。魏发兵击败杨文德，文德向宋求援。

445 年乙酉，宋元嘉二十二年，魏太平真君六年。

七月，宋破襄沔诸蛮：宋将沈庆之，柳元景击败襄沔（湖北襄樊、沔水一带）诸蛮，获十万余口，一万七千余口至建康（南京）。

十二月，范晔等被杀；范晔（398-445）因与孔熙先等谋杀宋文帝，立彭城王刘义康，事发被杀。晔顺阳（河南淅川）人，年少好学，博读经史、通晓音律、善弹琵琶。在任宣城太守时，删取后汉史书，博采各家之长，著《后汉书》，纪传八十卷（其十卷未及撰成），为我国史学名著之一。

446年丙戌，宋元嘉二十三年，魏太平真君七年。

魏禁佛教：崔浩喜奉道教。恶佛法每言于魏帝，以为佛法虚诞，为世费害，宜悉除之。及魏帝讨盖吴（起义首领略），至长安，入佛寺，见沙门卧室有兵器，怒曰："此非沙门所用，必与盖吴通谋，欲为乱平。"遂命有司悉除天下沙门，毁诸佛经。下诏曰："自今以后，敢有事胡神及造形象泥人，铜人者门诛。"

六月，盖吴败死：魏发冀、相、定三州之兵二万人，屯长安山（即秦岭）诸谷，以防盖吴越逸。又发司、幽、定、冀四州十万人筑畿上塞围，起上谷（河北张家口），西至河（黄河），广纵千里。八月，魏高梁王那等破盖吴，未几，盖吴被叛徒杀害，传首平城（山西大同）。其余部白广平、路罗等也被镇压。长安镇将陆俟因镇压盖吴有功，魏帝复加为都督秦、雍二州诸军事。

450年庚寅，宋元嘉二十七年，魏太平真君十一年。二月、魏围宗悬瓠：魏帝自将步骑十万猝至，连下郡县、围宋悬瓠（河南汝南）。时宋将陈先、城中战士不满千人。

三月，魏军昼夜攻城，陈先督厉将士苦战，积尸与城等，魏军踏尸上城，短兵相接，宪锐气益奋，战士无不以一当百，杀伤万计。宋文帝命徐州刺史发兵袭魏，以救悬瓠。徐州刺史刘骏派刘泰之等将骑兵、潜袭魏军，烧其辎重。未几，泰之等被魏军擒杀。魏主攻悬瓠四十二天，文帝又遣南平内史质等将兵救悬瓠，质将兵击斩魏任城公乞地真。

四月，魏帝撤悬瓠之围，退兵平城，致书宋文帝，声言来秋当取扬州。

七月，宋分道攻魏：宋文帝命宁朔将军王玄谟及沈庆之等率水军入河，受督于青、徐二川刺史肖斌；质及王方回等经造许、洛；徐、兖二州刺史刘骏、豫州刺史刘铄各勒所部，东西齐举；梁、南秦、北秦三州刺史刘秀之震荡汧、陇；太尉刘义恭出彭城，为众军制度。宋王公、妃主朝士、牧守，下至富民，因与魏战，各献金帛、杂物，助军用。宋又以民力不足，悉发青、冀、徐、豫、南兖、北兖六州民、三丁抽一，五丁抽二，又募中外马步众武力应科。凡应科者皆加厚赏。是时，有司又奏军用不足，扬、南徐、南兖、江四州，富民家赀满五十万，僧尼满二十万者，并四分借一，事息即还。

九月，滑台之战：宋将王玄谟进围滑台（河南滑县东），城中多茅屋，众请以火箭烧之。玄谟爱民不许，谓众曰："彼、吾民财产也，何遂烧之。"（此段原文是：玄谟贪财，不许。谓众曰：彼，吾财也，何递烧之。）由是失众心，攻城不下，魏帝引兵南救滑台。十月，至枋头（河南浚县西南），使陆真潜入滑台，抚慰将士，且登城视玄谟营，还报。魏帝以号众百万渡河，玄谟惧，退走。魏军追击，宋军散亡略尽，委弃军资器械山积，死者万余人。唯前锋护之所领百舸，夺水路而下，仅失一舸，余皆完备而返。

十二月，宋魏瓜步议和：魏帝攻彭城（江苏徐州）不克，引兵南下，直趋瓜步（江苏六合）扬言渡江。建康震惧，民皆荷担而立。宋文帝即令将士封锁长江，内外戒严。丹扬统内尽户发丁，王公以下弟子皆从役，自采石（安徽马鞍山西南）至于暨阳（江苏江阴）六七百里，陈舰列营。帝自登石头城遣使求和请婚，宋向魏馈赠牛羊猪各一百头及酒等，但拒与联姻。

451年辛卯，宋元嘉二十八年，魏太平真君十二年。

正月，魏攻盱眙：魏掠瓜步（江苏六合）居民，焚烧庐舍北还；至盱眙，魏帝向宋守将质求酒。质灌尿一坛与之。魏帝大怒，遂驱赶丁零、匈奴、氐、羌等士兵围攻盱眙。质号召军民奋勇抵抗，激战三十余日。

452年壬辰，宋元嘉二十九年，魏正平二年。

二月，宗爱杀魏帝：魏中常侍宗爱杀魏帝拓跋焘，立南安王拓跋余，改元承平，以爱为大司马、太师、都督中外诸军事。

五月，宋文帝闻魏帝死，遂谋北伐，遣抚军将军肖思恬督冀州刺史张永等向碻磝（山东茌平西南）、鲁爽等将荆州甲士四万出许、洛、雍州刺史质率所领趋潼关。

十月，宋攻魏无功而返。

同月，拓跋济为皇帝：魏中常侍宗爱愤拓余欲夺其权，杀之。殿中尚书源贺等立皇孙拓跋济，改元兴安，是为高宗文成皇帝。文成帝杀宗爱等并夷其三族。

十二月，魏弛佛教之禁：魏诏州郡县众居之处，可建佛图一区；民欲为沙门者，听出家，大州五十人，小州四十人。魏帝亲沙门师贤等五人削发，以师贤为道人统（总摄）。

453癸巳，宋元嘉三十年（刘劭太初元年），魏兴安二年。

二月，刘劭弑帝自立：太子刘劭与女巫严道育等谋逆，事发，道育亡命。帝遣使搜捕甚急。闻劭等仍与其往来，乃决意废太子劭。劭得知，与心腹陈叔儿密谋，矫诏率东宫兵入万春门，杀其父宋文帝而立，改元太初。

三月，宋孝武帝立：宋武陵王刘骏，得知太子弑帝自立，遂戒严誓众，以沈庆之领府司马，柳元景、宋懿为谘议参军领中兵命颜竣移檄四方，共讨刘劭。州群承檄，翕然响应。四月，柳元景至新亭（南京市南），依山为垒，大败劭兵，刘骏即皇帝位，是为世宗孝武皇帝。五月，进入建康，杀刘劭及其四子。严道育等鞭杀，荧尸，杨灰于江。

460年庚子，宋大明四年，魏文成帝拓跋濬和平元年。

是兴，昙曜开凿云风石窟：魏以名僧县曜监造云风石窟。曜开凿一个七丈多宽，六丈多深的一个大佛洞。洞口筑四层大楼阁，图中刻有一尊五丈多高巨佛，脚长一丈四尺。佛身嵌黑石，与魏文成帝黑痣部位相同，以此神化皇权。

464年甲辰，宋大明八年，魏和平五年。

闰五月，宋孝武帝死：孝武帝时年三十五岁，史称“孝武好文，天下悉以文采相当”，今存其《丁督护歌》等诗十余首。其子刘子业继位，是为前废帝。

465年乙巳，宋前废帝刘子业永光元年，魏和平六年。

五月魏文成帝死：魏文成帝死，拓跋弘子继位，是为显祖献文皇帝。因帝年幼，由冯太后监朝称制，是时，侍中乙浑专权。

八月，宋山阴公主置面首：山阴公主常与其弟宋帝说：“妾与陛下，男女虽殊，俱托体先帝。陛下六宫万数，而妾唯驸马一人，事太不均。”帝乃为公主置面首左右三十人。面、即取其貌美；首，即取其发美。故后进谓男妾曰“面首”。

十一月，宋湘东王刘或与主衣阮佃夫等杀宋帝。

十二月，刘或即皇帝位：湘东王刘或即帝位，改元泰始，是为太宗明皇帝。晋安王刘子勋在寻阳（江西九江）起兵抗命。

466年丙午，宋泰始二年，魏显祖献文皇帝拓跋弘天安元年。

正月，宋晋安王称帝：宋晋安王刘予勋即帝位于寻阳，改元义嘉。薛安都、崔道固等皆起兵响应。朝廷所保，唯丹阳（安徽东部及江苏南京一部）、淮南等数部。

八月，宋将沈攸之诸军至寻阳，斩晋安王刘子勋，传首建康，内乱粗平。

十月，宋明帝尽杀孝武帝二十八子。

471年辛亥，宋泰始七年，魏高祖孝文皇帝拓跋宏延兴元年。

七月，宋王室残杀：宋明帝诸兄弟，皆为明帝先后所杀。诸弟俱尽，唯桂阳王刘休范，以人才凡劣，得以幸存。故民谣云：“遥望建康城，小江逆流萦，前风子杀父，后见弟杀兄。”

八月，魏帝传位太子宏；魏献文帝好黄、老、浮图之学，有遗世之心，乃传位于年仅五岁的太子宏，是为高祖孝文皇帝。改元延兴。

十一月，宋作湘官寺：宋明帝作湘宫寺，极为壮丽。新安太守巢尚之罢郡入见，帝谓之曰：“此是我大功德，用钱不少。”

通直散骑侍郎虞愿在一旁曰：“此皆百姓卖儿贴妇钱所为，佛若有知，当慈悲嗟愍；罪高浮图，何功德之有！”明帝当即将虞愿逐出免官。

472年壬子，宋明帝泰豫元年，魏延兴二年。

正月，宋明帝因久病不愈，改元泰豫。

四月，宋明帝死：明帝久病不愈而死，太子苍梧王刘昱，年十岁，即皇帝位，是为后废帝。

474年甲寅，宋元徽二年，魏延兴四年。

五月，刘休范起兵：宋桂阳王休范于寻阳起兵，声言请君侧，以谢冤魂。朝廷震惊，命肖道成屯军新亭（南京南）。道成以越骑校尉张敬儿诈降，见机杀死休范，驰马回营，又破其余党。肖道成振旅还建康，百姓沿道聚观，曰："全国家者，此公也！"

六月，宋以肖道成为中领军，南兖州刺史，留卫建康，参决朝政。

477年丁巳，宋元徽五年，顺帝刘准升明元年，魏孝文帝拓跋宏太和元年。

七月，肖道成立刘准为帝：宋帝刘昱忌肖道成威名，赏自磨铤曰："明日杀肖道成。"道成闻之，忧惧，密与袁粲谋废立。越骑校尉王敬则为道成听察帝之动静，阴结帝左右杨玉夫等，见机杀帝，以太后令，数帝罪恶，迎安成王刘准即帝位，是为顺帝，改元升明。以肖道成为录尚书事。

十二月，宋荆州刺史沈攸之以道成名位素出已下，一旦专朝政，心不平，于是起兵反道成。

宋司徒袁粲等据石头城（南京清凉山）起兵反省肖道成，兵败被杀。

478年戊午，宋升明二年，魏太和二年。

正月、沈攸之兵败自杀：沈攸之素失人情，但以倚威力，初发江陵（湖北江陵），已有逃者，及攻郢城（武汉）、三十余日不拔，逃者稍多，至鲁山（湖北沔阳东），军散之，诸将皆走。攸之收集散军回江陵，途中闻江陵已被张敬儿所占，士卒尽散。攸之与子文和走至华容（湖北潜江西南）界，自缢于林中。后斩其首，送于建康。

二月，宋进肖道成为太尉，都督十六州诸军事。

九月，宋加肖道成黄钺，都督中外诸军事，太傅、杨州牧剑履上殿（肖道成快代宋了）。

二、齐北魏

479年己未，宋升明三年，齐太祖高皇帝肖道成建元元年，魏太和三年。

三月，宋以肖道成为相国，总揽朝政，封齐公、加九锡。

四月，肖道成建齐：宋进肖道成为齐王，加殊礼。未几、道成废宋帝为汝阴王（不久被杀），自称皇帝，国号齐，改元建齐，是为齐太祖高皇帝建都康（南京），史称南齐。又称肖齐。至此，刘宋共历八帝六十年而亡。

十一月，魏奉宋降将齐昶，分兵数道攻齐，刘昶以克复旧业，称藩于魏。

480年庚申，齐建元二年，魏太和四年。

正月，五州蛮攻齐：齐荆、湘、雍、郢、司五州（湖北、湖南及河南、山东部分、山西部分）蛮，得知魏发兵攻齐，遂机出动。襄城蛮攻潼阳（湖北兴山东北），杀县令；上黄蛮攻汶阳（湖北远安西北）驱逐太守；司州蛮攻平昌（山东潍坊西南）。未几，皆被齐兵击败。

二月，魏刘昶等以步骑二十万攻寿阳（安徽寿县），豫州刺史垣崇祖城西北堰肥水，待魏攻城，失堰大水，人马溺死者以千数。魏败退。

是时，齐境内有二十三州三百九十郡一千四百八十五县。

十二月，刘祥讽褚渊：褚渊入朝以腰扇（即折叠扇）障目，刘祥之曰："作如此举止，羞面见人，扇障何益？"褚渊（435–482）字彦回，是宋文帝女婿，曾助肖道成建齐，时人讥要其无节："可怜石头城，宁为袁粲死，不作彦回生。"刘祥故讽之。刘祥好文学，性刚直不阿，撰有《宋书》，讥斥禅代。

481年辛酉，齐建元三年，魏太和五年。

正月，魏攻齐淮阳（河南淮阳），先胜后败，死伤万计。

十二月，高丽遣使向齐朝贡。

482年壬戌，齐建元四年，魏太和六年。

三月，齐高帝死：齐高帝肖道成死，皇太子肖赜继位，是为世祖武皇帝。高帝博学能文，俭仆，每曰："使我治天下十年，当使黄金与土同价。"欲以身率天下，移变风俗。

483年癸亥，齐世祖皇帝肖赜永明元年魏太和七年。

十月，刘缵访魏：齐使刘缵访魏，以答谢之。魏主令李安世出内城珍宝，使商贾在市上买卖，刘缵后曰："魏金玉大贱，当由山川所出。"李安世曰："圣朝不贵金玉，故贱同瓦砾，缵欲多市，闻其言，内惭而止。"

十二月，魏始禁同姓为婚。

484年甲子，齐永明二年，魏太和八年。

正月范缜盛称无佛：竟陵王肖子良好讲论佛法，其道俗之盛，江右未有，唯缜盛称无佛。肖子良问难。"君不信因果，何得有富贵，贫贱？"范缜曰："人生如树花同发，随风而散，或拂幌坠于茵席上，或关篱墙落粪溷之中。坠茵席者，殿下是也；落粪溷者，下官是也。贵贱虽复殊途，因果竟在何处？"子良无以对。

六月，魏始置官班禄法：魏置官班禄，户增调帛三匹，谷二斛九斗，以为官文俸禄，增调外帛二匹。禄行之后，赃满一匹者死（贪污一匹死刑、罪重）。九月，外戚李洪之为政贪暴。班禄之后，首以赃败，魏帝命锁赴平城（山西大同），听在家自裁（对他还是宽处的）。自余守宰坐赃死者四十余人。满朝官吏肃然，不敢贪赃枉法（魏的法治很严、可敬）。

485 年乙丑，齐永明三年，魏太和九年。

正月，魏焚图谶：秘纬、魏诏自今图谶，一概焚之。留者以大辟论。又严禁诸巫觋及街巷卜筮非经典所载者。

魏冯太后作《皇诰》十八篇，并向群臣颁布。

十月，魏实行均田：魏帝接受李安进建议，下诏实行均田。诸男夫十五岁以上受露田四十亩，妇女二十亩，奴卑依良丁：牛一头，受田三十亩，限止四牛。所受之田，率倍之；三易之田，再倍之。以供耕作及还受之盈缩。人年及课则受田，老免及身殁则还田。奴婢、牛随有元以还受。初受田者，男夫给二十亩，课种桑五十株，桑田皆为世业，终身不还。恒盈。诸宰民之官（地方官），各随近给公田有差（刺史十五顷，太守十顷，治中、别驾八顷，县令郡丞六顷），更代相付，卖者坐如律。

486 年丙寅，齐永明四年，魏太和十年。

二年魏立三长法及租调制：魏无乡党之法，唯立宗主督护（坞主），民受隐冒。三五十家始为一户。内秘书令李冲建代，实行三长法。即五家立一邻长，五邻立一里长，五里立一党长。三长职责检查户口，征收租调，征发兵役徭役。时朝百官皆以为不可，冯太后认为："立三长则课调有常准，苞荫之户可出，侥幸之人可止，何为不可。"遂立三长制（大约相当今天的乡、村、组）定民户籍。其时民调一夫一妇帛一匹、粟二石。十五岁以上未婚者男女四、奴婢八人，耕牛二十头，分别出一夫一妇租调。课调省费十余倍，上下安定。

490 年庚年，齐永明八年，魏太和十四年。

九月，冯太后死：魏冯太后临朝称制二十五年，推行许多有益改革之措施，谥为文明太皇太后（久寿数）。

493 年癸酉，齐永明十一年，魏太和十七年。

七月，齐武帝死：齐武帝死，孙肖昭业继位，是为废帝郁林王。

魏声欲攻齐：魏帝久慕中原，欲移风易俗，有迁都洛阳之意，又恐群臣不认，乃伐大举伐齐，欲以协众。上年，命作河桥以济师。是月，中外戒严，发露布及移书，声欲攻齐，诏发扬徐州民丁，广设召募备之。

九月，魏迁都洛阳：魏帝军至洛阳，令诸军南进。众皆殷勤泣谏，魏帝乃渝群臣："苟不南伐，当迁都于此，王公以为何如，欲迁者左，不欲者右。"安南王祯曰："今陛下苟辍南伐之谋，迁都洛邑，此臣等之愿，苍生之幸也。"群臣皆呼万岁。魏帝遂命拓跋澄还平原，晓谕百官迁都洛阳。

494年甲戌，齐废帝郁林王肖昭业隆昌元年，魏太和十八年。

七月，肖鸾杀齐帝：肖鸾与帝不睦，相互谋之。是时，西昌侯握有兵权，矫太后令废帝为郁林王，立新安王肖昭文是年十五岁。肖鸾为录尚书事，宣城郡公，改元延兴。

九月，肖鸾大杀齐诸王；肖鸾权势益重，中外皆知蓄不臣之心。或劝鄱阳王肖锵入宫发兵辅政。事发，鸾遣兵杀之。晋安王肖予闻鄱阳王被杀欲起兵又被鸾杀之。先后又杀安陆王肖子敬、晋熙王肖銶、宜都王肖铿、桂阳王肖铄，衡阳王肖钧、江夏王肖锋、建安王肖子真、巴陵王肖子伦。肖鸾每杀诸王，常夜遣兵围其家，斩关踰垣，呼噪而入，家赀皆封籍之。

十月，肖鸾自称皇帝：肖鸾晋爵为宣城王，未几废齐帝为海陵王，自为皇帝，改元建武，是为高宗明皇帝。十一月，立皇子肖宝卷为太子。

魏帝发平城（山西大同）迁都洛阳。

十二月，魏帝闻齐之变，肖鸾自立，遂谋举兵攻齐。

495年乙亥，齐建武二年，魏太和十九年。

九月，魏孝文帝在龙门山（河南洛阳）开凿龙门石窟。又为安顿天竺（印度）僧人跋陀传教，于中岳嵩山（河南登封）建立少林寺。

496年丙子，齐建武三年，魏太和二十年。

正月，魏定族姓：魏定族姓，改拓跋氏为元。魏以其祖先出身于黄帝，以士德王。夫土者，黄中之色，万物之元也，故改姓元。拔拔氏为长孙，乙氏为叔孙等；又清流品，以卢崔、郑、五为四大姓，凡此姓族，皆应审窍，勿容伪冒。

四月，魏攻齐司州（河南南部及河北一带）败走。

八且，魏太子元恂叛逃：魏太子元恂不乐南迁，乘魏帝游嵩山之机，与左右密谋，召牧马轻骑奔平城（山西大同）。尚书陆秀驰告帝，帝返洛阳，以杖痛击元恂，囚于西域。

497年丁丑，齐建武四年，魏太和二十一年。

四月，魏帝珍叛魏；氐帅杨灵珍叛魏，举州降齐，并遣其弟婆罗阿卜珍将步骑万余袭魏武兴王杨集始，杀其弟。魏帝以何南严李崇为都督陇右诸军事，将兵数万讨之。

九月，崇折木攀山，出氐不意，表里袭之。灵珍屡败，乃奔还汉中。十一月，齐以杨灵珍为秦州刺史，仇池公，武都王。

498年戊寅，齐建武五年，魏太和二十二年。

正月，齐帝以近亲寡弱，忌高、武子休。时高、武子孙犹有十王，帝欲尽除，遂遣肖遥光逐一杀之。

四月，齐大司马王敬则自以高、武二帝旧将，心自不安。闻帝置兵密防，遂于会稽（浙江绍兴）起兵。五月，兵败被杀，传首建康。

七月，肖宝卷继皇位：齐高宗明帝死，皇太子肖宝卷继后被废，称东昏侯。

499 年己卯，齐东昏侯肖宝卷永元元年，魏太和二十三年。

四月，魏孝文帝死：魏帝因病，于齐战，从汉水退兵北还，死于途中，太子元恪继位，是为世宗宣武皇帝。

500 年庚辰，齐永元二年，魏世宗宣武皇帝景明元年。

八月，魏在肥口（安徽寿县淝水与淮水汇合处）大败齐兵，斩首九千余级，淮南郡县均为魏有。

十二月，祖冲之死：祖冲之（429-500），宋齐间科学家。博学多才，尤擅长历数，首次把圆周率准确数值推算到小数点后七位数，比欧州早一千多年。著有《缀术》、《大明历》等重要著作。

501 年辛巳，齐永元三年，魏和帝肖宝融中兴元年。

三月，肖宝融称皇帝：肖宝融在江陵即皇帝位，改元中兴，是为和帝。以肖衍为左仆射。

十二月，肖衍入建康：齐雍州刺史王珍国与肖衍相约，令张齐等杀齐帝肖宝卷，迎肖衍入城。以宣德太后令，追帝为东昏侯。肖衍为中书监、大司马、录尚书事。

三、梁北魏

502 年壬午，齐中兴二年，梁高祖武皇帝肖衍天监元年，魏景明三年，

正月、大司马肖衍加殊礼，进位相国，封梁公。

二月，齐诏肖衍进爵梁王。衍称齐诸王谋反，杀晋熙王肖宝嵩等三王。鄱阳王肖宝寅惧，潜逃奔魏。至寿阳（安徽寿县）魏以车马侍卫迎之。

齐和帝肖宝融东归至姑孰（安徽当涂），下诏禅位于梁王。

四月、肖衍称帝建梁：梁王肖衍在建康南郊称皇帝，是为梁高祖武皇帝，改元天监，国号梁，建都建康。因皇室姓肖，史称肖梁。废齐和帝为巴陵王，未几杀之，齐亡。共七帝，历二十四年。

503 年癸未，梁监二年，魏景明四年。

十月魏分兵攻梁，先后攻占大岘（安徽含山东北，又名赤焰山）等三城，又围义阳（河南信阳）。

505 年乙酉，梁天监四年，魏正始二年。

四月，魏大败梁军：占有梁州（陕西南部，汉水上游）十四郡，东西七百里，南北千里。

506年丙戌，梁天监五年，魏正始三年。

正月，仇池杨氏亡：魏将傅坚眼攻占武兴（陕西略阳），虏氐王杨绍先，杨集起等败走，仇池（甘肃成县西北洛谷镇）杨氏遂亡。魏改武兴为东益州。

五月，韦睿大败魏军：梁豫州刺史韦睿攻小岘（安徽含山北），魏出数百人阵于门外，睿指其节曰："朝廷授此，非以为节，韦睿法不可犯！"遂进击之，士卒皆殊死战，大败魏军，追杀魏兵万余人，占有合肥（安徽合肥）。

九月，梁军洛口大败梁临川王肖宏领军至洛口（安徽洛涧入淮处），因魏军攻梁城遂如诸将商议退师。僧珍曰："知难而退，不亦善呼！"昌义之须发尽磔（张开），大怒曰："吕僧珍可斩也！岂有百万之师出未逢敌，望风退，何面目得见圣主乎！"肖宏见此，遂停军不前。魏人知其武，遣以巾帼，且歌之："不畏肖娘与吕姥（指肖宏、吕僧珍），但畏合肥有韦虎（指韦睿）"，适洛口暴雨，梁军大惊，肖宏与数骑逃去。将士无主，弃甲投戈，死者近五万人。

507年丁亥，梁天监六年，魏正始四年。

正月，梁钟离大战：魏以数十万之众围攻钟离（安徽凤阳），一日战数十合。守将昌义之全力抵抗。二月，梁武帝派豫州刺史韦睿援救。韦睿自合肥至钟离，命士兵夜掘长堑为城，及晓营立。魏军见之惊惧，以杖击地曰："是何神也！"魏将杨大眼右臂中箭败退。三月，韦睿乘淮水暴涨，驾战舰击魏，又放火烧魏营，魏军大溃，弃甲投水及被梁军斩杀者计二十余万，生擒五万余人。梁军收其资粮，器械、牛马驴骡不可胜计。

是岁，范缜著《神灭论》：范缜著《神灭论》，批驳佛教人死神不灭之主张，指出："形者神之质，神者形之用也。神之于形，犹利于刃，未闻刀没而利存，岂容形亡而神在哉！"后肖子良使王融劝范缜放弃主张，诱惑曰："以卿之才美，何患不至中书郎！"范缜笑曰："使范缜卖论取官，乙至令、仆（即尚书令、仆射），何但中书郎邪！"

508年戊子，梁天监七年魏正始五年，宣武帝元恪永平元年。

八年，魏元愉称帝：魏京兆王元愉，因势立不及二弟，心怀不满，遂据冀，自称皇帝，改元建平。魏帝令尚书李平领兵击之。九月，愉与平大战，平奋击，大破之。未几，平擒愉。魏帝命锁送洛阳，途中为高肇使人杀之。

十月，白早生降梁：梁悬瓠（河南汝南）军主白早生杀豫州刺史，自号平北将军，何果归附。梁任命为司州刺史。郢、豫二州，自悬瓠至安陆（湖北安陆）诸城皆归附于梁。唯义阳一城，为魏所守。魏遣尚书刑峦等将兵击之。十二月，峦引军斩白早生，郢、豫二州复归魏。

515年乙未，梁天监十四年，魏延昌四年。

正月，魏宣武帝死：年仅七岁之皇太子元诩继位，是为肃宗孝明皇帝。诏还攻梁，益之师。

三月，于忠专魏朝政：魏侍中领军于忠专朝政，令复百官所减之禄，废民税。旧制，民税绢一匹别输八两，布一匹输麻十五斤。忠欲以此收众心。

520 年庚子，梁普通元年魏神龟三年，孝明帝元诩正光元年。

七月，魏侍中元义杀清河王怿，禁胡太后，权倾内外，百僚重迹。

是岁，刘思勰（465–520），杰出文学理论批评家，于南齐末年（约 501 年）撰成《文心雕龙》，总结前人文艺思想，着重批评当时形式主义之风，对后世影响很大。晚年出家为僧。法名慧地。

521 年辛丑，梁普通二年，魏光二年。

正月，梁在建康（南京）置孤独园，以收养贫穷民。

七月，阿那瓌归国：柔然婆罗门为高车王弥俄突之弟伊匐击败，遂率十部落向魏请降。柔然余众迎阿那壤归国。十年，魏置阿那瓌于怀朔镇北（内蒙古固阳西南）：置婆罗门于西海郡（内蒙古居延海），以旧日内附之柔然民归阿那瓌。

是岁，刘峻（462–521）死：刘峻字孝标，著有《辨命论》，批判佛教学，以《广绝交论》，剖析势利之徒。又为《世说新语》作注，引书达四百余种。

523 年癸卯，梁普通四年，魏正光四年，

四月，柔然阿那瓌引兵南向劫掠，魏遣兵击之。阿那瓌遂掠怀荒镇（河北张北之北）民二千，马牛羊数十万北逃。

魏破六韩拔陵起义：魏怀荒镇民因柔然劫掠，向镇将武卫将军于景请赈济，于景不给，激起民愤，遂杀于景。未几，沃野镇（内蒙古五原东北乌加河北）民破六韓拔陵聚众起交杀镇将，改元真王，请边镇汉夷各族起义响应。破六韩拔陵遣将围武川镇，又攻怀朔镇（内蒙古固阳西南）。

魏龙门石窟部分凿成：龙门（河南洛阳南）石窟在魏景明（500 年）之初，世宗命宦官白整去龙门山开凿，后刘腾继之，至此已经二十四年，公凿成部分。共用十八万二千余工。（花去这样大的民力民财、意义何在？）

524 年甲辰，梁普通五年，魏正光五年。

五月，破六韩拔陵败魏军；魏临淮王元或在五原（内蒙古包头西北）与拔陵战，兵败，坐削除官爵。起义军乘胜击败安北将军李叔仁、占有白道（内蒙古呼和浩特）。魏帝遂派尚书令李崇会同崔暹、元渊进攻义军。七月，崔逞违李崇节度，与拔陵战于白道，大败，单骑逃归。李崇惧退缩于云中（内蒙古托克托），不敢出战。

525 年乙巳，梁普通六年，魏正光六年，孝明帝元诩孝昌元年。

正月，元法僧称帝：魏徐州刺史元法僧据州称帝，建元天啟。魏发兵攻之。元法僧乃遣子向梁归降，梁遣兵接应。

四月，魏杀尚书令元义，胡太后复临朝听政。

六月，破六韩拔陵起义失败：拔陵得知也列河降魏，遂引兵追击之，途中为魏伏兵击败，时值柔然阿那穰来击，于是，拔陵为避柔然，遂南渡北河（内蒙乌加河）。为元渊击败，二十万人被俘。拔陵不知所向。魏将被俘义军分徙于冀、定、瀛三州（河北县）袭斩魏将元融，据有瀛州，自称天子，国号“齐”，建元广安。

十一月，梁夏侯直攻魏，至寿阳（安徽寿县），先后有五十二城归降，获男女七万五千口。

527 年戊申，梁普通八年，大通元年，魏孝昌三年。

正月，葛荣攻殷州（河北隆尧），杀刺史崔楷，进围冀州（河北冀县）。

十月，肖宝寅称帝：魏尚书令肖宝寅据关中（陕西中部、渭水流域），朝廷疑其欲反，乃命郦道元为关右大使。宝寅闻之。谓为取己，甚惧。刘楷谓之曰：“大王，齐明帝子，天下所属，今日之举，实允人望。”寅遣将郭子恢至阴盘驿（陕西临潼东），袭杀道元。未几，宝寅自称齐帝建元隆绪。平正（山西闻喜，曲沃）民薛凤贤等聚众据盐池（山西运城南），响应肖宝寅。

528 年戊申，梁大通二年，魏孝明帝元翊武泰元年。

二月，乐朱荣举兵南下：魏孝明帝因与胡太后不睦，密召六州，讨虏大都督乐朱荣举兵南下。乐朱荣行至上党（山西长治东南），闻孝明帝为胡太后所害，并立临兆王世子钊为帝，大怒，乃抚表陈胡太后罪状，以“问侍臣帝崩之由”为名，发兵赴阙。

四月，河阴之变；乐朱荣至河内（河南沁阳），拥立长乐王子元攸为帝，是为孝庄帝。遣骑执胡太后及幼主钊，送至河阴（河南孟津东）。荣为侍中，都督中外诸军事，封太原王。

九月，葛荣兵败被俘：葛荣引号“百万之众”围邺城（河北磁县）游兵已过汲郡（河南新乡），指向魏都洛阳。魏帝派尔朱荣领精骑七万，东出滏口（河北临漳西），以侯景为前驱袭击义军。葛荣得知，喜见于色，令其众道：“此易与耳！诸人具办长绳，至则缚取。”自邺以北，列阵数十里，箕张而进。尔朱荣潜军山谷，为奇兵，分督将以上三人一处，处有数百骑，令所在扬尘鼓噪，以张声势，以主力发起向葛荣袭击。葛荣战败被俘，囚送洛阳。数十万众，一朝散尽。冀、定、沧、瀛、殷五州（河北冀县、定县东光、内丘等地）遂平。十月，葛荣在洛阳被杀。

529 年己酉，梁大通三年，魏永安二年。

四月，魏元颢称帝：魏北海王元颢在梁将陈庆之支持下，击败魏兵，称帝于睢阳（河南商丘南），建元孝基。五月，元颢引梁兵入洛阳，改元建武。魏帝奔河北。闰六月，元颢等为魏将尔朱荣击败，被杀，陈庆之只身还梁。

530 年庚戊，梁中大通二年，魏永安三年。

四月尔朱天光计败丑奴：魏将尔朱天光奉命击万俟丑奴，行至汧、渭之间（陕西宝鸡东北），停军牧马，散言天热，等秋后进军。丑奴信之。散众耕于百里，细川（甘肃灵台南、陕西麟游北）。天光袭俘丑奴，肖宝，送洛阳处死。

六月，王庆云称帝：万俟丑奴余部万俟道洛，为尔朱天光击败，逃奔略阳（甘肃天水等地），归附王庆云。王庆云遂在水洛城（甘肃庄浪）称帝，以道洛为大将军。

七月，尔朱天光降三秦：尔朱天光率军至洛水城，击俘王庆云，万俟道洛，坑其部众一万七千人。于是三秦（秦州、南秦州、东秦州）河（甘肃临洮）渭（陇西）、瓜（敦煌）、凉（武威）、鄯善（青海西宁、乐都）皆附魏。

九月，魏杀权臣尔朱荣：尔朱荣遥制朝政，树置亲党，帝与李或：李侃唏等谋杀权臣尔朱荣三十余人。尔朱世隆率荣部曲河阴（河南孟津东）。

十月，汾州刺史尔朱兆与尔朱世隆等拥立长广晔为帝、改元建明。

十二月，魏孝庄帝被杀：尔朱兆入洛阳，纵兵杀掠，擒孝庄帝，未几，于晋阳（山西太原南）在三级佛幸杀之。

531 年辛亥，梁中大通三年，魏废帝元朗中兴元年。

二月，尔朱世隆废立：魏尔朱世隆等废长广王晔、立广陵王元为帝，改元普泰，是为节闵帝。

六月，魏高欢于信都起兵，攻尔朱世隆等。

十月，高欢立元郎为帝：高欢于信都立勃海太守，安定王元郎为帝，改元中兴，自为丞相。

532 年壬子，梁中大通四年，魏普泰二年。

四月，高欢废立：高欢前部至洛阳河桥，杀尽尔朱氏之党。及高欢入洛阳，遂废元朗及节闵帝元羽，立平阳王元修，是为孝武帝，改元太昌。高欢自为大丞相。

四、梁、东魏、西魏

534 年甲寅，梁中大通六年，东魏孝静帝元善见于天平元年。

七月，高欢占洛阳：高欢进入洛阳，大杀魏之大臣，孝武帝被迫逃往长安。欢推清河王元直为大司马，承制决事。时宇文泰遣使迎帝入长安，以泰为尚书令，军国之政，咸取决焉。

十月，东魏建立：高欢立清河王世子善见为帝，是为孝静帝，时年十一岁，改元天平，迁都于邺（河北磁县）史称东魏。自是魏分裂为东西二魏。从拓跋珪建魏至此，共历十四帝，一百四十九年。

闰十二月，宇文泰进毒杀死魏孝武帝元脩立南阳王元宝炬为帝，是为文帝。

535 年乙卯，梁大同元年，东魏天平二年，西魏文帝元宝炬大统元年。

正月，西魏建立：魏文帝元宝炬于长安城西即皇帝位。改元大统，史称西魏。以丞相宇文泰为行大台，斛斯椿为太保，立子元钦为皇太子。

三月，苏绰制计账、户籍法：苏绰向宇文泰陈述治国之道，泰惊呼："苏绰真奇才！"当即奏请西魏文帝命其为大行台左丞，参与国事。苏绰乃始制文案程序，朱出墨入，及计账，户籍之法，后人多遵用之。

七月，宇文泰与高欢互相声讨：西魏宇文泰列高欢二十条罪状，称将发兵扫除凶丑；东魏高欢亦声言领兵西讨逆徒。

536 年丙辰，梁大同二年，东魏天平三年，西魏大统二年。

正月，东魏高欢领万骑袭西魏夏州（内蒙古乌审旗南），生擒刺史斛拔俄尔突，迁其部众五千而归。

三月，陶弘景死：（452–536）陶弘景八十四岁，著名道教徒，医药学家。隐居句曲山（江苏句容茅山），梁武帝以手敕招之，弘景不出。朝廷每有大议，必先咨询，故时谓之"山中宰相"。他著有《本草经集注》、《肘后百一方》、《真诰》、《真灵位业图》等书。后二书是道教重要经典著作。

十二月，东魏高欢以高敖曹、窦泰分二路击西魏。

537 年丁巳，梁大同三年，东魏天平四年，西魏大统三年。

正月，西魏宇文泰以计袭败窦泰，窦泰兵败自杀，传首长安，高欢撤兵。

八月，西魏宇文泰率李弼等十二将攻东魏，陷恒农（河南三门峡南），俘士兵八千人，河北城堡，降附甚众。

闰九月，东魏高欢发兵二十万自壶口（山西长治东南）出发，攻西魏。

十月，沙苑大战：宇文泰至沙苑（陕西大荔南洛渭之间），以伏兵击败高欢，斩杀八万人，获铠仗十八万。高欢败退，跨橐駝就船渡河，乃免。至蒲拔（山西永济西蒲州镇），又被民敬珍等截击。蒲坂民敬珍率猗氏等六县十余万户，归附西魏。

538 年戊午，梁大同四年，东魏元象元年，西魏大统四年。

八月，西魏宇文泰一再奋战，大破东魏军，斩其将高敖曹、宋显等，俘获士兵一万五千人。

543 年癸亥，梁大同九年，东魏武定元年，西魏大统九年。

三月，邙山大战：西魏丞相宇文泰为牵制东魏兵力，接应高仲密归降，发兵至洛阳，围河桥（河南洛阳北）南城。东魏高欢以兵十万，近宇文泰退兵瀍上（河南洛阳西瀍水）。宇文泰遂于上流纵火船，顺流而下，以烧河桥。高欢破之，渡河据邙山为阵。宇文泰领兵夜袭高欢，为伏兵击败，损将四十八员，士卒三万余人。明日复战，泰为中军，中山公赵贵为左军，领军于若惠为右军，合击东魏，大破之，悉俘其步卒。高欢失马，追兵至，亲信都督尉兴庆拒战，矢尽而死。泰以三千人追之，未及，欢乃逸去。

544年甲子，梁大同十年，东魏武定二年，西魏大统十年，

是岁，苏绰制六条诏书：西魏苏绰为国富民强之法，省官员、置屯田，又立六条诏书。即：一、先治心（为官要心和志静、分辨是非）：二、敦教化（要教民养成良好风俗习惯）；三、尽地利（要发展农业生产）；四、擢贤良（要选拔重用人才）；五、恤狱讼（审狱要公正）；六均赋役。宇文泰命官背诵，非通六条及计账，不得居官。

545年乙丑，梁大同十一年，东魏武定三年，西魏大统十一年。

六月苏绰作《大诰》西魏诏令苏绰仿《周书》作《大诰》，宣示群臣，“自今文章皆依此体”。

梁遣将坟李贲，命陈霸先为先锋。李贲以三万之众拒之，大败，奔嘉宁城（越南河内西）。

546年丙寅，梁大同十二年，东魏武定四年，西魏大统十二年。

九月，李贲率众二万复出，陈霸先击之，李贲败逃屈獠洞。

玉壁大战：高欢围西魏前哨阵地玉壁（山西万荣西），十月，高欢督兵攻城，昼夜不息。西魏守将韦孝宽随机应对，屡破高欢攻势。高欢苦攻五十日，士卒战死，病死共有七万人。十一月，高欢染病，乃下令撤军东归。

547年丁卯，梁大同二年，东魏武定五年，西魏大统十三年。

正月，东魏丞相高欢死：欢制驭军，法令严肃，擢人受任，在于得才。

侯景频变：侯景与高氏不和，内自不安，遂据河南，归附西魏。东魏高澄遣司空韩轨攻侯景。二月，西魏以侯景为太傅，上谷公。未几，景遣使致书梁武帝，言举州以降。帝贪魏之土地，遂以景为河南王，遣羊鸦仁等将兵三万趣悬瓠（河南汝南），运粮应接侯景。

八年东魏孝静帝被幽禁：东魏孝静帝不堪受制于高澄，咏谢灵运詩“韩亡子房奋，秦帝仲连耻，本自江海人，忠义动君子。”侍讲荀济知魏帝之意，乃与祠部郎中元瑾、华山王大器等谋诛澄。事泄，澄幽禁孝静帝于含章堂，烹济等于市。

548年戊辰，梁太清二年，东魏武定六年，西魏大统十四年。

八月，侯景起兵寿阳：侯景自至寿阳，向梁征求无已，未遂心愿，恚忿，遂乘临贺王肖正德与梁武帝之隙，遣人致书于德曰："大王属当储贰，中被废，四海业业，归心大王，景虽不敏，实思处效。"德大喜，报之曰："今仆为其内，公为其外，何有不济！"景乃起兵于寿阳。

十月，侯景渡江围台城：侯景声言击合肥（安徽合肥）实攻谯州（安徽亳州），下历阳（安徽和县），引兵临江。是时，肖正德密遣大船数十艘，于采石（安徽马鞍山）渡侯景八千人过江，直入建康，围攻台城（江苏南京鸡鸣山南）。

十一月，侯景立肖正德为帝，自为丞相，改元正平，立正德子肖见理为皇太子。

549年己巳，梁太清三年，东魏武定七年，西魏大统十五年。

三月，侯景陷台城：侯景攻陷台城（江苏南京鸡鸣山南），幽禁梁武帝，废肖正德为大司马，纵兵烧杀抢劫。

五月，梁武帝死：梁武帝为侯景所制，忧愤死，时年八十六岁。侯景立皇太子肖纲为帝，是为太宗简皇帝。

六月，陈霸先起兵西江：督护陈霸先与成州刺史五怀明等起兵南海（广州），先攻打归附侯景之元景仲。

八月，东魏高澄为部下所杀，其弟高洋执掌大权。

五、梁、东魏、西魏、北齐

550年庚午，梁太清四年，东魏武定八年，西魏大统十六年，北齐显祖文宣皇帝高洋天保元年。

正月，东魏以高洋为丞相，齐郡王食邑一万户。三月又进为齐王。

五月，高洋称帝：高洋废孝静帝，自为皇帝，改元天保，建都于邺（河北磁县），国号齐，是为齐显祖文宣皇帝，史称北齐。因皇室姓高，又称高齐。高洋以东魏帝为中山王，未几杀之。东魏亡，共历十七年。

551年辛未，梁太清五年，西魏大统十七年，北齐天保二年。

三月，西魏文帝死，其子元钦立，是为废帝。

八月，侯景废梁简文帝为晋安王，幽于永福省，立豫章王肖栋为帝，改元天正。十月，侯景又杀简文帝极太子、诸王二十余人。十一月，侯称帝，国号为汉，改元太始、封肖栋为淮阴王，幽之。

552年梁太清六年，西魏废帝元钦元年，北齐天保三年。

二月，陈霸先等击败侯景肖东王肖绎从寻阳（江西九江）。发兵，东击侯景。陈霸先率三万甲骑为先锋，与征东将军王僧辩会于白茅湾（九江北）。三月，僧辩攻下姑孰（安徽当涂），进军取历阳（安徽和县），围石头城击败侯景。侯景领数百骑奔吴（江苏苏州），僧辩命侯瑱追之。

四月，羊鸥杀侯景：侯景为总政羊鹍所杀，送尸建康，传首江陵。建康士民争取食之，并骨皆尽，余众皆降于侯瑱。

十一月，湘东王肖绎称帝：梁湘东王肖绎在江陵称帝，改元承圣，是为世祖元皇帝。是时，梁州郡半数以上为西魏占有。自巴陵（湖南岳阳）以下至建康，以长江为界，荆州界北尽武宁（湖钟祥），西至硖石（安徽寿县西北）、岭南（今五岭以南地区）又为肖勃所据。诏令所行千里已，民户不满三万（那时人口很稀）。

554年甲戌，梁承圣三年，丁魏废帝三年，北齐天保五年。

正月，西魏宇文泰废帝元钦，立齐王元廓，是为恭帝、去年号、称元年，复姓拓跋氏，九十九姓改为单者，皆复其旧。

十一月，西魏军入江陵，先据江津断东路，筑长围，以精锐入城。梁元帝命高善宝焚古今图书十四万卷。未几，魏兵陷城，元帝归降。

十二月，西魏斥江陵北归：西魏斥收府库珠宝及宋浑天仪，梁铜晷表，尽俘王公以下及选男女百姓数万口，分赏给将士为奴婢，驱回长安，城中小弱者尽杀之。西魏以肖詧为梁王，使守江陵空城。

西魏杀梁元帝。

555年乙亥，梁承圣四年，后梁中宗宣皇帝肖詧大定元年，西魏恭帝二年，北齐天保刘年。

正月，肖詧称帝建后梁：梁王肖詧在江陵称帝，改元大定，向西魏称藩，史称后梁，是为中宗宣皇帝。

二月，肖方智为梁王：晋安王肖方智自浔阳至建康，即梁王位，时年十三。以太尉王僧辩为中书监，录尚书，陈霸先为征西大将军。

五月，王僧辩迎肖渊明至建康，即皇帝位，以晋安王为皇太子，向齐称藩。

九月，陈霸先京口起兵：陈霸先见王僧辩立肖渊明附齐，叹曰："外依戎狄，援立非次，其志欲何所为乎！"遂在京口（江苏镇江）举兵，袭杀王僧辩，废肖渊明。

十月，陈霸先拥立肖方智为帝，改元绍泰，是为敬皇帝，仍向齐称藩。陈霸先自为尚书令，都督中外诸军事。

十二月，齐向陈霸先求和：侯安都败徐嗣徽，俘数百人，大败齐兵，围石头城。柳达摩遣使向霸先求和。是时，建康虚弱，粮运不济，霸先遂与齐结盟，签订和约。

556年丙子，梁绍泰二年，后梁大定二年，西魏恭帝三年，北齐天保七年。

三月，齐梁健康之战：齐毁和约，遣肖轨等与徐嗣徽合兵十万攻梁。五月，齐兵自方山（江苏江宁南）进及倪塘（南京鸡鸣山南），建康震骇。陈霸先等分兵抗齐，侯安都帅十二骑突入齐阵，生擒齐将乞伏元劳。六月，齐兵潜至钟山，霸先遣将钱明将水军截击齐人运粮，自将军断齐要冲。会连日大雨，平地水丈余，齐军县鬲以炊。霸先得市人麦饭，以鸭肉盖之，士卒奋勇，大败齐兵，斩杀数千人，生擒肖轨、徐嗣徽等四十六人。

十月，西魏太师宇文泰死，子宇文觉嗣爵，为太师。西魏封宇文觉为周公，领扶风（陕西兴平东北）地。宇文护使恭帝禅位于宇文觉。

六、陈、北齐北周

557年丁丑，梁太平二年，陈高祖武皇帝陈霸先永定元年，后梁大定三年，北齐天保八年，北周孝闵帝宇文觉元年。

正月，宇文觉建周：周公宇文觉称天王，是为孝闵帝，建都长安（陕西西安），国号周，史称北周，又称宇文周。孝闵帝封西魏恭帝为宋公，未几杀之。西魏灭亡，共历三帝二十四年。

九月，梁进丞相陈霸先为相国，总揽朝政，封陈公。

晋公废宇文觉：周晋公宇文护废天王宇文觉为略阳公，未几杀之，拥立宇都公宇文毓为天王，是为世宗皇帝。

十月，陈霸先建陈：陈霸先进爵为陈王，未几，梁敬帝禅位，陈霸先称皇帝，建都建康，国号陈，建元永定，是为高祖武皇帝。陈以梁敬帝为江阴王，未几杀之。梁亡，共历六帝三十三年。

558年戊寅，陈永定二年，后梁大定四年，北齐天保九年，北周明帝二年。

三月，齐北豫刺史司马消难向周归附。

齐发兵卫送梁永嘉王肖庄至湓城（江西九江）即帝位，改元天启，以王琳为侍中丞相，录尚书事。

589年己卯，陈永定三年，后梁大定五年，北齐天保十年。北国明帝宇文毓武成元年。

六月，陈霸先死：陈武帝霸先死，其侄临川王陈蒨继位，是为世祖文皇帝。陈霸先为政宽简，生活简朴，私宴用瓦器蚌盘，后宫无金翠装饰品。

齐尽诛元氏：齐大杀元氏，前后死者凡七百二十一人，悉弃尸漳水（河北冀县北）。

八月，齐文宣帝死，子高殷继帝位，是为废帝。

560年庚辰，陈世祖文皇帝陈规天嘉元年，后梁大定六年，北齐废帝高殷乾明元年，肃宗孝昭皇帝高演皇建设元年，北周武成二年。

四月，周明帝被杀：周晋公宇文护杀周明帝，立其弟鲁公宇文邕为帝，是为高祖武皇帝。

八月，高演自立为帝：齐常山王高演为帝，改元皇建，是为肃宗孝昭皇帝，以废帝为济南王。

561年辛巳，陈天嘉二年，北周高祖武皇帝宇文邕保定元年。

十一月，齐高湛继皇位：齐孝昭帝死，其弟长广王在晋阳（山西太原）继位，改元太守，是为世祖武成皇帝。

562年壬午，陈天嘉三年，后梁大定八年，北齐太守二年，武成帝高湛河清元年，北周保定二年。

闰二月，后梁主肖詧死，太子肖岿继位，是为世宗，改元天保。

563年癸未，陈天嘉四年后梁天保二年，北齐河清二年，北周保定三年。

九月，周与突厥攻齐：周遣柱国杨忠领步骑一万与突厥从北道路攻齐，又遣大将军达奚武率步骑三万从南道出平阳（山西临汾西南）约期会师晋阳（山西太原）。

564年甲申，陈天嘉五年，后梁天保三年，北齐河清三年，北周保定四年。

正月，齐以锐师击败突厥与周兵，突厥遂劫斥晋阳以北七百余里，人畜无遗。

566年戊子，陈光大二年，后梁天保七年，北齐天统四年，北周天和三年。

七月，周隋桓公杨忠死，子杨坚袭爵。

十一月，陈安成王顼废陈帝为临海王。

573年癸巳，陈太建五年，后梁天保十二年，北齐武平四年，北周建德二年。

三月，陈出兵攻齐：陈帝命吴明彻，裴忌领兵十万，分出秦郡（江苏六合一带）、历日（安徽和县）攻齐。至十二年陈连下齐数十城，几乎尽复江北，淮泗诸地（安徽、河南、山东）。

九月，周太子宇文赟纳隋公杨坚女为妃。

574年甲午，陈太建六年，后梁天保十三年，北齐武平五年，北周建德三年。

五月，周武帝灭佛：周禁佛、道路二教，毁经、像，罢沙门、道士，并令还俗。并禁诸淫祀，非祀典所载者尽除之。

七月，周卫国公直积怨愤，乘帝外出，于京师举兵攻京城，为尉迟运击败，奔荆州，八月，被擒。未几杀之。

575年乙未，陈太建七年，后梁天保十四年北齐武平六年北周建德四年。

正月，齐后主荒淫无道：齐后主高纬由晋阳（山西太原）还邺（河北磁县）。役使百工兴建宫殿寺院，凿晋中市西山为大像，一夜燃油万盆中，光照宫中。又在邺都华林园立“贫儿村”，自衣穿褴褛之服，行乞期间以为乐。又为狗、马、鹰等加封官爵，赏赐俸禄。

由是、守令、商贾竞为贪纵、民不聊生。

七月，周武帝举兵攻齐：周武帝发兵十七万，分兵六路攻齐，以柱围绕陈王纯等为前三军总管，越王盛等为后三军总管，齐王宪帅众二万趋黎阳（河南浚县东），隋公杨坚等将舟师三万自谓入河；梁公侯莫陈黄帅众守太行道（河南孟县），以断并、冀、殷、定文兵；申公李穆率众三万守濼阳道（河南洛阳东北），以断外援；常山公于翼帅众二万出陈（河南淮阳）、汝（河南临汝）；周武帝自帅六万直指河阳。八月，周师入齐境，禁伐树和践踏庄稼。未几，陷齐河阳，进围洛口（河南巩县东北）。九月，周武帝有疾，只得弃城，回师长安。

576 年丙申陈太建八年后梁天保十五年北齐武平七年，隆化元年，北周建德五年。

十月，周武帝攻齐：周武帝发兵十四万五千人，以随公杨坚等为右三军，以丘崇等为左三军，以齐王宇文宪为前军，直指齐晋州（山西临汾）。齐守将崔景告诉急，“自旦至午，驿马三至”。适直后主与冯淑妃在天池（山西宁武西南管涔山上）打猎，以为边小小交兵，乃是常事，冯淑妃请更杀一围，后主从之。崔景嵩具无后援，请降，周军遂入晋州，俘海昌王尉相贵及甲士八千人。十一月，后主率援军至平阳（山西临汾西南），周军为避其锋芒，将力撤出晋州，留兵一万，命梁士彦坚守。齐师追之，周武帝遣宇文宪等与战，斩齐晓将贺兰狗子等，齐师乃退。周武帝于玉壁（山西万荣），集结各路人马八万多人，援晋州。是时，齐师昼夜攻之，梁士彦激励将士，以一当百，击退齐师。十二月，周武帝逼城置阵，东西二十余里。未儿，周军屐袭击，齐后主与冯淑妃恐惧北走，向高粱桥（山西临汾北）逃命，于是齐军大溃，死者万余人，周军乘胜进军晋阳。

周军陷晋阳，齐后主退至邺城（河北磁县），将领斛律孝卿诸后主亲劳将士，整军再战，并为其撰辞。嘱其宜慷慨流涕，以感激人心。后主临众，不复记所受言，遂大笑不止（他还不如刘禅）。将士怒道：“身尚如此，吾辈何急！”皆无战心。齐后主传位于八岁皇太子高恒。

577 年丁酉，陈太康九年，后梁天保十六年，北周建德六年，北齐幼主高恒承光元年。

正月，高恒即皇帝位，是为齐幼主，改元承光，尊齐后主为太上皇。

周俘幼主等人，周师攻陷邺城，齐太上皇以百骑东奔青州（山东益都），齐幼主遣人持玺绂至瀛州（河北高阳、河间一带）禅位于任城王高湝，尊太上皇为无上皇，幼主自守国天王。周师追至青州南邓村，俘齐太上皇及幼主等人。

二月，周灭齐：周攻陷瀛州，俘任城王高谐。齐范阳王高绍，义兵败，奔突厥。齐亡，共历七帝二十八年。周得齐五十州，一百六十二郡，三百三万二千五百户，二千万六千八百八十六口。至此，周统一北方。

是岁，周灭佛：周武帝召集僧徒五百人，宣布灭佛。慧远法师极力抗声争论，武帝仍令僧徒还俗。毁齐境佛像，焚烧经书，没三宝福财（三宝：即佛、法、僧。三宝福财、即坐侍院资产），并将四万作；产所寺庙，分赐王公为宅第，释放三百万佛徒为军民，还归编户。

七、陈北周

578年戊戌，陈太建十年，后梁天宝十七年，北周建德七年，武帝字文邕宣政元年。

二月，陈将吴明彻列舰围周之彭城（江苏徐州），为周将王轫等击败，吴明彻及将士将士十三万人被俘，未几，明彻忧愤而死。

六月，周武帝死：周武帝还长安，病死。太子宇文贇继位，是为宣皇帝。

闰六月，周宣帝立杨坚女为皇后（为杨坚篡周打基础）。

579年己亥，陈太建十一年，后梁天保十八年，北周宣帝宇文赟大成元年，静帝宇文阐大象元年。

二月，周宣帝禅位：周宣帝传位于太子阐，改元大象，是为静皇帝，宣帝自称天元皇帝。

580年庚子，陈太建十二年，后梁天宝十九年，北周大象二年。

五月，杨坚摄政：周宣帝死，静帝时年八岁，遂以隋国公杨坚为假黄钺，左大丞相，总理朝政。坚删略旧律，作《刑书要制》除宣帝苛政，天下大悦。

六月，周复行佛、道二教，旧沙门、道士精诚自守者简（即分别）令人道（574年灭佛，六年又复）。十二月，周以杨坚为相国，总理朝政，进爵隋王，杨坚大杀周宗族诸王。

八、陈隋

581年辛丑，陈太建十三年，后梁天保二十年，北周大象三年，静帝宇文阐大定元年，杨高祖文皇帝杨坚开皇元年。

二月，杨坚建隋：周相国隋王杨坚，废周静帝为介公，周亡。共历五帝二十五年。杨坚自为皇帝，筑大兴城（陕西西安一特）为国都，是为隋高祖文皇帝，建元开皇。高颖为尚书左仆射。

三月，隋文帝有吞并江南之志，以贺若弼为吴州总管，镇广陵（江苏扬州），韩擒虎为卢州总管，镇庐江（安徽舒城、六安一带），使潜为经略。

582年壬寅，陈太建十四年，隋开皇二年，后梁天保二十一年。

正月，始兴王作乱：陈宣帝死，始兴王叔陵遂谋夺皇位，持刀砍皇太子叔宝。由于柳皇后及奶娘吴氏相救，太子得全性命。长沙王叔宝坚命右卫将军摩诃击败叔陵。未几，皇太子陈叔宝即皇帝位，史称“陈后主”。

585 年乙已，陈至德三年，隋开皇五年，后梁天保二十四年。

五月，后梁孝明皇帝肖岿死，太子肖宗继位，是为营公。

587 年丁未，陈祯明元年，隋开皇七年，后梁广运二年。

九月，后梁亡：后梁安平王岩等驱男女十五万余口投奔陈后主。隋文帝遂废帝梁国，命后梁帝肖琮为上柱国、营公。后梁遂亡。共三帝三十三年。

十一月，隋文帝问取陈之策；隋文帝问高颖取陈之策，对曰：“量彼收获之际，微征士马，声言掩袭，彼必屯兵守御，废其家时，彼既聚兵，我便解甲。再三如此，彼以为常：后更集兵，彼必不信。犹豫之顷，我乃济师：登陆而战，兵气益倍。”隋文帝用其策。

后梁安平王肖岩降陈，隋文帝益愤，谓高颖曰：“我为民父母，岂可限一衣带水不拯之乎！”遂命杨素在永安（四川秦节）大造战船。大船名为“黄龙”，舴艋等小船，准备攻陈。

588 年戊申，陈積明二年隋开皇八年。

正月，隋诏暴后主罪状：隋文帝诏暴陈后主二十恶。诏书指出：“陈后主据手掌之地，恣溪壑之欲，动夺阎闾（即邻里），资产俱竭，驱逼内外中，费已；穷奢极侈，俾昼作夜；斩直言之客，灭无罪之家：欺天造恶，祭鬼求恩；盛粉黛而执干戈，曳罗绮而呼警哗；自古昏乱，罕或能比。”隋散写诏书三十万纸，遍谕江外（即江南），以为攻陈准备舆论。

十月，隋发兵八路攻陈：隋文帝发兵五十一万八千人攻陈国。命晋王杨广、秦王杨俊、清河公杨素为行军元帅，分八路出击。杨广出六合（江苏六合），杨俊出襄阳，杨素出永安（四川奉节），韩擒虎出庐江（安徽合肥），贺若弼出广陵（江苏杨州），刘仁恩出江陵，王世积出蕲春（湖北蕲州），燕荣出东海（江苏连云港）。隋军东捌沧海，西方拒巴、蜀、旌旗舟楫，横亘数千里。十一月，隋帝亲饯行将士，陈师誓众。十二月，隋军临江。陈后主得知隋军临江中，从容谓臣下曰：“王气在此，齐兵三来，周兵再来，无不摧败。彼何为者邪！”佞臣孔范附和道：“长江天堑，无不摧败。彼何为者邪！”佞臣孔范附和道：“长江天堑，古以为限南北，今日虏军岂能飞渡邪！边将欲作功劳，妄言事急。”陈后主笑以为然，故不为深备，奏伎、纵酒、赋诗不辍。

南北朝世代表（420年-588年）

一、南朝

宋（420-479）

1. 武帝刘裕	420/422年二年	5. 前废主刘子业	465年
2. 少帝刘义符	423/424年一年	6. 明帝刘彧	465/472年七年
3. 文帝刘义隆	424/453年二十九年	7. 后废帝刘昱	473/477年四年
4. 孝武帝刘骏	454/464年十年	8. 顺帝刘准	477 / 479年二年

齐（479-502）

1. 高帝肖道成	479 / 482年二年	5. 明帝肖蛮	494/498年四年
2. 武帝肖绩	483/493年十年	6. 东昏侯肖宝卷	499/501年二年
3. 郁林王肖昭业	494年一年	7. 和帝肖宝融	501/502年一年
4. 海陵王肖昭文	494年一年		

梁（502-557）

1. 武帝肖衍	502/550年五十年	3. 元帝肖绎	552 / 555年三年
2. 简文帝肖纲	550/551年一年	4. 敬帝肖方智	555/557年二年

陈（557-589）

1. 武帝 陈霸先 557/559年二年	4. 宣帝 陈顼 569/582年三年
2. 文帝 陈蒨 560/566年六年	5. 后主 陈叔宝 583/589年六年
3. 废帝 陈伯宗 567/568年一年	

二、北朝

北魏（386-534）

1. 道武帝拓跋洼	386/409年二十三年	7. 宣武帝元恪	500/515年十五年
2. 明元帝拓跋嗣	409/423年十四年	8. 孝明帝元诩	516/528年十二年
3. 太武帝拓跋焘	424/452年二十八年	9. 孝庄帝元于攸	528/530年二年
4. 文成帝拓跋睿	452/465年十三年	10. 节闵帝元恭	531年一年
5. 献文帝拓跋宏	466/471年五年	11. 废帝元朗	531/532年一年
6. 孝文帝元宏	471/499年二十八年	12. 孝武帝元攸	532/534年二年

东魏（534-550）

孝静帝元善见	534/550 年十六的

西魏（535-557）

1. 文帝 元宝炬	535/551 年十六年	4. 恭帝 元廓	554/557 年三年
2. 废帝 元钦	552/554 年二年		

北齐（550-577）

1. 文宣帝高洋	550/559 年九年	4. 武成帝高湛	561/565 年四年
2. 废帝高殷	560 年一年	5. 后主高纬	565/576 年十一年
3. 孝昭帝高演	560/561 年一年	6. 幼主高恒	577 年一年

北国（557-581）

1. 孝闵帝　宇文觉	557 年一年	4. 宣帝　宇文	578/579 年一年
2. 明帝宇文毓	557/560 年三年	5. 静帝　宇文阐	579/581 年二年
3. 武帝宇文邕	561/578 年十七年		

十四卷 隋朝

（589 年—618 年）

589 年己酉，陈后主祯明三年，隋文帝杨坚开皇九年。

正月，隋灭陈：隋将贺若弼自广陵渡江，克京口（江苏镇江），控建康下游门户；韩擒虎自采石渡江，克姑孰（安徽当涂），扼建康上游咽喉。西路逼建康，沿江陈军纷纷溃散。贺军进据中山（南京市内），韩军屯于新林。时建康尚拥军十万，陈将屡请迎战，陈后主皆不许，唯日夜涕泣。至隋军合围之势已成，陈后主又轻率决战，命鲁广达、任忠、肖摩柯等于钟山附近布阵，南北二十里，首尾进退不相知。贺若弼率军激战，擒有肖摩祠、鲁广达；韩擒虎自新林进军，任忠迎降，引韩军直入朱崔门。陈后主仓皇从十余富人出景阳殿，自投于枯井中。“既而军人窥井，呼之，不应，欲下石，乃闻叫声；以绳引……出”，投降。高颖先入建康，见陈叔宝床下京口前线告急急密奏尚未启封。杨广入建康，命陈叔宝手书报上游诸将，陈水军都督周罗喉等皆降。陈亡。至此，二百七十余年的分裂局面，又归统一。诏遣使者，巡抚陈各州郡。

二月，陈境皆平：陈吴州（江苏苏州）刺史萧瓛举兵拒隋，遣宇文述击破之，俘萧瓛送长安斩。陈湘州（湖南长沙）刺史陈叔慎于汉口。岭南（五岭山以南地区）数郡，共奉少数民族女首领，梁高凉（广东阳江西）太守冯宝妻洗夫人为主，号“圣母”保境拒宋。遣韦洸安抚岭外，为陈余兵所阻，晋王杨广命陈叔宝致书洗夫人，谕以国亡，使之归附隋朝。洗夫人迎韦洸入广州，岭南诸州皆定。于是陈境皆平。隋之灭陈，计得三十州，一百郡，四百个县五十万户，二百万人口。诏建康城邑官室，并平为耕地。

590年庚戌，隋文帝开皇十年。

十一月，镇压江南豪族叛乱：江南自东晋以来，世族陵驾寒门；平陈之后，派官限制剥夺其特权。苏威复作《五教》，近其诵读，激起不满。婺州（浙江金华）越州（浙江绍兴），苏州、饶州（江西波阳），温州、泉州（福建福州）、杭州、交州（广东广州）等地豪民纷纷起兵，自称天子或大都督，攻陷州县。陈之故境，大抵皆反，大者数万小者数千。遣杨素率军进讨，屡经激战，叛乱平息，江南大定。

598年戊午，隋文帝开皇十八年。

二月，击高丽无功而返：高丽王元结靺鞨之众万余侵扰辽西，为隋军击走。文帝以汉王谅，王世积并为行军元帅，发陆军三十万击高丽，以尚书左仆射高頍为汉王长史，周罗喉为水军总管。六月，汉王谅军出临渝关（山海关），因水潦运输受阻，军中缺粮，又遇疾疫。周罗睺军自东莱（山东掖县）、泛海赴平壤，因遭风船多漂没。九月，俱无功而还，死者十之八九。高丽王元亦遣使谢罪，上表称“辽东粪土土臣元”，于是罢兵，待之如初。

599年已未，隋丈帝开皇十九年。

八月，高颖罢相，除名为民：高颖因未赞同废太子勇，得罪独孤后，独孤后屡进谗言，触怒文帝，高颖被免官，继而除名为民。

600年庚申，隋文帝开皇二十年。

十月，废太子勇为庶人：先是太子勇率意任情，无所矫饰，文帝渐生猜忌。晋王广私结大臣，惠及仆婢，巧言矫饰，获帝后欢心。杨素乘机亟言太子不才，晋王孝悌恭俭。对勇多加谗毁，于是文帝废勇及其子女为庶人。穷治东宫党与，杀史万岁。

十一月，立晋王广为皇太子：囚故太子勇于东宫，付太子广监管。勇屡请见文帝申冤，为广所阻不得见。于是勇攀树高呼，声闻帝所，冀得引见。杨素说勇神志昏乱，文帝信以为然，终不得见。

602 年壬戌，隋文帝仁寿二年。

十二月，废蜀王秀（文帝子）为庶人：先是，太子勇废，晋王广为太子，秀意甚不平。太子广恐秀终为后患，令杨素求其过而害之。文帝征秀至长安，令杨素处治之，遂废为庶人，囚于内侍者。杨素渐疏：杨素一家，皆位高官；广营资产，自京师及诸方都会处，邸店、碾硙、便利田宅，不可胜数；家僮数千，后庭妓妾以千数。既废太子及蜀王，杨素威权愈盛。大理卿梁毗见杨素专权，恐为国患，乃上书论其事。文帝渐疏之。乃下令："仆射国之宰辅，不可躬亲细务，但三五日一向者，评论大事。"外示优崇，实夺其权。

604 年甲子，隋文帝仁寿四年。

七月，太子广杀文帝即位为炀皇帝：先是，文帝正月幸仁寿宫，四月卧病，七月病危，卧与群臣诀别。进杨素，柳述元岩皆入宫侍疾，召太子广入大宝殿。广与杨素预谋，素密奏为宫人误送文帝处，文帝大怒。杨广又无礼后宫，文帝乃呼柳述、元岩下大理狱；控制门禁；尽遣皇宫出就别室；令张衡入寝拉杀文帝；"血溅屏风，冤痛之声闻于外"。文帝死，杨广即皇帝位。遣杨素弟杨约入长安，矫文帝之诏，赐故太子勇死，缢杀之。杨坚代周称帝，建立隋朝，进行政治改革，完成统一事业。开皇初民户不满四百万，仁寿末超过八百九十万。杨坚性多猜忌，听信谗言，功臣故旧无始终保全者，乃至子弟，皆如仇敌。

八月，汉王谅起兵；汉王谅（文帝子）以讨杨为名起兵，直指京师。遣杨素领兵数万进讨，大破之。谅请降，余部悉平。谅除名为民，幽禁而死。

十一月，陈叔宝卒，赠大将军，长城县公，谥曰炀（陈叔宝亡国后又活了十五年）。

605 年乙丑，隋炀帝杨广大业元年。

三月，营建东都二令尚书令杨素，将作大匠宇文恺营建东京，每月役使丁夫二百万，规模浩大，工程严急，役工因劳役而死者十之四五，载尸车相望于道。一年建成，徙天下富商大贾数万家以实之。同时，令宇文恺、封德彝等营建显仁宫。以大江以南，五岭以北厅材异石，运抵洛阳；又求海内嘉木异草，珍禽厅兽，以实苑园。据隋末唐初人张玄素所见："隋氏初营宫室，近山无大木，皆致之远方，二千曳一柱，以木为轮则戛摩火出，乃铸铁为毂，行一二里，铁毂辄破，别使数百人赍铁毂随而易之，尽日不过行二三十里，计一柱之费，已用数十万工力，则其余可知矣"（《资治通鉴》唐太宗贞观四年）。

开凿运河：发自河南、淮北郡民工百余万，开通济渠。自洛阳西宛引谷、洛二水入黄河；又自板渚引黄河水东流入淮河，到达山阳（江苏淮安）。又发淮南民十余石开邗沟，自山阳疏导吴王夫差所开邗沟，引淮水南下至扬子（江苏邗江南）入长江。渠宽四十步，沿渠筑御道，植柳树：自长安至江都（江苏扬州）置离宫四十余所。

五月，筑西苑：周围二百里，掘池为海，周围十余里；海中有蓬莱、方丈、瀛州诸山，高出水面百余尺，山上建台观殿阁。海北有龙鳞渠，沿渠十六院，皆以四品夫人主之，殿堂建筑，穷极华丽。宫树冬凋，则剪彩为花叶，缀于枝条，色褪则换，常如阳春。

八月，炀帝游江都：所乘龙舟计四层，高四十五尺，长二百尺。上层有正殿、内殿、东西朝堂，中间两层有百二十房，皆饰金玉。下层为内侍居住之所。其他各样船只数千艘，共用挽船士八万余人，其中九千人谓之殿脚，皆衣锦彩。十二卫士又乘船数千艘，皆自挽。船只首尾相接二百余里。所过州县，五百里内皆令献食，多者一至百抬，极水陆珍奇；后富饱厌，出发之际，多弃埋之。

607 年丁卯，隋炀帝大业三年。

七月，筑长城：发男丁百余万筑长城，西起榆林，东至紫河（内蒙古南部、山西西北部长城外的浑河）二旬而毕，死者十之五六。

同月，杀高颖贺若弼等：大臣高颖、贺若弼私议征散乐、筑长城、侈宴启民事，以“诽谤朝征”被杀。高颖执掌朝政达二十年，先后推荐苏威、杨素、贺若弼、韩擒虎等人为将相。高颖之死，时人多为之惋惜。

608 年戊展，隋炀帝大业四年。

正月，凿永济渠：发河北民夫百余万凿永济渠，引沁水南通黄河，北达涿郡（北京），全长二千余里，直通龙舟。男丁不足，妇女亦被迫出役。

609 年已巳，隋炀帝大业五年。

是岁，阅实户口：民部侍郎裴蕴，以民间户籍，脱漏户口及诈注老少者尚多（“诈老诈小”即虚报年龄以躲过纳税年限），奏令貌阅（阅其貌以验老小），若一人不实，则官吏解职。又许民检举得一丁者，令被检举之家代输赋役，共检出一百九十，县一千二百一十五里。是为隋朝极盛时代。

610 年庚午，隋炀帝大业六年。

三月，以王世充领江都宫监：炀帝至江都，以王世充领江都宫监。世充本西域胡人，幼从其母改嫁王氏，因改姓。以其阿谀奉承，雕饰池台，得炀帝宠爱。

十二月，凿江南河：何京口（江苏镇江）至余杭（浙江杭州），长八百余里，宽十余丈，可通龙舟。

611年辛未，隋炀帝大业七年。

二月下诏征高丽：炀帝自江都（江苏扬州）乘龙舟，入永济渠，赴涿郡（北京）。下诏击高丽。命元弘嗣往东莱（山东掖县）海口造船三百艘，官吏督役，船工昼夜立水中，不得休息，自腰以下生蛆，死者十之三四。总征各地水陆兵，不论近远，俱令会涿郡。又发江淮以南水手一万人，弩手三万人，岭南排镩手三万人，于是四远奔赴如流。

四月，炀帝至涿郡临朔宫。

五月，令河南、淮南、江南造戎车五万乘，发河南北民夫以供军需。七月，发江淮以南民夫及船只运黎阳及洛口诸仓米至涿郡，船队首尾千余里，往还在道常有数十万人，昼夜不绝，死者相枕，臭秽盈路，天下骚动。

是岁，民不聊生义军纷起：为准备击高丽。调兵征粮，举国就役，致使“耕稼失时、田畴多荒”。“谷价踊贵……斗米直数百钱”。民不聊生，义军纷起。

王薄起兵：齐郡邹平（山东邹平北）人王薄因兵役繁重，领导农民起义。以长白山为根据地，自称知世郎，作《无向辽东浪死歌》经相号召。避兵役者多向归之。

窦建德起兵：清河漳南人窦建德，胆力过人，会募人征高丽，以勇敢选为二百人长，因助孙安祖起义，家属被杀，遂率部起义，投高鸡泊高士达，任司兵。

翟让起兵：东郡韦城（河南滑县东南）人翟让，骁勇有胆略。初任东郡法曹，坐事当斩，为狱吏救脱，于瓦岗（河南滑县南）起义，与单雄信、徐世绩等据瓦岗，众至万余人，多为善使长枪之渔猎手。

612年壬申，隋炀帝大业八年。

正月，下诏誓师水陆征高丽；征高丽大军集涿郡，炀帝下诏誓师，陆路左右各十二军，凡一百一十三万三千八百人，号称二百万。“日遣一军，相去四十里”“首尾相继，鼓角相闻，旌旗亘九百六十里。”总趋平坑平壤。水路由右翊卫大将军来护儿率江淮水军，出东莱（山东掖县），浮海先进，船舰首尾相接数百里。出师之盛，近古未有。

三月，围辽东城：诸军渡辽水，击败高丽兵，乘胜围辽东城。炀帝至辽东。

五月，辽东城素攻不下，缘炀帝早戒诸将：“凡军事进止，皆须奏闻待报，毋得专擅。”辽东城将陷，城中人即请降，俟驰奏批复，则已丧失战机，被又固守拒战，如此再三，终不醒悟。

六月，水军大败：来护儿率水军登陆，大破高丽兵：乘胜以四万人入平壤城，纵兵俘掠，中伏大败，士卒还者不过数千人。

七月，陆军大败而还：于文述，丁仲文等率九军三十万五千人渡鸭绿江，行军中人马皆备百日粮，重不能负。下令军中："士卒有遗弃米粟者斩！"军士皆于帐幕下掘坑埋之，行至中途粮已将尽，被诱深入，渡萨水（清川江），去平壤城三十里。士卒疲惫，回师途中大败于萨水，丧三十万人，资储器械丧失殆尽。及至辽东，只余二千七百人。炀帝下诏班师，以所得高丽他置辽东郡。

613年癸酉，隋炀帝大业九年。

正月，再征兵击高丽：再征各地兵集涿郡。募民为骁果，置折冲等郎将官以统之。修辽东古城以储军粮。

六月，杨玄感起兵黎阳：礼部尚书杨玄感起兵黎阳（河南浚县境），进围东都。玄感、杨素子。见朝政日紊，谋起兵。炀帝击高丽，命玄感于黎阳督运军粮，乃入黎阳，选壮运夫五千余人，誓师反隋。如李密问计，密陈三策：上策，取蓟城（北京），据临渝（山海关），绝其归路：中策，直取长安，据险而守；下策，袭取东都，号令四方。遂引兵围东都。达官子弟四十余人降玄感，众至十万。

炀帝班师：辽东城久攻不下，炀帝闻杨玄感起兵，大惧，立即班师，军资、器械堆积如山，皆弃而不顾。遣宇文述，来护儿击杨玄感。

七月，杨玄感引兵趋潼关：杨玄感围攻东都，月余不克隋援军继至，乃解围西趋潼关，欲取长安。

八月，杨玄感败死：杨玄感为宇文述追及，败死。炀帝谓大臣曰："玄感一呼而从者十万，益知天下人不欲多，多即相聚为盗耳。不尽加诛，无以为后。"遣官穷治杨玄感党与，所杀三万余人。

十二月，杜伏威、辅公拓等起义：唐县（河北唐县南）宋子贤，自称弥勒佛，谋起兵袭炀帝，事泄、被杀。扶凤（陕西凤翔）僧人向海明，亦称弥勒佛出世，起兵众至数万，称帝，改元白鸟，失败。章丘杜伏威，临济（山东章丘西北）辅公拓率众起义，转向淮南，合苗海潮，赵破陈等部。自称将军，声势大振，进逼江都。

614年甲戌，隋炀帝大业十年。

二月，扶凤（陕西凤翔）唐弼起义，立李弘芝为皇帝，有众十万，自称唐王。

十二月，涿郡卢明月率众十余万屯据祝阿（山东长清东北）张须陀率万人击之。隋军粮尽，张须陀兵遁去，留罗士信、秦叔宝率千人伏兵。卢明月全军追击，营栅为伏兵焚毁，他促奔还，和须陀回军奋击，大败。

615年乙亥，隋炀帝大业十一年。

四月，以李渊为抚慰大使：以李渊为山西、河东抚慰大使，承制陟，选捕郡县文武官，李渊至龙门（山西河津）击破毋端儿。

十月，诏江都再造龙舟：凡数千艘，制度大于旧者（旧船在杨玄起兵焚毁）。

616年丙子，隋炀帝大业十二年。

正月，起义遍全国：新正朝会，二十余郡朝集使不至，遣使十二道发兵镇压起义军。

七月，炀帝三游江都（二次是610年三月）：江都龙舟造成，送东都，宇文述劝炀帝江都。命越王杨侗留守东都。帝以诗留别宫人曰："我梦江都好，征辽亦偶然。"任宗，崔民象、王爱仁等极谏被杀。

十月，宇文述卒、其子宇文化及曾侍炀帝于东宫，有宠，至是以化及为右屯辽将军。

李密投翟让，破张须陀：李密（588-618）出身于贵族之家，少有才略，曾为炀帝侍卫，后称病自免，尝乘黄牛读《汉书》，结识杨玄感。因参与杨玄感起兵，失败被捕，押送途中逃脱，辗转投入瓦岗军。先献策与翟让。破析形势，定灭隋取天下之目标；并往说王当仁、王伯当、周文举、李公逸等部并入瓦岗军；又说翟让引兵破金隄关（在河南荥阳东北）及荥阳诸县以足军粮。瓦岗军连续获胜，炀帝以张须陀为荥阳通守率军二万进击。李密分兵千余于荥阳大海寺北丛林设伏，王伯当、徐世勣等伏兵于大海寺西侧，翟让出战不利，引张须陀追逐十余里，伏兵齐发，大破隋军，遂斩须陀于阵。"使"江南郡县为之丧气。《旧唐书·李密传》、《资治通鉴》大业十二年。

十二月，窦建德称将军：涿郡通守郭绚率万余人攻高士达，士德授兵于窦建德，建德大败隋军，斩郭絇。隋将杨义臣继续进攻，士达不听建德暂避其锋的建议，率兵迎击小胜即纵酒高宴，结果为杨义臣所被，战死。建德收其散兵，自称将军。先是，起义军"得隋官及士族子弟，皆杀之，独建德善遇之"由是，隋军常以诚投降，建德军至十余万。

涿郡隋将罗艺，据郡城，自称幽州总管。

617年丁丑，隋炀帝大业十三年，恭帝杨侑义宁元年。

二月，梁师都起兵：朔方（陕西横山西）鹰扬郎将梁师都起兵反隋，三月，攻占雕阴、弘化，延安等郡（陕西北）自称皇帝，国号梁，建元天兴，依附突厥。

瓦岗军攻克洛仓：李密说翟让曰："今东都士庶，中外离心，留守诸官，政令不一。明公亲率大众，直掩兴洛仓（河南县）发粟以赈穷乏，远近孰不归附！百万之众，一朝可集。先发制人，此机不可失也！"（《旧唐书李密传》）乃与翟让率精骑七千人，一举攻克兴洛仓；开仓任饥民取粮，老弱妇乳，道路不绝，前来取粮者近百万。初因无人宣，又无文卷，随意取之，或因离仓之后，力不能及，弃之于路，自仓门至郭门米厚数寸，为车马所践踏，就食者以荆筐淘米米中，洛水西岸十里之间，望之皆如白沙。

李密称魏公："东都越王侗遣刘长等率步骑二万五千进攻起义军，被击溃，士卒死者十之五六。瓦岗军声势大振。翟让推李密为主，号魏公，建元永平，江淮以北及河南各部起义军孟让：郝孝德等多附之，众至数十万，筑洛口城，方四十里而居之，继陷河南大部郡县。

五月，李渊起兵太原：先是，李渊见隋室将亡，乘机发展势力，准备夺取政权，命长子李建成"于河东（山西永济）潜结英雄"，次子李世民"于晋阳（太原）密招豪杰"。（《大唐创业起居注卷一》）李世民结好于晋阳令刘文静及隋晋阳宫付监寂，共谋起兵。李渊尚犹豫待机，李世民谓李渊曰："今主上无道，百姓困穷，晋阳城外皆为战场：大人若守小节，下有盗寇，上有严刑，危亡无日。若不顺民心，兴义兵，转祸为福，此天授之时也。"明日，世民复谓渊曰："今盗贼日繁，遍于天下中，大人受诏讨贼，贼可尽呼，要之，终不免罪……没能尽贼，则功高不赏，身益危矣！及刘武周据汾阳宫，李渊乃命李世民，刘文静各募兵，旬日间得近万人。付留守王威、高君雅颖渊有异志，李渊伏兵捕王威、高君雅，谓其引突厥人，遂斩之以起兵。

六月，李渊准备入关：李渊求助于突厥，自为于启，辞厚礼，致始毕可汗。始毕复书，意若李渊称帝，愿以兵马助之。渊以时机未至，裴寂等乃请尊炀帝为太上皇，立代王侑为帝，传檄诸郡，改易旗帜。西河郡（山西汾阳）不服，遣将攻克之。遂定入关之计。李渊自称大将军，建大将军府，置三军。以李建成为陇西公、左领军大都督、领左军；李世民为敦煌公，右领军大都督，领右军；李元吉为姑公，领中军。七月，李渊发兵晋阳：李渊以李元吉为太原太守，留守晋阳官，自与李建成、李世民等率兵三万发晋阳。遣刘文静至突厥请兵。代王侑遣宋老生率精兵二万屯霍邑（山西洪洞北），屈突通屯河（山西永济蒲州镇）以拒李渊。

八月，李渊取霍邑：李渊一战斩宋老生，遂取下霍邑。

九月，隋从炀帝留驻江都之士兵逃亡日多，炀帝搜括江都境内之寡妇和处女，配士兵，以稳士兵。

同月，李密陷黎阳仓：武阳郡（北大名东）丞元宝藏投降李密，请率部取黎阳仓（南浚县西南）。李密以元宝藏魏州总管，以其门客魏征为元帅府文学参军，掌记室。遣徐世勣率五千人与元宝藏、郝孝德等攻克黎阳仓，开仓任民就食，旬日间得胜兵二十余万。

李渊围河东趋长安：李渊率诸军围河东，屈突通凭坚固守。李渊留诸将围河东，自引军西趋长安。渊女李氏起兵鄠县（在陕西鄠县北），遣使迎渊，自引精兵万人，与李世民会师于谓北，号"娘子军"。

十一月，李渊攻克长安：与民约法十二条，尽除隋朝苛禁。迎代王侑即皇帝位，改元义宁，遥尊炀帝为太上皇。以李渊为假黄、使持节、大都督内外诸军事，尚书令，大丞相，进封唐王。渊与马邑郡丞李靖不睦，入城后欲斩之，因李世民恳请，乃释之。世民置之于幕府。李靖少负志气，有才略，其舅韩擒虎每抚之曰：“可与言将帅之略者，独其子耳！”

李密杀翟让：翟让部将王儒信劝让为大冢宰，总领众务以夺李密权，翟让兄翟弘谓让曰；“天子汝当自为，奈何与人！”汝不为者，我当为之！”翟让不听。在房彦藻等策动下，李密宴酒请翟让，令左右尽出就餐，出良弓与让习射，让方引满，遣壮士自后斩之。并杀翟弘及王儒信等。自此瓦岗旧将心怀疑惧。

隋朝世代表（581-618）

1. 文帝杨坚	581/604 年二十三年
2. 炀帝杨广	604/618 年十四年
3. 恭帝杨侑	617/618 年一年
4. 皇泰帝杨侗	618/619 年一年

十五卷唐朝

(618 年—907 年)

一、高祖 李渊 618 年——626 年

618 年戊寅，隋恭帝义宁二年，唐高祖李渊武德元年。

正月，李密败王世充：王世充率东都兵屯于巩县北，造浮桥渡洛水击李密，为密所败，溃兵争桥溺死者万余人。世充北走河阳（河南）孟县南，沿途冻死者又以万数，仅数千人至河阳。越王侗召其还东都，偃师等地隋将皆降。

唐王出兵掠地东都；唐王以世子建成为左元帅，秦公世民为右元帅，督诸军十余万掠地东都。

三月，宇文化及杀炀帝：炀帝至江都，荒淫益甚，然见天下危乱，亦忧惧不安。曾引镜自照，顾谓肖后曰：“好头颈，谁当斩之！”炀帝无心北还返，欲都丹阳（南京），从驾士兵多关中人，久别乡里，多谋盼归，逃亡不止。郎将赵好枢、司马德戢等乘机拥宇文化及为主。司马德戢等引兵入宫，列举炀帝罪状，欲

杀之。炀帝索鸩酒，不许；乃自解练巾，使人缢杀之。又杀赵王杲等，隋宗室、外戚皆死，以皇后令立秦王浩为帝，居别宫，令发诏画敕书而已。化及自称大丞相，拥兵北上，留陈稜为江都太守，夺江都入舟楫，取彭城水路，声言欲还长安。

四月，世民，建成还长安：建成，世民率兵至东都城外，东都闭门不应，回军时世民设伏兵斩段达所率东都追兵四千级，遂还长安。

五月，李渊称帝：隋恭帝禅位于唐，唐王李渊称皇帝，建元武德。罢郡置州，以太守为刺史。

隋越王侗称帝：东都留守官闻炀帝被杀，奉越王侗即皇帝位，改元黄泰。以段达、王世充、元文都等七人共掌朝政。

六月，唐立李建成为皇太子，封李世民为秦王，李元吉为齐王。

李密败宇文化及奉表降隋：宇文化及攻黎阳（河南浚县），李密、徐世勣率兵拒之，但恐东都攻其后路，东都畏宇文化及西来，遣使说李密合击之，以期密与化及两败俱伤。李密为解除后顾之忧，上表于隋黄泰帝，乞降，东都拜李密为太尉，尚书令，东南道大行台行军大元帅、魏国公。令先平宇文化及，然后入朝辅政。七月，李密集精兵攻化及，为流矢所中，秦叔宝力战，化及乃退，李密西还。适移都王世充政变，杀诸留守官，自为左仆射，总督内外诸军事，独掌大权。李密将入朝辅政，闻变而固。

九月，李密败于王世充，降唐：初，李密既杀翟让，渐疏瓦岗旧将。至破宇文化及还，其劲卒良马多死，士卒疲病。王世充乘机先精锐二万余人，出师击李密至偃师。李密如诸将会议，魏征主深沟高垒以拒之：单雄信等欲战者十七八，李密惑于众议而从之，又有轻世充之心，不设偃师，获裴仁基，郑 、祖君彦等数十人，密部将邴元真、单雄信等皆降王世充。李密率二万人入关降唐。

宇文化及称帝；宇文化及杀隋秦王浩，称帝于魏县（河北大名西），国号许，建元天寿，署置百官。

十一月，李世民大破薛仁果于浅水原，薛仁果降唐，陇右平。徐世勣降唐：徐世勣据李密旧境，无所归属，魏征随李密至长安，自请安集山东，致书劝其早降，世勣来决计降唐。赐姓李，授黎州总管，封英国公，长史郭孝恪同降。

十二月，幽州总管罗艺以幽州降唐，薛万彻、温彦傅随降，盛彦师斩李密：李密东进途中叛唐，唐行军总盛彦师，斩密及王伯当于熊耳山，传首长安。

619年乙卯，唐高祖武德二年，隋皇泰二年。

闰二年，窦建德诛宇文化及、奉表于隋：王蒲率众从宇文化及、共守聊城。窦建德大败宇文化及，猛攻聊城，王薄开城迎建德入城，宇文化及等被擒杀。建德克城得资财，悉以分与将士，自身无所取。粟饭蔬食，妻子不衣纨绮。破化及，得隋宫人千余，即时遣散。奉表于隋，黄泰帝封为复王。

秦叔宝降唐：王世充大将秦叔宝、程知节等恶王世充多诈于阵前跃马降唐。李世民重用之。

三月，王薄等降唐：王薄等以东海、齐郡、东平、话城、平陆、寿张、须昌等地降唐。

四月，王世充称帝：王世充废隋皇泰帝，幽禁于含凉殿，自称皇帝，建元开明。

五月，王世充杀隋皇泰帝：王世充忌礼部尚书裴仁基，左行大将军裴行俨有威名，仁基父子知之，亦不自安，谋杀世充，复立黄泰帝，事泄，皆被杀，王世充又杀黄泰帝，谥曰恭皇帝。

七月，徐圆朗以数州降唐；王世充大将罗士信降唐。

八月，唐杀隋废帝杨侑，亦谥为恭皇帝。

九月，唐败梁师都：梁师都与突厥共数千骑攻延州（陕西延安东北），被唐军击溃，追逐二百里，破其所属魏州，掳男女两千余口。

620年庚辰，唐高祖武德三年，王世充开明二年。

四月，李世民大破刘武周：李世民屯兵柏壁，与宋金刚相持数日，金刚粮尽，北走。世民乘胜追击，一昼夜行军二百余里，至雀鼠谷（山西介休西南），已二日未食，三日未解甲，一日八战，大破金刚，俘斩数万人。金刚部将尉迟敬德，以介休降世民。刘武周闻金刚败，弃并州走突厥，金刚亦投突厥，后部被突厥所杀。世民入并州，武周所得州县皆入于唐。

六月，唐封杜伏威为吴王：诏以杜伏威为扬州刺史，东南道行台尚书令，淮南道安抚使，晋封吴王，赐姓李氏。以辅公拓为行台左仆射，封舒国公。

621年辛巳，唐高祖武德四年，王世充开明三年，李子通明政三年。

正月，李世民败王世充：李世民选精锐千余骑，皆皂衣玄甲，使秦叔宝、程知节、尉迟敬德等统领，以之大败王世充。

二月，李世民围洛阳宫城：李世民败王世充于谷水，进围洛阳宫城，城中守御甚严，大炮飞石重五十斤，掷二百步，八弩弓箭如车辐，镞如巨斧，射五百步，围攻每日不克，唐军疲惫思归，有请班师者。世民坚主“洛阳未破，师必不还，敢言班师者斩！”

三月，李世民败窦建德：窦建德发兵十余万，西救洛阳。封德黎等主退兵以避其锋，薛收等主先破窦建德，洛阳可不攻自下。亲王李世民分兵，使齐王李元吉与屈突通等围困东都，自与尉迟敬德等东据武牢（即虎牢，在河南荥阳汜水镇），败窦建德。

五月，李世民俘窦建德，王世充降：窦建德被阻于武牢，其部下凌敬建议出兵唐后，震撼关中，以解洛阳之围，建德未从。拟俟唐军粮草用尽，牧马于河北时袭武牢。李世民察敌形势，留马千余匹牧于河北以诱之。建德全军出动，列阵二十里，自辰至午，士卒饥倦，唐军突袭，大败之，建德受伤被俘。王世充召诸将议突围，诸将皆曰："吾所持者夏王（窦建德），夏王今已为擒，虽得出，终必无成。"王世充率群臣降，唐军入洛阳。世充、建德故地悉平。

七月，李世民献俘长安：李世民至长安，献俘于太庙。诏赦王世充为庶人，涉蜀；斩窦建德。王世充未行，为仇人所杀。以天下略定。大赦百姓，免徭役一年，部分地区二年。

刘黑闼起兵：窦建德部众拥刘黑闼起事，据漳南（山东武城东北）。八月，刘黑闼鄃县（山东夏津），自称大将军。已降唐之徐园朗（王世充部将）以兖州归附刘黑闼，附近诸州多应之。

九月，刘黑闼败唐军于饶阳：唐军五万，由李神通、李艺率领，与刘黑闼战于饶阳（河北饶阳），唐军大败，士马军资失三分之二。黑闼兵势大振。

十二月，刘黑闼尽复建德旧境：先取唐定州，总管李玄能被俘自刎。继陷冀州，建德故将争杀唐官以应之。又败李世勣于洺州，继陷相黎、卫、邢、赵、魏诸州，半年之间，尽复建德旧境。北连突厥，声势大振（成为李世民之劲敌）。

622年壬午，唐高祖武德五年。

正月，刘黑闼称汉东王，建元天造，定都洺州（河北永年东南）窦建德的文武官员全复职。秦王李世民击刘黑闼，屯兵洺水。幽州总管罗艺率所部数万助之，败刘黑闼于徐河。

三月，李世民破刘黑闼：刘黑闼先陷先洺水城，唐将罗士信被俘杀。李世民拔洺水城，与罗艺结营洺水之南，刘黑闼屡次挑战，世民坚壁不应，别遣奇兵绝其粮道。相六十余日，世民度黑闼粮尽，必来决战，使人于洺水上流堵水，并嘱待战时决堤放水以助战。黑闼果率步骑二万南渡洺水，世民自率精骑破其骑兵。黑闼率众作殊死战，守吏决堤放水，水深丈余，黑闼众大溃，万数千人被溺死，黑闼奔突厥，山东悉平。

十月，齐王李元吉击刘黑闼于山东，无功，刘黑闼屡败唐兵，几尽复其原故地。

十一月，李建成请击刘黑闼：齐王李元吉畏刘黑闼兵强，不敢进击。魏征说太子建成曰："秦王功盖天下，中外归心；殿下但以年长位居东宫，无大功以镇海内。今刘黑闼散亡之余，众不满万，资粮匮乏，以大军临之，势如拉朽，殿下宜自击之以取功名，因结山东豪杰，庶可自安。"李建成请出兵。诏太子建成击刘黑闼。

十二月，李建成破刘黑闼：刘黑闼引后拒李建成，李元吉。魏征谓建成曰："前破黑闼，其将帅皆悬名处死（言逃亡者列名单处死罪），妻子系虏；故齐王之来，虽有诏书赦其党与之罪，皆莫这之信。今宜悉解其囚俘，慰谕遣之，则可坐视离散矣！”建成从之。黑闼粮尽，众多逃亡，为唐军所败，黑闼仅以数百骑亡去。

是岁，高丽遣还隋俘：高丽王建武遣还隋末被俘战士万余人；高丽人被中俘者，也放归本国。

623 年癸未，唐高祖武德六年。

正月，斩刘黑闼：李建成遣将追刘黑闼，刘黑闼为部下所执，送于李建成军，斩于洺州。

八月，辅公拓称帝：淮南道行台仆射辅公拓起事，据丹阳称帝，国号宋，修复陈朝宫室，设置文武百官，建元天明，后改乾德，与张善安相结；诏岭南道大使李靖，齐州总管李世勣等四路出兵进击。

624 年甲申，唐高祖武德七年。

三月，辅公拓败死：唐兵屡败辅公拓部，李靖兵逼丹阳，辅公拓弃城东走，被执处死，江南皆平。

三月，厘定官制：中央设三公、六省、九寺、御史台、将作监、国子学、天策上将府、十四卫。文散官二十八阶；武散官三十一阶；勋官十二等。

四月，定均田租庸调法：据户籍受田。男女始生为黄，四岁为小，十六岁为中，二十岁为丁，六十岁为老（年龄规定前后有变化）。每三年一造户籍。丁及中男十八岁以上受田一顷，其中二十亩为永业田，可传子孙；八十亩为口分田，死后还官。老男、残疾者受田四十亩，寡妻妾受田三十亩，若为户主者再增二十亩永业田。有封爵贵族和五品以上官吏可受永业田五百亩至一万亩。因战功受勋者，按勋级受田六十亩至三千亩。各级官吏有职分田二顷至十二顷，以为薪俸。各级官府有公廨田一顷至二十六顷，公为办公费。按丁征赋役，每丁每年向政府交纳粟二石，曰“租”；交纳绢或其他丝织品二丈、绵三两，或交纳布二丈五尺，麻三斤，曰“调”；丁男每年服徭役二旬，如不服役，每日折纳绢三尺或布三尺七寸五分，曰“庸”。额外加役，十五日免调，三十日租调全免。遇灾损四成以上免租，损六成以上免租调，损七成以上赋役俱免。

七月，李世民谏止迁都；突厥连扰原州、陇州等地，或劝高祖曰：“突厥所以屡扰关中，以子女、玉帛皆在长安，如焚毁长安，迁都内地，则边患自平。”高祖竟以为然，遣宇文士及赴樊（湖北襄阳北）、邓（河南邓县）寻可都之地。李世民力谏：“戎狄之患，自古有之。……奈何以胡寇扰边，遽迁都以避之，贻四海之羞，为百世之笑乎！……原假数年之期，请系颉利之颈，……若其不效，迁都未晚。”迁都之议乃止。闰七月，诏世民，元吉率兵出豳州（陕西彬县），防御突厥。

八月，李世民退突厥：突厥分扰原、忻、并、等州。颉利、突利二可汗悉众入侵，连营南下，李世民御之于豳州，率百骑奔敌阵，前行离间颉利和突利，使之自相猜疑。突厥撤兵请和亲，李世民许之，并与突利结为兄弟。遣裴寂出使突厥。

626年丙戌，唐高祖武德九年。

六月玄武门之变：秦王世民与太子建成，齐王元吉各树羽，发展势力，争夺皇位继承权。建成施鸩酒谋害世民，元吉密请杀世民，并诱买、逐斥秦王部将；长孙无忌、尉迟敬德等力劝世民诛建成、元吉。适突厥入塞，元吉督诸军北征，并偕秦府勇将同行。建成欲乘为元吉饯行之机杀世民，世民闻报，乃密奏建成，元吉淫乱后宫。世民率长孙无忌等伏兵于玄武门（宫城北门）。杀太子建成、齐王元吉及其诸子。高祖立世民为皇太子，委以国事。

李世民宽胸惜才用魏征：早先，魏征在东宫太子建成处当谋士，劝太子建成早除秦王世民。及建成死，世民召魏征曰："汝何为离间我兄弟！"魏征从容对答："先太子早从征言，必无今日之祸。"世民宽胸惜才，不记前嫌，以征为谏议大夫。

七月，以秦府旧部为将相。以秦叔宝为左卫大将军，程知节为右卫大将军，尉迟敬德为右武卫侯大将军。以高士廉为侍中，房玄令为中书令，肖王禹为左仆射，长孙无忌为吏部尚书，杜如晦为兵部尚书，封德黎为右仆射。

八月，高祖传位于太子；高祖自称太上皇，传位于太子世民（六月，玄武门之变太子建成死，其间未交代，让读者自悟）是为太宗。太宗即皇帝位于东宫显德殿，大赦，关内等地免租调二年，其余免徭役一年。放宫女三千余人。立长孙无忌妹为皇后。

十月，太宗君臣论政：太宗与群臣论止盗（讨论如何防止人民起义），有人主张用重法禁之。太宗曰："民之所以为盗者，由赋繁役重，官吏贪求，饥寒切身，故不暇顾廉耻耳。朕当去奢省费，轻徭薄赋，选用廉吏，使民衣食有余，则自不为盗，安用重法邪！"自是数之后，"海内升平，路不拾遗，外户不闭，商旅野宿焉。"太宗又谓侍臣曰："君依于国，国依于民。刻民以奉君，犹割肉以充腹，腹饱而身毙，君富而国亡。故人重则民愁，民愁则国危，国危则丧矣（是隋炀帝之总结）朕常以其思之，故不敢纵欲也。"

二、太宗 世民627——649年

627年丁亥，唐太宗李世民贞观元年。

十二月，太宗谕大臣直谏：太宗谓公卿曰："人欲自见其形，必资明镜；君欲自知其过，必待忠臣。苟其君愎谏自贤，其臣阿谀顺旨，君既失国，臣岂能独全！如虞世基等谄事炀帝以保富贵，炀帝既弑，世基等亦诛。公辈宜用此为戒，事有得失，毋惜尽言！”

628年戊子，唐太宗贞观二年。

正月，太宗君臣论政：太宗向魏征曰：“人主何而为明，何为而暗？”对曰：“兼听则朋，偏信则暗。……是故人君兼听广纳，则贵臣不得壅蔽，而下情得以上通也。”太宗谓使臣曰：“开皇十四年大旱，隋文帝不许赈给，而令百姓就食山东，比至末年，天下储积可供五十年。炀帝恃其富饶，侈心无厌，卒亡天下。”

二月，太宗谓侍臣曰：“朕……兢兢业业，犹恐不合天意，未副人望。”魏征曰：“愿陛下慎终如始，则善矣。”

四月，梁师都败死：突厥政乱，无力庇护梁师都，太宗遣柴绍、薛万均击之，破其突厥援军，围朔方，梁师都为部下所杀，城降。

629年乙丑，唐太宗贞观三年。

十一月，李靖等出击突厥：秋八月，薛延陀毗伽可汗遣使入贡，赐予宝刀、宝鞭。突厥颉利可汗惧，遣使称臣，请婚，不许。太宗以其援梁师都，命兵部尚书李靖等击之。九月，突厥俟斤九人及拔野古、仆骨、同罗、奚酋长并率众来降。是日，突厥复扰河西，唐肃、甘二州刺史与战俘千余口。乃以李世勣为通漠道行军总管，李靖为定襄道行军总管，绍为金河道行军总管，薛万彻为惕武道行军总管，帅兵十余万，皆受李靖指挥，分道击突厥。

是岁，名僧玄装赴印度求经。

正月，李靖破突厥；李靖率精骑夜袭定襄（内蒙和林格尔西北），败突厥，颉利退驻碛口，欲俟草青马肥。亡入漠北。二月，李靖、李世勣兵至阴山，俘突厥千余帐。李靖前锋二百骑乘雾进袭，去牙帐七里，颉利始觉，突厥溃，斩首万余级，俘男女十余万口，杂畜数十万，其大酋长皆降，颉利率万余人欲渡大漠，为李世勣所阻。三月，颉利往依苏尼失、被俘，突厥亡。漠南之地皆空，四夷君长请上太宗尊呈为天可汗。

贞观之治、四年之变：贞观元年，关中饥谨，米一斗值绢一匹；二年各地旱灾；三年水灾，人民仍困苦；贞观四年：天下大熟，流散者咸归乡里，米斗不过三四钱，终岁断死刑才二十九人。东至于海，南极五岭，皆外户不闭，行旅不赍粮，取给于道路焉。

631年辛卯，唐太宗贞观五年。

五月，赎没于突厥之男女八万口，隋末，中原人多流于突厥至突厥降，太宗遣使以金帛赎之。至是月，共得男女八万口。八月，遣使至高丽，收隋朝战亡骸骨，葬之。

632年壬辰，唐太宗贞观六年。

三月，长孙后贺谏：太宗退朝，怒曰："会须杀此田舍翁。"后问故，太宗曰："魏征每廷辱我。"皇后易朝服祝贺，曰："妾闻主明臣直；今魏征直，由陛下这明故也，妾敢不贺！"太宗怒乃息。

是岁，太宗君臣论用人：太宗谓魏征曰："为官择人，不可造次。用一君子，则君子皆至；用一小人，则小人竞进矣。"对曰："天下未定，则专取其才，不考其行；丧乱既平，则非才行兼备不可用也。"

633年癸巳，唐太宗贞观七年。

九月，赦死囚三百九十人：去岁太宗释死囚归家，限今秋至京师就死。是日死囚三百九十人皆如期至京师就，但皆得赦之。

十一月，以长孙无忌为司空。无忌恳辞。太宗曰："吾为官择人，唯才是与，苟或不才，虽亲不用，……如其有才，虽仇不弃，……今日所举，非私亲也。"

636年丙申，唐太宗贞观十年。

六月，长孙皇后死：后性仁孝俭素，好读书，常与帝从容商略古事，因而献替，裨益良多，遗著《女则》三十卷。

637年丁酉，唐太宗贞观十一年。

是岁，武氏入宫：太宗闻故荆州都督武士護汝美，召入后宫，年十四，为才人。

640年庚子，唐太宗贞观十四年。

八月，侯君集灭高昌，置安西都护户：侯君集等军至碛口，高昌王魏文泰忧惧死，子智盛立。大军直抵其都城交河城下（新疆吐鲁番西二十里之雅尔湖村）猛攻，智盛出降。得二十二城，一万七千七百口，地东西八百里，南北五百里，以其地为西州。西突厥屯兵可汗浮图城，声援文泰，结果以城降。以可汗浮图城为庭州。九月，置安西都护府于交河城。焉耆土地人民前为高昌所掠夺者皆归还之。至是，唐朝疆域东起大海，西至新疆焉耆，南自林邑，北抵大漠，皆为州县，东西九千五百一十里，南北一万零九百一十八里。

十月，吐蕃请婚：吐蕃赞普遣其相禄东赞献黄金五千两及珍宝数百件作聘礼，请许婚。太宗许以宗女文成公主妻之。

641年辛丑，唐太宗贞观十五年。

正月，文成公主嫁吐蕃：命礼部尚书江夏王李道宗送文成公主至吐蕃。赞普以婚礼见道宗，慕唐服装仪卫之美，为公主筑唐式宫室，自服唐装以见公主。并下令禁以赭涂面之俗，遣子弟至长安学诗、书。

642年壬寅，唐太宗贞观十六年。

十一月，高丽王武被杀：高丽武为其臣盖苏文所杀，立王弟子藏为王。有请伐高丽者，以“山东彫弊”未许。

643 年癸卯，唐太宗贞观十七年。

正月，魏征卒：魏征病故，陪葬昭陵。太宗自制碑文，亲为书石。谓侍臣曰：“人以铜为镜，可以正衣冠，以古为镜，可以”见兴替，以人为镜，可以知得失；魏征没，朕亡一镜矣！”

二月，图功臣于凌烟阁：太宗命图画功臣长孙无忌、杜如晦、魏征、房玄龄、高士廉、尉迟敬德、李靖、肖瑀、屈突通、柴绍、侯君集、程知节、虞世南、李世勣、秦叔宝等二十四人像于凌烟阁。

四月，立晋王李治为太子：太子承乾与汉王元昌、侯君集谋反事泄，诏废太子为庶人，赐汉王元昌自尽，侯君集等皆弃市；诏立晋王李治为太子。

644 年甲辰，唐太宗贞观十八年。

七月，太宗准备击高丽：以高丽不听勿攻新罗谕告，太宗决意兴兵击之，命洪、饶、江三川造船四百艘，以运粮，遣幽、营二都督兵及契丹、奚、靺鞨之众先击辽东以为试探；以韦挺为馈运使，节度河北诸州；命肖锐运河南诸州军粮入海。

九月，高丽莫离支（官名。如唐吏部兼兵部尚书）泉盖苏文贡白金，不受。

十一月，下诏征高丽：以张亮（或是薛仁贵征东的张士贵）为平壤行军道大总管，帅兵四万，战舰五百艘由海路趋平壤，以李世勃为辽东道行军大总管，帅步骑六万趋辽东，海陆并进击高丽。并诏新罗、百济、奚、契丹分道出兵。

645 年乙巳，唐太宗贞观十九年。

五月，张亮拔卑沙城，张亮等自东荣（今山东掖县）渡海袭卑沙（辽宁海城）城，攻克之，获八千口，耀兵于鸭绿江。

同月，李世勣拨辽东城：李世勣兵至辽东城（辽宁辽阳）下，高丽步骑四万救辽东，李世勣、李道宗等大败高丽救兵，斩首千余级。太宗渡辽水，撤桥以示决心，李世勣攻辽东城，太宗引精兵与之会师，围城数百重，攻克之，杀万余人，得兵万余人，男女四万口，以其城为辽州。继而进军白岩城，李思摩中弩矢，太宗亲为吮血，契苾何力裹伤力战，破高丽救兵。六月高丽城降，得男女万余口，以其城为岩州。

六月，太宗破安市救兵：太宗自辽东出发，进军攻安市城（今辽宁海城南之营城了），高丽北部靺鞨（类都督）高延寿、高惠真率丽？鞨兵五十万救安市，直抵城东八里，依山布阵，长四十里。太宗指李世勣、长孙无忌等诸军并进，薛仁贵着奇服（全身白，据《薛仁贵征东》），大呼陷阵，所向无敌，大军猛攻，高丽兵大溃，斩首两万余级。延寿、惠真率众三万六千八百人请降。获马五万匹、牛五万头、铁甲万领，高丽举国震动。

九月，太宗下诏班师：安市“城险而兵精”唐军久攻不下，高延寿及群臣请先拔乌骨城，渡鸭绿江，直取平壤，因长孙无忌反对而止。诸军猛攻，江夏王道宗伤足。太宗以辽左甲寒，粮食将尽，下诏班师，渡辽河。是设计拔玄菟、盖牟、辽东、白岩、卑沙等十城，涉辽、盖、岩三州，户口七万人入内地。斩首四万级，战士死者近二千人，战马死者十之七八。太宗悔之曰：“魏征若在，不使我有此行也！”十月，太宗入临渝关（即今山海关），十一月，至幽州。

646年丙午，唐太宗贞观二十年。

三月，太宗还长安，以拥未痊愈，诏军国机务并委皇太子处决。五月，高丽王藏及莫离友盖苏文遣使谢罪。

647年丁未，唐太宗贞观二十一年，

二月，再击高丽：从朝议遣遍师扰其耕种，俟其疲弊而后取之。三月，命牛进达，李世勣分别由海、陆出兵击高丽。三月，太宗得风疾。五月，李世勣军渡辽水至高丽境，无功而还。七月，牛进达军由海路入高丽境，边胜百余战克石城。八月，命江南十二州造大船数百艘，欲再击高丽，高丽王遣其子莫离支任武于十二月入朝谢罪。

648年戊申，唐太宗贞观二十二年。

正月，诏薛万彻等率兵三万自莱州泛海击高丽。二月，结骨入朝，结骨（汉名坚昆，唐时又名黠戛斯，居阿尔泰山与杭爱山之间）酋长失钵屈阿栈入朝，其国人皆长大，赤发绿睛，为都护府。时边疆各族酋长争遣使入献，新正朝贺，常数百千人。七月，房玄龄病危，上表谏请停击高丽。

649年己酉，唐太宗贞观二十三年。

五月，太宗黜李世勣：以李世勣为叠州都督。太宗欲于身后由太子亲任之为仆射，以使其怀服，故有是命。太宗死：太宗病危，如长孙元忌、褚遂良托以后事，令善辅太子，复令褚遂良草遗诏而终。太子李治于枢前即位，是为高宗。罢辽东之役及诸土木之功。

六月，高宗李治即位，大赦天下。八月，葬文皇帝于昭陵：庙号太宗。阿史那社尔，契苾何力请杀身殡葬，不许。颉利十四人皆 石为像，列于北司马门内。

三、高宗 李治 650——683年

650年庚戌，唐高宗李治永徽元年。

正月，立妃王氏为皇后。

永徽之政：高宗召朝臣集询问百姓疾苦，长孙无忌、褚遂良同心辅政，上亦尊礼二人，恭已以听之，故永徽之政，百姓安，有贞观及遗风。

六月，高侃擒车鼻可汗：高侃击突厥，追车鼻可汗至金山，擒之，其众皆降，处之于郁督军山。九月，置狼山都督府统之。于是突厥尽归附，分置单于，瀚海二都护府与诸州，各以其酋长为刺史、都督。

652年壬子，唐高宗永徽三年。

七月，立陈王忠为皇太子：王皇后无子，柳爽为皇后谋，以忠母刘氏微贱，劝皇后及长孙无忌，恳请于高宗，立忠为太子“冀其亲已”高宗从之。

户部奏是岁户数：高宗问户部尚书去年进户与隋代及今日户数，奏称：“去年进户一十五万，隋开皇中，户八百七十万，即今户三百八十万。”

653年癸丑，唐高宗永徽四年。

二月，高阳公主、房遗爱等谋反伏诛：房玄龄子遗爱娶太宗女高阳公主，遗爱与薛万彻、柴令武（娶太宗女巴陵公主）谋奉荆王元景为帝以举事，事发，令长孙无忌审讯。房遗爱知长孙无忌与吴王恪因立太子事相恶，因言与吴王恪同谋，以期立功免死。于是诏房遗爱、薛万彻、梁令武皆斩，荆王元景、吴王恪、高阳公主、巴陵公主并赐自尽。江夏王道路宗因与房遗爱往来，流岭南。

654年甲寅，唐高宗永徽五年。

三月，以武氏为昭仪：先是，太宗才人武氏，于太宗死后入感业寺为尼。高宗素喜之，乃纳之于后宫，未久得宠，至是，拜为昭仪。王皇后无子，与肖淑妃皆失宠。

655年乙卯，唐高宗永徽六年。

二月，遣程名振等击高丽：高丽与百济，连兵侵新罗。新罗遣使求救；遣程名振、苏定方发兵击高丽，五月渡辽水，败高丽兵于贵端水。

五月，遣程知节击西实突厥沙钵罗可汗。

李义府表请立武昭仪：中书舍人李义府为长孙无忌所恶，将调远州司马。闻高宗欲立武昭仪为后，乃上表请废王皇后，立武昭仪。高宗悦，召见，与语，赐珠一斗，留居旧职。昭仪又遣使密劳勉之，寻超拜中书侍郎。许敬宗、崔义玄、表公瑜皆为武氏心腹。

十月，高宗拒撩立武氏：高宗以王后无子，武昭仪有子，欲立昭仪为后。褚遂良力谏曰：“皇后名家，先帝为陛下所娶。先帝临崩，执陛下手谓臣曰：朕佳儿佳妇，今以付卿！此陛下所闻，言犹在耳。皇后未闻有过，岂可轻废！”“陛下必欲易皇后，伏请妙择天下令族，何必武氏。武氏经事先帝，众所具知，天下耳目，安可蔽也。”韩瑗、来济亦上表力谏，不听。他日，高宗以文问李勣，对曰：“此陛下家事，何必更问外人！”高宗意决。贬褚遂良潭州（湖南长沙）都督。十月，废皇后王氏，淑妃肖氏，诏立昭仪武氏为皇后。

十一月，册立昭仪武氏为皇后：命李勣持印玺册皇后武氏。王后、肖妃囚于别院，旋为武后所害，惨死。武后为避“王、肖为祟……多在洛阳，终身归长安。”

656年丙辰，唐高宗显庆元年。

正月，废太子忠：礼部尚书许敬宗奏请易太子，于是太子忠为梁王，立武后子代王弘为皇太子。

八月，程知节破西突厥：程知节大破西突厥歌罗禄，处月，突骑施，处木昆等部，斩首三万级。十二月，前军苏定方又败其鼠尼施部，获马匹及器械不可胜计。知节未乘胜追击，免官。

中书侍郎李义府恃宠用事，枉法出大理寺女囚纳为妾，事发，逼大理寺丞自缢以灭口。侍御史王义方奏弹之，贬义务为菜州司户。

是岁，韩瑗上疏，为褚遂良鸣冤，帝不纳：瑗乞归田里不许。

657年丁巳，唐高宗显庆二年。

苏定方等大破西突厥；命苏定方率师并发回纥等兵自北道击西突厥沙钵罗可汗。命太宗时率众归附之西突厥酋长阿史那弥射，阿史那步真自南道召集旧部。苏定方先破处木昆部，得万余帐。继至曳咥河（在伊犁河东）西，同沙钵罗十万激战，大破之，斩获数万人。于是五弩失毕部皆降，沙钵步真。苏定方率师日夜兼程踏雪追击沙钵罗，斩获数万人。沙钵罗西走。时阿史那步真出南道，五咄部闻沙钵罗败，皆降步真。苏定方率师日夜兼程踏雪追击沙钵罗，斩获数万人。沙钵罗奔石国被擒。十二月，分西突厥地置蒙池、昆陵二都护府，以阿史那弥射为昆陵都护，继往绝可汗，押五弩失毕部。

658年戊午唐高宗显庆三年。

六月，尉迟敬德卒，是岁，褚遂良卒。

659年己未，唐高宗显庆四年。

四月，武后杀长孙无忌等；因废立皇后事，武后深怨长孙无忌，令许敬宗伺机诬陷之。许敬宗因诬奏长孙无忌谋反，下诏削无忌太尉及封邑，安置黔州。许敬宗又奏褚遂良、柳爽、韩瑗、于志宁与无忌同谋，下诏追削遂良官爵，柳爽、韩瑗除名，于志宁免官。七月，命李勣、许敬宗等复审无忌事，许敬宗遣人至黔州逼无忌自缢。诏斩柳爽、韩瑗。一时株连颇多，自是政归武后。

660年庚申，唐高宗显庆五年。

三月，击百济：百济结高丽屡侵新罗，新罗求救，命苏定方率水陆十万击百济。八月，苏定方引兵渡海败百济兵于熊津江口，杀数万余人，百济王扶余义慈及太子扶余隆降。以其地五部所统三十七郡、二百城、七十六万户，置熊津等五都督府，以其酋长为都督、刺史。

七月，废故太子梁王忠为庶人，徙黔州。

十月，高宗委政于武后：高宗苦于风眩头重，目不能视，百官奏事，或使武后决之。皆称旨，始委以政事，由是权同皇帝。十二月，遣契苾何力、苏定方等分兵四道击高丽。

661年辛酉，唐高宗龙朔元年。

正月，募河南北、淮南六十七州兵四万四千余人击高丽。

四月，增兵击高丽：增击高丽之兵水陆三十五军。高宗欲亲征，自将大军继其后，因武后谏阻而止。七月，苏定方败高丽，围平壤城。九月，契苾何力败高丽于鸭绿江，斩首三万级。会有绍班师乃还。

十月，加纥与铁勒之同罗、仆固等部扰边，命郑仁泰、薛仁贵等击之。

662年壬戌，唐高宗龙朔二年。

三月，薛仁贵三箭定天山：高丽铁勒九姓合众十余万拒唐兵遣数十人挑战，薛仁贵三箭杀三人，余皆下马请降。仁贵追击余众至碛（沙漠）北，俘叶护兄弟三人而还。军中歌之曰："将军三箭定天山，壮士长歌入汉关。"思结，多滥葛等部迎降，郑仁泰纵兵大掠，为取敌烟辎重，度碛至仙萼河，粮尽而还，遇大雪。士卒死者十之八九。诏以契苾何力为铁勒道按抚使，说降之。九姓遂定。

663年癸女，唐高宗龙朔三年。

八月，击平百济：百济王丰引倭人拒唐兵，刘仁轫等大破倭兵于白江口，焚其舟四进艘。拔周留城（白济土城），百济王扶余丰奔高丽，王子忠胜等降，百济尽平。诏刘仁轫兵镇百济，仁轫修屯田，训士卒，以图高丽。

664年甲子，唐高宗麟德元年。

十二月，武后垂帘听政：武后得志，专作威福，高宗每受其制，欲废之，命宰相上官仪草诏，武后闻之，遽至高宗处自诉，诏草犹在，高宗羞不忍，乃曰："我初无心，皆上官仪教我。"武后乃使许敬宗诬奏上官仪与废太子忠谋反，上官仪下狱被杀，赐废太子忠死，株连流贬者甚众。自是，高宗第每视事，武后则垂帘干后，政无大小，皆与闻之。。天下大权，悉归中宫，黜陟、杀生、廖于其口，天子拱手而已，中外谓之二圣。"

是岁，玄奘卒：玄奘(596–664)通称三藏法师，唐高僧、佛教学者、旅行家、翻译家，佛教唯识宗的创始者之一。俗姓陈，名神，洛州缑氏（河南偃师缑氏镇）人，627年（贞观元年）从长安出发赴天竺游学。645年（贞观十九年）回到长安，带回佛经六百五十七部，随即开始翻译工作，共译出佛经七十五部，一千三百三十五卷。并撰有《大唐西域记》一书，成为一部宝贵的历史文献。

666年丙寅，唐高宗乾封元年。

五月，高丽莫离支（官名，如唐吏部兼兵部尚书）泉盖苏文死，长子男生继为莫离支，为其弟男建所逐，遣使求救。

六月，遣将击高丽：遣契苾何力、庞同善等率兵救男生击高丽。九月，庞同善破高丽兵，泉男生率兵与同善合。十二月，以李勣为辽东道行军大总管，庞同善、契苾何力等付之，以攻高丽。（高丽内政，同是兄弟相争，唐也予干预）。

九月，高丽王高藏降：李勣会诸军，败高丽兵，围平壤月余，高丽王高藏遣泉男产请降。泉男建犹闭门拒守，城破，俘泉男建及百济王扶余丰，高丽悉平。

十二月，置安东都护府，薛仁贵任职：分高丽五部，一百七十六城，六十九万余户，为九都督府，四十二州，百县、置安东都护府于平壤以统之。以右威卫大将军薛仁贵检校安东都护，留兵二万戎其地。

669年，己巳，唐高宗总章二年。

四月，徙高丽民于内地：高丽之民多反抗者，诏徙高丽三万八千二百户于江淮之南及山南京西诸州空旷之地，留其贫弱者守安东。

十二月，李勣卒：起冢象阴山、铁山、乌德键山，以表彰其破突厥，薛延陀之功。勣长子震早卒，次敬业（即后来反武则天的徐敬业）袭爵。

670年，庚午唐高宗总章三年，咸亨元年。

八月，大非川唐兵大败：薛仁贵、郭待封等击吐蕃，军至大非川，将攻乌海（在青海），仁贵命留辎重于大非岭，率轻锐兼行，攻其未备。仁贵率所部大破吐蕃兵，进屯乌海。郭待封不用仁贵策，行辎重徐行，遇吐蕃二十余万，大败。尽弃辎重，仁贵退屯大非川，吐蕃四十余万猛攻，唐兵大败，死伤略尽，与吐蕃约和而还。

674年，甲戌，唐高宗咸亨五年，上元二年。

三月，以武后异母兄之子武承嗣为周国公。

八月，称天皇，天后并改元：帝称天皇，武后称天后，名为避先帝，先后之称，实欲自尊。改元上元、大赦。

九月，追复长孙无忌官爵，陪葬昭陵以无忌曾孙袭爵赵公。

675年，乙亥，唐高宗上元二年。

三月，议使武后摄政：高宗风眩更甚，议使武后摄政。宰相郝处俊谏曰："陛下奈何以高祖，太宗之天下，不传之子孙而委之天后乎！"事乃止。

四月，太子弘死：武后方逞其志，不满于太子弘。太子又请嫁有淑妃之女义阳、宜城二公主，武后怒。太子弘死，时人以为是武后毒酒所害。五月，高宗下诏："朕方欲禅位皇太子，而疾遽不起，宜申往命，加尊名，可谥为孝敬皇帝。"

六月，立雍王贤为皇太子。

676 年，丙子，唐高宗上元三年，仪风元年。

闰三月，狄仁杰为侍御史：大将军权善才，中郎将范怀义误砍嘂陵柏，罪当除名，高宗待命杀之。大理丞狄仁杰固谏：“今法不至死而陛下特杀之，是法不信于人也，人何其惜起手足！……今以一株柏杀二将军，后代为陛下为何如矣！”二人除名，擢仁杰为侍御史。

是岁，王勃卒：王勃、字子安，州龙门(山西河津)人。唐文学家，“初唐四杰”之一。勃少时即显才华。麟德初对策高第，为州参军，后坐事除名，其父亦贬交陟令。勃往海南探父，渡海时堕水卒，年二十九，勃与卢照邻等欲改变当时“争纤微”，竟为雕刻”的诗风，并做出了贡献。勃文件风格较为清晰，其代表作是《腾王阁序》。勃原有集，已散佚，明人辑有《王子安集》。

680 年庚辰，唐高宗调露二年，永隆元年。

八月，废太子贤为庶人，送京师幽禁，立英王哲为皇太子(677 年八月，周王显改麓为英王 / 更名哲)，改元永隆。

十月，文成公主卒于吐蕃，高宗遣使吊祭之。

682 年壬午，唐高宗开耀二年，永淳元年。

王方翼平西突厥：先是，西突厥阿史那车薄帅率十姓于二月起事，是月(四月)命装行俭等分道击西突厥，师未行，行俭先卒。车薄围弓月城，安西都护王方翼破之于伊丽水。三姓与车薄合兵拒战，方翼又渡之于热海，擒其首领三百余人，西突厥遂平。

是岁，薛仁贵踊突厥余众：突厥阿史那骨笃禄，阿史德元珍等据黑沙城(今陕西榆林)起事，进扰并州，杀岚州刺史王德茂，薛仁贵击元珍于云州，大破之，斩万余人，俘二万余人。

683 年癸未，唐高宗永淳二年，弘道元年。

四月，平、白铁余起事：绥州稽胡白铁余，埋铜佛于地中，诈称于其地见佛光惑众？集众掘地中，果得佛，遂聚众站据城平县，自称光明圣皇帝，攻邻县，杀官吏，焚民居。遣程务挺、王方翼等击平之。

十二月，高宗死，政归武后：高宗病危，如裴炎入受遗诏而死，遗诏太子即位，军国大事取决武后。太子显(677 年更名为哲)即位，是为中宗，尊武后为皇太后，政实归于武氏。

四、则天 武后 684——704 年

684 年甲申，唐申宗李显嗣圣元年，睿宗李旦文明元年，武后光宅元年。

二月，武后废中宗立睿宗：中宗欲以韦后胸韦玄贞为侍中，裴炎固争不听，

告于武后；乃命裴炎、程务挺等带兵入宫，废中宗为卢陵王，幽禁于别所。睿宗居殿，不得有所干预。

刘仁轨上疏：武后以刘轨为西京留守，比之为汉肖何之守关中。仁轨上疏陈述汉吕后事以申规戒，中有“吕氏见于后代，禄、产祸于汉朝”等语，武后以为“引喻良深中，愧慰交集。”

三月，武后命丘神勣至巴州，逼废太子贤自杀。追封贤为雍王。

四月，武后迁庐陵王子房州，又迁于均州。

闰五月，武后以礼部尚书武承嗣为太常卿，同中书门下三品，参与国政。（亲子杀的杀、禁的禁，用娘家人。）

八月， 葬李治于乾陵，庙号高宗。

九月，徐敬业起兵：时诸武用事，唐宗室人人自危，徐敬业（即李勣孙）、骆宾王等以挽救庐陵王为名，起兵扬州，复称嗣圣元年，敬业自号匡复府上将，领扬州大都督。开府乘、赦囚徒，旬日间得胜兵十余万。发布檄文，历数武后“杀姊屠兄，弑君鸩母”等罪，肆意诋毁。中有“一杯之土未干，六尺之孤安在！”“试观今日之城中，竟是谁家之天下？”等语。武后见檄文，问作者，告以“骆宾王”。武后曰：“人有如此才华，未能招致朝廷，皆宰相之过也。”遣李孝逸等率兵三十万，讨徐敬业。

十一月，徐敬业败死：徐敬业不用魏温指直洛阳之策，而先取润州（江苏镇江），欲借金陵王气称霸江南。继闻李孝逸军将至，回军凭河据守。孝逸因风纵火，敬业大败，斩首七千级，溺死者不可胜计，敬业轻骑奔润州，将入海奔高丽，为其部下所杀。魏思温等被俘斩，事平。

685 年乙酉，武后垂拱元年。

三月，迁庐陵王于房州。

十一月，以怀义为白马寺主：怀义名冯小宝，卖药于洛阳市，得幸于武后，为便于出入禁中，度为僧，名怀义，武后以之为白马寺主。出入乘御马，朝贵皆礼匍匐相遏，武承嗣、武三思皆执童之礼以事之，纵横犯法，人莫敢言。

686 年丙戌，武后垂拱二年。

三月，置铜匦受密奏：武后欲遍知民事，铸铜为匦，置之朝堂，以受表疏。其器共为一室，中有四隔，上各有窍，可入不可出。东曰：“延恩，”求仕进者投之；南曰：“招谏”，言朝政得失者投之；西曰“申冤”，有冤抑者投之；北曰“通玄”，言灾变及军机秘计者投之。

盛开告密之门：武后疑天下人多图已知唐宗室大臣心皆不服，欲大施诛杀以镇慑之。乃盛开告密之门，凡告密者，给驿马，供五品食，虽农夫、樵夫皆得召见。如所言称旨，则破例授官，无实者亦不问罪，于是四方告密者蜂起。

任用酷吏：索元礼、周兴、来俊臣皆受重用。索元礼讯一囚必令引数十百人；周兴、来俊臣与司刑评事万国俊共撰《罗织经》一卷，专讲如何告密，网罗无辜，织成罪状，并竞为酷刑，使人求速死。中外畏此数人，甚于虎狼。

九月，以狄仁杰为冬官侍郎。

687 年丁亥，唐武后垂拱三年。

闰正月，封皇子隆基为楚王。

五月，杀刘炜之：刘炜之自北门学士拜相，皆武后之意。炜之伺人曰："太后既废昏立明，安用临朝称制，不如返政以安天下心。"为人告发，赐死。炜之初下狱，睿宗曾为之上疏申理，炜之闻之曰："此乃所以吾速死也。"

688 年戊子，唐武后垂拱四年。

四月，杀郝象贤：太子通事舍人被诬谋反，临刑极口骂武后，揭发宫中隐匿（邪恶）。自是终武后之世，每临刑，法官先以木丸塞其口。

八月，诸王起兵匡复：武后谋夺李氏社稷，除唐宗室，诸王不自安，欲起兵匡复，议未定而博州刺史琅琊王冲先发，举兵博州（山东聊城东北）。豫州刺史越王贞起兵豫州（河南汝南）以应之。武后分遣丘神勣、曲崇裕击之，琅邪冲起兵七月败死；九月，越王贞兵败自杀。武后欲悉诛诸王，使固兴等按之，迫韩王元嘉，鲁王灵夔、黄国公譔、东莞郡公融、常乐公主等自杀，亲党皆诛。穷治越王贞，琅邪冲党与。

689 年已丑，唐武后永昌元年。

四月，杀汝南王炜、鄱阳公諲等宗室十二人，天官侍郎邓玄挺以知反不告、同诛。

闰九月，杀魏玄同、周兴等奏诬故相魏玄同言，"太后老矣，不若奉嗣君为耐久。"武后怒，赐死，内外大臣坐死及流贬者甚众。

690 年庚寅，唐武后载初元年，周神圣皇帝武天授元年。

八月，杀南安王颖等：杀颖等宗室十二人，又鞭杀故太子贤二子，唐宗室至是杀戮殆尽，其幼弱幸存者亦流岭南，又诛其亲党数百家。

武后改国号为周：侍御史傅游艺北关中百姓九百人上表请改国号为周，赐皇帝姓武氏。于是百官及帝室宗亲，百姓夷酋长，沙门、道士共六万余人，上表如游乞所请。武后准所请。改唐为周，改元天授。武后称圣神皇帝，以睿宗为皇嗣，赐姓武氏。以皇太子为皇孙。立武氏七庙于神都追尊周文王，曰始祖文皇帝，平王少子武为睿祖皇帝。立武承嗣为魏王，武三思为梁王，其余武氏多人为王及长公主。

691年辛卯，周天授二年。

二月，周兴流岭南：左金吾大将军丘神勣以罪诛，或告周兴与丘神勣同谋，武后命来俊臣审讯，俊臣问周兴以何法可使囚犯认罪，周兴曰：“取大瓮，以炭火四周炙之，令囚犯入中，何事不承！”俊臣如法布置，谓兴曰：“有内状告兄，请兄入此瓮！”兴伏罪。流罪。流岭南，中途为仇家所杀。周兴与索元礼，来俊臣竟为残暴，兴、元礼各杀数千人，俊臣所破千余家。索元礼尤为残酷。武后亦杀之以慰人望。

九月，狄仁杰拜相：先是，仁杰为豫州刺史，时治越王贞党与，株连六七百家，五千余口。司刑（大理寺）促使行刑，仁杰密奏：彼右无罪而遭连累，武后特原之，皆流丰州（内蒙五原西南）。至是拜相，武后谓仁杰曰：“卿在汝南，甚有善政，卿欲知 、卿者名呼？”仁杰谢曰：“陛下以臣为过，臣请改之：知臣无过，臣之幸也，不愿知 者名。”武后深叹美之。

十月，杀岑长倩、格辅元、欧阳通：先是王庆之等数百人上表，请立武承嗣为皇太子。岑长倩、格辅元以皇嗣睿宗在东宫、力争不可。诸武诬岑长倩、格辅元与欧阳通等数十人谋反，皆坐诛。李昭德谓武后曰：“天下当传之子孙，自古未闻侄为天子，而为姑立庙者！”武后亦以为然。

692年壬辰，周天授三年，如意元年，长寿元年。

一月，贬狄仁杰等：来俊臣诬告任知古、狄仁杰、裴行本等谋反。贬狄仁杰等为县令，流裴行本等于岭南。

七月，武承嗣罢相：李昭德密言于武后曰：“魏王承嗣权太重。”“姑侄之亲，何如父子，子犹有篡弑其父者，况侄乎？”武承嗣遂罢相。

制狱稍衰：武后自垂拱以来，任用酷吏，诛唐宗室贵戚数百人，大臣数百家，刺史、郎将以下不可胜数。时告密之风仍胜，武后亦厌其烦，命监御史严善思按问之，告密不实而伏罪者八百五十余人，罗织文党为之不振。朱敬则、周矩等上疏言酷吏之害，武后亦颇采纳，制狱稍衰。

693年癸巳，周长寿二年。

一月，安舍藏剖心：或告皇嗣谋反，武后令来俊臣拷问左右。太常工人安金藏剖心以明皇嗣不反，五脏俱出，流血遍地。武后令医纳入五脏，以桑皮线缝之，敷药，经药始苏。武后亲视之。叹曰：“吾有子不能自明，使汝至此。”即命来俊臣停审，睿宗由是得免。

697年丁酉，周万岁通天二年。

正月，张易之、张昌宗年少，美姿容，入侍武后，兄弟皆得幸。武承嗣、武三思、武懿宗、宗楚客等皆侯易之门庭，争执鞭辔。

六月，诛来俊臣：来俊臣恃势贪淫，罗织（网罗索然无辜，组成反状。）杀人，不可胜计。“脏贿如山，冤魂塞路。”又欲罗告武氏诸王及太平公主，诬皇嗣（睿宗）及庐陵王（中宗）与南北牙（衙）同反，冀以此盗国权，为诸武及太平公主告发，优诛。仇家争啖其肉，须叟而尽。

闰十月，狄仁杰复相：武后以狄仁杰同平章事。仁杰上疏武后，请罢兵绝域，省费养民，事虽不行，时人称是。

698 年戊戌，周圣元年。

三月，召庐陵王还东都：武承嗣、武三思营求为太子，使人说武后曰：“自古天子未有以异姓为嗣者。”狄仁杰从容言于武后曰：“姑侄之与母子孰亲？”劝武后召还庐陵王。武后由是无立承嗣、三思之意，乃召庐陵王还东都。武承嗣恨不得为太子，郁郁不乐，数月发病而死。

九月，立庐陵王为皇太子：皇嗣（睿宗）请逊位于庐陵王，武后立庐陵王哲为皇太子，复名显，命为元帅击突厥，狄仁杰为副。先是，募兵，月余不满千人，至是应募者去集，未几数盈五万。

699 年己亥，周圣历二年。

正月，以皇嗣（睿宗）为相王。

四月，吐蕃大将来降：吐蕃内哄，其相论钦陵自杀，大将赞婆帅所部千余人来降，钦陵子弓仁以所统吐谷浑七千帐来降。

700 年庚子，周圣历三年，久视元年。

九月，狄仁杰卒：武后信垂仁杰，常谓之“国老”而不呼其名。仁杰好诤谏，武后每屈意从之。入见，常止其拜，戒其同僚，非君国大事“勿以烦公”，仁杰卒，武后辄叹曰：“朝堂空矣！”自是朝廷有大事，众或不能决，武后辄叹曰：“天夺吾国老何太早邪？”仁杰曾荐张柬之、姚元崇、桓彦范、敬晖等数十人，皆获重用。

701 年辛丑，周大足元年，长安元年。

八月，武邑人苏安恒上疏，请武后禅位于皇太子，黜武宫，上尊号曰则天大圣皇帝。经张柬之、袁恕已等为宰相。

五、中宗 李显 705——710 年

二月，武三思为司空：二张既诛，有劝张柬之等诛武三思，不从。中宗女安乐公主嫁三思子崇训。深得武后与中宗信任之上官婉儿，通于武三思，荐三思于韦后，参议政事，张柬之等皆受其制。张柬之等数劝中宗诛诸武，皆不听。遂以三思为司空。同中书门下三品。

四月，魏元忠等拜相：中宗即位之日，召还魏元忠，至是，与韦安石、唐休

璟等皆以东宫旧僚拜相。

五月，武三思独揽大权：中宗以张柬之、武三思等十六人皆为立功之人，赐以铁卷，自非反逆，各恕十死。敬晖等帅百官表请降诸武王爵，以安内外。中宗不许。三思与韦后日夜进谗言，云张柬之、敬晕等“恃功专权，将不利于社稷”“不若封晖等为王，罢其政事，外不失尊宠功臣，内实夺权。”乃封张柬之，敬晖等五人为王，皆罢政事。大权尽归武三思。

十一月，武后卒：武后卒于上阳宫，年八十二。遗诏去帝号，称则天大圣皇后。王皇后、肖淑妃及褚遂良、韩瑗、柳亲属皆赦之。魏元忠素称忠直，武三思惧之，乃矫武后遗制，赐元忠实封百户。元忠感激涕零，人知其不敢复论武氏事矣。

是岁：户部奏；天下户六百一十五万，口三千七百一十四万。

706 年丙午，唐中宗神龙二年。

七月，武三思杀敬晖等：武三思阴使人书写韦后秽事，榜文于天津（河南洛阳西），诬敬晖、桓彦范、张柬之、袁恕已、崔玄使人为之，名为废后，实谋篡逆。中宗以曾赐敬晖等铁券，许以不死，乃流之恶地。武三思矫制杀之。比至柬之，玄已死，余三人被杀。武三思既杀五王，势倾朝野。

707 年丁未，唐中宗神龙三年，景龙元年

七月，太子起兵诛武三思：韦后以太子重俊非其所生，恶之这；武三思尤忌太子； 安乐公主与驸马崇训常凌侮太子；上官婕妤推尊氏。太子积不能平，与李多诈矫制发羽林兵三百余人，杀三思、崇训于其第，引兵入宫城，索上官婕妤。中宗、韦后、安乐公主、上官婕妤登宣门楼以避之。事败，李多诈死，太子以百骑走终南山，为左右所杀。

九月，魏元忠贬死：初，魏元忠以武三思擅权，意常愤郁。至太子起兵，元忠于胁从，为乱兵所杀。宗楚客屡诬元忠与太子通谋，乃贬务州尉中，行至中途而卒。

六、睿宗 李旦 710——712 年

710 年庚戌，唐中宗景龙四年，少帝李重茂唐隆元年，睿宗李且景云元年。

五月，杀燕钦融：许州司兵参军燕钦融上书，言韦后谣乱，干预国政，安乐公主，宗楚容等图危害宗社。中宗召钦融当面诘问，听后默然。宗楚客矫制杀之，中宗不悦；韦后等始忧惧。

六月，韦后杀中宗临朝听政：安乐公主欲韦后临朝，自为皇太女，乃相与合谋于饼中进毒，杀中宗。太平公主与上官昭容谋草遗诏，立温壬重茂为皇太子，韦后知政事，相王且参谋政事。宗楚客表请韦后临朝，罢相政事。韦后临朝摄政，改元唐隆。皇太子即位，是为少帝。韦后遵武后故事，以韦后子弟领南北军及诸

要司。宗楚客上书谓韦氏宜革唐命。阴谋害少帝，相王旦及太平公主。

李隆基起兵讨韦氏：相王子临淄王隆基结禁军豪士，与太平公主等起兵入宫，杀韦后、安乐公主、武延秀、上官昭容、宗楚容及诸韦亲党，诸韦死者甚多，武氏宗属亦诛死流窜殆尽。以临淄王隆基为平王。

相王旦即皇帝位：太平公主传少帝命，请让位于相王李旦，相王即位，是为睿宗。

立平王隆基为皇太子。追谥雍王贤日章怀太子。

加太平公主实封满万户。睿宗常与公主图议大事，公主所欲皆听之，权倾人主，趋附其门者如市。

宋璟拜相：宋璟与姚元之协力革除中宗弊政，进用痕。良，斥退不肖，赏罚尽公，时以复有贞观，永徽之风。

废武氏崇思庙，追废韦后为庶人，安乐公主为悖逆庶人。

711 年辛亥，唐睿宗景云元年。

二月，命太子监国：太平公主结党欲以害太子，邀宰相暗示以易置东宫，众皆失色。又为流言以相离间。睿宗用宋璟、姚元之、张说之谋，命太子监国，安置太平公主于蒲州（山西芮城西北）。

七、玄宗 隆基 712——756 年

712 年壬子，唐睿宗太极元年，延和元年，玄宗明皇帝李隆基先天元年。

七月，睿宗传位于太子：彗星出西方，太平公主使术士言于睿宗曰："彗星所以除旧布新……皇太子当为天子。"睿宗决计传位于太子。太平公主谏，以为不可；太子固辞；诏传位于太子。

八月，玄宗即位：尊睿宗为太上皇，改元先天。

713年癸丑，唐玄宗先天二年，开元元年。

七月，太平公主谋逆赐死：太平公主依太上皇之势，擅权有事，宰相七人，五出其门。文武大臣，大半附之。与窦怀贞等阴谋废帝，帝与郭元振等先发，引兵入宫，尽诛公主党与，公主逃入山寺，三日出，赐死于家。高力士因功破格命为右监门将军，知内侍省事，宦官之盛自此始。

716 年丙辰，唐玄宗开元四年。

六月，睿宗死。

闰十二月，姚崇荐宋景：姚崇数请避相位，荐宋璟自代。是月，姚崇罢相，宋璟继为相……使赋役宽平，刑罚清省，百姓富庶。唐代贤相，"前称房、杜，后称姚、宋他人莫得经焉。"

721 年辛西，唐玄宗开元九年。

是岁，刘知儿卒：刘知儿(661–721)唐著名史学家。字子玄。武则天时任著作佐郎、左史等职，兼修国史，中宗时参与编修《则天皇后实录》。所著《史通》，以为史家须具“史才”、“史学”、“史识”三长。著史强调直笔，“不掩恶不虚美”，与吴兢等形成进步史学流派，对中国旧史学界颇具影响。

吴兢直笔：宰相张说修史，见吴兢所撰《则天实录》，记璟激张说使证魏元忠无罪事，暗祈吴兢修改数字，吴兢曰：“若循公请，则此史不为直笔，何以取信于后！”终不许。

724年甲子，唐玄宗开元十二年。

三月，僧一行发起天文测量：命太史监南宫说等于河南、地测量晷（日影长度）及极星（北极高度），夏至日中立八尺文表（标杆），同时测之。经此测量，得出南北相说。一行更据以得出极高差一度，南北相距三百五十一里八十步（此即地球子午线一度的弧长）。

725年乙丑，唐玄宗开元十三年。

三月，禁锢酷吏来俊臣等二十三人之子孙。

十月，水运浑天仪作成：僧一行，梁令瓒等作水运浑天仪，于球形浑象上遍列各星宿，注水激轮，令其自转，昼夜一周。另于浑象外置二圆环，上缀日月。日标每昼夜回转一周，又沿黄道移动一周；月标每昼夜回转一周，二十七日半沿白道（月亮在天球中的视运动轨道）移动一周。以木柜为地培，令仪半在地玷，又立二木人于地平上，其一每刻击鼓，另一每辰（今西小时）撞钟，机械皆藏柜中。

731年辛未，唐玄宗开元十九年。

正月，高力士谮死王毛仲：王毛仲以掌有功，待宠而骄，百官争附之。毛仲嫁女，玄宗亲为召客，命宰相与诸达官悉诣其第。时玄宗宠任宦官，往往为三品将军（唐制、宦官不得登三品）京城第舍，郊畿田园，半为宦官所有国。杨思勖、高力士、尤贵幸，而毛仲视之若无人。力士进谗言于玄宗，请诛毛仲。遂贬毛仲于远州，中途赐死。自是宦官权势益盛，四方表奏，皆先呈力士，然后奏玄宗，小者力士即决之，势倾内外。

732年壬申，唐玄宗开元二十年。

是岁，全国户口：七百八十六万一千二百三十六户，四千五百四十三万一千二百六十五人。

733年癸酉，唐玄宗开元二十一年。

三月，韩休拜相；韩休为相：守正不阿，进谏力争，甚允时望。玄宗曾对镜默然不乐，左右曰：“韩休为相，陛下殊瘦子旧，何不逐之！”玄宗曰：“吾貌虽瘦，天下必肥，……吾用韩休，为社稷耳，非为身也。”然竟不能久任之，十月，罢为工部尚书。

734年甲戌，唐玄宗开元二十二年。

五月，李林甫拜相：吏部侍郎李林甫，深结宦官及妃嫔家，悉知玄宗动静，奏对常称旨，因得为相。

735年乙亥，唐玄宗开元二十三年。

十二月，册杨玄琰女为寿王妃。

736年丙子，唐玄宗开元二十四年。

四月，唐玄宗赦安禄山：幽州节度使张守珪使平卢讨击使安禄山击奚、契丹、败绩，守珪执安禄山送京师。宰相张九龄因争请杀之，玄宗惜其才，竟赦之。安禄山本营州（辽宁锦州西，杂胡，姓唐，初名阿荦山，后随其母改嫁突厥安延偃，故冒姓安氏，名禄山。守琏以禄山为捉生将，并养以为子，累功至平卢讨击使。又有史奉干者，与禄山同乡里，张守珪以其有功，奏为果毅（统府兵之官），累迁将军，后入京奏事，玄宗赐名思明。

741年辛巳，唐玄宗开元二十九年。

八月重用安禄山：平卢兵马使安禄山，厚赂玄宗左右至平卢者，由是玄宗益以为贤，遂以安禄山为营州都督，充平卢军使两蕃（指奚和契丹），渤海、黑水四府经略使。

742年壬午，唐玄宗天宝元年。

三月，李林甫口蜜腹剑：李林甫为相，凡才望功业超过己或为玄宗重用，势位将逼己者，必百计去之，尤忌文学之士，或阳与之善而阴陷之。是谓林甫“口有蜜，腹有剑”。是月，兵部侍郎卢绚，绛州刺史严挺之皆因为玄宗所重用，而遭林甫百计迁贬。

743年癸未，唐玄宗天宝二年。

正月，安禄山入朝，玄宗重待甚厚。禄山奏言：去秋营州虫灾，臣焚香祝天，即有群鸟从北来，食虫立尽。请宜付史官。从之。

744年甲申，唐玄宗天宝三年。

三月，以平卢节度使安禄山兼范阳（幽州、北京）节度使，其宠益固。

十二月，以宋女为和义公主，嫁宁远奉化王阿悉兰达干（以拔汗那助平吐火仙有功，改其国日宁远，册其王为奉化王）。

745年乙酉，唐玄宗大宝四年（于上年将改为载为习惯仍称午）。

正月，回纥尽有突厥故地：回纥怀仁可汗击杀突厥白眉可汗，突厥毗—伽可敦率众来降，自是北边稍安。回纥拓地愈广，东达室韦，西抵金山，南跨大漠，尽有突厥故地。怀仁可汗死，子葛勒汗立。

八月，册杨太真为贵妃：初、玄宗见寿王妃杨氏悦之，乃令妃自求为道，号太真，为寿王更娶韦昭训女。潜纳太真入宫。至是册为贵妃。赠其父玄琰兵部尚书，诸兄及三姐皆显贵，族杨钊亦得出入宫禁，授金吾兵曹参军。

九月，安禄山贪边功，数侵略奚，契丹各杀公主反抗，禄山击破之。

746 年丙戌，唐玄宗天保五年。

七月，杨贵妃重遇日深，中外争献器服珍玩。民歌曰：“生男勿喜女勿悲，君今看女作门楣。”贵妃喜食生荔枝，岁命岭南驰驿致之。至长安色味不变。

是岁，李林甫倾陷异己：宰相李林甫为倾陷胜已者，数兴大狱，皆令酷吏吉温审讯之。先后流刑部尚书韦坚，罢贬左相李适之，杖杀赞大夫杜有邻，左骁卫兵曹柳勣等多人。

747 年丁亥，唐玄宗天宝六年。

正月，李林甫杀韦坚等北海太守李邕杖死。李林甫又奏分遣御史即贬所赐皇甫惟明，韦坚兄弟死，李适之忧惧，仰药自杀。

以安禄山兼御史大夫：范阳、平卢节度史安禄山，艘垂过膝，外似痴直，内实狡猾。在玄宗前应付机敏，玄宗曾戏指其腹曰：“此胡腹中何所有？其大乃尔！”对曰：“更无余物，止有赤心耳！”命见太子，禄山拱立不拜曰：“不知太子者何官？”告以太子即储君，对曰：“臣愚，何者唯知有陛下一人，不知乃更有储君。”然后拜。禄山出入禁中，请为贵妃儿。玄宗与贵妃共坐，禄山先拜贵妃，玄宗问何故，对曰：“胡人先母而后父。”以此取悦于玄宗，故有是命。

四月，李林甫忌王忠嗣：王忠嗣功名日盛，李林甫恐其入相，忌之。安禄山筑雄武城，大贮兵器，王忠嗣上言安禄山必反，李林甫益恶之。王忠嗣请辞河东、朔方节度的兼职，许之。

十月，贬王忠嗣：玄宗欲使河西、陇右节度使王忠嗣攻吐蕃石堡城（今青海西宁西南），忠嗣以石堡城险固非杀数万人不能克，而得之未足以制敌，不得亦无害于国，不愿以数万人之生命争一城。帝另遣将攻之，命忠嗣分兵相助，忠嗣亦不尽力，或劝之，答不愿以数万之命易一官。李林甫诬忠嗣有逆言、下狱、罪当死，忠嗣部将哥舒翰力陈忠嗣之冤，遂贬忠嗣为汉阳太守。以哥舒翰充陇右节度使，以朔方节度使安思顺充河西节度使。

十二月，以高仙芝为安西四镇节度使：唐兴以来，边帅皆用忠厚名臣，功名著者往往入朝为宰相。李林甫以专宠固位。欲度边帅入相之路，以胡人不知书，无从入相，力主用寒族胡人为边帅。始用安禄山。至是安思顺、哥舒翰、高仙芝皆以胡人为节度使，精兵皆戎北边，卒使安禄山倾复天下。

748 年戊子，唐玄宗天宝七年。

四月，以高力为骠骑大将军。高力士久承恩宠，中外畏之，太子呼之为兄，驸马辈呼之为爷。李林甫、安禄山等皆因之取将相。

六月，赠安禄山实封之帙卷（铁刻朱书之符契）。

同月，杨钊判度支事（掌管国家财政收支），钊以聚剑获宠，一岁中领十五使，（如剑南节度、支度、营田等副大使，水道山南西南采访处置使等）。

749年已丑，唐玄宗天宝八年。

六月，哥舒翰拔吐蕃石堡城：陇右节度使哥舒翰帅六万三千人攻蕃石堡城。其城三面险绝；唯一径可上，唐士卒死者数万，始拔人，获四百人。闰六月，以石堡城为神武军，又于剑南西山索磨川置保宁都护府。

750年庚寅，唐玄宗天宝九年。

八月，以安禄山兼河道采访处置使。

十月，安禄山入朝：安禄山屡诱奚、契丹，饮以毒酒，醉而坑之，动辄数千人。至是，入朝，献奚俘八千人，前许其于上谷置五炉铸钱，因献钱样于缗。

是岁，南诏起兵：南诏王阁罗风愤怨云南（今云南祥云东南支南驿）太守张陀之迫辱，起兵反唐，攻陷云南，杀张陀，取夷州（西南夷归附所设之羁州）三十二。

751年辛卯，唐玄宗天宝十年。

正月，安禄山出入宫掖：玄宗为禄山筑府第，穷极壮丽，命宰相诣第贺之。禄山生日，召入禁中，贵妃以锦绣大襁褓裹禄山，谓之三日洗禄山儿。自是出入禁掖，或与贵妃对食，或通宵不出，丑声闻于外（杨玉环未料到后来因禄山而致杀身）。

二月，以禄山兼河东节度使；安禄山既兼领三镇，日益骄恣。又见内地武备废驰，有轻唐室之心，遂谋作乱。禄山养同罗、奚、丹降者八千余人，谓之“曳落河”（胡语壮士）及家童数百人，皆骁勇善战。又蓄战马数万头，多聚兵杖，分遣商胡行诸道，岁输财百万，以为叛资。

八月，安禄山败于契丹：安禄山率兵六万击唐兵，杀伤殆尽。禄山折冠失必履，与二十骑逃回；平卢兵马使史思明，收散卒得七百人。

752年壬辰，唐玄宗天宝十一年。

五月，杨国忠权倾朝野：京兆尹杨国忠加御使大夫、畿关内采访使等，共领二十余使。

十一月，李林甫死杨国忠拜相：李林甫在相位十九年，时玄宗深居宫中，专以声色自娱，政事悉以委之。林甫迎合帝意以固其宠；杜绝言路以成其奸；排抑胜已以保其位；诛驱遗臣以张其势，遂酿成天下之乱。林甫死，以杨国忠为右相（中书令）兼文部（吏部）凡领四十余使。

753 年癸巳，唐玄宗天宝十二年。

五月，安禄山与杨国忠交恶：杨国忠为相，安禄山蔑视之，由是有隙，杨国忠屡言禄山有反状，帝不听。哥舒翰素与禄山不睦，杨国忠欲厚结之以共排安禄山。

八月，哥舒翰兼河西节度使：陇右节度使哥舒翰击吐蕃、拔洪济等城，番收九曲部落。杨国忠奏以哥舒翰兼河西节度使，赐爵西平郡王。是时中国强胜，自长安西尽唐境一万二千里，闾阎相望，桑麻遍野，天下称富庶者莫如陇右。

754 年甲午，唐玄宗天宝十三年。

正月，安禄山入朝：杨国忠言禄山必反，且曰："陛下试召之，必不来。"帝召之，禄山闻命即至。见帝泣曰："臣本胡人……为国忠所疾，臣死无日矣！"帝由是益亲信之。太子亦言禄山必反，不听。

加安禄左仆射：玄宗欲以禄山为宰相，杨国忠以为禄山目不知书，若为宰相，恐四夷轻唐。谏止，遂加禄山左仆射，既又以禄山为闲废、陇右群牧等使，兼知总监事。禄山选分健马堪战者数千匹，别饲之。

二月，安禄山乞赏部将：安禄山奏称："臣所部将士讨奚、契丹、九姓、同罗等，勋校甚多，乞不拘常格，超资加赏"，于是授将军者五百余人。禄山欲反，先以此收众心。

755 年乙未，唐玄宗天宝十四年。

二月，安禄山请以蕃将代汉将，凡三十二人。宰相韦见素极言反已有迹，所请不可许，不听，意许之。杨国忠、韦见素奏请召安禄山入朝为宰相，以三将分领范阳、平卢、河东三节度使以分其势，未果。

十一月，安禄山反于范阳，安禄山早已阴蓄异志，秣马厉兵，适有奏事官自京师还，禄山诈为敕书，召诸将视之曰："有密旨，令禄山将兵入朝讨杨国忠。"遂发所部兵及同罗，奚、契丹、室韦凡十五万众，号称二十万，以讨杨国忠为名，反于范阳（即今北京）。引兵南下，烟尘千里。时承平日久，百姓累世不识兵革，河北 县，望风瓦解，守令或开门出降，或弃城逃匿，或为所擒杀，无敢拒者。

遣封常请诣东京募兵：玄宗知安禄山确反，遣人分诣东京、河东各募数万人拒之。适实西节度使封常请入朝，乃以常请为范阳，平卢节度使，即日诣东就募兵抵御，旬日，得六万人。以郭子仪为朔节度使。置河南节度使、领陈留等十三郡，诸郡当冲途者置防御使。

十二月，安禄山陷东京：安禄山率军渡黄河，所过残灭，进逼陈留，太守以城降。禄山杀河南节度使张介然及降者近万人。继引兵向荥阳，守城之士闻鼓角声，自坠如雨，荥阳陷落。封常清所招兵未经训练，先战于武牢、大败；再战于葵元，又败。五战五败，遂陷东京。封常清破墙西走，留守李憕，御史中丞卢奕等死之。

封常清、高仙芝退守潼关：封常清率余众至陕，谓高仙芝曰："常清连血战，贼锋不可当，且潼关无兵，若贼突入关则长安危矣。陕不可守，不如引兵先据潼关拒之。"遂退守潼关，叛军至，不得而去。河南多陷。

颜真卿起兵讨叛：平原（山东平原）太守颜真卿招募士兵，旬日至万余人，谕以起兵讨安禄山，慷慨涕泣，士皆感愤。真卿杀安禄山党羽，遣密使怀购贼牒至诸郡，诸郡多应者，纷起杀禄山将吏。共推真卿为盟主。

颜杲卿起兵讨叛：常山（河北正定）太守颜杲卿将起兵，适颜真卿遣使密告欲连兵断禄山归路，以缓其西进之谋；乃起兵杀禄山将吏，散其井径守军，遗使宣示诸郡：大军已下井径，先平河北诸郡，先归者赏，后至者诛！于是河北十七郡皆归朝廷。附禄山者只余六郡。范阳路绝。

郭子仪败叛军：安禄山遣将寇振武军，朔方节度使郭子仪击败之，乘胜拔静边军。叛军又攻静边军，子仪使李光弼仆固怀恩等迎击，大破之，乘胜拔马邑。

杀高仙芝、封常青：监军边令诚以高仙芝事多不从其意，入奏：封常青夸张声势、动摇军心；高仙芝弃地数百里，盗减军粮。玄宗命令诚即军中斩之。常青遣表曰："臣死之后，望陛下不轻此贼，勿忘臣言！"仙芝临刑，士卒大呼称冤，其声振地（这样大的将官，生命无保障，偏面信之而斩）。

以哥舒翰为兵马副元帅，河西、陇右节度使哥舒翰病居京师，有威名，且素与安禄山不睦，拜兵马副元帅，将兵八力以讨禄山，并仙芝旧部卒及番将所部，号二十万，军于潼关。禄山欲自将攻潼关，闻河北有变而还。

八、隶宗 李亨 756——762 年

756 年丙申，唐玄宗天宝十五年肃宗李亨至德元年

正月，安禄山称帝：禄山自称大燕皇帝，建元圣武。

颜杲卿兵败死：常山守备未固，史思明等引兵至，杲卿即告急于太原尹王承业，尹王拥兵不救。杲卿昼夜拒战，粮尽矢竭，城陷被执，至洛阳，大骂安禄山而死。史思明复陷广平等九郡，进围饶阳。

二月，李光弼败史思明于常山：李光弼率万余人出井径，收复常山。史思明解饶阳之围，驰兵搏战，屡为光弼所败，退入九门。时常山九县，七附官军。

张巡败令狐潮于雍丘：真源令张巡，率吏民哭于玄元皇帝庙，起兵讨安禄山，乐从者数千人，西入雍丘。原雍丘令令狐潮降安禄山。三月，潮与叛军四万余人至城下，张巡身先士卒，屡败叛军，积六十余日，大小三百余战，带甲而食，裹疮复战，叛军败走，军声大振。

三月，颜真卿拔魏都：清河郡乞师，真卿分兵六千与清河兵四千、博平兵千

人击魏郡，大败安禄山所署魏郡太守袁知泰，斩首万余级，遂拔魏郡。

四月，郭、李九门之捷：李光弼与史思明相博四十余日，常山粮道阻绝。光弼遣使告急，郭子仪引兵出井陉，郭、李合兵十余万，与史思明战于九门城南，大败之。思明奔博陵，尽杀郡官。时“河朔文民苦贼残暴，所至屯结，多至二万人，少者万人，各以为营拒贼；及郭、李军至，争出自效。”官军进拔赵郡。

五月，郭、李嘉山之捷：安禄山遣洛阳兵二万人，范阳等郡兵万余人助史思明，合五万人。郭子仪深沟高垒以待之，敌来则守，敌去则追，昼则耀兵，夜则扰营，俟其疲倦，乃与之战于嘉山（河北定县西南），大破之，斩首四万级，史思明坠马，跣足步行归营。河北十余郡皆杀禄山将吏以降，军声大振。范阳路再绝，军心动摇，禄山大惧，召高尚、严庄骂之曰：“汝数年教我反，以为万全。今守潼关，数月不能进，北路已绝，诸军四合，吾所有者止汴，郑数州而矣，万全何在？汝自今勿来见我！”议弃洛阳，走归范阳，计未决。

六月，哥舒翰灵宝之败：杨国忠忌哥舒翰手握重兵，奏请募人屯霸上以备之。哥舒翰表请霸上兵隶潼关，国忠益惧。玄宗闻陕郡叛军不满四千，皆羸无备，催翰进兵复陕、洛。翰奏叛军远来，利在速战，官军据险，利在坚守，且叛军残虐失众，请待之，可不战而擒。郭子仪、李光弼亦上言：“请引兵北取范阳，复其巢穴，质贼党妻子以招之，贼必内溃。潼关大军，唯应固守以弊之，不可轻出。”杨国忠则谓哥舒翰逗留不进，将失时机，催之益切。翰不得已，抚膺恸哭，引兵出关，与禄山将崔乾祐战于灵宝，乾祐据险以待，官军十五万，进入七十里隘道，南迫山，北阻河，伏兵突发，乘高下木石，士卒死伤甚众。舒以毡车冲锋，乾祐纵火焚之，官军首尾骇乱，大败。翰独与数百骑入关。关外先为三？，皆广二丈，深一丈，人马坠其中，顷刻而满，余人皆踏之而过，士卒得入关者，才八千余人。乾祐遂陷潼关。哥舒翰为部下所迫降于安禄山。

玄宗奔蜀：潼关失守，京师大骇，杨国忠首唱幸蜀之策，玄宗独与贵妃姊妹、皇子、妃、主、皇孙、杨国忠、韦见素等仓皇西走，余皆委之而去。是日中午，犹未进食，杨国忠自市胡饼以献，百姓献粗米饭，皇孙辈争以手掬食之，须臾而尽，犹未能饱。

马嵬驿诸杨伏诛：行至马嵬驿（在陕西兴平西），将士饥疲，众皆愤怒，将士声音杨国忠谋反，追杀之，以枪揭其首于驿门外，并杀其子户部侍郎杨暄及韩国夫人、秦国夫人。军士围驿，请杀杨贵妃，玄宗命高力士引贵妃于佛堂，缢杀之。将士始整部伍为行计。

留太子讨逆：自马嵬西行，父老遮道请留，玄宗令太子于后宣慰父老，父老皆曰愿率子弟从太子破逆贼，取长安。众至数千，拥太子马，不得行。玄宗乃留太子，分后军二千人与之，宣旨传位，太子不受。自是太子北趋灵武（宁夏宁武西南），玄宗南至成都。

孙孝哲陷长安：叛军留潼关十日，乃遣孙孝哲将兵入长安，禄山命搜捕百官、宦官、宫女等，每获数百人，辄以兵卫送洛阳，从驾王侯将相家，留长安者，诛及婴儿。杀公主、王妃、驸马等多人，杀杨国忠、高力士党人八十三人，又杀皇孙及郡县主二十余人。叛将日夜纵酒，专以声色宝贿为事，故玄宗得安行入蜀，太子北上亦无追迫之患。

七月，太子即位于灵武：朔方留后杜鸿渐等迎太子至灵武，上太子笺，请尊马嵬之命，即皇帝位，太子不许，笺五上，才许之。太子即位于灵武城南楼，尊玄宗为上皇天帝，改元至德，为肃宗。时文武官不满三十人，旬日间，归附者甚众。

八月，郭、李并相：初，郭子仪、李光弼闻潼关失守，引兵入井陉。至是，将兵自河北至灵武，灵武军威至威。肃宗以郭子仪为武部尚书，李光弼为户部尚书，并拜相。

民心思唐：安禄山命搜捕乐工送洛阳，宴其群臣于凝碧池，盛奏众乐；梨园弟子多唏嘘泣下。乐工雷海清不胜悲愤，掷乐器于地，西向恸哭，遭惨杀。禄山既得长安，命大索三日，尽掠私财，民间骚然，益思唐室。

九月，遣使往回纥借兵：肃宗欲借兵于外夷以张军势，遣敦煌王承宗与仆固怀恩使于回纥以请兵。回纥可汗以女嫁寀为妻，遣贵臣同来。赐回纥女号为伽公主。又发拔汗那兵，且使转谕西域诸国，使从安西兵入援。

十一月，郭子仪合回终纥破同罗：回纥援兵至，与郭子仪军合击同罗等胡于榆林河北，大破之，斩首三万，捕获一万，河曲皆平。

757 年丁酉，唐肃宗至德二年。

正月，安庆绪杀安禄山：安禄山目疾失明，又病疽，性益暴躁，左右常遭捶挞。宠妾生子庆恩，欲以代庆绪为后，庆绪自危。严庄说庆绪及阉宦李猪儿杀禄山以自保，皆许诺。严庄与庆绪夜持兵立帐外，猪儿入帐砍禄山腹，禄山扪枕旁摸刀不获，肠已流出，遂死。庆绪即位，无大小事皆取于严庄。

李光弼败史思明于太原：光弼兵不满万人，但军令严整，叛军围城月余不能入。光弼作大炮，飞巨石，一发辄毙二十余人，叛军死者十之二三。又穿地道于敌营，营中地陷，叛军惊乱，官军乘势攻之，俘斩万计。会安禄山死，史思明归守范阳，留蔡希德等围太原。二月，光弼大败蔡希德，斩首七万余级。张巡、许远败尹子奇：安庆绪遣尹子奇率兵十三万攻睢阳（今可南商兵南），张巡入睢阳与许远合兵，只六千八百人，昼夜苦战，先后擒叛将六十余人，杀士卒二万余，尹子奇遁去。三月，尹子奇复引大军攻睢阳，又为张巡击败。

二月，郭子仪平河东：郭子仪引兵入河东，各地多为内应，崔乾佑败走，河东遂平。

援军会风翔：肃宗至风翔，陇右、河西、安西及拔汗那、大食诸国入援兵皆会，江淮庸调亦至，长安人逃来者日夜不绝，肃宗急于收复西京，不采李泌先取范阳以绝叛军根本之策。

郭子仪遣军击潼关，破之，暂首五百级。安庆绪遣兵救潼关，郭军大败，死者万余人。部将李绍光、王祚战死，仆因怀恩渡淮水，退河东。三月，安庆绪兵攻河东，郭子仪击走之。斩俘万余人。

四月，命郭子仪为天下兵马副元帅，将后赴风翔。先败安庆绪兵于向渠。五月，与安守忠、李归仁军战于长安西，官军败绩，子仪退保武功。

七月，张巡死守睢阳：尹子奇复征后数万，攻睢阳。城中食尽，城中将每人日给米一合，杂以茶纸、树皮为食。士认真仅余一千六百人，皆饥病不堪，遂为叛军所围。叛军以云梯，钩车、木驴攻城，皆为张巡所破，不敢复攻。遂干城穿三重壕以困之。八月，睢阳士卒死伤之余，才六百人，张巡、许远分城而守，与士卒同食茶纸，不复下城。是时，周围诸师皆拥兵不救，张巡令南霁云将三十骑突围，告急贺兰进明，并告以若睢阳陷落，则临淮难保，皮毛相依，不能不救！贺兰进明无意出师，但爱霁云勇壮，设宴强留之，霁云慷慨泪下曰：“霁云来时，睢阳之人不食月余矣！霁云虽欲独食，且不下咽。大夫坐拥强兵，观睢阳陷没，曾无分灾救患之意，岂忠臣义士所为乎！”因咬落一指以示贺兰进明，曰：“霁云既不能达主将之意，请留一批以示信归报。”举坐绵为之泣下。霁云至宁陵，与城使廉坦同将步骑三千人回，到城下，大战，死伤之外，仅得千人入城。叛军知睢阳援绝，围之益急。

闰八月，遣将攻长安：肃宗宴诸将，遣攻长安，谓郭子仪曰：“成功与否，在此一举！”对曰：“此举不捷，臣必死之。”子仪先行屯持风。

败西侵叛军：叛军突袭风翔，御史大夫崔光远破之于骆谷。乘胜攻中渭桥，杀守桥瓣军千人，直入长安苑门。屯武功之瓣军奔归，激战，官军失利，然自是叛军不敢西侵。

九月，收复西京：回纥怀仁可汗遣其子叶护将精兵四千至风翔。元帅广平王椒将朔方等军及回纥，西城之众十五万，号二十万，发风翔攻长安。与安守忠、李归仁等所率十万叛军战，大败之，斩首六万级。叛军弃城夜遁，大军入西京。郭子仪引兵追叛军，复潼关，斩首五千级。初，肃宗曾与回纥约：“克城之日，土地，士庶归唐，金帛、子女皆归回纥。”至是，叶护欲践约。广平王椒拜于叶护马前曰：“今始得西京，若遽俘掠，则东京之人皆为贼固守，不可复取矣，愿至东京乃如约。”肃宗闻之喜曰：“朕不及也。”

十月，睢阳陷落：尹子奇久困睢阳，城中马、雀、鼠皆食尽，遂及食人。所余四百人，饥病不能战，城遂陷。张巡，许远被执，先后死。巡守睢阳，大小四百余战，杀叛军十二万人，以寡敌众，保江、淮以待官军，每战“眦裂齿碎”（即眼裂，牙齿碎），尹子奇以刀撬其口视之，余龄只三四。

收复东京；西京既复，叛将张通儒等收余众保陕郡（河南陕县），安庆绪悉发洛阳以援之，合兵十五万以拒官军。郭子仪等与叛军战于新店，不利，回纥自南山袭其后路，叛军惊顾曰：“回纥至矣！”遂溃。官军与回纥夹击叛军，大败之，安庆绪杀所获唐将哥舒翰等三十余人，仓皇弃东京走邺郡（河南安阳），改邺郡为安成府，改元天城；以骑不过三百，步卒不过千人。广平椒入东京。回纥纵兵大掠，意犹末尽，父老请以罗锦万匹贿之，乃止。严庄来降，陈留人杀尹子奇举郡降。

肃宗入西京，百姓出国门奉迎，二十里不绝。

十二月，玄宗还西京，居兴庆宫。

同月，史思明降唐：安庆绪至邺郡，只阿史那承庆、田承嗣等率所部归之，众渐至六万，其大将李归仁及精兵拽落河、六州胡等数万人，皆溃归范阳，投降史思明。庆绪忌思明之强，遣阿史那承庆等往范阳征兵，为思明所囚。思明遣使以所部十三郡及兵八万请降。以思明为归义王、范阳节度使，使将所部讨安庆绪。河北诸州皆降。

制陷贼官六等定罪：东西二京及府县百官受安禄山官爵者，皆收系大理，京兆狱。制以六等定罪，重者弃市，次赐自尽，再次杖一百，余三等流贬。

758年戊戌，唐肃宗至德三年，乾元元年。

二月，以李辅国兼太仆卿。辅国依附近张淑妃，势倾朝野。改元乾元，普免一年租庸，复改载为年。

三月，立张淑妃为皇后。

五月，立广平淑为皇太子。

同月，褒赠颜杲卿：赠故常山太守颜杲卿太子太保，谥忠节，以其子威明为太仆丞。杲卿姊妹子女流落河北，访得之，蒲州刺使颜真卿悉加赡给。”

六月，史思明反：李光弼以史思明终当叛乱，劝帝以思明亲信乌承恩为范阳节度副使，阴使图之：又赐阿史那承庆帙卷，令其图之。事泄，思明杀承庆，表求诛李光弼，表云，“陛下不为臣诛光弼，臣当自引兵就太原诛之。”遂反（或者是被逼而反）。

七月，宁国公主下嫁回纥：册命回纥可汗日英武威远毗伽阙可汗，以肃宗幼女宁国公主妻之，帝送宁国公主至咸阳，公主辞诀曰："国家事重，死且无恨。"帝流涕而还。回纥立公主为可敦（自突厥有国以来，可汗号其正室曰可贺敦）。

八月，回纥遣精骑三千助讨安庆绪，命仆固怀恩领之。

九月，九节度使讨安庆绪：安庆绪在邺郡（河南安阳），犹据七郡六十余城。帝命朔方郭子仪等七节度使将步骑二十万讨之；又命河东李光弼等二节度使将所部兵助之。因子仪、光弼皆元勋，难相统属，故不置元帅，而以宦官鱼朝恩，为观军容宣尉处置使以监护之。观军容之名自此始。十月，官军围卫州（河南汲县），安庆绪倾邺郡兵七万救卫州，中伏大败，官军拔卫州。郭子仪追至邺郡，再败安庆绪，前后斩首三万级，遂围邺城。安庆绪求救于史思明，且请以位让之，思明发范阳兵十三万救邺城。十一月，官军拔魏州（河北大名东北），继为史思明攻陷，所杀三万人。

十月，册太子淑，更名曰豫。

759 年己亥，唐肃宗乾元二年。

正月，史思明于魏州自称大燕皇帝。

二月，张后干政：后与李辅国相勾结，横行禁中，干预政事。帝颇不悦，而无如之何。

三月，九节度兵溃相州：（乾元元年邺郡改为相州）九节度使兵围邺城（河南安阳），筑垒，穿堑数道，引漳水灌之，城中食尽，一鼠值钱四千。安庆绪坚守以待史思明。时官军屯戍日久，财料略尽，诸军既无统帅，进退又乏统一指挥，城久不下，上下解体。史思明魏州引兵逼邺城，日于城下抄掠，劫夺官军粮运，诸军乏食，人自思溃。至是，思明引大军直抵城下，官军步骑六十万屯子安阳河东，思明白将精后伍万奋击之，李光弼先战，杀伤相半。郭子仪继其后，未及布阵，大风勿起，飞沙拔木，咫尺不辨，两军皆溃。子仪以朔方军断河阳桥保东京，诸节度使各溃归本镇。

史思明杀安庆绪：史思明官军溃去，乃收整兵马，还屯邺城南，诱杀安庆绪，收其士马州县。留其子史朝义守相州，自引兵还范阳。

四月，史思明称帝：史思明自称大燕皇帝，建元顺天，立其子朝义为怀王，改范阳为燕京，改州为郡。

七月，李光弼代郭子仪：观军容使鱼朝思恶郭子仪，于帝前短之。因如子仪还京师，以李光弼代为朔方节度使，后马元帅。寻以赵王系为天下兵马元帅，光弼付之。时朔将士乐子仪之宽，惮光弼之严。

八月，宁国公主至京师，回纥以其无子，听归。

十月，李光弼河阳之捷：肃宗欲亲征史思明，群臣谏乃止。史思明引兵攻河阳，李光弼屡败之。叛军复收兵攻北城，光弼命诸将出战，并以短刀置靴中，曰："战，危事，吾国之三公（光弼至德二载加司空），不可死贼手，万一不利，诸军前死于敌，我自到于此，不令诸君独死也。"郝廷玉、仆固怀恩等率军奋死决战，呼声动天地，叛军大溃，史思明周挚等皆遁去。

760年庚子，唐肃宗乾元三年，上元元年。

二月，李光弼连胜叛军：光弼败史思明于沁水之上，斩首三千余级。三月，破安太清于怀州城下；四月破史思明于河阳西渚。十一月，拔怀州，生擒安太清。

七月，李辅国还玄宗于西内：玄宗居兴庆宫，陈玄礼，高力士侍卫。李辅国以玄宗日与外人交通，玄礼，力士谋不利于玄宗为由，强迁之于西内（大名宫）。又流贬玄宗左右。其后玄宗稍悔悟，欲诛辅国，畏其握兵，竟不能决。

761年辛丑，唐肃宗上元二年。

二月，李光弼邙山之败：陕州观军客使鱼朝思说肃宗令李光弼进取东京。光弼奏称："贼锋尚锐，未可轻进，"朔方节度使仆固怀恩附鱼朝思亦言东京可取，李光弼被迫出师，与仆固怀恩会鱼朝思及神策军节度使卫伯玉攻洛阳。光弼命于邙山依险而阵，仆固怀恩违令阵于平原，史思明乘其阵未定，进兵击之，官军大败，光弼怀恩走保闻喜，朝恩，伯玉奔陕州，河阳、怀州皆陷。

三月，史朝义杀史思明（子杀父）：史思明猜忍好杀，部下人不自保，长欲杀长子朝义，立少子朝清为太子。既破李光弼，欲乘胜入关，使朝义为前锋袭陕城，为陕兵所败。思明欲斩朝义及诸将，朝义忧惧，部将说朝义行废立，朝义擒思明缢杀之。朝义即皇帝位，改元显圣。使人至范阳杀朝清及不附已者数十人。其党自相攻击，死数千人。朝义使李怀仙为范阳严，燕京留守。时洛阳四周数百里，州县皆丘墟，各节度使皆安禄山旧将，与思明辈等，朝义召之，多不至。

八月，加李辅国兵部尚书：辅国骄纵日甚，求为宰相，暗示仆射裴冕等使荐之，冕曰："吾臂可断，宰相不得！"帝大悦，辅国恨之。

762年壬寅，唐肃宗宝应元年。

二月，封郭子仪为汾阳王，以军乱叠起，非新进诸王所能镇服，乃以郭子仪为汾阳王，命知朔，河中、北庭、洛泽节度行营兼兴平、定国等军副元帅以镇抚之。肃宗谓子仪曰："河东之事，一以委卿。"初，朔方将士以前朔方诸道行营都统李国贞治军严，皆思郭子仪，故突将王元振因作乱。五月，子仪诛元振及其同谋者四十余人。河东节度使辛运送亦诛杀害前节度使邓景山者数十人。由是河东诸镇率皆奉法。

四月，玄宗死（在太上后位六年）。

同月，肃宗死：肃宗病危，张后谓太子曰："李辅国久典禁兵制敕皆从之出……

今主上弥留，辅国阴与陈元礼谋作乱，不可不诛。”太子曰：“陛下疾甚危……一旦不告而诛之，必致震惊，恐不能堪也。”太子出，张后如越王系选宦官二百余人，以诛辅国。事泄，辅国勒兵捕越系等百余人，以太子之命迁后于别殿。宦官宫人皆惊骇逃散，次日肃宗死。辅国等杀张后及越王系与兖王涧，引太子与宰相相见，即位，是为代宗。

李辅国恃功益横：李辅国明谓代宗曰：“天家（天子以天下为家，故称天家，亲近侍从官则称之为大家，犹言天家。）但居禁中，外事听老奴处分。”代宗以其方握禁兵，外尊礼之，称其为“尚父”（可尊尚的父辈）。事如大小，皆咨询之。继以辅国为司空，兼中书令，进爵博陆王。

六月，解李辅国兵权：解李辅国行军司马及兵部尚书，以程元振代判元帅行军司马，迁辅国出居外第，罢兼中木令。

十月，帝遣盗杀李辅国，初，帝在东宫，以李辅国专权，心甚不平。及嗣位，以辅国有杀张后之功，不欲显诛之。及遣盗人入其第，窃辅国之首及一臂而去。

会师讨史朝义；以雍王适为天下兵马元帅，会诸道节度使及回纥于陕西，进讨史朝义。帝欲以郭子仪为副元帅，为程元振、鱼朝思所阻而止。以仆固怀思为副元帅，雍王适至陕州，与僚属往见回纥可汗，可汗责其不行叔侄礼，僚属与回纥将军车鼻力争久之，车鼻革命僚属四人，两人致死。

仆固怀恩进克东京：诸军发陕州，仆固怀恩与回仡自混池入；潞泽节度使李抱玉自河阳人；河南等道副元帅李光弼自陈留人，会于洛阳，阵子横水，贬叛军数万。史朝义悉其精兵十万救之，官军聚击，叛军大败，斩首六万级，俘获二万，朝义将数百骑东走。仆固怀恩进克东京及河阳城，继下郑州、汴州、汝州。回纥入东京，肆行杀掠，死者万计，火累句不灭。朔方，神策军亦以东京、郑、汴、汝州皆为贼境，所过掠虏，三月乃巳。房屋殆尽，士民皆衣纸。

十一月，围史朝义于莫州：史朝义屡败于官军，奔莫州（河北任丘北），被围。

是岁，李白卒：李白(701–762)唐代大诗人。字太白，号青莲居士。祖籍陇西成纪（甘肃泰安东），出生于碎叶（巴尔喀什湖南楚河流域），幼居绵州昌隆（四川江油）青莲乡。后漫游各地，对社会生活多所体验。天宝初供奉翰林，为权贵谗毁，仅一年余即离开长安，对当时政治腐败，认识较深。天宝天年，在洛阳与杜甫结交。安史乱中曾为永王遴幕僚，因而流放夜郎。中途遇赦，晚年漂泊困苦，卒子当涂。其诗批判腐朽统治，反映人民疾苦，斥责叛乱势力，讴歌正义战争，又善于描绘自然景色，表达对祖国山河之热爱。诗风雄奇豪放，富有积极浪漫主义精神。对后世影响极大。有些作品也存在着纵洒放诞，求仙出世的消极情绪。有《李太白集》。

九、代宗 李豫 763——779 年

763 年癸卯，唐宝应二年，唐代宗李豫广德元年。

正月，史朝义自缢死：史朝义被围莫州，屡出战皆败，其睢阳节度使田承嗣说朝义，令亲往幽州发兵，承嗣自请留守莫州。朝义选精骑五千出突围，承嗣即以城降。时朝义范阳节度使李怀仙亦降，朝义至范阳不得入。独与胡骑数百欲入奚、契丹，李怀仙遣兵追及之，朝义于林中自缢（天下之大，亦无藏身之处）怀仙取其首以献。

九月，征仆固怀恩入朝：河东节度使辛云说厚结中使骆奉仙，奉怀恩连回纥谋反；怀恩亦奏请诛云说、奉仙；帝和解之。怀恩自以兵兴以来，所在力战，一门死王者四十六人，当嫁绝城，说谕回纥，再收西京，平定河南北，功无与比，而遭谗陷，愤怨殊深，上书申诉不平，中有：倘若不纳忠言，则“臣实不敢保家，陛下岂能安国！”之语。帝遣使征怀恩入朝，怀思竟不奉诏。

十月。叶蕃入长安：先是，唐自武德以来，开拓边境，地连西城，皆置督、府、州、县。开元中置朔方、陇右、河西、安西、北庭诸节度使以统之，军城戍逻，万里相望。自安禄山反，精锐边兵皆征发入援，留兵单弱，吐蕃，党项等不断入扰，西北数十州相继沦没。是年七月，吐蕃入大震关（甘肃清水东陇山东坡），陷兰、廓、河、鄯、洮、岷、秦、成、渭等九州，尽取河西、陇右之地。数年间自风翔以西邠州以北，皆非唐有。边将告急，程远振（用事宦官）皆不以闻。至是目，叶蕃率吐谷浑，党项，氐、羌二十余万众，过泾州，邠州至奉天、武功，京师震骇。诏以雍王适为关内元帅，郭子仪为副元帅，出镇咸阳以御之。吐蕃兵渡便桥，代宗仓促奔陕州，六军逃散。吐蕃入长安，纵后焚掠，长安肖然一空。吐蕃立武广王宏为帝，改元，置百官。郭子仪至商州牧散兵并武关防兵合四千人，乃泣谕将士，共雪国耻，取长安。节度使白孝德引兵赴难，百姓骗吐蕃曰：“郭令公自商将大军不知其数至矣！”子仪又遣将入城，阴结少年数百，夜击鼓于朱雀街，吐蕃惶骇，悉众遁去。

十一月，削程元振宫爵；程元振专权放纵，人畏之甚于李辅国。诸将有大功者，元振皆忌害之。吐蕃入陇又不以时奏，致长安沦陷。帝征诸道兵，李光弼等皆忌元振，无至者。太常博柳阮疏程元振罪，请斩之。帝以其曾有功，削官爵，放归田里。

十二月，代宗还长安：郭子仪率百官及诸军迎于浐水东，帝谓子仪曰：“用卿不早，故及于此。”

764 年甲辰，唐代宗广德二年。

正月，立雍王适为皇太子。

仆国怀恩反：河北副元帅，左仆射兼中书令，单于、镇北大都护，朔方节度使仆固怀恩反，潜谋取太原。河东节度使辛云京预为戒备，怀恩遣子攻之，大败而还，遂引兵围榆次。使郭子仪为关内，河东副元帅，河中节度等使、朔方节度大使，以瓦解怀恩之势。二月，仆固汤（怀恩子）围榆次，旬余不拔，为其部下所杀。怀恩母持刀逐怀恩曰："吾为国家杀此贼，取其心以谢三军。"怀恩与三百骑走灵州，杀守军朔方将军释之而收其军。子仪至汾州，怀恩之众数万尽归之，咸鼓舞涕泣，喜其来而悲其晚。

七月，李光弼死：太尉兼侍中，河南副元帅李光弼治军严整，能以少制众，与郭子仪齐名，及吐蕃之乱，光弼拥兵不朝，诸将不复敬畏，光弼愧恨成疾而卒。

八月，仆固怀恩引回纥吐蕃入犯，众十万，京师震骇，诏郭子仪镇奉天（陕西乾县）以御之。郭子仪闻吐蕃逼邠洲，遣其子郭晞将兵万人救之。十月，吐蕃至邠洲、白孝德，郭晞闭城拒守。仆固怀恩与回纥、吐蕃进逼奉天，京师戒严。子仪出阵乾陵之南，仆固怀恩以子仪无备，欲袭之，忽见大军，遂不战而退；转攻邠洲，不克，遁去。

765年乙巳，唐代宗永泰元元。

七月，以代宗异平公主嫁郭子仪子郭暖。

九月，仆固怀思引回纥、吐蕃等入扰：仆固怀恩引回纥，吐蕃、吐谷浑、党项、妈剌数十万众分三道入扰，令吐蕃趋奉天党项趋同州（陕西大荔），吐谷浑，奴剌趋盩屋（陕西周至）。回纥继吐蕃之后，怀恩又以朔方后继之。怀恩暴疾死，部将范志诚领其众。吐蕃十万至奉天，京师震恐。命郭子仪等屯径阳等地，下诏亲征。吐蕃攻醘泉，大掠男女数万而去。

十月，郭子仪单骑说回纥：吐蕃退至女邠洲（陕西彬县），遇回纥，复与之合后围径阳。子仪知回纥与吐蕃不睦，分营而居，遂与数骑往说之，使人传呼曰："令公来！"回纥大惊，其帅药葛罗执弓注矢立阵前。子仪免胄释甲投枪而进，请酋长见之，皆下马罗拜。子仪责其负约入侵，弃前功，结怨仇，背恩德而助叛臣。药葛罗曰："怀恩欺我，言天可汗已晏驾，令公亦捐馆，中国无主，我是以敢与之来。……我曹岂肯与令公战乎！"子仪因说之共击吐蕃，回纥从之。子仪与之定约而还。吐蕃闻之，引兵遁去；唐与回纥合兵追击，大破吐蕃于灵台（甘肃泾川东九十里）西原，斩杀万计，得所掠男女四千人，旋又破之于泾川（甘肃泾川北）东。

766年丙午，唐代宗永泰二年，大历元年。

二月，贬颜真卿：元载专权，恐奏事者揭其私，乃请百官论事，皆先白宰相，定其可否，兵部尚书颜真卿上疏，以为：此乃自掩耳目，塞谏解之路，昔李林甫虽擅权，群臣有不白宰相辄奏事者，则阳手他事中伤之，犹不敢明令百官奏事先白宰相。元载奏真卿诽谤，遂贬峡州（湖北宜昌）别驾。

是岁，郭子仪自耕百亩：子仪以河中军食常乏，乃自耕百亩。将蒋士卒皆不劝而耕。自是河中无野旷士，军有余粮。

767 年丁未，唐代宗大历二年。

二月，郭子仪入朝：代宗礼重子仪，常谓之大臣而不名，其子郭暖与异平公主争言，暖曰："汝倚乃父为天子邪？我父薄天子不为！"公主怒而奏之。代宗曰："此非汝所知，彼诚如是，使彼欲为天子，天下岂汝家所有也！"子仪闻之，囚暖请罪，代宗曰："鄙谚有之：'不痴不聋，不作家翁。'儿女子闺房之言，何足听也！"子仪归，杖暖数十。

七月，代宗信佛：鱼朝思作章敬寺，穷极壮丽，尽长安之木材不足用，奏诸曲江华清宫馆以给之。元载，王缙、杜鸿渐为相，三人皆好佛，造寺无穷。代宗初未甚重佛，曾问元载等："佛方报应，果为有无？"元载等奏："安、史叛乱，皆为其子所杀；仆固恩反，出门病死；回纥、吐蕃大举深入，不战而退，此皆非人力所及，岂得言无报应也！"（此听起，恰如所言；深究之，非也；安禄山和史思明，因二人此心不善，欲杀子逼子杀父。仆固怀恩为唐室天下尽已忠真而为，一家牺牲四十余人，落得被人毁谤，皇家不予做主，无路可走而反，由此恼恨，致病而卒。回纥、吐蕃入侵。因郭子仪说服了回纥反戈攻吐蕃，吐蕃才退兵。）

768 年戊申，唐代宗大历三年。

五月，西川军乱，西川节度使崔旰入朝，波州刺史杨子淋乘虚突入成都，朝廷遣旰还镇，赐名宁。七月，宁妾任氏击走杨子淋，

八月，吐蕃入扰：吐蕃十万扰灵武（宁夏灵武西南）二万扰邠洲（陕西彬县）京师戒严。九月，命郭子仪等率兵击走。

770 年庚戌，唐代宗大历五年。

三月，诛鱼朝思：鱼朝思专典禁兵，宠任无比，势倾朝野，凌侮宰相。每奏事，其帝必允，朝廷故事有不预闻者，辄怒曰："天下事有不由我者也！"代宗由是不悦。元载乘机奏请诛之，以重赂结朝思左右。寒食，代宗宴贵近于宫中，宴罢，留朝恩责其有异图，左右擒而缢杀之。诏罢朝恩观军容等使，诈云："朝恩受诏乃自缢。"

元载权威益重：元载既诛鱼朝思，代宗重任益厚，攸以贿成，威权益重。载有丈人（父执）来求官，载度其人不足任事，但赠河北一书而遣之。太人私发书视之，无一言，唯署名而已。至幽州，节度使闻有载书，以箱受书，留宴数日，赠绢千匹。基威权动人如此。

是岁，杜甫卒：杜甫(712—770)唐代大诗人。字子美，自称少陵野老。祖籍襄阳，迁居巩县（河南）。开元后期，举进士不第漫游各地。天宝时与李白结识于洛阳，后寓居长安近十年。安史乱中逃风翔，官左拾遗。后还京，出为华州司功参军，不久弃官移家成都，筑草堂于浣花溪上，一度在剑南节度使严武幕中任参谋，武表为检校工部员外郎，世称杜工部。晚年出蜀，病死湘江途中。他身经战乱，仕途坎坷，生活困窘，对黑暗政治愈益不满。作品大胆揭露通知集团的腐朽，反映人民的苦难，批判藩镇割据与叛乱，显示出唐代由盛转衰的历史过程，因被称为“史诗”其诗风格多样，语言精练，具有高度的表达能力。对后世影响很大。有《杜工部集》。

773年癸丑，唐代宗大历八年。

十月，田承嗣求为相：魏博节度使田承嗣为安，史父子立祠堂，谓之四圣，并求为相。加承嗣同平章事，遣使劝令毁祠堂。

774年甲寅，唐代宗大历九年。

三月，皇室结亲魏博：以皇女永乐公主许妻魏博节度史田承嗣之子华。代宗欲固结其心，而承嗣益骄慢。

十月，魏博节度使田承嗣诱昭义将吏作乱。

775年乙卯，唐代宗大历十年。

正月，田承嗣反：昭义兵马使裴志清逐留后薛山鄂，率众附田承嗣。承嗣声言救援，引兵陷相州（河南安阳）。代宗遣使谕承嗣各守封疆，承嗣不奉诏，继取洛、卫二州。

四月，命诸道讨田承嗣：成德节度使李宝臣，淄青节度使李正已与田承嗣有隙，及承嗣拒命，皆上表请讨之。代宗乃命成德等八道兵讨承嗣。混战百余日，承嗣以诸道兵四合，部将多叛。八月，表请归朝。十月，承嗣籍（登记）境内户口，甲兵、谷帛之数遣使以与李正已，曰：“承嗣今年八十六（八十六岁人不珍惜晚年，还造反）六……诸子不肖……凡今日所有，为公守耳”，正已遂按兵不进。时李宝臣与朱滔攻沧州，承嗣又令客说宝臣曰：“公与朱滔共取沧州，得之，则地归国，非公所有，公能舒承嗣之罪，请以沧州归公，仍愿以公取范阳以自效。”宝臣遂与承嗣同谋，密图范阳，夜袭朱滔，欲乘胜取之，未成。十二月，田承嗣请入朝，李正已屡为之上表，乞许其自新。

776年丙辰，唐代宗大历十一年。

二月，赦田承嗣：田承嗣复遣使表请入朝，诏赦其罪，复其官爵，听与家属入朝。

777年丁巳，唐代宗大历十二年。

三月，诛元载：宰相元载专横纳贿，赐自尽，妻子皆伏诛籍其家产，胡椒至八百石，他物称是。

是岁，藩镇割据：平卢节度使李正已据淄，青等十五州，拥兵十万；魏博节度使田承嗣据魏，博等七州，拥后五万；成德节度使李宝臣据恒、易等七州，拥兵五万；梁崇义据襄、邓等六州，拥兵二万；相互勾结，不用朝廷法令，官爵，甲兵，租税赋，刑杀皆自专之，名虽藩臣，实如异域。

779 年己未，唐代宗大历十四年。

五月，代宗死，太子适即位，是为德宗。遣诏以郭子仪摄冢宰。

分郭子仪权：以郭子仪领职过多，权任既重，功名复大，诏尊子义为尚父，加太尉兼中书令，增实封满二千户，月给五百人粮，二百马食，子弟、诸婿迁官者十余人。所领副元帅诸使悉罢之。以其副将李怀光、常谦光、浑瑊等为节度使，分领其任。

八月，杨炎拜相：德宗励精求治，不次用人，以道州司马杨炎为门下侍郎，同平章事。

十、德宗 李适 780——805 年

780 年庚申，唐德宗李适建中元年。

七月，杀前宰相刘晏：刘晏为杨炎构陷，德宗下诏赐死，天下冤之。晏理财有盛名，安史乱起，数年间，天下户口十亡八九，州县多为藩镇所据，贡献不入，所在宿重兵，所费不赀（不中计量），皆倚办于晏。晏掌握四方物价，变通有无，国家获利而天下无甚贵甚贱之忧，故只于出盐之乡置盐官。去盐乡远处，转官盐于彼贮之，至商缺盐贵，则减价鬻之，谓之常平盐，官获其利而民不乏其盐。初江、淮盐利不过四十万缗，后乃至六百余万缗，当每岁财赋所入之半。先是，远关东谷入长安，一斛得八斗则受优赏。晏以为江、汴、河、渭、水力不同，乃缘水置仓，分段转运。自是每岁运谷或至百余万斛，无斗升沉复者，晏理财达二十年（善事应流芳名）。

781 年辛酉，唐德宗建中二年。

六月，郭子仪死：子仪为上将，拥强兵，任中书令凡二十四年。八子，七婿皆为朝廷显官；其将佐为名臣者甚众。曾遣使至田承嗣所，承嗣西望拜之曰："此滕不屈于人若干年矣！"足见其在藩镇中之声威。

十月，杀杨炎：杨炎为卢杞所陷，贬崖州司马，遣中使护送，途中缢杀之（我为刘晏高兴）。

782 年壬戌，唐德宗建中三年。

二月，朱滔、王武俊反：时河北略定，分成德留后李惟岳管地，以张孝忠为

易、定、沧三州节度使，旋赐军名为义武；王武俊为恒，冀都团练观察使；康日知赵、深都团练观察使；以德、棣二州隶卢龙留后朱滔，令还镇。朱滔以未得深州，拒不还镇，留屯深州。王武俊以未得节度使，不悦，又令其以粮三千石人给朱滔，马五百匹给马遂，拒不奉诏。田悦乘机说之，二人皆反，与田悦合。

十一月，朱滔等结盟称王：卢龙留后朱滔为盟主，称冀王，魏博节度使田悦称魏王；恒、冀都团练观察使王武俊称赵王：自领淄青军纳称齐王。滔称孤；武俊，悦，纳称寡人。各置官仿唐朝。

十二月，李希烈反：淮宁兼平卢、淄青、兖郓、登莱、齐州节度使李希烈，结李纳、朱滔等反，自称天下都元帅，建兴王。

783年癸亥，唐德宗建中四年。

正月，颜真卿宣慰李希烈：初，宰相卢杞恶太子太师颜真卿，欲出之。真卿谓卢杞曰："先中丞传着至平原，真卿以舌舐面血。（事指卢杞父卢奕为安禄山所杀，传首至平原，时颜真卿为平原太守，执其使，取卢奕产，舔其面血，续以蒲身葬之。）今相公忍不相容乎！"杞起拜，而恨之益深。至是，卢杞荐真卿宣谕李希烈，诏下，举朝失色。李勉表言："失一元老为国家羞。"真卿至许州，为希烈所留，面对叛军刃刀，足不移，色不变。朱滔等四王遣使劝希烈称帝，谓真卿为天赐宰相。真卿叱之曰："何谓宰相！汝知有安禄山而列颜杲卿乎？乃吾兄也。吾年八十，知守节而死耳，岂受汝辈旅胁乎！"卒为希烈所杀（忠于唐颜氏好兄弟）。

诏诸道共讨李希烈：以哥舒曜（哥舒翰之子）为东部，汝州节度使，将万余人击李希烈。二月，克汝州。三月，江西节度使曹王皋败李希烈，拔黄州、蔡州、蕲州。希烈引军还蔡州（河南汝南）。四月，以记平等军都统李勉为淮西招讨使，哥舒曜为之付，以莉南节度使张伯仪为淮西应援招讨使，曹王皋为之付。八月，李希烈围哥舒曜于襄城（河南襄城），诏李勉神策军救之。九月，神策军大败于沪涧，襄城亦危，诏发泾原等道兵救之。

十月，朱泚反，据长安：泾原兵受命东征，过长安，军士以无赏食劣哗变，德宗诏劳禁兵御之，无一至者，乃出奔奉天（陕西乾县）。乱后入宫大掠，奉废居京师之原泾原节度使朱泚为主，失意官僚多附之。帝遣金吾将军吴溆入京宣慰，为朱泚所杀。泚谋称帝，司农卿段秀实以笏击之，中额，溅血洒地，秀实被杀。风翔将李楚琳，杀节度使张镒，附于朱泚。泚于是自称大秦皇帝。建元应天，立基弟朱滔为皇太弟；杀唐宗室七十七人，旋自将兵攻奉天。

十一月，春天解围：朱泚围攻奉天经月，城中粮尽，供御才有粝米二斛，夜纵人于城外，采芜青根而进之。各道兵讨朱泚、李怀光、李晟及马燧兵先后至长安周围，此党所据，唯长安城。李怀光引兵救奉天，败此军于醢泉，遣密使藏表于蜡丸先入奉天城，举城欢声雷动。朱此遁归长安，奉天解围。

十二月，贬卢杞：李曲光为宰相卢杞所阻，咫尺不得见天子，意不平，顿兵不进，表言卢杞等罪，帝不得已，贬卢杞等为远州司马。

784 年甲子，唐德宗兴元元年。

正月，改元兴元，大赦；诏除朱泚外，李希烈、田悦、王武俊、李纳、朱滔皆赦其罪，并其所管将吏一切待之如初。朱此胁从将吏百姓等，凡官军未到以前，去逆孝顺并散归本道，本军者，一律赦免。请将赴难者概加“奉天定难功臣”之号。停罢垫陌钱（即除陌钱），竹、木、荼、漆、榷铁之类。

王武俊、田悦、李纳皆去王号，上表谢罪。

李希烈称帝，国号大楚，建元武成，以汴州为大梁府，遣将四出攻掠，屡败，不敢复窥江、淮。

五月，李晟收复长安：李晟、浑咸等兵集长安城下，自苑北破墙入，此兵惊溃，此率众西逃，将奔吐蕃，至彭原，为其部下所杀。七月，德宗还长安。

785 年乙丑，唐德宗贞元元军。

六月，朱滔病死：诸将奉刘怦知幽州军事，旋以刘怦为幽州卢龙节度使。

八月，李怀光败死：马燧帅诸军逼河中，怀光军士自相掠扰怀光穷迫自缢死。部下断其首出降，河中平。

793 年癸酉，唐德宗贞元九年。

三月，陆贽论受贿：德宗谓宰相陆贽曰：“卿清慎太过，诸道馈遗，一皆拒绝，恐事情不通，如鞭靴之类，受亦无伤。”陆贽曰：“监临受贿，盈尺有刑，至于士吏之微，尚当严禁，矧（音审）居风化之首，反可通行！贿道一开，辗转滋甚，鞭靴不已，必及金玉……已与交私，何能中绝其意，是以涓流不绝，溪壑成灾矣。”

五月，南诏遗使上表归唐：异牟寻遣使上表，请弃吐蕃归唐，献生金、丹砂，金以禾坚，丹砂以示赤心。德宗赐诏书，遣使抚慰之。

794 年甲戌，唐德宗贞元十年。

正月，南诏王与唐使盟：异牟寻斩吐蕃使，去吐蕃所立之号（赞普义弟曰东王），与唐使盟于点苍山。继吐蕃于神川，取十六城，降其众十余万，遣使献捷于唐。

六月，迫使册南诏王异牟寻：异牟寻遣使请复号南诏（玄宗册皮逻阁为云南王，因号云南）。以袁滋为册南诏使，“册异牟寻为南诏”（窦滂《云南别录》），赐金印，文曰“贞元册南诏印”。

801 年辛巳，唐德宗贞元十七年。

七月，韦皋大破吐蕃：吐蕃扰盐州，陷鳞州杀刺史，韦皋遣将发兵二万分出九道攻吐蕃。九月，大破吐蕃于雅州（四川雅安）转战千里，凡拔城七，军镇五，焚堡一百五十，斩首万余级，俘六千，降三千户，遂围维州（四川理县）及昆明城，南诏王异牟寻虏获尤多。

802 年壬午，唐德宗贞元十八年。

正月，韦皋献俘吐蕃：吐蕃遣其大相兼东鄙五道节度使论莽热将兵十万解维州之围，西川兵据险设伏大败之，擒论莽热、士卒死者大半。维州、昆明竟不下，韦皋引兵还，遣使献论莽热，德宗赦之。

803 年癸未，唐德宗贞元十九年。

三月，杜佑拜相：杜佑自淮南入朝，以之检校司空，同中书门下平章事。

十二月，贬韩愈：监察御使韩愈上疏；以“京畿百姓穷困，应今年税钱及草粟等征未得者，请俟来年蚕麦。”愈坐贬阳山令（帝制社会不民主，为民建议，不纳而惩之，冤）。

805 年乙酉，唐德宗贞元二十一年，顺宗李诵永贞元年。

正月，顺宗立，德宗死：太子诵即皇帝位是为顺宗，时顺宗病不能言，不能巓事，常居宫中施廉帷，理官李忠言，昭容牛氏侍左右，百官奏事，自帷中可其奏。

王叔之谋改革时政：先是，顺宗为太翰林待诏王丕善书，王叔文善棋，具出入东宫，叔文常为太子言民间疾苦及谁可为将相，得太子信任。自德宗病重，王丕先入，称诏召王叔文坐翰林中决事。王丕以王叔文意告李忠言，称诏而行。王叔文欲改革时政，引韦执谊为相，已用事于中，与相唱和。引韩泰柳宗元，刘禹锡等采听外事，参与谋议。

五月，削王叔文翰林职。宦官俱文珍等恶王叔文专权，削其翰林职。王丕再三疏请，乃许其三五日一入翰林院，去学士名。叔文始惧。

六月，韦皋反王叔文：韦皋以顺宗衰毁成疾，上表请令太子监国。又上太子笺，以为“王叔文、王丕、李忠言之徒……”恐倾太宗盛业，危殿下家邦，愿殿下即日奉闻，斤逐群小，使政出人主，则四方获安。王叔文以母丧去位。

八月，宪宗即位，顺宗自称太上皇，令太子即皇帝位，是为宪宗，改元永贞。

贬王丕、王叔文：贬王丕开州司马，王叔文渝州司户。丕寻病死贬所。明年赐叔文死。

十一月，贬王叔文之党：贬韦执宜为崖州司马，韩泰为虔州司马，韩晔为饶州司马，柳宗元为永州司马，程异为彬州司马，是谓八司马。

十一、宪宗 李纯 806——820年

806年丙戌，唐宪宗李纯元和元年。

正月，顺宗死。

知西川节度刘辟反：刘辟发兵陷梓州（四川三台），执东川节度使李康。命神策军使高崇文等讨之，收复梓州。继而屡败刘辟。九月，高崇文率部长驱直入成都，所向崩溃，遂陷成都，擒刘辟，送京师斩之。

三月，夏绥留后杨惠林勒兵拒新节度使，命河东等军讨之，惠林旋为其部下所杀，传首京师。

807年丁女，唐宪宗元和二年。

十月，镇海节度使李琦反：刘辟、杨惠林既平，藩镇危惧，多求入朝。李琦谋反，杀留后，大将，并遣人杀所部州刺史；制削李琦官爵及属籍（琦为宗室，故著于属笈）发淮南等道兵讨之，李琦旋为部下执送长安，腰斩之。籍没其家产，赐浙西百姓，代今年租税。

十一月，以白居易为翰林学士：白居易作乐府及诗百余篇，规讽时事，流闻禁中；宪宗见而悦之，召入翰林为学士。

十二月，宪宗求谏：宪宗谓宰相曰："太宗以神圣之资，群臣进谏者犹往复数次，况联寡昧，自今事有违，卿当十论，无但一二而已。"

809年己丑，唐宪宗元和四年，

闰三月，先宗从翰林学士李绛、白居易之请，下诏蜀兹（音捐）租税，出宫人，绝进奉，禁掠卖（掠家人卖为奴婢）。

同月，立邓王宁为皇太子。

812年壬辰，唐宪宗元和七年。

三月，宪宗论宰相：李吉甫谓宪宗曰："天下已太平，陛下宜为乐"，李绛曰："今法令所不能制者，河南北五十余州，犬戎腥羊禀，近接泾、陇，烽火屡掠；加之水旱时作仓，廪空虚……岂得谓之太平，遽为乐哉！"宪宗退朝，谓左右曰："吉甫专为悦媚；如李绛，真宰相也！"（明君之言）。

八月，魏博自归朝廷：魏博节度使田委安死，其妻元氏立其子田怀谏为节度副大使，知军务，时年十一；召部将田兴为步射都知兵马使，李吉甫请兴斤讨之，李绛以为不必用兵，俟其内乱，魏博当自归朝廷。帝以为善。既而，田怀谏幼弱，军政皆决于家僮蒋士则，众皆怨怒。士卒数千人拥兴为留后，田兴以魏，博、贝、卫、澶、相六州之地归于朝廷，坐待诏命。十月，以田兴为魏博节度使，改名弘正。十一月，遣使至魏博宣尉，以钱百五十万缗厚赏将士，六州百姓给复一年。弘正请有司注拟所部缺官，行朝廷法令，输赋税。（是李绛和田兴二人免一场战实）。

815 年乙未，唐宪宗元和十年。

正月，吴元济反：吴元济纵兵侵掠，逼东京。制削其官爵，命宣武等十六道兵进讨之，胜负互见。

三月，以柳宗元等为远州刺史：王叔文之党贬远州司马者，几十年未徒近地，至是，皆以为远州刺史，官虽进而地亦远，以永州司马柳宗元为柳州刺史，朗州司马刘禹锡为播州刺史，继改为连州。

816 年丙申，唐宪宗元和十一年。

正月，发六道兵讨王承宗：成德节度使王承宗纵兵四掠，临镇皆请讨之。宰相张弘靖以为“两役并兴，恐国力不支，请并力平淮西（吴元济），乃征恒冀（王承宗）”。帝不听，罢张弘靖为河东节度使（宰相提出主张，不纳而就惩罚），制削王承宗官爵，发河东等六道兵讨之。

六月，高霞寓败绩：唐、随、邓节度使高霞寓攻吴元济，大败，仅以身免，中外骇愕。宰相将劝帝罢兵，宪宗曰：“胜负乃兵家之常……岂得以一将失利，遽议罢兵邪！”贬高霞寓及襄、复、郢、均、房度节使李逊。以郑权为山南东道节度使。

817 年丁酉，唐宪宗元和十二年。

六月，吴元济上表谢罪，吴元济见部下数叛，兵势日蹙，上表谢罪，愿束身归朝。诏许以不死；元济为部下所制，不得出。

十月，李槊雪夜袭蔡州：李祐谓李槊曰：“吴元济精兵皆在洄曲及四境，守蔡州者皆羸老文卒，可乘虚直取。李槊密白裴度，度亦以此为出奇制胜之图。李槊命随州刺史留镇文城（河南遂平界），命李祐、李忠义帅实骑三千为前驱，自与监军将三千人为中军，命李进诚将三千人殿其后。军出，东行六十里，夜至张柴村，尽杀其戍卒，留兵镇之，以上断吴元济救兵。复夜引兵出，诸将问所知，槊曰：“入蔡州取吴元济！”众皆失色，监军哭曰：“果落李祐奸计！”时大风雪，旌旗裂，人马冻死者相望。人皆以为必死。夜半，雪愈大，行七十里，至蔡州城下，近城有鹅鸭池，槊令击之以混军声。李槊四鼓至城下，无一人知者。李祐、李忠义斫城为坎以先登，尽杀守门卒而留击柝者，使击柝如故。遂开门而入，城中皆不觅。鸡鸣雪止，槊已入元济外宅，元济乃帅左右登牙城拒战。时董重质拥精兵万余守回曲，李槊厚抚其家，遣其子持书谕之，重质单骑来降。官军攻牙城，民争助之，元济于城上请罪，送京师斩。余众二万余人相继来降，淮西平。

818 年戊戌，唐宪宗元和十三年。

正月，李师道献三州：淮西既平，平卢节度使李师道忧惧。表请以长子入侍（为人质），并献沂、密、海三州。帝许之，遣李逊诣郓州（山东东平西北）宣尉。四月，李逊察李师道非诚意，归言于帝曰："师道顽愚反复，恐必须用兵。"既而师道表言："军情不听纳质割地"，帝怒，决意讨之。

四月，王承宗献二州：淮西既平，已削官爵之原成德节度使王承宗惧，求哀于魏博节度使田弘正，请以二子入朝为质，及献德、棣二州，输租税，请官吏。田弘正相继上表为之奏请，帝许之。是月，魏博遣使送王承宗二子及德、棣二州图印至京师。诏复王承宗官爵。

七月，发兵讨李师道：以李师道反复，下制数其罪状，发五道兵讨之。

819 年己亥，唐宪宗元和十四年。

正月，韩愈谏迎佛骨：佛骨至京师，帝留禁中三日，乃历送诸寺，王公士民，瞻奉施舍，唯恐不及，有竭产充施者。刑部侍郎韩愈上表切谏，认为："自黄帝至禹、汤、文、武皆享寿考，百姓安乐，当时是未有佛也。汉明帝时，始有佛法。其后乱亡相继，运作不长。宋、齐、梁、陈、元魏以下，事佛渐谨，年代尤促……佛不足信亦可知矣！乞以此骨付有司，投诸水火，永绝根本，断天下之疑，绝后代之惑。"帝大怒，贬韩俞为潮州刺史。韩愈恶佛教耗财惑众，力排之，曾作《原道》行于世。

二月，刘悟斩李师道：田弘正、李欒屡败平卢兵，李师道发民治郓州城堑，役及妇女，民益恐怨。部将刘悟得士民心，师道信谗疑其有他志，欲诛之。事泄，刘悟率兵入郓州，捕李师道及二子，皆斩之，函道送田弘正营。淄、青等十二州皆平。自代宗广德以来，垂六十年，藩镇跋扈河南、北三十余州，自除官吏，不供贡赋，至是始尽遵朝廷约束。帝命分李师道地为郓曹濮、淄青齐登莱，兖海沂密三道，各置节度使，以刘悟为义成节度使。

是岁，柳宗元卒：柳宗元 (773–819)，唐文学家、哲学家，字子厚，河东解（山西运城西南）人，世称柳河东。参加主张革新的王叔文集团，失败后贬为永州司马。后迁柳州刺史，故又称柳柳州。与韩愈皆倡导古文运动，同列"唐宋八大家"，并称"韩柳"，在哲学上，有《天说》、《天对》等论著，提出天不能"赏功而罚祸"，抨击了当时流行的因果报应思想。有《河东先生集》。

820 年庚子，唐宪宗元和十五年。

正月，宪宗暴死：宪宗服金丹，多躁怒，左右宦官往往获罪，有死者，人人自危。至是暴死，时人皆言为宦官陈弘志所杀，但云药发，外人不明究竟。

太子恒即位：初宦官吐突承璀谋立澧王恽为太子，宪宗不许。至是，宦官梁守谦等共立太子恒，是为穆宗。杀吐突承璀及堂王恽。

十二、穆宗 李恒 821——824 年

821 年辛丑，唐穆宗李恒长庆元年。

三月，刘总弃官为僧：卢龙节度使刘总既杀其父兄，心常自疑。晚年，奏请弃官为僧，徒为天平节度使，以张弘靖代之。刘总削发为僧，遁去，死于定州境内。

822 年壬寅，唐穆宗长庆二年。

正月，田布自杀：魏博节度使田布率全军三万人讨王庭凑，先锋兵马使史宪诚阴蓄异志，鼓扇将士，布军大溃，多归宪诚，布独与八千人还魏州，复召诸将议出兵，诸将不从，遂作遗表自杀。以宪诚为魏博节度使，外奉朝廷，内实与王庭凑连结。

十二月，穆宗风疾，不能履地，坐大绳床见群臣。裴度三上疏请立太子，乃立景王为太子。

824 年甲辰，唐穆宗长庆四年。

十三、敬宗 李湛 825——826 年

正月，穆宗死：敬宗立，穆宗服方士金石之药。处士张皋上疏，以为："神虑澹乃血气和，嗜欲胜则疾疢（音趁，热病）作。药以攻疾，无疾不可饵也。"帝善其言，使求之，不获。穆宗疾复作，命太子监国。帝死，太子即位，是为敬宗。

是岁，韩愈卒：韩愈(768–824)，唐文学家、哲学家，字退子，自谓郡望昌黎，世称韩昌黎。贞元进士，曾任国子监博士，刑部侍郎等职。因谏阻宪宗迎佛骨，贬为潮州刺史。后官至吏部侍郎。政治上反对藩政割据，思想上尊儒排佛。力反骈偶文风，提倡散文，与柳宗元共同倡导古文运动。其散文气势雄健，列"唐宋八大家"之首。所在《原道》、《原性》强调道统，维护儒家传统思想。《师说》承认"人非生而知之"，并提出"弟子不必不如师，师不必贤于弟子"的合理见解。有《昌黎先生集》。

826 年丙午，唐敬宗宝力二年。

十一月，宦官杀敬宗：帝游戏无度，善击球，好手搏招募力士，昼夜不离侧；又好深夜捕捉孤狸。是夜，夜猎还宫，与宦官刘克明等饮酒，烛灭，刘克明等杀帝于室内。宦官王守澄等杀刘克明等（这是杀人灭口），拥皇帝弟江王涵即位，是为文宗，更名昂。

十四、文宗 李昂 827——840 年

文宗初政，励精求治：帝深知两朝之弊，去奢从俭，放宫女三千余人，五坊鹰犬，量留校猎外，悉放之。省教坊，翰林，总监冗食（古代官吏因值朝班由公家供食，谓之冗食）一千二百余员。敬宗之时，每月供朝视不过一二，帝始复旧

帛，每奇日视朝。

830年庚戌，唐文宗太和四年。

正月，牛僧儒拜相：李宗闵引荐牛僧儒为相，二人相与排斥李德裕之党，渐逐之。

十月，李德裕为西川节度使，蜀自南诏入扰。一方残弊，德裕至镇，日召老于军旅，习边事者，访以山川，城邑，道路险易，未逾月，皆若身曾设立涉历。帝命修塞清溪水，以断南诏入扰之路。德裕以为，清溪之旁，大路有三，小径无数，只能以重兵镇守，不能靠清溪一关。朝廷皆从其请，德裕乃练士卒，修堡障，积粮储以备边，蜀人精安。

831年辛亥，唐文宗太和五年。

九月，李德裕益怨牛僧儒：吐蕃维州（四川理县东北）副使悉怛，谋尽率其众未成都降，李德裕遣兵据其城，奏称欲遣生羌三千攻吐蕃以雪耻。百官皆请如德裕策，独牛僧儒梗之，以为如是则“徒弃诚信，有害无利”。诏以其城归吐蕃，执悉恒谋及偕来者悉归之。吐蕃尽杀之于境上，极为惨酷，德裕由是怨牛憎儒。

832年壬子，唐文宗太和六年。

十二月，牛僧儒罢相；西川监军王践言入朝，数言：“缚送悉怛谋以快虏心，绝后来降者，非计也。”帝亦悔之，怨牛僧儒失策。附李德裕者因：“僧儒与德裕有隙，害其功。”僧儒内不自安。累表请罢，乃出为淮南节度使。

833年癸丑，唐文宗太和七年。

二月，李德裕拜相，帝与之论朋党事，对曰：“方今朝士三分之一为朋党。”因得以渐排其所恶者。六月，出宰相李宗闵为山南西道节度使。

八月，杜牧愤河北三镇之凶暴，而朝廷议者专事姑息，乃作《罪言》，又伤府兵废怀，作《原十六卫》，又作《战论》、《守论》注《孙子》。

834年甲寅，唐文宋太和八年。

十月，宦官王守澄与郑注等皆恶李德裕，以李宗闵与李德裕有隙，引李宗闵复入相以排之，时二李各有党朋，帝每叹曰：“去河北贼易，去朝廷朋党难！”先以德裕为兵部尚书，宋闵之为镇海度使。成为李宗闵复相，李德裕罢相。

835年乙卯，唐文宗太和九年。

四月，贬李德裕：郑注与翰侍讲学士李训得帝宠信，皆恶李德裕，使人诬德裕阴结漳王，图谋不轨，贬为太子宾客，经又以他事，再贬为袁州长史。

十一月，甘露之变：郑注与李训谋，至风翔选壮士数百为亲兵，奏请入护王守澄葬事（王守澄是右神策中尉，为李训和郑注于上月毒杀），乘机尽诛宦官。李训怨郑注专有此功，乃以郭行余镇邠宁，王潘镇河东，以赴镇为名，多募壮士；

以韩约诈奏左军，合谋先期诛宦官，然后并郑注亦除之。一日早朝，韩约许奏左金吾卫后大厅石榴树夜降甘露，劝帝往视，帝命左右中卫仇士良鱼志弘率诸宦官往视之。李训召王潘等所募壮士入内为伏兵，期一举尽诛宦官。仇士良觉变，急奔回拥帝还宫，出禁兵大杀朝官，两省及官吾吏卒死者六百余人，诸司吏卒又死者千余人，李训奔凤翔途中被擒斩，宰相王涯、贾钚、舒元舆以及王潘、郭行余、韩约等被捕杀，亲属无间亲疏皆死，朝中几为之一空。又密敕凤翔监军斩郑等千余人。自是宫官之权益大，天下事皆决于北司，宰相行文书而已。

839年已未，唐文宗开成四年。

十一月，文宗自比周赧，汉献：帝对左右曰：“赧、献受制于强诸侯，今朕受制于家奴，以其言之，朕殆不如。”因泣下沾襟，自是复不视朝。

840年庚申，唐文宗开成五年。

正月，武宗立，文宗病危，欲令太子监国，宦官仇士良，鱼弘志以太子之立，功不在已，乃矫诏立颖王瀍（音缠）为皇太弟，废太子成美仍为陈王。继而文宗死，仇士良说太弟赐陈王成美死，杀侄夺位武宗。

九月，诏李德裕入朝为相：德裕言于帝曰：为政之要“在于辩群臣之邪正……正人如松柏，特立不倚；邪人如藤萝，非附他物不能自起。……陛下诚能慎释贤才以为宰相，……常令政事皆出申书，推心委任，坚定不移，则天下何忧不理（治）哉！”实则德裕由淮南入相，宦官杨钦义颇有力焉。

十五、武宗 李炎 841——746 年

841年辛酉，唐武宗瀍（后改名为炎）会昌元年。

六月，武宗崇道：命道士赵归真等十三殿建九天道扬，帝亲受法箓（道教用以“驱鬼招神”或“治病延年”的秘密文书）。

闰九月李德裕罢牛僧儒：李德裕恶山南东道节度使牛僧儒，以汉水溢怀民居为僧儒治罪，罢为太子太师。

十二月，赈回骨米二万斛：太和公主遗使上表，言可汗已立，求册命。乌介可汗又求借振武一城以居公主，可汗。先是，对回骨或主出兵驱逐，威主赐粮赈抚。至是，遣使慰问回鹘，赈米二万斛，拒借振武城。

842年壬戌，唐武宗会昌二年。

八月，回鹘扰边：乌介可汗率众入大同川大掠，诏发五道兵屯太原、振武、天德，俟来春驱逐回鹘。九月，以刘沔兼招抚回鹘使，以张仲武为东面招地抚回鹘使，以李思忠为河东党项都将回鹘西南面招讨使，皆会军于太原。十一月，帝遣使赐太和公主冬衣，并为书赐公主，略曰：“先朝割爱降婚，义宁家园，谓回

鹘必能御侮，安静塞垣。今回鹘所为，甚不循理，每马首南向，姑（太和公主为武宗姑母）得不畏高祖，太宗之威灵欲侵扰边疆，岂不思太皇太后之慈爱！为其国母，足得指挥，若回鹘不能禀命，则是弃绝姻好，今日以后，不得以姑为词（不认你姑母了）。

是岁，刘禹锡卒：刘禹锡(772–842)，唐文学家，哲学家。字梦得。贞元进士。授监察御史，参加王叔文集团，反对宦官及藩镇割据势力。失败后贬朗州司马。后以裴度力荐，任太子宾客，加检校礼部尚书，世称刘宾客，与柳宗元并称“柳刘”与白居易并称“刘白”。诗通俗清新，富歌特色，为唐诗别开生面。哲学著作《天论》三篇，提出“天与人交相胜”、“还相用”的学说，肯定客观世界及其规律的可知性，驳斥“因果报应”论和“天人感应”说。有《刘梦得文集》。

843年癸亥，唐武宗会昌三年。

正月，石雄大破回鹘：乌介可汗率众逼振武，河东节度使刘沔遣将石雄等率沙陀朱邪赤心部及契苾，拓拔三千骑袭其牙帐，沔自以大军继之。石雄至振武，先见太和公主帐，使谍告以将出兵击可汗，请公主驻车解动。继引兵夜出，大败回鹘于杀胡山，斩首万级，降其部落二万余人，乌介可汗，与数百骑走保黑车子族。石雄迎太和公主归。

六月，内侍监仇士良致士：帝对仇士良外示尊宠，内实忌恶，士良颇觉，遂以老病致士。士良教其党以国权术曰：“天子不可令闲，常宜以奢靡其娱耳目，使日新月盛，无暇更及他事，然后吾辈可以得志。慎勿使之读书，亲近儒生，彼见前代兴亡，心知忧惧，则吾辈疏斥矣。”

844年甲子，唐武宗会昌四年。

七月，杜悰拜相：帝闻杨州倡女善为酒令，刺淮南盟军选十七人献之。监军请节度使杜悰同选，杜悰不从。帝闻之曰：“真宰相才也。”刺监军勿复选。以杜悰为宰相。

十月，贬牛僧儒，李宗闵：李德裕借昭义事罗织东部留守牛僧儒，胡州刺史李宗闵罪，三贬之，僧儒为循州长史，宗闵长流封州。

846年丙寅，唐武宗会昌六年。

十六、宣宗　李忱847——859年

三月，宣宗即位：帝病危，宦官立宪宗子光王怡为太叔，更名忱。帝死，皇太叔即位，是为宣宗。

四月，李德裕罢相：出为荆南节度使，渐逐其党。

七月，回鹘乌介可汗为其国相所杀，立其弟特勤遏捻为可汗。

是岁，自居易卒：自居易 (772–846) 七十四岁。唐代大诗人。字乐天，晚号香山居士。青年时期家境贫困，对社会生活及人民疾苦接触了解较多。贞元进士，曾任左拾遗及左赞善大夫，因得罪权贵，贬为江州司马。后官至刑部尚书。在文学上，主张“文学合为时而作，诗歌合为事而作”，是新乐府的倡导者，其讽谕诗《秦申吟》、《新乐府》，较广泛尖锐地揭发了当时政治的黑暗，反映出人民生活的痛苦，长篇叙事诗《长恨歌》、《琵琶行》亦颇著名。其诗语言通俗，相传老妪亦解。与元祯并称“元白”，与刘禹锡并称“刘白”有《白氏长庆集》。

848 年戊辰，唐宣宗大中二年。

五月，周墀拜相：初，墀为义成节度使，以韦澳为判官，及为相，谓澳曰：“力小任重，何以相助？”澳曰：“愿相公无权。”墀愕然不知所谓。澳曰：“官赏刑罚，与天下共其可否，勿以已之爱憎喜怒移之，天下自理，何权之有！”墀深然之。

九月，贬李德裕为崖州司户，至是，德裕已经四贬。

849 年己巳，唐宣宗大中三年。

闰十一月，崖州司户李德裕死，朋党之争渐息。

859 年己卯，唐宣宗大中十三年。

十七、懿宗 李漼 860——873 年

八月，懿宗即位：先是，宣宗服医官李玄伯，道士虞紫芝等人的药，疽发于背。至是，病甚。帝爱三子夔王滋，乃密以夔王嘱枢密使王归长等使立之。宣宗死，宦官王宗实下诏立郓王温为皇太子，更名漼。杀王归长等。郓王即位，是为懿宗，李玄伯，虞紫芝等服诛。

873 年癸巳，唐懿宗咸通十四年。

七月，僖宗立，懿宗病甚：宦官左军中尉刘行深，右军中尉韩文约立帝少子普王俨为皇太子，权句当（林理）军国政事。懿宗死，太子即位，是为僖宗，改名儇，时年十二。

十八、僖宗 李辕 874——888 年

874 年甲午，唐咸通十五年，僖宗李儇乾符元年。

十二月，王仙芝起义：自懿宗以来，奢侈日甚，用兵不息，赋敛愈急。关东连年水旱，州县不以实闻，上下相蒙，百姓流殍，无所控诉，以致所在蜂起，官军多败，岁末 (875 年初) 濮州（山东鄄城北）人王仙芝聚众数千，起干长垣，自称天补平均大将军兼海内诸豪都统，传檄诸道，言吏贪赋重，赏罚不平。

875 年乙未，唐僖宗乾符二年。

正月，田令孜用事；帝即位，使宦官田令孜知枢密，擢为中尉、政事一委之，呼为“阿父”。令孜招权纳贿，以府藏空竭，说帝籍长安东，西市商旅宝货悉输内库。

六月，黄巢起义：王仙芝，尚君长陷濮州（山东鄄城北）、曹州（山东曹县西北），众至数万，败天平节度使薛崇。冤句（曹县西北）人黄巢聚众数千人应之。巢少与仙芝皆以贩盐业为事，巢善骑射，喜任侠，粗涉书传，屡举进士不第，遂起义应仙芝，攻略州县，横行山东，民之困于重敛者争归之，数月之间，众至数万。

876 年丙申，唐僖宗乾符三年。

七月，王仙芝转战鲁豫皖鄂：宋威击王仙芝于沂州（山东临沂）城下，仙芝败走。八月，仙芝陷阳曜（河南禹县）郏城。九月，攻汝州（河南临汝），执刺史王镣，东都大震。数月之间，攻陷六州城，转战数千里。攻至蕲州（湖北蕲州镇）王镣为书说刺史裴偓与仙芝敛兵不战，开城迎仙芝、黄巢等入城，置酒，赠金帛，为仙芝表请官爵，宰相王铎亦为之固请，因授仙芝为左神策军押牙兼监察御史。仙芝欲降唐，黄巢大怒曰：“始者共立大誓，横行天下，今独取官赴左军，使此五千余从安所归乎！”因殴仙芝，伤其首，众皆喧噪不已，仙芝遂不敢受命，大掠蕲州。分三千余人从仙芝，尚群长，二千余人从黄巢分道而去。

877 年丁酉，唐僖宗乾符四年。

二月，王仙芝陷鄂州（武昌）、黄巢陷郓州（山东东平）杀薛崇。

三月，黄巢陷沂州（山东临沂）。

七月，王仙芝、黄巢攻守州，败官军，围宋威于宋州（河南商丘南）。救兵至，义军死二千余人，解围去。

十一月，王仙芝再度请降：仙芝遣尚君长等请降于招讨付使杨复光，宋威遣兵劫君长于道。十二月，宋威以战胜生擒奏闻，斩之于狗脊岭。

878 年戊戌，唐僖宗乾符五年。

二月，王仙芝战死黄梅：先是，尚君长被劫杀，仙芝转攻荆南，正月，陷江陵，罗城，会襄阳援兵与沙陀骑至，仙芝遂焚江陵而去；至申州，大败于招讨付使曾元裕。朝廷以曾元裕代宋威为招讨使。至是，曾元裕奏大破王仙芝于黄梅（湖北黄梅）杀五万于人，追斩仙芝，余党散去。

黄巢号冲天大将军：时黄巢方攻亳州（安徽亳州），尚让仙芝余众归之，推巢为主，号称冲天人将军，建元王霸、署置官属，巢挥师北进，再克沂、濮。继以屡为官军所败，乃遗书天平节度使张杨，请奏之。诏以巢为右卫将军，令就郓州解甲。巢竟不至。

五月，沙陀李国昌反：李国昌父子欲并据西镇，合兵陷遮虏军.六月，沙陀入浙州（山西忻县）境。八月，攻岢岚军，败官军。十月，发昭义、卢龙两道及吐谷浑等部兵讨李国昌父子。十一月，沙陀陷岢岚军，攻石州（山西离石）。十二月，李克用败河东，昭义兵。昭义节度使李钧战死，溃卒掠代州。代州民截杀之殆尽。

879 年己亥，唐僖宗乾符六年。

六月，黄巢克广州：执岭南东道节度使李迢，自称“义军百万都统兼韶，广等州观察处置等使”，露表宣告将入关中，因数宦官专权，纲纪败坏，朝臣与宦官勾结，贿赂公行，选举不公诸弊，并申“禁刺史殖财产，县令犯脏者族”，皆中时弊。

十月，黄巢北进。黄巢在岭南，士卒罹（音离，遭遇）瘴疫死者什三四，其众劝之北还以图大计。巢自桂州（广西桂林）编大木筏数千，乘湘江水涨，经永、衡二州，陷潭州（湖南长沙）乘胜进逼江陵，众号五十万。唐荆南节度使，南面行营招讨都统王铎弃城走襄阳，守军大掠，焚荡殆尽。十一月，黄巢入江陵，欲取襄阳北上，为割将刘巨容，曹全晸败于荆门。十二月，巢弃江陵，率舟师东下，攻鄂州（武汉），陷其外郭。

880 年庚子，唐僖宗广明元年。

是春，黄巢东入江南：离鄂东进，连下饶（江西波阳），信（江西上饶）、池（安徽贵池）、歙（安徽歙县）、婺（浙江金华）、睦（浙江建德）等州。高并遣其将张璘渡江。四月，攻陷饶州，五月，黄巢战张璘于信州，杀之，势复振。六月，黄巢克宣州（安徽宣城）。

十一月，黄巢克东部：黄巢入汝州，进克东都，留守刘允章率百官迎谒，坊市晏然。齐克让以万人退保潼关，长安居臣相对泣下，急发神策军二千八百人守潼关，神策军士皆长安富家子弟，赂宦官挂名军籍，厚得洽赐，但华衣怒马，凭势使气，未经战阵，闻当出征，父子聚泣，多以金帛雇病坊贫人代行。

十二月，黄巢破潼关：黄巢经陕（河南陕县）、豸虎（河南灵宝）直指潼关，白旗满野，不见其际，举军大呼，声振河山。齐克让军烧营而溃，关左有禁谷，平日禁人往来，官军仓促妄守文，溃兵自禁谷入，一反踏谷中灌木寿滕而为坦途。义军急攻潼关，掘土填关外天堑，纵火焚关楼俱尽，又自禁谷入，前后夹攻，守军全溃，遂克潼关。

黄巢入长安：潼关失守，长安大震，黄巢下华州（陕西华县），以其将乔钤留守，自率大军直趋长安。十二月五日 (881 年 1 月 8 日)，田令孜率神策兵五百拥帝奔成都，军士及坊市民竞入府库盗金帛。同日，黄巢前锋将柴存入长安，金吾大将军张直方率文武数十人迎巢于霸上。巢乘金装肩舆，其徒皆被发，纡以红赠，衣锦绣，执兵以从，甲骑如流，辎重塞途，千里络绎不绝。长安居民夹道聚观，尚让遍之谕曰："黄王起兵，本为百姓，非如李氏不爱汝曹，汝曹但安居无恐。"军众见贫者，往往施与之，尤憎官吏，得者皆杀之。

黄巢即帝位：黄巢杀唐宗室在长安者无遗类。十二月十三日（881 年 1 月 16 日），巢即皇帝位于含元殿，国号大齐，改元金统。唐官三品以上悉停任，四品以下位如故。以妻曹氏为皇后。以尚让为太尉兼中书令，赵璋兼侍中，崔镠、杨希古为枢密使、皮日体为翰林学士。

881 年辛丑，唐僖宗文明二年，中和元年。

四月，黄巢大败官军：郑畋传檄各藩镇，合兵攻黄巢。官军云集畿辅，黄巢帅众东出，空长安以诱之，官军入城，入第舍，掠金帛，妓妾。巢伏后霸上，侦知官军无备，引兵还袭，大战长安，唐将程宗楚，唐弘夫皆死，士卒死者什八九。诸军皆退，义师军势复振。部众上巢尊号承天广运启圣睿文宣武皇帝。

五月，李克用掠河东：李克用牒河东，称奉诏将兵五万讨黄巢，令备酒食以供军，屯兵晋阳（山西太原市南古城营）城外，纵沙陀大掠而归；陷忻、代二州，因留居代州（山西代县）。

882 年午寅，唐僖宗中和二年。

九月，朱温降唐：河中军粮船三十艘，道出夏阳（陕西韩城）为宋温所夺。王重荣率众三万救之，温惧，凿沉基舟。河中军悉众围温，温屡诸益兵，皆为知右军事孟楷所抑，温见巢兵势日蹙，知其将亡，乃杀其监军严实，与大将胡真、谢瞳举，同州降王重荣，唐以温为国华节度使，继授为右金吾大将军，河中行营招讨付使，赐名全忠。

883 年癸卯，唐僖宗中和三年。

三月，李克用败黄巢兵；李克用进军乾阬（同州西三十里），与河中、易定、忠武军合；尚让等率众十万，与官军激战于梁田陂，大败，死者数万。惟巢将王潘，黄揆乘隙取华州，黄揆等依城固守。三月，尚让引兵驰援，败于零口（陕西临潼东四十五里），李克用拔华州，黄揆弃城走。

四月，黄巢撤离关中：沙陀、忠武、河中、义成、义武等军合趋长安，黄桥军拒战于渭桥，大败。李克用等自光泰入京师，黄巢力战不胜。先是，发兵三万扼兰田道，阴为退走计，至是，率宫室率众出兰田入商山，东走。官军暴掠，长安室屋及居民所存无几。

六月，黄巢围攻陈州：孟楷下蔡州，移兵击陈州（河南淮阳）陈州刺史赵犨（音抽）擒斩楷，巢怒，悉众围陈州，与秦宗权合兵，掘堑五重，百道攻之，不下；巢亦怒，营于城北，立宫室百司，为持久之计，旁掠洛、许、汝、唐、邓、孟、郑、汴、曹、濮、徐、兖等数十州。

七月，加朱全忠东北面都招讨使：宣武节度使朱全忠，赴镇至汴州（河南开封），诏以黄巢未平，加全忠东北面都诏讨使。十二月，全忠与黄巢军战于鹿邑，败之，斩首二千余级，引兵据亳州（安徽亳州）。

以李克用为河东节度使：李克用自长安引兵还雁门，寻诏以之为河东节度使。八月，克用至晋阳（山西太原南）。十月，遣将攻取潞州（山西长治），最后，克用每岁出兵争山东，昭义邢、洺、磁三州野无稼穑（破坏得田无禾苗）。

884年甲辰，唐僖宗中和四年。

四月，黄巢解陈州围：黄巢围陈州几三百日，大小数百战不能克。河东节度使李克用会许、汴、徐、兖诸军于陈州，时尚让屯太康（陈州北），黄思邺屯西华(.陈州西)，诸兵分军进击，尚让，黄思邺退保郾城，黄巢解陈州之围，退军故阳里（陈州北）。

六月，狼虎谷黄巢牺牲：先是，陈州解围，巢引兵西北趋汴城（河南开封），朱全忠复告急于李克用，李克用追巢至中牟北王满渡，乘义军半渡大破之，杀伤万余，尚让率部万人降时溥，别将李谠等降朱全忠。巢率残部逾汴而北，又为克用追击，败于封丘（河南封丘），收余众近千人，东奔兖州（山东兖州）。至是，时溥遣李师悦，陈景瑜追黄巢，败之于莱芜县北，巢众殆尽，走至泰山狼虎谷，壮烈自刎，巢甥林言斩巢兄弟妻子首，将降时溥，遇沙陀博野军、夺之，并斩言首献于博。巢之姬妾，械至成都，皆戮之于市。

七月，李克用表论朱全忠：先是，李克用追黄巢，营于汴州城外，朱全忠固请入城，宴之于上源驿，乘醉袭之，克用追城出，监军陈景思三百余人皆死。克用还晋阳，奉表白陈，为朱全忠所图，仅以身免。请遣使按问，发兵诛讨。时朝廷方务姑息，优诏和解之，终未许其请。时范藩镇相攻，朝不复为之辩曲直，由于互相天噬，唯力是视。

十二月，秦宗权寇掠邻道：蔡州节度使秦宗权遣兵侵淮南，扰江南，取襄、唐、邓，陷东都、孟、陕、豸虎、下汝、郑、攻沃，宋、所至屠斩、焚荡，行军车载盐尸（以死人尸掩护盐）粮。举目千里无人烟（多么悲惨）。僖宗将还长安，畏其为患。

885年乙巳，唐僖宗中和五年，光启元年。

三月，僖宗回长安，改元光启。时荆刺满城，狐免似横（皇城成为狐免之窝），朝廷号令所行，唯河西、山南、剑南、岭南数十州而已。

秦宗权称帝：僖宗诏以感化节度使时溥为蔡州行营四面兵马都统以讨之。六月，秦宗权将孙儒陷东都，焚掠而去，城中寂无鸡犬。

十二月，僖宗奔风翔：先是，是年四月，田令孜与河中节度使王重荣争安邑，解县两池盐利，令孜恶重荣，徒这为泰宁节度使，重荣不从。七月重荣上表，数令孜十罪；令孜结邠宁节度使朱玫、风翔节度使李昌符以图重荣。十月，重荣求援于李克用，令孜遣朱玫、李昌符攻重荣。至是，重荣与克用合兵大败朱玫、李昌符，克用进逼京城，令孜挟僖宗奔风翔。乱兵所过，焚掠无遗。

886 年丙午，唐僖宗光启二年。

正月，李克用等请诛田令孜：李克用还军河中，与王重荣同表请诛田令孜，请僖宗还宫。田令孜劫帝至宝鸡，朱玫、李昌符亦耳为令孜所用，与李克用、王重荣合。邠宁、风翔军追僖宗，田令孜挟帝入散关赴兴元（陕西汉中）。朱玫围宝鸡，长驱攻散关，不克，获襄王煴，俱还风翔。李克用还太原。二月，王重荣、朱玫、李昌符复上表请诛田令孜。三月，风翔百官肖进等请诛田令孜。诏加王重荣应接粮料使，使调本稻谷十五万斛以济国用，重荣表称令孜未诛，不奉诏。

十月，襄王煴即皇帝位：长安百官劝进，襄王煴即皇帝位，改远建贞，遥尊僖宗为太上元皇圣帝。十二月，朱玫、襄王煴败死：朱玫部将王行瑜引兵还长安，斩朱玫及其党数百人，诸军焚掠京城。百官二百余人奉襄王煴奔河中，王重荣杀煜，传首行在。

887 年丁未，唐僖宗光启三年。

四月，朱全忠败秦宗权兵：秦宗权遣张晊，大破之，秦宗权闻之，引精兵来援。五月，朱全忠求救于兖、郓，合四镇兵攻秦宗权于边孝村（汴州北郊），大破之，斩首二万余级，秦宗权遁，其势自是消衰。

十一月，秦宗权遣其弟宗衡渡淮，与杨行密争扬州，以孙儒为副，孙儒知宗权势不能久，杀宗衡传首于朱全忠，并分兵掠邻州，屠高邮。

888 年戊申，唐僖宗光启四年，文德元年。

三月，昭宗立：僖宗病甚，群臣属望皇弟吉王保，宦官杨复恭立其弟寿王杰为皇太弟，监军国事。僖宗死，皇太弟即位，改为敏，后又改名为晔，是为昭宗。昭宗以朝延日卑，有恢复之志，即位之始，中外欣然。

十九、昭宗 李晔 889——903 年

889 年乙酉，唐昭宗李晔龙纪元年。

二月，秦宗权伏诛：蔡州将郭潘杀申丛，送秦宗权于汴，朱全忠送秦宗权京师，斩于独柳，全忠以郭潘为淮西留后。

三月，封朱全忠为东平郡王。

890 年庚戌，唐昭宗大顺元年。

五月，命帅讨李克用：赫连铎、李匡威、朱全忠表请讨李克用，诏削李克用官爵，命宰相张睿为河东行都招讨制置宣慰使，京兆尹孙揆付之，以朱全忠为南面招讨使，王镕为东面招讨使，李匡威为北面招讨使，赫连铎付之，以讨李克用。

八月，新任昭义节度使孙揆赴镇遇伏，为李克用将李存孝所执，送克用、锯杀之。九月，李存孝引兵下泽、潞，大败朱全忠，攻昭义之师。克用以康君立为昭义留后，李存孝为汾州刺史。

881年辛亥，唐昭宗大顺二年。

七月，朱全忠，杨行密共攻孙儒：儒恃其兵强，欲先灭行密，后敌全忠，移牒藩镇，数行密，全忠之罪。于是悉焚杨州庐舍（你焚房舍不是罪吗？），尽驱丁壮及妇女渡江，杀老弱以充食，大举攻行密。十二月，孙儒焚掠苏、常，引兵逼宣州（安徽宣城），屡破行密之兵，旌旗辎重亘百余里。时钱缪复据苏州，行密求救于缪，缪以兵食助之。

十月，诏禁军讨杨复恭：宦官杨复恭专制朝政，诸假子皆为节度使，刺史，帝深恨之。命天威都将李顺节等将禁兵攻其第。复恭奔兴元（陕西汉中），依其假子山南西道节度使杨守亮等，举兵拒朝廷。

892年壬子，唐昭宗景福元年。

正月，李茂贞讨杨守亮；风翔节度使李茂贞等五节度使以杨守亮容匿杨复恭，请出兵讨之。下诏和解，不听，擅举兵攻兴元。二月，以茂贞为山南西道招讨使。七月，李茂贞取风、兴、洋三州。八月，下兴元，杨守亮等出走，茂贞皆表其子弟镇之。

六月，孙儒败死：杨行密屡败孙儒兵，断其粮道，孙儒食尽，士卒大疫。行密纵兵击之，儒军大败。孙儒被擒斩，传首京师，部将刘建锋、马人殷等走江西，众十余万。

杨行密归杨州。

893年癸丑，唐昭宗景福二年。

二月，李克用攻王镕：克用围邢州，成德节度使王镕致书劝解，克用进兵攻王镕，大败之，卢龙节度使李匡威救王镕，败克用，克用引兵还邢州。

闰五月，以武胜防御使钱镠为苏抗观察使。七月钱镠发民夫二十万及军士筑杭州罗城，周七十里。

九月，以钱镠为镇海节度使。

894年甲寅，唐昭宗乾宁元年。

三月，李克用杀李存孝：李克用围邢州，城中食尽，李存孝出见克用请罪，克用囚之归晋阳，欲车裂之。克用惜存孝骁勇，意临刑，诸将必为之请命，因而释之。既而诸将疾其能，竟无一人言者。既死，克用私恨诸将。另一骁将薛阿檀，密与存孝通，恐事泄，自杀。自是，克用兵势渐弱。

八月，杨复恭、杨守亮伏诛：复恭、守亮将奔河东，镇国军节度使韩建获之，送长安，斩于独柳。

895年乙卯，唐昭宗乾宁二年。

二月，董昌称帝：义胜节度使董昌苛虐暴敛，贡奉为天下最，朝廷以为忠，刚爵陇西郡王。董昌求为越王，未许，谋称帝，连杀反对将佐，遂即皇帝位，国号大越罗平，建元顺天。移出镇海节度使钱镠，钱镠将兵三万至越州城下，以兵谏。董昌惧，犒镠军，且请以本道兵讨之。五月，诏削董昌官爵，以钱镠为浙东招讨使，讨董昌。

六月，李克用进兵长安：李克用以讨三帅为名，举兵南下。七月至河中，王珂迎谒于路。时长安大乱，帝出奔南山，士民追从者数十万人，中暑乱死三之一。克用遣使奉表问起居，帝令其讨王行瑜，克用攻华州韩建，旋释围，移后谓桥，遣将攻王行瑜梨园寨。李茂贞惧，上表请罪。帝谕克用，且赦茂贞，饼力讨王行瑜。以克用为郴宁四面行营都招讨使。克用追骑护帝还京师。十月，克梨园寨（陕西华县西北），王行瑜走入邠州，迫使请降，克用陷邠州，王行瑜出走，为部下所杀。诏封克用为晋王。

896年丙辰，唐昭宋乾宁三年。

五月，董昌败死：钱鏐畏杨行密援董昌，求援于朱全忠，全忠遣将赴之。钱鏐进兵至越州（浙江绍兴）城下，董昌出战而败，越州被围，昌惧，去帝号，复称节度使。缪兵急攻越州，克其外部，骗昌出而斩之。

七月，李茂贞攻长安：帝增置禁军，选补数万人，使诸王为将。李茂贞以为欲讨已，引兵逼京师，帝出奔至渭北；韩建迫帝至华州。茂贞入长安，大焚掠。杨行密表请迁都江淮，王建请帝赴成都，朱全忠与河南尹张全义表请迁都洛阳，皆欲迎天子，挟之以令诸侯。韩建移檄诸道，今共输资粮诣引在。十月，李茂贞上表请罪，献助修宫室钱十五万贯，韩建复佐佑之，竟不出师攻讨。

十月，以钱镠为镇海，威胜节度使：钱镠令两浙吏民上表，请以镠兼浙东，朝廷不得已，乃有是命，更名威胜曰镇东军。

897年丁巳，唐昭宗乾宁四年。

正月，韩建胁帝散亲兵：韩建恶诸王典兵，诬睦、济等八王谋杀建，劫帝幸河中；遂引兵围行宫，胁帝下诏，令诸王所领军士并纵归田里，诸王归十六宅，殿后四军二万余人亦遣散，帝之亲兵散尽。诸王衔命四方者亦皆召还，继幽诸王子别第。八月，韩建诬诸王谋反，引兵围十六宅，杀十一王。

八月，李克用击刘仁恭：初，李克用取幽州，表刘仁恭为节度使；帝奔华州，克用征兵于仁恭，欲奉帝还长安，仁恭拒之。至是，克用自将击仁恭。九月，克用大败，失亡大半而还。

九月，削李茂贞官爵：以新西川节度使李茂贞拒命，削其官爵，复姓名宋文通，命将讨之，复以王建为西川节度使。

朱全忠大举击杨行密：全忠既得兖、郓，甲兵益盛，乃大举击杨行密，遣庞师古率军七万屯清口（江苏淮阴西）将趋杨州，葛从周率军屯安丰（安徽寿县南），将趋寿州（安徽寿县），全忠自将兵屯宿州，淮南震恐。杨行密与朱瑾将兵三万以拒之。十一月，杨行密，朱瑾等先攻清口，斩庞师古及将士万余人，余众皆溃。葛从周闻庞师古败死奔还，半渡淮水遭追击，杀溺殆尽，还者不满千人。全忠闻败，亦奔还，行密由是保据江淮之间，全忠不能与之争。

899 年戊午，唐昭宋乾宁五年，光化元年。

正月，帝下诏罪已，复李茂贞官爵，姓名，罢诸道讨风翔之兵。

同月，朱全忠营洛阳宫，累表迎帝，李茂贞、韩建惧，急修复长安宫阙，以奉帝归长安。既成，建亲往视之。

900 年庚申，唐昭宗光化三年。

四月，朱全忠击刘仁恭：朱全忠发兵十万击卢龙节度使刘仁恭，五月，拔德州，围沧州。六月，刘仁恭将幽州兵五万救沧州，大败，折兵三万。七月，李克用遣兵攻邢、洺以救仁恭，败朱全忠兵，会久雨，朱全忠兵退。

六月，崔胤谋去宦官：帝素疾宦官枢密使宋道弼、景务修专横，宰相崔胤日与帝谋去宦官，南、北司各结藩镇以相倾夺。至是，流宋道弼、景务修，皆赐自尽。于是崔胤专制朝政，宦官皆侧目。

十一月，刘季述囚昭宗：崔胤与帝密谋尽诛宦官，宦官皆惧。左军中尉刘季述率禁兵入宫，囚昭宗，矫诏令太子嗣位，以昭宗为太上皇。刘季述遣使诣朱全忠，许以唐社稷输之，全忠囚其使。崔胤告难于全忠，全忠遣使与崔胤谋之。

901 年辛酉，唐昭宗光化四年，天复元年。

正月，昭宗复位：左神策指挥使孙德昭，自刘季述废立，常愤惋不平，崔胤割衣带手书令其迎上皇复位。德昭右军都将董彦弼，周承海等除夕伏兵安福门，杀刘季述、王仲先等，迎昭宗复位，废太子为德王。崔胤进位司徒、孙德昭、董彦弼、周承海皆拜相遥领节度使，时人谓“三使相”，封朱全忠为东平王。

二月，朱全忠攻李克用：朱全忠发兵六路大举攻李克用，连下沁、泽、潞、辽等州，直逼晋阳（山西太原南），城中大恐。五月，朱全忠以刍粮不给，久雨，士卒疟痢，解晋阳而还。

闰六月，崔胤密召朱全忠：崔胤请帝尽诛宦官，但以宫人掌内诸司事，谋泄，事急，崔胤遂遗书朱全忠，称受密诏，令全忠以兵迎帝至东都。

十月，朱全忠发兵趋长安，表请昭宗幸东都，京城大骇。

十一月，宦官劫帝奔凤翔：宦官韩全诲闻朱全忠将至，令李继筠、李延弼勒兵劫帝奔凤翔，李茂贞，帝、后、妃、嫔、诸王百余人被逼上马，恸哭声不绝，李延弼纵火焚禁宫。孙德昭率所部守卫崔胤第、百官及士民避乱者皆往依之。朱全忠取华州（陕西华县），继入长安，宰相率百官迎之，请西进迎昭宗。茂贞遣将拒全忠，被击破。全忠至凤翔城东，韩全诲诈令还镇；遂移兵下邠州（陕西彬县），屠盩厔（陕西周至），令崔胤率百官及京城居民悉迁于华州。

902 年行戍，唐昭宗天复二年。

正月，李克用攻朱全忠：李克用遣将攻河中慈、隰二州，轻分朱全忠兵势，二月，克之。全忠遣将败克用兵，杀获万余人。三月，乘胜围晋阳。克用拟走保云州（山西大同）为诸将劝止；遇大疫，全忠引军还。自是，克用不敢与全忠争者累年。

三月，封杨行密为吴王，拜为东面行营都统，以讨朱全忠。六月，杨行密发兵讨朱全忠，攻宿州不克，以粮运不济还。

十二月，李茂贞请和于朱全忠：先是，是年九月，茂贞悉众袭全忠营，被击溃，杀伤殆尽。十一月，全忠遣将取鄜（陕西鄜县）、坊（陕黄陵东南）。至是，凤翔被围半年，城中粮尽，冻饿死者不可胜计，或卧未死者被人所剐，到市中卖人肉，斤值百钱，犬肉值五百。茂贞密谋诛宦官以自赎，致书于全忠请和，许之。

903 年癸亥，唐昭宗天复三年。

正月，李茂贞诛宦官：李茂贞诛宦官韩全海等二十余人，与朱全忠和解，请奉帝还京。全忠遣使奉表入谢，凤翔始启城门，时凤翔已诛宦官七十二人，全忠密令捕宦官不从行者，诛九十人。

帝还长安大诛宦官：帝出凤翔，至全忠营，全忠拥帝还长安，崔胤奏请根除宦官，帝从之。全忠驱宦官第五可范等数百人于内侍省，尽杀之。其出使外方者，诏所以捕诛之，止留黄衣（是宦官地位低者）幼弱者三十人以备扫地。自是宣传诏命，皆令营人出入；宦官所领左、右神策所统内外八镇兵悉属六军（左右神策、龙武、羽林）以崔胤兼判六军十二卫事。

二月，朱全忠进爵梁王：赐朱全忠号："回大再造竭忠守止功臣"，以辉王祚为诸道兵马元帅，全忠充副元帅，进爵梁王。帝欲用翰林学士承旨韩屋为相，喔荐赵崇，王赞自代。崔胤恶其分已权，使朱全忠怒争之。帝不得已贬韩喔，密与之泣别，喔曰："是人非复前来之比，臣得远贬及死乃幸耳，不忍见篡弑之辱！"

全忠留步骑万人及党羽于长安，布列遍于禁卫及京辅，然后辞归宣武镇（河南开封）。

十一月，朱全忠疑崔胤：崔胤借朱全忠兵力诛宦官，全忠既破李茂贞，并吞关中，威震天下，遂有篡夺之志。胤惧，募兵以实六军十二卫，全忠阴使部下壮士应募以观其变，由是疑崔胤。

二十、哀帝 李祝 904——907 年

904 年甲子，唐昭宗天复四年，哀帝李祝天祐元年。

正月，朱全忠杀崔胤：全忠欲迫帝都洛阳，恐宰相崔胤立异，密表胤专权乱国，离间君臣，并请其党皆诛之。诏贬胤等。全忠令人杀崔胤、京北尹郑元规及其党数人。

朱全忠迫帝迁都：全忠以李茂贞等兵逼京畿，奉表迫帝迁都洛阳，并驱徒士民，号哭满路，毁长安宫室民舍成丘墟。二月，至陕（河南陕县），以东都宫室未成，暂住之。

三月，帝密诏各镇：遣侠以绢诏千急于王建、杨行密、李克用等以图匡复，中有："朕至洛阳，则为所幽闭，诏敕皆出其手，朕意不复通矣！"等语。

闰四月，镇海、镇东节度使越王钱镠求封吴越王，不许，更封吴王。

六月，李茂贞、王建等讨朱全忠，全忠遣朱友裕将步骑击之，继自引兵西讨，至河中。七月，李茂贞、王建结为亲，与李克用、刘仁恭、杨行密、赵匡凝移檄往来，皆以兴复为辞，共讨朱全忠。

八月，朱全忠杀昭宗：朱全忠西讨，恐变生东都，欲立幼君以谋禅代。乃使枢密使蒋立晖与左、右龙武统军朱友恭、氏叔琮杀昭宗，立辉王祚为皇太子，更名祝（音祝），于柩前即位，是为哀帝。全忠闻讯，阳京哭，曰："奴辈负我，令我受恶名千万代！"还东都，杀朱友恭、氏叔琮（这二人或在倚功领赏），遂辞赴镇。

十一月，朱全忠攻杨行密：全忠自将兵五万渡淮攻杨行密，行密按兵不出战，全忠大掠淮南以困之。得牛给诸州民，使岁输租，曰租牛课。此后数十年牛死而租不除。

905 年乙丑，唐哀宗天祐二年。

二月，朱全忠杀诸王：全忠使蒋玄晖邀昭宗诸子德王裕等九人置酒九曲池，悉谥杀之，投尸池中。

同月，杨行密拔鄂州：武昌节度使杜洪与朱全忠将曹延祚共守鄂州，杨行密遣刘存攻拔之，杀杜洪、曹延祚。行密以刘存为鄂岳观察使。

五月，朱全忠逐杀朝士；慧星出，占者曰："君臣俱灾，宜诛杀以应之。"左右说全忠尽去朝士，以致塞灾异，于是凡朝廷宿望或门第高华，或拜科自进，声迹稍著者皆指为浮薄，贬逐无虚日。六月，全忠聚裴枢等朝士贬官者三十余人于白马驿，一夕尽杀之，投尸于黄河，以"此辈常自清流"，故"使为浊流"。时士大夫避乱，多不入朝，敕所在州县督遣之。

十一月，朱全忠急于称帝，密使蒋玄晖、柳燦等谋之。至是，以全忠为相国，总百揆。以宣武等二址一道为魏国，封全忠为魏王，乃加九锡。全忠怒其迟缓，让不受。十二月，全忠三表辞让魏王，九锡芝命，修大梁府舍为官阙，斩将玄晖、柳燎等，使人杀何太后。

906年丙寅，唐哀帝天祐三年。

八月，朱全忠攻沧州：朱全忠以幽（刘仁恭）、沧（刘守文）首尾相应，威胁魏（罗绍威），自将兵攻沧州（河北沧县东南），罗绍威馈运不绝于路。刘仁恭救沧州，战屡败，乃下令境内："男子十五以上，七十以下，悉自备兵粮诣行营，军发之后，有一人在家者，刑无赦！"后改胜执兵者尽行，文其面曰："定霸都"，士人则文其腕或臂曰："一心事主"，得兵十万，军于瓦桥，不敢战。沧州被围，城中食尽。十月，刘仁恭求救于河东，李克用攻潞州以牵制朱全忠，十二月，潞州降。朱全忠闻潞州不守，引兵还，刍粮山积，悉命焚之烟炎数里，其在舟中者凿而沉之。

正月，帝下诏以二月禅位于梁（天复三年朱全忠封梁王）全忠假辞。

二月，唐大臣奏请哀帝逊位，诏宰相率百官诣元帅府劝进。于是藩镇劝进者相继不绝。

三月，哀帝禅位于梁；帝遣宰相张文蔚、杨涉等奉玉册，传国宝率百官诣大梁（河南开封）。四月，张文蔚等至大梁，梁王朱全忠更名晃，即皇帝位，国号大梁，唐亡。唐自618年建国，至907年为朱全忠所篡，共经二十一帝，历时几二百八十九年。

唐朝世代表（613-907年）

1. 高祖 李渊	618/626年	12. 宪宗 李纯	806/826年
2. 太宗 世民	627/649年	13. 穆宗 李恒	821/824年

3. 高宗 李治	650/683 年	14. 敬宗 李湛	825/826 年
4. 则天 武后	684/704 年	15. 文宗 李昂	李湛弟 827/840 年
5. 中宗 李显	705/710 年	16. 武宗 李炎	李昂弟 841/846 年
6. 睿宗 李旦	李治子 710/712 年	17. 宣宗 李忱	李纯子 847/859 年
7. 玄宗 隆基	712/756 年	18. 懿宗 李崔	859 ～ 873 年
8. 肃宗 李亨	756/762 年	19. 僖宗 李儇	874/888 年
9. 代宗 李豫	763/779 年	20. 昭宗 李晔	李儇 889/903 年
10. 德宗 李适	780 ～ 805 年	21. 哀帝 李祝	昭宣帝 904/907 年
11. 顺宗 李诵	805 年		

十六卷 五代十国

(907 年—960 年)

一、后梁

907 年丁卯，梁太祖朱晃开平元年。

四月，朱全忠即皇帝位：梁王朱全忠更名晃，即皇帝位。国号大梁，建元开平，是为梁太祖。都汴州（河南开封）改曰开封府，为东都。以故东都洛阳为西都：废故西京长安为大明府，置佑国军。封唐帝为济阳王，幽于曹州；寻害之；唐中外旧臣官爵如故。时惟河东、凤翔、淮南称唐天祐年号，西川称唐天复年号，余皆称臣于梁。

五月，契丹遣使通好于梁：契丹主耶律职保机帅三十万众侵云州（山西大同），河东节度使李克用与之和，约共击梁。职保机归而背盟，遣使通好于梁，晋王由是恨之.（契丹、唐初居今内蒙西拉木伦河流域，分八部，部各有大人，八部大人共推一人为王，建旗鼓以号令诸部，每三年则以次相代。及耶律阿保机为王，恃强不肯受代，统一七部，西取突厥故地，灭昊、东北诸夷皆畏服之.）

九月，王建称帝：西川节度使蜀王王建即皇帝位，国号大蜀，是为蜀太祖，史称前蜀（十国之一）。建不识字，但能亲用儒生。唐衣冠之族多避乱于蜀，建礼而用之，故典章文物有唐文遗风。

908 年戊辰，梁太祖开平二年，蜀高祖王建武成元年。

二月，李克用死：河东节度使晋王李克用病笃，立其子存勖为嗣，克用死，存勖嗣位，克用弟克宁谋乱，被杀。

五月，李存勖大破梁军：晋将李嗣昭因守潞州（山西长治）鍮年，梁军围潞州，更筑重城，内以防奔突，外以拒援兵，谓之夹寨。梁军攻潞州，久不下。士卒疲弊，多逃亡。梁帝朱晃自至泽州援应班师，诸将以为克用死，潞州孤城无援，必可取，朱晃南还，梁军在夹寨者亦不复设备。晋王李存勖自率大军直趋上党。五月初，乘晨雾至夹寨。梁军无戒备，将士尚未起，军中惊扰。晋军填堑烧寨，鼓噪而入，梁军大溃南走，招讨使被杀，失亡将校士卒以万计，委弃资粮，器械山积。晋王归晋阳，休兵行赏。命州县潜贤才，黜贪残，宽租税，抚孤穷，伸冤滥，禁奸盗，境内大治。朱晃闻夹不守，惊而叹曰："生子当，如李亚子（亚子，存勖小名），克用为不亡矣！至如吾儿豚犬耳！"

十月，温韬掠雍州，发唐陵：温韬聚众嵯峨在山陕西泾阳、三原、淳化界），唐帝诸陵发之殆遍。昭陵最固，韬自墓道下，见宫室制度宏丽，不异人间，中为正寝，东西厢列石床，床上石函中为铁匣，悉藏前代图书，钟、王笔迹，纸墨如新，韬悉取之，遂传人间。

909 年已已，梁太祖开平三年，蜀高祖武成二年。

七月，杨隆演尽有江西：抚州（江西抚州）刺使危全讽自称镇南节度使，率抚、信、袁、吉之兵号称十万攻洪州（江西南昌），淮南将周本将兵七千救之。周本人败危全讽于象牙潭，俘全讽及将士五千人，淮南兵乘胜略地江西，未服诸州皆下之。于是江西尽归杨氏。

十一月，刘知俊败梁军：岐王李茂贞使刘知俊攻灵州（宁夏灵武西南）梁兵攻宁，庆等州以牵制之。知俊还军败梁军岐王以知俊为彰义节度使。

910年庚午，梁太祖开平四年，蜀高祖武成三年。

八月，吴越筑捍海石塘：吴越王钱鏐为保护杭州地区筑捍海石塘，上起六和塔，下抵艮山门外，采石囤木桩之法"运巨石，盛以竹笼，植巨材捍之"。竹笼茂石沉海筑成牢固塘身，墉外密排木桩，用以减杀水势。由是钱塘富庶盛于东南。（捍海石塘历八百年风雨海潮，至清雍正时，部分依然屹立钱塘海岸。见《清实录，世宗实录》卷一一，雍正元年九月）

911年辛未，梁太祖开平五年，蜀高祖永平元年。

正月，李存勋再破梁军：晋军占梁军于高邑（河北高邑），大破之，斩首二万级，陈尸三十里，梁军弃粮食、资财、器械不可胜计，梁将据深、冀者、闻败耗，悉驱二州丁壮为奴婢，抚老弱以去，晋兵攻邢（河北邢台）、魏（河北大名东北）不克，连下夏津等数城，至黎阳（河南浚县东），二月始退。

八月，燕王刘守光称帝：守光欲称帝，夏六月，讽李存勋、王铬尊已为尚父、晋王、赵王、义武王处直等六节度使共推守光为尚父，梁授守光为河北道采访使，宗光不满尚父，采讽使受册礼仪，命定即帝位礼仪。是日即皇帝位，国号大燕（十国之二），建元应天，即位之日，契丹陷平州，旋去。

912年壬申，梁太祖乾化二年，蜀高祖永平二年。

正月，晋攻燕：晋将周德威救易、定、攻燕下祁沟关，涿州、至幽州（北京城西南）城下；燕主刘守光求救于梁。

三月，梁攻成德：朱晃自将攻成德节度使王铬以救燕，损兵以万数始拔枣强，无问老幼皆杀之，血流盈城。继攻蓨县，晋先锋指挥使史建塘等，断梁俘数人臂纵归，曰："为我语朱公，晋王大军至矣！"又以奇兵数百暮袭梁营，纵火大噪营大乱。断臂者复来曰："晋军大至矣！"朱晃大骇，绕营夜遁，退至冀州，委弃军资器械不可胜计。既而遣骑复探，曰："晋军实未来，此乃史先锋游骑耳。"朱晃不胜惭愤。病由是增剧。

六月，梁帝朱晃为其子所杀：朱晃长子早卒，爱次假子友文，欲以之为太子，次子友心不平。朱晃疾甚，召友文欲付以后事，友硅引牙兵夜入寝殿杀朱晃，并矫诏杀友文，然后发丧即皇帝位。

913年癸酉，梁郢王朱友珪凤历元年，蜀高祖永平三年。

二月，梁末帝即位：均王朱友贞（朱晃第三子）结禁军杀梁帝友珪。即帝位于开封，复称乾化三年，是为梁未帝，改名锽，后又改为瑱。

十一月晋灭燕：晋王李存勋下幽州，擒刘仁恭，刘守光遁，燕亡。十二月，守光将奔沧州，途中被田父所擒，献于李存勋，李勋系仁恭父子回太原杀之，自是晋，尽有卢龙之地。

十二月，梁侵吴：梁兵万余渡淮侵吴之庐（合肥）寿（安徽寿县）二州，大败，梁军南渡时，于浅水可涉处置表以记之，吴将暗移其表于深处，归途渡望表而涉，溺死者大半。

914 年甲戎，梁未帝乾化四年，蜀高祖永平四年。

正月，荆南攻蜀：荆南高季昌以水军攻蜀夔州（四川奉节东），大败，荆南兵焚溺而死者甚众，俘斩五千级。四月，蜀涉镇江军（领夔、忠、万三州）于夔州。

七月，晋王李存勋既克幽州，乃会赵王王镕攻梁邢州，旋引兵归。

915 年乙女，梁末帝乾化五年，蜀高祖永平五年。

三月，天雄军乱，梁晋构兵：天雄节度使（即魏博），杨师厚死，梁以魏博自田承嗣以来，强大不能制，乃乘机割其澶，卫二州另置昭德军于相州，以张筠为昭德军度使，贺德伦为天雄节度使，二镇各分魏州将士府库之半。魏兵父子相承，族姻盘结，不愿分徙。军乱，劫德伦附于晋，梁攻之。五月，晋王李存勋自将来援。六月，入魏兼领天雄节度使，断而袭取梁之德州、澶州。自是晋、梁濒河争占者八年。

十一月，蜀攻岐，连下阶、成、秦、凤等州，岐王，李茂贞领地多没于蜀。十二月，耀、鼎二州又降于梁。蜀置武兴军于凤州。

916 年丙子，梁末帝贞明二年，蜀高祖通政元年，契丹太祖耶律职保机神册元年。

二月，晋败梁：梁将刘郡袭晋魏州（河北大名东北）大败，步卒七万为晋兵环击，杀溺殆尽。刘郡突围，收散卒，保滑州（河南滑县）。梁将王檀引三万兵袭太原，死伤什二三，檀大掠而还。帝闻刘郡败又闻王檀无功，叹曰：“吾事去矣！”三月，晋取梁卫、磁二州。四月，又取洛州。

是岁，契年主耶律职保机称皇帝，建元神册，是为太祖。晋王欲结契丹为援，又以李克用曾于职保机结为兄弟，故事职保机为叔父，事叔律后为叔母。

917 年丁丑，梁末帝贞明三年，蜀高祖天汉元年，越高祖刘岩乾亨元年，契丹太祖神册二年。

二月，卢文进引契丹南侵；晋王之弟威塞军防御使李存矩，受命送五百骑益梁军。中途为士卒所杀。众拥大将卢文进还新洲，为守将所拒，文进帅众奔契丹。三月，文进引契丹兵攻取新州，晋卢龙节度使周德威战之，为契丹所败，奔归幽州。契丹乘胜围幽州，周德威告急。四月，晋王李存勋遣李嗣源救之。八月，李嗣源等大破契丹于幽州，斩俘万计，契丹席卷其众而去。

七月，刘岩称越帝：清海、建武节度使平南王刘岩即皇帝位，国号大越，建元乾亨，以广州为兴王府。

918年戊寅，梁末帝贞明四年。

蜀高祖光天元年，赵高祖，南汉乾亨二年，契丹太祖神册三年。

六月，蜀高祖王建死，太子衍即皇帝位，是为后主。

十一月，越主刘岩改国号曰汉（史称南汉）。

十二月，梁、晋大战于胡柳陂：先是，秋八月，晋王谋大举攻梁，会诸道及奚、契丹、室韦、吐谷浑兵于魏州。晋王欲趋大梁（河南开封），梁军扼其前，坚壁不战百余日。至是.梁将贺壤恶谢彦章与已齐名，杀之，晋王欲乘机自将万骑直趋大梁，周德威力谏，不从，毁营而进，众号十万。至濮州（山东鄄城）胡柳陂，两军大战，晋丧大将周德威，梁大败，死亡者儿三万人。是日，两军各伤士卒三之二，由是皆不能振。晋王还魏州。

919年已卯，梁末帝贞明五年。

蜀后主王衍乾德元年，南汉高祖乾亨三年，契丹太祖神册四年，吴高祖杨隆演武义元年。

四月，吴王杨隆演即吴国王位，建元武义，以徐温为大丞相，都督中外诸军事，封东海郡王。

七月，吴败吴越于无锡：吴越钱傅壤率兵三万攻吴常州，徐温率诸将拒之，战于无锡。时久早草枯，吴人乘风纵火，吴越兵大败，死万余人，折二将，傅壤遁去。吴将咸请，乘势一举灭吴越，徐温叹曰："天下离乱久矣，民困已甚，钱公亦未易可轻。……今战胜以惧之，战兵以怀之，使两地之民各安其业，君臣高枕，其不乐哉！多杀何为？"遂引还。八月，徐温遣使以吴王书致吴越，归其无锡之俘；吴越王钱鏐亦遣使，请和于吴，自是吴国休兵息民，三十余州民安居乐业者二十余年。

十月，晋左射军使石敬塘与梁人战，梁人断其马甲，横冲兵马使刘知远，以所乘马授之，自乘断甲者殿后，得免，敬塘以是亲重之。敬塘、知远皆沙陀人。

920年庚辰，梁末帝贞明六年。

蜀后主乾德二年，南汉高祖乾亨四年，契丹太祖神册五年，吴高祖武义二年

四月，朱发谦归于晋：梁河中节度使冀王朱友谦袭取同州（陕西大荔），逐忠武节度使，以其子令德为忠武留后，为其求节钺，帝不许，以友谦兼忠武节度使。友廉求节钺于晋王，晋王以墨制除令德忠武节度使，友谦遂归于晋，梁攻之，

围同州。

五月，吴主杨隆演死：大丞相，都督中外诸军事徐温以王命迎王弟溥立之，是为睿帝。

921 年辛巳，梁末帝贞明七年，龙德元年。

蜀后主乾德三年，南汉高祖乾亨五年，契丹太祖神册六年，吴睿杨溥顺义元年。

十二月，契丹大举南侵：张文礼，王处直皆曾乞师于契丹，处直子王郁说契丹主曰："镇州美女如云，金帛如山，天皇王速往，则皆已物也，不然，为晋王所有矣。"至是，阿保机悉众攻幽州（北京西南），晋将李绍宏据城自守，契丹乃长驱南下，陷涿州（河北涿州），攻定州，王都告急于晋，晋王自将救之。

922 年王午，梁末帝龙德二年。

蜀后主乾德四年，南汉高祖乾亨六年，契丹太祖天赞元年，吴睿帝顺义二年。

正月，晋王逐契丹：晋王李存勖自将亲兵五千救定州（河北定县），大破契丹，获契丹主之子，契丹渡沙河，桥狭冰薄，陷溺死者甚众。逐北至易州（河北易县），会大雪弥旬，平地数尺，契丹人马无食，死者相望于道，阿保机北走塞外，晋王至幽州。

十二月，赵季良论攻战：魏州税多拖欠，晋王以责司录赵季良，季良对曰："殿下方谋攻取而不爱百姓，一旦百姓离心，恐河北亦非殿下所有，况河南乎？"晋王谢之，自是重之，每预谋议。

二、后唐

923 年癸未，梁末帝龙德三年，唐庄宗李存勖同光元年。

蜀后主乾德五年，南汉高祖乾亨七年，契丹太祖天赞二年，吴睿帝顺义三年

四月，李存勖称帝：晋王李存勖即皇帝位于魏州（河北大名东北），国号大唐（史称后唐），以天祐二十年为同光元年，是为庄宗。以魏州为兴唐府，建东京：于太原府建西京，以镇州为真定府，建北都。时后唐有十三节度、五十州。

十月，唐灭梁：梁以段凝代王彦章为北面招讨使，将士不服；又悉以精授段凝，欲大举攻后唐，致使大梁无兵。李存勖自将攻梁，命将士悉其家属归魏州，与皇子诀别曰："事之成败，在此一举，若其不济，当聚吾家于魏宫而焚之！"后唐大军自杨刘渡河，一战俘梁大将王彦章，一路长驱直入大梁。梁主群臣相向泣哭，城中只有禁兵数千，遣使驰骑追段凝军，军为决河之水而阻，不能赴救。梁主令近臣皇甫麟断其首，麟遂杀梁主而后自刎。翌晨，唐兵始入大梁，梁亡。梁将士皆降唐，李存勖遣使宣谕诸道，梁所除节度使五十余人皆上表入贡，唐以新官命之。

十二月，唐帝迁都洛阳，废梁律令，仍依唐旧。

924年甲申，唐庄宗同光二年。

蜀后主乾德六年，南汉高祖乾亨八年，吴睿帝顺义四年，契丹太祖天赞三年

正月，岐王李茂贞遣子入贡于唐，奉表称臣，进封为秦王。

三月，秦王李茂贞死，子继日严权知凤翔军府事。旋以凤翔节度使。

七月，契丹入扰：契丹恃强就李存勋求幽州，谋入侵，恐勃海制其后，乃先击勃海之辽东，进据营（辽宁朝阳）、平（河北卢龙）等州，后数月连扰幽、易、定、蔚、岚等州。

925年乙酉，唐庄宗同光三年。

蜀后主咸康元年，南汉高祖乾亨九年，白龙元年，吴睿帝顺义五年；契丹太祖天赞四年。

二月，南汉主刘岩闻李存勋灭梁，惧而遣使入贡，且窥虚实。使归、言李存勋骄淫无政，不足畏也，刘岩大悦，自是不复入贡。

三月，命宦官，伶人采择民女三千人充后宫。诏复以洛阳为东都，兴唐府为邺都。

六月，李存勋命建楼以避暑，日役万人，所费巨万。郭崇韬谏曰："今两河水旱，军食不充。愿且息役，以俟丰年。"不听。

十一月，唐灭蜀：秋九月以皇子魏王继岌伐蜀都统，枢密使郭崇韬讨之，发兵六万攻蜀。十月，蜀主王衍拒众谏东游秦州（甘肃泰安），闻唐兵西上，犹不信，在道于群臣赋诗，殊不意。郭崇韬入散关（陕西宝鸡西南）倍道而进，蜀兵破胆。蜀王王承建以凤、兴、文、扶四州印节迎降，得粮四十万斛。前锋大败蜀兵于兴元（陕西汉中）三泉，斩首五千级，余众溃走，又得粮十五万斛。蜀将望风款服。是月，蜀主王衍降。自出师至克蜀，凡七十日，得节度十、州六十四、县二百四十九。

926年，丙戌，唐庄宗国光四年，唐明宗李亶天成元年。

南汉高祖白龙二年，吴睿帝顺义六年，契丹太祖天赞五年，太宗耶律德光天显元年，吴越钺镠宝正元年。

四月，庄宗死，明宗立：庄宗李存勋收抚散兵以待伐蜀之师，从马直指挥使郭从谦作乱，庄宗中流矢死，李嗣源至东都，拾庄宗骨于灰烬之中而殡之，百官劝进，嗣源称监国，放宫女，量留后宫百人，宦官三十人，教坊百人；罢租庸使孔谦所立苛敛法，数其罪而斩之；除夏秋税省耗（旧例，夏秋税每斗加一升谓之省耗）；罢诸道诸道监军使（宦官）、命尽杀之。旋于柩前即皇帝位，改元天成，是为明宗，改名亶。

927年丁女，唐明宗天成二年。

南汉高祖白龙二年，吴睿帝顺义七年，乾贞元年，契丹太祖天显二年，吴越武肃王宝正二年

八月，楚王马殷建国：夏六月封楚王殷为楚国王，是月册礼使至长沙，楚王殷始建国，立宫殿，置左、右丞相等官。

十一月，吴国王杨溥称皇帝，改无乾贞，加徐诰都督中外诸军事。

928 年戊子，唐明宗天三年。

南汉高祖白龙四年，大有元年，吴睿帝乾贞二年，契丹太宗天显三年，吴越武肃王宝正三年

二月，吴使至唐，唐以杨溥称帝敢与朝抗礼，拒而不受，自是吴唐绝交。

十一月，帝与赵风论铁卷：帝向端明殿学士赵风："帝王赐人帙卷，何也?"对曰："与之立誓，令其子孙长享爵禄耳。"帝曰："先朝受此赐者止三人（帝与郭崇韬、李继麟）、崇、继麟寻皆族灭，联得脱如毫厘耳。"赵风曰："帝王心存大信，固不必亥之金石也。"

929 年已丑，唐明天成四年，南汉高祖大有二年，吴睿帝乾贞三年大和元年，契丹太宗天显四年，吴越武肃王宝正四年。

二月，王晏球拔定州（河北定县），王都举族自焚，俘奚首领秃馁二千人（内有契丹）。

五月，契丹连扰云州（山西大同）。

六月，荆南高从诲谓僚佐曰："唐近而吴远，舍近臣远非计也。"乃上表求内附。七月，命为荆南节度使，罢攻荆南兵。

932 年壬辰，唐明宗长兴三年。

南汉高祖大有五年，吴睿帝大和四年，契丹太宗天显七年，吴越宝正七年

三月，吴越去国仪：吴越武肃王钱镠死，子傅壤嗣，改名元壤，以遗命去国仪，用藩镇法，除民田荒绝者租税，置择能院，掌选举。

四月，孟知祥并两川：东川节度使董章攻西川，为西川节度使孟知祥破，死者数千人，降者万人，章与数骑遁归梓州，为部下杀，孟知祥遂并两川。

十一月，石敬塘为河东节度使：因契丹欲入扰，议河东帅，以石敬塘为北京留守（同光之初，以镇州为北都，太原为西京，寻废北都复为镇州，以太原为北京）河东节度使（治在太原，今山西太原西南晋源镇），兼大同，振武、彰国、威塞等军番汉马步总管，敬塘至晋阳，以部将刘知远为心腹，委以军事。

933 年癸巳，唐明宗长兴四年。

南汉高祖大有六年，吴睿帝大和五年，契丹太宗天显八年，闽惠宗王磷龙启元年。

正月，闽王王延钧称帝：国号大闽，建元龙启，更名磷，是为惠宗。闽至自以为国小地僻，常谨四邻，由是境内粗安。

十一月，唐明宗死：明宗病亟，秦王从荣恐不得为嗣，欲率兵入宫侍疾，为禁军所败，被杀。征天雄节度使宋王从厚入宫侍疾。未几，明宗死。明宗在位，年谷屡丰，兵革罕用，较之五代，粗为小康。

十二月，唐闵帝立：宋王李从厚即位，是为闵帝。

934年甲午，唐闵帝李从厚应顺元年，唐废帝清泰元年。

南汉高祖大有七年，吴睿帝大和六年，契丹太宗天显九年，闵惠帝龙启二年，后蜀高祖孟知祥明德元年。

闰正月，蜀王孟知祥称帝，是为后蜀高祖，四月改元明德。

二月，潞王李从珂起兵风翔：唐徙风翔节度使潞王李从珂为河东节度使，从珂拒命起兵，“将入朝清君侧之恶”；遣将讨之，诸道兵大集于风翔城下，多降子潞王。三月，潞王举兵东下，沿途诸军闻风溃降，闵帝奔卫州。

李从珂即帝位于洛阳：从珂至洛阳，宰相冯道等率百官迎见，上笺劝进，太后下令废闵帝为鄂王，潞王即帝位，改元清泰，是为废帝。旋使人杀闵帝于卫州。

废帝敛民财赏军士：李从珂从风翔起兵，许军士入洛阳，人赏钱百缗。既至，府库金、帛不过三万两匹，而赏军之费计应用五十万缗。百方敛民财，约得十万缗，昼夜督责，囚采满狱，贫者至自经，赴井。虽倾府库及诸道贡献，乃至太后、太妃器服才及二十万缗。乃诏禁军在风翔归命者，军人赏钱二十缗，其在京者各十缗，终不能满骄卒之心。

七月，后蜀高祖死：孟知祥得风病喻年，至是增剧，立子东川节度使仁赞为太子；知祥旋死，遣命太子仁赞即皇帝位，更名昶，是为后主。

935年乙未，唐废帝清泰二年。

南汉高祖大有八年，吴睿帝大和七年，契丹太宗天显十年，闵康宗王昶永和已年，后蜀主孟昶明德二年。

六月，石敬塘广储军粮：河东节度使，北面总管，石敬塘以备契丹为名，求益兵运粮，诏借河东有积蓄者菽栗，镇州输绢五万匹籴军粮，魏博市籴，时水旱饥荒，山东民不堪命。敬塘又赂其妻晋国公主之母曹太后左右，宫中事无巨细皆知之。

十月，闵惠宗死：惠宗王延钧疾甚，福王王继鹏杀王延钧，自为皇帝，更名昶，是为康宗。既而自称权知福建节度使，遣使奉表称臣于唐。

三、后晋

936年丙申，唐废帝清泰三年，晋高祖石敬塘天福元年。

南汉高祖大有九年，吴睿帝天祚二年，契丹太祖天显。

十一年，闵康宗永和二年，后蜀后主明德三年。

五月，石敬塘反：初，河东节度使石敬塘，尽收其货之在洛阳及诸道者归晋阳（山西太原西南晋源镇），托言以助军费，人皆知其有异志。是日，徙敬塘为天平节度使（山东东平），敬塘拒命，上表谓："帝养子，不应承祀，请传位许王（明宗之子，名从益）。"制削夺敬塘官爵。以张敬达为太原四面兵马都部署，杨光远为付部署，将兵讨之。天雄军乱，大将张令昭逐节度使刘延昭，附于石敬塘，寻败死。六月，以张敬达充太原四面招讨使，以杨光远为讨使。

七月，石敬塘求救于契丹：石敬塘表请称臣于契丹主耶律德光，且请以父礼事之，约事捷之日，割龙卢一道及雁门关以北诸州与之。刘知远谏曰："称臣可矣，以父事之太过。厚以金帛赂之，自足致其兵，不必许以土田，恐异日大为中国之患。"敬塘不从，表至契丹，契丹大喜，许俟仲秋倾国赴援。

九月，契丹大败唐兵：耶律德光自将五万骑援石敬塘，大败唐兵于晋阳城外，唐步兵死者近万人。敬塘会契丹兵，围唐兵于晋安寨。张敬达遣使告败于唐，自是声问不通。唐被围士卒犹五万人，马万匹，四顾无所知。

十一月，契丹立石敬塘为晋帝，耶律德光册石敬塘为大晋皇帝，自解衣冠授之，建元天福，是为后晋高祖。晋割幽（北京）、蓟（河北蓟县）、瀛（河北河间）、莫（河北任邱）、涿（河北涿县）、檀（河北密云）、顺（河北顺义）、新（河北涿鹿）、妫（河北怀来）、儒（河北延庆）、武（河北宣化）、云（山西大同）、应（山西应县）、寰（山西朔县东马邑镇）、朔（山西朔县）、蔚（河北蔚县）、十六州与契丹（可称中国第一可耻人）仍岁输帛三十万匹。并献媚于契丹主曰："使晋得天下，将竭中国之财以奉大国（让华夏子孙世代为外族当奴隶）。

唐废帝自焚：契丹主与石敬塘引兵南下，唐军大溃，赵德钧父子迎降，被系送至契丹。石敬塘率军继进，直指洛阳，唐将校迎降，废帝携传国宝登宣武楼自焚。敬塘入洛阳，后唐亡。

937 年丁酉，晋高祖天福二年。

南汉高祖大有十年，吴睿帝天祚三年，契丹太宗天显十二年，闵康帝通文二年，后蜀后主明德四年，南唐前主李昇升元元年。

正月，桑维输辅晋：后晋草创之初，藩镇多未服从，兵炎之余，府库空竭，民间困穷，而契丹征求无厌。中书侍郎，同平章事兼枢密位桑维输劝晋帝推诚弃怨以抚藩镇，卑辞厚礼以奉契丹，训卒缮兵以修武备，务农桑以实仓廪，通商贾以丰货财。数年之间，中原稍安。

十月，吴齐王徐诰称帝：国号唐、建元升元，都金陵，是为南唐烈祖（前主）。（徐诰本姓李，为徐温养子，冒姓徐氏，后复姓李氏，改名昇。自言为唐室后代，故建国号曰唐）。尊吴睿帝杨溥为高尚思玄弘古让皇。继而遣使巡视民田，以肥瘠定其税，自是江淮调兵兴役及其他赋敛皆以税钱为率。

十一月，晋加吴越王钺元瓘天下兵马副元帅，进封吴越国王。

939年己亥，晋高祖天福四年。

南汉高祖大有十二年，契丹太宗会同二年，闽康宗通文四年，后蜀后主干政二年，南唐前主升元三年。

闰七月，闽军乱：杀康宗王昶，昶叔父延羲自立为闵国王，更名曦，改元永隆，是为景宗，称臣于晋。

941年辛丑，晋高祖天福六年。

南汉高祖大有十四年，契丹太宗会同四年，闽景宗永隆三年，后蜀后主广政四年，南塘前主升元五年

六月，成德节度使安重荣耻臣契丹，抗杀其使者，又掠幽州南境，上表斥帝父事契丹，竭中国之财以媚无厌之虏。而契丹陵暴吐谷深，突厥诸族，令各具精甲壮马以备南寇，诸族愿自备十万众，与晋共击契丹。诸决计攻之。桑维翰密疏函信不可与契丹为敌，帝然之。

七月，以刘知远为河东节度使。

八月，吴越王钱元壤死。九月，子弘佐即王位，问仓吏：“今蓄积几何？”对曰：“十年。”乃命免境内税三年。

十月，吐谷浑降晋：河东节度使刘知远遣亲将郭威说吐谷浑绝安重荣归晋，吐谷浑首领白承福率众降。之远处之太原东山及岚，石之间，表承福为大同节度使，收其精骑隶麾下。

闽主王羲称皇帝，弟延政自称兵马元帅。

942年壬寅，晋高祖天福七年。

南汉高祖大有十五年，殇帝刘玢光天元年，契丹太宗会同五年，闽景宗永隆四年，后蜀后主广政五年，南唐前主升元六年。

四月，南汉高祖刘龚死，子弘度嗣，更名玢，改元光天，是为殇帝。

六月，晋高祖死，兄子重贵嗣，是为出帝，遣使致书告哀于契丹，称孙不称臣，契丹怒，遣使责之，且言：“何得不先承禀，遽即帝位？”

943年癸卯，晋出帝石重贵天福八年。

南汉殇帝光天二年，契丹太宗会同六年，闽景宗永隆五年殷天德帝王延政元年，后蜀后主六年，南唐前主升元七年。

二月，南唐前主李异死，子璟嗣，是为中主，改元保大。

闽王延政称帝：都建州（福建建瓯）国号大殷，改元天德，殷国小民贫，军旅不息，杨思恭以善聚敛得幸，增田亩山泽之税，至于鱼盐蔬果，无不倍征，国人谓之杨剥皮。

三月，南汉晋王刘弘熙杀殇帝刘玢，即帝位，改元应乾，更名晨，是为中宗。

九月，晋与契丹构隙，晋囚契丹回图使（负责与晋贸易文官），尽杀在晋贸易之契丹人。既而释回图使，命语契丹主："为邻称孙，足矣，无称臣之理，……翁怒则来战，孙有十万横磨剑，足以相待。"契丹主大怒，入扰之志始决，并拘留晋使者。

十二月，契丹集兵南扰：晋平卢节度使杨光远，密告契丹，云晋主负德违盟，境内大饥，公私困竭，乘此际攻之，一举取；前降契丹之后唐忠武节度使赵延寿亦劝之。契丹主乃集幽、云、数州兵五万人，使延寿将之南扰，并曰："若得之，当立汝为帝。"晋亦筑边城征近道兵以备之。

944 年甲辰，晋出帝天福九年，开运元年。

南汉中宗乾和二年，契丹太宗会同七年，闽景宗永隆六年，殷天德二年，蜀后主广政七年，南唐中主保大二年，

正月，契丹攻晋：东路陷贝州（河北南宫东南），杀万余人，前锋至黎阳（河南浚县东），西路入雁门关，攻太原。晋帝致书于契丹，求修旧好，契丹不许。遣河东节度使刘知远，右武卫上将军张彦泽等将兵御之。

二月，晋败契丹：平卢节度使杨光远叛晋通契丹，契丹自马家口渡河攻郓州（山东东平西北），以应之，为晋矢败于马家口号，溺死，俘斩各数千人，由于不敢东渡，杨光远援绝。

八月，郭威说刘知远背晋：晋以河东节度使刘知远为北面行营都统，督十三节度侍备契丹，先是契丹入扰，帝命刘知远会反山东，屈期不至，帝疑之。至是，邑为都统，密谋大计皆不得预。知远自知见疏于帝，有优色，亲将郭威曰："河东山区险固，风俗尚武，士多战马，……此霸业之资也，何忧乎？"

十二月，杨光远败死：光远被围于青州数月，城中饿死者大半，契丹援军不至，其子劫光远井城纳官军，光远被杀。

945 年乙巳，晋出帝开运二年。

南汉中宗乾和三年，契丹太宗会同八年，殷闵天德三年，后蜀后主广政八年，南唐中主保大三年。

二月，晋大举攻契丹：帝征诸道兵，下诏亲征，至澶州（河北定县），攻契丹，连克秦州，满城、遂城。契丹主自古北口拥众南下，晋军退至阳城，反击，

败之。晋军结阵南下，为契丹围之数重，晋将曰："与其束手就擒，易若以身殉国！"卒军奋击，呼声动天地，大败契丹。诸军自定州引归。

八月，南唐灭闽：南唐克建州，闽主王延政降，汀、泉、漳等州皆附南唐，南唐置永安军于建州。

946年丙午，晋出帝开运三年。

南汉中宗乾和四年，契丹太宗会同九年，后蜀后主广政九年，南唐中主保大四年。

十二月，契丹灭晋：晋兵与契丹夹滹沱河对阵，杜威不敢渡滹沱河与恒州（河北定正）军合势，结果为契丹切断粮道，及归路，降于契丹，军士皆恸哭，声振原野。恒州亦降。契丹主遣降将张彦泽先取大梁（河南开封），晋出帝降，晋亡。

四、后汉

947年丁未，汉高祖刘知远（后更名暠）天福十二年

南汉中宗乾和五年，契丹太宗会同十年辽太宗大同元年，世宗耶律兀欲天禄元年，后蜀后主广政十年，南唐中主保大五年。

正月，契丹入大梁；契丹主耶律德光入大梁，废晋帝为负义侯，徙置于黄龙府（吉林农安）；废东京，降开封府为汴州。以冯道为太傅，晋百官藩镇皆降，独彰义节度使匡威据泾州（甘肃泾川北）拒命；雄武节度使何重建斩契丹使者，以秦、阶、成三州降蜀；河东节度使刘知远，上表于契丹，贺入汴州，虚于应付，以观形势；荆南节度使高从诲遣使入贡于契丹，复潜通刘知远劝进；南唐遣使贺契丹灭晋。

二月，契丹改国号为辽：契丹主耶律德光服汉衣冠，登正殿，受百官朝贺，改国号为辽，改元大同。

刘知远称帝；晋河东节度使刘知远称帝于晋阳（山西太原西南），自言不忍改晋国号，又恶开运年号，乃更称天福十二年。令诸道诛契丹人。

各地纷起攻契丹：保义（河南陕县）军将赵晖杀契丹人，将史，滏阳（河北磁县）民帅梁晖袭相州（河南安阳），杀契丹数百，晋州（山西临汾东北）杀契丹括钱帛使，皆请命于刘知远。昭义（山西长治）留后王守恩杀契丹使者，举镇降刘知远。澶州（河南濮阳南）人王琼围契丹将耶律德、光无久留之意，遣兵救澶州，琼败死。时各地人民群起攻契丹，多者数万，少者也有千百，连陷宋、亳、密三州，耶律德光谓左右曰："我不知中国人难制如此！"

三月，耶律德光北归：晋百官从者数千人，尽载府库财宝以行，复汴州为宣武军，命肖翰为节度使镇之。

四月，耶律德光屠相州（河南安阳），悉杀城中男子，驱其妇女北去。胡人掷婴儿于空中，举刀接之以为乐，城中存者仅七百余人，敛尸体托得十余万（多么悲惨！）

耶律德光死于杀胡林（河北藁城西南），国人剖其腹，实盐数斗，载之北去。晋人谓之“帝羓”（干肉）。

五月，耶律兀欲自立：前降契丹之后唐，卢龙节度使赵德钧之子赵延寿，自称受契丹皇帝遗诏，权知南朝军国事，图帝中原，为契丹永康王耶律兀欲所囚，兀欲即皇帝位北归。

六月，晋改国号为汉：刘知远入汴州，诸镇多降，复以汴州为东京，开封府，改国号曰汉，仍称天福年，后更名暠，是为后汉高祖。

耶律兀欲称天授皇帝：兀欲囚其祖母述律太后，改元天禄，自称天授皇帝，是为辽世宗。

948 年戊申，汉高祖乾祐元年。

南汉中宗乾和六年，辽世宗天禄二年，后蜀后主广政十一年，南唐中主保大六年。

正月，后汉高祖刘知远死：临终召郭威等人受顾命（终回顾而命之，犹言遗嘱）。旋诛杜重威。

二月，皇子承佑即皇帝位，是为隐帝。

八月，以郭威为西面军前招尉安抚使，统讨三镇之师，威从冯道之谋，以官物厚赐士卒，由是众心归附。

949 年乙酉，汉隐帝刘承祐二年。

南汉中宗乾和七年，辽世宗天禄三年，后蜀后主广政十二 年，南唐中主保大七年 五月，赵思绾降：思绾（拒命三镇之一）好食人肝，又好以酒吞人胆，及长安城中食尽，取妇女儿童为军粮，日计数而给之（把人当作牲畜），每犒军则屠数百人，计穷出降，旋被杀（当杀）。

七月，李守贞自焚：河中（拒命三镇之一）城中食尽，民饿死者什五六，守贞将士降者相继，郭威百道攻河中，克其外郭、李守贞自焚死。

950 年庚戌，汉隐帝乾祐三年。

南汉中宗乾和八年，辽世宗天禄四年，后蜀后主广政十三年，南唐中主保大八年

四月，以郭威为邺都留守：契丹入扰，横行河北，以枢密使郭威为邺都（河北大名东北）留守，天雄节度使，督诸将以备之。以郭荣（郭威养子，本姓柴）为天雄牙内都指挥使。

十一月，郭威举兵反：隐帝年益壮，厌为大臣所制，复因谗言，杀杨邠、史弘肇、王章等，又遣人持密诏赴邺都杀郭威。郭威引兵趋东京，隐帝亲出御之，为乱兵所杀。威入东京，立高祖侄武宁节度使刘赟为皇帝，遣使迎之，请太后临朝听政。

十二月，郭威自立：威至澶州（河南濮阳），军变，将士裂黄旗以被威体，呼万岁震地，拥威为皇帝，返东京，废刘赟为阴公，百官藩镇相继上表劝进。

五、后周

951 年辛亥，周太祖郭威广顺元年。

南汉中宗乾和九年，辽世宗天禄五年，穆宗耶律明应历元年，后蜀后主广政十四年，南唐中宗保八九年，北汉世祖刘崇（后列名旻）乾祐四年。

正月，郭威称帝：郭威即皇帝位，国号周，建元广顺是为后周太祖。

刘崇称帝：郭威杀刘赟，后汉高祖弟刘崇称帝于晋阳，仍用乾祐年号，称汉乾祐四年，是为北汉世祖，遣使循石敬塘故事，结契丹攻晋州，败还。

二月，周帝毁宝器：帝悉出后宫中宝玉器数十，碎之于庭曰："凡为帝王，安用此物！闻汉隐帝日与嬖宠于禁中嬉戏珍玩不离则，兹事不远，宜以为鉴。"令自今珍华悦目之物，不得入宫（因他的影响，以后周世宗亦清正）。

九月，辽穆宗立：北汉攻北周，契丹主耶律兀欲强各部发兵助之，燕述轧杀兀欲自立，诸部奉耶律德光之子述律以攻述轧，杀之，立述律为帝，改元应历，述律更名明，是为穆宗。北汉主遣使贺即位，复以叔父事之，请兵以击晋州。

南唐灭楚：楚马希宗囚其兄楚王马希萼于衡山，自称武安留后。衡山将士立希萼为衡山王，皆求援于南唐。唐主命边镐将兵万人趋长沙，十月，入城，马希萼降。十一月，南唐令马希宗、马希萼举族入朝，楚亡。其岭南诸州，皆入于南汉。

十二月，北周败契丹、北汉：契丹、北汉连兵七万攻晋州，久不克。会大雪，民相聚保山寨，野无所掠，军乏食。北周救兵至，大败之，契丹士马什丧三四。北汉兵死者甚众。北汉土瘠民穷，内供军国，外奉契丹，赋役繁重，民不聊生，逃入周境者甚众。

952 年壬子，周太祖广顺二年。

南汉中宗乾和十年，辽穆宗应历二年，后蜀后主广政十五年，南唐中主保大十年，北汉世祖乾祐五年。

正月，后汉泰宁节度史慕容彦超遣使入贡于周，又疑惧不自安，帝虽倍加抚谕，终于结南唐及北汉后周，遣将讨之。南唐赴援，被击败，死者千余人。及北汉，契丹自晋州北走，彦超之势遂衰。

五月，平慕容彦超：周兵攻慕容彦超，久无功，周帝亲征，拔兖州（山东兖州），恭宁节度使慕容彦超赴井死，官军大惊，城中死者近万人。

954 年甲寅，周世宗郭荣显德元年。

南汉中宗乾和十二年，辽穆宗应历四年，后蜀后主广政十七年，南唐中主保大十二年，北汉世祖乾祐七年。

正月，周太祖死：郭威死，养子郭荣即皇帝位，是为世宗。太祖生前屡戒郭荣曰："昔吾西征，见唐十八陵无不发掘者，此无他，唯多藏金玉故也。我死当衣以低衣，敛以瓦棺……勿作石羊、虎、人、马，唯刻石置前云：周天子平生好俭约，遗令用衣纸瓦棺，嗣天子不敢违也。"

三月，周汉高平之战，北汉主刘崇乘周太祖死，请契丹万余骑并自将兵三万大举攻周，败周兵，乘胜进逼潞州（山东长治）。周帝拒冯道劝阻，自将兵御之，战于高平（山西晋城东北）。北汉主见周军少，悔召契丹，令骁将张无徽击周右军。周将樊爱能，何徽引骑兵先遁，步兵千余投降北汉，军势危急。周帝自引亲兵督战，宿卫将赵匡胤身先士卒，驰犯敌锋，士卒死战，无不以一当百，北汉军披靡。周军奋战，杀北汉骁将张无徽，北汉兵大败，北汉主率百余骑遁归晋阳，是之，周帝野宿，得步兵来降者皆杀之。樊爱能等闻周兵大捷，与士卒复还。周帝为整肃军纪，斩樊爱能，何徽等七十余人，自是骄将惰卒始知所惧。继赏高平之功，以赵匡胤为殿前都虞候，自余将校迁拜者凡数十人。周兵乘胜进逼晋阳。五月，大发兵夫，久攻不克，会久寸，士卒疫病。乃退兵。

四月，冯道死：太师、中书令冯道之为相，历五朝（后唐、后晋、契丹、后汉、后周）八姓，著《长乐老叙》，自述累朝荣遇之状（福人、会处于人），后世因此历事五朝，每加非议。

十一月，周伐南唐：周遣李谷等督十二将伐南唐、渡淮。十二月，败南唐兵于寿州城下。令吴越出兵击南唐。

956 年丙辰，周世宗显德三年。

南汉中宗乾和十四年，辽穆宗应历六年，后蜀后主广政十九，南唐中主保大十四年，北汉睿宗乾祐九年。

正月，周帝亲征南唐，李谷攻寿州久不克，周帝下诏亲征，命李重进将兵渡淮，迎击南唐寿州援军，斩其将刘彦贞，斩首万余级，伏尸三十里，收军资机械三十余万。时江、淮久安，民不习战，彦贞既败，南唐大恐。周帝至寿州城下，命诸围之，征宋、亳、陈、颖、宿、徐、许、蔡等个夫数十万以攻城，昼夜不息。命赵匡胤败南唐水军。夺战舰五十余艘。

二月，南唐请和：周帝命赵匡胤克滁州，擒南唐将皇甫晖等。南唐遣使奉书称:

“唐皇帝奉书大周皇帝，请息兵修好，愿以兄事帝，岁输资财以助军费。”周帝不答。周攻杨州，南唐再遣使奉表称臣，献御服，茶药及金器千两，银器五千两，缯绵二千匹，牛五百头，酒二千斛。不许，旋取扬州。

三月，南唐复请和：周军捷报频传，南唐江北诸州已半为周有，南唐主义遣使奉表于周，献金千两，银十万两，罗绮二千匹。请去帝号，割濒淮六州，岁输金帛百万，以求罢兵，周欲尽得江北之地，不许。

四月，赵匡胤败南唐兵：南唐兵二万渡江攻六合（江苏六合）赵匡胤以二千之众，奋击大破之，杀获近五千人，其余争舟者溺死甚众，于是之精卒殆尽。

七月，周兵屡败于“白用军”：先是，民苦南唐淮南营田及其以茶盐强易粟帛，故周兵至争以牛酒迎劳。而周兵所至掠略，民皆失望，相聚山泽，以农器为民，积纸为甲，时人谓之“白甲兵”。周兵讨之，屡为所败，先所得南唐诸州，多复为南唐所有。

十月，赵匡胤为节度使：以殿前都御候赵匡胤屡建大功，擢为定国军节度使兼殿前都指挥使。匡胤表谓州军事判官赵普为节度推官。

957年丁巳，周世宗显德四年。

南汉中宗乾和十五年，辽穆宗应历七年，后蜀后主广政二十年，南唐中主保大五年，北汉睿宗天会元年。

二月，周帝亲征寿州：周兵久围寿州，城中食尽，南唐遣援军数万救之，军于紫金山，又为周军所破。寿州守将刘仁瞻，因其幼子夜渡淮北，杀之以明坚守之志，将士感泣。周帝发大梁亲攻寿州。先是南唐水军锐敏，周每无以敌之。乃起造战舰，命南唐降卒教周军水战。至是，周遣战舰数百艘，水军数千人，沿颖入淮，南庸见之大惊。

三月，南唐将朱元率万余人降。周军攻紫金山寨，尽擒守将，杀获万余人。余众沿淮东走，战溺死及降者殆四万人。周帝陈兵于寿州城北，南唐清淮节度使寿州守将刘仁瞻病甚，不知人，监军等开城降。周以刘仁瞻为天平节度使兼中书令。诏书谓其“尽忠所事，抚节无亏，前代名臣，九人堪比！”是日，卒。又改清淮军为中正军，以表彰刘仁瞻之气节。

958年戊午，周世宗显德五年。

南汉中宗乾和十六年，后主大刘长大宝元年，辽穆宗应功八年，后蜀后主广政二十一年南唐中兴元年，北汉睿宗天会二年。

三月，南唐献地请和：周帝临江督战，屡败南唐兵，南唐遣使请和，许之。南唐至上表称唐国主，请献江北地岁输贡物数十万。于是江北悉平，得州十四、县六十。

五月，南唐去帝号：唐主避周讳，更名景，去帝号称国主，凡天子仪制皆有降损，去年号，用周正朔，南唐国主以江南无盐田，请南海盐监南部地，帝以海陵在江北不许。岁以盐三十万斛给之。

959 年已未，周世宗显德六年。

南汉后主大宝二年，辽穆宗应历九年，后蜀后主广政二十二年，北汉睿宗天会三年

四月，周帝亲攻契丹。

帝以幽云未复，下诏亲征。遣将自沧州（河北沧县），治水道入契丹境，遂通瀛、莫二州。帝至沧州，帅步骑数万，以韩通为陆路都部署，赵匡胤为水路都部署，攻契丹。帝乘龙舟，沿流北进，舳舻相连数十里，连下益津关（河北霸县），瓦桥吴（河北雄县），淤口关（河北信安镇）、莫州（丘丘北）。五月，下瀛州、易州，契丹守将皆举城降，兵不血刃而而取燕南诸地。以瓦桥关为雄州，益津为霸州。正议取幽州，以帝疾班师。

六月，赵匡胤为都点检：以定国军节度使兼殿前都指挥使赵匡胤兼殿前都检点（后国选骁勇之士充殿前诸班，置殿前都指点于都指挥使之上，宋不复除授）。

同月，周世宗死：子宗训即皇帝位，是为恭帝，时年七岁，主少国疑。

七月，南唐铸当十二当二钱：南唐自割江北，臣事于周岁时贡献，府藏空竭，钱少物贵，至产铸当十大钱“永通货”，又铸当二钱“唐国通宝”，与开元钱并行。十月，废“永通泉货”钱。

同月，南唐建南都：南唐主以金陵与周只隔一水，洪州（江西南昌）险固居上游，乃经营为都城之制，更名曰南昌府，建为南都。将使都之。

十二月，契丹遣使至南唐，唐人夜宴之，酒酣，离席，为周将遣人刺杀（南唐失策，其时尚不悟求外援，而杀来使）自此，契丹与南唐绝交。

五代世系表（公元 907-960 年）					
一、后梁（907-923）			四、后汉（947-950 ）		
1.	太祖 朱晃	朱温、全忠 907/912 年五年	1.	高祖 刘知远	947/948 年一年
2.	末帝 友贞	朱晃第二了 913/123 年十年	2.	隐帝 承佑	948/950 年_年
二后唐（923—996）			五、后周（951-960）		

1.	庄宗 存勖	李克用子 923/926 年三年	1.	太祖 郭威	951 / 953 年二年
2.	明宗 李檀	李嗣源克用养子 926/933 年七年	2.	世宗 郭荣	郭威养子柴荣 954/959 年五年
3.	闵帝 从厚	嗣源子 934 年	3.	恭帝 宗训	960 年七年
4.	废帝 从珂	从厚弟 934/936 二年			
三、后晋（936-947）					
1.	高祖 石敬瑭	936/942 年 六年			
2.	出帝 石生贵	石敬瑭史敬儒子 942/946 年四年			

十国世系表（十国与五代并行）

吴（892-937 年）				前蜀（891-925 年）	
	太祖	二	烈祖杨渥	高祖王建	
一、	杨行	三	高祖杨隆演	后主王衍	
	密	四	睿帝杨溥		
南唐（937-975 年）				后蜀（925-965 年）	
一、	烈祖（前主）李昇			高祖孟知祥	
二、	无宗（中主）李璟			后主孟昶	
三、	后主、李煜				
吴越（893-973 年）				荆南（南平）（907-963 年）	
一、	武肃王钱鏐			一、	武兴王高季兴

<table>
<tr><td rowspan="3">二、</td><td rowspan="3">文穆王
钱元瓘</td><td>三、</td><td>忠献王钱佐</td><td rowspan="3">二、</td><td rowspan="3">文献王
高从诲</td><td>三、</td><td>贞懿王高宝
融</td></tr>
<tr><td>四、</td><td>忠逊王钱宗</td><td>四、</td><td>高宝勋</td></tr>
<tr><td>五、</td><td>忠懿王钱叔</td><td>五、</td><td>高继冲</td></tr>
<tr><td colspan="4">楚（896-951 年）</td><td colspan="4">北汉（951-979 年）</td></tr>
<tr><td rowspan="4">一、</td><td rowspan="4">武穆王
马殷</td><td>二、</td><td>衡阳王马希声</td><td>一、</td><td colspan="3">世祖刘崇（旻）</td></tr>
<tr><td>三、</td><td>文昭王马希范</td><td rowspan="3">二、</td><td rowspan="3">睿宗刘
承钧</td><td>三、</td><td>少主刘继恩（承钧养子）</td></tr>
<tr><td>四、</td><td>废王马希广</td><td rowspan="2">四、</td><td rowspan="2">英武帝刘继元</td></tr>
<tr><td>五、</td><td>马希崇</td></tr>
<tr><td colspan="4">闽（892-946 年）</td><td colspan="4">南汉（905-071 年）</td></tr>
<tr><td>一、</td><td>王朝</td><td></td><td></td><td colspan="4" rowspan="2">刘谦</td></tr>
<tr><td rowspan="5">二、</td><td rowspan="5">太祖王
审知</td><td>三、</td><td>嗣王王延翰</td></tr>
<tr><td>四、</td><td>惠余王延钧</td><td>一、</td><td colspan="3">烈祖刘隐</td></tr>
<tr><td>五、</td><td>康宗王昶</td><td rowspan="3">二、</td><td rowspan="3">高祖
刘岩
（龚）</td><td>三、</td><td>殇帝刘玢</td></tr>
<tr><td>六、</td><td>景宗王延羲</td><td>四、</td><td>中宗刘晟</td></tr>
<tr><td>七、</td><td>天德帝王延政</td><td>五、</td><td>后主刘长</td></tr>
</table>

十七卷 宋辽夏金

北宋（960 年——1127 年）

一、太祖 赵匡胤 960 年——976 年

960 年庚申，宋太祖赵匡胤建隆元年，辽穆宗耶律璟（字述律）应历十年，后蜀孟昶广政二十六年，南汉刘鋹大宝三年，北汉刘承钧（刘钧）天会四年。

正月，陈桥兵变与北宋建立：（周显德七年，初一（辛丑），周群臣方贺正月（春节），镇（河北镇定），定（河北定县）二州驰奏：“北汉会契丹兵入寇。”周

帝命殿前都点检赵匡胤率军抵御。匡胤(927–976)涿州（河北涿县）人，数从周世宗征伐,屡立战功,恭帝即位,加检校太尉,领归德军节度使。周恭帝年幼(七岁)匡胤大权在握，人望所归，将士阴谋推戴，故有边警之谣。初二（壬寅），殿前付点检，镇宁军节度使慕容延钊领兵先发。时京中传言："将以出军之日，策点检为天子。"因之士民恐怖,争为逃匿之计。唯周恭帝身居内廷宴然不知。初三(癸卯),赵匡胤率大军出发。军校苗训为制造舆论称:"见日下复有一日,黑光磨动。"指谓匡胤亲史楚昭辅曰:"此天命也。"当晚，军队行至陈桥驿(河南开封市东北)将士议曰："主上幼弱，我辈出死力破贼，谁则知之！不如先立点检为天子，然后北征"。都押衙李处耘以其事告匡胤弟供奉官都知赵匡义及归德节度掌书记赵普(922–992)，言未了，诸将露刀突出，大声曰："军中定议，欲策太尉（指匡胤）为天子！"匡义嘱诸曰："严饬军史，勿令剽掠，使都城人心不摇，则四方安定，"派人驰骑回京，告知匡胤心腹殿前都指挥使石守信(928–984)等人，准备内应（一次早有谋划的政变），初四（甲辰）黎明，匡义与赵普入告匡胤。时诸将擐甲执兵直扣寝门,高呼:"诸将无主,愿策太尉为天子。"匡胤未及答,已黄袍加身(这是匡胤从郭威篡汉学来的），众将士罗拜，呼万岁，掖扶上马，拥还汴京。匡义等先，遣客省使潘美见执政喻意。天平军节度使，同平章事，侍卫马步军付都指挥使韩通，自内廷仓促奔归，欲谋抗拒，为散员都指挥使王彦升追杀于宅第（周的忠臣）诸将拥宰相范质，王溥见匡胤。散指挥都虞候罗彦瑰按剑厉声曰："我辈无主，今日须得天子！"王溥、范质降阶拜，匡胤入崇元殿行禅代礼，即皇帝位，史称宋太祖。初五（乙巳）改元建隆，以所镇归德军在宋州（河南商丘），诏定国号为宋。

四月,李筠反宋而败死:太祖加周昭义军节度使李筠中书令,使者至潞州(山西长治），筠即欲拒命，左右切谏，乃延使者，置酒张东，旋取周祖画像于厅壁，涕泣不已。宾佐惶惧，告使者曰："令公被酒失常，幸勿怪。"北汉主刘筠闻之，乃以蜡书约筠起兵。筠子守节泣谏不听。太祖手诏抚尉亦不听。筠于是日起兵，并执宋监军周光逊等于北汉，纳款求援。筠又派人杀泽州（山西晋阳）刺使张福，据此城。宋遣石守信，高怀德等分路进讨。五月，守信等破李军于长平（山西晋阳西北），复破其军三万余于泽州南。李筠遁入泽州，据城固守。六月，宋太祖亲征至泽州，督军攻城，宋将马全义率敢死士先登，太祖率卫兵继之。遂克其城。李筠赴火死。宋军又攻潞州，筠子守贞献城降。

六月，北汉主遁还晋阳；先是，北汉主刘筠迫使以诏书，金帛、善马赐李筠，筠亦派人至晋阳请北汉举兵南下攻宋自为前导，北汉遣使请兵于辽，辽师未集。于是北汉主引兵南下至太平驿会李筠，封筠为西平王。后李筠于北汉不和，留其子守贞守上党，自率众三万南出。六月，北汉闻李筠败遂自太平驿遁还晋阳。

九月，李重进反宋而败死：周检校太尉，淮南节度使李重进，系周太祖之甥。始与赵匡胤俱事周世宗，分掌内外兵柄，重进以匡胤英武，颇惮心。恭帝即位，重进出镇扬州。后匡胤称帝，徙重进为平卢节度使，重进自以周室远亲，恐不得全，遂致城缮兵。太祖闻重进举兵，命石守信、王审琦等人率精兵讨之。十月，下诏亲征，重进败死。

961 年辛酉，宋建隆二年，辽应历十一年，后蜀广政二十四年，南汉大宝四年，北汉天会五年。

二月，南唐迁都：南唐主李璟定计迁都南昌，立吴王从嘉为太子，留金陵监国。三月，南唐主至南昌，因城益狭隘，官府十不容一二，群臣日夜思归。

六月，南唐主李璟死于南都：子煜 (937–978) 嗣位，称李后主。

七月，赵普建议削弱藩镇：宋太祖既灭李筠及李重进，一日，召赵普问曰："自唐未以来几十年，帝王共易八姓，战斗不息，人民死亡，原因何在？吾欲停息战斗，使国家长治久安，有何良策？"普曰："陛下言及此，天地人神之福也，并无他故方镇权力太大，君弱臣强而已，今欲活之，只有夺方镇之权，控制其钱粮，收其精兵，天下自安矣。"

同月，赵匡胤杯酒泽兵权：时石守信、王审琦，皆赵匡胤故交，各领禁卫。赵普数语太祖，请授以他职，太祖曰："彼等必不叛，聊何忧？"普曰："臣亦不忧其叛，然观数人，皆非统御才，恐不能制服其下。万一部下作孽，彼等亦不得自由耳。"太祖悟，于是召守信等饮，酒酣，屏左右曰："我非尔曹力，不及此。然天子亦甚艰难，不如为节度使乐，吾终之未尝高枕而卧。"（这是事实，一国之主，非易耳。吾也常为人臣思，要知国主不易，自谅之。）守信等请其故，太祖曰："是不难知，谁不欲居此位。"守信等顿首曰："陛下何为出此言？今天下已定，谁敢复有异心？"太祖曰："卿等如此，假令部欲有富贵者，一旦以黄袍加汝身，汝欲不为，岂可得乎？"守信等顿首涕泣曰："唯陛下哀矜，指示可生之途。"太祖曰："卿等何不释去兵权"，出守大藩，择便好田宅市之，为子孙立永远之业，多致歌儿舞女，日饮酒相欢以终其天年。朕且与卿等约为婚姻，君臣之间，两无猜疑，上下相安，不亦乐乎！"（赵匡胤此举，是文明的，获后人赞扬，比汉刘帮及后来的明朱元璋强多了，他二人疑心滥杀无辜。"明日，皆称疾请罢，太祖从之。经石守信为天平节度使，高怀德为归德节度使，王审琦为忠正节度使，张令铎为镇守节度使，皆罢军职，殿前讨点检自是亦不复除。

962 年王戎，宋建隆三年，辽应历十二年，后蜀广政二十五年，南汉大宝五年，北汉天会六年。

四月，太祖优抚边城以御边：太祖命赵赞屯延州（即延安），董遵诲守环州（甘肃环县），王延升守原州，以备西夏。李汉超屯关南，马仁瑀守瀛州（河北河间），贺惟忠守易州，以拒契丹。李谦溥守隰州，武守琪戎晋州（山西临汾），以御太原。诸臣家庭在京者，抚之甚厚；郡中管榷之利悉与之，资其图回贸易，免所过征租。由是边臣皆富于财，得以养募死士，使之间谍，洞知敌情。自此累年无西北之虞，得尽力东南，先平南方各国。

六月，营建国子监：周世宗即位之二年，始营建国子监，设置学舍。太祖命增葺祠宇，塑绘先圣像。任崔颂判国子监事，始聚师徒讲学。

963年癸亥，宋建隆四年，乾德元年，辽应历十三年，后蜀广政二十六年，南汉大宝六年，北汉天会七年。

二月，平荆湖：荆南节度使高继冲自以年幼不知活术，悉委孙光宪等人统理。李处耘至襄州，遣人谕继冲以假道之意，请薪水给军。孙光宪幼继冲："不若早以疆土归朝廷，公亦不失富贵。"继冲以为然。宋师至荆门，距江陵百余里。当晚，李处耘密遣轻骑数千倍道前进。继冲忽闻宋师至，即惶恐出迎，遇处耘于江陵北。处耘揖继冲令律慕容延钊，而处耘率亲兵已入江陵，比继冲延钊俱还，宋师已分据要冲，布列街巷。继冲大惧，遂尽籍三州，十七县，十四万二千三百户，奉表归宋。三月，宋师入朗州（湖南常德），处耘遣庵大将田守奇获周保权。湖南平，总共得州十四，监一，县六十六，户九万七千二百八十八。

四月，始谋攻蜀：以张晖为风州团保使，晖尽知后蜀山川险易形势，密奏进取之计。五月，蜀相李昊言于蜀主曰："臣观宋氏启运不类汉、唐、天厌乱久矣，一统海内，其在此乎！若通职贡，永保安三蜀之长也。"蜀主将发使，知枢密院事王昭远固止之，乃遣兵屯峡路。

964年甲子，宋乾德二年，辽应历十四年，后蜀广政二十七年，南汉大宝七年，北汉天会八年。

正月，任赵普为宰相：宰相范质、王溥、魏仁浦皆罢政事，以枢密使赵普为门下侍郎，平章事，集贤院大学士。普既为相，以天下为己任，为宋太祖所倚任，事无大小，悉咨询之。

二月，辽败宋军于石州（山西离石）：昭义节度使李继勋等攻冯汉辽州（山西左权），北汉告急于辽。二月，辽川刺史降。辽穆宗遣西南面报诗使耶律挞烈率六万骑援北汉，败继勋兵于石州。

十一月，宋攻蜀：初，太祖素谋伐蜀。蜀知枢密院事王昭远劝主遣孙遇，赵彦韬等以蜡丸帛书间行送北汉主，言于宋边增兵，约北汉过河同举。遇等至部下，彦韬私取其书以献，太祖得书，笑曰："吾西讨有名矣。"并赦遇等。使指陈山川形势、戍守处所，道里远近，画图以进。于是，宋遣忠武节度使王全斌为西川行营风州路都部署，与刘光义、曹彬等共率步骑六万分路进讨后蜀。太祖谕行营曰："所至勿得焚荡庐舍，驱略史民，开发丘坟，剪伐桑枯，违者以军法从事。"又谓王全斌曰："凡克城寨，止籍其甲器，刍粮，悉以钱帛给战士，吾所欲者，其土地耳。"蜀主闻有北师，命王昭远西南行营都统领兵拒战。昭远颇以方略自任，手执铁如意，指挥军事，自比诸葛亮，酒酣攘臂曰："吾此行何止破乱，当领此二三万，取中原如反掌耳。"

965年乙丑，宋乾德三年，辽应历十五年，后蜀广政二十八年，南汉大宝八年，北汉天会九年。

正月，平后蜀：蜀主闻王昭远等为宋军所败，甚惧，多募兵防守剑门（四川剑阁北），命太子元吉为元帅。王全斌等利州（四川广元）趋剑门，命史延德分兵趋向来苏，至青强。王昭远退兵驻于汉原坡，留偏将守剑门。全兵等以精兵击败王昭远，取剑门，杀蜀军万余人。王昭远为宋追骑所获。蜀太子元吉闻剑门已破，弃军遁还。宋军入成都，后主孟昶降，得州四十六、县二百四十、户五十三万四千零二十九。自宋兵发京师至孟昶降，才六十六日。

966年丙宣，宋乾德四年，辽应历十六年，南汉大宗九年，北汉天会十年。

五月，宋太祖重用读书人：太祖命宰相上前代所无年号，因此改远乾德；及平蜀，闽蜀宫人鉴（镜）鉴缘有"乾德四年铸"太祖乃召学士陶谷，窦议问之，仪曰："此必蜀物，蜀王衍有此号。"太祖叹曰："宰相须用读书人。"由是亦重儒臣，以达文治。赵普初以史道闻，寡学术，太祖每劝以读书，普遂手不释卷。太祖观书，虽在军中，亦手不释卷。闻人间有奇书，不吝千金以购之。以周世宗征淮南，在寿州，载书数车。世宗问曰："卿方为将帅，当用坚甲利兵，何用书为！"太祖曰："聚书欲广闻见，增智虑，以上赞盛德。"世宗曰："善！"

八月，诏求亡书：凡史民有以书来献者，令史馆阅其篇目，馆中凡无者收之。是岁，三礼涉弼等，皆应诏献书，得一千二百二十八卷。

968年戊辰，宋乾德六年，开宗元年，辽应历十八年，南汉大宝十一年，北汉天会十二年。

七月，宋太祖与赵普谋削平诸国：宋太祖与开封府尹光义雪夜至赵普堂中，普设重裀（音因，两层床垫）三人地坐。普从容问曰："夜久寒甚，陛下何以出。"太祖曰："吾睡不能著，一榻之外，皆他人也，故来见卿，"普："陛下小天下耶？南征北伐，今其时也。愿闻成算所问。"太祖曰："吾欲取太原。"普默然良久，曰："非臣所能知也。"太祖问其故，普曰："太愿当西北二边，使一举而下，则边患我独当之，何不姑留！俟削平诸国，其弹丸黑子，将何所逃！"太祖笑曰："吾意是，姑试卿耳。"

同月，北汉刘钧（孝和帝、睿宗）卒，养子继恩嗣，继恩遣使告于辽，辽主许之，乃即位。

九月，宋攻北汉：北汉主刘继恩为人所杀，弟继元嗣。继元始立，宋师已入其境，乃急遣使上表于辽，且请援兵。又遣刘继业（即杨延昭父）等领军防守团柏谷（山西太谷南），以马峰为监军。马峰至洞过河与宋将李继勋等遇，何继筠以先锋击破之，斩首二千余级，获马五百匹，遂夺汾河桥，迫太原城下。十一月，辽南院大王挞烈为兵马总管，统各道兵援北汉。宋军李继勋等皆引归，北汉因入侵，大掠晋（山西临汾）、绛（山西新绛）二州。

969年已巳，宋开宝二年，辽应历十九年，辽景宗耶律贤保宁元年，南汉大宝十二年，北汉天会十三年。

二月，宋太祖亲攻北汉：岁初遣殿中侍御史李莹等分往各州，调发军储运太原，又遣使者调发各道兵，屯于潞（山东长治市）、晋（山东临汾）、磁（河北磁县）等州。二月，命曹、彬、党进等各领兵先赴太原。诏亲征，以开封府严光义为东京留守。昭义节度使李继勋为河东行营前军都部署，先赴太原。太祖从京师出发。北汉刘继业等屯团柏谷。及李继勋等前军到达，继业等知寡众不敌，奔还晋阳（太原市西南）。北汉主怒，罢继业等兵权。于是李继勋等围太原城。三月，宋太祖从潞州进驻太原。命驻长连城，至汾河，作新桥，陈承昭建议以汾水灌太原城，于是决晋祠水灌城，并为四寨以逼之。五月，辽兵分道由定州来拢，为宋军所败。闰五月，水入太原城，城中大惊扰，北汉急塞水口。北汉宰相谋降宋，被杀。太原久攻不下，时大军屯甘草地中，会暑雨，多患腹病。辽又遣将率精兵夜出，间道疾驰驻太原西，北汉赖以自固。宋始议班师。于是迁太原民万余户至山东、河南、给粟；发军护送之，因屯于镇（河北正定）、潞、等州。宋太祖从太原回师。北汉主统计所弃军储，得粟三十万、茶、绢各数万。

同月，奴隶起义杀辽穆宗：穆宗嗜酒好杀，晚年亦甚。穆宗在怀州（辽宁东镇境）春蒐（射猎）。一日，酒醉回行宫。是夜近侍奴隶小哥等起义，杀死穆宗。侍中肖思温与南院枢密使高勋等奉辽世宗第二子贤，率甲骑千人速赴行在。贤即皇位，改元保宁，是谓辽景宗。

三月，辽景宗耶律贤宽政：辽景宗至上京以定策功，进肖思温为北院枢密使，旋兼北府宰相。时承穆宗失德之后，中外翕然望治，景宗数召翰林学士室防，问古今治乱得失，奏对称旨，思温存耶律斜轸，有经国才，景宗乃召问以时政，指陈恳切，景宗器重之，旋命节制西南面诸军，援河东。景宗以穆宗暴虐，务行宽政。

970年庚午，宋开宝三年，辽保宁二年，南汉大宝十三年，北汉天会十四年。

正月，辽景宗放归北汉使者：辽韩知范自太原归，言晋阳多梗，而刘继元无辅。南院枢密使高勋亦言于景宗曰："我与晋阳父子之国，岁尝遣使来觐（朝见君主），真非大臣，即其子弟。先帝以一怒而拘其使，甚无谓也。"乃悉索北汉使者前后凡十六人，厚其礼而归之。仍命刘继文为保义节度使，使辅继元。继文等久留辽，复受其命，归秉国政，左右皆毁之，北汉主乃出继文为代州刺使。九月，攻南汉：宋命潘美为贺州道行营兵马都部署，将兵伐南汉。十月，克贺（广西贺县）、昭（广西平乐西南）等州。十二月克韶州（广东韶关市）。

971年辛未，宋开宝四年，辽保宁三年，南汉大宝十四年北汉天会十五年。

二月，宋平南汉：岁初，潘美攻克英（广东英德）、雄（广东南雄）二州。潘美至马径（即马鞍山，在广州市内）、屯双女山。南汉主刘张取船舶十余艘载宝珠，金、妃嫔、欲入海，未出发，宦者盗走。南汉主惧，乃遣使者奉表至军门乞降，潘美即令部送赴阙。二月，宋师至白田，南汉主素服出降，遂入广州，南汉亡。得州六十，县二百一十四，户十七万二百六十三。

十一月，南唐改号江南：南唐主李煜遣其弟郑王从善来朝。于是始去唐号，改印文为"江南国印"，赐诏乞呼名，从之。

972年壬申，宋开宝五年，辽保宁四年，北汉天会十六年。

闰二月，江南李氏为战守，辽用计杀其干将：江南国主虽外事畏服，修藩臣之礼，而内实缮甲募兵，阴为战守计。太祖使从善讽国主入朝，国主不从，但增岁贡。江南南都留守林仁肇有威名，宋忌之，略其使者窃取仁肇画像，悬之别室，引江南使者观之，问何人，使者曰："林仁肇也。"宋方曰："仁肇将来降，先持其为信。"使者回告于江南国主，李煜中计，鸩杀林仁肇（李煜，怎不用脑思之，林如真降，宋会告你使者吗？）

974年甲戌，宋开宝七年，辽保宁六年，北汉广运元年。

九月，宋伐江南：先是卢多逊还，江南国主知太祖有南伐意，遣使愿受册封，太祖不许。于是复遣梁迥使江南，迥讽国主入朝，国主不答。九月，太祖已分遣诸将，而未有出师之名，乃遣知制诰李穆使江南，欲召李煜入朝，江南主称疾固辞。乃命曹彬等领兵赴荆南。十月，曹彬与诸将入辞，太祖谓曹彬曰："南方之事，一以委卿，切勿暴虐生民；务多威信，使自归顺，不须急击。"闰十月，曹彬等入池州（安徽贵池）。又先后败江南兵于铜陵，当涂。十一月，宋兵于采石矶以浮梁渡江，败江南兵于新寨。十二月，吴越王叔率兵围常州。

975年乙亥，宋开宝八年，辽保宁七年，北汉广运二年。

正月，宋围金陵：年初，黄州刺史王明遣将渡江，败江南兵于武昌。曹彬等进攻金陵，部将李汉琼率军渡淮南，以大攻水寨，拔之。曹彬始驻军秦淮，江南兵水陆十余万，背城而阵，时舟揖未具，潘美率所部先济，大军随之，江南复出兵，将溯流夺采石浮梁，潘美击破之。二月，曹彬败江南兵于白鹭州，进围金陵。

十一月，平江南：金陵被围，自春至冬，居民樵采无路。曹彬终欲降之，屡遣人告国主曰："城必破矣，宜早为之所。"金陵城破，曹彬整兵成列，至其宫城，国主奉表纳降。彬既入金陵，申严禁暴之令，江南士大夫保全者众，仓禀府库，委转运使按籍检视，彬一不问。十二月，江南捷书至宋，凡得州十九，军三，县一百有八，户六十五万五千六百零五。宋籍李煜所藏书送汴京。

976年丙子，宋开宝九年，宋太宗赵光义太平兴国元年，辽保宁八年，北汉广运三年。

正月，曹彬以江南国主李煜及其子弟，官属等四十五人来献。以李煜为干牛卫上将军，封违命候。

二月，曹彬为枢密使；曹彬以江南归，太祖许以使相为赏，至是赏钱五十万，以为枢密使。太祖语彬曰："使相品位极高，且待之，更为我取太原。"

四月，迁都之议：太祖生于洛阳，乐其风土。尝有迁都之意。始议西幸，起居郎李符上书，陈八难，大略以邑京凋弊，宫阙不完，郊庙未修，百官不备不可以为都，太祖不从，群臣莫敢谏，铁骑左右相都指挥使李怀忠乘间言曰："东京有汴渠之曹，岁致江，淮米数百万斛，都睛兵数十万人威仰给。陛下居此，将安取之？且府库重兵，皆在大梁，根本安轩已久，不可动摇。"上亦弗从。晋王义又从容言曰："在德不在险。"太祖顾左右曰："晋王之言固善，今姑从之。不出百年，天下民力殚矣。"始下诏东归。

同月，宋屠江州：李煜已降，曹彬令李煜作书告谕各城守兵，后皆相继归降，独江州（江西九江）军校胡则不降，曹翰率兵攻府，克城后又屠械，翰得金帛以万计。

八月，宋攻北汉：命侍卫马步兵都指挥使党进为河东道行营马步军都部署与潘美等分五道伐北汉，师入太原。又命忻、代行营都监郭进等分攻忻、代、汾、辽、石等州。九月党进败北汉兵于太原城下。北汉救援于辽。辽主派南府宰相耶律沙等救之。郭进领兵出忻、代路，浮北汉山后诸州民三万七千余口。

十月，太祖死，晋王赵光义即皇帝位，是为太宗。

二、太宗 光义 977年——997年

977年丁丑，宋太宗赵光义兴国二年（实元年）辽保宁九年，北汉广运四年。

正月，太宗博求俊义于科场，以为政治之具：先是诸道所发贡士共五千三百余人。于是礼部上所试合格人名，宋太宗至讲武殿，出诗赋题复试进士，定其优

劣为三等，得河南吕蒙正以下一百又九人。复试诸科得二百又七人，赐及第。又诏礼部阅贡籍，得十五举以上进士及诸科得一百八十四人，并赐出身。凡五百人，赐宴开宝寺，皆授官。

四只，葬太祖于永昌陵，辽遣使来助葬。

978年戊寅，宋大平兴国三年，辽保宁十年，北汉广运五年。

二月，建崇文院藏书：建降初，三馆所藏书仅一万二千余卷，及平诸国，尽收其图籍，唯蜀，江南为多，凡得蜀书一万三千卷，江南书二万余卷，又下诏开献书之路，于是三馆篇帙大备。太宗以三馆低隘，即诏有司变左升龙门东北，别建三馆，其制皆亲所规画，其壮丽，甲于内庭。二月，赐名为宗文院，尽迁旧馆书以实之，正付本凡八万卷。院文东廓为昭文书，南廓为集贤书，西廓有四库，分经史子集四部，为史馆书。

五月，吴越王钱懒上表献所管十三州，一军。凡得县八十六，户五十五万六百，兵一万五千三十六。钱氏据两浙逾八十余年（小土皇帝），外厚贡献（贡奉大国，保平安），内事奢侈（都要从人民身上剥夺），地狭民众，赋敛苛暴，民苦其政（归赵宋后，或许减轻负担）。徒封钱叔为淮海国王。

七月，陇西郡公李煜（音育）(937–978)死：煜字重光，世称李后主，能诗文、音乐、书画，尤以词名。

979年已卯，宋太宗兴国四年，辽保宁十一年，乾亨元年，北汉广运六年。

正月，平北汉；宋太宗问枢密使曹彬："周世宗及我太祖皆亲征太原不能克，岂城壁坚完，不可近乎？"彬曰："世宗时，史超败于石岭关，人情震恐，故师还。太祖屯兵甘草地中，军人多患腹疾，因是中止。非城垒不可近也。"太宗曰："我今举兵，卿以何如？"彬曰："国家兵甲精锐，人心欣戴，若行吊伐，如摧枯拉朽耳。"太宗意遂决。以潘美为北路都招讨制置使。使崔彦进、曹翰、李汉琼等各攻太原之一面。太宗宴潘美等于长春殿，亲授方略。辽景宗闻太宗伐太原，乃遣挞马长寿位宋，问兴师伐刘继元之故。太宗曰："河东逆命，理当问罪。若北朝不援，和约如旧：不然则战。"二月，北汉乞援于辽。辽命南府宰相耶律泌等赴援。又命南院大王耶律斜轸以所部从。太祖自，京师亲征。三月，驻镇州，命郢州刺史尹勋攻隆州。辽援兵耶律沙等至白马岭，阻大涧，遇宋郭进兵，进率骑兵奋击，大败辽兵。四月，太宗自镇州至太原，驻军汾水东；太宗至城西督占，宋军冒死登城，当时控弦之士数十万人，列陈于太宗乘舆前，矢集太原如虫胃毛。五月，太宗督战益急，士奋怒，争第六城，势不可当。北汉主乃遣命名上表纳款，待罪台下。北汉平，凡得州十，军一，县四十一，户三万五千二百二十.兵三万。免河东境内人户两税两年。毁太原旧城改榆次县为并州。筑并州新城。以刘继元为右卫上将军，封彭城郡公。遣使分部徙居民于新并州，尽焚其庐舍。

六月，太宗攻辽失败：太宗从太原至镇州，北征辽，至岐沟关（河北涿县）。辽北院大王耶律奚底，统军使肖讨古，乙室撒哈，迎战于沙河。宋军大败奚底军，太宗次辽南京（北京）之城南。辽南院大王耶律斜轸南军之锐，以奚底新败，为南军所易也，取其青帜，军于得胜口以诱宋军，太宗麾军击之，士皆鼓勇。斜轸袭其后，宋军始败。斜轸军于清沙河北，为南京声援。太宗指挥诸军攻辽南京城。辽南京权留守韩德让甚惧，日夜守备。耶律学古闻南京被围，急救之，围师方严，乃穴地以进，偕韩德让某益修守备，以待援师。辽景宗始知南京之围，命南京宰相耶律沙救之，并以耶律休哥代奚底，率五院兵并发。七月，太宗日督将士攻城，将士多待慢。辽耶律沙率援军至，战于高梁河，宋军败耶律沙军。傍晚，休歌从小道至，休哥与辽南院大王斜轸合军，分左右两翼奋勇攻击。学古亦开门列阵，四面鸣鼓，居民大呼，宋师大败，太宗乘驴车南走。休哥轻车追至涿州，获兵杖，符印，粮食，货币，多至不可胜计。太宗至金台驿（河北保定），又至定州，太宗谓诸将曰："契丹必来侵边，当会兵设伏击之。"

八月，刘继业归宋：北汉将刘继业素骁勇、及继元降，继业犹据城苦战。太宗欲生致之，令继元招之，继业乃北面再拜，大恸，释甲而见。太宗喜，抚慰之甚厚，复姓杨氏，止名业。以业为郑州防御使。十一月，以业熟习边事，洞晓敌情，命知代州（山西代县）兼三交驻泊兵马部署。杨业 (? –986)，麟州（陕西神木）人，为北汉将时，号称"无敌"。

九月，辽攻宋：辽南京留守燕王韩匡嗣与耶律沙、耶律休哥南伐，以报围燕之役。宋镇州都轸辖刘延输率众击之，崔彦进潜师沿长城蹑敌后，李汉琼及崔翰亦领兵继进。先是太守以阵图授诸将，使分为八阵。及军次满城，辽军大致。右龙武将军赵延进乘高望之，东西自野，不见其际，翰方按图布阵，阵相去各百步，士众疑惧，略无斗志，镇州都监六合使李继隆主变图阵，于是改为二阵，前后相付，先遣人诈约阵，辽韩匡嗣信之，休歌以为诱，匡嗣不听，俄而宋师鼓噪，尘土飞扬，匡嗣仓促不知所为，遂败，溃兵悉走西山，投坑谷中。宋兵追奔至遂城（河北徐水）斩首万余级，获马千余匹。匡嗣弃旌旗遁回。独休哥整军而战，徐引还。辽景宗数匡嗣五罪。以休哥总南而戌兵。

980 年庚辰，宋太平兴国五年，辽乾亨二年。

三月，杨业败辽师于雁门，杀其附马，侍中消绌李。

十一月，辽耶律休哥大败宋军：辽北院大王休哥御宋师于瓦桥东，宋守将张师突围出，辽主亲督战，休哥跃马入阵，斩师，余众披靡，退入城。宋军阵于水南，欲战，辽主以休，哥马介独黄，虑为敌所识，亟命以玄甲白马易之。休哥遂率精骑渡水奋击，宋师大败，追至莫州（河北任丘），横尸遍野，生擒数将以还。

981年辛巳，宋太平兴国六年，辽乾亨三年。

九月，宋以赵普为司徒，兼侍中，太宗初即位，命廷美为开封尹，德昭，德恭并称皇子，外议太宗将以次专位。及德昭、德芳相继夭，廷美始不自安，渐有邪谋。他日，太宗曾以传国意访之赵普，普曰："太祖已误，陛下岂容再误。"于是普入相，廷美遂得罪。

十二月，诏求医书：诏："诸州士庶，家有藏医书者，许送官。视卷数多少，优赐钱帛，及二百卷以上者与出身，已士官者增其秩。"未几，徐州民张成象以献医书，补翰林学士，所得医书甚多。

982年壬午，宋太平兴国七年，辽乾亨四年。

三月，秦王廷美获罪：罢廷美开封尹，授西京留守。四月，宰相卢多逊与秦王廷美勾结，怨恨太宗事被揭露。多逊夺官，流崖州（广东崖县）。五月，再贬廷美为涪陵县官，房州安置。

五月，辽三道之师俱败：辽以三万骑入侵，一袭雁门（山西代县），潘美击破之，追至辽境。俘老幼百余口，获牛马五万计；一攻府州（陕西府谷），折御卿击破之，斩首七百级，获兵器羊马万计；一趋高阳关（河北高阳东），崔彦进击破之，获兵器羊马数万。

九月，辽皇太后称制决国计：辽景宗死于焦山，谥孝成皇帝。韩德让与耶律斜轸遗诏以梁王隆绪嗣位，是为圣宗。隆绪年十二，皇太后决国政。韩德让总宿卫事，为太后所宠任。太后肖氏，小字燕燕，明达治道，习知军事，澶渊之盟，亲御兵车，指麾三军，将士用命。

十月，太宗欲守境安农：太宗初以契丹渝盟来援太原，遂亲征范阳，欲收中国旧地。既而兵连不懈，议者多请息民，乃诏沿边诸州军县镇等，各务牢境力田，无得阑出边关，侵扰帐族及夺掠畜产，所在严加侦逻，违者重论其罪，获羊马，生口并送于寨外。

983年癸未，宋太平兴国八年，辽乾亨五年，契丹圣宗统和元年（六月改国号为契丹至1066年再复辽）。

七月，辽太后一以汉法论：辽太后有机谋，善驭左右，先是，辽人欧汉人死者，偿以牛马；汉人则斩之，仍以其亲属为奴婢。太后一以汉法论，燕民皆服。

十一月，《太平御览》。太宗喜读书，诏史馆所修《太平总类》，日进三卷。寻改名《太平御览》。

984年甲申，宋太平兴国九年，雍熙元年，契丹统和二年。

正月，求遗书：太宗谓侍臣曰："夫教化之本，治乱之源，如无书籍何叹取法？”乃诏：“三馆以《开元四库书目》阅馆中所缺者，具列其名，募中外有以书来上，及三百卷，当议酬奖，余亦校卷帙之数，分等级优赐，不愿送官者，借书写毕还之。”自是，四方之书，往往间出。

十月，诏华山隐士陈抟入见，赐抟号为希夷先生。陈抟 (?–989 年) 五代宋初道士。字图南，亳州真源（河南鹿邑）人，著有《无极图》，其学说为周敦颐等人所推演。（岳飞传上说陈抟是岳飞之师，飞是 1102 年时人，与陈晚 113 年，怎可为师）。

985 年乙酉，宋雍颐二年，契丹统和三年。

正月，严科举：太宗谓宰相曰：“设科取士，最为紧要。近年籍满万余，恐有滥进。”诏：“自今诸科并令量定人数，相参引试，分科隔坐，命官巡察监门，谨视出入，以防作弊。“始令试官亲戚别试。

十一月，肖太后自称制，即委耶律休哥总南面事。休哥均戎兵，立更休法，劝农桑，大修武备。侦知宋有用兵意，多设间谍，使佯言国内空虚。

986 年丙戎，宋雍颐三年，契丹统和四年。

正月，北伐幽燕：宋以曹彬为幽州道行营前军马步水陆都部署，崔彦进付之，米信为西北道都部署，桂彦圭付之，以其众出雄州，田重进为定州路都部署，出飞狐（河北涞源北）。三月，田重进破契丹兵于飞狐北，曹彬取涿州，潘美取寰州（山西朔县东）、朔州、应县。四月，潘美取云州（山西大同）田重进取蔚州。各地边民纷起抚击契丹兵。

曹彬至涿州，辽南京留守耶律休哥以兵少出战，夜则令轻骑掠单弱，昼以精锐张其势，设伏于林莽，绝宋粮道。彬留十余日，粮尽乃退师雄州以援供饷。

时彬所部诸将闻美及重进累战获利，自以握重兵不能有所攻取，谋划矛盾，彬不能制，乃带五十日粮，再往攻涿州，时契丹圣宗至州东五十里，令休歌等以轻骑兵追宋师。宋师且行且战，凡四日，始得至涿。以粮不继，乃复弃之。彬等以大军退，无复行伍，遂为休哥所蹑。五月，至岐沟关（河北涿县西南），契丹兵追及之，宋军大败。涉巨马河，人畜相蹂践而死者无数。余众奔高阳，为契丹师冲击死者数万人，弃甲若丘陵。休哥收宋尸以为京观。太宗闻军败，乃诏诸将领兵屯子边。

七月，杨业战死陈家谷：契丹将耶律斜轸攻陷蔚州，潘美败于飞狐，契丹军乘胜入寰州。潘美与杨业引兵获云，朔、寰、应四州民南徙。至朔州，闻契丹已陷寰州，兵势甚威、业欲避其锋，谓等曰：“今敌锋益盛，不可与战。但领兵出大石路，先遣人密告云，朔守将，俟大军离代州，会云州之众先出，我师至应州，辽必悉兵来援，即会朔州史民出城，直入石碣谷（山西宁武北），则三州之众保万全。”其计为监军美王侁（音申）所沮。业不得已乃自大石路趋朔州，将行，泣谓美曰：“此行必不利。今诸君责业以避敌，业当先死。”因指陈家谷口（山西朔县南）曰：“诸君于此张步兵强弩，为左右翼以援，俟业转战至此，即以步兵夹击救之，不然，无遗类矣。”美即与优领部下兵阵于谷口。耶律斜轸闻业将至，伏兵于路。业至，斜轸拥众为战势，业麾帜而进，斜轸佯败，伏兵四起，业大败。优不得业报，竟以契丹兵败，欲争其功，即领兵离谷口。美不能制，闻业败，麾兵走。业力战自日中至暮，果至谷口，望见无人，拊膺大恸，力战，身被数十创，士卒殆尽，业犹手刃数十百人，马重伤不能进，匿深林中。为辽将耶律奚底所射中，业坠马被擒，其子延壬，与兵州刺史王遗俱死，业不食三日而死。

988 年戊子，宋端拱元年，契丹统和六年。

九月，契丹攻涿州败宋军：契丹圣宗至涿州，射帛书申谕城中降，不从，契丹师四面攻之，城破，乃降。旋闻宋军退，遣耶律斜轸追击，大败之。十月，奚王筹宁败宋军于益津关（河北霸县），进军长城口（河北徐水北）定州守将击之，为耶律休哥败。

十一月，李继隆败契丹师：契丹圣宗令诸军备攻具，自将攻长城口，四面齐进。契丹圣宗与韩德让邀击宋军，斩获殆尽。拔满城，下邝州（河北固安），纵兵大掠。拔新乐。契丹师至唐河北，诸将欲以诏书从事，坚壁清野勿守战。都部署李继隆曰：“闻外之事，将帅得长。”时易州陷，继隆摧锋先入，契丹师大溃，追击至曹河。

989 年已丑，宋端拱二年，契丹统和七年。

七月，以寇准枢密为直学士。

同月，契丹南侵失败；威虏军粮馈不继，契丹人欲窥取之，诏定州路都部署李继隆发镇，定大军护送军粮数千乘。契丹耶律休哥闻之，率精骑数万来邀，北面沿边都巡检严继伦，领步骑千余人按行塞上，遇之，休哥不击而守过，径袭大军。继伦因令军中株马，会夜，遣人持短兵潜蹑其后。行数十里至唐州、徐河，天来明，休哥去大军四五里，继伦列阵于城北以待之。继伦出其不意，急击之，杀其大将一人，众遂惊乱，休哥走，为短兵中其臂。契丹师遂溃，自相蹂践死者无数。

991 年辛卯，宋淳化二年，契丹统和九年。

七月，李继迁归顺：李继迁闻翟守素将兵来讨，恐惧，奉表归顺。授继迁银州观察使，赐以国姓，名曰保吉。

十二月，女贞归契丹：女贞首领野里雉等上言“契丹怒其朝贡于宋，去海岸四百里下三栅，栅置兵三千，绝其贡路。于是汛海入朝，求发兵于三十首领共平三栅，若得师期，即先赴本国，愿聚兵以俟。”太宗但降诏抚谕，不为出师。其后女贞遂归契丹。

993年癸已，宋淳化四年，契丹统和十一年。

二月，王小波起义：蜀士富饶，孟氏割据（孟知祥后蜀）府库充溢。及宋平蜀，其库储粮悉输汴京，后成都除常赋外，列置博债务，禁商旅不得私市布帛。上供之数又复加倍，而蜀地狭民稠，耕种不足以给，由是小民贫困，兼并者贫周到、贩贵、以夺其利。青城县（四川县南）民王小波聚众起义，谓众曰："吾疾贫富不均，今为汝均之。"贫民多来附，遂攻邛（单穷，四川邛来县），蜀请县，攻彭山，杀县令齐无援，剖其腹，实以钱刀（钱币）。义军由是益威。十二月，西川都巡检使张圮（音起）与小波战于江源县（四川崇庆东），既而圮为小波所杀，小波亦受创卒，众推李顺为师。义军攻占蜀，邛诸州，众至数万人陷永康军（四川县）及双流等县，并进攻成都，顺初起，悉召乡里富户大姓，令具其家所有财粟，据其生食其外，一切调发大赈贫乏，录用材能，号令严明，所至一无所犯。

994年甲午，宋淳北五年，契丹统和十二年。

正月，李顺据成都，号大蜀王：先是，李顺引众攻成都，烧西部门，不利，去攻汉州，彭州连陷之，继陷成都。转运使樊知古逃出，帅余众奔梓州（四川三台）。李顺入据成都，号大蜀王，改元应运，遣兵四出，北抵剑关，南距巫峡，郡邑皆有之。二月，太宗闻李顺攻剑南诸州，命王继思为西川报安使，率军攻之。五月，王继思攻破成都，李顺俘（又言下落不明）。时成都城外犹为义军所据，李顺部下张余众万复陷嘉（四川乐山）、戎（四川宜宾）等八州。八月，王继思据重兵，久留成都，专以宴饮为务。义军伏山谷，郡县有复陷者。太宗以蜀士未平。九月，诏张咏知益州（即成都府）。十二月，王继思及其部下恃功暴横，张咏恐军还之日有意外之变，乃密奏，谓遣心服之臣可以弹压主帅者，亟来分屯师旅。乃命枢密直学士张鉴等往。鉴至，与咏即遣部戎兵出境，蜀地始安。

997年丁酉，宋至道三年，契丹统和十五年。

三月，宋太宗死，子恒嗣，是为真宗

是岁，始分天下为十五路：曰：一、京东路，二、京西路，三、河北路，四、河东路，五、陕西路，六、淮南路，七、江南路，八、荆湖南路，九、荆湖北路，十、两浙路，十一、福建路，十二、西川路，十三、峡路，十四、广南东路，十五、广南西路。

三、真宗 赵恒 998——1022年

998年戊戌，宋贞宗赵恒咸平元年，契丹统和十六年。

四月，除诸路逋（音哺，拖欠）欠，遣使者承邮传悉除百姓逋久。除免逋欠

一千余万，释放囚徒三千余人。

十月，加张齐贤兵部尚书，与参知政事李沆并平章事。

999 年已亥，宋咸平二年，契丹统和十七年。

十月，杨延朗遂城御契丹兵：初，契丹师南侵，镇、定行营都部署，傅潜拥步骑兵八万余，懦畏闭营自守，将校请战者，则丑言骂之。契丹师攻遂城（河北徐水西），城小无备，众惧，杨延朗（即杨延昭、六郎、杨业子），集丁壮护守，会天大寒，延朗汲水泾城外，及旦、冰坚不能攻，契丹兵乃引去，掠祁（河北安国）、赵（河北赵县）邢（河北刑台）等地。

1000 年庚子，宋咸平三年，契丹统和十八年。

正月，契丹败宋军；真宗至大名，契丹师至瀛州（河北河间）、定州行营都部署范廷召自中山分兵御之，结方阵而出，为契丹所败。先是，廷召求援于高阳关都部署康保斋，保斋即选精锐赴之，至瀛州西南，廷召约明会战，及夕，廷召潜师遁，保斋不知，将近天明，契丹师围之数重，保斋大呼决战，凡数十合，兵尽矢穷，为契丹所执，契丹师遂自德，棣二州过黄河掠淄，齐（济南）而去。契丹师退，真宗使具、冀行营讨部署王荣率五千骑追之。荣怯懦，数日不敢行，伺契丹师过河乃发，真宗自大名回师。

1001 年辛丑，宋真宗咸平六，契丹统和十九年。

四月，杨嗣、杨延朗为团练使：以保州刺史杨嗣、莫州刺史杨延朗并为本州团练使。时嗣与朗皆为缘（沿）边巡检，勇于战斗，以名称不相上下，边人谓之二杨。

1004 年甲辰，宋景德元年，契丹统和二十年。

七月，毕士安荐寇准：参加政事毕士安言："寇准天资忠义，能断大事。"又曰："准忘身徇国，秉道疾邪，今天下之民，虽尚安佚，但北敌跳梁未服，准正宜用。"后遂与准俱相。

闰九月，契丹大举攻宋；契丹圣宗与太后大举南下，以统军使肖挞凛、奚六部大王观看奴为先锋，分兵掠右安兵。魏能败其先锋。肖挞凛与契丹圣宗，太后合兵攻定州。宋将王超等阵于唐河，按兵不战，契丹势益炽。时契丹深入，急书一反五至，寇准请真宗亲临澶州（河南濮阳附近），同列惧、欲退，准止之，令候驾起。真宗有难色，欲还内，准曰："陛下一人，则臣等不得见，大事去颖，请勿还而行。"真宗乃议亲征。参知政事王钦若密请真宗幸金陵。佥枢密院事陈晓叟又请幸成都。寇准坚请真宗亲征，二人由是怨准。十月，宋将韩守英等大破契丹于朔州。超越师抵瀛州城下，太后亲鼓，众急击，矢集城上如蝈，死者三万余人，竟不能克，乃退。契丹肖挞凛率师祁州（河北安国）；十一月，契丹将耶律课里败宋军于洺州。时真宗至卫南县（河北长垣），契丹师进抵澶州，围城三面。宋将李继隆等分伏强弩，控制要害。肖挞凛自恃骁勇，以轻骑按视地形。时威虎军头张瓌暗发床子弩，中挞凛额，挞凛死。挞凛首倡南侵，契丹军夺气，始欲议和。真宗发卫南，驾前东西排阵使李继隆使人告捷，又言："澶州北城，门巷湫（音剿，低）隘，暂驻于南城，登门楼，张黄龙旗，诸军皆呼万岁，气势百倍。

十二月，澶渊之盟：真宗至澶州，宋与契丹有澶渊之盟，先是殿直曹利用赴契丹军中，共议和好，议未决，契丹圣宗遣左飞龙使韩杞持国书与利用同还。契丹又索还周世宗收复之关南地。真宗惧古碑镇兵，乃虎"所言归地，事极无名，倘岁给金帛，无伤朝廷之体"。韩杞与曹利用同往契丹国议和，契丹综求岁币，曹利用许给绢二十万匹，银十万两，始议定，并约契丹师北归，宋沿边军勿袭击，真宗亦自澶州回东京。

1006 年丙午，宋景德三年，契丹统和二十四年。

二月，王钦若嫉寇准；契丹人既和，朝廷无事，寇准矜其功。王钦若深嫉之。一日，会朝，准先退，帝且送准，钦若进曰："陛下敬畏准，为其有社稷功耶？"帝曰："然。"钦若曰："澶渊之役，陛下不以为耻，反谓准有大功，何也？"帝愕然曰："何故？"钦若曰："城下交盟，古人耻之。""今以帝王之贵而为澶渊之举，是城下之盟也，何耳如之"帝不能答。钦若曰："陛下闻博乎？博者输钱将尽，乃罄所有出之，谓之孤注。"陛下，寇准之孤注也，此亦危颖！"由是真宗待准稍衰。

1014 年甲寅，宋大中祥符七年，契丹开泰三年。

正月，杨延昭 (958–1014) 卒：副都部署，英州防御使杨延昭卒。延昭即延朗，杨业子，智勇善战，所得俸悉数犒军。性质素，出入骑从如小校，故人乐为用。在边二十余年，契丹人惮之，目曰杨六郎。

五月，筑钱塘江堤：初，钱塘江堤以竹笼石，面潮啮之，不数岁辄坏。谷用转运使陈晓佐等议，易以薪土，堤于是固。

是岁，全国有户九百万五千七百二二眼科（此数恐误），口二千一百九十九万六千九百九十六。

1022 年壬戌，宋乾兴元年，契丹太平二年。

二月，真宗死，太子祯嗣，是为仁宗。军国大事兼权皇太后处分。

贬道州司马寇准为雷州司户参军，户部侍郎，知郓州李迪为衡州团练使，仍播其罪于中外。丁谓恶准，迪必欲置之于死地。准赴贬所，道险不能进，冒炎獐，乘马日行百里。

四、仁宗赵祯 1023——1063 年

1023 年癸女，仁宗赵祯天圣元年，契丹太平三年。

九月，王钦若守司徒兼门下侍郎，平章事。钦若再入中书，不能大用事如真宗时。

闰九月，寇准卒于雷州（广东海康境）。

是岁，各地上户部：主户六百一十四万四千九百八十三，口一千九百五十一万一千八百四十四；客户三百七十五万三千一百三十八，口五百九十四万四千一十五。

1027 年丁卯，宋天圣五年，契丹太平七年。

四月，校定医书：命医官院校定《黄帝内经》、《素问》及《难经》、《病源》等下馆阁官祥阅。诏国子监摹印颁行，又诏翰林学士宋绶撰《病源序》。

十月，医官院上所铸俞（针灸施术的穴位）穴铜人式二，诏一置医官院，一置相国寺。先是仁宗以针砭之法传述不同，俞穴稍差，遂令医官王惟一，考明堂气空经络之会，铸铜人式。又篡集旧闻，订正讹误，为《铜人针炙图经》摹印颁行。

1031 年辛未，宋天圣九年，契丹太平三十一年，兴宗宗真景福元年。

六月，契丹圣宗死，太子宗真嗣位，改元景福，后期太后摄国政。

是岁，契丹封李德明子元昊为复国公，以兴平公主归之。

1032 年壬申，宋天圣十年，明道元年，契丹景福二年，重熙元年。

十一月，定难军节度使，西平王赵德明死，子元昊直，元昊晓浮屠学，通蕃，充文字，案上置法律书。引兵袭夜洛阳可汗王，破之，夺甘州（甘肃张掖）。复举兵攻拔西凉府（甘肃武威）。宋以元昊为定难军节度使，西平王。元昊既袭封，即阴为叛计。时改元明道，而元昊避父名，辄称显道干国中，契丹册元昊为夏国王。

1033 年癸酉，宋明道二年，契丹重颐二年。

三月，宋皇太后死，仁宗亲政。

七月，范仲淹言事：右国谏范仲淹以江、淮、京东灾害，请派使循行，未报。仲淹请问：曰：“宫掖中半日不食，当如何？今数路艰食，安可不恤！”于是命仲淹安抚江、淮所至开仓禀，赈乏绝，禁淫祀，奏免庐（安徽合肥），舒折役茶，江东丁口盐钱。又上疏曰：“天久生物有时，而国家用之无度，天下安得不困。”“今宜稍冗兵，削冗史，禁惰，减工作，既省京师用度，可罢高价入籴。”仁宗嘉纳之。

十月，以吕夷简为门下侍郎兼史部尚书，同平章事。

1034 年甲戌，宋景祐元年，契丹重颐三年，赵元昊广运元年。

正月，赵元昊始寇府州（陕西府谷）

五月，契丹废太后：契丹太后既摄政，虑迈主年长难制，与枢密使肖孝先谋废立，欲立少子重元，重元以所谋白契丹兴宗。兴宗用内侍赵安仁策，勒卫兵出宫，召孝先至，谕以太后当废状，孝先惧不能对。遂收太后符玺，迁于庆州（辽宁林西县故城）。

七月，契丹兴宗始亲政。

十月，赵元昊谋反宋：元昊既袭封，即有反计，多招纳亡命，峻诛杀，以兵法部勒诸恙。自号嵬名吾祖（青天子）凡六日、九日则见官属，初制秃发令，元昊先自秃发，及令国人皆秃发，三日不从令，许众杀之。每欲举兵，必率酋豪与猎，有获则下马环坐饮，割鲜而食，各间所见，择取其长。是岁春，扰西边，杀掠居人，私改元日广运。

1036年丙子，宋景祐三年，赵元昊大庆元年。

五月，范仲淹贬知饶州：天章阁待制，权知开封府范仲淹言无所避，大臣权幸多恶之，时吕夷简执政，仕进者往往出其门。仲淹言："官人之法，人主当知迟速升降之序，进退近臣，不宜全委宰相。"又上《百官图》，以示序迁公否，夷简大怒，以仲淹语辩于仁宗前，且诉伸仲淹职言事，荐引朋党，离间君臣。仲淹亦交章对拆，由是贬官。侍御使韩镇，迎合夷简意，请以仲淹朋党于朝堂，戒百官越职言事。

十二月，赵元昊占河西：自制蕃书十二卷，国人记事悉用蓖书，改广运三年为大庆元年，再举兵攻四记瓜及沙（甘肃敦煌）肃三州，尽有河西旧地，将谋侵宋，恐喃斯罗扰其后，复举兵攻兰州诸恙，南侵至冯衔山（甘肃输中南），筑城瓦用会，留兵镇守，绝吐蕃与宋通路。

是岁，赵元昊强大：元昊占有夏、银、绥、宥、而洪、龙（上述陕西境内）、静、灵、盐、定、威、怀（上述宁夏境内）会、甘、凉、瓜、沙、肃（上述甘肃境内）仍居兴州，以及宁夏定州共二十州。居兴州阻河，依贺兰山为固。是岁，大补官，以嵬名守全、张陟等主谋议，钟鼎臣典文书，成逋克等主兵马，野利仁荣主蕃学，置十八监军司，委酋豪分统其众。兵五十余万，部分以备契丹、宋、西蕃、回纥，发兵以银牌召酋长，面受约束，创十六司于兴州，以总众务。宋士人张元、吴昊投西夏。

1038年戊寅，宋景祐五年，宝元元年，契丹重熙七年，夏赵元昊大庆三年，天授礼法延祚元年。

正月，赵元昊请遣人供佛五台山，乞令使臣引护，并给馆卷，从之。元昊实欲窥河东道。三月，遣使贡契丹。

九月，赵元昊杀山遇（从父）：元昊会诸豪，刺臂血和酒，共饮之。约先三道攻宋，酋长有谏者，辄杀之。其从父山遇数止元昊，不听。畏诛、遂携妻子降宋。知延州郭劝遣山遇还，山遇不可，即命监押执山遇等送还元昊。元昊集骑射而杀子。时元昊自称兀卒已数年。兀卒，华语意是青天子。

十月，赵元昊建国号为大夏，称皇帝，改元天授礼法延祚，遣使奉表告于宋。

十二月，赵元昊反。宋发诏："陕西、河东沿边旧与元昊界互市处，皆禁绝之。"又诏："有能捕元昊所遣刺探事者，赏钱十万。"

1039 年己卯，宝元二年，契丹重熙八年，夏天授二年。

正月，赵元昊上表于宋：初、元昊迫使抵延州（延安）诏许使者赴京师，其表略曰："臣祖宗本后魏，帝赫连之旧国。祖继迁，大举义旗，悉降诸部，父德明，嗣奉世基，勉从朝命。而臣偶叹狂斐，制小蕃文字，改大汉衣冠，衣冠既就，文字既行，礼乐既张，器用既备，吐蕃，挞靼，张掖（指甘州回鹘）、交河（即西河回鹘）、莫不服从，军民屡请愿建邦家，是以受册即皇帝位。望陛下册为南面之君，常敦欢好。"

三月，编修与三司上历代天下户数：宋太祖朝二百五十万八千九百六十五；太宗朝三百五十七万四千二百五十七；真宗朝八百六十六万九千七百七十九；宝元元年一千一十万四千二百九十。

六月，诏削赵元昊官爵，除属籍，揭榜于边，募人擒元昊，若斩首献者，即以为定难节度使。

1040 年庚辰，宋宝元三年，康定元年，契丹重熙九年，夏天授三年。

正月，宋复三川口战役：赵元昊聚兵攻保安（陕西志丹）、自土门路入，攻金明寨（延安西北），遂乘胜抵延州（延安）、城下。知延州兼郁延，环庆路沿边经略安抚使范雍先以檄召郁延，环庆府都部署刘平于庆州（甘肃庆阳）。刘平至三川口（延安西北），与夏军遇，激战至日暮，夏以轻骑迫战，宋军溃。平率余众，保西南山下，夏军合击之，平被执。夏围延州凡七日，大雪，夏军引退。

九月，夏人就三川寨，镇戎军西路都巡检杨保吉死之，夏留军似掠，凡三日，官军战死者五千人。

十一月，以狄青为经州都监，被发，面铜具，出入贼中，皆披靡，无敢当者。尹诛为经略判官，与青谈兵，善之，荐于讨使韩琦，范仲淹曰："此良将才也。"二人一见奇之，待遇甚厚，仲淹以《左氏春秋》授之曰："将不知古今，匹夫勇耳。"青折节读书，番通秦，汉以来将帅兵术，由是益知名。

1041 年辛巳，宋康定二年，契丹重熙十年，夏天授四年。

正月，范仲淹春暖出师：朝廷既用韩琦所画攻策，先威师期。知延州范仲淹曰："今鄜延路城垒，兵甲、粮草、士马攻守之计已有次茅，不患贼之先至，请俟春暖兴师。”又言：“顷已下赦招携蕃族首领，臣亦遣人探问其情。今鄜延是旧日进贡之路，愿朝廷存此一路，令诸将勒严备，贼至则击。乘讨伐未行，容臣示以恩意，或可招纳“诏从仲淹所请。仲淹又城承平等十二寨、蕃、汉之民相踵复业。

二月，宋夏好水川战役：韩琦行边，趋泾州，而谋事者言元昊谋寇谓州（甘肃平凉）。琦亟趋镇戎军（宁夏固原），尽出其兵，又募敢勇一万八千人，使环庆付部署，任福率领，以击夏兵，桑怿（音邑）为先锋。任福自新豪外分马羊槖驼，伪遁，怿引骑趋之，福亦分兵自将追之。近暮，福、怿合军屯子好水川（宁夏隆德东），福等不知夏兵之诱，全力奔逐。至龙竿城北，遇夏大军绪川行，出六盘山下，结阵以抚宋军，诸将才知堕计，势不可留，因前接战，夏以铁骑冲突，又发伏击宋军，怿、福战死；宋军战昨败，将领多死。

四月，范仲淹约属恙；初元昊反，阴谋属恙为助。知庆州范仲淹到部，即奏行边，以诏书犒赏诸恙，阅其人马，立条约。诸恙受命约束而服，自是始为汉用。

十二月，契丹兴宗闻宋讨李元昊屡败，欲兴师南侵。北院枢密使，萧孝穆力谏南征，兴宗不听。李元昊即赵元昊，赵是宋赐姓，反宋后复姓李。

1042 年壬年，宋庆历二年，契丹重熙十一年，夏天授五年。

正月，契丹遣使索地：契丹兴宗谋亲率帅南侵，意决否，乃幸旧相张俭第。问以南伐之策，俭极利害，且曰：“但且一使问之，何劳远驾！”兴宗悦而止。乃遣省未特，刘六符使宋，使取晋阳及瓦桥以南十县地，且间兴师代夏及沿途疏浚水泽，增益戎兵之故。

九月，宋增岁币与契丹议和：初富弼以结婚及增岁币二事往报契丹，听所择。契丹馆伴刘六符言北朝皇帝坚欲割地，弼曰：“此必志在败盟，假此为名，而朝有横戈相待耳。”及见契丹兴宗，弼曰：“西朝继好，垂四十年，一旦忽求割地，何也？”契丹主曰：“南朝违约。”弼曰：“北朝与我朝通好，则人主专其利而臣下无所获，若用兵，则利归臣下而人主任其祸，故劝用兵者，皆为其年谋，非国计也。”反复诘问，契丹主大悟，首肯者久之。既退，六符谓弼曰：“吾主耻受金帛，坚欲十县，如何？”弼曰：“南朝皇帝常言，岂敢妄言以祖宗之地与人！昔澶渊白刃相向，真宗尚不与关南，岂今日有肯割地乎？”终以增岁币绢一十万匹，银一十万两与契丹。

闰九月，宋攻夏大败；大将葛怀敏殁于定川寨（宁夏固原西北，亦有他说），军士九千四百余人，马六百余匹，皆陷于夏，夏兵长驱直抵谓州（甘肃平凉），焚荡庐舍。屠掠居民而去。

1043 年癸未，宋庆历三年，契丹重熙十二年，夏天授六年。

正月，夏国主李元昊，遣使贺从勋请和：其书自称“男邦泥定国兀卒曩霄上书父大宋皇帝。”时元昊与契丹有衅，故请和。

九月，范仲淹计事：仁宗既擢任范仲淹、韩琦、富弼等，每进见必以太平责之，数令条奏当时务。仲淹计事：明黜陟，抑侥伟，精贡举，择长官，均公田，厚农桑，修武备，减徭股，覃思信，重命令。仁宗悉用其说，当著为令者，皆以诸事划一次第颁下。

1044 年甲申，宋庆历四年，契丹重熙十三年，夏天授七年。

五月，夏、李元昊向宋称臣，自号夏国主，复遣佼议事。

九月，契丹兴宗亲征夏国，会大军于九十九泉（内蒙集宁东），以皇太弟重元等将先锋兵西征。兴宗督数路兵掩袭，夏师退。大风忽起，飞沙眯目，夏人乘之，契丹大溃。

十月，宋夏和议成：夏主既称想，和议成，宋岁赐绢十三万匹，银五万两，茶二万斤，进奉乾元节回赐银一万两，绢一万匹，茶五千斤，贺正旦献回赐银五千两，绢五千匹，茶五千斤，中冬赐时服银五千两，绢五千匹，信赐臣生日礼银器二千两，细衣著一千匹，杂帛二千匹。

十二月，毕昇（？–105 年）发明活字印刷术：据沈括《焚溪笔谈》记载：毕异于庆历年间 (1041–1048) 发明在胶泥片上刻字，一字一印，用火烧硬后，便成活字。活字可以多次使用，比整版雕刻经济方便。

1047 年丁亥，宋庆历七年，契丹重熙十六年，夏天授十年。

十一月，王则起义：王则本涿州人，岁饥，流至贝州（河北清河）自类为人牧关，后隶宣毅军小校。贝、冀本有弥勒教党徒分布于德、齐（山东济南）诸州，原约以明年正旦断澶州浮桥，于河北起义。计划泄露，乃提前起义。时知州正与官属谒天庆观，则率众劫库兵，释狱囚，执知州。建国日安阳，称东平郡王，改年日得圣（变曰德胜）。

1048 年戊子，宋庆历八年，契丹重熙十七年，夏天授十一年。

正月，夏主曩霄为其子宁令格所杀，不死，劓其鼻而去。夏主遂因鼻创而死，年四十六。遗腹子谅祚嗣位。

四月，宋册封曩霄子谅祚为夏国主。

1 049 年已丑，宋皇祐元年，契丹重熙十八年，夏毅宗谅祚延嗣宁国元年。

六月，契丹兴宗攻夏国：契丹以肖惠为河南道行军都统，时契丹师分三道，惠将为南道。战船粮船绵旦数白里。

九月，契丹主亲征，惠既入夏境，候不远，铠甲载于车。军士不得乘马。兴宗已还师，惠犹进师，为夏国所败。

十二月，包拯言见官；户部付使包拯言：“臣伏见景德祥符中，文武总九千七百八十五员，今内外官属总一万七千三百余员，较文先朝才四十余年，已逾一倍多矣。是食禄者日增，力田者日耗，则国计民力，安得不窘。

1052年王辰，宋皇祐四年，契丹重熙二十一年，夏天祐重圣三年。

五月，范仲淹（989–1052年）卒：仲淹少有大志，常自诵曰："士当先天下之忧而忧，后天下之乐而乐。"每感激论天下事，奋不顾身，一时壬大夫矫厉尚风节，自仲淹创之。仲淹为北宋政治家、文学家。有文集《范文正公集》行世。

七月，侬智高陷昭州：侬智高围广州五十七日，解去。攻贺州不克。九月，破昭州（广西平乐）。宋命狄青为荆湖北路宣抚使，击侬智高。十月，狄青以智高乘高履行险，步兵力不能抗，故复战必败，请以西边蕃落兵自从。时智高入宾州（广西宾阳），知州弃城，于是复入邑州。

1053年癸巳，宋皇祐五年，契丹重熙二十二年，夏福圣承道元年。

正月，狄青败侬智高：狄青合孙沔、余靖兵自桂州，至滨州（广西深阳）。张忠等皆轻敌取死，军专用大沮。青号令即极严，斩不命用者陈暑等，诸将股栗。青按军不动，更令调十日粮，众莫测；翼日，青进军，以一昼夜绝昆伦关（广西滨阳东南）。时直上元节，青大宴将士；智高军谍知青宴乐，不为备。是夜大风雨，青已度关，遂出归仁铺（广西南宁东北）为阵。智高军悉出逆战。青挥蕃落骑兵击之，大败侬智高军。知高复趋邑州。宋军迫奔五十里，捕押数千级，其党黄师密等死者五十余人。智高夜以火烧城遁，由合江入大理国（云南）。

1055年乙未，宋至和二年，契丹重熙二十四年，道宗洪基清宁元年，夏福圣承道三年。

八月，契丹兴宗死，子洪基继位，改元清宁。兴宗多酒失。然能感富弼之言，罢南伐之师，用兵西夏，施许乞盟边鄙不耸，契丹人得安居。

1056年丙申，宋至和三年，嘉祐三年，契丹清宁元年，百福圣承道四年。

十二月，包拯权知开封府：拯立朝刚严，闻者皆惮之，至于童稚妇幼亦知其名，贵戚八宦官为之敛手。

1060年庚子，宋嘉祐五年，契丹清宁六年，夏奢都四年。

八月，以眉州苏洵（又名老泉）为校书郎：洵年二十七，始发愤致学，举进士，茂才异等，不中，悉焚其常所为文，苦读亦甚，遂通六经，百家之说，下笔顷刻数千言。至和，嘉祐间，与其子二轼、辙至京师，洵不试。欧阳修上其所著，且言洵不肯就试，乞除一官，故有是命（校书郎）。

1062年壬寅，嘉祐七年，契丹清宁八年，夏奢都六年。

五月，枢密付使包拯卒：拯性峭直，立朝刚毅，人以其笑为黄河清，知开封府时，京师为之语曰："关节不到，有阎罗包老。"

八月，仁宗立宗实为皇子，赐名曙。宗实，仁宗兄濮安懿王之子。

1 063 年癸卯，宋嘉祐八年，契丹清宁九年，夏拱化元年。

三月，宋仁宗死。

四月，皇子曙即皇帝位，是为英宗。旋以病，皇太后曹氏权垂帘听政。

六月，英宗初以忧疑得疾，举措或改常度，遇宦官尤少恩，左右受不悦者，乃共为谗间，英宗遂与皇太后成隙。

七月，契丹内乱：契丹皇太叔耶律重元与其子楚国王涅鲁古久荫逆志，会契丹道宗猎于滦河之太子山，重元等乃诱胁弩手军犯行宫。南院枢密使耶律仁先等率宿卫士卒数千人御之。涅鲁古跃马突出，将战，为近侍所射杀，重元众稍退。仁先令耶律伊逊等分领宿卫及援军，奋击，重元党大溃；仁先等追杀二十余里。于是，族逆党家，重元亡入沙漠，自杀。契丹以耶律仁先为北院枢密使。

五、英宗 赵曙 1064——1067 年

1064 年甲辰，英宗赵曙治平元年，契丹清宁十年，夏拱化二年。

五月，皇太后出手付中书，还政，英宗始亲政。

1066 年丙午，宋治平三年，辽咸雍二年，夏拱化四年。

正月，契丹改国号为大辽。

四月，命龙图阁直学士兼侍讲司马光编历代君事迹。于是光奏曰："凡国家之盛衰，系生民之休戚，善可为法，恶可为戒，帝王所宜知者，略依左传春秋体，为编年一书，名曰《通志》。"并差刘恕，刘攽与光同修。

六月，苏洵 (1009–1066) 卒，北宋散文家。洵字化明，眉州（四川眉山）人。一时学者竞效苏氏的文章。著有《嘉祐集》。

九月，夏国主谅祚举兵攻宋大顺城（甘肃华池东北），宋蕃官赵明与官兵合击之，谅祚银甲毡帽以督战，宋先强弩列于壕外，泾矢下射，重甲洞贯，谅祚中流矢，遁去。十月，宋遣使诘责，且止岁赐银帛。

十二月，立皇子颖王顼为皇太子。

1067 年丁未，宋治平四年辽咸雍三年，夏拱化五年。

正月，宋英宗死，太子顼（音旭）嗣，是为神宗，时年二十。

闰三月，夏主遣使献方物于宋，谢罪，请戒饬酋长，守封疆，如去冬所赐诏旨。宋复以诏答之。仍赐绢及银五百匹、两。

十月，翰林学士司马光初进读所编《通志》，赐名：《资治通鉴》，神宗亲制序，令候书成写入，又赐疑邸 9 即神宗颖下时书）旧书二千四百二卷。

十二月，夏主谅祚死，年二十一，谥曰昭英皇帝，庙号毅宗，子秉常即位，时年七岁，梁太后摄政。

六、神宗赵顼 1068——1085 年

1068 年戊申，宋神宗赵顼熙宁元年，辽咸雍四年，夏惠宗秉常乾道元年。

四月，诏翰林学士王安石越次入对：王安石素与韩绛，韩维及吕公著相善，神宗在藩邸，维为记室，每讲说见解，辄曰："此维友王安石之说也"，及为太子庶子，又荐以自代。神宗由是想见此为人，甫即位，命安石右江宁府，数目召为翰林学士，兼侍讲。神宗问为治所先，对曰："择术为先。"神宗曰："唐太宗何如？"曰："陛下当法尧、舜，何以太宗为哉！尧、舜文道，至简而不烦，至要而不迂，至易而不难，但未世学者不能通知，以为高不及耳。"神宗曰："卿可谓责难于君矣。"

又问安石："祖宗守天下，能百年无大变，相致太平，以何道也。"安石退而奏书，陈祖宗守天下，享固百年而无事之故，并言："然本朝累世因循未俗之弊，而无亲友群臣之义，人君朝夕与处，不过宦官、女子，出而视事，又不过有司之细故，未尝如古人有为之君，与学士大夫讨论先王之法以措之天下也。一切因任自然之理势，而精神之运有所不加，名实之间有所不察。以诗赋记诵求天下之士，而无学校养成之法，以科名资格叙朝廷之位，而无官司课试之方。民坏于差役，而未尝特见救恤，又不为之设官以修其水土之利，兵士杂于疲老，而未尝申敕训练，又不为之择将而久其疆场之权。其于理财，大抵无法，故虽俭约而民不富，虽勤忧而国不强。"

八月，王安石与司马光争论理财：安石曰："国用所以不足者，由未得理财之人耳。"光曰："善理财之人，不过头会箕敛以尽民财，民穷为盗，非国之福。"安石曰："不然，善理财者，不加赋而国用足。"光曰："天地所生财物百货，止有其数，不在民，则在官，不加赋而国用足，不过设法以阴夺民利，其害甚于加赋。此乃桑弘羊欺汉武帝文言。"争论不已。

1069 年已酉，宋熙宁二年，辽咸雍五年，夏乾道二年

二月，以翰林学士王安石为参知政事：初，帝欲用安石，以向曾公亮，公亮力荐之。唐介言安石不可大用。神宗用安石，谓之曰："人皆以卿但知经术，不晓世务。"安石对曰："经术，正所谓经世务也。但后世所谓儒者，大抵多庸人，故流谷所谓经术不可施于世务耳。"神宗曰："然则卿所设施，以何为先？"安石曰："变风俗，立法度，今之所急也。"神宗深纳之。

七月，行均输法：于淮、浙、江、湖六路，颁行均输法。六路上贡物资给京师费用。条例司上疏言当时税收之敝："今天下财用窘急，官员拘于弊法，内外（指京师的需要和六路上贡情况）不相知，盈虚不相外，各路上贡，岁有定额。丰年，便于输纳不敢多取，歉年、物贵难以供应，不敢不足。于是上贡之地转输

劳费，而京则半价卖出；富商大卖得操纵其间，叹乘公私之急。条例司以为：设发运使官，总管六路赋入，周知六路财赋之有无而移用之。凡籴卖、税敛、上贡之物，皆得”徒贵就贱，用近易远“。发运使亦周知京师库藏支存之灵敏，可”从便变易蓄买“，稍收轻重敛散之权（指防止富商操纵）。以薛向为发运使，给内藏钱五百万贯，米三百万石充用。

九月，行青苗法：初，陕西转运使李参，以部内粮储不足，令民估计麦粟产量之盈余，先贷以钱，俟谷熟还官，号“青苗钱”。至是，条例司言：诸路常平，广惠仓钱谷，依陕西青苗钱例，民愿预借者给之，令出息二分，随夏秋税输纳愿输钱者从其便。如遇灾伤，许展至丰熟日纳。非唯待凶荒之患，兼并之家亦不得乘其急以邀倍息。欲量诸路钱谷多少，分遣官掌管。诏先自河北、京师、淮南三路施行。后推行诸路。

1070 年庚戎，宋熙宁三年，辽咸雍六年，夏天赐礼盛国庆元年。

十二月，立保甲法：王安石言：“先王以农为兵，今欲公私财且不匮，为宗社长之计，当罢募兵，用民兵。”乃立保甲。其法大略：十家为保，选主户有干力者一人为保长。五十家为大保，选主户物产最高教师一人为大保长。十大保为一都保，选主户有行止材勇为众所伏者为都保正，又以一人为之付。应主容户两丁以上选一人为保丁，授之弓弩，教之战阵。每一大保，夜轮五人往来巡警，遇有盗，大保长以下率保丁追捕。同保犯强盗、杀人、强奸、掠人、传习“妖教”，知而不告，依法五保法。

行免役法：使民出钱募人充役。计民之贪富，分五等输钱，各“免役钱”。若官户、女户、寺观、单丁、未成丁者亦等第输钱名“助役钱”。凡输钱，先定州，县应用雇值多少，随户等均取雇值。又增取二分，以备水旱欠缺，谓之“免役宽剩钱”用其钱募人代役。

1071 年辛亥，宋熙宁四年，辽咸雍七年，夏无赐礼威国庆二年。

五月，高丽朝贡：高丽为辽所阻，不通于宋者四十三年，至是福建转运使罗拯令商人招接通好，由登州（山东蓬莱）入贡。自是复退。

十月，立太学生三舍法：神宗即位，注意儒学，自京师至郡县既皆有学，岁明月各有试程，其艺能以差次升舍，其最优者为上舍，又累增太学内舍生至九百人，分生员为三等，始入太学为外舍，又累增太这内舍生至九百人，分生员为三等，始入人学为外舍，定额七百人；外舍升内舍，员二百；内舍升上舍，员一百。各执一经，从所讲官受学，月考试其业，优等以次升上舍，免发解及礼部试，召试赐第。

1072 年，王子，宋熙宁五年，辽咸雍八年，夏天赐礼盛国庆三年。

八月，欧阳修 (1007–1072) 卒：欧阳修，北宋文学家、史学家。字承叔，号六一居士。为北宋古文运动领袖。其散文说理畅达，抒情委婉，诗风与其散文近似。曾与宋祁合修《新唐书》，并独撰《新五代史》。有《欧阳文中集》。

同月，定方田均税法，神宗患田赋不均，诏司农重定方田及均税法，方田之法，以东西南北各千步，当四十一顷六十六亩，一百六十步为一方，岁以九月，县委令左分地计量，随陂原，平泽而定其地，因亦淤，黑垆而辩其色。方量毕，以地及色参定肥瘠，而分五等定税，先自京东路行之，然后诸路仿行。

1074 年甲寅，宋熙宁七年，辽咸雍十年，夏天赐礼盛国庆五年。

四月，王安石罢相，知江宁府。以韩绛同平章事，吕惠卿参知政事。

同月，吕惠卿惧中外因王安石罢相言新法不便，神宗乃降诏，略曰：“八年丁兹，时度之宜，造为法令，布之四分，皆考合先王。无或习于故常，以违吾法，敢有不遵，必罚而不赦。”

1081 年辛酉，宋元丰四年，辽大康七年，夏大安七年。

七月，辽夏之战：先是西夏政变，西夏惠宗秉常被囚。宋以此为进攻西夏之机，乃发动规模空前的五路大进攻。宋大军攻西夏米脂寨，诏董毡会兵伐之。宋命李宪为五路统帅，自熙河路出发，种谔出鄜延路，高遵裕出环庆路，刘昌祚出泾原路，王中正出河东路。宋军拟先取灵州（宁夏灵武西南），直捣兴州 （银川）；八月诏熙河路帅李宪等：“今来举功，不同凡敌，国人百年一国，甚非细事。苟非上下毕力，将士协心，何以共济？须不惜爵赏，鼓励三军之气。”显然欲一举荡平西夏。八月，种鄜与李宪出界攻复皆获胜；李宪复兰州古城，蕃部皆隆。十月，西夏米脂寨降。种鄜至石州（山西离石），西夏弃积年文案败下次。种鹿 6入夏州（陕西靖边），又入银川（陕西米脂西北）。王中画龙点睛屠宥川（陕西靖东）。十一月，刘昌祚军夺磨脐隘 （灵州南百余里），遂乘胜直抵灵州城下。刘昌祚本受高遵裕节制，遵裕命其稍待后军。及遵裕至灵川，夏兵已有备，宋围城十八天竟不能克。夏人决黄河水。以灌宋营垒，又绝宋军运输线，宋军饿死者甚众。于是高遵裕军溃，种鄜军亦以军粮缺乏，又值大雪，士兵溃散。王中正军屠宥州后，军粮告竭，被迫回军。李宪出击西夏，虽获小胜，闻诸军皆败。十一月亦回熙河路。初西夏闻宋大举兵，梁太后问策于群臣，有主迎击者，独一老将以为：“不须拒之，但坚壁清野，纵其深入，聚劲兵于灵、夏，西遣轻骑抄绝其馈运，大兵无食，可不战而围也。”西夏以此果败优势之宋师，然西夏亦大伤元气。

十二月，文彦博谏止伐西夏：文彦博以西帅溃败，将士之力已殚，百姓贡馈亦竭，则胜败亦不可知。张方平亦上书言西夏用兵之厉害。

1082 年壬戌，宋元丰五年，辽大康八年，夏大安八年。

七月，永乐城之陷：种谔谋据横山（陕西横山），及徐禧视边防，促种谔还，徐禧与沈括定议，先城永乐山（陕西米脂），永乐处于银、夏、宥三州交界地，故主建城。宋神宗采纳其议。八月，徐禧发蕃，汉兵民兴工筑城。九月，永乐城成。距故银州二十五里，赐名银川砦。徐禧等至米脂，以兵万人守之，更运金、银、纱帛于城中（当然西夏入侵）。永乐接宥州，附横山，为夏人必争之地。城刚筑就，夏起倾国之兵来攻（此时若宋发兵去捣夏巢，而可一举灭之），号称三十万。徐禧登城西望，夏兵弥漫原野，不见边际，著名的西夏骑兵——“铁鹞子”，先抢渡黄河，震荡冲突，锐不可当。西夏主力部队亦展开攻势，永乐被围，游骑掠及米脂。夏兵即据水砦，城中水源泉涸乏，士兵至使马粪计充饮料，渴死大半，宋兵在夏兵猛攻这下，力竭难支，而沈括、李宪赴援部队，又因受阻，无法到达。夏兵乘雨急攻，永乐城陷。自徐禧以下，蕃、汉官阵亡二百三十人，兵死一万二千三百人。或言“死者将校数百人，士卒、夫役二十余万。”（《宋史、夏国传下》）辎（音资）、重（军需物资）损失尤重。

1083 年甲子，宋元丰六年，辽大康九年，夏大安十年。

二月，夏兵围兰州(甘肃兰州市)夏兵数十万人忽至，已据两关.李浩闭城拒守。王文郁集死士七百余人，縋城而下，持短刀突入，夏兵惊溃。争渡河，溺死者甚众。

闰六月，夏主秉常遣使贡于宋。永乐之役，夏人亦以是困敝，其西南都统移书宋边将刘昌祚，请通和好，宋神宗许之。

十月，夏国请和；夏国主秉常遣使上表，请复修职贡，请还旧疆。宋神宗命秉常，言：“地界已令鹿延路移文宥州（陕西靖边东）施行，岁赐俟地界了日依旧。

1084 年甲子，宋元丰七年，辽大康十年，夏大安十年。

十二月，司马光修《资治通鉴》书成：自治平开局，光与刘敘，刘恕，范祖禹及其子康编集。光编阅旧史，旁采小说，考证异同，斟酌取舍，上起周威烈王二十三年，下终五代，凡一千三百六十二年，修成二百九十四卷。又略举事目，以便寻检，为目录三十卷；修攻群书，评其异同，为考证三十卷，历十九年而成。

1085 年已丑，宋元丰八年，辽大安元年，夏大安十一年。

三月，宋神宗卒，子煦嗣，是为哲宗，同太皇太后高氏听政，宋承平日久，事多积弊，神宗励精图治，欲振其弊。王安石以富强变法之谋进，而青苗、保甲、均输等法，以次施行。

五月，太皇太后高氏守旧反对新法：任司马光为门下侍郎（副宰相），保守派再渡执政。司马光上疏言；“今陛下新临大宝，太皇太后同断万机，初发号令，斯乃治乱之岐途，安顾之所由分。”并攻击新法，指为“风俗颓弊”，“闾阎愁苦，痛心疾首。”并请革除新法：“士大夫望承流，竟献策画，作青苗、免役、市易、赊贷告示法。又有边疆之臣，轻动干戈，深入敌境，动用兵夫数十万。又有生事之臣，建议置保甲、户马以强武备，变茶盐，铁治之法，皆非先帝之本意。”又言：“若王安石、吕惠卿等所建，为天下害，非先帝本意者当改之，犹恐不及。”于是吕公著为尚书左丞。吕公著入见，上奏十事：畏天、爱民、修身、讲学、任贤、纳谏、薄敛、省刑、去奢、无逸、皆攻击新法，宣扬守旧文辞，并直陈王安石变法之非。

六月，罢新法：诏罢府界（开封府）三路保甲、不许投军及充当弓箭手；七月，诏诸镇市易抵押并罢；诏：“府界三路保甲，并罢团教，仍依义勇旧法。”八月，罢府界（开封府）新置牧马监及提举（管理的意思）经度制置牧马司；罢义仓，分田。

七、哲宋 赵煦 1086——1100 年

1086 年丙寅，宋哲宗赵煦元祐元年，辽大安三年，夏崇宗天安理定元年。

四月，王安石 (1021–1086) 卒；王安石，抚州临川人，字介甫。主张变法。著有《临川先生文集》临川属江西。

七月，夏国主秉常（夏惠宗）卒，子乾顺嗣（夏崇宗）。是年改元天安礼定。

九月，司马光 (1019–1086) 卒，司马光，陕州（河南陕县）夏县人，字君实，宝元进士。以荐召试，除馆阁校勘，同知礼院，神宗即位，为翰林学士，极力反对王安石新法。自熙宁四年，退居洛阳十五年，亦以书局自随，主编《资治通鉴》。著述甚多。

1087 年丁卯，宋元祐二年，辽大康三年，夏崇宗天仪治平元年。

八月，洛党、蜀党、朔党：罢崇正殿说书程颐，颐在经筵多用古礼，苏轼谓此不近人情，深嫉之，每加玩侮，二人遂成嫌隙。轼堂发策试馆职，有曰：“今朝廷欲师仁宗之忠厚，惧百官有司不举职，而或至于媮，欲法神宗之励精，恐监守令不识其意，而流入于刻。”于是颐门人右司谏贾易，左正言朱光廷等动轼策向谤讪，轼因请补郡。殿中侍御史吕陶言：“台谏当徇至公，不可假借事权以报私隙。”右司谏王言：“轼命是不过失轻重之体，若深究嫌疑，则使士大夫有朋党之名，大患也。”高太后以为然。程颐见宰相吕公著曰：“二圣临朝，帝不至殿，太后不当独坐。”于是御史忠丞胡宗愈等边章劾奏颐不应在经筵，乃罢颐出管勾西京国子监。时吕公著独当国，旧党分岐争论，遂有洛党，蜀党，朔党之语，洛党以程颐为首，而朱光廷，贾易为辅；蜀党以苏轼为首，而吕陶等为辅；朔党以刘挚、梁焘、王岩叟、刘安世（皆河北人）为首，而辅之者尤众。

1088 年戊辰，宋元祐三年，辽大安四年，夏天仪治平二年。

三月，辽人免高丽岁贡。

夏人扰边，为宋边将所败。

七月，辽遣使册李乾顺为夏国王。

1093年癸酉，宋元祐八年，辽大安九年，夏天祐民安三年。

九月，宋太皇太后高氏死，哲宗亲政。

十二月，哲宗有再相章惇之意：礼部侍郎杨畏上疏：神宗更法立制以垂万世，请讲求，以成继述之道，疏入，哲宗召对，并间以先朝旧臣，谁可用者，杨畏遂举章停，安焘、吕惠卿、邓温仁、李清臣等并可起用。畏且密奏万言，具除神宗建法之意及王安石学术之美，请召相章惇。哲宗深以为然。

1094年甲戌，宋元祐九年，绍圣元年辽大安十年，夏天祜民安三年。

四月，复新法：诏改远绍圣，任命章佇为尚书左射兼门下侍郎（宰相）。停为相，蔡拆、蔡京等人亦入朝任要职。命翰林学士承旨曾布修神宗正史。责降元祐都旧党。诏“免役法依元丰八年现行条约施行。”闰四月，罢十科取士法。复置天下议仓。

1096年丙子，宋绍圣三年，辽寿昌二年夏天祜民安二年

是岁，女真兴起：初，君于安出虎水（黑龙江哈尔滨市东南阿什河）之女真完颜部逐渐强大。完颜部自邻族传入铁器，以选弓箭与甲曳，迅速提商守猎生产及作战能力。女真人各部之间及与辽、高丽交换，亦日益频繁。及鸟古乃受辽生女真节度使称号，完颜与其他部女真形成部落联盟。鸟古乃死，子劾里钵继任联盟。劾里钵弟颇刺淑任国相。又战败纥石烈部。劾里钵死，弟颇刺淑任联盟长。纥石烈麻产。招纳逃亡，营违营保。颇淑任命鸟雅棘（劾里钵长子）阿骨打（劾里钵次子）讨平之。擒麻产献于辽，故阿骨打及颇刺淑弟盈歌，皆受辽惕隐称号。颇刺淑死，盈歌继任联盟长，称节度使。

阿骨打有大志：辽生女真节度使盈歌（即金穆宋），以兄子撤为相国。是岁，纶石烈部阿疏，阻兵为难，盈歌自往伐之。阿疏诉于辽，辽遣使止盈歌勿攻，盈歌留撤改守阿疏城而还。会阿阁版等，阻五国鹰路，执杀辽捕鹰使者，辽诏盈歌讨之。阿骨版等据险立栅，方大寒，盈歌乃募善射者，以劲弓利矢攻之，数日，入其城，出辽使者归之。兄子阿骨打（即金太祖），善射，有大志。辽大国舅帐解里为乱，盈歌斩解里，遣阿骨打献首级于辽，余皆留不与辽，辽人无如何，乃进盈歌及阿骨打官以尉之。

1097年丁丑，宋绍圣四年，辽寿昌三年，夏天祜民安七年。

正月，以阿里骨子为辖征袭河西节度使邈川首领。

同月，宋夏冲突：宋败夏入于边。二月，夏扰绥德城。三月，夏侵麟州。又至葫芦城（陕西佳县），为宋将击走。四月，宋兵入夏边，破洪州（陕西靖边南）

入盐州及宿州。

三月，中书舍人，同修国史蹇序辰言。“前追正司马光等罪过，实状具明，请将奸臣事状，并取会类偏，人为一本，分置三者，枢密院以示天下”从之。由是，旧党无一得脱。

1100年庚辰，宋元符三年，辽奉昌六年，夏永安二年

正月，哲宗卒，弟佶嗣，是徽宗，皇太后向氏权同听政。元祐旧党，稍见收用。

三月、恙人攻邈川；宋将王赡留鄯州（青海西宁），纵所部剽掠，恙众离心。心牟等结诸族帐反，王赡破之，杀恙人甚众，沁罗结聚众千人围邈州（青海江部），夏人十万助之，城中甚危，宋兵至，围始解。王赡弃青塘（青海西宁），恙复合兵攻邈川。乃以蕃部州首领分知湟、鄯二州。

八、徽宗 赵佶 1101——1125年

1101年辛巳，宋徽宗赵佶建中靖国元年，辽秦昌七年，夏天祚帝耶律延禧乾统元年，夏永安三年。

正月，辽道宗卒：子燕国王延禧嗣是为天祚帝。道宗即位之初，求真言，访治道，兴学校。及行榜市政之令。告许之赏，群邪并进，骨肉相残，诸部叛离，用兵不已，崇尚佛教，一岁饭僧三十六万。

五月，辽天祚帝即位。以魏国王和鲁干为天下兵马大元帅。

十二月，蔡京起用；提举洞聚宫蔡京，复龙图阁直学士，知定州。供奉官童贯，开封人，性七媚，善测人主微意，先事顺承，以故得幸于徽宗。及使三吴，访书闸奇巧，留抗累月，京与童贯游，不舍昼夜，凡所画屏障扇带之属，贯日以内达禁中，且附言语论奏于徽宗，由是微宗用京。

是岁，苏轼卒：(1037–1101)，苏轼，眉州眉山人，字子瞻，苏洵子，号东坡居士，熙宁中上书力言新法之弊，出为杭州通判。元未时，因作诗讽刺新法下狱。历州县多惠政，其文纵横恣肆，为唐宋八大家之一。词风豪放。著有《东坡七集》等。

1102年壬午，宋宗宁元年，辽乾统二年，夏贞观元年。

九月，宋立元祐奸党碑：蔡京籍文臣执政官文彦博等二十二人，待制以上官苏轼等三十五人，余官秦观等四十八人及内臣八人，武臣四人，等其罪状，谓之奸党（蔡京自己正是奸党），请御书刻石于端礼门。

是岁，阿骨打败萧海里：辽肖海里叛入女贞，辽命盈哥捕讨海里，募兵，得甲千余，阿胃打（金太祖）喜曰：“有此甲兵，何事不可图。”阿骨打策马突战，执海里，大破其军。盈哥自是知辽兵之弱。

1105年乙酉，宋宗宁四年，辽乾统五年，夏贞观四年。

四月，宋夏战争：宋以童贯经营西边，复银州，夏人亦屡扰宋边，夏诸援于辽，并请伐宋。夏与吐蕃合兵，逼宣城威城（青海西宁市北）杀知州高永年。宋军进逼灵州川，不利，引还。十一月，辽再请宋罢伐夏之兵，信使往来，迄无定议，至是始遣林摅使辽。时蔡京主开边，密使摅激怒辽人，以开边衅。辽天祚帝不愿启边衅，故容忍之，仅使人失礼告宋。夏再遣使求援于辽。

五月，徽宗崇道教：徽宗赐信州（江西上饶）龙虎山道士张继元号虚靖先生，继元乃汉张道陵三十代孙。张氏自是相继为山主，传授法录者，即度为道士。

九月，赦元祐党人：诏："元祐奸党，久责遐远；用示至仁，稍从内徙，唯不得至四辅丝甸，"

1106年丙戌，宋宗宁五年，辽乾统六年，夏贞观五年。

正月，毁元祐党人碑："元祐及元符未系籍（元祐党籍）人等，迁谪（音辙，责罚）累年，已成惩戒，可复仕籍，许其自新。朝石刻，已令除毁，如外处有奸党石刻，亦令除毁。"

二月，罢蔡京尚书械仆射：以慧星现，徽宗恐惧责已，察蔡京之奸，由是旬日之间，凡京所为一切罢之。京怀奸植党，威福在手，托绍圣之名，纷更法制，贬斥群贤，增供财利之政，务以侈靡或人主，每及前朝惜财省费者，必以为陋，创为"丰亨豫大"之说，土木营造，极奢侈，置应奉司，御前生活所，营缮所，苏抗造作局，其名杂出，大率争以奇巧为功，而花石纲之害尤为甚。又蔡京兴边（洞庭湖杨公和"逼上梁山"等农民起义与蔡京也有关），用兵累年。乃以赵挺之为尚书右仆射兼中书侍郎。

同月，宋允夏和：辽遣知北枢密院使得里底使宋，请地于夏。宋许以崇宁以来的侵地，与之。七月，夏人奉表谢罪词极恭顺。宋乃诏："夏国城堡，俟誓表至，则与之。"夏遣使谢辽。宋亦废银州（陕西米脂西北）为银州城，并罢五路经制司。

1112年壬辰，宋政和二年，辽天庆二年，夏贞观十一年。

二月，完颜阿骨打独不起舞：辽主如春州，至混同江钓鱼，界外生女真部长在千里内者，以故事皆来朝。正遇头鲟宴，酒半酣，辽天祚帝命诸部长次第起舞，独阿骨打辞以不能，谕之再三，终不从。他日，天祚帝谓肖奉先曰："前日之宴，阿骨打意气雄豪，顾视不常，可托以边事诛之，否则必贻后患（是被他看出，料到，但未防到，后被他灭）。"奉先曰："精人不知礼仪，无大故而杀之，仿向化之心，假有异志，小国亦何能为！"辽天祚帝乃止。九月，阿骨打自混同汉宴归，疑天祚帝知其异志，遂起兵先并旁近部邻族。部族有诉其于咸州祥稳者，天祚帝使其自新。后数召阿骨打，竟称疾不至。

是岁，苏辙(1039–1112) 73岁（苏洵57岁，苏轼64岁），苏辙，眉州眉山（四川）人，字子由。苏洵子，为唐宋八大家之一，与其父、兄合称三苏。著有《栾城集》。

1113年癸巳，宋政和三年，辽天庆三年，夏贞观十二年。

三月，女真反辽：女真阿骨打，一日率五百骑突至辽咸州（辽宁铁岭北），辽史民大惊。次日，辽详稳司，与赵三百折庭下，阿骨打不屈，送所司问状，一夕遁去，遣人诉于辽天祚帝，谓祥稳司欲杀之，故不敢留。自是召不复至。

十二月，阿骨打为都勃极烈：是月，辽女真节度使乌雅束死，其弟阿骨打袭位为都勃极烈。阿骨打欲代辽而未决，乃至完颜部，谓迪古乃曰："辽名为大国，其实空虚，主骄而士怯，战阵无勇可取也。"迪古乃曰："以公英勇，士卒乐为用，辽帝荒于畋猎，政令无常，易胜之。"阿骨打以为然。

1114年甲午，宋政和四年，辽天庆四年，夏贞观十三年。

七月，完颜阿骨打（金太祖）起兵反辽：辽天祚帝好畋猎，怠于政事，每岁跨越市名鹰海上，道出生女，使者贪纵，徵素繁多，女真厌苦之，乌雅束尝以辽主不遣阿疏（纥石烈部阿疏与乌雅束有隙，逃至辽）。为辞，稍拒其市鹰使者。及阿骨打袭节度使，相继遣蒲家奴，千古乃等索阿疏，辽天祚帝终不许。习古乃归，言辽主骄肆废驰之状。阿骨打乃召其属，告以伐辽之故，使备冲要，建城堡，修兵器，以听后命。辽命侍御阿息保往诘之（辽主无政治头脑），阿骨打曰："我小国，事大国不敢废礼。大国无德，藏我逃亡。若还阿疏，朝贡如故；苟不获已，岂能束手受制。"阿息堡还，辽主始为备，命统军肖挞不也调诸军于宁江州（吉林扶余东南）。复遣胡沙保观辽形势，还言：唯四院统军司与宁江州军及勃海八百人耳，阿骨打曰："果如吾言。"谓诸将佐曰："辽兵知我将举兵，集诸路军备我，我必先发制之，无受制于他。"众皆曰："善！"阿骨打号令诸部，使婆卢大徵懒路迪古乃之兵，执辽障鹰官。九月，举兵攻辽，进军宁江州，会诸路军于来流水，得二千五百人。遂誓曰："汝等同心尽力，有功者，奴俾部曲为良，庶人官之。苟违誓言，身死挺下，家属不赦！"既战，辽兵大奔，蹂践死者十七八，军至宁江州，填堑攻城。十月，金陷宁江州。

初，女真部民皆无徭役，壮者皆为兵，平居则温畋射猎，有警则下令诸部之长，凡步骑之兵仗及粮食，皆自备。其部曰贝勒，行兵则曰猛安，谋克，如千夫长及百夫长。辽臣或以为当发诸道兵以攻之，天祚帝仅发契丹，奚军三千人，中京禁兵及土豪二千人，选各路武勇二千余人，屯出河店（黑龙江肇源县西南）。辽都统肖嗣先等将步骑诸军会于鸭子河，阿骨打率军来御，及河，遂登岸，与辽兵遇于出河店。辽兵溃，自此，辽士无斗志，见敌则溃。

1115年乙未，宋政和五年，辽天庆五年，金大祖完颜旻收国元年，夏雍宁元年。

正月，阿骨打称帝：阿骨打谓其下曰："辽以宾铁为号，取其坚。宾铁虽坚，终亦变坏。唯金不变不坏，金之色白金，完颜部色尚白。"于是国号大金，改元收国，更名旻。

金完颜旻自旻将攻黄龙府（今吉林农安），进临益州，州人走保黄龙，旻取辽余民以归。

辽遣骑二十万，步骑七十万戎边。辽天祚帝率兵趋达鲁古城，次宁江州（吉林扶余东南）西。辽天祚帝下诏亲征，遣僧家奴，持书和约，斥金主旧名，且使为属国，金阿骨打复书："若归叛人阿疏，迁黄龙于别地，然后再议。"金兵进逼达鲁古城，辽军大败。

九月，辽黄龙府，失陷与天祚帝亲征失败：初，金太祖阿骨打率兵击败辽行军都统耶律里朵于达鲁古城，又败辽将于涞流河（拉林河）。八月，遂攻辽北方军事要地黄龙府，次混同，无舟；金太祖使一人导前，乘马涉河，曰："视吾鞭所指而行。"请军随之，水及马腹。后遂攻陷黄龙府。金宗翰及其弟宗弼等遗书给天祚帝，阳为卑衰之辞，实欲求战；天祚帝怒，乃下诏亲征。以肖奉先为御营都统，耶律章奴为付，率蕃汉兵十万，号称七十万，发数月粮，期必灭女真。不意辽师渡混同江，耶律章奴反，奔上应变，谋迎立魏国淳。淳不听章奴计，章奴乃率部下掠取上京财物，至祖州（辽宁昭乌达林东镇西南），并数天祚帝之过。遂结勃海起事者数万。后章奴虽为辽所斩，但极动摇征女真之军心，天祚帝亦立即退兵，金兵尾追。十二月，金兵追击辽军于护步答岗（吉林农安西）。此战役，金军仅二万，金太祖阿骨打曰："彼众我寡，兵不可分，视其中军最坚，辽主必在，败其中军，可以得志。"乃使右翼先战，兵几次交锋，左翼亦投人战斗。辽军遂溃，金军追击，辽军死者相连于百余里内，获辽舆辇，帝幄、兵械、军资、其他宝物、牛马不可胜计，金军乃还。在金、辽交战中，辽国除耶律章奴叛变以外，又有辽张家奴叛及耶律述耶叛应之。

1116年丙申，宋政和六年，辽天庆六年，金收国二年，夏雍宁二年。

正月，高永昌称大元：东京（辽宁辽阳）故渤海地。辽太祖力战二十余年乃得之。留守肖保先严酷，渤海苦之。辽将渤海高元昌，领兵三千，见辽政日衰，金势力强，遂诱渤海及戎卒入辽陌，据之。旬日之间，远近响应，有兵八千人，因国号大元，建元隆基。辽贵德州守将耶律余睹附之。

五月，金"以东京近地，高永昌据之，以替大号则不可"为由攻高永昌，遂破东京，杀高永昌，于是辽之东京州县皆入于金。南路系辽籍女真降于金。

1118 年戊戌，宋重和元年，辽天庆八年，金天辅二年，夏雍宁四年。

正月，辽金暂议和：金杨朴言："自古英雄开国或受禅，必先求大国册封。"金太祖乃遣使至辽。辽遣耶律奴哥等至金议和，辽肖奉先等言许金和可弭兵。

二月，宋遣马政郭药师使女真：初、药师等兵船至淮北见女真巡逻者，不敢前，复回青州（山东益都），假称已入苏州（辽宁金县）界，女真不纳，凡为巡逻者所杀。徽宗怒，乃委童贯措置通好女真事，贯令王别选能任者，师中言马中可用，遂再用之。

十二月，宋马政使金还：与其使者俱来，至登州，由登州赴京师，政与郭药师下海，才达北岸，为逻者所执，行经十余州，至金太祖所居来流河三千里。问海上遣使原因，马政以实对，金太祖与众议数日，遂执登州小校王美等，遣撒睹及李庆善等携国书及北珠，生金，貂革、人参、松子同政等来报使。

1119 年己亥，宋宣和元年，辽天庆九年，金天辅三年，夏雍宁年。

正月，宋定取燕之地：金使李庆善等来宋，馆子宝相寺，蔡京童贯等见李庆善议事。居十余日，赵有开、马政等为宋使，携诏书礼物，与庆善等渡海聘金。至登州，赵有开死，正值河北谍报："契丹已割辽东地，封女真为东怀王"；且妄言女真常祈修好，乃召马正勿行。是时宋庭已纳赵良嗣之计，将会金舍以图燕。会谍言辽主有亡国之相，宋遣王尧臣使辽，尧臣即携画学生二人，同至辽，绘辽主像以归，言于徽宗曰："辽主望之不似人君，臣谨画其容以进，若以相法言之，亡在旦夕，幸速进兵。"并图其山川险易，徽宗大喜，取燕之计乃定。

九月，宋以蔡攸为开封府仪国三司：攸有宠于徽宗，进见无时，与王黼得预言宫中秘戏。多道市井虐浪语以献笑取乐。攸常言于徽宗；"所谓人主，当以四海家，太平为娱，岁月能几何，岂可自徙自劳苦。" 徽宗深纳其说。令宛囿皆仿江、浙为白层，不施五彩，多为村居，野店，及聚珍禽、异兽，动数千百以充实其中。

1120 年庚子，宋宣和二年，辽天庆十年，金天辅四年，夏元德元年。

二月，赵良嗣等使金先是呼庆自登州至，告以金主所言，并其国书达于朝。时童贯受密旨图辽，欲假外援，因建议遣良嗣等卿笑住，仍以卖马为名，其实夹攻辽，取燕京旧地。仅面约不用国书。夹攻之约，始于此。

四月，金伐辽：金太祖自将伐辽，分三路出师，趋上京（辽宁巴宁左旗林东镇）。五月，破辽上京。攻上京时，金太祖命辽使习泥烈及宋使赵良嗣皆从军，且谓良嗣曰："汝可观吾用兵，以人去就。"

六月，宋蔡京专政、其子攸权势与京相轧，由是父子各立门户，遂为仇敌。

八月，宋约金夹攻辽：归燕地于宋，赵良嗣于辽上应试，出御笔书与金主议约，以燕京一逞本汉旧地，约夹攻辽，取燕京。金太祖命译者曰："契丹无道，土疆皆我有，尚何言！南朝方通欢，且燕京皆汉地，当与南朝。"良嗣曰："今日约定，不可与契丹复和。"金太祖曰："契丹乞和，亦以燕京与宋方可和议。"遂许议岁币，良嗣初许三十万，辩论久之，终与契丹旧数。更约以金兵自平地松林趋古北口，宋兵自雄州（河北雄县），趋白沟夹攻，不如约，即不可得燕地。金遣锡剌等持国书报聘宋。九月，至宋。

十一月，方腊起义：睦州（今浙建德）青溪（浙江淳安）暴发农民起义。蔡京、童贯、朱勔于苏杭设应奉，造作局。大肆搜刮奴役，花石纲又勒索漆楮竹木、豪夺渔取、毛发不偿。起义军利用摩民之"二宗"（明、暗）"三际"（过去、现在、未来）之说，以推翻宋末黑暗的现世。入教者男女平等，不吃荤酒，分财互助，夜聚晓散，秘密活动。

方腊原籍歙州（安徽歙县），后至睦州、青溪（皆浙江）万年乡，为地佣工。花石纲搜括，使深山穷谷居民不得安居。即和于邦源洞，假托"得天符牒"起义。

方腊建立政权，自称"圣公"，年号"永乐"，建置将帅分为六等。起义军杀宋官吏及土豪，取其金帛财物。一举攻下青溪寿昌、分水、桐庐、遂安（皆属浙江）等县，又攻下歙州、婺源（安徽境）、绩溪、祁门、黟（安徽境）县宋官员弃城逃遁，进而攻下富阳、新城（浙江），提出"杀朱动"口号。方腊率军进驻杭州。杭州是造作局所在之地。农民军所到之处，烧寺庙、毁佛像。此时各地人民纷起响应，如婺州（浙江金华）兰溪县之朱言，永昌县之陈十四等。声势浩大，沉重打击宋官吏、"得官必断脔支体，探其肺肠，丛镝乱射，备尽楚毒，以偿积怨"。

1121 年辛丑，宋宣和三年，辽保大元年，金天辅三年，夏元德二年。

二月，宋江起义失败：先是，郓州（山东东平），梁山泊等地以宋江三十六人为首，点燃起义烈火。起义军横行河朔，转战汉、军、齐、青等地（皆山东境内），官军莫敢樱其锋。知亳州侯蒙上书；"江才必过人，不如赦之，使讨方腊。"义军自沂州（山东临沂）进攻淮阳军，转向海州（江苏连云港市）、楚州（安徽淮南）。宋徽宗命知海州张叔夜镇压与招降，叔夜使间谍侦义军动向，得知义军得大船十余，载卤获兵所困，宋江降。

三月，方腊起义失败：徽宗惧农民军之势力，令撤销苏抗造作局和花石纲，以欺骗起义人民。又任童贯江淮荆浙宣抚使，率京师禁兵及秦晋蕃汉兵十五万，进行镇压。兵分两路，向杭州和歙州欲于睦州会合。时农民军已攻占婺州和衢州（浙江衢县），别部攻之处州（浙江丽水西）。总攻下六州五十二县之地。农民军由于缺乏警惕，宋官军攻入杭州，睦州亦被围。此时农民军分散作战，力量不能集中。在宋官军进攻下，义军连续失守衢州、婺州。宋官军又从杭州攻陷睦州，并攻陷青溪县，宋官军各路汇合攻帮源。方腊率众入帮源，据险坚守，宋军不知路径，久攻不下。后由地主方根引路，宋军从小径攻入峒中，义军首领三十余人审美观点俘。方腊于汴京英勇就义。而其余义军尚坚持战斗，直至七万人壮烈牺牲。宋军杀义军百余万。屠杀平民约二百万，是一场极其残酷的血腥屠杀。

十二月，金攻辽：金太祖命杲为内外诸军都统，昱、宗翰等付之，全师渡辽而西，用耶律余都为先锋，趋辽中京（辽宁宁城西）。

是岁，夏取宋西安州（宁夏海原西南），怀德军（宁夏固原北）；宋绍圣开边之地尽失。夏约辽攻宋，辽主不听。

1122年壬寅，宋宣和四年，辽保大二年，金天辅六年，夏元德三年。

正月，金陷辽中京：金都统杲克辽之高恩，回纥二城；陷辽中京（辽宁宁城西），遂下泽州。辽天祚帝出居庸关至鸳鸯泺（河北张北县西北）。余部引金兵逼辽主行宫，辽天祚帝率卫士五千余骑自鸳鸯泺走西应试（山西大同）。以仓卒出走，失传国玺于桑乾河。辽天祚以金深入为忧，肖奉先曰："女真虽陷中京，终不越三千里攻云中。"

二月，金陷辽北安州：金宋翰率偏师趋北安州（河北承德西）。辽奚王霞朱伪降，后出师围之。金兵去马死战，败奚王，追杀至暮，遂取北安州。

三月，金兵西进，辽天祚帝西走：金宗翰（粘罕）驻兵北安，遣希尹（谷神）掠边地，获辽将，始知辽众心离散，西北、西南两路兵马，皆老弱不可用。宗翰使人报杲（斜也），杲还报不愿便趋山西。宗翰知杲无意进取，即决策进兵，以为辽人可取，其势已见。合杲许会师，杲与宗翰会师羊城泺（河北古原北）、宗望、宗弼率百骑先至。辽主闻金师出岭西，遂趋白水泺（内蒙察哈尔右翼前旗北）。宗翰、宗斡，以精兵六千袭之，一日三败辽兵。天祚帝至漠北，肖奉先请趋夹山（内蒙萨拉齐西北），天祚帝遂弃辎重，乘轻骑入夹山，既至，始悟奉先之不忠。以耶律挞不也典禁卫。

初、辽主走云中，留南府宰相张琳守燕京，遂与大臣耶律大石等奉秦晋国王淳为帝，上尊号天锡皇帝，改元建福。遂据有燕（北京）、云（山西大同）、平（河北卢龙）及上京（辽宁巴林左旗）、辽西之地。军旅之事，皆委耶律大石。天祚所有，仅沙漠以北、西南、西北两部都招讨府诸蕃部族。耶律大石、太祖八世孙、通辽、汉字，善骑射、登进士第，升翰林学士承旨，故称大石林牙。

六月，辽天锡帝死，妻肖氏为皇太后称制，改元德兴。

十月，宋攻辽失败：童贯遣刘延庆将兵十万出雄州，以郭约师为前导，渡白沟，至良乡，辽肖斡率众来拒，延庆与成而败，遂闭垒不出，宋将与郭药师率兵渡卢沟，与辽兵阵于悯忠寺。辽将肖斡又败之。延庆营于卢沟面，见火起，以为辽兵至，即烧营遁，士卒蹂跷死者百余里，辽兵追至涿州（河北涿县）而去。自熙，丰以来，所储军实损失将尽，乃退保雄州（河北雄县）。燕人知宋人人无能为，作诗歌以诱之。

十二月，金取燕京：金太祖自将伐燕京，宗望率七千为先导，刁古乃出得胜口，银术可出居庸关。辽肖妃五上表求于金，请立秦王定，金太祖不许，辽人遂以劲兵守居庸关。金兵至关，辽人不战而溃。金太祖自南门入燕京。辽宰相等降，肖妃与肖斡自古北口趋天德。于是五京皆为金有。

1123年癸卯，宋宣和五年，辽保大三年，金天辅七年，金太祖完颜晟天会元年，夏元德四年。

二月，辽德妃肖氏见天祚帝于四部族，天祚帝怒，杀肖氏。天祚帝责耶律大石曰："我在，何敢立淳？"大石曰："陛下以全国之势，不能拒敌，弃国远逃，使人民涂炭，即立十淳，岂不胜乞命他人。"天祚无以答。

五月，辽天祚入夏境：夏国主李乾顺迫使请辽天祚临其国，天祚从之。遂渡河，驻于金肃军北，封乾顺为复国皇帝。辽肖敌烈与耶律元直共劫梁王雅里逃至西北部，立为帝，改元神历。金宗望趋天德，闻夏人迎护辽天祚，天祚已渡河，乃使复执天祚，且许割地。

八月，金太祖死：弟吴乞突嗣，是为金太宗。金太祖知人善任，举兵数年，善于计谋，遂灭辽。

九月，完颜晟（吴乞买）即皇帝位，改天辅七年为天会元年。

1124年甲辰，宋宣和六年，辽保大四年，金天会二年，夏元德五年。

正月，夏称蕃于金，金以下寨以北，阴山以南，吐禄泊以西地予之。天祚帝为金所逼奔夹山（内蒙萨齐西北）。

三月，夏国主李乾顺进誓表于金。

七月，耶律大石西走：辽天祚帝既得耶律大石兵，自请天助，再谋出兵，收复燕、云。大石谏，不听。大石遂杀辽知北枢密院事，自立为王，率铁骑三丰夜遁。

同月，天祚帝夹山之败：辽天祚帝在夹山，金人欲取之，以力不能入夹山为恨。后闻宗翰还上京，洛索代领军事，遂率兵出夹山取天德（内蒙乌梁素海北）等地，南下武州（山西神池）洛索以大兵扼其归路，急击之，辽众大溃。

1125年乙巳，宋宣和七年，辽保大五年，金天会三年，夏元德六年，西辽德宗耶律大石延庆元年。

正月，天祚帝奔党项：党项小斛禄遣人请天祚临其地，天祚遂趋天德。过沙漠，金兵匆至，天祚徙步出走。过天德、夜间宿农家，遂趋党项，以小斛南为南招讨使，总知军事。

二月，辽天祚帝行至应州（山西应县）新城东六十里，为金将索洛所执，辽亡。

同月，耶律大石建西辽：耶律大石自立为王，率铁骑二百从黄河套向西北行三日，过黑水（内蒙百灵庙北艾不改河），见达达祥稳床吉儿，床吉儿献马四百，驼二十、羊若干。西至可敦城（鄂尔浑河上游），驻北庭都护府，会西边七州及十八部王，遂得精兵五万余。于是置官吏，立排甲，具备器仗重整统治机构，整旅而西。回鹘王毕勒哥迎之，临行献马、驼、羊送至境外，所过敌者胜之，降者安之，兵行万里，归者数国，获财畜不可胜计，军势日盛。至塔什干，西域各国举兵十万拒之，皆为大石所败。驻军塔什干（苏联乌兹别克塔什子）凡九十日，回国王为降，又贡方物。文武百官册立大石为帝，改元延庆，号葛儿罕，世谓之西辽。后建都虎思斡儿朵（今苏联吉尔吉斯托克马克东南）。

十月，金朝南侵：金太宗下诏侵宋，分军为两路，西路军以宗翰（粘罕、岳飞传里军师）为主将，自大同进攻太原；东路以宗望（斡鲁补，又作斡离不）为主将，自平州（河北卢龙）攻燕京（北京市），两路金军计划于宋都开封会合。十一月，东路金军首由平州侵宋，连陷檀州（北京密云）、蓟州（天津蓟县），十二月，西路军主将宗翰于出兵侵宋之时，派使至太原见童贯，言："莫若遣童大王速割河东、河北，以大河为界，存宋朝宗社。"童贯慌忙逃回开封。此时，宗望派使臣至宋都，进行威胁。宋大臣白时中，李邦彦，俱失色不敢答。徐问："如何可告缓师哩？"使者大言曰："不过割地称臣耳。"大臣又都失色不敢应，遂以厚礼送金使。

西路金军连占朔（山西朔县）、武（山西神池）、忻（山西忻县）、代等州后，进围太原。太原军民在宋将王禀率领下，英勇抵抗。东路金军进至燕山府城下，宋守将郭药师投降，宗望既得药师，益知宋之虚实，因以为向导，悬军深入，京城闻讯，君臣慌忙失措。徽宗下诏罪已，并将拘收原系百姓的土地，给还旧佃户，减掖庭用度，侍从官以上月禀，轩道官并宫观拔赐土地。凡革除弊端数十事，以此欺骗人民，号召勤王，以御金军南侵。实际上，徽宗准备南逃，"去意益急"。为便于逃跑，任太子赵桓为开封牧，以"监国"。

下诏内禅：宋臣吴敏、李纲等人坚持要求传位太子，以更新政局。吴敏曰："陛下使守者威福以用其人（指传位太子可以行新政），则守必固，守固，则行者达（指徽宗南逃）。"李纲曰："敌势猖獗，非传位太子，不足以招徕天下豪杰。"徽宗谓蔡攸曰："我平日性刚，不意金人敢如此。"因握攸手，忽气塞不省人事，坠床下，稍苏醒，乃索笔书曰："皇太子可即皇帝位，予以教主道君退处龙德宫。"赵桓于是即皇帝位，是为钦宗。改明年日靖康。

同时，太学生请诛六贼：太学生陈东上书，请诛蔡京、五辅、童贯、梁师成、李彦、朱耐六贼。

九、钦宗 赵桓 1126——1127 年

1126 年丙午，宗钦宗赵桓靖康元年，金天会四年，夏元德七年，西辽延庆二年。

正月，金军继续南侵：金自郭药师降，益知宋之虚实，以为燕京自守，及董才降，益知宋之地理，任以军事，金宗弼（兀术、岳飞敌手）取汤阴，攻睿州。内侍梁方平领兵在黄河北岸，金兵忽至，仓促奔溃。宋军虽烧断桥缆，但亦望风而溃，守兵在河南者无一人。睿州失陷，金军亦渡河，道君（徽宗）出开封通津门东逃，至南京（河南商皇），直逃至泗上。时童贯、高球之徙率“胜捷军”至，以为“扈从”，即渡至杨州，又过长江至京口（江苏镇江）。

同月，李纲领导开封保卫战：宋钦宗立，吴敏为门下侍郎，李纲为兵部侍郎。但朝廷主战，主逃议论不一。有以为钦订应南泫大江，或西奔关中。李纲则以为应采取进攻政策，钦宗应“亲征”，因此钦宗下诏“亲征”，但当金兵南下，徽宗出逃钦宗亦欲南走，为李纲所制止。李纲为“亲征”行营使，负责开封防务。金人攻宣泽门，以大船数十顺流而下。李纲临城，募敢死士二千人，列布于拐子城下，火船至，摘以长钩，投石碎之，又于中流排置树，树及运蔡京家山石垒门道间，就斩百余人，及且始定。

李纲组织军民进行备战，修楼橹、挂毡幕，安炮坐，设弩床，运砖石、施燎炬，垂櫺木，备火油，防守文具无不备。同时于开封四面各备禁兵，厢军及保甲兵，又组织马步兵四百人，每日操练，准备作战。此时金军已至开封府西北台驼岗下寨。金军攻酸枣门，封丘门，李纲率禁卫军射手，至酸枣门指挥作战。金军以云梯攻城，形势危急。李纲令射手射金兵，并登城督战，又派人追城而下，烧金兵云梯，以床子弩，座炮轰击。宋军英勇作战，保卫开封，金军退兵。

宋遣使议和：当李纲奋击金军时，宋钦宗进行“议和”活动。当金军要宋派大臣前往议和时，李纲请行，钦宗不许，曰：“卿性刚，不可以往。”另遣知枢密院事李悦（音卓）往，钦宗许增发币三五百两，勉割地。犒军费许银三五百万两，银五千万两、绢彩各一百万匹、牛马各万匹；须割太原、中山（河北定县）、河间三镇，又以亲王宰相为质。李纲力争，谓考师军费，其数太多，虽竭国内之财且不足，况都城乎！太原、中山、河间、国家屏障，号为三镇，割之，何以立国，当派使臣往议，以待各地“勤王”之师集。当李纲巡城时，同意金军条件的誓书已发出。康王构与必宰张邦昌已往金营为人质。

勤王兵集开封：种师道，姚平仲、范琼、马忠等各路兵马相继至京城，援兵

已二十余万。设宣抚司统援军，以种师道为宣抚使，李纲所率者，仅左、右、中军。李纲奏曰："金大张其势，然兵实不过六万，固已数倍之矣。彼叹孤军深入重地，当以计取也。为今之策，莫若扼关津，绝粮道，俟金游骑出则击之，以重兵临敌营，坚壁勿战，以困之。"二月，姚平仲，欲夜袭敌营，活捉宗望，救回赵构。但金军知夜袭之计，故宋军大败。李纲被解职，宋派使臣及割地专使携国书及古镇割让诏书、地图至金营谢罪。太学生陈东率数百人伏宣德门下上书曰："李纲奋勇不顾，以身任天下之重，所谓社稷之臣。""李邦彦、白时中等，所谓社稷之贼。"书奏，军民不期而集者数万人。金惧宋援兵之众，又获割地赔款之利，故退兵。

三月，宋贬主和议大臣：诏曰："金人之师已及都城，大臣建言捐金帛、割土地，可以抒祸。守备不缺，久乃退师。而金要盟，终不可保。今肃王渡河北去未还，宗翰深入，南破隆德府（山西长治市），未至三镇，先败原约，及所过残破州县，杀掠士女。"已诏原主和议李邦彦，奉使许地李悦、李邺、郑望之，皆行罢免，又诏种师道，姚古，种师中往援三镇。

七月，诏诛童贯，赵良嗣。

八月，金以宋图结辽降臣，又不履割三镇之约，复备兵分两路攻宋。宗翰发云中（山西大同），宗望发保州（河北保定）。

九月，宋军民英勇保卫太原府，金人并力攻城，烈炮三十座，凡举一炮，听鼓声齐发，炮石入城者大于斗，楼橹中炮，无不坏者。宗翰又为车形如鹅形，使数人推行，欲上城楼，王禀于城设跳楼，亦如鹅形，使人在内迎敌，先以索系巨石，置鹅车上，又令人在下以搭钩及纯拽之，其车前倒不能进。然人众乏粮，三军先食牛马骡，次烹弓弩皮甲，百姓煮萍实、糠、粒以充腹，既而人相食。城破，王禀犹率羸卒巷战，突围出，金兵追之，王禀投汾河牺牲。太原既陷，宗泽守磁州（河北磁县）。

南宋（1127年—1279年）

一、高宗赵构 1127年——1162年

1127年丁未，宋靖康二年，高宗赵构建炎元年，金天会五年，夏正德元年，西辽延庆三年。

正月，钦宗至青城金被扣：宋割两河地于金，激起义民纷起抗金。金人在汴京索取金银，声称要引兵进城。因此，钦宗再至青城金营，却被扣，终身不返。

宗泽抗金：宋付元帅宗泽自大名至开德（河南汉阳）与金兵战十三次均获胜。

二月，金废徽钦二帝为庶人：徽宗、太后、诸皇子及后富有位号者均被送至

金营（岳飞传言：徽、钦二帝是同时赴金营被扣，当然小说不能作为史实）。元祐皇后孟氏因被废未去。

三月，张邦昌为楚帝：金立张邦昌为帝，国号楚，都金陵。张邦昌至青城向金帅致谢，并请待江宁府修理毕，三年内迁都等。

四月，莫大耻辱，徽钦二帝被金掳北去：金粘罕俘徽、钦二帝及宋室家族四百七十余人北去，并掠走珪璋、宝印及图书等。宗泽时在卫，率军赴滑县、至大名、欲渡河阻金归路，邀还二帝，但因无勤王兵，未成。

元祐皇后听政：张邦昌纳吕好问议，迎元祐皇后入居延福宫，遵为宋太后，并迎奉康王。又派谢克家送“大宋受命之宝”玉玺于康王。张邦昌复纳监察御史马伸议，请元祐皇后垂帘听政，张邦昌以太宰退处资善堂，自替位至此共是三十三日。元祐皇后手书至济南，劝康王即帝位。（据此看来，张邦昌不是坏人，但岳飞传却说张很坏，其史是从史官实录而来，相信是真实的。）

五月，赵构即位于南京：（此处南京是河南商丘），张邦昌率百官朝贺，改元建炎，是为宋高宗。

赵构系徽室第九子，生于大观二年五月，宣和三年进封康王，靖康元年金兵至汴京时，赵构留相州（河南安阳）。闰十二月，钦宗命赵构为兵马大元帅。

李纲为相：宋以资政殿大学士李纲为相（即尚书右仆射兼中书侍郎）。初，黄潜善、汪伯彦自以为有拥立高宗之功，欲得相位，但是高宗因李纲很负众望，乃任用纲为相，吕好问兼门下侍郎。贬主和派大臣。

六月，宋贬斥张邦昌：授其为昭化军节度付使，潭州安置。王时雍迁至高州，徐秉哲迁至梅州上，吴干至永州，莫俦至全州。均因靖康二年与金人议废赵氏，故被贬斥。

七月，宋贬叛臣：时言官邓肃、潘良贵奏请贬斥依附张邦昌者，应分三等定罪。叛臣为伪执政者，有王时雍、徐秉哲、吴仟、莫俦、李四等，又鸟伪劝进文，撰伪教赦书，如颜博文、王绍等，均定为上等，置于岭外。称臣干伪楚，如冯解、曹辅、李会等。乃为伪奉使，如黎确、李健、陈戬等均定为次等，于远小处编官。时王时雍乃徐秉哲早已安置。乃迁吴秆于韶州，甘俦于惠州，冯解于成州，李会干筠州居住。

八月，岳飞抗金：河北宣抚使张所招抚豪杰义兵，以王彦为都统制，岳飞为准备将。岳飞曾上书论黄潜善、汪伯彦不图恢复，竟以越职罪罢官。张所问及谋略，岳飞言：勇不足恃，用兵在先定谋。于是任用岳飞为中军统领。岳飞力主建都汴，以固河北抗金形势。

李纲罢相：时黄潜善、汪伯彦力主和议，排斥抵抗派。殿中侍御史张浚复论李纲虽负才气，有威望，但曾以私意杀害侍从，典刑不当，不可居相位等。高宗遂罢李纲为观文殿大学士，提举洞霄宫，至是李纲居相位共七十五日。

宗泽守汴：宗泽自河北率兵还汴京，招募义士守汴，造决胜战车一千二百辆，每辆可乘五十五人，又依据地形在城外设立二十四壁，驻兵数万。沿大河多设营垒；联节两河山水寨，及陕西义士；开通五丈河以便利交通这；京郊近河七十二里，命十六县分守御敌，于各县亦开濠，深宽丈余，又至鹿角，以防金兵南下。他劝请高宗还汴。

九月，王彦、岳飞抗金于新乡：河北招抚司都统制王彦率裨将岳飞等七千人渡河。岳飞率所部奋战，夺金军旗，士气大振，一举收复新乡。后王彦兵败，上太行山。岳飞军骑用丈八铁枪刺杀金帅，金兵始退。初王彦于新乡被金兵包围，彦捕鱼少，乃突围，转战数十里，收散亡卒伍七百余人，据守共城县西山，军均面刺“赤心报国”四字，两河忠义民兵旋于彦军联成一气。民兵首领傅选、孟德、刘泽、焦文通等均依彦军，驻屯绵延数百里。

同月，张邦昌死：高宗闻金复用兵，将迁赴东南，乃令张邦昌自尽。

十月，高宗南渡：时商宗自商丘经泗州，应宝，十一月至扬州。

十二月，金兵三路侵宋；粘罕遣军分三路大举入侵：一路、由粘罕率兵自河阳渡河，攻河南；二路由副元帅宗辅与弟兀术率兵自沧州渡河，攻山东；三路由陕西诸路都统洛素与付都统撒离喝自同州渡河，攻陕西。

1128年戊申，宋建炎二年，金天会六年，夏正德二年，西辽延庆四年。

正月，金兵南侵东京：宗泽遣兵击退金兵于白沙镇（河南中牟县东）。金民赫楚破均州（湖北均县西北）、房州。洛索破长安，宋守臣京北路经略使唐重死难，时游骑至东京附近，宗泽佯禾以不备，金兵不敢入，统制官刘衍破金兵于板桥，追至滑州。

四月，翟进、韩世忠抗金：翟进率众自山寨入西京（河南洛阳）经宗泽推荐为阁门宣赞舍人，知河南府，充京西北路安抚制置使。时御营左翼统制官韩世忠至西京，与翟进等共同对金作战。京城都巡检使丁进夜袭金营，败归。旋军韩世忠战金兵于文家寺，世忠败，被张遇救回。韩世忠收余人数于南返，西京复陷。

五月，王彦“八字军”抗金：宗泽闻王彦聚兵太行山，乃委以忠州防御使制置两尖嘴军事。王彦部下万人均于面上“刺赤心报国、誓杀金贼”八字，号称“八字军”。宗泽与诸将约河北诸路山水寨王彦，马护等忠义民兵共同抗金。

七月，东京留守宗泽卒：宗泽治高宗还京，凡二十余奏为黄潜善、汪伯彦阻，忧愤成疾，病疽于背。将逝时，犹连呼：“过河、过河、过河！”卒年七十。遗表仍请高宗还汴京。宗泽节俭朴素，平日多周济贫困亲友，且抚孤近数百人，金谋大举南侵：金主闻宗泽已死，决心大举南侵。时金右会元帅粘罕意先用兵西夏，金主称当俟平宋，然后再取陕右，于是金命娄室（洛索）平陕西，以银术可守太原，耶律余睹守云中，又命粘罕率大军南侵。

八月，金封徽、钦二帝：金主命徽、钦二帝以庶人素服朝见太庙，然后于乾元殿封赵佶为昏德公，赵桓为重昏侯。

十月，金破马扩军：高宗命韩世忠率军自彭城（江苏徐州）至东平，命张浚从东京（河南开封）至开德（河南汉阳）以防金兵，并命马扩声援。马扩军曾攻清平，被金右副元帅宗辅，左监挞懒，左都监栋摩败于城南。入夜，清平人开城助金，扩军遂乱。宋信王不知所终。马扩败归至杨州，上疏待罪，后降三官，罢免军职。

十二月，金破北京：金左副元帅粘罕率兵破城，宋河北东路提点刑狱郭永死节，河北转运付使兼权大名尹张益谦与转运判官裴亿迎降。北京（河北大名），遂为金有。

1129年已酉，宋建炎三年，金天会七年，夏正德三年，西辽延庆五年。

二月，宋帝入杭、金兵入扬：时高宗命刘光世率兵守淮抗金，见诸行动退，高宗即披甲乘骑，自扬州仓促南行，至瓜州镇乘小舟过江，卫从仅军卒数人，王渊、张浚及内侍康履等亦随行，日暮始抵镇江。时汪伯彦、黄潜善正与众官听说法后会餐。二人仓皇南逃，居民争门出，死者枕藉。宋军愤恨黄潜善等误国，误斩司农卿黄。当时，金将马五率五百骑至扬州城下，追高宗至扬子桥。

时高宗问群臣去留，王渊曰："镇江只可捍一面，若金人自通州（南通）渡江，以据姑苏，将如何？不如钱塘有重江之险。高宗意乃决，并命吕颐浩江淮制置使，与行在五军制置使刘光世驻镇江，过四日至平江（江苏苏州），高宗命朱胜非节制平江，秀州（浙江嘉兴）兵马、张浚为付，留王渊守平江；又命吕颐浩以兵二千屯驻京口（镇江）；命张浚以兵八千守吴江，高宗至杭州，以州治为行宫，下罪已诏，大赦。惟李纲不赦，更不放还。此乃黄潜善计，罪纲以谢金。金人焚扬州而去，宋中丞张浚奏称黄潜善、汪伯彦大罪二十，应加罪斥。二人亦联名求退，宋乃罢黄潜善知江宁府，汪伯彦知洪州（江西南昌）。

三月，苗傅、刘正彦命王世修伏兵城北桥下，待渊退朝，诬以佶宦官谋反，刘正彦斩渊，随即与苗傅率兵行宫斩康履。苗傅迫高宗传位于皇太子，请隆祐太后听政。高宗从之，被尊为睿圣仁孝皇帝，居显宁寺，为睿圣宫，大赦，改元明受。

四月，高宗复位，苗傅等败死：张浚、吕颐浩会兵征讨苗傅等。韩世忠自盐城由海道赴杭州，途经常熟，与张浚会合，至平江，与张浚亦商定。俊命韩世忠率兵赴杭，世忠军至秀州，吕颐浩将兵至平江，刘光世军亦至。于是张浚、吕颐浩上疏请高宗复位。苗傅等惊恐，乃率百官朝高宗于睿圣宫。勤王兵入北关，苗傅、刘正彦率精兵二千夜出涌金门，拟无闽。时吕颐浩、韩世忠已率军入杭，杀苗傅及刘正彦。于是，高宗以吕颐浩为尚书右仆射兼中书侍郎，以刘光世为御前左右军都统制，重正三省官名，依吕颐浩言，诏左右仆射并同中书，门下平章事，改中书，门下侍郎为参知政事。

五月，洪皓使金：宋遣徽猷阁待制洪皓使金，示以愿去正逆尊号，作蕃臣，洪皓至云中，粘罕欲迫皓事刘豫，皓不从，乃被流放于冷山。

六月，范琼服诛：汴京破时，徽、钦二帝及宗室被掳北去，多琼之谋，且率军剽掠，助张邦昌替位。高宗至建康，琼自南昌入朝。高宗与张浚谋诛琼，令张浚以千人渡江至建康，又命张浚、范琼及刘光世至都堂议事，并设宴，宴中，张浚力数琼罪，以张浚兵缚琼付大理，使刘光世抚范范琼兵，责以当金兵围汴时，范琼附金迫二帝北行之罪。范琼赐死，其子弟均流岭南。

高宗奖韩世忠：韩世忠以平定苗傅、刘正彦功，得为检校必保，武胜，昭庆军节度使，高宗遣使赐韩世忠金合，并御书“忠勇“二字为军帜，又封其妻红梁玉为护国夫人。

八月，宋遗使请和：宋以京东路转运判官杜时亮充任奉玉：使大金军前使，进士安汝为任付使持高宗致金主书请和。书中言：愿削去旧号，是天下均大金国，亦何必劳师远涉。金不答。

同月，杜充为建康留守：高宗命尚书右仆射杜充兼江淮宣抚使，领兵十万守建康。又以御前前军统制王燮为其援，御前左军都统制韩世忠为浙西制置使，守镇江府。太尉、御前付使刘光世为江东宣抚使，驻守太平及池州。时刘光世、韩世忠均握重兵，畏杜充严峻。江浙均以杜充为重。

十月，金兵大举南侵：一支趋江西、一支趋浙江，宋刘光世引兵退，于是江西州，军多为金所有。宋高宗于临安留七日，又去越州（今浙江绍兴）。

十一月，金兀术入建康：时杜充无应敌才力中，金兀术与李成合兵。攻乌江（安徽和县西南），杜充闭门不出兵，统制岳飞请杜充视师至于泣下，充不听。金兀术取和州，无为军，于是金兵自马家渡（和县南大江西岸）过江，破太平州（安徽当涂）。杜充始派都统制陈谇及岳飞率军迎战，王燮军先逃，陈淬败死，诸将诸兵溃，充兵亦散，金兀术进入建康（江苏南京），守臣陈邦光、户部尚书李悦迎降。杜充退保真州（江苏义征）兀术遣人招降，许封以中原。杜充竟返建康降金，久之乃得官，建康通判杨邦义，以血书衣裙“宁作赵氏鬼，不为他邦臣”。终不屈，被剖心死，时邦义年四十四。宋追赠真秘阁，二子予官之，赐田二顷，谥为忠襄。

十二月，金兀术入临安：金兵进入临安，宋高宗下海、航海南逃。

同月，岳飞败金兵于广德：韩世忠自镇江退入江阴，江淮统制岳飞败金人于广德（安徽广德）。岳飞率军自建康追金兵于广德县境内，六战均胜，俘金将王权及首领四十余人。可用者，结以恩义，即遣还，令夜闻听金营似火。飞率军乘势纵击，大败金兵。岳飞驻兵钟村，军粮甚少，将士忍饥，不犯民户。

1130 年，庚戌，宋建炎四年，金天会八年，夏正德四年，西辽延庆六年，伪齐刘豫阜昌元年。

正月，金破明州城破时，金兵屠城，并以舟师追击，高宗南逃至温州。初金兵攻明州（浙江宁波），被宋浙东制置使张浚与守臣刘洪道击败，退守余姚，兀术援兵至，再攻明州，张浚惧，乃率军赴台州（浙江临海），刘洪道亦逃，金兵遂入明州屠民。时高宗移于台州章安镇（浙江临海东南灵江北岸）。金人以舟师追三百余里，不及。宋提领海舟张公裕率大舶击退金兵。高宗入温州，停泊于港口。

岳飞屯军宜兴：江淮宣抚司右军统制岳飞，自广德军（安徽广德）移屯于宜兴县。自杜充降金，建康军民溃逃甚众，散兵多剽掠，唯岳飞军纪严明，不扰居民。

二月，金焚明州、杭州：金攻克明州（宁波）焚城，仅城内东南角数佛寺与僻巷居民略有幸存。金据守明州七十日乃北返。金兀术引兵北上，至杭州，纵火焚掠，所获辎重陆远不便，遂取道秀州（浙江嘉兴）北归。

同月，金陷东京：初，河南北部已为金有，睢州（河南睢县）、洛阳均屯重兵，仅汴京(河南开封，及近城仍归宋但久守缺粮。金河北签军首领聂渊等。常以食物与守城宋捕鱼贸易，日久遂熟。后聂渊及其徒众夜登城北，纵火、城乱。守城上官悟及付留守赵化出奔。上官悟至唐州（河南唐河），被平所杀，于是金陷东京。

三月，韩世忠阻击金兵：金兵于北返途中，受阻于韩世忠军。初韩世忠以前军驻青龙镇，中军驻王士湾，后军驻海上，以待金兀术回师时阻击，兀术由秀州赴平江，世忠乃移师镇江以待。金兵至江上，世忠以八千人驻守焦山寺（江苏镇江北焦山）。兀术欲渡江，遣使通问，且约战期。世忠谓诸将：敌必登金山寺以窥我虚实。乃伏兵于寺中及寺外岸边各百人，闻鼓声则岸兵先入，寺内伏兵继出，以合击金人。金兵果至五人，寺内兵先鼓声出击获两骑，另三骑逃脱。其中一红袍玉带者坠马复逃。询所获金兵，知是兀术。宋、金在江中交战十数合，世忠妻梁红玉等擂战鼓助威，金兵终不能渡江。宋俘获兀术婿龙虎大王，及金兵甚多。兀术惧，请将全部掠获物送还以假道北去，世忠不许；又请名马，世忠仍不许。于是兀术率金兵乘舟沿江南岸自镇汉逆流而上。世忠初见循江北岸且战且行。世忠舰大，前后出金舟数里，于黄天荡（南京东北江中）阻击金兵，相持四十八日。

四月，韩世忠败于江上：时金挞懒自潍州（山东潍坊）派移剌古引兵来援。兀术亦想北渡，世忠与兀术相持于黄天荡。移剌右军在江北，兀术军在江南。世忠海舰泊金山下，健卒持大铁钩，接战时，用大钩拽沉金舟。兀术求借道。世忠谓：还我西宫，复我疆土，则可以放行。兀术不语，见世忠海乘风使篷，往来如飞。闽人王某献策，教以舟中载土，以平板铺之，穴船板以櫂浆。待无风时，海舟不能行，用火箭射海舟篷。兀术采纳此策，天晴无风时，以小舟渡江，海舟无风不能动，兀术令善射者乘轻舟，以火箭射海舟火起，世忠军大败，乃退还镇江。兀术遂渡江北归。是役、韩世忠以八千人抗拒金兵十万之众，阻击四十八日，虽败，却使金兵从此不敢轻易渡江南侵。南宋都城临安赖之以安。

五月，岳飞收复建康：时金人焚建康，执李悦，陈邦光，从静安渡宣化（南京长江北岸）而去。兀术驻军六合县、掠辎重舳舻自瓜步至六合络绎不绝。时建康被焚成灰烬，李悦死于途中，陈邦光被俘后归刘豫。淮南宣抚司右军统制岳飞知敌去，率所部邀击于静安，获胜。飞还屯于粟阳。金军在建康约半年之久。岳飞胜金兵于静安。建康府通判钱需率乡兵邀击敌后，遂从岳飞收复建康。

七月，金徙徽、钦二帝于五国城：金将立伪齐刘豫，乃徙二帝于五国城（黑龙江依兰），离上京（黑龙江哈尔滨东南）东北千里。历月余，太上皇后郑氏死。洪皓自云中（山西大同）密遣人奏书，并献以桃、梨、粟、面，二帝始知高宗已继位。

九月，金立伪齐：金遣高庆裔及韩防备玺、绶及宝册，立刘豫为大齐皇帝，世代对金称子礼，奉用金朝正朔，设百官。九月刘豫即皇帝位，都于北京（今河北大名），改明年为阜昌元年。

同月，张浚败于富平；时高宗以金兵屯淮河北岸，乃令张浚出兵分道由同州（陕西大荔）、鹿州（陕西富县）、延安府，进击金兵。时吴玠已得长安，赵哲亦收复鹿延等郡，张浚乃召集刘锡、孙渥、刘琦各以兵来会，约四十万人，马七万，以刘锡为统帅，金钱粮币运输不绝于途。张浚亲至邻州（陕西彬县），金派兀术入关与屡室军会合，张浚兵败于富平。

十月，金纵秦桧南归：先是秦桧从二帝至燕。金主将秦桧赐于挞懒，秦桧颇受倚任。及金南侵，即以秦桧为参谋军事，又任随军转运使。挞懒攻楚州（江苏淮安）时，秦桧与妻王氏白军中趋涟水军，自称杀金人监已者，夺舟而来欲赴行在，于是航海至越州（浙江绍兴）。高宗命桧先见宰相，秦桧言；如欲天下安定，须是南自南，北自北。当时旨官多疑秦桧与何杲（音栗）孙傅等同被金拘执，何以独桧生还。（高宗是昏君，不用说何杲和孙傅被害，而秦桧生还可即凭他说：“欲天下安定，须是南自南，北自北。”这是什么话？即是不要抗金）。又且自燕至楚二千八百里，逾河越海，岂无察问者，何况是杀监者，能无阻而归。若是挞懒故纵应留桧妻为质，何以与王氏同归？（这正是金人高明，若扣留王氏，就是向来表明，秦桧虽回，还有人质在金，当然是假释），此时宋宰相是范宗尹、李回，这二人原与秦桧至交，极力使桧破疑，力荐其忠。秦桧见高宗，呈所写向挞懒求和书。深何高宗信任，用为礼部尚书。宋前虽此虽遣使至金，但仍是且守且和，而专意与金解仇息兵，一意求和，实自秦桧主政始。可知秦桧实为挞懒阴纵使还。

1131 年辛亥，宋绍兴元年，金天会九年，夏正德五年，西辽延庆七年，伪齐阜昌二年。

二月，宋以秦桧任参知政事，奸贼卖国日益得逞。

三月，张浚、岳飞平李成乱军：先是宋以张浚为江淮招讨使、岳飞为付使，令平乱军。时孔彦舟占据武陵（胡南常德）。张用据襄、汉（湖北光化、襄阳、宜城等地）。李成据江、淮、湖、湘十多郡（江苏、安徽、湖北、湖南）。声势浩大，有兵数万，大有席卷东南之势，且久围江州（江西九江）。至是张浚引兵至豫章，而顾杨在江州，其将冯进在筠州（江西高安），相持月余。张浚又命统制王燮阅水军于江中，李成稍怠，浚乃议遣诸将分道进击。通泰镇抚使岳飞请自为先锋，与统制官杨沂中，统制陈思恭共败李成，俘获八千人。后张浚收复筠州、临江军（江西清江）。马进还江州与李会合。当马进败时，江淮招讨使张浚追其至奉新楼子庄（江西境）。马进部下商元在草上设伏，而浚见其山险路窄，乃遣步兵从间道直趋山顶，杀伏夺险，遂至江州，马进逃走。张浚收复江州，又与杨沂中，赵密引兵追击，李成乃返蕲州，张浚军乃获“铁山”称号。

五月，张浚、岳飞平江淮乱军：张浚追击李成至黄梅（湖北黄梅），李成降于刘豫，岳飞招抚张用。时张浚引兵渡江，追至蕲州黄梅，李成众数万皆溃散，李成北走，降于刘豫。张用仍在江西掠扰，岳飞与张用均为相州汤阴（湖南）人，写信招降，于是张用率部下降于岳飞，至是江淮乱平，张浚奏捷称岳飞功第一，高宗进升岳飞为右军都统制，驻屯洪州（江西南昌）。

八月，秦桧为相：秦桧为尚书右仆射同平章事兼知枢密院士。

十月，吴玠复败金兵于和尚原：初金陕西都统娄室卒，兀术率诸军西入，宋宣抚处置使张浚命吴玠先据凤翔和尚原。兀术自宝鸡造浮桥渡水进攻，吴玠与其弟吴璘等，选强弓劲弩、分番轮射，号驻队，矢如雨下，金兵败退。宋军又截击金兵粮道，于是大破金兵，俘获进万人。兀术中流矢二，逃归。

十一月，金以陕西地给伪齐，于是中原尽属刘豫。

1132 年壬子，宋绍兴二年，金天会十年，夏正德六年，西辽延庆八年，伪齐阜昌三年。

四月，刘豫移都东京：刘豫至汴，其子伪齐左丞相刘麟，籍签乡兵十余万为皇子府十二军，时沿河、淮及陕西、山东等路，均驻北军。伪齐赋敛苛重，刑法严峻，民不聊生。刘豫遣官尽情搜刮，两京民意窖藏及墓均遭破坏。

五月，宋高宗育太祖后人：高宗无子，乃衣太祖后朝奉大夫赵子偁之子伯琮于宫中，赐名瑗，即后孝宗胤后（瑗系太祖次子秦王赵德芳后代）。

七月，岳飞屯江州：宋右司谏吴表臣称，闻伪齐于京东路每户课麻七斤，恐系备纯以维舟，谋面侵之计。今沿江津渡均应为备，尤以采石，因江稍狭水且缓，尤当为备，枢密院即令韩世忠屯建康府，岳飞屯江州，扼守江防航道。

八月，秦桧罢相：宋尚书右仆射，同中书门下平章事兼枢密院事秦桧罢为观文殿学士，提举江州太平观。初、起居部王居正，与秦桧相善，及桧为相，所言均不兑现，居正责其不实，且言于高宗：桧曾称为相数月，当有所作为以耸动天下，然其为相亦仅如此。桧闻知，竟派居正知婺州（浙江金华）时吕颐浩使侍御史黄龟年弹劾秦桧专主和议，阻止国家恢复远图，植党专权。高宗乃罢桧相职，并公布其状于朝堂。先是，秦桧、陈二策，欲以河北人还金，中原人还刘豫。高宗不悦道：桧言南人归南，北人归北。朕是北人，将归何处。秦桧无言以对。至是，高宗命直学士院綦（音奇）密（音崇）礼将秦桧罪状于书制辞，传告中外。人民始知秦桧罪恶。

九月，耶律余睹谋反金：是秋，金主至燕山与都元帅沾罕，右付元帅宗辅，右监军希尹，左都监兀术相会。留右都监耶律余睹守大同，左监军挞懒守祁州。余睹因未升官，颇怨望，乃与燕山统军高六预谋为变，暗约燕云郡守、契丹、汉人，尽杀在官及在军的女真。时天德军知军向金告密，于是粘罕杀高六全家，并命希伊杀余睹于大同。余睹微觉，父子以游猎出奔鞑靼。鞑靼已先受希伊命，迎宴于帐内，外围以军。耶律余睹父子皆遇害，粘罕令尽杀契丹人。

十月，宋招抚洞庭杨太：时钟相已死，杨太领其众，据守洞庭，称大圣王。宋命湖北按抚使刘洪道，知鼎州程昌，寓合力招捕。杨太聚众数万于洞庭湖，大造车船及海秋船，多达数百艘。车船，置人于前后，踏车前进或后退，每舟可载兵千余人；又设拍竿，长十余丈，上置巨石，下作辘轳，遇官军船近，倒拍竿击碎，是以官军常败。（下见 1135 年六月，岳飞平洞庭）。

1133 年癸丑，宋绍兴三年，金天会十一年，夏正德七年，西辽延庆九年，伪齐阜昌四年。

正月，李横代金：是月，李横起兵伐金，收复颖昌府（河南许昌）。横屡败刘豫及金兵，宋命李横为相阳府，邓、随、郢州宣抚使（湖北襄樊、河南邓县、湖北随县钟祥）。

三月，李横攻东京：宋游兵李横传檄收复东京（河南开封），刘豫请金兵迎战于牟驰冈（开封西北）。李横乃败，颖昌陷。宋庭进李横为前卫大夫，加赐空名告身一百，京西山寨亦均由其节制。横军虽勇而无纪律，饮酒会聚。刘豫遣李成率二万人迎击，金遣兀术率军为援，败李横军于京城西北牟驰冈，颖昌复为金有。

六月，岳飞自虔州班师：时虔州（江西赣州）、吉州、连兵掠扰江、广诸州。高宗命岳飞率军往定。岳飞至虔州，固石洞起义首领彭友率众至雩（音于）都迎战，跃马飞驰。岳飞于马上活捉縠友，余众均降。初，隆祐太后曾于虔州受惊，高宗密令岳飞屠城，至是，岳飞请求只诛首恶而赦其余，高宗亦应允，虔州民众感岳飞爱民，为民请命，乃绘像，设祠祀之。平虔州后，岳飞至行在，高宗手中"精忠岳飞"制旗以赐。

八月，岳飞驻屯江州：宋命神武副军都统制岳飞赴行在后仍命岳飞以精兵留守江州（江西九江）。

九月，岳飞为荆、湖、江西制置使：岳飞自江州来朝，高宗赐以金带及器甲。飞养子岳云，年少，高宗亦赐以战袍戎器。时、宋庭以刘光世、韩世忠为江东宣抚使及两淮，王燮、岳飞为荆、湖、江西制置使，分驻沿江诸州。岳飞为镇南军承宣使，江西沿江帛置使，驻守江州。飞言："本路兵久不训习，乞留五千人屯洪州，二千人屯虔州、南安、佘军并随军训习。"时飞军每月费钱十二万二千余万缗，米一万四千五百余斛。

十月，刘豫进犯襄邓：伪齐李成陷邓州（河南邓县）、宋镇抚使李横缺粮，弃襄阳，奔荆南，后入洪州。李成遂入襄阳。随州、郢州（湖北钟祥）相继为金所有。

1134年甲寅，宋绍兴四年，金天会十二年，夏正德八年，西辽延庆十年，伪齐阜昌五年。

正月，宋遣使赴金通问：高宗遣章谊为通问使，孙近为付使，向金请归还徽、钦二帝及河南地。又命王伦给金都元帅宗翰亲信耶律绍文、高庆裔写信，并赐以《资治通鉴》、木棉、虔布及龙凤茶。

宋将关师古叛降伪齐：宋秦州观察使、熙河南廓路马步军总管关师古率军自武都，寻粮至伪齐境，袭击大潭县（甘肃武都北）师吉军深入至石要岭，遇敌军，战败。师吉回师至大潭，愧惧，单骑降伪齐。宋失洮泯地区，仅余阶（今甘肃武都）、成二州。

四月，吴玠收复秦、凤二州：高宗授吴玠为定国军节度使，川陕宣抚付使，吴玠败金兵，收复秦州（甘肃天水）、风州（陕西风县东北）。

五月，岳飞收复郢、唐、襄阳：初，伪齐李成据襄阳。宋右仆射朱胜非称："襄阳，国之上流，不可不急取。"岳飞亦奏称："襄阳等六郡为恢复中原基本，今先取六郡，以除心腹之病。"参知政事赵鼎称："知上流厉害，无如飞者。"乃以岳飞为荆南制置使。岳飞渡江时，对部下言："飞不擒贼、不涉其江！"命军士勿残害人民，对禾稼秋毫无犯，军声远扬。李成闻郢州失守，弃襄阳逃。岳飞进据襄阳，并收复唐州（河南唐河）。

六月，岳飞收复随州：岳飞先令前统制张宪攻随州，月余未攻克。统制牛皋请攻随川，带三日粮，粮未尽而城已攻克。杀伪齐知州王嵩于襄阳。飞部将董先、牛皋收复襄、郢及随州，均有战功。高宗闻之称："素闻飞行军有纪律，未知能破敌如此。"

八月，杨太败官军于鼎江：王燮遣忠锐统制崔增等征讨杨太于鼎江（湖南常德北），均败。杨太乘大水出击，攻破鼎州社木寨，宋守将许筌死，官军死亦众。宋授岳飞为清远军节度使，代王燮为统帅征讨杨太。岳飞时年三十二，中兴诸将建节未有如飞年少者。

十月，韩世忠破金兵于大仪、承州：韩世忠至杨州，令统制解元守承州（江苏高邮），待金步兵，世忠率骑骓大仪（今江苏扬州西北），逢宋使魏良臣使金。世忠乃尽撤炊具，伪言有诏令其军移屯平江（江苏苏州）。良臣北去后，世忠率军移向大仪，布成五阵，设伏二十余处，约闻鼓声即起杀敌。魏良臣至金，金前将军聂儿孛董问宋军情况，良臣答以所闻见。孛董遂引兵至江口，别将挞不野率骑兵过五阵东部。世忠伏兵四起，击败金兵。时世忠令背嵬军各持长斧，上砍人胸，下击马足，金兵大败。挞不野等四百余骑被俘。世忠又遣董文击败金于天长（安徽炳辉）雅口桥。解元在承州北门遇金兵，激战。世忠遣成闵率骑兵往援，俘获甚众。世忠复亲率军追击金兵至淮（安徽凤阳淮水），金兵惊溃，死者亦众，时论以世忠此捷为中兴武功第一。

十一月，宋高宗至平江：高宗决计亲征，临江决战，以励将士、抚慰人心。以张浚为浙西、江东宣抚使、王燮为江西沿江制置使，刘光世率军于建康，韩世忠称："赵丞相真感为者！"赵鼎言："养兵十年，用之正是今日。"时韩世忠以捷奏闻朝廷，高宗至平江（江苏苏州），欲亲自渡江决战。赵鼎言：敌远来，意在速战，且刘豫只遣其子刘麟率军来侵。高宗乃止。

宋下诏声讨刘豫：先是金立伪齐，宋正与金议和，乃称为大齐。至是，始声讨伪齐，以励将士。

十二月，岳飞败金兵于庐州（安徽合肥）：初，金兵围庐州，岳飞命部将牛皋赴援，金兵败走。先是金增兵侵扰淮右，庐州守将仇悉率千人拒敌，败北，乃求援于湖北制置使岳飞，飞遣统制牛皋、徐庆率二千人往援庐州，金兵败退。

金兵败退；金兵为韩世忠等所阻。雨雪、粮道不通，军缺粮，杀马为食，军士怨愤。又闻金有疾，金将韩常语兀术、士无斗志，君有笃疾，战又失利，不若速归。宋弼亦同意。金军连夜引还，并且人告之伪齐刘麟及其刘貌。刘麟遂弃辎重逃，昼夜行二百余里，至宿州始息。

1135年乙卯，宋绍兴五年，金天会十三年，夏大德元年，西辽康国元年，伪齐阜昌六年。

正月，金太宗死，金熙宗立：金太宗死，其兄之孙，谙班勃极烈完颜杲继位，是为熙宗。金太宗死于明德宫，年六十一，在帝位十三年，用完颜杲（斜也）、宗翰（斡本）管理国政，以粘罕总管军事，灭辽、破汴，金议礼制度，经国规模，均于是时所定。

二月，宋帝回临安：高宗自平江府（江苏苏州），沿运河故道回临安行宫。

四月，宋徽宗卒于五国城；徽宗卒，年五十四岁，遗言归葬内地，金主不许。宋被俘兵部侍郎司马林及奉侍朱弁在燕山（今北京西郊）闻后哀哭。洪皓被执于冷山（黑龙江农安东北）泣血而祭。朱弁写《送大行文》有“魂消雪窖，泪洒冰天”语，洪皓军《功德疏文（有“遗民失望而痛心，孤臣久縶而呕血”句，均哀感动人。

六月，岳飞攻占洞庭水寨：杨太起义军头领黄诚、周伦先就抚。张浚遂遣岳飞分兵屯驻鼎、澧、益阳，兵临其境。起义者无奈出降。时岳飞至鼎州（湖南常德），置寨列舰，军纪严明，遣潭州兵马钤辖杨华入起义营寨招降，起义军将黄佐乃降，岳飞令黄佐至湖中“视可乘者擒之，可劝者报之”。黄佐袭击周伦寨，杀周伦。岳飞奖励黄佐，奏上其功，升黄佐为武功大夫。岳飞曾小图示张浚，言八日可破洞庭水寨。黄佐又招降杨钦。岳飞授杨钦为武义大夫，全琮、刘洗均降。岳飞夜袭起义军大破之，俘降其众数万。杨太负固不降，且浮舟湖中，以轮击水，舟行如飞，傍置撞竿，官船不敢近。岳飞乃伐君山（在洞庭湖中）木为筏，寨于港议，又以腐木乱草浮上游而下，择水浅处遣军士羁敌。起义军驾船来追，草木壅积，舟轮受碍难行。岳飞率军袭之，起义军退入港中。官军乘筏，张牛皮以御矢石，举巨木撞坏其舟，杨太赴水死，余众约二十余万请降，为时共八日。捷闻至潭州，张浚感叹：“岳候，神算也。”

1136年丙辰，宋绍兴六年，金熙宗十三年，夏大德元年，西辽康国元年，伪齐阜昌七年。

二月，岳飞守襄阳：宋湖北襄阳府路招讨使岳飞，请复以襄阳路府为京西南路，唐川、邓州（均河南境）、随州、郢州、均州、房州（均湖北）及信阳军（河南信阳）均隶属北路，宋廷允准。

四月，岳飞为京湖宣抚使：初，岳飞母庆国夫人姚氏卒于军中，岳飞扶亲还庐山，屡请终制。宋高宗不许，乃下诏起复岳飞为湖北、京西宣抚使以主管军马，措置边防，以备进兵渡江，不得辞免。

八月，岳飞收复蔡州：岳飞屡战皆捷，遣牛皋收复镇武军，杨再兴收复长水县（河南洛宁西南长水镇）。岳军克敌制胜，所向披靡，遂收复蔡州（河南汝南）。时太行义军亦响应抗金斗争。

九月，岳飞败刘豫军于唐州：岳飞率军击败刘豫伪齐之众于唐州，且屡请宋帝遣军恢复中原。高宗未许，飞乃还至鄂州（湖北武昌）。

同月，刘豫分兵三路南侵：刘豫闻宋高宗亲往，乃急遣人向金主求援。金主遣付元帅兀术率军驻黎阳（河南睿县）观望。刘豫命子刘麟率军由寿春（安徽寿县）犯合肥，是为中路。又命其侄刘貌（音倪）率军由紫金山出涡口（安徽怀远附近）犯定远，以趋宣（安徽宣城）徽（安徽歙县）是为东路。命孔彦舟率军自光州（河南潢川）犯六安，是为西路。计签乡兵三十万，号称七十万。

刘猊前锋以众数万过定远县欲趋宣化（在南京江北）以犯建康。宋杨沂中在赵家场（定远西南）击败刘猊前锋。刘猊亦恐孤军深入，南宋军击其背。于是与刘麟会于合肥。

十月，杨沂中胜金兵于藕塘：宋杨沂中率军到藕塘，与刘猊军相遇。刘猊军据山，矢如雨下，杨沂中令摧锋军统制吴锡以劲骑五千冲击其军，刘猊军乱。沂中又纵大军掩袭，自将精骑绕出其旁侧，短兵相接，会宋江东宣抚使前军统制张宗颜亦至，于是刘猊军大败。宋俘伪齐军万余人，并俘获其大将李谔、李亨等数十人。刘麟在顺昌闻刘猊败，亦逃。刘光世遣王德追击，王德与杨沂中追刘麟至南寿春而返，孔彦舟亦退兵，北兵遂败。

1137年丁巳，宋绍兴七年，金天会十五年，夏大德三年，西辽康国三年，伪齐阜昌八年。

二月，宋起复岳飞为宣抚使：宋起复检校少保，武胜，定国军节度使，湖北，京西宣抚付使岳飞为太尉，为赏收复商州（陕西商县）及豸虎州（河南灵宝）功，乃陞宣抚使。岳飞威名渐著，淮西宣抚使张浚越发嫉妒。时岳飞留行在，遂护卫高宗赴建康。

三月，高宗至建康：时中原有遗民自汴京来，言伪齐自南侵败绩后，意气沮丧，金人称刘豫必不能立国，故民心日望南师云云。宋由是遂谋北伐。岳飞言刘豫易平，应率十万众横扫金境，乃请率军由商、取关、陕、并统淮西军前去，取胜以三年，收复中原。高宗以淮西为屏障不可少兵，恐中原而淮西失守，江南堪忧。张浚亦有此见，故飞议不行。

四月，宋迫使赴金通问；是年正月宋使何藓自金返回，带有金右付元帅兀术信：报知徽宗及宁德皇后相继逝世。至是，高宗遣王伦、及高公绘赴金，为奉迎梓宫使及付使。至金见鲁国王挞懒时，王伦称：“河南之地，上国既不有，与其付刘豫，曷若见归！”并附带进皇太后及钦宗黄金各二百两，并赐宇文虚中黄金五十两等。

七月，岳飞力主恢复：岳飞以丁母忧曾去职归庐山葬母守孝，宋廷令张宗元监岳军。宋高宗屡诏促岳飞还职，飞乃至行在待罪，高尉遣之。张宗元还，称道岳军将和士悦，人均忠孝，实为岳飞训练养育所致。岳飞还镇后，上奏言：臣望提兵进讨，愿建都上游，用汉光武故事，亲率军往来督战，以便使将士知命，人人效力。

八月，岳飞愿提全军进屯淮甸：湖北京西宣抚使岳飞奏称：边传淮西军马溃叛，郦琼等迫胁军民，事出仓促，实非士卒，本意，且闻半途亦复有不少人逃归。襄阳系长江上游，现尚无戎马侵攻，飞愿提全军进屯淮甸。万一敌军窥伺，当竭力奋击，期于破灭。宋廷嘉奖岳飞。

十一月，金废刘豫为蜀王：刘豫向金请兵，金左付元帅挞懒称自主齐国以来，出兵辄不利，刘豫屡请金出兵，乃遣女贞万户束拔为元帅府左都监，驻太原，渤海万户挞不也为右都监驻河间。令伪齐兵均听元帅府节制，遂将军队分布于陈（河南淮阳）、蔡（汝南）、汝（临汝）、亳（安徽亳县）、许（许昌）、颍（安徽阜阳）之间。金尚书省奏称刘豫治国无状，金主怒责刘豫：建尔已八载，尚用吾兵，则汝保为？于是命挞懒、兀术以南侵江南为名，兵至汴京，先诱擒刘麟，又以骑兵控制宣德门等宫门，强制刘豫乘马至兵寨议事，囚豫于金明池，遂废刘豫。时汴京有钱九千八百七十余万缗、绢二百七十余万匹、金一百二十余万两、粮九十万斛，均刘豫搜利民脂所得，至是尽归金有。

十二月，宋遣迎梓宫使赴金：先是王伦还自金，挞懒称：“好报江南，既道涂无碍，和议当自此通畅，伦抵行在”，称金人许还梓宫及皇太后，并许还河南故地。宋乃以王伦充大金国奉迎梓宫使，高公绘为会使赴金。

1133年戊午，宋绍兴八年，金天誉元年，夏大德四年，西辽康国四年，

二月，宋高宗定都临安：高宗自建康出发，由杨沂中，解潜率军护行。首至东阳镇，至下蜀（江苏南京东），沿途径镇江、常州、无锡、平江（江苏苏州）、吴江县、崇德县至临安府（浙江杭州）。

三月，宋复相秦桧：初，张浚曾与赵鼎论人才，浚称桧善。赵鼎称：“此人得志，吾辈无措手足矣！”赵再为相，秦桧在枢密院，一惟赵鼎所言是从，乃深得信任。赵鼎对高宗言秦桧可大任。于进秦桧即为相，朝士尽贺，仅史部侍郎晏

敦复有忧色，称入相矣。至是宋以枢密使秦桧为尚书右仆射，同中书门下平章事兼枢密使，自是专主与金和议。

十月，宋罢赵鼎：秦桧力主屈已议和（什么屈已，本是卖国内奸的职责），赵鼎坚持不可，由是遂罢赵鼎为两浙东路安抚制置大使兼知绍兴府（赵鼎本头脑清醒，识奸，一时糊涂，中奸计，扶奸上台，反害已）。

十一月，宋官吏反对和议：宋文武官吏多反对和议，均遭贬谪。如宋礼部侍郎曾开问秦桧事敌之礼。桧答以似高丽之对本国。即奉正朔，称臣内贡。曾开即拒绝草写血书（有骨气之中国人），竟遭罢官。时曾开与从官张焘、晏敦复、梁如嘉、朱松等均极言和议之非。提举洞霄宫李纲亦上疏力陈金使“诏谕江南“为非礼，坚持反对和议。胡铨疏陈力谏和议为非，指出宋若对金屈膝称臣，中原决不可复，乃主张斩王伦、秦桧等”。竟被贬官为监广州都盐仓。宜兴进士吴师古将胡奏刻板，竟遭流放袁州（江西宜春），死于是地（异乡埋忠魂）。岳飞在鄂州亦上言：“金人不可信，和好不可恃”极谏和议非是。并称“愿定谋于全胜，期收地于西河。垂于燕云，终欲复佳谁而报国。”（或者即此誓言，而遭杀身之祸）颇遭秦桧忌恨。

十二月，金诏谕使至宋：金诏谕使张通古及签书宣徽院事肖哲至临安，言先归河南地于宋，其他以后再议。

同月，宋遣使赴金：宋以签书枢密院事韩肖胄为大金奉表报谢使，枢密副使钱俪为副使赴金报谢。

1139年已未，宋绍兴九年，金天誉二年，夏大德五年，西辽康国五年，

三月，宋金交割地界：宋以王伦为东京留守进行交割地界。事毕，京城父老官吏送兀术至北郊，兀术坐坛上，酌酒为别，应交割州军官物，十分留二分，余八分交至河北。于是兀术率金兵由沙店渡河，金遂移行台于大名（河北大名）。

五月，李世辅自夏归宋：李世辅、绥德（陕西绥德）清涧人，自唐以来世袭苏尾九族巡检使，年十七，随父永奇出入行阵。金人占延安，授永奇父子宫。刘豫被废后，兀术授世辅知同州，后其父及全家三百口皆为金人所杀。世辅乃奔夏，愿得二十万众，生擒撒离哈，取陕西五路归夏。夏主以世辅为延安招抚使。后行至鹿州（陕西富县），吴玠遣世辅见楼熠于长安，乃附宋。时世辅率下三千人南归，宋高宗赐名显忠。

六月，夏主乾顺卒，子仁孝立，仁孝改元大庆，称乾顺为崇宗。

七月，金内讧，杀蒲虎等：宋同签书枢密院事王伦，自京至金议事。金兀术言于金主，“挞懒、蒲卢虎主张割河南于宋，定有阴谋。今宋使在汴，勿令逾境。”宋使王伦已行至中山（河北定县），适逢金挞懒等谋反事发，于是金人拘执王伦，

仅遣宋副使兰公佐南还，以议岁贡、正逆、誓命等事。并索取河东、河北士民有在南者。金拘执王伦于河间以待报命之使至。金宋王蒲卢虎为太宗长子，甚跋扈，兖王讹鲁观为左丞相，复依附蒲卢虎。挞懒正持兵权，三人乃共谋反。事被发觉，蒲卢虎及讹鲁观被杀，挞懒因位尊，暂不问罪，金主乃以挞懒及杜充为行台左、右丞相。

八月，金挞懒谋反，被杀：挞懒至燕京，愈骄肆不法，与翼王鹘懒谋反。金主浙知其与宋有来往，会有告变者，金主下诏诛挞懒，挞懒南逃至祁州，追及被杀。

1140年庚申，宋绍兴十年，金天誉三年，夏李仁孝大庆元年，西辽康国六年。

正月，宋遣使迎徽宗之丧；宋遣工部侍郎莫将等使金，任迎护梓宫奉迎西宫使，韩恕为宣州观察使任付使。

同月，李纲卒于福州：宋观文殿大学士陇西公李纲卒子福州，年五十八，赠少师，谥忠定。纲颇孚众望，一身系社稷安危。被宋廷任用虽不久，而其忠于国家，热爱民众之热忱，广为传颂。宋使每至金，金人必问及李纲、赵鼎如何？可知二人颇为金人所忌。

六月，岳飞败金于京西：岳飞派遣王贵、牛皋、杨再兴、李宝等分途经略西京（河南洛阳）诸郡，又遣梁兴渡河联合忠义社以进取河东、北诸州县。且遣兵东援刘锜，西援郭浩。岳飞自率部下直至中原。飞将李宝、牛皋陆续击败金兵于京西。

七月，岳飞大破金兵于郾城：岳飞驻军于颖昌（河南许昌），命诸将分别出兵，自以轻骑驻守郾城。金兀术率龙虎大王、盖天大王及韩常兵至郾城。岳飞遣子岳云率骑兵冲突。金兵死者甚众。兀术乃以“拐子马”一万五千攻岳兵。岳飞步卒执麻札刀入阵，专砍马足。拐子马系三人为联，一马扑地二马即不能行。飞军奋勇砍之，遂大破金兵拐子马。兀术大恸称：“白海上起兵，皆以其胜，今已矣！”岳飞自率四十骑突出，兀术败逃。岳飞追击十五里，中原大震。岳飞称：“金人锐气已沮，将谟辎重渡河，豪杰向风，士卒用命，时不再来，机难轻失。”秦桧欲以淮为金宋边界，尽弃淮北地，遣朝臣奏请班师，知岳飞志坚不可回，乃先召回诸将。

金都元帅宗弼以十二万众屯临颖，岳飞遣统制杨再兴、王兰、高林率三百骑击金兵于小商桥，杀敌二千余人，再兴等三统制均战死。获再兴尸焚之，得箭镞二百。张宪兵亦至，兀术夜返。岳飞进军追击，至朱仙镇，距汴京四十五里，遣背嵬军五百骑大破兀术军，兀术退回汴京，岳飞行视宋帝诸陵。

岳飞奉诏班师：时飞已遣将梁兴至绛州，结两河豪杰、义民、金部下亦有密受飞旗帜以禾复杂降者。岳飞大喜，语部下：“直捣黄龙府（今吉林农安），与诸君拳饮耳！”秦桧命杨沂中等将兵回屯，乃称：“飞孤军不可久留，请令班师。”一日十二道金字牌。飞愤惋至泣下，称：“十年之功，废于一旦。”遂自郾城南归，民众遮马哭留，飞亦悲泣，取诏示众，称：“吾不得擅留。”从岳飞南归民众，于汉水上游六部地以闲田居住。岳飞遣诸将还武昌。飞率亲兵二千，自顺昌渡淮赴行在应金牌之诏，于是颖昌、淮宁（河南淮阳）、蔡州（即汝南）、郑州诸地为金复占。

1141年辛酉，宋绍兴十一年，金皇统元年，夏大庆二年，西辽康国七年。

正月，宋金淮西之战：兀术既败后，屯于汴金、亳州一带，待机再起兵。闻秦桧召诸军南撤，于是金兵克寿春，淮渡入庐州（安徽合肥南）。宋高宗命张滩、杨沂中率兵至淮西，岳飞进军至江州（江西九江），后又命韩世忠率兵赴援，以期阻止金兵于淮西。时金兀术率军自庐州趋历阳（和县）。游骑已至江边。张浚主张守江南岸、王德主张迅速迎击，遂渡采石（安徽马鞍山西）。张浚督军于江中心。王德称“明旦当食历阳”果于夜间攻克和州，清晨又迎张浚。王德乘胜击败韩常于含山县东，败兀术于昭关（含山西北），遂收复含山及昭关。

二月，宋拓皋之战：淮北宣抚使杨沂中，判官刘锜，淮西宣抚司都统制王德。统制官田师中，张子盖与金兵战于拓皋镇（今合肥东），宋军获胜。初，刘锜率军自太平（安徽当涂）过江，与张浚、杨沂中会师，时金兵已占有庐州（合肥），刘锜与关师古据东关（巢县东南）以抗金。金军刘营拓皋，拓皋地平，利于骑兵，见骑军为步军。意甚易胜。骑军与金兀术军夹石梁河对峙。河通巢湖，广二丈。镝命军士拽薪叠桥，顷刻造成。奇军渡河谷，执枪而待。次日，杨沂中、王德、田师中等军俱至，唯张浚军后来。奇与诸将分军为三，渡河迎击。王德与刘锜迎金兵战，沂中继战。金人以拐子马西翼而前，王德率军奋战，沂中命战士以长斧排墙而入，金兵大败。王德、刘锜追击金兵于东山（巢湖境），金兵退保紫金山。是役，宋损失将士九百人，金人死者以万计。宋军大败兀术于店步（合肥东），宋乘胜收复庐州。

三月，金人破濠州：张浚、杨沂中，刘铸率军援濠州（凤阳东）离城六十里，而城已被金兵攻陷。杨沂中与王德率军二千骑兵至濠州城西岭上。金伏骑兵万人突出，宋军大败。杨沂中归行在，张浚返建康，刘镝归太平州。金兵破濠州时，宋知州事王进被执，不屈，死。兵马钤辖邵青巷战，亦死难。金兵焚城掠夺后，自涡口渡淮北去。岳飞率军救援未及，乃归舒州。

四月，宋罢韩世忠、张浚及岳飞兵权：初，张浚为相时，因诸大将久握重兵，乃欲渐取其兵权归于督府，并以儒臣主之。时遇淮西郦琼叛去，以是获罪被罢，赵鼎继为相，王庶在枢密院，议论用偏裨以分主将之权势。于是直学士院范同献计给秦桧，请将兵权分给枢府。秦桧将其计密奏于高宗乃以拓皋之捷召三大帅至临安论功行赏。韩、张先至，岳飞迟至。秦桧与参知政事王次翁谋迎三帅之酒会亦推退六七日。岳飞至临安，高宗召范同入，谕讼给事中兼直学士院林待聘草写三制，命韩世忠、张浚为枢密使，岳飞为枢密副使，高宗并称："腾昔付卿等以一路宣抚之权尚小，今付鲫等以下枢府本兵之权甚大，卿等亦各（共）为一心，勿分彼此，则兵力全而莫之能御。"于是高宗下诏："宣抚司并罢，遇出师，临时取旨。逐司统制官以下，各带御前字入御，且依旧驻扎，将来调发，并三省，枢密院取旨施行。"

七月，宋罢淮北宣抚判官刘铸；刘锜自顺之役后骤显贵，张浚、杨沂中均嫉錡。至是二人奏称："淮西之役，岳飞不赴援，刘锜战不力。"于是秦桧罢刘锜，命刘镝知荆南府（湖北江陵）。

同月，秦桧使万俟高劾岳飞：右谏议大夫万俟卨（读屑），诬称："枢密付使岳飞，爵高禄厚，志满意得，平昔功名之念，日以颓废，今春敌兵大入，趣飞掎角，而乃稽违诏旨，不以时发。久之一至舒、崭、匆卒复还。幸诸帅兵力自能却敌，不然，是败扰国事，可胜言哉！比与同列按兵淮上，公对将佐谓山阳为不可守，沮丧土气，动摇民心，远近闻之，无不失望。望免飞副枢职事，出之于外，以伸邦宪。"高宗言："飞倡议不修楚州城，盖将士戍山阳（江苏淮安）久，欲弃而之但。飞意在附下以要誉，朕何赖焉！"时岳飞每对宾客，均以恢复中原为己任，不肯附和议，金都元帅兀术致秦桧书信谓："汝朝夕以和请，而岳飞方为何北图，必杀飞，始可和。"秦桧亦以飞不死，终为和议之梗阻，且祸必及己。故岳飞自楚州返自临安，秦桧即令万俟高论其罪，并定计欲杀岳飞。

八月，宋罢岳飞枢密付使：秦桧讽谕中丞何铸、侍御史罗汝楫、谏议大夫万俟高以次上疏称岳飞："奉旨援淮西，暂至舒、崭，而不进；比与张浚按兵淮上，欲弃山阳（江苏淮安）而不守。"于是高宗罢岳飞为万寿观使，奉朝请。

同时，张宪受诬下狱：鄂州（湖北武昌）前军副都统制王俊都统制王贵诬告副都统制张宪谋据襄阳叛宋。先是，秦桧欲加害岳飞及张宪，诡称张宪假称金兵侵上游，希宋廷恢复飞兵权，宪为其副手，正直张宪至枢密府，王俊即告张宪欲反，乃以统制官傅选证，王贵即日以闻。张俊行在府知其事后，即将张宪收入狱。王俊亲审问，使张宪自诬，称曾得岳云手书，命张宪设谋使还兵权于岳飞。张宪虽被考掠皮无完肤，仍不屈服。后王俊自具狱成，报告秦桧，乃械系张宪到临安，下大理寺狱。

十月，张俊附和议不抗金：金兀术入侵泗、楚二郡。宋枢密使张浚在镇江，遣其使统制官张子盖率轻兵屯驻维杨（江苏扬州），盱眙之间。张浚不渡江，恐防和议，曾言："南北将和，敌谓吾怠，欲摅拓皋之忿，勿与交锋，则敌当自退。"

秦桧矫诏诬岳飞下大理寺狱：先是秦桧与张浚密谋诬张宪及岳飞。时张浚在镇江，自写状诡称："副都统制张宪谋据襄阳，还飞兵柄。"于是秦桧奏召岳飞父子证宪事。高宗称："刑所以止乱，勿亡追证，动摇人心。"秦桧竟矫诏岳飞父子，使者至飞家，飞笑曰："皇天后土，可表此心。"与岳云入狱。秦桧命中丞何铸，大理寺周三畏逼问，岳飞裂衣示背，背刺有"尽忠报国"四字，以乐心迹。后无实据，何铸知其冤，对桧言："强敌未灭，无故戮一大将，失士卒心，非社稷之长计。"于是桧改命谏议大夫万俟卨诬岳飞。高与飞有宿怨，遂诬岳飞曾令于鹏、孙革写信给张宪、王贵令虚申探报，以震朝廷。又诬称岳云给张宪信，令筹划使岳飞还掌军权。且称岳云书信已焚。致使岳飞坐牢两月，无证据。万俟卨又使于鹏，孙革等诬称岳飞曾受诏后逗留，命评事元龟年取行军时日杂定之，以傅会其狱。时大理卿薛仁辅，寺丞李若朴、何彦猷均岳飞无罪，判宗正寺赵士褭请以百口保岳飞无罪。且称："中原未靖，祸及忠义是忘二圣，不欲复中原。"韩世忠亦见秦桧问此事，秦桧称："飞子云与张宪书虽不明，其事莫须有。"世忠乃言："莫须有三字何以服天下！"

罢韩世忠枢密使：世忠不以和议为可，由是颇为秦桧所抑。至魏良臣等使金，世忠谏称："中原士民，迫不得已，论于域外，其间豪杰、莫不延颈以俟予伐。若自此与和，日月侵寻，人情销弱，国势萎靡，谁复振乎？"高宗不许（或是昏、或是私心，阻二帝还朝，稳定江山）。世忠又秦桧误国，桧甚怨。于是桧令方官劾世忠，世忠亦惧，乃求闲退。宋廷罢韩世忠枢密使，充丰泉观使奉朝请，进封福国公。

十一月，宋金和议：金兀术以肖毅、邢具瞻为审议使，与宋使魏良臣皆归，和议以淮水为界，求割唐（河南唐河）、邓（河南邓县）二州及陕西秦（甘肃天水）、商（陕西商县）等州，岁币银、绢各二十五两匹，与金。金许归徽宗梓宫及太后。高宗尽同意，命何铸往使，奉表称臣于金（赵构是炎黄子孙败类）。何铸至汴见兀术，后去会宁（金上京，今黑龙江阿城南白城）。

十二月，岳飞被害于大理寺狱：秦桧、万俟卨松狱陷害岳飞。岳飞被诬，坐曾自言于太祖同以三十岁任节度使，为指斥承舆。及金兵侵淮西，飞拥兵逗留。张宪被诬，坐收岳云书，谋以襄阳叛。岳云被诬，坐收张宪书，言"可与得心腹兵商议"。诏岳飞赐死，诛张宪、岳云于市。飞死，年三十九。时认为岳飞无罪的人如薛仁辅，李若林及何彦猷都被贬官，于鹏、孙革皆罢官，籍没飞家资，家属徙之岭南（两广）。时布衣刘允升上书诉岳飞冤，竟被下大理寺狱死。后来，洪浩白金以蜡书奏称："金人畏飞，至以父呼。及闻飞死，诸酋酌酒相贺。"

岳飞事亲甚孝，家无侍姬。吴玠曾送一名姝，岳飞辞而不受。有人间飞：“天下何时太平？”飞称：“文臣不爱钱，武臣不怕死，天下太平矣！”高宗曾欲为飞修宅第，飞辞谢：“金掳未灭，何以家为！”其军休整时，均操练注坡跳壕，卒有取民麻的缕以束刍者立斩。士卒夜宿，民开门延纳，军士无敢入者。号称：“冻死不拆屋，饿死不掳掠。”军士有病，飞亲为调药，诸将死事者，哭之而养育其孤。

岳飞善于以少击众。又善于与诸统制共商议，谋定始战，故有胜无败。故岳家军甚勇，金人称：“撼山易、撼岳家军难！”岳飞忠愤激烈，议论持正，亦以此得罪权臣。

1142年壬戌，宋绍兴十二年，金皇统二年，夏大庆三年，西辽康国八年。

二月，宋使进誓表于金：宋使签书枢密院何铸，如阁门事曹勋进誓表于金。誓表称：“臣构言，今来画疆，合以淮水中流为界，西有唐，邓州，割属上国。自邓州西四十里并南四十里为界属邓州，其四十里外，并西南尽属光化军，为敞邑沿边州城，……世世谨守臣节。每年皇帝生辰并正旦，遣使称贺不绝，岁贡银绢二十五万两匹，……每春季差人搬送至泗州交纳……臣今既进誓表，伏望上国早降誓诏，庶使敞邑永有凭焉（要子孙世代做人奴役，还要凭证，无耻至极，中国史上第一人）。

三月，宋放赵士褒于建州：秦桧恶齐安王赵士褒（音鸟）曾救岳飞，故由万俟卨劾其于衢州居住时，宾客迎门，喜讯朝政等，乃有此命。

同月，金册封宋高宗为帝：金遣左宣徽使刘筈带兖冕，圭宝，佩遂及玉册至宋，册文称：“皇帝若曰：咨尔宋康王赵构……俾尔越在江表，用勤我师旅，盖十八年于兹。……今……尔……愿身列于藩辅。今遣光禄大夫，左宣徽使刘管（音阔）持节册命尔为帝，国号宋，世服臣职，永为屏翰。呜呼！钦哉，其恭听朕命！”为刘彦宗之子。

1143年癸亥，宋绍兴十三年，金皇统三年，夏大庆四年，西辽康国九年。

四月，蒙古反金；金主命将讨伐，初，金挞懒被诛，其子胜花都郎君者，率其父旧部叛金，与蒙古通。蒙古强胜，取得二十余困寨，金已无法控制。

六月，金遣洪皓等南归：和议成，金主大赦，至是许宋前使洪皓、张邵、朱允南归。宋南渡后，遣使赴金近三十人，生还者仅此三人。

1144年甲子，宋绍兴十四年，金皇统四年，夏人庆元年，西辽感天皇后咸清元年。

正月，王伦被杀：宋前使王伦居于河间六年，至是金人欲其为河间、平（河北卢龙）、乘（河北滦县）三路都转运使。玉伦称：“奉使而来，非降也。大宋之臣，岂受大金爵禄！”金又遣使促王伦，王伦不肯。乃被缢杀。王伦冠带向南，再拜恸哭乃就死。后，其子王述使北人访其骨，得之南归。

九月，宋迁赵鼎至吉阳军：初，赵鼎至潮州五年，杜门谢客，不谈时事，有客问，多责已之不是。赵鼎曾请正建国公皇子之号。秦桧对高宗称：“鼎欲太子，是待陛下终无子也。宜俟亲子乃立”后，御史大夫詹大方劾赵鼎：“辅政累年，不顾国事。”亲诬称有邪谋诡计。高宗称：“可还之远地，使其门生故吏知不复用，庶无窥伺之谋。”乃移赵鼎于吉阳军（广东海南岛崖县西）。鼎谢表称：“自首何归，怅余生之无几！丹心未泯，誓九死以不移！”

1145 年乙丑，宋绍兴十五年，金皇统五年，夏大庆二年，西辽咸清二年。

七月，张浚贬连州：张浚曾上疏，建议除去心腹间大疸，以求社稷之安。触怒秦桧。桧命中丞何若弹劾张浚，于是被贬连州（广东连县），不久又迁永州（湖南零陵）。

1147 年丁卯，宋绍兴十七年，金皇统七年，夏大庆四年，西辽咸清四年。

三月，牛皋遇害：宁国军承宣使，鄂州驻扎御前左军统制牛皋，应都统制田师中邀请赴宴。皋自知被毒，归嘱家人后事，至是卒。或言系秦桧密命田师中谋害牛皋，颇为时人叹恨。

金与蒙古议和：初，金挞懒被杀，其子胜花都郎君率部下与蒙古相通。金兀术年连征讨未克，乃议和。金割西平河以北二十七团寨（今内蒙额尔古纳河上游）与蒙古，每年送蒙古牛、羊、豆、绵、绢甚多。蒙古自号大蒙古国。蒙古长敷罗勃极列自称祖元皇帝，改元天兴。当时，金只能防御要害。

八月，宋赵鼎卒：宋清远军节度副使赵鼎居吉阳军（海南岛崖县），宋旋降旨，“赵鼎、李光（秦桧忌、安置腾州，后徙琼州）遇赦永不检举。”秦桧令本军每月具实向尚书省报告赵鼎存亡。于是，赵鼎自写基石，记乡里及拜官年月，且写“身骑箕尾（东方星宿名）归天上，气作山河壮本朝。遗言由其子赵汾归葬，乃不食而死，鼎为宋中兴贤相，为秦桧所忌，竟被贬致死（赵鼎亦是老翁暖毒蛇）。时人悲悯。（非赵鼎、秦桧不得为相）。

十二月，金广置后宫妃嫔：金主无子，乃遣使至两河诸路选民女四千余人收入后宫。

1149 年己巳，宋绍兴十九年，金皇统九年，金海陵炀王完颜亮天德元年，夏大盛元年，西辽咸清六年。

五月，金主杀翰林学士张钧：金主以天变，欲下罪已诏，命张钧起草，钧写有：“惟德弗类，上下戒。‘及’顾兹寡昧，眇予小子。”等语。参加政事肖肆平秦即厌恶张钧，乃译奏金主：弗类，乃大无道，寡者：孤独无亲；眯者，弗晓人事；眇者，且无所见；“小子，婴儿之称。此乃大汉人以文字写主上。”金主怒，杀张钧。金主问：“张钧谤讪，谁使为之。”左丞相宋贤称：“太保实然。”金主乃出太保亮领行台尚书省事。亮过北京（大定府，今内蒙宁城西）时，语同知留守事肖裕：“我欲就河南建立位号，选定两河，举兵而北。”等语，定约而去。

九月，金主复任亮为平章政事：金复任领行舌尚书省事亮为平章政事。亮反谋益坛，时左丞相唐古辩，右丞相秉德（二人因被杖甚怨金主）与大理卿乌达谋废主，亦与亮日久相密谋。

十二月，完颜亮杀金主擅自立：金平章政事亮与其党订密谋，又与金主护卫图克坦额捋楚克，布萨思恭等相交谈，共谋废立事。乃约以初九日起事，至寝殿，额捋楚克先持刀杀金主擅，思恭次杀，金主仆倒，完颜亮复加刃，金主死，完颜亮继位，废前主为东昏王，大封功臣，并大赦，改皇九年为天德元年。因张钧被冤死，乃将肖肆禁因终身。

1150年庚午，宋绍兴二十年，金天德元年，夏大盛二年，西辽咸清七年。

正月，施全行刺秦桧失败：秦桧上朝，殿司军士施全劫秦桧于道，用刃刺之，未中，被捕送大理寺，秦桧诘问，施全称：“举国与金为雠，你独欲事金，我所以欲杀尔也。”竟被磔于市。后秦桧出行，以五十兵持矛护卫。

四月，金主亮大杀宗室：初，金主欲尽诛太宗诸子，崦未有其名。秘书监肖裕言：“尚书省令史肖玉，为宗本所善遇，今若使玉告变，以取信，当可按籍诛之。”谋定，乃召宗本等击球，金主先登楼，宗本等至，均被杀。旋命肖玉上告其事，伪状罪证。又杀太宗子孙七十余人，太宗绝嗣。后，金主又杀秉德于行台，秉德为粘罕孙，至是粘罕子孙被杀三十余人，尽除异己。

1151年辛未，宋绍兴二十一年，金天德二年，夏天盛三年，西辽仁宗耶律夷列绍兴元年。

三月，金扩建燕京（北京）：时金广筑燕京城（今北京）并建宫室。四月，即迁都至燕京，原上京，地处北隅，名会宁府，在今哈尔滨西南，较偏僻，不如燕京较居中。

八月，韩世忠为咸安郡王，太师、卒于宅第，年六十三岁。世忠得病时，高宗遣太医及问访使臣不绝途中，将史问病。世忠称得全首领，卧家而设，诸君尚哀其死。遇意幸未被秦桧所害。

1155年已亥，宋绍兴二十五年，金贞元三年，夏天盛七年，西辽绍兴五年。

十月，奸相秦桧该早死：秦桧到死的地步，还尽排异己。令人论赵鼎子赵汾，乃捕赵汾下大理寺狱，百般拷打。令赵汾自诬与居于永州的张浚，责授建宁州节度使付使，昌化军安置李光，责授果州团练付使，新州安置胡寅谋叛。为秦桧所恶之贤士五十三人，均被波及。此狱将拟报，秦桧已病重。不九日而死。这种奸人，终年不值记。

靖康末年，秦桧任御史中丞，被金俘北去，后充当金奸细被释而归，窃居相位。不久被吕颐浩，朱胜非排斥，罢相。秦桧知张浚与赵鼎有隙，乃荐张浚，浚罢后，赵鼎复为相。秦桧与赵鼎并为宋相。秦桧奸猾揽权，倾赵鼎被罢。金人背盟。民众多归咎秦桧误国，而秦桧觍然不退，阴使王次翁奏请留桧。时，韩世忠、张浚、岳飞正统大军，扼守边关，秦桧与张浚谋定和约，尽罢韩世忠兵权，张浚独掌兵权。岳飞被害冤死。朝世忠亦罢去。后秦桧又使江邈论罢张浚，由是大权集于秦桧一身，结党营私，贪污枉法，以已子秦喜为绍兴十二年状元。绍兴二十四科举又以其孙为状元。高宗以桧主和议而得偏安，竟依赖信任，秦桧两度居相位，窃权十九年。曾密谕江浙增民税，民饥困死者甚多。又命察卒日寻游于市井，闻有人言秦桧奸恶，即捕入大理寺杀死，有官吏奏言朝政，即贬之万里之外，故谦官谁敢言秦桧非字。秦桧谋害忠良，实乃千古之罪之，以后高宗亦知秦桧奸恶，乃罢秦喜官，桧党以次斥去。

1156年丙子，宋绍兴二十六年，金贞元四年，正隆元年。夏天盛八年，西辽绍兴六年。

六月，宋钦宗死于金，据金史，是月钦宗死，宋人著述，多主钦宗被金杀死。

1161年辛巳，宋绍兴三十一年，金正隆六年，世宗完颜雍大定元年，夏天盛十三年，西辽绍兴十一年。

五月，金主亮索取淮、汉地：金遣签书枢密院士高示山，右取司员外郎王全来贺天中节（即端午节），谕以见宋主时，面责宋焚南京（应天府，今河南商丘南）宫殿，沿边买马，收纳叛亡，且索取淮、汉地，厉声诋责。意图激怒宋帝，为金南侵寻借口。王全又说："赵桓已死。"宋帝始知备边。

七月，金屠杀亡辽耶律氏及宋赵氏宗室一百三十余人。

九月，金大举侵宋：金主分其军为三十二军，置都总管，副总管各一人，分属于左右领军大都督。以完颜昂为左从军大都督，判大宗正事乌延蒲卢浑为付。彼等均随金主亮自寿春（寿县）南侵。工部尚书苏保衡为浙东道水道都统制，益都尹程嘉为付，率军自水道攻临安；太原严刘萼为汉南道行营都统制，平阳尹张宗彦为付，自风翔攻大散关。完颜昂虽为统帅，实由李通掌管。

金主亮率军南侵，妃嫔均从，众六十万人。李通造浮桥，自清河口（江苏淮阴西南）入淮东。东路连下数城；西路犯黄牛堡（陕西凤县西北），被宋吴璘击败，于是宋复有秦（甘肃天水），陇（陕西千阳）、洮（甘肃临潭）三州。

十月，宋下诏檄金背盟南侵：宋高宗下诏暴露金帝罪恶曾信盟之弗顾，怙其篡寺之恶，济以贪残之凶……视民几同草芥。……辄因贺使，公肆嫂言，指求将相之臣，坐索汉淮之壤。……尚赖……文武大小之臣……，其雪侵凌之耻。"时，四川宣抚使以檄之通告契丹、西夏、高丽、勃海、达达，及河北、河东、陕西、京东、河南等略路军吏军民。

同月，金人立完颜褒为帝：金东京（辽宁、辽阳）留守褒，系许王讹里朵之子，太祖孙。性仁孝，沈静达理，为众人拥戴。适故吏六千自汴（河南开封）归，言金主亮弑母等事，并称将遣使害宗室兄弟。褒惧，乃与其舅谋，杀付留守高永福，于宣政殿即位。改元大定，数前弑母，杀太宗、宗翰、宗弼子孙。宋本诸王，毁上京官，杀辽豫王，宋天水郡公子孙等罪过数十，于是世宗立褒改名雍。

金主亮率军渡淮：金人自涡口（安徽怀远）处系桥渡淮河。时、金主亮在寿春，宋刘奇部将王权自庐州引兵逃至昭关（安徽含山北）。亮渡淮后，令万户肖琦率十万骑自花厌镇由定远取道滁州至杨州，遂破滁州。

十一月，虞允文败金兵于采石；初，金主亮为内变所挠，自率军驻屯和州鸡笼山，纳内侍梁汉臣议，由采石渡江。亮率千余骑谒西楚霸王祠，叹称："如此英雄，不得天下，诚可惜也。"于是金主亮临江筑坛，斩白、黑马各一匹以祭天，并以一羊一猪投于江中，誓明日渡江，约先渡者奖黄金一两。

虞允文至采石，王权已去，显忠未来。官军二、五星散，解鞍束甲立于道旁，均王权败兵。允文立召诸将，余兵只万八千人，马匹数百，允文鼓励将士称："金帛、告命均在北，以待有功。"将士称："请死战。"于是允文请诸将列骑阵子江岸不动。分船队为五，其二旁东、西岸，其一驻守流，载精兵为战，其二藏于小港。时金主亮已挥小红旗麾挥数百艘渡江，瞬息至江南岸七十余艘。允文抚统制时俊背称：汝煦略闻四方，勉以忠勇，时浚乃身先士卒，挥刃前冲，宋军殊死战，中流海鳅船队冲击敌舟，金兵半死半战，日暮不肯退。适有江北自光州（河南潢川）返回宋溃兵三百，允文给以旗鼓，以后山转出。金军疑宋援军至，乃逃去。允文命以劲弩尾击追射，大胜金兵。

金主亮被部下所杀：金主已率军至瓜州镇，杨存中、虞允文，以敌骑临江，乃命战士踏车船径至瓜州，往返巡视，金兵亦备战。宋船中流上下，三周金山，回转飞驰。金主亮居于金山寺（江苏镇江北金山寺），金人惊骇。时有一将对金主亮言：不如驻于扬州，力农训兵，徐国渡江。金主怒，杖五十，金军令急迫，强欲渡江，有荛骑高僧欲率其党逃去，被发觉，金主命以众刀剁之。乃下令："军士亡者，杀其领队，部将亡者，杀其主帅。"且以明日渡江，敢后者死。时，金将士多欲亡归，乃与浙西路都统制耶律元宜，猛安唐括鸟野商议，决计："不若共行大事。"无宜称："新天子以立于辽阳，今当共行大事，然后举兵北还。"

计定，次日黎明，耶律元直等率众军士犯御宫。金主亮闻乱，以为南师至，方取弓，已中箭仆地，乱兵加刃，遂缢杀，取其衣襟裹之而焚，并杀尚书右丞李通，近侍局使梁琉等。

1162年壬午，宋绍兴三十二年，金大定二年，夏天盛十四年，西辽绍兴十二年。

正月，金攻寿春，刘泰死难：金攻安徽寿春，宋保义郎，枢密院忠义前军正将刘泰率军营救，转战数日，金人退去。刘泰身受数十创，一夕死。先是刘泰出家资募兵三百，粮储机械一切自备。枢密院检详诸房文字洪迈言其忠，诏赠武翼郎，官其家三人。

二、孝宗 赵音（慎）1163——1189年

六月，宋孝宗即位：宋高宗自为太上皇，太子赵慎即位，是为孝宗。赵慎、太祖七世孙，系赵德芳后人，秀王赵称之子。高宗无嗣，养育为皇太子，受禅。孝宗在位二十七年，复内禅，年六十八而死。有恢复志，事赵构甚孝，金主亮南侵时，高宗亲征，建王赵玮从之，至金陵，识诸将，及还临安，陈康伯密赞大义，及草立太子诏。赵玮既立为太子，改名慎。高宗御礼："……皇太子可即皇帝位，朕称太太上皇帝，迁德寿宫，……一应军国事，并听嗣君处分"诏为洪遵所拟，皇帝每月四朝太上皇。

七月，宋昭雪岳飞：孝宗下诏追复岳飞原官，以礼改葬，防其后人，加以录用，官其孙六人（1141年岳飞被害，今1142年二十一年平反）。

1163年癸未，宋孝宗赵昚隆兴元年，金大定三年，夏天盛十五年，西辽绍兴十三年。

正月，张浚为枢密使：宋以张浚为枢密使，都督江、淮兵马，开府建康。张浚荐陈俊卿为江淮宣抚叛官。初，孝宗召俊卿及其子式（式字敬夫，号南轩），滩附奏，请孝宗至建康，以使号令中原，并用兵于淮河边，为吴璘声援。孝宗问俊卿：浚生活起居情况，且言："联依魏公如长城。"时，张浚开府江、淮，部下多一时英选。张式以年少，得赞军务，因亦进言："陛下上念祖宗之仇耻，下闵中源之涂炭，惕然于中，思有以振之。臣谓此心之发，即天理所存也。愿益加省察，而稽古亲贤之自辅，无使少息，则今日之功可以立成。"

二月，宋逐秦桧党人，并严禁至临安。

三月，金向宋索地及发币：金索取海（江苏连云港）、泗（江苏盱眙北洪泽湖中）、唐（河南唐河）、邓（河南邓县）、商（陕西商县）之地及岁币。致书于张浚称："依皇统以来旧约"，以定划界及岁币额，否则以兵戎相见。张浚拒之复书称："疆场之一彼一此，兵家之或胜或败，何常之有。"时张浚已屯兵盱

眙、泗、濠、庐州备防。金遣蒲察徙穆，大周仁屯虹县（安徽泗县肖琦屯灵壁，积粮修城，以备敌南侵。

五月，宋师败于符离：金将纥石刘志宁自睢阳（河南商丘）率兵攻宿州，显约宏渊夹击，宏渊按兵不动，显忠以所部力战。宏渊对众人言："当此盛夏，摇扇于清凉且犹不堪，况烈日被甲苦战乎！"将士乃无战意。诸将以显忠与宏渊不协，乃多遁逃。宏渊无抗金斗志，显忠知不可孤立，乃乘夜引还，至符离（安徽符离集），师溃。宋军丧失军资军械殆尽，幸金兵未即时南下。后李显忠见张浚，纳印待罪，浚亦上书自劾。符离军溃，孝宗乃议讲和。

八月，金复向宋求地及岁币：金人复以书求地及岁币。宋命淮西安抚干办官卢仲贤报金。金纥石烈志宁以书致宋三省及枢密院："故疆，岁币如旧，乃称臣，还中原归正人，即止兵，不然，当俟农隙往战。"孝宗以书示浚。张浚言："金强则来，弱则止，不在和不和。"秦桧党羽汤思退，急于求和。陈康伯、周蔡、洪遵等皆上疏："敌意欲和，则我军民得以休息，为今之计，以待中原之变而图之，是万全之计也。"工部侍郎张阐力陈六害，不可许和，孝宗亦如此。乃遣卢仲贤持书报至金，称："海、泗、唐、邓等乃正隆（金主亮年号）谕盟之后，本朝未遣使之前得之。至于岁币，固非所校，第两淮凋辽后之余，恐未如数。"仲贤临行，李宗令勿许四郡，而汤思退又命许四郡。张浚称："仲贤小人多妄，不可委信。"廷臣议及金所言四事，众论纷纭，莫衷一是。"孝宗称："四川、岁币可许，名分、归正人可从也。"

十月，卢仲贤使金获罪：先是金人求地及岁币。宋使淮西安抚使干办官卢仲贤出使，至宿州。金将布萨忠义慑之以威，仲贤恐惧，言归禀命，遂带金书信致三省及枢密院，内容有：一、欲通书称叔侄。二、欲得唐、邓、海、泗四州。三、欲岁币银绢之数如旧，欲归其叛臣及归正人。十一月，卢仲贤返，张式奏卢仲贤擅许四川与金，辱国。乃下狱于大理寺。

张浚、胡铨、及卢允文反谈和：时、群臣多欲从金人所求，屈辱谈和。只张浚及湖北、京西宣抚使虞允文，起居郎胡铨等上疏力争，以为不可与金谈和。时以胡昉、杨由义为使金通问国信所审议官．张浚力言未可与金和，并请孝宗至建康以图进兵恢复中原。孝宗乃手诏王之望待命境上，令胡昉等先往告之金帅，四川不可割。

是岁，西辽仁宗皇帝死，承天皇后肖氏听政。

四月，宋罢张浚，改判福州：汤思退为左书左仆射指使右正言尹穑论张浚跋扈，且浪费国资等情。张浚乃请解去督府。孝宗命以钱端礼，王之望宣谕两淮，而召张浚还，张浚于平江（江苏苏州）八次上疏请致仕，孝宗知其忠，乃命以少师，保信节度使判福州。左司谏陈良翰，侍御史周操等上言：浚忠，人望所属，不当使去国，皆被罢官。

八月，张浚卒：张浚既罢官，朝廷决定与金和议。浚犹上书，言尹穑奸邪，必误国事，且劝孝宗务学亲贤。有人劝其勿言时事，张浚称："君臣之义，无所逃于天地间，吾荷两朝厚恩，久居重任，今虽去国，惟日望上心感悟，苟有所见，安忍弗言。"行至余干（江西余干西北）得病（或者气恼加途中劳苦风寒所致）。手书付二子式和枸，称："吾常相国不能恢复中原，雪祖宗之耻，即死，不当葬我入祖墓，葬于衡山下足矣。"数日后座赠太保。张浚不主和议，为时人称；其所荐虞允文，汪应辰、王十朋、刘汪等均为名臣。

十二月，宋金和议成：宋称侄、金称叔、岁贡改为岁币、银、绢各减五万。疆界如绍兴所划。

1165年乙酉，宋乾道元年，金大定五年，夏天威十七年，西辽崇福二年。

正月，宋使魏杞至金：宋通问使魏杞等带国书至金，书写格式为：侄宋皇帝睿，谨再拜致书于叔大金圣明仁孝皇帝阁下。岁币二十万。金人复书称："叔大金皇帝，"不写已名，不书写"谨再拜"三字；但写："致书于侄宋皇帝"，不用尊号，不称"阁下"，自起为双方书写定式。

1171年辛卯，宋乾道七年，金大定十二年，夏乾祐二年，西辽崇福八年。

二月，宋立赵享为太子：初，庄文太子死，庆王赵享以次当立，孝宗以恭王赵恺英武，乃赵次进封赵恺为魏王，而立赵享为太子。

1178年戊戌，宋淳熙五年，金大定十八年，夏乾祐九年，西辽未主宜鲁古天禧元年。

七月，李显忠卒：宋太尉，提举万寿观李显忠卒。显忠志在恢复中原，惜为秦桧所阻，屡遭废罢，符离之役，显忠功大，又为邵宏渊所忌。谥忠襄。

九月，宋谥岳飞为武穆。

是岁，西辽承天皇后为被部下所杀，仁宗子直鲁古继位，改元天禧。

1189年已酉，宋淳熙十六年，金大定二十九年，夏乾祐二十年，西辽天禧十二年。

正月，金世宗卒：金世宗在位二十八年，与宋约和，与民休息，自身节俭，崇尚孝悌，信用奖罚，注重农桑，故金较安定富足，国中称其为"小尧舜"至是病卒，年六十七。遗诏由皇太孙完颜璟继帝位，是为金章宗。

三、光宗 赵扩 1190——1194年

二月，宋孝宗称太上皇，太子赵享即位，是为光宗。

1193年癸丑，宋绍兴四年，金明昌四年，夏乾祐二十四年，西辽天禧十六年。

九月，夏国主仁孝卒：夏国主李仁孝卒，在位五十五年，寿七十岁，庙号仁宗，仁孝重文学，始建学校于国中，立小学于宫中，尊孔子为文宣帝。因权臣掌权，兵政均弱。子李纯祐立，改元天庆。

十二月，宋以朱熹知潭州：时使者自金还，言金人问朱先生安在，乃有是命，以朱熹为湖南安抚使，知潭州。

1194年甲寅，宋绍兴五年，金明昌五年，夏李纯祐庆元年，西辽天禧十七年。

六月，宋孝宗死，年六十八岁。

七月，宋光宗为太上皇：初，留正请建太子，未许。至是帝临朝，忽仆于地。赵汝遇，忧危不知所出，内禅之议遂决。赵汝遇乃令工部尚书赵彦逾与殿帅郭杲（音稿），左选官叶适，左司郎中徐谊谋建议内禅于太皇太后。乃知阁门事韩侂胄（韩琦五世孙，太后内弟）。由所善内侍张宗尹向太后奏陈，经太后同意，侂胄向汝遇夏命。次日，赵汝遇请立嘉王为太子。且言光宗批有“念欲退闲”，于是太后亦允。汝遇袖出所拟文字：“皇帝有疾，至今未能执表，曾有御笔，欲自退闲，皇子嘉王赵扩可以即皇帝位。皇子固辞，后被黄袍加身，乃立为皇帝，是为宁宗。立韩氏为皇后，父为韩国卿，系韩侂胄兄。”

四、宁宗 赵扩 1195——1224年

1195年乙卯，宋宁宗赵扩庆元年，金明昌六年，夏天庆二年，西辽天禧十八年。

二月，宋罢右丞相赵汝愚，先是，侂胄欲去赵汝愚，以秘书监李沐有怨于汝愚，引为右正言，使奏汝愚以宗室同姓居相位，将不利于社稷。汝愚出浙江亭待罪，乃以观文殿大学士出知福州。自是韩侂胄弄权，数贬斥朝官，使为外任。

四月，太学生上书被流放：太学生杨宏中，周端朝、张道、林仲麟、蒋傅、徐范六人上书称：自古国家祸乱，惟小人中伤君子，其祸尤惨。党锢毙汉，朋党乱唐，大率由此。元祐以来，邪正交攻，卒成靖康之变。近者谏官李沐论罢赵汝愚，中外咨愤，而沐以为父老欢呼；蒙蔽天听，一至于此。当国家多难，汝愚位枢府，本兵柄，指挥操纵，保向不可！今上下安妥，乃有异意乎？章颖、李祥、杨简发于中激，为辩其非，即遭斥逐，六馆之士，指膺愤怨。李沐自知邪正不两立，思欲尽复正人以便其私，于是托言朋党以期陛下，臣恐君子小人消长之机，于此一判，则靖康已然之险，何堪再见于今日；愿陛下念汝愚之忠勤，察祥、简之非朋党，明李沐之邪恶，窜斥李沐以谢天下，还祥等以收士心。疏上，宁宗下诏令宏中等六人悉送五百里外编管。时号为“六君子”。（赤心换苦果）

十一月，宋赵汝愚贬永州：韩侂胄忌汝愚，至是监察御史胡宏（音宏）上言：汝愚倡引伪徙，谋为不轨，因条奏其十不逊。宁宗遂下诏责汝愚永州（湖南零陵）安置。

1196年丙辰，宋庆元二年，金承安元年，夏天庆三年，西辽天禧十九年。

正月，宋赵汝愚卒于衡州：汝愚行至衡州（湖南衡阳）患病，衡州守臣钱鍪（音谋），受韩侂胄意旨。窘辱特甚（一朝正直宰相，被迫害致死）汝愚暴卒。

1204年甲子，宋嘉泰四年，金泰和四年，夏天庆十年，西辽天禧二十七年。

正月，韩侂胄定议北伐：时受阻卜等部所扰。无岁不兴师北伐，府仓空空，赋敛日繁。有人劝韩侂胄立不世之功名，韩侂胄允然，遂定议伐金，出封桩库黄金万两，以备赏功。命吴曦练兵西蜀。安丰（安徽寿县境）守臣厉仲方言淮北流民均愿归宋；浙东安抚使辛弃疾入见，言金必乱亡，宜备兵以应变。郑挺、邓发龙等又附和此说，韩侂胄用兵北伐意益坚。

五月，宋追封岳飞等：韩侂胄欲鼓励诸将，乃追封岳飞为鄂王。旋又追封刘光世为鹿王，赠宇文虚中为少保。

是岁，蒙古铁木真击败乃蛮：乃蛮部长太阳汗心忌铁木真，欲连合白达达共击铁木真。白达达竟报告铁木真并举众来归。是岁，铁木真大会诸部于贴麦该川，共议伐乃蛮。议决，乃出兵。铁木真与乃蛮大战，俘杀太阳汗，余众悉降。搭搭儿诸部亦来降。后又攻破蔑里乞部。

1205年乙丑，宋开禧元年，金泰和五年，夏天庆十二年，西辽天禧二十八年。

六月，宋准备北伐：宋宁宗诏内外诸军密订行军计划，并令诸路安抚司教阅禁军。

七月，宋以韩侂胄为平章军国事：以陈自强及侍御史邓发龙等请，宋宁宗下诏：任韩侂胄为平章军国事，立班丞相上，三日一朝，赴都堂治事。于是三省印均放于其家，韩侂胄自置机速房，甚至假作御笔，升降将帅，人均不敢言。

十一月，金令山东、陕西帅臣，训练士卒以备非常。且以银十五万两分给边帅，募民侦伺，并派遣武卫军副都指挥完颜太平，殿前右卫副将军蒲察阿里至边界，以备伏击宋军。

1206年丙宣，宋开禧二年，金泰和六年，夏李安全应天元年，西辽天禧二十九年，蒙古成吉思汗元年。

正月，夏李安全废王自立：夏镇夷郡王李安全废其主李纯佑而自立。李纯佑卒子废所，年三十，庙号桓宗。李安全系越王李仁友子。

五月，宋下诏伐金：韩侂胄闻已得泗州及新息、褒信、虹县等，遂请宋宁宗下诏伐金，由直学士院李壁起草诏文。

宋伐金诸路兵败：宋马军司统制田俊迈率军袭金宿州，被金兵击败。宋驰州付都统制郭倬及主管军马行司公事李汝冀率五万人围宿州，亦败。郭倬执俊与迈与金人，已乃得免。郭倪遣毕再遇取徐州，行至虹县（安徽泗县），遇见郭倬及李汝冀军，知宿州城下下水，宋师不利，统制田俊迈已被俘。再遇督兵急至灵璧，遇陈孝庆驻兵凤凰山，将还。再遇金兵战于灵璧斗北门，挥双刀杀敌甚众，逐金兵三十里。后撤还泗州，以功升为左骁卫将军。 十月，金大举分九路道伐宋：金分兵九路南下：布萨揆率行省兵三万出颍（安徽阜阳）寿（凤台）；元帅完颜匡以兵二万五千出唐（河南唐河）、邓（邓县），河南路统军使赫舍哩子仁以兵三万出涡口（今安徽怀远），左监军赫舍哩执中率山东兵二万出清河口（江苏淮安北），左监军完颜充以关中一万出陈仓（陕西太白西北）；右都监察富察贞以岐（陕西岐山）陇（陕西千阳）兵一万出成纪（甘肃天水）；蜀汉路安抚使完颜纲率汉、蕃步骑一万出临潭（甘肃临洮南）；临洮路兵马都总管石抹仲温率陇右步骑五千出盐川甘肃陇西西）；陇州防御使完颜磷率兵五千出来远。

1207 年丁卯，宋开禧三年，金泰和七年，夏应天二年，西辽天禧三十年，蒙古成吉思汗二年。

蒙古于上年，诸部长尊立铁木真为大汗，即位于斡难河源（蒙古乌兰巴托以东）诸部长共上尊号成吉思汗，是为元太祖，乃举兵复伐乃蛮，获胜。

正月，吴曦遣将利吉引金兵入凤州（陕西凤县东北），吴曦以兴州为行宫，改元、置百官，时其伯母赵氏，叔母刘氏均责骂吴曦。吴曦又遣董镇至成都修治宫殿，并遣将分兵至万州（四川万县），声言约金夹攻襄阳。下黄榜于成都，童川（四川三台）、利州（四川广元），夔州（四川奉节）四路，以兴州为兴德府，命随军传运使安丙为丞相长史，权行都省事，金以同知临洮府事术虎高琪为曦封册使，封吴曦为蜀王。

二月，杨巨源杀吴曦：监兴州合江仓益昌杨巨源谋讨，吴曦与曦将张林、朱邦宁相结。眉州人程梦锡知，以告安丙，安丙召杨巨源至卧所，语："必得豪杰，及灭此贼。杨巨源称，非先生不足以举此事，非臣源不足以了此事。时兴州中军正将李好义，结军士李贵等谋诛曦。"好义说："此事誓死报国。"于是与巨源会，巨源还告安丙，安丙乃出视事。后李好义率其徙众七十四人入伪宫，好义称：奉朝廷密诏，以安长史为宣抚，令我诛反贼，敢抗者夷其族。曦卫兵千余，闻有宋诏，乃皆弃梃而走。于是杨巨源、李遗杀吴曦，众推安丙权四川宣抚使，巨源权赞军事，并函曦首及金人诏印等送于宋朝。曦僭位四十一天。宋诏诛吴曦妻子，家属徙岭南，夺去曦父孙免连坐。

杨巨源诛吴无功，被安丙谋杀：吴曦被诛，实由杨巨源及李好义先倡。却安丙独占，安上奏庭将二人抹杀，当然杨心不服。安却说他谋乱，令王喜审读，杨均认其罪。时杨巨源与金人战于凤山之长桥，兵败。安丙竟使兴元都统制彭略收捕巨源，械送阁州狱，至大安（陕西宁强北）龙尾滩。安丙使将校樊世显杀巨源，忠义人士均为愤惋。

十一月，宋史弥远杀韩侂胄：韩侂胄掌权久，妄开边衅，怨者甚众。金人来索购其首。宋礼部侍郎史弥远密建去韩之谋，皇后奏怨韩侂胄，因使皇子荣王赵严疏言：韩侂胄再启兵端，将不利于社稷。皇后请命其兄杨次山选择群臣可任除韩者，宁宗始允可。次山遂语史弥远，得密旨。以钱象祖曾忤韩侂胄，象祖乃允并告李壁，李壁谓事缓恐泄，乃命殿前司公事夏辰统兵伺待。韩侂胄入朝，至太庙前，呵止于途，拥至太津国侧被杀死。此谋始于史弥远，成于杨后及杨次山，宁宗初无意杀韩倔胄。论功、进史弥远为礼部尚书，加夏震为福州观察使。后，陈自强被贬于永州居住。贬苏师旦于韶州安置，旋被杀。周筠被杖脊，刺配岭外。

1208 年戊辰，宋嘉元年，金泰和八年，夏应天三年，西辽天禧三十一年，蒙古成吉思汗三年。

三月，宋金和议成：宋史王楠至金，请依建康故事，世为伯侄之国，增岁币为三十万，犒军钱三百万贯，苏师旦等俟和议定后，当函首收献。金主命移书索韩侂胄首以赎淮南地，改犒军钱为三百万两，于是和议定。楠返宋，诏旨官集议，乃命临安府破棺取首。（宋以统军大将换平和），枭于两淮，遂以韩侂胄及苏师旦两人首级付王楠送金军，以易取淮，陕被侵地，（这样后人不敢为宋卖命统军了）

十一月，金章宗死：金主得嗽疾，病殂于福安殿，年四十一。遗诏：皇叔卫王即皇帝位。

1209 年已巳，宋嘉定二年，金卫绍王永济大安元年，夏应天四年，西辽天禧三十二年，蒙古成吉思汗四年。

三月，蒙古攻入西夏：时蒙古攻入河西，夏主李安全遣太子拒战，兵败。蒙古攻入兀剌海城，俘夏太傅西壁氏。蒙古军进至克夷门（宁夏银川西北），又胜夏兵，遂攻中兴府，引黄河水灌城，提决口，水外流，蒙古乃撤。蒙古遣太傅讹谷入中兴府招降，夏主纳女请和。

是岁，蒙古与金绝：金章宗卒，金主继立，有诏至蒙古，要蒙古主拜受，蒙古主问金使：新君为谁？金使称：卫王，蒙古主唾言：此等庸懦，亦为帝？何以要拜。即乘马北去。事闻，金主欲等蒙古主再入贡，即杀。蒙古主知其谋，于是与金绝，且更加严备兵。

1211 年辛未，宋嘉定四年，金大安三年，夏李道项光定元年，西辽天禧三十四年，蒙古成吉思汗六年。

二月，蒙古伐金：时金将定薛率兵守野孤岭（河北张北以南）蒙古主遣察罕观金军虚实，察罕归言金马足轻动不足畏。于是蒙古主率军击金，遂破金军，取大水灌，丰利等县。

九月，蒙古攻金东都：蒙古军攻克居庸关，金守将完颜福寿弃关逃走，遮别遂率军入关。金中都（北京）戒严，禁男子出城，蒙军至城下，金主议以细军五千自卫奔南京（河南开封）。明细军五百人自相激励，誓死迎击，蒙军多受伤。问俘民，此军有多少？答：有二十万。蒙军惧，遂掠而归。

是岁，西辽亡：万蛮屈现律汗废西辽主直鲁古自立，耶律氏自大石称帝，至是亡，为时共七十八年。

1212年壬申，宋嘉定五年，金崇庆元年，夏光定二年，蒙古成吉思汗七年。

正月，蒙古攻克金云中等郡：时蒙古攻克支中（山西大同），九原（内蒙五原）诸郡，又进取抚州（湖北张北县）。时蒙军阵子貛儿咀，金兵三十万，号称四十万。蒙古木华黎率敢死士，策马冲击，蒙古主指挥诸军并进，大败金兵，追至浍河，僵尸百里。金降将石抹明安领蒙古军抚定云中东、西两路。蒙军复南向进攻，围威宁，金防城，千户刘伯林降。刘伯林善骑射，为蒙古主任以原官，命选士卒，与响道秃怀共同征讨，招降山后诸州。

五月，安南李朝被陈氏所代：安南国王李龙翰卒，子昊品即位，旋又卒，无子，以女昭圣主持国政，其婿陈日照乃夺位。李氏自公蕴八传，共二百二十余年。

1213年癸酉，宋嘉定六年，金崇庆二年，宣宗完颜殉贞祐元年，夏光定三年，蒙古成吉思汗八年。

八月，金宣宗立：时金有付元帅纥石烈胡沙虎与其党完颜绰诺、蒲察六斤等谋作乱，正直金主跨遣使责胡沙虎不重视军事。于是胡沙虎妄称知大兴府图克坦南平及其子附马都尉穆延谋反，自称奉令率军入讨。胡沙虎诱杀南平姻家福海，夺其城北驻军，自通玄门入，又诱杀南平，遂入东华门，金至入后宫，胡沙虎自称监国都元帅，居大兴府（今北京），以兵逼金主出宫居卫王府。封拜其党数人作官。因不能以异姓监国，乃访完颜镒，定以立升王，即章宗兄、显宗长子，于是胡沙虎遣宦官李思中杀金主于卫王府。又召完颜纲反中都，纲至，囚子悯忠寺，旋以其失四州，败于缙山（河北延庆），乃杀于市口，至是尽撤沿边诸军于中都，平州骑兵屯于蓟州，以自保，遣使迎异王完颜从嘉干彰德（河南安阳）至中都（今北京）即帝位，是为金宣宗，改元贞祐。卢宗封胡沙虎为泽王，且拜为太师，沿书令，元帅。

十月，蒙古进军攻中都：蒙古军五千骑，由怯台、哈台二将"统领，进攻中都。金胡沙虎令术虎高琪出战，自反至晓，风沙迷目，金兵人败，述虎高琪知必为胡沙虎所杀，乃自率乱军至中都，围胡沙虎住处。胡沙虎欲登墙逃，坠而伤股，被杀。金主以术虎高琪为左付元帅。

蒙古木华黎率军攻金，所向披靡。永清人史秉直聚族商议：当此国家丧乱，吾家百口，何以自保？后知降者得免，乃率家乡数千人至涿州（河北涿县）军门降。木华黎欲用史秉直，秉直辞，乃以其子史天倪为万户，率降人家属屯驻霸州。

1214年甲戌，宋嘉定七年，金贞祐二年，夏光定四年，蒙古成吉思汗九年。

五月，金迁都南京（河南开封）：金以国蹙，财度匮乏，不能守中都，乃决意南迁。太学生赵防等上章极论不应南迁，亦以大计以定，不能中止，皆慰谕而遣。命平章政事，都元帅承晖，尚书械丞抹然尽忠，与太子完颜守忠留守中都。金主与六宫启行到南京。蒙古主闻之，怒称："既和而迁，则有疑心而不释。"乃复图南侵。金主至良乡，命扈卫纠（单纠）原给铠马，全数还官。纠军甚怨，遂乱，杀其主帅素温，而推所答，北涉儿、札刺儿三人为帅，北还。完颜承晖闻变，以兵阻卢沟，所答击败承晖军。乃遣使乞降蒙古。蒙古主遣石抹明安及三合拔都入援，进古北口，攻占顺义、蓟县等地，明安与所答遂合兵逼近中都。

山东红袄兵大起；杨安儿起义势甚盛，淮州（山东淮坊），李全等并起抗金。时起义军均穿红衣，目为红袄军。李全及其兄李福尤强，刘庆福、郑衍德等均附于李全，与杨安儿相呼应，金宣抚使布萨安贞至益都，败杨安儿于城东。安儿至莱阳、莱州（山东掖县）徐汝贤以城降于安儿，安儿势复强登州刺史耿格开门纳迎安儿，且用库藏慰劳起义军。杨安儿遂设置官属，改元天顺。进攻宁海，又攻淮州。元嵩子方三占有密州（山东诸城），李全欲取益都，金布萨安贞遣将征讨。

十二月，杨安儿死：金赦山东，但杨安儿及耿格不赦，后耿格被杀。金以陕西统军使完颜弼知东平府，安儿与其党汲政等乘舟入海，欲至炬蜗山，舟人曲成等袭击，杨安儿坠水死。

1215年乙女，宋嘉定八年，金真祐三年，夏光定五年，蒙古成吉思汗十年。

五月，蒙古攻克金中都（今北京）：中都久被蒙古军包围。金完颜承晖与穆延尽忠会议，希同死社稷，尽忠不从。五月，承晖写遗表，请尚书省令史师安石书写，均论述国事及术虎高琪奸状。且谢未能保住中都之罪，出家财与家人，随年劳多寡分给财物，后承晖仰药自尽。家人埋其于庭院中，是日暮中都妃嫔，得悉穆延尽忠将南巡，乃无法束装待发于通玄门。尽忠誓言：我当先出，为诸妃启途。乃与爱妾等出城，不复返。蒙古兵入城，金户部尚书任天宠，知大兴府高霖，均及于难，金宫室均被乱兵所焚，师安石以承晖遗表至汴，赠完颜承晖尚书令，广平郡王，谥忠肃。尽忠亦至汴，金主不问其罪，仍为平章政事。

七月，金求和未成：时蒙古兵向向克捷，金人遣使求和，蒙古至欲许和，对撒没哈称：如围猎鹿，已取，留一免是可以的。但撒没喝耻无功，不同意金救和，遣职里对金称，若欲议和，以河、山东未克诸城来献，并去帝号称臣，封金主为河南王。金主不从，因此，和议未成。

九月，红袄军攻占金深、祁等州：红袄军周元儿攻克金深（河北深县）、祁（河北安国）二州及束鹿、安平（河北安平）、无极等县。真定帅府以讨攻破，周元儿及其众五百余人均被杀。白杨安儿、刘二姐败后，河北干戈不断，红袄军余众起义此起彼伏，金军亦不能完全消灭起义。

是年秋，蒙古军攻占金城邑达八百六十二座。

1216年丙子，宋嘉定九年，金真祐四年，夏光定六年，蒙古成吉思汗十一年。

七月，金候挚破红袄军：金以候挚行尚书省事于东平，获红袄军，知其首领郝定已称帝，署官，改元且攻占滕（山东滕县）、兖（山东兖州）诸州及莱芜等十余县。候挚率军进击，俘郝定，送南京（河南开封）处死。

1217年丁丑，宋嘉定十年，金真祐五年，兴定元年，夏光定七年，蒙古成吉思汗十二年。

四月，金山东红袄军复盛；金济南、泰安、滕、兖等州红袄军并起，均刘二姐余党。候挚遣完颜霆率兵征讨，完颜霆自清河出徐州，杀霍议，招降红袄军元帅石硅、夏全、余众均溃散。

六月，宋下诏伐金：赵方请宋宁宗下诏伐金，以告天下。诏略称："岂谓敌人，遽忘大德，皇华之辔朝遣，赤白之囊之离。叛卒鸱张，纺作如林之众；饥亡鸟合，驱为取麦之师。一朝背好，谁实为之！兵应者胜，尔立急赴于事机。若能立非常之功，则亦有不次之赏。"自是宋、金连交兵。

八月，蒙古主以征金事付木华黎：蒙古主以木华黎有佐命之功，拜为太师，封鲁国王，按命令行政事，赐誓卷，金印，分弘吉利等十军及蕃，汉诸军均归其指挥，建行尚书省于燕方。蒙古主言："太行之北，朕自经略，太行之南，卿其勉之！"于是木华黎南下攻克遂城（河北徐水西）及蠡州，蒙古主自引军攻夏。

1218年戊寅，宋嘉定十一年，兴定二年，夏光定八年，蒙古成吉思汗十三年。

二月，金破宋皁郊堡：先是金人围皁郊堡（甘肃天水南）至是攻破该堡，死者五万人。因安丙曾约夏遣后会攻秦（甘肃天水）、巩（甘肃陇西），但夏未出兵，遂有此败。

十月，蒙古攻占平阳：蒙古攻占金绛（山西绛县）、潞（山西长治）。蒙古兵攻平阳（山西临汾），金将郭用战死。行省参政李革守平阳，后少援绝，蒙古军遂攻占平阳，李革自杀。

1219年已卯，宋嘉定十二年，金兴定三年，夏光定九年，蒙古成吉思汗十四年。

五月，金深、冀诸州均属蒙古：蒙古使张柔帅兵南征，遂攻克雄（河北雄县）、易、保（河北易县、保定）、安、诸州（河北保定东）引兵至满城。金将武仙集中兵力数万人进攻。适张柔全军出，帐下仅数百人，以少胜多，大败金兵，且攻克定州，又击败金兵，由是深、冀（均河北）三十余州县，望风归降蒙古。

七月，金败于枣阳：金完颜额尔克率步、骑兵攻刺阳城，宋守将孟宗政囊糠盛沙守城。金选精骑二千，号称弩子手，拥云梯及天桥登城。宗政先毁楼，掘深坑，防地道，金兵薄城，双方血战十五阵，金兵终未能胜，值宋扈再兴，许国两路并进，攻略唐、邓，焚城栅粮储。金屯兵枣阳城下八十余日，终被宋兵击败，宋军杀金兵三万余。金将完颜额尔克逃走，自是金兵不窥襄阳及枣阳。中原遗民归宋以万计。孟宗政给民粮及田，登记勇敢壮丁，号忠顺军，出没唐、邓之间。

1223年癸未，宋嘉定十六年，金元光二年，夏光定十三年，李德旺乾定元年，蒙古成吉思汗十八年。

三月，蒙古大将木华黎死：木华黎泫黄河至闻喜（山西闻喜）病重，召其弟带孙称："为国家助成大业垂四十年，东征西讨，无复遗恨，茅恨汴京未下，博尔忽，赤老温并随蒙古主起兵。后博尔术位终右万户，博尔忽战没，唯木华黎最有功。

十二月，金宣宗死；年六十一，太子完颜守绪即帝位，是为哀宗。

是岁，成吉思汗征服国央亚细亚，花剌子模及诸国后，遣大将速不台绕里海，征服亚美尼亚，格鲁吉严与阿塞拜疆，又绕过高加索山，进入南俄草原，与基辅大公统的俄罗期斯及波罗维茨人战于卡尔卡河畔。俄罗斯诸候被打败。蒙古人旋退兵。

1224年甲申，宋嘉定十七年，金哀宗完颜守绪正大元年，夏乾定二年，蒙古成吉思汗十九年

八月，宋宁宗死：时宁宗病重，闰八月，宁宗死，享年五十七，以养子贵诚，赐名昀，继位，是为理宗。改元宝庆。

是岁，成吉思汗率军至印度东部铁门关，后大掠而回。

五、理宗赵昀1225——1264年

1225年乙酉，宋理宗赵昀宝庆元年，金正大二年，夏乾定三年，蒙古成吉思汗二十年。

二月，蒙古武仙叛于真定：蒙古武仙知彭义斌收复山东州县，于是叛蒙古，杀河北西路都元帅史天倪。后被天倪弟史天泽与笑万台率三千军合攻而败，武仙入赵州（河北赵县）逃奔西山。

同月，宋玖谥岳飞忠武，宋大诏："故太师、武胜、定国军节度使、鄂王岳飞，改谥忠武。"

七月、彭义斌攻蒙古兵：时彭义斌攻克真定（河北正定），经西山（太行山），

与蒙古将孛里海等军相望。义斌分部下兵给严实，表面助军。实际监视。严实即赴孛里海军，同彭义斌战于内黄。五马山，彭义斌兵败。史天泽率蒙古军尾追，竟俘义斌。义斌厉声言："我大宋臣，义岂为他人属也！"竟殉难。于是京东诸州县复为严实控制，统有全魏（山西南部及河北南部）五十四城，仍附于蒙古。

1226 年丙戎，宋宝庆二年，金正大三年，夏乾定四年，李见宝义元年，蒙古成吉思汗二十一年。

正月，成吉思汗攻夏：成吉思汗因夏收纳仞人，且又不遗质子至蒙古，于是乃自率军征夏，不久取得黑水（陕西绥德西）等城。

七月，成吉思汗取西夏凉府：成吉思汗率军取得西夏凉府（甘肃武威）、搠罗、河罗等县，遂越过沙陀（宁夏中卫西）至黄河九度，取应理等县。夏国主李德旺惊悖而死，年四十六岁献宗。其弟南平王李见继位，改元宝义，因军事频繁，乃告知金，各停聘使。

1227 年丁亥，宋宝庆三年，金正大四年，夏宝义二年，蒙古成吉思汗二十二年。

五月，李全降于蒙古：李全在青州突围，蒙古孛鲁遣兵邀击，大败，损失七千多人。全乃退入城，城中食尽遂出降。孛鲁奏闻，成吉思汗令孛李鲁便宜从事，乃以李全为山东、淮南、楚州行省，郑衍德四世荣为付。

六月，夏主李见降于蒙古：时蒙古军尽占夏城邑，人民穿凿土石以避兵归，但免受兵灾者百无一二，白骨遍野。是月、夏国主李力屈乃降，被执北归。至是，夏立国达二白余年，历经宋、辽、金三代，终亡于蒙古，时诸将多掠财帛子女，耶律楚材但取书数部及大黄两驼，后万余兵士患疫，均赖大黄而愈。

七月，成吉思汗死：成吉思汗病重时，对部下称："金精兵在潼关，难以遽破。若假道于宋，宋金世仇，必能许我，则兵下唐（河南唐河）、邓（河南邓县），直捣大梁（河南开封）。金必自潼关数万众千里赴援，人马疲弊必败。"成吉思汗病卒于萨里川（蒙古写乌兰巴托东南），年六十六岁，葬于起辇谷，庙号太祖，在位二十二年。成吉思汗善于用兵，灭四十国。弟四子拖雷监国。

1229 年已丑，宋绍定二年，金正大六年，蒙古窝阔台汗元年。

八月，蒙古立窝阔台为大汗：初，蒙古太祖伐金时，定西域，第三子窝阔台功最多。耶律楚材宣遣诏诸王集会，请立窝阔台为太宗。于是拖雷蓝图与诸王奉窝阔台即位于和林东库铁乌阿剌里之地。楚材定册立礼仪，皇族诸王尊长均列班以拜。时中原新定，将吏多自专杀，楚材命禁绝将吏专杀。

九月，蒙古议伐金：金遣使归还蒙古太祖之赋，蒙古主窝阔台却而不受，遂议伐金。十月，蒙古兵入金庆阳界，金令陕西行省遣使送羊酒币帛于蒙古兵，以乞师请和，蒙古兵不受。

1230年庚寅，宋绍定三年，金正大七年，蒙古窝阔台汗二年。

正月，金解庆阳之围：金伊喇布哈遇蒙古兵于大昌原（陕西宁县西），以完颜彝率忠孝军为前锋，仅四百骑破蒙古八千人，于是解庆阳围，自蒙金交战以来，金仅有此捷。完颜彝小字小和尚，至是名显，授定远大将军，世袭谋克。忠孝军来自回纥，乃畚、羌、浑及中原被俘避罪之人众。完颜彝率军所过州县，秋毫不犯，每战，完颜彝必身先士卒，诸将倚为重。

十一月，李全围攻扬州：李全攻扬州，宋将赵范，赵葵率雄胜，宁淮、武定、强勇四军一万四千人守城。李全至湾头立寨，据运河冲要，使胡仪为先锋，驻平山堂。李全于东门隔濠与赵葵对语，全自称非叛，乃索钱粮，葵称：朝廷待汝以忠臣孝子，而乃反戈攻陷城邑，朝廷安得不绝汝钱粮。自是屡战，金兵多败。李全意用长围，以待久困官军。李全张盖奏乐于平山堂，布置筑围。赵范、赵葵令诸门以轻兵牵制。

1231年辛卯，宋绍定四年，金正大八年，蒙古窝阔台汗三年。

正月，李全败死于扬州：时李全浚围城堑，赵范、赵葵大败李全。初，李全反宋，尚多顾忌，惧其部下不顺。宋边陲喜事者欲挟李全以自重，遂激成李全反宋。及至宋廷声罪致讨，罢支钱粮，而李全率军攻城不得，累战不利，李全始悔，后赵范、赵葵议夜袭击李全。是夕，全张灯置酒，高朋满座，会于平山堂。天明时，宋兵均至，赵范指挥，赵葵亲自参战，诸军奋战。李全大败，从数十骑逃，北至新塘，陷泥淖数尺深，不能自拔，宋制勇军赵必胜等追及，用枪刺杀李全，群卒碎其尸，并杀三十余人，余众溃逃。

五月，宋平李全余部于淮安：宋将赵范、赵葵率步，骑十万攻盐城（江苏）破城，进薄淮安（江苏）又获胜，淮安城破。后，杨妙真欲归老涟水乃逃走，残部均降。

六月，蒙古遣使约宋攻金：金降人李国昌对拖雷说：金迁汴将二十年，所持者潼关、黄河。若蒙军出宝鸡，以入汉中，即可达唐、邓（均河南）。拖雷奏闻蒙古主。蒙古主乃会诸将，期以明年正月合南北军攻汴（河南开封）遣拖雷先至宝鸡。速不罕来，假道河南，请以兵合攻金兵。时速不罕至沔州（陕西略阳）青野原，被金统制张宣所杀。

八月，高丽降于蒙古：蒙古主因高丽杀使者，乃命撒礼塔率军征讨，取四十余城，高丽王撤遣其弟怀安公请降，撒礼塔承制设官分镇监察其他。

1232年壬辰，宋绍定五年，金正大九年，开兴元年，天兴元年，蒙古窝阔台汗四年。

正月，蒙古大败金兵于钧州：蒙古游骑至汴京（河南开封）。金将完颜合达，移剌薄阿自邓州率步骑十五万人赴援。进至钧州（河南禹县）沙河，遇蒙古拖雷所率军。金军不得休息，且行且战，至黄榆店，距钧州尚三十五里。时雪大天寒，蒙古军遂包围金兵，开钧州路金兵，复夹击，金兵大败。武仙走密县，杨沃衍、樊泽等备战致死。完颜合达与完颜彝率数百骑入钧州。时蒙古主窝阔台复派援兵，至则金军败，乃合攻钧州。完颜合达匿窟室，后被杀。完颜彝藏于陷处，亦不屈死。移剌薄阿走汴，为蒙古追杀。于是金之健将殆尽，不可复振，蒙古遂略定商（河南商县）、陕（河南三门峡）、洛（河南洛阳）、睢（河南睢县）等州。

三月，蒙古攻金南京：蒙古军立炮攻克洛阳，蒙古主将北归，使速不台攻汴，且谕金速降，金以曹王为质留于蒙古军。蒙古复以焰石取自民岳太湖，灵壁假山石，大小约一斤重，球形。蒙古炮可击破大甲，于是在每一城角，置炮进攻。数日，石积与城平。金有大炮，名震天雷，以铁缸盛药，用火点燃，炮声如雷，火点著铁甲均透。金又有飞火枪，蒙古怕此二物，攻城十六昼夜，死者上万计。后速不台知不易取，乃应金议和，金遣户部侍郎杨居仁出宜秋门，以酒肉犒蒙古兵。且以金帛等物贿赂，蒙古速不台乃退兵，散屯子河、洛之间。

十二月，蒙古约宋攻金：蒙古遣王楫（音辑）至宋议夹攻金人，京湖安抚制置使史嵩之奏上，宋帝命嵩之报使。史嵩之遣邹伸之往报蒙古，约以事成，归河南地于宋。

金主东逃，金主离汴京决意东行，与后妃等别，并留兵士守汴。

蒙古复围汴京：蒙古速不台闻之金主离汴，乃复进兵围汴京。

1233年癸巳，宋绍定六年，金天兴二年，蒙古窝阔台汗五年。

正月，金主入归德：金主乘舟济河，遇风，后军未渡。蒙古追击于南岸，金将帅多战死。金遣拜牲帅师攻卫州（河南汲县）。蒙古军自河南渡河，拜牲乃退师。蒙古史天泽以骑兵追击其后，战于白公庙，击败金兵。金主遂与付元帅合里合等六、七人，乘夜潜渡黄河赴归德（河南商丘）。

金崔立拥完颜从属监国：时蒙古速不台攻汴京日急，米价二两银一升、民饥。金元帅崔立勒兵入宫，集百官议所立。以太后名议往召完颜从恪，填充为梁王，监国。遂送降款于速不台。崔立自为太师，称郑王。崔立以父事速不台于青城。

四月，金主逃出，留于汴京的后妃等又被蒙古俘去：金崔立以天子兖冕，后服送给蒙古速不台，又搜括汴京城内金银，残酷索取，死者枕藉。

崔立以太后，皇后、梁王、荆王及诸嫔妃，共载车三十七乘，宗室男女五百余人以及衍圣公孔元楷等医、卜、工匠、绣女至青城（当初金掳宋二主，后妃等数百人，今天他的后人被人掳）。速不台杀梁、荆二王及族属，而遣送后妃等于和林（蒙古哈尔和林）。汴京破，依蒙古制，久攻乃克，要屠城。速不台遣使言于蒙古至请屠城。耶律楚材向蒙古主进言："得地无民，将焉用！"蒙古主未许，楚材又言：'凡弓矢，甲仗，金玉等匠及富民均集此城，杀之则无所得。"于是金主令仅杀完颜氏一族，其他人均免死（耶律楚材是好人）时避乱时汴京尚有一百四十万户，乃均保全。

同月，金主离汴后攻宋于光化：金唐、邓州行省武仙于顺阳（河南邓县西北），与金唐州守将武天锡、邓州守将移剌瑗共谋迎金主入蜀，于是侵光化（湖北襄樊西北）。宋将孟珙击败武天锡军，壮士张子良得武开锡首并献俘金兵将士四百余人。宋军攻顺阳，金将武仙败走马蹬山。宋以归附人耕种其地。

五月，金败蒙古于亳州；金将蒲察官奴密与蒙古将忒木言，欲劫持金主降蒙古，忒木解信以为真，端午夜，蒲察官奴率忠军四百五十人登舟，迳攻至王家寺忒木解营地。忠孝军持火抢攻入。蒙古军大败，溺死三千五百余人。

六月，蒙古破金洛阳；金主以强伸为中京（河南洛阳）留守，时以总帅乌林答胡士代行省事，强伸行总帅府事，月余，粮尽，军民稍散，蒙古兵复至，阵于洛阳南，强伸阵子水北。蒙古韩元帅招降，强伸射之。韩率数百步卒夺桥，金一卒，勇杀数人。强伸以都统银牌赏此卒，士气颇振。乌林苍胡士以蒙古兵强，乃以轻骑带妻子奔蔡州（河南汝南），部下献西门降于蒙古。强伸率数十人突出东门，转战至偃西，被执，坚持不屈乃遇难。

金主入蔡州：金主离归德（河南商丘），留元帅王壁守城时天久雨，道途泥泞，扈以均以青枣为粮，足胫尽肿。次日，至亳州，金主黄衣，皂笠，从者仅二三百人，马五十匹。留一日，复南行，入蔡州（河南汝南），仪卫甚简，以完颜呼沙呼为尚书右丞相。呼沙呼有文武材，选士括马，修治甲兵，谏金主简后宫，后得马千余匹，诸道亦选兵至蔡，兵威稍振，呼沙呼亦治兵有法。

七月，宋孟珙败金兵于马蹬山：孟珙降金将刘仪，问武仙所在虚实，遂围马蹬，杀戮山积。武仙所据九寨，六日所破其七，被俘七百三十余人，弃铠甲如山，后武仙以五、六骑奔逃。余众七万人降宋，孟珙还守襄阳。

十月，蒙古与宋合围蔡州：宋孟珙、江海率军二万，运米三十万石，赴蒙古约攻蔡州，蒙古将塔察尔大喜，益治修工具，声闻城内，城中窃议出降。金完颜呼沙呼经营防御，军民始有守意，但城内缺粮益甚。

1234 年，甲午，宋端平元年，金天兴三年，蒙古窝阔台汗六年。

正月，蒙古与宋灭金：孟珙与蒙古兵围蔡州，城中绝粮已三月，欲降者众。金自被围，损失折将甚多，以近侍守城。时蒙古凿西城为五门攻之，全督军奋战，及暮蒙古兵乃退。是夕，金主集百官，传帝位与东面元帅承麟。承麟为世祖后人拜牲之弟。时孟珙率宋军向南门攻，至金字楼，到云梯，诸将奋战，马义先登，赵荣继上，万军竟入，大战城上，金将率二百人降。南城已立守帜，金兵弃南门，孟珙招江海，塔察尔军城。金完颜呼沙乎率精兵千巷战，不能御。于是金主自缢于幽兰轩。呼沙呼亦投水死。将士五百余人从死。承麟等谥舍主为哀宗，大焚其尸。孟珙与塔察尔分金主骨及宝玉、法器。承麟为乱军所杀，金亡。（金结局也惨）

1241 年辛丑，宋淳祐元年，蒙古窝阔台汗十三年。

十一月，窝阔台汗死：蒙古主行猎还于乌特古呼兰山，奥都剌合蛮进酒，饮后翌日，蒙古主死于行殿，年五十六，葬于起辇谷，庙号太宗。先是，有旨叹失列门为嗣，失列门系太宗第四子曲出子。至是乃马真皇后反对，乃自称制于和林，

蒙古进围成都，蒙古达海部汪世显率军入四川，进围成都。宋制置使陈隆之固守经旬，誓与城共存亡，但部将田世显暗中向蒙古投降，夜，开北门引蒙古军入城，陈隆之全家数百口人死难。陈隆之被槛送至汉州（四川广汉），蒙古命陈隆之招将王夔降，隆之不从，亦被杀。城中出兵三千，战败。王夔夜出驱火牛突围奔逃，蒙古占汉州。

十二月，蒙古遣使与宋议和：蒙古遣年里麻思议和，从行有七十余人。使至淮上，宋守将以兵胁其“若能降，官爵可立致。“月里麻思不从，守将乃囚其长沙飞虎寨。”

是岁，蒙古分四路军进攻欧州：以拔都、海都、哈丹（后二人均是窝阔台子）与速不台分统四路兵。二月初，蒙古军大败波兰与日耳曼联军于利格尼兹，大败匈牙利王培罗于萨约河畔。秋季，蒙古进军维也纳。另一路至亚得利亚海北端与威尼斯相近处。蒙古军岳锋亦及于波斯来亚，寨尔维亚与达尔马提亚等地。

1242 年壬寅，宋淳祐二年，蒙古乃马真皇后称制元年。

是岁，蒙古人东欧等地大胜，使全欧为之震惊。但教皇格累戈里九世与皇帝腓德烈的争端仍继续进行，对东欧各地的请求援助，则互相推诿。是年二月，窝阔台逝世消息传至军中，蒙古军才撤退，沿途又扰惊保加利亚、瓦拉几亚、摩乐达维亚、经里海北岸退至伏尔加河下游，拔都建萨来为都城，号钦察汗，以后分为数部，嫡长部落为金帐汗。自此金帐汗统治俄罗期诸国达二百五十余年。

1243 年癸卯，宋淳祐三年，蒙古乃马真皇后称制二年，

五月，耶律楚材抚皇后：蒙古皇后信任奥都剌合蛮，给以御宝空纸，使自行填写。耶律楚材谏称；有乱朝章，臣不敢奉诏。蒙古后旋又传旨；凡奥都剌合蛮所建白，令史不为书者，断其手。耶律楚材言：事若合理，自当奉行。如不要响彻云霄，死且不避，况截手乎！后不悦。楚材称：老臣事太祖，太宗二十余年，无负于国，皇后亦岂能无罪杀臣。后虽不满，以耶律楚才系先朝耆旧勋臣，亦深敬仰。

1244 年甲辰，宋淳祐四年，蒙古乃马真皇后称制三年。

五月，蒙古名臣耶律楚材死：蒙古中书令，三朝老臣耶律楚材以朝政日非，忧愤成疾，是月，逝世。有人赞言，天下贡赋半入其家，乃马真皇后遣人视查其家，仅十几个琴，数千卷古今书画，金石、遗文等。楚材学识渊博，旁通天文术数，后追填充为广宁王，谥文正。

1246 年丙午，宋淳祐六年，蒙古乃马真皇后称制五年，贵由汗元年。

七月，蒙古贵由为大汗：自太宗死后，诸王攻战不休，是月，太宗六皇后会集诸王百官，立皇子贵由即位于汪吉宿灭秃里之地，时朝政犹自皇后出。贵由系太宗长子，是为定宗。

八月，蒙古耶律铸领中书省事：蒙古耶律楚材子耶律铸领中书省事，上言宜宽禁网，乃采前代德政合于时宜者有八十一章以奉进。

九月，宋名将孟珙死：初，孟珙招中原精锐万五千人，分别屯守于汉水北樊城，新野、唐、邓之间，号为镇北军，能上能下襄阳。珙善抚士卒，忠君休国，有古名将风度，追封吉国公谥忠襄。

1248 年戊申，宋淳祐八年，蒙古贵汗三年。

三月，蒙古贵由汗卒，蒙古主死于横相乙儿之地，年四十三岁，葬于起辇谷，庙号定宗。

自太宗皇后乃马真称制以来，法度不一，人心思旧，国内又大旱，牛马死去十之八九，民无以为生，诸王及各部，遣使至各部征求货财，或于西蕃，回鹘索珠宝，或于东海求猎鹰，驿骑络绎，日夜不停，民国益困。至是皇后海失米立曲出子失烈门听政，诸王大臣多不服。

1250 年庚戌，宋淳祐十年，蒙古海米失皇后称制二年。

十月，蒙古诸王拥立蒙哥：先是蒙古太宗爱皇侄蒙哥，养为已子，皇孙失烈门，太宗以其有仁心，亦称可君天下。后，蒙哥从征多立功，定宗既死，久未立君。群情较属意立蒙哥。至是，诸王拔都，木哥，大将兀良合台会集于阿刺脱忽刺兀，木哥首倡拥立蒙哥。虽有定宗皇后使者八刺反对，主立失烈汛最后，兀良合台言蒙哥聪明睿智，当立。议乃定。

1251 年辛女，宋淳祐十一年，蒙古海米失皇后称制三年，蒙哥汗元年。

六月蒙哥即位；蒙古诸王大臣共推蒙哥即汗位于阔贴兀阿兰之地。蒙哥系拖雷子，是为宪宗。换烈门及诸弟心不平。蒙古主察诸王有异者，并羁么之，主谋者诛之。划一行政，罢不急之役。

七月，忽必烈思治漠南：蒙哥即位后，察诸弟长而贤者，惟忽必烈，命以皇疵总治漠南军民政事，开府于金莲川（内蒙正兰旗南）。姚枢建议，王若尽有汉地，则天子何为，不若但持兵权，凡事付诸有司，则事顺理安。忽必烈从此议，奏闻，蒙古主亦从此请。

1256年丙辰，宋宝祐四年，蒙古蒙哥汗六年。

六月，蒙古议伐宋：诸王亦孙哥，驸马也速儿等请伐宋，宪宗议伐之。

七月，宋击退蒙古于叙州：蒙古军扰叙州（四川宜宾），宋知叙州史滩调舟师与蒙古战，击退蒙古军。

1258年戊午，宋宝祐六年，蒙古蒙哥汗八年。

二月，蒙古大举侵宋：蒙古主自率军南侵，由西蜀以入。先遣张柔随忽必烈攻鄂，奔临安。又遣隐良合台自交，广进攻，会师于鄂。用张文谦等言，分命诸将不妄杀，不焚民庐舍。

宋西川州县降于蒙古：蒙古军前锋至成都。宋四川制置蒲择之遣安抚刘整等据遂宁江箭滩渡，断蒙古军东路。蒙古军纽磷至，不能渡，自且至暮双方酐战，宋军败，蒙古军遂长驱入成都。于是成都、彭县、广汉、怀安、绵阳等州，威（四川理县北）、茂（四川茂文）诸少数民族均降。

1259年已未，宋开庆元年，蒙古蒙哥汗九年。

六月，蒙古败宋援军于江；宋将吕文德乘顺风，攻击涪州，力战，攻入重庆，即率巨舰千艘溯嘉陵江趋合州以赴援。蒙古军史天泽分军为两翼，顺流纵击。宋将吕文德兵败，史天泽追至重庆乃还。蒙古将汪德臣死于合州，合州被围，自二月至六月，王坚固守力战。蒙古至屡督军攻城未克，前锋将汪德臣攻城，天明，汪德臣几为飞石所中，得疾而死。适天雨，攻城梯折。

七月，蒙哥汗死于合州钓鱼山：蒙古主殂于钓鱼山或云为飞石所中，寿五十二，后追谥桓肃皇帝，庙号宪宗。蒙古将史天泽与群臣奉丧北归，于是合州解围。

八月，蒙古忽必烈师次黄陂：忽必烈遣杨惟中，郝经宣抚京湖，江淮。忽必烈自率军由大胜关（湖北武胜关东），张柔由虎头关（湖北麻城北）分道并进，宋军均逃。蒙军师次黄陂。时宋沿江制置付使袁玠征渔利，虐民，于是渔人愿为蒙古军献舟为向导。

十一月，贾拟道向蒙古请和：时蒙古军声趋临安，贾似道惧。合州王坚遣使向宋延报以蒙古主已死，贾似道意稍解，遣宋京向蒙古请和。称："北兵若旋师，原割江为界，且岁奉银、绢各二十万。"蒙古使赵壁称，待他日再议。

同月，忽必烈北归：蒙古阿兰答儿，浑都海，脱大思，脱里赤等谋立阿里不哥于和林。忽必烈妃弘吉刺遣使驰至忽必烈军前密报，令速北还。忽必烈遂自鄂州拔寨北去，留张杰，阎旺以编师待会湖南兀良合台军。

1260年庚申，宋景定元年，蒙古忽必烈中统元年。

三月，贾似道欺主，匿议和以大捷上闻：贾似道匿和及向敌纳币事，而以俘获蒙古军上闻，表称："诸路大捷，解鄂州围，肃请江、汉。"宋理宗下诏褒美贾似道，并赏赐甚厚。

同月，忽必烈继大汗位于开平；蒙古皇弟忽必烈还至开平（内蒙多伦），诸王合丹，木哥、搭察儿与诸大臣会集于开平，旭烈，兀亦自西域遣使至，俱劝进。廉希献、赵良弼，及商挺力言；宜早定大计。于是忽必烈即位，是为元世祖。

四月，阿里不哥称帝于和林：蒙古阿里不哥闻蒙古主立，乃分遣亲信，易置将帅，散金帛给士卒，命刘太平，果拉葛拘收关中钱谷。时浑都海屯兵六盘，刘太平与其勾结，又派人与成都密里火者等共谋起兵反蒙古主。是月，阿里不哥自称帝于和林（蒙古哈尔和林），陕西行省丞相兰答儿时发兵漠北，及六盘守将浑都海举兵响应，表示拥立。

九月，蒙古主忽必列击败阿里不哥：浑都海率军趋甘州，恰好兰塔儿自和林率军至，遂会师面进。蒙古诸王合丹率骑兵与江良臣兵合御浑海等军，双方大战于甘州，浑都海、兰塔儿均战死。阿里不哥部被消灭于关陇。

1262年壬戎，宋景定三年，蒙古中统三年。

二月，蒙古将李璮降宋：李璮久有异志，召其子李彦简自开平回山东，修筑济南，益都城，杀蒙古戎兵，以连水（灌输涟水）海州（江苏连云港）归宋；献山东郡县以赎父李全叛宋之过。宋理宗下诏授李璮为保信，宁武军节度使，督视京东，河北路军马，封齐郡王；又复其父李全官爵。李璮率海舟还攻益都，入城，以府库财犒军，收复淄州（山东淄博市）。

同月，蒙古主杀王文统：蒙古平章政事王方统，遣其子与李璮通谋，被蒙古主发觉。适獞将持文统三书信自洛水（河北邯郸北）至，书信中有"期甲子"语。文统言："姑迟其反期。"蒙古主召姚枢、王鄂、张柔等至，论王文统死罪。其子荛并死。父子均被杀。蒙古立国规模法制，均出自之统。

五月，蒙古国围李璮于济南：蒙古主命诸王哈必赤总管诸道兵击李璮，且命丞相史天泽亦往，节制诸将。史天泽主济南，称："瓊多谋兵精，不宜力战，当长期围困以灭敌。"于是深沟高垒，以围济南。

六月，宋给李璮犒军银：宋朝廷闻李璮受围，乃给银五万两，至益都府，犒军。又遣青阳梦炎率军赴援。梦炎至山东，惧蒙古，不敢进，乃归。

七月，李璮败死：蒙古命宋子贞至济南外围参议军事，亦主加筑外城，待李璮粮尽援绝自败。与史天泽谋合。乃筑城围困济南。李璮知城将破，手刃妻室，乘舟至大明湖，投水中，为蒙古所获，被杀。蒙古军至益都入城，山东复为蒙古所有，宋廷赠李壇太师衔，赐庙额精忠。

1264年甲子，宋理宗景定五年，元世祖中统五年，至元元年。

十月，宋理宗死：宋理宗死，在位三十九年，终年六十一岁。皇太子登基即位，是为度宗。

六、度宗 赵禥 265——1274年

1265年乙丑，宋度宗咸元元年元世祖至元二年。

二月、蒙古军与宋军战于钓鱼山：元帅按东与宋军战于钓鱼山（四川合川东），大败宋军，获战舰一百四十六艘。

四月、宋加贾似道太师，封魏园公。帝以似道有定策功，每朝，必答拜，称之曰："师臣"而不呼名。朝臣皆称之为"周公"。

八月、蒙古元帅阿术率兵至庐州安庆诸路，宋统制范胜、统领张林，正将高兴，付将高迪迎战，皆死。

1267年丁卯，宋度宗咸浮三年，元世祖至元四年。

八月、蒙古阿术军与宋军战于襄樊：都元帅阿术军略地至襄阳，俘牲口五万，马牛五千、军还。宋军步骑阻于襄樊间，阿术率骑军五千于牛心岭立虚寨、设疑火。夜半宋军至，伏兵四出、宋军败，死者万余人，

十一月，刘整言攻宋方略：蒙古南京宣慰使刘整言攻宋方略，宜先从事襄阳。并谓若复襄阳，浮汉入江，则宋可平。帝从之，并诏征诸路兵，命阿术与整经略襄阳。

1269年己已，宋度宗咸淳五年，元世祖至元六年。

正月、宋李廷芝和扬州：宋以李廷芝为两准置制大使，兼知扬州。时扬州新遭火，庭芝乃放民负盐二百余万，又开河四十里以运输。并大筑城壁，募汴南流民二万余人以实之，称武锐军。且修学赈饥，施以德政。

三月，张世杰败于赤滩浦：阿术自白河率兵围樊城，筑堡于鹿门山。宁京湖都统制张世杰，将兵拒之，战于赤滩浦，（湖北襄樊东南），为蒙古军所败。

七月，宋将夏贵兵败于新城：宋沿江置制付使夏贵，率兵船三千，袭阿术军于新城（湖北襄樊南），行至鹿门山，为万户解汝辑，李廷舟师败，士卒二千余人被浮杀，战舰五十艘被掳。范文虎以舟师援贵，至灌子滩，亦为元军所败。

1270年庚午，宋度宗咸湾六年。元世祖至元七年。

正月、李庭芝督师援襄樊；宋以李庭芝为京湖置制大使，督师援襄樊。权相贾似道却命范文虎为福州观察使，令其兵从中制之，庭芝屡约进兵，文虎每以未领旨为辞拒之。

二月，宋攻万山堡败：宋襄阳出步骑万余人，兵船百余艘，来攻万山堡，为

万户张弘范，千户脱脱等所败。

五月，宋将牛宣兵败被俘：宋四川制置司遣都统牛宣与元军陕西签省也速带儿、严忠范等战于嘉定、重庆、钓鱼山、马湖江皆败。宣被擒，元军遂破三寨，俘获人民及牛马战舰无算。

七月，蒙古都元帅也速带儿等略地光州，败宋兵于金刚台。九月，范文虎兵败：宋将范文虎以兵船二千艘来援襄阳。阿术、合答、刘整率兵力战于灌子滩，杀掠千余人，获船三十艘，文虎引退。

1. 太祖 赵匡胤	960/976 年 十六年	1. 高宗 赵构	1127/1162 年 三十五年
2. 太宗 光义	太祖弟 976/977 年二十一年	2. 李宗 赵眘	1163 / 1189 年 二十六年
3. 真宗 真恒	998/1022 年 三十四年	3. 光宗 赵惇	1190/1194 年 四年
4. 仁宗 赵祯	1023/1063 年 三十年	4. 宁宗 赵扩	1195 / 1224 年 二十九年
5. 英宗 赵曙	1064/1067 年 三年	5. 理宗 赵昀	1225 / 1264 年 三十九年
6. 袖宗 赵项	1068/1085 年 十七年	6. 度宗 赵禥	1265 / 1276 年 九年
7. 哲宗 赵煦	1086 / 1100 年 十四年	7. 恭帝 赵显	四岁 1275/1276 年 一年
8. 徽宗 赵佶	1101 / 1125 年 二十四年	8. 端宗 赵星	1276/1278 年 二年
9. 钦宗 赵恒	1126/1127 年一年	9. 幼帝 赵昺	1278/1279 年 一年

元始建国

蒙古孛儿只斤铁木真于公元 1206 年建国，初称蒙古，1271 年忽必列始定国号为元。

1271 年辛未，元世祖至元八年，宋度宋咸淳七年。

四月，宋范文虎与阿术战，军败，宋将范文虎与阿术战子湍滩，军败，统制木板不胜等百余人为阿术所俘。

六月，宋将范文虎率西淮舟师十万襄阳，进至鹿门山，值汉水涨，阿术迎战于会具滩，击宋军前锋，宋军战不利，乘夜追去。阿术获战船一百余艘。

八月，宋李庆降；东川统军司引兵攻宋铜钹寨，守寨官李庆等降，李庆知梁山军事。

九月，抄掠宋境：右卫亲军都指挥使忽都等言："五河城保已成，难庐舍未完，丸才甓（音辟）皆出宋境，请率精兵分道抄掠。"从之。

同月，宋兵攻胶州：为千户蒋德所败，蒋德俘宋统制范广等五十余人，获战船百艘。

十一月，颁建国诏：建国号曰大元，盖取《易经》"乾元"之意。

是岁，天下户一百九十四万六千二百七十。

1272 年壬申，元世祖至元九年，宋度宗咸淳八年。

三月，阿术军围樊城：元蒙古都元帅阿术、汉军都元帅刘整、阿里海牙督本军破樊城外部，斩首二千级，生擒将领十六人，宋守将坚闭内城，阿术等增筑重围以困之。

四月，元山东路行枢密院塔出，遣步骑扰宋涟州，攻破射龙沟，五港口、盐城、白头河四处城堡，杀宋兵三百余人，掳获人牛万计。

五月，张顺、张贵将兵救襄阳皆败死，襄阳被围五年（这么长时间，吃粮怎办？）援兵不至，吕文焕竭力拒之。宋诏李庭等移屯郢州。庭芝于襄阳西北之清泥河（湖北谷城南），造轻舟百艘，募襄郢民兵骁勇善战者三千人。民兵部辖张顺、张贵俱智勇，素为诸将所俾为都统。出令曰："此行者死而已，汝辈或非本心，宜亟去，毋败吾事。"人人感奋。时汉水方涨，顺流发舟百艘，乘夜深起碇出江，以红灯为号。贵领先，顺断后，乘风破浪，径突重围。元军布舟蔽江，无隙可入。顺等乘锐转战一百二十里，元军皆披靡，以避其锋。黎明抵襄阳城下。城中久绝援，闻顺等至，士卒振奋，勇气倍增。及收兵，独失顺。约数日，有浮尸逆流而上，视之顺也。射中四枪六箭，怒气勃勃中生，诸将惊以为神，结冢敛葬之。贵既入襄阳，文焕固留其守。贵恃其骁勇，欲还郢。乃募善囚者二人，持蜡书赴郢，求援于范文虎。时元兵增守益密，列撒星桩，水路连锁丨里。二人遇桩，即锯断之，竟达郢。还报，许发兵五千，驻龙尾洲以助夹击。九月，贵别文焕东下，及登舟发觉帐前一人逃去，乃有过被挞者，贵惊曰："吾事泄矣、亟行，彼或未及知。"乃乘夜发舟，破围冒进。至小新河，元阿术，列整分率战船阻击，旗帜分披。贵以为郢军来援，喜跃而进，及近视之，则来舟皆元军也。盖元军得元军得逃卒之报，先据龙尾洲，以逸待劳。贵力困、与之战，所部杀伤殆尽。身受数十创，力不支，遂被执。阿术欲降之，贵誓不屈，乃被杀。后文焕以贵附葬顺冢，立双庙祀之。

十一月，诛永宁僧及其党：宋患刘整为元用，及由京湖制置李庭芝为书，遣永宁僧赏告身、金印、牙符，授刘整卢龙节度使，封燕郡王。僧入元境，事觉。整白军中入见元主曰："此宋人患臣用兵襄阳，欲以其杀臣身，臣实不知。"元主赏整，使还军中，诛永宁僧及其党。

同月，刘整筑新门于鹿头山：元刘整筑新门于鹿头山，今于户陈世昌总其役。宋樊城出兵来争，且拒且筑，不络夜而就。整复令世昌立炮簾于樊城拦马墙外，值深夜大雪，城中石矢如雨，军校多死伤，天明炮簾立。宋师到舰江上，世昌乘风纵烧火烧其船。樊城出兵鏖城拦马桥下，世昌血流马甲，占愈烈，宋师退入城。

十二月，宋将昝万寿攻成都：宋将昝（间攒）万寿遣兵攻成都，元将严忠范战败，王世英等八人弃城逃，遂毁其大城。招以连城失守，罪在主将，乃遣使缚忠范至京师。罢其官。

1273 年癸酉，元世祖至元十年，宋度宗咸淳九年。

正月，樊城破、宋将范天顺、牛富死：樊城被围四年，京湖都统制范天顺及部将牛富力战不为衄。富数射书襄阳城中，约吕文焕相与固守。未几，阿里海牙以回回新炮进攻，破外廓。初，襄、樊西城。汉水出其问，文焕置大木于江中，加铁索造浮桥，以通援军，樊城亦持此为固。阿术以锯断木，以斧断索，焚其桥，襄兵不能援，乃以锐师破樊城。天顺仰天长叹："生为宋臣，死为宋鬼！"遂自缢死。富率死士百余人巷战，元兵死伤者不可计。富亦身受重伤，以头触柱，赴火死。裨将王福见之，叹曰："将军死于国，吾岂宜独生。"亦赴火死。

二月，吕文焕以襄阳城降元：襄阳久困，援绝、宋将吕文焕告急于朝廷。贾似道阴使台谏上章留己。未几，元将、阿里海牙移新炮攻襄，炮中谯楼，声如震雷，城中惶惶，诸将多踰城降。阿里海牙乃至城下大宣元主诏降谕曰："尔等拒守孤城，于今五年，然势穷援绝，若能纳款，悉赦勿罪，且加迁擢。"文焕迟疑未决，固折矢为誓，文焕始出降。献城池且陈入郢之策，请已为先降。元主任以文焕为襄阳大都督。

1274 年甲戌，元世祖至元十一年，宋度宗咸淳十年。

七月，宋度宗死：宋度宗死，年五十三，子嘉国公显即位，是为恭帝。时年四岁，太皇太后谢氏临朝称制。

八月，伯颜大军伐宋：元命伯颜率师二十万大举伐宋，九月师次盐山，距郢州二十里，宋兵十余万当郢，夹汉水，筑城万胜堡。西岸战舰千艘，铁索横江，元舟师不得下。伯颜乃督诸军，转经鹞子山，山唐港、整列而进。

十月，元伯颜军攻郢州：元军攻郢州，宋将张世杰将兵屯郢、以石为城。元军袭城，世杰力战御之，元军不能前。遣人招抚世杰，不听。伯颜遂潜兵入汉（湖北武昌），屠沙洋（湖荆门东南），破新郢（湖北钟祥西南）。守将边居谊度力不支，拔剑自杀，未死，旋举家自焚。

十一月，元破云安等三堡：元东川元帅杨文安，自达州（四川达县）进趋云安军，至马湖与宋军遇，大破之。遂拔云安，罗拱、高阳诸城堡。元西川行枢密院汪良臣，也速带儿败宋军于夹江，进围嘉定。

十二月，元军破阳罗堡；元伯颜军攻阳罗堡（湖北黄岗西北），宋将夏贵以汉鄂舟师万艘分据要害拒之。元军不得进，乃围汉阳，声言取汉口渡江。夏贵移兵援汉阳，伯颜乘机出奇兵袭沙芜口，复由阿术逝流袭青山矶（湖北武昌东北），次日黎明，阿术遥见南岸多露沙洲，即登指示诸将，令轻渡。宋刑、鄂都统程鹏飞败走，遂渡江登洲。伯颜闻报，挥诸将急攻阳罗堡。夏贵弃师走庐州。阳罗堡破，宋都统王达等俱战死。伯颜遂渡与阿术会，并趋鄂州（湖北武昌）。

同时，鄂州降；伯颜督师次鄂州，宋直秘阁湖北提举张晏然，权知汉阳军王仪，知德安府来兴国并以城降。程鹏飞以本军降。伯颜乘制以鄂州宋民兵总制王该知鄂州事，王仪、来兴国仍旧任，撤其戎兵，分隶诸军。下令禁侵暴，凡逃民悉还之。以阿里海牙兵四万镇鄂汉。伯颜、阿术将大军，水陆东下。

宋贾似道督诸路军马，宋诏贾似道督诸路军马，设都督府于临安，似道以孙虎臣总统诸军，以黄赞碜赞军事。

七、恭帝赵㬎 1275——1276 年

1275 年乙女，元世祖至元十二年，宋恭帝德祐元年。正月，宋沿诸路降元，元军至黄州（湖北黄岗），伯颜遣鹏飞招谕宋沿江制置付使，知黄州陈奕，奕使人过江请降，伯颜以沿江大都督许之，奕以城降。元东川付都元帅张德润破礼义城，招降民军一千五百人。元兵攻蕲州，宋安抚使使知州管景模以城降。元军次江州，宋江西安抚使，知州钱真孙及淮淮亚路六安军曹明以城降。时沿江诸州军皆文焕部下，多望风纳降知元。

二月宋文虎降：元军攻安庆府，宋殿前都指挥使，知安庆府范文虎以城降。伯颜初以安庆府在山顶，且兵粮皆足，势不可攻，又文虎为劲敌甚忧之。又闻其降，大喜。遂承制授文虎西浙大都督。

同月，贾似道乞降，宋都督贾似道遣宋京、阮思聪指行中书省，“请还已降

州郢，约其岁币。”伯颜使囊加带同际思聪还报命，留宋京以待，使谓似道曰：“未渡江时入贵议和则可，今沿诸郡已内附，欲和，则当来面议也。”囊加带还，乃释宋京，

贾似道兵败奔扬州：贾似道以精锐七万余人归属孙虎臣，屯军池州下流之丁家洲）（安徽铜陵东北）。值元大军至，战船蔽江而下，似道分遣步帅孙虎臣及督节制军马苏刘义，布兵船于江之南北岸。似道与淮西制置使夏贵督后军，以战船二千五百艘横且江中。翌日，伯颜分步骑夹岸而进，继使以巨炮击虎臣军，宋军阵乱。夏贵不距而走，过似道船曰；“彼众我寡，势不支矣。”似道闻之惶惶失措，鸣钲退军，宋兵遂大，阿术率舟师及步骑追百五十里，获船二千余艘，及军资器仗，督府图籍符印。贾似道奔扬州，旋因罪罢职。

宋诏诸将勤王：郢州（湖北武昌）守将张世杰应诏率兵入卫，旋复镜州。江西提刑文天祥，发郡中豪杰志士，聚众万人，尽以家资为军费，率师北上抗元。宋以文天祥为江西安抚付使，知赣州。湖南提刑李蒂亦遣将率壮士三千人入援，遂以蒂为知潭州湖南安抚使。

三月。宋镇江，滁州、江阴、宁国、常州、平江（江苏苏州）等守臣皆以城降元。

同月，宋臣杀元使臣：元使秉希贤，严忠范等至宋广德军独松关（浙江境内），为宋人所杀。宋遣使人移书元军，言杀使之事乃边将所为，太后及嗣君实不知，愿输币请罢舟通好。以后伯颜又遣张羽、王章使往临安，行至平江又被杀。

七月，焦山之战：宋张世杰与孙虎臣等陈舟师于焦山（江苏镇江北大江中）南北。元阿术登石公山望之曰：“可烧而走也。”遂遣将卒千人，载以兵船，分西翼以火矢夹射，复遣张弘范，董文炳等以锐卒分趋焦山南北。大战自辰至午，宋师大败。世杰、虎臣皆遁走，元师追至圌山（江苏镇江东北江湾）获黄鹄、白鹞船数百艘。宋人自是不能复军。

同日，贾似道死：宋贬贾似道，安置循州（广东惠阳东北）籍其家，并遣使监押。十月，行至漳州（福建尤溪）为监押官郑虎臣所杀。

七月，文天祥陈四镇之策：宋复起文天祥为兵部尚书。八月，文天祥至临安，上陈四镇之策，即分境内长沙、隆兴、鄱阳、扬州为四镇，建都统于其中。地大力众，乃足以抗敌。时代为不切事理，不报。乃命李蒂知潭州（湖南长沙）天祥知平江府。

十一月，元破常州：伯颜大军攻常州，宋兵将力战固守。伯颜遣人招之，不听。遂役城外居民运土为垒，日夜攻城不息，城中守志益坚。伯颜诸军四面围攻，拔其城，刘师勇变服单骑南走，初常州告急，朝廷遣张全将兵二千援之。文天祥

亦遣尹王、麻士龙将兵赴援。士龙战虞桥先死，尹王占五牧（江苏武进东南），杀敌数千。张全隔岸兵，不发一枪。尹王力孤遂败。复收残卒五百与元兵鏖战，一出手杀数十人，力竭被俘杀。其部下皆死，无一人降者。相反，张全则不战而逃。

十二月，宋迫使请和：宋迫使于元军请和被拒。继复迫使夏士林、陆秀夫等奉书，以称侄纳币乞和，数日后，元答宋国至书，令其来降。

八、端宋 赵昰 1276——1278年

1276年丙予，元世祖至元十三年，宋恭帝德祐二年，宋端宗景炎元年。

正月，宋进封赵星为益王，判福州。赵星为广王，判泉州，图复兴。

同月，宋奉玺降元：元伯颜至皋亭山，宋太后遣使奉玺以降。初，伯颜至长安镇，宋右丞相兼枢密使陈宜中违约不往议事。伯颜乃进军皐亭山（浙江杭州东北），文天祥、张世杰请移三宫入海，宜中不许。太后乃遣监察御史杨应奎上传国玺请降，伯颜受之，并遣使如陈宜中出议降事。是夜宜中遁归于温州之清澳。

宋张世杰，刘师勇等以朝廷不战而降，愤然率所部入海，师勇至海上，见时不可为，忧愤以酒卒。

伯颜执文天祥：宋以文天祥为右丞相兼枢密使，都督诸路军马，旋使天祥与左丞相吴坚等会伯颜于明因寺，天祥因说伯颜："元须退兵平江或嘉兴，然后议发币与金帛犒师，以元军北还为上策。若欲毁宋宗社，则淮、浙、闽、广尚多来万兵连褐结，必自此始。" 伯颜顾天祥举动不常，疑有异志，遂拘留军中，遣坚不间断电源。天祥怒，数请归曰："我之此来，为两国事，何故留我？" 伯颜曰："勿怒，君为宋大臣，责任非轻，今日之事，正当与我共之。"乃羁縻之。旋会请使北行。

二月，宋益，广二王出走温州：宋益王，广王自嘉会门出，渡浙江南走。伯颜闻之，遣阿刺罕、董文炳、范文虎等将兵追之，不及，遂同走温州。

三月，元掳宋帝等北去：伯颜入临安，宋帝与太后皆肩舆出宫，太皇太后以疾留内，遂掳帝及皇太后全氏、福王与芮等北去。

文天祥自镇江亡之真州，遂由通州（南通）、汛海，以求益，广二王，于四月始得抵温州。

闰三月，宋陆秀夫等奉益王为天下兵马都元帅：陆秀夫等益、广二王在温州，遂以兵来会；闻陈宜中在清奥，乃遣使召之，复召张世杰于定海。世杰亦以所部兵来，共议起兵复兴，并奉益王是为天下兵马都元帅，广王 付之，发兵除吏，以秀王与择为福建察访使，先入闽中，抚谕十民，檄召诸路忠义兵，声势稍振。

同月，李廷芝等出兵夺两宫不果：时宋帝与全太后随元兵北行，至瓜州。李

廷芝与姜才涕泣誓将士，出兵夺两宫，乃散金帛犒兵，以四万人夜捣瓜州，战三小时。元军拥恭帝等避去，姜才追战至蒲子市。元阿术使人召之，才曰："吾宁互，岂作降将军耶！"真州苗再成亦谋夺驾，不果。五月，宋益王即帝位于福州：陈宜中、张世杰等奉益王昰即帝位于福州府，改元景炎，是为端宗。进封广王昺为卫王。以陈宜中为左丞相兼枢密使，都督诸路军马，陈文龙、刘黼参知政事，张世杰为枢密付使，陆秀夫直学士院，苏刘义主管殿前司。复召李廷芝为右丞相，姜才为保康军承宣使。

七月，宋李廷芝、姜才死于泰州：初、元国占临安，阿术收太皇太后手谕诏谕庭芝使降。庭芝登城谓者曰："奉诏守城，未闻以诏谕降也。"既而阿术复遣使者持元主诏谕庭芝。庭芝焚诏斩使。适福安使至，庭芝欲赴召，使朱焕守扬，而自与姜才将兵七千趋泰州，将东入海。元阿术分兵追及庭芝，杀步卒千余人。庭芝走入泰州，筑长围堑而守之。阿术独当东南面，断其去路。会姜才皆发疽、不能战，泰州裨将孙贵等开北门纳降，庭芝身投莲池中，水浅不死，遂与姜才俱被执，至扬州，八月皆被杀。

十一月，宋帝经海道走泉州，潮州：元兵入福建，破守建府，邵武军。宋陈宜中、张世杰备海舟率军十七万，民兵三十万，奉宋帝及卫王、杨太妃登舟由海道南走泉州，因招抚使蒲寿庚作乱，遂走潮州。十二月，蒲寿庚以泉州降元。

十二月，宋将张珏复泸涪二州：初，宋制置使张珏败元东西川行院五路军，解重庆之围，遂遣将四出，屡败元军。至是元以合丹，阔里吉思领东川行枢密使，攻合州，不花，李德辉领西川行枢密使，攻重庆。

同月，宋奉表请降于元：宋帝至惠州，遣使倪坚奉表请降于元。唆都命其子元帅百家奴偕坚赴大都。

1277 年丁丑，元世祖至元十四年，宋端宗景炎二年。

正月，文天祥移军漳州：初，文天祥欲据汀州（福建长汀）抗元。因汀守黄守疾闻宋帝航海，拥兵有异志，天祥乃移军漳州（福建尤溪）。未几，去疾与吴浚降元，因至漳州说文天祥降，天祥责叹大义，斩之。

三月：文天祥收复梅州（广东梅县），四月，引兵出江西、吉（江西吉安），赣（江西赣州）兵皆会之，遂复会昌县。

四月，张德兴起兵抗元：宋淮人张德兴与淮西刘源等起兵抗元。傅高兴兵响应。用宋景炎年号，攻下黄山，寿昌诸地。元湖北宣慰使郑鼎将兵拒之，与德江战于樊口（湖北）败死。 六月，文天祥败元军于雩都（江西）。七月，遣赵时赏等分道复吉、赣诸县，遂围赣州。衡岷赵瑶、抚州民何时，皆以兵应之。八月，文天祥败走循州：元李恒袭文天样于兴国（江西）。天祥不料恒卒至，战不利，败走循州（广东龙州），执信，赵时赏诸将皆死。恒执天祥妻子、家属、关于燕，天祥二子死于道途。

九月，宋帝迁潮州浅湾（广东潮州南）。元命塔出与李恒、吕师夔等以步卒入庚岭（江西大庚岭）。忙兀台、峻都、蒲寿庚及元帅刘深等收舟师下海，合追宋帝。

十一月，元取广州：元塔出令峻都取道泉泛海，继之，峻都取兴化及漳州，进占潮州。至惠州，与吕师夔合师攻广州。宋置制使张镇孙等以城降。

同月，宋帝奔井澳：元刘深袭浅湾，张世杰战不得，奉帝走秀山（广东东莞西南海中），因军士多病死，遂至井澳（广东中山南海中）。陈宜中遁入占城。

十二月，元刘深攻井澳，宋帝奔谢女峡（在井澳南），复入海，至七里洋，欲往占城，不果。

九、幼帝 赵昺 1278——1279 年

1278 年戊寅，元世祖至元十五年，宋端帝景炎三年，宋帝，赵昺祥兴元年。

三月，宋帝迁驻硐州（在广东雷州湾东南海中），四月，宋帝死，年十一岁（可怜生于乱世的孩子，未享人世之福）。张世杰、陆秀夫等拥卫王立，年仅八岁，杨太妃仍同听政。王月，改元祥兴，

六月，宋帝迁驻压山：厓山位于新会县南八十里大海中，南北二百余里，东南控海，西北皆港。与奇石山对立如两扉，故有镇戎。张世杰以为天险可守，乃奉帝移驻，遣人入山伐木，造行宫二十间及军屋三千间居住。（长住生活怎办？）

七月，宋湖南制置司张烈良及提刑刘应龙，起兵以应匪山。雷、琼、全、永与潭属县民周隆，贺十二等皆起兵响应。大者众数万，小者不下数千。命阿里海牙往讨，获周，贺斩之。烈良等奔思州罗洞，为元军所袭，皆战死。

十一月，张弘范袭执文天祥于五坡岭；文天祥兵屯潮阳（属广东）、邹沨、刘子俊皆集师会之，讨剧盗陈懿，刘兴于潮。兴败死，懿遁走，元以海舟导张弘范兵济潮阳。天祥率师走海丰，元将张弘正及追于五坡岭麓中，大败之。执天祥至潮阳，见弘范，左右命之拜，天祥不屈。弘范释其缚，以客礼之。天祥固请死，弘范不许，处至舟中，族属被俘者悉还之。

十八卷 元朝

(1206 年——1368 年)

一、世祖 忽必烈 1279——1294 年

1279 年已卯，元世祖至元十六年 宋帝祥兴二年。

正月，张世杰力战厓山，允张弘范由潮阳港乘舟入海。至甲子门（广东陆丰东南石恒港海口），获知宋帝所在，乃率兵至厓山，以舟师塞海口。宋张世杰则结大舶千余，作一字阵、定于海中，中舻外舳，贯以大索，四周超楼棚如城堞，奉宋帝居其间，决以死相战。厓山北水浅，舟胶不能进。张弘范由山东转而南入大海，与世杰舟师相遇。世杰船坚不能动，弘范乃舟载茅草，洪以膏脂，乘风纵火樊之。世杰战舰皆涂泥以防火，弘范无可奈何。

此时，世杰有甥在弘范军中，弘范三令其招世杰降。世杰不从，曰："吾知降生且富贵，但为宋死义不可移也。"因历数古忠臣以答之。弘范乃强命文天祥作书招世杰，天祥遂书所过零丁洋诗与之。其末有云："人生自古谁无死，留取丹青照汗青，"弘范无奈其何，复遣人语厓山士民曰："汝陈丞相已去，文丞相被执，汝复欲何为？"士民亦无一降者。

张世杰兵士食干粮十余日，饮海水，水咸饮即呕吐，兵士大困。然世杰率苏刘义、方兴等旦夕大战，既而李恒自广州以师来会。弘范命恒守厓山北。

二月，陆秀夫负宋帝蹈海死：张世杰与元张弘范战于厓山。弘范分诸将为四军，李恒趁早潮退，改其北，世杰以淮兵殊死战，矢石蔽空。至午，弘范以舟攻其南，世杰腹北受敌，多伤亡。兵士皆疲，不能复战。俄而宋军有一旗倒，诸舟之樯旗皆倒。世杰知大事去矣，乃抽精兵入中军，诸军大溃，部将翟国秀皆降元。世杰遣小舟欲奉宋帝去，陆秀夫执不肯赴。世杰乃与苏刘义断舟索，以十六舟夺港而去。宋帝舟大，且诸舟环结，秀夫料不得脱。乃先驱其妻子投海。谓帝曰："国事至此，陛下当为国死。德祐皇帝辱已甚，陛下不可再辱。"即背负幼帝蹈海死。后宫诸臣从死者甚众，余舟尚存八百，尽为弘范所得。越七日，尸浮海上者十余万人（悲惨呀！）。

张世杰投水死，世杰将趋占城，土豪强之还广东，乃回舟至南恩之海陵山（广东阳江西南海中）。散溃消集，时飓风大作，将士劝世杰登岸。世杰曰："无以为也。"乃登舵楼，焚香遥祝曰："我为赵氏，亦已至矣，一君亡，复立一君，今又亡，我未死者；庶几敌兵退，别立赵氏以存祀耳。今若此，岂天意耶？"风涛愈甚，世杰遂堕水溺死，宋亡。

十月，囚文天祥：初，文天祥被执，张弘范谓天祥曰："国亡，丞相忠孝尽矣，能改以事宋者事今，将不失为宰相也。"天祥涕泣曰："国王不能救，为人臣者死有余罪，况敢逃其死而式其心乎。"弘范乃迫使执天祥至燕，囚于兵马司，设卒守之。天祥南面坐，未尝面北。既而元丞相孛罗等召见于枢密院，欲使跪，天祥长揖不屈。问有何言。天祥曰："自古有兴有废，帝王、将相，灭亡诛戮，何代无之！我尽忠于宋以至此，愿求早死。"孛罗欲杀之，而元帝及诸大臣不允，乃复囚之。

十二月，戏曲家关汉卿卒：关汉卿生于宋，卒于宋亡后，大都（北京）人，曾任太医院尹，他是我国戏曲的奠基人，擅长歌舞，通晓音律，所创作杂剧约六十余种，今存有《窦娥冤》、《拜月亭》、《救风尘》等十余种，别有散曲、套曲、小令等。曲词精练，人物性格鲜明，既揭露元朝社会黑暗，也反映了妇女的苦难遭遇，歌颂了人民的反抗斗争，其作品有较强的思想性和较高的艺术性，对元杂剧的发展起很大的作用。

1281 年辛巳，元世祖至元十八年。

正月，征讨日本：召阿剌罕、范文虎、囊加带同赴阙受训谕，以拔都，张珏、李廷留后，命忻都，洪茶丘军陆续行抵日本，兵甲则舟运之。并用范文虎言，坛汉军万人。二月，征日本军启行。高丽遣使言日本犯其边境，乞兵追之，以戎金州（陕西安康）隘口军五百人付之。

八月，诏征日本军回：忻都、洪茶丘、范文虎、李庭、金方庆诸军舰行至平湖岛，遇飓风，船为风涛所毁。诸将各择坚船乘之而去，弃士卒十余万于五龙山下。日本窥知之，尽杀蒙古、高丽、汉人，余军逃回高丽境，十仅存一二（日本还好，分清善恶，将蒙古视为恶者而尽诛之，高丽、汉人被使者宽之）。

十月，降诏谕安南国；议封安南国王号，易所赐安南国畏吾字虎符，以国字书之。复降诏谕安南国，立白炬之叔遗爱为安南国王，仍发新附军千人卫送入安南。于安南国置宣慰司，以李颜帖木儿为参知政事，行安南国宣慰使。

十一月，陈吊眼败亡：漳州陈吊眼聚众十万，连五十余寨，扼险据守。高兴攻破十五寨，吊眼走保千壁岭，兴上至山半，诱与语、擒斩之。漳境悉平。敕诛吊眼首恶者，余并收其兵仗，系送京师。

1282 年壬午，元世祖至元十九年，

正月：诸王谋动劫皇子：时皇子北平王以军政阿里麻里地区，以御海都。诸王昔里吉与脱脱木儿，撒里亦等谋劫皇子以叛，欲与札剌忽结授于海都，海都不从。后撒里蛮悔过，执昔里吉等，北平王乃遣札剌忽以闻。

十二月，杀宋丞相文天祥：文天祥 (1236–1283) 宋吉州庐陵（江西吉安）人，字宋瑞，一字履善，号文山，理宗宝祐四年(1256)进士第一。理宗开庆元年(1259)蒙古军围鄂州文天祥上书，提出抗蒙建议。后任军器监兼权直学士院时，起草制语讥贾似道，被劾罢，又提为湖南提刑。恭帝德祐元年(1275)元军东下，他在赣州组织抗元武装，率万人入卫临安，常遣将援常州失利，奉命退守余杭（杭州西）。次年任右丞相枢密使。前往元营谈判，痛斥伯颜，被拘至镇江。后逃脱，由通州（南通）入海至温州。端宗即位，复任右相兼知枢密使，率兵在福建、江西一带抗元，收复州县多处。后被元兵击败，退入广东，至元十五年(1278)旧历十二月在五坡岭（广东海丰北）被俘。次年，严辞拒绝元将张弘范诱降，书《过零丁洋》以明心迹。旋被送至元大都囚禁达三年之久，誓死不屈，编《批南录》，作《正气歌》，大义凛然。至元十九年(1282年)，冬十二月，忽心烈召文天祥至殿中，谓之曰："汝以事宋者事我，即以汝为中书宰相。"文天祥答："天祥为宋状元宰相，宋亡，惟可死，不可生。"并谓："一死之外，无可为者。"是月初九日，在柴市（北京菜市口）从容就义。其著作后人辑为《文山先生全集》。

1283年癸未，元世祖至元二十年。

三月，林桂方、赵良钤等反元：广东新会民林桂方、赵良钤等聚众反元，号罗平军，建元延康，官军擒之，伏诛、余党悉平。

十月，黄华反元：建宁路管军部管黄华，聚众数十万，号头陀军，称宋祥兴五年，攻崇安、蒲城等县，围建宁府。命卜怜吉带、史弼等将兵二万二千人讨平之。黄华于次年正月自杀。

十二月，云南施州子童兴兵反元，乔大使为首，居九江。未几，大使被擒，死之，众遂溃散。

1285年乙酉，元世祖至元二十二年。

正月，刘驴儿等反元：西川赵和尚自称宋福王之子广王，真定民刘驴儿自以为有异相，二人共谋反元，不成，败死。

二月，潮、惠二州民抗元失败：潮、惠二州民郭逢贵等四十五寨抗元，为广东宣慰使朋的迷失所败，降民万余户，军三千六百余人。

十月，备征日本：立征东行首，以阿塔海为左丞相，征日本又令枢密院计胶，莱诸处漕船，高丽，江南诸处所造海舶，括用江淮民船，备征日本。十一月，复以讨日本，督江淮、辽东行省军需。遗使告高丽发兵万人，船六百五十艘，助征日本。漕江淮米百万石，泛海贮于高丽之合浦，仍令东京（辽宁辽阳）及高丽各贮米十万石，期诸军于明年三月以次而发，八月会于合浦。又黥囚徒，招宋时贩私盐军飞海道者为水工，以征日本。十二月，复增阿塔海征日本战士万人，回回炮手五十人。然于次年正月，以日本孤远岛夷，重困民力，遂罢征日本。

1289年已丑，元世祖至元十二六年。

三月，杨镇龙建大兴国：台州民杨镇龙据众宁海，称大兴国，建元安定。以其党历某为右丞相，拥兵十余万，攻东阳、义乌、余姚等县，浙东大震。诸王瓮吉带时谪婺州（浙江金华），将兵讨平之。

四月，谢枋得不屈死：谢枋得(1226-1289)，南宋诗人，字君直，号叠山。江西弋（音亦）阳人，与文天祥同科进士，后官江西招谕使，知信州，率兵抗元。元兵破城后，流亡建阳（福建西北部），以教书度日。时福建参加政事魏天祐，见朝廷求才，欲荐枋得为官。遣使诱枋得入城，与之谈，坐而不答，或旻言无礼，天祜不能堪，逼之北行。枋得以死自誓，至大都五日不食死。子定之护骸骨归葬信州，门人弟子私谥文节。其诗多伤时感旧，原集已散佚，后人集有《叠山集》。

闰十月，钟明亮复反；广东民钟明亮反元，以众万人攻梅州，江罗等以八千人攻漳州、韶、雄等二十余处民众举兵响应，声势甚张。复诏月的迷失与福建、江西省合兵讨之。次年二月，钟明亮等再降。

同月，杨镇龙败死：浙西宣慰使史弼讨浙东民，攻台州，擒斩杨镇龙及其党。至此，台州乱平。

二、成宗 铁木儿1294——1307年

1294年甲午，元世祖至元三十一年。

正月，元世祖忽必烈病逝(1215 - 1294)，元朝的创始者，庙号世祖，蒙古语尊称薛禅皇帝，拖雷之子，兄为宪宗蒙哥，弟有旭列兀，阿里不哥。忽必烈为藩王时，“思大有为天下，延藩府旧臣及四方文学之士问从治道。”蒙哥即汗位后，忽必烈被任命总领漠南汉地军国庶事。先后任汉人儒士整顿邢吏治，立经略司于汴梁，整顿河南军政，屯田唐、邓。蒙哥汗三年(1253年)，受京北封地，任用儒臣立屯田，改革吏治，恢复农业生产，兴办学校。同年，受命远征云南、灭大理国。蒙哥汗六年(1256年)命刘秉忠建开平（内蒙古正兰旗石别苏木）。蒙哥八年兴师伐宋，命忽必烈代总东路军，攻鄂州（湖北武汉），次年(1259年)九月，蒙哥病死于合州（四川合州），忽必烈得悉留守漠北的幼弟阿里不哥图谋自立为大汗，于是采纳儒士郝经的建议，与贾似道和约，轻骑自鄂北返燕京。第二年(1260年)三月，即汗位于开平，建元中统，确立了“祖述变通”的建国方针。同年五月，阿里不哥也称大汗于和林。是年冬，忽必烈新征和林，至元元年(1264年)始平。此间，中统三年(1262年)忽必烈还镇压了山东军阀李璮的叛乱。至元八年(1271年)，取《易经》“大哉乾元”之义，建国号为大元。次年定大都为首都。十一年(1274年)忽必烈命伯颜大举伐宋。十三年(1276年)下临安，十六年(1279年)消灭流亡在崖的南宋残余势力，统一全国。此后，接连遣兵远征日本、安南、占城、

缅甸和瓜哇（恨不能吞下地球）均遭失败。同时，平定了王海都和乃颜的叛乱，保护了西北和东北边疆的安全，巩固了国家的统一，至元三十一年(1294年)病逝，终年八十。在位三十五年。在位期间，注意农桑，兴修水利，并建立了元代的行政、军事、赋税等制度，尤以行省制度影响深远。元史赞曰：世祖知人善任，信用儒术，用能以夏变夷，立经陈记，为一代之制。第二子真金早立的皇太子，先于忽必烈去世，至元三十年(1293年)以皇太子宝授真金第三子铁穆耳，确定为皇位继承人。忽必烈死后，按蒙古习俗，发葬漠北起辇谷，从诸帝陵。

四月，皇孙铁穆耳至上都，左右部诸王会毕，既皇帝位，是为元成宗，颁即位诏。

1295年乙未，元成宗元真元年。

十月，赣州民刘六十反元；赣州刘六十攻掠吉州（江西吉安）建立名号，旋为江西行省左丞董士选所平。六十被擒死，余众悉散。

十一月，修大都城：以洪泽、芍陂（安徽寿县南）屯田军万人修大都城，并增大都巡防汉军，

十二月，女纺织技术家黄道婆：出身贫苦，少时受封建家庭压迫，流落崖州（广东海南岛崖城镇）三十余年。从黎族人民学得纺织技术，这一年间(1295－1296)，她从崖州回归家乡松江岛泥泾（上海华泾镇），将有关轧花、弹棉推弓、纺车和织机等纺织生产技术传授给乡人，使人民生活逐渐改善，此技术在江南其他地区，以至全国逐步推广，对棉纺织业的发展起推动作用。

1301年辛丑，元成宗大德五年。

五月，云南宋隆济起事，时因刘深率兵由顺元入云南，云南右丞相月忽难调民供馈，民厌其烦。士官宋隆济以“官军征发等将尽剪发黥面为兵，射死行阵，妻为所掳“感众起事。并率苗、侥、紫江诸蛮民四千人攻杨黄寨，杀掠甚众。于六月，继攻贵州，围困刘深于穷谷中。梁王遣平章幢兀儿，参政不兰奚派兵营救，深始得出，并斩首五百级。

三、武宗 海山 1307——1311年

1307年丁未，元成宗大德十一年。

正月，元成宗卒：帝死于玉德殿，在位十三年，年四十二，葬起辇谷。是年九月，谥曰钦明广孝皇帝，庙号成宗。国语日完泽笃皇帝。

五月，武宗即位：帝名海山，顺宗子，成宗侄。封怀宁王，总兵北边。成宗死，帝至上都，诸王立之，废皇后伯要真氏，出居东安州（河北武清西永定河北岸），赐死。并诛安西王阿兰答及诸王明里铁木儿，遂于二十一日即位上都，是为武宗。

是岁，戏曲家王实甫卒：王实甫，大都人，约为大德时人，创作杂剧有十余种，现存《西厢记》、《破窑记》、《丽春堂》等，另有散曲数首。《西厢记》为其代表作，曲辞优美动听，歌颂男女青年为争取爱情自由，冲突封礼教束缚的斗争精神，对后世文学有很大影响。

1311 年辛女，元武宗至大四年。

正月，元武宗死：武宗海山死于玉德殿，在位五年，年三十一岁，葬起辇谷。庙号武宗，国语曰曲律皇帝。

三月，皇太子即皇帝位：皇太子爱育黎，拔力八达，为顺宗次子，武宗之弟，于三月十八日即皇帝于大明殿，是为仁宗。

同月，恤老赐物：大都路民，九十者，人赐帛二匹，二千三百三十一人：八十岁者，人帛一匹，八千三百三十一人。

四、仁宗 爱育黎拔力八达 1312——1320 年

1318 年戊午，元仁宗延祐五年。

六月，术者赵子玉等七人伏诛：时魏王阿木哥以罪贬高丽，赵子玉等七人替谋备兵器、衣甲、旗鼓，航海往高丽，以救阿木哥至大都以谋位。行至利津县（属山东）事觉，遂伏诛，未久，拘魏王阿木哥王傅印。

1320 年庚申，元仁宗延祐七年。

正月，元仁宗爱育黎拔力八达死，元朝第四代皇帝爱育黎拔力八达 (1285－1320) 死于光天宫，年三十六岁，在位十年，葬起辇谷。五月，群臣上谥曰圣文钦孝皇帝。庙号仁宗，国语曰普颜笃皇帝，帝天性恭俭，通达儒术，兼晓释典，不游猎，不征伐，待宗戚勤旧，始终有礼。其治世尊世祖成宪。帝死，太子硕德八剌嗣位，是为英宗。

六月，僧圆明称帝败帝：整至县（今改为周系县，陕西渭河西南）僧圆明，以烧得受戒聚众，自称皇帝，谋起事。约于 7 月 5 日攻奉元路。七月初一日，陕西参政多尔济率兵捕捉，圆明等西遁秦岭。八月，官军追及，擒圆明于白杨平河，遂被诛。

五、英宗 硕德八剌 1320——1323 年

1323 年癸亥，元英宗至治三年。

五月，夺铁木迭儿官爵：以铁木迭儿奸险贪污，毁所立碑，追夺其官爵。籍没家产。六月，并毁铁木迭儿父祖碑，追收元授制书，告谕中外。

八月，南坡之变：初，铁木迭儿既夺官籍产，御史大夫铁失等以奸党不安，遂图谋立晋王也孙铁木儿为帝。是月初四，英宗自上都南还，驻华南坡。是夕，

铁木与知枢密院事也先铁木儿、大司农失秃儿前平章政事赤斤铁木儿及铁迭儿之子前制书侍御史锁南，铁失弟宣微使锁南，以及完者，脱火赤、阿散、章舌、秃满、按梯不花、孛罗等谋逆。以铁失所领阿速卫兵为外应，铁失与赤斤铁木儿杀右丞相拜住。随后铁失直入禁幄，手弑帝于卧所。帝死，年二十一，从葬诸帝陵。迨泰定帝元年二月，尊谥曰睿圣，文孝皇帝。庙号英宗。四月，上国语庙号曰格坚。

六、泰定帝 也孙铁木儿 1324——1328 年

九月，也孙铁木儿称帝。诸王按梯不花及也先铁木儿奉皇帝印绶，迎晋王也孙铁木儿于北边。晋王系显宗之长子，裕宗之嫡孙，遂即帝位于龙居河（黑龙江上源额尔古纳河）大赦天下，是为泰定帝。

十月，诛也先铁木儿、铁失等：帝遣使至大都，以即位告天地，宗庙、社稷。诛也先铁木儿，完者等于行在所。并以旭迈杰不中书右丞相，秃复、纽泽并为御史大夫，速速为御史中丞。遣旭迈杰，纽泽诛铁失、失秃等于大都，并戳其子孙，籍没家产。

七、天顺帝 阿速吉八 1328 年

八、明宗 和世瑓 1329 年

1328 年戊辰，元泰定帝泰定五年，致和元年，元天顺帝天顺元年，元文宗天历元年。

七月，泰定帝也先铁木儿卒：元泰定帝死于上都，年三十六，葬起辇谷。《元史》评论说："泰定之世，灾异数见，君臣之间，亦未见其引咎责躬之实。然能知守祖宗之法以行，天下无事，号称治平。"是月，皇后、皇太子降旨谕安百姓。然因倒刺沙专权自用，踰月不立君，朝野疑惧。时佥枢密院士燕铁木儿留守京师，遂谋举义。不久，内战爆发。

八月，谋立周王和世瑓为帝：签枢密院事燕铁木儿留守京师，与西安王阿剌忒纳失里谋立武宗子周王和世琼为帝。是月初，召百官集兴圣宫，兵皆露刃，号于众曰："武皇有圣子二人，孝友仁文，天下归心，大统所在，当迎立之，不从者死！"乃缚平帝乌伯都剌、伯颜察儿，以中书左丞朵朵，参知政事士熙等人下狱。燕铁木儿与西安王阿剌忒纳失里则入守内廷，籍府库，录符印，召百官入内听命。然，是时周王远在沙漠，猝未能至，虑生他变，乃迎周王弟怀王于江陵，并宣称，已遣使北迎周王，以安众心。

九月，内战发生：初，怀王入京师，群臣请正大统，于是即皇帝位于大明殿，是为文宗，改元天历。时，倒剌沙等在上都立泰定帝之子阿剌吉八为皇帝，改元天顺，并遣兵分道犯大都。辽东秃满迭儿兵至蓟州，梁王禅等破居庸关。燕铁木

儿等率军抵榆河关，与王禅前军战于榆河北，败之。追至红桥北，因据红桥，西军阻水而阵，命弓弩手互射，后退师于白浮（北京昌平县东北）南。复分兵三队，张西翼以抗之。数日后，于上都兵大战于白浮之野，燕铁木儿手刃七人。是日夜，复遣阿剌铁木儿袭营，上都兵人马死伤甚众。次日，王禅等逃身山谷，旋复集散卒来战，燕铁木儿率师驻白浮西坚守，并命撒敦，八都儿等围攻敌兵，上都兵西遁，大都兵追至昌平北，敌再战溃败。遂逃出古北口。

十月，齐王月鲁铁木儿，元帅不花铁木儿兵围上都，倒剌沙奉皇帝宝玺熙出降，自是，西京道路始通。但天顺帝阿剌吉八不知所终。是时，秃满迭儿及诸王也先铁木儿军攻占通州，将袭京师。燕铁木儿急引军还，召里长募丁壮及百工约一万人与兵士登城守御。并命居庸关及冀宁、保德诸关挖沟堑垒固守。十月，燕铁木儿抵通州，乘秃满迭儿等初至，袭之，敌兵败走，渡潞河，列植秆秸，衣以毡衣，燃火为疑兵，夜遁，燕铁木儿追与战，再败之。

十一月，上都左丞相倒剌沙伏诛，磔其尸于京，梁王禅亦赐死。御史大夫纽泽及也先铁木儿等亦弃市。

九、文宗 图贴睦尔 1328——1332 年

1329 年己巳，元文宗天历二年。

正月，周王称帝：周王即皇帝位于和林之北，是为明宗。三月，皇帝文宗图贴睦儿遣燕铁木儿等奉皇帝宝玺赴漠北行在所。至四月，周王以燕铁木儿为太师，仍命为中书右丞相录军国重事。并遣使立图贴睦尔为皇太子。

三月，云南诸王答失不花反：云南诸王答失不花等聚众五万人，数丞相也儿吉尼十罪，将杀之，也儿吉尼逃往八番，答失不花等伪署参知政事等官以谋反。

八月，元世宗和世琼暴死：和世琼过王忽察都之地，宴皇太子（即和世球之弟，文宗图贴睦尔）及诸王，大臣于行殿，暴死，年三十，葬起辇谷，从诸帝陵，庙号明宗，国语曰护都笃皇帝，燕铁木儿收皇后命，奉皇帝玺宝授皇太子。皇太子复即皇帝位于上都大安阁。

1330 年庚午，元文宗天历三年，至顺元年。

正月，云南诸王秃坚等反：云南诸王秃坚及万户伯忽，阿禾、怯朝等反，攻占中庆路，杀廉访司官，执左丞相忻都等追令署诸牍。

二月，秃坚、伯忽等攻占仁德府（云南寻甸）至马龙州。调八番元帅完泽统八番答剌罕军千人，顺元（贵州贵阳）土军五百人御之。秃坚自称云南王，伯忽为丞相，阿禾等为平章等官，立城栅，焚仓库，以拒命。

四月，兵付云南：乌撒土官禄余杀乌撒宣慰司官吏，降于伯忽。罗罗诸蛮民俱附于伯忽，平章帖木儿不花为其所害。禄余以蛮兵七百余人拒乌散，顺元界、

立关固守。重庆五路万户军至云南境，遇罗罗蛮民，万余人皆死，余众逃回。至是，诏命诸王云都思帖木儿等，将江浙、河南、江西三省兵二万与湖广行省平章脱欢会兵付云南。

七月，分兵讨秃坚、伯忽；云南秃坚、伯忽等势甚猖獗，乌撒、禄余亦乘势连约乌蒙、东川、范部诸蛮民，欲令伯忽拜延等兵攻顺元。诏命行枢密院、四川、云南行省，诸军分道进讨。并命宣政院督所属军民严加防备乌蒙，乌撒及罗罗斯。又命巩昌都总帅府调兵千人戎四川。

1331 年辛未，元文宗至顺二年。

正月，征讨云南之兵获胜：征讨云南之兵，于去岁十一月，首败伯忽兵于马龙州，杀伯忽弟拜延。继之，战于马金山，获伯忽及其弟伯颜察儿，诛其党拜不花等十余人，余兵溃败。独乌蒙土官禄仍居金沙江，命继续进兵征讨。

二月，平定云南诸蛮：撒里铁木儿，索罗于正月败乌撒蛮兵，禄余中矢逃。乌蒙、东川、易良州诸蛮兵，夷僚等俱款附搠思班等驻中庆，复行省事。阿剌忒纳失星等至当当驿，安抚百姓。唯古剌忽及秃坚之弟必剌都迷失等伪降，时出兵掩袭诸军，秃坚方修城堡，布兵拒守，亦无出降意。诏速进兵征讨，未久，云南统兵官报捷，诸蛮皆降，唯禄余追捕未获。

九月，云南禄余复乱：初，禄余败逃未获，至是复乱，杀乌撒宣慰使月鲁、东川路府判教化的等二十余人，又会伯忽侄阿福、领蒙古兵击罗罗斯，攻顺元路。云南行省遣都事那海镇抚栾智等奉诏往谕禄余及授以参政制命，至撒家关。禄余拒不受，俄而敌兵大至，那海于力战，敌乃退。及晚，乌撒矢入顺元境，那海复于阵前宣诏召之，遂遇害。左丞帖木儿花等则收兵还。

1332 年壬申，元文宗至顺三年。

二月，禄余请降：禄余言于四川行省，本无异心，因受伯忽诱胁所致，请再降诏赦，当即率四路土官出降，并仍请改属四川省隶永宁路、冀得安宁。行省以闻，诏中书枢密御史诸臣商议。

八月，元文宗图贴睦尔死：图贴睦尔 (1304 – 1332) 死于上都，年二十有九，在位五年，归葬起辇谷，从诸帝陵，蒙古语称札牙笃皇帝，庙号文宗。

十、宁宗 懿璘质班 1332 年

九月，明宗第二子懿璘质班即皇帝位于大明殿，颁诏大赦天下，是为宁宗。

十一月，元宁宗懿璘质班死，宁宗懿璘质班死，仅七岁，在位四十三天，葬起辇谷，从诸帝宁，庙号宁宗。

十一 、顺帝 妥懽贴睦尔 1333——1368 年

1333 年癸酉，元顺帝无统元年

六月，元顺帝委懽贴睦尔即位：至顺三年八月，文宗死，燕铁木儿文宗后立太子燕贴古思，后不从，而命明宗次子懿宁质班，是为宁宗。十一月，宁宗死，燕铁木儿复请立燕贴古思，文宗后曰："吾子尚幼，妥慑贴睦尔在广西，今年十三矣，且明宗之长子，礼当立之。"及命中书右丞阔里古思迎妥懂贴睦尔于静江。至良乡，具卤薄以迎之。燕铁木儿既见妥懽贴睦尔，并马徐行，具陈迎立之意，妥懽贴睦尔幼且畏之，一无所答。于是燕铁木儿疑之。故妥懽贴睦尔至京，久不得立，适太史亦言妥贴睦尔不可立，立则天下乱，以故议未决。迁延者数月。国事皆决于燕铁木儿，奏文宗后而行之，俄而燕铁木儿死，后乃与大臣议立妥懽贴睦尔，且曰："万岁之后，其传位燕贴古思，若武宗，仁宗故事。"诸王宗戚奉上玺绶劝进，妥懽贴睦尔于六月初八日即位于上都，颁即位诏。

八月，立燕铁木儿女伯牙吾氏为皇后。

1335 年乙亥，元顺帝元统三年至元元年。

七月，诛杀后党，左丞相唐其势及其弟塔剌海谋逆，被诛、左丞相撒敦死，右丞相伯颜独秉政，唐其势时为左丞相，遂与其弟、叔潜起异心，谋立诸王晃火帖木儿。事泄，唐其势伏兵东郊，率勇士突入宫阙时，为伯颜等所捕获。唐其势，塔经并伏诛，晃火帖木儿自杀，伯颜使人执皇后伯牙吾氏，后求救于帝，帝不允，乃幽后于别所。七月，伯颜鸩杀后于开平民舍。并罢燕铁木儿及唐其势举用之人。

1337 年丁丑，元顺帝至元三年。

正月，朱光卿等起事：广州增城县民朱光卿起事，其党石昆山，锺大明率众从之，号称大金国，改元赤符，命指挥狗札里，江西行省左丞沙的征讨。

二月，棒胡聚众起事：陈州棒胡于汝宁（河南汝南）、信阳州起事。棒胡名胡闰儿，因使棒进退技术如神，故称棒胡。至是以烧香聚众起事，破归德府鹿邑，烧陈州（河南淮阳），屯兵于杏岗。命河南行省左丞庆童领兵征讨。

四月，禁汉人，南人、高丽人，不得执持军器，凡有马者拘入宫。

合州县民韩法师起事，自称南朝赵王。

是岁，伯颜请杀张、王、刘、李、赵五姓汉人，帝不从。

1348 年戊子，元顺帝至正八年。

三月，辽东锁火奴起事，自称大金后裔，水达达路脱脱孙唐兀。火鲁火孙讨擒之，辽阳兀颜拔奴欢亦称大金子孙，受王帝符文，起事，官军讨斩之。

是岁，方国珍起事：台州黄岩（浙江）民方国珍，世以贩盐浮海为业，因仇杀怨家，遂与史国璋、弟国瑛、国珉流亡上海，聚众数千人，劫掠漕运。诏命江

浙行省参知政事朵儿只班率舟师往讨。

1351 年辛卯，元顺帝至正十一年。

正月，刘福通红巾军起义：刘福通以红巾为号，起义占颍州（安徽阜阳）。先是栾城（河北正定县南）韩山童祖父、倡白莲会，被谪徙至广平路永年（河北）。至山童，倡言天下将大乱，弥勒佛下凡。于是江淮及河南民众翕然信之。刘福通与杜遵道、罗文素、盛文郁、王显忠、韩咬儿更声称：韩山童是宋徽宗八世孙，当为中国主。福通等杀白马、黑牛，誓告天地，欲同起兵，事觉，且官捕之急，福通乃仓促起义。韩山童不幸被俘，其妻杨氏及子韩林儿逃至武安（河北）。红巾军亦称香军。

六月，刘福通攻破罗山等地：红巾军刘福通攻据朱皋、攻破罗山（河南）、真阳（河南正阳）、确山，并及午阳及叶县（均属河南）。

七月，元招降方国珍：时，方国珍兄弟入海，攻掠沿海州县。元江浙行者，左丞孛罗帖木儿率官军征讨，官军不战而溃。朝廷复命大司农达识贴睦尔等招谕方国珍于黄岩（浙江），方国珍兄弟皆登岸罗拜。元绍兴总管泰不华新至岸边，散其徒众，并授方国珍兄弟以官职。

八月，肖县芝麻李起义：肖县（今属安徽）李二、老彭及赵君用攻克徐州。李二号称芝麻李，曾于饥荒时，以其家中一仓芝麻济饥民而得名。时河工正兴，民众苦役，芝麻李与赵君用老彭等八人共谋起义，伪装挑夫，仓皇至徐州投宿，城内外各四人，天明时互举火呼应，斩关而入，竖大旗，募人为军，从者十余万人，攻占徐州及附近各县。

同月，徐寿辉起义：蕲县罗田（湖北）人徐真一（寿辉）曾以贩布为生，徐来蕲（湖北蕲春）黄（湖北黄岗）之间，渐以烧香聚众。先是，有表州（江西宜春）慈化寺僧彭莹玉与其徒周子旺欲聚众起义，被发觉，江西行省发兵捕诛周子旺等，彭莹玉逃走。后黄州麻城（湖北）人邹普胜起义，举徐寿辉为主，以红巾为号，沔阳（湖北沔阳西南）人陈友谅往从起义。陈友谅，渔家人，懂文义，曾为县吏。

九月刘福通率红巾军攻占汝宁府（河南汝南）及息州（河南息县）、光州（河南潢州）。红巾军聚众十万人。

同月，徐寿辉占蕲水及黄州路：元卫王宽彻哥与其二子帅军征讨，被徐寿辉将倪文俊击败，卫王二子被俘。文俊、沔阳渔民。

十月，徐寿辉称帝：徐寿辉称帝，以蕲水（湖北浠水）为都城，国号，建元治平，以邹普胜为太师。

1352 年王辰，元顺帝至正十二年。

正月，徐寿辉攻占汉阳及武昌等地：徐遣其将丁普郎、徐明远攻占汉阳及兴国府，邹普胜占武昌。威顺王宽彻普化及行省平章和尚均弃城逃走。徐寿辉将曾法兴占安陆府（湖北）知府且驴战死。徐寿辉沔阳推官俞述祖死。

二月，郭子兴起义；定远（安徽）人郭子兴集聚少年数千人，自称节制元帅。郭氏兄弟三人，于里中颇富资产。至是子兴知天下将乱，乃散家财与壮士结交，集众人攻城起义，旋占据濠州（安徽凤阳）。

三月，方国珍复入海反元：是月，方国珍复率部众下海。浙东道宣慰使都元帅泰不花率军扼黄岩（浙江）之澄江，遣义士王大用带招抚约降信于方国珍。国珍拘留王大用，并以二百小船突袭海门（浙东台湾南岸）。泰不花率军张受降旗乘风迎击，船触沙不行，元军败，泰不花战死。临海尉李辅德，千户赤盏等均死。

闰三月，朱元璋从郭子兴起义又于濠州；元璋先世本居沛，后自句容，泗州迁至锺离（濠州，今安徽凤阳东北）。兄弟四人，元璋其季。少贫困，年十七，天旱蝗灾，父母兄均病故，遂入皇觉寺为僧，西至合肥、六安、经光、汝等州，历时三年始返凤阳皇觉寺。时值元末农民起义蜂起，元璋至濠城，入郭子兴部参加起义，为九夫长。凡有攻战，命元璋往，常取胜，由是子兴兵势甚威。初，宿州、人马公，与子兴胜交好。马公卒，以季女交子兴，子兴抚为己女，至是以女妻朱元璋。

七月，徐寿辉部将攻下杭州：徐寿辉将项普略率起义军自徽州、饶州攻杭州，元将无备，守将败死，遂占杭州。不久，元命江浙平章教化及董搏雷率军援江南。经七次战斗，收复杭州、余杭、德清等亦继续为元有。

十一月，徐寿辉部攻安庆，水陆并进。元万户蒙古绰斯中流失死。

1353 年癸巳，元顺帝至正十三年。

五月，泰州张士诚起义：张士诚，泰州（江苏泰县）白驹场亭民，以操舟贩盐为生，与富家有怨兼受弓兵丘久屡辱。士诚乃与其弟士义、士德、士信，联合壮士李伯异等十八人，杀仇家及丘义，焚火。士诚俱罪，遂招集少年人起义。行至丁溪，击败大姓刘子仁部众，乘势攻泰州，众万余人，攻克兴化，结寨于德胜湖。元廷以万户告身招降，士诚不受。元命淮东宣尉司 纳速刺丁以兵捍德胜湖，尝于士诚战，焚其二十余船，士诚败退。不久张士诚率起义军袭高邮（江苏），以火筒，火射击，大败元军，元将纳速丁等均战死。士诚军遂攻克高邮，即以此为都城，国号大周，自称诚王建元天祐。

七月，朱元璋兵略滁阳：朱元璋率兵攻滁阳（安徽滁县），路遇李善长，悦其智，留置幕中为书记，并谓善长曰，“今群雄并争，非有智者不可与谋议。吾观群友中持案牍及谋事者，多毁左右将士，将士费得效其能，以致于败。汝宜鉴其失。”是月，戟滁州，花云为前锋，勇甚，遂攻克滁阳，并驻屯兵马。

1354年甲午，元顺帝至正十四年。

五月，朱元璋率军攻克全椒（安徽）

十一月，高邮会战：元右丞相脱脱率元军至高邮，大败张士诚于高邮城外，又遣兵西平六合。是役军资、衣甲、器仗，谷粟、薪棠等悉取于江浙。

1355年乙未，元顺帝至正十五年。

正月，朱元璋占和州：朱元璋献策于郭子兴，谋取和州（今安徽和县），以三千青衣人，伪装北兵，以四驼载赏物驱行，声称为庐州兵送使者入和州赍将士：以绛衣兵万人继进，相距约十余里。青衣兵薄城，举火为号，绛衣兵即进。子兴从其计，使张天祐军追元军至小西门，城上即抽吊桥，但桥索已被汤和砍断，天祐军登桥入城，遂占和州。子兴命朱元璋统领和州兵。

二月，刘福通韩林儿称帝于毫州：刘福通等自砀山夹河迎韩林儿至毫州，立为皇帝，建元龙凤，国号宋，又号为小明王，以豪州为国都。以其母杨氏为皇太后，杜遵循。盛文郁为丞相，罗文素、刘福通为平章，刘六知枢密院事。

五月，朱元璋附于韩林儿：初，亳州韩林儿遣人招和州诸将，和州惟张天祐去。不久，自毫返回，带有丞相杜遵循檄文，授予郭天叙为都元帅，张天祐为右副元帅，朱元璋为左副元帅。元璋本不欲受，言："大丈夫宁能受制于人耶！"诸将以认为受称可以与毫州为声援，乃从。纪年称龙凤，但行不受节制。

六月，朱元璋率军渡江取太平，时和州城中缺粮，元璋与诸将乃谋渡江，适赵普胜，俞通海拥众万人，船千艘，据巢湖。是月，俞通海来归附朱元璋，后赵普胜率所部判去。俞通海率余州至和州，元璋命廖永安、张德胜、俞通海等率军攻元蛮子海牙于峪溪口。元舟高大，不利进退。廖永安等操舟如飞，进退自如，左右奋击，大败其众。朱元璋与诸将定渡江之计，诸将欲直取金陵，元璋称：得采石，然后金陵可图。六月，元璋率诸将渡江，廖永安请示所向。元璋言：牛诸矶前临大江，彼难为备，今往攻必克。引帆向牛诸，风稍疾，顷刻抵岸，守者阵于矶上，船距岸三丈余，未能骤登。常遇春飞舸已至，元璋指挥前攻，遇春应声挺戈一跃登岸，守者披靡，诸军从进，遂取采石。沿江各垒，望风迎附。于是，元璋率军白宫渡向太平，直抵城下，率军急攻，遂克太平。元平章完者不花与合事张旭等逃走，元璋军俘元万户纳哈出，改太平路为太平府，委李习任知府，李善长为帅府都事，汪文洋为帅府令史。由元璋运筹决策。

八月，朱元璋军克溧水、溧阳：和州镇抚徐达率军自太平（安徽）进克溧水，将攻集庆路（江苏南京）。诸军攻克溧阳（属江苏），时又克芜湖（安徽）。

九月，朱元璋军攻集庆不利：郭天叙、张天祐率军自唐经同山，进袭集庆东门。原方山寨民兵元帅陈埜（音也），先降归朱元璋后，令自板桥直抵集庆，攻南门，但元将坚守。陈埜先邀郭天叙饮，杀之。俘捉张天祐，送至元行台御史大夫福寿处，亦被杀。攻集庆失利，至是诸将遂拥朱元璋为都元帅。时陈埜也追袭部，张余军至葛仙乡，被乡民兵百户德茂谋杀。

1356年丙申，元顺帝至正十六年。

正月，张士诚攻占常熟；时张士诚弟士德攻占常熟（江苏），先是江阴朱英与江宗三互相仇杀，元差元帅征讨，朱英携家属渡江北去。求救于士诚，并盛陈江南富庶。张士诚乃遣其弟士德率高邮军渡江进攻，遂占常熟。

三月，朱元璋取集庆（即南京）；朱元璋率军自太平（安徽），水陆并进，至江宁镇，破陈兆先营寨，俘兆先，尽降其部众三万六千人。时元守集庆，先有湖广平章阿鲁庆率苗军来援，后还镇杨州。阿鲁御军无纪律，苗军日乱。后苗军尽杀阿鲁兵以判元，故集庆援绝，城内振惊。元行台御史大夫福寿乃令富民助粮饷以激守军。至是朱元璋率军自太平出发进攻集庆。冯国用率五百人败元军于蒋山（即南京钟山）直抵城下，遂围城。福寿督军出战多败。于是尽闭诸门，仅开东门以便出入，兵力实不支，城破，福寿督军巷战，兵溃、乃坐胡床于凤凰台下，被杀。元璋入城，谕告父老：“无失其政，所在纷扰，生民涂炭、吾率众至此，为民除害。汝等各守旧业，无怀疑惧，能相从立功者，吾礼用之，旧政有不便者，吾除之。”军民皆喜庆，认为福寿忠于元，为棺以礼葬，改集庆路为应天府，以廖永安为统军元帅。命赵兴为国翼元帅，以守太平。

同月，朱元璋部取镇江：朱元璋遣徐达为大将军率诸将浮江东下，戎诸将士称：“吾自起军，未尝妄杀，今尔等当体吾心，戎占士率，城下之日，毋焚掠杀戮。有犯令者，处以军法，纵者，罚无赦。”兵攻镇江，次日即攻克，苗军元帅杨宪者逃走，守将等战死。徐达等率军自仁和门入，军纪严明，市里晏然，于是分兵攻克金坛，丹阳、改镇江路为江淮府，朱元璋命徐达汤和为统军元帅，镇守此地。

六月，朱元璋部取广德：朱元璋将率军取广德，改其地为广兴府，命邓愈率军镇守。

同月，朱元璋通好张士诚：朱元璋派儒士杨宪通好于张士诚，书略称：“昔隗嚣据天水以称雄，今足下据姑苏以自王，吾与足下，东西境，睦邻守国，保境息民，吾深慕焉，今后通使往来，毋生边衅。”张士诚得此书，以比己为隗嚣，不悦，遂留杨宪不遣返。

七月，朱元璋称吴国公：建康诸将拥朱元璋为吴国公，以元御史台为府第，设置江南行中书省，元璋兼任总省事，并设置官属。以韩林儿自称宋后裔，乃遥尊奉，文书均以龙凤年号纪年。

同月，徐达败张士诚于龙潭：张士诚以舟师攻镇江，徐达率军抵御。朱元璋谕告徐达："张士诚起自负贩，诡诈多端，今来侵镇江，是其交已变，当速攻昆陵（江苏长州），以先机进取，阻其诈谋。"徐达乃率军攻常州，士诚遣援军。徐达乃离其城十八里设埋伏，命总管王均用率铁骑为奇兵，徐达亲督师，双方激战于龙潭。均用率铁骑击侧面，张士诚军乃退，遇伏兵，大败。

1357年丁酉，元顺帝至正十七年。

三月，朱元璋部取常州；时吴将徐达等攻克常州（江苏），初，常州，粮多，故坚守，后诱判军入城，军众粮少，于是徐达率军乘抛进攻，遂克城。改常州路为常州府。

四月，朱元璋部取宁国：初徐达、常遇春率军攻宁国（安徽宣城），元长枪元帅谢国玺逃走，守臣坚守，久攻不下，常遇春中流失，裹创力战。吴国公朱元璋乃亲至督师，造飞车，前编竹为垂蔽，数道进攻，城乃克，俘其元帅朱亮祖。朱元璋喜其勇壮，欲为己用，乃义释。

五月，吴国公军攻泰兴：张士诚遣军援守城，但吴军元帅徐大兴、张斌率军击败张士诚军，遂攻克泰兴（江苏）。

六月，吴国公取江阴：朱元璋遣将赵继祖、元帅郭天禄、镇抚吴良攻略江阴州。张士诚军据泰望山，赵继祖率军攻之，适有大风雨，张士诚兵奔溃，继祖占其山。又攻州西门，遂攻克其城。长兴（浙江）、江阴（江苏）为张士诚所据地区要害，至是尽属吴国公。

同月，刘福通攻下汴梁：红巾军分三路：以关先生、破头潘、冯长舅、沙刘二、王士诚率军攻晋、冀、由朔方攻上都（开平，内蒙多伦西北）；白不信、大刀敖、李喜喜率军攻取关中（陕西西安）；毛贵率军自山东攻取大都。红巾军势力振。

七月，朱元璋遣将取徽州路：元帅胡大海等率军攻克绩溪，继取徽州（均安徽）。元守将八思尔不花及建德路万户吴讷等拒战，均被胡大海战败。于是取徽州城，元将退守遂安，胡大海率军追击，吴讷兵败自杀。

八月，张士诚请降于元：张士诚使前江南行台中丞蛮子海牙致书信，请求投降于浙江丞相达识帖木儿，未成。

后又遣其隆平（江苏苏州）太守固仁亲至，具陈自愿休兵息民投降于元，乃成。元授士诚为太尉，士德为准南行省平章政事，士信同知行枢密院事。改隆平府为平江路。张士诚迁居府第，虽奉元正朔，但甲兵，钱谷均自据如前。

九月，陈友谅袭杀倪文俊：陈友谅辅佐倪文俊，攻克众多州县，遂以功升元帅。至文俊迎徐寿辉居汉阳且专权用事，并谋杀徐寿辉不果，自汉阳奔黄州、陈友谅心颇不平，至是袭杀文俊，且并有其众。陈友谅遂自称宣尉使，旋为平章政事。

十月，朱元璋部取扬州路：朱元璋阅军于大通河，命元帅缪大亨率兵攻扬州路、克城，青军元帅张明鉴率其众归降。初至正十五年(1355年)张明鉴聚众于淮西，以青布为号，人呼为：“一片瓦”，名青军。其部众有张鉴善用枪，甚骁勇，故又称其众为“长枪军”，专事剽掠，由含山，全椒（均安徽），转掠六合，天长（均江苏）至扬州，人皆苦之。时元镇南王孛罗不花守扬州，招降张明鉴等。为濠，泗义兵元帅，驻守扬州。后以粮尽，谋反元，逐镇南王至淮安，被赵均用杀死。张明鉴等凶暴更甚，屠城中居民以为食，至是兵败出降，尚有众数万。朱元璋设置淮海翼元帅府，改扬州路为淮海府，以李德林为知府事，城内居民仅存十八家（悲惨）。

1358年戊戌，元顺帝至正十八年。

正月，陈友谅等攻克安庆：初，陈友谅等自东门登城，被守军击退；后又进攻东、西两门，又被守军击退。陈友谅等乃树栅起飞楼临城，日夜鏖战。时赵普胜军攻东门，友谅军攻西门，饶州祝寇军攻南门。元外无援兵，守丞余阙率孤军血战，身被十余创。日中，城破、火赵，余阙自则刎，坠清水塘中，全家均死。

同月，朱元璋部取婺源：吴国公行枢密院判邓愈遣将王弼等攻婺源州（江西婺源）。军至城西，与元守将帖木儿不花交战，自晨及暮，杀伤五百余人未克城，后分兵三道并进，遂破其城，帖木儿不花死，士卒约三千人均附。

三月，刘福通军攻取清、沧及济南：刘福通部将毛贵攻克清州、沧州（均河北），占据长芦镇，继而毛贵率军又攻克济南路，元守将爱的战死。毛贵立宾兴院，选用故宫。以姬京周等分守诸路：又于莱州（山东掖县）立三百六十屯田，每屯相去三十里造大车百辆，以挽运粮储，官民田十只收二分，冬为陆运，夏为水运。

三月，朱元璋部取建德路：初，邓愈、朱文忠、胡大海率军经昱岭关（安徽绩溪东）进攻建德，道经遂安（均浙江）。长枪元帅余子贞率兵来抗，邓愈等击败余子贞，追至淳安（浙江），降其部众三千余人。时遂安守将又率兵五千来援，胡大海等于战俘其将土四百余人。于是邓愈等率军直抵建德，元守臣均逃走，民众以城降，改建德路为严州府。

四月，陈友谅部取池州、龙兴、瑞州，徐寿辉部赵普胜自枞阳攻克池州，拘执吴国公守将赵忠。陈友谅率军攻克龙兴路（江西南昌），继遣部将王奉国攻克瑞州路（江西高安）。徐寿辉部因攻池州拘吴将，乃与朱元璋交恶。

五月，刘福通迎小明垂汴：刘福通率军攻下汴梁（河南开封），元守将竹贞逃走。刘福通率军入城，乃自安丰（安徽寿县）迎小明王汴以为都城。

十二月，朱元璋攻取婺州：先是朱元璋出兵至徽州（安徽歙县），召儒士唐仲实问：“汉高祖、光武、唐太宗、宋太祖、元世祖平一天下，其道何由？”唐仲实对曰：“不嗜杀人，故能定天下于一。然以今日观文，民尚未得生养休息。”

朱元璋：我积少而费多，取给于民，甚非得巳。然皆为军需所用，未尝以一毫奉己，民之劳苦，恒思所以休息之，何曾敢忘。又诏问前学士朱升，朱升曰：“高筑墙、广积粮、缓称王。”朱元璋悦，命参帷幄，朱元璋率诸将取婺州，遣将击败元浙东宣尉付使石抹宜孙所遣胡深兵于梅花门外，达鲁花赤僧住，浙东廉访使杨惠战死。，城中守势已孤，元守臣遂开门纳降。吴国公朱元璋入城，禁军士抢掠，民甚安定，改婺州路为宁越府。置中书分省，召儒胡翰十余人会食省中，每日令二人进讲治道。以王宗显知宁越府。开郡学，延请宋濂等大万经师，戴良为学正吴沉等为训导。时学校久废，至是弦诵声不绝。

1359年已亥，元顺帝至十九年。

正月，方国珍归附朱元璋：初，朱元璋遣使招谕方国珍，国珍谋曰：方今元运将经，豪杰并起，唯江左号令严明，所向无敌。今又东下婺州，巩不能与抗。况与我为敌者，西有张士诚，南为陈友定，不若与江左姑禾顺从，藉为声援，以观其变。于是迫使随元璋使返，献金绮。时朱元璋遣胡大海率军攻诸暨州。元守将战败府遁，万户沈胜率众投降，遂改诸暨州为诸全州，嵊县万户郝原请降于吴。

六月，徐寿辉取信州：初陈友谅弟友德营于信州（江西上饶）城东，饶城植木栅，急攻城。元守将粮尽矢绝，但仍竭力坚守。时城中元军及民人只食草苗，茶纸，既尽，括靴底煮食之，又尽，罗掘鼠雀及杀老弱以食，犹坚持战斗。后万户顾马儿以城降，城破，守将多败死。

九月，朱元璋与徐寿辉战于潜山：吴奉国上将徐达、佥院张德胜。率军自无为州登陆夜至浮山寨，败赵普胜别将于青山。追至潜山，陈友谅遣参政郭泰渡沙河逆战，德胜复大破之，斩郭泰，遂克潜山，使将守之。

朱元璋部取衢州：常遇春率部围衢州城两月余，元枢密院张斌密遣部下约降，是夕，张斌潜出小西门，迎吴军入城。元将伯颜不花犹督兵拒战。城中火起，常遇春率军入，破城，伯颜不花被俘。改衢州路为龙游府。

十一月，朱元璋取处州：朱元璋攻克宁越（浙江金华），即命耿再成驻兵缙云（浙江）黄龙山，谋攻取处州（浙江丽水）。时胡大海率军入境，元石抹宜遣元帅叶深屯桃花岭，参谋林彬祖屯葛渡，陈仲贤、陈安守樊岭，元帅胡深守龙泉。大海出军到樊岭，与耿再成合攻，遂克桃花岭、葛渡二寨，至处州城下，元守将败逃，将士溃散，胡大海等率军克处州。胡大海部将廖美又平定诸具，招降胡深。龙泉、庆元（均浙江）均被攻克。

十二月，陈友谅称汉王：初，陈友谅攻克龙兴（江西南昌），其主徐寿辉欲处徙居。友谅不愿其来，但寿辉竟引兵发汉阳，至江州（江西九江），友谅以伏兵尽杀寿辉部属。以江州为都，奉寿辉居住，陈友谅自称汉王，置官属，自此事权均归陈友谅，徐寿辉但拥虚位而已。

1360年庚子，元顺帝至正二十年。

三月，朱元璋征刘基等至建康：先是，朱元璋至婺州（浙江金华），召见宋濂及克处州，胡大海推荐刘基等四人，朱元璋即遣使以书币聘请。于是青田刘基、龙泉章谧、丽水叶琛、金华宋濂均至建康。吴国公朱元璋甚喜，劳之曰："我为天下屈四先生，今天下纷争，何时定乎？"章谧附答："天道无常，唯德是辅，不嗜杀人者能一之。"吴国公称善。刘基陈时务十八事，且言："我有两敌，陈友谅居西，张士诚居东，友谅包有饶（江西波阳），信（江西上饶），跨地荆、襄、凡半天下，而士诚仅有海边地，南不过会稽、北不过淮扬。今日之计，莫若先伐汉，得汉，天下之形成矣。"吴国公大喜，设礼贤馆安置刘基等。吴国公问郎中陶安："此四人，于汝何如？"陶安对答："臣谋略不如基，学问不如濂，治民之才不如谧、琛。"吴国公表示赞同，且称赞陶安能让。

闰五月，陈友谅杀徐寿辉称帝：陈友谅挟徐寿辉打太平，及克太平，急谋称帝，乃于采石舟中使人诣寿辉前，佯为言事，令壮士自后以铁锤击杀寿辉，碎其首。寿辉死，陈友谅遂以采石五通庙为行殿，称皇帝，国号汉，改元大义。仍以邹普胜为太师，张必先为丞相，张定边为太尉。群官立江岸，草次行礼，值大雨至，狼籍不堪。

陈友谅攻金陵，兵败退江州：陈友谅遣使约张士诚攻江州，士诚未报，友谅自采石引舟东下，建康大震，刘基曰："先斩主降及奔钟山者。"并建议朱元璋，倾府库以结士心，优兵司击，以成王业。吴国公又会友谅旧识康茂才遣人持书，向友谅表示愿为内应，盼速攻。吴国公布置伏兵，令张德胜跨新河口，筑虎口城为守；命冯国成、常遇春率三万帐前军为伏兵于石灰山侧，徐达陈兵于南山外，杨璟驻兵大胜港，张德胜、朱虎率舟师出龙江关外。吴国公总领大军屯卢龙山。友谅舟师至大胜港，见无内应，令其弟陈友仁率舟千余向龙湾，遣万人登岸立栅。吴国公令军士拔栅，双方战合，国胜、遇春伏兵起，徐达兵亦至，德胜等率舟师亦至。友谅军大败，兵走登舟，直退潮时，舟胶浅，猝不能动，被杀及溺死者无数。俘其卒二万余。又有张志雄，本为赵普胜部将，怨友谅杀普胜，乃降于吴国公，言安庆已无守军。吴国公遂命徐达，冯国胜，张德胜等追击友谅，又命元帅余某取安庆。德胜败友谅于慈湖，纵火焚其舟。至采石德胜战死。国胜又败友谅军，陈友谅弃太平，徐达追至池州乃还，余某取安庆。陈友谅至九江，据为都城。

朱元璋部取信州：初，吴国公命胡大海取信州（江西上饶），胡大海遣元帅葛俊率兵往。衢州都事王恺上葛俊，称："广信为友谅门户，彼倾国入寇，宁不以重兵为守！非大将统全军以临之不可。"大海乃亲率兵攻信州。至灵溪，城中步骑数出迎战，被大海击败，乃督兵攻城，守者不能御，遂克城。先是，招安郡县，将士均征粮于民，名为寨粮，民苦甚。大海上报元璋，朱元璋罢征寨粮。

是岁，红巾军关先生，沙刘二、破头潘率兵入高丽，其王出奔耽罗（朝鲜济州岛）。众臣纳女请降，将校均高丽女子，高丽人均藏红巾军马。一夕，传王令，除丽声音者不杀，其余均被杀，关先生、沙刘二均死（死在花丛中）。惟破头潘及左将左李率轻骑人一万，自便道走西京（平壤）降元孛罗帖木儿，后又降于扩廓帖木儿。

元方情况：阳翟王阿鲁辉帖木儿拥兵数十万，屯于木儿古彻兀之地，将犯京畿，使来言曰："祖宗以天下付汝，汝已失其大半；若以国玺付我，我当自为之。"顺帝遣使报之曰："天命有在，汝欲为则为之。"命知枢密院事秃坚帖木儿将兵击之，不克，军士皆溃，秃峄帖木儿走上都。

1361 年辛丑，元顺帝至正二十一年。

七月，陈友谅复克安庆：陈友谅知院张定边复克安庆，吴国公守将余某败还金陵，被杀。

八月朱元璋大举攻陈友谅：朱元璋邓愈攻克浮梁，陈友谅守将侯帮弃城逃走，朱元璋院判于光复攻乐平州（江西乐平），败陈友谅总管肖明，遂取乐平。接着吴国公朱元璋命徐达、常遇春为先锋，自乘龙骧巨舰，至安庆，陈友谅军固守不战。吴国公以陆兵作疑兵，乃命廖永忠、张志雄率舟师败敌师舟八十余艘，遂攻克安庆。长驱而进至小孤山，友谅守将傅友德及丁普郎降。常遇春乘胜率军追击至江州（江西九江），友谅亲率军督战，吴国公分舟师为两翼、夹击，大败友谅军，获其舟百余艘，陈友谅携妻子逃走至武昌，吴国公入江州。于是复遣军攻占南康（江西），改名西宁府。又分遣将士掠各城之未下者，东流（安庆西南）、蕲（湖北蕲春南），黄（湖北黄岗）、广济（湖北黄梅西）、饶州（江西波阳）相继降。

九月，元阳翟王阿鲁帖木儿伏诛：阿鲁辉帖木儿以宗亲，见天下义军并起，遂乘间隙，肆为己图，诏少保，知枢密院事老章率诸军讨之。老章遂败其众，旋为部将同知太常礼仪院事脱骧所擒，送阙下，诏诛之。于是，诏加老章太傅和正王，以阿鲁辉帖木儿之弟忽都帖木儿袭封阳翟王。

1362 年王寅，元顺帝至正二十二年。

二月，吴金华苗军元帅蒋英、刘城、李福投降张士诚，杀守臣参政胡大海及郎中王恺、总管高子玉。吴处州苗军元帅李佑之，贺仁得等闻讯，亦叛，杀院判耿再成、都事孙炎、知府王道同及朱文刚等，据其城。朱文忠闻乱，遣元帅王祐等率兵屯晋云以图之。

三月，徐寿辉部明王珍称帝：明王珍称帝于蜀，国号大厦，建元天统，立妻彭氏为皇后，子升为太子。仿周制设六卿，又置翰林院承旨、学士、国子监祭酒等官。分蜀地为八道，税赋十取其一。且开廷以试策士，置雅乐以供郊祭之用。后明玉珍攻占云南省城（昆明），屯驻金马山，被陕西行省参政车力帖木儿等战败。其弟明二被俘。

六月，察罕帖木儿围都被刺死：时山东仅益都尚未属元，降将田丰，王士诚益谋反元。先是田丰降，察罕帖木儿推诚相待，数独自入其营帐。及田丰等谋，乃请察罕帖木儿观察营垒，行至田丰军营，被王士诚刺死。田丰和王士诚遂走入益都霜。元以其子手语廊帖木儿继为总兵官，复围益都。

十一月，益都兵败，田丰等被杀：扩廓帖木儿率军围攻益都，以壮士穴道入城，城破，屠杀守城军民、田丰、王士诚均死难，山东俱为元朝所有。扩廓帖木儿驻军汴、洛。

1363 年癸卯，元顺帝正二十三年。

正月，朱元璋通使于扩廓帖木儿：吴国公遣中书省都事汪何送尹章归汴，以书致扩廓帖木儿，有言：“元失其政，中原鼎沸，阁下先王，奋起中原，英勇智谋，过于群雄，闻而未识，是以前岁遣人直抵大梁，实欲纵观，未敢交纳，不意先王捐馆，下遣送使者涉海而来，深有推之意。薄以文绮若干，用酬雅意。自今以往，信使继踵，商贾不绝，有元彼此，是所愿也。”

二月，张士诚遣将攻安丰：张士诚遣将吕珍为先锋，其弟张士信率军继进，围安丰，日久，城中饥，人相食。刘福通遣使告急于建康，祈吴国公出援。吴国公曰：“安丰破，则张士诚益张，不可不救。”刘基谏曰：“陈友谅方伺隙，未可动也。”

三月，吴国公率军救安丰：张士诚将吕珍已破安丰，杀刘福通。吴军至，常遇春与吕珍战，三战三胜。庐州左君弼出兵助吕珍，被常遇春击败，安丰乃解围。吴国公以小明王归滁州，吴国公还建康。

四月，陈友谅复大举兵围洪都（江西南昌）：初，陈友谅愤其地盘日蹙，乃造大舰高数丈，外涂红漆，上下三级，置橹数十，其中上下隔音。舰载家属百官，举国而至。吴都督朱文正与诸将谋，分城拒守。参政邓愈守抚州门，元帅赵德胜等守宫步、士步、桥步诸门，指挥薛显守章江、新城二门，元帅牛海龙守琉璃、澹台二门，朱文正居中节制诸将。

六月，洪都守军求救于建康：洪都被陈友谅军围久，内外音讯不通，朱文正遣千户张子明求救于建康。吴国公言：“归告朱文正，但坚守一月，吾当自取。”子明返至湖口被陈友谅军所拘执，伪降，至南昌城下大呼：“大军且至，但当固守以待。”友谅怒，杀张子明。

七月，吴国公自将救洪都：吴办以召诸将，率舟师二十万人出发，徐达、常遇春、冯国胜、廖永忠、俞通海均从。以风复国顺舟，朱元璋以为不利，令冯国胜还建康。时陈友谅已围南昌八十五日，双方水战于鄱阳湖康郎山，以陈友谅舟巨大，朱元璋乃分舟师为十一队，火器、弓弩均具备。元璋告戒诸将，近敌舟，先发火器，次弓弩，及其舟则以短兵击之。后朱元璋命以七舟载火药、棘草为人，乘风纵火焚敌舟，陈友谅水寨数百艘均被焚，烟焰燎天，湖水尽赤，死者大半，友谅弟友江、友贵及其平章陈普略均被焚而死，俞通海、廖永忠、张兴祖、赵勇等驾六舟深入杀敌。吴师勇气倍增，自辰至暮，友谅兵大败，弃旗鼓等，后友谅左右二金吾将军率所部来降。友谅既败，吴国公分兵攻克蕲州（湖北蕲春）、兴国（属江西）。

八月，陈友谅中流箭死：陈友谅溃散，欲回武昌，但楼船百余艘向南湖咀，被吴军所阻。友谅突出湖口，又被吴国公指挥诸将以火舟火筏冲击，追奔数十里，至泾江口，又被吴泾江之军所击。不久有降卒言：友谅在别船上中流矢，贯睛及颅而死。吴军大喜复大振，俘友谅太子善儿，平章姚天祥等。次日，平章陈荣等率舟师五万余人来降。惟张定边夜里以小舟载友谅尸，及其次子理住走武昌，立陈理为帝，改元德寿。

九月，吴国公率军征陈理：吴国公率康茂财、廖永忠等新征阵于武昌。

同月，张士诚自称吴王：是月，张士诚欲称王，令部属对已歌功颂德。元江浙丞相曾具文上书呈报，希元帝封士诚为王，但未果。士诚遂自称吴王，治官阙、置官属，改平江路为隆平府。元朝遣户部侍郎博罗帖木儿等征取海运粮，士诚不与。但仍奉元正朔。

十月，吴国公围武昌：时马步舟师水陆并进，至武昌城外，令常遇春等以兵守四门，且立栅围，又于江中联舟为水寨。分兵征讨汉阳、德安、湖北诸郡县均降于吴国公。

十二月，吴国公还建康：吴国公兵发武昌，后还建康，令常遇春总督诸将守营栅、戒兵围困，慎勿与战，久当自服，不患不克此城。

1364年甲辰，元顺至正二十四年。

正月，朱元璋称吴王：朱元璋即吴王位，建百司官位，置中书省左右相国。以李善长为右相国，徐达为左相国，常遇春俞通海为平章政事，汪广洋为右司郎中，张昶为左司郎中。时小明王居于滁州，朱元璋仍以龙凤纪年，封禄，除授及有司文牒，并云："皇帝圣旨，吴王令旨。"

二月，朱元璋下武昌：吴王朱元璋以武昌久围不下，乃亲往督师。先是陈理太尉张军边遣人走岳州（湖南岳阳）告其丞相张必先率军援武昌。至是，张必先引兵至洪山，距城二十里，吴王命常遇春率五千兵去援，必先兵败被俘。张必先号拔张，甚骁勇，被缚城下，于是张定边来知援绝，傅发德率数百人夺城东南高冠山。吴王又遣友谅旧臣罗复仁入城招降，于是陈理肉袒御壁率张定边等出降。后至建康，封陈理为归德侯。

1365年乙巳，元顺帝至正二十五年。

九月，明玉珍与朱元璋通好：明玉珍遣其参政江俨与吴王通好。吴王命都事孙养浩报以书曰："足下处西蜀，予处江左，盖与汉季孙、刘相类，王保保虎踞中原，其志不在曹操下。予与足下实唇齿相依，愿以孙、刘相吞噬为戒。"

十月，吴王命将攻张士诚所据诸地：吴王朱元璋以张士诚屡攻江淮。乃欲举兵征讨，下令曰："士诚袭我安丰，侵我诸全，今命大军征讨，止于罪首；在彼军民，无恐无畏，毋废农业，大将军约束官兵，毋有掳掠，违者以军纪论。（人"仁"恶之言，成大事者之本）。"于是命左相国徐达、平章常遇春等率马步舟师水陆并进；规取淮东泰州等处。时张士诚据地北为通（江苏南通）、泰（江苏泰州）、高邮、淮安、徐（均江苏）至于济宁（山东）、南至绍兴（浙江）。

闰十月，吴将徐达等克泰州等地：吴徐达、常遇春攻克泰州，俘张士诚守将严再兴等。徐达又遣将攻克兴化。十一月，徐达率军攻高邮，吴王恐徐达孤军深入，乃命冯国胜率军节制高邮诸军，使徐达回泰州，以便取淮安等地。张士诚兵侵宜兴，吴王命徐达率军赴援，击败张士诚三千人于宜兴城下。

1366年内午，元顺帝正二十六年。

二月，四川容美峒田光宝降于吴：元四川容美峒宣抚田光宝派其弟光受以元所受宣抚敕印降于吴。朱元璋以田光宝为四川行省参政，兼容美峒军民宣抚使，仍置安抚元帅治其地。

同月；西蜀明玉珍死：初，明玉珍病危，对其臣云："西蜀险塞，应协力同心，以辅嗣立之子，乃可自守，否则，后事不堪设想，遂死。称帝五年，子明升立，年方十岁，改元开熙，其母彭氏听政。

四月，吴左相国徐达攻克安丰：徐达率军至安丰，于东城龙尾坝潜穿城二十余丈，城坏，乃破城。元守将忻都、竹昌、左良弼均出走，吴军追击十余里，俘忻都而返，竹昌、左良弼走汴梁。近黄昏元援军至，战于城南，大败退走。于是，吴王置安丰卫（寿县），留指挥唐胜宗镇守。

八月，朱元璋遣军攻张士诚：朱元璋命徐达、常遇春率军二十万人攻张士诚，定升先攻湖州（浙江吴兴）以分其势。遇春击败士诚兵于湖州港口，俘士诚将严义、陈旺军至洞庭山。又进军至湖州毗山，击败士诚守军，俘其将石清、汪海。初，使降将熊天瑞闻知吴军直攻苏州，至是熊天瑞叛降于士诚，吴王反间计成。

双方激战，吴军常获胜，但城守甚坚。士诚亦亲率军来援湖州守军，与徐达军战于阜林，兵败。至十月，其五太子与吕珍等均降。十一月，吴徐达遣冯国珍以降将吕珍等殉于城下，令守军出降。士诚守将张天麟与司徒李伯异乃出降。徐达既克湖州，兵锋遂转趋向苏州。

十一月，徐达军进围苏州：徐达率军至南浔，张士诚元帅王胜降。军至吴江（江苏）围其城，守臣参政李福，知州杨彝守军，吴将康藏才至尹山桥，又败士诚兵，焚其在官渡战船千艘及军资。徐达进兵围城，徐达军攻东门，常遇春军攻虎丘，郭兴军攻娄门，华云龙军攻胥门，汤和军攻阊门，王弼军攻盘门，张温军攻西门，康藏才军攻北门，耿丙文军攻城东北门等。四面筑长围于苏州城外。又架木塔三层，名为敌楼。每层可向城中施放弩矢及火攀附，又设有襄阳炮击城，城中震恐。

十二月，韩林儿被沉于瓜步：小明王韩林儿时居于滁州，至是，来建康。吴廖永忠复韩林儿所乘船于瓜步（江苏六合南江边），韩林儿被沉于江死（可怜，为人作招牌，无再使用的价值，就甩掉）。

1367 年丁未，元顺帝至正二十七年。

九月，吴大海徐达破苏州：时围城甚久，熊天瑞教城内作飞炮。拆祠庙，居民为炮具。徐达令军中架木若屋状，承以竹笆，军士伏其下以避矢石。徐达令军士破封门，常遇春破阊门新寨，乃率众渡桥至城下。张士城枢密唐杰登城拒战。是时唐杰、周仁、潘元绍均降。士诚军遂大乱，吴军乘机蚁附登城。士诚令付枢密刘毅收余兵，有二、三万人，由士诚亲帅战于万寿寺东街，又败，刘毅降。士诚仅余数骑仓皇逃回居所，其妻刘氏积薪齐云楼下，城破自焚死。士诚于室中自缢。李伯异决户，令降将赵世雄挽救，士诚气复苏。后与被俘守臣均送建康，士诚不降，仍自缢死。

十月，朱元璋命徐达、常遇春北取中原：吴王朱元璋命中书右丞相、信国公徐达为征讨大将军，中书平章政事、掌军国重事常遇春为付将军，率军二十五万，由淮南入黄河，北取中原。是时名将只此二人，两人才勇相似，遇春当敌前，善于摧坚陷阵；达尤长于谋略，率军所至不扰民，善结以恩义，使获敌为己用。遇春克邑，不妄诛杀。

十一月，汤和攻克庆元：初，汤和率军自绍兴渡曹娥江，至余姚，降其知州李密及上虞县尹沈温，遂进兵庆元城下，攻其西门，府判徐善率属耆老自士出降。方国珍驱所部乘海船逃走，汤和率军追击，国珍以众迎战，和击败之，擒其将方惟益等，国珍率余逃入海，汤和还师庆元，旋下定海，慈 诸县。

同月，徐达攻克山东诸地：先是，徐达军至淮安，遣使招谕沂州王宣及其子王信。王信乃遣使投降，且奉表贺平张士诚，吴王遣使授王信为江淮行省平章政事，其部下皆仍旧职，令所部兵马听徐达指挥。徐达率军至下邳，都督同知张兴祖由徐州进取山东。后王信与其父宣，阴持两端，外虽请降，内实修备。吴王遣使密谕徐达勒兵趋沂州以观其变。旋王宣以兵劫吴使徐唐等，达遂率军攻沂州。王信等逃山西，达杀王宣。于是峄（山东枣庄南）、莒（山东莒县）、海州（江苏连云港）及日照、沂水（属山东）等地皆来降。

同十月，徐达兵克益都：元平章李老保降，宣尉使普颜不花、总管胡浚，知院张俊皆死之。徐达随即攻克寿光（山东），临淄（山东益都西北），高苑（山东博兴高苑镇）等地。

十二月，徐达取得山东州县：徐达将发益都，遣使至乐安（山东广饶）招降。军至长山北河（山东淄博西北），元般阳路（山东淄博南）总管李至等归降。于是淄川，新城均望风归降。

同月，方国珍降于朱元璋：方国珍遣其子方明完奉表向吴王谢罪。吴王始怒其反复，及览表亦怜悯归降。表为其臣詹鼎起草，词辩且恭。吴王称："方氏亦能干人！"回赐国珍书，有言："吾当以投诚为诚，不以前为过。"（此言可使方心安。）

方国珍及其弟方国珉率部至汤和军门谒见，吴得士马舟粮很多。时昌国州（浙江定海）达鲁花赤，阔里吉思亦来降，与方国珍一并送至建康。吴玉悉召其臣，以丘楠为韵州同知；又以表草出自詹鼎手，吴王惜才，命其为官。其余全迁至濠州。浙东悉平。

十九卷 明朝

（公元 1368——1644）

一、明太祖 朱元璋 1368——1398 年

1368 年戊申，元至正二十八年，明太祖高皇帝朱元璋洪武元年，明建元洪武，是为明太祖高皇帝。立马氏为皇后，立世子标为皇太子。

闰七月，元顺帝逃离大都：明将徐达等攻下河北诸地败元兵于河西务（天津北运河西），克通州（北京通县）。元顺帝命淮王帖木儿不花监国，丞相庆通留守。开建德门由居庸关北走上都（即，内蒙古闪电河北岸）。

八月，明兵入大都：徐达登齐化门（朝阳门）楼，执帖木儿不花、庆通等，杀之。自此，元文中心势力退至漠南。

置六部官：改大都路为北平府，以汴梁（河南开封）为北京，金陵为南京（今天的北京比南京立名还迟）。置吏、户、礼、兵、刑、工六部。每部设尚书，侍郎等官。仍隶中书省。又各部设郡中、员外郎、主事等官以资佐理。

1389年已酉，明洪武二年。

正月，立功臣庙于鸡鸣山下：朱元璋亲定功臣位次，以徐达为首，次常遇春、李文忠、邓愈、汤和、沐英等二十一人。死者像祀，生者虚其位。（这一朝，自皇帝朱元璋以下是真正的农民出身人物。无一贵族身份）。

二月，元丞相伊苏攻通州（北京通县）：时，明大军攻山西，北平守军不满千人。伊苏以万骑驻白河。平章曹良臣守北平，度众寡不敌，以计破之，于河中船上遍插红旗，连绵数十里，伊苏惊退（不料元初侵中原那样厉害，七八十年后的后人无能，被虚红布吓倒）。曹良臣率精骑追精兵一百里（幸亏曹良臣的计巧，否则新政权？）

三月，明军入陕西：徐达遣常遇春入陕。时，元将李思济据陕西凤翔，遣部将张德钦等关中，张思道捍奉元。闻明大军入关，守将皆先逃。徐达统大军继进，泾渭父老千里迎降。遂改奉元路为西安府，留耿炳文守之。常遇春至凤翔，李思齐惧，奔临洮（山东岷县）。

四月，李思齐降：徐达至凤翔，遣冯胜攻监洮，李思齐勇蹙降。

六月，攻占开平，改大都为北平府：付将军常遇春，偏将军李文忠由北平出发，攻克元上都开平（内蒙古闪电河北岸）元帝北逃。追奔数百里，俘其宗王、平章等，得将士万人、车万辆、马三千匹、牛五万头，蓟北悉平（将蒙人撵出国土）。遂改元大都为北平府。

同月，封陈日煃为安南国王：安南国王陈日煃（音奎），遣正其大夫殴悌、黎安世等奉表来朝，贡万物。朱元璋赐宴，封陈日煌为安南国王，派侍读学士张以宁，曲簿牛谅带敕书往，赐国王《大统历》，颁涂金银印。

七月，常遇春卒：明攻开平之年调赴陕西。常遇春还师过柳河川，暴病卒，年四十。遇春(1330–1369)，安徽怀远人，元末参加朱元璋军。渡江取采石，灭张士诚，灭元，皆为付将军与徐达共领兵。冲锋陷阵，沉着果敢，追封为开平王。命李文忠领其军与徐达会师攻庆阳（甘肃庆阳）。

八月，元兵攻大同败走：李文忠适奉命平庆阳，路经太原，闻太原被围，遂率兵出雁门，擒元将图鲁卜等，俘斩万余。元帝知大势已去，从此不复南向。

徐达克庆阳：守庆阳元将张良臣粮饷两缺，煮人汁和泥下咽，其部将开门迎降。

八月，封王颛为高丽国国王：明赐高丽玺书，又送还高丽流民，王颛（音砖）遣使贡方物，请封。明遣使带敕书及金印封之。

1370 年庚戌，明洪武三年。

正月，命徐达远征沙漠：以王保保为西北边患，议分兵两路；一路徐达出潼关取王保保；一路李文忠出居庸关至沙漠追元顺帝，使彼此不能救援。

四月，徐达大败王保保：徐达大军出潼关至安定（甘肃定西），与王保保战，擒其王公将校一千八百余人，士卒八万，马一万五千余匹。王保保仅与妻子数人从古城北逃，渡黄河奔和林，明军追至宁夏不及而返。（张士城、陈发谅和元朝三大股势力，都是以他二人为主消灭的。了不起）徐达和常遇春。

同月，元顺帝卒于应昌（今辽宁克会克腾旗西之达来诺尔附近）。子爱献识里达腊继之，是为昭宗，改元宣光。

五月，李文忠克应昌：元昭宗与数十骑北逃。俘元皇孙昊的里八剌及后妃宫人，诸王官员数百及驼马牛羊无数。追至北庆州而返。

六月，元宗宝匿于岢岚者，出扰武州，被击败（元后人无立足之地）。

十月，明帝致元帝书，赞叹《元史》修成，要其于“进退之间，其审图之”。

十一月，大将军徐达，付将军李文忠等凯旋回京师。

同月，大封功臣：封李善长、徐达、常遇春子茂、李文忠、邓愈、冯胜六人为国公。自汤和以下二十八人，并赐浩命，铁卷。

十一月，追捕逃亡军士：自吴元年十月 (1367 年) 至本年十一月三年间，核计军士逃亡者四万七千九百余人，乃下追捕之令。

十二月，赐勋臣田：中山侯汤和一次获赐田一万亩（汤氏子孙可不劳而食）。

1371 年辛亥，明洪武四年。

正月，遣将分道击明昇：遣汤和为征西将军，率舟师由瞿塘赴重庆。遣傅友德为前将军，率步骑由泰陇趋成都。

同月，任命：左丞相韩国公李善长致士。授汪广洋为右丞相，胡维庸为左丞相。

六月，廖永忠、汤和大军至重庆，夏主明昇降。

七月，傅友德攻下成都，明昇部戴寿向大军死战，得明昇降报，始降。

八月，周德兴，傅友德合攻保宁，克，于是蜀地悉平。

明昇至京师，封为归义侯。

十一月，元惠王来降：边将华云龙袭俘元平章等，至上都（廾平）又追全漠北。自此元兵不敢内犯者。又招元惠王伯都不花来降。

是岁：安南、高丽、渤泥、暹罗、三佛齐（印度尼西亚苏门答腊古国）等国皆先后来贡。日本王良怀亦遣使献万物，唯倭之扰乱如故（是海盗）。明遣将练兵海上以备之。

1372 年王子，明洪武五年。

正月，遣将分三路征蒙古：以元王保保数为边患，遣徐达出雁门趋和林（蒙鸟兰巴托托巴南哈尔和林）；东路李文忠出应昌（辽宁克什克腾旗西之达莱诺儿附近）；西路冯胜取甘肃，率兵四十万远征蒙古沙漠。

四月，征南将军邓俞至沣州（湖南沣县），征讨，散毛等三十六峒“蛮”皆降。

五月，徐达败绩：魏国公徐达率大军至岭北。王保保拒战，明军大败，死者数万人。自是，明军不复大举出塞。

同月，冯胜德胜：宋国公冯胜德率傅友德出西路经兰州，败元将失剌罕。追至永昌，又进至索琳山。

六月，甘肃皆平：冯胜等至甘肃，元将上都鲁率所部民八千三百余户降。进至亦集乃（甘肃额济纳旗），傅友德军至瓜沙洲，获金银印及牛马二万而还，甘肃皆平。

同月，东路偏师李文忠与元兵战于阿钱浑河。初，大败，四将战没，后胜。

1375 年乙卯，明洪武八年。

三月，杀功臣廖永忠

四月，刘基（伯温）卒：刘基浙江青田人。曾为朱元璋等划用兵，参与机要，封诚意伯。洪武四年辞官。后为胡维庸所谮，忧愤而死（一说是胡维庸毒杀）。

八月，元将王保保卒：王保保，即扩郭帖木儿，沈丘（河南）人，察罕帖木儿（维吾尔人）之甥。自幼被养为子，从察罕帖木儿组织地主武装，镇压红巾军。察罕死，代为统帅，驻兵冀宁（山西太原）。以李思济据关中不受调动，其部将也相继抗命，抛浙衰。明军北进，他从山西败走甘肃逃入蒙古，拒绝投降。明使降将李思齐往招，不从，并断李臂。

1378 年戊午，明洪武十一年。

三月，始疑胡维庸：命奏事勿报中书省。是时左丞相胡维庸，掌中书省大权，擅作威福，独断专行，故裁抑中书省权力。

1380 年庚申，明洪武十三年。

正月，左丞相胡维庸以谋反伏诛：胡维庸安徽定远人，1355 年从朱元璋于和州，洪武六年至十三年任丞相。擅权自用，取卫士有勇力及亡命徒为心腹，又遣人下海与使约期，并称臣于元。请兵为外应，与御史中丞陈宁、涂节谋武装政变。适值朱元璋以占城八贡事，胡维庸未上告，欲罪胡维庸等人。涂节惧祸及己乃告发，遂并诛胡维庸、陈宁等人。株连一万五千人。

1381 年辛酉，明洪武十四年。

正月，命徐达北征：以元残兵屡扰边，授徐达为征虏大将军，汤和、傅友德为左右付将军，率兵北征，

四月，徐达得胜还师镇北平：徐达大军前锋傅友德军至黄河。沐英分道出古北口，渡胪朐河（蒙古克鲁伦河），均获胜。执元官吏，颇有俘获。遂还师，仍镇北平。

九月，征云南；以元梁王据云南，再杀使者，命颍川侯傅友德为征南将军。蓝玉、沐英为左右付将军步骑三十万征云南，

十二月，云南平；元梁王遣司徒平章达里麻将兵十余万屯曲靖（云南曲靖县东北），沐英生擒达里麻，俘众二万，下曲靖。傅友德自以众数万向乌撒（贵州咸宁、赫章县地）。元梁王驱妻子赴滇池死。与左丞相等俱自杀（那时的世界不讲文明、不讲和平，互相残杀，惨呀！）。于是川东（云南会泽）、乌蒙（云南昭通）、芒部（云南镇雄）水西诸“蛮”皆附降。后傅友德班师、沐英留镇。

是岁，文学家宋濂卒：宋濂 (1310–1381)，浦江（浙江）人，曾主修《元史》。以长孙宋慎坐胡党被牵连械至京师，朱元璋欲并诛之。以皇后言民间请一先生尚有始终不忘待师之礼，宋濂亲教太子，诸王，岂可如此对待？况濂致仕在家必不知情。宋濂得发茂州（今属成都），中途病死于夔州。

1382 年王戌，明洪武十五年。

闰二月，大理悉定；大理为段氏世守之国，元世祖封其子云南王，仍禄段氏子孙守其土。段氏有大理十世传段宝。傅友德克云南，授段宝子段明为宣慰使，段明不受，扼下关。蓝王，沐英攻之，俘段明弟段世送京师，大理悉定。

四月，朱元璋宠信僧道：洪武六年限僧道令渐驰。至是度僧尼道士先后数至踰万。僧道文徒横甚，多行不法（倚皇帝出自僧人），谗谤大臣，举朝莫敢言。大理寺卿李仁鲁谏之，被捽（音昨，揪意）死殿下。

七月，讨乌撒：傅友德、沐英会于滇池分道进讨乌撒，斩首三万余级，获马、牛、羊万计。又分兵平东川（四川西昌），芒部诸“蛮”，置乌撒，毕节二卫改隶四川布政使司。

八月，马皇后死；年五十一，在世时常劝朱元璋以不嗜杀为本。

1385 年乙丑，明洪武十八年。

二月，太傅魏国公徐达卒：徐达（1332－1385），濠州人（安徽凤阳），灭张士诚，北上灭元都为大将军。死后追封中山王。朱元璋亲制《神道碑文》，推为“开国功臣第一”。

三月，郭桓贪污案：户部侍朗郭桓与中央六部及各地地方官勾结，盗官粮七百余万石，寄存全国各地。桓以贪污罪诛。朱元璋疑北平二司官吏李或、赵全

德等与郭桓同令法司拷讯，牵连入狱者数万人，多冤枉。

1387 年丁卯，明洪武二十年。

正月，命冯胜为大将军，发兵攻元残军之屯金山（吉宁双辽东北）。

五月，冯胜大军至辽河东：冯胜谋趋金山，留兵五万守大宁，自率大军至辽河东，获纳克楚（纳哈出）屯卒三百人，马四百余匹。

六月，元将纳克楚降：冯胜大军赴金山，元世将纳克楚势穷力蹙，欲降，至冯胜献马，左付将军兰玉往受之。席间纳克楚又欲遁，郑国公常茂砍伤其臂，使不得去。纳克楚九十余万，在松花江北，闻之皆溃散。其余众四万余骑欲来追，冯胜遣观童（纳克楚的降将）谕降之，并得其所部二十余万人，羊、马、驼、驴亘百余里。其为元实力真正消灭的标志（二十多年，元还有这么大的势力）。自朱元璋起义至纳克楚降，前后三十五年，全国方统一（这时才是全国统一，前朱元璋只是同陈友谅、张士诚、方国珍交战，很少同元战）。

1388 年戊辰，明洪武二十一年。

四月，蓝玉败脱古思帖木儿：蓝玉大军至捕鱼儿海（蒙古呼盟新巴尔虎左旗西南贝尔湖），俘元皇次子地保奴及妃嫔公主一百二十余人，官属三千，男女七万，马牛驼羊十五万。元君脱古思帖木儿与太子及臣属数十骑逃走，将依丞相耀珠于和林（蒙古鄂尔浑河上游）。

1389 年已巳，明洪武二十二年。

四月，徙元降于耽（音丹）罗（朝鲜南、济州海峡南之济洲岛）。

七月，元也速缢杀其主脱古思帖木儿。自脱古思死，元不再复振了。

1390 年庚午，明洪武二十三年。

正月，晋王、燕王北伐：以元故丞相耀珠等尚为边患，命晋王朱棡（音刚）、燕王朱棣率师北伐，并命全友德率北平兵从燕王，王弼率山西兵从晋王，受二王节制。又命齐王朱榑（音俘）率护卫及山东、徐、邳诸军从燕王北伐。

三月，元将乃尔不花与丞相耀珠等降：傅友德、燕王出古北丘，乃尔不花耀珠等降。自是元降军先后归附，其至北平者皆归燕王调用。燕兵自此益强（为后争夺皇位伏笔）。

四月，潭王朱梓自焚死：梓之妃於氏之兄弟坐胡惟庸党，潭王惧，与妃自焚死。

五月，杀韩国公李善长：李善长 (1314 – 1390) 安徽定远人。元至正十四年从朱元璋军，参与机要，常留守后方调动兵食。洪武初任左丞相，封韩国公。明初制度多由他参与制定。至是以交通胡惟庸赐死，并其妻女弟侄家口七十余人皆坐诛（寒心，一世功勋换来灭族）。

1391 年辛未，明洪武二十四年。

是岁，天下州县黄册成，计全国一千零六十八万四千四百三十五户，五千六百七十七万四千五百六十一人。全国土地面积已增至三百八十七万四千七百四十六顷，赋税收入仅米麦豆栗等增为三千二百二十七万八千九百八十三余石。

1392年壬申，明洪武二十五年。

四月，皇太子朱标死

六月，西产侯沐英（朱元璋义子）卒：沐英(1345－1392)安徽定远人，从傅友德取云南，留镇于其并死于此地，追封黔宁王，沐氏从此世守云南，与明代相始终。

九月，立孙朱允炆（音文）为皇太孙。

是岁，高丽大将李成桂逐其君王瑶而自立，遣使明请封。并改国号为朝鲜。

1393年癸酉，明洪武二十六年。

二月，凉国公蓝玉坐谋反死：蓝玉，安徽定远人。初在常遇春部下，勇敢善战。洪武二十年任大将军，多次领兵打击元朝残余势力军事力量。恃功骄横，多蓄庄奴，假子夺占民田。不甘居宋国公冯胜、颖国公傅友德之下。锦衣卫指挥蒋斌告王谋反，族诛。坐党事灭者一万五千余人，称“蓝狱”于是元功宿将相继尽矣。

1394年甲戌，明洪武二十七年。

十一月，颖国公傅友德被赐死：友德，安徽宿州人，元末参加刘福通起义军，后归朱元璋，从偏裨升至大将，屡立战功。初从徐达北上灭元，后与汤和分路取蜀，又领兵取云南，完成统一。以其请封田坐法赐死（真叫作：借口杀人）。

十二月，定远侯王弼坐事赐死。

1395年乙亥，明洪武二十八年。

二月，宋国公冯胜坐事赐死：有人告发冯胜于权场大埋兵器，遂被杀。一说朱元璋召胜饮酒归而暴卒。蓝王狱起被召还，识者已知其不免于死。（旁观者清）

七月，致仕信国公汤和卒：汤和(1326－1395)安徽凤阳人，与朱元璋同起兵，有战功，洪武二十八年自请解除兵权。（或者因此，能有七十高寿），次年奉命在沿海筑城，设防，以和盘托出倭寇。功臣宿将中，不坐事赐者独汤和耶！

1397年丁丑，明洪武三十年。

六月，赐欧阳伦死：（马皇后所生之安阳公主）附马都尉欧阳伦，数遣私人贩茶出境，其家奴围保尤横，贩茶私役民车数十辆，擅捶辱司吏。赐伦死，保亦伏诛（朱元璋此举，法不避亲，可颂）。

1398年戊寅，明洪武三十一年。

闰五月，朱元璋死：元璋(1328–1398)濠州钟离（安徽凤阳）人。少时贫寒，曾为僧。元至正十二年（1352年）参加郭子兴部红巾军，龙凤二年(1356)攻下集庆（江苏南京），称吴国公，龙凤十年改称吴王。1368年称帝，国号明，灭元。至是，皇太孙朱允炆即位，是为惠帝。葬朱元璋于孝陵，谥曰高皇帝，庙号太祖。

六月，定议“削藩”：命兵部尚书齐泰，太常卿兼翰林院学士黄子澄同参军国事。定议“削藩”。七月，周王橚被废为庶人：周王橚次子朱有爋告图谋不轨（子告父），词连燕、齐、湘三王。乃命曹国公李景隆以备边为名，驰至开封，执周王棣及世子送京师。八月废为庶人，迁云南蒙化。寻又命逮齐王榑，代王桂、岷王楩等，于是燕王亦疑惧（难怪燕王反）。

二、惠帝允炆 1399年——1402年

1399年已卯，明惠帝朱允炊建文元年。

二月，册封：册封马氏为皇后，立皇长子文奎为皇太子，封弟允熥为吴王，允熞衡王，允熙徐王。

三月，调兵防燕：命都督宋忠率兵三万屯开平（内蒙多伦附近），都督耿王献练兵于山海关，徐凯练兵于临清，以北平，永清二卫军于彭德，顺德以防燕，又密令张昺，谢贵严为之备。

六月，燕王装疯以谋举兵：燕王护卫百户倪谅上告燕官校于谅，周铎等阳事，命逮至京师，皆戮之。复诏责燕王。燕王遂装疯，佯狂走呼市中，夺酒食，语多妄乱，或卧土中，终日醒。张昺、谢贵入问疾，燕王盛夏围炉摇颤曰：“寒甚”。宫中亦仗而行，昺等稍信之。长史葛诚密告昺，贵曰：“燕王本无恙，公等勿懈。”会燕王使其护卫百户邓庸入朝奏事，齐泰等执讯之，具言燕王将举后等情。齐泰即发符往逮燕府官属，密令谢贵、张昺图燕，使约长史葛诚，指挥卢振为内应。以北平都指挥张信为燕王旧所信任，密敕之，使执燕王。张信叛附燕王（齐泰用错人，信既是燕旧属可靠吗？）以情告。燕王下拜曰：“生我一家者子也（不光是一家，是大明的天下）！”召道衍谋，令护卫指挥张玉，朱能等率壮士八百人入卫。

七月“靖难”变起：谢贵、张昺督诸卫士皆甲围燕王府索所逮官属。燕王称疾愈，御东殿，伏壮士左右至端礼门内，召贵、昺赐竹酒。燕王遂诱杀北平左布政使张昺，都指挥使谢贵。并杀卢振、葛诚等。七月初五日癸酉举兵，是夜攻夺九门，黎明尽克。乃下令安集军民，三日城中大定。上书以讨齐泰、黄子澄、“清君侧”为名，称其师曰“靖难”。次日出师至通州，指挥胜降房；陷蓟州马宣被擒而死；陷居庸关俞填退怀来，依宋忠；陷怀来，宋忠、俞填被执死。阵亡者有都指挥彭聚、孙泰。初，朱元璋封诸子为王，各王有护卫甲士三千人至一万九千

人不等。以对蒙古作战，北边诸王宁王（封于大宁，即今内蒙宁城东北）、晋王（封于太原）、燕王（北平）握有兵权；势力更大。如宁王有“带甲八万、革车六千”，晋、燕二王尤被重寄“ 太子朱标早死，朱允炆以皇太孙继位后，为解除”尾大不掉之势”，用齐泰、黄子澄“削藩之计，先后废周、齐、湘、代岷五王。”又限制诸王权力，令王不得节制文武官吏，使燕王惧恨。燕王拥重兵经常出塞巡边，又筑城屯田，实力雄厚，威名大振。朱元璋死，燕王赴南京奔丧，因遗诏“诸王临国中，毋至京师”，受阻而不满，今乘机起兵，实为封建皇族内部争夺帝位之武装斗争。

伐燕；以伐燕布告天下。时帝方锐意文治，日与方孝儒讨论《周官》法度，军事皆取决于齐泰、黄子澄。以明开国功臣存者甚少（大都被朱元璋一个一个的杀害了。）乃命长兴侯耿炳文为征虜大将军，附马都尉李坚，都督宁忠为付将军，率师并进北伐，军于真定（河北正定）。帝戒将士“毋使朕有杀叔父名”。

八月，耿丙文兵败：耿炳文大败于滓沱河，奔入真定，闭门固守。

李景隆代耿炳文：齐泰、黄子澄荐曹国公李景隆（朱元璋姐子李文忠子）为大将军以代耿炳文，召耿炳文还京师，燕王闻之曰：“李九江（景隆）膏梁孺子，谋寡而骄，色厉而馁，未常习见阵，辄予以五十万，是自坑之也。赵括今复见矣。”

十一月，李景隆败还德州：燕军起，瞿能从李景隆北征，攻北平，与其子率精骑千余取张掖门，垂克、李景隆忌之，令侯大军同进。于是，燕人夜汲水沃城，水凝不可登，李景隆卒致大败。

1400年庚辰，明建文二年。

二月，燕师攻大同，李景隆中升：燕王出兵扬言攻大同，诱景隆赴救。围蓟州，指挥王忠，李远降燕，进攻大同。李景隆果中计自德州援大同。待李景隆出紫荆关，燕王朱棣即由居庸关还北平，命诸将坚守勿战，李景隆南军不耐寒，冻死者甚众，堕指者十之二三，铠甲兵器弃于道者不可胜计。

四月，李景隆北伐：李景隆自德州进兵北伐。武定侯郭英，安陆侯吴杰等自真定出兵期会师于白沟河。

李景隆败于河间：李景隆兵至河间，遣都督平安为先锋，真定之兵亦至，合兵六十万与燕军战于河间。都督平安，都督瞿能父子力战，斩燕将陈亨，瞿能追燕王、几获之。会旋风起，燕军乘风放火反攻，杀瞿能父子于阵。李景隆弃其器械，辎重殆尽，降十余万人，败走德州。是时，朱允炆恐李景隆轻敌，命魏国公徐辉祖殿后。李景隆败，徐辉祖独得全军还。

五月，燕军入德州、攻济南：燕军入德州、籍吏民、收府库，获粮百余万，势益强。会山东参政铁铉督饷赴李景隆军中，正值师溃，沿路收溃亡，与李景隆同趋济南。铁铉与都督盛庸誓死守城，三月不能下。

六月，迫使赦燕王罪：用齐泰、黄子澄计，遣使赦燕王罪，命罢兵，燕王不听。

八月，南军收复德州：燕王久攻济南不能下，决水泆城。铁铉佯降，迎王入，至门下铁板，伤王马首、未中。王怒，乃以大炮攻城，城中不支。铁铉书高皇帝（朱元璋）神牌，悬之城上，燕军不敢击。铁铉复募壮士突击破燕，燕王乃撤围北还。盛庸、铁铉乘胜追击，收复德州，兵势大振。

九月，以盛庸代李景隆：擢铁铉为山东布政使，参赞军务，寻进兵部尚书。授盛庸为平燕将军，历城侯以代李景隆。盛庸总平燕诸军北伐。

十月，召李景隆还：召李景隆还，赦勿诛。黄子澄请诛之，付都御史练子宁执景隆数其罪于朝，以哭请诛之，卒不问。

十二月，燕军抵东昌，盛庸等大败之。阵斩燕军大将张玉、王为燕将最悍者，后斩谓靖难第一功臣。是役，朱棣数危急，诸将以奉朱允炆命，莫敢加刃。朱棣亦以此自恃，每败北，独以骑殿后（朱允炆，应了人们所言：无毒不丈夫，善心坏事）追者数百人不敢逼。燕军退走馆隐馆 。盛庸令吴杰、平安自真定断其归路，燕军大败。这是南军东昌之捷。

是岁，罗贯中卒：罗贯中约(1330–1400)，山西太原人，一说钱塘（杭州）或庐陵（江西吉安）人。相传为施耐安之学生。撰有长篇小说《三国志通俗演义》。

1401 年辛已，明逮文三年。

二月，朱棣复兵南下：燕军至保定。时平燕将军盛庸合诸军二十万驻德州。吴杰、平安出真定。燕军移军东出真定。

三月，盛庸夹河之败：盛庸军营于武邑（河北武邑）县南之夹河。平安军营于单家桥。燕军自陈家渡过河逆之，相距四十里。盛庸阵斩燕将潭渊及其指挥董中锋等，庸军亦失都指挥庄得、楚智、张皂旗等三人。会大风起，两军咫尺不相见。北军乘风大乎，庸军大败，燕军追至滓沱河，践溺死者甚众，庸遂退保德州。

闰三月，平安败于藁城：燕军败都督平安于藁城（河北）乘胜掠顺德（河北邢台），广平至大名（均河北）。诸郡县皆望风降燕。

同月，罢齐泰、黄子澄：朱允炊以夹河之败，罢齐泰、黄子澄、谪于外，而实使之募兵。

四月，再遣使赴燕，尽赦燕罪，使罢兵归藩，朱棣不从。

五月，燕师驻大名。盛庸、吴杰、平安等分兵扼燕粮道。

六月，李远计焚南军粮饷：燕将李远南过济宁（山东）毅城，直至沛县（江苏），南军不觉。皆令士卒易甲冒杂南军中，插柳枝为记，凡粮艘所在尽焚之。京师大震，德州粮饷遂艰，李远还。

七月，平安攻北平：平安自真定（河北）乘虚攻北平，营于平村，离城五十里，扰其耕牧，燕军回救。

盛庸驻易州以观北平：盛庸檄大同守将房昭引兵入紫荆关（河北易县西）。掠保定下邑，驻易州（河北易县），水西寨。寨在万山中，据险为持久观北平。朱棣在大名（河北）闻之曰："保定吾股肱郡，失则北平危矣。"乃下令班师。

八月，燕军围水西寨：燕军渡滹沱河，留其将孟善镇保定，朱棣自率军围水西寨。谍报吴杰等遣都指挥韦谅以兵万余转向房昭军。朱棣曰："昭据水西寨，所乏者粮耳。使真定餽饷入，昭得固守，未易猝拔也。不如邀而击之，援兵败，则寨不攻自破矣。"时燕军围寨久，寨军多南人，天寒衣薄，有潜出寨降燕者。

十月，水西寨房昭、韦谅败北。燕军还北平。

十一月，朱棣临江一决：朱棣称兵已三年，所克城邑，兵去旋复为朱允炆文将守，所据仅北平、保定、永平三郡而已。至是始以真定之兵自南入，大同之兵自西入，辽东之兵自东入，而期会参差，各被击辄败退，中枢无能主兵事者也。正值有司惩治宦官奉使不法者，彼等先后奔燕，告以京师空虚可取。朱棣乃决计临江一决，不复反顾。道衍力赞之。

1402年壬午，明建文四年。

正月，燕师至徐州：燕师长驱至馆陶（山东）渡河，连陷东阿（山东）、东平、汶上（均山东）及兖州之单县。攻沛县（江苏），知县颜伯玮自尽，其子有为自刎。燕师遂至徐州。

三月，燕师趋宿州：平安率步骑四万，蹑燕军。燕王设伏于淝河，平安军加斩燕王之骁将王真，然平安之部将大耳灰亦为燕所擒。平安军退屯宿州（安徽宿县）。

四月，徐辉祖援救平安；燕师驻于睢水之小河桥北，南军驻于桥南，燕师夜半渡河，绕出南军后。平安等大惊，而徐辉祖之援军适至，合都督总兵何福、平安与燕军大战于齐眉山（在凤阳灵璧西南），斩燕骁将李斌、遂胜。

同月，朱能劝进与辉祖召还：燕将惧，说燕曰："军深入矣，署雨连绵，淮上蒸湿，可湾河择地，休士息马待机而动。"燕王曰："兵事有进无退。"朱能曰："诸君勉矣，汉高与项王百战不利而帝业克成，今仅一战不利耳。"燕王意决。会廷臣讹言燕师将北还，京师不可无良将，阵前召徐辉祖还，何福军势遂孤。

又，平安被俘，何福败还：南军粮乏，期以明日闻炮声，三叩突围出，就粮于淮河。而燕师攻灵壁垒发三炮，何福误为己号，急趋门，门塞不得出。燕兵急攻之，遂破其营，何福单骑走免，平安及部将三十七人皆被执。燕师闻平安被执欢呼动地，庆幸自此获安，争请杀之。燕王惜其才勇送北平，平安遂降。自是南军亦衰。

五月，南军请割地讲和：燕师下泗县（安徽），盱眙、克扬州至六合。南军与战，败绩。于是一面诏天下勤王，一面用方孝孺计，遣燕王从姨庆成郡至燕军中，请割地讲和，燕王不许。

六月，燕师渡江：江防都督陈瑄以舟师叛附于燕，遂自瓜州渡。盛庸以海艘迎战败绩。既下镇江，遂攻龙潭。

同时，请和不许：先遣李景隆，复遣谷王橞、李景隆等开门迎降，都城陷。宫中火起，惠帝不知所终。

六月十七日，燕王即帝位，是为明成祖文皇帝。

首先给周王棣、齐王榑复爵。

接着：清宫三曰：诸宫人、女官、内官多杀死（多残忍，这些人，何罪）。惟得罪朱允炆的人得免，

杀齐泰、黄子澄：下令索齐泰、黄子澄等榜其姓名曰：“奸臣”，计左班文臣二十九人。齐泰常骑白马，墨之以行。行稍远，汗出墨脱。有识之者曰：“此齐尚书马也”，遂被执。黄子澄与齐泰先后被缚至京师。兵部尚书齐泰(？-1402年)，应天溧水（江苏）人。太常寺卿黄子澄(1350-1402)江西分宜人，皆洪武进士，共参朝政，建议削藩，今皆被杀灭族。

杀方孝孺：方孝孺(1357-1402)浙江宁海人。宋濂学生，素有文名。惠帝时任侍讲学士。朱棣兵入京师（南京），以不肯为之起草登报诏书被杀，灭十族（九族加方学生），死者达八百七十三人，远戍不可胜计。

杀练子宁、卓敬：练子宁，江西新淦人。洪武进士，惠帝时为吏部侍郎迁御史大夫，与方孝孺并被信用。被缚王阙，语不逊，被断舌磔死。宗族弃市者一百五十一人。卓敬被执责以曾建议徙燕，离间骨肉，敬曰：“惜先帝不用敬言。”敬凡天官、地舆、律历、兵刑无不博究。朱棣欲不杀，道衍与敬有隙，进曰：“敬言诚见用，宁有今日？”乃斩之，诛三族。

杀铁铉(1366-1402)河南邓洲人。惠帝时任山东参政。朱棣起兵，铉守济南屡败燕兵，升兵部尚书。被执至京，不屈，被割耳鼻置油锅中死。

下魏国公徐辉祖于狱：徐辉祖战败归守祠，不从朱棣。下吏迫取供招，唯书其父徐达开国功臣及免死有卷。朱棣欲诛之，徘徊良久。勒归府第，削其官爵。

七月，杀不附者：杀刑部尚书暴昭、侯泰、礼部尚书陈迪，户部侍郎郭任、记迴等多人。

杀景清“反蔓抄”：故左佥都御史景清于曰：朝中穿绯色衣怀刃入，搜之，得所藏刀。诘责，清奋起曰：“欲为故主报仇成祖怒，磔于市，骂不绝口而死。

夷其九族，尽掘其先人冢墓。又籍其乡，转相攀染，渭之“反蔓抄”。村里为墟。

九月，大封靖难功臣：封邱福淇国公，朱能成国公，张武成阳侯，等侯者十三人，徐祥等伯者十一人。

十一月，立妃徐氏为皇后（中山王徐达之女）。

三、成祖 朱棣 1403 年——1424 年

1403 年癸未，明成祖文皇帝朱棣永乐元年。

正月，复被逐诸王爵位：周王橚、齐王榑、代王桂、岷王楩前为建文逐者皆复其爵，令各归故封。谷王橞以开门迎降尤德之，改封长沙，赐乐七奏，卫士之百，寻又增发禄二千石。

改北平为北京。

1404 年甲申，明永乐二年。

四月，立世子高炽为皇太子；封高煦为汉王，高燧为赵王。初、靖难兵起，高炽居守，高煦扈从。煦数有战功，燧自负，谋夺嫡。武臣皆请立高煦。解缙等主立嫡。高煦不得立，深恨解缙等人。

十月，耿炳文自杀：长兴侯耿炳文诸子皆以忠于惠帝死。刑部尚书郑赐，都御史陈瑛劾“炳文衣服器皿有龙凤饰，玉带红鞋，潜逆不道。”诏籍其家，耿炳文惧而自杀。

十二月，曹国公李景隆坐罪死：李景隆坐罪籍没，削勋夺爵，并其弟增枝及妻子数十人锢之私第。国人诬谓“十八子当有天下”，乃下景隆狱。遂死于狱（冤，十八子姓李的多着矣）。

1405 年乙酉，明永乐三年

六月，遣官宦郑和出使西洋诸国：郑和 (1371–1435) 本姓马，小字三保，回族。云南昆明人。父名马哈只（凡朝过麦加者即可名哈只），原系回教巨族。元朝时从西哉迁至云南。祖与父皆曾至伊斯兰教圣地麦加。故幼时即了解外洋情况。朱元璋平云南后，郑和被迫投靠朱棣，明初入宫做官宦，靖难立战功。赐姓郑名和。1404 年任内官监太监。成祖为控制海内，耀威异域，抚剿逃亡海外之臣民（主要是朱允炆吧！）获取海外之珍宝异货，遂派郑和及付使王景宏等出使西洋诸国，率水手官军二万七千八百余人，乘大船长四十四丈，宽十八丈，者六十二艘，满载丝绸瓷器等物自苏州刘家港（今江苏太仓浏河镇）。出发，经福建、占城（越南南部）至西洋（指我国南海以西之海洋，包括印度洋及沿海地区）瓜哇，苏门答腊，锡兰等地经印度西岸，于 1407 年返回。后又于永乐时之 1407–1409 年，1409–1411 年，1413–1415 年，1417–1419 年，1421–1422 年，宣宗宣德之 1431

–1433年，总计二十八年间七次“下西洋”。到达东南亚及印度，非洲三十多个国家和地区。经海南、马六甲海峡，印度洋，波斯湾，最远到非洲东海岸红海海口及麦加。郑和所到之处，即以丝绸、瓷器、铜铁、金银等换取当地特产，加强经济及文化联系。随行人员马欢著《瀛涯胜览》、费信著《星槎胜览》、翠珍著《西洋番国志》记述航海见闻，史料价值颇高。

十月，杀附马都尉梅殷：成祖命官宦伺察附马都尉梅殷，以为不忠于己。命前军都督佥事潭深，锦衣卫指挥赵曦于梅殷入朝时挤殷于笪桥下溺死。事被许成告发，又治曦等之罪，杀之，并书告宁国公主：附马殷虽有过失，兄以至亲不问，比闻溺死，兄甚疑之。许成告发已加爵赏，谋害之人以治重法。

十一月，杀庶吉士章朴：此时诏天下有收藏方孝孺诗文者罪皆至死。庶吉士章朴以家藏方孝孺诗文被戮于市。方孝孺门人王徐（音途）隐居山中，誓不为官，辑方孝孺遗文，潜录为《侯城集》，遂得行世。

1406年丙戌，明永乐四年。

正月，陈天平辞归：故安南王陈日煃弟陈天平辞归，成祖重赏之，并封胡套为顺化郡公，尽食所属州县。

三月，安南胡套袭杀陈天平：胡套袭杀陈天平于芹站（凉鸡陵关南）。护送者黄中荐举正谪居广西之大理卿薛嵓相辅而行，同遇嵓自杀。黄中急率兵迎击，被胡套断桥不得行，引兵还。成祖大怒，遂议兴师。

六月，发兵讨安南：以朱能为征夷将军总兵官，沐晨，张辅为左右将军副之。命沐晨率兵由云南临安府（云南建水），朱能等率兵由广西思明府（广西宁明东）分道出发。诏惟黎季 穷蹙焚宫室，逃海上。

1407年丁亥，明永乐五年。

正月，张辅、沐晨大破安南兵于木丸江。斩首万余级，溺死者无算。

五月，安南平：张辅等生擒安南黎季　及其子澄，又获伪王胡套（黎苍）并其伪太子芮，槛送京师。

六月，改安南为交趾，设三司、十五府、三十六州、一百八十一县。置都指挥使、布政使、按察史等官及卫所。

七月，皇后徐氏死，年四十六。太子高炽、汉王高煦、赵王高燧皆徐氏所生。

九月，郑和还：郑和首次还自西洋，西洋诸国皆遣使随和入朝。

安南献俘：都督柳升俘送黎季　及其子黎苍至京师，将黎季、黎苍及其将相入狱，赦其子孙，给衣廪。

十一月，遣胡淡寻惠帝；遣给事中胡滢以访仙人张邋遢为名，遍行天下州郡县邑，以寻惠帝，滢奉诏出，历十年乃还。所过亦探民间隐事以上报。

1409年己丑，明永乐七年。

六月，鞑靼可汗本雅失里扰边：命给事中郭骥使谕之被杀。

七月，付本雅失里：命淇国公邱福为征虏大将军，武成侯王聪，同安侯霍亲为付将军，靖安侯王忠、平安侯李远为左右参将，率精骑十万北讨本雅失里。

八月，邱福全军覆灭：邱福及王聪、霍亲、王忠、李远五将军皆战死，全军覆没。成祖闻报震怒，以诸将皆不堪任，遂决计亲征蒙古，

1410年庚寅，明永乐八年。

二月，成祖第一次亲征蒙古：成祖以大军北征蒙古，命皇长孙瞻基留守北京，户部尚书夏原吉辅之。

三月，成祖驻清水源：成祖请远侯王友督中军，安远伯刘升为付，宁远侯何福、武安侯郑亨督左右哨；宁阳侯陈懋，广恩伯刘才督左右掖；都督刘江督前哨。成祖驻兴和（河北张北），过大伯颜山、小伯颜山，万里肖条；驻清河源（内蒙马塔八海子），其地水苦咸，不可饮。

四月，成祖改胪朐河名为饮马河：成祖发顺安、临胪朐河，名此河为饮马河，又名河上地为平漠镇。

败本雅失里于斡难河：成祖新追本雅失里于斡难河上。本雅失里欲与阿鲁台同西走，阿鲁台不从，于是君臣始各为部。本雅失里大败，仅以七骑西走，后为瓦剌人所杀。阿鲁台东奔，诏移兵征阿鲁台。

六月，成祖班师：成祖经阔滦海子（内蒙呼伦湖）击阿鲁台于静虏镇，北追百余里至曲津，又大败之。遂班师。七月经开平至北京，十月自北京南还，十一月还至京师。

1414年甲午，明永乐十二年。

二月，成祖第二次亲征蒙古：下诏亲征瓦剌，发马步兵五十余万。

三月，成祖从北京出发征瓦剌，皇太孙从。四月，经兴和（河北张北）至屯云谷。鞑靼孛罗布花等五人降。五月，成祖军至饮马河。

六月，忽兰忽失温大胜班师：前锋刘江遇瓦剌兵于康哈里孩，击走之。至忽兰忽失温（蒙古乌兰巴托东附近），瓦剌马哈木、太平、把秃勃罗三部来战，大败之，斩其王子十余人，部众数千级，穷追至图拉河（蒙古境内）。马哈木等逃，遂班师。八月，成祖至北京。

闰九月，成祖逮东宫官属：汉王高煦谋夺太子位，日夜潜太子及东宫官属。成祖北征回，以太子遣使奉迎缓，且书奏失辞，归咎于辅导之官。遂逮东宫官属沿书蹇义，学士黄淮，谕德杨士奇，洗马杨溥、芮善及司经局正字金问等人。寻又蹇义、杨士奇、而淮及溥遂长系狱中。

1415年乙未，明永乐十三年。

正月，前交趾右参议解缙死于狱中：解缙(1360－1413)江西吉水人。字大绅，洪武进士。授中书庶吉士。以批评太祖政令屡改，罢官八年。建文时再出仕。永乐初任翰林学士，主持慕修《永乐大典》。永乐五年(1407)以“泄禁中语、“廷试读卷不公”摘广西：八年入京奏事，适成祖北征离京师，谒太子而还。汉王高煦以缙未主立己，而主张立高炽为皇太子，故进谗。谓缙太子而还，无人臣礼。故于永乐九年得罪下狱。今死狱中。籍其家，妻子宗族徙辽东。著有《文毅集》、《春雨杂述》等。

1420年庚子，明永乐十八年。

二月，唐赛儿起义：山东蒲台人林三之妻唐赛儿，自称佛母，以白莲教组织群众。益都、诸城、安丘、莒州、即墨、寿光等地从者数万，据益都御石棚寨起义。唐赛儿派部将宾鸿、董彦皋等攻破莒、即墨，烧毁官衙仓库，进兵围攻安丘。成祖派柳升、刘忠领兵镇压。三月，柳升军至益都，围攻卸石棚山寨，唐赛儿两次严拒招降，又夜袭官军，刘忠中流矢死。唐赛儿突围脱险。安丘起义军宾鸿等被山东备倭海上之都指挥佥事卫青袭败。明军大肆屠杀，但主要领袖以群众掩得脱。

七月，大捕尼姑冀获唐赛儿：成祖唐以赛儿久不获，虚其削发为尼或混处女道士中，乃大捕尼姑，数万人入京。踪迹全无。

八月，置东厂：置东厂于北京东安门北，以太监掌之，司缉访，刺大小事以闻。自此官宦亦专横不可复制。

九月，定都北京：诏以明年元旦改京师为南京，定北京为京师，设六部，去行在之称。令上南京诸司印给京师诸司，别铸造南京诸司印，加南京二字。

1421年辛丑，明永乐十九年。

二月，谕阿鲁台：阿鲁台贡使至边，打劫行旅。成祖谓杨荣、金幼孜，欲北征。荣等请先遣使敕谕，然阿鲁台仍不从。

十一月，下夏原吉于狱：成祖义北征，夏原吉等大臣皆言粮储不足，且连年出师无功，宜养兵息民。成祖怒而下户部尚书夏原吉，邢部尚书吴中狱。乃籍夏原吉家，自赐抄外，唯瓦器、布衣而已。

同月，备粮击阿鲁台：命侍郎张本等分经山东、山西、河南顺及应天五府，滁（安徽滁县）和（安徽和县）徐（徐州）三州督造粮车，发丁壮转运，其以明年二月集宣府，以备击阿鲁台。

1422年壬寅，明永乐二十年。

三月，成祖第三次亲征蒙古：阿鲁台大举侵兴和（河北张北），杀守将都指挥。成祖第三次亲征蒙古，经鸡鸣山、云州（河北赤城）、独石（河北赤城北）、度偏岭、至开平（内蒙多伦），出应昌（辽宁克什克腾旗西达来诺尔附近）、威远至沙珲原。阿鲁台大惧，尽弃其辎重马畜于阔滦海子（内蒙呼伦湖）北走。成祖命焚其辎重，收其马畜。七月，遂班师。

1423 年癸卯，明永乐二十一年。

七月，成祖第四次亲征蒙古，击鞑靼阿鲁台，成祖至西阻河，闻阿鲁台远遁。遂于九月班师。十一月，成祖返京师。

1424 年甲辰，明永乐二十二年。

四、仁宗 高炽 1424 年——1425 年

正月，备兵以击阿鲁台：阿鲁台又犯大同（山西）、开平（内蒙）。成祖决意亲征。征山西、山东、河南、陕西、辽东五部司及西宁（青海）、巩昌（甘肃陇西）、洮（甘肃临潭）、岷（甘肃岷县）各卫兵，期三日会北京及宣府（河北宣化）。

四月，成祖第五次亲征蒙古：成祖新亲阿鲁台，命皇太子监国。以大学士杨荣、金幼孜扈从。杨士奇留辅太子。五月大军至开平，阿鲁台远遁。成祖大军至祥云屯，以阿鲁台远遁，不复穷追。乃于六月班师。

七月，成祖死于榆木川：成祖久病，思十九年夏原吉谏北征文言；曰："原吉爱我（人之将死，其言亦善）"。至榆木川（内蒙乌珠穆泌东南，多伦北），召英国公张辅受遗言，传位皇太子。死，年六十五。文渊阁大学士杨荣、左监马云等以六师在外，秘不发表。液锡为椑（音僻，内棺），载以龙舆，尽杀锡工灭口。朝夕上食如常。大学士杨荣，少监海寿奉遣命驰赴皇太子。

八月，遣诏至京师，皇太子即日遣皇太孙迎送丧于开平（内蒙多伦）。

同月，仁宗即位，皇太子高炽即位，是为仁宗昭皇帝。大赦天下，诏以明年为洪熙元年。

九月，立皇后、皇太子：初、张氏为妃，得成祖及仁孝皇后欢心。仁宗在东宫，数为汉，赵二王所间，体肥硕不能骑射，成祖曾减其膳食，卒以张妃故得以保全。自是立张妃为皇后。立皇长子朱瞻基为皇太子。

十二月，葬成祖文皇帝于长陵（北京昌平明十三陵之一）。

1425 年乙巳，明仁宗昭皇帝朱高炽洪熙元年。

五月，仁宗死：仁宗在位一年病死。年四十八。皇太子在南京谒孝陵，未至，群臣请郑、襄二王监国。

六月，宣宗即位：皇太子朱瞻基即位，是为宣宗章皇帝。以明年为宣德元年。大赦天下。

五、宣宗 瞻基 1426 年——1435 年

七月，废汉王为庶人：宣宗即位后，赐汉王高煦及赵王高燧 他府特厚。朱煦有所请皆曲从其意，由是益自肆。今据乐安反。宣宗亲击，高煦降。改乐安（山东广钱东北）为武定州，遂班师。九月，废高煦为庶人，锢于西内，筑室居之，曰逍遥城。伪指挥王斌，朱恒皆伏诛，惟长史李默以尝谏，免死，谪为民。天津、山东诸郡指挥以预谋诛死者六百四十余人，余皆戍边。事连赵王朱高燧。用杨士奇之议：（今上惟两叔父，有罪者不可赦，其无罪者以厚待之。“遂勿问赵王。

是岁，钱塘于谦为监察御史：于谦中永乐十九年进士。宣宗即位授御史，奏时音吐鸿畅。在乐安，调高煦出降，宣宗命谦口数其罪。谦正词崭崭，声色震历，高煦伏地战栗称万死，遂命九巡按江西。

1427 年丁未，明宣德二年。

三月，遣柳升、沐晨讨黎利；黎利先攻清化不克，又以昌江为官军往来要道.率众八万攻之。官军复调武昌，成都护卫，中都留守各省都司，行都司兵凡三万五千人，从柳升、沐晨征讨。

四月黎利攻陷昌江：都指挥李任等守昌江九月余。黎利大集兵，象、飞车、冲梯、迫城环攻，凿地道潜入城。诸将观望不援，城陷。李任及指挥顾福犹率死士三战三胜。黎利驱象大至不能支。李任、顾福自刎死，指挥刘顺，官宦冯智亦先自经。城中军民妇女不屈者死数千人。

黎利又攻隐谅江：时谅江被围亦有九个多月，知府刘子辅与守将集民兵死守，与昌江先后同陷，刘子辅自缢死，

同月，废晋王济蟥以密潜人结汉王高煦谋不轨，得罪废为庶人。幽之凤阳。同谋官属皆处死。

黎利请和：黎利攻下昌江、谅江后，并力攻交州，王通惧不敢出，会黎利请和，愿上表谢罪遂以黎利书闻，遣人偕利使至京。

十一月，皇长子朱祁镇生：宣宗年三十，胡皇后未有子，又善病。孙贵妃有宠，乃阳取宫人子为己子。宣宗以长子生大喜。大赦天下，免明年税粮三分之一。

1428 年戊，明宣德三年。

二月，立朱祁镇为皇太子：宣宗立皇子朱祁镇为皇太子。孙贵妃佯惊曰：“皇后病愈自有子，理子岂敢先立？”宣宗不允，胡皇后遂请逊位。

三月，废胡皇后，立孙贵妃为皇后。

1435 年乙卯，明宣德十年。

正月，宣宗死：宣宗死于乾清宫，年三十八。遗诏国家重务白皇太后。宣宗

幼为成祖所钟爱，既冠立为皇太孙，巡幸征讨皆从。仁宗（朱高炽）在东宫时以谗故，失爱于成祖，危而复安亦得力皇太孙朱瞻基。宣宗即位后，政在“三杨”，吏称其职，政得其平，仓禀充实，有治平之象。

太子朱祁镇即位，是为英宗睿皇帝，时方九岁。诏以明年为正统元年。

六月，葬宣宗于景陵。

九月，以王振为司礼监：王振、山西大同人。少时选入内书堂，侍朱祁镇于东宫。朱祁镇即位，命掌司礼监，呼为先生而不名。王振遂擅作威福，招权纳贿。诸大臣自杨士奇以下皆依违莫能制。

六、英宗 祁镇 1436 年——1449 年

1436 年丙辰，明英宗睿皇帝朱祁镇正统元年。

九月，封黎麟为安南国王：初、黎利死，诏令其子麟权理国事。后以陈氏宗支既绝，黎麟又侍奉礼恭，屡贡万物、乃封黎麟为安南国王。

十一月，王振弄权：王振初用事，欲令朝臣畏己。适逢兵部尚书王骥议边事，五日未奏，遂怂恿英宗执骥及兵部侍郎方邝 于狱。自此，王振渐弄权。

冬，边事日棘：成国公朱勇言：“近瓦剌脱欢以兵迫鞑靼朵儿只伯，恐吞并后日强大。乞令各边广积储以防不虑。”从之。是时，二部仇杀，而阿台、朵儿只伯窜居在外，非瓦剌之敌手，故阳乞抚于明而阴行寇掠。未儿，复怨庄浪（甘肃永登），都指挥江源战役，亡士卒一百四十余人，边事日棘。

1437 年丁巳，明正统二年。

正月，太皇太后欲诛王振：英宗初即位，太皇太后悉委政内阁，而三杨皆累朝元老，王振心惮惧，未敢逞。一日太皇太后在便殿召英国公张辅，内阁杨士奇、杨荣、杨溥，尚书胡滢入朝，对英宗说此五人先朝遗臣，有行必与之计，非五臣所赞成者，不可行。又令召王振至，斥曰：“汝侍皇帝起居多不律（不合规章），今当赐汝死。”时女官加刃振颈，英宗跪为之请，五大臣皆跪，方免。嘱以后不得干预国事。王振自此稍有所敛，已而太皇太后病，遂跋扈不可制。

1441 年幸酉，明正统六年。

正月，大兴征麓川思任发：以兵部尚书王骥总督军务，宦宦曹吉祥监军，大会诸道兵十五万，转饷半天下，出击麓川思任发。此皆王振主谋。侍读刘球上疏，言宜缓讨，以瓦剌为边患，宜严防。章下兵部，兵部尚书王骥谓南征已有成命，不用。

三月，下兵部侍郎于谦于狱：于谦巡抚山西、河南、感惠大行，每入京师，无私谒，王振遂衔恨。王振党劾“谦以久不迁怨望，擅举人自代。”下法司论死，系狱三月始释。

1449年己巳，明正统十四年。

七月，英宗亲征瓦剌：元亡后，蒙古贵族退至蒙古草原及东北各地，经朱元璋征讨,其内部分裂为三,即兀良哈部、鞑靼部、瓦剌部。是时瓦剌部也先统一三部，名为尊元皇室后裔脱不花可汗，实统归也先统治，不明引兵南下掠夺。破坏正常贸易。至是，也先藉今春减给贡使为名，启兵端，脱脱不花亦从之，率三卫之众入犯辽东。阿刺入犯宣府（河北宣化），围无赤城；别将入犯甘肃，也先自拥众犯大同。大同兵失利，塞外城堡所至陷没，边报日数十至。王振议英宗亲征，兵部尚书邝埜，侍郎于谦力言：“六师不宜轻出”，不纳。遂诏亲征。二日即行，事出仓卒，举朝震骇。以成王（朱祁钰）留守。太师英国公张辅，成国公朱勇等率师以从。英宗遂在王振挟持下率官军五十万人出居庸关过怀来（官厅水库）至宣府。未到大同，兵已乏粮，僵尸满路。也先佯避，诱师深入。

八月，土木之变；英宗至大同，王振尚欲北行，镇守大同官宦郭敬密言于振：“势决不可行。”前途败报踵至，王振始还师。王振、蔚州（河北）人，欲从紫荆关道由蔚州，请英宗（临幸）其家。既又恐大军损其禾苗，行四十里复折而东，至土木堡（今河北怀来东），且尚未晡（下午六時），距怀来二十里。众欲入保怀来城，以王振辎重千余辆未至，留待之。瓦剌军四面合围，地无水泉，人马饥渴，掘井深二丈，不得水已二日。其南十五里有河，已为瓦剌所据。第三日，也先遣使言和英宗令曹鼎草敕令北使偕去。王振亟传令移营，大营一动，回旋间行已乱，行未三、四里，瓦剌勿以劲骑追至，四面突入，大呼解甲投刃者不杀，军雨具仓促应战，死者过半，蔽塞四野。官宦、虎贲、卫士矢被体如猬。英宗和亲兵突围不得出，下马据地坐。英宗被俘。王振被护卫将军樊忠以所执锤锤死，曰：“吾为天下除此贼。”是役官军死伤数十万，文武从征扈行大臣张辅以下死难五十余人。时官宦从臣悉奔散，喜宁降于也先，悉以中国虚实告之，惟锦衣校尉袁彬从英宗左右。英宗命袁彬作书遣人示怀来守臣言被留状，且索金帛。守臣亟遣送至京师，以是夜三更从长安门入。败耗至京，百官皆取阙下相哭，皇太后遣使贵金宝，文绮载以八骑。皇后钱氏尽刮宫中物佐之，送也先，请送还英宗。

于谦力主保卫北京：皇太后命以宣宗次子、英宗之弟成王朱祁钰监国，代总国政。时京中疲卒羸马不过十万人情汹汹，侍讲徐埕大言曰：“……天命已去，唯南迁可以纾难。”尚书胡濙不可。兵部侍郎于谦力主保卫北京，厉声曰：“言南迁者可斩也！京师天下根本，一动则大事去矣。独不见南宋渡事乎？请速召勤王兵，誓以死守。”尚书王直，学士陈循是谦言，力赞之。太监兴安、金英立叱埕出之。太后以问太监李永昌，对立同，议遂定。

也先拥英宗至大同：先是也先至宣府，人皆死守，也先知不可动，乃引去。

至是郭登守大同亦闭门不纳。时也先索金币甚急，袁彬以头触门、郭登令以飞桥追彬入。寻以金二万余及宋瑛、朱冕、郭敬家资进，英宗以赐也先。初，也先索略，许以贿至即归英宗。至是不应。

诛王振党羽：郕王摄朝，御午门左右。右都御史陈镒等痛哭请族诛王振。振党马顺叱群臣退，给事中王竑捽顺发啮其肉，骂曰："汝依振作威，今尚敢尔耶？"与众共击之立毙。朝班大乱，卫座声汹汹，王惧欲起。于谦直前扶王止，请王谕百官曰："顺等罪当死，勿论"。众乃定。谦袍袖为之尽裂。寻执振侄王山至，令缚赴市磔之。振族无少长皆斩，籍其家得金银六十余库，玉磐百，珊瑚高六、七尺者二十株，他珍玩无数。已而郭敬等皆自大同逃归，并籍其家，下狱长系。

英宗入沙漠：所居止毳帐敝帷，旁列一车一马，以备转徙。袁彬患难相随，又有哈铭，蒙古人，幼随其父为通事官入漠，亦随侍元翻译。

十月，于谦保卫北京：也先诡称送还英宗，大举入犯攻北京。于谦分遣诸将官兵二十万列阵九门外，自与石亨率付总兵范广等阵于德胜门以当其冲。也先至城下，更索金帛万万计，被拒绝。相持五日，也先败遁。既而宣府杨洪率兵二万入卫，此至也先已退。命杨洪、孙镗、范广等追击逃敌。京师解严。

七、景帝 祁钰 1450 年——1456 年

1450 年庚午，明代宗景帝朱祁钰景泰元年。

八月，英宗返京：七月，明遣使赴瓦剌迎太上皇（英宗）。也先以景帝以立，留英宗无实际意义，乃遣送之归。景帝迎于东安门，互拜泣述授意，推逊良久，遂送英宗至南宫。

英宗复位 1457 年——1464 年

1457 年丁丑，明景帝八年 英宗天顺元年。

正月，夺门之变：景帝病日重，诸臣请曰：定储位，不允。召武清侯石亨至榻前，命摄行记如。石亨见景帝病重，退与都督张軏（音月），左都御史杨善及太监曹吉祥谋，谓立太子不如上皇可邀其功。轨吉祥等然之。乃谋之太常卿许彬，彬曰："此不世之功也。徐元玉（即徐埕、字元玉，又名有贞），以土木之倡议南迁为众所非。景坚守岗位见其名辄弃之，乃改名有贞，复以治河自效。时官付都御史。善其策，盍与图之。亨、辆鍪至有贞家。有贞大喜曰："须令南城（上皇居此）知此意，且必得申报乃可。"亨、軏去。十六日，王直、胡滢、于谦会诸大臣，台谏，请复立沂王，推商辂主草，期以日暮奏，未入而夺门之变起。十六日夜，亨、軏晦吉祥复商于有贞处，时有边吏报警，有贞言："以备非常之名，纳兵入大内。"石亨掌门钥，亨軏率群众弟子家兵，夜四鼓开长安门纳之。既入复闭，

以遏外兵。进至南宫门，毁垣坏门而入。遂共掖上皇登舆而行，至东华门，门者拒弗纳。上皇曰："我太上皇也。"遂夺门入。众掖至奉天门升奉天殿，鸣钟鼓，启诸门。时百官咸待漏阙下，忽闻殿上呼噪，方惊愕，须臾、徐有贞，号于众曰："太上皇帝复位矣，趣入贺！"百官震骇入谒，上皇曰："卿等以景泰皇帝有疾，迎朕复位，其各任事如故。"景帝病卧，闻钟鼓声大惊，问知是上皇，连声曰："好！好！"

改景泰八年为天顺元年，命付都御史徐有贞入阁预机务，加兵郎尚书。论夺门功封石亨为忠国公，张輗太平侯，杨善兴济伯，曹吉祥嗣子钦都督同知。

同时，杀于谦：不少保兵部尚书于谦，大学士王文于狱，其罪名为意欲外落入大统。竟以"意欲"二字附会成狱，坐《谋逆律》当置极刑。时薛瑄方召至，力言于帝，斩于市。于谦 (1398– 1457) 字廷益，钱塘（杭州）人，永乐进士。投监察御史，巡抚河南，山西十八年，平反冤狱，账济灾荒。土木之变后，拥立景帝，反对南迁，保卫北京，击退瓦剌。以和议难恃，创立团营，忘身忧国。夺门之变，英宗复辟，遂即于难，朝野冤之，籍其家，无余资。惟正室锁之甚固。启视，皆皇帝所赐蟒衣剑器。都督同知陈达感谦忠义，收其遗骸殡之。踰年，谦婿千户朱骥归其丧，葬于杭州。万历间谥忠肃。有《于忠肃集》。

二月，废景帝仍为邱王，迁之西内。十七日死。谥曰戾，毁所营寿陵，葬西山（未入十三陵）。帝欲汪妃殉，以李贤言乃止，以妃唐氏等殉葬。

1459 年已卯，明天顺三年。

八月，下石彪锦衣卫狱：以石彪与石亨内外为援，英宗疑之。下石彪锦衣卫狱。彪事既发，言官将与朝班劾之，有泄于彪者。英宗闻之，遂"禁文武大臣往，其给事，御史及锦衣官，不得与文武大臣交通。违者以洪武间铁榜治罪"。

1460 年庚辰，明天顺四年。

正月，石亨锦衣卫狱：英宗初给石亨复位，石亨无日不入见。弟侄昌功锦衣者五十余人，部曲亲故窜名夺门籍得官四千余人。亨每见帝出，必张大其言。在亨门下者，得亨语即扬于众，以为声势。朝臣奔走恐后，以贷之多寡为授职之美恶，入之先后为得官迟早。时"朱三千"、"龙八百"之谣，即谓郎中朱铨、龙文等俱以贿被擢升，既以宿怨残害忠良，大狱数兴，廷臣侧目，大权悉归于亨，锦衣指挥逯杲（音鹿、搞），本亨所擢，密受旨侍亨所为以报。侄石彪本以战功起家，不借父兄荫。然一门二公侯，所蓄材官猛士不下数万，中外将帅半出其门。彪又谋镇大同，为天下精兵处，权倾人主。群疑其有异志，遂及于祸，亨坐《谋叛律》应斩，籍其家。

1461 年辛巳，明天顺五年。

七月，曹吉祥、曹钦谋反：石亨败，曹吉祥内不自安，渐蓄异谋，家多藏甲，日犒诸达官，金钱谷帛恣所取。皆愿尽力结为死党，决谋反。使其党钦天监太常寺少卿汤序择是月二日由曹钦拥兵入废帝，而曹吉祥以禁兵应之。谋定，曹钦召诸达官夜饮。时怀宁伯孙镗奉诏西征，将陛辞，是夜与恭顺侯吴瑾俱宿朝房。达官马亮恐事败，逸出走告瑾。瑾趋告镗。从长安门右门隙投疏入，曰："急变，即达御前，迟则用军法斩。"镗与瑾俱出于书，惟曰："曹钦反，曹钦反。"帝得奏，急系曹吉祥于内，而敕："皇城四门，京城九门闭勿启"。曹钦以马亮逸，知事泄，中夜驰往逯杲家，杀杲，砍伤李贤于东朝房，以杲头未贤曰："杲激我也。"逼草奏释己罪。亡何，又执尚书王翱。贤乃佯草疏获免。曹又杀都御史寇深于西朝房。遂率众攻东西长安门，不得入，纵火。守卫者拆河坝砖石塞诸门。镗遣二子急召西征军，集至二千人，遂击曹钦，钦走东安门，瑾将五六骑猝遇，力战死。钦复纵火，门毁，门内聚彩益之，火大炽，钦等不得入。天渐曙，钦党稍稍散。镗勤勒兵逐钦，镗子軏砍钦中膊。钦走突安定诸门，门尽闭。钦归家拒战。会大雨如注，镗督诸军奋呼之，曹钦投井死，其家大小尽诛之。帝出吉祥与钦尸同磔于市，并磔其党汤序等，籍其家。

1464年甲，明天顺八年。

正月，英宗死，宪宗即位：英宗病不起，命官宦牛玉执笔写遗诏。初，太祖死，宫人多从死者，历成祖，仁、宣二宗皆用殉，多至数十人，景泰帝亦用其制。至是，遗诏始罢宫妃殉葬。死年三十八。太子朱见深时年十八，即帝位，是为宪宗纯皇帝，以明年为成化元年。

八、宪宗 见深 1465——1487年

1465年乙西，明宪宗纯皇帝朱见深成化元年。

三月，荆襄流民起义：荆襄上游郧阳地区，元至正间即有流民聚此，终元世莫能制。洪武初，恐农民聚众起义，禁到深山恳荒。以郧阳（湖北郧县）为中心，西到终南不端，东南至桐柏山、大别山；东北到伏牛山，南到荆山设有禁区，英宗正统二年岁饥，大量流亡农民不顾禁令，入山恳荒者渐坛至一百五十万人。明政府屡次强令驱散。河南西华人刘通能举千斤石狮，人称"刘千斤"，曾与和尚尹天凤等划起义。至是，率众于房县大石厂领导流民起义，称"汉王"，国号汉，年号德胜。设将军为先锋，拥众数十万，分兵戟襄（湖北襄樊）、邓（河南邓、县）、汉中（陕西汉中）。官军不能克。成化二年刘通、石龙牺牲，起义暂告失败。起义将领李原脱险后，在河南内乡等地号召饥民，于成化六年再度起义，称太平王，成化七年牺牲。流民被遣散、被杀、饿死数十万人。数年后又聚数十万

人。明政府无法，乃设郧阳府等以治之。

1466 年丙戌，明成化二年。

三月，刘通战败：成化元年十二月，以朱永为总兵官，白圭提督军务，会湖南总兵官李震往镇压荆襄农民起义。至是，荆襄农民起义领袖刘通在南漳（湖北）战败。闰三月，刘通谋走陕西，白圭遣兵扼其饷道。刘通子聪及苗虎等牺牲。刘通退保后岩山，刘通等三千五百多人被俘，送京师牺牲。起义暂时失败。刘通残部石龙（石和尚），刘长子退入四川。十月，石龙、刘长子聚众花岗巫山，被包围饷绝，白圭遣指挥张英往诱降。刘长子遂叛，并缚石龙至明军营。十一月，石龙等七十三人并家属五十二人被害。叛徒刘长子亦被斩。

1477 年丁酉，明成化十三年。

正月，置西厂：以汪直领之。初，永乐中始置东厂，令官宦访辑逆谋大奸，与锦衣卫均权势。至是，又别设西厂刺事，所领缇骑倍东厂，势远出卫上。任锦衣百户韦瑛为心腹，屡兴大狱。自诸王府边镇及南北河道，所在校尉罗到，民间计詈鸡狗，辄置重法，中外骚然。汪直每出，随从甚众，公卿值者皆避道，迫辱之。权焰出东厂上。凡西厂逮捕朝臣，不俟奏诸，气焰熏灼。

五月，罢西厂：时汪直韦瑛用事，官校势日横，大学士商辂率同官劾直罪，且言："陛下委听断于直，直又寄耳目于群小，擅作威福，贼虐善良……近自直用事以来，人心疑畏，卿大夫不安于位，商贾不安于途，庶民不安于业，若不急去直，天下安危未可知也。"帝得疏愠曰："用一内竖，何遽危天下，谁至此奏者？"命太监怀恩、覃吉至阁诘责，辂正色曰："朝臣无大小，有罪皆请旨逮问。直擅抄没三品以上京官；大同、宣府，边城要害，守备俄顷不可缺，直一日械数人；……直不去天下安得无危？……"会兵部尚书项忠亦倡九卿劾之。帝不得已，令直归御马监，调韦瑛边卫，散诸旗校还锦衣卫。

六月，因汪直等诬告，罢兵部尚书项忠为民。直又得官。

复设西厂：西厂虽罢，汪直受重用如故，"令密外出刺事。御史戴缙深知帝意，颂直功，谓："大臣群臣皆无裨于政，独有太监汪直摘发允协公论，足以警众人。"疏入，遂复开西厂。大学士商辂请致士，许之。商辂既去，士大夫益府着听汪直命，无敢与抗。直势愈炽。

1479 年已亥，明成化十五年。

七月，命满意直巡大同，宣府边：时鞑靼为内乱，实无意南扰，边臣屡以边警报，实欲虚张守御之功以求赏。朝不知而误信。竟命汪直往。所至，传供于百里之外，都御史偕下属伏道迎谒。须过才敢起。至馆，请见，膝行起居。叱之出乃唯唯退。左右索贿，各倾帑以给之，边储为之一空。直先以所善王越为兵部尚书，又用越言诈称亦思马因犯边，诏朱永同越西讨，直为监军。亦思马因无意犯边，方移帐威宁海子，赵乘其不意，偕直往袭。彼惊避，遂杀其老弱，报道首功四百三十余级，获马驼牛羊六十。越封威宁伯，增直岁禄。于是人指王越、陈钺为二贼。小官宦阿孺工俳优，十七年，冬于帝前为醉者谩骂状，人言："驾至"，谩如故：言："汪太监至"，则避走曰："今人但知汪太监也。"又为直状，操两钺趋帝前，旁人问之，曰："吾将仗此两钺耳。"问何钺？曰："王越、陈钺也。"帝笑，稍稍悟。会东厂官宦尚铭获资西内屋之贼，得赏，直忌，且怒铭不告。铭惧将倾已，乃廉得其所泄禁中秘语奏之，尽发王越交通不法事，帝始疑直。

1482 年壬寅，明成化十八年。

二月，官宦横行皆勿问：太监郭文自南京还，过沛、怒沛县知县马时中供张不时，榜掠时中子。不胜楚、溺于河。时中赴救之，起，呼冤。文益怒，脱时中衣，势以行。县民愤甚，绕船大呼，叱之不退。文使家人击之，杀二人。命锦衣卫械马时中至京，寻谪降广西。沿膳监太监出南旺湖，有避缓者，缚其人，悬于樯，笞之死，皆勿问。（这样的统治者人民怎不恨之入骨，奋起而推翻它）。

三月，复罢西厂：汪直，王越以六镇而不得还，宠日衰。于是文章劾罢西厂。阁臣万安知尚铭谮以行，汪直失宠，乃极言"东厂法制之善，以易遵循，西厂事出权宜，当革"。遂罢西厂。

1483 年癸卯，明成化十九年。

八月，贬汪直，逐其党：初，东厂尚铭尽发直所泄禁中秘语，帝始疑直。十七年秋，命汪直、王越往宣府御敌。敌退，直请班师，不许。徙镇大同。尽召将吏还，独留直，直不得还。十八年三月，言官文章论直苛扰，请罢西厂。而大同巡抚郭铠复言；"直与总兵许宁不和，恐误边事。"帝乃于今年六月调汪直南京御马监。今又以言官言贬汪直南京奉御，逐其党王越、戴缙、吴绶等，斥为民。韦瑛前已调万全卫，陈钺已致士不问。明年，韦瑛以诬告人谋不轨坐诛。一时，汪直党先后斥逐，公论快之。而直竟良死。

1484 年甲辰，明成化二十年。

正月，贬逐太监尚铭：初，尚铭以附太监汪直得领东厂。尚铭既倾汪直，西厂废，尚铭遂专东厂事，益擅权势，鬻爵卖官，恣为奸利，闻京师有富室，辄以事罗织，得重贿乃巳。事觉，杖之百，谪充南京净军，籍其家，数日不尽。

1487 年丁未，明成化二十三年。

八月，宪宗死，年四十一岁

九月，皇太子朱祐樘即位（年十八），是为孝宗敬皇帝。以明年为弘治元年。

同月，贬逐宪宗诸使悻：斥诸使偉侍郎李孜省，太监梁芳、外戚万喜及其党邓常恩、赵玉芝等。以言官劾诸人不法事。论死，帝以宅忧。谪芳南京少监，喜指挥使，孜省、常恩、玉芝等戎边陕西。芳等遇赦复逮下狱，孜省不胜拷掠死，常恩、玉芝等仍徙边，芳废死。

十月，汰侍奉官二千余人，又遣逐禅师，真人、西番法王、国师等一千四百余人。

十二月，葬宪宗纯皇帝于茂陵。

九、孝宗 枯樘1488年——1505年

1489年巳酉，明孝宗敬皇皇帝朱祐樘弘治二年。

皇庆：初，宪宗即位以没入曹吉祥地为官中庄田，皇庄之名由此始。其后庄田遍郡县。给事中齐庄言，“天子以四海为家，何必置立庄田与贪民较利？”弗听。至是，户部尚书李敏等以灾异上言：“畿内皇庄有五，共地一万二千八百余顷、勋戚，中官田三百有二，共地三万三千余顷。管庄官校招集群小，称庄头，伴当，占土地、敛财物、污妇女，稍与分辩，辄被诬奏。官校执缚，举惊惶。民心伤痛入骨，灾异所由生。乞革去管庄之人，付小民耕种，亩征银三分，充各官用度。帝命戒飭庄户。

1505年乙丑，明弘治十八年。

五月，孝宗死：孝宗病危，召刘健、李东阳、谢迁至乾清宫，言太子年十五，好逸乐，当辅教之。旋死，年三十六。

朱厚照即位，是为武宗毅皇帝。

八月，刘瑾与“八虎”刘瑾陕西兴平人，本姓谈，景泰中入宫为刘太监名下，因姓刘。成化时领教坊见幸，得侍东宫。武宗即位，掌钟鼓司，与马永成、谷大用、魏彬、张永、邱聚、高凤、罗祥等八人并以旧恩得幸，谓之“八党”，亦谓“八虎”。瑾尤狡银。日导武宗游戏，政务日荒怠。

十月，葬孝宗于泰陵。

十、武宗 厚照1506年——1521年

1506年丙寅，明武宗毅皇帝朱厚照正德元年。

七月，是时刘瑾等“八党”窃权，朝正非，户库空虚。司礼监传旨以武宗将大婚，需银四十万两。户部尚书韩文请发十万两。

立夏氏为皇后。

十月，大臣请诛刘瑾：大学士刘健、谢迁等，户部尚书韩文等以刘瑾等“八虎”枉法，日进鹰犬、歌舞、摔跤之戏，导武宗佚游，日游不足，夜以继之。刘

瑾劝武宗令镇守内臣各贡万金。又奏置皇庄渐增至三百余所，畿内大扰。故请诛刘瑾等。疏入，武宗惊泣不食，乃遣司礼中官李荣、王岳等入阁议，一日三反。欲安置于南京，谢迁欲诛之。刘健、谢迁声色俱厉，惟李东阳语少缓。王岳素刚直疾邪，慨然曰："阁议是"。是以刘健等言白武宗。武宗少欲少宽之。刘健约韩文及诸九卿诘期伏阙而争，王岳从中应之，因允诛瑾等。焦芳驰告瑾，瑾及率马永成等夜环跪武宗前泣，以首触地。刘瑾进谗言曰："是司礼监王岳害奴等。"武宗问其故，瑾曰："岳结臣欲制帝出入，故先去所忌耳……若司礼监得人，左班官安敢如此？"武宗大怒，立收岳，命刘瑾掌司礼监，马永成、谷大用掌东、西厂，各分据要地。乃旦，诸臣入朝，将伏阙，知事已中变，于是刘健、李东阳、谢迁具上章求去。刘瑾矫旨听刘健、谢迁致士归，独留李东阳，而令焦芳入阁。王岳充南京净军，追杀于途。于是中外大权悉归之于刘瑾。刘健、谢迁濒行，李东阳为之饯行泣下。刘健正色曰："何哭为？使当日多出一语，与我辈同去矣。"李东阳嘿然。自此，刘瑾乃大肆刁难朝官，杖贬日多，并开去衣廷伏之始。

十一月，韩文、李梦阳罢官：刘瑾恨户部尚书韩文，日伺其过，及是又以伪银输内库者，遂以为韩文之罪，诏降一级致仕。韩文出都门，乘一骡，宿野店而去。刘瑾又恨李梦阳代韩文革（请诛刘瑾）疏，踰月一谪山西，勒致仕。三年正月，又逮至京，以翰林修撰康海之救乃得释。

1507 年丁卯，明正德二年。

八月，修豹房：于西华门别出宫院，造密于两厢，勾连栉列，命曰豹房。初，武宗令官宦仿设市肆，身衣估人衣与贸易，持簿算喧询不相下，更令作市正调和之。拥至廊下家，廊下家者，即宦官于永巷所开酒肆，坐当炉妇其中。武宗至，杂出索衣，蜂簇而入，醉即宿其处（明朝后期的皇帝一个一个都是如此不正。即使后来朱由检较称职，也不可挽之）杨守随疏言之。至是既作豹房，朝夕处于中，称之曰："新宅。"日召教坟工人"新宅"承应。久之乐工以承应不及，请檄取河南诸府乐户精技业者遣送至京。教坟人至者日以百计，于是群见幸者皆教坟（平民百姓，喜得龙润）。

1508 年戊表，明正德三年。

六月，匿名书，数瑾罪：二十六日午朝退，有遗匿名于御道数瑾罪者。瑾矫旨召官跪奉天门下。及日暮，尽收下锦衣卫狱，凡三百余人，而主事何铖三人已中署而死。明日大学士李东阳力救，瑾已查知其是同类（即太监）所为，众才获免。时鄞恣行凶暴，庶官以荷校死者甚众．亦赖东阳等申救，间有释而戍之者。

八月，刘瑾立内厂：时东厂西厂横甚，道路侧目。刘瑾复立内厂，自领之。残暴酷烈尤甚于东、西厂。官宦施以刑，无得全者。一家犯，邻里皆坐。或瞰何居者（居高临下），以何外居民坐之。矫旨悉逐京师客佣，使寡妇尽嫁，丧不葬者焚之，京师汹汹。

1510 年庚午，明正德五年。

八月，刘瑾伏诛，瑾于八人中尤狡猾，及专政，七人有所请皆不应，咸怨之。尝欲逐张永至南京，永于武宗前毁瑾。武宗令谷大用等置酒为解，由是二人亦不合。四月，寘潘反，以杨一清总制军务，张永为督军。永至宁夏，杨一清知永与瑾有隙，遂劝说张永除刘或。及西征还，永密奏瑾谋反，乃命执刘瑾。谪凤阳闲住，犹未欲诛之，及籍其家得金银数百万，珠玉宝玩无数，及衮衣，玉带、甲仗、弓弩诸违禁物，又所常肩内藏利匕首二，始付狱。于是言官请亟诛之。都给事中李宪为瑾之私人，至是亦劾瑾。瑾闻之笑曰："宪亦劾我耶？"审讯之日，刑部尚书刘王景犹噤不敢发声，瑾大言曰："公卿多出我门，谁敢问我？"皆退避。附马都尉蔡震曰；"我国戚、何问汝？，汝何藏甲？"对曰："以卫皇上。"震曰："何藏之私室？"瑾语塞。狱具、磔于市，族人逆党皆诛贬。张狱毙，磔其尸。一时朝署为清。

1517 年丁丑，明正德十二年。

八月，武宗微行出居庸关；江彬既忌钱宁，欲导武宗巡幸远钱宁。因数言宣府乐工多美妇人，且可观边衅，瞬息驰千里，何郁郁居大内为廷臣所制？武宗然之。急装微服出昌平，至居庸关，为巡关御史张钦所遮，乃还。数日，乘张钦巡白羊口（山西天镇西北），疾驰出关。先令太监谷大用守关，止廷臣追谏者。

九月，武宗驻宣府：武宗度居庸关至宣府。江彬为建镇国府第，悉辇豹房珍玩，女御实其中。江彬从武宗数夜入人家索妇女（皇帝至百姓家要女人，恐是古今一人），乐而忘归，称"家里"。所至扰民，毁民房以供炊（难怪这时各地人民不断起义反抗）市肆肖然，白昼闭户。富民厚赂江彬求免。又驻阳和（山西阳高），武宗自称"总督军务威武大将军总兵官，命户部发银一百万两输宣府以备赏劳。"户部尚书石珍力持不纳，乃减半。

十月，武宗自称威武大将军朱寿：小王子以五万骑扰边，遣将击之于应州（山西应县）。武宗率太监张永、魏彬、张忠、都督江彬等自阳和来援，追至朔州（山西朔县）边，斩首十六级。军官死五十二人，重伤五百六十三人，以捷闻京师。武宗自称"威武大将军朱寿（以死亡战士五十二人，伤五百六十三人，而杀敌十六人报捷）"，所驻华称"军门。"中外事无大小白江彬乃奏，还驻大同。廷臣切谏，不省。

1518 年戊寅，明正德十三年。

四月，武宗无道，大掠妇女：武宗至昌平（北京北十三陵）癸陵，遂至密云。

下诏称“威武大将军总兵官朱寿统率大军”，命江彬为威武付将军。七月叙应州功，封江彬平虏伯，子三人锦衣卫指挥。其余三镇军将许泰安边伯，江彬所荐之李琮，神州俱都督，升赏内外官九千五百五十余人，赏赐亿万计。九月，江彬又导武宗至大同，武宗自封镇国公，岁支禄米五千石，令吏部执行。十月，经榆林。十一月，至绥德，至总兵官戴钦家，纳其女还。由西安经偏头关。十二月，抵太原。车驾所致掠良家女数十车以行，在道日有死者。远近骚动，民皆逃匿（这样的统治者，当然人民要群起而诛之）。又大征女乐，纳晋府乐工杨腾妻刘氏而归，江彬与诸近幸皆以母事之，称曰刘娘娘。初，自家绥总兵官马昂罢免，有女弟善歌，能骑射，解外国语，嫁指挥毕春，有娠、昂因彬夺妇，召入豹房，大宠，传升昂右都督，北炅、昶并刚蟒衣，赐第太平仓。尝至昂家，召其妾，昂不听，武宗怒。昂结太监张忠进其妾杜氏，遂传升炅都指挥，昶仪真守备。昂喜过望，又进美女四人谢恩。

1519 年己卯，明正德十四年。

五月，宁王宸濠反：明宗要王宸濠，袭王于南昌。因武宗游幸不时，又无太子，至是乘间谋反（不能这样论，而是他看到武宗这样，一则危害人民，二则亦摧毁大明江山。他因此奋起为国为民除害），以致仕都御史李士实，举人刘养正为左右丞相，参政王纶为兵部尚书总管军务大元帅，集兵十万，从南昌出鄱阳湖，下九江，南康等地，欲攻下南京即帝位。巡抚南赣都御史王守仁会吉安知府伍文定起兵讨之。七月，宸濠攻安庆不克。王守仁军至临江樟树镇，各地以兵来会，合八万人，号三十万以伍文定为先锋。王守仁克南昌，遭伍文定分道击宸濠并设伏。正值宸濠兵还，伍文定与其会战于黄家渡，宸濠大败。隔一日，再战，宸濠方晨朝其群臣，官军至，以小舟载薪，乘风纵火，焚其付舟。濠妃娄氏以下皆投水死。遂擒宸濠等。南康、九江亦下。李士实、刘养正死狱中。平宸濠反历时仅四十三日，次年朱宸濠被杀。

1520 年庚辰，明正德十五年。

三月，以猪音姓“朱”字音，禁止养猪，二月，大学士杨廷和请罢养豕及宰杀之禁，不理。至是，太常寺奏，癸陵豕为必用之物，请驰其禁，从之。

闰八月，武宗受江西俘：今年武宗皆在南京。平宸濠反，武宗欲自以为功，遂与诸近侍戎服，树大旗，整军容出城数十里。令去宸濠等桎梏，伐鼓鸣金而擒之，示为己所俘。然后为凯旋状。行献俘礼毕始北返。自瓜洲至镇江，扬州。

九月，武宗落水：武宗自扬州至宝应及淮安清江浦，渔于积水池，舟覆落水。左右争掖之出，自是得病。

十二月，宸濠被诛。

1521年辛巳，明正德十六年。

三月，武宗死：武宗朱厚照死于豹房，年三十一，无子。皇太后张氏与杨廷和定议，依祖训，兄终弟及、乃为遗诏遣阁臣梁储迎兴王世子，宪宗之孙，孝宗之侄朱厚熜于安陆（湖北钟祥），兴王朱祐杬为宪宗之四子，正德十四年死，谥号献，故又称兴献王。

同时，下江彬，神周，李琮于狱：杨廷和设计于上坤宁宫脊吻日，乘江彬吉服入行礼，众不得从，张永计留江彬共饭于宫外，捕彬。彬党急走西安门，门闭，寻走北安门，被守门者执，拔其须且尽，下狱。神周、李琮亦被缚下狱。籍江家得黄金七十柜，银二千二百柜，其他珍宝不可胜计。

四月，世宗即位：朱厚熜自安陆至京师即位，是为世宗肃皇帝。改明年为嘉靖元年。

十一、世宗 厚熜 1522——1566年

1522年壬午，明世宗肃皇帝朱厚熜嘉靖元年。

十一月，山东王堂起义：山东青州（益都）人王堂率“矿徒”数十人于颜神镇起义。杀指挥杨浩，转战于莱芜、新泰、临城、曹县等地。连破明军，队伍日益扩大。起义军沿黄河西岸进军。至东明、长垣、于孝城（河南兰考）击败明军，河南大震。后在督漕都御史俞谦镇压下失败。

又，周克亮起义：马平（广西柳州）大饥。周克亮领导“矿徒”（矿工）起义。队伍达数万人，于马平附近流动作战，屡败明军，后在总督张损（音顶）镇压下失败。

1523年癸未，明嘉靖二年。

六月，“争贡之役”：日本贡使宗设至宁波。未几，宋素卿偕瑞佐复至，为争对明朝通商特权，互争真伪。宋素卿贿宁波市舶太监赖恩，宴时坐素卿于宗设之上位，货船后至者反而先为验发。宗设怒杀瑞佐，焚其舟，追宋素卿至绍兴城下，沿途杀掠，浙中大震，时谓“争贡之役”。事闻，礼部查明，宋素卿正德年间因通夷事觉，以赂刘瑾免于究问，至是乃下宋素卿于狱。

是岁，画家唐寅卒：唐寅(1470-1523)，字伯虎，又名子畏，号六如居士，桃花庵主，逃禅仙吏等，吴县（江苏）人，学画于周臣，后结交沈周、文征明、祝允明、徐真卿等。擅画山水并工画人物，花鸟，笔墨秀润峭利，景物清隽生动，工笔写意俱佳。兼善书法、能诗文。著有《六如居士全集》。

1542年壬寅，明嘉靖二一年。

八月，严嵩入阁：以礼部尚书严嵩为武英殿大学士，入内阁预机务。严嵩无他才略，惟一意媚世宗，窃权罔利，世宗自信，果刑戮，护已短。严嵩以此得因

事激世宗怒，戮害人以成其私，诛斥者不可胜计。

十月，宫婢之变：世宗宿端妃曹氏宫，宫女杨金英伺其熟睡以丝带缢帝颈上，因误为死结，未勒死。宫女张金莲知事不就，走告皇后，皇后驰至，解开丝带，世宗得苏。皇后命磔端妃曹后，宁嫔王氏，宫女杨金英、徐菊花、邓金得、张春景、王玉莲等于市。史称宫婢之变。自此，世宗移住西苑，不复大内。

1547 年丁未，明嘉靖二十六年。

七月，任用朱纨抗倭；明代倭患自洪武二年始。是时日本处于南北朝(1336 – 1396)，分裂时期，失得武士常到中国沿海武装掠夺骚扰，史称“倭寇”。1467 – 1573 年，日本进入战国时期，战争频繁，严重破坏社会生产。武士、浪人、商人形成更大海盗集团，于中国沿海骚扰，抢劫中国商船，掠杀中国、居民。明初国势强胜，洪武时整筋海防，于浙东西、江南北筑城五十九座以防之。永乐十七年望海埚（辽宁金县东南七十里）之役，又大破倭寇。正统时，倭寇登陆浙东大焚杀。至嘉靖中时，朝政腐败，边防松劲，加以东南沿海工商业发展，富商与倭寇勾结走私。而嘉靖元年，夏言以倭祸起于市舶（对外贸易），遂革福建、浙江二市舶司，禁止对外贸易，这一秒仅未减轻倭患，反招致东南沿海富商之反对，依对外贸易为生之平民生活来源受到影响，故不能解决倭患。至是，以朱纨为浙江巡抚，兼管福建五省海道，提督闽浙军备以抗倭。

1548 年戊申，明嘉靖二十七年。

正月逮曾宪，罢夏言：总督陕西三边侍郎曾铣主张收复河套，首辅夏言支持曾铣，廷议亦支持曾铣主张。严嵩与夏言争取，知世宗无意出兵，乃力言：“河套必不可复。”至是，以严嵩潜陷，曾宪被逮，夏言被勒令致仕。

三月，严嵩谗杀曾铣；会仇鸾为曾铣所劾，严嵩借以诬曾铣并及夏言，以夺其首辅位。乃代仇鸾于狱中草疏诬曾铣“掩败不闻，侵寇军饷巨万”。即斩曾铣。铣死，家无余赀，妻子远徙，天下冤之。后竟无一人议复河套者。

1549 年己酉，明嘉靖二十八年。

七月，王直勾倭寇大掠沿海：海盗王直，徽州（安徽）人，出身无赖，十九年出海经营走私贸易，遂勾结倭寇，称“五峰船王”，于宁波双屿港建立据点，后移至烈港，焚掠沿海各地，称净海王，又称徽王，改据日本肥前之千户。于是，大掠浙东沿海等地。

1550 年庚戌，明嘉靖二十九年。

八月，庚戌之变：二十七年春，俺答乘黄河结冰进入河套，今年大举载明军。六月，围攻大同，由墩口溃墙而入，以弱师往来诱明军。总兵官张达轻敌驰击，被包围战死。付总兵林春往救，亦中流矢死。明失二勇将。时严嵩为首辅，其党羽仇鸾以贿嵩子严世蕃，得充总兵官，镇守大同。仇鸾方上任，俺答大兵至。仇鸾惶惧，重略俺答，要求俺答绕过大同，东进京师。八月，蓟镇兵大满溃，俺答兵至密云、怀柔、通县（今属北京市），分兵掠昌平，京师戒严。世蕃惊慌，诏“檄诸镇兵勤王”。竟用仇鸾为平虏大将军。节制诸路兵马。俺答前锋又至安定门。是时军籍皆虚数，仅四、五万人。勤王兵闻变即出发，未带干粮。犒师、牛酒无所出。二三日后，援军始得数饼饵，饥疲不任战。严嵩以“败于边可隐，败于郊不可隐”，曰：“寇饱，自飏去耳。”乃不准诸将出击。俺答军大焚掠内地八日，虏获过望（百姓遭殃），遂“满载而归”。九月，由白羊口（今北京延庆西南）转张家、古北等口退兵去。仇鸾大同军相祝莫敢发一矢，而劫掠村落，“民苦之甚于贼”（当时人民受着家贼外盗双重苦难）。事后，严嵩包庇仇鸾、杀害执行其命令之兵部尚书丁汝夔以塞责。时为庚戌年，史称“庚戌之变”。

十月，徐学诗劾严嵩被下狱：俺答退，诏群臣陈制敌之策，诸臣多掇细事以应。刑部郎中徐学诗愤然曰：“大奸柄国，乱之本也。”即劾严嵩父子纳贿乱国等罪，请罢之。方士陶仲文密言于世宗：严嵩孤立尽忠，徐学诗特为所私修隙耳，遂下徐于狱，削其籍。

1553 年癸丑，明嘉靖三十二年。

三月，云南巡按御史赵锦以疏劾严嵩窃权受贿，宜斥罢。被下狱，笞四十，斥为民。

闰三月，王直勾倭掠江浙：海盗王直勾结倭寇大入犯，连舰百余艘，自台（浙江临海）、宁（江苏苏州）、松（上海松江）、淮北、滨海数千里同时告警。破浙江昌国卫（浙江象山东南）。参将俞大猷以舟师攻之，始去，倭寇到处劫夺财物，屠杀居民并掳掠人口，“男则导行，战则令前驱”，所掳妇女，“昼则缫丝，夜则聚而淫之。”海盗流氓著倭服，挂倭旗，四出抢掠“凶徒、逸囚、罢吏、黠僧及衣冠失职，书生不得志，群不逞者皆为倭奸细，为之向导”，当时真倭不过十分之三，从倭竟达十分之七。

四月，倭寇掠浙江海盐等地，破上海。五月，倭寇攻海盐，又入上海、乍浦，大焚掠。参将汤克宽等追围之于独山（浙江平湖之东），斩首千级，余从浮海东逃。

1557 年丁巳，明嘉靖三十六年。

十一月，胡宗宪计获王直：海盗王直与其养子王溦（毛海峰）据海岛，勾倭寇屡扰沿海为患，朝廷至悬伯爵，万金之赏以购之，不能致。后内地官军多有备，倭虽横，亦多被剿戮，有全岛无一人归者，往往怨直，直渐不自安。浙直总督胡宗宪，安徽绩溪人，与王直同郡，安置王直母、妻等于杭州。遣生员蒋洲携其家书招王直，直家属无恙，颇心动。蒋洲去宣谕诸岛二年，只至丰后，山口二岛。

倭丰后岛太守源义镇，山口岛都督源义长等以中国许互市，亦喜，乃装巨舟，遣其属善妙等四十余人随王直来贡市。三十六年十月初抵舟山之岑港。将吏以为将入寇、陈兵备。王直乃遣王激入见胡宗宪。谓："我以好来，何故阵兵待我？"胡宗宪慰劳甚至，指心势无地。"俄善妙等见付将卢镗于舟山，镗令擒直以献。语浅，直益疑。因要一贵官为质，胡宗宪立遣指挥夏正偕王激往。胡宗宪尝预为赦直疏，引激入卧内，阴窥之，激语直，疑稍解，乃与其党叶宗满、王清溪入谒，胡宗宪令至杭州谒巡按御史王本固，本固下直等于狱，胡宗宪疏请曲贷直死，俾戍海上系番夷心，本固争之强，而外议疑胡宗宪倭赂，胡宗宪惧，易词以闻，直论死，后于三十八年冬斩于杭州。王激等闻大恨，支解夏正，栅舟山，据岑港而守。官军四面围之。

1560 年庚申，明嘉靖三十九年。

二月"戚家军"：戚继光（1528－1587）明抗倭名将，军事家。字元敬，号南塘。晚号孟诸。山东蓬莱人。始祖戚祥，元末避乱迁居安徽定远，明开国时颇立战功，后征云南阵亡。以后世代为将。至戚继光，家贫、有志、爱读书。初，备倭山东，任登州卫指挥佥事，以俞大猷围王直倭于岑港（浙江舟山岛西北）久不克，坐免官，戴罪办贼。旋以论平王直功复官。及江南倭患，愈演愈烈，三十四年调至浙江任浙江都司参将抗倭，镇守宁波、绍兴、台州、三府地。见浙卫所兵不习战，至义乌、金华（均在浙江金华府）召募农民、矿工三千人（前后召数次，共约二万人），编练新军，进行严格训练，掌握集体互助之战术——鸳鸯阵。鸳鸯阵有火器和弓箭作掩护，是与倭寇短距离博斗之阵法，以十二人为一队，首一人居前为队长，次二人持牌（园、长各一），次二人持狼筅（音显）（狼筅为兵器，用大毛竹上截，边旁附支节，粗二尺、长一丈五、六尺，利刃在顶长一尺），次四人持长枪，次二人持短器，末一人为火兵（专事樵苏）。作战时，"二阵平列，狼筅各跟一牌，长枪每二枝各分管一牌一筅，短兵防长枪进的老了，即便杀上。筅以救牌，长枪救筅，短兵救火枪。"即此"长短兵迭用"。由是戚继光一军特精。又以南方多薮泽，不利驰逐，乃因地形制阵法，审步伐便得。一切战舰、火器、兵械精求而更置之。戚家军战斗意志坚强，军事素质高，战斗力强，戚家军名闻天下。

1562 年壬戌，明嘉靖四十一年。

五月，严嵩罢官：嵩专国政二十年，吞没军饷，使战备松驰，东南倭寇，北方鞑靼贵族侵扰吏为严重。文武官吏与之不合者如主张收复河套之夏言、曾铣，抗倭有功之张经等都遭其杀害。士大夫竟附嵩，时称文选郎中万采，职主郎中方祥等为嵩文武管家。尚书吴鹏皆惴惴事嵩。嵩本江西人，而于南京、杨州等地广置田宅，以恶仆严年主这。抑勒侵夺，估势肆害，所在民怨入骨。不才士大夫竟为媚呼为“萼山先生”不敢呼其名。遇嵩生日，严年辄献万金为寿。嵩年老，朝事尽归其子严世蕃（官至工部左侍郎）掌握，代嵩票拟，卖官鬻爵（如刑部主事项治元以一万二千金而转吏部，举人潘鸿业以二千二百金而得知府），日纵淫乐。嵩握权久，遍引私人居要地，世宗亦厌之。所进青词，（道教斋醮仪式上给“天神”所上骈骊体奏章表文，因以朱笔乌于青藤纸上，故名“青词”）又多假手他人，不能工，失世宗意。世宗渐亲大学士徐阶。徐阶与严嵩同在朝十余年，以善迎合世宗意，得久安于位。至是与严嵩争权，使御史邹应龙劾严世蕃。世宗令严嵩致仕，下其子严世蕃，奴严年于狱。

1565年乙丑，明嘉靖四十四年。

三月，严世蕃伏诛：初，嘉靖四十一年，严世蕃被御史邹应龙劾戍雷州（位雷州半岛，今广东海康），其党罗龙文戍浔州（广西桂林）。严世蕃未至而返。罗龙文一致戍所即逃还徽州（安徽歙县），数往来江西与严世蕃议事。四十三年冬，南京御史林润按治江防，得知其状，驰疏言：江洋巨盗多入逃军罗龙文、严世蕃家，罗龙文卜居深山，乘轩衣蟒，有负险不臣之志，而严世蕃与罗龙文日夜诽谤时政，摇惑人心，近假名治第，招致勇士至四千人，道路皆言二人通倭，变且不测。世宗大怒，即诏林润逮严世蕃送京师，罗龙文亦从梧州（广西梧州）捕至。先是，林润发严世蕃罪，因言及冤杀杨继业，沈炼事。严世蕃闻之喜，谓其党曰：“贿”字既不可掩，然非帝所深恶，惟聚众通倭之说，得请言官以父削去，而故填杨沈下狱词，则帝必激所怒，帝怒，乃可脱也。谋既定，乃令其党扬言之。刑部尚书黄文升等以审案稿与徐阶议，徐阶曰：杨、沈之狱皆严嵩巧取帝意为之，若具此，是彰帝之过，如此，诸君且不测，严公子骑缓缓出都门矣。乃削其章，独案罗龙文与王直交通，贿世蕃求官，严世蕃以南昌仓地有王气，取以治第，制拟王者……多聚亡命，南通倭，北通虏（鞑靼）。即令人闭门疾书，用印封识。而严世蕃不知，窃自喜计行。已而阶之改疏上世宗命法司审讯且实以闻。阶因速具疏言，事已勘实，具有显证，请亟正典刑。即斩严世蕃、罗龙文于市。都人闻之大快，各相约持酒至西市看行刑。籍严世蕃家，得黄金三万余两，银三百余万两，其他珍宝、服玩所值又数百万。黜出严嵩及其孙皆为民。后二年，严嵩老病寄食墓舍以死。

1566年丙寅，明嘉靖四十五年。

二月，海瑞上疏：户部主事海瑞以世宗二十余年不视朝，深居西苑，专意斋醮，督抚大吏争上符瑞（空中降桃，白兔生二子，奉鹿生二子等），礼官辄表贺，廷臣自杨最、杨爵得罪后，无敢言时政者。至是，乃市一棺，决妻子，独上疏论之。是为嘉靖朝最后建言之名疏。下锦衣卫狱。

十二月，世宗食方土之金石药，药性燥烈，至是死，年六十。第三子裕玉朱载垕嗣，是为穆宗庄皇帝。改明年为隆庆元年。

释户部主事海瑞于狱。

下方土王金等于狱，释前建言得罪诸臣三十二人。

十二、穆宗朱载垕 1567——1572 年

1567 年丁卯，明穆宗庄皇帝朱载垕隆庆元年。

正月，葬世宗于永陵。

二月，以吏部侍郎陈以勤为礼部尚书兼文渊阁大学士，礼部侍郎张居正为礼部左侍郎兼东阁大学士，预机务。陈以勤、张居正皆裕王府旧臣。

九月，俺答犯大同：俺答率众数万犯大同，自朔州长驱入山西，至南汾州（山西汾阳），破石州（山西离石），大掠山西介休、平遥等县，男妇死者数万。

1512 年壬申，明隆庆六年。

五月，穆宗死：年三十六。死之日传遗诏斥司礼监孟冲而以冯保代之。

六月，太子朱翊即皇帝位，时十岁，是为神宗显皇帝。改明年为万历元年。

七月，张居正、冯保掌权：尊皇后为仁圣皇后，贵妃为慈圣皇太后。故事，皇后与天子生母并称皇太后者，则生母加徽号以别之。冯保欲媚神宗生母李贵妃，并尊之，两宫遂无区别。慈圣徙居乾清宫，抚视帝，内任冯保，大权悉委之张居正。隆庆时阁权已重于嘉靖间，然用否系于首辅之一言，相权重于阁权。

九月，葬穆宗于照陵。

十三、神宗 翊钧 1573——1620 年

1573 年癸酉，明神宗显皇帝朱翊钧为历元年。

十一月，立章奏考成法：张居正为政，主张加强专制主义中央集权。“以尊主权，课吏职，信赏罚，一号令为主。虽万里外，朝下而夕行”。主张“综核名实”即“凡事务实勿事虚文。”认为“天下之事，极则必变”，痛斥墨守成规文人为“庸儒不达时变”。故立考成法以整顿吏治。初，诸司章奏、部、院履行，抚、按、勘者，常稽不报，章奏日多。张居正以大小缓急为限，误者抵罪，自是一切不敢饿非，政体为肃（张居正是好宰相）。

同月，戚继光擒长秃：兀良哈朵颜部酋长董狐狸之弟长秃犯边，戚继光破擒之。董狐狸率部长亲族三百人叩关请罪。董狐狸乘服叩头乞长秃。戚继光令献还所掳边民，乃释长秃，许通贡如故。“终继光在镇”，“不敢犯蓟门”。

1578 年戊寅，明万历六年。

十二月。用大学士张居正议，“天下田亩通行丈量，限三载竣事”，并规定

对破坏清丈者“下召切责”。

是岁，户部奏天下户口之数：户一千六十二万一千四百六十六，口六千六十九万二千八百五十六。岁入三百五十五万余两，岁出三百八十八万八千余两。

1580 年庚辰，明万历八年。

十一月，清丈天下田亩：用张居正议，勘实天下田亩为七百一万三千九百七十六顷，较弘治十五年（1502 年）增近三百万顷（增二亿八千万亩，原来垦田数字减少最多之湖广等地经清丈后增额最多，说明大地主豪强隐漏之土地。被清查出一部分。对改变“税存而产去，大户有田而无租税”之现象起一定作用。

1582 年壬午，明万历十年。

二月，俺答死：顺义王俺答死，忧恤之，其妻率子上表进马谢，复赐币有差。

六月，政治家张居正卒：张居正 (1525－1582) 湖广江陵（湖北）人。字叔大，号太岳。嘉靖进士。隆庆元年入阁。穆宗死，与官宦冯保合谋逐高拱，代为首辅。神宗年幼同，国事由其主持，前后当国十年。其时危机严重，他清丈土地，推行一条鞭法使财政状改善，裁冗员减少支出。用名将戚继光练兵，加强防御鞑靼攻掠。用潘季训治河、淮，卓有成效。死之明年追夺官阶，又明年籍其家，子孙惨死狼藉（因何这样对待好人？）。有《张文公全集》。

十二月，追劾张居正者起：“帝所幸中官张诚……谓其（冯保）宝藏踰天府，帝心动”。时潞王将婚，所需珠宝未备，太后言之。神宗曰；“年来无耻官僚尽购之以献张、冯二家。”太后曰：“已籍矣，必可得。”神宗曰：“奴黠猾，先窃而逃未可得也。”于是追劾张居正者纷起。

同月，调戚继光于广东：隆庆元年 (1567) 被张居正调至北方。镇守蓟州，充蓟镇总兵官，以加强战备。在任十六年，当国大臣徐阶、高拱、张居正等先后倚任之。张居正有事与商榷，动无掣时，故戚继光在蓟镇边防修举，得有所建树。及是，张居正死半年，言官劾“戚继光不宜于此”。遂调至广东。戚继光悒悒不得志，赴粤踰年即谢病归，居三年，卒。戚继光在南方战功特盛，北则专守。继之者，步其成法，数十年得无事。著有《纪效新书》、《练兵纪实》、《止止堂集》等，对练兵、治械、阵图等有创见。

是岁，建州女真阿台、叫扬、塔失死：建州女真王杲、子阿台犯沈阳，明辽东总兵李成梁追之，攻破阿台之古勒寨（辽宁抚顺东），阿台被杀死。阿台部下，建州女真酋长努尔哈赤之祖父叫扬、父亲塔失往援阿台，战斗中亦被杀。是役，苏克苏护河部图伦城主尼堪外兰通于李成梁，故李成梁得万大功。

文学家吴承恩卒：吴承恩（约 1500－1582），字汝忠，淮安山阳（江苏）人。小说《西游记》为其代表作。

1583年癸未，明万历十一年。

三月，追夺张居正官阶：冯保既得罪，新进者益务攻张居正。诏夺上柱国、太师、再夺谥，斥其子民。张居正诸所引用者先后斥削殆尽。

五月，努尔哈赤统一女真各部之始：努尔哈赤(1599 –1626)满族，爱新觉罗氏。永乐十年(1412年)其先祖猛哥帖木耳，受明册封为建州左卫（明中叶后在今辽宁新宾）指挥使。受明封爵之地方官。努尔哈赤时年二十五岁。以其父、祖遗甲十三付起兵，讨尼堪外兰、克图伦城，获兵百人，甲三十付。八月，尼堪外兰奔鄂勒珲城，与诸部中隔。此乃努尔哈赤统一女真各部之始，是年亦被明任为指挥使。

1584年甲申，明万历十二年。

四月，籍张居正家：神宗好财货，专事聚敛。当时拘张居正，及冯保之罪，惟言其多藏最动帝听。至是，命司礼监张诚等往荆州（湖北江陵）籍其家。先录人口，锢其门，子女饿死者十余辈。乃尽擢其诸子兄弟藏，得一万两，白银十余万两。其长子礼部主事张敬修不胜拷掠，自缢死。

1585年乙西，明万历十三年。

正月，海瑞复官：初，隆庆三年(1569年)，海瑞为应天巡抚。其为政以摧豪强，抑兼并为主。曾令徐阶等退田，推行一条鞭法，为农民所善，势家所恶，被张居正、高拱排挤革职闲居十六年。至是，以七十二高龄被招为南京佥都御史，在任力主严惩贪污。

1587年丁亥，明万历十五年。

三月，封三娘子为忠顺夫人：封俺答孙、乞庆哈子 力克顺义王，其妻三娘子(1550–1612)即俺答所夺之外孙女，而为妇者，历配三王，主兵柄，诸部畏服之，因封为忠顺妇人。俺答死后，三娘子掌权达二十余年，推行与明政府友好政策，促进蒙汉经济文化交流。

九月，海瑞卒：海瑞(1514–1587)广东琼山人，字汝贤。回族，嘉靖举人。病死于南京右都御史任。人人视，葛帏敝籯（音营竹笼）有塞士所不能堪者。集金为敛。人民因其抑豪强，平反冤狱，为之罢市致哀。丧出江上，白衣冠送者夹岸，酹而哭者百里不绝。谥忠介。民间因而有《海忠介公居官公案》、《大红袍》等传说。著作辑为《海瑞集》。

1588年戊子，明万历十六年。

是岁，努尔哈赤统一建州五部：努尔哈赤灭完颜部，至是，统一建州五部（苏克苏护河部、浑河部、完颜部、董鄂部、哲陈部）。

1593年癸巳，明万历二十一年。

是岁，李时珍卒：李时珍(1518 – 1593)，湖北蕲县人，为我国杰出的医药学家，植物学家。年青时曾三次参科举考试不中，决心继父业从医。时历三十年，“阅书八百余家”并至河南、江西、南直隶等地区实际考查，经三次修改，写成《本草纲目》。全书五十二卷，记载药物一千八百九十二种，验方一万一千零九十六条。该书对植物、动物、矿物有可贵记载。对各种药物之名、性能、用途、制作方法说明甚祥，且有绘图。现已被译成多种文字，流传于世界。

1594 年甲午，明万历二十二年。

二月，东林党议之始：神宗宠郑贵妃，欲立郑贵妃于万历十四年所生子朱常询（即福王）为太子。内阁大学士申时行、王锡爵、王家屏请曰：立皇长子朱常洛（即光宗。系恭妃王氏于万历十年所生）为太子。故朝廷出现“国本”之争。吏部郎中顾先成为争，“无嫡立长”，触犯神宗，又在“京察”（京宫六年一考核，不称职者或降或罢，称“京察”），中得罪首辅王锡爵。及是，王锡爵将谢政，“廷推”（内阁大学士、吏部尚书等高官有时由大臣公推，称“廷推”）代者。顾先成举故大学士王家屏（王家屏以争“国本”赞顾宪成被斥出阁），忤帝意，至是，被革职还。顾宪成（1550–1612），无锡（江苏）人，字叔时，万历进士，世称东林先生。顾宪成与弟顾允成、友高攀龙等，在无锡东林书院（故杨时书院，即宋徽宗时大儒杨时讲学处），讲学“每岁一大会，每月一小会）。”是时，士大夫抱道忤时者，率退处林野（在野），闻风响附，学舍至不能容。他们讽议时政，裁量人物，朝内官员亦“遥相应和”。时人称之为东林党。其后，孙丕扬、邹元标，赵南星等相继讲学，自负气节与朝廷相抗，是为东林党议之始。宁波人沈一贯以善迎帝意入阁，以才相许，不为人下，为浙江派官僚之首，称浙党。顾宪成讲学天下趋之。沈一贯持权求胜，受黜者身去而名益高。此东林，浙党所自始。其后更相倾轧垂五十年。

1598 年戊戌，明万历二十六年。

正月，蔚山之败；援朝攻蔚山（今朝鲜东南庆尚南道釜山之东北，蔚山湾口处）之兵以日本行长之援兵骤至，诸军闻之大惧。杨镐不及下令，策马奔王京（汉城），麻贵继之，一时九将皆溃，付将吴惟忠、游击等国器断后，日军乃还，轨重多丧失。杨镐与邢阶诡以捷闻。时诸营上军籍，士卒死亡殆二万，杨镐大怒，屏不报，只称百余人。赞画主事应泰闻败，至杨镐处问后计，杨镐出张位、沈一贵手书，扬扬自得。丁应泰愤而抗疏列败状。以首辅赵志高力救，乃免逮，遣官查勘。

六月，张位罢官：以赞画主事丁应泰劾杨镐丧师，言张位（武英殿大学士，吏部尚书）与杨镐书来往，鹏党欺罔，镐拔擢由贿张位得之。遂夺职闲住。

十一月，邓子龙、李舜臣战死：日军弃蔚山逃，官军分道进击。时行长，清正以丰臣秀吉死，皆欲逃。清正发军先走。陈磷提督水师，付将邓子龙、游击马文焕等皆其属下。战舰数百，分布忠清、全罗、庆尚诸海口。会日军将逃，陈璘亟遣邓子龙偕朝鲜将李舜臣击之。邓子龙素慷慨，所在立战功。至是，年跄七十，意气弥厉。驾三巨舰为前锋，击之于釜山南海。携壮士三百人跃入朝鲜舟，直前奋击，敌死伤无数。他舟误执火器于邓子龙舟，舟中火起。李舜臣来援俱战没。会付将陈蚕、季金等军至，夹击，日军无斗志，明军焚其舟，日军大败。得脱登岸者，又为陆军所歼，焚溺者万计。时刘缝方攻行长，夺拽桥寨，陈璘击杀之，日军扬帆尽去。

十二月，日本残兵复渡匿乙山：崖深、道浅，将士不敢进。陈磷夜潜入，比时炮发，日军逃去。陈磷追击，日军无脱者。朝鲜之役历七载，丧师数十万，糜饷数百万，至是战始息。，

1601 年辛丑，明万历二十九年。

十月，立皇长子朱常洛为皇太子，时年二十。同日封诸子朱常洵为福王，朱常浩为瑞王、朱常润为惠王、朱常赢为桂王。

是岁，努尔哈赤建八旗制度：随努尔哈赤势力之扩大，一“牛录”从十人扩大为三百人，首领仍称“牛录额真”（译成汉语称“佐领”）；五牛录为一甲喇，首领称“甲喇真”（“参领”）；五甲喇为一固山，首领称“固山额真”（“都统”）。每一固山有特定颜色旗帜，当时组成四固山，即分红、黄、蓝、白四种颜色之旗帜。至四十三年(1615 年)，又增设镶黄、镶白、镶红、镶蓝四旗，共为八旗六万人。“固山”即满语“旗”之意。故八固山之建立，亦称“八旗制度”。全体女真人分别编于八旗中。八旗制为军政合一之制，每旗固山额真由王具勒担任，称“旗主”，一般民称“旗下”。旗民“出剿为兵，入则为民”，“无事耕猎，有事征调”。（这样则是全民皆兵），旗主对旗下进行封建统制剥削。努尔哈赤自为八旗首领。

1606 年丙午，明万历四十三年。

十二月，弃辽东六堡：以明边政腐败及辽东女真诸部之反抗侵扰，至是，李成梁以院落宽甸（今鸭绿江以北，辽宁丹东以北）等辽东六堡，孤堡难守，与督抗蹇达，赵楫建议弃之。尽徙居民于内地，民恋家室则以大军驱迫之，死者狼藉。给事中宋一韩力言“弃地非策”，御史熊廷弼亦以是言，神宗皆不纳。李成梁反以招复逃人功增秩受赏。自是辽东藩篱尽撤，辽沈失去资以防卫之前卫，给努尔哈赤军事发展，收聚部众，利用汉人以有利之机。

是岁，蒙古五部喀尔喀上尊号子努尔哈赤，尊称为神武皇帝。

1610 年庚戌，明万历三十八年。

十一月，西方历法入中国之始：王寅朔、日食。是日，饮天监所推日食分秒

及亏园不确，礼官因请召通历法者与监官考证历法，于是南京工部员外郎李藻等参用利玛窦、庞迪峨、熊三拔所传西洋历法据以修历。西历入中国自此始，

廷臣交攻，渐成朋党：自嘉靖、隆庆以来，廷臣交攻，渐成朋党。时顾宪成家居讲学东林，从之者日众，忌之者日多。其党被称为东林党。在朝者国子祭酒汤宾尹（宣城人），谕德顾天峻（昆山人，各收召朋徒，干预时政，谓之“宣昆党”。神宗不视朝，内外章奏悉留中不发，惟言路一攻，则其人自去，以故台谏之势，积重不返。台谏中分齐、楚、浙三党。齐党首领亓（音基）诗教等，燕人赵兴邦等附之：楚党首领宫应震等，蜀人田一甲等附之；浙党首领姚宗文等，而商周祚等附之。齐、楚、浙三党与宣昆党声势相倚，攻击东林，排斥异己。

是岁《金瓶梅》问世：长篇小说《金瓶梅》共一百回，署名兰陵笑笑生作。真实作者究系何，说者不一，也无定论。兰陵即今山东峄县，作者可能系该地人。

1615 年乙卯，明万历四十三年。

五月，挺击案：晚明三大案之一。蓟州男子张差，持挺（枣木棍）入皇太子（朱常洛）所居慈庆宫，伤守门太监李鉴。被执后，供系郑贵妃手下官宦宠保、刘成主使。刑部提守主事东林党人王之寀揭发查明张差狱情，梃击案自。建议东林党给事中何士晋等主张追究主使，非东林党大学士方从哲等主张以疯癫治罪。时人怀疑郑贵妃与其兄郑国泰相结欲谋杀太子。神宗乃于慈宁宫召大学士方从哲、吴道南及文武诸臣入见，谓不得离间神宗及皇太子。时神宗不见群臣已二十五年。神宗与皇太子不愿深究，以疯癫奸徒之罪杀张差于市，毙庞保、刘成于内廷了事。未几，何士晋调外，王之宗削籍。

1616 年丙辰，明万历四十四年后金太祖高皇帝爱新觉罗乐努尔哈赤天命元年。

正月，朔，努尔哈赤于赫图阿拉（今辽宁新宾西老城），即大汗位，时年五十八，建元天命元年，国号大金（史称后金），金后改为清，是为清太祖高皇帝。

是岁，文学家汤显祖卒：汤显祖 (1550 – 1616) 字义仍。江西临川人。著有《牡丹亭》、《紫钗记》、《邯郸记》、《南柯记》四种传奇，称“临川四梦”。《牡丹亭》为其代表作，万历二十六年 (1598) 著成，至今上演不衰。

1618 年戊午，明万历四十六年 后金天命三年。

三月，努尔哈赤首次侵明：努尔哈赤首次侵明，临行书七大恨告天，遂率步骑围抚顺城。

四月，抚顺陷：后金兵克抚顺（辽宁抚顺）城，游击李永芳降，守城千总王命印死难。广宁总兵官张承荫率师往援，后金军乘风奋击，张承荫及付将颇廷相，参将蒲世芳等皆战死，士卒逃归者十无一、二，插汉部虎墩菟乘机索赏，西部满

且亦以万骑入掠蓟州（今天津蓟县）。

六月，蒙古炒花陷辽东：张承扇败没，时李如柏引疾家君二十余年，特命为总兵官，令击却炒花。

七月，清河堡陷：后金兵自赫图阿拉西南，围清河堡城，守城付将储贤等以兵万人固守城上，后金兵树云梯登上，邹储贤战死，清河堡遂陷。清河堡东距宽甸（鸭绿江以北，丹东以北）南距暖阳（辽宁凤城东北），北距沈阳。清河堡既陷，辽东屏障尽失。先是檄调山海关、保定、铁岭、大同、广宁、开原诸路军赴援，尚未出关，诏赐杨镐尚方剑，得斩总兵以下官，镐乃斩清河逃将陈大道，高炫徇军中。至冬，四方援军始集。

1618 年己未，明万历四十七年 后金天命四年。

三月，萨尔浒之战：杨镐无方略，中枢非不知敌情，并不自知所命之将。时天大雪，兵不前，军事期会分布，先期尽泄。杜松欲立首功，先渡浑河，连克二小寨，乘势趋萨尔浒山（辽宁抚顺东）谷口。努尔哈赤侦知，决定了“凭你几路来，我只一路去”之战略方针，集中八骑六万，乘其未定，设伏，先在介藩山之吉林岸击破明军主力松部三万人，杜松战死。全军尽没。然后急回军击溃马林。马林统开原兵从三岔口出，闻杜松败，结营自固，后金兵乘高奋击。马林不支，兵败于飞芬山，亟引去，监军，开原道佥事潘宗颜，殿后，战死。叶赫惧不敢战而还。杨镐闻警，急檄止李如柏、刘缝西军，李如柏遂进。而刘缝已深入三百里，至深河，军勇锐，后金兵击之而不动。努尔哈赤乃张杜松旗，披其衣甲，使降军持杜松令箭诡言已得胜深入，诱之速进。刘缝兵深入阿布达里罔，遭夹击，刘缝力战死。全军覆没，朝鲜兵亦降，从此不敢尽忠于明，仅李如柏一军安然撤退。五昌之间，明军皆败。是役，文武将吏前后死者三百一十余人，军士四万五千八百余人，亡失马驼甲仗无算。败书闻，京师大震，御史杨鹤疏劾之，不理。李如柏遭劾自杀。自此，后金之军事行动由防御转入戟，成为掠夺，征服汉人民之战。

八月，后金灭叶赫：后金战开原，铁岭后，明与叶赫之联系被切断，努尔哈赤遂攻灭叶赫。至是海西女真扈伦四部皆亡。

1620 年庚申，明万历四十八年 明光宗贞皇帝年常洛。

泰昌元年 后金天命五年

八月！，光宗立：朱常洛即位是为光宗贞皇帝，诏改明年为泰昌元年。光宗在位仅一月即死，后即以力历年四十八年八月为泰昌元年。

光宗病，促举封后礼：初，郑贵妃侍神宗疾，留居乾清宫。及光宗即位，犹未移。惧光宗以福王事衔已，进珠玉美姬八人。知选侍（宫中女官名）李氏最得宠，因请立为皇后，选侍赤为贵妃求封皇太后。至是，光宗以先帝遗命，促举封后礼，由内阁正六部。群臣不奉命，议乃寝。

九月，红丸案：晚明三大案之一。光宗重病，司礼监秉笔掌御药房太监崔文异下泻药，病益剧，一昼夜之三、四十次，鸿胪寺丞李可灼进红丸，自称仙药。光宗服二丸而死。牟三十九。廷臣大哗。有人疑系神宗之郑贵妃指使下毒，引起争论，是为“红丸案”，结果，崔文异发遣南京，李可灼遣戍。魏忠贤专政时翻案，免李可灼戍，擢崔文异总督漕运。

移宫案：晚明三大案之一，光宗死，皇长子朱由校当立，光宗选侍李氏仍居乾清宫，与心腹官宦魏忠贤相结，利用皇长子年幼（十六岁）之机，图专大权，欲与皇长子同居此宫。朝臣杨涟，左光计等不让她与皇长子同居一室，迫使李选侍移居哕鸾宫（是宫妃养老之处）。皇长子复还乾清宫，是为“移宫案”，是时宫府危疑，杨涟与刘一璟，周嘉谟定大事，言官惟左光斗助之类，余悉听杨涟指，一时论称杨、左。此事后来议论甚多，成为派系斗争题目。

皇长子朱由校即位，是为熹宗哲皇帝。以明年为天启元年。

荫太监魏忠贤兄锦衣卫千户。封孔母容氏为奉圣夫人。

十四、熹宗 由校 1621——1627 年

1621 年辛酉，明熹宗朱由校天启元年，后金天命六年。

三月，沈阳、辽阳陷：院落经略袁应泰，用兵非所长，既受任，誓以身委辽。初、熊廷弼持法严，部伍整肃，袁应泰定宽矫之，多所更易，而是时蒙古诸部大饥，多人塞乞食。袁应泰下令招降，归者日众，处于辽、沈二城，优其月禀，与民杂居，于是，后金入犯，袁应泰议三路出师，复清河（辽宁本源）抚顺。未行而后金兵已逼沈阳，总兵官贺世贤出城逆战，不利，退欲入城，降西断吊桥为内应，贺世贤战死。总兵尤世功援贺世贤亦死，城外兵七万人皆溃，后金遂拔沈阳，围攻仅二日。后金兵乘胜长驱取沈阳（后金随即迁都辽阳），袁应泰率众苦战，兵败自杀死。巡按张铨被执不屈亦自杀。文武兵民死者胜多。后金兵入辽阳。不及一句，辽沈皆陷，辽东之三河等五十寨及河东古城、草河、新甸、镇江、凤凰、海州、盖州、金州等大小七十余城亦陷。辽河以东尽为金所有。沿海的航海走山东，不能达者，楼之各岛间。都司毛文龙率援师至皮岛（一名椒岛，在朝鲜西朝鲜湾内），乃召集逃民为兵，分布哨船，联结登州以为犄角，谋图恢复。

五月，魏忠贤专权：太监魏忠贤，河间肃宁（河北）人。本为无赖，赌博不胜，自宫为阉。结王安名下魏朝，魏朝举之于安，王安乐善遇之。原名李进忠，为李选侍心腹，后复姓魏，又赐名忠贤。客氏为定兴民侯二妻，选为熹宗乳母，王安信魏忠贤，怒魏朝与魏忠贤争客氏，遂勒魏朝退。熹宗立，客、魏志得，惟

忌王安，遂谋杀之。由是客魏勾结，凡王安名下诸官宦悉斥逐之。魏忠贤不识字，不得为司礼监太监，以客氏故，得为司礼秉笔太监，熹宗深信任之。熹宗好亲斧锯凿（音休，油漆）漆之事，每引纯削墨，魏忠贤辄奏事。熹宗厌之，谬曰："朕已悉矣，汝辈好为之"。魏忠贤遂谋取"代天为事"得擅威福。

1622年壬戌，明天启二年 后金天命七年。

正月，广宁之战：初，广宁（辽宁北镇）巡抚王化真主张"怀柔"蒙古，欲以"西夷制东夷"，为取巧之计。又信叛将李永芳之诱骗，以为在后军中以有内应，可不虑兵事，坐收奇功。与熊廷弼意见不合，熊主守（集中兵力守广力），王主战。王化贞拥兵十余万，熊廷字弼仅有数千兵。兵部尚书张鹤鸣、首辅叶向高信任王化真，致熊廷弼徒有经略之名，而无实权，其三方布置策未能实现。王化贞轻敌屡出师，辄引还，李永芳不应，西部兵亦不至，大言；"愿得兵六万一举荡平。"不受调度，熹宗以经，抚不各，令群臣议二人去留。议未定，而努尔哈赤已率军渡辽河，取西平堡（王化贞分兵沿辽河所设六营之一），付总兵罗一贯战死。又进取广宁，王化贞派心腹游击孙得功和参将祖大寿，总兵祁秉忠赴援，熊延弼亦檄总兵刘渠会师前进，孙得功被派去约李永芳为内应，孙早与李同谋叛。会战时，孙得功大呼兵败，先奔，并欲生缚王化贞以献功，明军大溃。刘渠、祁秉忠战死，付总兵麻承宗赴援亦战死。王化贞方理书，竟不知，参将排门入，掖之上马，仆二人徒步从，仓惶奔城走，与熊廷相遇大凌河。王化贞哭，熊廷弼以己所领五千人授王化贞为殿军，尽焚积聚，先后退守山海。金兵入广宁凡下四十余城，又陷义州（辽宁义县）。

二月，下王化贞于狱，削熊廷弼职，回籍听勘。

三月，举内操：魏忠贤劝熹宗选武阉，练火器，又日引熹宗为倡优声伎，狗马射猎。其后宫里内操增至万人，衷甲出入，征炮之声，喧震内外。

是岁，德意志人天主教即稣会传教士汤若望(1591－1666)在葡殖民主义者支持下来华。初在京学汉语，后往西安传教。崇祯三年（1630年），初召回北京，参与修订历法，编成崇祯历书。

1623年癸未，明天启三年 后金天命八年。

正月，魏忠贤收揽政柄之始：以礼部尚书顾秉谦、侍郎年国祯、魏广征俱礼部尚书，东阁大学士，预机务。顾秉谦、魏文征庸苏元耻，魏忠贤得为羽翼，势益张。而二人曲事魏忠贤俨如奴仆，是为魏忠贤收揽政柄之始。

五月，客、魏大杀妃嫔：容、魏肆恶，虑妃嫔揭民乃矫旨令光宗选侍赵氏自尽。幽裕妃张氏于别室，绝其饮食。天雨，妃匍伏承纂溜饮而死。皇后张氏有娠，以数于熹宗前言容、魏过失，容氏密布心腹宫人以计坠之。又乘熹宗郊祀，杀其宠冯贵妃。慧妃范氏以容、魏谗失宠，李万妃为之乞怜，客、魏亦幽成妃于别宫，成妃故鉴裕妃饥死，预备食物于壁阁，半月不死，斥为宫人。（身为皇帝，自身亲人，尽不能护，枉为人）。

1624年甲子，明天启三年 后金天命九年。

六月，杨涟劾魏忠贤二十四罪：左付都御史杨涟劾魏忠贤二十四罪。魏惧甚，求解于韩爌，爌应，遂趋熹宗前泣诉。熹宗懵然莫辩，慰魏忠贤而斥杨涟。于是御史黄尊素、李应声，给事中魏大中，兵部尚书赵彦等七十余人，南北交章劾魏忠贤不法，且及容氏。而国子祭洒蔡毅中率合监师生千余人亦请究魏忠贤二十四大罪，皆不纳。魏忠贤虽怒，尚不敢遽兴大狱，以畏廷臣知纳记者尚多，仅传旨切责。

万璟廷杖死：工部郎中万劾魏忠贤。魏方恶廷臣交章劾已，则借成璟而树己之威，乃矫旨廷杖一百。斥为民。令群阉至璟邸，捽而欧之，比至阙下，气息奄奄，杖毕绝而复苏，群阉更肆蹴踏，越四日而死（一个大臣为国事而被太监活活打死。这样的皇帝应废）。

1625年，魏忠贤兴大狱：谳（音雁，审判定案）汪文言狱。先是许显纯为北镇抚司，捞掠汪文言，词连赵南昱，李三才及杨涟、左光斗二十余人。许显纯欲坐连杨涟等以移宫罪、大理丞徐大化献策于魏忠贤曰：“但坐移宫，则无赃可指，若坐纳杨镐、熊廷弼贿，则封疆事重，杀之更有名。乃令许显纯复鞠汪文言，五毒备至。汪文言曰：”以此蔑清廉之士，有死不承。许显纯乃手作汪文言供状，即日毙之。于是，杨涟、左光斗坐赃二万，魏大中三千，袁化中六千，周朝瑞一万，顾大章四万，其它牵引赵南星等又十五人。命逮杨涟等六人入狱，赵南星等十五人，除削籍外，仍行抚按提问追赃。于是，狱乃具。六月，杨涟等六人逮至，下镇抚司狱。奉旨严刑追此，五日一回奏，俟赃完日，送刑部拟罪。七月，杨涟、左光斗、魏大中三人另发大监，一夕毙之。杨涟之死，土襄压身，铁丁贯耳，最为惨毒；左光斗、魏大中亦皆体无完肤；越数日始报，三人尸俱已溃败，不可识矣。其后，袁、周、顾亦先后掠毙狱中。

八月，熊廷弼传首九边：熊廷弼(1560–1626)，湖广江夏（湖北武昌）人。万历进士。万历四十七年任辽东经略，召集流亡，加强防备，整肃军令，在职年余，后金不敢进犯。熹宗即位，受魏忠贤排斥去职。天启元年辽阳、沈阳失守，再任经略，实权握于广宁巡抚王化贞之手，王化贞大言轻敌，不受调度，次年大败。熊、王同退入关，阉党以求索熊廷弼侵盗军饷（指山海关起解广宁款十七万，广宁陷落无销据）追赃不得，冤杀之。传首九边。

十月，孙承宗去职：孙承宗以忤魏忠贤去职，阉党兵部尚书高第代为经略辽东。尽撤孙承宗所设锦州、宁远一线军事要塞。孙承宗在关四年，黜兵部尚书王在晋“山海关外八里（八里铺）筑重关（重镇），专守关门之说。”练兵、屯兵、修城数十。先筑宁远，渐图东进，己进守锦州、右屯、大凌河，谓文关外三城。开屯田至五千顷，以袁崇焕为宁前道，守前屯卫及宁远。高第既代孙承宗，又申王在晋之说，谓关外必不可守。令尽撤离关内，袁崇焕力争曰：“锦右动摇，则宁前震惊，关门亦失保障。”高第竟坚欲并撤宁前二城。袁曰：“我宁前道也，官此，当死此，我不去。”高第不能夺其志，乃撤锦州、右屯，大小凌河及松山、杏山，塔山守具，尽驱屯兵入关，委弃米粟十余万。军民死亡载道，哭声震野。民怨而军亦不振。

1626年丙寅，明天启六年 后金天命十一年。

正月，守远之战：努尔哈赤率军十余万攻宁远（今辽宁兴城）。袁崇焕军民誓死固守孤城。以红夷巨炮击退之。努尔哈赤负重伤，退往沈阳，并于是年病死。经略高第总兵极骐拥兵不救，免职。以蓟辽总督（阉党）王之臣代为经略。

二月，以袁崇焕为佥都御史，专理军务，驻宁远。旋授辽东巡抚。

同月，魏忠贤复起大狱：以提督苏抗织造太监李实诬劾，逮前应天巡抚周起元，吏部主事周顺昌、左都御史高攀龙、谕德（官名）缪昌期，御史李应升、周宗建、黄尊素等东林党人。高攀龙闻讯投水死。周起元等下镇抚司狱，相继死于狱中。

闰六月，始建魏忠贤生祠：诸祠务报上巧，诸方效尤，几遍天下，开封毁民舍二千余间，创宫殿九檐，仪如王者。象皆以沉香木为之，腹中肠腑俱以金玉珠宝为之。凡疏词一如颂圣。独饷尚书黄运泰迎魏忠贤象，五拜五稽首称“九千岁”。无耻朝臣拜魏忠贤为父，自称干儿义孙。著名者有五虎（崔呈秀等主谋义），五彪（堂锦衣卫之田尔耕、掌镇抚司之许显纯等武夫，主杀戮），十狗（吏部尚书周应秋等），十孩儿、四十孙。

八月，皇太极继位称汗：金帝努力哈赤死，第八子皇太极嗣，是为太宗文皇帝。九月即位，改明为天聪元年。

十月，进魏忠贤爵上公，予诰卷，加赐庄田一千倾。

1627年丁卯，明天启七年 后金（清）太宗太宗文皇帝皇太极天聪元年。

三月，诏王之臣还：巡抚袁崇焕与经略王之臣（阉党）不协，罢经略，如王之臣还。命袁崇焕便宜行事。袁崇焕乃议兴屯田，尽第高所弃要塞。

五月，金兵围锦州：金帝自将攻宁远（辽宁兴城），围锦州，袁崇焕力御之。

七月，罢袁崇焕：魏忠贤忌袁崇焕，其党劾袁崇焕不救锦州。罢巡抚袁崇焕。仍以王之臣经理辽事。霍淮华代任兵部尚书。叙锦州功，封魏忠贤尚在襁褓中之侄孙为平安伯。

八月，熹宗死：年二十三。皇五弟信王朱由检嗣，是为思宗庄列皇帝，明年改元为崇祯，

十月，罢崔呈秀，浙江巡抚潘汝祯首创建魏阉生祠革职。

十一月，魏忠贤死：安置魏忠贤于凤阳，寻命逮治，魏闻之、自缢死。崔呈秀闻之，为干父殉葬自缢死。

十二月，诛客氏及魏忠贤侄魏良卿，其家属无分老少皆斩。并逮魏忠贤爪牙，下助很能为虐诸人于狱。命毁各地魏忠贤生祠。

十五、思宗由检 1628 年——1644 年

1628 年戊辰，明思宗庄烈皇帝朱由检崇祯元年，后金天聪二年。

三月，葬熹宗于德陵。赠恤天启被冤陷诸臣杨涟、左光斗、魏大中、周顺昌等。

四月，以袁崇焕为兵部尚书，督师蓟辽。

十一月，陕西农民大起义：陕西以连岁荒歉，官吏暴虐，明政府多次增加田赋，农民破产流亡。陕西府谷人王嘉流，曾为边兵，逃亡归里，因年荒率农民起义。白水县农民王二率众与之合。同时，陕西清涧人王左挂，本名王之爵。在陕西宜川，陕西安塞人高迎祥、李自成结义兄弟，也说是舅父。汉南王大梁先后响应。高迎祥称闯王，王大梁称大梁王。

1629 年已巳，明崇祯二年，后金天聪三年。

正月逆案：诏定魏忠贤逆案，至三月阉党自崔呈秀以下为六等。一曰："首逆同谋"，立斩；二曰："交结近侍"，俱斩；秋后处决；三曰："交结近侍，次等"俱充军；四曰："谄附拥戴"亦俱充军；五曰："交结近侍又次等"，俱坐徒三年，赎为民；六曰："交结近侍减等"，俱革职闲住。南明弘光时，马士英，阮大铖当国，重翻此案（马、阮虽翻案，他们地盘很小），并打击东林党人以事报复。

六月，杀毛文龙：蓟辽总督袁崇焕恐毛文龙跋扈难制，假阅军为名，以"十二当斩罪"杀之。其部下不足二万，其心渐二，部将孔有德、耿仲明、尚可喜等先后降清。东江巨镇遂不振。

九月，杀杨镐：魏忠贤既败，言官交章为熊廷弼讼冤，极论杨镐与王化贞失陷封疆罪。至是，杀杨镐。四年后，王化贞亦伏诛。

十月，金兵分三路攻明：金帝久欲攻宁远、锦州以取山海关，惧袁崇焕乃议取道蒙古，以趋直隶之皆。乃亲统兵分三路攻明。十一月，入龙井关（河北遵化北），入遵化。

十一月，京师戒严：山海关总兵赵率教疾驰三昼夜，至遵化战死。大同总兵

官桂满入援。

袁崇焕援京师：北京被围、袁崇焕率总兵官祖大寿付将何可纲自山海关兼程入援，所过诸城皆留兵以守，援至蓟州（天津蓟县）。

十二月，袁崇焕被下狱：金人用计，故以耳语使被俘明之二官宦，云：“今日撤兵，袁巡抚有密日，事可立就矣。时杨太监佯卧，窃闻其言。纵之归，告于思宗，思宗信而不疑（朱由检大脑简单，官宦因何能返归？对袁崇焕又不信任，随便自毁大梁），遂中金之反间计，下袁崇焕于锦衣卫狱。大学士成基命请慎重再，亦不省。祖大寿在旁股栗，惧并诛，遂与何可纲率兵东奔，毁山海关出，远近大震。

1630 年庚午，明崇祯三年，后金天聪三年。

六月，张献忠起义：王嘉胤破府谷，延安柳树涧人张献忠 (1606 – 1646)，初隶延绥镇为军。被陷当斩，逃去。及是，据有米脂（陕西），以米脂十八寨应之，自称八大王。因身长而黄，人称黄虎。

八月，杀袁崇焕：思宗误信金之反奸计，杀袁崇焕。兄弟妻子流三千里，籍其家，无余资，天下冤之。自袁氏死，边事亦无人，危亡之征已见。

1631 年辛未，明崇祯四年，后金天聪五年。

六月，王嘉胤被杀，王自用为主帅：自天启七年（1627 年）王二起义始，农民军各部纷纷起义。王嘉胤率众转战陕甘晋，称王高官，发展至三万余人。高迎祥、张献忠都曾受其指挥。至是，南山总兵曹文诏追王嘉胤于阳城，叛徒杀王嘉胤，“以其首献”（一说是曹文诏部杀害）。部下推王自用为帅，继续斗争。王自用号紫金梁，联合高迎祥、张献忠等三十六家，号二十万，会于山西，是为农民军由分散到联合之始。陕西米脂李继迁寨人李自成 (1606 – 1645) 本名鸿基。少年时给地主牧羊。曾为银川驿卒。崇祯二年（1629 年）起义，初投王左挂部，王左挂兵败投降，改投张存孟部。张又叛变，又入高迎祥部。时亦参与谋划。

十月，祖大寿降金：是时大凌城援绝，粮尽，食人马。总兵祖大寿及诸将欲降，付总兵何可纲不从，祖大寿遂杀之降于金。祖大寿言妻子在锦州，请归设计诱守者降。金遂以之归锦州。太仆少卿张春被俘不屈死。

1633 年癸西，明崇祯六年，后金天聪七年。

二月，孔有德请降于金：官军克登州（今山东蓬莱）水城，山东平。孔有德、耿仲明等家口渡海奔旅顺，被总兵官黄龙所击。屯双岛（辽宁金县西南海中，西岛相府距十里），请降于金。（孔、耿降金是被逼的，杀主追击）。

十月，科学家徐光启卒：徐光启 (1562–1633)，字子先，松江上海人。万历进士。崇祯时，以礼部尚书兼内阁大学士。万历二十八年（1600 年）在南京结识西方传教士利玛窦、熊三拔等人，开始接触西方科学，苦心研于天文、历法、数学、生物学、农桑等并介绍到中国。他与利玛窦合译欧儿里得《JL何原本》六卷，为西方数学在我国传播之始。约于1625年－1628年写成科学巨著《农政全书》，该书征引前人文献二百余种，吸收西方科技成果，并在当代农业实验基础上写成。共六十卷，约六十万字，于崇祯二年(1639年)公开刊行。

十一月，义军入湖广逼四川：高迎祥、李自成、张献忠、罗汝才等突破明军封锁，于毛家寨渡黄河，陷纯池。十二月，下宜阳、卢氏、内乡至南阳（均河南）遂入湖广破 州（四川奉节）逼四川。明军所在告急。

1634年甲戌，明崇祯七年，后金天聪八年。

正月，广鹿岛（辽东半岛东南海中），付将尚可喜降于金。

六月，高迎祥等为奇瑜、卢象升、洪承畴等败，损失惨重，避入兴安（陕西安康）之车箱峡。官军四面围之。

七月，李自成计出车箱峡：高迎祥、李自成、张献忠因于车箱峡。峡长四十里，四山贮立，连雨二十日，皆湿弓矢，马多死，又乏食。顾君恩为自成献计伪降，以重宝贿陈奇瑜左右及诸将帅乞降。陈奇瑜许之改编回籍耕田。义军遂突破陈奇瑜之包围出车箱峡，势大振。陈奇瑜因失败，于十一月被捕下狱。罪当死，以首辅温体仁庇，戎边。思宗又以洪承畴代陈奇瑜。

十二月，五省总督洪承畴调集豫、楚、晋、蜀诸地明军而身出潼关，欲对义军聚而歼之。高迎祥、李自成等遂入终南山。

1635年，明崇祯八年 后金天聪九年。

正月，荥阳大会：高迎祥等破河南之上蔡、荥阳、固始。时农民军大小各总共七十二营，二三十万人，闻洪承畴师出关，与山东巡抚朱大典合兵来攻。义军中最强大者十三家七十二营首领会于荥阳，共商战略。用李自成“宜分兵定所向”联合作战，分兵出击之策，分路发展以疲敌军。决定分兵四路。西、南、北三面防御，主力向东突围。南路由贺一龙（革里眼），贺锦（左金王）率领，南下杀明胡广、四川军；西路由马进忠（混十万）、横天王、李万庆（射塌天）、许可变（改世王）统领，西御陕西兵；北路由罗汝才（曹操）、惠登相（过天星）率领，扼黄河，迂回荥阳、汜水一带，迎敌开封、归德、洛阳来犯之明军；东路由高迎祥、张献忠部所组成，东征安徽，攻打明之薄弱点；另以马守应（老回回）、九条龙为一军。四处流动往来策应。十三家中仅顺天王一军任务不明。荥阳大会为明末义军在军事上有目的、有计划联合作战之始，亦为中国农民战争史上之创举。会后，李自成声望日高，于是李自成与张献忠东破霍丘、颖州、凤阳（明之中部），焚明皇陵。以徐州兵至，李自成西走。张献忠攻庐州、舒城、巢县、无为。二月，破潜山、太湖、宿松，分兵破罗田、徐州、虞城、商丘等地。三月，张献忠以洪承畴兵至，遂西入陕西与高迎祥、李自成等合。

六月，曹文诏死：总督洪承畴命总兵宫曹文诏率官军追义军，从河南入汉中（陕西），又起秦岭至真宁湫头镇（甘肃正宁）与义军遇。时曹文诏兄子参将曹变蛟为前锋，曹文诏自率步卒殿后。义军伏数万骑。合围，飞矢蝟集，曹文诏力不支，拔刀自刎死，游击平安以下死者二十余人。洪承畴闻、抚膺大哭。

八月，洪、卢分兵对义军：洪承畴难以兼顾，明朝廷乃命卢象升总理直隶、河南、山东、湖广、四川军务，与洪承畴分掌军事。洪承畴督关中兵办西北，卢象升督关外兵办东南。

1636 年丙子，明崇祯九年 后金天聪十年及清崇德元年。

二月，李自成入光化，正月，义军攻六合（安徽），滁洲败于朱龙桥，乃北破肖县，又北上开封。李自成在朱仙镇（开封南），被总兵陈永福败。又西趋登封（河南），与嵩县，又军合。二月南走峪（河南方城）。李自成精锐败于七顶山（方城北），遂入光化。（湖北）

四月，金帝（皇太极，清太宗文皇帝）建国号为清，改天聪十年为崇德元年。

七月，高迎祥死：高迎祥于陕西盩厘（音：周，至），遭陕西巡抚孙传庭伏击，被俘，送京师死。部下奉李自成为闯王。

十二月，农民起义军大盛；洪承畴败李自成于陇州（陕西），李自成走庆阳（甘肃）、凤翔（陕西）。一时，群友并起，义军大盛。张献忠等东趋蓟、黄（黄川，均湖北）分攻江北。时混天星活动商雒（陕西商县、洛阳一带），过天星出入于汧、陇（陕西干阳、陇州）：独行狼来往于陕西，蝎子块发展至河西（甘肃）与西羌民相结，老回回占郧、襄（湖北郧县和襄樊）。

同月，清帝攻朝鲜：清帝亲攻朝鲜，拔安川（今朝鲜清川江入西朝鲜湾处），前锋入汉京（汉城）。朝鲜王李倧避走南汉山城。

1637 年丁丑，明崇祯十年，清崇德二年。

正月，张献忠入安徽、湖广：张献忠等自襄阳攻安庆、桐城、南京大震。别部攻滁州（安徽）。闰四月，张献忠入湖广，别部或留江北，或走河南。是冬，闯塌天与张献忠不和，遂萌叛志，明年降熊文灿。

同月，朝鲜降清：清兵入江华、朝鲜王请降，称臣上表，年贡一次，有金、银、皮革、纸张、茶木、席、布、绸、 等物，共二十一种。从此，清解除背后威胁，得以专力攻明。二月，清帝班师。

五月，李自成入川，李自成为孙传庭所败，走秦川（甘肃天水）入四川。十月，破昭化（四川广元南），剑州、梓潼分兵趋潼川、江油、绵州。总兵官侯良桂战死。遂逼成都。十二月，洪承畴、李变蛟入援四川至广元。

1638年丁丑，明崇祯十一年，清崇德三年。

四月，张献忠伪降于谷城：三月，张献忠在南阳败于左良玉，他支义军又连败于舞阳，光山、固始（河南）。张献忠走谷城（湖北），伪降于熊文灿，并驻兵谷城，拒绝裁减军队，不受调度。明年再起。

八月，清攻明：清遣将攻明，九月分道入塞。清帝自将向山海关，命弟多尔衮由密云北之墙子岭入，由芦沟桥趋良乡，下畿辅四十八县，十月，清兵会于通州。十二月，明征总督洪承畴入卫京师，陕西巡抚孙传庭为后总侍郎督援军偕行。时清兵已入山东。

十月，李自成败入商洛山中：自夏至秋，李自成屡为孙传庭、曹变蛟、朱光斗等败于陕西。八月，孙传庭大破罗汝才，等于阌乡、灵宝（河南）。罗汝才等走襄阳，屯于郧县（湖北），伪降熊文山于房县（湖北），唯李自成东走。十月，洪承畴、曹变蛟大败李自成于潼关。李自成妻女俱失，仅率刘宗敏等十八骑突围，隐伏商洛山（陕西）中，陆续收其众。后，势复大振。

十二月明卢象升败于清死：清兵大举入攻内地，宣大总督卢象升(1600－1639)督师勤王，号称督天下兵，实不满二万人。兵总尚书阉党杨嗣昌，总监宦官高起潜主和事事掣肘。杨嗣昌忌卢象升，不准诸将出战，贻误军机。高起潜拥重兵相距五十里不肯应援，饷不时给，将士饥甚。至使统帅卢象升率五千残卒在钜鹿（河北）与清军激战而死，全军尽没。

1639年己卯，明崇祯十二年，清崇德四年。

正月，清军破济南：清兵连下山东临邑等县，临济南。督师宦官高起潜方移驻临清，拥重兵不救，济南城破，俘德王朱由枢等。官民死者无数。

三月，清军旋师：初，二日，清帝亲攻明，犯松山、杏山、能克。以山海关终不能下，三月退兵，入明侵扰之兵亦还。是役，清军以去年秋不塞，深入二千里，三十三战皆捷，不畿辅，州县城四十三，下山东府州县城十八。俘获人口四十六万余，银九十七万余两。饱载而去，乃自青山口旋师。

1641年辛巳，明崇祯十四年，清崇德六年。

正月，李自成破洛阳杀福王：李自成破洛阳，杀福王朱常洵。义军勺其血杂鹿肉以食，曰："福禄酒。"发王府金赈饥民。王子朱由崧奔怀庆（河南沁阳）。二月，李自成攻开封不克，王月攻南阳。

二月，张献忠破襄阳杀襄王；初，正月，张献忠败官军于开县（四川），遂入湖广。至是，破襄阳，缚襄王朱翊铭置堂下，劝之酒曰："我欲借王头，使嗣昌以陷藩诛，王其努力尽此酒。"遂杀之。，得杨嗣昌所储军饷兵器无数，发饷银十五万赈饥民。又破当阳（湖北）、郏县（河南）、光州（河南潢川）。遂合罗汝才之兵入河南、攻商城、信阳等地。

三月，杨嗣昌(158 –1641)闻襄阳陷，惊悸；复闻洛阳陷福王死，畏罪自杀于重庆。

八月，松山之役；初，七月，洪承畴率八总兵步骑十三万，援锦州，集军力于宁远。议以兵护粮饷，从杏山进松山（锦州城十八里），从松山进锦州，步步为营，以守为战。留粮刍于宁远，杏山及塔山岭上之笔架冈（锦州西南六十里），而以兵六万先进，诸军继之。明军环集于松山、锦州附近。至是，清帝亲统兵增援锦州，驻兵于松山、杏山间，横断大路，更派别军夺明军塔山堡之资粮。明军既失粮道，又不敢野战。清军知明军粮尽，乃夜伏兵断明归路。明六总兵更番殿后，严阵而退，而大同总兵王朴先逃，诸军无复行列，宁远总兵吴三桂、密云总兵唐通、辽东总兵白广恩相继走，诸镇兵皆溃入杏山。清军击塔山，吴三桂、王朴率残卒由杏山逃，遇清伏兵于高桥，其众尽歼，二人仅以身免。洪承畴、邱民仰、曹变蛟等被围于松山。是役，明军死五万三千余人。锦州之围亦急，而松山被围，外援亦绝。

九月，李自成战新蔡，杀傅宗龙：陕西总督傅宗龙偕大将贺人龙、李国奇率军至新蔡（河南），与保定总督杨文岳会师讨李自成，至孟家庄（河南汝阳之东）遭李自成伏击。贺人龙有马千骑，不出战。李国奇战，不胜。秦兵、保兵俱溃。贺人龙、虎大威（杨文岳大将）奔沈丘（河南项城东），李国奇从之。傅宗龙、杨文岳合兵屯火烧店，杨文岳夜溃，部将挟杨文岳骑驰奔项城。只余傅宗龙守八日，突围出，未至项城八里被俘杀。贺人龙、李国奇兵溃归陕。李自成寻破项城，叶县（均河南）。

十一月，李自成破南阳杀唐王：李自成用军师宋献策计，欲取南阳，以图关中。总兵官孟如虎随杨嗣昌下荆州（湖北江陵）移驻南阳，援绝战死。遂破南阳，杀唐王朱聿镆，又破邓州（河南）。十二月，连破许州等十余城，围开封不克。

是岁，荷南占我台湾：自万历二十九年（1601年），荷兰海盗船开至广州，万历三十二年(1604年)袭击我澎湖，天启二年(1622年)强占澎湖，建立要塞，此为据点，不断搔扰福建、沿海，杀我居民，掠我人口并转卖巴达维亚（今印度尼西亚雅加达）为奴隶，天启四年(1624年)，明军将其赶出澎湖。天启三年（1623年），荷兰巳窃据我国台湾台南之平安。天启四年荷兰在台湾台南安平修筑“热兰遮”、“赤嵌城”二要塞，侵占我台湾南部。天启六年(1626年)占我台湾鸡笼（台湾基隆）至是年(1641年)，荷兰、西班牙二殖主义国家为争夺台湾发生战争，荷兰胜，遂侵占我整个台湾。

1642 年壬午，明崇祯十五年，清崇德七年。

二月，李自成破襄城杀汪乔年：初，正月，李自成围左良玉于郾城（河南）。陕西总督汪乔年军至襄城（河南）。李自成遂解郾城围，以数万众攻襄城。贺人龙、郑嘉栋、牛成虎三帅未阵而奔入关，汪乔年被围，以步卒千余守城五昼夜，望左良王来援，不至。城破，李自成执杀汪乔年，处死付将、叛徒李万庆（射塌天）。三月，又破陈州（河南淮阳）、睢州、归德（均河南）。四月，复围开封。左良王以兵往救，战不利，引兵去。

同月，洪承畴请降：松山被围半年。城中食尽，付将夏成德开城纳请兵。总兵官曹变蛟被俘杀，巡抚邱民仰等死之，洪承畴被执，于沈阳降清。

三月，祖大寿以锦州降清：松山既下，锦州粮亦尽，人相食。祖大寿战守计穷，遂以锦州降清。至是，是坚守多年的宁锦防线被冲破。四月，清军破塔山、杏山。明仅有关外孤城宁远。清军逼近山海关。

七月，左良玉兵溃于朱仙镇：左良玉及虎大威、杨德政、方国安四镇兵会师朱仙镇（河南开封西南）。以左良玉惧李自成兵势盛，先逃，掠诸营马骡而去，引起四镇兵皆逃，遂兵溃。

九月，李自成洪开封西走：开封被围半年，巡抚高名衡总兵陈永福固守不下，陈永福力拒，射中李自成一目。至是，李自成决黄河水洪开封，城圮，溺死无数，无所获遂西走。城初围时百万户，后饥疫死者十之二、三，今得脱者不及二万人。

十月，柿园之役：初、命御史苏京监延宁甘固军，命三边总督孙传庭出关。孙传庭以陕西精兵皆尽，新募之兵不堪用，主张固守潼关。思宗不听，孙传庭不得已出师，九月抵潼关。大雨连旬，开封已陷，孙传庭至南追义军于郏县之塚头，义军弃甲仗军资于道。秦兵趋利，为义军所败。是役，天大雨，粮不至，士卒采青柿以食，冻且馁、大败、豫人谓之“柿园之役”李自成乘胜破南阳、扶沟（河南）。闰十一月，破汝宁（诃南汝南），俘崇王朱由赖。遂走确山、信阳、泌阳（均河南）。十二月，破襄阳，入荆州（均湖北）。

1643 年癸未，明崇祯十六年，清崇德八年。

正月，李自成在襄建立政权：李自成破承天(湖北钟祥)，号“奉天倡义大元帅”，罗汝才号“代天抚民威德大将军”，谋以荆襄为根本，改襄阳为襄京，改承天府为扬武州。又以牛金星言，设官定爵。李自成无子，兄子李过及妻弟高开功迭居左右，新信用事。以田兄秀、刘宗敏为权将军，李岩、贺锦、刘希尧为制将军。以张鼎、党守素等为威武将军，谷可成任维荣等为果毅将军，凡五营二十二将。又置上相，左辅右弼等文职，其下有吏、户、礼、兵、刑、工等政府官，还建府州县等地方政权。

三月，李自成杀罗汝才：李自成不好酒色，布衣粗食与同甘苦，严禁军士私藏金银，妻子许随营，但不得携带其他妇女。罗汝才妻妾数十，被执绮，帐下女乐数部，厚自奉养。李自成鄙之，屡加劝导，不纳。罗汝才有众数十万，用山西举人吉硅为谋主，有智谋，所部善战，作战不听自成指挥，与所善贺一龙（革里眼）谋自万一军。混入义军中黄州陈生（地主）乘机挑拨，谓罗汝才私通总兵左良王。至是，李自成乃召贺一龙缚杀之。晨以二十骑斩罗汝才于帐中，悉并其众。寻又袭杀蔺养成（乱世王），夺马守应兵。马守应改投张献忠。于是，十三家仅李自成、张献忠独存。

同月，左良玉兵变：左良玉纵兵十余万掠武昌，居二十余日。李自成前锋逼汉阳，左良玉避之自江下，去芜湖四十里，漕艘盐舶尽以载兵，声言乏饷，欲寄孥（音奴，妻子儿女统称）南京，寻抚定之。

五月，张献忠称西王：张献忠正月破蓟州（湖北）、黄州（湖北黄冈）。至是，破汉阳、武昌、缚楚王朱华奎，笼之沉于江。尽杀楚宗室，遂称西王。改武昌为天授府，设官、开科取士。发书邸金岩饥民。蕲、黄等二十一州县皆归附。

七月，张献忠惧李自成相逼，弃武昌走湖南。八月，破岳州（湖南岳阳）、长沙、衡州（湖南衡阳）。吉王朱慈炷、惠王朱常润、桂王朱帝瀛惧走永州（湖南零陵）。宣布免征钱粮三年，湘赣农民群起响应。九月，破宝庆（湖南邵阳）、永州，十月，下常德（湖南），入江西、破吉安。十一月，还破岳州，为左良王所败。十二月，破建昌、抚州（均江西）。广东大震。时有献计取吴越者，张献忠惮左良玉在，决策入川中。

八月，请太宗死：子福临嗣位，是为世宗章皇帝。睿亲王多尔衮，郑新王济尔哈郎辅政，改明年为顺治元年。

九月，豫西襄城大会战：李自成用顾君恩策："金陵居下流事吕济、失之缓。直走京师、不胜、退安归，失之急，关中、大王桑梓邦也，百二山河，得天下三分之二，宜先取之，建立基业，然后旁略三边，资其兵力，攻取山西，后向京师，庶儿进战退守。万全无失。"乃回军趋陕西。时孙传庭柿园之败后归陕，计守潼关，扼京师上游。大治兵，制火车二万辆，募壮士，欲俟义军饥而击之。初，是年五月释孙传庭出狱进为兵部尚书，改称督师。秦之士大夫以孙传庭用法严，不乐其在秦，咸上章催战，而朝议日督战急，孙传庭叹曰，"奈何呼、吾固知往而不返也，然大大岂能再对狱吏乎"？不得已，出关。时李自成将吏屯宝丰（河南）。精锐尽聚于襄城（河南）。孙传庭前锋败义军于沌池（河南）下宝丰至郏（河南）。李自成率万骑还战复大败，几被擒，遂奔襄城。时久雨道泞，官军粮车不得前、攻郏、破之，获马骡，噉之立尽，后军哗子汝州（河南），李自成遣轻骑出汝州，截断明军粮道。孙传庭乃分军三，令白广恩从大道，令高杰亲随从间道退兵迎粮，令河南将陈永福守营为后拒。孙传庭前军既行，后军亦争发，陈永福斩之不能禁，遂为义军所蹑。至南阳，孙传庭还战，义军阵五重，饥民处外，次步率、次马军，又次骁骑，老营家口处内，官军克其三重，已而稍却，火车奔，骑兵亦大奔，车倾塞道，马硅（音挂、绊住）于衡（辕前横木），义军铁骑凌而腾之。孙传庭大败，李自成空壁追，一日夜踰四百里，官军死者四万余人。失火器辎重数十万。白广恩走汝州，高杰随孙传庭奔黄河北，至孟津（河北）、西趋潼关。十月，李自成陷潼关，孙传庭 (1593 – 1645) 五十周岁。是役、为明军主动攻义军最后一次。明军战斗力基本被摧毁。义军遂连陷华阳（陕西），华州、渭南、商县、潼关（均陕西）进攻西安。

十月，李自成破西安：改西安为长安，号西京。

1644 年甲申，明崇祯十七年，清顺治元年。

三月，李自成至大同，守将姜壤降：至宣府，宁将王承应降；至居庸关，守将唐通降。自成入北京。崇祯皇帝让位登煤山（北京市中景山公园）自缢死。

元朝世系表（公元 1279 – 1368 年）

世祖忽心烈	1279/1294 年
成宗铁木儿	1294/1307 年
武宗海山	1307/1311 年
仁宗爱育黎	1312/1320 年
英宗硕德	1320/1323 年
泰定帝也孙铁木儿	1324/1328 年
天顺帝阿速吉八	1328 年
明宗和世	1329 年
文宗图帖睦尔	1328/1332 年
宁宗懿璨质班	1333/1368 年
惠宗（顺帝）懽帖睦尔	

明朝世系表（公元 1368 － 1644 年）

太祖朱元璋	1368/1398 年	太子朱标子
惠帝允炆	1399/1402 年	
成祖朱棣惠帝权	1403/1424 年	
仁宗高炽	1424/1425 年	
宣宗瞻基	1426/1435 年	
英宗祁镇	1436/1449 年	
景帝祁钰英宗弟	1465/1487 年	
宪宗见深英宗子	1465/1487 年	
孝宗祐樘	1488/1505 年	
武宗厚照	1506/1521 年	
世宗厚熜祐樘弟祐杬	子 1522/1566 年	
穆宗载	1567/1572 年	
神宗翊钧	1573/1620 年	
光宗常洛	1620 年	
熹宗由校	1621/1627 年	
思宗由检（崇祯）熹宗弟	1628/1644 年	

二十卷 清朝

（1644 年——1911 年）

一、世祖 福临 顺治 1644 年——1661 年

1644 年甲申，清世祖章皇帝福临顺治元年，明崇祯十七年。

正月，顺治皇帝在盛京受贺：初一日，顺治帝福临在盛京（辽宁沈阳），至堂子行礼后，御殿受贺，时年仅七岁，以郑亲王济尔哈郎和睿亲王多尔衮辅政。

同时，李自成建大顺政权：初三日，李自成在西安建国（其建国日期，各书记载不同，此据《明季北略》，后遇岐遇，均不注明（这样说来，西安建国不可

信，上文说是44年三月入北京，郭沫若说是入京后才正式建立政权）国号大顺，建元永昌，封功臣，命官职，定军政，平物价，开科取士，檄告远近。（若是说在西建政权，其封功任官，定制平价，开科取士。则不可行：一则明政权在，二他忙于夺政权，无时无力量来实现这些事项。君认为对吗？）

二月，李自成占太原：李自成率大顺军陷汾州（山西汾阳）后初八日，攻占太原）破固关，真定（河北正定），又遣别将袭丝南。

三月，明李建泰疏请迁都南京。初四日，崇祯召廷臣于平台。以“国君死社稷”，严拒迁都之仪。

同月，李自成攻占京师：李自成率农民军下太原，占大同后，十一日，据宣府（河北宣化）。十五日，破居庸关。次日，陷昌平。十七日，大顺军包围京师，环攻九门。李自成驻巩华城（今沙河），派大将刘宗铭任攻城总指挥。十八日，大顺军将士爬墙而入，攻占外城。崇祯帝出玄武门（即神武门）登山（景山），遥望烽火遍城郊，回乾清宫。是日晚，崇祯帝逼迫周皇后自缢死，剑砍长女乐安公主臂，又杀妃嫔数人。十九日晨，李自成军攻破内城。崇祯帝于煤山自缢死。午，李自成毡笠缥衣，乘乌驳马，入乘天门（天安门），登临皇极殿（太和殿），明祚亡）。

四月，吴三桂与多尔衮勾结：初四日，清大学士范文程上睿亲王多尔衮启言：“明之劲敌，惟在我国，而流寇复蹂躏中原，正如秦失其鹿，楚、汉逐之”。遂请多尔衮尽快整师西进：“窃惟成丕业以垂休万禩者此时，失机会而贻悔将来者亦此时。”初七日，多尔衮以出师告祭，寻索八旗军向中原进发。十五日，八旗军师次翁后（今辽宁阜新境内），原明平西伯宁总兵吴三桂又至书多尔衮，乞“速选精兵，直入中协，西协吴三桂自率所部，合兵以抵都门，灭流冠于宫廷，示大义于中国”将“裂地以酬”（不是裂一块地，而是将整个中国送于中原世敌金人后裔）。次日，多尔衮回书称：“今伯若率众来归，必封以故土，晋为藩王”，并趋师向山海关急驰。二十日，多尔衮师至连山，接吴三桂答书：“幸王速整虎旋，直入山海，首尾夹攻，逆贼可擒。”翌日，八旗军至山海外十里。

同月，山海关之战：李自成夺占京师后，遣将召降吴三桂，吴三桂降而后返。十三日，李白成统领农民军六万（也说是二十万）开赴山海关。二十一日，农民军始抵山海关，遂三面包围山海关城。李自成攻夺山城，并派唐通出奇兵至一片石，以截堵吴三桂军，时多尔衮已率十五万八骑兵驰至，当日晚，八旗军败唐通于一片石。并疾趋关门，李自成军与吴三桂军经昼夜激战，守御此翼城的吴军已濒临危殆。二十二日晨，吴三桂率众出迎多尔衮，剃发称臣，开关迎入八旗军。时农民军自山海关列阵，吴三桂先悉锐而出，旋被包围，东西驰突，围开复合，吴三桂几败，清军猝然冲出，以逸待劳，呼噪骤进，铁蹄横冲。农民军奋力抵拒，兵寡失利，李自成兵败后，退守北京。多尔衮获山海关之捷，封吴三桂为平西王，统领八旗军，直趋北京。

同时，大顺军撤出北京：李自成山海关兵败后，二十六日，退回北京。二十九日，李白成在武英殿登极称帝。三十日，命焚毁紫禁城宫殿和各门城楼，率大顺农民兵撤出北京。

五月，清军进入北京：初二日，八旗军至北京，原明文武官员出城五里外跪迎。清摄政和硕睿亲王多尔衮进朝阳门。入紫禁城。旋命兵部传檄天下：剃发降顺者，地方官各升一级，故明诸王归顺者，不夺其爵，各衙门官员照旧录用。

初四日，清命官民等为民崇祯帝服丧。后造陵墓，葬之以礼，是为思陵。

同月，明福王在南京即位：十五日，福王朱由崧御极，以明年为弘光元年，旋命兵部尚书兼大学士史可法督师扬州，总兵刘泽清、刘良佐、黄得功、高杰分守江北。马士英等独览朝政。

六月，初一日，清命洪承畴仍以兵部尚书兼都察院右付都御史，同内院官佐理机务。

定议建都北京：十一日，多尔衮与诸贝勒大臣等议，以"燕京为势踞形式，自古是兴王之地，有明建都之所"，遂议定迁都北京。

十月，清福临即皇帝位：初一日，福临在北京告祭天地宗社，即皇帝位，"号曰大清，定鼎燕京，纪元顺治"。初十日，颁即位诏于天下，免原明加派"三饷"及其他项差役，令京都旗民分城居住，封多尔衮为叔父摄政王。寻分封诸王，定诸王贝勒等岁俸。

十三日，清军占太原，先是清遣阿济格等追击李自成，获胜于庆都，真定，至是攻占太原，平五州二十县。

十九日，清以英亲王阿济格为靖远大将军，率领吴三桂、尚可喜等满、蒙、汉军队，由大同向西安进攻大顺军。

二十五日，清以豫亲王多铎为定国大将军，率领孔有德、耿仲明等军，进攻江南。

十一月，张献忠建大西政权：十六日，张献忠在成都称帝，国号"大西"，建元大顺，定成都为西京，设置官职，建立军制，开科取士，厉行酷法，寻命安西将军李定国北略汉中。

是岁，小说家凌濛初死。濛初 (1580–1644)，浙江乌程（今吴兴）人。编著短篇小说集初刻、二刻《拍案惊奇》，后人称为二拍。

1645 年乙酉，清顺治二年，南明弘光元年，隆武元年。

正月，清军攻占西安：先是豫亲王多铎率军追击大顺农民军，十一日，攻逼潼关口。农民军凿壕坚壁，奋勇抵拒。清军发红衣炮轰击，农民军死伤众多。仍横冲堵御。李自成亲率马步军驰援，失利。十二日，清阿济格领兵冲渡潼关口，农民军退向西安。十三日，清军进入潼关，旋自潼关起行往西安。李自成已焚宫室，离西安，出兰田，走商州。十八日，清军至西安。

四月，清军攻破扬州：先是多铎占归德后，分兵亳州、徐州两路，向南推进。因明总兵李成栋逃遁，遂入徐州。时左良玉以"清君侧"为名，率师付马士英，发动内战。史可法遂被调入卫，而左良玉兵至九江病死，多铎借弘光朝内讧，率师亳州，破盱眙。明准安守将刘泽清以入卫为辞，避而南下，城防空疏，旋即纳款于清。清军乘势下淮安，夺泗州，渡淮河，史可法冒雨赶回扬州，登陴设守，十九日，明叛军将许定国引多铎师至扬州，江北守御一片混乱，扬州被清军水陆重围。督师史可法统率军民，坚守孤城，并血疏告急，弘光不应。多铎督军连日攻城，史河法率官军力御。二十一日，总兵李栖凤，监军付使高岐凤拔营出降；二十五日，清兵又炮击城西北隅，城遂破，史可法自刎不果，被俘。多铎劝史可法投降，他说："城存与存，城亡与亡。我头可断，而志不可屈！"于是惨遭杀害。可法部将率其余部继续鏖战，直至人尽矢绝。清军占扬州后，纵兵屠掠，十日填封刀。史称"扬州十日"。

五月，初二日，命篡修《明史》

李自成死难：李自成退出西安之后，经商州入襄阳，据武昌，清军跟踪而至，分水陆两路，围武昌数匝。刘宗敏等领兵出战，败还。李自成弃武昌东下，初四日，至通山（湖北）九宫山，亲率二十余骑探路，突遭地主团练击，会大雨，二十余名战士先后被击杀，李自成也在搏斗中壮烈牺牲，年三十九岁，其余一部以郝摇旗为首，往与督师何腾蛟；另一部以李锦为首，往与明巡抚堵胤锡合师抗清。

同月，清军进入南京，多铎攻占扬州之后。初五日，率师进临长江，旋取瓜州，破镇江，镇江总兵郑鸿逵等纵兵大掠逃遁闽中。初十日，清军渡江，南京大震，弘光帝夜半酣宴，闻警急走芜湖，投黄得功，寻刘良佐等率步骑二十余万降清。十五日，清军至南京，明忻城伯赵之龙，魏国公徐文爵，大学士王铎，礼部尚书钱谦益等迎降。旋多铎遣刘良佐袭芜湖，黄得功兵败自杀，弘光帝于芜湖为刘良佐所俘，在押回南京路上，"百姓夹道唾骂，甚有投瓦砾者（失民心，失天下也，明一百多年来世代皇帝大多干的损民事），后被解至北京斩首于市（清能统治中国，顺、康、乾几代皇帝确实为人民办事）。

六月，剃发令：清以夺得南京，初六日，严令军民剃发："各处文武军民，尽令剃发，倘有不从，以军法从事。"十五日又令："自今布告之后，京城内外限旬日，直隶各省地方自部文到日亦限十日，尽令剃发，遵依者为我国之民，迟疑者逆命之寇，必置重罪。

闰六月，唐王称帝与鲁王监国：先是弘光政权覆亡之后，原明唐王朱聿健在黄道周、郑之龙等扶持下监国于福州。二十七日称帝，年号隆武，并赐芝龙子森朱姓，名成功。其时张煌言，钱肃乐等拥立原明鲁王朱以海监国予绍兴。鲁、唐二王，各拥重兵，自主一方，势成水火（到这种地步，还分裂，怎能成事）。

七月，“嘉定三屠”：先是从上月十七日，嘉定人民为反剃发令，在黄淳辉、候恫曾等领导下，坚守孤城，抗击清军，初四日，李成栋率清兵破城后，下令屠城，旋退出嘉定。后朱瑛重兴义旅，奋起抗清。二十六日，嘉定二次被清军攻破，再遭屠难。至八月十六日，原明把总吴之蕃反清失败后，嘉定复遭屠难。时义民投河，水为不流，僵尸满路，血流漂杵。史称“嘉定三屠”。

八月，江阴人民抗清：先是多铎令“江阴限三日剃发”。闰六月初一日，江阴诸生百姓会集于孔庙明伦堂前，誓言：“头可断，发决不可剃！”旋捕杀清所授之县令方亨，占据县城，县民先推本县主簿陈明遇，又举前任典史阎应元统领军务，抗御清军。阎应元领导人民，修善城池，制作火器，严密防务，婴城守御，江阴人民坚持守城八十一天，前后挫败二十余万清军的进攻，打死清军七万五千人，并毙其“三壬十八将”，至二十一日，因众寡悬殊，矢尽粮绝，清军以大炮破城，阎应元，陈明遇等壮烈牺牲。清军得城后，下令；“满城杀尽，然后封刀”。史称是役，城外死者七万五十余人，城内死者九万七千余人，仅存大小五十三人。

1646 年丙戎，清顺治三年，南明隆武二年。

正月，清军进抵武昌：先是李自成余部与南明湖广总督何腾蛟等合师，称荆裹十三家军。何腾蛟驻师长沙，挥兵北进，获“藤溪大捷”，但内部分裂，援兵不赴。初十日，清军遂进武昌，寻掠临湘，至岳州，战荆州。

六月，清兵破绍兴：先是方国安走绍兴，即挟南明鲁王南行。时马士英、阮大铖与方国安谋献鲁王以降，派人守之。值守者病，鲁王得脱，走舟山。初一日，清军破绍兴。后马士英被俘斩，阮大铖降清后也被斩（也说游山自触石死）。

八月，清命孔有德南征：以浙江、东西平定。十五日，命恭顺王孔有德为定南大将军，同耿仲明军等南征。二十日，又命尚可喜率师往会，进攻湖广，两广。

二十日，南明隆武帝死：先是清军夺取建宁后，隆武帝自平出奔，走顺昌，往汀州，清军蹑其后，二十四日，占延平。二十八日克汀州，俘隆武帝，执至福州而死。

十月，清兵攻破赣州：先是清军三月陷江西吉，四月陷抚州后，直薄赣州城下，南明督师，大学士杨廷麟和兵部尚书万元吉率军民凭城拒守，清军围赣州城半年之久不下，至用“抽导夜登城”，初四日，城破。廷麟，元吉投水死。

十一月，朱聿粤称帝：先是初二日，苏观生等拥立原明唐王弟朱聿粤于广州监国。初五日，朱聿粤仓猝举事，衣戏装袍笏登极，改皇帝，建元绍武。

同月，朱由榔称帝：先是原明桂王朱由榔监国之后，朱聿粤又在广州称帝。十八日，朱由榔遂于肇庆称皇帝，改元永历。

同月，张献忠牺牲：大西农民军弃成都，走西充之后，二十七日，叛将刘进忠引清兵入西充凤凰山。翌日，张献忠冒雾晓行，猝然遇敌，单骑当先，弯弓直射，但中矢落马，壮烈牺牲。时豪格督师四出，大西军一百三十余营败。其余部由孙可望、李定国、刘文秀、艾能奇率领，继续抗清。

十二月，郑成功起兵抗清。先是郑芝龙降清后，其子成功率部入海。初一日，郑成功大会文武群臣于烈屿，定盟复明，起兵抗清。

同月，清兵克广州：上月唐王、桂王称帝后，广州攻肇庆，自相残杀。清军自福建趋陷潮州、惠州后，二十一日，破广州。绍武帝与苏观生皆死，肇庆闻报后，永历帝奔梧州。

是岁，冯梦龙死：冯梦龙（1574–1646 年），长州（江苏吴县）人，文学家，辑有话本《喻世明言》、《警世通言》、《醒世恒言》，世称“三言”，并有《墨憨斋定本传奇》。

1647 年丁亥，清顺治四年，南明永历元年。

四月，孙可望入昆明：先是沙定州据昆明，沐天波败遁孙可望等乘云南内虞之机，率兵入滇。沙定州弃昆明走阿迷，是月，孙可望等遂入昆明，五月又至大理。随之云南十八府（除普洱东川）皆平。

七月，陈邦彦等攻广州：先是二、三月间，南明给事中陈邦彦起兵于高明，佥都御史张家玉起兵于东莞，大学士陈子壮起兵于南海，陈邦彦密约予壮等，初五日袭广州，未几皆败。至九、十月，陈子壮，陈邦彦，张家玉先后败死。史称：“广东三忠”。

八月，清兵破武冈：先是清兵围桂林急，永历帝走武冈。后清军下衡州，攻常德。二十四日，陷武冈（湖南）。永历帝仓猝走靖州，后又奔柳州、驻象州，于十二月复还桂林。

是岁，夏完淳死：夏完淳(1631–1647)时年十七岁，原名复字存古，江南松江(上海）人，十四岁从父夏允彝和陈子龙起兵抗清，后兵败被捕，在南京痛骂洪承畴，遭杀害，著有《夏节愍公全集》，名原《夏完淳集》，其附编收有《续幸存录》。

1648 年戊子，清顺治五年，南明永历二年。

正月，降清金声恒反清：金声恒为左良王部将，降清后，平江西任总兵，后与江西抚、按积怨。二十七日金声恒杀巡按，执巡抚，受命于永历帝。寻陷南康，攻九江，围赣州。

二月，南明永历帝奔南宁：初，桂林城内与城外兵内讧。二十二日，永历帝出走，清兵纵恣焚劫，桂林内外如洗，翌日，瞿式相熄灭余烬，安抚远近。

四月，大西军内讧：先是张献忠死后，平东王孙可望，安西王李定国，抚南王刘文秀，定北王艾能奇各领一军，后于昆明开府设部。初一日，谋议各营兵将止演兵场，尊可望为主。李定国先至营中，鸣炮升旗，孙可望以定国违制，怒命丈责五十，隙遂成。

同月，初八日，降将李成栋反清：李成栋为高杰部将，以徐州总兵降清，清命李成栋与声恒分攻广东、江西，“攻城略地，皆都必须恒，成栋力”及事平，清以辽东旧臣佟养甲总督广东，而以李成栋为提督，受其节制，怏怏欲反。至金声恒反清于江西，诱之同反，谋遂决。初十日，以计诱胁总督佟养甲反清，传檄远近，奉永历年号。其时李成栋、声恒各拥众十万，粤、赣大震，于是永历有云、贵、粤、桂、赣、湘、川七省之地。

八月，东明义军建立政权：山东东明农民军，初七日，建立政权，年号天正，拥众数十万，围攻县城，后为清军所败。

1649年己丑，清顺治六年，南明永历三年。

正月，清军破南昌：先是上年五月，清兵围南昌。南昌城三门旁山，三门临江。清军用锁围法，墙堑其山冈，船截具江路，自是内外耗绝。十月，南昌粮食告急，李成栋攻赣，败走信丰，城中粮尽，人相食，本年初际，大雨连旬，城多坏，十八日，清军攻城，时两门守将潜约内应。清兵佯攻东门，而奇兵突袭西门。翌日城破，金声恒投水死。原明大学士姜日广自沉于池。

同月，清军占湘潭：先是忠贞营李赤心自夔州至湖南，所至常德等皆为空城。何腾蛟约李赤心共入湘潭，其时湘潭为空城，赤心不守而去。清军侦知腾蛟入空城．二十一日，遣降徐勇引军入。勇为何腾蛟旧部将，劝其降清，何腾蛟怒斥之。勇遂拥何腾蛟而去，何腾蛟绝食七日，后被杀。

二月，十四日，李成栋溃身死：先是清兵占南昌后，溯流入赣，经围信丰，并竖梯登城。二十六日，李成栋溃败，乘醉渡水，溺死，清军寻定抚州，建昌，其时金声恒、何腾蛟、李成栋败报连至，永历帝大惊。

七月，郑成功受封延平公：先是郑成功据南澳，奉南明唐王正朔，攻泉州等不克。后奉表永历帝，是月受封延平公。

八月，清军入大同：大同被围日久，兵民饥饿，死亡殆尽，总兵杨振威杀姜瓖献城。二十九日，清军进入大同。

十一月，耿仲明死：仲明往攻广东，至江西吉安，以部将犯法，二十七日，惧罪自缢。后其子继茂袭爵驻广州，又移福建，为清初三藩之一。

冬，李锦病死：锦本名过，李自成侄。自成死后，与高一功等联明抗清，改名赤心，所部号为“忠贞营”，转战湖南、广西等地，至是病死。其众由义子李来亨率领。

1650年庚寅，清顺治七年，南明永历四年。

正月，永历帝至梧州：先是朱由榔闻南雄失陷，廷议欲移跸西行，群臣争谏不从，督师瞿式相疏言：“退寸失寸，退尺失尺，今朝闻警而夕登舟，将至何地耶？”不听，二十六日，退到梧州，驻舟江干。

八月，郑成功取厦门：先是成功自南澳攻诏安，败归；再攻潮州，又败回。至是依施琅等“吕蒙赚荆州之计”，中秋之夜，袭入厦门，寻杀郑联，遂据此岛，旋，派人召郑彩，又据金门。后在厦门建筑炮台，操演阵法，整备船只，制造军器，威震海上。

十一月，清兵攻占广州：广州城三面临水，李成栋在时，复筑网翼，附于城外为炮台，以水环之，守御益固。先是二月二十六日，清军围广州。五月，永历帝遣将援广州。但自相仇杀，旋即撤师。广西久围不下，清约总督杜永和等为内应，决炮台水，藉薪径渡，夺占炮台，竖梯登城，初二日，克之。

十二月，多尔衮死：多尔衮(1612–1650)为清太祖十子。清太宗时封和硕睿亲王。皇太极死后，力阻豪格嗣位。福临即位后，多尔衮为皇叔摄政王，独专威权。顺治元年，统清兵入关，都燕京、创制度、定中原。初九日，病死于喀喇城。讣闻，追遵为成宗义帝。

1651年辛卯，清顺治八年，南明永历五年。

正月，清顺治帝亲政：十二日，福临御太和殿受贺，始亲国政，颁诏天下。时福临十四岁，多尔衮已死。

二月，清暴多尔衮罪于天下：先是十五日，苏克萨哈等首告故摄政王多尔衮罪，籍其家。二十一日，郑亲王济尔哈朗等合词疏奏多尔衮罪，旋削其封典，撤其庙享，并诛其党羽，定西大将军何洛会，大学士刚林，祁充格等。又封肃亲王豪格子富寿为显亲王，予遏必隆等平反。

四月，郑成功斩郑芝莞：先是郑成功谋援广州，留郑芝莞守厦门。上月清兵袭击厦门，郑芝莞弃城而遁。寻郑成功回师收复厦门。初十日，成功大会文武，以军功赏施琅；又以失机，斩芝莞。

同月，施琅降清：施琅(1621–1696)，福建晋江人，事成功，年最少，官左先锋，知兵善战，厦门之战功最高，但因成功只赏与银而未还其兵，遂请为僧。值琅有亲丁曾德犯法，逃匿成功营。施琅擒执之；成功驰勿杀，施琅竟杀之。成功怒，捕施琅并逮其家口。施琅以计得脱。二十一日，成功出令杀其父及弟等。后施琅降清，任水师提督。郑成功颇惜施琅之去，以为恐贻患于后。

六月，建北海白塔成：在琼华岛广寒殿旧址，十二日，建回塔成，塔后设号杆五根，悬龙旗、灯笼，其下藏信炮，以传警报，并派八旗军校轮流戎守。

九月，清军破舟山：南明鲁王进入舟山（又名翁山），以张肯堂为大学士，张名援执掌军务。时清军由定关出海，横渡水洋，集螺头门。大学士张肯堂率居民坚守，左都督张名扬统将士力战。初八日，城中食尽力竭，清军掘地道破城。张肯堂自经于雪交亭，张名扬举家自焚死。张名振等奉鲁王走厦门，依郑成功。

十二月，永历帝闻浔州破，仓皇出走，初七日，清军占南宁，孙可望遣将迎永历帝驻安隆，从之。

1652 年壬辰，清顺治九年，南明永历六年。

七月，李定国攻占桂林：先是孙可望闻清命孔有德入贵州，吴三桂争川南，遂遣李定国等出湖广，由武冈、全州趋桂林又遣刘文秀等出川南，由叙州、重庆图成都。文秀虽攻取叙但被吴三桂所败，回贵州，入川之师受挫。但定国东进之师，连陷沅州、靖州、武冈，势如破竹。李定国下全州后，与孔有德战于严关。定国驱象阵猛攻，有德退入桂林。定国围城三匝，初四日，遣兵援梯登城，有德登陴守御，为矢中额，见武胜门已破，遂手刃爱姬，自经而死。李定国攻破桂林后，连陷柳州、梧州、旋取永州，略岳州。十一月，败清兵于衡州城下，敬谨亲王尼堪死之。定国两蹶名王，天下震动。

十二月，顺治帝接见达赖五世：达赖五世阿旺罗桑喜措 (1617–1682)，应清廷文邀请抵京，十五日，在南行宫受顺治帝接见，并进马匹、方物。

1653 年癸已，清顺治十年，南明永历七年。

正月，顺治帝允朱鼎延所奏：河南道监察御史朱鼎延奏言：自古帝王致治，先天下之忧而忧，后天下之乐而乐。愿皇上居深宫而念民流离之苦，一举箸而思民供纳之艰，一服御而虑民号寒之况。疏入，初三日，顺治帝是其言。

三月，孙可望率兵追李定国：在先李定国败于衡州，孙可望约定国赴沅州议事，谋图之，李定国油然其意，辞不行。十五日，孙可望率兵追李定国。清籍孙、李内讧之机，先后连取衡、水、武、靖、辰、沅等处，李定国退入广西，孙可望败还贵州。

五月，郑成功拒清敕封：初十日，清封郑芝龙为同安候，子成功为海澄公，成功拒之。同月，南明永历帝封郑成功为延平王，李定国致书成功，约会师。

1654 年甲午，清顺治十一年，南明永历八年。

三月，南明十八先生狱；首先永历帝到安隆后，孙可望设内阁六部，立太庙、定朝仪；并以朝事尽委执掌戎政之马吉翔，督勇卫营之庞天寿，谋禅代帝位。永历帝欲密敕晋王李定国，令统兵入卫：即令告给事中徐极等五人，五人许诺，引以靠在学士吴贞毓。于是密敕定国，定国接敕感泣，许以迎帝。吉翔闻之有密敕事，启报可望。孙可望大怒，遣其将郑国追讯文，郑国挟贞毓直入御所，迫帝索主谋者，帝惧不敢擀言。国怒械贞毓并刑科给事中张镌，中军左都督郑允元，大理幸丞林钟，吏科给事中徐极等，系之私室，众受拷掠，不胜痛楚，皆大骂。初六日，孙可望挟永历帝风张镌等为首罪，凌迟：贞毓为大臣，绞死；余为从罪，斩首，诸臣就刑，神色不变，各赋诗大骂而死。是狱惨死者十八人，史称“十八先生狱”。后李定国奉永历帝入云南，疏请褒恤贞毓等有差。

同月，十八日，顺治帝第三子玄烨生，母佟氏（佟佳氏），后为清圣祖康熙帝。

十月，南明李定国占高明、围新会：二十六日，清平南王尚可喜、靖南王耿继茂（耿仲明子）以高明失陷，新会被围，飞章告急，后新会城中粮尽，杀马为食。至十二表援兵才大至，围解。

十二月，郑成功克漳州：十九日，闽抚奏报，郑成功袭入福建漳州，守将刘国轩降，十邑皆下，郑成功进围泉州，不克而还。

1655年乙未，清顺治十二年，南明永历九年。

正月，十六日，清顺治帝谕吏部：“惟贤才难得，政事需人，必舍短以取长，宜计功而忘过。”

六月，初四日，命紫禁城（故宫）后山名为景山，西华门外台为瀛台。

十月，郑成功下舟山：成功派官军围攻舟山，守军孤军援绝，降附。二十三日，成功军进城，声振江南。

是岁，医学家李中梓死：着《内经知要》和《医宗必读》。

1656年丙申，清顺治十三年，南明永历十年。

三月，永历帝居滇都：“十八先生狱”发生之后，内外对孙可望愈加不满，是年正月，孙可望闻李定国将由粤西抵安隆，派文选至安隆移永历帝至贵阳，以便控制（孙可望、将永历帝作为己的资本）。但文选通于定国二十六日共奉永历帝奔滇。至是初一日，永历帝入昆明，居可望旧第，号“滇都”。寻封李定国为晋王，刘文秀为蜀王，白文选为巩昌王。

闰五月，初三日，清河西务钞官员外郎朱世德，以多征税课入己，侵盗库银受贿魏忠贤官罪，被绞死。

同月，乾清宫等告成：先清顺治帝以保和殿为位育宫居住十年。乾清宫等自顺治十年秋始修。

十二月，乾清宫、乾清门、坤宁宫、坤宁门、交泰殿及景仁、永寿、承乾、翊坤、钟粹、储秀等宫成。遂于七月初六日移居乾清宫，并祭告天地，颁诏天下。

十二月，初六日，清册封内大臣鄂硕女董鄂氏为皇贵妃。

1657 年丁酉，清顺治十四年，南明永历十一年。

三月，清治郑成功父郑芝龙：先，清海澄公黄梧具揭兵部，请斩芝龙以绝成功之根。二十三日，命廷臣密议，寻徒郑芝龙于宁古塔，籍没家产。

八月，郑成功克台州：成功兴师北伐。舟入浙江，先夺海门，下黄岩。二十六日，攻占台州（今浙江临海），寻太平，天台，仙居诸县归附。九月，郑成功以闽安陷落，虑失两岛，遂回守厦门。

九月，孙可望与李定国战交水：孙可望以“清君侧”为名，白文选于系中，令为大将前行，自率十余万军犯滇。寻渡盘江，滇中大震。是月永历帝闻警，削孙可望秦王称号，以李定国、刘文秀合师迎击。李定国约文选为内应。十九日，战于交水。孙可望军先夹水而阵，文选迅以轻骑奔李定国。李定国发起猛攻，里应外合，孙可望师溃，一军瓦解。孙可望狼狈东逃。十月，率数十骑至长沙降清。十二月，孙可望被清封为义王，越三年，以病死。

1658 年戊戌，清顺治十五年，南明永历十二年。

正月，清派兵征云南：以孙可望与李互相争战，可望降清。初九日，顺治帝命多罗信郡王多尼（多铎之子）为安远靖寇大将军，统领将士，分兵三路，罗托等由湖南、吴三桂等由四川、赵布泰等由广西，进攻贵州，征取云南。

三月，内监吴良辅伏诛：原先请不设宦官。顺治初设内务府后罢之。又袭明宦官之制，设立十三衙门。寻立铁碑以限制内监预政。初七日，内监吴良辅因交通官员，作弊纳贿，寻伏诛。旋原大学士陈之遴等因贿结吴良辅被革职流徙。

五月，清军占贵阳：先是清兵分三路征贵州，时李定国败孙可望兵。志骄意得，武备浙驰，光禄少卿高勋，郎中金简进谏言：“今内难虽除，外忧方大，而我酣歌漏舟之中，熟寝热薪之上，能且之安邪？”定国塑于永历帝，欲杖二臣，旋高、金以败报踵至获免。而清军吴三桂一路，先后陷重庆，取遵义。二十八日，蜀托疏报，清兵进取贵阳，守将马进忠弃城远走。赵布泰亦报兵抵贵州。清兵三路会黔、贵州平。后多尼至贵州，会吴三桂、洪承畴等，议分路进取云南。

同月，郑成功北伐：是月，成功公布北伐禁条，大举兴师北上，寻克平阳，降瑞安，攻温州。八月，遇飓风，退师舟山，修舰养兵。

1659 年己亥，清顺治十六年，南明永历十三年。

正月，夔东十三家军围重庆：先是李锦死后，刘体纯、郝摇旗、李来亨等进入川东，称夔东十三家军，众至十余万人。上年八月为牵制清军进黔，进攻重庆，不克而还。是月初二日，又以谭氏三兄弟（文、宏、诣）为前队，战舰蔽江，再攻重庆。但三谭内讧，宏、诣杀文，纳款降清，清军乘势掩袭，十五日，解围回东州。

同月，清军占“滇都”：清安远大将军多尼会吴三桂，赵布泰于平越府杨老堡，议分兵三路，进取“滇都”（云南昆明）；多尼自贵阳取道关岭为中路，吴三桂自遵义进七星关南路，赵布泰自都匀趋黄草坝为北路。定于十二月会师云南省城。多尼率兵作俘桥济盘江，败白文选军抵滇；吴三桂兵至七星关，以白文选屯兵守除，遂以水西苗界间道度关，直奔乌撒；赵布泰兵至盘江，峥守军据险沉船，便纳士知州策，从下流取沉船宵济，与李定国战于双河口，李定国象阵被破，十三日败回“滇都”。寻李定国奉永历帝奔永昌，走腾越，入缅甸。是月，初三日，清军遂克“滇都”。

三月，二十三日，清命平西王吴三桂驻镇云南，平南王尚可喜驻镇广东，靖南王耿继茂驻镇四川（后移福建）。

五月，南明永历帝于正月入缅：三月至井梗，本月初七日到阿瓦旋驻赫，居草屋，以竹为城。

六月，郑成功率师攻江宁：首先，郑成功与张煌言会师。大举北上，次丹徒，泊焦山，望祭明陵。时清军在金山、焦山间设铁没横江，称“滚江龙”。郑成功派泅水者断“滚江龙”，遂于十六日破瓜州，二十二日克镇江，中军提督甘辉进计言：“瓜镇为南北咽喉，断瓜州则山东之师不可下，据北固则两浙之路不通，公第坐镇北，南都可不劳而定矣。”李定国未听，遂于二十六日率领舟师薄江宁（江苏南京）。其时，张煌言以偏师进临观音门，成功派煌言往芜湖。一时大江南北四府三州二十四县相率来归。七月十二日，郑成功见势如破竹，亲拥“战舰数千，部众十余万”，由仪风门登陆，边屯八十三营，安炮布雷，设梯坚栅，围金陵，截江路。清江南总督郎廷佐以江宁城兵单急待援师，派对人见郑成功纳款言：“我朝定例，守城者过三十日城失，则罪不及妻孥；今官眷口在京，乞宽三十日之限，即当开门迎降。”郑成功中敌缓兵之计，诸将卸甲钦宴，兵士四出樵采，营垒疏防，自老其师，清军乘时齐集，援兵大至，二十三日，清水师总兵梁化风出仪凤门，钟阜门穴城而出。突破中军余新营，直攻中坚，前后夹击，成功军失利。翌日，成功军据山守御，清军倾城而出，自下仰攻，施放火器，成功大败。郑成功师败出海。

九月，再败温州。后回师厦门。

1660年庚子，清顺治十七年，南明永历十四年。

五月，清军攻厦门兵败：清将军达素，总督李率泰等出漳州攻厦门，郑成功旋海中流，手旗起师，风吼涛立，乘风破敌。初十日，清军败溃，达素回福州后自杀。

八月，清攻李定国：先是四月二十二日，吴三桂疏奏："滇士虽收，滇局未结"，请及时进兵缅甸攻永历帝。经廷议具奏。十八日，命爱星阿为定西将军，统兵会同吴三桂往攻李定国。

1661年辛丑，清顺治十八年，南明永历十五年。

正月，顺治帝死；顺治帝福临死于养心殿。在位十八年，年二十四，下遗诏十四条罪已，以子玄烨嗣位，年八岁，明年改为康熙。遗命内大臣索尼、苏克萨朗、遏必降、鳌拜辅政。后谥章皇帝，庙号世祖。康熙二年六月三日葬于孝陵（清东陵）。

三月，郑成功进军台湾：二十三日，郑成功率二万五千人，分乘船舰二百艘，自金门料罗湾出发，翌日抵彭湖。四月一日，驰入鹿耳门，何斌引师导舟，于禾寮港登陆。寻从水陆两路进攻荷兰殖民军。敌立阵不住，退守赤嵌城，成功军切断赤嵌城和台湾之间的联系，进围赤嵌城。六日，守将描难实叮以孤城援绝，城中乏水，而成又欲放火焚城，遂出城降。郑成功旋即围攻台湾城。

七月，缅人杀永历帝从官：本年，李定国、白文选会师于阿瓦，使人向缅求永历帝，以缅人不许而动干戈，缅人不利，退保阿瓦新城。时清兵大举入缅，吴三桂遣人告缅甸王曰："束缚伪主来，不然我且屠阿瓦！"缅人决计杀永历从官以邀好于清。十九日，缅人设计邀明从官出，以兵围杀黔国公沐天波等，唯存永历帝及其宫眷二十五人，母子啼哭，声闻远近。

八月，厉行还海政策：首先，为消除海上抗清势力，黄梧等密陈，沿海居民迁入内地，设立边界布置防守，烧毁沿海船只和木板，不许下水等政策。十三日，清廷命濒海居民迁入内地，派户部尚书苏纳海至闽，督责迁界。寻自辽东至广州，近海居民，各移内地三十里，燔宅舍，焚积聚，伐树木，荒田地，妇泣婴啼，流民塞路，民死过半，惨不可言。

十二月，吴三桂获永历帝：此前，九月吴三桂、爱新阿率兵十万由大理，腾越出边入缅，分路进兵。十一月初八日，清军会师木邦，吴三桂将马宁等败白文选并追降之。十二月，清兵抵缅甸旧晚坡（今阿瓦城东六十里），初三日，顷人执永历帝献军前。清军遂班师。

同月，郑成功收复台湾：郑成功于四月初六日克赤嵌城后，初七日，即围台湾城（台南市）。城垣坚固，久攻不陷。成功遣通事致书劝降，揆一严拒，翘待援师。八月，郑成功击败马达维亚东印度公司援军。至十二月初，郑成功采纳乡民建议，以城中无井，断其水源，并致书谕降曰："台湾者中国之土地也，久为贵国所据。余既来索，则地当我！"十三日，荷兰总督揆一见被围七日，舰只遭焚，炮台被平，援绝城危，遂向郑成功投降。

二、圣祖 玄烨 康熙 1662 年——1722 年

1662 年壬寅，清圣祖仁皇帝，玄烨康熙元年。

四月，吴三桂杀永历帝：吴三桂执朱由榔自缅甸还至昆明，以弓弦绞杀永历帝于篦子坡（在昆明城内）。

五月，郑成功死：郑成功收复台湾，改赤嵌地方为东都明京，设承天府和天兴，万年二县，奉明正朔（永历）；招集东南沿海不愿迁界的破产之民入台，开辟草莱，推行屯垦，发展生产，贸易外围；整军经武，励精图治。初八日逝世，年三十九岁，子郑经嗣主台湾主权。

六月，李定国死：此先李定国迎战吴三桂，败走猛腊，乞师暹罗，以图复举，事未成而闻永历帝遇害，二十七日，悲愤而死（忠臣也），年四十二岁。

七月，施琅为福建水师提督：二十七日，清命福建同安总兵施琅为水师提督。其时水师提督带兵四千驻海澄，左路水师总兵官带兵三千驻闽安，右路水师总兵官带兵三千驻同安。

1663 年癸卯，清康熙二年。

十月，清军克厦门、金门：成功死，子郑经在厦门，守将黄昭等奉成功弟袭理台事。郑经嗣讣，自称招讨大将军，将入台。昭等谋奉袭拒经。经杀昭入台，又计杀其伯父泰等。于是诸将离心，黄泰之子缵绪及部下蔡鸣雷，陈辉等先后降清。二十一日，靖南王耿继茂，总督率泰水师提督施琅率降清诸军，合荷兰夹板船出师渡海，攻克厦门，并取金门，浯屿二岛，郑经将周全斌降清。

十二月，夔东十三家抗清失败：清军俘杀永历帝后，本年八月以穆里玛为靖西将军，图海为定西将军，率三十万军队，分兵三路，"合营进剿"夔东十三家军。二十三日，清军攻入巫山天池寨，刘体纯（又名二虎）自缢死。郝摇旗等退至黄草坪被俘，后不屈而死。

1664 年甲辰，清康熙三年。

七月，张煌言死：张煌言 (1620–1664) 兵败后，散军隐居南田（浙江宁波东南）悬岙孤岛中，结茅为屋，以数人随。浙江提督张杰募煌言故校装办僧民，密访其踪迹。二十日夜，乘船进汉，攀藤登崖，突入帐房，执张煌言。寻解至杭州，劝之降，抗而不屈。九月初七日，煌言赴市，赋《绝命词》挺立受刑而死。著有《张苍水集》。 八月，李来亨牺牲：穆里玛，图海率清军取天池寨得胜后，集中兵力进攻李来亨兵。来亨据茅工、麓山九莲坪（湖北兴山）形势险峻，顽强防御。

清军施放火器，昼夜环攻。初五日，李来亨孤寨无援，矢尽力竭，举火焚室，全家自缢。

1666 年丙午，清康熙五年。

十二月，鳌拜矫旨杀苏纳海等：先命大学士苏纳海，侍郎雷虎会同总督朱昌祚，巡抚壬登联酌议圈换镶黄旗与正白旗田地。寻朱昌祚秦言圈拔不便，旗民交困；王登联疏言："旗民皆不愿圈换，自闻命后，民地待圈，皆抛弃不耕，荒凉极目，亟请停止"。疏入，忤辅臣鳌拜，被逮下狱。刑部议将苏纳海，朱昌祚，王登联各鞭一百，籍其家产。二十日，康熙帝召辅臣询问，苏克萨哈不对，鳌拜矫旨。苏纳海、朱昌祚、王登联情罪重大，着急处绞，免籍家产。

1667 年丁未，清康熙六年。

四月，沈天甫之狱：江南人沈天甫等撰诗二卷，诡称为黄尊素（宗文父）等一百七十一人作，陈济生编集，故明大学士吴甡之子吴元莱察其书非父手迹，控于巡城御史，二十日，沈天甫以谋叛巫陷罪弃市。

七月，康熙帝亲政：初七日，玄烨御太和殿受贺，宣恩诏十七条。是日，始御乾清门听政，后日议为常。

同月，苏克萨哈被绞死：事先辅臣索尼病死之后，辅臣苏克萨哈奏求守陵，如线余息，得以生全。寻议以其不识有何逼迫之处，将苏克萨哈及其子孙等拿问。十七日，议上苏克萨哈二十四罪，应凌迟处死。康熙帝不允所请，鳌拜攘臂御前，强奏累日，竟坐苏克萨哈处绞，其子内人臣查克旦凌迟。叔弟侄无论已成年或未成年皆处斩，家产籍没，妻孥入官。

1669 年己本，康熙八年。

五月，康熙帝擒权臣鳌拜：先是辅政大臣鳌拜结党擅权，势焰嚣张，恣意忘为，贪聚贿赂，且以康熙帝幼，肆行无忌，独览国事，不请辞政。康熙帝得及皇太后懿旨，与索额图谋划，伺鳌拜入见日，命羽林士卒擒之。十六日，命议政王等勘审鳌拜。

同时，鳌拜被革职拘禁：康亲王杰书等遵旨勘问鳌拜期君而擅权，文武各官尽出门下，引用内外奸党，致失天下人望，政事先于私家议定，启奏官员带往私门商酌，倚恃党恶紊乱国政，喜者荐举，恶者陷害，将苏克萨哈灭族，又将苏纳海等擅杀，欺君贪揽事权，延挨不请辞政等罪款三十，遏必隆阿附鳌拜罪款十二，辅国公大学士班布尔善附和鳌拜革职，籍没，拘禁：了那摩佛免死拘禁，弟都统木里玛，侄寨不得及其党大学士班布尔善，史部尚书阿思哈，兵部尚书葛诸哈等俱立斩；遏必隆以未堂结党，咎在瞻顾诋毁附，削去太师及谷加公爵，余俱降各有差。

七月，苏纳海等昭雪：先是准苏克萨哈案内文武官员复原官，十一日，予原户问尚书苏纳海，总督朱昌祚，巡抚王登联昭雪。

1673年癸丑，清康熙十二年。

三月，尚可喜请撤藩归志：平南王尚可喜年己七十，用幕客金光之计，请撤藩归老辽东。十二日，命确议具奏。寻部议，令尽撤藩兵回籍。

七月，吴三桂、耿精忠疏请撤藩：平西王吴三桂疏言，臣身在岩疆十六年，今闻平南王尚可喜已准撤藩，仰恃鸿慈，请撤安插。初三日，旨嘉奖："王下官兵家口，作何搬移安插，著议政王大臣等会同户，兵二部确议"靖南王耿精忠见平南王尚可喜乞归获允，亦疏请撤藩。 十一月，吴三桂兵反：时平西王吴三桂镇云南，平南王尚可喜镇广东，靖南王耿精忠镇福建，称之为三藩。尚、耿二藩所属各十五佐领，吴藩所属五十三佐领，且收罗四方精兵猛将。三藩各拥重兵，自雄一方，横虐敛暴，尾大不掉，岁费二千余万两，耗天下财赋之半。在三藩中三桂功最高，兵最强、权最重，势最大。吴三桂树党羽，布庄、田、征关市、设鼓铸，缮仗积硝，挟边自重，日练士马，专制滇中。清廷撤其将军之印，免其总管之职，罢其除史之权，更欲裁其营制之兵，三桂心不自安。康熙帝尝"以三藩及河务，漕运为三大事，夙夜廑会，曾书之宫中柱上"，决意撤藩。吴三桂见尚可喜归老辽东，疏请撤藩，以探朝旨。廷议唯户部尚书米思翰，后部尚书明珠，刑部尚书莫洛等力主移藩，其他多持异议。以三桂子应熊为额驸，精忠诸弟留京中，谅其无能为变，特允其请。撤藩诏下，三桂愕然。二十一日，吴三桂杀云南巡抚朱国治，拘礼部侍郎折尔肯，举年部兵反。移檄远近，自称兵下部招讨兵马大元帅，以明年为周王元年，改元结武，铸钱"利用通宝"，蓄发易衣冠，旗帜皆白。云南总督甘文焜闻变出走，至镇远遇厄自刎。报闻京师，举朝震动。

十二月，清兵讨伐吴三桂：吴三桂反乱奏报驰驿到京，命前锋统领硕岱率劲旅扼守荆州，调云南提督桑峨为湖广提督以固守御，授孙延龄为抚蛮将军，线国安为都统镇广西，令西安将军瓦尔喀进守四川；停撤尚，耿二藩，招还梁清标，陈一炳。二十四日，命多罗郡王勒尔锦为宁南靖寇大将军，率师往湖南讨吴三桂，并将吴三桂子吴应熊下狱，寻削吴三桂爵，宣示天下。

1674年甲寅，清康熙十三年。

二月，孙延龄叛清：吴三桂据澧州（湖南），占常德，陷长沙。二十七日，广西将军孙延龄反，自称安远大将军。杀都统王永年，执巡抚马雄镇。

三月，耿精忠叛：十六日，杭州将军刘秉政降附，总督范承漠被幽。寻调总兵曹养性东略浙江，总兵白显忠西攻江西，都统马九玉北犯安徽，清命平南将军赖塔，定南将军布尔根往攻耿精忠。

四月，十三日，命杀吴三桂子应熊（清帝附马），孙世霖于京。诏以禁旋调遣寄示尚可喜。先是平南王尚可喜奏："获孙延龄檄，有三藩并变之词。蔬与精忠为婚姻，今精忠反，不能不踧躇于中；臣惟捐躯矢志，保固岭南，以表臣始终之诚。吴三桂遣贼兵二万屯斯洛伐克沙河，若与孙延龄合，势益猖獗，请就迁移师同臣剿贼。"因嘉悦其忠贞悃忱，旋命驻江西军分遣会剿。二十九日，谕兵部以分遣禁旋诸路调度之情形，移会尚可喜曰："今宁南靖寇大将军多罗顺乘郡王率大军由常澧进平云、贵；镇南将军尼雅翰等帅师由武昌水陆进取岳州、长沙，直入广西；都统宜理布等率师驻镇彝陵，都统范达礼等驻郧、襄；将军赫业等由汉中进取四川；副都统扩尔坤，吴国桢等驻防汉中；镇西将军席卜臣等驻西安。复遣尚书匪洛经略三秦，帅大兵居中调度；镇东将军喇哈达等于山东、河南、江南要地控制；安南将军华善等于京口水陆驻防；杨威将军阿密达等防守江宁，安庆沿江要险：平南将军赖塔由浙江平定福建；平寇将军图喇驻镇杭州，兼防浑疆；定南将军希尔根等由江西平安福建；平寇将军根特巴图鲁，篩布等往广东，会王进剿，一切机宜。王其参酌以行。后封尚可喜为平南亲王，给其子之孝之将军印。

七月，耿精忠兵合力犯衢州：其先，耿精忠遣将西略江西，江西南瑞总兵杨富潜附，事党被诛；寻陷石城，犯江都，逼赣州，清以赣州为通粤孔道，命将严守，并任赵应奎为袁临总兵，驻防袁州（今江西宜春）。又略江北，攻金华，陷义岛，占诸暨，并合力攻衢州（浙江）。十四日，报闻，清命付都统穆赫林率蒙古喀喇沁，士默特兵自江宁驰援。后败耿精忠于衢州、金华、处州等十处。

九月，马雄等降附吴三桂：十十四日，西广总督金光祖奏，广西提督马雄，左江总兵郭义叛清，广西全省变动。清命安亲王岳乐为定远平寇大将军，率兵讨之。

十二月，王辅臣附吴三桂：王辅臣参加过明未农民起义，别号马鹞子。降清后随吴三桂进攻永历军，为吴三桂属下总兵官，后提拔陕西提督。本年二月，王辅臣首举吴三桂所送书札，被受为三等精奇尼哈番。后带兵随经略莫洛向四川进军。初四日，王辅臣在宁恙杀莫洛，叛走平凉，陕、甘大震。康熙帝欲御驾荆州亲征，廷议以京师根本重地，止可居中运筹，谏止。寻速发清兵保固秦省，并谕王辅臣曰："莫洛与尔，习怀私隙，颇有责嫌，致有今日之事。则朕之知人未明，俾尔变遭意外，忠悳莫伸，咎在朕躬，于尔何罪？并劝其："敛戢所属官军，各归队伍，即令率领，仍还平凉原任（康熙是有策略）。

1675 年乙卯，清康熙十四年。

二月，王辅臣陷兰州：初五日，王辅臣攻兰州。因守城官兵内应，城陷，巡抚花喜等奔凉州。其后王辅臣连陷定边。秦州、靖边、临兆、庆阳、绥德、延安、花马池等。王辅臣占领陇右，自居平凉；吴三桂以银二十万两与之。

闰五月，清诏责勒尔锦：初三日，谕责宁南靖寇大将军多罗顺承郡王勒尔锦曰：“王亲率大兵至荆州，又不急渡江进取，致令吴三桂一致，而常德等处遂为所据。都统朱满率兵至武昌时，岳州、长沙犹未叛也，又不急趋镇守，逍遥武昌，六百里之程行逮一月，而岳州、长沙又坠毁。巴尔布畏懦不进，坐失险要，使逆贼从容得据守湖南，致我军难于攻取。且糜弗粮饷，倍于他处，究之寸步不能前进，因贼渠与我精兵相持荆、岳间。而广西孙延龄、福建耿精忠相继叛变，贼寇蜂起。其时吴三桂身在松滋，遣兵两路出犯南漳、均州，并都必须言渡江，又欲决提水灌荆州，使清岳州之兵不得援荆。因敕调附近官兵，星驰赴援。

十一月，郑经攻陷漳州：郑经与耿精忠犄角相倚。经将刘国轩、何祜败尚可喜兵，势大震。郑经遂围福建漳州。二十日，总兵吴淑引经兵入城，黄芳度巷战不支，投井死。经兵捞其尸寸磔之，并掘其父海澄公黄梧墓，劈棺暴骸。

1676年丙辰，清康熙十五年。

二月，尚之信附于吴三桂：尚之信是尚可喜长子，营茅酗酒，残暴嗜杀。吴三桂首乱之后，尚可喜一心清室。后刘进忠引郑经入潮州，祖清引马雄至高州，雷、廉失守。粤东十郡，竟失其四，可喜东西受敌，力不能支，疏称病剧，请遣威望大臣赴粤。诏将军舒恕，付都统莽依图驰往。二十一日，之信叛清，以兵守其父尚可喜府，受吴三桂招讨大将军号，易帜改服，传檄郡县。将军舒恕引兵退赣，付都统莽依图自肇庆突围出。西广总督金光祖，广东巡抚佟养钜、广西巡抚陈洪明，总兵孙楷宗等俱叛降。吴三桂封尚之信为辅亲王。

六月，王辅臣降：先是大将军图海抵平凉，统围城官军攻城益急，并率官兵至城北护山墩，相度形势，王辅臣官军万余突出迎战。步前马后，岂有此理列火器。图海督兵分路进击，大败敌众。初六日，遣官赍诏入城，次日，王辅臣派其付将乞降。奏闻，命颁诏抚慰王辅臣。寻命复王辅臣原官，加太子太保，擢靖寇将军，立功赎罪。至此，西线叛军解体，全秦悉定。

九月，耿清忠杀范承谟：先是耿清忠叛清，福建总督范承谟不附，被囚三年。及康亲王杰书破马九玉（耿清忠部将于上月败于清略），入仙霞关，将军希尔根败白显忠复建昌，显忠遂降。耿精既失两路兵，郑经又取闽地之半，闻清兵之闽，意欲出降。十六日，精忠恐承谟暴其罪，遂缢杀之（这样更加重罪了），以冀饰词免死。

十月，耿精忠降清：此先，奉命大将军康亲王杰书率师抵延平（福建南平），耿精忠将军耿继美等以城降。精忠闻之大惧，遣使赴延平献“总统将军印”，又遣其子显祚迎康亲王师抵福州，清令侍读学士尹泰持免死敕书往谕。初四日，杰书军至福州，耿精忠卒文武百官出城迎降，献所属官军册籍。寻清命仍留靖南王爵，从征郑经赎罪。后其将曾养性，祖宏勋俱降。至此，东线叛军瓦解，闽、浙、赣略定。

同月，尚可喜死：先是，平南亲王尚可喜于二月其子之信兵变后，投缳未遂，至是月二十九日忧郁病死。

十一月，命穆占帅军讨吴三桂：初九日，谕湖广大将军等："今出师三年，未获尺寸，罪在王，贝勒、将军、大臣与众官无干。今陕西、福建、浙江虽渐次底定，然贼渠吴三桂不诛，于事何济？"因特简穆占为征南将军，统兵进讨吴三桂。

十二月，吴三桂杀孙延年：孙延龄妻为故定南王孔有德之女孔四贞，孙延龄称额附，据桂林应三桂，提督马雄亦以柳州应三桂。三桂封孙延龄为临江王，以马雄为车路总督。孙延龄故与雄有隙，四贞日夜劝降而心动，马雄侦知后告吴三桂。吴三桂杀孙延龄，以其众隶伐国安予。

1677 年丁已，清康熙十六年。

五月，尚之信降：初四日，尚之信以广东降。秦闻，命复其爵，随军征讨。寻命袭其父平南亲王爵。至此，南线乱军崩溃，两粤形势突变。

十月，败明宗室朱锠：故明宗室朱统昌集兵盘据山谷，流毒三省。初四日，福建巡抚杨熙奏，福建按察使吴兴祚设计，遣投诚总兵蔡淑佯回做内应，复分兵斩关夺寨破之，执朱统昌，收降官兵万人。

同月，噶尔丹兴兵败济农：甘肃提督张勇等上疏言：厄鲁特济农等为噶尔丹所败，逃至沿边，违禁阑入塞内，掠夺马匹，骚扰居民。十一日，奏闻、谕："若交恶果实，当遣使评其曲直，以免生民涂炭。

1678 年戊午，清康熙十七年。

三月，吴三桂称帝于衡州：先是吴三桂既失陕西王辅臣，福建耿精忠，广东尚之信三大援，又失浙江，江西两省区，其势力范围除滇、黔外，仅有川、湘、桂之部。时地日缩，势日孤，兵力不足，财赋竭绌。为争脱困境，维系人心，筑坛于衡州（今湖南衡阳）南岳之麓。初一日，吴三桂祭天称帝，建号大周，改元昭武，以衡州为定天府，置百官封诸将，造新历，举乡试，号召远近。殿瓦不及易黄以漆髹之，松庐舍万间为朝房，遇大风雨，潦草成礼而罢（同李自成一样，抢着实现皇帝梦）。

六月，郑经攻陷海澄：先是，郑经军四路围攻福建漳州府海澄（福建龙海），城内官兵顽强抵御，城外木栅炮台俱陷。海澄总兵黄兰驰书告急。终因孤城失援，海澄粮尽矢绝，初十日，城陷。署前锋统领歆旨战殁，付都统穆赫林，提督希应举自缢死。

同月，吴三桂兵围永兴城：吴三桂称帝后，召回马宝，胡国柱等，悉锐围攻永兴城。永兴为衡州门户，二城相距仅百余里，为吴三桂所必争。吴三桂军据河外营垒，列队发炮；三面环攻，昼夜不息。清都统宜理布，护军统领哈克山相继战殁。前锋统领硕岱等入城死守，简亲王喇布屯茶陵不敢救，将军穆占由彬州所遣援军亦畏不敢进。城被炮毁筐土补之；且筑且战危在旦夕。二十三日，奏闻。

八月，吴三桂病死：吴三桂是中风病，噎嗝，且下痢，十七日遂死。其将胡国柱、马宝等自永兴诸处赴衡州。永兴围解。旋迎三桂孙世璠于云南嗣立，改元洪化，拥柩归滇。报闻，命诸路将军。宜乘时机（乘人之危，吴丧）分路进剿，早奏荡平。

九月，命急取岳州：吴三桂死，清命大将军安亲王岳乐，大将军顺承郡王勒尔锦，大将军贝勒察尼，具奏进兵方略，岳乐疏言：臣亲处岳州，布置舟师，炮攻陆营，势必克复。勒尔锦疏言："以守兵余力，五路渡江，齐力大举，庶可灭贼。罕尼疏言：宜乘水势，分拔立营，绝其粮道，不难朴灭。康熙帝览三疏。十一日，急命取岳州（湖南岳阳）。

十月，胤祯生：三十日，康熙帝第十一子（即第四子）胤植生，母乌鸦氏，后为清世宗雍正皇帝。

1679 年己未，清康熙十八年。

正月，岳州之役：岳州（今岳阳）为湖南咽喉要地，恃洞庭湖为险。吴军和清军在岳州相持数年，岳州不下，荆州之兵不能渡江，长沙也不能攻取。时吴军东线、西线、南线均溃，三桂已死，因命安远靖寇大将军察尼急取岳州。岳州敌粮需湘阴，常德仰给，察尼纳降将林举珠水陆围困，断其粮道之策，将官兵三万，鸟船百艘，沙船四百余只，以其半泊君山，截常德，华容道；以其另一半泊于扁山，并沿九黄山立营，以断湘阴、长沙之道。由是水陆之围始密。吴应麒遣将犯陆石口，为将军鄂内所败，饷道不断。察尼又纵反间计，应其以疑杀数将。十八日，吴应麒总兵王度冲，将军陈泊等各以其舟师降，应麒内外交围，迫于饥饿，徒走逃遁，遂复岳州，自此，中线叛军又节节败退，看来吴氏快完蛋了。

同月，吴军世琮围清南宁失败：先是傅弘烈、莽依图合军围桂林，吴世琮复围马承荫于南宁，承荫是马雄子，三结合死以南宁降清。至是吴世琮围攻数月，城中食尽，几陷。承荫请救，救兵至，吴世琮渡江越岭，于新村西山之巅，列鹿角拒战。莽依图统兵前暗中截，擒斩殆尽。吴世琮负重伤，仅以数十骑遁。南宁围解，广西尽复。

八月，林兴珠等克武冈：此前，初一日，喇布派将军穆占复新宁，新宁兵败逃奔克武冈，喇布率兵至武冈同岳乐军会合。克武冈将吴国贵率胡国柱等以兵二万堵隘口。广西巡抚傅弘烈遣参将温绍贤等以后断其枫木岑粮道，将军林兴珠，提督越国祚帅兵奋击其前，吴国贵中炮死，余众奔溃，章泰等追及至木瓜桥，又败之。十八日克武冈州及木枫岭。

1680年庚申，清康熙十九年。

正月，赵良栋复成都：起初，勇略将军赵良栋统绿旗军入川，败敌于白水坝等处，克龙安府，又夺绵竹。十一日至成都二十里铺，吴世瑶属下之将军汪文允，巡抚张文德等迎降，遂复成都。寻授赵良栋为云贵总督，加兵部尚书衔，仍命管将军事务。

二月，郑氏失厦门：先请下诏准福建巡抚吴兴祚，水师提督万正色等会同定议，不用荷兰国船只，即命水陆官军。规取厦门等地。于是，万正色领水师由定海先行出洋。初六日，航还福建海坛，分为六队，直冲而入，并力夹攻，炮火齐发，击沉郑经舰十六艘，溺死者三千余人，遂驻泊海坛。郑经总督朱天贵退据平海卫。二十日，万正色率水师击沉郑舰，进陷崇武诸岛。康亲王杰书一路，水陆分进，直逼海登，刘国轩自海澄退守厦门：二十三日，海澄守将苏堪降。官兵入城，姚启圣、赖塔一路，占据围头，遏郑军出入，并率水陆兵七路，破陈州、马州等，为吴兴祚，万正色声援。吴兴祚一路，自泉州会将军喇哈达，总兵王英等赴同安，渡海，分左、中、右三路，进逼厦门。经激战，郑经军大溃。二十八日，克厦门。万正色又攻占金门。郑经与刘国轩等败入台湾。至此，郑氏在福建沿海之地尽归于清。

八月，清赐尚之信死：都统王国栋等疏列尚之信罪，清命侍郎宜昌阿与王国栋执信至京对簿。二十八将尚之信赐死（清当时许尚之信降是权宜之计）其党尚之节、李天植处死，其弟之孝等免革职。

十月，章泰复贵阳：先是定远平寇大将军章泰统兵抵贵州，十一日克镇远府（贵州），十七日占平赵府（贵州福泉），二十日进抵省城，吴世璠及其将刘国炳，吴应麒率众夜遁，遂复贵阳，其余安顺，石阡、都匀诸府，依次收复，贵州平定。

1681年辛酉，清康熙二十年。

正月，郑经病死：郑经连年用兵在外，用陈永华言："以长子克监国，克为乳婢所生。二十七日，经死。侍卫冯锡范先以计罢永华兵权，永华忧死，克失助，成功妻董夫人复入间言，遂缢杀克。冯锡范奉郑经次子克爽袭为延平郡王。克爽为锡范婿，年十二，事皆决于锡范。报闻，请诏：乘机进取未澎湖，台湾，底定海疆。

二月，吴世瑶归化寺战败：清大将赖塔，大将军章泰和将军蔡毓荣等统兵，先后至昆明，营于归化寺。二十一日，吴世璠遣其将胡国柄等率步骑数万，摆列象阵，出城迎战，清将章泰军其左，赖塔军其右，分队进击，自卯至酉，吴军五却五进，殊死抵拒，群象受击，反践自军，劲骑乘势，左右冲突，吴军大溃，追至城门，斩其将军胡国柄，刘起龙及其总兵九员，擒官兵，获甲仗无数。寻自归化寺列营至碧鸡关，为长围数十里，复掘壕围之。吴世瑶诸将移家眷于五华山宫城，分门婴（婴小的意义）守。七月，授施琅为福建水师提督：以三藩之乱基本平定，郑经死后，台湾主少，内讧，二十八日，命郑氏降官施琅为水师提督，总兵官，加太子少保，往福建与将军，总督巡抚，提督商酌。统领舟师，进取澎湖，台湾。万正色因奏："台湾断不可取"。改为陆路提督。寻调郑氏降将朱天贵至闽，仍统原辖舟师。以协力攻台。

十月，清军攻占吴昆明：先是二月，清定远平寇大将军章泰，征南大将军赖塔兵抵昆明。取得归化寺大捷之后，立营掘壕，环力攻城，吴世璠以城危，急调胡国柱等回救。赵良栋等率诸将分路蹑击，吴将或斩俘，或溃降，无一援兵至滇城。吴世璠以割地乞师于达赖喇麻，其书亦被抗拒，竟半年围困不下，主张速攻滇城（今云南昆明），曰："我等大兵，连营四布，不就近速战，迨至日久，米粮不满兵无妨，绿旗兵何以存立耶？"章泰答以"皇上眷养满州，岂可轻进，继委之于敌？且你远来，亦宜休养，何司令其损伤！"但良栋仍主速攻，于是公议攻城。十月初八日，诸军进薄其城，围之数重，又在昆明池内布船，以断其接济。二十五日后，赵良栋率兵连逾三壕，进夺土桥、新桥、得胜桥三桥。时城中食尽援绝，城外围兵扼吭；吴世璠惶迫无措，人心始乱，二十八日夜，其将军线域，胡国柱等谋执吴世璠、郭壮图以献。吴世璠及壮图闻变自杀，翌日，线域等献城降。戮吴世璠尸，传首京师；寻析吴三桂骸骨，分发各省（吴三桂三重罪：对明、对清、对李自成都是罪人，也是全体华人的罪人，真是罪该万死）。云南平，自吴三桂起兵，到此八年始灭，三藩之乱平定。

1682年壬戌，清康熙二十一年。

正月，耿精忠死：二十日，诏将耿精忠革去王爵，凌迟处死；其子耿显祚处斩，白显忠、曾养性、刘进忠等俱凌迟，进忠枭示，祖宏勋等俱处斩（后悔降迟了）。

1683年癸亥，清康熙二十二年。

五月，不准台湾例称臣进贡：先是郑克爽令刘国轩遣官，请照琉球、高丽等外国例，称臣进贡，发服依旧。二十三日诏："台湾皆闽，不得与琉球、高丽比，如果悔罪、剃发、归诚，该督，抚等遴选贤能官前往招抚。"乃趣施琅速进兵台湾。

六月，施琅率师克澎湖：先是施琅于顺治八年(1651年降清后，于康熙七年(1668年)密陈取台方略，内授内大臣，二十年时以奏规取台湾，旋再授为福建水师提督，至是率水师二万人，战舰二百艘，升帆启航，进取澎湖。时郑克爽将刘国轩，拥兵二万，据澎湖，缘岸二十余里，环筑围墙，安置腰铳；又分兵牛心泊和鸡笼屿，成角阵，倾力顽守。十六日。施琅派兰理等以鸟船首先攻击，但前锋数船被围。琅亲自驾船冲人，吴英继后夹攻，焚杀国轩官兵三千余名，初战告胜。十八日，施琅遣进取虎井与桶盘屿。刘国轩舟师奋力抵御。二十二日，水师提督施琅议兵分四路，东路派总兵陈蟒等领五十只战船为奇兵直入鸡笼屿；西路总兵董义领五十只战船为疑兵，径入牛心泊：自率五十六只大鸟船为中路，分作八队，直进攻坚；另留八十船为后援战，以众击寡，五攻其一。四路水师乘南潮扬帆，破浪航进。刘国轩督船齐出战。总兵朱天贵率先突阵，不幸战死。国轩命舰四面围攻，施琅被流矢中目，以帕止血，奋击愈厉；东南两路夹击，硝烟蔽海，波涛沸腾。自辰至申，合力奋战，击沉舰船一百九十四只，焚杀其官兵一万二千余人。刘国轩力不能支，乘快船从吼门败走台湾，余众悉降。是役、鏖战七昼夜，清军遂克澎湖。

七月，郑克爽遣官呈交降表：十五日，台湾郑克爽遣官交呈降表于施琅，总督姚启圣奏闻。二十七日，帝颁诏曰："将尔等从前抗违之罪，尽行赦免。仍从优叙录，加恩安插，分令得所。"

八月，康熙帝统一台湾：福建水师提督施琅率领官兵，自澎湖启航。十三日，入鹿耳门，抵达台湾，台湾人"壶浆迎师。"十八日，郑克爽及其武平候刘国轩，忠诚伯冯锡范等文武官员，剃发受诏，缴册印降。寻加施琅为靖海将军。封靖海候，自郑成功入台，至此二十二年，清终于统一台湾。

1684年甲子，清康熙二十三年。

四月，台湾设一府三县等：施琅上疏奏："台湾地广数千里，人民数十万，弃之必为外国所据，请设镇守官弁。"十四日，康熙帝拒绝李光地等于台湾"迁其人，弃其地"之议，采纳施琅奏议，命在台湾设一府三县，即台湾府（府治在今台南市），台湾、凤山（今高友）和诸罗（今嘉义）三县，并设过道一员，总兵一员，付将二员，兵八千，分为水陆八营。设彭湖付将一员兵二千，分为二营，寻允浙、闽、粤沿海援山东侧。百姓装载五百石以下船只，准往海上贸易，捕鱼，并登记姓名，取具保结，船头烙号，发给印票。

十月，康熙帝南巡与论沼河方略：康熙帝首南巡于上月，二十八日起行。本月初八日至济南，实泉；初十日驻泰安，登泰山。十九日到桃源，阅河工，与河道总督靳辅论河治理方略，曰："朕何来留心河务，每在宫中细阅河防诸书及尔历年所河图（难得，国有明君，人民之幸）与险工决口诸地名，时加探讨。虽知队工修筑之难，未曾身历河工，其河势之汹涌患漫，堤岸之远近高下，不能了然。今详勘地势，如肖家渡、九里冈、崔家镇、徐升坝、七里沟、黄家嘴、新庄一带。皆吃紧迎溜之处，甚为危险，所筑长堤与逼水坝，须时加防护。大略运道之患在黄河、御河全凭堤岸。必南北两堤修筑坚固，可免决堤，则河水不致四溃，水不四溃，则浚涤淤垫，沙去河深，提岸益可无虞。今诸处堤防虽经修理，还宜培增郫，随时修筑，以防未然，不可忽也。”寻临视天妃闸，次高邮湖，登岸巡堤，问民疾若，又至焦山、金山、泫扬子江、驻苏州，至虎丘，翌月初一日至江宁，遣官祭祀明陵。初四日回銮，旋遣官视察海口，次高家堰，过曲阜，书“万世师表”额；二十九日还京师。是为康熙帝第一次南巡。

十二月，安置郑克爽等：十三日，授郑克爽公衔，刘国轩、冯锡范仁衔，俱隶上三旗，并拔给房田。其文武官员二千四万余人，或回籍、受职、或入伍、归农，各所其便，先己安排。

1687 年丁卯，清康熙二十六年。

十二月。太皇太后博尔济锦氏死（即孝庄皇后大玉儿）：

博尔济锦氏为蒙古科尔沁贝勒寨桑女，天命十年皇太极迎娶，后封为庄妃，生福临。福临即位，尊为太后，玄烨八岁时父福临（也有人说未死，出家当和尚），十岁生母又死，依博尔济锦氏鞠养，并尊为太皇太后。博尔济锦氏身临四朝；两辅幼主，朝多告两后行。在顺治登极嗣位，康熙帝除鳌拜御政以及削平三藩等重大政治斗争中，博尔济锦氏起决策作用，淑才卓异。二十一日，博尔济绵氏死，卒年七十五岁，葬于昭西陵（东陵），后益孝庄文皇后。

1688 年戊辰，清康熙二十七年。

六月，噶尔丹大举东犯噶尔喀：是月，噶尔丹借与其弟复仇为名，率劲骑三万，自杭爱山后掠噶尔喀左右翼台吉等，至忒木尔地方，土谢图子噶尔丹台吉领兵拒战，为所败，仅噶尔丹八人逃回。噶尔丹兵焚额尔德尼召，取土谢图汗之居，直抵喀喇卓尔浑地方，距哲卜遵丹巴所居仅一日里程。哲卜尊丹携士谢图汗察珲多尔济妻子及喇嘛班茅等移至车臣汗旗下额吉穆尔地方。噶尔丹进劫哲卜尊丹巴之帐。噶尔喀诸台吉为噶尔丹兵逼集议所向，哲卜尊丹巴主投清朝，遂定计东向。于是哲卜尊丹率噶尔喀众台吉等，弃其庐帐、器物、牲畜，分路投漠南内附，昼夜不绝。八月初二至初四日，土谢土图汗察珲多尔济与噶尔丹相遇于鄂罗会诺尔之地，双方鏖战三日，察珲多尔济兵败东奔，寻土谢图汗察珲多尔济与其弟西地西里巴图尔台吉率左右翼台吉等，又哲卜尊丹巴兄弟般图克图亦率弟子等入汛界，沿边一带阿霸哈纳诸台吉等皆从之，共拥众数十万人内附。受命而养之，俾其得所。即令理藩院尚书阿喇尼前往汛界，面见哲人尊丹巴呼图克图，土谢图汗察珲多尔济宣旨。并命边塞加意防守。

1689 年己巳，清康熙二十八年。

正月，康熙帝南巡视河：初八日起行。十四日驻平原，免山东明年地丁额赋。

二十三日，阅中河，寻免江南积欠地丁钱粮二百二十余两。翌月十三日，渡钱塘江，至会稽山麓。三月初一日，发江宁，寻阅高家堰。十九日还京师。旋谕："朕巡行南省，阅视河道，江南、淮安诸地方，自人民船夫皆称誉前河道总督靳辅，思念不忘。且见靳辅浚治河道，上河提岸，修筑坚固，其于河务，既克有济，实心任事，劳绩昭然，著复其原品。"是为康熙帝第二次南巡。

七月，《中俄尼布楚条约》签定：二十四日，索额图与戈洛文签订《中俄尼布楚条约》规定："一、将由北入黑龙江之绰尔纳即乌伦穆河相近格尔必齐河为界，循此河上流不毛之地，有右大兴安以至于海，凡山南一带流入黑龙江之溪河，尽属中国。山北一带之溪河，尽属鄂罗斯。二、将流入黑龙江之额尔吉纳河为界，河之南岸属于中国，河之北岸属于鄂罗期。其南岸之眉勒尔客河口，所有鄂罗斯房舍迁移北岸。三、将雅克萨地方鄂罗斯所修之城，尽行除毁；雅克萨所居鄂罗斯所修之城，尽行除毁；雅克萨所居鄂罗斯人民及诸物，尽行撤往察汉汗之地。四、凡猎户人等断不许越界，如有一二小人擅自越界捕猎谕盗者，即行擒拿，送各地方该管官，照所犯轻重惩处。或十人十五人，相聚持械捕猎，杀人抢掠者，必奏闻，即行正法，不以小故沮坏大事。仍与中国和好，毋起争端。五、从前一切旧事不叙外，中国所有鄂罗斯之人，鄂罗斯所有中国之人，仍留不必遣还。六、今既永相和好，以后一切行旅，有准令往来之票者，许其贸易不禁。七、和好会盟之后，有逃亡者，不许收留，即行送还。

1690 年庚午，清康熙二十九年。

七月，康熙初征噶尔丹：噶尔丹以追击土谢图汗为名，率骑过克鲁伦河，入呼伦贝尔草原，沿大兴安岭西麓南驰，抵乌尔会河。尚书阿喇尼领军阻截，兵败。噶尔丹入乌珠穆奏地。初二日，命裕亲王福全为抚远大将军，皇子允堤付之，出北口；恭亲王常宁为安北大将军，简亲王雅布，信郡王鄂扎付之，出喜峰口；内大臣佟国纲、佟国维、索额图、明珠、阿密达，都统苏努，喇克达、彭春、阿席坦、诺迈，护军统领苗齐纳、杨岱，前锋统领班达尔沙，迈图俱参赞军务。寻命常宁帅师会福全军，康亲王杰书驻归化城防守。康熙帝巡兵至博治和屯，旋因病回銮。

1696 年丙子，清康熙三十五年。

二月，康熙帝二征噶尔丹：噶尔丹自乌兰布通败遁后，仍入侵噶尔喀之地，屡书索土谢图汗和哲卜尊丹巴，且害及使臣，又阴诱内蒙古各部内附，康熙帝密谕科尔沁士谢图亲王沙津遣人约之，噶尔丹果沿克鲁伦河尔下，遂据巴颜乌兰。以机不可失，即应往剿，分军三路迸发：东路由黑龙江将军萨布素统领盛京、宁古塔、黑龙江、科尔沁兵，沿克鲁伦河进剿；西路命费扬古为抚远大将，由归化城进剿；中路由康熙帝亲自统率京师八旗兵及火器营兵等，出独石口进剿。三路大军约期夹攻，沙碛不宜车，驮子母炮而行。三十日，康熙帝为征噶尔丹，曲尽筹划，后兵秣马，整军运粮，诸路调度，既毕，亲领六安启行。

1697 年丁丑，清康熙三十六年。

二月，康熙帝三征噶尔丹：初六日，启行。以大学士伊桑阿、内大臣索额图、佟国维、福善、明珠等从征，左都御史于成龙督运粮米。议兵分昭武将军马思喀与大将军费扬古两路，兵各三千，每兵二人给从仆一人，马五匹，四兵为一伍，带百日口粮。

三月，康熙帝驻于宁夏：二十六日，康熙帝至宁夏（宁夏银川）。后命昭武国马思喀等穷追噶尔丹，以都统巴浑德、齐世、硕鼐，将军萨布素，护军统领嵩祝，总兵王化行，俱为参赞。即与大将军费扬古会，将军马思喀亦为参赞。闰三月，噶尔丹败死：噶尔丹取其侄镱妄阿拉布坦原议之妻，又杀策妄阿拉布坦之弟，策妄阿拉布坦因率五千兵逃。及噶尔丹东犯时，策妄阿拉布坦尽收其眷属、部民，使噶尔丹昭莫多兵败后无巢可归。噶尔丹闻大军复行进剿，其内部又众叛亲离、四处逃散。噶尔丹仅余五六百人，居无庐、出无骑、炊无釜、食无粮，随处漂遁，走投无路，迫蹙已极。十三日，身死（非战、病，而是饿死），寻报丹济拉等携噶尔丹骸骨与噶尔丹之女钟齐海等向清军投降。

1699 年己卯，清康熙三十八年。

二月，康熙帝南巡视河：初三日启行，后次清口，阅高家堰、归仁堤；又巡黄河堤，用水平仪进行测量；复度黄河，阅新埽；至五月十七日回富。是为康熙帝第三次南巡。

1701 年辛巳，清康熙三十八年。

九月，噶尔丹子女咸令得所：策妄阿喇布坦解噶尔丹女钟齐海到京。二十九日，命与噶尔丹子塞卜腾巴尔珠尔同住一处，授塞卜腾巴尔珠尔为一等侍卫，以钟齐海给二等侍卫沙克都尔为妻，咸令得所。

十二月，施世纶为湖广布政使：世纶是靖海候施琅之予（即施公案的施公）。先任秦州知州、江宁知府及淮扬道等，居官聪毅果决，摧抑豪猾，遇“百姓与生员讼彼必庇护百姓，生员与缙绅讼，彼必庇护生员。”十五日升为湖广布政使。

1705 年乙酉，清康熙四十四年。

二月，康熙帝南巡：先是谕工部等曰：“前黄河之水，往往倒灌清口者，皆由仲庄闸与清口相对，骆马湖水势湍急，遂逼黄流，灌入清口。朕视河时，躬临相度。命河臣移仲庄闸，改建于杨家庄出口。工竣之后，河工报称黄水畅流入海，绝无倒灌清口之患。朕尚未经亲阅，今欲特莅其地，察验形势，同筹善后之规。其中河、黄河、运河有加修防者，亦随宜指示，以图经久。至于山东省荐饥之民，……

并于沿途亲行周览焉。”初九日，启行南巡，后于四月二十九日回宫，是为康熙帝第五次南巡。

1707年丁亥，清康熙四十六年。

正月，康熙帝南巡视河：二十二日启行，先是阿山等请于溜淮套别开河道，使水直达张福口以分淮势，因事关创建，内阁九卿等奏请圣驾亲阅，面授方略，至是启行。二月，舟泊清河县运口，阅武家墩。寻阅溜淮套，由清口登陆，详见地势。问张鹏翮曰：“尔何所见，奏开溜淮套？”奏曰：“我皇上爱民如子，不惜百万帑金，拯救群生，黎民皆颂圣恩。”谕曰：“尔所言皆无用闲文，朕所问者乃河工事务。文章与政事不同，若作文字，牵引典故，便可敷衍成篇；若论政事，必实在可行，然后可言，非庶文所能饰也。……尔可将此河当开与否，——奏明，何必牵引闲之！”鹏翮不能对，免冠叩首。谕群臣曰：前阿山等察看泗州水势，奏溜淮套地方另开一河，绘图进呈。今日乘骑从清口至曹家庙详勘，地势渐高，难以开凿成河，亦不能直达清口，与伊等进呈图样迥乎不同。今欲开溜淮套，必至凿山穿岭，不惟断难成功，将来汛水泛滥，不漫入洪泽湖，必致冲决运河。寻命革主议者尚书阿山职，余各降级有差。后决江宁，历苏州，驻杭州，至五月二十二日还京。是为康熙帝第六次南巡。

是岁：《全唐诗》书成：《全唐诗》为彭定球等编，九百卷共收唐、五代诗四万八千九百余首，附有唐、五代词，作者二千二百余人，按时序排列，并系作者小传。

1708年戊子，清康熙四十七年。

七月，初废皇太子允礽：先是康熙十四年十二月，初立允礽为皇太子，以张英、李光地、熊赐履、汤斌等为之师，南北巡狩多令从行。康熙三十五、三十六年，康熙两次亲征噶尔丹，命皇太子君守，时有蜚语上闻，还京后置太子左右者于法。寻索额又以助允神礽潜谋大位等罪幽禁死。初四日，康熙帝行围次布尔哈苏台，召皇太子，集诸王大臣谕曰：“允礽不法祖德，不遵朕训，惟肆恶虐众，暴戾淫乱，难出诸口，朕包容二十年矣。乃其恶愈张，谬辱在廷诸王、贝勒、大臣、官员，专擅威权，鸠聚党与，窥伺朕躬，起居动作，无不探听。朕思国惟一主，允礽何德将诸王、贝勒、大臣、官员，任意凌虐、恣行捶德耶？……更可异者，伊每夜逼近布域，裂缝向内窥视。从前索额图助伊潜谋大事，联悉知其情，将索额图处死。今允礽欲为索额图报仇，结成党羽，令朕未卜今日被鸩，明日遇害，昼夜戒慎不宁。似此之人，岂可付以祖宗弘业？”且谕且泣，谕毕复痛哭仆地。当日即执允礽命，命诛索额图之子格尔芬、阿尔吉善及允礽左右二格、苏尔特等。康熙帝废太子允礽之后愤满不已，六夕不安寝，及还京，在上驷院旁设毡帐，命允礽居之，后幽禁于咸安宫，并以废太子事告天地、太庙、社稷、宣示天下。

十一月，命幽禁皇长子允禔：皇太子允礽被废之后，谕“诸阿哥中如有钻营谋为皇太子者，即国之贼，法断不容，允禔奏称允禩（皇八子）好。以允禩希冀为皇太子，命将其锁拿，皇十四子允禵要允禩，康熙帝震怒，出所佩刀欲诛允禵。众子跪抱劝止。因命诸皇子齐挞允禵。初一日，又以允禵希冀皇太子位，革去王爵，幽其府内。

1709年己丑，清康熙四十八年。

正月，谕责佟国维荒诞之言：二十二日，命将殊笔低传玉大臣，谕曰：“舅舅（佟国维）年老之人，屡向朕所遣人云：“我夫妻每日祝天求佛，愿皇上万寿。朕思自五帝以至今日，尚未及万载，朕何敢侈望至此？此皆以荒诞不实之言欺朕，朕不信也。今舅舅既有祈望朕躬，易于措处之言，嗣舅舅及大臣等，惟骂念朕躬，不与诸王阿哥中结为党羽，谓皆系吾君之子，一体看视，不有所依附而谗害其余，即俾朕躬，易于措处之要务也。”

三月，复立允礽为皇太子：自上年九月废皇太子允礽之后，康熙帝愧愤郁疾，诸皇子谋争储贰，众大臣结党依附，初九日，允礽复立为皇太子。寻封允祉、允禛、允祺为亲王，允祐、允礽为郡王，允禟、允䄉、允禵为贝子。

1710年庚寅，清康熙五十年。

八月，弘历生：十三日，雍亲王第四子弘历生，母钮祜禄氏，后为清高宗乾隆皇帝。

十月：戴名世，南山集）狱起：戴名世(1653–1713)安徽桐城人，中进士，授编修。曾留心明代史事，考订野史。康熙四十一年刊行《南山集》书中采摭方孝标《滇黔纪闻》所载桂王时事，用永历年号。至本月十二日，为左都御史赵桥疏参，后在康熙五十二年二月，命将戴名世处斩，方孝标戮尸，是案牵连至数百人。

1715年乙未，清康熙五十四年。

是岁，蒲松龄死：蒲松龄(1640–1715)，字留仙别号柳泉居士，也称聊斋先生，山东淄川（今淄博市南）人。早负文名，屡试不中，久为熟师，家境贫困。以数十年时间，写成著名短篇小说集《聊斋志异》。又能诗文，善俚曲，有《聊斋文集》、《聊斋诗集》和《聊斋俚曲》等。

1716年丙申，清康熙五十五年。

是岁，《康熙字典》成书：张玉书等编四十二卷，尽十二集，一百一十九部，每字详其声音，训诂，共收字四万七千零三十五个。

1717年丁酉，清康熙五十六年。

十一月，严查白莲教徒：河南巡抚张圣佐极，兰阳（河南兰考）县民李雪成之子李兴邦，在生员李山义家以白莲教为名，聚徒惑众，今已拿获。初九日，命严审定议具奏。后李雪成补充杖毙，为首之袁进（又名朱复业）凌迟处死，李兴邦等二十二人俱斩立决,孙内等十四人俱斩监候。并命令地方官,严查各处白莲教。

1718 年，戊戌，清康熙五十七年 十月，命允禵为抚远大将军：十二日，以额伦特兵败（于上月征讨策妄阿喇布坦，矢尽力绝败殁略）授皇十四子，因山贝子允禵为抚远大将军。寻命派出之兵，往西安一路为第一起，由护军统领吴世巴等带领，于十一月十五日起程，驻庄浪(甘肃永登)；往宁夏一路为第二起，由付都统赫石亨等带领，于十一月二十九日起程，驻甘州（甘肃张掖）；往榆林一路为第三路，由抚远大将军允禵带领，于十二月十二日起程，驻西林（青海西宁）。

1720 年庚子，清康熙五十九年。

正月，命延信率先进藏：三十日，命抚远大将军允禵率前锋统领弘曙移驻穆鲁期乌苏，管理进藏军务粮饷，援都统延信为平逆将军，率兵进藏以公策旺诺尔布，付都流阿琳宝，额附阿宝，待读常授，提督马见伯，总兵李麟等参赞军务，寻授噶尔弼为定西将军，带领滇、川兵进藏。

二月，复封六世达赖：先是康熙五十六年准噶尔军入藏后，将六世达赖意希嘉措废弃，时西藏黄教大喇嘛及青海王，台吉等议立在青海文格桑嘉措为达赖六世。十六日，命封新湖必尔汗（即格桑嘉措）为弘法觉众第六世达赖喇嘛，并派满汉官兵及青海之兵，送往西藏。后以意希嘉措先为六世达赖，格桑嘉措遂为七世达赖。

八月，清军进入拉萨：先是定西将军噶尔弼率领云南、四川满、汉官军，初八日自拉里（今西藏嘉黎）前进，令岳钟琪为前驱。钟琪、字东美，四川成都人，先人赞为同知，后从军改武职，授游击、迁付将。钟琪为噶尔弼军前锋，次察木多，选军中通藏语者三十余人，更衣间行至洛隆宗，斩准噶尔使人，番众惊，请降。噶尔弼用岳钟琪策，报西藏第巴达克杂降。继以达克杂等为先导，乘皮船渡河。复分兵三队，二十三日，进取拉萨。噶尔弼令传各寺庙喇嘛聚集一处“宣示圣主拯救西藏人民至意”，封闭达赖喇嘛仓库，扎立营寨。三大寺院之坎布将各寺准噶尔之喇嘛擒献。为首五名喇嘛斩首，其余九十六名监禁。其时平逆将军延信率西路官军由青海前进，先后三次败策凌敦多布兵，护送格桑嘉措于九月回至拉萨“坐床”。后命内应请军入藏之原拉藏汗官员康济鼐管理前藏事务，颇罗鼐管理后藏事务。

1722 年王寅，清康熙六十一年。

十一月，康熙帝死：先是初七日，康熙帝不豫，自南苑回驻畅春园。初九日，命皇四子雍亲王胤祯恭代祀天。十三日，丑刻，康熙帝病危、戌刻、死。康熙帝在位六十一年享年六十九岁。后谥仁皇帝，庙号圣祖。雍正六年九月初一日，葬于景陵（清东陵）。

同月，十三日，命贝勒允禩，十三阿哥允祥，大学士马齐，尚书隆科多总理事务。召抚远大将军十四阿哥允禵与允礽之子弘曙二人驰驿来京。

胤禛即皇帝位；二十日，胤禛御太和殿，祗告天地，宗庙，社稷，布告天下，以明年为雍正元年。

十二月，十一日，封贝勒八阿哥允禩为和硕亲王，十三阿哥允祥为和硕怡亲王等。寻命怡亲王允祥总理户部三库事务。

三、世宗 胤祯 雍正 1723——1735 年

1723 年癸卯，清世宗宪皇帝胤禛雍正元年。

十月，派兵征青海罗卜藏丹津：先是清末厄鲁特蒙古和硕特部顾实汗（图鲁拜琥）据有青海。顺治十三年顾实汗死后，其裔一驻西藏一驻牧青海。康熙帝亲征噶尔丹至青海，顺实汗之予，达什巴图尔等朝觐，授为亲王。后清军入藏平定策妄阿喇布坦军，青海部兵皆从征。及达什巴图尔死，其子罗、藏丹津袭亲王爵。罗卜藏丹津冀望汗号，欲复先人霸业，总长青海及西藏诸部，遂值雍正帝新立，结诸部盟于察罕托罗海，令各仍行故号，不得复称王、贝勒等爵，而自称达赖浑台吉。并以兵胁拒不从命之同族亲王察罕丹津及郡王额尔德尼额尔克托克托鼐等，逼其携众内奔河州关外。雍正帝遣驻西宁之侍郎常寿往谕，反为罗卜藏丹津所执。罗卜藏丹津先已串通青海塔尔寺大喇嘛察罕诺门汗，又阴约策妄阿喇布坦为后援，煽动二十余万人骚乱，犯西宁，掠牛马，报闻京师。初二日，命年羹尧为抚远大将军，率军前平乱。

1724 年甲辰，清雍正二年。

正月，授岳钟琪为奋威将军年：尧任抚远大将军之后，令岳钟琪等分领军队，派兵往永昌，布隆吉尔，以防岳钟琪为乱，是月十二日，聚兵于哈拉直沟，奋威将军岳钟琪等率兵奋击，斩杀数千，据其三。次日，时抵郭隆寺，喇嘛兵匿于寺外，山谷间涧内。钟琪令官兵施放枪炮，聚薪纵火，击杀，熏死无数。是役，前后杀伤喇嘛六千余名，后毁郭隆寺。

三月，年羹尧奏平定青海：首先岳钟琪请乘青草未生，以兵五千，马万匹，兼程捣其不备，允之。二月初八日，年羹尧命兵分三路，岳钟琪出南路，武正安出北路，黄喜林出中路，分进合击罗卜藏丹津，岳钟琪率军进至哈喇乌苏、斩获千余人，寻获其大酋阿尔布坦布，复进薄额母讷，布隆吉尔，罗卜藏丹津西窜。岳钟琪率兵追逐，一日夜驰三百里；寻其将来降，罗卜藏丹津所在距师为五十余

里处。于是岳钟琪分兵一千，蓐食衔牧，日暮复进，二十二日黎明抵其帐。时敌尚未起，马皆无衔勒，仓皇奔溃。罗卜藏丹津易妇人服，骑白驼遁。是役，出师十五日，往返两月，斩降无数。初九日，抚远大将军年羹尧以平定青海报闻。旋授年羹尧为一等公，岳钟琪为三等公，后从年羹尧之请，于巴尔库尔、吐鲁番、哈密、布隆吉尔、宁夏贺兰山外等处驻兵，余俱撤回原处。

1725 年乙巳，清雍正三年。

十二月，年羹尧之狱：年羹尧，字亮工，汉军镶黄旗人，康熙三十九年进士，改庶吉士，授检讨，后擢四川巡抚，寻以平西藏功，升川陕总督。康熙帝死，召抚远大将军允禵还京师，以年羹尧管理其印务事。雍正帝即位，隆科多以贵戚掌握兵权，年羹尧以战功任大将军，内外夹辅，为胤禛所倚任。雍正二年初，以平青海功，累进爵至一等公。羹尧才气凌厉，女为贵妃，恃宠骄纵。又素为雍正帝心服、曾与谋夺帝位事，为雍正帝所忌，迭次降黜（邦你夺了帝位，为灭口至之于死地）本年四月，调为杭州将军；六月，其子年富，年兴俱褫职，寻削夺其爵；八月，直隶总督李绂以年党逮鞠。至是月十一日，会鞠年羹尧大逆罪五，欺罔之罪九，僭越之罪十六，狂悖之罪十三，专擅之罪六，贪黩之罪十八，命年羹尧自裁，其父遐龄，兄希夺官免罪，其子年富立斩，诸子年十五以上者戍边，子孙未满十五者，待至时照例发遣，族中文武百官俱革职，其幕客邹鲁，汪景琪先后皆坐斩。

1726 年丙午，清雍正四年。

正月，宣诏允禩罪状：初五日，召诸王、贝勒、贝子、公及满、汉文武大臣等，谕以廉亲允禩希冀非望，狂悖已报，封允禩为亲王之日，允禩对为其贺喜者曰："何喜之有？我头不知落于何日！"并焚毁皇考御批等。著削籍离宗，革去黄带子；以允禟、苏奴、吴尔占与允禩结党，并革去黄带子，俱除去宗人府名字。寻命将允禩圈禁高墙，后命改其名为"阿其那"。

五月，禁锢允禵：先是皇十四弟允禵在马兰峪居守景陵，初二日，命将允禵撤回，禁锢于寿皇殿附近，寻命将其党鄂伦岱、阿尔阿松俱立斩。

同月，改允禟名为"塞思黑"：先是皇九弟允禟尝言："若大阿哥、二阿哥一例拘禁，我倒安逸。"又有"出家离世"之语，被发往西宁西大通居住，革去贝子。本年正月又宣诏其罪状。至是以允禟前在数年间挺身凯觎大位，后在给允礽书札内，有"机会已失，悔之无及"等语；与允禩、允禔、允禵、允礽等共为党羽，内连外结。十四日，命将允禟改名为"塞思黑"。拘于保定。

六月，定阿其那、塞思黑罪：初三日，康亲王崇安等公同议参阿其那（允禩）罪四十款，塞思黑（允禟）罪二十八，允禵罪十四，请将阿其那、塞思黑、允禟（即先征西大将军十四、康熙遗命十四继承，被年羹尧和胤禛舅改为第四子）速正典刑。因颁布发谕旨，宣示中外。后直隶总督李绂奏称，塞思黑“患腹泻之疾”，于八月二十四日亡故；顺承郡王锡保奏称，阿其那“染患呕症”于九月初十日亡故。

七月，立保甲法：二十五日，史部遵旨议覆保甲之法，十户立一牌头，十牌立一甲长，十甲立一保正。各地村落，均一体编排。

1727 年丁未，清雍正五年。

七月，《布连希奇条约》签订：先由额附策陵，四格，图理深等与俄国代表萨瓦等，在色楞格斯克附近之布尔畔地方，就议定疆界事宜等举行谈判。十五日，双方签字《布连希奇条约》规定了中俄中段边界条约：自额尔古纳河沿布尔古特山等处至博木沙毕鼐岭（即瀰宾达巴哈，位于唐努乌梁海地区西北端）为两国边界。并定恰克图为互市之场所。

十月，隆科多之狱：隆科多、满州镶黄旗人，一等佟国维之子，康熙帝孝懿仁皇后之弟。为侍卫、擢銮仪使，后官理藩院尚书兼步军统领。康熙帝大渐，召受顾命“大臣承旨者惟隆科多一人。”雍正帝即位，隆科多以勋戚掌握兵权，年羹尧同加太保，二年兼领藩院事。三年，以与羹尧交结，解步军统领，寻削太保，发往阿兰善等处修城垦地，又罢尚书职。隆科多尝称：“白帝城受命之日，即死期将至之时。”初五日，顺承郡王锡保遵旨具隆科狱词：大不敬之罪五，欺罔之罪四紊朝政之罪三，奸党之罪六，不法之罪七，贪婪之罪十六，共四十一款，命于畅春园外造屋三间，将隆科多永远禁锢；长子岳兴阿著革职，次子玉柱发往黑龙江当差，家产籍没，其交结者年羹尧、党附者阿灵阿、揆叙等先已治罪。隆科多于翌年六月死禁所。

1728 年戊申，清雍正六年。

五月，《恰克图条约》签定：十八日，定中俄《恰克图条约》共十一款，重申《布连斯奇条约》之内容：规定俄商每三年到北京一次，并在恰克图等地建立贸易市场；规定俄人在北京俄罗斯馆内建东正教堂；规定嗣后对逃犯两边皆应查拿送交各自边界官员等。

1729 年己酉，清雍正七年。

五月，吕留良文字狱：吕留良 (1629–1683)，字用晦，号晚村，浙江崇德（今桐乡）人。明亡，图谋复兴，事败。后又拒以博学鸿词荐，隐遁山林，削发为僧，自称为明之遗民。治程朱理学，著《吕用悔文集》等。后湖南永兴人曾静 (1679–1735) 科试不第，家居愤郁，读吕留良遗著，受其影响。遂遣其学生张熙（湖南衡阳）人，至浙江吕留良家访求书籍。吕留良之子毅中授其父所著书文，书中称清为“北”或“燕”，文中有“今日之穷，为羲皇以来所仅见”等语。曾静又与留良学生严鸿逵，及鸿逵之徒沈在宽等结交。雍正六年，派张熙化名张倬，投书于川陕总督岳钟琪，劝以同谋举事。岳钟琪扣留刑讯，究问指使之人，张熙甘死不吐实。岳钟琪置之密室，许以迎聘其师，佯与设誓。张熙将曾静供出。岳钟琪是密折奏闻。二十一日，著定议具奏。寻派刑部侍郎抗奕禄等湖南，审讯曾静。随将曾静、张熙解京。并派官往抄吕留良家，获书籍、日记等。后以大逆之罪，命将吕留良戮尸枭示，其子吕毅中斩首，将曾静、张释放。

1731 年辛亥，清雍正九年。

六月，傅尔丹兵败和通脑儿：先是噶尔汗噶尔丹策零遣兵夺取两路大军马驼后，又派大策零敦多卜等率兵三万，越阿尔泰山直犯冯路。靖边大将军傅尔丹率军自初九日从科布多起程，分兵三队，轻装前驰，欲乘其不备，速迎掩杀。十七日，准噶军先遣哨骑佯为被擒，诡供有兵一千、驼马万余，在博克托岭，尚未立营防守，且大策零敦多人途中患病，诸将不和。傅尔丹勇而寡谋，轻信供言，驱兵往袭，前锋统领丁寿等交谏不听。十八日，丁寿率前队略获水胜，傅尔丹遂驱万骑前急驰。二十日，大策零敦多卜等诱傅尔丹军至和通脑儿（蒙古科布多西二百里处），二十一日，谷中胡笳远作，毡裘四合，伏兵三万，驰骋冲突，傅尔丹前锋四千余人被围。准噶军以逸待劳，以主迎客，以静制动，以众击寡；傅尔丹前军统领丁寿，参赞苏图，付都统马尔济等虽经力战，终至败殁。二十三日，准噶尔军既破前锋军，又直犯大营。傅尔丹命索伦兵等遂大溃。傅尔丹率领满州兵二千且战且退，十七月初一日还科布多。是役付将军巴赛、查纳弼承郡王锡保代之，移科布多营于察罕叟尔（蒙古乌里雅苏台南）。

1735 年乙卯，清雍正十三年。

八月，雍正死于圆明园：先是二十一日，雍正帝不豫：二十二日大渐；二十三日死。遣命皇四子宝亲王允禄、果亲王允礼、大学士鄂尔泰和张廷钰四人辅政。雍正帝在位十三年，五十八岁，后谥宪皇帝，庙号进宗乾隆二年三月初二日葬于易州泰陵（清西陵、胤禛死，别史料是无病，在卧榻被人取去首）。遣诏张廷玉、鄂尔泰将来配享太庙。

九月，弘历即皇帝位：初三日，弘历御太和殿，祇告天地、宗庙、社稷，布告天下，以明年为乾隆元年。

四、高宗 弘历 乾隆 1736——1795 年

1736 年丙辰，清高宗纯皇帝弘历乾隆元年。

正月，准噶尔遣使入贡；十七日，噶尔丹策零贡使吹纳木喀入觐，并献方物。寻命撤西北驻防兵，酌留鄂尔坤与乌里雅苏台驻防兵丁。召大将军庆复回京，并

派参赞大臣二员，协同鄂驸策零办理事务。

七月，密立皇太子：初二日，乾隆帝于乾清宫西暖阁，召总理事务王、大臣、九卿等，宣谕密书建储御旨。收藏于乾清宫“正大光明”匾额之后。

1745年乙丑，清乾隆十年。

四月，鄂尔泰死：鄂尔泰(1677–1745)，满州镶兰旗人，举人出身。康熙末与田文镜，李卫鼎为雍亲王心腹。雍正时任云贵总督，在滇实行改土归流，疏请兴云南水利，后任军机大臣。雍正帝死，受遗命与张廷玉等辅政。遂互相竞权势，角门户，时满人多附鄂尔泰，汉人趋向张廷玉。十三日，鄂尔泰遗疏奏闻。著有《鄂尔泰奏折》、《平蛮奏疏》、主修《八旗通志初集》、《贵州通志》等。

1748年戊辰，清乾隆十三年。

正月，封允禵为郡王；先是乾隆初年释放十四皇叔允禵家居，上年六月封为贝勒。至本月初八日，又封为郡王，上朝如故。

三月，皇后富察氏投水死：十一日夜乾隆帝东巡（二月初四东巡至曲阜，泰字，驻济南，本月回京）回驻德州，于舟中宴饮淫乐。皇后富察氏激切进谏，乾隆帝加以诟谇，后羞忿投水死。皇太后得闻临视，悲恸良久。

九月，授傅恒为经略：先是经讷亲初至军，锐意进取。下令于三日内攻刮耳崖；并以碉逼碉，每得一碉，死伤官兵无数。总兵任举，付将贾国良皆战役。攻战数日，无尺寸功，总督张广泗轻讷亲王不知兵，遇事掣时，故经略，总督不和，讷亲劾广泗老师糜饷，岳钟琪亦密奏广泗所用之向导良尔吉通敌。二十九日，命将张广泗革职治罪，将讷亲革职并发往北路军营效力；以傅恒为经略，统金川军务。

十二月，杀张广泗和讷亲：川陕总督张广泗革职后，被逮至京师。初七日，乾隆帝在瀛台亲自鞠讯，广泗“茹刑抗辩”。乾隆帝怒，以此贻误军机罪，十二日命斩之。广泗死，二十二日，命傅恒将革职大学士，经略讷亲于营门，以其祖遏必隆遗刀，徇众斩之。

1749年己巳，清乾隆十四年。

正月，金川事平：先是经略傅恒驰驿至军，斩泄漏军机之小金川土金良尔吉等，以断其内应。又增调邻省兵力，改变张广泗分碉防守之策，定于四月报捷。乾隆帝以劳师二载，诛二大臣，费帑需近千万，命傅恒班师。时傅恒、岳钟琪两路，连克碉寨，军声大振。莎罗奔慑于军威，粮食将尽，欲降又恐被杀，首鼠两端。而岳钟琪初督川陕时，曾奏给莎罗奔印信。莎罗奔至今感其恩。钟琪请于傅恒，简从轻骑，径入莎罗奔驻地勒乌围。骑至，岳钟琪缓辔掀髯笑曰：“尔等认识我耶？”因金川先传闻岳钟琪之死，至是惊惧，伏地罗拜。莎罗奔亲捧茶汤进献。岳钟琪宣布皇帝威德，告以恩赦之意。莎罗奔带领喇嘛，头领多人，焚香跪迎大学士傅恒。傅恒宣诏免死。金川事平。后封傅恒忠勇公，封岳钟琪三等功并加岳部尚书衔。

1750 年庚午，清乾隆十五年。

十月，驻藏付都统傅清被害：初西藏郡王颇罗鼐死，其子珠尔默特那木扎勒袭封。其先奏罢驻防之后，继袭杀兄珠尔默特策布登，又暗请准噶尔兵为外援，待准噶尔兵到后聚众谋变。驻藏付都统傅清，左都御史拉布登察觉其谋，欲先发制之，但手中无兵，遂定智擒之计。十三日，将珠尔默特那木札勒传至寓中楼上，傅清拔刀杀之。其随从卓呢罗卜藏扎什跳楼逃逸，纠唤党类，聚兵包围，施放枪炮，纵火焚楼，傅清、拉布敦等俱遇害。旋达赖喇嘛聚兵抚众；班呢达擒获卓呢办卜藏扎什等，俱绞决。寻事平，派班第为驻藏付都统。翌年废除封授王制，正式设立噶厦厅（即地方政府）噶厦厅设噶厦四人，由一名僧官和三名俗官担任。经清廷任命，共理政务；重大政事先请示驻藏大臣和达赖喇嘛酌定办理。

1751 年辛未，清乾隆十六年。

正月，乾隆帝首次南巡：先是以初次南巡，免江苏、安徽乾隆元年至十三年和河南乾隆十四年以前逋赋及浙江本年额赋，后又免甘肃乾隆元年至十年逋赋，共银三百四十七万二千余两，粮一百余万石。十三日起行，后南至杭州。五月初四日，还京师。

1753 年癸酉，清乾隆十八年。

二月，卢鲁生被凌迟处死：先是，大学士孙嘉淦于雍正初年以检讨奏封事三；请“亲骨肉，停捐纳，罢西兵”，因之直声震天下。乾隆帝即位后，尤倚重孙嘉淦。时以乾隆帝将南巡，江督黄廷桂供张办，严苛贵，属吏怨苦。卢鲁生等遂伪撰孙嘉淦谏止南巡奏稿，称“五不可解，十大过”，并遍劾阁臣鄂尔泰等，传播两年，远迩皆闻。此案涉连官吏几至千人，蔓延于七八省。十二日，命将卢鲁生处死。

十二月，孙嘉淦死：孙嘉淦(1683–1753)，字锡公，山西兴县人，故家贫，耕且读，后成进士。曾官至协办大学士，吏部尚书。其官以八约自戒：“事君笃而不显，与人共而不骄，势避其所争，功藏于无名，事止于能去，言删其无用，以守独避人，以清废廉取。”著《孙文定奏议》等。

1755 年乙亥，清乾隆二十年。

三月，胡中藻诗狱：胡中藻，江西新建人，为故大学士鄂尔泰门生，曾任翰林学士和陕西、广西学政，著《坚磨生诗抄》。十三日，谕称：“一把心肠论浊清，加‘浊’字于国号之上，是何肺腑？”“至其所出试题内，考经义有‘乾三爻不象龙’说。乾隆乃朕年号，隆与龙同音，其诋毁之意可见！”胡中藻以悖逆讥讪罪下狱，四月弃市。并将鄂尔泰撤出贤良祠。鄂尔泰之侄鄂昌是巡抚，以引中藻为世谊，往复唱和，在诗中称蒙古为胡儿，后会自尽。胡中藻诗狱兴，讦告诗文之事纷起。

1757年丁丑，清乾隆二十二年。

正月，乾隆帝二次南巡：乾隆帝将南巡，免江苏、安徽、浙江上年半以前未完民欠等。十一日，乾隆帝南巡起行，后至杭州，五月回京。

四月，阿睦尔撒纳逃向俄国：先命北惠为右付将军出西路，成兖扎布为左将军出北路，大举征讨睦尔撒纳等，令大将所至，玉石不分，“尽诛丁壮，以女人赏喀尔喀。”及阿睦尔撒纳和噶尔藏多尔济为其兄子噶尔布所篡，台吉尼玛旋杀噶尔布。其时诸部内讧，互相残杀，且实荒严重，牲畜倒毙，痘疫流行，死亡相踵。兆惠等乘势进兵，连战皆捷。阿睦尔撒纳势绌，复自博罗塔拉河向俄国窜去。三十日，报闻。于八月患痘症死于俄国。（阿睦尔撒纳据伊犁专制西域，与清作对）。

1760年庚辰，清乾隆二十五年。

八月，以阿桂总理伊犁事务：阿桂，字广廷，满州正兰旗（后隶正白旗）人，为大学士阿克敦之子。上年从富德出师回部。是年移驻伊犁。是月二十一日，以阿桂总理伊犁事务，授为都统。时，西域初定，乾隆帝诏各统兵诸大臣筹议咸谓沙漠辽远，牲畜凋耗，难以驻守，阿桂疏言：“守边以驻兵为先，驻兵以兵食为要，伊犁河以南海努克等处，水土沃衍，宜屯田。请坛遣回民娴耕作者往屯；坛派官后驻防，协同耕种：次茅建置城邑，预筹马驼，置台站，运沿边米赴伊犁；简各省流入闲工艺者，发备任使。”后阿桂坯督农器，促屯耕获，岁大丰。

十月，颙炎生，初六日，乾隆帝第十五子生，取名颙炎，母魏佳氏，后为清仁宗嘉庆皇帝。

1762年壬午，清乾隆二十七年。

正月，乾隆帝三次南巡：十二日，乾隆帝第三次南巡起行。至杭州、江宁，五月回京师。

十月，初命明瑞为伊犁将军：十六日，以伊犁为新疆都会，授明瑞为总督伊犁等处将军，治惠运城（今新疆霍城南），统辖南北两路军政事务。寻授爱隆阿、伊勒图为伊犁参赞大臣，伍岱为伊犁领队大臣。

1764年甲申，清乾隆二十九年。

是岁，曹雪芹死：曹雪芹，名霑，字梦阮，号雪芹，又号芹圃。芹溪。其先世原是汉人，但很早，入满洲正白旗内务府藉。自曾祖起，三代任江宁织造，其祖曹寅尤为康熙信用。康熙帝五次南巡，有四次驻跸其府。雍正初，家道衰落，生活维艰。晚年居北京西郊（现在北京植物园仍有其旧居平屋数间），因贫病而死（据说，他在著作《红楼梦》家中欠粮）其卒年也说是乾隆二十八年（1763 年）（但据北京通县张家湾农民于 1966 年于地挖出“曹公讳霑墓”与“壬午”二字的碑石来看，“壬午”年是 1762 年，清乾隆二十七年。这说明曹雪芹是 1762 年死，不会人还未死就将墓碑刻成。即使刻成亦不能定为“壬午”年）。雪芹出自“钟鸣鼎食之家，诗书簪缨之族，”具有深厚的文化修养和卓绝的艺术才能，以十年时间，从事于《石头记》（即《红楼梦》）的创作。书中以贾宝玉和林黛玉爱情悲剧故事为主线，通过一个贵族显宦家庭盛衰历史的描写，塑造出众多典型人物，于黑暗腐败封建社会以深刻的揭露和批判，成为中国古典小说中伟大的现实主义杰作，也是世界文学史上一颗明珠。雪芹写《红楼梦》未竟而卒，留下遗稿八十回。

1765 年乙酉，清乾隆三十年。

正月，乾隆帝第四次南巡：十六日，乾隆帝第四次南巡起行。后至杭州，四月回京师。以南巡，先免江苏、浙江、安徽历年因灾未完钱粮。

1772 年壬辰，清乾隆三十七年。

正月，建乌鲁木齐城：从伊犁将军舒赫德奏，十七日命建乌鲁木齐城，驻兵屯田，寻以索诺策零为乌鲁木齐参赞大臣，德云为领队大臣，俱受伊犁将军节制。

五月，总督桂林兵败墨垄沟：四川总督桂林和付将军温福出师金川，破调克寨，连获小胜。但四川军营将领不和，互相讦告。时桂林出打箭炉（今四川康定），温福出汶川，为东西夹攻小金川之计。桂林遣将薛琮统兵三千，携五日粮，欲截小金川甲尔木后路，不意被其潜从后路抄截，被围于墨垄沟七昼夜，羽檄告急。桂林却终日酣饮欢聚，致全军无援陷没，泅水归还者仅二百余人。初八日，金川败报奏闻。命将桂林褫职逮问，以阿尔泰署四川总督，进兵事交阿桂专办。

1773 年癸已，清乾隆三十八年。

二月，开四库全书馆：先是上年正月初四日，命各省督，抚会同学政搜集古今群书，将各书叙列、目录、朝代、作者、提要等具奏，后令将其贴于开卷付页之右方，以便阅览。至是十一日，命派军机大臣为总裁，栋选翰林官三十员专司纂辑，并设办事翰林等作为提调、司掌，以翰林院署内拖西房屋一区为办事之所，开馆纂修，俟成编时名为《四库全书》，寻命大学士刘统勋、刘纶、于敏中，尚书福隆安、王际华、裘白修俱为正总裁。以纪昀（纪晓岚）及陆锡熊为总裁。

十一月，大学士刘统勋死：于六月二十五日，大学士刘纶遗疏闻。纶 (1714–1773)，江苏武进人，官至大学士兼军机大臣，有《绳庵内外集》。纶前后入军机处有二十年，与刘统勋有“南刘北刘”之称。至是十六日，刘统勋又死。统勋 (1669–1773)104 岁，字延清，山东诸城人。雍正进士，后官尚书，赏勘海塘，巡河工。

如视杨桥漫工，河吏以刍菱不给为辞，月余尚无头绪。统勋微行，见载刍菱车几数百辆，皆驰装困卧。问之，皆言官吏索贿为收。贫而不能纳贿，故置而不收。即令缚河吏论罪，薪刍一之收尽，河工逾月遂竣。官至大学士兼军机大臣。著有《刘文定公集》。

1776年丙申，清乾隆四十一年。

二月，阿桂等攻克噶拉依：先是莎罗奔等失陷勒乌围。逃往噶拉依。噶拉依是大金川官寨，为索诺木驻地。阿桂等议分北、西两路：北路自勒乌围，夺大金川上游，南下扣攻：西路据河西辅攻。上年十二月，阿桂等克寨夺卡。进据噶占山梁，直捣噶拉依。明亮等克险据寨，进抵触松隘口，克朝合攻噶拉依。自二十二日，阿桂、明亮等会攻噶拉依。正月初，索诺木之母及其姑，姐妹出降，但索诺木，莎罗奔等皆在官寨中抵死力拒。阿桂督师筑长围。断水道，陷卡夺碉，层层逼近，又施炮击，兼用火攻，历中十余日，至本月初四日，索诺木水断粮尽，计穷力竭，率兄弟及大小头目等二千余人，跪捧印信降。金川平，以平金川功，阿桂晋一等诚谋英勇公，并居紫光阁图画功臣像之首；加公丰升一等；封明亮为一等襄勇伯：海兰察为一等超勇候，余各封赏有差。是役历时五年，其“地不逾五百里，人不满三万众，而费帑至七千万”，四月，磔索诺木等于京师（投降也不保命）。金川平后，噶拉依设总兵，勒乌围设付将。后将金川改土归流，以大金川地为阿尔古厅，小金川地为美诺厅。

十二月，国史馆编列《二臣传》：初三日谕：“盖崇奖忠节，即所以风励臣节也。因思我朝开创之初，明末诸臣，望风归附，如洪承畴，经略丧师，俘擒投顺，祖大寿以镇将罹祸，带城来投，及定鼎时，若冯铨、王铎、宋权、谢升、金之俊、党崇雅等，在明俱曾跻显秩，入本朝仍忝为阁臣。至若天戈所指，解甲乞降，如左梦庚，田雄等，不可胜数。盖开创大一流之规模，自不得不加以录用，以靖人心而明顺逆。今事平靖而念经，若而人者，皆以胜国臣僚，乃遭际时艰，不能为其主临危授命，辄复畏死幸生，腼颜降附，岂得复谓之完人？即或稍有片长足录，其瑕疵自不能掩……朕思此等大节有亏之人，不能念其建有勋绩，谅于生前；亦不因尚有后人，谅于既死。今为准情酌理自应于国史内，另立《贰臣传》一门，将请臣仕本朝各事迹，据实直书，使不能纤微隐饰。

1778年戊戌，清乾隆四十三年。

正月，追复多乐兖等封爵：乾隆帝阅《实录》，见睿亲王多乐衮于开国之时，首先统众入关，成一统之业，厥功最著，而身后蒙不白之冤，削夺封号，于心来惬。初十日，命追复睿亲王多尔衮封爵，补入《玉蝶》，补继袭封。并复豫亲王多铎原封。又以礼亲王代善后政封康亲王，郑亲王济尔哈朗后政为简亲王，肃亲王豪格后政封显亲王，俱复其原号，配享太庙。

九月，宣谕至乾隆六十年内禅：以金从善呈清建储等事，申言立储流弊，宣·时归政之期。二十一日，宣谕略云：联历览诸史，今古异宜，知立储之不可行。盖一立太子，众见神器有属，幻起百端。弟兄既多所猜嫌，宵小且从而揣测。其懦者，献媚逢迎，以陷于非：其强者，设机媒孽，以巫其过。往往酿成祸变，遂致父子之间，慈孝两亏；家国大计，转滋罅隙。且太子之名，盖自周始，《礼记》因有《文王世子》之篇，其后遂相延袭。然至幽王时，太子宜臼即以谗废。后世若汉武帝立据为太子，致有巫蛊之祸，唐太宗立太子承乾，竟以谋逆废黜。明洪熙为太子时，汉王高煦百般相倾，东宫诸臣接踵下狱，幸而洪熙谨慎，保以保全：然以忧谗畏讥成疾，在位不克永年，至于立嫡立长，尤非确论。汉文帝最贤，并非嫡出，使汉高祖令其嗣位，何至有吕氏之祸？唐太宗为群雄所附，使高祖不立建成而立世民，则“玄武门之变”。明永乐为以勇略著闻，使明太祖不立建文而立永乐，则亦无“金川门之难”。我朝家法，皆未预定储位，皇祖时曾立理密亲王为皇太子，后以怙终废遂不复建储，而属意于我皇考。雍正元年，皇考亲书朕名，缄藏于乾清官“正大光明”匾内，而不预宣示。及朕赞承洪绪效法前微。昔皇祖御及六十一年，予不敢相比，若邀穷苍眷佑，至乾隆六十年，予寿八十有五，即当传位于皇子，归政退闲。昔唐宣宗闻裴林立储之请，曰：“若立太子，则朕为闲人”。又宋仁宗储位既定，郁郁不乐。宋英宗立太子后，该然泣下。皆朕所嗤鄙。曾于批阅《通鉴辑览》时，评斥其非，安肯踵其庸陋之见乎！

十一月，徐述夔诗狱：已故江苏东台举人徐述夔，在《一柱楼诗》中，有《明朝期翮，一举去清都》，“大明天子重相见，且把夔儿搁半边”诗句。以其影射讥刺，二十七日，命将徐述夔及其子述祖（已死）戮尽其孙食田论斩：失察之江苏布政使陶易，列名校对之徐首发等俱斩监候。已故礼部尚书沈德潜曾为之作传，命将其赐碑讣倒，磨毁碑文，并撤出贤祠。

1780年庚子，清乾隆四十五年。

正月，乾隆帝第五次南巡：十二日，乾隆帝第五次南巡起行。南至杭州、江宁、五月还京师。

三月，二十二日，以和珅为户部尚书。

五月，二十日，尚书和砷之子赐名丰绅殷德，指为十公主额驸。

七月，班禅额尔德尼入觐：为给乾隆帝七十岁生日祝寿，班禅额尔德尼六世自后藏先至热河。二十一日，在避暑山庄清矿殿入觐。寻乾隆帝御万树园，赐班禅额尔德尼六世等宴。又在京师香山为其建“宗镜大昭之庙”，俗称“昭庙”。十一月，班禅额尔德尼六世在京师圆寂。后在北京西黄寺内为其建藏经卷，衣履石塔，名清净化城塔。

1782年壬寅，清乾隆四十七年。

正月《四库全书》第一份告成：自乾隆三十八年开始，历时共十年，四库馆员先后总计四千一百八十六人，所辑书籍按经、史、子、集四部排列，共收书三千四百六一种，七万九千三百零九卷，至二十九日止，第一份《四库全书》缮写告成。后又缮写六份，分储于紫禁城文渊阁，圆明园文源阁，盛京文溯阁，避暑山庄文津中阁，镇江文宗阁，扬州文汇阁和杭州文澜阁。另有一部付本藏于北京翰林院。

八月，初十日，颙炎次子曼宁生，母喜特腊氏，后为清宣宗道光皇帝。

1783年癸卯，清乾隆四十八年。

五月，予袁崇焕裔孙官职：十八日，谕曰："联披阅《明史》袁崇焕督师蓟、辽，尚能忠于所事，而其时主闇政昏，不能罄其忱悃，照熊廷弼裔孙之例，酌授官职。

1784年甲夺，清乾隆四十九年。

正月，乾隆帝第六次南巡：二十一日，乾隆帝第六次南巡起行。后至泰安、曲阜至杭州，驻江宁（今江苏南京），四月二十三日回京师。

1785年己巳，清乾隆五十年。

正月，乾隆帝御极五十庆典：初一日，颁诏天下。初二日，御重华宫，与大学士及内庭翰林等茶宴，以千叟宴联句，并御紫光阁，赐蒙古及回部王公，台吉和金川土司等宴。初六日，御乾清宫，举行千叟宴，宴亲王以下暨士商兵民六十以上者三千人。

1786年丙午，清乾隆五十一年。

十月，梅调元活埋二十三人：先是湖北孝感县民刘大么等因上年荒歉，携器皿向本处村民借粮。乡绅梅调元虑及被累，令其子等将刘大么等捆至僧寺考打，于三月初十日将刘大么等二十三人活埋。本月初一日，报闻。（事发七个月后），以开销帑银五百万两，督、藩、臬赈恤不力，命将原湖广总督特成额（已迁云南总督，也脱不了干系），布政使永庆，按察使王廷燮，前署孝感县知县秦朴，俱革职拿问。寻命将梅调元等凌迟处死（只有明君才办到，清因前几代帝王英明，才可将中国治理好）。

十一月，台湾林爽文起义：林爽文，原籍福建漳州，乾隆三十八年随父迁居台湾漳化县大里札庄，以农为业，后加入天地会，成为漳化天地会首领。是年秋，官储镇压天地会，焚烧村庄。二十七日，林爽文以"安民心，保家业"为号召，率众起义。翌日，攻下大墩官军兵营。二十九日攻下漳化，杀死知府孙景燧。知县俞峻。林爽文称盟主大元帅。十二月初六日，攻占诸罗（今嘉义）县城。初七日，再下淡水城（今新竹）。十三日，夺占风山（今高雄）知县汤大奎自杀。台湾全岛各地悬天地会旗响应，众至十余万人。林爽文率军分陆围攻台湾府城，闽渐总叔常青派水师提督黄士简等领兵二千前往镇压。

1787 年丁未，清乾隆五十二年。

正月，林爽文率义军攻台湾府城：初一日，林爽文带领天地会起义军速陷彰化、诸罗、凤山等城后，分为水陆两路，进攻台湾府城。台湾总兵官柴大纪在盐埕桥败起义军。旋陆路提督任承恩，水师提督黄土简统数千人抵台湾府城增援。是月，林爽文在彰化县建立农民政权，后迁至大里杙。

三月，郝壮猷败回台湾府城：林爽文率义军进攻台湾府城未克后，清命常青渡海赴台指挥水陆军事。但水路提督黄士简蜩缩郡城，按兵不动；陆路提督任承恩，安居鹿仔港，畏葸不前。总兵柴大纪于一月二十二日夺占诸罗城，总兵官郝壮猷亦于二一十一日夺占凤山城。时凤山城已空，召民复集，起义军杂于其中。本月初八日，起义军首领庄大田率众攻凤山县城，放火攻杀，里应外合，复占凤山县城,杀伤官军达三千余人,总兵郝壮猷败回台湾府城。寻命将郝壮猷军前斩首。

八月，授福康安为将军：初二日，原将军常青改任湖广总督，授福康安为将军赴台。又命海兰察为参赞大臣，普尔普、舒亮为领队大臣，恒瑞、兰元枚、柴大纪仍参赞军务，并先后增调各兵十万人，陆续驰赴台湾。

十一月，福康安解诸罗义围：总兵柴大纪于一月二十二日夺占诸罗县城后，起义军退至诸罗郊外，林爽文率军先后十次进攻诸罗城，均不克。时普吉保驻元长庄，恒瑞驻盐水港，与诸罗相距数十里而鼎立。诸罗县城由柴大纪领兵固守。起义军围攻诸罗近十月，城中乏食。但福康安于本月案卷率援军至，从海兰察策，佯言直抵大里杙，而阴陷诸罗。农民军措手不及，失利。初八日和初十日，海兰察和福康安率军进入诸罗城，与柴大纪会合，诸罗解围。后改诸罗名为嘉义。

1788 年戊申，清乾隆五十三年。

正月，林爽文起义失败：先是福康安入诸罗县城同柴大纪会合后，继又攻占大里杙。初四日，林爽文等在老衢崎被福康安所派扮作民人广东屯练兵俘获。后庄大田亦在琅桥被俘。福康安遂率军进入台湾府城。三月初十日，林爽文等在京遭凌迟杀害。

七月，廓尔喀举兵侵藏：先是班禅八世将在京所受赏赐珠宝等财物，携回西藏扎什伦布（日喀则）。班禅六世死后，所遗财物俱归其兄扎什伦布摄政仲巴呼图克图掌握，其弟沙玛尔巴因一无所得，而怀恨在心，潜赴廓尔喀（今尼泊尔），唆使其出兵劫掠扎什伦布财产。于是廓尔喀巴勒布以税金过重和食盐掺沙为借口，举兵侵入后藏，攻陷宗喀（今吉隆）。二十七日奏闻。后命四川总督鄂辉为将军，成都将军成德为参赞大臣，并派理藩院侍郎巴忠为监军，带官兵三千人出四川打箭炉赴藏击之。又命庆麟照料班禅额尔德尼由扎什伦布行赴前藏。

九月，出使缅甸大使杨重英归途病故：原任道员杨重英受命出使缅甸，在缅被羁留二十一年（比苏武时间还长），独居佛寺，未娶妻生子（难得）。时缅王奉表纳贡，将杨重英送出。二十七日，奏闻杨重英在归途中病故，其顾惜名节，著赏给道员职衔。

1791年辛亥，清乾隆五十一年。

八月，廓尔喀侵踞扎什伦布：先是乾隆五十三年，廓尔喀人入侵吉藏。乾隆帝以理藩院侍郎巴忠会藏语，命其任监军，赴西藏。巴忠自恃为御前侍卫，欲图草率了事，便同噶布伦丹津班珠尔私议与廓尔喀说和，令其退回侵占之后藏聂拉木、济咙、宗喀（今西藏吉隆）三处，每岁议元宝三百个。并以敌蹙乞降饰奏，而促廓尔喀人入贡受封。及期、丹津班珠尔未照前议给银。上月初七日，廓尔喀人以“未完债项”为借口，大举入侵据扎什伦布（今日喀则）肆行抢掠，洗劫扎布伦布寺，并将塔上松绿，石珊瑚等摘去。班禅七世丹贝尼玛先已退居拉萨，全藏大震。败报驰至，巴忠护驾避暑山庄，闻变畏罪投水自沉死。

命四川总督鄂辉、成都将军成德等，率领川军四千人由打箭炉出口进藏，前往亦理之。

十一年，授福康安为将军：初二日，以廓尔喀大举入侵西藏，洗劫扎什伦布，授福康安为将军，海兰察、奎林为参赞大臣，统兵由青海入藏，反击廓尔喀入侵。并命福康安昼夜遄行，限四十日抵藏。寻鄂辉、成德褫职，以惠龄为四川总督，奎林为成都将军。先后从东北调索伦兵二千从金川调士兵五千，调川兵三千，共约一万七千余人，开往前线。

1792年王子，清乾隆五十七年。

八月，准廓尔喀降：福康安等自上年十一月受命驰抵后藏，即整兵反击，于擦木，邦杏连获胜仗继又克复济咙，奸敌千余人。济咙以外，高山夹峙，窄径崎岖，形势险难。时军分两路：福康安亲自率军，由济咙直夺界隘热索桥；成德等统军，由聂拉木直奔关隘铁康桥。六月，福康安至廓尔喀关津热索桥，西崖壁立，前阻横河，敌卡御守，难以夺取。福康安派兵潜以上游缚木渡河，兵分三股，奇师袭敌。敌大败，遂占卡焚栅，寺桥前进。成德率军攻碉卡，踞山梁，强寺铁索桥。福康安和成德分别统军夺渡热索桥和铁桥后，翻越雪山，攻隘夺卡，深入其境数百里，逼近廓尔喀都城阳布（今尼泊尔首都加德满都）。而孙士毅在前藏，和琳在后藏，鄂辉在东路，惠龄在西路，督运粮食，火药等物资援济军旅。至七月初八日，廓尔喀国土拉纳、巴哈都尔势穷力竭，愿交还所掠扎什伦布财宝，金塔顶，金册印，并呈现沙玛尔巴骨殖，认罪乞降。是月二十二日，命大将军福康安允其清。九月初四日，清军全部由廓尔喀境内撤出，退回济咙。寻议廓尔喀功，福康安受赏量等轻车都尉，为武英殿大学士兼吏部尚书，海兰察晋为一等公孙士毅为文渊阁大学士兼礼部尚书，和琳补工部尚书等。后命将挑起事端之沙玛尔巴，分其尸骨于前藏布达拉（即拉萨）和后藏北什伦布（即日喀则）及察木多一带通衢大站地方悬挂，并将起衅犯事缘由，开写示众，用以儆戒。

1793 年癸丑，清乾隆五十八年。

四月，定西藏与廓尔喀疆界，先是上年福康安派员带同茅巴，前往勘明，西藏与廓尔喀在热咙桥设立鄂博为界，是月二十八日，命将鄂博以外之拉结，撒党两处归廓尔喀。廓尔喀需归还西藏底玛尔宗地方。

1794 年甲寅，清乾隆五十九年。

六月，二十八日，据伊犁将军保宁奏新疆额莫特现年一百三十岁，其妻八十九岁。命赏给缎匹、银两。

十月，刘之协被捕脱走：白莲教支派浑元教首刘之协，安徽省太和县原香集人。其师刘松于乾隆四十年被捕充军后，即与弟子宋之清等继续传教。乾隆五十三年继为总教首，传教于安徽、河南、湖北等省，称“牛八掌教，弥勒转世”，假托朱明后裔，宣传反清复明。刘之协被捕后，是月初九日，自太和解往河南扶沟，乘间逃脱，河南巡抚穆和蔺，扶沟县知县刘清鼐因此被革职。

1795 年乙卯，清乾隆六十年。

正月，湘黔苗民起义：先是贵州松桃厅（今松桃苗族自治县）大寨人石柳邓，于上年十二月，同湖南永绥厅（今花垣）黄瓜寨人石三保，相约于本年正月十八日，在两地同时发动起义，以“逐客民，复故土”相号召。但起义消息被汉族地主杨芳侦知告密，石柳邓遂提前于十三日发动起义。十八日，石三保亦率众起义。随之凤凰厅（今湖南凤凰县南）总兵明安图，永绥付将伊萨那，同知彭凤尧。旋攻下乾州城（湖南吉首西南）。

四月，黄瓜寨之役：湖南永绥（今花垣）黄瓜寨是湘黔苗民起义的重要根据地之一。石柳邓与石三保在黄瓜寨会师后，福康安与和琳等分率川、滇、黔、湘官军尾追进带黄瓜寨。官军绕道进攻黄瓜山大梁，但义军采取“官有万兵，我有万山；其来我去，其去我来”的战术，巧用地形，避实就虚，东游西击，打击官军，并击败护送粮饷之花连布军。官军火焚黄瓜寨，及占领黄瓜寨废墟时，石柳邓与石三保已带领义军转移。

九月，宣立颙琰为皇太子：初三日，乾隆帝御勤政殿，召见皇子，皇孙及王公大臣等，宣示立皇十五子嘉亲王颙琰为皇太子，以明年为嗣皇嘉庆元年，届期归政。

十一月，吴八月中计被俘：石柳邓、石三保自黄瓜寨转移后，集结力量，联络各部，在乾州平隆推举吴八月为王。福康安与和琳率官军分路围追，焚寨破卡，吴半生在鸭保寨后后投降。福康安采取“以苗攻苗”之策，对先在三月收降之永顺苗民首领张廷仲，奏赏给顶戴官职，随后又收降凤凰鸭保寨苗民义军首领吴陇登。在官军围攻鸭保寨时，吴八月率军转战至卧盘寨。吴陇登伪装溃散，浑入卧盘寨。初三日，吴八月被吴陇登计俘。送至福康安军营后遭杀害。

五、仁宗 颙琰 嘉庆 1796——1822 年

1796 年丙辰，清仁宗睿皇帝颙琰嘉庆元年。

正月，嘉庆帝即位：初一日，乾隆帝御太和殿，举行内禅礼授印。颙琰即皇帝位，尊弘历为太上皇帝，训政。颁诏天下。

同月，白莲教起义：先从民间秘密结社白教，于川、楚、陕三省交界地带深山老林棚民中之佃农、佣工间广为流传。乾隆曾命将教首刘松押至甘肃充军，后又下令。缉捕在川、楚、陕等地传教的刘松弟子刘之协。刘之协在河南省扶沟县脱走后，通令大肆搜索。州县官吏逐户查缉，株连网罗，人亡家破。初十日，白莲教徒张正漠、聂杰人等于湖北宜都洋郑畈聚众起义，清廷命湖广总督毕沅、湖北巡抚惠龄率兵往击之。

二月，王聪儿等率众起义：王聪儿（齐王氏）湖北襄阳人。自幼流落江湖，娴习骑射，貌美侠勇。其夫齐林为白莲教襄阳地区总教师。齐林等原定于正月元宵节（十五日）举事。事泄。齐林被捕死，悬首于城门；同时被骈杀一百多人，王聪儿与齐林弟子姚之富等聚众教徒数千人，初二日，于齐林故里襄阳黄龙垱（今湖北襄樊东南）起义。王聪儿被推为总教师，衣着尽白（为夫守孝）时年十九岁。旋王聪率领白莲教义军攻襄阳，不克：又打樊城。随之，楚西各地白教纷起：熊道成、陈德本率众破当阳；曾士兴、曾海阳聚众陷竹山：楚金、鲁惟志等起孝感：林文华、覃加耀等据长阳，皆与王聪儿所领导的白莲教义军相呼应。清命湖广总督毕沅，西安将军恒瑞等率兵往攻之。

四月，命分路攻堵白莲教：先是上月，恒瑞复占湖北竹山县城。本月初一日，嘉庆帝谕命陕甘总督宣绵，总兵百祥分攻郧县、郧西一带；乌鲁木齐都统永保，西安将恒瑞分攻竹溪，保康一带；湖广总督毕沅，杭州将军成德，分攻当阳、远安一带：湖北巡抚惠龄和富枝那分攻枝江，宜都一带：湖广提督鄂辉和彭文年分攻襄阳，均州一带；大学士署四川总督孙士毅督攻川，楚交界一带，以分攻合堵湖北白莲教起义军，旋命拨库银二百万两，以备军需。

七月，石三保被杀害：先是湖南苗民义军为四川总督和琳所败，首领石三保被俘获。后解至京师。十八日，被杀害。

八月，和琳死于军：和琳为乾隆佞臣和珅之弟，自笔帖式累迁至尚书，都统，四川总督。和琳在攻苗民起义财死于军（早死避以后上刑场），三十日奏闻。命配享太庙，家建专祠。后和珅败，命撤出太庙，毁专祠。

十二月，石柳邓战死报闻：先是石三保于五月战败被俘，后解至京师杀害，石柳邓率领苗民义军继续奋战。后福康安、和琳死于军，清命鄂勒登保为领侍卫内大臣督川攻苗。鄂勒登保与将军明亮等会攻平陇、贵州提督花连布被苗民义军杀死。至十七日，明亮等奏报，官军由平陇后山贵鱼坡，大顶坡等处分路进攻，破木城，夺石卡，石柳邓中枪身亡。其根据地皆被攻破，苗民义军虽受重创，但小股苗兵乃抗争达数年之长久。

1798年戊午，清嘉庆三年。

三月，王聪儿等投崖牺牲：先是襄阳白莲教军首领王聪儿、姚之富等，令高均德间道西往宁羌（今陕西宁强），疾渡汉江，吸引敌军；王聪儿等率马步二万，由石泉、西乡、洋县分道渡汉入陕。明亮，穆壳壁呵似琉院退廷．其历育官职惧被黜革，作为兵丁留军营效力。王聪儿等率兵渡汉后，又密令高均德引明瑞兵往东北追，而自统兵攻鄌县，略盩屋、薄西安。总兵王文雄列兵三千以拒，王聪儿等分兵为十余队，骑步相间，奋力攻击，王文雄布列圜阵，四向铳炮。王聪儿又率数千骑兵冲阵，为敌炮火所挫，遂折向东南，自山阳趋湖北，行至郧西上津堡南夹河张家湾沟内，而明亮，德楞泰聚蹑其后，郧西乡勇突扼其前。王聪儿等被围于卸花坡山——碗水地方。清军四面环攻，团团围困。王聪儿等率白教军将士，拼死抵拒，但粮绝水无，矢尽力竭。是月，王聪儿投崖身死，年二十二，姚之富等也相继坠崖死。其余部继续转战。

1799年己未，清嘉庆四年。

正月，弘历死：初三日，太上皇弘历病死，寿八十九岁。在位六十年，称太上皇帝三年。后谥纯皇帝。庙号高宗。九月十五日葬于裕陵（清东陵）。自太上皇弘历死，嘉庆帝颙琰始亲政。

同月，和坤案：和珅字致斋，满州正红旗人，少贫无藉，为文生员。乾隆中，袭三等轻骑都尉，寻挑补粘杆处。后擢御前侍卫，晋军机大臣兼步军统领，官领侍卫内大臣兼理藩院尚书事，宠任冠朝列。又调吏部尚书，协办大学上并管理户部。和珅柄政久，弄权作威福，善伺乾隆意，积怨满朝野。嘉庆帝在潜邸即知其奸，及即位，因太上皇在，不便处治。弘历死，给事中王念孙首劾和珅。初八日，革大学士和珅职，下狱治罪。经王大臣会审，得实。十五日，诏宣和珅罪状，略曰："朕于乾隆六十年九月初三日，蒙皇考册皇太子，尚未宣布谕旨，和珅于初二日在朕前先递如意，以拥戴自居，大罪一（献媚讨好，成罪一条）。骑马直进圆明园左门，过正大光明殿，至寿山口，大罪二。乘椅桥入大内，眉舆直入神武门，大罪三。妄将出宫女子娶为次妻，大罪四。于各路军报任意延搁，有心欺蔽，大罪五。皇考圣躬不豫，和珅毫无忧戚，谈笑如常，大罪六。皇考力疾批答奏章，字迹间有未真，和珅胆敢不如撕去另拟，大罪七。兼管户部报销，竟一人把持，变更成例，大罪八。上年奎舒奏循化、贵德，二万番众二千余人，抢劫达赖喇嘛商人牛只，肆劫青海，和珅驳回原折，隐匿不办，大罪九。皇考升遐后，朕谕蒙古王公未出痘者不必来京，和珅擅令已未出痘者俱不必来京，大罪十。大学士苏凌阿重听衰迈，因与其弟和琳缘亲，陷匿不奏；侍郎吴省兰、李潢、太仆寺卿李光云在其家教读，保列卿阶，兼任学政，大罪十一。军机处记名人员，任意撤去，种种专擅，不可枚举，大罪十二。所抄家产，楠木房屋僭侈逾制，多宝阁等仿照宁寿宫制度，园寓点缀与圆明园蓬岛遥屿无异，大罪十三。蓟州坟茔设享殿，置隧道，居民称"和陵"，大罪十四。所藏珍宝手串二百余，多子大内数倍，大珠较御用冠顶尤大，大罪十五。宝顶非所应用，乃有数十，整块大宝石不计其数，胜于大内，大罪十六。家内银两及衣服等件，数逾千万，大罪十七。夹墙藏金二十万千余两，私库藏金六千余两，地窖内埋银三百余万两，大罪十八。通州、蓟州当铺、钱店资本十余万，以首辅大臣，与小民争利，罪十九。家奴刘全家产至二十余万，并有大表珠手串，大罪二十。"此外查出，和珅取租房一千零一间半，取租地一千二百六十六顷等。又步军统领巡捕营在和珅私宅供役者千余人，和砷令奏事者具副本送军机处。十八日，令和珅于狱中自尽（万贯家财皆是空）。福长（此原书是长字，遵从原书）安以阿附，令其诣和珅死所跪视，并革去军机大臣、户部尚书，逮下狱，籍其家产。和珅诛后，宣谕廷臣："凡为和珅荐举及奔走其门者，悉不深究，勉其悛改，咸与自新。"

1802年壬戌，清嘉庆七年。

九月，博罗天地会起义报闻：广东博罗县天地会首领阵烂屐四，张绵秀等率会徒起义，以红布包头，持器械，张旗帜，占据山险，众至万余。初五日报闻，命总督吉庆，巡抚瑚图礼调兵往攻。二十三日，义军元帅张绵秀被俘报闻。翌月初五日，又报陈烂履四于罗浮山战死。起义波及东莞、博罗、石龙、增城、归善、龙门、河源、永安（今广东紫金）等地区，数月后失败。两广总督吉庆以疏防罪，著免协办大学士，革总督职，后自杀。

1803年癸亥，清嘉庆八年。

二月，陈德行刺嘉庆帝：二十四日，陈德进东华门，绕至神武门，潜匿顺贞门，嘉庆帝进宫斋戒，将入顺贞门时，陈德持小刀突前行刺，伤破定亲王绵恩及御前侍卫丹巴多尔济，为侍卫擒捕。御前百余人俱袖手旁观。经竟日严讯，陈德不吐露主使者。后陈德并其子斩首。

四月，改安南为越南：先是安南阮福映进表文，请册封并请改国号为“南越”。初六日，命改“安南”为“越南”。以“该国先是有越裳旧地，后有安南全壤，”天朝褒赐国封，著用‘越南’二字，以‘越’字冠于上，仍其先世疆域；以‘南’字列于下，表其新锡藩封。且在百越之南，与古所称南越不致混淆。”后于六月二十六日，封阮福映为越南国王。

1804 年甲子，清嘉庆九年。

九月，白莲教起义失败：白莲教自嘉庆元年起义，纵横川、楚、陕、豫、甘五省，至嘉庆七年十二月，额勒登保等以平定白莲教奏闻。时川、楚、陕、甘、豫五省白莲教各股主力主军虽相继失败，但在深山老林中，余通犹斗。额勒登保等先后分路复击，宋应伏，刘渣胡子，温亚利，宋国品、张世虎、赵聪观、熊老八等力战死或被俘。随之清军各路班师。清令诸营乡勇还乡，又多有同白莲教军合者。额勒登保、德楞泰再次出都，穷搜崇山密林，白莲教军首领苟文华、罗思兰、苟文润等被俘。初五日，德楞泰进《余氛扫荡三省全功告藏》折。至此，历时九年遍及五省，白莲教大起义基本失败。其余部仍坚持多年。本史本着以简为宗，故仅摘录首尾部分为代表。

1805 年乙丑，清嘉庆十年。

二月，纪昀死；纪昀 (1724-1805) 八十一岁，字晓岚，直隶献县人。乾隆十九年进士，官至协办大学士，礼部尚书，昀与陆锡熊为四库全书馆总纂，主撰《四库全书总目提要》及《四库全书简明目录》，著有《阅微草堂笔记》等。

1806 年丙寅，清嘉庆十一年。

二月，鹿耳门之战：先是蔡牵统海上义师至台攻凤山（今台湾高雄），海面则沉舟鹿耳门，阻隔内地兵船；陆路则与洪四老年率义军相联络，围攻台湾府城。清调广州将军赛冲阿为钦差大臣，带兵放洋。赴台督办军务，后援为福州将军。又增派德楞泰为钦差大臣，护军统领扎克塔尔，温春和提督薛大烈等驰赴福建军前，并谕江西巡承惠督粮运军需，以济李长庚军。提督李长庚率浙水师三千渡海，至鹿耳门，因海口为沉船堵塞，不得入，旋进油大港。总兵许松年京乘船进攻，于上月二十六日，焚蔡牵船三十余艘，夺占洲仔尾。牵将大船驶进口门迎敌。李长庚出北汕，许松年出南汕，合击蔡牵，牵损船二十四艘，退至鹿耳门。李长庚等遂分船鹿耳门，船牵以鹿耳门沉舟塞船路不能出。越二日，海潮骤涨，沉舟漂起。牵装换蓬索，火药率兵乘船，于初七日夺门出海，后与李长庚追逐于闽、浙海面。寻台湾总兵爱新泰奏，复占凤山县城。

1807 年丁卯，清嘉庆十二年。

十二月，蔡牵战死李长庚：蔡牵自航出鹿耳门之后，回至韶关地，装蓬燂洗，焕然一新，良药充足，游弋浙、闽、粤海面。同年春，牵失利于粤洋大星屿；十一日，又失利于韶关洋浮鹰山。本月二十四日，浙江提督李长庚偕福建提督张见陞追牵入粤，至黑水洋。长庚、福建同安人，与牵里闸相望，乾隆三十六年为武进士，熟谙风云沙线，每战自持船舵，善于整肃水师，勇略闻于海内。蔡牵于黑水洋迎击李长庚之大舰“霆船”，激战失利，仅存三艇。牵乘大艇挂多层牛皮、网纱、以御火炮，李长庚亲自擂鼓搏战，击破牵艇蓬，并将“霆船”挂住牵船后稍，但长庚之船尚低牵艇五、六尺。长庚付将印得方跃入牵艇，蔡牵锁定指挥，牵卒林阿小素认识长庚，自艄尾发炮，中长庚咽喉、额角。长庚淌血倒下，翌日死。时官船数十位于牵船，但提督张见陞见统船乱，引舟师遽退。蔡牵化险为夷，乘船弋洋。

1808 年戊辰，清嘉庆十三年。

七月，英侵澳门炮台：英吉利国商船带兵于二十一日，驰进广东香山鸡洋面。八月初二日，英吉利兵三百人公然登岸，住居澳门三巴寺龙嵩庙，分踞东西炮台。并声称其“恐西洋人之在澳门者，被法兰西欺阻贸易，辄派夷且带领兵船，前来帮护”。二十三日，又驾坐舢板艇弛进虎门，至省城外十三行停住，要求在澳门葸懦，命罢之，复遣戎伊犁。巡抚孙玉庭亦因是革职。

1809 年己巳，清嘉庆十四年。。

八月，蔡牵裂舟自沉：李长庚被蔡牵战死后，清命其裨将王德禄任福建提督，邱良功为浙江提督，联师攻牵。先是牵联朱渎游弋浙、闽、澳海面，会阮元为浙江巡抚，设反间计离之，独走，后败死，牵愈孤。

1913 年癸酉，清嘉庆十八年。

九月，李文成起义：先是白莲教一支八卦教在直隶、河南、山东等地秘密活动。嘉庆十六年秋，震卦卦首李文成，坎卦卦首林清等在河南浚县道口镇聚会，改教名为天理教。本年八月，河南教首李文成，北京教首林清等，又在道口镇聚会，商定于九月十五日，在北京、河南、山东同时起义。后李文成回至滑县太伾山中打造器械；准备起义，但被知县强克捷侦知。初二日，李文成被捕刑讯。初七日，牛亮臣等率滑县天理教军三千余人，头缠白布，身穿白衣，攻占滑县城，杀死强克捷，救李文成出狱，数日间，河南、山东天理教军据浚县，破长垣，占定陶，克曹县，众积至七八万人。寻命直隶总督温承惠为钦差大臣，会同浙江巡抚高杞，山东巡抚同心攻之。

同月，天理教军攻打紫禁城：十五日，林清领导天理教军，攻打京师紫禁城。清、宛平县（今北京）宋家庄人，是日清派出义军，得内监策应，先集于菜市口等地，由宣武门潜入，各备兵器，混杂于酒肆中。日午，义军陈爽等一支五人冲入紫禁城东华门，攻至苍政门即败。义军陈文魁等另一支约五十人左右，攻入西华门，反关门以拒官军。陈文魁众攻隆宗门，入内右门，至御房。时嘉庆帝木兰秋弥回至烟郊，起义军由内右门攻至养心门外，皇二子曼宁闻警。令紧闭宫门，王大臣等率健锐营，火器营兵入神武门，天理教军寡不敌众，失败。旋林清在宋家庄被捕，后磔死。嘉庆帝于变生肘掖，诏曰："然变起一时，祸积有日，当今大弊，在因循怠玩，以致酿成汉、唐、宋、明未有之事，命将少军统领玉麟等以懈弛门禁罪夺职。

十一月，司寨之役：先是徐安帼率河南天理教义军，在浚县失利后，退至道口镇，钦差大臣那彦成督兵围攻徐安帼。上月二十垣日，那彦成督军万余分七路进攻道口镇，万名天理教军抗击。杨遇春以固原兵突入，继用火攻，道口镇被占，徐安帼走滑县，道口镇失陷，李文成、牛亮臣等会议，将主力转移至太行山。李文成因受刑胫折不能骑，坐大车率众行至辉县西北司寨，清军追至。司寨不临山，西濒河，围有墙恒。二十日，杨芳等率军先设伏白士冈，佯败；天理教军往追，遇伏败。杨芳又败义军于南首山后，率兵径攻司寨。天理教军入松掷石以固守。清军破寨墙一隅而入，李文成等退至碉楼指挥作战，刘国明战死，李文成举火焚身死，司寨陷落。

十二月，滑县之役：天理教军在道口镇，司寨失利后，那彦成督杨遇春，杨芳等所率军二万余人，集中围攻滑县。城东、南、西三门均被围，北门、西北门因隔苇塘，围未合。初八日，清军三次攻城均败回。官军隧地攻城，义军堵御之，坚守四十余日。杨芳又于城西隅穿穴深入，九日而成。地雷炸圮城垣。杨遇春、杨芳等率军攻入，随之各城门亦破。十二日，城陷，军师牛亮臣，元帅徐安帼等被俘死。林清、李文成领导之天理教起义失败。

1814年甲戌，清嘉庆十九年。

闰二月，纂辑《全唐诗》告成：二十六日，大学士董浩等纂辑《全唐诗》成书。以唐文为兰本，并采辑《永乐大典》、《文苑英华》、《唐文粹》等书而成。全书一千卷，共收作家三千余人，文一万八千四百余篇。

1820年庚展，清嘉庆二十五年。

七月，嘉庆帝死：二十五日，嘉庆帝颙琰在避暑山庄病死，六十一岁，在位二十五年。后谥睿皇帝，庙号仁宗。道光元年三月二十三日葬于昌陵（清西陵）。

八月，曼宁即皇帝位：曼宁为嘉庆帝第二子，乾隆四十七年八月初十日出生

于撷芳殿中所。嘉庆四年四月初十日案卷十日密匣立储。是月二十七日，御太和殿，即皇帝位。是为宣宗成皇帝，以明年为道光元年

六、宣宗 旻宁 道光1821年——1839年

1821年辛巳，清宣宗成皇帝旻宁道光元年。

二月，云南永北彝人起事：云南永北厅（今永胜）属土司土目，将土地典卖于汉人耕种，土民生主困难，心怀怨恨。由唐老大（唐贵）为首，以“驱逐汉民”为号召，聚众七八千人，于正月起事，本月初十日报闻。时起事者主要分为两支：一支由唐老大率领，活动在永北厅地区；另一支，由傅添贵、陈添培率领，渡金沙江，至楚雄府大姚一带。清命总督庆保督兵往击。又以成都将军呢玛善为钦差大臣，督办永北军务；寻调贵州提督罗思举，帮同庆保往攻。四月，大姚一路陈添培兵败寨破，添培被俘；永北一路唐老大率众坚守公、母二寨。庆保破大姚路后，会兵攻公、母二寨。五月二十四日，唐老大寨破被俘，报闻。七月，傅添贵亦被俘死，事平。

是岁，会计直省民数欲数：直隶等省通共大小男妇三亿五千五百五十四万零二百五十八口，存仓米谷三千五百一十二万余石。

1826年丙戎，清道光六年。

七月，遣将调兵征张格尔：张格尔始于道光四年(1824年)，十月，结布鲁特人，率二百余名，沿喀什噶尔河上游山谷攻扰，至喀什噶尔西乌鲁克卡伦焚掠，死伤三十余人，侍卫花山布败死，经巴彦图派兵往援，张格尔才败奔喀拉提锦。至此，两年后，又在英吉沙尔（新疆）焚掠军台，台路断绝，各城纷驰告急。清命长龄为杨威将军，陕甘总督杨遇春，山东巡抚武隆阿为钦差大臣，参赞军务；先后调固原提督杨芳、甘肃提督齐慎……各共二科名，并命陕西巡抚卢坤督粮运，前往征剿。

八月，张格尔攻陷喀什噶尔：先是张格尔候知回疆南路清军虚弱，欲乘间席卷喀什噶尔（今喀什），英吉沙尔（今英吉沙），叶尔羌（今莎车），和慎（今和田）西四城，又恐回疆北路援军速集，便追便征程军．妾桀廷艺授，爱强梧乐受英吉利殖民者支持，窜入回疆，拜其祖父大和卓木之墓，据墓驻营，谋袭喀什噶尔。喀什噶尔参赞大臣庆祥，令邦办大臣舒尔哈善等率兵围之，张格尔带兵入山。张格尔之弟巴布顶率兵破黄吉沙尔，领队大臣，付都统苏伦保死之。张格尔连陷叶尔羌与和阗，并喀什噶尔。并庆祥率军民婴城固守两月。二十五日，张格尔派兵挖地道进城，庆祥复督兵巷战，力竭自尽，领队大臣乌凑陈，穆克登布，帮办大臣舒尔哈善，回部郡王阿奇木伯克玉努斯等皆捐躯。张格尔攻陷喀什噶尔等西四城后，将衙署民房，尽行折毁，并杀害居民。

九月，浑巴什河之役：张格尔占领喀什噶尔等西四城之后，气焰甚张。派兵五、六千人扑向陈克苏乌计等东四城。张克军沿阿克苏迤南什河南岸屯聚，又有一知数百名曜浅渡河滋扰。达凌河，巴哈布督兵迎击，歼其多名。突有另一支张格尔兵，扑围协领教伦布营盘。并分兵阻断付将郭继昌往援之路。额尔古伦带领锡伯兵奔赴都伦布营盘，内外夹击，张格军溃散。是役歼张格兵一千余名，并毙其和卓库尔班素皮等。十六日，杨遇春等奏闻。

十一月，杨芳督战柯尔坪：张格尔派头目带领三千余人，据守柯尔坪（新疆乌什西南柯平）南、北回庄，并阻截清军进攻之路。长龄奏捷报闻。

1827 年丁亥，清道光七年。

十二月，俘获张格尔（三月喀什噶尔之役略）：张格尔自喀什噶尔败走后，众叛亲离，生计日蹙，时诏购求张格尔者，爵亲王、金十万。将军长龄等利用“黑幅回”，对张格尔之不满，密遣其出卡，纵反间计，声言官兵全撤，喀什噶尔城空虚。张格尔信其为真，率骑五百，欲乘先除入寺，煽众潜袭喀什噶尔。杨威将军长龄，参赞大臣杨芳等严兵以待。二十七日，张格尔由开齐山旧路，潜向阿尔图什回庄前来，被“黑幅回”四面持械拦阻，旋即折窜出卡。杨芳分兵三路，星夜追至铁喀尔铁盖山内兜攻其队。张格尔率三百余骑迎面冲突。杨芳一面派兵排枪抵敌，一面派马队驰抄敌后，敌兵沿山谷逃窜。张格尔被前击后截，力战溃败，仅带十余骑登山，总兵胡超等驱骑直前追捕，张格尔势穷出绌，滚山逃窜，掷石回击，将欲自刎。总兵胡超等带兵拥上，夺刀擒获张格尔，遂解赴大营，后槛送京师。

1828 年戊子，清道光八年。

正月，封赏平张格尔功臣：二十三日，以平定张格尔之乱，封长龄为威勇公，授御前大臣，杨芳为果勇候，杨遇春复陕甘总督。武隆陈开复原职，总兵胡超加提督衔，其拦阻张格尔之“黑帽回”四百余人分别从重奖赏等。后长龄等四十人绘像于紫光阁。

五月，磔张格尔于市：张格尔械至京师后，十二日，于午门前行献俘礼。十四日，道光帝在圆明园廓然大公殿，廷读张格尔罪，大臣等恐张格尔在廷时陈吏治之弊，预以暗药，使其失言。故廷读时，所问之事，张格尔不能回答。遂命将张格尔磔于市。

1832 年壬辰，清道光十二年。

三月，提督海陵阿被击毙：先是上年十二月，赵金龙率湖南瑶民起义后（湖南永州瑶民于上年十二月率衡、永、桂等五岭地区人起义略），正月与广东起事瑶民相呼应，众千余人。以红布裹首为号，连破洪江、黄竹等寨，寻以九嶷山为聚集地。二月，湖南提督海阿，付将马韬率兵五百余人，进袭起事瑶民。瑶民假充夫役，为军官抬送枪炮，诱至池塘墟，义军伏兵四起。先击毙将马艳，提督海阿欲乘高下冲，亦被击毙。游击王国华，守备吴鉴等俱死。初二日，报闻。

四月，赵金龙败死：先是湖南瑶民起事首领赵金龙击毙提督海陵阿后，清命湖广总督卢坤，湖北提督罗思举，湖南提督余步云及两广总督李鸿宾等督会剿。三月，罗思举率兵至永川（令湖南零陵），分兵三路，越山踞峒，赵金龙被诱逼出山，至羊泉地方，恃长街、民房、石墙固守。罗思举以瑶民被逼归一，且失其翻山之长，密檄各路兵对羊泉地方四面合围。自本月初六日起，官军发起围攻。罗思举等以枪炮、火弹、火球掷击，瑶兵踞房死守。官军复将房屋概行焚毁，赵金龙退至六千余人，其首领赵金龙已牺牲，起事失败。但广东一支瑶民义军仍继续抗拒官军。

八月，连州瑶民事平，赵金龙牺牲后，赵福金集余众二千余人，被逼走入广东连州（今连县）八排地方。八排山蛮周环，因此连三省，有大小中七八十处，烟户五六万。五月，两广总督李鸿宾至连州，遣总兵余德彪往攻。广东兵不惯走山路，沿海兵又多吸鸦片，临阵怯懦。六月，瑶兵夜袭余德彪营，官军大败。李鸿宾被诏捕下狱，旋发往新疆，以禧恩两广总督，禧恩用按察使杨振麟之策，以洋银，盐布为诱饵，瑶民令出降。是月，禧恩分兵三路扑向八排火烧坪，黄瓜冲，施炮轰击，以火焚寨。连州瑶民起事失败。后赵福金被处死。

1838 年，清道光十八年。

闰四月，黄爵泫奏禁鸦片：初十日，鸿胪寺卿黄爵滋奏《请严塞漏卮以培国本》，痛陈鸦片祸害。指出：“近来银价递增，每银一两，易制钱一千六百有零，非耗银子内地，实漏银子外夷也。”“外洋来烟渐多，另有趸船载烟，不进虎门海口，停泊零丁洋中老万山，大屿山等处。粤省奸商勾通巡海兵弁，用扒龙，快蟹等船，运银出洋，运烟入口。故自道光三年至十一年，发善银一千七八百万两，自十一年至十四年，发善银二千余万两，自十四年至今，渐漏至三千万两之多，”要求道光帝严降谕旨。限期一年戒绝；过期犯禁，平民处死刑，官吏加等台罪。道光帝令各省督抚大员商议，赞成者林则徐等八人，反对者琦善，伊里布等二十一人。

十二月，广州人民禁烟示威：二十六日，广东当局在广州洋馆前处绞中国烟贩。英美鸦片烟贩纠众蛮横阴挠，折毁绞架，并殴打执刑者用群众，激起群众公愤。顷刻间，不召而集者达万人，包围洋馆，怒责外商保护烟贩，破坏中国法律，爆发了群众示威。

十一日，林则徐往广东查办鸦片：二十五日，清廷以湖广总督林则徐为钦差大臣，命驰赴广东，查办广州海口禁烟事务，节制广东水师。林离京时，由良乡县传牌至广州，沿途经过各州县驿站官史，不准铺张供奉与授受佚役规礼。在途中密札广东官吏按清单严拿包买之窑口，说好之以纪，兴贩之奸商和护送快艇之头目。

林则徐：(1785–1850)，字元抚，又少穆，晚号俟村老人。福建候官（今福州）人。嘉庆进士。历任浙江杭嘉湖道，江苏按察使，江苏巡抚。一生担任过河工，漕运、盐政，屯垦等重要职务。为官清廉，决狱公平，关心人民疾苦，民颂之曰："林清天"，1873 年任湖广总督，次年，历行禁烟政令，武昌，汉口，长江等地设禁烟局收缴烟具，制成烟药丸、药方、施药断瘾，成效显著。他在讨论禁烟问题的奏报中指出：烟不禁绝，则国日食，民日弱，"数十年后，中原几无可以御敌之兵，且无可以充銄之银。"道光帝深感形势之严重，特召林则徐进京，讨论查禁事宜，并决定派林则徐为钦差大臣，赴广州查禁鸦片。

1839 年己亥，清道光十九年。

正月，林则徐严历禁烟：二十五日，钦差大臣林则徐抵广州，随即与邓廷桢等严舒烟贩，整顿海防，惩办受贿释放的水师官兵。林则徐传集广州十三家行至要行商伍绍荣等，发交谕外商三天内报告所存烟土数字，全部激官，并具结申明"嗣后来船永不敢"夹带鸦片。如有带来，一经查出，货即没官，人即正法，情甘服罪。"林则徐宣称："若鸦片一日未绝，本大臣一日不回，誓与此事相始终，断无中止之理"。二月初四日，林则徐禁止外人离广州。初六日，林则徐以英人至期不有奉命，派兵包围洋馆，隔断交通，英商被迫缴烟一千零三十七箱。初七日，林则徐令广州府查拿英国鸦片贩子颠地。初九日晚，义律以澳门潜入广州洋馆，教唆英商拒交鸦片，并于持武器庇护颠地潜逃，被中国工人截回洋馆。根据"违抗封舱"的贯例，林则徐下令停止中英贸易，派兵封锁洋馆，撤退买办仆役，断绝洋馆与泵船驶至虎门呈缴，并下令恢复中英贸易。义律在缴烟后，令英人全部撤离广州，船只不准进口。二月二十八日，义律向英政府建议，立即用武力先占舟山，封锁广州，宁波两港以及运河口以下长江江面。然后北上白河口向清政府发出通牒，要求惩办林、邓、赠偿烟价，割让舟山，并开放沿海一切港口。

二月，验缴鸦片：二十八日，林则徐，邓廷桢会同水师提督关天培抵虎门督率文武官员验缴鸦片，每箱酌赏茶叶五斤。林则徐等缴烟完毕，共收缴烟土一万九千一百八十七箱又二千一百一十九袋。四月三十日，林则徐等接旨烟土毋庸解送（不用之意）来京，会国督抚就地销毁。

三月，二十七日，林则徐驱逐英国烟贩，颠地等十六人出境，并令具结不准再来。义律抗拒具结，于四月十二日率兵离广州赴澳门。

四月，虎门销烟：二十二日，林则徐于虎门开始销毁鸦片，经二十二天全部销毁干净，共二百三十七万六千二百五十四斤。销烟办法：在海滩高处挖两个方池，纵横各十五丈，前设涵洞，后通水沟。先车水入池，撒盐成卤后将烟土切开，投入浸泡，再放进石灰烧化。退潮时，打开涵洞，随出海。远近人民及澳门外商咸来观看。虎门销烟是中国禁烟运动的一个胜利。

八月，英决定出兵侵华：二十四日，英国辉格党内阁开会讨论侵华问题，正式作出向中国出兵的决定。

九月，穿鼻海战：二十八日，英商船“撒克逊号“具结进口贸易。义律派兵船两艘到穿鼻洋面（广东虎门口外）阻止。林则徐派水师保护英商船一艘进口，另一艘被截回，英兵船开炮来攻，水师提督关天培督师船奋勇回击，激战两小时，英船“窝刺疑号”受伤败退，落海数十人，中国水师有三船受伤。

关天培（1781–1841），字仲因，号滋圃，江苏山阳（今淮安）人，1834年任广东水师提督。增修虎门、南山、横档诸炮台，铸六千斤以上大炮四十座抓紧操练部卒，严防外敌入侵。配合两广总督邓廷桢，严辑鸦片走私。他坚决支持林则徐禁烟，多次击退侵略军的进攻。著有《筹海初集》。

二十一卷 近代史

（1840年—1949年）

一、宣宗 旻宁 道光 1840年——1850年

1840年庚子，清遭光二十年。

1月，断绝中英贸易：5日，林则徐奉旨，在广州正式封港，断绝中英贸易。同日，清廷以林则徐为两广总督，调邓廷桢为西江总督。26日，又调邓为闽浙总督。

6月，封锁广州：28日，英舰封锁广州。早在4月，英国政府即组成一支有四十多艘船舰和四千名士兵的“东方远征军”，以懿律为统帅，伯麦为海军司令，布尔利为陆军司令。6月21日，懿律和伯麦率军舰集澳门附近。22日，伯麦宣布自28日起封锁广州。英国侵略中国的第一次鸦片战争开始。林则除自督粤以来，大治军备，自虎门至横档两岛横亘木排铁连，添置炮台炮位，守以巨炮战舰。他相信民心可用，招募疍户、渔民五六千人，编为水勇，练习攻战，并贴出告示说：英军兵船一进内河，许以人人持刀痛杀。懿律见广州防备严密，遂按照英政府指示，在封锁珠江口后，率主力北犯。

7月，炮击厦门：3月（六月五日），英舰炮击福建厦门，闽浙总督邓廷桢率金沙兵备道刘曜春炮击败之。英舰遂赴浙江。

定海失陷：5日，英舰击陷舟山岛之定海，总兵张朝发伤退。知县姚怀祥投水死。典史全福大骂英寇被杀。英寇在定海大肆抢劫。10日，英封锁宁波及长江口。浙江巡抚乌尔恭额、提督祝彭彪束手无策。20日，清廷命福建提督余步云驰赴浙江会办洋务。24日，命邓廷桢派水师赴浙会剿。8月6日，清廷又命西江总督伊里布为钦差大臣，赴浙江视师查办。

8月，大沽口谈判：11日，曲北犯舰队抵天津海口。16日，懿律投递巴麦尊致清政府照会，以武力要挟谈判。19日，直隶总督琦善接受英国照会。30日，琦善与义律等侵略头目在大沽口海滩帐篷里开始会谈。谈判一开始，琦善在答复英人的照会上竟说，林则徐等查禁烟土“措至失当，必当逐细查明，重治其罪”。他还表示只要英船返回广东，就可以满足他们的要求。英人因为兵力小，加以军中流行疾疫，舰船不宜在北方港口久留，遂同意改往南方谈判。9月17日，道光派琦善为钦差大臣，赴广东查办。并谕沿海督抚，英船经过，不必开放枪炮。

11月，琦善到广州：29日，琦善到广州，力反林则徐所为，撤防备，裁水师，散壮勇，视抚英民众为“汉奸”，任令英军探测内河水道，讨好英人，专求妥协。12月7日，懿律因病回轩，义律继为侵华全权代表。琦善对义律所十四项议和条件，几乎全部接受，仅对割让香港一事不敢做主，允代向道光请求。

1841年辛丑，清道光二十一年。

1月，琦善同英签订《穿鼻草约》：20日，义律宣布中央《穿鼻草约》成立。内容包括割让香港，赔烟价六百万元，开放广州；英军撤出沙角，大角炮台，归还定海。琦善奏报哄骗道光帝，诡称赔为“商欠”，割香港是许英人在外洋一小岛“泊舟寄居”。因广州群众请愿，抗议琦善屈辱英国，迫使他不敢在草约上正式盖印。广东巡抚怡良以义律在香港发出的布告为证，向道光帝揭发琦善私割香港。道光帝大怒，下令逮捕琦善革职锁拿解京，以祁土贡代为两总督。

对英宣战：30日（正月初八），清廷对英宣战。1月27日，沙角，大角炮台陷落消息传到北京，30日，清廷下诏宣战，派宗室御前大臣奕山为靖逆将军，户部尚书隆文，湖南提督杨芳为参赞大臣，赴粤主持军事，并从各省调兵云集广州。

2月，虎门炮台失陷：26日，英军攻占虎门，水师提督关天培力战牺牲。初，关天培率兵分守横档、永安、靖远、镇远等炮台，各兵仅数百人。2月下旬，英军从定海撤退同时，进逼虎门。关天培总兵李廷钰求琦善增兵，省城文武合力代求，琦善置不问。23日开始，英舰拔去钉在海中的木柱，扫清虎门前沿阵地。25日，英舰十八艘包围横档、永安两炮台。在横档登陆，次日攻破各炮台。关天培时年逾六十，在靖远炮台率军死战，受伤十余处，还亲燃大炮回击，与英军搏斗，终因军寡不敌众，与将士四百多人战死，虎门失陷。27日，英舰开进内河，乌涌炮台失陷。林则徐所购西洋新炮及原存旧炮三百八十门，全被英军抢走。

5月《广州和约》签订：27日（四月七日），奕山与英军订立《广州和约》。先是4月14日，奕山抵广州，主持广东军事。奕山先是听从杨芳劝告，固守不战。后又惑于随员鼓动。思侥幸一逞。5月21日，奕山派兵三路，夜袭英船，围其商馆，皆无所获。次日，英军反扑，清军战败，纵掠商馆，经五天战斗，广州城外泥城，四方炮台尽失，英军大掠，十三行被洗动一空。清军退入城内。英军据四方炮台，用火箭、火弹直射城中。奕山等大怖，在广州城上竖起白旗投降。27日，奕山派广州知府余保纯等出城向英军求和，议定缴广州赎城费六百万元，赔偿英国商馆损失三十万元，清军退出广州六十英里以外，英军归还炮台，退出虎门。奕山等蒙词会奏，讳败为胜，谓英人“只求照前通商”，称赔偿款为清还“商欠”。道先帝在6月18日上谕中，以谅奕山等“不得以之苦中，准令通商”的说法，批准“广州合约”。

同月，三元里抗英：30–31日（四月初十、十一日）三元里人民奋起抗英，三元里位于广州北郊，贴近泥城，四方炮台。29日，有小股英军到三元里，肖冈一带淫掠，村民韦绍光等当场打死英兵数人，并立即组织起来，联络附近一百零三乡代表集会，决定联合对敌，诱敌至牛栏冈围奸。30日三元里和各乡义勇约五千人进攻英军占领的四方炮台。英军司令卧乌古率千人迎战。义勇们按计划诱敌至牛栏冈，事先埋伏好的数千义勇，漫山遍野冲向敌人。从四面八方赶来参战的群众“不呼而集者数万人”，把侵略军团团围住。城内打石工人，丝织工人也闻讯赶至。适逢雷雨，英军火药尽湿，枪炮无法施放。手持刀矛锄耙的群众将侵略军切成几段，层层包围，进行肉搏。部分被围英军舍命突围，群众人多，围开复合，把侵略军打得“各弃其鸟枪，徒手延颈就戮，乞命之声震山谷”。英军少校毕露等近五十人被杀伤。在援兵接应下，英军逃回四方炮台。31日，广州附近佛山、番禺、南海、花县、增城各县四百余乡义勇数万人，赶来同三元里人民汇合，包围四方炮台。义律向奕山求救。奕山派广州知府余保纯为英军求饶解围，英军始得逃回船上。6月8日，英军退出虎门。三元里抗英斗争，是中国人民自发反抗外国资本主义侵略斗争的第一次胜利。

6月，林则徐、邓廷桢被革职充军：28日（五月初十日），清迁革去林则徐四品卿衔，与邓廷桢均从垂发往新疆伊犁充军，以推卸战败责任。后因黄河记决，8月19日，清廷命林则徐折回东河，效力赎罪。次年3月，东河工竣，扔往伊犁效力赎罪。8月，厦门失陷：26日，英军攻陷厦门。4月旬，英政府接到义律订立《穿鼻草约》的报告，认为得到权益大小，不予批准。派高级官员璞鼎查抵澳门。21日，率大小年舰十四艘，陆军二千五百多人北犯。25日，英舰闯入厦门海口。闽浙总督颜伯焘急调水陆军守鼓浪屿。次日，英军进攻，战斗激烈。英舰沉一艘，伤五艘。炮台失守，金门镇总兵江继云等战死，鼓浪屿、厦门相继失陷。伯颜焘退守同安。

10月1日，定海又失陷，葛云飞、郑国鸿、王锡朋率五千守军浴血奋战六昼夜，重创英军，力竭战死。

10月10日和13日，镇海和宁波又相继失陷：镇海战役中，两江总督、饮差大臣裕谦先投永被救，次日至余姚服毒死；浙江提督余步云贪生怕死，不等英军来攻先挂白旗，英军登岸，他西逃宁波。英军到宁波，余步云又先一日逃往上虞，宁波不战而陷。英军大肆淫掠，抢走大量丝绸、粮食和白银。后余步云于1843年1月24日斩决。

1842年壬寅，清道光二十二年。

6月，吴淞之战：16日（五月初八日），吴淞失陷，陈化成血战牺牲。先是13日，英舰队三十多艘侵入长江口，两江总督牛鉴派人向英军求和。江南提督陈化成坚持抗敌。16日，英舰攻吴淞炮台，亲执红旗督军力战，击沉英舰两艘。英军伤亡颇重，改从侧面进攻。陈化成接连三次拒绝牛鉴撤军命令。后牛鉴闻捷报，欲贪功为己有，又从宝山率大队陈烈总督仪仗，领兵往援。敌舰发炮轰击，牛鉴下桥弃靴帽狂奔逃命，致使全军溃散。英军由东炮台登陆，水陆夹攻西炮台，陈化成率孤军死守，多处受伤，流血身亡。守台官兵八十余人战死，吴淞失陷。牛鉴逃回南京，上海，宝山不战而陷。

8月，签订《南京条约》：29日中央《南京条约》签订。8月初，英舰天至南京下关江面，陈兵南京城下。清政府完全屈服。29日，清政府钦差大臣耆英、伊里布与英国全权代表璞鼎查在英舰“皋华丽号”上签订结束鸦片战争的《南京条约》（即《江宁条约》），共十三款，主要内容有：一、中国开放广州、福州、厦门、宁波、上海五处为通商口岸，允许英商寄居贸易，英国可以派驻领事等官；二、割让香港：三、向英国赔款二千一百万元，其中烟价六百万元，商欠三百万元，兵费一千二百万元；四、协定海关税则，英商“应纳进口，出口货税，饷费，均宜秉公议定则例”。此外，还规定取消行商制度，保护汉奸等条。9月6日，道光帝批准《南京条约》。《南京条约》是中国近代史上第一个丧权辱国的不平等条约。从此，西方侵略者用武力打开了中国的门户，使中国封建社会逐步成为半殖民地半封建社会。

12月，火烧洋馆：7日，广州人民火烧洋馆。先11月间，英人恃强求入广州城，激起民愤，人民遍贴反对英国侵略者入城告示。广州士民钱江、何大庚以明伦堂名义发出《全萼义士义民公檄》，集会议论，复对英国侵略和统治者卖国，动员人民抗英。12月6日，两广总督祁贡、广东巡抚梁宝常谕令禁止在明伦堂“聚众滋扰”，表示要严惩破坏和局的暴乱行动。7日，英国水手在十三行地面强买水果不给钱，反用刀伤人，惹动公愤。群众冲进洋馆，打死英兵二名，烧毁洋馆。事后，萼督抚杀十名“祸首”，钱江充军新疆。

1843年癸初，清道光二十三年。

6月，洪秀全创拜上帝会：洪秀全此时在花县莲花塘设馆，屡试不第，详读《劝世良言》，附会教义，是月创拜上帝会，自行洗礼。他毁弃塾中孔圣人牌位，学童惊散，书馆停闭，离花县赴广西传教。7月7日，洪秀全回花县官禄土布传教，冯云山、洪仁玕受洗礼。

洪秀全：（1814–1864年）。小名火秀，原名仁坤，广东花县客家人，世务农，父名镜扬。兄弟姐妹五人，兄长仁发，次兄仁达，一姐一妹。十四因家贫辍学，助父兄耕田，十六岁在本村当塾师。他屡次赴广州应试皆不第，深受刺激。1843年，秀全最后一次去广州应试又不第，创立拜上帝会。

冯云山（约1815–1853年），又名乙龙。广东花县人，“家道殷实”，自幼诵习经史，博览天文、历算、地理、兵法等书。与洪秀全同学，应试不第，在童古顶等地任塾教，为拜上帝会创立人之一。

洪仁开：（1822–1864年），字益谦，号吉甫。广东花县人。洪秀全族弟。自幼习经史，应试不第，亦任塾师。他是拜上帝会最早信徒之一。洪秀全起义时，曾与其密谋，但当时没有参加。

10月，《虎门条约》签订：8月（八月十五），耆英与璞鼎查在广东虎门签订中央《五口通商附粘善后条款》，作为南京条约的补充条款，通称《虎门条约》共十六款，主要内容有：准许英人在五口租地建屋，永久居住；英国取得片面的最惠国待遇，中国给予其他国家任何权利，英国可以“一体均沾”。

1844年甲辰，清道光二十四年。

7月，《望厦条约》订立：3日，美国专使顾盛强迫清两广总督、钦差大臣耆英在澳门附近望厦村签订《中美五口贸易章程》即《望厦条约》。为美国侵略中国的第一个不平等条约。约共三十四款，附有《海关税则》。美国依据利益均沾原则，除取中英条约里五口通商，协定关税，领事裁判权，片面最惠国待遇特权外，且进一步破坏中国的独立和主权。规定美国兵船可以到中国各港口“巡查贸易”；“倘中国日后欲将税例更变，须与合众国（美国）领事等官议允”；准许美国人在五口自行建设礼拜堂。次年12月31日，中美在广州互换《望厦条约》。

10月，《黄埔条约》订立：24日，法国专使刺萼尼与清两广总督耆英在广州黄埔法舰“阿吉默特号”签订《中法五口贸易章程》即《黄埔条约》。为法国侵略中国的第一个不平等条约。约共三十六款，附《海关税则》。法国获得英美两国在中国夺取到的全部权利。允许法国人在通商口岸建造礼拜堂，中国地方官有保护礼拜堂的义务。订约后，还强迫清政取消禁止天主教的法令。次年8月25日，中法在澳门互换《黄埔条约》。

1848年戊申，清道光二十八年。

4月，杨秀青初托天父“下凡”：6日，杨秀青利用假托鬼神附体传言习俗，自称天父（上帝）附身显圣，并命他代世人赎病。后太平天国天历定此日为“爷降节”。

杨秀青（约1820–1856年），原名嗣龙，广西桂平平隘山客家人。五岁失父，九岁失母，烧炭为生，为人机警，喜用权智，组织能力极强。1844年遇冯云山，参加拜上帝会。冯云山被捕后，洪秀全又去广东，拜上帝会群龙无首，会众发生动摇。他假天父附体，传言教导众会，安定众心。拜上帝会得以巩固。洪秀全后来不得不追认“圣言”。杨秀青从此取得代天父传言之特权。上帝附身时，洪秀全要跪地听命。杨秀青地位几与洪秀全相等。加以洪、冯皆广东籍，不及杨秀青与拜上帝会众有乡土关系，潜伏着领导集团分裂危机。

1849年已酉，清道光二十九年。

4月，葡萄牙霸占澳门：25日（四月初三）澳门葡萄牙官员亚马勒以萼督拒其请裁海关设立广州领事为名，驱逐澳门同知，封闭海关，劫掠财物，停付自十六世纪以来按年交纳的租，暴露了霸占澳门的野心。8月22日，清兵刺杀亚马勒。英兵舰开到澳门示威支持葡萄牙。英、美、法三国公使联合向清政府抗议。葡萄牙遂于是年悍然霸占我领土澳门。

1850年庚戌，清道光三十年。

7月，金田团营：是月，洪秀全发布“团营”令，陆川博白、花洲（今广西平南县）、白沙（广谣桂平县）等地上帝会众陆续到紫荆山前金田村集合。确定11月4日（十月初一）为团营日期。先后参加团营的有紫荆山区群众，桂平、贵县、平南、武宣、象州、陆川、博白一带会众，以及贵县龙山矿工，贵平饥民和贵县客家人等，共约两万人，有汉族、壮族和瑶族。财物均交“圣库”，由圣库供给衣食，一律平均。赴义会众男女分营各按军事编制组织，开始与清军武装斗争。时洪秀全、冯云山在平南花洲山人村胡以晃家，杨秀青、肖朝贵、韦昌辉、石达开、秦日纲在金田韦昌辉家。

韦昌辉：（1823–1856年）原名韦正，广西桂平金田村人。地主兼典当商，捐得监生，门前却挂“登仕郎”匾，以僭妄罪名被捕，勒交几百两银子才被释放。昌辉决心报仇，参加拜上帝会，献出全部家产。

秦日纲：（约1815–1856年）原名日昌，广西贵县人，雇工出身。他并无才能，但“忠勇信义，故天王信任”，与冯、杨、韦、肖、石五人密谋起义。

石达开：（1931–1863年）广西贵县北山里客家人。石家是当地土豪大姓，富有财产、人口多。他“自幼读书未成，耕种为业”。因当地土客斗争激烈，难以容身。洪秀全入贵县传教时，与冯云山往访，遂加入拜上帝会，倾家资助革命。

胡以晃：（约1815–1856）广西平南山村人，地主出身，曾进武秀才。任侠好客，深为瑶民信服。冯云山劝他加入拜上帝会，与洪、冯同谋起义。

11月，林则徐卒：22日（十月十九日）林则徐在广东潮州途中病卒。10月17日，清廷起用林则徐为饮差大臣，迅赴广西，会同郑祖琛、向荣等镇压天地会起义军。11月5日林则徐自福州力疾赴广西。27日，清廷夺郑祖琛职，命林则徐以钦差大臣暂署广西巡抚。而林则徐已先于11月22日在广东潮州普宁行馆病逝，年六十七岁。潮州民闻林则徐死。皆罢市巷哭，通城缟素。遗著有《林文忠公家书》、《林文忠公政书》、《畿辅水利议》、《云左山房文钞》、《云左山房诗抄》、《泗洲志》、《信及录》等。

12月，“迎主之战”：27日，蒙得恩在思旺圩全歼清军，先杨秀青在金田得悉花洲被围，立即令蒙得恩于25日带兵援救。27日，在思旺圩全歼清军，杀死巡检张镛。28日，迎洪秀全出思旺、归金田，“迎主之战”获全胜。蒙得恩(7–1961)，本名上升，改名得天，又改为得恩。广西平南人，入拜上帝会，参加金田起义。

二、文宗 奕宁 咸丰1851年——1861年

1851年辛亥，清文宗显皇帝奕宁咸丰元年，太平天国（辛开）元年。

1月，蔡村江之战：1日（十一月二十九日丁已），清军进攻金田，过蔡村江木桥后中伏。太平军击毙漓江协副将伊克坦布。驻桂平贵州镇远镇总兵周风岐率兵驰援，又被击败。是役后清军气馁，不敢轻言战。

金田起义：11日（十二月十日丁卯），拜上帝会选定洪秀全诞辰（十二月初十日），在广西桂平金田村正式宣布起义，建号“太平天国”，布告远近，讨伐清廷。

3月，东乡登报：23日（二月二十一日）洪秀全在武宣东乡称天王，太平天国定本日为“登极节”。洪秀全以杨秀青为左辅正军师，领中军主将；以萧朝贵为右弼又正军师，领前军主将；以冯云由为前导副军师，颁后军主将；以韦昌辉为后护又付军师，领右军主将。确定了太平天国前期五军主将制度。

4月，三里圩之战：3日，周天爵、向荣出兵共六千余人南北夹攻三里圩，置四队杀手，斩退走者，企图一举成功。洪秀全、冯云山亲身督战，设伏抵抗。太平军视死如归。赤身赴敌，奋勇血战，大败清军。

9月，永安建制：25日（闰八月一日）罗大纲统领太平军攻克广西永安州城（今蒙山）。10月1日，洪秀全入永安州城，再次诏令禁私藏财帛。财帛尽缴归天朝圣库，违者议罪。12月17日，洪秀全下诏分封五王：东王杨秀青、西王萧朝贵列一等；南王冯云山、北王韦昌辉列二等；翼王石达开列三等。“以上所封各王，具受东王节制。”又封秦日纲为天官丞相，胡以晃为春官丞相，有功将士均受官职。12月21日，杨秀青托天父下凡，夜审私通清军之太平军军师周锡能。次日，杨秀青处死周锡能。次年2月3日，颁行天历，以金田起义之年为太平天国辛开元年，本年为太平天国壬子二年。规定一年为三百六十六天，单月三十一日，双月三十日。把地支中“丑”字改为“好”，“卯”改为“荣”，“亥”改为“开”。天年纪日干支较阴历，纪日干支差一天，天日礼拜日比阳历礼拜日也差一天。如阳历1852年2月3日（礼拜二），阴历为显丰元年十二月十四日乙未，天历为太平天国壬子二年正月初一日丙申（礼拜三）。太平军克永安，清廷大震，惩处钦差大臣赛尚阿等。严命赛尚阿督广西提督向荣，广州副都统乌兰泰期破永安。

1852年壬子，清显丰二年，太平天国二年。

4月，永安突围：5日（二月十六日），太平军乘雨突围。本月3日永安（今广西蒙山）城中粮尽，洪秀全下令突围。号召“男将女将尽持刀”，“同心放胆同杀妖”。5日深夜，由罗大纲为先锋，领兵二千击破东路直苏冲清寿春兵，得火药十余担，由水路出关，拟顺桂江由昭平、平乐、袭攻桂林。二万多太平军分批撤离州城东去。6日，清军赶到古苏冲，与太平军后卫部队激战到傍晚。7日，清付都统乌兰泰部抢占龙寮岭高地，进犯平冲，夹攻天官丞相秦日纲军，太平军后队被俘，战死二千多人。时洪秀全等以抵昭平，闻讯立即动员全军备战迎敌。当晚占据平冲、旱冲、崩冲两侧山梁及前后隘口冲渠。8日清晨，当乌兰泰和向荣带兵拥进三冲峡谷时，太平军伏兵齐起，合力死战，大败向荣，乌兰泰于昭平山冲，杀天津镇总兵长瑞，凉州镇总兵长寿，河北镇总兵董光甲，郧阳镇总兵邵鹤岭等及清兵四千多人。杨秀清传令不行昭平、平乐，改由小路乘胜直趋桂林。

同月，围攻桂林：18日，太平军抵桂林城下，先锋部队乔装向荣军赚城。向荣绕道先一时赶到桂林，会同巡抚邹鸣鹤，状元龙启瑞率绿营兵，团练固守，不敢出战。太平军偷袭桂林未遂，在漓江边象鼻山下营，围攻桂林。19日，乌兰泰反攻，在南门外将军桥中炮，5月8日，死于阳朔。5月19日，太平军自桂林象鼻山渡河，进向兴安，全州。21日，太平军撤桂林围北上。

6月，破全州：经蓑衣渡之战，再占道州。8月占郴州。

9月，围攻长沙：11日至11月30日，太平军围攻长沙，先是西王萧朝贵率御林侍卫曾水源、林凤祥、金一总制李开芳等，以轻兵千人，自郴州绕山路进袭长沙。8月26日占永兴，31日占安仁，9月2日占攸县，3日占茶陵州。7日占醴陵，10日到达长沙。11日猛攻长沙，占领南门外高地妙高锋。12日，萧朝贵在长沙南门外受炮伤，寻以伤卒。9月25日，洪秀全、杨秀清得悉萧朝贵重伤，率大军尽去郴州。10月13日至长沙，继续围攻，同时设官分职，制造天王玉玺。清军加强长沙防守。新任湖南巡抚张亮基，于10月2日至长沙城外，左宗裳随行。向荣亦于同日率各路援军入长沙协防。14日，清廷以赛尚阿贻误军机，革职拿问，以徐广缙代为钦差大臣署理湖广总督，所有军营及地方文武统为节制。10月30日、11月10日、23日、29日，太平军四次炸塌长沙城墙，不克。30日，太平军以久攻不下长沙，军中无油盐可食，乘雨撤长沙围，渡湘江。

12月，13日，太平军罗大纲占领岳州：因岳州守将湖北提督博勒恭武等于12月10日弃城逃走。太平军到城门大开，无人把守，得五千多条民船和吴三桂藏大批炮械。

23日，太平军检点黄玉昆、指挥李开芳、林风祥、罗大纲等攻占汉阳，29日占汉口，湖北巡抚常大淳、提督双福以清野为借口，于12月16日下令焚毁武昌城外民房，连续十天焚烧劫掠，使武昌城外屋宇焚毁略尽。

1853年癸丑，清咸丰三年，太平天国三年。

1月，初占武昌：12日，东王杨秀清、翼王石达开、检点黄玉昆、李开芳、林风祥、指挥罗大纲等以地雷炸塌武昌文昌门城墙二十多丈，黎明占领武昌。湖北巡抚常大淳、提督双福、布政使梁星源、按察瑞元、学政冯培元等大批文武官员败死。同日，清廷命徐广缙、向荣专办两广军务，以陆建瀛为钦差大臣，进防江、皖，以琦善为钦差大臣，进防信阳、新野一带，向荣仍补授广西提督。2月3日，因武昌失守，钦差大臣署湖广总督徐广缙革职拿问，向荣继任钦差大臣。湖巡抚张亮基署湖广总督。太平军兵进武昌，杨秀清传令曰：官兵不留，百姓勿伤。1月14日，杨秀清令武昌城中居民拜上帝，设圣库于武昌长街，纳存珍贵宝物；于武昌城内设馆，令人民到馆内登记报名，初以十人为一馆，旋改为二十五人一馆，皆设头目领之，每日分以米盐。入馆时，有病者则入能人馆（即病人馆，有医为之诊治），聋、哑残疾者入老疾馆，妇女亦妇女馆，数姓并居一家，以二十五人为率，每馆日发油一杯，人各发谷三合。凡入营者，概行短装持褂黄色号布，前曰：“太平某军”，后曰：“圣兵。”18日，设进贡公所，令民间进贡金银、钱米、鸡鸭、茶叶以佐军，人民争趋之。19 日，太平军于武昌阅马厂设台“讲道理”、人民无不争赴。太平天国规定：凡行军、援令、进贡、发腰牌、布置任务、动员群众等都必须讲道理，重视宣传教育。

2 月，沿江东下：9 日，太平军放弃武昌东下，春官正丞相胡以晃，地正丞相李开芳，天官副丞相林凤祥等带领陆兵夹江以行；天官正丞相秦日纲，指挥罗大纲、赖汉英等带领水兵，船万余艘，雄兵夹岸，帆幔蔽江，炮声遥震，号五十万。清军丧胆，闻风溃散。沿江州邑，望风披靡。沿途布告安民，并令富入助饷。民众拥跃从军。

15 日，太平军在鄂东咽喉武穴镇（今湖北广济）南下巢湖、老鼠山夹一带，大败西江总督陆建瀛江防军，毙寿春镇总兵恩长。陆建瀛急忙折回九江，遁归南京。

克九江：18 日，石达开率太平军水师先锋占安徽、江西、湖北三省门户重地九江。9 月 21 日，钦差大臣向荣率清军尾随至九江，以无舟不得渡。

克安庆：24 日，石达开督先锋军攻占安徽省城安庆。清军不战自溃，巡抚蒋文庆死之，狼山总兵王鹏飞奔桐城。太平军得银三十余万两，炮一百八十多尊，米数万石。太平军势如破竹，2 月 28 日克池州（贵池），28 日克铜陵，3 月 4 日克芜湖，7 日克太平府（当涂）及和州，8 日，兵临南京城西南善桥一带。号称百万。 3 月，占南京：19 日，在林风祥指挥下，太平军以地雷轰塌南北门仪风门城墙，有数人冲进南京外城，斩钦差大臣两江总督陆建瀛。遇满州旗兵，力战不胜，仍由塌城处退出，清守军修复塌城。少顷第二次雷轰，城墙再塌。下午，南京南门聚宝门及清凉门守军闻北城破，总兵死，兵勇纷纷逃遁。水西门、早西门守军亦闻风溃走。是日晚太平军自水西门等处越墙而入，城破，前广西巡抚邹鸣鹤，江南提督福珠洪阿等均死之。20 日晨，太平军大队自聚宝门水西门、旱西门入城，继又攻破南京内城，斩江宁将军祥厚、副都统霍隆武等。21 日，太平军按户搜查清官、清兵、满人及官印文书等，名曰：“搜妖。”22 日，东王杨秀清布告，劝谕人，民要认识天父，归顺天王，同打江山，共享天福。太平军于各户门上写“人人拜上帝，个个上天堂，快来快来拜上帝”等标语。同日，杨秀清传令将南京城内分别男行、女行，令男女分馆。百工亦各归行。23 日，太平军闭南京城门编查户口，男子随营，称新兄弟，二十五人为一牌。妇女入馆。新姐妹，二十五人为一馆，以一广西老姐妹统之。

同月，建都天京：29 日（二月二十日），天王洪秀全进南京，以两江总督衙门为天王府；建都南京，改名为天京，建立了与清朝对峙的农民革命政权。

占镇江：31 日，罗大纲、吴如孝等部太平军占领镇江、败总兵叶常清水师及苏松太道吴健彰所雇之澳门葡萄牙划艇。江苏人巡抚杨文定逃走江阴，副都统文艺退丹阳。

建江南大营；同日，钦善大臣向荣督清军万余人抵南京，结营于城东二十里之沙子冈，旋移至孝陵卫，建立江南大营，以围攻天京，阻太平军东下苏杭。4月14日，向荣等督清军分路进攻天京。

4月，太平军占扬州：1日，李开芳、林凤祥、吉文元等攻克扬州，清副将朱占鳌死之。漕运总督扬殿邦，两淮盐运使刘良驹等先日已逃往高邮。同日，清江苏巡抚兼署两江总督杨文定命苏松太道吴健彰雇外国船只，进攻太平军。

建江北大营：16日，钦差大臣琦善等统清兵约一万七八千人，在扬州三汉河建立江北大营，堵击太平军。

英使访天京：27日，英使文翰抵天京访问。初，上海英领事馆翻译密迪乐至前线了解太平军状况后报告说：清朝在南中国的统治权一去不复返了，并认为外人干涉只会无限期延长兵灾与混乱。4月，英、法、美，先后宣布“中立”。22日，英使文翰自上海往天京，考查太平军实况，探询太平军领导人对外太度。当文翰座舰闯入太平天国水域时，太平军镇江、瓜洲炮台开炮警告，英舰被迫停驶说明原委，始得通过。27日，文翰抵南京，次日，给太平军照会，申明英国“两不干预”。30日，东王杨秀清复书文翰日，即忠心归顺，愿为藩属，尔头人众弟兄可随意来天京，或效力或通商，出入城门，均不禁阻。5月2日，文翰以杨秀清有属国视英词句，复书申明英国在华之条约权利，希望太平军抵上海时，不要侵犯英人生命财产，若遭到侵犯，必将引起鸦片战争之相同结果。5月3日，文翰回抵镇江，派密迪乐晤罗大纲。罗大纲劝英人勿助清兵，勿售鸦片。5日，文翰回抵上海。

5月，太平军北伐：8日（四月初一），定胡候地官正丞相李开芳，靖胡候天官付丞相林风祥自扬州率军经仪征北伐。13日进至浦口，清军溃走。15日占浦口。16日克安徽滁州（滁县），18日克临淮关，28日破凤阳。平胡侯春官副丞相吉文元从浦口率军至凤阳。平胡候春官付吉文元从浦口率军至凤阳会师。6月2日克怀远，6日攻下蒙城，10日攻下亳州（亳县），进军河南。12日，北伐军败河南巡抚陆应谷军于亳州北。13日攻占河南归德府（商丘），毙伤清兵三千余人。15日克宁陵。19日兵临河南省会开封。北伐军遵循师行间道，直捣北京的指示，不贪攻城，弃开封不攻，西上觅船渡黄河，经朱仙镇、中牟、郑州、蒙阳至汜水、巩县。27日，在汜水始渡黄河北上，大部由贡县乘煤廷渡河。7月7日，攻豫北重镇怀庆府（河南沁阳），内阁学士胜保，山东巡抚李德援军赶到，死力防堵。清军达六万人，众寡悬殊，太平军破城三次未能得城。9月1日，撤怀庆围自黄河太行山间小道入山西。4日克山西恒曲，7日攻下降县，8日攻下曲沃、

12日占平阳府（临汾）。18日退出平阳，入洪洞。19日东走屯留。北伐军入山西后，胜保追及最力。23日，清廷以胜保代讷尔经额为钦差大臣。24日，李开芳攻下潞城，26日攻下黎城，转而东回河南，自武安入直隶（今河北），29日克军事重镇临洺关（今永年），直隶总督讷尔经额，总兵经文岱部万余溃散。北伐军乘胜北上，30日克沙河。10月1日攻顺德不下，进占任县，2日克隆平，3日克柏乡，4日克赵州（赵县），6日克栾城。同日，清廷革讷尔经额职，以桂良代之。7日克藁城，8日克晋州（今晋县）。9日，清廷命惠亲王绵愉总理北京巡防事宜。10日，占深州（今深县）。11日，清廷以惠亲王绵愉为奉命大将军，科尔郡王僧格林沁为参赞大臣，总统四将军，督旗营察尔兵会同钦差大臣胜保"进剿"，以保卫畿疆。北京设巡防所戒严。13日，北伐军进至离省城保定仅六十里之张登镇。是时，北京大震，咸丰帝准备逃往热河，北京官绅纷纷逃跑，官民逃迁者达三万户，北京城一万八千户仅余八千户。21日，钦差大臣胜保等四路攻深州。22日，李开芳等弃深州东走，乘虚进取天津。23日，占献县、旋占交河。27日克沧州（今沧县），直趋天津。29日占靖海，独流，30日克杨柳青，水路先锋离天津城十里，登岸扑城。清军联合地主团练，决运河堤放水，北伐军为水所阻。11月1日，太平军与天津知府钱沂和、知县谢子澄所办团练于城郊不利；遂折回梁王庄转归杨柳青。11月初，北伐军放弃杨柳青，退静海，独流建土垒木栅，预备过冬。兵力已由出发时二万人发展到四万人。23日，在大西河一仗中，谢子澄被太平军土小男等击毙。

同月，西征一支的太平军：19日（四月十二日，迟北伐军十一天），春官正丞相胡以晃、夏官府丞相赖汉英率殿左检点曾天养，殿右八指挥林户容等，奉东王杨秀清命，统率战船千余，溯江西征，占安徽和州（和县）。25日，占安徽西梁山、裕溪口、雍家镇。6月7日占池州，10日再占安庆。赖汉英率曾天养、林启容等西进，13日占江西彭泽，18日占湖口。22日占南康府（今星子），人民缚献知府恭安，知县罗云锦迎太平军。23日，占吴城镇，人民纷纷以钱米鸡猪"进贡"犒师，以助军饷。24日，西征军围攻南昌，江西巡抚张芾，湖北按察使江忠源固守。赖汉英决定先攻附近州县，断其接济，然后合力进攻南昌，于是丰城、瑞州（江西高安），饶州（江西鄱阳），乐平、景德镇、浮梁、都昌等地先后为曾天养部攻占。7月3日，天津派国宗石祥祯、韦俊、石镇仑、石凤魁等率军进援江西。23日，曾国藩遣知州朱荪治率湘勇一千二百人自长沙援江西，候补道夏廷樾、训导罗泽南，编修郭嵩焘率湘勇一千四百人继之：24日，又遣江忠淑率湘人援江西。8月28日，太平军败湘勇罗泽南，夏廷樾、朱荪治、郭嵩焘于南昌。杨秀清攻南昌三月不下，命撤南昌围。9月24日，征西军撤南昌围北上，29日占九江。次年4月，委林启荣镇守。西征军又分两支：一支由石祥祯、韦俊率领、沿江西上进攻湖北；一支由胡以晃、曾天养率领，自安庆经略皖北。赖汉英革职调回天京入删书衙。

10月，占汉口、汉阳：20日，太平军占汉口、汉阳。石祥祯韦俊率领西征军，先于10月1日占湖北武穴镇（今广济），15日，大败清军于田家镇半壁山，进至蕲州，左四军正典圣粮陈玉成进占漕河，17日占黄州（今黄冈），20日占汉口、汉阳，11月6日退出，驻军于蕲、黄之间。

是岁，颁布《天朝田亩制度》：是岁冬，太平天国颁布《天朝田亩制度》，宣布一切款式和财富都属于“皇上帝”所有，根本否定封建阶级土地制度。制度“凡天下田，天下人同耕”和“有田同耕，有饭同食，有衣同穿，有钱同使，无处不均匀，无人不饱”。（这种制度不能促使社会发展，财富不是天上掉的，是靠人劳动创造的。这种制度，不能激发人们才智和创造力）之平均主义原则。规定田分九等，不论男女，按人口分田，好坏各半，十五岁以下减半的办法。县以下设立各级乡官，具体制，称呼和军队相同。居民二十五家为一“两”设“两司马”负责管理生产，分配、教育、宗教、司法以及地方武装等工作。每家农副业收获，扣除口粮日用外，其余送缴国库，婚丧弥月等额外开支，由国库按规定制度发给。此外，还废除封建买卖婚姻，规定“凡天下婚姻不论财”。对于乡官的保举、升贬、奖惩等也都各有规定。这个纲领要求平分土地和推翻封建制度，也包含绝对平均主义空想。平均土地并未实施，但它的颁布打击封建地主势力。

1854年甲寅，清咸丰四年，太平天国四年。

1月，克庐州：14日（十二月十六日）西征军胡以晃部占庐州（合肥）。自安庆北出之西征军胡以晃，曾天养部先于上年10月16日克集贤关。11月14日克桐城，以检点杨立泰留守，29日克舒城，督办安徽团练工部侍郎吕贤之死之，进军庐州。清廷命防守南昌之江忠源为安徽巡抚率援军守庐州。12月10日，江忠源率领兵勇二千七百人至庐州，12日太平军围庐州。1854年1月14日，太平军炸塌水西门城墙，遂克庐州，署知府胡元炜降，江忠源投水死，胡以晃亲守庐州。同时石达开亦分遣军队占祁门，黟县、宿松等地。据统计，1854年内，太平天国在安徽共克复二十二个州县，复经石达开赴安庆一带安民，安徽成为太平天国西征根据地，天京的屏障。

2月，北伐援军：夏官正丞相黄生才，夏官又副丞相曾立昌，夏官副丞相陈士保与冬官副丞相许宗扬奉东王杨秀清令，率北伐援军自安庆北上。千里疾驰，经安徽、河南、江苏进入山东。4月12日，北伐援军占临清。18日撤离，拟北上救阜城。沿途新附者不听指挥，相率南行，清军乘机截击。24日退清水镇，

27日南退冠县，遭到团练和胜保马队前后夹击，新附者狂奔，全军大溃。曾立昌跃马跳黄河死难。黄生才在冠县孔家集被俘，于济南就义。陈士保退至河南风台展沟集战死。许宗扬遁归天京，收入东牢。

堵城大捷：12日，西征军在堵城大捷。石祥祯、韦俊等于三叉河、庐州战胜后，回军西征，兵力增至四万人。由石祥祯、韦俊、石镇仑、石凤魁、曾天养、林绍璋等统率，12日分路进攻黄州堵城湖广总督吴文熔大营，清军溃逃，吴文熔投塘死。

太平军三占汉口、汉阳：16日，西征军第三次攻占汉口、汉阳，围攻武昌。石凤魁留守，石祥祯率大军取湖南。27日，占岳州（岳阳），3月4日克湘阳，7日克靖港，11日克宁乡。长沙大震。

3月，北伐军退据阜城：9日，李开芳、林凤祥、吉文元退据直隶（今河北）阜城。先是北伐军在静海，独流与胜保曾格林沁等统领之清军鏖战三个多月。但因孤军深入，加以粮尽援绝，又缺冬装、军火、南人不耐北方天寒，冻伤甚多，清军四面围攻，兵力大损。2月5日，北伐军弃静海，独流南撤，冀与援军会师。3月9日占阜城及附近村庄，曾格林沁，胜保围之。25日，平胡侯春官副丞相吉文元于阜城阵亡。

5月，北伐军占高塘州：30日，北伐军李开芳占山东高塘州。5月20日，李开芳率马队二队二千自东连镇突围南下临清，冀与援军会合，30日到高塘州知援军已败，乃据州城固守。从此，北伐军一支坚守连镇，一支被围于高塘。两地隔绝，势更孤弱。

6月，再克武昌：26日，太平军石祥祯、韦俊、石镇仑、石凤魁、韦以德等攻占武昌。是役，陈玉成以首功超升。

陈玉成(1837–1862)，广西藤县人，与李秀成同村，出身平农，父母早死，十四岁跟叔父陈承熔参加金田起义。建都天京后，被提拔左四军正典圣粮，职同监军。1854年随韦俊西征。时太平军围攻武昌已数日。玉成到武昌，侦知城内粮已尽，敌军饥疲，乃带五百人从梁子湖绕到武昌东面，率先登城，摇旗一呼，清军数千人惊散，夺门走出，武昌遂破。捷报到天京，升殿右三十检点，命统后十三军及水营前四军。

7月，红巾军起义：5日，广东天地会首领陈开在佛山起义，宣言为明朝报仇，蓄发易服，头裹红巾。陈显良、李文茂等在佛岭寺响应。先后攻克顺德、香山（今中山）东莞、清远、英德各县，举陈开为盟主，13日进攻广州；20日，十余人三路围攻广州，两广总督叶名琛登城抗拒。美、英、法侵略者偷运武器、粮食，接济清军，并用轮船运清兵进广州。陈显良照会英、美、法公使，指责他们的干涉行为。广州清军得英、美、法援助，打退起义军。1855 年 1 月 17 日，陈开军退出佛山。叶名琛先后杀广东人民近十万。

10 月，湘军陷武昌、汉阳：14 日，湘军攻陷武昌、汉阳，曾国藩督湘军自湖金口沿长江三路齐下，直抵婴武洲。13 日攻汉阳、汉口。武汉江西太平军水师全被湘军消灭。14 日，石凤魁，黄再兴退出武昌、汉阳。石凤魁以失律处斩，黄再兴亦以失武昌处斩。

12 月，田家镇失守：湘军败太平军秦日纲部于田家镇。先是武昌既失，秦日纲在田家镇加紧设联，自田家镇横过对岸半壁山江面安铁锁两道。3 月 25 日，秦日纲军与湘军罗泽南，李候宾部战于半壁山，初胜终败。适韦俊，石镇仑、韦以德自天京援石家镇，24 日自田家镇三路渡江进攻，大战竟日，俱败，石镇仑，韦以德阵亡，半壁山失陷。12 月 2 日，湘军水师杨载福、彭王麟等以烘炉大斧断半壁山拦江大锁，追太平军船只至武穴，纵火焚烧约三千号。湘军陆师搭齐布，罗泽南在南岸助攻，追至富池口。3 日，秦日纲、韦俊自焚田家镇营盘东退。湘军进犯九江。

1855 年乙卯，清咸丰五年，太平天国五年。

湖口之战：1 月 29 日，湘军水师攻鄱阳湖口梅家洲，石达开故撤湖口守军。诱敌深入。湘军水师肖捷三等轻舟一百二十余号，健卒二千人冲入湖口。石达开、罗大纲以轻舟突袭鄱阳湖口湘军水师，焚大战船九号，小船三十余号，余均遁归九江。湘军水师被分割为外江、内湖两部。

2 月，九江之战：11 日，石达开、林启容自九江、罗大纲自小池口，以轻舟百余，乘月黑迷漫，突袭湘军外江水师，火箭、喷筒齐放，焚其战船，获曾国藩座船，尽得文卷册牍。湘军辎重丧失，不复成军，退驶至武穴以上，曾国藩骇极投水，被小舟捞起，仓皇逃入罗泽南营。

同月，广济之战：秦日纲、韦俊、陈玉成乘阳历除夕，击破湖广总督杨霈军于湖北广济，霈败走蕲州。是役，太平军不过千余人，杨霈兵勇则有一万余人。

3 月，林凤祥与东连镇双失：僧格林沁督清军攻陷东连镇，林凤祥被俘。原先 2 月 17 日，僧格林沁攻陷直隶东光西连镇。林凤祥坚守东连镇，北代军将士饥饿，至不能执兵器 3 月 7 日，东连镇太平军在十倍之敌围攻突围。林凤祥手挥大刀，一马当先，带领士兵冲杀，不幸中箭被俘，槛送北京，15 日在北京西市口寸磔就义。他视死如归，刑时，“刀所及处，眼光犹直视之，终未尝出一声”。

4 月，三占武昌：3 日，秦日纲等部太平军第三次攻占武昌，湖北巡抚陶恩培等死之，驻鲇鱼套彭玉麟水师被焚。

5 月，李开芳与冯官屯双失：31 日，冯官屯陷落，李开芳被俘。李开芳以八百孤军据屯迎拒万余清军，僧格林沁围攻不能，引运河水灌冯官屯。李开芳属数突围未成。于5月28日遣心腹先锋黄近文等百余人诈降内应。31日自领数十人去清营诈降；准备里应外合，打出重围，不料被僧格林送北京。6月11日就义。太平军北代失败。

11月，石达开入江西：24日，太平军石达开部自湖北通城越幕阜山入江西。12月9日占新昌（今宜丰），与广东转战到江西的天地会葛耀明、陈寿、周培春等会合，兵力大增。18日战瑞州（今高安），19日占临江（今清江）。23日曾国藩急调军防守南昌。1856年3月1日，太平军占吉安，24日克樟树镇，破周风山军，湘军兵勇溃奔南昌，曾国藩亦于27日逃入南昌困守。江西十三府中的八储五十余县为太平军所占。

1856年丙辰，清咸丰六年，太平天国六年。

2月，秦日纲援镇江：1日，秦日纲率陈玉成、李秀成自天京东进龙潭，至汤头为总兵张国梁所阻，乃派陈玉成乘小舟，舍死直冲到镇江。4月1日，陈王成于镇江守将吴如孝会同秦日纲内外夹攻清营，2日，大败江苏巡抚吉尔杭阿与张国梁军，乘胜由金山渡江至瓜州。

同月，马神甫事件：29日，广西西林知县拿获法天主教神甫马赖正法。马赖于1853年违约潜入广西西林县，以传教名义进行侦探活动，作恶多端，激起民愤。1856年2月，西林知县张鸣凤逮捕马赖等二十六人，于29日依法判处马赖死刑。法皇波拿巴借保护教会为借口，准备发动侵华战争。马神甫事件（又称西林教案）后，又发生亚罗号事件，英法两国以其为借口，联合发动第二次鸦片战争。

4月，破江北大营：3日，秦日纲、陈玉成、李秀成、吴如孝等大败钦差大臣江宁将军托明阿军于扬州土桥，连破虹桥、朴树湾、三叉河清营。江北大营一百二十余座闻风溃散。5日再战扬州，17日撤离扬州，同攻江南大营。同日，石达开东援天京。

6月，破江南大营：20日，石达开、秦日纲破江南大营，天京解围。先6月13日，石达开军进占粟阳，向荣集精兵全力争夺，江南大营空虚。14日，秦日钢、陈玉成、李秀成等自镇江西回天京，屯营燕子砚观音门。东王杨秀清下令攻破孝陵卫江南大营，方准入城。17日，秦日纲移营于尧化门、仙鹤门，扼江南大营之背，向荣即派付将王俊赴仙鹤门防堵。18日，石达开军分三路自芜湖、金柱关、大胜关进援天京、屯踞北乡，进占黄马群，切断江南大营赴仙鹤门、石埠桥必由之路。向荣急命都司冯子材争夺黄马群，将张国梁，自栗水星夜调回。19日，太平军四面围困仙鹤门清营。20日，清军援救尧化门，仙鹤门被围人马，与石达开，秦日纲军遭遇，清军兵马先败，向荣、张国梁兵亦败。太平军攻破孝陵卫二十余座营寨。东王杨秀清自城内接应，派军南出通济门攻七桥瓮，东出朝阳门围扑大营，复分兵攻高桥门，欲合围江南大营全歼之。向荣、张国梁等走句容，退往丹阳，江南大营全溃。杨秀清命秦日纲等乘胜追击。27日，占句容，7月3日攻丹阳，清军坚守。8月9日向荣忧愤自谥于丹阳，12日，清廷命张国梁帮办江南军务。太平天国版图达二十三个府州。

9月，天京变乱：2日（八月初四戊子）（太平天国七月二十七日已好）、韦昌辉杀杨秀清。天京变乱起。建都天京后，杨秀清居功自傲，专权跋扈，上逼洪秀全；下压首义有功将领，杖责燕王秦日纲、兴国侯陈承熔、卫国侯黄玉昆。1856年8月，南京城围暂解，杨秀清认为这是扩大个人权位之机，公然逼洪秀全到东王府封其为万岁。洪秀全佯允其请，急密令韦昌辉、石达开回天京图杨（这样大事不同有谋略人商议，则小不忽坏大事，大敌未除，怎能这样干！）。洪、杨矛盾激化，给阴忍而残刻的韦昌辉以可乘之机。韦昌辉从江西带三千人于9月1日深夜赶回天京，迅即围东王府，杀杨秀清及其家人侍从。杨秀清所属先后被杀达二万多人。石达开于9月中旬从武昌赶回，责备韦昌辉妄杀无辜。昌辉大怒，又要杀达开。达开缒城出走，昌辉杀达开全家。11月8日，石达开自安庆渡江至泾县，讨伐韦昌辉，请洪秀全杀昌辉以正国法，平众愤。时昌辉妄逞威福，滥杀“文武大小男女”，甚至率兵围攻天王府。天王同合朝内外同心除韦，人心大定。天王令将昌辉首解至宁国府，交达开验看。达开回京，合朝欢腾，同举辅政。洪秀全览于杨秀清专权教训，对达开有戒心，虽命他“提理政务”，但同时又封洪仁发为安王，洪仁达为福王，与石达开同理政事。

12月，清军陷武昌、汉阳：19日，湖北巡抚胡林翼，提督杨再福等攻陷武昌；钦差大臣湖广总督官文，湖北按使李孟详等攻陷汉阳。时武昌守将韦俊系韦昌辉之弟。石达开原在武昌城东十里洪山督师。天京变乱起，10月达开大军撤退，敌长围坐困武昌。昌辉被诛吞，韦志俊无心再守。因粮尽和众寡悬殊，被迫于12月19日退出武昌，同日退出汉阳。武昌县（今湖北鄂城）、黄州府（黄冈）亦于21、22两日相续失陷，武昌因天京变乱失守。太平天国再也无力收回。长江上游的军事，从此陷入被动和不利局面。

1857年丁巳，清咸丰七年，太平天国七年。

1月，枞阳之会：是月，豫天侯陈玉成，地官副丞相李秀成在皖北安庆枞阳镇商定战略，决定出奇兵制胜。石达开回天京辅政后，为隐定武昌失守，敌水师进犯九江的不利战局，重新部署战略：东线坚守句容、漂水；西线坚守九江及其下长江水道，西南坚守江西，向鄂皖边境大别山区进攻，任命陈玉成，李秀成等作主师。1 日陈、李会于枞阳，秀成回桐城，玉成由枞阳东下，11 日占无为州，31 日自巢县西进占庐江。2 月 24 日，陈玉成、李秀成大破福建提督秦定三等于桐城，27 日占舒城。3 月 3 日，合天候李秀成，捻军李昭寿占六安，11 日，陈玉成、李秀成合捻军占正阳关，18 日，李秀成合捻军李昭寿、龚得树、苏天福占霍邱，即交于得树等为根据地。21 日，陈玉成屡攻寿州不下，撤兵南去。4 月 27 日，陈玉成攻占英山，进向鄂境，5 月 12 日，督大军分道入鄂东黄梅、广济、蕲州、罗田等地，威协武昌。

李秀成 (1823–1864)，广西藤县人，贫农出身，从小在村塾帮工，自学。1851 年参加太平军，从一名士兵升任右四军师，后四监军，二十指挥，地官副丞相。镇江解围之役，打垮江苏巡抗吉尔抗阿之役，屡立战功。天京事变后，秀成奉命镇守桐城，因招收张乐行，龚得树有功，升地官正丞相。1857 年 2 月，清军来犯，被秀成等打败，安庆赖以巩固。

6 月，石达开出走：是月末，翼王石达开因天王疑忌，安王洪仁发，福王洪仁达挟制排斥，私离天京。6 月 2 日，自皖南铜陵渡江，9 日经安徽无为州往安庆，沿途张贴布告，传谕各军，谓天王重重生疑忌，惧怕出走，并号召众军随行。10 月 5 日，石达开自安庆入江西督师，裹带十多万太平天国精兵，分裂出走，决定远征四川，自立一国。1858 年春，杨辅清首先脱离石达开。3 月，达开从江西广丰入浙江。8 月，自浙江入福建，史邵武，分军入江西、闽南。1859 年 1 月，从江西南安（今大庾）两路西攻湖南。5 月，进围保庆，拟出此入四川，战不利。8 月底改道回广西，攻桂林不下，10 月 15 日占庆远府（今宜山），改庆远为龙兴，对太平天国官制礼文多数更改。1860 年 6、7 月间回贵县，8 月 10 日克南宁。那时石达开众叛亲离，其部下彭大顺，朱衣点等率领二十多万人起义回天京。1861 年石达一复聚数万人出广西，绕湖南会同、泸溪、龙山到湖北来风，企图入四川。1862 年 2 月，又从湖北利川石柱。4 月至涪州，招集得二十多万人。6 月，前军攻破长宁，不能深入，就侥道贵州遵义，云南昭通，避实击虚，以取四川。1863 年春，达开大举分三路进攻四川。达开自云南昭通出发，急渡金沙江，将抢渡大渡河以入四川腹地。5 月 14 日，军至柴打地（今安顺场），隘口险窄，而进难退，前阻大渡河，清军严扼对岸，左阻松林河，又为土千户王应元所阻拒，土司岭承恩复带夷兵从后路抄攻。石达开拼命突围，精锐尽失，陷入绝境，于是写信向清廷乞降，愿舍命以全三军。6 月 13 日，石达开入清营。清军于起解石达开之夜，将达开部下二三千人全部围杀净尽，6 月 25 日，石达开在成都被杀。（从杨韦事变到此七年）。

7 月，句容陷：16 日提督张国梁等陷句容，自石达开天京出走后，6 月 11 日，溧水陷，至是句容亦失守，江南大营复振。清军寻自淳化镇进逼天京。

同月，陈玉成大破鄂军：18日，豫天侯陈玉成率众数十万分道由鄂东黄梅、广济、蕲州、蕲水西趋，大破鄂军于望天畈。10月，天王封陈玉成为又正掌率，李秀成为副掌率（正掌率为蒙得恩，爵同五位，总理国事），代替安、福二王执政。

12月，镇江陷：27日，钦差大臣和春，提督张国梁、副将冯子材等攻陷镇江，李秀成救出守将李如孝，军归天京。

同月，英法联军陷广州：29日，英法联军攻陷广州。英全权专使额尔金和法全权专佐葛罗在香港会见，组成英法联军，决定先取广州。12月12日，额尔金、葛罗照会两广总督叶名琛。15日，英法军占广州对岸河南。在城外排列大炮。24日下最后通牒，限四十八小时内交出广州，否则以武力进攻。叶名琛下令，敌船入内不可放炮还击。28日，联军炮攻广州，29日广州失陷。叶名琛逃匿。将军穆克德纳，巡抚柏贵，竖白旗投降。侵略军入城，大肆抢掠，叶名琛于1858年1月5日被俘，解送印度加尔各答。叶名琛在囚禁中，为英人作画，自称“海上苏武”，一年后死于囚禁。（将广州献于侵略者，也不放过他。向侵略者屈服是不行。）

1858年戊午，清咸丰八年，太平天国八年。

1月，天京再困：8日，江南军提督张国梁，总兵李若珠进驻天京高桥门，付将张玉良进驻钟山龙脖子，总兵傅振邦、虎松林进逼秣陵关。江南大营复困天京。

同月，广州傀儡政权：9日，广州将军穆克德讷，广东巡抚柏贵降英就伪职，管理广州。英法侵略者以巴夏礼为首组成三人委员会设于抚署，在之三人委员会监督下，柏贵等出告示弹压城内外军民，收缴民间武器，禁止人民反抗。从此英法军事统治广州近四年。

5月李续宾攻陷九江：19日，浙江布政司湘军李续宾以地道轰塌城墙，攻陷九江。守将贞天侯林启容率太平军将士一万七千余人英勇巷战，全部战死。九江扼鄂、豫皖三省水陆咽喉。为太平天国长江上游后重镇。先是1854年，殿右十二检点林启容受命镇守九江，守备甚固。复连鄂东小池口及鄱阳湖入江之湖口，成犄角之势。湘军多次进攻均败退，塔齐布愤懑沤血致死。1856年12月，武昌失守后，湘军杨载福，李续宾大举进迫九江。次年1月8日起，环攻九江六昼夜，13日败退。旋筑长濠六道三面围困。10月2日，小池口陷，26日湖口又陷，九江合围，成座围之势，天京无力救援，遂被攻陷。

同月，大沽炮台失陷：20日，英法联军攻占大沽炮台。英法联军攻占广州后，英使额尔金与法使葛罗纠合美使列卫廉，俄使普提雅廷北上。2月11日，英、法、美驻沪领事曾向江苏巡抚投递昭会（俄国照会由美领事代递），要求清政府派钦差大臣到上海与英法代表谈判。四国公使旋即离广州赴上海。3月10日，清廷谕英、法、美事由新任两广总督黄宗汉办理，俄事由黑龙江将军奕山办理。4月15日，额尔金等抵白河口，20日，葛罗同法舰赶到。24日，四国公使分别发出照会，要求清廷立即派全权大臣在天津或北京谈判。清廷派仓场侍郎崇纶到白河与侵略者会面。侵略者以崇纶没有全权、职位太低为借口，拒绝接见。28日，清廷加派直隶总督谭廷襄为钦差大臣负责交涉。英法又借口潭没有便宜行事权，拒绝与谭谈判。美、俄公使则以“调人”身份与谭接触。5月20日上午八时，英法联军给谭廷襄送招降书，限两小时内交出大沽炮台。十时，侵略军炮轰大沽炮台。守军立即还击，发炮准确，顽强抵抗。终因武器陈旧，工事简陋失守。参将沙春元、陈毅英勇战死。总督谭廷襄、提督张殿元逃跑。谭廷襄实行“不能战，不易守，不得不抚”的投降方针，英法舰队畅行无阻，逆白河西上，进犯天津。

2月，《瑷珲条约》签订：28日，《中俄瑷珲条约》签订。先是，5月22日，俄国东西伯利亚总督穆拉维约夫利用英法发动第二次鸦片战争之机，率兵船直趋瑷珲，约黑龙江将军奕山谈判界务。开议初，穆拉维约夫就强奕山在事先拟订好的条约草案上签字，声称黑龙江一带本系俄国地方，中俄两国应以黑龙江为界。奕山答以两国分界议定以格尔毕齐河、兴安岭为限，从无更改，若要求以黑龙江为界，断难迁就允准。穆拉维约夫以联合英国对华作战要挟，并以兵船在夜间施放枪炮恐吓。28日，奕山在沙俄炮口下被迫签订不平等的中俄《瑷珲条约》。俄国割去黑龙江以北，外兴安岭以南中国领土六十多万平方公里，仅规定瑷珲对岸精奇里江以南一小挟地区（即江东六十四屯）仍由中人“永远居住”，归中国官员管理，俄人“不得侵犯”；并把乌苏里江以东中国大片领土作为中俄两国“共管之地”。

6月，《中俄天津条约》签订：13日，清钦差大臣桂良、花沙纳与俄使普提雅廷在天津签订《中俄天津条约》。共12款，主要内容是：俄国得在上海、宁波、福州、厦门、广州、台湾（南台）、琼州等七处口岸通商。他国若再有在沿海增开口岸，准俄国一律照办；俄国得在中国各通商口岸设立领事馆，并派兵船在这些口岸停泊；俄国东正教士得入内地自由传教；日后中国若给予其他国家以通商等特权，俄国得一律享受，第九款还规定中俄派大员查勘“从前未经定明边界”，企图借“勘界”割占中国领土。

同月，《中美天津条约》签订：18日，美国驻华公使列卫廉以“调人”名义诱骗清钦差大臣桂良、花沙讷签订《中美和好条约》，又称《中美天津条约》。共三十款。规定清政府给其他国家的特权，美国得“一体均沾”，所得几与英、法相等。次年8月16日，美公使与清政府代表在北塘互换《中美天津条约》批准书。

又，中英、中法《天津条约》签订。26日，清钦差大臣桂良、花沙纳与英国全权代表额尔金签订《中英天津条约》。27日，又与法国全权代表葛罗签订《中法天津条约》（原称和约章程）。英约五十六款，专条一款。法约四十二款，和约章程补遗六款。这两个不平等条约主要内容有：公使驻北京，用平等礼节；开放牛庄、登州、台湾（台南）、谈水、潮州、琼州、汉口、九江、南京、镇江为通商口岸（开埠时、牛庄、登州、潮州改为营口、烟、汕头）。海关雇用外人；耶稣教、天主教士得入内地自由传教：外国人得住内地游历通商，修改税则；外国兵船、商船，得在各通商口岸停泊，对英赔款四百万两，对法赔款二百万两，交清后退还广州。30日，咸丰帝批准条约。定在一年之内互相换条约批准书。7月8日，英法联军撤出天津。

9月，二破江北大营：26日，陈玉成、李秀成合破江北大营。是年8月，陈王成、李秀成召集太平天国将领在安徽枞阳会议，定计由陈、李合兵共解京围9月25日，李秀成自全椒到乌衣与陈玉成会师，合击德兴阿、胜保，大败清军。26日，在小店击溃江南大营总兵冯子材五千援兵，乘胜进占浦口。陈玉成攻德兴阿前阵，李秀成袭其后方，九洑州太平军亦浮水来助。四面围攻，清兵万余人。浦口之战，太平军二破江南大营，打通天京粮道，复乘胜肃清江北敌军。天京与江北交通恢复，次年3月9日，清廷撤江北大营，江北军务由江南和春节制。

11月，三河大捷：15日（十月十日壬子）陈玉成、李秀成在安徽三河镇大败湘军。三河（安徽肥西）为庐州（合肥）南部屏障，屯聚米粮、军火，是太军天国重要据点。先是湘军胡林翼乘太平军东下，派浙江布政使李续宾率六干精锐援庐州，连陷太湖、潜山、舒城、桐城等地。10月猛攻三河，太平军砖垒九座均被攻破。三河危急。陈玉成、李秀成，率兵救援。11月14日，夹攻李续宾大营。15日，李续宾反攻，两军决战。太平军合力歼湘军六千余人，文武官员死四百余人，李续宾自缢死。三河大捷使湘军元气伤，士气不扬，安庆之围自解，天津转危为安，陈王成乘胜再克太湖、潜山、舒城、桐城、湘军退至皖鄂交界处。

1859年巳未，清咸丰九年，太平天国九年。

4月，洪仁开抵天京：22日，洪秀全族弟洪仁玕自香港抵达天京，封于天福。5月8日进封义爵加主将。5月11日，洪秀全打破1857年削安、福二王爵后“永不封王”惯例，封洪仁玕为开朝精忠军师顶天扶朝纲干王，总揽政局。洪仁开从立法，用人方面加强中央领导：改定历法，是岁11月16日颁《改历诏》；改革文教。是岁10月18日，洪仁玕任文衡正总裁；改革考试制度，提倡“文以纪实”。

12月，进封后军主将副掌率李秀成为忠王。

1860年庚申，清咸丰十年，太平天国十年。

5月，二破江南大营：6日，太平军二破江南大营，再解天京之围。先是2月1日，清江南军总统张国梁攻陷江浦，九伏洲，围困天京。洪仁玕、李秀成采用“围魏救赵”之计，确定围抗救京战略，以调动江南大营，并约陈玉成“虚援安省”，合援天京。24日，李秀成攻占安徽广德，29日占浙江安吉，3月5日占长兴，日夜进军杭州。浙江巡抚罗遵殿等死之，杭州将军瑞昌据满城顽抗。江南大营派总兵张玉良援浙。李秀成见敌军中计，乃于24日退出杭州，从间道回援天京。4月8日占安徽建平（今郎溪），同中军主将扬辅清、左军主将李世贤，右军主将刘官芳，定南主将黄文金，平西主将吴定彩，求天义陈坤书等会议决定分路进援天京。21日，陈玉成自安徽全椒进援天京。29日，各路太平军齐集天京城外，城内太平军则从七桥瓮、上方门、安徽门出击。5月2日，太平军五路并进。5日，陈玉成部突破敌长濠，内外夹攻，攻陷得胜门至江边一带清军营垒五十余座，杀敌数万人。提督张国梁派队驰援，不得入，乃断上方桥，妄图固守城东小水关大营。6日，太平军再次攻破江南大营，天京解围战争获全胜。

同月，东征苏、常：11日，洪秀全从干王洪仁玕议，命李秀成领本部人马取常州、苏州限一月肃清；从6月中旬起，集中兵力西征合取湖北武汉三镇。5月16日，东征军自天京出发，19日占丹阳，张国梁落水溺死。26日占常州，是日，钦差大臣督办江南军务江宁将军和春，逃至无锡浒墅关自缢死。30日，占无锡，6月2日占苏州、江阴，14月占浙江嘉兴，15日占昆山，17日占太仓，22日占嘉定，30日占青浦，7月1日占松江。东征军以破竹之势，十一个半月内入占苏南除上海以外大部地区。苏、常为鱼米之乡，财赋之区，且系数省咽喉，占领苏、常，使南北梗塞江浙发漕二百万石，粒米不得北上。

8月，英法联军攻陷北塘：1日，英法联军从北塘登陆。先是，1860年春，英军一万八千余人，法军七千余人，陆续赴中国。4月21日，联军攻占舟山，5月3日，英军进占定海，27日，英军占大连湾，6月8日，法军占据烟台。6月底，英、法全权代表额尔金，葛罗到达上海，俄美公使打着“调停”旗号随英法联军北上。7月，英法联军再次进犯大沽口。清军统帅僧格林沁集中兵力守大沽，竟不在北塘设防。8月1日，英法联军在北塘登陆，12日进攻新河，军粮城，僧格林沁部四千骑兵英勇抗击，几乎全部阵亡，新河失陷。14日，塘沽陷落，大沽炮台孤立。

同月，李秀成首攻上海：18日，太平军李秀成部攻占徐家汇，进逼上海西南西门。先是，当太平军向苏、常胜利进军时，5月间苏松太粮道杨坊求法军代守上海。5月26日，杨坊、吴煦等资助美国人华尔组成“洋枪队”，进攻太平军，7月16日，攻陷松江。8月2日，李秀成部于青浦击败洋枪队，华尔负重伤。9日，洋枪队向青浦反扑，大败。太平军乘胜于8月12日收复松江，18日进攻上海，上海英法军协助清抗拒。20日，太平军遭到侵略军炮火猛烈轰击。李秀成为英法军所阻，兵力不足，加以嘉兴告急，乃于21日撤军。

又，大沽失陷：21日，英法联军从后面进攻大沽北岸炮台，炮台向陆地几乎没有设防，守军拼死抵抗，终被攻陷。直隶总督恒下令投降，南岸炮台不战而下。僧格林沁军退至天津，旋退到通州（北京通州）之张家湾。侵略军逆海河长妪直入，天津陷。

又，天津谈判：24日，英法联军入天津，清廷任命大学士桂良，直隶总督恒福为钦差大臣，恒祺为邦办大臣，在天津谈和。谈判时，英法提出天津开埠，赔款各八百万两，各带侍卫一千人进京换约；法国又提出保护天主教，允许华工出口等条。英方巴夏礼骄悍异常，桂良唯命是听，接受了全部条款。咸丰担心外兵进京会推翻其统治，坚主先退兵，后定约。令桂良等不得签字。天津谈判无结果。

9月，通州谈判：14日，载垣等与英法代表在通州谈判。先是以英法联军向通州进军，咸丰于9月8日改派怡亲王载垣，兵部尚书穆节荫为钦差大臣，往通州议和，同时令僧格林沁在河西务一带防堵。9日，英法联军六千余人进犯通州。载垣连发照会，要求英法军撤回天津再谈判，被拒绝。联军侵占河西务后，派巴夏礼，威妥玛等为代表，14日，双方在通州初次会谈。载垣全部接受英法要求。17日，英法代表又提出向皇帝亲递国书，载垣等认为其事关系国体，断然拒绝，谈判中止。18日，英法联军进犯张家湾，谈判绝裂，清方拘囚巴夏礼等英方人员二十六人，法方人员十三人。同日，僧格林沁军败。通州失陷。21日，京东八里桥（此桥距通州西门八里。距北京城约四五十里，笔者）之役，僧格林沁，胜保军大败，清廷命恭亲王奕浙（1833–1898）为钦差大臣求和。22日，咸丰帝从圆明园逃往热河。

10月，联军侵入北京：13日，英法联军侵入北京。先是9月下旬，英法联军利用同奕浙谈判之机补充给养。10月初又开始军事行动。6日，抄至北京德胜门士城外，暗袭僧格林沁之后，清军不战自溃，退至圆明园，联军尾随，攻占圆明园，焚烧附近街市。奕浙逃往万寿山寺。7日，英、法二使要求清迁廷释巴夏礼等。8日，留京五大臣全释巴夏礼等俘囚。10日，英法联军照会恭亲王奕浙，限十三日开放安定门交联军驻守。13日，留京五大臣中一部分人决定投降，把安定门交侵略军把守，英法联军侵入北京。

焚毁圆明园：18日（九月初三日乙未），英使额尔金下令焚毁圆明园。先是，英法联军从10月6日到9日，在圆明园大肆劫掠，把园内能搬走的珍贵文物抢劫一空，搬不动的彻底破坏。为掩盖劫掠罪行，英使额尔金借口清军杀死部分战俘，令英兵于18、19两日纵火焚毁圆明园。这座清朝统治者经营一百多年，聚集古今艺术之珍品，综合中外建筑艺术，举世罕有的辉煌宫殿和壮丽园林，数日之内顿成废墟，其损失无法估计。

一、《中英北京条约》签订：10月24日，在英、法武力威协和俄使诱逼下，清全权大臣奕䜣与英全权代表额尔金互换《中英北京条约》，签订《中英北京条约》（原称《中英续增条约》），共九款。主要有：开天津为商埠，准许招募华工出国；割让九龙司地方一区（九龙半岛界线街以南）；赔款八百万两，恤金五十万两。11月9日，英军自北京退至天津。

二、《中法北京条约》签订：10月25日，奕䜣与法全权代表葛罗互换《中法北京条约》，签订《中法北京条约》（原称《中法续增条约》），共十款，主要有：开天津为商埠；准许招募华工出国，赔还教产给天主教堂（充当翻译的法国神父在葛罗指使下，在条约中文本中偷偷加上"法国传教士在各省租买田地建造自便"条文）；赔款八百万两，恤金二十万两。11月1日，法军退出北京。

三、《中俄北京条约》签订：11月14日（十月初二日）沙俄利用英法联军军事压力，借口"调停"有功，强迫奕䜣与俄使伊格那提也夫签订《中俄北京条约》（原称《中俄续增条约》），共十五款，主要有：将乌苏里江以东约四十万平方公里中国领土，强行划给俄国，规定中俄两段疆界"应顺山岭，大河之流及现在中国常驻卡伦（即哨所）等处"为界，将中国之内湖斋桑淖尔和特穆尔图淖尔（即伊塞克湖），硬指界湖，为进一步割占中国西部大片领土制造"条约根据"：开放喀什噶尔（即什市）为商埠；俄国在库伦（今乌兰巴托），喀什噶尔设领事馆；俄国零星货物，准在库伦、张家口行销。

1861年辛酉，清咸丰十一年，太平天国十一年。

7月，第二次西征失败：14日（六月初七日）李秀成军退出湖北，太平军第二次征西失败。洪秀全原决定1860年6月中开始英王陈玉成由江北前进，忠王李秀成由江南前进。1861年4月会师武昌。由于李秀成重下游、轻上游，立意攻取上海，不按时回天京，产生战略分歧，陈玉成统率北路军于1861年春由安庆西上，进军神速，3月10日、14日，先后攻占大别山重要军事据点霍山、英山，挺进湖北；3月18日，进占黄州府（今湖北黄冈），时清军后方空虚。武汉危在旦夕。3月22日，英国参赞巴夏礼面见陈玉成劝其不要攻汉口，留赖文光守黄州，于4月间回安徽谋解安庆之围。李秀成在洪秀全严令之下，统率南路军于1860年10月下旬以太平府（今安徽当涂）出发。12月1日，破羊栈岭，大军距曾国藩祁门大营仅八十里，朝发夕至。时曾国藩兵力单薄，无力抵御，大战两天，太平军先胜后败。李秀成以为大军屯祁门，下令绕道经浙江玉山转入江西，曾国藩得以死里逃生（以后成为灭亡太平天国主敌），1861年1月，李秀成至浙江常山，

2月15日，围江西广丰，3月8日攻建昌，4月8日进占樟树镇，20日占吉安府，5月15日克瑞州，召集江西、湖北一带具禀来降之人约三十万。6月15日，攻克黄州府对岸之武昌县（今湖北鄂城），武汉大震。6月下旬，英国汉口领事金执尔到兴国州（今湖北阳新）求见李秀成，阻挠太平军进兵武汉。7月14日，李秀成撤出鄂南。他先欲救安庆，后安庆难救，又闻鄂兵强，即不战而退，经江西，远走浙江，置安庆危局于不顾。由于李秀成未安期会师武昌和英国干涉侵略者，致第二次西征攻败垂成，解救安庆计划落空。

8月，咸丰帝死：21日（七月十六日）遭诏立载淳为皇太子；命怡亲王载恒、郑亲王端华，协办大学士户部尚书肃顺，御前大臣景寿及军机大臣穆荫、匡源、杜翰、焦祐瀛等八人为“赞襄政务王大臣”，执掌政权。次日，咸丰帝病逝于热河（今河北承德）避暑山庄。载淳即位，定次年改元为祺祥。

9月，安庆陷落：5日，曾国荃督湘军攻陷安庆。安庆为天京上游之太平天国重镇，自1858年5月九江陷落后，即为湘军进攻主要目标。1860年3月，曾国藩决定分三路进攻安庆；道员曾国荃部进集贤关；付都统多隆阿部攻桐城，道员李续宜部接应。此后，曾国藩设大营于皖南祁门，胡林翼等设大营于皖北英山（旋移于太湖），以进攻安庆。曾国荃屈长濠围困安庆。1861年5月，陈玉成在安庆与曾国荃水陆军大战，难以取胜，乃留刘玱琳率精兵守赤冈岭，亲去天京求救。6月，曾军攻陷赤冈岭，刘玱琳被杀。8月，陈玉成率援军赶回救安庆，苦战半个多月，劳而无功。至9月5日，湘军承城内太平军粮绝，以地雷轰倒北门城垣，越濠入城。太平军将士都饿倒，奋起死守，守将叶芸莱等二万余人全部战死，安庆陷落。清军大杀三日，全城男女老幼无一幸免。7日，桐城失陷。9日，池州府（今贵池）失陷、宿松、英山、蕲州相继失守，陈玉成退守庐州。11月20日，清廷命曾国藩统辖苏、皖、浙、赣四省军务。

11月，辛酉政变：2日（九月三十日乙卯）慈禧太后与恭亲王奕䜣合谋发动政变，废除大臣辅政，夺取最高统治权。咸丰帝病死后，载淳生母慈禧太后策动东宫慈安太后与肃顺等八辅政大臣争权，并与在京的恭亲王奕䜣秘密联系。9月，奕䜣在与外国侵略者取得默契后，以奔丧为名，赶至热河行在，与两太后密谋，旋返京布置。9月14日，御史董元醇秉承西太后旨意，疏请皇太后“权理朝政”，并于亲王中派一二人“同心辅幼”。肃顺等以咸丰遗诏和清朝从无皇太后垂帘听政故事拟旨痛斥。慈禧太后竟将折旨留中不发，引起两宫与八顾命大臣之间的尖锐冲突。10月4日，上东太后徽号为慈安皇太后(1837–1881）祜禄氏、满族、咸丰帝后)，西太后徽号为慈禧皇太后。10月26日，两太后偕幼帝载淳由间道回京，咸丰帝灵柩则由肃顺另路护送。11月1日，皇太后等返抵北京，当日召见奕䜣等于大内。2日，发动政变。慈禧太后发布在热河预先拟好之上谕，宣布载垣等“不能尽心和议”、“擅改谕旨”、“专擅”、“欺蒙”，并“种种跋扈不臣”之罪，命即行解任。3日，授奕沂为议政王，在军机处行走。7日，改年号“祺祥”为“同治”。8日，斩肃顺，赐载垣，端华自尽；辅政大臣其余五人或革职，或充军。11日，载淳登极，以明年为同治元年。28日，礼亲王世铎奏遵旨会议“垂帘章程”。12月2日，西太后于养心殿垂帘听政。这次宫廷政变使外国侵略者所扶植的势力掌握了实权。他们通过奕沂等媚外势力加强了对清政府的控制。

12月，太平军攻克宁波：9日，太平军黄呈忠、范汝增部攻克宁波。当太平军第二次西征时，侍王李世贤部从1861年5月至7月，攻占浙江本部和南部大部分地区。安庆失守后，李秀成弃置上流及皖省不顾，转而经营东南。9月16日，在江西铅山河口，会合翼王石达开部将朱衣点、童容海、吉庆元、汪海洋等自广西带回之二十多万大军，分兵两路取浙江。一路由李秀成统谭绍光、部永宽、童容海等，攻取杭省。另一路由李容发率吉庆元等，攻取宁、绍，断敌救援。李秀成一路富阳破余杭，于11月4日合围杭州；李容发一路于11月1日攻克绍兴。李世贤部将殿左军主将宝天义黄呈忠，讨逆主将进天义范汝增，分南北两路包围宁波。他们拒绝外国侵略者缓期进攻之要求，12月9日进占宁波。

同时，李秀成再克杭州：29日，李秀成督主将谭绍光、部永宽、邓光明、陈炳文、童容海等克复杭州，浙江巡抚王有龄自缢。

三、穆宗 载淳 同治1862——1874年

1862年壬戌，清穆宗毅皇帝载淳同治元年，太平天国十二年。

1月，第二次进攻上海：7日，李成秀乘浙江大胜之时，自杭州分五路进军上海；谆谕上海、松江居民去逆归顺，劝上海洋商各宜自爱，两不相扰，倘敢助逆为恶，与太平军抗敌，则是飞蛾扑火，自取灭亡。20日，李秀成部莫王谭绍光、纳王部王部永宽率军围吴松、占高桥。2月13日，英水师提督何伯，法水师提督卜罗德在上海布防，抗拒太平军，并对村民烧杀抢掠。16日江苏巡抚薛焕奏华尔洋枪队取名“常胜军”，由吴松太道吴煦督带，记名道杨坊会同华尔管带。3月，英军上将士迪佛立率援军自天津抵上海，4月4日，会合何伯、卜罗德及新到俄国兵进攻七宝、王家寺太平军营。5日，坡度罗德又以大炮轰毁罗家港太平军营垒。8日，李鸿章、淮军自安庆乘英轮抵上海。17日，士迪佛立、卜罗德率英、法侵略军猛攻周浦太平军营垒。太平军死六百人，三百俘虏也被残酷处死。侵略军乘胜大肆劫掠。5月1日，英法军及“常胜军”攻陷江苏嘉定，守城太平军中一百三十名童子兵全部英勇战死。12日，又占青浦。17日，英法军、“常

胜军”、淮军与太平军战于奉贤南桥镇，21日，占奉贤。太平军处于消极防御被动挨打的局面。李秀成从苏州赶回，到前线组织反攻。5月17日，太平军太仓一战，击毙清知府李庆琛，全歼五千人。18日，进攻嘉定、保山、吴淞、青浦。26日，击败英法军，克嘉定、进逼上海，侵略军丧胆，不敢出击太平军。28日，太平军进攻青浦，克泗径；29日，李秀成大败华尔，进围淞江。6月9日，克复青浦，俘获“常胜军”副领队法尔思德。17日，进至法华镇、徐家汇，直逼租界和上海县城。18日与李鸿章淮军战于徐家汇，九里桥、新桥、虹桥等处失利。19日，李秀成退军苏州。第二次进攻上海失败。

2月，太平军远征西北：扶王陈得才，遵王赖文光，启王梁成富，祜王兰成春奉陈玉成命自庐州远征西北至河南新蔡。4月9日，围攻南阳，17日入陕西，攻商南。5月17日，进逼西安。闻庐州围急，旋自西安东向，克华州，攻华阳。30日出潼关，谋东归河南，打通豫、陕、联合捻军，回救陈玉成。陈玉成遇难后，便在河南唐县、南阳及湖北枣阳、随州（今随县）一带活动。西北远征军归李秀成节制后，奉命上去招足人马，限二十四个月回救天京，陈得才等遂于1862年11月30日进攻湖北郧阳府（今郧县），沿汉水而上，1863年10月2日占陕西汉中，攻无不克，胜无不胜，在陕南颇有发展。1864年2月10日分三路东援天京，未至，天京陷，其中一部成为斗争主力。

5月，宁波失陷：10日，英法军与清军占宁波。先4月，英国总兵丢东德克蛮横要求太平军拆除宁波城上炮位，否则将予摧毁并占领宁波。太平军守将黄呈忠、范汝增复照严拒。5月初，侵略者又无理要求太平军退宁波，遭到断然拒绝。英法军舰六艘伙同清军发动进攻。太平军伤毙法舰队司令耿尼；范汝增率卫队迎头痛击爬上城墙之侵略者。太平军大量杀伤敌军后，主动撤离宁波。英、法侵略者以宁波为基地组织中外反革命联军。英国驻宁波水师总后官丢乐德克募集军士一千人，成立中央混合军，分为“常安军”和“定胜军”。宁波税务司法人日意格募集兵士四百人，成立中法混合军，又称“常捷军”。他们伙同“常胜军”向太平军进犯，先后陷余姚、慈溪、奉化。

同月，天京第三次被围：30日，天京被湘军包围。先是安庆失守后，曾国藩实行“欲拔本根，先剪枝叶”战略，在半年多时间内，逐一攻占天京、安庆、庐州间太平天国财赋重地。1861年10月23日，攻陷天京、庐州间主要联系据点无为州，26日，占据太平天国军粮集中地运漕镇。11月1日，攻陷军事重镇东关。1862年3月12日，陷西梁山，4月18日，曾国荃攻占巢县、含山、和州、裕溪口等地，相继失陷：5月13日，庐州失陷。18日，曾国荃、彭玉麟攻占太平府金柱关，20日，芜湖陷。28日，曾国荃占秣陵关，29日，陷大胜关，三叉河。

30日，曾国荃扎营雨花台，彭玉麟率湘军水师进泊护城河口，天津第三次被围。

6月，陈玉成就义：4日（五月初八），英王陈玉成在河南延津就义。先是5月，庐州失陷，陈玉成率残军往寿州（安徽寿县），15日被苗沛霖诱执，献送清帅胜保。胜保遣人劝降，被英王斥退。胜保亲自出场，令英王跪，英王挺立不拜，怒斥胜保。胜保仍劝降，陈玉成曰：大丈夫死则死耳，何饶舌也！“6月4日，在被执送北京途中，于河南延津英勇就义，死年二十六岁。

10月，天京解围战：13日，李秀成下令围攻雨花台曾国荃军营。先是天京第三次被围后，洪秀全多次严诏李秀成追救京城。8月6日，李秀成在苏州召开军事会议，布置救援天京。太平军二十万，号称六十万，回救天京。从10月13日至11月26日，大战四十五天，东至方山，西至板桥镇，昼夜不停地猛攻湘军，打得曾国荃惊呼“濒于危者累矣！”曾国藩也束手无策，惊呼“心已用烂，胆已惊破”。但是太平军终因缺冬衣，少军粮，将士饥寒，各将领又不同心协力，不得不于11月26日主动撤围，曾国荃得以侥幸守住营垒。

12月，李秀成西征：1日，以天京解围战未克，洪秀全严责李秀成，予以革爵处分，并令其“进兵北行”，李秀成命章王林绍璋等由天京下关渡江西征。1863年2月27日，李秀成率军渡江西征，由含山、和州、巢县进军，拟攻皖、鄂，以解天京之围。5月，围攻六安州不克，折回寿州，西征失败。曾国藩定计急争天京，以攻其必救。8月13日，清军陷雨花台天京危急。李秀成奉诏回京。20日，李秀成军自江浦桥林，小店经九洑州南渡。撤退途中由于严重缺粮，敌军袭击，最后又在敌炮火下渡江，前后失去战士十多万人。自此，长江北岸尽为敌有。

1863年癸亥，清同治二年，太平天国十三年。

12月，苏州失陷：4日，郜永宽等刺杀恭王谭绍光降清，苏州失陷。先是8月22日，淮军总兵程学启进逼苏州。9月23日，李秀成来援苏州。28日，太平军与淮军、“常胜军”在苏州连战数日，不分胜负。11月21日，戈登军夜攻、娄门外石垒长城，恭王谭绍光跣足赤膊督战，太平军英勇血战，打死打伤“常胜军”官兵一百八十人。28日，太平军康王汪安钧与程学启议降。李秀成悉郜永宽等八人有敌之意，不唯“不罪”竟加以纵容。29日，李鸿章督“常胜军”、淮军以大炮四十六门猛攻苏州。30日，李秀成见军心涣散，遂率亲兵万人，夜离苏州，留谭绍光死守。12月2日，纳王郜永宽再与程学启议定降约，允暗杀谭绍光，以苏州降，清尝二品顶戴，学启立誓，戈登证之。4日，恭王谭绍光召集纳王郜永宽，康王汪安钧，比王伍贵文，宁王周文佳，天将汪有为、范起发、张大洲、汪怀武等八人商议防务，郜永宽刺杀谭绍光，开门降李鸿章，次日，谭绍光、程学启入城受降。6日，程学启与李鸿章定计召集郜永宽等八叛徒议事，设伏杀之。

解散降众。

1864 年甲子，清同治一年，太平天国十四年。

5 月，常州失陷：11 日，李鸿章亲督戈登兵、刘铭传等军攻破常州城，护王陈坤书率残存太平军奋勇巷战，被俘后拒绝投降。是役，常州军民一万五千人被屠。太平军坚守之最后一个城市丹阳亦于 5 月中陷。

7 月，天京陷：19 日，湘军曾国荃部攻陷天京。先是 1862 年 5 月底，天京第三次被围。从 6 月到次年 6 月，李秀成天京解围战失败。12 月，苏州失守后，李秀成向天王提出“让城别走”方案，天王不听。1864 年 2 月 28 日，李秀成猛攻曾国荃不利，湘军乘机攻陷天保城，切断天京对外通道。3 月 2 日，湘军逼进天京城东北之太平门及神策门外，天京合围，粮源断绝。6 月 1 日，天王洪秀全病逝。6 月 6 日，天王长子洪天贵福 (1849–1864) 即位，是为幼天王。18 日，李秀成率洋枪队猛攻曾国荃营，湘军损失四千人，几溃散。7 月 3 日，湘军攻陷天京最后一个要塞地保城，曾国荃利用地保优越地势，居高临下，架炮日夜轰击，并掘地道埋炸药轰城，湘军以五万之众猛攻天京半月，城中太平军万余人，而能作战者仅三四千人，临危不惧，拼死鏖战，先后击毙清军总兵三人。19 日，地道火药发火，轰塌城墙二十多丈，清军由炸塌处蜂拥而入，天京陷落。太平军无一降者，至聚众自焚而不悔。湘军屠城，沿街死尸十之九皆老者，其幼孩未满二三岁者亦斫戳以为戏。匍匐道上，妇女四十岁以下者，一人俱无，老者无不负伤，或十余刀，数十刀，哀号之声达于四远（这些死者都是爱国爱种族的，曾国荃兄弟对华夏来说，他们的罪恶不亚于吴三桂，甚而过之。太平天国之亡，是缺少如诸葛亮和刘基这样的人物。而洪秀全又不如朱元璋，入了南京后，只顾个人享受。这与太平军的壮士来说，都是勇敢、忠诚的。若有好的领导是不会垮的）。

8 月，李秀成死：7 日，曾国藩杀忠王李秀成于南京。天京陷落时，李秀成率死士数百人拥幼天王冲出太平门城墙缺口，断后迷路，受伤藏于民家，22 日被俘于天京东南之方山，曾国荃亲讯李秀成，叱勇割其臂股，流血不止，李秀成殊不动。28 日曾国藩从安庆赶至南京，亲自诱降。李秀成遂在囚笼中写“自述”数万字，以“保民”、“保军”防御洋鬼为由，提出《收齐章程》十条，企图招降太平军乞活。8 月 6 日，曾国藩再次亲讯秀成，秀成劝曾国藩反满独立。7 日，曾国藩杀李秀成，并将其供状删改送呈清廷，刊刻传布。

10 月，《中俄勘分西北界约记》签订：7 日，沙俄据 1860 年《中俄北京条约》关于中俄西段边界的规定，强迫清钦差勘办西北界事宜大臣明宜等与沙俄钦差分界全权大臣扎哈罗夫等在塔尔巴哈台（今塔城）签订《中俄勘分西北界约记》，具体规定自沙宾达巴哈山口（今苏联境内）至浩罕边界的中俄西段边界，连北京条约规定为界湖的伊赛克湖也划为沙俄内湖。沙俄通过《中俄北京条约》和《中俄勘分西北界约记》，割中国西部巴尔什湖以东，以南四十四平方公里领土。

同月，太平军侍王李世贤占漳州：14日李世贤军攻占福建州府，斩漳州镇总兵禄魁等。李世贤(1834–1865年)，广西藤县人，李秀成堂弟。1860年封为侍王，天京陷落后，率汪海洋等在漳州继续与清军作战，并颁布各种章程，保护农商，恢复生产，准备攻取泉州、福州，以争取海口。

11月，陈得才自尽：7日，扶王陈得才扶服毒自尽。11月间，陈得才率太平军在安徽霍山黑石渡与僧格林沁军决战，不利；部将马融和等以众七万降敌，祐王兰成春被叛徒出卖遇难，陈得才乃服毒自尽。

同月，幼天王殉国：18日，幼天王洪天贵福在南昌被凌迟处死（十几岁的孩子，有何罪恶。这样残忍）。先是7月20日，幼天王从天京逃出，24日到广德州，29日，堵王黄文金（1832–1864，广西博白人，1862年封为堵王）迎入湖州。时，太平军余部浙江方面只保有湖州，大部太平军如李世贤、汪海洋等部都转入江西。8月4日，黄文金遣弟昭王黄文项等奉幼天王还走广德。8月底，太平军叛将蔡元隆降清，黄文金弃城奔广德，奉幼天王转战皖、浙边境。9月5日，黄文金病死，余部入江西。10月25日，幼天王被俘于江西石城荒山中，11月18日在南昌殉国。

又，洪仁歼就义：23日，干王洪仁开在南昌就义。上年12月天京围急，洪仁玕奉命出京催兵解围，身历丹阳、常州、湖州。次年7月，幼天王到湖州，洪仁开来赴难，与黄文金定议入江西会合侍王李侍贤、康王汪海洋，去湖北再会扶王陈得才大军，据荆襄以图中原。于是弃湖州入江西，不料李世贤等已去福建，乃护幼天王寻宗（踪）西行，10月到江西石城，全军败散。10月9日，洪仁玕被俘于江西石城，他在狱中写自述表彰太平天国光辉业绩，就义前吟绝命诗，“我国祚虽斩，有日必复生”等句，对革命前途充满信心。11月23日在南昌从容就义。

1865年乙丑，同治四年，太平天国十五年。

4月，漳州陷，15日，清军陷漳州。上年10月，李世贤、汪海洋等攻入福建，击毙湘军大将张运兰，福建提督林文察。李世贤驻漳州，汪海洋驻汀州，号二十万。清廷急调左宗棠、李鸿章、曾国藩部鲍超军攻福建，清军屡败。1865年3月，汪海洋兵入广东镇平（今蕉岭）。清军全力围漳州，汪海洋不救。5月15日，左宗棠部湘军提督高连升、李鸿章部淮军提督郭松林等攻陷漳州，李世贤突围败走。8月19日，李世贤到广东镇平，入康王汪海洋军营。23日，江海洋刺杀李世贤乃所部多人。

5月，捻军高楼寨之战：18日，赖文光、张宗禹、任化邦等捻军全歼僧格林沁军于山东曹州（今菏泽）高楼寨。先是1863年雉河集失守，张乐行遇害后，张宗禹、任化邦捻军余部于1864年4月，在豫南与太平军赖文光部会师，11月，奉赖文光为领袖。赖文光按太平军军制和训练方法整编捻军，决定易步为骑，保存和发展捻军战术上灵活机动，精骑善走等优点，建成一支战斗力强的新军。赖文光统率捻军，声势大振。1865年1月29日，赖文光、任化邦、张宗禹等大败僧硌林沁于河南鲁山。旋东逼开封，渡黄河故道，以迅雷疾风之势，入山东境。僧格林沁跟追，捻军避实击虚，忽东忽西，欲南佯北，"盘旋飘忽"的兜圈战术，拖得僧军疲惫不堪。5月18日，僧格林沁追至曹州高楼寨，钻进赖文光、任化邦布下的口袋阵，全军覆殁。僧格林沁藏麦垅中，被捻军张皮绠刺杀。内阁学士全顺，总兵何建鳌等被击毙，总兵陈国瑞重伤逃脱。

同月，曾国藩督师攻捻：23日，清迁命钦差大臣曾国藩督湘、淮军赴山东进攻捻军，28日，李鸿章署理两江总督，曾国藩督办直、鲁、豫三省军务。曾国藩本拟赴徐州前线，因捻军已南下进攻雉河集，决定先去临淮关驻扎。7月13日，曾国藩陈四镇"剿匪方略"：安徽以临淮为老营，江苏以徐州为老营，山东以济宁为老营，河南以周家口（即周口）为老营，各驻重兵，多储粮械，一处有急，三处往援。同时布置河防，东以运河为防线，西以沙河、贾鲁河为防线，南以淮河为防线，北以黄河为防线，企图把捻军活动范围限制在河防地区内，以驻镇清兵围攻消灭之。曾国藩重点设防，坚壁清野，画河圈围的战略，未能限制捻军活动。1866年春夏，捻军奔驰鄂、豫、皖、鲁、苏等省，屡败清军。9月，在开封突破沙河、贾鲁河防线，直趋山东、运防，黄防震动。曾国藩督战无力，清政府改调李鸿章督战。

8月，太平军占长乐：29日，太平军来王陆顺德攻占广东长乐（今五华）。9月20日，清军陷长乐，陆顺德被叛徒执送敌营，不屈而死。

1866年丙寅，清同治五年，太平天国十六年。

2月，嘉应州陷；7日，清军攻陷广东嘉应州（今梅县）。上年12月8日，太平军康王汪海洋，佑王李远继，偕王谭体元，攻占嘉应州，屡败左宗棠部，击毙叛徒钱桂仁，至2月1日，康王汪海洋因弹伤死，偕王谭体元代领其众，2月7日，谭体元定计出城走，趋往黄沙嶂，在山中迷路，被敌军追击，遂督军战鲍超，力竭坠崖，伤重被俘死难。是役，太平军将士战死五六万人，败散已尽。长江以南太平军余部全被清军消灭。

10月，捻军分东西两支：20日，遵王赖文光将捻军在河南陈留、杞县分为两支。赖文光以独立难支，特命梁王张宗禹、幼沃王张禹爵（张乐行侄）、怀王邱远才率西捻军前进甘、陕、往联回众以为犄角之势，赖文光同鲁王任化邦，首王范汝增，魏王李蕴泰率东捻军计划前进川、陕，建立根据地。26日。曾国藩令直隶提督刘铭传等军进攻东捻军，浙江提督钱包超等军进攻西捻军。11月19日，曾国藩以进攻捻军无效，奏请另简钦差大臣接办军务。26日清廷以李鸿章代曾国藩署钦差大臣节制湘淮各军。12月7日，清廷命曾国藩回两江总督任，授李鸿章钦差大臣专办“剿捻”事宜。

1867年丁卯，清同治六年，太平天国十七年。

1月，埂里坡之战：23日，西捻军于西安城东霸桥十里坡大败清军，围西安，先是西捻军由豫入陕，所向克捷，于上年2月14日，自渭南进抵灞桥，逼西安。清陕西巡抚刘蓉率湘军自华阳回救，西捻军折走兰田，刘蓉又仓皇东追。西捻军复西上，猛扑西安。刘蓉两次东下扑空，急率湘军三十余营回救，至霸桥十里坡，被西捻军马队包围。1月23日，西捻军全歼刘蓉部湘军三十余营，杀汉中镇总兵肖德杨，记名提督杨得胜等。

2月，尹隆河之战；19日，东捻军于湖北安陆（今钟祥）尹隆河（今永隆河）大破淮军刘铭传部，先胜后败。先是东捻军由河南下湖北，准备渡汉水循宜昌入川。1月11日，在安陆罗家集全歼湘军营，生擒清提督郭松林，以足伤被弃道旁，始得逃命。26日，又在德安（今湖北安陆）新家闸全歼淮军悍将总兵张树珊部，杀张树珊。2月19日，东捻军在尹隆河大败淮军提督刘铭传部，击毙总部兵唐殿魁等，刘部陷入重围。湘军提督钱鲍超所部霆军突然猛东捻军之背，东捻军由胜转败，损失万余人，赖文光等遂北走河南，放弃进军川陕计划。3月初，重入湖北。23日，在蕲水六神港大败湘军，斩记名布政使鼓毓橘，重回臼口，尹隆河一带。因后被鲍超、刘铭传所阻，再度进军川，陕未果，仍北上河南。

11月，东捻军败于赣榆：19日，东捻军败于江苏赣榆，曾王任化邦被刺杀。先是6月13日，东捻军自山东郓城破运河长墙，进屯东平，30日进逼烟台，为英国军击退。7月21日，李鸿章在东以胶莱、西以运河、北以黄河、南以六塘河为防线，修筑长墙以围困东捻军。11月19日，东捻军败于赣榆，鲁王任邦被叛徒潘贵升刺杀。12月24日，刘铭传再败东捻军于山东寿光海滨，首玉范汝增战死。

1868年戊辰，清同治七年，太平天国十八年。

1月，东捻军败于瓦窑铺：遵王赖文光被俘。东捻军经赣榆、寿光两次大战，主力损失殆尽。先是2日，赖文光波六塘河，虽突破重围，冲过二千多人，但已无能为力。5日，赖文光在扬州瓦窑铺因乘骑被敌击伤而被俘，他忠贞不屈“词气倔强”，写下千余言慷慨悲壮的《自述》，表示：“惟一死以报国家，以全臣节！”10日，在扬州英勇就义。东捻军最后失败。

8月，西捻军败于徒骇河：16日，西捻军败于山东茌平徒骇河，全军覆殁。

先是上年初，当西捻军包围西安，3月间到达渭北回民起义军活动地区。为了粉碎左宗棠坚壁清野，突破包围。10月间进兵陕北，连克安寨、延川、绥德等城。12月，捻军得东捻军被围急讯，立即由陕西东进，准备进攻北京，用围魏救赵办法吸引清军，以救东捻军。12月17日，西捻军突破河防泫黄，昼夜奔驰，经山西，线河南，入直隶。1868年2月5日，清严查京师五城，命恭亲王奕沂会同神机营王大臣办理巡防事宜。19日，清迁命钦差大臣左宗棠总统直隶境内各路清军，防堵捻军。西捻军孤军深入，遭到清四面八方包围。3月16日，饶阳一战，幼沃王张禹爵、怀王邱远才战死。西捻军随即渡滹沱河南下，专以走疲清军。左宗棠李鸿章跟在后面往返奔驰，疲惫不堪。4月12日，河南滑县一战，击毙清提督陈振邦，副将刘正同。17日，西捻军入山东。22日，清迁命李鸿章总统山东各路清军。26日，西捻军攻静海，27日进至天津濠墙外十二里之稍直口，5月2日，清迁命左宗棠严防直晋交界，李鸿章防直鲁交界。16日，清廷限令李鸿章，左宗棠于一个月击败捻军。21日，左宗棠、李鸿章于德州会师进攻捻军。6月14日，清廷授都兴阿为钦差大臣赴天津等会同左宗棠、李鸿章进攻西捻军。西捻军孤不敌众，被围在黄河、运河、徒骇河水涨不能渡。8月16日，山东茌平南镇一战，西捻军全军覆灭，张宗禹十八骑冲出重围至茌平，“穿秫凫水，不知所终”。捻军起义经十六年，战争地区达江苏、安徽、湖北、山东、河南、陕西、山西、直隶八省。

1869年已巳，清同治八年。

9月，丁宝祯杀安德海：16日，山东巡抚丁宝祯将出京招摇之慈禧亲信太监安德海正法。清廷命总管内务府大臣严饬总管太监，嗣后务将所管太监，严加管束。

1873年癸酉，清同治十二年。

12月，刘永福杀安邺：24日，刘永福督黑族军与法军战于河内，杀安邺。法国早想吞并越南，以作为侵略中国之根据地。早在1862年，法国攻越南，下交趾（南折），迫订《西贡条约》，割嘉定等三省及昆仑岛。1867年，又攻占永隆，呵仙等三省。到1873年11月，法军头目安邺先后攻占河内、海阳、南定等城，越南政府请刘永福黑旗军协助抗法。12月，黑旗军与法军激战于河内郊外，24日，击败法军、杀安邺，迫使法军退出河内。

刘永福 (1837–1917) 八十岁，字渊亭，广西上恩人，雇工出身，早年参加广西天地会起义。刘永福黑旗军为广西天地会起义军余部，太平天国失败后，转移至滇、越边境，开辟山林，聚众耕牧。黑旗军击败法国侵略军，越南国王任刘永福为三宣副提督，管宣光、兴化、山西三省，扼守富良江（红河）两岸黑旗军在抗法战争中，英勇善战，得到越南人民支持，又得云贵总督岑毓英暗助军火，屡败法兵，使法国占领河内，开通富良江入云朵南航路的图谋难以得逞。

1874年甲戌，清同治十三年。

5月，日军侵琅玠：8月，日本侵略军在台湾琅玢登陆。先是1871年年底，台湾牡丹社高山族人误杀漂流到台湾的琉球船民。当时琉球是中国属地，次年日本封琉球国王为藩王。1873年3月，日本外务卿付岛种臣来华，派付使柳原前光到总理衙门质问高山族人杀死琉球船民一事。总理衙门官员毛昶照等声明："台湾、琉球俱我属土，属土文人相杀，裁决权在于我。我恤琉球人，自有措施，何须贵国事而烦为过问？"但又杀人的高山族是"化外"之民，日使无言可对，但他抓住其答辞中个别字句，曲解为台湾高山族居地不属中国版图。至1874年4月，日本政府设"台湾番地事局"，任命大隈重信为长官，在长崎设立侵台军事基地；又派陆军中将西乡从道为台湾"番地都督"，出动侵略军三千多人，图谋从台湾南端入侵。占领台湾东部。美国驻日公使德龙从恿日本侵台，推荐前驻厦门领事李仙得为谋士，美军官多人参与指挥，并供日本军火船只。5月8日，日本侵略军在琅玠强行登陆，进攻龟山，被牡丹社高山族人据险击败。日本侵略军对高山族人民肆意烧杀抢掠，在占领地区设都督府，修屋筑路，意图久居。清廷派福建船政大臣沈葆桢为钦差大臣，带海陆军到台，进行全面防御部署，兵力远胜日军。日军进退两难，急思退兵。

2月，中日北京专条签订：31日，中日定议，《台事专约三款》及凭单。先于9日，日本特使人久保利通偕李仙得抵北京，对清廷大肆恐吓和威胁，要求赔偿军费。清廷代表开始则据理辩驳，后在英国驻华公使威妥玛"调停"下妥协。10月31日，恭亲王奕沂与日本特使大久保利通在北京签订《台事专约三款》，另附"会议凭单"一件。主要内容：日军退出台湾：中国允给"抚恤"银十万两，日本在台修道，建房等件，中国留用，偿银四十万两；中国承认日本侵台"保民义举"，给日本兼并琉球以口实。12月3日，日本侵略军全部撤离台湾。

四、德宗 载恬 光绪1875——1908年

1875年乙亥，清德宗景皇帝载恬光绪元年。

一月，同治帝死：12日（十二月安五日甲戌）同治帝载淳死。立醇亲王奕之子载恬承继。15日，太后再度垂帘听政，宣告中外。

2月，25日（正月二十日戊午），光绪帝载恬即位。

1876年丙子，清光绪二年。

9月，《烟台条约》订立：13日李鸿章与英使威妥玛订立《烟台条约》。1875年马嘉理事件 (1875年2月21日，英驻使馆职员马嘉理在云南界内允附近

被杀）发生后，英国向清廷多次提出苛刻要求，并进行威吓讹诈，会谈历时一年半，至本日，清北洋大臣李鸿章与英公使威妥玛在烟台签订《烟台条约》。共三部分十六款，附有《另议专条》。主要内容：第一部分是了解滇案办法，英国派员到云南调查五年，察看通商情形，准备商订演缅边界及通商章程；中国赔款二十万两；清廷在各地张贴“滇案”处理告示，并派钦差大臣前往英国表示“惋惜”。第二部分是“优待来往”各地涉及英国人生命财产案件，英使馆派员前往该处观审；总理衙门会同各国驻京大臣商订礼节条款。第三部分通商事务，中国增开宜昌、芜湖、温州、北海为通商口岸。大通、安庆、湖口、武汉、陆溪口、沙市为轮船停泊码头，上下客商货物；租界内洋货（鸦片除外）免征厘金，洋货运入内地，不论中外商人都只纳子口税，全路队从北京经甘肃、青海赴西藏，或经四川入藏，或由印度来藏，总理衙应酌情发给护照，或令西藏地方派员照料。中英《烟台条约》使英国取得更多的通商特权和侵入我国云南、西藏的便利条件。

1879年已卯，清光绪五年。

3月，日本占琉球：30日，日本侵占琉球，废琉球国王，改置为冲纯县。5月28日，美前总统格兰特，抵津，李鸿章请调停琉球事。格兰特“慨然以调处自任”。6月29日，清总署照会日使，反对废琉球改为冲纯。7月3日，琉球官员向德宏抵津谒李鸿章，涕泣请援。5日，格兰特抵日，日政府表示愿与中国直接谈判，不愿第三国过向。格兰特劝中国“宽让”，并以“中国失和交战”威胁清廷。次年，日本派代表来华谈判，要求清廷承认日本吞并琉球。李鸿章建议清廷用“延岩”之法，此后，再不提琉球问题了。

1881年辛已，清光绪七年。

2月，中俄《伊犁条约》签订：24日，曾纪泽在圣彼得堡（今苏联列宁格勒）与俄外相吉尔斯签订《中俄伊犁条约》及《陆路通商章程》，以代替崇厚签订之条约、章程。据此争回前划失之伊犁南境特克斯河流城，但仍划失霍尔果斯河以西地区和斋桑湖以东地区；并原则上规定修改北疆边界，重勘南疆边界。对俄赔款增至九百万卢布。俄国在嘉山谷关及吐鲁番增设领事。俄商在天山南北两路各城贸易，“暂不纳税”；俄货由陆远至嘉峪关者，照天津办法减税三分之一。伊犁居民，或愿迁居俄国入俄国籍者，均听其便，使沙俄胁迫五万多中国边民迁入俄境的罪行获得条约根据。通过其约和1882–1884年订立的五个勘界认定书，共割占中国西部七万多平方公里领土。

1882王午，清光绪八年。

7月，朝鲜“王午政变”：23日，朝鲜发生“壬午政变”。大院君李罡应率不满闵妃和亲日派金玉均所改革之朝人攻入王宫，闵妃向清廷求援。旋汉城兵变，烧毁日本公使馆。29 日，日本外相井上馨率舰赴朝鲜。同日，清廷谕李鸿章，张树声：朝鲜士兵起事，日军既前往朝鲜，中国亦宜派兵观察，饬丁汝昌，马建忠前往察看，相机办理。8 月 10 日，丁汝昌抵朝鲜仁川，日军亦到，旋入汉城。20 日，吴长庆率部七千人自登州抵朝鲜，张謇、袁世凯同行。26 日，吴长庆等诱执大院君李罡应送天津，复闵妃主政，擒杀乱党数百人。9 月 4 日，李鸿章函总署，李罡应杀之不当，囚之不可，纵令回国后患滋大，请留其于中国。允之。23 日，清廷安置李昰应于保定，永远不准回国；命李长庆部暂留朝鲜。

10 月，中朝订立《水陆通商章程》：1 日津海关道周馥，候选冯建忠与朝鲜宁夏、鱼允中在津议定《中朝水陆通商章程》；北洋、朝鲜互派商务委员驻汉城、天津、朝鲜人民在华受中国法律管理，中朝自由捕鱼，自由贸易，互相往来，招商局船定期航行中朝间。

1884 年甲申，清光绪十年

5 月，中法《会议简明条款》订立：11 日，李鸿章与法国代表福禄诺在天津签订《会议简明条款》（又称《李福协定》），共五款，内容为清政府承队法国与越南的订的条约；法国不索赔款，不伤中国体面，中国同意在中越边境开埠通商：申明中国自北越撤兵。调回边界。

6 月，北黎冲突：23 日，法军挑起“北黎冲突”。法将杜森尼 6 月 22 日率军七百人强行向谅山前进，抵北黎文观音桥，令清军撤让或投降。23 日，清军派联络官认赴法营交涉。法军声称将收越南谅山、高平两省，并无故枪杀清军联络官。法军进攻，清军被迫还击，重创法军。24 日又战，法军溃败。28 日，法国代理公使谢满禄向总署抗议“中国背约”要求赔偿，并立即从北越撤军。

8 月，马尾之战：23 日，法舰突袭福建水师，炮轰马尾船厂。先是，法国借口“北黎冲突”，7 月 15 日，孤拔率法舰主力闯入福建水师基地马尾港内停泊。中法两国兵船同泊一起。福建会办海疆事务张佩纶和船政大臣何如璋等，不作战备，又禁止港内福建水师移动。甚至严谕水师，“不准先行开炮，违者虽胜亦斩”。8 月 23 日，停泊马尾法舰，发动突然袭击，水雷大炮同时向港内中国兵舰轰击。张佩纶、何如璋闻炮急逃。中国船舰仓促应战。旗舰“扬武号”被水雷击伤，舰上官兵临危不惧，用尾炮击中法旗舰伤毙多人。运输舰“福星号”冲入敌舰与法舰宣战，直到火药舱中弹爆炸，舰上官兵全部壮烈牺牲。“振威号”为敌弹穿洞，首尾具着火，船身渐大沉，仍顽强奋战，准备与敌舰相撞，同归于尽，不幸被敌舰击沉。在沉没前，还向敌箭射最后一炮。是役，福水师被击沉舰船七艘，管兵伤亡七百多人。法舰偷袭得逞，旋又轰毁马尾船厂，连日在马江沿岸攻炮台，轰民房，大肆破坏，然后撤出。

10月，沪尾大捷：8日法舰攻沪尾（今台湾淡水），遭重大打击。先是1–2日，法舰分头进攻台湾基隆和沪尾。刘铭传部十六营分守基隆，沪尾。台湾人民积极支援守军抗法、参军、捐献十分踊跃。由于基隆台炮8月间被轰毁，刘铭传基于战略考虑，放弃基隆，主力守沪尾。10月2日，法军遂侵占基隆。同日，法国海军远东舰队副司令利士比率舰四艘进犯沪尾。清军守将提督孙开华下令发炮轰击，使法军难以登陆。5日，法远东舰队司令孤拔又从基隆分派三艘军舰及部分陆战队支援。8日上午，法军约六百人在舰队炮火掩护下分三路登陆。孙开华等分路迎击。激战多时，法军伤亡惨重，逃回军舰。攻占基隆的法军，在狮球岭一带遭到阻击。台湾人民自动组织起来浴血抗战，法军不得进，进攻台湾计划失败。23日孤拔宣布封锁台湾，孤立守军。广东、福建、上海等地人民，突破法艘封锁，不断输送物资去台湾，援济军民抗法。

11月，新疆建省：17日，新疆改进行省，置巡抚，布政使各一，清廷命刘锦荣为甘肃新疆巡抚，仍以钦差大臣督办新疆事宜。

1885年乙酉，清光绪十一年。

4月，中法停战协定：4日，清政府谈判专使，中国海关驻伦敦办事处税务司英人金登干与法国外交部政务司司长华乐在巴黎签订《中法各议草约》三款。另附《停战条件释议》五条，内容包括两国遵守《中法会议简明条款》（即《李福天津简明条约》；双方停战，中国撤退在越军队，法国解除对台湾的封锁，退出基隆、澎湖，双方派人在天津或北京会议详约。巴黎签字后，清签字后，清廷明令批准《李福天津简明条约》、令驻越各路军，宜光以东，4月15日停战；法国解除对台湾和北海的封锁。中法战争，到此停止。李鸿章投降主张实现。中国打了胜仗竟屈辱求和，不败而败；法国在战场上没有取到的东西，由于赫德的活动，在谈判桌上得到了，不胜而胜。

同月，中日《天津条约》签订：18日，清全权代表李鸿章与日全权大臣伊藤博文在天津签订中日《朝鲜撤兵条约》三款。先是3月14日，日本特派全权大使参义兼宫内卿伊藤博文抵天津，同中国谈判“甲申政变”后关于朝鲜问题。4月3日，全权大臣李鸿章与伊藤博文在天津会谈。伊藤博文要求中国撤军、惩处、赔偿损失。15日，李鸿章与伊藤博文议定，共同撤兵。均不教练韩军，朝鲜若有变乱或重大事件，两国或一国派兵应先行知照。日本从《天津条约》中取得进一步侵略朝鲜的便利。中日《天津条约》签字后，日本日益加紧准备独霸朝鲜和侵略中国的战争。

6月《中法新约》签订：9日，李鸿章与法国公使巴德诺在天津签订《中法会订越南条约十款》。主要内容为：清政府承认法国与越南订立的条约，在中越边界指定两处通商“一在保胜上，一在谅山以北”，法国商人可在此居住，法国政府亦可在此设立领事；所运货物，进出云南、广西边界应纳各税，“照现在通商税则较减”；日后中国修筑铁路，“自向法国业此之人商办”；法军退出基隆和澎湖。从此，法国实现了据越侵华的图谋，侵略势力伸入云南西。

7月，《烟台条约续增专条》签订：18日，中英在伦敦签订《烟台条约续增专条》，规定，鸦片入口每箱（百斤）向海关一并缴纳税厘一百十两（正税三十两，厘金八十两）后，由华商持凭单运往内地销售，中途不再征收任何捐税。

1887年丁亥，清光绪十三年。

3月，《中葡草约》议定：26日，赫德派金登干在葡萄牙京城里斯本与葡国议定《中葡草约》（《里斯本议定书》），葡享受最惠国待遇，中国割澳门以及澳属之地与葡，葡在澳门协同中国防止鸦片走私。

6月，中法《续议界务草约》签订：26日，中法在北京《续议界务草约》，大体勘定龙膊（由保胜南岸沿河而上百余里处）以东中越边界，其中大部分地系“就图定界”，只有小部地段经过实地勘定。

11月，台湾建省：1日，闽督杨昌睿，台抚刘铭传会奏，请将台湾改建行省。请廷据刘铭传建议，将台湾正式建省，辖三府一州五厅十一县；新设首府为台湾府，辖台湾、彰化、云林、苗栗四县和埔里社厅；原台湾储改为台南府，辖平安（原台湾县）、嘉义（原诸罗县）、风山、恒春四县和澎湖厅；台北府辖淡水、新竹、宜兰三县和基隆厅、南雅厅：添设台东直隶州，由原卑南厅置，辖花莲港厅。在清朝统一政权管辖下，台湾的经济、文化都得到发展。

12月，中葡《北京条约》签订：1日，清总理衙门大臣奕匡与葡萄牙全权代表罗纱在北京订立《中葡和好通商条约》五十四款及洋药缉私专约。该约肯定了同年3月26日签订的《中葡草约》，清统治者为了征收鸦片税，竟在条约中卖出澳门。到1928年，中国政府声明此约作废。葡萄牙占据澳门失去条约根据。

1888年戊子，清光绪十四年。

2月，英军侵略西藏：19日，英军攻毁西藏隆吐山兵房。英国对我西藏早有野心，它利用《烟台条约》，允许英人入藏“探路”之规定，一再企图派员到西藏活动。1886年又派人从哲孟雄（今锡金）修筑道路直到西藏境内。西藏地方军队进攻。2月19日，攻戏曲隆吐山藏兵营房。藏兵英勇抵抗，浴血奋战。5月间，突袭纳汤英营。几乎活捉印度孟加拉代理省督。因众寡不敌，隆吐山、业东、朗热等要相隘相继失守，清廷一意受协，驻藏大臣文硕因不奉命撤哲孟雄藏兵，被慈禧革职，以长庚代之。禧还谕川督刘秉璋劝藏人对印度英兵退让，勿交锋。又命驻藏邦办大臣升泰驰赴前线求和。还派海关税务司英人赫政（赫德之弟）协助升泰同英国谈判。

10月，康有为上皇帝书：康有为在北京参加顺天乡试，写五千多字《上清帝第一书》，极言时危，曰："强邻四逼于外，奸民蓄乱于内，一旦有变，其何以支？"请皇帝及时"变成法，通下情，慎左右"，以挽救国危亡。若变法维新，十年之内"富强可救"，三十年即可"雪耻"复兴。未达。

康有为（1853–1927年），原名祖治，字广夏，号长素，又号更生，广东南海人，光绪进士。博通经史，鄙程、朱而好陆、王。1879年游香港，接触西方文化，以为西人治国有法度，不得以古之夷狄视之。1882年过上海，精心读西书、报纸，欲究西方国家进步原因。

11月8日，慈禧立胞弟（妹）副都统桂祥女叶赫那拉氏为光绪皇后，原任侍郎长叙女他拉氏姐妹封为瑾嫔珍嫔。

1890年庚宣，清光绪十六年

3月，《藏印条约》签订：17日，清驻藏邦办大臣升泰与英印度总督兰斯顿在加尔各答签订《中英会议藏印条约》八款。清廷承认哲孟雄（今锡金）归英国保护；划定中国和哲孟雄边界，强占我隆吐山、热纳、咱利一带地方。

1894年甲午，清光绪二十年。

7月，日军占领朝鲜王宫：23日，日将大岛义昌率日军一联队攻占朝鲜王宫，捕王后、太子，成立以大院君李星应为首的傀儡政权。先是6月26日，驻朝日使大岛圭介向朝鲜国王熙提出"改革内政"的书面要求，7月4日又提出"改革内政"二十六条，10日更提出"补充说明"数十条，勒索建筑铁路，架设电线等特权，限三天答复，17日发出近似最后通牒的照会。19日，大岛接陆奥机密训令，要他不惜采取任何手段立即挑起中日军事冲突。20日，大岛照会朝鲜驱逐清军。是日夜，又照会朝鲜宣布废除中朝各条约。22日，大岛致朝鲜最后通牒期限是22日夜十二时，届时没有得到答复。日军立即攻占朝鲜王宫。25日，大岛迫使大院君宣布废除中朝一切章程，并"授权"日军驱逐中国军队。

同月，丰岛事件：25日，日军不宣而战，在牙山外丰岛海面，偷袭中国军舰和运输船，揭开甲午中日战争序幕，李鸿章在依赖列强调停失败后，重价租英国怡和公司"高陞号"等商轮三艘，运兵增援牙山叶志超部，由华舰"济元"、"广乙"、"操江"三艘护送。日本事先探悉开船消息，派战舰集牙山口外丰岛海面，伺机袭击。7月25日，指佛晓，援牙山军一部登陆，"济远号"、"广乙号"由牙山回使天津，行抵丰台附近，被日军"杏野"、"派速"、"秋津州"三舰邀击，中国军舰还击，辅助舰"广乙"被重创坐礁焚毁。"济远"管带（舰长）方伯谦见敌舰开炮，躲入舱内铁甲最厚处，下令旅顺逃跑。"高陞号"和自备运输船“操江号”适于此时载一千多名士兵和器材弹药驶来。担负护航的“济远号”，只顾逃跑，丢下运输船不管。“吉远”紧迫“济远”不放，方伯谦不准开炮还击，并挂白旗求降。失去保护的“操江”号被俘；“高陛号”军将士宁死不当俘虏，拒绝投降，英勇抵抗，旋被鱼雷击沉。七百人泗水逃命，日舰用机关枪扫射，生还者仅数人。幸“济远号”邦带沈寿吕等官兵奋力作战，发尾炮击中“吉野”始得返回基地。嗣后方伯谦隐瞒求降逃跑罪行，谎称击毙日海军司令，无耻冒领战功。

2月，牙山战败：29日，日军攻击牙山，东北城欢驿清军，聂士成败走。叶专超弃公州逃往平壤。7月25日，日军陆军四千余人向牙山出动，准备偷袭当地中国驻军。由于朝鲜人民用各种办法牵制，日军进展迟缓。清军有所准备。29日黎明前，日军在安城渡遭清军伏击，伤亡颇众。天明，日军以大队进攻，在成戏驿发生激战。聂士成率千余人死力抵抗，“颇有杀伤”。主将吉志超不为后援，众寡悬殊，聂士成战败突围，退往公州。叶志超率军从公州向平壤奔逃，兵士沿途饥疫倒毙很多。李鸿章依据叶志超谎报，奏称叶军在牙山大捷，沿途迭败倭兵，击毙倭兵二千余名，战功甚大。清政府特发上谕嘉奖，赏银二万两，并命叶志超总统驻平壤诸军。

9月，平壤溃败：15日，平壤清军溃败，左宝贵英勇抵抗战死。自牙山战后，日本政府陆军大将山具有朋为司令，率侵略军万余人分四路进逼平壤。清廷谕李鸿章“严饬派出各军迅速进剿，厚集雄师，陆续进发”。8月初，李鸿章派出的卫汝贵，冯玉昆，左宝贵，丰升阿四支清军，自辽东分批到达平壤。8月24日，叶志超率牙山败兵逃到平壤，反被任为各军总统，因之将领人各一心，不服调度。9月9日，日军在朝鲜者四万人，以三万人攻平壤；清军在朝只二，万以一万余人守平壤。10日，日军万余人分四路向平壤总攻：少将大岛义昌率步骑五千、炮二十门，由汉城西渡大同江东岸；中将野律贯道率步骑五千、炮二十门，由汉城过大同江直扑正面，少将立见尚文率宁逆友队步骑二千，炮六门，至江东县渡大同江袭北城；大佐佐藤东太郎率步骑三千、炮十二门，自元山登岸，断平壤退义州大道，围攻城北，日军逼进平壤，清军于10日议划分防区；以左宝贵二千人，丰升阿军四千人守正北高地牡丹台，掌全城命脉及义州通道；叶志超军三千人当正西与左军成犄角势，以卫汝贵军四千人防正面及西南隅大同江口形势地，以马王昆军驻正东及大同江东岸。共炮三十二门，叶志超据城中策应调度。9月12日，日军前锋抵大同江东岸，攻马玉昆营。12日到14日发起佯攻，吸引清军专防东路。一路日军偷袭平壤西南门，卫汝贵部盛军与之相持至午后二时，敌军始后退。14日，日军继续总攻平壤，左宝贵营激战尤烈。叶志超主突围北撤，宝贵不从，自赴牡丹台山顶督战。马玉昆合卫汝贵军败日军于大同江东岸及平壤西南。15日，日军宁逆，元山支队合军集中炮队，猛轰牡丹台左军阵地。左宝贵不支，退城内，登玄武门指挥，士兵拼死奋战。敌炮兵占领附近山头，居高临下，用排炮轰击，北门外炮兵阵地相继失守，牡丹台为敌军攻陷，左宝贵在恶战中中弹阵亡。叶志超召马玉昆，卫汝贵兵乘夜突围北撤。卫汝贵先行，玉昆断后。日军夹击汝贵兵，六千人死一千五百人。清军共伤亡二千余人，六百余人被俘。叶志超奔逃五百余里，21日渡鸭绿江退入国境。日军于16日全部占领平壤。平壤城内积储大量军火物资，日军尽委之而去。

同月，黄海海战：17日，北洋海军与日本舰队在黄海海战，双方损失皆重，北洋舰队退往旅顺。9月12日，李鸿章派招商局轮船五艘运兵十二营援平壤，海军提督丁汝昌率“定远号”等北洋舰艇十六艘护航，16日到达鸭绿江口大东沟，彻夜登陆。舰队的行动早被美国人告知日本，日本海军中将伊东祐亨率第一游击舰队集中大东沟外。17日，北洋舰队自大东沟返旅顺，午前，见西南黑烟一簇，测望赤船县美国旗。中午来船渐近，全改悬日本旗，北洋舰队突遭伊东祐亨率领的“松岛号”等十二艘日舰袭击。丁汝昌下令迎战。日舰利用航速已然，炮位多的优势，以新式快速之“吉野号”为首，避开“定远”、“镇远”两主力般，绕向北洋舰队侧后猛轰两翼小舰，而以首炮狂轰定、镇两舰背面。北洋舰队陷于被动混乱局面。“超勇号”中炮起火沉没。“致远”、“经远”两舰被划出阵外，北洋舰队爱国官军表现无畏的勇敢精神，旗舰“定远号”中炮起火，士兵沉着灭火，并迅速发炮猛烈轰击敌舰。有的炮手身负重伤，仍裹创再战。“致远号”失避后勇往直前，中弹最多，船身已严重创伤倾斜，弹药亦用尽。日以速度最快的“吉野号”来袭。管带邓世昌下令开足马力向“吉野号”撞去，期与之俱尽，不幸被“吉野”击沉，全船官兵二百五十人壮烈死难。“经远号”管带林永升力战阵亡，全船官兵奋战到被鱼雷击沉，英勇殉难。主帅丁汝昌虽因炮震堕桥重伤，仍坚持坐甲板上督战“济远号”管带方伯谦未交战竟先以巨锤击坏各炮，挂白旗逃跑。谎乱中撞沉已负重伤的“扬威号”。“广甲号”管带吴敬荣亦随“济远”逃，搁浅，弃船登陆，狼狈逃命，两日后，“广甲号”被日舰发水雷击沉。“靖远”“来远”被俘。日舰队乃集中炮火猛轰“定远”、“镇远”两主力舰，定、镇两舰铁甲坚厚，日弹不能穿。日舰无命中，引起火药爆炸，死伤达一百余人，死尸山积，血流满船。“吉野号”、“赤城号”亦受重伤。“赤城号”舰长板本丧命，“扶桑号”和“西京丸”也中弹累累，运转不灵，日本舰队撤退，“镇远”追击。日舰复返击镇、定两舰。仍不得逞。北洋舰队炮弹奇缺，“定远号”上巨炮，仅有作战炮弹三枚，只能发射学习用的炮弹。以致“镇远”、“定远”两舰每隔三分钟始能还击。接仗约五小时，暮色苍茫，日中舰队先退，北洋舰队驶赴旅顺。黄海海战、清舰沉没五艘，死伤官千余人；日舰重创数，死伤队藏港内避战，拱手让出制海权。

11 月，大连失陷：7 日，日军侵占大连。10 月 24 日，日军第二军三万人在辽东半岛花园口登陆，准备从背后袭击大连、旅顺。日军登陆十二天，清海陆军不加阻击，坐视不问。11 月初，日军到皮子窝，旅顺震动，大连吃紧，驻旅顺六军将领，多贪生怕死，推诿不前。只有徐邦道提议出兵迎战，并率所部两千人奔赴金州（今辽宁金县）御敌。驻防大连的赵怀业闻日军登陆，忙派人运大连军米到出卖，准备逃走。部下将士请赴援金州，以固旅、大后路，竟遭斥责。11 月 5 日，日军攻金州，徐邦道固守金州城，孤军苦战，死伤极重。6 日，向赵怀业请援，赵正在码头督兵勇搬运饷银、行李、杂物上船运烟台，拒绝援救。金州城破，徐邦道返回旅顺。7 日，日军分三路进攻大连湾炮台，赵怀业已先一日弃炮台逃往旅顺，兵通溃散。8 日，日本海军从海上来攻时，发现炮台上已站满日兵。海陆两军不死一人，意外地占领了大连湾。

同月，旅顺失陷：22 日，日军侵占旅顺。日军在大连休息十天。11 月 19 日，日军第二军猛攻北洋第一海防要塞旅顺之外围，时旅顺清军一万三千人。统帅龚照屿为李鸿章私党，平素贪鄙、庸劣，先一日乘鱼雷艇逃往烟台。诸将推姜桂题为首，观望不行。徐邦道愤诸兵不许，用率残部迎击于土城子，奋战败退。22 日，日舰十三艘横列海面，配合陆军以重炮猛轰旅顺各炮台。椅子山、案子山，黄金山等陆海炮台相继失守，旅顺陷落。李鸿章经营十六年，费银数千万两的海防要塞，连同大批军械、器材、全部资敌。日军入旅顺，大屠四天，仅剩三十六人，因掩埋尸体而幸存。

是月，兴中会建立：24 日（十月二十七日庚午）孙中山在檀香山建立兴中会，会上通过草拟之《兴中会宣言》。指出："是会之设，专为振兴中华，维持国体起见。"以"驱除鞑虏，恢复中华，创立合众政府"作为奋斗纲领。

1895 年乙未，清光绪二十一年。

2 月，丁汝昌自杀：丁汝昌拒降自杀。2 月 3 日，日本陆海军联合炮击刘公岛及港内舰艇，刘公岛守军英勇还击，日军不得利。夜，敌以鱼雷艇两艘袭旗舰"定远"，"定远"还击，日舰沉一、毁一，"定远"亦重伤，旋自毁沉。6 日，北洋舰队"来远"、"威远"两舰被鱼雷击沉。7 日，刘公岛鱼雷艇营带王平率全队十三艘出西口谋逃，或被俘或搁浅。海军付提督英人马格禄和顾问美人浩威勾结怕死将领，煽动拼勇，水手哗变，声称："向丁提督乞生路"谋以劫丁汝昌降敌。舰队洋员乘机劝丁汝昌："姑许乞降，以安众心。"丁断然拒绝，说："我必先死，断不坐睹此事。”9日，日炮击沉“靖远”舰，“镇远”管带右翼总兵刘步蟾，见势不能拘，遂沉舰自杀。10日，马格禄，浩威勾结营务处道员牛昶炳等再次煽动弁勇围丁汝昌乞降。丁汝昌下令沉舰毁台。各舰管带相对泣，拒不执行，恐取日人怒。11日，炮击训刘公岛“镇远”、“济远”、“广丙”等舰弹药将尽。得烟台信，知山东巡抚李秉衡退莱州，等待陆上援军已不可能。丁汝昌令诸舰突围，兵将不从，露刃慑丁汝昌。12日，丁汝昌乃与守岛记名总兵张文宣等自杀。牛昶炳、马格禄、浩威等资用丁汝昌名义，由浩威起草降书，遣程璧光向日本利用舰队请降。14日，道员牛昶炳与伊东祐亨签订刘公岛降约十一条。所有舰队十一艘，刘公岛炮台及军资器械，皆入敌手。北洋海军覆灭。

是月，兴中会总部成立：21日，孙中山与杨衢云、刘士良等在成立兴中会总部，杨衢云、谢缵泰等于1882年创立的辅仁支会并入，并通过修订的《兴中会章程》。对外称“乾亨行”，准备广州起义。

4月，《马关条约》签订：17日，李鸿章在日本马关（今下关）春帆楼与伊藤博文签订《中日马关条约》。先是4月1日，陆奥宗先向李经方提出比实际要求更为苛刻的和草案十款，限四日内答复。5日，李鸿章对日本送说帖。8日，再致说帖，逐条请求减让。9日，李鸿章对日提出修正案。10日，李鸿章与伊藤博文第四次谈差，伊藤博文答复李鸿章修正案，除将赔款6由三万万两减为二万万两外，其余各款基本照旧。中国只有允和不允而已，不能减少。同时又威吓：若谈判破裂，中国全权大臣一旦离去此地，是否再能安然出入北京城门，亦不能保证。11月，伊藤博文以最后通牒形式照会李鸿章：10日所提为尽头条款，中国或允或否，限于四日内答复，战争愈久，则赔款愈大。12日，清政电李鸿章，倘无可再商，即与订约。15日，李鸿章与伊藤博文议定《中国马关新约》17日签订，共十一款，附有《另约》、《议订专条》。主要内容为：中国承认朝鲜完全“自主”；中国割让辽东半岛、台湾、彭湖；赔款日本军费二万万两；开放沙市、重庆、苏州、杭州为商埠；允许日人在中国通商口岸设厂，任便从事各项工艺制造，依西例制定通商条约。条约还规定日军于条约批准后三个月内撤退，以占威海卫为质。5月2日，清廷批准《马关条约》，3日派伍廷芳、联芳为换约大臣。8日，伍廷芒、联芳与日伊东美久治在烟台换约。《马关条约》是《南京条约》以来最严重的卖国条约（这样无能的政府，中国人民急需起来将它推翻），它标志着外国资本主义对中国的侵略进入帝国主义阶段，中国半殖民地化和民族危机大大加深。

5月，公车上书：2日，康有为、梁启超等联合十八省举人，一千三百余人签名上书，请拒和，迁都，变法。史称《公车上书》。先是《马关条约》签订消息传至北京，“士庶之心益愤，旦之汹汹”。在京参加会试的康有为，连夜起草长达一万四千余字的《上皇帝书》，5月1日，邀请十八省应试举人于达智桥松筠庵集会，研究上书问题，签名者达一千三百余人，决定5月2日，同赴都察院投递《上皇帝书》。后党孙毓汶暗中对各省举人恐吓，以致谣言四起，部分举人动摇，甚至有求除去签名者。5月2日，康有为仍邀合部分举人疥往都察院上万言书。康有为在《公车上书》中要求皇上“下诏鼓天下之气，迁都定天下之本，练兵强天下之势，变法成天下之沼”，以解救严重的民族危机，解决尖锐的国内矛盾。上书虽被拒绝呈递，康有为的变法主张却得到广泛传播。5月3日，康有为中进士。康有为引见，授工部主事。

5月，康有为上变法万言书：29日，康有为以进士名义递上长达一万三千余字的“上皇帝书”。删去“公车上书”中有关拒和、迁都等建议，把变法部分详加发挥。6月3日，由都察院转呈光绪帝，光绪览后“极嘉许”。康有为接着又上书皇帝，被工部顽固派大臣阻止。

8月，强学会成立：由康有为发动的强学会，由帝党侍读学士文廷式出面，在北京成立。公举陈炽为负责人，张孝谦副之，梁启超为书记。推康有为起草章程和序文，序文指出守旧必遭亡国灭种之惨祸，号召有志之士发愤变法以救国。会员有杨锐、沈曾植、江标、袁世凯等数十人，发行《中外纪闻》。每十日集会一次，每次有人演说。光绪帝师傅翁同稣、孙家鼎是强学会支持者，投机官僚张之洞、刘坤一、王义韶等总督见强学会势盛，各捐银五千两充经费。甚至李鸿章也表示愿捐二千两，并申请入会，遭拒绝，李鸿章侄、曾纪泽子、翁同稣侄孙皆参加，英籍传教士李提摩太，美籍传教士李佳白分别由上海、山东赶往北京活动。李提太向翁同稣稣提出《新政策》一文，李佳白也递上《新命论》一文。一批英、美传教士先后参加强学会活动，力图使维新变法运动符合英、美帝国主义的利益。10月间，康有为离京南下上海。11月间，康有为往南京，请张之洞设立强学会上海分会。张之洞口头上极力赞许，并允提供经费，但劝康有为不要宣传“孔子改制”理论，康有为返上海建立上海强学会，并发布章程，章程规定，该会宗旨专为中国自强而立，求中国自强之学，章程规定该会任务为译印图书、刊布报纸，设图书馆及开博物院。江浙维新名士张謇、陈三立、章炳麟、汪康年、黄遵宪等纷入会，上海强学会于次年1月发行《强学报》，会务发达。

10月，兴中会广州起义：27日，兴中会谋广州起义事败，陆浩东等被捕，孙中山、陈少白等逃往日本，设兴中会分会于横滨。11月7日，陆浩东、邱四、朱贵全死难。

1898年戊戌，清光绪二十四年。

1月，康有为上统筹全局疏：29日，康有为上《应诏统筹全局折》。请求光绪帝厉行变法，折中指出：中国“变则能全不变则亡，全变则强，小变仍亡”。建议光绪帝以日本为榜样，实行全面维新。提出当务之急，凡有三事：一曰“大誓群臣以革旧维新；二日开制度局于宫中以商定新制：三日设招待所许天下人上书。光绪帝览奏后，变法之志亦坚。

3月，《胶澳租界条约》订立：6日，德国借口其传教士在山东曹州巨野被杀，强迫清政府订立关于租借胶州湾的《胶澳租界条约》，由总署大臣李鸿章和德国驻华公使海靖在北京签订，共三端十款。内容包括：德租胶州湾为军港，租期九十九年：德国军队在胶州湾沿岸百华里内可自由行：德国获得修筑胶济铁路权，铁路沿线三十里内开矿权以及承佃山东省各项工程制造的优先权。从而使山东变为德国的势力范围。

同月，旅顺大租地条约订立：27日，俄国强迫清政府订立租借旅顺、大连的《中俄会订条约》，由总署大臣李鸿章与俄驻华代办布罗福在北京签订。清政府允将旅顺租给俄国为军港，大连为商港，租借期二十五年；旅顺口只许中俄船只使用；租借地内行政由俄国官事管理，允俄修筑中东铁路通大连支线。

4月，保国会成立：12日，康有为与御史李盛铎等发起保国会，成立于北京奥东馆。参加的各省举人和官僚数百人，公推康有为演讲。会上通过康有为起草的章程三十条，以“保国、保种、保教”为宗旨，规定北京、上海设总会，各省、府、县设分会。此后，保滇会、保浙会、保川会等相继在北京成立。

6月，《展招香港界址专条》成立：9日（四月二十一日癸卯），总署大臣李鸿章与英驻华公使窦纳乐在北京签订《展招香港界址专条》，把位于深圳河以南、九龙半岛界限街以北及附近岛屿的中国领土，即所谓“新界”、“租界”给英国，期限九十九年（1997年到期）。

同月，百日维新：11日，光绪帝颁诏“明定国是”，宣布变法，后又陆续发出数十道改革令，至9月21日，慈禧太后发动政变为止，历时一百零三天，史称“百日维新”。6月14日，光绪申谕翰林院侍读士徐致靖奏保康有为、张元济等命于四月二十八日（6月16日）召见，黄遵宪、谭嗣同等湖广督抚送部引见，梁启超由总理衙门查看其奏。同日，光绪赴颐和园见慈禧、窥其意旨，慈禧严询变法事，长跪两小时始出。戊戌变法期间，光绪曾连赴颐和园十二次。16日，召见工部主事康有为于仁寿殿，命康有为在总署章京上行走，并许其专折奏事。康有为以著书进呈方式，指导变法。7月3日，召见梁启超、赏六品衔办理译书局事务。9月5日，赏谭嗣同、刘光第、杨锐、林旭四人四品卿衔。在军机章京上行走，参预新政事宜。时称“军机四卿”。他们批阅奏折、革拟诏书，实际成为新政“宰相”。“百日维新”期间，革旧的诏书有：6月23日，诏废八股取士，自下科始，皆改试策论；7月10日，命改各地书院，祠庙为兼习中学，西学之学堂。8月30日，诏裁撤詹事府、通政司、光禄寺、鸿胪寺、太常寺、太仆寺、大理填充等衙门，外省裁撤湖北、广东、云南三省巡抚，东河总督及不办漕运之粮道与反管疏销之盐道，亦著裁撤，亦内外大批允员，亦著查明裁汰；9月5日，诏裁减绿营：9月14日，诏允旗人各习四民之业，以资治生。维新的诏命有：6月11日，命军机大臣总署王大臣辞行办京师大学堂。7月3日，命孙嘉鼎管理京师大学堂。官书局及译书局均并入大学堂，并多次诏令创立学堂，提倡西学；8月2日，仅于京师专设矿务铁路总局。21日，令于京师设立农工商总局，提倡各种实业，并诏谕各省，鼓励伸商设厂，直到允许私人办兵工厂；7月5日，传谕奖赏新著作，科学发明，准其专利售卖；8月16日，准梁启超于上海设立编译学堂，以培养翻译人才，译书局及编译学堂，所出之书籍报纸，一律免税：9月12日，诏准官绅士民开设报馆，命于京师各通商口岸多设邮政局；9月16日，命编制预算及决算，公布岁出岁入，编制表格按月刊报；8月2日，诏许官民上书言事，严禁官吏阻抑。9月4日，对阻挠礼部主事王照上书之礼部尚书怀搭布，许应癸等六人给予革职处分，赏给王照二品顶戴，以四品京堂候补，以资鼓励；8月21日，令各地绅富之有田业者广开农会、刊农报、购农器，并认真举办农工商学各事宜。

9月，戊戌政变：21日，慈禧太后发动推翻戊戌新政的宫廷政变，再出“训政”，是日起在便殿垂帘听政。光绪帝开始变法时，慈禧即闭聚守旧派政变。6月15日，慈禧迫光绪帝连下三道谕旨，免除支持变法的翁同禾协办大学士，户部尚书职务，并逐回江苏原籍；命直隶总督王文韶入京陛见，以荣禄署直隶总督，旋实授荣禄为直隶总督兼办理北洋通商事务大臣，节制直隶境内董福祥（甘军）、聂士成（武毅军）和袁世凯（新建陆军）三军；嗣后在廷臣工如蒙赏加品级及补授文武一品暨满汉侍郎，均须具折诣太后前谢恩。各省将军督抚都统提督等官亦同。16日，命刑部尚书崇礼署步军统。24日，命怀塔布管理圆明园八旗、包衣、三旗官兵及乌枪营事务，又命刚毅管理健锐营事务。7月11日，命裕禄在军机大臣上行走。9月6日，慈禧亲信怀塔布、李鸿章亲家杨崇伊赴天津与荣禄密谋，预定10月底慈禧、光绪同赴天津阅兵，举行政变，废黜光绪帝。荣禄还令聂士成驻天津，董福祥驻长辛店。形势紧急，康有为先曾派亲信弟子徐仁禄专程往小站游说袁世凯，袁表示拥帝，康有为、谭嗣同信以为真。康密奏请光绪结袁以备不测。9月11日，谕荣禄传知袁世凯即行来京陛见，13日，光绪帝往颐和园请慈禧允开懋勤殿以议制度，遭痛斥。14日，赐康有为、杨锐密诏，谕以危机，令速筹良策。16日，光绪帝召见袁世凯，命以侍郎候补，专办练兵事务，次日又召见。17日，杨崇伊上封事于慈禧，请太后“训政”。18日，谭嗣同夜访袁世凯，请他于阅兵时，举兵救光绪帝出险，杀荣禄。袁世凯佯许诺，正色厉声说：诛荣禄如杀一狗耳！当夜，董福祥军入城，扬言京师有大变。19日，康有为走访李提摩太和伊藤博文，恳请出面助新政。20日，康有为离京南下，同日，袁世恺请训回天津，光绪赐密诏，命其保护新政。袁世凯回津向荣禄告密。19日，慈禧自颐和园还宫。21日，幽禁光绪帝于中南海瀛台，并用光绪名义发布上谕，“再三呈恳慈禧训政”，“由今日起，在便殿办事”。同日，以康有为结党营私，莠言乱政，将其革职。康广仁着步军统领衙门拿交刑部治罪。旋发密旨拿康有为“就地正法”。22日，荣禄派兵三千，大捕维护派和帝党人士，政变后，维新派议定，李提摩太见英使，梁启超见日使，容闳见美使，请设法救光绪帝。康有为得英国保护，逃香港；梁启超得日本保护，逃横滨。28日，谭嗣同、林旭、刘光第、杨锐、杨深秀、康广仁，同时于北京菜市口被处死。史称“戊戌六君子”。康有为、梁启超被通缉，维新官员陈宝箴、江标、黄遵宪等数十人被罢免。10月2日，英军二千到大沽，借口护桥，相继入京，守旧派有所畏惧，被捕官员得免屠杀。慈禧临朝听政一个月，不断下令禁止新政，除京师大学堂外，新政全被废除。戊戌变法失败。

1899年已亥，清光绪二十五年。

3月，朱红灯起义：朱红灯与心诚和尚率领义和拳众在山东恩县、平原一带起义，列队千人，开放大炮，屡次击败清军，义和拳是民间习武结社和白莲教相结合的组织，以设拳厂、练拳术等方式组织群众进行反洋教、反侵略斗争，最初流行于山东、河南等地。1898年，义和拳组织冠县十八村庄乡民焚毁教堂。又在日照县反对传教，殴伤德教士。继在莒州、沂州、兰州、泖水等处不断掀起反洋教、反侵略斗争。1899年春，德国侵略军公然占领兰山、日照、即墨、沂州等地，镇压中国人民的爱国运动。请政府竟派兵与德国侵略军“会同弹压”，从而激起以朱红灯和心诚和尚为首的义和拳起义。

7月，保皇会成立：20日，康有为在加拿大干岛与桥商李福基等创立“保救大清皇帝会”，简称保皇会。康有为任会长，梁启超、徐勤任副会长。以保救光绪反对慈禧和抵制革命为宗旨，设总部于澳门（以澳门知新报）、横澳（清议报）为喉舌，宣传君主立宪。在美国、墨西哥、中美、南美、日本、南洋等地建立总会十一个，支会一百零三个。

11月，《广州湾租界条约》订立：16日，广西提督苏元春与法国水师提督高礼睿正式签订《广州湾租界条约》，规定：广州湾租给法国九十九年；租界内全归法国管理，并可设防和驻扎军队，允法国修筑广州湾赤坎至安铺铁路。

1900年庚子，清光绪二十六年。

6月，义和团在北京：20日，义和团开始攻使馆。1899年秋，京城内青少年练习神拳活动开始流行，从僻静多处所逐渐发展至中心地区。至1990年春，景山后墙外空地，成了练拳最活跃的场所，“肩挑负畈者流，人人相引习拳”。北京邻近州县团民，开始进入北京城近郊。4月间，在东单牌楼西裱褙胡同于谦祠堂内，出现第一个义和团坛口。4、5月间，北京团民传言，在西郊温泉山煤洞里，掘出明代刘基（刘伯温）预言石碑一块，内称“最恨和约，误国殃民”；“上行下效，民冤不伸”；“趋炎附势，肆虐同群”；“红灯夜照，民不迷津”；“义和明教，不约同心”：“待到重九日，剪草自除根”；号召九月九日起义，把洋鬼子全杀尽。6月上旬，冀中和顺天府属各州县民团同日入京城者甚重，其势愈炽。6月，义和团在北京外城示威，高呼“杀洋鬼子”。9日，清廷调董福祥甘军入京，驻扎天坛。义和团首领李来中影响甘军士兵，甘军参加义和团者五百多人，神虎营，神机营，参加义和团者更多。凡属满人，均系义和团之人。6月10日开始京外团民昼夜鱼贯入城，日以千计，到处设立神坛拳厂。西太后不得已于13日默许京外义和团入城内，义和团被认为是合法团体，北京顿时成为义和团世界。义和团有甘军支援、威力更大，宣称要杀“一龙（指光绪帝）二虎（指奕劻、李鸿章）三百间（指京官）”。那时，北京里九外七各城门，皇城各门、王公大臣各府、六部九卿大小文武衙门，均派义和团驻守。6月13日，义和团开始焚烧教堂，搜杀教民。西太后感到“京城内外，扰乱已极”，14日谕“拳匪滋事拢及京城地面，着步军统领衙门司饬派出弁兵练勇，严行查拿，将要各犯悉数务获惩办，并解散余党。”15日，召李鸿章、袁世凯入卫，同日，使馆卫兵杀戮团民近百人。16日，团民进攻北堂（西什库教堂）。17日，德公使克林德及其随员打死团民七人，美、英、日组成“巡逻队”，在一个小庙里打死四十六个团民。公使馆已成为侵略军盘踞的巢穴，一些使馆人员参加屠杀团民。20日，虎祥营士兵击毙德使克林德，同日，公使馆开枪启衅，义和团开始反攻使馆五十六天（6月20日–8月14日）。义和团在围攻北堂，攻打使馆的火线上日夜奋战，非常勇敢。

同月，对外宣战：21日，清廷宣布战谕旨。面对义和团运动迅猛发展，清统治集团内部有主剿与主抚之分。京官以太常寺卿袁昶，总理衙门大臣、吏部使郎许景澄为首，封疆大吏以李鸿章、刘坤一、张文洞、袁世凯为首主剿。后党集团的王公大臣，以郡王载漪，军机大臣，吏部尚书刚毅、大学士徐桐等为首主抚。载漪是溥仪之父，与荣禄拥戴首功。他们企图利用“扶清灭洋”的义和团武力解决废立问题，制止列强扶保光绪，使溥仪早日继位。他们计划利用义和团攻下使馆，使溥隽取得皇位，就转而出卖义和团，投向列强，虽割地以赎前愆，亦所不恤。

西太后进退两难，举棋不定。她慑于义和团的气势，深恐镇压义和团危极清朝统治，又怕召抚义和团会得罪帝国主义，乃于16日至19日连续四次召王大臣、六部九卿议和战。16日下午，西太后于仪鸾殿召开第一次御前会议。以载漪为首的主战派和以许景澄、袁昶为首的主和派展开激烈争论。西太后、光绪帝各支持一方。同日，西太后命刚毅、董福祥募拳民精壮者成军，“折冲御侮”，其余遣散。载漪为促使西太后下决心宣战，于16日晚伪造列强“归政照会”四条，其一是“勒令皇太后归政”，派遣江苏粮道罗嘉杰之子午夜呈交荣禄。荣禄信以为真，急得绕屋转，终夜彷徨，黎明急报西太后，西太后悲愤异常，不问虚实，即日下午又召开第二次御前会议，高呼“我为江山社稷，不得已而宣战”。随即遣徐用仪、立山、联元至使馆，请劝阻联军入侵，如必欲开衅，可下旗归国。同时命荣禄率武卫军备战；并以“民教寻仇，京城内外，扰乱以及”，命各省督抚派兵星夜驰赴京师，听候调用。就在主战派取得决定胜利的同一天，清廷收到两江总督刘坤一、湖广总督张文洞等人电奏，坚持反对宣战，力主镇压义和团。主和派得到封疆大臣的支持，袁昶当即在18日上《急救目前危局折》奏称局势铖迫，图补救，坚持主和。西太后再召大臣，开第三次御前会议，仍议和战，强令会议通过宣战。又命王文韶、立山、许景澄前往使馆劝阻联军勿犯北京，暂缓宣战。19日，大沽失陷战报到，午后再开第四次御前会议，西太后强行决定对外宣战，命许景澄照会各国使馆，限二十四小时内离京，由政府派护送到天京。20日，西太后撇开光绪帝，独自召集枢臣会议。随即发布紧急上谕，说明洋兵聚集津沽，中外衅端已成，令各省督抚联络一气，共挽全局。21日，清廷颁布宣战上谕。同日又谕各省督抚召集“义民”成团，借御外侮，22日，清廷发粳米二万石给义和团。23日，令各督抚将旧存廷命“团民仇教，剿抚两难”及战衅由各国先开各情极力办理。25日，清迁赏神机，义和团民各十万两，甘军、武卫军前曾赏四万两，再各赏银六万两。同时，下令停止围攻使馆，并开始压制义和团。载漪率众进宫，谋杀光绪帝载恬，被西太后阻止。26日，上谕“此次义和团民之起，九月之间，京城蔓延已遍，其众不下数十万。自民兵以致王公府茅，处处皆是，同声与洋教为仇，誓不两立。剿之，则即刻祸起肘腋，生灵涂炭，只可因而用之，徐图挽救。”命各督抚勿再迟疑观望，迅速筹兵筹饷，力保疆土。29日，清廷命驻外使节照知列强外交部：“清廷非不欲将此种乱民下讼痛剿，而肘腋之间，操之太蹙，深恐各使保护不及，激成大祸。亦恐直，东两省同时举事，将两省教士教民使无遗类”，才不得不进行招抚。向列强表白：“中国即不自量，亦何至于各国同时开衅，并何至恃乱民以与各国开衅。此意当为各国所谅。”并向各国保证：“照前保护使馆，唯力是视。此种乱民，设法相机自行惩办。”同日，谕准李鸿章等奏请照成案按期解还洋款。30日，西太后命令载勋等对义和团“严加约束”，“倘仍有结党成群，肆意仇杀者，即行拿获，按照土匪章程惩办”。7月3日，清廷命驻日、英、俄三国公使呈递国书，请求三国向各国疏通，设法“挽回时局”，结束战争。8日，清廷授李鸿章以全权名义，与各国协商，准备乞和。

7月，天津陷落：14日，宋庆、裕禄、马玉昆退守北仓。天津失陷。27日，义和团首领张德成率静海一带团民五千人到津应援。6月底，以前驻津清军势单力薄，聂士成部武卫前军在津仅止十营，清政府急调马玉昆、宋庆驻山海关军队来当参战。张德成与曹福田联合作战，率领青县、静海、沧州、盐山、南皮、文安、霸州等地团民二万余人，参加进攻紫竹林租界和火车站的战斗，29日，义和团凭着勇猛玩强，视死如归的精神，迎着炮火冲过铁道，付出巨大代价后，曾一度占领火车站。7月1日至3日，曹福田率领团民联合马玉昆武卫械军猛攻火车站，力战两昼夜，击毙侵略兵百余名，7月初，裕禄召集张德成、曹福田、聂士成、马玉昆等会商战斗部署，曹福田与马玉昆武卫械军配合继续攻打火车站；张德成与聂士成部则从租界的西、南两面攻，“以为三面进攻之计”。7月2日，张德成率团民从马家口向租界猛攻。他大摆“火牛阵”，排除地雷封锁。6日，一度攻入紫竹林租界。同日，聂士成部两营从天津城南迂回到租界西南面，给敌以极大威胁，聂士成部清军是当时唯一能战斗的新式军队。与租界军队恶战十余次，相持半个多月，时从大沽登陆的侵略军已达一万四千人，原来由领事团决定战事宜，乃于6月29日移交联军负责，加强了联军的作用。7月9日，租界联军分路向天津城西南郊进攻，聂士成军与联军激战于大津南门外八里台，聂士成壮烈阵亡，侵略军兵临天津城下（文不简略）。

8月，北京失陷：14日（七月二十日）八国联军侵入北京。先是8月14日，八国联军约二万人，自天津沿运河两岸向北京进犯。时，北京和天津间清军达十万人左右（其中“动王师”三万人，驻京武卫军、匡军、虎神营等三万人，从天津撤退的宋庆、马玉昆部一万多，加上直隶练军等共二百余营，约十万人）。5日，义和团和马玉昆军在北仓联军，打死打伤日军四百多人，英军一百二十人，血战多时，北仓失陷，裕禄走杨林。6日，联军攻杨林，宋庆兵败退，杨林失守，裕禄自杀。同日，邦办武卫军事务大臣李秉衡临危受命，率九个幕僚和数百义和团，出京御敌，名为节制四军（张国发、万本华、夏辛酉、陈泽霖），实无一兵应命。7日，李秉衡行抵马头，会夏辛酉军。随即进驻河西务。9日，联军攻河西务，张春发军未见敌军即逃。万本华、夏辛酉军战败，河西务失陷，李秉衡退至马头，时宋庆、马玉昆等败军数万，汹涌遣退，充塞道路，难以阻遏，陈泽霖军不战自溃，逃至济宁：万本华军溃而北，逃向山西：夏辛酉军溃而南，逃向山东。10日，李秉衡军败退到通州张家湾。11日，联军逼近张家湾9北京东约六十华里，李秉衡自尽殉国。联军占据张家湾。12 日，联军侵占通州，宋庆闻风而逃。13 夜，俄军首先进攻北京东便门，遭到甘军和团民坚强抵抗。14 日，凌晨，俄军攻占东便门城门，随即进攻内城建国门，甘军在城墙上向俄军猛烈开火，打死打伤大批俄军（那三支要像本军这样，侵略军无法入京城）官兵，重伤华西里耶将军。激战到下午，俄军才攻入内城。俄这抢先进攻后，日军立即攻打朝阳门，东直门，在朝阳门遭到甘军顽抵抗，从清晨打到黄昏，日军才攻占朝阳门。英军在俄、日两军进攻后，攻广渠门，守兵先民已溃逃，英军乃于下午两点首先进入北京城，并从水洞爬进东交民巷使馆区。法、美等国军队也相继侵入北京城，荣禄率领武卫中军及神机、虎神等营清兵数万，早作鸟兽散。义和团和旗兵在富门外联合抗击侵略军。15 日凌晨，西太后挟光绪帝，带着溥隽等微服出德胜门西逃。随行者仅载漪，刚毅等十数人，护卫清军百数十人而已，16 日，紫禁城失陷。

八国联军对北京居民进行了残暴的屠杀和抢劫。这批强盗日夜包围各坛口，搜捕杀团民，仅庄王府一处，就杀死烧死一千七百多团民（请想全北京城杀死多少）。一次，一队法国兵路遇一群逃难的平民，兵丁和团民，即用机关枪把他们逼至一不通之小巷内，扫射十几分钟，直至无一活者而后已。侵略军不仅在大街小巷“逢人即发枪毙之”，而且闯进居民住宅乱杀乱砍。十一国使馆的成员也挥动武器参加屠杀，并以杀人的数目互相炫耀。京内尸积遍地，腐肉白骨枞横。联军在京到处烧房，凡设过豢坛的王公府邸、寺观和民宅，“皆举火焚之”。昔日金碧辉煌的北京城，变成到处是破墙残桓，满目肖条的荒野。大批珍贵图书档案被焚毁。在第二次鸦片战争中被英法联军劫余的《永乐大典》，又失去三百零七册，珍贵图书被禁者数以万计。清中央部门的档案文稿．皆集中“在长安门内付之一炬”。许多重要档案资料，被随意丢弃，长安门附近“满街破纸，皆印文公牍”。联军还到处强奸妇女，有的还将其所获妇女“作为官妓”，任联军“随意奸宿”。有许多妇女因反抗而惨遭杀害；因受辱羞愧而自尽；或为免遭奸污而跳井悬梁。联军占领北京之后，曾特许军队公开抢劫三日，后又以捕拿义和团搜查军械为名继续行抢，传教士，使馆员也都趁火打劫，大发横财。皇宫、官衙、王府、官邸、商店、当铺、民户、皆被洗劫一空。北京自元明以来之积蓄，上自典章文物，下至国宝奇珍，扫地遂尽”，所失“已数十万万不止”。11 月 17 日，联军总司令瓦德西抵京。12 月 10 日，联军设立“北京管理委员会”。联军在北京实行军事殖民统治同时，还派兵四处攻掠。

9 月，西太后逃往太原：10 日，西太后挟光绪帝逃至太原。先是 8 月 17 日，西太后萃逃至怀来县。18 日命荣禄，徐桐，崇绮京办事，同日，广东布政使岑春煊率兵入卫。20 日，下罪己诏。24 日，授权李鸿章“便宜行事”，催促李鸿章“迅速办理”投降，卖国事宜，朝廷“不为摇制”。26日，西太后等逃至怀安。27日，诏奕劻还京，会同李鸿章议和。同日，毓贤开晋抚缺。30日，西太后等逃至山西大同。31日，令刘坤一、张之洞随时函电会商和议。9月3日，日军护卫奕劻回京。7日，西太后令授庆亲王奕劻、大学士李鸿章、荣禄为全权大臣便宜行事，刘坤一，张之洞会办议的事宜，均准便宜行事。同日，西太后宣布“剿匪”上谕：“此案初起，义和团实为肇祸文由，今欲拔本塞源，非痛加剿除不可。”命直萧地方官“严行拿办，务净根除”。这道上谕颁布后，西太后，调各军进攻义和团，并向联军请求，“助剿团匪”10日，西太后等逃至太原。

10月，沙俄侵占东北：1日，俄军进盛京（今沈阳），东北三省全境论陷。沙俄派遣军队参加八国联军镇压义和团的同时，借口保护正在强建的中东铁路，出动俄军十七万余人，分数路入侵我国东北。一路俄军自海兰泡渡黑龙江，于8月4日攻陷瑷珲。25日，黑龙江将军寿山派营务处总理程德全与俄议定停战，约定俄军不攻齐齐哈尔，允俄军至省城。28日，俄国撕毁约定，发动突然袭击，占领黑龙江省城齐齐哈尔。寿山命从人枪击自己，以死殉职。俄军入城后，府库财物，图书档案被抢劫一空，响银三十余万两及军火全被掠走。自海参崴出发的俄军7月30日攻陷珲春。宁古塔经激烈抵抗后于8月29日，为俄军占领。吉林将军长顺派人乞和。8月25日，与俄方在伯九签订降敌“和议”，约定“两军相见，以白旗先，各不开枪，让道而行”。俄军军需，粮食、车辆由当地供给，清军一律缴械，银库，军械由俄兵看守。9月22日，俄军进吉林省城，拆毁制造军火的机器局，抢走银元厂大量存银。一路俄军自旅顺出发，8月4日占领营口，9月28日攻占辽阳，10月1日，俄军占盛京。至此，东北三省全境论陷。

同日，惠州三洲田起义：8日，郑士良、黄福等在惠州归差（今广东惠阳）三洲田率众起义。先是6月17日，孙中山在香港小艇上召开会议，决定由郑士良督率黄福等赴惠州准备起义；史坚如、邓萌南赴广州组织起事及暗杀机关，以资策应。郑士良联络潮州，惠州、嘉应各属会党，集合于三洲田，待香港运来武器，即行发难。9月初，孙中山由日本抵台湾。台湾总督许以援助，孙中山乃令郑士良即日发动。暑两广总督德寿探悉，调遣清军进堵。10月8日晚，三合会首领黄福率会众八十人，突袭新安沙湾，毙敌四十，俘敌三十，清军溃散。郑士良指挥义军乘胜向深圳推进，拟攻新安，趋广州。适得孙中山来电，告知枪械已不能由香港转运令义军改道取闽南，接应他由台湾运械内渡。义军乃折向东北，直趋镇隆。15日，大败清军于佛子坳。继又在镇隆大败清军，连败清军于永湖，崩冈圩。21日，进至三多祝。起义军发展到二万余人，等待孙中山前来指挥，输送枪械。不料日本在台活动，而订购之军械全是废物。孙中山只得派日本志士山田良政给郑士良送信，略言政情忽变，外援难期，请自决进止。起义军弹尽援绝，22日战败，被迫解散。郑士良等避往香港。

同月，西太后至西安；26日，西太后等逃至西安。西太后下令各省应解京钱粮均转运西安。南漕改道，由汉水入紫荆关，溯驹寨到西安。西太后在西安大肆卖官鬻爵，“纳贿鬻权、无所不至”。上行下效，各级官吏拼命聚敛财富。荣禄尤以贪黩著闻。他以近幸得弄朝政，政以贿成，所得以巨万亿计。

12月，《议和大纲》成：24日，外交团提出《议和大纲》十二条。先是10月4日，法国提出六点要求，照会各国以其作为对华谈判之基础。内容为：惩办罪魁；禁止入口军火；赠偿各国，各社团及个人损失；驻兵保护使馆；拆除大沽炮台；联军占领二三处地方，以敞开北京至沿海地区通道。各国公使反复商争执，增补了各国的要求；扩大惩办罪魁名额，董福祥、毓贤应处斩刑；增加赠款数字，地方应镇压排外活动；在全国张贴上谕二年，禁止加入排外会社，违者处死；修订通商行船条约；取消总理各国事务衙门，任命外务部大臣等，扩充成十二条。十二月24日，外交才以照会形式，将《议和大纲》十二条交清政府议和代表，转达西安行在。李鸿章为了保全西太后的地位，在谈判过程中，奔走于列强公使之间，特别是请沙俄斡旋。他和俄国公使格尔思签订了《天津俄租界议定书》，使俄国强划租界合法化，甚至准备以东北主权交易。在沙俄坚持下，列强终于同意用苛刻条件换取对西太后的谅解。西太后惧烈强以首祸议已，常惊惶不安，及得约，如得免罪赦书，大喜过望，诏报奕劻、鸿章尽如约。12月27日，西太后发出上谕以“敬念宗庙社稷关系至重，不得不委曲求全”，所有十条大纲，一概照允。在1901年2月14日发布的“罪已诏”中，西太后还无耻的保证：“量中华之物力，结与国之欢心。”（尽中国之一切，以换取我之安享。）

1901年辛丑，清光绪二十七年。

1月，中俄交收东三省谈判；4日，中俄交收东三省谈判开始。1日，沙俄要求与清政府进行单独协定的谈判。2日，清廷授驻俄公使杨儒为全权大臣，与俄商办收交东三省事宜。李鸿章为了取得沙俄财政大臣维特向杨儒口头提出约稿十三条。2月16日。俄方正式向杨儒提出议款十二条，不经讨论，便要画押。内容有东三省由俄国“设兵保路”：“禁中国设兵”，只准设“马步巡捕”，亦必须“与俄国商定数目”，“禁运入军火”；在中国“将军大员经俄声诉，即予革职”：“东三省、蒙古、新疆等处矿产、铁路及其他利益，非俄允许，不得让于他国；不准中国在上述各处自行造路”等。杨儒打算驳改俄方约稿，收回东北。表示条款须无损我主权，方可签字。21日，清廷命奕劻、李鸿章商请各国公使劝阻俄国质询。刘坤一、张文洞联名上奏，力主拒绝签字，并劝朝廷联日拒俄。

李鸿章力主签约。杨儒与俄财政大臣维特谈判七次，与外交大臣接姆斯道夫谈判十四次，没有结果。2月下旬，俄国再一次出重金收买李鸿章，“如能签约，立即可给五十万卢布，以后还可多给”，同时，又威胁说：“逾期即决裂。”3月12日，拉姆斯道夫提出最后约稿十一条，压迫杨儒，限28日画押，不能更改一字。被沙俄收买的李鸿章，与奕劻电令杨儒，“势处万难，不能不允，即酌量画押，勿误！”沙俄提出最后约稿后，不再会见杨儒。杨儒要求继续谈判，遭到拒绝，甚至对中国皇帝图书，外交文件，俄政府也概不收。3月22日，清廷电令出使各国大臣，请各国代请展限订俄约，以筹妥协。24日，即满限前两天，维特约见杨儒，催促签字。杨儒坚持，未奉“确旨”不画押。维特说：“如贵大臣能画押，他日政府不能批准，再行作废。”杨儒严正回答：“私自画押，该当何罪？我惜只有一个头颅耳！”维特保证日后“如欲加罪于与俄订约之人，俄必出场保护。”杨儒严词驳斥：“贵大臣何出此言！我系中国官员，欲求俄国保护，太无颜面。如此行为，我在中国无立足之地矣！”25日，拉姆斯道夫又约杨儒签字，杨儒再度拒绝逼签。同日，各国公使向清廷声明，公约(指《辛丑条约》)未定之前，不得与他国议定专约。清廷在北京外交团下，通知各国公使：“中国不敢遽允俄约画押，请先议公约。”29日，清廷命李鸿章向俄使婉商，先订公约，再议专约。

2月，清廷“惩凶”：13日，清廷外交团关于“惩凶”要求，令庄王载勋自尽，端王载漪、辅国公载澜发往新疆永远监禁，毓贤正法，已故刚毅追夺原官，董福祥着即革职，英年，赵舒翘定斩监候，赐令自尽，启秀、徐承煜正法，已故徐桐、李秉衡革职，并撤销邮典。徐用仪、立山、联元、许景澄、袁昶开复原官。

9月，《辛丑条约》签订：7日是，清政府全权代表奕劻、李鸿章与英、美、德、日、俄、奥、法、慈、西、茶、比等十一国公使在北京签订《辛丑条约》(即《辛丑议定书》或《辛丑各国条约》)十二款，附件十九件。主要内容有：1.中国赔款银四亿五千万两，分三十九年还清，年息四厘，本息合计九亿八千多万两，以海关、常关及盐政各进款作抵押，是为“庚子赔款”。2.北京成立使馆区，一切行政由使馆管理。界内不准中国人居住，由外兵驻扎防守；拆毁“大沽炮台及有碍京及海通道之各炮台”，外国军队驻守北京和从北京到山海关沿线十二个重要地区。3.清政府在各地颁布上谕两年：“永禁或设或入与诸国仇敌之会违者皆斩。”“惩办”首祸之臣及地方官。“诸国人民遇害，被虐各城镇，停止文武各等考试。”“各省抚督，文武大吏暨有事，司各官于所属境内，均有保平安之责，如复滋伤害诸国人民这事，或再有违约之行，必须立时弹压惩办，否则该管文员即行革职，永不叙用。”4.清政府允将各个通商条约中“诸国视为应行商改之处”及其他应办的通商事项，“均行议商”。5.将总理各国事务衙门改为外务部，“班列六部文前”。

11月，李鸿章死：7日，李鸿章吐血死。《辛丑条约》订立后，李鸿章与俄使及俄财政大臣维持驻北京财政代表就出卖东三省条约继续谈判。张文洞等揭露李鸿章的卖国罪恶。李鸿章忧郁焦急，陡疾加剧，时有盛怒，或加病狂，11月7日，吐血毙命。临死前，向西太后保荐袁世凯继任直隶总督，说：“环顾宇内人才，无出袁世凯右者。”谥“文忠”。

1902年1月，西太后回京：7月，西太后返京回宫。先是1901年10月6日，西太后发卒数万人，带行李车三千辆，出潼关经河南、直隶（今河北）回北京。1902年1月3日，西太后自直隶正定乘火车至省城保定。7日，自保定乘火车至北京马家堡车站，乘舆经永定门入正阳门还宫。西太后进宫即令人发掘逃走前埋藏的金玉宝器，竟然没有丧失，奴才们磕头对她贺喜。18日，西太后接见各国驻华使节。这是她第一次在召见中公开露面，给各国代表以前所未有的礼遇。2月1日，西太后又非常亲切地接见外交团夫人们，并问候曾被义和团围困的那些夫人，还表示极为同情，边说边流泪（是为自己的伤心事流泪）。凡外人有所要求，西太后“曲意徇之，各国公使夫人，得不时入宫会饮，间或与闻内政。”

4月，《交收东三省条约》签订：8日，中俄订立《交收东三省条约》。杨儒、李鸿章死后，王文韶继续与沙俄交涉。沙俄一再制造借口，拒不从东北撤兵。由于中国人民的激烈反抗，以及英、美、日等以利害冲突出面干涉，沙俄审美观点迫于4月8日由驻华公使雷萨尔与清外务部大臣奕劻、王文韶在北京《交收东三省条约》，签订共四款。条约规定：东三省归还中国；俄军自签字日起十八个月内分三批撤完：俄军撤退前，清政府不在东北“另添练兵”，撤退后，清政府在东北驻军人数，“随时知照俄国”；交还山海关、营口和新民厅沿线铁路后，清政府应给予“赔偿”。次年4月，沙俄在第二期撤兵期满时，不仅违约不撤，反而增兵，并向清政府提出七项无理要求。沙皇接着任命阿列克赛也夫为远东大总督，对东三省继续进行殖民统治。从而激起中国人民的拒俄运动，是俄争夺东三省的矛盾也愈益激化。

4月，支那亡国纪念会：26日（三月十九日已卯）章炳麟、秦力山等十人在日本东京发起召开“支那亡国二百四十二周年纪念会”，纪念南明永历帝覆亡二百四十二周年。章炳麟撰《宣言书》，号召留日学生来会“以志亡国”，中国留日学生报名赴会者达数百人，被清驻日公使蔡钧和日本外务省勾结，派日警阻止，是日，孙中山、章炳麟等改在横滨举行。会议扩大了革命思想影响。

1903年癸卯，清光绪二十九年。

3月，震旦大学成立：1日，法传教士创办之震旦学院（即复旦大学前身）成立。

由马相伯发起，商请耶稣会创办震旦于上海徐家汇，是日开学，马相伯自任总教习（即院长），各科教师由教会委派教士担任。预科一年，本科二年卒业。

1904 年甲辰，清光绪三十年。

2 月，华兴会成立：15 日，资产阶级革命团体华兴会在长沙成立。1903 年 11 月 4 日，湖南革命者陈天华、宋教仁、谭人风等二十多人，以庆贺黄兴生日为名，举行秘密会议，决定成立华兴会，推举黄兴为会长。对外用办矿名义，取名华兴公司，发行华兴栗，以避人耳目，次年 2 月 15 日，正式召开成立大会，推黄兴为会长，宋教仁、刘揆一、奉毓鎏为副会长。先后参加的会员有四五百人。另设同仇会专门联会党。哥老会首领马福亦接受华会领导。决定直慈禧七十寿辰（十月初十，公历 11 月 16 日在长沙起义，并在岳州、常德、浏阳、衡州、宝庆五路策动响应。

7 月，英军陷江孜：6 日，英军攻陷西江孜。先是，上年 8 月英国派遣一支侵略军“护送”使节荣赫鹏等人入藏“谈判”。英军从五四青年节东入境，打退藏军阻击，占领帕里，进驻干坝。12 月，英军大举进犯，西藏军民顽强阻击。至是年 5 日，英军占领江孜宗（县）政府。藏军千余人在僧俗人民支援下主动出击，以低劣武器占用英国侵略军，夺回江孜宗政府，坚守宗江、白居寺等据点，旋又分兵进袭英军大本营，使其陷于被动。后英军增援，藏军虽围，仍用长矛、土枪等落后武器坚守奋战，多次击退敌人进攻。直到弹尽援绝，藏军始退出宗政府。7 月 6 日，英军占江孜。

8 月，英军占拉萨：3 日，英军侵入西藏拉萨，烧杀淫掠，劫走大批珍贵文物。十三世达赖喇嘛奔库伦（今蒙古乌兰巴托）。

9 月，《拉萨条约》订立：7 日，英军上校荣赫鹏强迫西藏哲蚌、色拉、葛尔丹三大寺寺长罗生戛尔曾等人在拉萨非法签订《拉萨条约》。规定：西藏为英国独占的势力，范围：开江孜、葛大克、亚东为商埠，英国在商埠派驻官员；赔偿英国军费五十万英镑；折毁自鳊边界至江孜、拉萨的炮台，山寨等防御工事。西藏军民坚决抵制《拉萨条约》、清政府拒绝签字，并派代表与英国重新交涉。

11 月，光复会成立：是月，龚宝铨、蔡元培等于上海成立资产阶级革命团体光复会。又称复古会，蔡元培任会长。光复会以“光复汉族，还我山河，以身许国，功成身退”十六字誓词为宗旨，以暗杀和暴动为革命手段。陶成章、徐锡麟、秋瑾、章太炎等先后入会。会员多为绍兴商、学两界革命志士及各属会党头日。

1905 年乙巳，清光绪三十一年。

5 月，同盟会成立：20 日，中国同盟会在日本东京正式成立，通过章程，选举孙中山为总理。7 月 30 日，孙中山曾约集兴中会、华兴会、光复会、科学补心所等革命小团体领袖黄兴、陈天华、宋教仁、曹亚伯、吴春阳等以及旅日华桥、留学生革命志士共七十余人，在东京赤板区霞关内田良平宅召开中国同盟会筹备会议。会议通过定名为《中国同盟会》，并以多数通过孙中山提议，以誓词驱除鞑虏、恢复中华、创立民国、平均地权“作为会纲。旋由孙中山率领举行宣誓加盟仪式。又推举黄兴、陈天华、宋教仁、马君武等八人起草同盟会章程。8 月 20 日，又在东京赤板区灵南板，借日本国会议员孤本金弥宅召开正式成立大会，到会百余人，通过同盟会章程三十条，选举孙中山为总理，决定以《二十世纪之支那》杂志为机关报。章程决定同盟会本部暂设于东京，本部机构采三权分立制，总理之下设执行、评议、司法三部。在国内外分设九个支部，国内有东、西、南、北、中五个支部，国外有南洋、欧洲、美州、檀香山四个支部。支部下设各省区分会。推举黄兴为执行部庶务长，协助总理主持本部工作：章炳麟、宋教仁、陈天华、汪兆铭（即汪精卫）等分任本部各机关主要职务。各省区主盟人亦经分别推定。同盟会成为中国资产阶级全国性的革命组织。

9 月，复旦大学成立：4 日，复旦大学在上海江湾成立。1905 年，上海震旦学院部分爱国师生因学潮脱离该校自办复旦公学。于是自开学。乔迁办人有马相伯、严复、熊师复等。1917 年改名为复旦大学。

10 月，京张铁路开工：2 日，我国第一条自建铁路——京（北京）张（张家口）铁路开工。以詹天佑为总工程师主持修建。詹天佑 (1861–1919)，字眷诚。广东南溪（今广州）人。1872 年以中国第一批派出之留学生留学美国。习工程。1881 年毕业于耶鲁大学。曾先后任教于福州船政局、广东博学馆、广东海图水陆师学堂，又曾任潮油铁路等工程师。1905 年至 1919 年，他在极端困难的条件下，采用新技术、新方法，减少了工程数量，缩短了工期，修成了我国自建的第一条铁路，为我国培养了第一批工程师。外国人认为中国人办不到的事，他办到了，为我国铁路建筑史写下了光辉的一页。

12 月，《中国会议东三省事宜条约》签订：22 日，《中国会议东三省事宜条约》在北京签订。日俄战争后，日本夺取了沙俄在中国东三省南京地区的权益，为迫使清政府承认，先于 11 月 17 日，中日全权大臣开始会议东三省事宜，条款。12 月 22 日，由日本外务相小村寿太郎，驻华公使内田康哉与清外务部总理大臣奕劻。外务尚书瞿鸿机，直隶总督袁世凯在北京签订《中日会议东三省事宜条约》三款，附约十二款。主要内容有：清政府承认《朴茨茅斯和约》中俄国让于日本在满之各项权利，允许日本在奉天（今辽宁沈阳），营口、安东（今辽宁丹东）划定租界，安奉铁路仍由日本管理，以十五年为限，南满铁路日俄护路军队将来同时撤退：允许开放奉天之凤凰城（今辽宁凤城）、辽阳、新民屯、铁岭、通江子（今辽宁通江口）、法库门（今辽宁法库），吉林文长春（即宽城），吉林、宁古塔（今宁安）、珲春、三姓、黑龙江之哈尔滨、齐齐哈尔、海拉尔、瑷珲、满州里等十六处为商埠，允许外国人居住；允许日本在鸭绿江右岸采伐森林。

1906 年丙午，光绪三十二年。

4 月，续订藏印条约：27 日，外务部侍郎唐绍仪与英使萨道议在北京签订《中英续订藏印条约》六款。英允“不占并藏境及不干涉西藏一切内政”，但仍将 1904 年非法签订的《拉藏条约》作为附约。

12 月，萍、浏、醴起义：4 日，同盟会策动萍乡、浏阳、醴陵地区会党和矿工武装起义。初，同盟会总部派刘道一，蔡绍南从日本回湖南运动军队，联络会党，宣传同盟会纲领。刘在长沙主持，蔡往萍乡策动龚春台等联合各山堂建“六龙山洪江会”，推举龚春台为大哥。议定丙午年（1906 年）腊月底乘清地封官封印时分三路起义。因消息泄露，清军突袭萍乡麻石起议总机关。12 月 30 日，龚春台，蔡绍南召会党首领于萍乡高家台开紧急会议，商讨起义事宜。4 日，蔡绍南，龚春台等于江西萍乡、湖南醴陵起义。龚以“中华国民军南军革命先锋队都督”名义发布檄文，历数清政府投降卖国等十大罪状，宣布推翻清朝统治“破数千年之劣制政体”，“建立共和民国”，“使地权与民平均”的革命宗旨。醴陵响应起义的群众除贫苦农民，陶瓷工人外，还有防营士兵。萍乡起义者多煤矿工人。起义军于 4 日占领浏阳高家头，6 日，攻克萍乡上栗市，7 日占领宜春慈化，8 日，龚春台率领浏阳会党万人攻克浏阳南市街，西乡等地。旬日内，义军发展到三万人左右，一度控制四五个县，屡败清军。清廷调湘、鄂、苏等省五万大军围攻。10 日，清军攻陷萍乡上栗市。11 日，起义军攻打浏阳城，清军顽抗。12 日，清廷命江西臬司秦炳直节制三省军队，围剿起义军。同日，清军围攻浏阳南市街，起义军失败。10 日，余部在文家市、黄沙坪等处为清军所败。龚春台、刘道一、蔡绍南等先后殉难。

1907 年丁未，清光绪三十三年。

5 月，黄冈之役：22 日，黄冈（今广东饶平）之役爆发。是年，同盟会计划在广东潮州，惠州、钦州（今广西钦州）、廉州（今广西合浦）同时起义。3 月，同盟会许雪秋派原三合会首领、同盟会会员陈涌波、余既成在饶平联络原三合会众。5 月 22 日，广东潮州清军到饶平黄冈搜捕革命党，党人仓促举事，次日攻占黄冈，擒杀司官巡捡工绳武及守城把总许登科。陈涌波、余既成以革命军正，付司令名义发布檄文，布同盟会宗旨。又以“广东国民军大都督陈”的名义发布告示，免除苛税，“除暴安民“。两广总督周馥急命潮州镇总兵黄金福率兵进剿。水师提督李准也带二千清军前来镇压。24 日晚，陈涌波、余既成分两路攻潮州和井州（离黄冈二十里）。次日，余既成一路在井州战败。陈涌波一路得讯回援井州，复为清军所败。由于革命军提前仓促起义，主要领导人许雪秋还在香港，内部意见纷纭，又未集中兵力迎战，自25日起在井州等地与清军激战七次，伤亡甚重，遂告失败。是役党人战死九十四人，事后被捕遇害六十余人。余既成等逃亡香港。

6月，七女湖之役：2日，邓子瑜在惠州七女湖举事。响应黄冈之役。是年，孙中山派人到广东惠州发动起义，以响应黄冈之役，6月2日，惠州同盟会员邓子瑜和陈纯等集合小部三合会武装，在七女湖举事响应，夺取清军防营枪械，击毙多人。5日，进攻秦尾，连克杨林、三达等圩，七日攻柏塘、公庄各处，12日于八子爷打败管带洪兆麟，附近会党纷起响应，队伍增至二百余人。周馥电调李准由黄冈驰援惠州，革命军与清军激战十余日，屡败清军。13日，邓子瑜知黄冈事败，遂在梁化圩解散队伍，将枪械藏地下。大部起义军撤至罗浮山区部分逃往香港。

7月，安庆起义：6日，徐锡麟起义于安庆。是年，光复会首领徐锡麟得安徽巡抚恩铭信任，充安庆巡警处会办兼巡警学堂监督。他先与秋瑾约定7月6日（后改为7月19日）皖、浙同时发难，旋即合力进取南京、占领苏、皖、浙各省要地。6月间，绍兴等地会党过早暴躁，清政府搜捕革命党人。秋瑾将险恶情况通知徐锡麟，徐锡麟即乘巡警学堂7月8日举行毕业典礼时，杀死巡抚恩铭等省城文武大员，占领安庆，发动起义，毕业典礼提前于6日举行。徐锡麟在进呈学生名册时，突持双枪击恩铭。恩铭身中七弹，旋即毙命。徐急率陈伯平、马宗汉及巡警学堂学生数十人占领军械所，旋被清军所败陈伯平战死，徐、马及巡警学生二十余人被捕。徐于当日死难。

同月，大通学堂之役：13日，绍兴大通学堂督办秋瑾，（光复会会员兼同盟会员），主持浙江光复军起义以响应徐锡麟安庆起义的计划，为清政府侦知，14日在大通学堂被捕。15日秋瑾死难。

秋瑾（1877–1907年），字璿卿，号竞雄，自称鉴湖女侠。浙江山阴（今绍兴）人。幼随父至湖南湘潭任所。18岁嫁湘乡王廷钧。1902年随夫去北京。1904年春，冲突破旧礼教束缚留学日本。在日期间，她积极参加革命活动，参与发起“共爱会”，组织“十人会”，创办《白话报》，宣传推翻清朝统治，提倡男女平权，参加冯自由等组织的“洪门天地会”，受封为军师（“白纸扇”）。1905年回国，经陶成章介绍加入光复会。7月复赴日本，入青山实践女学校，旋即加入同盟会，任评议部评议员和浙江主盟人。因反对日本文部省颁布《取缔诸留曰学生规则》，1906年年初回国，在上海参与创办中国公学，安置留日回国学生。3月赴浙江湖州寻溪女校任教，暑假返沪，与尹锐志等在虹口设立“锐进学社”。次年1月，创办《中国女报》，仅出二期。旋至诸暨、义乌、金华等地联络会党，图响应萍浏醴起义，未果。又与徐锡麟约定皖、浙同时举事。被推为大通学堂督办，联络军队、会党、训练会党骨干，组织光复军，推徐锡麟为首领，自任协领。预定7月6日先由金华起义，处州响应，诱清军离杭州后，义军乘虚攻省城，如不克，则返回绍兴，由金、处入江西，攻安庆，与徐锡麟相呼应。6月，绍兴等地会党暴露。7月14日派兵包围大通学堂。她率领少数学生持械抵抗，失败被捕，绍兴知府贵福深夜提审，秋瑾书“秋风秋雨愁煞人”，以对，坚贞不屈。她在《绝命书》中写道：“虽死犹生，牺牲尽我责任；即此永别，风潮取彼头颅。”15日凌晨，于绍兴轩亭口壮烈就义。秋瑾工诗词，格调激昂壮烈，所作多热爱乡土国，追求自由、民主，有《秋瑾集》。

8月，英俄西藏协定：31日，英、俄订立波斯（今伊朗）、阿富汗、西藏协定。西藏协定承认“西藏为中国领土，此后不与西藏直接交涉”，“尊重西藏款式之保全，并不干涉西藏之内政”。英俄通过西藏协定，承认彼此在西藏即得利益，宣布维持西藏之现状。

9月，防城之役：3日，同盟会员王和顺等起义于广东钦州王光山。先是，5月，钦州三那（那黎、那彭、那恩）人民抗捐起义失败。三那乡民推代表与孙中山联系。孙中山命王和顺为中华国民军南军都督，入三那发动起义。9月3日，王率众二百余人从三那至钦州王光山起义，袭取防城。5日攻占廉州府属防城，杀县令。王和顺以“中华国民军南军都督”名义发布《告奥省同胞文》、《告海外同胞书》、《招降满州将士布告》。申明“以自由、平等、博爱为根本，扫专制不平之政治，建民主立宪政体，行款式国有制度，使四万万人民无一不得其所”。旋移师攻袭钦州城时，黄兴已潜入钦州。策动清军倒戈，清新军统领郭人漳，口称“赞成革命”，暗中伙同钦廉道王瑚扼险拒守。黄兴受骗指示王和顺转攻广西南京。革命军攻取钦州计划未能实现，只得改攻灵山，郭人漳派兵尾追，又派兵攻陷防城，使军腹背受敌，革命军攻灵山等地队伍达三千余人，两广总督张人骏急调桂林、柳州等地清兵围攻。9月中旬，革命军以枪械不济，退回三那。17日，王知顺解散革命军，前往越南。梁建葵率数百人退入西广交界处十万大山。刘辉廷、李耀堂率百余人由冯笃山到那勤、大碌、徐图再举。历时半月的防御起义失败。

12月，镇南关之役：2日，广西镇南关（今友谊关）之役爆发。防城之役失败后，孙中山旋派黄明堂为镇南关都督，计划袭取镇南关。是日黎明，黄明堂率那模村乡勇八十余人偷袭镇南关，占领炮台三座。4日，孙中山率黄兴、胡汉民等河内入驻镇南关指挥。清参将陆荣廷率军来犯，孙中山亲自开炮轰击，并在炮傍为伤员裹伤。孙中山感慨说:“反对清政府二十余年,此日始得亲发炮击清军耳!”陆荣廷屡战屡败购械接济，并向华侨募款，以作为“花红”收买陆荣廷。请广西提督龙济光率援兵四千余人会同陆荣廷反攻，直扑北炮台。革命军以寡敌众，从8日夜浴血奋战至9日下午。清军先后抢占四方岭及小尖山。革命军退入垒坚守，是夜，卒以弹尽粮绝，乃弃台突围，退入越南燕子大山。是役，毙清兵二百多人。

同日，交通银行设立：8日，邮传部奏准设立交通银行。官商合办，股本银五百万两。官四商六。派四川建昌道李经楚为总理，山西道员周克昌为协理，候补五品京堂梁士诒为帮理，所有轮、路、电、邮各局存款，改为该行经理。

1908年戊申，清光绪三十四年。

4月，河口之役：30日，革命军攻占河口。先是，孙中山派黄明堂、王和顺等率领从镇南关撤出之革命军百余人，开赴云南边境，在孟坝寨设立前敌指挥部，进攻云南河口。30日凌晨，黄明堂率军攻河口，清军防营一部闻讯起义响应，并毙其管带蔡正钧，革命军与清军反正部队会合，攻克河口。次日，毙清边防督办王正邦，夺取河口炮台。起义军数日内扩充至于余人，分兵出击。5月3日，连克南溪、新街、坝洒，直逼蛮耗、蒙自。战斗中收编清军降卒，队伍扩展到三千余人。5日，孙中山委黄兴为云南国民军总司令，节制各军，命即赴前线督师。黄兴赶赴河口后，因投城清军不听调度，黄明堂、王和顺等又不听指挥。遂于9日折回河内，拟另组敢死军投入战斗。11日，黄兴在截止南老街为法警截留，旋被驱逐出境。越南法国当局又应清政府要求，封锁中越边界，禁阻起义人员及粮械进入云南，并迫害、驱逐大批旅游、革命党人。河口革命军陷入孤立无援困境。清云贵总督锡良调兵反攻。广西提督龙济光派兵增援。革命军与清军在泥巴黑、羊子街等地相持二十余日，以弹尽援绝，先后败退，清军攻陷河口。黄明堂等率六百余人退入越南，被法军缴械，押送新加坡解散，河口起义失败。

11月，光绪、慈禧死：14日（十月二十一日癸酉），清光绪帝载湉死于瀛台，以溥仪为嗣皇帝，载沣以摄政王监国。次日，慈禧太后那拉氏亦死。18日，定建元年号为“宣统”。

12日，溥仪即位：2日，宣统帝溥仪即位，定明年为宣统元年，次日，清廷宣布立宪预备，仍以宣统八年为限。

五、宣统 溥仪 1909年——1911年

1909年已酉，清宣统元年。

1月，2日，清廷诏谕军机大臣，外务部尚书袁世凯现患“足疾”，步履艰难，难胜职任，命其“回籍养疴”，由皇室掌握兵权。

9月，间岛协约：4日，清外务部尚书会办大臣梁敦彦与日本驻华公使伊集院彦吉在北京签订《图门江中韩界务条款》（通称“间岛协约”）。主要内容有：以图门江为中朝两国国界；允许日本在龙井村，局子街等地开埠通商，并设立领事馆或领事分馆；承认日本享有领事裁判权和吉会铁路修筑权。

同日，中日订立《东三省交涉五案条款》。主要内容有：新法铁路允与日本先行商议；大营支路作为南满铁路支路；允日本开采抚顺、烟台煤矿；允京奉铁路展修至奉天城根；中日合办安奉铁路及南满铁路沿线矿务。

1910年庚戌，清宣统二年。

2月，广州新军起义：12日，倪映典发动广州新军起义。初，同盟会会员，广州新军炮兵排排长倪映典、督练公所提调赵声等在广州运动新军，拟于庚戌年元宵节(1910年2月24日)后举义。2月9日，广州新军二标某士兵因与警察冲突被捕。次日，二标士兵数百人愤而入城捣毁巡警分局，粤督袁树勋派兵弹压。11日，一标士兵与二标士兵取一致行动，并击伤标统刘雨哲。新军中党人杨凤岐等派人报省港统筹部，请赵声、倪映曲速来指挥。12日晨，倪映曲由香港赶回广州，枪毙炮兵第一营管带漆汝汉，宣布起义。率新二千余人分三路攻广州。13日晨，倪率军由沙河向大东门进军，与巡防营统领吴宗禹军相遇于牛王庙。水师提督李准派人诱降，倪拒绝，并指挥义军进攻。清军居高临下，发炮轰击，起义新军遭重创。李准又命水陆缉捕处邦统李景连指挥巡防营军官唐维炯、童常标，利用其曾经加入同盟会，与倪义系安徽同乡的关系，约倪洽商起义问题。倪误中诡计被杀害，余众虽奋勇作战，终以寡不敌众溃退。此役阵亡百余人。先后被获百余人，逃至香港一百数十人，起义失败。

5月，共和会成立：16日，同盟会会员胡鄂公（荣铭）等在保定正式成立共和会。上年11月21日，同盟会员、保定、北京学生胡鄂公、熊得山等在保定组成“共和会”筹备会，以推翻清朝专制，建立共和国，融合种族界限，发展全国实业为宗旨。是日，“共和会”在保定正式成立。到会者有北京、天津、通州等地代表，举胡鄂公、林伯衡、熊得山等七人为干事，胡为干事长，参加“共和会”者多为京、津、保学生及六镇士兵，共三千余人。后又在北京、天津、通州、太原、广州、桂林、武昌等地设立分会。1911年11月该会合并于同盟会京津保支部。

1911年辛亥，清宣统三年。

4月，黄花岗之役：27日（三月二十九日丁卯），同盟会在广州举行起义。史称：“黄花岗之役”，1910年11月，孙中山在槟榔屿（今属马来西亚）召集会议，决定广州起义。会后由黄兴、赵声在香港组织统筹部，派同盟会员在新军、巡防和会党中活动，并向海外华侨募集经费，选拔八百人组成“先锋队”（敢死队），在广州设秘密据点三十八处。4月8日，统筹部在香港拟定4月13日起义，以赵声、黄兴为革命军正副总指挥，分十路进攻广州。同日，温生才行刺和革命党人吴镜运炸药被捕，广州军警戒严，加以军械、未项未到，原定4月13日起义计划未能如期实现。4月23日，黄兴由香港潜入广州，建立起义指挥部。因内奸告密，两广总督张鸣岐严加戒备，搜捕革命党人。起义部署被打乱。在实力尚未集中而又不得不发的情况下，黄兴决定4月27日发动起义，分四路进攻，黄兴率敢死队一百二十多人攻入总督署，张鸣岐逃走。起义军纵火焚督署，在东辕门外与李准的卫队相遇接战。起义军与大队清军激烈巷战，奋战一昼夜，终因伤亡重大，寡不敌众，被清军水师提督李准击败。黄兴伤右手，断两指，仍坚持指挥。直到剩下一人才改装逃往香港。朱执信一反平日文弱之态，双手各执炸弹奋勇当先，胸腿受伤，仍继续战斗，直到子弹打完，才走避香港。

喻云纪 (1886–1911)（又名培伦，四川内江人）在起义前，日夜赶制炸弹。起义时随黄兴进攻督署，身负炸弹一大束，左手持号筒，右手拿手枪，勇猛当先，抛掷炸弹，清军披靡。他全身多处负伤，仍率众退至一米店内借米包作垒，与清军力战多时，突围被捕。

方声洞（1885–1911）自督署冲至双底门，孤身被围，犹挥枪突击，杀敌二十多人，血流遍体，弹尽力竭而死。他给家人的遗书中说“为祖国而死，亦义所应而也”。不少革命党人受伤被俘后，大义凛然，从容就义。

林觉民 (1877–1911) 起义前致妻子决别书中说：“当亦乐牺牲吾身与汝身之福利，为天下人谋永福也。”临刑时，他俯仰自如，色不少变。李德山临刑时大骂清吏“认贼作父，不知羞耻”。喻支纪在清吏严讯时，义正词严地说：“是杀不了的，革命尤其杀不了。”起义失败后，广州革命志士潘达微多方设法收验烈士遗体七十二具，葬于城郊红花岗，改名黄花岗，史称“黄花岗七十二烈士”。这次起义震动了全国。

7月，中国同盟会中部总会：31日，宋教仁、陈其美、谭人凤（1860–1920，号石屏，湖南新化人）等于上海成立中国同盟会中部总会，推宋教仁、谭人凤等五人为总务干事。并在南京、安徽、湖北、湖南等地设立分会，以推进长江流域革命工作。

9月，荣县独立：25日，同盟会员吴永珊 (1878–1966，八十八岁，又名玉章，四川荣县人)，王大杰等宣布荣县独立，建立革命政权，由蒲洵任县知事（后改称行政长），远近震动。成都附近各县和川省地相继响应，形成全省反清大起义。

10月，武昌起义：10日（八月十九日癸丑），武昌新军起义。9月间，和同盟会有联系的文学社、共进会联合筹化起义，成立湖北革命军总指挥部，推蒋翊武为总指挥，孙武为参谋长。决定于10月9日举义。10月6日，湖广总督瑞微，害怕革命党人将在湖北起事，命各营提前过中秋节，不准外出。次日特别戒严。9日，共进会领导人孙武在汉口俄租界内检查炸弹，爆炸受伤。军警捕革命党数十人，在汉口的机关被破坏。文学社领导人蒋翊武闻讯，决定当夜发动起义。因主人未能到达炮营，号炮未响，各营未动。而形式上的各机关又被破坏，彭楚藩、刘复基、杨洪胜被捕遇害，蒋翊武等逃出武昌。10日上午，瑞微和第八镇统制张彪下令以按搜获之党人名册捕人，形势紧急，革命党人暗中联络在当晚起义。晚七时，武昌新军起义。工程营熊秉坤率队占领楚望台军械局，各营奋起，攻占湖广总督衙门。瑞微逃登楚豫舰，张彪逃汉口。11日，武昌光复，革命党人强推清陆军第二十一混成协统黎元洪(1864–1928年，字宋卿，湖北黄坡人)，就任湖北军政府都督，废“宣统”年号，用黄帝纪元，改国号为“中华民国”。同日，汉阳光复。12日，汉口光复，革命党人推定武昌军政府各部人选，立宪派汤化龙任民政长。武昌起义爆发后，湖南、陕西、江西、山西、云南、贵州、江苏、浙江、广西、安徽、福建、广东、四川等各省纷纷响应，形成了全国规模的辛亥革命。

同月，12日，清廷诏夺瑞微职，暂署湖广总督。命陆军大臣荫昌督师赴鄂镇压，湖北军及援军均听其调遣。并命海军提督萨镇冰率舰，程允和率长江水师往援。

又，14日，清廷起用袁世凯为湖广总督，并任岑春煊为四川总督，俱督办军务。袁以足疾未痊，辞不受命。27日，清政府任命袁世凯为钦差大臣，节制湖北水陆各军。

又，湖南光复：22日，长沙新军起义，攻占湖南巡抚衙门，巡抚余诚格逃登兵舰，巡防营统领黄忠浩被杀。是日晚，宣布独立，次日成立湖南军政府，推举湖南共进会领袖焦达峰和新军领袖陈作新为正副都督，原咨议局长谭延闿为参议院长。焦达峰派主力部队援助武汉，致使防务空虚。谭延闿策动新军管带梅馨于10月31日发动兵变，杀焦达峰、陈作新、谭自为都督，革命政权遂为立宪派篡夺。

又，陕西光复：22日，西安新军、会党起义，占领军械局、藩司衙门等要地。次日，攻占满城。西安将军文瑞自杀，护理巡抚钱能训逃往潼关。遂宣布独立。27日成立秦陇复汉军政府，举管带张凤翙（音汇）为全陕兴汉军大统领。

又，江西光复：23日，九江新军反正，攻占湖口，马当要塞，成立中华民国驻浔军政分府，拥标统马毓宝为九江都督。31日，南昌新军起义，旋成立江西军政府，举协统吴介璋为都督。后彭程万，马毓宝，李烈均相继任都督。

又，山西光复：29日，太原新军起义，成立山西军政府，杀巡抚陆钟琦，举标统阎锡山（1883–1960年）为都督。清政府调新任山西巡抚，第六镇统制吴禄贞驻石家庄，向山西进攻。吴与阎暗中议定组织燕晋联军，直取北京。11月7日凌晨，吴在石家庄车站被袁世凯派人刺死。清政府另调第三镇曹锟攻陷太原，并任张锡銮为巡抚。南北议和后，袁委任阎锡山为山西都督。

又，云南光复：30日，昆明新军起义，杀布政使世增等，总督李经逃走。11月1日成立云南军政府，举协统蔡锷为都督。

11月，上海光复：3日，上海同盟会、光复会联络当地商团及部分军警起义，次日占领上海。6日成立沪军都督府，举陈其美为都督。并派人赴苏杭发动起义，派遣军队进攻南京。

又，十九信条：3日，清廷颁布《重大信条十九条》（即《宪法信条》），宣布实行责任内阁制、皇族不得为总理大臣，皇室经费听由国会决定，皇帝权限和皇室大典由宪法规定，但仍规定皇位世袭，不受侵犯。妄图利用假立宪，保持垂亡的封建皇朝。

又，贵州光复：4日，贵阳新军起义，成立大汉贵州军政府，举同盟会员新军教练官杨董诚为都督。

又，江苏光复：5日，苏州定布独立巡抚程德全改称都督。松江、镇江、扬州等府相继为民军占领。派苏军刘之洁与浙江、上海军队集中镇江，进攻南京。11日举江宁第九镇新军统制徐绍桢为江浙联军总司令。

又，浙江光复：5日，杭州新军起义，攻占浙江巡抚衙门，俘巡抚曾韫，成立浙江军政府，举立宪派汤寿潜为都督。嘉兴、湖州、绍兴、金华等八个府城先后建立军政府。派朱瑞率浙军进攻南京。

又，广西光复：7日，广西宣布独立，以原巡抚沈秉堃为都督，王芝祥、陆荣延为付都督。10日，清军提督陆荣廷发动兵变，沈去湖南，陆接任都督。

又，安徽光复：8日，安徽省咨议局议决宣布独立，举巡抚朱家宝为都督。同盟会推王中为都督。咨议局不同意，同盟会从九江调黄焕章来安庆，驱走朱家宝，拥李烈均为都督。

又，福建光复：8日，福州新军起义，举协统，同盟会员许崇智为总司令。次日，攻占督署，闽浙总督松寿自尽，将军朴寿被杀。10日，组织军政府，举新军统制孙道仁为都督，许崇智为福建海军陆军总司令。

又，广东光复：9日，广州各团体集会，宣布广东独立，举总督张鸣岐、提督龙济光为正付都督。张逃往沙机，龙避不就职，遂举胡汉民为都督。

又，各省都督代表会议：15日，独立各省都督代表在上海开各省都督代表会议，有十省代表到位，议决推武昌军政府为中央军政府，以鄂军都督执行中央政府，并举伍廷芳、温宗尧为民国外交代表。24日，在汉口英租界开会，举湖南代表谭人凤为临时议长。12月3日颁布《中华民国临时政府组织大纲》二十一条。4日，议决南京为临时政府所在地，驻泸各省都督代表公举黄兴为大元帅，黎元洪为付元帅。5日，定议和纲要四条，议决以汉口为议和地点，伍廷芳为议和代表。因武昌军情紧急，14日，各省都督代表由武汉至南京会议。17日，改举、改举黎元洪为大元帅，黄兴为付元帅。25日，孙中山回国。29日，十七省代表会议选孙中山为临时大总统，议决改用阳历。

又，袁世凯组阁：16日，袁世凯入京就总理大臣职，组织内阁，外务梁敦彦、民政赵秉钧，度支严修，学务唐景崇，陆军王士珍，海军萨镇冰，司法沈家本，农工商张謇，邮传部杨士琦，理藩达寿。是为清末第二届内阁。

又，四川光复：22日，重庆独立，成立蜀军政府，张培爵为都督，夏之时为付都督。25日，泸州宣布独立，成立川南军政府，举永宁道刘朝望为都督。26日，四川内江宣布独立，举同盟会会员吴玉章为行政部长。27日，湖北入川新军在资州起义，杀督办徙汉铁路大臣，署四川总督端方。

同日，赵尔丰与立宪派蒲殿俊等密约，在成都建立军政府，举蒲为都督。12月8日，赵尔丰唆使成都巡防营兵变，蒲殿俊逃走。次日，军政府军政部长尹昌衡率军入城为都督，罗纶为副都督。22日，诛赵尔丰。翌年3月，成都与重庆两个军政府合并，推尹昌衡、张培爵为正付都督。

12月，外蒙古独立：1日，在俄政府策动下，外蒙古宣布独立，拥哲布尊丹巴为博格多汗，逐清库伦办事大臣三多。

又，南京光复：2日，江浙联军占领南京。将军铁良，总督张人骏逃上海，江防统领张勋退保徐州。江苏都督程德全迁驻南京，同盟会调黄兴到南京主持军事。

又，南北议和：18日，南北议和代表在上海英租界市政厅首次会议。伍廷芳代表革命军，唐绍仪代表袁世凯，伍廷芳提出废除清朝政府，建立共和政府等条件。31日，清廷议和代表唐绍仪等十三人，因议和条款不为袁世凯认可，联名电袁请辞。

中华民国（1912年–1949年）

1912年壬子，中华民国元年

1、中华民国成立

1月（11月13日丙子）孙中山在南京任中华民国临时大总统，宣告中华民国成立。通令改用阳历，定是日为民国元年1月1日。3日，17省代表选举黎元洪为中华民国临时副总统，通过孙总统提出之国务员名单：陆军总长黄兴、次长蒋作宾；海军总长黄钟瑛，次长汤芗铭；司法总长伍廷芳，次长吕志伊；财政总长陈锦涛，次长王鸿猷；外交总长王宠惠，次长魏宸组；内务总长陈德全，次长居正；教育总长蔡元培，次长景耀月：实业总长张謇，次长马居武；交通总长汤寿潜，次长右任。中华民国临时政府在南京正式成立。

又，同日，袁世凯授意其部将冯国璋、段祺瑞等四十八名将领联名通电，声称若采共和政体，必誓死抵抗。2日，袁世凯以南京临时政府成立，于己不利，撤议和代表唐绍仪职，并电告民军代表伍廷芳，俟后请直接电商。民方与袁秘密交换清帝自行退位条件，孙中山许袁继任总统。

又，22日，孙中山提出辞临时总统五项条件，电告袁世凯，并在各报发表。其要点为：清帝退位，袁赞同共和，袁被举为总统后，须誓守临时参议院所定之宪法。

又26日，袁世凯授意段祺瑞、姜桂题等四十七名北洋将领，通电拥护共和并奏请清帝退位。是日，隆裕太后遣特使勉慰袁世凯，并授一等侯爵，袁世凯谢辞。

2、清帝溥仪退位

2月12日（十二月二十五日戊午），清帝下诏退位。先是3日，隆裕授袁世凯全权，代表清廷提出清帝退位优待条件。5日，南京临时参议院召开特别会议，议决对清帝退位条件修正案。8日，袁世凯再次提出清帝退位条件。9日，南京临时政府提出清帝退位条件是后修正案。10日，袁世凯召集内阁各部大臣及近支王公开会，讨论并通过清帝退位条件最后修正案。12日，袁世凯与南方代表五廷芳方议，赞成共和，并进皇帝优待条件八，皇族待遇条件四，满、蒙、回、藏待遇条件七，共十九条。清宣统帝下诏退位，溥仪退位诏中，“即由袁世凯以全权组织临时共和政府”一语，系袁蓄意加入者。

又，13日，袁世凯通电声明赞成共和。孙中山向参议院辞临时大总统职，荐袁世凯继任临时大总统。15日，参议院选袁世凯为临时大总统；20日，选举黎元洪再任临时副总统。

又，18日，南京临时参议院派教育总长蔡元培为欢迎专使，魏宸组、刘冠雄、钮永建、宋教仁、汪兆铭等为欢迎员，迎袁世凯南下就职。25日，袁世凯开正阳门欢迎南来专使。29日晚，袁世凯唆使第三镇曹锟部在北京制造兵变，焚烧抢劫。3月初，通州、保定、天津等地，亦相继发生兵变。袁借口北方不靖，不能南下，请将首都移至北京。

3、袁世凯任临时大总统

10日，袁世凯在北京就任临时总统职。2日，迎袁专使蔡元培等急电南京临时政府及参议院，以北方兵变，袁世凯不能南下等情，请迁就袁氏。6日，参议院电知袁世凯，允其在北京就总统职，10日，袁世凯在北京宣誓就职。

又《临时约法》公布：11日，孙中山公布中华民国《临时约法》。先是，2月7日，南京参议院开始起草临时约法，3月8日通过，11日，由南京临时政府大总统孙中山公布，申明在正式宪法未产生前，其效力与宪法相等。临时约法计分总纲、人民、参议院、临时大总统副总统、国务员、法院、附则等七章，共五十六条。按照西欧资产阶级的民主制度和“三权分立”的原则，规定全国立法权属于参议院；临时大总统行使职权，须有国务员副署；法官有独立审判的权利。同时规定人民享有人身、财产、言论、通信、居住和信教等自由。它体现了中国民族资产阶级民主主义的要求，具有进步意义。但它对窃据辛亥革命胜利果实袁世凯来说，并没有起到约束作用，徒具空文。

8月，国民党组成。25日，同盟会联合统一共和党、国民共进会、国民公党、共和实进会组成国民党，在北京召开成立大会，选举孙中山为理事长。孙宣布国民党政纲五条：一、保证政治统一。二、发展地方自治。三、实行种族同化。四、注重民生政策。五、维持国际和平。

1913年癸丑，中华民国二年（总统袁世凯）

1、宋教仁被刺案

20日，袁世凯派人暗杀宋教仁于上海。国民党在国会选举中获压倒多数席位后，声称将以多数党组阁，并预定由宋教仁出任内阁总理。宋教仁更遍历长沙、武汉、南京、上海等地，发表竞选演说，批评时政，反对袁世凯专权，主张成立责任内阁，制定民主宪法，大招袁世凯忌恨。国会召开前夕，3月20日晚从上海乘车北上，被袁世凯派人刺杀于沪宁路上海车站。宋自分必死，授意黄兴代拟至袁世凯电，有望大总统“开诚心，布公道，竭力保障民权，俾国会得确定不拔之宪法”，则仁虽死犹生之语。21日，袁假意致电慰问，又电江苏都督程德全和民政长应德闳等，令立悬座赏，限期破获，按法重惩。22日晨4时47分，宋教仁不治身死。袁得宋死讯后，又佯令程德全、应德闳“迅缉凶犯，穷究主名，务得确情，按法严办”。23日，上海、英、法租界捕房逮捕宋案同谋犯应夔丞；次日，又在应捕获凶手武士英，搜得密谋刺宋的确凿证据多件。26日，孙中山从日本返抵上海，与黄兴、陈其美等密商对策。孙中山力主兴师讨袁，而黄兴等人则坚持法律解决。4月24日，刺宋凶犯武士英暴死狱中。25日，程德全、应德闳将宋案主要证据四十四件分电袁世凯，参众两院、国务院等及各报刊。主使暗杀者即袁世凯亲信国务院总理赵秉钧。26日，各报公布罪证，舆论大哗，全国愤激。

宋教仁：(1882–1913)，字遯初，又作钝初，号渔父。湖南桃源人。1904年，与黄兴等人在长沙创立华兴会，任副会长。7月与吕大森等在武昌组织科学讲习所，任文书。华兴会谋与西太后七十寿辰（十月初十）在长沙举义，事泄，逃日本，先后入法政大学，早稻田大学习政法。1905年与程家柽等创办《二十世纪之支那》。8月，同盟会成立，任司法部检事长。11月《民报》创刊，被推为庶务干事，兼撰述员。1906年，代理同盟会庶务，主持本部工作。1907年到东北联络“马贼”响应南方起义，侦知日本组织“长白山会”欲侵占延吉地区，著《间岛问题》，证明延吉地区自古属于中国领土。1911年年初，在上海任《民立报》主编。4月赴香港参与筹备广州起义。7月与谭人凤等在上海组织同盟会中部总会，任总务干事。武昌起义发生后，真诚汉起草《鄂州临时约法》，旋到南京等组中央临时政府。1912年1月，任临时政府法制院院长。4月北迁，任农林部长，旋辞职。8月，将同盟会改组为国民党，代理理事长。著作有《宋教仁集》。

2、二次革命

7月12日，李烈钧占领湖口，宣布江西独立，组织讨袁军，通电讨袁。与人民约法三章：一、誓诛民贼。二、巩固共和政体。三、保卫中外人民生命财产。同时，袁世凯任命李纯署九江镇守使。15日，黄兴促使江苏都督程德全宣布江苏独立，自任江苏讨袁军总司令。16日，南京军事会议选举岑春煊为各省讨袁大元帅。同日，袁世凯任命段芝贵江西宣抚使。17日，安徽宣布独立。柏文蔚旋入安徽组织讨袁军。18日，袁世凯任命张勋为江北镇抚使。同时，陈其美宣布上海独立；陈炯明在广东独立，通电讨袁。19日，师长许崇智迫使福建都督孙道仁宣布该省独立。国民党把上述行动称为“二次革命”。22日，袁世凯宣布“讨伐令”。23日凌晨，陈其美举兵进攻江南制造局，连日猛攻未克为袁军所败。24日，袁世凯撤去孙中山筹办全国铁路全权。25日，湖南都督谭延闿宣布独立。同时，袁军攻陷湖口，李烈钧败走。28日晚，黄兴以战事失利自南京出走，程德全宣布取消独立。31日，袁世凯限令国民党三日内将黄兴、陈其美、李烈钧、陈炯明、柏文蔚等一律除名。在讨袁军失利情况下。8月4日，驻重庆师长熊克武宣布独立。陈炯明因师长苏慎初倒戈拥袁，出走香港，广东取消独立。9日，孙道仁宣布福建取消独立。13日，谭延闿宣布湖南取消独立。18日，李纯军攻占南昌。9月1日，张勋攻入南京，“二次革命失败”。孙中山、黄兴逃亡日本。

3、国会选举总统

10月6日，袁世凯以武力强迫国会选其为正式总统。袁世凯想早日做正式总统，8月5日，指使黎元洪、冯国璋、段其瑞等十九省区军事长官通电主张选举总统，后制定宪法。进行党讨好袁世凯，同意其要求，国民党议员亦附和。9月5日，参众两院通过先选总统案。10月4日，宪法会议议决并公布《大总统选举法》。6日，国会投票选举总统。两院议员出席者七百零三人。袁世凯授意亲信组成《公民团》包围议院，胁迫议员选袁为大总统。次日，国会又选举黎元洪为副总统。10日，正副总统就职。

4、解散国民党

7月4日，袁世凯下令解散国民党，并追缴该党国会议员之证书、徽章，被剥夺议员资格者达四百多人。参众两院因不足法定人数不能开会，从此限于停顿状态。10日，宪法起草委员会自行解散。12日，袁世凯政府取消各省议会国民党籍议员资格。

同月5日，袁世凯政府与俄国签订中俄声明。声明规定俄国仅承认中国在外蒙之宗主权，而袁世凯政府则被迫承认外蒙古自治及《俄蒙商务专条》。

1914年甲寅，民国三年（袁世凯政府，国民党被袁解散）

1、麦克马洪线

2月24日（二月二十八日己酉），英国政府代表麦克马洪同西藏政府代表，在印度德里以秘密换文方式，擅自划定中印边界线，即所谓“麦克马洪线”。竟把中印东段边境地区约九万平方公里的中国领土划入印度版图。袁世凯政府和以后历届中国政府都没有承认过非法的“麦克马洪线”。

2、《中华民国约法》

5月1日，袁世凯公布《中华民国约法》(亦称《新约法》，俗称《袁记约法》)。新约法改责任内阁制为总统制，扩大总统权限。规定总统揽国家统治权，把立法院置于总统管辖之下，设参政院咨询机关。

3、西姆拉条约

7月3日，英国代表麦克马洪与西藏地方代表伦兴夏托拉在印度西姆拉擅自签订《西姆拉条约》。北京政府代表陈贻范拒绝签字，并正式声明，别国和西藏签订条约，中国政府一概不能承认。西姆拉会议自1913年10月召开，至此无结果而散。

4、中华革命党成立

7月8日，孙中山在日本东京成立中华革命党，党章规定“以实行民权、民生两主义为宗旨”，“以扫除专制政治，建设完全民国为目的”。加入该党的人要立誓约，按指印，绝对服从孙中山。党员分为“首义党员”、“协助党员”和“普通党员”三种。设支部于国内外各地，国内支部专事组织武装讨袁，海外支部负责筹款。9月1日，孙中山发表宣言，宣布中华革命党成立，通告海内外未经解散之国民党组织，一律改为中华革命党。

1915年乙卯，中华民国四年（袁世凯政府）

1、日本提出“二十一条”

1月18日，日本驻京公使日置益以阴谋灭亡中国的“二十一条”要求面递袁世凯。共分五号，主要内容有：第一号四条，要求承认日本继承德国在山东的一切权益，并加以扩大；第二号七条，要求承认日本在南（东三省南部）和东蒙（内蒙古东部）的特殊权利，旅顺、大连的租借期限和南满、安奉两铁路的期限都延长到九十九年；第三号两条，要求合办汉冶萍公司，附近矿山未经公司同意不准他人开采；第四号一条，要求中国沿海港湾岛屿不得租借或割让给他国；第五号七条，要求中国政府聘用日人为政治、财政、军事顾问，中日合办中国警政及兵工厂，将武昌与九江、南昌，南昌与杭州，南昌与潮州间的铁路建筑权让给日本，日本在福建有投资筑路和开矿的优先权。袁世凯为取得日本对帝制的支持，派外交总长陆征祥、次长曹汝霖与日置益秘密谈判。2月2日，非正式谈判。3月5日，中日交涉会议正式开始。

2、“五·九”国耻

5月9日，袁世凯政府承认日本提出之最后通牒。日本提出“二十一条”要求后，从2月2日到4月17日，中日“二十一条”交涉举行二十四次，4月26日，日方向外交部提出最后修正案二十四款。5月7日，日本致外交部最后通牒，限四十八小时内9日午后6时以前答复。5月9日，袁世凯不顾全国人民的反对，竟无耻接受日本妄图变中国为其独立占殖民地的“二十一条”，只是对第五号中五项提出“容日后协商”。日本帝国主义对中国的疯狂侵略和袁世凯的卖国，激起全国规模的反日爱国运动。全国教育联合会规定各学校以每年以5月9日为国耻纪念日。北方各省也以日本提出最后通牒日期5月7日为国耻纪念日。

3、《中俄蒙协约》6月7日，中、俄、蒙协约签字

中、俄及外蒙古之恰克图会议，自去年9月开始，历时九个月，至是日结束，

《中俄蒙协约》正式签字换约。共二十二条，其要点为：外蒙古承认1913年11月5日中俄声明文件；外蒙古承认中国宗主权；中国、俄国承认外蒙古自治，为中国领土之一部分等。9日，外蒙古库论活佛宣告取消独立，12日，袁世凯册封其为外蒙古博克多哲布尊丹巴呼图克图汗，任徐绍祯、荣勋为册封专使。

4、筹安会鼓吹帝制

8月14日，杨度、孙毓筠、严复、刘师悟、李燮和、胡瑛等在北京发表组织筹安会宣言，谓“组织此会，以筹一国之治安”实为袁世凯称帝之鼓吹。10日，袁世凯宪法顾问美人古德诺在《亚细亚日报》发表《共和与君主论》一文，力言中国如用君主制，较共和制为宜。19日，筹安会发布启事，谓推定杨度为理事长，孙毓筠为副理事长，严复、刘师培、李燮和、胡瑛为理事。23日，筹安会宣告成立，通电谓从学理上研究君主，民主在中国孰为适宜。24日，筹安会公然通电各省将军，巡按使派代表来京讨论国体问题。29日，筹安会发表第二次宣言，谓全体一致主张君主立宪。在筹安会主吹下，各省袁派官僚、军阀纷纷派代表到京请愿改行帝制。

同月15日，蔡锷赴天津与梁启超密商反袁。20日，梁启超在《大中华》杂志发表《异哉所谓国体问题者》一文，反对变更国体，要求袁世凯以共和之名，行专制之实。

5、洪宪帝制

12月12日，袁世凯宣示承受帝位。先是11日，代行立法院以“国民代表大会”总代表名义，向袁世凯上总推戴书劝进，袁假意谦辞。同日下午代行立法院又上第二次推戴书。12日，袁世凯接授帝位，复辟帝制，改国号为“中华帝国”。13日，在居仁堂受百官朝贺。15日，册封黎元洪为武义亲王。16日，申令清室优待条件永不变更。17日，《政府公报》自是日起改大总统命令为“政事党奉策令”。18日，将原总统府改称新华宫。19日，正式设立大典筹备处。20日，申令以徐世昌、赵尔巽、李经羲、张謇“崇山四友”。21日，特任陆征祥为国务卿，封龙济光、张勋、冯国璋等四十九人以公、侯、伯、子、男五等爵位。22日，申令永远革除太监，改用女官。23日，复封刘冠雄、张作霖等七十余人爵位。31日，申令改明年为洪宪元年，积极布置登极丑剧。

6、护国军

同月25日，蔡锷等宣告云南独立。先是，蔡锷于19日，潜赴昆明，联合唐继尧、李烈钧等工仙发动反袁。25日，蔡锷、唐继尧、戴勘等通电宣告云南独立，反对袁世凯称帝，并组织护国军，拟分三路向四川、贵州、广西向兵讨袁。

1916年丙辰，中华国民五年（袁世凯称帝）

各地反袁蜂起，洪宪宝座动摇。

1、云南都督府正式成立

1月1日，云南都督府正式成立，唐继尧仍为都督。组成护国军司令部。以蔡锷、李烈钧、唐继尧分任第一、第二、第三军总司令。护国战争从此迅速开展。2日，戴戡奉蔡锷令率部进兵贵州策应独立。5日，袁世凯令近滇各省“严筹防剿”，并派曹锟进扎督师。16日，蔡锷率护国第一军主力入川，21日，攻占叙州（今四川宜宾），与袁军交战于綦江、泸州、叙州间。

同月6日，广东中华革命党人朱执信、陈炯明等，相继在广东惠州等地举兵讨袁。是日，朱部中华革命军，陈部护国军分别攻占九龙附近税关和淡水。旋因兵力不敌，均被击退。

又27日，贵州宣布独立，护国军戴勘部先于24日到达贵阳。至是，贵州护国军使刘显世宣布独立称都督。2月3日，贵州护国军分三路出兵湖南拒入湘北军。同日，戴勘率护一军右翼军由贵阳出发入川，拟进取重庆。2月6日，滇军雷飙部攻克四川泸州。3月18日，滇军占领四川江安、南川西县。

2、袁世凯在革命浪潮下，撤销洪宪帝制

15日，广西宣告独立。袁世凯以广西陆荣廷不稳。7日，任陈炳焜兼护督理广西军务，特派陆荣廷为贵州宣抚使进兵贵州。陆策划反袁，并联络李烈钧部滇军进攻百色龙觐光军。12日，滇军、桂军联合进攻百色，生俘龙觐光。15日，陆、陈联名宣告广西独立，赞助共和陆自任广西都督兼两广护国军总司令。任梁启超为总参谋。

同月22日，袁世凯申令撤销“承认帝位案”，仍称大总统。23日下令废止洪宪年号（自上年12月31日，定洪宪年号，至此日3月22计83天，有人说是“八十三天皇帝梦”）。

5月，军务院成立；8日，云、贵、两广四省组织军务院。先是1日，两广护国军在肇庆成立都司令部，以岑春煊为都司令，梁启超为都参谋。8日，云、贵、两广在肇庆成立军务院以唐继尧为抚军长，岑春煊为副抚军长代理抚军长，梁启超为政务委员长，陆荣廷、蔡锷、李烈钧、龙济光、刘显世、陈炳焜等为抚军，否认袁世凯为总统，遥尊黎元洪为大总统。

3、孙中山发表第二次讨袁宣言

又，9日，孙中山发表第二次讨袁宣言，声讨袁世凯破坏民国的罪行，主张尊重约法，一致讨袁。

袁世凯死。6月6日（五月初六甲戌），袁世凯死。是日，段祺瑞假“大总统告令”，宣布依民国三年约法，以副总统黎元洪“代行”大总统职权。7日，黎元洪就任大总统。同日，陕西取消独立。8日，四川取消独立，9日，广东取消独立。

4、徐州会议

同月，9日，武定军首领张勋邀请南京会议部分代表，召开徐州会议，奉（今辽宁）、黑、吉、直（今河北）、豫、晋、皖等省督军或代表参加，组织七省军事共守同盟。徐州会议提出解时局“纲要”十条，主要有：尊重优待清室条件：保全袁世凯家属及身后一切荣誉；催促各省取消独立，否则武力解决，反对“暴烈分子”参与政权；等等。9月21日和次年1月9日，5月22日，张勋又先后召集北洋军阀代表开第二次、第三次、第四次徐州会议，筹建军事共守同盟，以对抗国民党和西南地方势力，并为复辟清王室做准备。

7月，黎元洪任命各省长官：6日，黎元洪申令，各省军务长官改称督军，民政长官改称省长。任命各省督军、省长，奉天督军兼省长张作霖。吉林督军孟恩远，省长郭宗熙。黑龙江省长兼督军毕桂芳。山东督军张怀芝，省长孙发绪。河南督军赵倜，省长田文烈。山西督军阎锡山，省长沈铭昌。江苏督军冯国璋，省长齐耀琳。安徽督军张勋，省长倪嗣冲。江西督军李纯，省长戚杨。福建督军李厚基，省长胡瑞霖。浙江督军兼省长吕公望。湖北督军王占元，省长范守佑。四川督军兼省长蔡锷。陕西督军兼省长陈树藩。广东督军陆荣廷，省长朱庆澜。广西督军陈炳焜，省长罗佩金（19日又以陈炳焜兼置）。云南督军陈继尧，省长任可澄。贵州督军刘显世，省长戴戡。直隶省长兼督军朱家宝。新疆省长兼督军杨增新。甘肃省长兼督军张广建。共二十一省。14日，唐继尧等宣告撤销军务院。23日，湖南取消独立。8月3日，黎元洪特任谭延闿为湖南省长兼督军。

同月14日，黎元洪申令惩办洪宪帝制罪犯杨度、孙毓筠、顾鳌、梁士诒、夏寿田、朱启钤、周自齐等人。

8月国会复会：1914年1月被袁世凯解散之国会至是月1日复会。参、众而院议员到会者三百六十八人。黎元洪在会上宣誓就任总统。

9月，第二次徐州会议：21日，安徽督军张勋等召开第二次徐州会议，出席的山东、奉天（今辽宁）、吉林、黑龙江、河南、直隶（今河北）、浙江、江苏、湖北、江西、绥远（辖今内蒙古自治区乌兰察布盟、伊克昭盟，巴彦淖尔盟东部及呼和浩特市、包头市等地）、察哈尔（辖今河北省东北部、辽宁省南部内蒙古东南部）等十三省督军和代表，组成“十三省区联合”，推张勋为“盟主”，以巩固北洋势力，反对南方国民党势力为宗旨，反对唐绍仪等参加内阁。发表通电指责国民党议员和阁员。

1917年丁巳，中华民国六年（上年6月黎元洪任总统）

1月，第三次徐州会议；9日，安徽督军张勋又召集各省督军代表在徐州举行第三次会议。段祺瑞派靳云鹏、徐树铮等参加，商讨对付国会办法。会议按照段祺瑞意愿，提出“取缔国会”，修改约法，改组内阁，改组总统府四项主张。矛头指向总统黎元洪。

5月，第四次徐州会议：22日，张勋、倪嗣冲等召集督军会议，第四次于徐州举行。二十多省督军和代表参加，段祺瑞派徐树铮与会。议定由津浦、京津、京汉三路进攻北京。张勋提出复辟清王室问题，各督军均表赞同。29日，倪嗣冲通电宣告安徽独立，旋下动员令，并截留津浦路车辆，运兵北上。陕西、河南、奉天、浙江、山东、黑龙江、直隶、福建等省相继独立。

6月，黎元洪召张勋于1日入京共商国是。7日，张勋率辫子军自徐州北上，8日抵天津，所部定武军十二营四千三百多人开赴北京，分驻天坛，先农坛。9日，张勋在天津电告冯国璋及各省，以解散国会为入京“调停”条件。张勋在津与徐世昌、段祺瑞及帝制派密仪复辟，段系怂恿张入京倡乱，以达到驱逐黎元洪和解散国会的目的。

又14日，张勋偕李经羲由津抵京。16日，张勋密往清宫觐见废帝溥仪。27日，康有为秘密入京，与张勋策划复辟。

1、张勋复辟

7月1日，张勋、康有为等入宫拥清宣统帝溥仪复辟，恢复清朝旧制，改本日为宣统九年五月十三日。封黎元洪为一等公；授张勋、王士珍、陈宝深、梁敦彦、刘廷琛、袁大化、张镇芳等为内阁议政大臣。万绳栻、胡嗣瑗为内阁阁丞；王士珍为参谋部大臣，雷震春为陆军部尚书，梁敦彦为外务部尚书，张镇芳为度支部尚书，朱家宝为民政部尚书；授徐世昌、康有为为弼德院正副院长；授张勋兼直隶总督北洋大臣，冯国璋为两江总督南洋大臣；改各省督军为巡抚。同日，黎元洪电各省出师讨贼。2日，溥仪授翟鸿机、升允为大学士，补授沈曾植为学部尚书，萨镇冰为海军部尚书，劳乃宣为法部尚书，李盛铎为农工商部尚书，詹天佑为邮传部尚书，贡桑诺尔布为理藩部尚书。同日，黎元洪避居日本公使馆。电请冯国璋代行大总统，重新任命段祺瑞为国务总理。湖南、湖北、浙江、江西、四川等省督军通电反对复辟。3日，段祺瑞组织讨逆军，自任总司令。在天津附近马厂“誓师”，通电讨伐张勋，以曹锟为西路司令，段祺瑞为东路司令，分两路向北京进攻。6日，冯国璋在南就任代理大总统，特任段祺瑞为国务总理，段祺瑞在天津设国务院办公室。7日，南苑航空学校派飞机向清军投弹，同日，讨逆军败张勋于廊坊。9日，北京公使团照会清室，劝告解除张勋武装。12日，讨逆军进入北京，张勋逃入东交民巷荷兰公使馆，历时十二天的复辟丑剧失败。

2、黎元洪辞职

同月14日，黎元洪由日本使馆返回私宅，通电去职，推冯国璋继任总统。冯国璋接受为代大总统职。同日，段祺瑞由津入京，组成以皖系研究系为代表的封建买办官僚内阁。18日，冯国璋任命段祺瑞为内阁部总长，内务汤化龙，财政梁启超，司法林长民，农商张国淦，交通曹汝霖，陆军段祺瑞兼任，外交汪大燮，海军刘冠雄。其中陆军、外交、海军三总长已于15日任命。

又，孙中山再造政府，恢复国会：17日，孙中山为反对北洋军阀解散国会，维护《临时约法》，率领脱离北洋军阀的部分海军舰队南下抵广州，联合西南各省进行“护法”活动。是月10日，孙中山率海琛等舰自上海抵汕头。17日，在广州黄浦公园欢迎大会上演说，主张电请海军全体舰队来粤；19日，在广东省会议欢迎大会上演说，提出再造政府，恢复国会，如来粤议员不足法定人数，可开紧急非常会议。21日，海军司令程璧光，第一舰队司令林葆怿自上海发出护法宣言，拥护约法，恢复国会，否认国会解散后政府。次日，率舰队去广东，商榷系和政学系旧国会议员相继赴粤。

3、冯国璋就职代理总统

8月1日，冯国璋抵京，6日通电各省，就任代理大总统。初，冯国璋把南京地盘让于他人，以免孤立受段派压迫，重蹈黎元洪覆辙。故，一面通电请黎元洪复位，表示谦让；一面暗中与段接洽苏督后继人选，直到接洽已妥，调赣督李纯为江苏督军，陈光为江西督军，王占元为湖北督军，使长江流域为直系基本势力，冯始就职。

同月，国会非常会议召开。25日，南下国会议员在广州开非常会议。是月18日，孙中山在广州黄埔公园宴请国会非常会议在广开会，因到会只有一百五十多人，不足法定人数，故称为国会非常会议。议决成立护法军政府，30日通过“中华民国军政府组织大纲”十三条，设大元帅一人，元帅二人，又设外交、内务、财政、交通、陆军、海军等六部。并规定《临时约法》未恢复前，行政权由大元帅掌理，对外代表中华民国。9月1日，非常国会选举孙中山为海陆军大元帅；2日，选举唐继尧、陆荣廷为元帅。唐、陆企图联冯制段，欲承认冯国璋为大总统，故不接受元帅职。

9月，护国军政府成立。10日，孙中山在广州就任海陆大元帅，宣告军政府成立。同日，非常国会选举军政府各部总长；外交伍廷芳，财政唐绍仪，内务孙洪伊，陆军张开儒，海军程璧光，交通胡汉民。旋由孙中山照准任命，同时并任军政府秘书长张炳麟，总参谋长李烈钧，海军总司令林葆怿，大元帅认真新军总司令李福林，大元帅参军长徐崇智。其后，又任军政府第一军总司令陈炯明，大元帅府高等顾问吴景濂。

11月，十月革命暴发：7月，俄国发生伟大的十月革命。10日，上海《国民日报》，11日《申报》、《时报》、《晨钟报》等皆报道十月革命消息。

1918年戊午，中华民国七年（上年8月冯国璋代总统）

1、护法联合会

1月20日，西南自主各省军阀在广州组织护法联会，与孙中山组织的军政府相对抗。初，岑春煊谋成立“西南各省联合会”，覊以取悦冯国璋，为他日排孙自代作准备。但由于岑不敢宣布脱离军政府，致为西南军阀所拒绝。是年1月20日，西南军阀修改西南各省联合会章程，另组独立于军政府之外的“中华民国护法各省联合会”，议定由岑春煊为议和总代表，唐绍仪为财政总代表，伍廷芳为外交总代表，唐继尧、程璧光、陆荣廷为军事总代表。由于内部矛盾重重，加以孙中山等坚决反对，成立不久即被取消。

2、新民学会成立

4月14日（三月初四日辛卯），毛泽东、蔡和森、何督衡等于长沙成立新民学会。学会以“革新学术，砥砺品行，改良人心风俗”为宗旨。要求会员生活严肃、思想进步，有为国家民族做出事业的伟大志向，学会定期举行会议，讨论学术问题、思想问题和当前形势，检查会员的工作和学习情况，互相展开批评。毛泽东当选为干事，最初基本会员21人。

5月，护法运动失败：4日，广东政学系与桂系军阀联络，在广州非常国会上通过《修正军政府组织法案》，改设七政务总裁，热电通斥孙中山。是日，孙中山愤而向非常国会辞军政府大元帅职，通电揭露西南军阀破坏护法运动罪行，指出：‘吾国之大患，莫大于武人之争雄，南北如一丘之貉。”18日，非常国会宣布《中华民国军政府组织大纲》，将大元帅制改为总裁会议制。20日，非常国会选举唐绍仪、唐继尧、孙中山、伍廷芳、林葆怿、陆荣廷、岑春煊等七人为总裁。护法军政府完全为军阀、官僚所控制，成为与北洋军阀相妥协的议和机构。21日，孙中山离广州，到汕头与陈炯明会见，旋往上海。护法运动失败。

同月，《中日共同防敌军事协定》：30日，中日互换《中日共同防敌军事协定》文件。3月25日，日本政府为反对新生的苏维埃政权，并借此进一步控制中国，由外务大臣本野一郎和驻日公使章宗祥互换《中日共同防敌军事协定》草案。4月24日，留日学生救团致电冯国璋、段祺瑞，反对《中日共同防敌军事协定》，5月6日，留日学生在东京游行，反对《中日共同防敌军事协定》。要求归还青岛，被日本警察逮捕一百多人，一千多名留日学生罢学归国。12日，在泸组织留日学生救国团，派代表到各地开展反日爱国运动。16日，《中日陆军共同防敌军事协定》在北京签字。共十二条，内容规定日军在满蒙驻兵，中国参战军队皆由日本训练。19日，又签订《中日海军共同防敌军事协定》。20日，北京大学全体学生召集紧急大会，抗议北洋军阀亲日卖国，要求公布《中日共同防敌军协定》。21日，北京大学、北京高等师范学校、北京工业专门学校、北京法政专门学校学生二千余人前往总统府请愿，要求废止《中日陆军共同防敌军事协定》，并要求公布内容条文。同日，教育部训令各地学校“严加取缔”学生集会和请愿。22日，归国留日学生上书冯国璋，反对《中日共同防敌军事协定》，同日，教育部布告，令留日学生早日返日就学。28日又布告，限在京留日学生于6月10日前各回原校就学，违者以干涉政治之嫌，开除学籍。29日，再布告，限在上海及原籍之留日学生于6月中旬以前返日就学，违者开除学籍。30日，北京政府外交总长陆正祥与日驻京公使林权助，在北京互换经两国政府批准文《中日共同防敌军事协定》文件。是月，北京、上海、天津、南京、济南等地学生和罢学归国留日学生，组织全国性的学生救国会。

8月19日，毛泽东为组织湖南青年勤工俭学，率领准备留法勤工俭学的罗学瓒等新民学会会员二十余人赴北京。

同月21日，驻湘北军第三师师长吴佩孚等通电请罢内战。是月，直系军阀吴佩孚，发起通电请罢内战的“和平运动”，以配合曹锟提出的和平解决南北问题的主张。8月7日，吴佩孚给苏督李纯电报，斥段祺瑞“内战年余以借款杀同胞”，“武力统一”政策是一种亡国政策。揭露安福国会“是政府以金钱大施运动，热电厂斥异己，援引同类，被议员半皆恶劣”。13日，吴佩孚自行决定停战一月。21日，吴佩孚率部通电请罢内战，要求冯国璋“颁布全国一体停战之明令”。

3、徐世昌当选总统

9月1日安福国会选举徐世昌为大总统。9月，冯国璋总统任期将满，段祺瑞之党羽徐树铮，企图将段祺瑞捧上大总统宝座，奉张作霖为副总统。但是皖系与直系关系紧张，对西南军事失利，段的卖国罪行又遭到全国人民反对；加以冯国璋通电全国主张和平，湘、闽地发生兵变，使段祺瑞的总统美梦无法实现。而张作霖也因曹锟虎视副席而受阻，于是梁士诒、徐树铮、王揖唐等便与天津督军会议密商，把老官僚、北洋军阀集团中的清客徐世昌推上前台，1日，国会选举徐世昌为总统。冯、段同时去职。5日，国会选举副总统，以到会不足法定人数，延期选举。10月9日，国会再选举副总统，仍未成。10日，徐世昌就任北京政府大总统职，钱能训暂代国务院总理。

4、世界大战结束

11日（十月初八日壬戌）第一次世界大战停火。是日，德国战败投降，和协约国签订休战条约，持续四年之久的第一次世界大战结束。消息传到北京，人民欢腾鼓舞，庆祝战胜德国，于12月拆除东单北的克林德的石碑楼。京中各校于14—16日放假三天，庆祝协约国胜利。15、16两日，北大师生在天安门举行协约国庆祝大会，蔡元培在大会上先后发表《黑暗与光明的消长》、《劳工神圣》演说词，认为“此后的世界，全是劳工的世界呵！”“凡用自己的劳力作成有益他人的事业，不管他用的是体力，是脑力，都是劳工。”“农是种植的工，商是转运的工，学校职工，著述家、发明家，是教育的工。”“要认识劳工的价值。劳工神圣！”28日，北京各校又放假三天，更大规模地参加北京各界庆协约国胜利大会。北京大学师生每天下午都在中央公园（即中山公园）举办演讲会，发表演说。李大钊在会上发表《庶民的胜利》的演讲。

1919年己未，中华民国八年（自上年9月至1922年，徐世昌）

1月，徐世昌任命钱能训内阁及各总长。陆征祥外交总长，傅增湘任教育总长。曹汝霖任交通总长。

1、中国代表在巴黎和会上失败

同月18日，巴黎和会在凡尔赛宫开幕。参加巴黎和会的有美、英、法、意、日、中等二十多个国家。实际有美、英、法三国操纵着会议。21日，北京政府派陆正祥，驻美公使顾维钧，南方军政府代表王正廷，驻英公使施肇基，驻北公使魏宸组为参加巴黎和会全权代表。中国代表团向和会提出七项希望条件：一、废弃势力范围；二、撤退外国军队、巡警；三、裁撤外国邮局及有线无线电报机关；四、撤销领事裁判权；五、归还租借地；六、归还租界；七、关税自由权。提案中原有“铁路统一”项目，因交通总长曹汝霖等反对，遂删除。因留欧学生代表要求，中国代表团遂又提出请求和会取消1915年5月25日的中日协约（即“二十一条”）及换文的陈述书。但是，上两项提案遭到和会最高会议拒绝。1月27日，“五人会议”（由美、英、法、意外长和日本代表组成）讨论德属殖民地问题，中国代表列席。会上，日本代表提出政府宣言书，声称胶州湾租借地以及铁路并德人在山东所有特权，应该无条件让于日本。日本代表并发表了1917年年初英、法、俄、意、日五国签订的承认日本上述要求的秘密谅解。中国代表对山东问题竟毫无准备，要求等中国代表申诉理由后，再行讨论。1月28日，又开“五人会议”，中国代表列席申诉理由，从山东的历史、地理、文化各方面说明：“胶租借地，胶州铁路及其他一切权利，应直接交还中国。青岛完全为中国领土，当不容有丝毫损失。”会后，日本驻北京公使小幡予2月2日亲至外交部质问。全会舆论愤激。10日，北京外交部正式声明，各国代表在和会上顾本国之利益，他国绝无干涉之权。又说：“中日两国现在谋亲善之实现，更不应有何误解，盼望我两国代表在巴黎会议场中，勿再生何等之误会。”照复日使。12日，中国代表公布中日各项密约。15日，中国代表将山东问题说贴送交和会，包括“二十一条”济顺，高徐铁路合同及解决山东问题换文等附件多种。3月10日，日本首席代表发表关于山东问题的宣言，说：“关于胶州问题”，“中日两国间业已解决”。至于将来如何办理，由日中间直接解决，和会及其他国无权过问。4月12日，巴黎和会讨论山东问题，日本坚持继承德国在山东的权利，并以退出和会要胁。16日，“五人会议”讨论山东问题，会上，美国代表拒绝。17日，和会起草会开会，美国代表又提出德国在中国的各项权益交互国共管的建议，再一次遭到日本拒绝。22日，和会召开大会，美国总统威尔逊在会上表示无能为力，并质问中国何以于1918年“欣然同意”和日本订约（指山东问题换文）。首相劳合·乔治则提出牺牲中国的两项办法：其一为按照中国成约办；其二为使日本继承德国权礼由中国任择其一。法总理克里孟梭完全同意英处相意见。24日，中国代表向美总统、央首相、法总理分送说贴，提出四项办法：“一、胶州为交还中国起见，先交五国暂收；二、日本承认于对德国和约签字日起一年以内实行上条之交还；三、中国重视日本因胶州军事所有费用等，愿以款项若干作为报酬，其数额由四国公决：四、胶州湾全部开作商埠，如有必须之处，亦可划一区域作为专区，任其约国人民居住通商。”如此办法，亦遭拒绝。29日，英、美、法三国会议，日本代表被邀出席。30日，三国会议决定《巴黎和约》关于山东总是条款：

第一五六条：德国将按照1898年3月6日与中国所订条的及关于山东省其他文件，所获得之一切权利所有权及特权，其中以关于胶州领土铁路矿产及海底电线尤为要，放弃以与日本。

第一五七条：在胶州领土内之德国国有动产及不动产，并关于该领土德国因直接或间接负担费用实施工程或改忍受而得以要求之一切权利，均为日本获得，并继续为其所有，各项负担概行免除。

第一五八条：德国应将关于胶州领土之内民政军政财政司法或其他各项档案、登记册、地图、证券及各种文件、无论存放何处，自本约实施起三个月内移交日本。

日本得到的山东权益被《巴黎和约》明文规定下来，中国外交在巴黎和会失败。

2、南北和平会议

2月20日，南北和平会议在沪开会。北京政府派朱启钤为总代表；广东政府以唐绍仪为总代表。2日，因北军继续进攻陕西于右任之靖国军，和议停顿。6日，英、美、法、意四国公使劝告北京政府早日恢复上海和会。4月1日，李纯、王占元、陈继远、吴佩孚联名电诸重开和会。8日，南北和议继续开会。南方代表提出取消中日军协定及参战军，停止参战借款，恢复旧国会等议题，遭北方代表反对。

3月27日，大理院判决唆使暗杀宋教仁之洪述祖以绞刑。4月5日处决。

4月，周恩来离日归国，居天津南开学校学习，领导天津各校学生从事反帝爱国运动。

5月3日，中国在巴黎和会外交失败消息传开。是日午后四时，北京国民外交协会开全体职员会，决议5月7日在中央公园召开国民大会，并电全国各省各团体同日举行。晚七时，北京大学全体学生在法科礼堂开会，北京各大专学校学生亦参加，议决联合各省一致力争，通电巴黎专使坚持不签字，4日齐集天安门举行学界大示威，通电各省于5月7日国耻纪念日举行游行示威运动。

3、五四运动

4日（四月初五丙辰）上午，北京大学、高等师范、中国大学、朝阳大学、工业专门、警官学校、医学专门、农业专门、汇文大学、铁路管理、法政专门、税务学校、民国大学等十三校代表，假法政专门学校召开会议。议决组织北京学生对外的永久机关，本日下午大家游街示威，路线由天安门经东交民巷美、英、法、意四馆，转入崇文门大街。

下午一时许，北京学生三千多人在天安门前集会，发表宣言，揭露声讨帝国主义国家“背公理而逞强权”的强盗行径，学生们手里拿着各种颜色的小旗，写着“取消二十一条”、“还我青岛”、“誓死力争”、“保我主权”、“宁为玉碎，不为瓦全”、“头可破，青岛不可失”、“诛卖国贼曹汝霖、章宗祥、陆宗舆”、“誓死不承认军事协定”等口号，有的旗子上画着漫画，有的标语是用英文或法文写的。在金水桥南竖起的一面大白旗上写着一副对联：“卖国求荣，早知曹瞒（即曹操，用来讥讽曹汝霖）遗种碑无字：倾心媚外，不期章淳（北宋大奸，用来讥讽章宗祥）余孽死有头。”三日晚上，北大学生血书“还我青岛”之衣襟，也悬挂在这里。学们学短暂会后，准备向使馆区进发。曾经在沙阻挠北大学生出发的教育部代表（次长），以及步军统领李长太和警察总监吴炳湘，先后到场干涉。学生们冲破反动派的阻挠，二时许，队伍向东交民巷使馆区进发。由于使馆区不准通行，公使拒绝接见，遂改道向赵家楼曹汝霖住宅进发。从东交民巷西口，转北走户部街，东行，经富贵街、东户部街、东三座门大街，跨御河桥，沿东长安街经东单牌楼，往北走米市大街，进石大人胡同，穿过南小街进大洋宜宾湖同，出东口沿宝珠子湖同北行到前赵家楼胡同西口，往东至曹宅。学生们沿途散发传单，边行进，边宣传，爱国热情，溢于言表。许多沿途观看的群众感动落泪，不少西洋人脱帽喝彩，有好多巡警也掉泪。四时半，学生到达曹宅门前时，警察林立，门窗紧闭。示威救灾生冲进曹宅，痛章宗祥，火烧赵家楼。学生被捕三十二人。

“五四”以后，全国各地工人、学生、商人相继罢工、罢课、罢市，运动遍及二十多个省和一百五十个大中城市。北京政府被迫罢免曹汝霖、陆宗舆、章宗祥职务，释放学生。大总统徐世昌及钱能训内阁先后辞职。出席和会的中国代表亦拒绝在对德和约上签字。

伟大的“五四”运动，标志着中国进入了新的历史时期。

1 月 25 日，苏俄以对外交人民委员加拉罕的名义发表了《俄罗斯苏维埃联帮社会主义共和国对中国人民和南北政府的宣言》，宣布无条件地将沙俄政府在中国掠夺的一切权利，一律放弃，支持中国人民争取自己的斗争。

这时，各地出现了大批宣传马克思主义的刊物，7 月，毛泽东在长沙创刊主编《湘江评论》，9 月，以周恩来为代表一批进步分子在天津成立了觉悟社，研究世界新思潮，觉悟社曾请李大钊到天津演讲，介绍马克思主义。

清朝世系表 (1616-1911)

1. 太祖 努尔哈赤	1616-1626 年 未入关前	7. 仁宗 顒琰	1796-1820 年嘉庆 帝在位二十四年
2. 太宗 皇太极	1627-1643 年 未入关前	8. 宣宗 旻宁	1821-1850 年道光 帝在位二十九年
3. 世祖 福临	1644-1661 年顺治 帝在位十七年	9. 文宗 奕詝	1851-1861 年咸丰 帝在位十年
4. 圣祖 玄烨	1662-1722 年康熙 帝在位六十年	10. 穆宗 载淳	1862-1874 年同治 帝在位十二年
5. 世宗 胤禛	1723-1735 年雍正 帝在位十二年	11. 德宗 载湉	1875-1908 年光绪 帝在虚位三十三年
6. 高宗 弘历	1736-1795 年乾隆 帝在位五十九年	12. 宣统 溥仪	1909-1911 年宣统 帝三岁即位二年

1920 年庚申，中华民国九年

1、中国共产党诞生

3 月，列宁领导的共产国际派代表魏金斯基（中文名吴延康）等来到中国帮助建党。8 月成立了中国共产党组织，成员有陈独秀、李达、李汉俊、陈望道、俞秀松、施存统、陈公培等。陈独秀被推为书记。 10 月，李大钊在北京成立共产党小组，后命名为共产党北京支部，成员有张申府、张国焘、邓中夏、高君宇、罗章龙、刘仁静、张太雷、何孟雄等。李大钊被推为书记。

1921 年辛酉，中华民国十年

中国共产党第一次全国代表大会：于 7 月 23 日在上海召开。出席大会的代表共十三人。他们是上海代表李达、李汉俊；北京张国焘、刘仁静；长沙毛泽东、何权衡；武汉董必武、陈潭秋；济南王尽美、邓恩铭；广东陈公博、包惠僧、陈独秀；东京周佛海、马林、巴柯尔斯基。陈独秀、马林、巴科尔斯基，不属十三人之内。党的主要创始人南方陈独秀、北方李大钊都因工作忙未参加。大会在上海租界，贝勒路树德里 3 号秘密举行。30 日晚被租界巡捕搜查后，大会转到浙江嘉兴南湖的一只游船上举行。

大会选举陈独秀、张国焘、李达组成中央局。陈独秀为中央局书记，张国焘为组织主任，李达为宣传主任。

中国共产党第一次全国代表大会，完成了具有化时代的意义伟大历史使命。从此，在中国出现了完全新式的，以共产主义为目的，以马克思列宁主义为行动指南的，统一的工人阶级的政党。“自从有了中国共产党，中国的革命面貌就焕然一新了。”《毛泽东选集》第四卷，人民出版社1991年版，第1357页。

1922年壬戌，中华民国十一年（6月黎元洪复任）

1、直奉首次战争结束

4月29日，第一次直奉战争正式爆发，张作霖到军粮城自任“镇威军”总司令，动用兵力约12万余人。直系也动员约12万人。双方在长辛店、固安、马厂一带展开激战，开始奉军猛攻，直军坚守。4月30日，直军吴佩孚转守为攻。5月5日，长辛店直军获得大捷。西线奉军溃败，东线奉军也溃退。随后张作霖逃回滦州，梁士治逃亡日本。北京政府在吴佩孚指使下，下令奉军退出关外；免去张作霖东三省巡阅使等职，听候查办。张作霖在日本支持下，于6月4日自称“东三省自治保安司令”，宣布“闭关自治”，并派兵在秦皇岛附近与直军继续作战。之后，双方接受了英美的停战建议，6月18日，直奉两军代表在秦皇岛海面，英国军舰士签订了停战协定。以榆关为两军分界线，奉军撤出关外。第一次直奉战争结束。

同时，黎元洪复任总统：直奉战争后，直系军阀独霸了北京政权。为了欺骗人民和排斥其他派系，直系军阀恢复了民国初的国会，让黎元洪复任总统。而当他们认为自己的统治已经稳定时，便策划踢开黎元洪这傀儡，拥推曹锟直接上台。

2、中国共产党第二次全国代表大会：于7月16日至23日在上海召开。出席大会的代表有陈独秀、李达、张国焘、蔡和森、高君宇、施存统、项英、王尽美、邓恩铭、邓中夏、向警予、张大雷共12人。代表党员195人。会议通过了《中国共产党第二次全国代表大会宣言》和关于民联合战线。关于工会运动、青年运动、妇女运动，关于党的组织章程，关于加入第三国际等决议案。

大会选举了中央领导机构：陈独秀、李大钊、张国焘、蔡和森、高君宇五人当选为中央委员，邓中夏、向警予当选为候补中央委员。陈独秀任委员长。

中共“二大”有着伟大的功史意义和功绩。党的最高纲领和最低纲领的提出，初步决定了中国革命必须分两步走的问题。

1923年癸亥，中华民国十二年

1、“二七惨案”

2月7日，吴佩孚在帝国主义支持下，在汉口、郑州、长辛店等地对罢工工人进行屠杀，结果有52人惨死，300多人受伤，400多人被捕，1000多人被开除。江岸分会委员长共产党员林祥谦和武汉工团联合会法律顾问共产党员施洋惨遭杀害。

2、中国共产党第三次全国代表大会

于6月在广州召开。到会代表有陈独秀、李大钊、毛泽东、蔡和森、张国焘、瞿秋白、张太雷、向警予30多人，代表党员420人。

大会主要议程是讨论共产党员加入国民党的问题。大会通过的《关于国民运动及国民党问题的决议案》指出：中国革命的任务是反帝反封建“应该以国民革命运动为中心工作。”中国现有的正党，只有国民党比较是国民革命的政党，共产党员应加入国民党，并须努力扩大国民党组织于全中国。决议同时指出，在实现国共合作和共产党员加入国民党以后，共产党必须保持政治上、组织的独立性，并须努力从各工人团体和国民党左派中，吸收有阶级觉悟的革命分子，扩大党的组织，在政治宣传上，保存我们不和任何帝国主义者任何军阀妥协的真面目。

大会发表了宣言，修订了党章，通过了关于劳动运动、农民问题，发动青年、妇女等提案。大会改选了中央委员会。选出陈独秀、李大钊、毛泽东、蔡和森、王荷波、罗章龙、项英、谭平山、瞿秋白等九人为中央委员，由陈独秀、毛泽东、罗章龙、蔡和森、谭平山等5人组成中央局，陈独秀任中央执行委员会委员长，毛泽东为秘书。

中国共产党“三大”制定了建立革命统一战线实行国共合作的方针政策，对于第一次国共合作的建立，推动中国革命的发展，具有重大意义。

3、孙中山主张国共合作

11月19日，邓泽如、林直勉等11人联名上书孙中山，对苏俄帮助中国革命的动机表示怀疑，并污蔑中国共产党帮助国民党改组怀有阴谋。孙中山作了批复，重申向俄国学习和改组国民党的必要性。由于孙中山态度坚决，并在国民党内部做了说服动员工作，从而保证了改组国民党和国共合作的实现。

曹锟四十万买当总统：10月，曹锟用每张选票五千至一万元买了五百多个议员，人们称他们为“猪崽”的议员，把曹锟“选”为大总统。10月10日，曹锟就职。

1924年甲子，中华民国十三年（曹锟）

1、中国国民党第一次全国代表大会

1月20日至30日在广州召开。孙中山以总理身份担任大会主席，并指定胡汉民、汪精卫、林森、谢持、李大钊五人组成主席团。大会代表165人，一部分由孙中山指派，一部分由各地党员推举产生。其中有国民党员廖仲恺、谭延闿、戴季陶、于右任、孙科、何香凝等。加入国民党员的共产党员李大钊、毛泽东、林伯渠、谭平山、于树德等。共产党员占大会代表的总数14%。

大会的最重要议程是通过《中国国民党第一次全国代表大会宣言》。这个宣言是孙中山委托苏联顾问鲍罗廷起草，经反复讨论由孙中山审定而成，1月23日由全体代表通过。宣言第一部分分析了“中国之现状”，指出“中国唯一生路”是进行国民革命，实行三民主义。第二部分重新解释三民主义。

经孙中山指名，大会选出中央执行委员24人，其中有胡汉民、汪精卫、廖仲恺、戴季陶、林森、邹鲁、谭延闿、于右任等及加入国民党员的共产党员李大钊、谭平山、于树德等。选出候补中央执行委员17人，其中有加入国民党的共产党员林伯渠、毛泽东、张国焘、瞿秋白等。41名中央和候补中央执行委员中，有共产党员10人。

2、黄埔军校的创办

5月5日开学。国民党“一大”之后，孙中山在苏联的帮助和中国共产党人的参与下，创办了“中国国民党陆军军官学校”。孙中山自兼军校总理，任命蒋介石为校长。共产党人积极参加了办学工作，中共广东区委委员长周恩来于1924年11月出任军校政治部主任。

3、第二次直奉战争

张作霖以反对攻浙（是直系军阀齐燮元与皖系浙江军阀卢永祥的战争），于9月15日起兵讨直，自率六路大军向山海关和热河方面出动，第二次直奉战争爆发。18日吴佩孚就任“讨逆军”总司令，迎击奉军。此次交战，直方是二十万人，奉方17万，双方均有海军和空军参战。9月下旬和10月中旬，山海关一带的战斗激烈。奉军精锐张学良、郭松龄部奋力作战，吴佩孚也赶往滦州亲自督战。正当两军在前相持，北京城空虚的时候，直系将领冯玉祥从前线倒戈回师，发动了北京政变。结果使战局发生急剧变化，直军很快被奉军打败。11月初吴佩孚率残军2000余人由塘沽乘舰南逃，第二次直奉战争结束。

4、段祺瑞执政

冯玉祥的北京政变后，一面邀请段祺瑞出任大元帅“表率一切”，一面电邀孙中山“早日莅都，指示一切”。11月中旬，冯玉祥、张作霖、段祺瑞在天津举行会议，决定组织中华民国临时执政府，以段祺瑞为临时执政。这样，北京的政变、政权仍落在军阀官僚手中。11月24日，段祺瑞宣布就任临时执政。

中苏两国签订《中俄解决悬案大纲协定》和《中俄暂行管理中东铁路协定》。

其中规定：废除帝俄与中国或第三国所订立的一切有损中国主权及利益的条约、协定，苏联政府放弃帝俄时代在中国划定的租界，取得的庚子赔款及领事裁判权。中东铁路除商业性质以外的一切事务概由中国政府管理，铁路业务由两国共同经营。

1925年乙丑，中华民国十四年（段祺瑞执政）

1、孙中山逝世

3月2日，伟大的中国革命先驱者孙中山在北京逝世。孙中山为创建中华民国，确立第一次国共合作，立下了不朽的功绩。他的三民主义学说，是中国人民的一份宝贵精神财富。他在遗嘱中总结40年革命之经验，指出欲求中国之自由平等，“必须唤起民众及联合世界上以平等待我之民族，共同奋斗”。要求国民党人继续他未竟的事业“革命尚未成功，同志仍须努力”。最近尤其需要促成召开国民会议和废除不平等条约的实现。孙中山逝世后，全国广泛展开追悼孙中山，宣传三民主义的活动。

2、中国共产党第四次全国代表大会

1月在上海召开。出席大会的代表有陈独秀、蔡和森、瞿秋白等20人，代表党员994人。大会讨论的主要问题是党如何加强对日益高涨的革命运动的领导和为革命高潮需要做的准备工作。

大会通过了党的第二次修政章程和大会宣言，选举了新的中央委员会。新选的中央执行委员9人：陈独秀、李大钊、蔡和森、张国焘、彭述之、谭平山、李维汉，候补委员5人。四届一中全会确定陈独秀、张国焘、彭述之、蔡和森、瞿秋白5人组成中共中央局，陈独秀任总书记。

3、国民会议促成会全国代表大会

于3月1日在北京召开。出席会议的代表有200余人，其中有工人、农民、青年、学生、教师、新闻记者、律师、民族资本家等，其代表20多个省区的120多个地方的国民会议促成会。会期一个多月，讨论了有关反帝反军阀斗争的一系列重大问题，并做出相应的决议。

4、五卅运动

五卅运动是反对帝国主义的大运动。5月15日，上海日本资本家枪杀工人顾正红，并伤十余人，事件发生后，上海日资纱厂工人罢工抗议，学生展开募捐和追悼活动，帝国主义大肆搜捕学生和审讯……中共中央于5月28日召开紧急会议，陈独秀、瞿秋白、蔡和森、李立三参加，决定5月30日在租界组织反帝示威活动。5月30日2000名学生在公共租界各马路进行演讲，揭露帝国主义枪杀工人，抓捕学生的罪行，又有一千多人遭逮捕。聚集在南京路老闸捕房外的外余群众，高呼打倒帝国主义，要求立即释放学生。英国侵略者竟命令巡捕向群众开枪射击，当场打死四人，伤后不久身亡者九人，重伤数十人，造成震惊中外的五卅惨案。

1926年丙寅，中华民国十五年（段祺瑞）

1、中国国民党第二次全国代表大会

于1月1日至19日在广州召开，到会代表256人。这是一次继承和发扬“一大”革命精神、反击右派进攻的大会。大会决定接受孙中山遗嘱和“一大”所定政纲，对外打倒帝国主义，对内打倒一切帝国主义之工具军阀、官僚、买办阶级和土豪。为了完成革命任务，必须继续执行孙中山手订的政策。以诚意与苏俄合作，承认共产党员加入本党共同努力，扶助工农运动。大会选出中央执行委员36人，候补执行委员24人，其中各有共产党员七人。会后，共产党员谭平山、林伯渠继续担任中央组织部长和农民部长，毛泽东为宣传部长代理部长。各部做实际工作的秘书大多为共产党员。

2、蒋介石的权势增长，野心更大，开始反共

经过黄埔建军、蒋介石在国民党的地位提高了。国民党“二大”他又被选为中央执行委员，会后又任国民革命军总监。由此，因而他同共产党及国民党内汪精卫一派人的矛盾越来越尖锐。他深知军权的重要，便首先在这方面打击共产党，加强自己的地位。1925年他支持黄埔军校内一部分右翼分子组成孙文主义学会，与共产党领导的革命团体青年军联合会相对抗，排斥共产党在军校内的势力。本年春，他利用右派军官和孙文学会分子制造了中山舰事件。

3、“三一八惨案”

3月18日，北京学生、工人、市民百余人在天安门前召开反对八国通牒国民示威大会，大会在徐谦等主持下，通过废除辛丑条约，立刻撤退外兵外舰，惩办大沽口战争祸首等决议。会后，两千多人赴铁狮子胡同执政府和国务院请愿。请愿队伍到后不久，即遭府院卫队枪击，死47人，伤100余人。事后，段祺瑞政府反诬群众爱国举动是共产党“聚众扰乱，危害国家”，下令通缉徐谦、李大钊等。3月20日，中国共产党发表《为段祺瑞屠杀人民告全国民众》书，号召民众“立即团结起来，武装革命”，推翻帝国主义在中国的势力，打倒段、张、吴。

4、北伐战争及其胜利

7月9日国民革命军在广州誓师，北伐战争正式开始。北伐的对手三个：吴佩孚、孙传芳和张作霖。

吴佩孚地盘：湖南、湖北、河南和隶南。有军队20万。

孙传芳盘据：江苏、浙江、安徽、福建和江西。军队亦20万。

张作霖占有：东北和山东、直隶、热河、察哈尔并控制北京，有军队35万。

当时直奉两军正合力对付冯玉祥的国民军，在南口一带展开激战。他们的计划在对付国民军告一段落后，即以直军全力图粤，消灭广东革命政权。孙传芳则暂时保持观望的态度，宣布“三省保境安民”实际是在等待收获渔人之利。

在国民革命军方面，只有八个军，十万人，力量的悬殊按说是不小，但由于共产党人的智慧和勇敢，使北伐取得决定性胜利，下列叙到。蒋介石为总司令，李济深为总参谋长，邓演达为总政治部主任。根据双方的力量对比和敌人内部矛盾状况，北伐军决定采取优势兵力，各个击破敌人的战略方针。首先以第四、七、八军约五万人和湖南、湖北。同时派出第二、三、六军约三万人进入湘南、湘东警戒江西；以第一军驻守潮州、梅县、警戒福建。待消灭吴佩孚后，再集中兵力转向东南各省，消灭孙传芳。最后进入长江以北地区，消灭张作霖。

5月底，四军叶挺独立团和七军一部分别从广东、广西挺进湖南，经7、8两月到9月。四、七两军攻克湘乡、株州、长沙、岳洲、威宁、汀泗桥、贺胜桥（此处战役是北伐关键）攻下武汉三镇。至此，吴佩孚的主力基本被消灭。10月10日陷武昌，浮敌万余人，吴佩孚逃至河南信阳，两湖战争结束。

9月初，北伐军总司令部决定向江西的孙传芳部队进攻。从9月5日起，以第二、三、六军及第一军教导师为主，分兵三路向赣南、赣西和西北进攻。先后克服赣州、萍乡、宜春、修水、高安等地，进抵附近。经过两次对南昌的攻击，11月8日，攻克南昌。孙传芳率残部逃回南京。在江西的十万军队大部被歼。北伐军乘胜进军，至12月份占领了福建全省。

1927年丁卯，中华民国十六年

1、毛泽东的《湖南农民运动考查报告》

1月至2月初，毛泽东去湖南实地考察了湘潭、湘乡、衡山、豊陵、长沙五县的农民运动状况，3月间发表了《湖南农民运动考察报告》，热情歌颂了农民革命斗争，驳斥了反对农民运动的种种谬论。

苏浙皖战场：北伐军在赣闽战场取得胜利后，风势转向长江下的苏浙皖三省，以消灭孙传芳残部，本年初北伐军分东、西、中三路进军。孙传芳残部周风岐、陈仪全倒戈，局势混乱。2月，东路军长驱直入占领杭州，3月中旬抵上海郊区，3月22日上海第三次工人起义后解放了上海，同时，东路军进抵上海。中路军占了安徽大部地区，进入江苏境内，3月24日，攻克南京，孙传芳彻底溃败。（至此，第一次北伐告胜利结束。）

2、“南京惨案”

3月24日，在北伐军占领南京的当晚，英、美等帝国主义借口“保护”侨民和领事馆，下令停泊在下关江西的军舰向市区滥行炮击，杀伤中国军民二千多人，制造了“南京惨案”。

3、中国共产党第五次全国代表大会

于4月27日至5月10日在武昌召开。出席正式代表80人，代表党员57000多人。会议讨论了中国革命的一系列问题。批评了陈独秀在会议报告中提出只能“扩大革命”，而不能“加深革命”。大会选出新的中央委员会；中央委员31人，候补中央委员14人，陈独秀等9人为政治局委员。陈独秀、李维汉、张国焘为政治局常委，陈独秀为总书记。“五大”没能担负起在紧急关头挽救革命的任务。

4、七一五“分共”国民革命的失败

先是，本年6月中旬汪精卫等从郑州返回武汉，即在国民党中央党部和军队中加紧策划“分共”。在经过多方布置和策划之后，于7月15日汪精卫召开国民党中央常务委员会第二十次扩大会议，讨论“分共”问题。会议决定：“一、在一个月内，开第四次中央执行委员会全体会议，讨论政治委员会主席团所提之意见（按：即“分共”问题），并解决之。二、第四次中央执委委员会全体会议开会之前，中央党部应制裁一切违反本党主义政策之言论行动。三、派遣重要同志去苏俄，讨论切实联合办法，其人选由政治委员会决定。”这即七一五“分共”。使国民革命走向失败。也即是第一次国共合作失败。

1928年戊辰，中华民国十七年（蒋介石至1949年）

1、第二次北伐

4月5日，蒋介石在徐州举行“第二次北伐誓师大会”。4月7日，南京国民政府发表“北伐宣言”，下达总动员会，9日下达总攻击令，分四路北上：即津浦线、京汉线、京绥线，以及李品仙部由白崇禧指挥也是沿京汉线北上。

北京政府方面：奉系张作霖属下的安国军有七个方面军，号称百万，参战部队达60余万。以张学良、杨宇霆为正副总指挥，在京汉线抵抗冯系、桂系；以张作霖、汤玉麟为正副总指挥在京绥线抗御阎锡山部；以张宗昌为总指挥，在津浦线抗击蒋介石部；以孙传芳为总指挥在鲁西抵御冯玉祥部。

在奉系部队中，张宗昌战斗力很弱，因此蒋系得胜；4月10日刘峙占领山东韩庄、台儿庄。接着孙传芳在鲁西被击溃。4月23日津浦、京汉两路军攻占鲁中重镇泰安，27日两军会师于野鸡岗，决定会攻济南。5月1日占领济南，张宗昌弃城逃跑。

2、“五三惨案”又称“济南惨案”

5月3日，日军突然向国民党军发起攻击，尽管蒋介石为避免与日方冲突一再下令部队要始终忍让，“勿出恶声”。但日军仍不罢手，竟惨无人道地将南京国民政府山东特派交涉员蔡公时及随行员17人残杀，并杀害无辜市民，制造了“五三惨案”亦称“济南惨案”。这是日本干涉中国内政。

日本谋炸张作霖：张作霖于6月3日深夜乘专车离京返奉。这时，日本帝国主义为维护在中国的殖民利益，意欲更换代理人，并趁政局混乱之机直接出兵占领东北，因此密谋除掉并不驯服的张作霖。4日凌晨，当张作霖的专车到达沈阳附近的皇姑屯车站时，被日军预先埋好的巨量炸药炸毁，张作霖受重伤当日死亡。

3、北伐全胜，国民政府宣称全国统一

奉军溃退后，国民政府任命阎锡山为京津卫戍司令，阎部于6月上旬相继进入北京、天津。历时十六年由北洋军阀控制的北京政府垮台。6月15日，南京国民政府发表宣言，宣称全国统一已告完成。6月21日，国民党中央政治会议第154次会议决定，改直隶省为河北省，北京市为北平市。12月29日，张学良通告全国，宣布即日起“服从国民政府，改旗易帜”。

4、中国共产党第六次全国代表大会

于6月18日至7月11日在莫斯科召开。出席大会的代表共有142人，其中正式代表周恩来、蔡和森、瞿秋白、李立三、张国焘、向忠发等84人，代表党员十三万多人。会上，共产国际书记布哈林做了政治报告，讲了中国革命的性质、任务和形势等问题……大会通过了《政治决定案》和关于苏维埃组织问题、土地问题、农民问题、职工运动、军事工作、民族问题等决议案，通过了新的党章，选举了新的领导机构。

大会提出了中国民主革命的十项政纲：(1) 推翻帝国主义的统治；(2) 没收外国的资本企业和银行；(3) 统一中国，承认民族自决权；(4) 推翻军阀国民党政府；(5) 建立工农兵代表会议（苏维埃）政府；（6) 实行八小时工作制，增加工资，失业救济与社会保险等；(7) 没收一切地主阶级的土地，耕地归农；(8) 改善兵士生活，给兵士土地和工作；(9) 取消一切苛捐杂税，实行统一的累进税；(10) 联合世界的无产阶级和苏联。

大会选出中央委员 23 人，候补中央委员 13 人。会后，在六届一中全会上选举了中央政治局，苏兆征、项英、周恩来、向忠发、瞿秋白、蔡和森、张国焘等七人为委员，李立三、关向应、罗登贤、彭湃等七人为候补委员。选举了中央政治局常务委员会苏兆征、向忠发、项英、周恩来、蔡和森等五人为委员，李立三等三人为候补委员。

1929 年己巳，中华民国十八年

1、中国国民党第三次全国代表大会

于 3 月在蒋介石操纵下召开的。他以中央指派和圈定代表的办法，排斥反对派，树立自己在国民党中的垄断地位。会议代表共 406 人，其中由中央指派者 211 人，圈定者 122 人，两项共占代表总数的 82%；地方选出者仅 73 人，占 18%。会议对汪精卫改组派和已公开反对蒋介石的桂系领导人做了组织处理。这次会议又使蒋同其他各派的矛盾进一步激化。

2、蒋桂战争

3 月 26 日，蒋介石以南京政府的名义下令讨桂，蒋桂战争爆发。由于受蒋的收买，桂军一部在前方倒戈，使桂军从武汉地区仓皇后退。4 月 4 日，蒋军进入武汉。6 月下旬，受到蒋支持的粤军打败桂军，蒋任命原桂系军人俞作柏为广西省政府主席。蒋桂战争结束。

3、蒋冯战争

4、5 月间，冯玉祥积极准备后力，意欲讨蒋。但在蒋介石的收买政策下，冯军发生激烈分化，韩复榘、石友三等叛冯投蒋，使冯的讨蒋军未能发动。10 月，冯军将领宋哲元等通电讨蒋，蒋介石下令对冯军进行讨伐。从 10 月下旬到 11 月，蒋冯两军在豫西展开激战。战争发动后，原来答应与冯联合反蒋的阎锡山，转而附蒋反冯，冯军内部又缺乏统一指挥，结果冯军败回陕西。

4、鄂豫皖、洪湖湘鄂西、广西右江等根据地建立

本年三十一师粉碎敌人三次“会剿”，乘势扩大割据地区，建立了鄂豫皖根据地，年春，贺龙领导的湘鄂西工农革命军编为红军第四军，开辟了湘鄂两根据地。12 月，邓小平、张云逸等领导国民党广西警备部队一部和当地农民军在白色起义，成立红军第七军和右江苏维埃政府，开辟了右江根据地。

5、红四军党的第九次代表大会（即古田会议）

于12月在福建上杭县古田召开（故称：古田会议）。大会通过了毛泽东起草的决议。这个决议的第一部分“关于纠正党内的错误思想”，指出了红四军党内各种非无产阶级思想的表现，来源及纠正方法。

1930年庚午，中华民国十九年

1、左江革命根据地创建和闽西、江西苏维埃政府成立

2月，李明瑞、俞作预率领广西警备第五大队在龙州起义，成立工农红军第八军，创建了左江革命根据地。

毛泽东、朱德于上年1月率红四军主力向赣南进军，接着又出击闽西，开辟了赣南、闽西两块根据地，于本年春分别成立了闽西苏维埃政府和江西苏维埃政府。

到本年，农村革命根据地已发展到大小15块，红军10万人，枪约6万支。

2、中原大战

5月11日，蒋介石下达总攻击令，中原大战爆发。这是一场国民党军阀混战。于年春，冯、阎、桂三派军阀势力及国民党改组派、西山会议派两个政客集团形成反蒋大联合。3月中旬，冯、阎、桂三军将领57人联名通电逼蒋下野，推阎锡山和冯玉祥、张学良、李宗仁为中华民国海陆空正副总司令。4月1日，阎、冯、李就职。5日，南京政府下令通缉阎锡山，因此，大战爆发。双方役入兵力上百万，战线绵延数千里，战争波及河南、山东、安徽、江苏等数省，战争前期，冯阎得胜，蒋军失利；但到7月以后，战局发生变化，在蒋介石的争取下，东北的张学良于9月18日发出拥蒋通电，随即派兵入关，占领天津和北平。这时冯军后路又被蒋军切断，整个战局发生急剧变化。阎锡山和汪精卫等退到太原。10月，阎、冯、汪完全失败。冯军全部崩溃，大部投蒋，一部被东北军改编，冯宣告下野。阎军退回山西，阎本人躲入大连。历时近半年的中原大战，给人民造成极大的灾难，死壮丁三十万，伤者无数，财产损失无法计算。

3、《苏维埃土地法》和“土地革命路线”

8月，毛泽东、朱德以“中国革命军事委员会的名义”颁发了《苏维埃土地法》，共四章31条，明确规定了土地没收与分配的各项政策与原则，以乡为单位，按人口平均分配，在原耕地基上，实行抽多补少。到年冬形成了正确的土地革命路线。就是：依靠贫农，团结中农，限制富农，保护中小工商业者，消灭地主阶级，变封建的土地所有制为农民的所有制。

4、第一次反“围剿”

蒋介石于10月开始调集军队十万多人，以江西省主席鲁涤平为总司令，第二八师师长张辉瓒为前线总指挥，抽中央苏区发动第一次“围剿”。国民党军队从江西吉安到福建宁布成一个半圆形包围圈，采取“分进合击，长驱直入”的战术，由北向南分路进攻。当时红一军方面约40000人，数量和装备均处于劣势，也缺乏进行大规模运动战的经验，根据敌强我弱，敌大我小的特点，红军在毛泽东、朱德指挥下，采取“撒开两手，诱敌深入”的方针。12月初退到根据地中部宁都县的黄坡、小布地区，待机歼敌。12月30日，当张辉瓒率师部和两个旅进到龙时，埋伏在附近的山中红军突然发起攻击，全歼张辉瓒师部和两个旅，活捉张辉瓒，俘敌9000余人。红军乘胜东击，又在东韶歼敌谭道源师一半。红军五天内打了两个胜仗，总计歼15000余人，缴获各种武器12000支，粉碎人敌人的第一次“围剿”。

1931年辛未，中华民国二十年

1、第二次反“围剿”

2月，国民党当局又由军政部长何应钦组织南昌行营，由何任行营主任兼总司令。国民党配置在西起赣江边东至福建建宁长达八百里的弧形战线上，准备向中央苏区发动第二次“围剿”。国民党军队采取“步步为营，稳扎稳打”的原则。4月初，二十万国民党军分四路向中央苏区大举进攻。红军30000多人，继续采取“诱敌深入”的方针，两手撒开，坚壁清野，“集中兵力，先打弱敌，并在运动中各个歼灭敌人。”5月15日，红军首先选择了侵入富田、东固一带敌军较弱的王金钰、公秉藩两个师，发起猛烈攻势，从四面八方攻击进攻东固之敌，并以一部分兵力，围歼留守富田的敌军，缴获了大批武器、弹药，并截断敌军后退。之后经过几天激战，歼敌大部，红军于谭头、中村、广昌等地，迅速由西向东横扫，一直打到福建宁。从5月16日至31日，15天中连打五个胜仗，横扫700里，共歼敌30000余人，缴获20000余支枪，粉碎了敌人的第二次“围剿”。

2、第三次反“围剿”

蒋介石两次惨败，仍不甘心。于本年7月，又纠集三十万军队，自任总司令，随带德、日、英国军事顾问，坐镇南昌，采取“长驱直入，分进合击”的战术。当时红军主力，还在福建建宁，仍然只有30000人左右，尚未得到休息和补充。根据强敌临境的实际状况，红军决定采取“避敌主力，打其虚弱”的作战方针，用盘旋式打圈子的方法，牵着敌人的鼻子在革命根据地内转圈子。8月6日晚，红军主力从兴国插进敌军后方，向东突进。从8月7日至11日，红军三战三捷，歼敌两个师又两个团，缴枪万余支。随后，红军秘密回师兴国休整。国民党军为寻求与红军主力决战，东追西进，饥疲沮丧，只行下令撤退。红军乘胜追歼敌人一个师又一个旅。整个战役历时两个半月，歼敌 30000 余人，缴枪 14000 余支，粉碎了敌人的第三交“围剿”。

3、九一八事变

本年 6 月，日本陆军省制定了《解决满洲问题方法大纲》，决定对中国东北“采取军事行动”，并由参谋本部和关东军提出作战计划。9 月 18 日夜，日本关东军在沈阳北效柳条湖附近距北大营约 800 米处炸毁了南满铁路一段路轨，诬称系中国军队所破坏，并于当晚 10 时许，突然向中国东北军驻地北大营和沈阳城发动进攻。这就是震惊中外的九一八事变。

4、中华苏维埃第一次全国代表大会

于 11 月 7 日至 20 日在江西瑞金召开。大会宣布成立中华苏维埃共和国临时中央政府，并通过了《中华苏维埃共和国宪法大纲》。宪法大纲规定：“中国苏维埃政权所建立的是工人和农民的民主专政的国家。”苏维埃全部政权“属于工人、农民、红军兵士及一切劳苦民众”。军阀、官僚、地主、豪绅、资本家、富农、僧侣及一切剥削人的人和反革命分子没有选代表和参加政权的政治上自由的权利。

大会选举毛泽东等 63 人为中央执行委员，组成中央执行委员会。中央执行委员会选举毛泽东为中华苏维埃共和国临时中央政府主席，项英、张国焘为副主席。同时组成中华苏维埃共和国中央革命军事委员会，朱德为主席，王稼祥、彭德怀为副主席。

1932 年壬申，中华民国二十一年

1、一·二八事变

先是由五名日本和尚于 1 月 18 日向上海三支实业社总厂大门外正在操练的中国工人义勇军投石挑衅，双方发生冲突。日本便以其为借口扩大事态。20 日凌时 2 时，日本浪人放火烧毁了三友社实业总厂，砸毁商店，杀死、砍伤中国警察多人。接着日本驻沪总领事向上海市政府递交抗议信，提出道歉、惩凶、赔偿和取缔抗日运动等四项无理要求。与其同时，日本方面又调集大批日舰驶抵上海。1 月 27 日，日驻上海总领事向上海市政府发出最后通牒，限 24 小时作出满意答复，否则“即采取自由行动”。上海市政府于 28 日下午 4 时答复日方，全部承认所提四项要求条件。但日本海军陆战队却于 1 月 28 日深夜 23 时 30 分发动了上少闸北的进攻。这就是一·二八事变。

2、日本扶持的“满洲国”

3月1日，日本帝国主义以“满洲国”政府的名义，发表了一个所谓“建国宣言”，宣布“满洲国”成立。于上年11月被日本从天津挟持到东北的清末代皇帝溥仪在长春粉墨登场，出行“满洲国执政”，年号“大同”，9月15日，日本正式宣布承认“满洲国”。至次年3月，日本又把伪“满洲国”改称“满洲帝国”，溥仪也由“执政”改称“皇帝”，年号“康德”。汉奸头目郑孝胥、张景惠、熙治等被任命为伪国务总理和各部大臣。

国民党推行的保甲制度：于8月，国民党颁布了《鄂豫皖三省剿匪总司令部施行保甲训令》及《剿匪区内各县编查保甲户口条例》，在革命根据地周围地区建立保甲组织，次年又将保甲制度推行到全国。

1933年癸酉，中华民国二十二年

1、第四次反“围剿”

1月，国民党将领陈诚指挥中路军约16万人，分三个纵队向南丰、广昌一线推进，妄图一举聚歼中央红军于黎（川）、建（宁）、泰（宁）地区。当时，国民党投入“围剿”中央苏区的总兵力已达三四十万人。而红一方面军只有七万人。当敌人大举进攻开始时，毛泽东已离开了红军的领导岗位，中央临时中央政治局已经从上海迁入中央苏区，直接领导中央苏区第四次反“围剿”作战。他们要求红一方面军先发制人，主动出击，迅速攻占南丰、南城，进而威协和夺取敌人的中心城市，以实现一省数省的首先胜利。2月12日，红军主力强攻南丰未克。当发觉敌人主力驰援南丰时，周恩来、朱德立即主动从南丰撤围，随后集中红军主力在黄陂歼敌近两个师。两战两捷，共歼敌近三个师，俘敌万余人，缴枪万余支，基本上粉碎了敌人的第四次“围剿”。中央苏区在第四次反“围剿”胜利后，地域扩大到湘赣闽粤四省，红一方面军发展到十万左右，赤卫队发展到二十万人。这时是中央苏区全胜时期。

2、王明的“左”倾冒险主义

1月，临时中央政治局由上海迁入中央苏区瑞金后，立即在政治上打击一大批坚持正确意见又有实际经验的各级领导干部。从2月开始，在福建开展反对所谓“罗明路线”。3月又在江谣开展反对邓（小平）、毛（泽东）、谢（唯俊）、古（柏）的所谓“江西罗明路线”。开展反对“罗明路线”的实质，就是要把执行以毛泽东为主要代表的正确路线的各级党政领导干部打下去，以便在思想上、政治上、军事上和组织上全面贯彻“左”倾冒险主义。当王明的“左”倾冒险主义在中央苏区和其他革命根据地得到大力贯彻的时候，蒋介石正在加紧准备发动第五次军事“围剿”。

3、第五次反“围剿”

蒋介石于9月调集100万军队，200架飞机，向革命根据地发动了空前规模的第五次“围剿”。蒋介石自任总司令。他以50万兵力，分四路“围剿”中央苏区。当时中央苏区的红军主力有八万多人，地方红军和赤卫队等群众武装组织也有很大发展。红军已有四次反“围剿”胜利的经验。如果党能正确地估计形势，按照敌方采取新的战略战术的情况，灵活地运动历次反“围剿”战争的成功经验，即采取积极防御路线，集中优势兵力，在运动中消灭敌人的一部或大部，以各个击破敌人，红军打破这次“围剿”是有可能的。但是这次反“围剿”是在以博古为首的中共临时中央的直接领导下进行的。一则，博古等人不懂军事，更无作战经验，二则共产国际派来的军事顾问李德到得瑞金，中央临时中央完全听信这个毫无中国革命实践的德国人，委以指挥红军大权。这就使红军第五次反“围剿”战争的失败成为不可避免。

1934年甲戌，中华民国二十三年

1、长征开始

先是10月初，国民党军已推进到中央根据地的腹地，兴国、宁都、石城相继失守。中共临时中央领导人博古等又变得惊慌失措，在既未召开政治局会议研究，也未对广大指战员进行政治动员工作的情况下，仓促决定中央红军主力撤离中央根据地。10月10日晚，中央红军五个军团连同后方机关共86000余人，从福建长汀、宁化和江西瑞金、雩都出发，开始了长征。

2、油山游击根据地建立

先是，10月国民党军队进入中央根据地，项英、陈毅等率领红二十四师，在根据地及其邻近地区坚持斗争，后退入南岭一带分散活动。11月，中共赣粤边开展游击战争，建立了以油山为中心的游击根据地。

1935年乙亥，中华民国二十四年

1、遵义会议

1月15日至17日，中共中央在遵义召开政治局扩大会议。出席会议的政治局委员有周恩来、张闻天、毛泽东、朱德、陈云、博古；政治局候补委员有王稼祥、刘少奇、邓发、何克全：参加会议的还有红军总部和各军团主要负责人刘伯承、李富春、林彪、聂荣臻、彭德怀、杨尚昆、李卓然，以及会议开始后任命为党中央秘书长邓小平、李德和翻译伍修权，也列席了会议。会议集中全力解决了当时最紧迫的军事问题和组织问题。会议通过了《中央关于反对敌人五次“围剿”的总结决议，对于党内在军事上的一场大争论作了结论。肯定了以毛泽东为代表的马克思列宁主义的军事路线，否定了王明“左”倾机会主义的军事路线。决议指出第五次反“围剿”战争失败的根本原因，是执行消极防御的战略，消极防御实质上是“右倾机会主义的表现”。会议改组了中央书记处，张闻天任总书记，毛泽东、周恩来、王稼祥、博古任书记处书记，取消了长征前由博古、李德和周恩来组成的实际上主持政治和军事指挥的“三人团”，仍由中央军委主要负责人周恩来、朱德指挥军事。以后又组成了毛泽东、周恩来、王稼祥三人军事领导小组，负责指挥军事，而结束了王明“左”倾机会主义在党中央的统治，事实上确立了以毛泽东在红军和党中央的领导地位。遵义会议挽救了中国革命，成为中国共产党历史上一个生死攸关的转折点。

2、毛泽东领导红军长征

遵义会议后，当时摆在红军面前最严重的问题是，数十万敌军从四面八方向红军追击、堵截和包围，红军能不能打破这种极端严重的局面，这是最为紧迫的问题。为了改变这种被动挨打的局面，毛泽东亲自指挥红军，在云贵高原展开了机动灵活的运动作战。四渡赤水，巧渡金沙江，到达了川西南的会理地区，从此，红军跳出了蒋介石几十万大军围追堵截的圈子，取得了战略转移中具有决定意义的胜利。

红军在会理稍事休息，继续北上，在西昌坝子同红九军团会合后，开始进入凉山彝族地区。红军认真宣传和共产党员执行的民族政策，取得彝族同胞的信任和帮助，顺利地通过彝族地区。5月下旬，红军先遣部队到达安顺场，强渡大渡河，飞夺泸定桥，使后续主力顺利地通过大渡河。

红军在继续北上途中战胜了张国焘的分裂活动：中共中央于6月26日在两河口召开了政治局会议。经过争论，6月28日会议作出了《关于一、四方面军会合后战略方针的决定》，指出红军继续北上，创建川陕甘革命根据地，以便领导全国的抗日运动。但是，担任领导红四方面军的张国焘，对中国革命前途悲观失望，反对中央北上抗日的方针，主张红军向川康边界少数民族地区退却。张国焘自持枪多势众，向党闹独立，争兵权，甚至狂妄地要求改组中央和中央军委，自己当中央军委主席。中共中央当即对他进行了教育和批评，坚持北上抗日。

红一方面军于7月上旬到达松潘附近的毛儿盖。8月，中共中央在毛儿盖附近的沙窝又召开政治局会议，对张国焘故意阻延部队行动进行了严肃的批评教育，经过严肃斗争和耐心的说服，张国焘表面上接受了北上抗日的方针。

毛儿盖会议后，红军分左右两路北上。左路军在毛泽东、周恩来率领下经过坚苦行军，战胜了严寒的饥饿，穿过荒无人烟的茫茫草地，到达四川西北的巴西。随后，左路军主力也经草地到达阿坝地区。但是，张国焘到达阿坝后，不仅对中央催他北上的指示置之不理，反而要挟右路军和党中央南下，甚至企图危害党中央。

在紧急情况下，毛泽东和周恩来当晚立即召开中央政治局会议，采取果断措施，决定率一、三军团和军委直属似队组成北上抗日选遣队（即陕甘支队），继续北上抗日，于9月中旬到达俄界，并于12日召开了政治局会议。会议听取了毛泽东《关于与四方面军领导者的争论及今后战略方针》的报告。作出了《关于张国焘同志的错误的决定》，并电示张国焘，但张国焘置之不理。

俄界会议后，毛泽东率领红一、三军团继续北上，在川康边境，攻克天险腊子口随后翻过岷山，最后脱离了雪山草地，进入甘南，于9月27日到通谓县榜罗镇。在这里，中共中央政治局召开会议，正式决定以陕北作为领导中国革命的大本营。随后，陕甘支队翻越六盘山，于10月19日到达陕北根据地保安县（今志丹县）吴起镇，与陕北红十五团军胜利会师。11月，中央红军与陕北红军在毛泽东的亲自指挥下，又取得了直罗镇歼敌一个师又一个团的胜利，彻底粉碎了敌人对陕甘根据地的围攻。

张国焘分裂中央后，强令左路和右路军的四军、三十军掉头南下，重过草地，向川康边界退却。10月5日，张国焘在卓木碉公然另立“中共中央”，自封为“主席”。11月，红军第二、六军团20000人左右，战胜了张国焘的分裂活动，坚决执行北上抗日路线，由湘、鄂川黔根据地突围，经湖南、贵州、云南，于下年6月到达西康甘孜。

3、陕北瓦窑堡会议

10月中央红军胜利到达陕北，中共中央针对华北严重的形势，于12月17日至25日在陕北瓦窑堡召开政治局会议。这次会议讨论了关于统一战线，抗日联军和国防政府等问题，批评了党内存在着“左”倾关门主义，制定了建立抗日统一战线的策略方针。会议通过了《关于目前政治形势与党的任务的决定》，两天后，毛泽东在党的活动分子会上，作了《论反对日本帝国主义的策略》的报告，着重阐明了中国共产党的抗日民族统一战线的理论和政策。

瓦窑堡会议是中国共产党在从土地革命战争向抗日民族革命战争转交的新形势下召开的一次极其重要的会议。它确定了中国共产党关于抗日民族统一战线的策略方针，解决了遵义会议没有来得及解决的政治路线和政治策略问题，为迎接抗日新高潮的到来做了政治上和理论上的准备。

4、一二·九运动

先是 11 月 18 日，北平一些大学生自治会在中共北平临时工作委员会的组织领导下，成立了北平学生联会。北平学联成立后，决定联合北平各大中学校进行请愿示威，反对“华北自治”和冀察政务委员会的成立。经过深入发动，于 12 月 9 日北平各高等院校和部分中学生举行了声势浩大的反日救国示威游行。学生们高呼：“打倒日本帝国主义！”“反对华北五省自治！”“打倒汉奸卖国贼！”“立即停止内战！”这就是一二·九运动。

5、国民党第五次代表大会

于 11 月 12 日至 23 日在南京召开。迫于国难当头的形势，国民党内各派系和地方实力纷纷派代表出席会议，表示要“抛弃前嫌，团结救国”。

会议由孙科、张继代表中央执、监委员会党务报告，蒋介石先后作政治、外交报告，何应钦做军事报告。蒋介石在关于对外关系的演中称：“苟国际演变不斩绝我国生存民族复兴之路，一切枝节问题当为最大之忍耐”，“和平未到完全绝望时期，决不放弃和平；牺牲未到最后关头，亦不轻言牺牲”。这表明国民党当局于中日妥协仍抱有一定幻想，没有完全放弃这方面的努力。但蒋介石又声称：“和平有和平之限度，牺牲有牺牲之决定”；若到了和平绝望的时期与牺牲的最后关头，则“听命党国，下最后之决心”。

1936 年丙子，中华民国二十五年

1、中共领导人《致东北军全体将士书》

1 月 25 日，毛泽东、周恩来、朱德等红军领导人发表了《致东北军全体将士书》，申明中共政治主张，表示愿意同正在陕北“围剿”红军的东北军首先停止作战，共同抗日，在此之后，对东北军进行了大量的工作。双方达成了局部停战协定。

蒋介石到西安，逼迫张、杨作中抉择：蒋介石于 12 月 4 日乘飞机到西安，以临潼华清池作为“行辕”，逼迫张学良和杨虎城在两个方案中作出抉择：一、服从“剿共”命令，将东北军及西北军全部开赴陕北前线，进行陕北红军“中央”大军在后面接应督战。二、如不愿“剿共”，则将东北军调驻福建，西北军调驻安徽，陕甘两省让给“中央军”自己“剿共”。当然，这两个方案张、杨都不接受。张、杨下定决心：一不再打内战。二不离开西北。决定先行“苦谏”，万不得已再“兵谏”。

2、“西安事变”

张学良于 12 月 7 日至临潼华清池见蒋介石，痛陈国家民族的危亡已到最后关头，非抗日不足以救亡，非停止内战不足以言抗日。张学良慷慨陈词，声泪俱

下。蒋介石竟拍案厉言："现在就是拿枪把我打死，我的'剿共'计划也不能改变。"张、杨二人连续对蒋"苦谏"，均无效果，因于12月12日，不得已爆发了震惊中外的"西安事变"。

清晨5时，东北军部队包围了华清池，用武力解除了蒋介石卫队的武装，扣留了蒋介石。西北军则包围了西京招待所，囚禁了陈诚等军政大员20余人，解除了国民党在西安的军警、宪武装，接管了机场。同日，张、杨发出通电，提出八项主张：一、改组南京政府，容纳各党各派共同负责救国；二、停止一切内战；三、立即释放上海被捕之爱国领袖；四、释放全国一切政治犯；五、开放民众爱国运动；六、保障人民集会结社一切之政治自由；七、切实遵行孙总理遗嘱；八、立即召开救国会议。

中共中央政治局在对事度进行了反复研究，讨论之后，否定了杀蒋的意见；确定了和平解决的基本方针。12月19日，中共中央发出《关于西安事变及我们的任务的指示》。指示肯定西安事变是"为了要抗日救国而产生的"，主张南京与西安间在团结抗日的基础上，和平解决。

应张、杨电邀，以周恩来为首的中国共产党代表团于12月17日抵达西安，周恩来向张、杨详细说明了中共中央关于和平解决西安事变的方针，深得张、杨赞同。

12月22日，南京方面正式派出谈判代表宋子文、宋美龄到西安。宋氏兄妹代表蒋介石与张、杨正式谈判，周恩来作为中共中央全权代表参加谈判，并会见了蒋介石。经过两天谈判，蒋介石被迫接受了联共抗日，释放政治犯，担保内战不再发生等条件。西安事变得到和平解决。

1937年丁丑，中华民二十六年

1、卢沟桥事变

7月7日19时30分，驻丰台日军事先来通知中国，到卢沟桥中国兵营的龙王庙一带进行军事演习。零时许，日军诡称演习时听到宛平城发出枪声，纷乱中失去士兵一名，要求进宛平域搜查。这一无理要求被中国驻军拒绝。经查，中国驻军并无开枪之事，城内也未发现失踪日军士兵，而失踪的日本士兵也已归队。但日军仍以此为借口要求宛平城内中国驻军撤退，又遭中方拒绝。双方正在交涉，日军便向宛平城中中国守军发起攻击，并炮轰卢沟桥，中国驻军奋起还击，是为"卢沟桥事变"。这既是日本发动全面侵华战争的开始，也是全国性抗战的起点。

2、八一三事变

中国政府发表抗战声明：8月9日，驻上海日本海军陆战队中勇大山勇夫和斋藤要藏驾驶企图强行闯入虹桥机场，并开枪打死向前阻拦的中国守卫一名，中国守军忍无可忍，当场将其二人击毙。日本军政当局立即抓住这一事件，作为向上海进攻的口实，要求中国向日本道歉，处罚当事者，撤退上海保安队，拆除所有防御工事等，否则就要诉诸武力。11 日，日本由国内派遣的一部分舰艇和陆战队到达上海。12 日，日本政府召开首相、陆相、海相、外相四相会议和内阁会议，正式作出向上海派遣陆军部队的决定，同时还决定出兵青岛。13 日，日本军舰以重炮向上海闸北轰击，海军陆战队也向闸北、江湾大举进攻，中国守军当即予以猛烈反击，这就是"八一三事变"，淞沪会战开始。

在此情况下，8 月 14 日，国民政府被迫发表《自卫抗战声明书》，宣告："中国为日本无止境之侵略所逼迫，已不得不实行自卫抵抗暴力！""中国决不放弃领土之任何部分，遇有侵略，惟有实行天赋之自卫权以应之。"（《中国近代对外关系史资料选辑》下卷第二分册，第 11 页）。

3、红军改编为国民革命第八路军

中共中央军委于 8 月 25 日发出命令，将在陕甘宁边区的红军主力改编为国民革命军第八路军（9 月 11 日按全国统一的战斗序列，改称第 18 集团军）。任命朱德为总指挥，彭德怀为副总指挥（9 月 11 日改称正、副总司令），叶剑英、左权为正、副参谋总长，任弼时、邓小平为政治部正、副主任。八路军下辖三个师：第 115 师以原红一方面军为主编成，师长林彪，副师长聂荣臻，参谋长周昆，政训处主任罗荣桓，下辖第 343 旅，第 344 旅；第 120 师以原红二方面军为主编成，师长贺龙，副师长肖克，参谋长周士第，政训处主任关向应，下辖第 358 旅，第 359 旅；第 129 师以原红四方面军为主编成，师长刘伯承，副师长徐向前，参谋长倪志亮，政训处主任张浩，下辖第 385 旅、第 386 旅。全军共 46000 人。9 月 22 日，国民党中央通讯社发表了耽搁已久的《中国共产党为公布国共合作宣言》，23 日，蒋介石在庐山发表《对共产党宣言的谈话》，指出团结御侮的必要，并在事实上承认了共产党的政治地位。中共宣言和蒋介石谈话的发表标志着第二次国共合作和抗日民族统一战线的正式形成。

4、陕北洛川中共中央政治局扩大会议

于 8 月 22 日至 25 日召开（提出：抗日救国十大纲领）。

会上毛泽东作了军事问题和国共关系问题的报告，提出了在新形势下红军作战的战略方针和坚持统一战线的独立自主原则。会议通过了《关于目前形势和我们的任务的决定》。

会议在总结中共历次关于抗日救国主张的基础上，提出了著名《抗日救国十大纲领》，其要点是：一、打倒日本帝国主义；二、全国军事的总动员；三、全国人民的总动员；四、政治改革机构；五、抗日的外交政策；六、战时的财政经济政策；七、改良人民生活；八、抗日的教育政策；九、肃清汉奸卖国贼亲日派，巩固后方；十、抗日的民族团结。《抗日救国十大纲领》是中国共产党全面抗战路线具体体现，它把实行抗日与争取民主紧密结合起来，争取使抗战的胜利成为人民的胜利。

5、《中苏互不侵犯条例》

8 月 21 日，苏联政府同中国政策签订了《中苏互不侵犯条例》，规定不给侵略国以任何援助。苏联不仅在道德上同情支持中国抗战，而且还从物力、才力和人力给予中国援助。抗战期间，特别是初期，苏联先后向中国政府提供了约 4.5 亿美元的贷款。

6、日军以 37 万人分三路侵犯华北

一路沿平绥铁路向西北进犯，与关东军一部会攻南上，居庸关、张家口：一路沿平汉铁路中向保定、石家庄进攻；一路沿津浦铁路进攻山东。

8 月 23 日，日军攻占居庸关，25 日，攻陷南口，占领了延庆和怀来。27 日，张家口陷落。9 月 21 日，占领晋北重镇大同。10 月 13 日占领绥远省会归绥（即呼和浩特），16 日占领包头。至此平绥线全线为日军控制。

国民党集中了 144 个师八万人的兵力，由第二战区副司令长官卫立煌任前敌总指挥，组织了忻口会战。日军于 10 月中旬向忻口进军，国民党军队凭借坚固工事，与敌人展开了阵地争夺战。改编不久的八路军也参加了这次会议，承担了侧翼配合的作战任务，不断袭击日军侧翼和后方。在这次战役中，国民党军英勇顽强，打退日军的多次进攻，并几次主动出击，有力地打击了敌人。只是后来由晋东娘子关失守，才不得不放弃忻口，忻口战役是华北战场最大的一次激烈战役，历时 23 天，大小战斗四十余次，歼灭日军两万余人，国民党第九军军长郝梦龄、第 54 师师长刘家麒及数万国民党官军英勇殉国。

沿平汉南侵略的日军：9 月 15 日占领固安，17 日占领流璃河，18 日占领涿县，24 日占领保定，28、29 日连陷定县、新乐，10 月 8 日进占正定，10 日石家庄沦陷。10 月中旬攻下邢台、邯郸，11 月 4 日攻陷安阳，8 日太原沦陷。太原的陷落和忻口的放弃使国民党在晋北、晋东的阵陷完全崩溃，于是国民党的数十万军队纷纷向西南溃退。

沿津浦线南犯的日军：9 月 10 日攻占马厂，24 日进入沧县城，10 月 5 日德州沦陷。12 月 23 日日军一部由青城附近渡过黄河。27 日占领济南，31 日攻占泰安，

12 月底登上青岛。

7、八路军出师华北及平型关大战役

中共中央军委未等八路军整编就绪于 8 月 22 日即令 115 师主力出师东征，从陕西出发，经黄河沿同蒲北上。9 月 30 日，八路军总部和 120 师分别从陕西泾县出发，向华北抗日前线进发。9 月 30 日，129 师也由富平出发。9 月 14 日，抵达平型关附近的 115 师立即对敌情和地形进行了详细侦察。于 9 月 24 日深夜，115 师冒雨进入埋阵地。拂晓时，日军坂垣等五师团 21 旅约 4000 人乘汽车 100 余辆，大车 200 余辆开了过来，于 7 时许进入了伏击圈。115 师抓住战机，突然开火，经过一天的激战，击毙日军一千余人，击毁日军汽车一百余辆，大车二百余辆，缴获步枪一千余支，机枪二十余挺，火炮一门，战马五十多匹及大量军用物资。平型战役是抗战以来第一次大胜利。

120 师的主力于 10 月 18 日在雁门关设伏，击毙日军三百余人，击毁汽车二十余辆，占领雁门关。129 师于 10 月 24 日至 26 日先后在长生口、东石门、马山村等处歼敌三百余人缴获骡马及大批军用物资。

八路军自出师华北至 11 月初其与日军大小战斗百余次，毙伤日军万余人。

8、南京大屠杀

11 月，日军占领上海后，便分兵三路向南京进逼。南京的国民党政府于 11 月底已大都迁至重庆。12 月 5 日，南京已陷于三面包围之中。日军向南京发猛攻。8 日，汤山、龙潭、淳化相继失守。12 日，雨花台失守，中华门、兴华门、中山门相继被日军突入。此时芜湖、浦口也被日军攻占，国民党军队的退路被切断。当天，国民党统兵主帅唐生智接到蒋介石命令，“如情势不能久持时，可相机撤退”。唐就率领少数人渡江逃生。其他各部及城内居民涌向下关渡口，上有敌机扫射，下有敌军追堵截击，官兵死伤狼藉，惨不忍睹。12 月 13 日，南京陷落。

南京沦陷后，一场野蛮的大屠杀开始了。日军谷寿部侵略军首先入城，就将马路的难民当作射击目标，马路上街巷内顿时血肉横飞，可怜的人们纷纷倒地，尸体成堆。14 日，大批日军入城，继续搜杀难民，在山中码头，一关东站等处射杀数万人。15 日，中国平民及已解除武装的军队九千余人被押往鱼雷营屠杀。“安全区”（是南京少数外侨组织的，经南京安全区国际委员会划定的）也并不安全。16 日，日军从“安全区”搜捕数万青年绑赴下关煤炭港枪杀。17 日，日本华中方面军司令官松井石根进入南京后，对谷寿夫的所做大加奖励，这就更助长了日军的屠杀暴行。18 日，日军将城郊难民乃俘虏五万七千余人驱至下关草鞋峡，用机枪扫射，然后纵火焚烧。日军还展开杀人竞赛，野田岩和向井敏明相约，谁先杀满一百人就夺取锦标，前者杀了一百零五人，后者杀了一百零六人，日本的报刊对这两个刽子手竟大加宣扬和称赞。

南京大屠杀长达六个星期之久，其间三十万中国人被杀害，其中集体屠杀二十八次，零星屠杀八百五十八次，两万人次的妇女被奸淫，三分之一房屋被焚毁，商店住宅被抢劫一空。

1938 年戊寅，中华民国二十七年

1、台儿庄战役

3月24日，日军矶谷师团在空中火力支援下，并配以重炮、坦克向台儿庄猛攻，与国民党军队展开激战，经三昼夜，将台儿庄占去。李宗仁命二十军团放弃攻枣庄和峄县计划，将主力向南转进，协助歼灭台儿庄的日军。到 31 日，国民党军将台儿庄包围，矶谷师团见形势不妙，急向坂垣师团求援，坂垣师团放弃进攻临沂，转向台儿庄增援，结果在向城一带遭到中国军队阻击受重创，救援计划落了空。4 月 6 日，中国军队向台儿庄日军发起全线攻击，到 7 日凌时，除一部分日军突围逃往峄县外，其他被围之敌全被歼灭，台儿庄战役胜利结束。台儿庄战役是国民党正面战场在抗战初次取得的比较大的胜利，国民党以两万人的代价，击溃日军对台儿庄的进攻，歼敌一万余人，击毁日军坦克三十余辆，缴获大炮七十门，战车、装甲车一百余辆，机枪九百余挺，步枪万余支。

2、徐州、广州、武汉的沦陷

台儿庄战役后，国民党调集六十万大军，准备在徐州再同日军决一雌雄。日军在台儿庄受挫后，又休整补充达三十万人，分六路向徐州包围。国民党第五战区在徐州附近同日军进行激烈战争，但难以抵挡日军的攻势，在日军四面包围之中，感到越来越困难。于是于 5 月 15 日，国民政府军事委员会决定放弃徐州，因此徐州沦陷。

10 月 12 日，日军在大亚湾登陆，由于国民党守军兵力薄弱，日军进军顺利，13 日攻占淡水、稔山，16 日占惠阳，后又相继占领博罗、增城，21 日，日军攻占广州。

日军进攻武汉是采取五路进军，时间是从6月至10月。五路是：从九江分两路：一路从九江出发取瑞昌，冯头镇，沿瑞昌至武汉东南，一路自九江沿南浔路南下，取德安，向西大迂回包围武汉。一路由太湖攻宿松、黄梅……攻击武汉东南。从合肥也是分两路：一路自合肥向西直取信阳，而后南下攻武汉正面，一路由合肥出发取六安，西进商城，取麻城，经黄坡攻武汉。

面对日军五路大军的进攻，为了保卫武汉，国民党军队在武汉外围拼死抵抗，

给日军以重大伤亡，但至10月下旬，武汉三镇已陷日军三面包围之中。在这种情况下，10月24日，国民政府最高统帅部下令放弃武汉，25日国民党军队撤出武汉。武汉沦陷。

武汉会战是抗战以来投入兵力最多、战线最长、伤亡最大的一次战役。

3、毛泽东的《论持久战》

至本年5月，抗战进行了十个月，为了驳斥亡国论和速战伦，澄清社会上的混乱思想，指明争取抗战胜利的正确道路，坚定全国人民持久战争的信心，毛泽东集中全党的智慧发表了《论持久战》之文。在文章中，毛泽东依据马克思主义的辩证唯物主义和历史唯物主义的基本原理，结合中国抗日战争的实际，总结抗战十个月来的经验教训，着重阐述了下列问题：

第一，阐明了中日战争的基本特点及其发展规律。

基于对中日双方基本特点的科学分析，毛泽东预见了持久抗战将经过三个阶段：一、敌之战略进攻，我之战略防御阶段；二、敌之战略保守，我之准备反攻阶段（即战略相持阶段）；三、我之战略反攻，敌之战略退却阶段。在这三个阶段中，毛泽东着重分析了相持阶段，指出相持阶段是持久抗战转到最后胜利的“抠纽”，抗战的胜败“不决定于第一阶段大城市之是否丧失，而决定于第二阶段全民族努力的程度，如能坚持抗战，坚持统一战线和坚持持久战，中国将在此阶段中获得转弱为强的力量”。（《毛泽东选集》第二卷）。

第二，阐明了人民战争是争取抗战胜利的唯一正确道路。

第三，阐明了抗日战争的战略战术，进一步强调了抗日游击战争的战略地位。

《论持久战》是指导中国抗战取得胜利的伟大著作，它科学地阐明了抗日战争的发展规律，指明了争取抗战胜利的正确道路，批评了对于抗战的各种错误认识，从理论上思想上武装了抗日人民，坚定了广大人民争取抗战的信心和决心。《论持久战》是运用马克思主义的普遍原理，从实际出发解决中国问题的典范，是毛泽东军事思想的重要组成部分。

4、汪精卫的“反共睦邻”

汪精卫从日本回国后开始筹建傀儡政府。8月28日在南京召开了伪国民党第六次代表大会，宣布了“反共睦邻”的投敌卖国政策。12月30日，日、汪之间又秘密签订了《日支新关系调整纲要》，承认东北地区为日本所有，日本占领下的其他地区由日本长期占领，伪政权要由日本顾问掌握，伪军伪警察由日本教官训练，伪政府的财政经济政策、工业、农业及交通运输业由日本控制，中国的一切资源日本可以随意开发和利用，中国人民不得反抗。

1939 年己卯，中华民国二十八年

2 月，日军攻占海南岛。3–4 月间攻占江门地区，6 月攻占汕头、潮州，10 月攻占深圳。3 月 27 日，南昌陷。

1、中日第一次长沙会战

9、10 月间，日军为了打击第九战区主力（长沙是国民党第九战区司令部所在地）屈服，稳定对武汉地区的占领，借以挫伤国民党军队的战斗意志，集中了十万兵力，从赣北、鄂南、湘北三面围攻长沙。国民党第九战区以二十万兵力迎战。9 月 23 日，日军在飞机、重炮支援下强度新墙河，突破守军阵地。与此同时，日海军陆战队在新墙河口附近的鹿角及汨罗江以南的营田登陆，国民党军队撤至汨罗江南岸。国民党政府军事委员会鉴于湘北局势紧张，决定等日军进入长沙附近再打击。日军 26 日强度汨罗江，进入长沙外围，被国民不断伏击。21 日，日军向新墙以北撤退，第一次长沙会战结束。

国民党军冬季发动对日战争：10 月，国民党军队第二次整训完成，战斗力加强，从 12 月初开始在华北、华中、华南等地对日军火发动了冬季攻势。

第一战区所部切断开封、兰考附近的铁路、公路，并攻入开封、商丘，在沁阳歼敌一部。

第八战区破坏平绥铁路和攻击日军骑兵集团司令部所在地包头，于 12 月 20 日攻破，与日军派战两昼夜退守五原。日军为报复，以重兵于次年 2 月 3 日袭入五原，后主力撤出。3 月 20 日国民军反攻五原，消灭日伪军四千余人，五原日军和特务机关全部被歼，是为五原大捷。

华中：第三战区所部袭扰南昌及杭州的日军，并曾攻入南昌、杭州城内，同时攻克日军长江沿岸的据点多处。

第九战区向粤汉路北段日军攻击，攻克阳新、汀泗桥等处，切断日军铁、公路交通。

华南：第四战区在粤北地区与日军展开激战，经十余天的激战，攻克昆仑关，歼敌四千余人，取得昆仑关大捷。从本年冬到次年春，历时近四个月，给日军以沉重的打击。

1940 年庚辰，中华民国二十九年

1、国民党军进攻八路军

2 月，国民党军朱怀冰和石友三部于本月向太行山、冀南的八路军进攻。八路军在取得驱逐石友三部的卫（河）东战役胜利后，3 月，由刘伯承、邓小平指

挥第一二九师和晋察冀军区兵力各一部，进行磁（县）武（安）涉（县）林（县）战役，歼灭朱怀冰部万余人，收复一部地区。取得上述胜利后，八路主动停战，并与第一战区司令长官卫立煌谈判，商定以临屯公路和长治、平顺、磁县为界，以南为国民党军防区，以北为八路军防区。至此，国民党发动的这次激烈的反共摩擦平息了下来。

2、枣庄之战争，张自忠殉国

5月8日，日军占了枣阳，根据蒋介石的命令，第五战区向枣阳发起反攻，日军向东南地区收缩，国民党军跟踪追击。第三十三集团军总司令张自忠亲率一个特务营和两个团截击南窜之日军，并将日军截为两段。日军全力反扑，南北夹攻，张自忠率部在通训联络中段与友军无法配合的情况下与日军苦战，最后壮烈殉国。

革命处于艰难时期：本年华北地区连年遭水灾、旱灾和蝗灾。以上几方面因素结合起来，使敌后抗日根据地处于严重困难的境地。军队战斗频繁，伤亡很重，减员很多，干部牺牲很大，八路军、新四军由五十万减少到四十万。解放区的面积缩小了，仅华北就缩小五分之一，解放区的人口减少一半，以一亿下降到五千万。生产也遭到严重破坏，加上自然灾害，根据地财政经济状况极端困难。毛泽东在讲到当时情况时这样说："我们曾经弄到几乎没有衣穿，没有油吃，没有纸，没有菜，战士没有鞋袜，工作人员在冬天没有被盖。（《毛泽东选集》第三卷，第892页）。

1941年辛巳，中华民国三十年

1、第二次长沙会战

9月日军调集四个多师团及海空军各部共十二万余人又一次向长沙地区发起进攻，企图消灭国民党第九战区主力，第二次长沙会战开始。国民党集结在长沙及其外围的军队有三个集团军十四个军，约四十万人。9月28日，日军一部攻入长沙。但由于日军的目的在于打击国民党军队，不在占有长沙，再加上日军受到长沙外围地区国民党军队的侧击、夹击，恐后方的联络被切断，10月1日，日军退了同长沙向北撤退。此役国民党军队损失四五万人，日军伤亡三万人左右。

2、皖南事变

1月4日，新四军皖南部队九千余人奉命北移，由泾县云岭出发绕道前进。6日在茂林地区遭到国民党军队拦击。叶挺军长指挥部长，苦战七昼夜，终因从寡悬殊，弹尽粮绝，陷于危殆之中。为挽救危局，叶挺到国民党军中进行停战谈判，被无理扣押。14日，新四军阵地完全被占领。全军除约两千人分别突围外，大部壮烈牺牲。政治部主任袁国平突围中阵亡，副军长项英、参谋长周子昆被叛徒杀害。

1942年壬午，中华民国三十一年

1、联合国宣言

1月1日，苏、美、英、中等二十六个国家在华盛顿签署了《联合国家共同宣言》，宣布签字国保证使用全部军事和经济资源，共同对抗德、日、意的侵略，各国保证不同敌国单独缔结停战协定或和约。《联合国家共同宣言》的签订标志着国际反法西斯统一战线的正式形成。

2、第三次长沙会战

12月24日，湘北日军开始进攻，渡过新墙河后分三路南下。28日，日军突破汨罗江阵地继续南进，31日进至捞刀河一线，一部日军渡过浏阳河，从三面包围长沙。第九战区以一部固守长沙，主力则在此之前已向金井以东及粤汉铁路以西迂回，这时由株州、浏阳、更鼓台、清江口、翁江、三姐桥等处，从南、东、北三个方面对包围长沙日军实施大包围。至次年1月1日，日军开始进攻长沙，守卫长沙的国民党军队与日军展开激战，日军反复突击皆彼击退，岳麓山阵地上的国民党炮兵也以重炮轰击，使日军损失很大。此时处于外围的国民党军队也从三面向长沙进攻，进攻长沙的日军夹中受挫，弹药粮食将尽，补给线也被切断。4日日军在十余架飞机的掩护下发动了最后一次猛攻，然后开始向北撤退。与此同时第九战区司令长官部下达全线反攻的命令，国民党军队从三面对日追击，侧击，截击。日军在撤退途中已是弹尽粮绝，饥疲难支困，既要应付国民党军队的打击，又要掩护大批伤员，行动迟缓，狼狈不堪，后经其他日军接应才得逃脱。15日撤退至新墙河以北阵地，恢复原态势。此役共毙日军五万余人。

1943年癸未，中华民国三十二年

这年是世界反法西战争发生历史性转折的一年。2月苏联军队在斯大林格勒战役中消灭德国三十三万，取得重大胜利，此役成为苏德战争和整个世界战争的转折重大胜利，此役成为苏德战争和整个世界战争的转折点，从此苏联转入战略反攻。7月英美联军从意大利的西西里岛登陆，占领意大利南部，意大利墨索尼法西斯政府垮台，9月意大利投降，德、日、意轴心国开始瓦解。在北非战场，5月，英美军队将北非的德意联军肃清，北非战事结束。11月，美、中、英三国首脑召开了开罗会议，讨论联合对日作战问题及日本战后的处理问题。

1、华北地区解放军对日反“扫荡”战争

解放区军民开展反“扫荡”反“蚕食”斗争，运用袭击、伏击、地雷战、地道战等作战形势，给日伪军以沉重的打击。在晋察冀解放区，本年中北兵区军民打退日伪军十二次“扫荡”，仅在9月至12月的一次历时三个月的反“扫荡”中就毙伤日伪军一万一千多人，攻克碉堡二百零七个。冀东军民打退日伪军“扫荡”十四次，毙伤日伪军七千余人。晋绥区的军民在一年的反“蚕食”斗争中，共“挤”掉日伪军据点58个，收复村庄一千多个，把深入根据地的日伪军全部赶走。7、8月间冀鲁豫和太行两区先后组织了卫（河）南战役和林（县）南战役，两次战役共歼灭日伪军一万二千余人，开辟了卫南豫北的广大新区。在这一年中，八路军在华北作战24800余次，击毙日伪军13.6万多人，俘虏日420余人，伪军51000余人，日军投诚90多人，伪军反正6500余人，攻克据点740多个。八路军发展到33.9万人，民兵150万。

1944年甲申，中华民国三十三年

1、日本向中国下战书

1月24日，日本大营向中国派遣军队达豫湘桂作战命令。随即调集部队和作战物资的准备。日本用于此次作战的部兵力五十余万人。战役分为三个阶段，第一阶段为华北方面军；第二阶段为湖南会战，第三阶段为广西会战，主战场在湖南、广西，主力军为第十一军和第十三军。

4月17日夜，日军一部在开封方面渡过黄河，突破中牟附近中国军队的阵地，攻破广武、汜水、荥阳、密县等地。5月1日攻陷许昌。接着又陷临颍、襄城等地。7日，许昌之敌南下，连占郾城、漯河。同时，由信阳北攻之敌连续攻占确山，遂平、西平等地。8日，南北之敌在西平会师，打通了平汉线南段。在此期间，日军于5月25日攻占洛阳。

第二阶段，是河南会战：日军的十万人，中国第一战区下属18个军约三十万人，但在一个多月里，就丢掉三十多座城市，五万多人，使河南大部地区落入敌手。失败原因是国民党腐败，避战观战，高级将领逃避。

第三阶段，是湖南会战：5月27日，日军从岳阳附近出发分三路向长沙进攻，19日攻陷，接着攻占株洲、湘潭等地。到8月8日，衡阳失守。11月9日，桂林失守。到12月10日，日军打通了由华北到越南的通道。

2、豫湘桂战役使国民党大溃败

损失军队五六十万人，丢失了豫、湘、桂、粤、闽等五省二十多万平方公里的国土，146个城市，三十多个飞机场，使六千多万同胞沦于日寇铁骑之下。这次大溃败，激起了全国人民的强烈不满。

1945年乙酉，中华民国三十四年

1、中国共产党第七次全国代表大会

于4月23日至6月11日在延安隆重举行。参加这次大会的正式代表544人，候补代表208人，代表着全国121万党员。毛泽东主持了这次大会，致开幕词，并作了《论联合政府》的政治报告，朱德作了《论解放区战场》的军事报告，刘少奇作了《关于修改党章的报告》，周恩来作了《论统一战线》的重要发言。

大会通过新党章的规定：“中国共产党以马克思列宁主义的理论与中国革命之实践统一的思想——毛泽东思想，作为自己一切工作的指针，反对任何教条主义和经验主义的偏向。”

大会选举产生了新的中央委员会，选出中央委员44名，候补中央委员33名。在6月19日举行了的七届一中全会上，选举毛泽东等十三人为中央政治局委员，选举毛泽东、朱德、刘少奇、周恩来、任弼时五人为中央书记处书记，选举毛泽东为中央委员会、中央政治局、中央书记处主席。

2、国民党第六次全国代表大会

于5月5日至21日在重庆召开。大会通过了关于中共、工业、农业、国民大会，宪法草案等一系列问题的纲领和决议，选出222名中央执行委员，90名候补中央委员，104名中央监察委员，44名候补中央监察委员，选举蒋介石为国民党总裁。

大会的中心议题是维护国家第一党专政的独裁统治，拒绝成立民主联合政府。

大会的另一个中心议题是反共问题。国民党在关于中共问题的报告中说与中共之斗争无法妥协，今日之急在于团结本党，建立对中共斗争之体系，即创造斗争之优势与环境。会上通过了两个反共决议：一个是对外发表的《对中共问题决议案》，一个是对内的《本党同志对中央问题之工作方针》，前者声称用“政治解决”的方针来解决中共问题，“在不防碍抗战，无害国家之范围内，一切问题可以商谈解决”后者则说“中共一贯坚持武装割据之局，不奉中央之军令政令”。（上列《中国国民党历次代表大会中央全会资料》下册，第105页、922页）。

3、美、英、苏三国首脑波茨坦会议

美、英、苏三国首脑杜鲁门、丘吉尔、斯大林于7月17日至8月2日在德国柏林西郊的波茨坦举行会议。会议讨论了如何处理和安排战后的欧洲和世界以及对日战争问题。7月26日会议以中、美、英三国共同宣言的形势发表了敦促日本无条件投降的《波茨坦公告》。公告共13条，阐明了中、美、英三国对日本将采取的措施，规定对日本领土实行占领，解除日军武装，惩治战争罪犯，不准日本保存和发展军事工业，毁灭日本制造战争的力量等等。

4、毛泽东发表《对日寇的最后一战》

8月9日，毛泽东发表了《对日寇的最后一战》的声明，指出："对日战争已处在最后阶段，最后的战胜日本侵略者及其一切走狗的时间已经到来了。在这种情况下，中国人民的一切抗日力量应举行全国规模的反攻，密切而有效的配合苏联及其他同盟国作战。八路军、新四军及其他人民军队，应在一切可能的条件下，对于一切不顾投降的侵略者及其走狗实行广泛的进攻。"（《毛泽东选集》第三卷，第1119页）。

5、中苏友好同盟

中苏经过会谈，于8月14日签订了《中苏友好同盟条约》及《中苏关于中国长春铁路之协定》、《中苏关于大连港之协定》、《中苏关于旅顺口之协定》等附件，条约规定苏联将同其他盟国联合对日作战，直到最后胜利，国民党政府正式承认了《雅尔塔协定》所规定的有关中国及苏联在中国东北的权益。

6、抗日战争的伟大胜利——日本投降

苏联出兵东北的第二天即8月10日，日本外务省通过中立国瑞士、瑞典政府将日本接受《波茨坦公告》的照会转交美、英、苏、中四国政府，8月14日，日本大皇发布停战诏书，宣布无条件投降，翌日向全国公布广播。9月2日在停泊于东京湾的美国军舰密苏里号上举行了日本投降签字仪式。战败国日本外相重光葵代表日本天皇和日本政府，日军总参谋长梅津美治郎代表日本帝国大本营在投降书上签字。之后受降国的盟国最高司令麦克阿瑟、美国代表尼米兹海军上将，中国代表国民政府军事委员会军令部长徐永昌将军、英军代表福莱赛海军上将、苏联代表德雷维杨库中将以及澳大利亚、加拿大、法国、荷兰、新西兰等国代表依次签字。至此，中国抗日战争胜利结束，世界反法西斯战争胜利结束。

7、联合国成立

2月在雅尔塔会议上达成联合国安全理事会程序等问题的协议。4月至6月，包括美、英、苏、中在内的51个国家代表举行旧金山会议，制订了《联合国宪章》，10月联合国正式成立。因此四国宣言的发表为战后联合国的建立奠定了基础，也确立中国四大国之一的地位，使中国成为联合国四个发起国之一，并成为联合国安理会常任理事国之一。

1946年丙戌，中华民国三十五年

1、停战后，国民党军继续向解放区进攻

1月停战令发布后，蒋介石首先在东北大打，然后对华北、华东、华中各解放区的进攻也日渐升级，形成了关外大打，关内小打的局面。从本年1月至6月，国民党对解放区的大小进攻达四千三百六十五次。使用兵力累计270万人次，侵占解放区城市四十座，村镇2577个。

2、国民党军向解放军全面进攻

6月26日，国民党军奉蒋介石之命，正式向宣化店发起猛攻，扬言要在48小时内“一举歼灭”中原解放军。

当时，中原解放区连同地方部队在内，只有6万人，双方悬殊很大，为保存实力，中共中央电示立即突围。据此，解放区抢敌这前分三路突围：北路李先念主力自信阳、广水西进，8月初进占豫西、陕南，创建陕南根据地。南路王树声指挥，与北路在皮定均指挥下，向东佯攻，突破层层阻击，于7月下旬进入苏皖解放区，与华中军区会合。

华东解放区，包括苏皖两个根据地。自7月中旬起，国民党调集第一、三、八绥靖区所部27万余人，从安徽来安至江苏南通800里战线上向苏皖解放区发起进攻；第二、三绥靖区所部17万人，沿滓浦、胶济路沿线向山东发起攻击。华中野战军在粟裕、谭震林指挥下，巧布伏兵，7月13日至8月27日，苏中七战七捷，歼敌56000余人。12月中旬，在宿北沭阳战役中，歼敌整编第69师等部24000人，师长戴子奇自戕（即自杀）。

晋冀鲁豫：国民党军25万人在阎锡山、顾祝同等人指挥下发起进攻。解放区在刘柏承、邓小平率领下，子8月10日向陇海至徐州出击，歼敌16000余人，攻占开封等10余座城镇。

晋察冀：国民党军孙连仲、傅作义部16.2万余人，发起晋北战役、大同战役，并取得重大胜利，但在张家口保卫战中布置失当，致大同战役失利。10月11日，在杀伤敌人22000余人后，撤离张家口。

东北：国民党集中16万人，在东北保安司令杜律明指挥下向南满进攻。东北民主联军在林彪等人领导下，采取“南打北拉，南北配合，集中力量各个击破”的作战方针。于10月31日，在新开岭地区全歼国民党第251师，正副师长三人被俘。

3、国民大会

11月15日，前后经过七次延期的国民大会在南京召开，应到代表2050名，因各方面抵制，实到仅有1381名，其中国民党代表占85%，且多为抗战前“选出”的代表。会议主题是制定宪法。28日，蒋介石向大会提交亲自审定的“宪法草案”。经讨论，至12月25日完成三读程序，正式通过《中华民国宪法》，并决定于1947年1月1日由国民政府公布，12月25日施行，随后，国大闭幕。

次日，周恩来就此发表声明，指出这是一党召开的分裂的国大。而不是各党派参加的团结的国大，政协会议的国大，“我们共产党人坚决不承认这个‘国大’。和平之门已为国民党政府当局一手关闭了”。19日，中共代表离开南京、上海返回延安。

1947年丁亥，中华民国三十六年

1、国民党军包围延安

2月底开始，国民党秘密调集胡宗南、张治中、邓宝珊及阎锡山等部四面包围之。并调集空军近百架飞机，对延安实施战略轰炸。3月13日，国民党以胡宗南为主力军23万人，向延安地区发动全面进攻。

当时，西北解放军主力只有2万余人，力量对比十分悬殊。为此，中共中央决定在大量杀伤敌人后，主动撤出延安，诱敌深入，在运动战中歼灭敌人。3月16日，西北解放军整编为西北野战军，以彭德怀为司令员兼政委。经过七昼夜阻击后，西野及中共中央于3月19日主动撤出延安。当日，国民党军占领延安。

2、台北“二二八事件”

2月27日晚，台北专卖局武装缉私人中以“逃税”为由，打伤寡妇林江迈，抢走其现金数千元，随后又击毙抗议者一人。28日，愤怒的台北市民集合起来，砸毁了当地警察所及专卖局台北分局，收缴了枪支，喊出“打倒国民党一党专制政府”，“建立台湾民主自治政府”等口号。但他们在长官公署请愿时，遭到枪击，30多人死亡，受伤无数。大规模的流血事件，使请愿、游行等活动激化为武装起义。台北民众包围了长官公署，省专卖局，占领了省广播电台及邮电通信机关，在全天的博斗中，双方各死伤一千余人，起义者还通电全省人民，要求声援起义。至3月9日，他们攻占了长官公署和警察局总部之外的所有机关，全省起义，这就是“二二八事件”。

3、“五二〇”惨案

这是全国各大学的学生举行国民党发动内战，有五十余万学生参加示威游行。

5月20日，京、沪、苏、杭16个专科以上学校学生五千余人，在南京举行“挽救教育危机联合大游行”，其中心口号是“反饥饿，反内战，反迫害”、“要饭吃，要和平，要民主”，提出增加教育经费，增加高校师生待遇，停止内战等要求。当游行队伍至珠江路口时，早已做好准备的国民党军、警、宪、特手持铁棒、木棍、皮鞭等，四面围攻，殴打手无寸铁的学生，制造了十九人重伤，五百余人遭毒打，28人被捕的“五二〇”惨案。

4、国民党的“勘乱总动员”

内战进入第二年后，国民党面临着越来越严峻的形势。政治上以学生为主的民主运动，使其焦头烂额：经济上、生产上停滞，通货恶性膨胀：军事上，战局“日行危迫”。有鉴于此，国民党在美国支持下，决定采取“紧急措施”。于6月30日，蒋介石在国民党中政会中常会联席会议上，做出实行“勘乱总动员”和“党团合并”的决定。7月4日，国民政府国务会议通过蒋介石提交的《厉行全国总动员，以勘平共匪叛乱，扫除民主障碍，如期实施宪政，贯彻和平建国方针案》，指责中共“拥兵割据”、“颠覆国家”，号召动员全国力量，“铲除”共产党，并于次日发布“全国总动员”。

5、《中国人民解放军宣言》

10月10日，中国人民解放军总部颁发了由毛泽东起草的《中国人民解放军宣言》，提出“打倒蒋介石，解放全中国”的口号，宣布了人民解放军的八项基本政策，打倒蒋介石独裁政府，成立民主联合政府；惩办战犯；实行人民民主制度：建立廉洁政治；没收官僚资本，发展民族工商业：废除封建剥削制度，实行耕者有其田制度；各少数民族自治；废除一切卖国条约，同外国订立平等互惠通商友好条约等。

6、杨家沟会议

12月25日至28日，中共中央在陕北米脂县杨家沟召开会议，对《中国人民解放军宣言》的政策进行充实完善。参加会议的有能够到会的中央委员、候补中央委员及陕甘宁边区、晋绥边区的负责人毛泽东、周恩来、任弼时、彭德怀、林伯渠、贺龙等19人。会议主要通过了毛泽东所作的《目前形势和我们的任务》的报告。

会议讨论通过了毛泽东的《关于目前国际形势的几点估计》，批评了党内、土改、群众工作中的各种错误倾向，提出了关于整党、土改、整军、统一战线等问题的新政策。会议还决定：一、要将解放战争不间断地发展至完全胜利，而不能让敌人以缓兵之计（谈判）获得喘息机会；二、待时机成熟再考虑组织革命的中央政府和颁布新宪法问题。

1948 年戊子，中华民国三十七年

1、西柏坡会议

9 月 8 日至 13 日，中共中央在河北平山县西柏坡村召开了中央政治局会议，参加会议的有中央政治局、中央委员会及华北、西北、华东、中原的党和军队的主要领导 31 人。会议总结了两年来的成绩，提出了党的总任务：建设五百万人民解放军，在大约五年左右的时间内（从 1946 年 7 月起），歼敌正规军五百个旅，从根本上打倒国民党反动派政府。会议明确提出解放战争第三年的任务：继续大量歼灭敌人，将战争扩大和深入到国民党统治区，迅速有计划地训练大批能够管理军事、政治、经济、党务、文化教育等项工作的干部，为夺取全国胜利做准备。

2、济南战役

7 月，中共中央就指示华野做好夺取济南的准备。据此，华野在粟裕等人的指示下，采取“攻济打援”战术，进行了精心部署，集中以山东兵团为主的十四万组成攻城集团，在谭震林、许世友等指挥下，分为两集团，从东西两面攻击济南；以十八万人组成打援集团，部署于运河两岸的巨野、嘉祥、济宁、兖州等地，准备阻击和歼灭增援敌人，并颁布《攻济打援政治动员会》、《济南战役总动员会》及城市政策《约法七章》。9 月 16 日夜，攻城部队全线出击。国民党军对中共主攻方向判断不清，东调西遣，损失惨重。迫于形势，敌主力第 96 军军长吴化文在中共地下工作者的策动下，举行战场起义，加快了解放军攻城步伐。至 24 日，全歼守敌。战役胜利结束。

3、辽沈战役

9 月 7 日，毛泽东向东野下达“关于辽沈战役的作战方针”的指示。12 日，林彪、罗荣桓率东野发起辽沈战役，至 11 月 2 日结束。战役是共分下列三个阶段：

第一阶段，攻坚锦州，解放长春。9 月 12 日，东野以一部围长、沈之役，以主力南下奔袭北宁路。25 日完成对锦州合围。蒋介石急忙在北平、沈阳召集军事会议，决定：坚守锦州，同时，自华北、山东等地抽调 11 个师组成东进兵团，自沈阳抽调 17 个师组成西进兵团，东西对进，驰援锦州，并寻机与东野决战锦州城下。但东进兵团在塔山一带遭东野两个纵队的顽强阻击，寸步难行；西进兵团，被东野三个纵队钳住。10 月 14 日，东野对锦州发动总功，经 31 小时激战，全歼守敌。

锦州被占，蒋介石急令郑洞国火速率部突围。但在东野军事压力和政治争取

下，长春守敌无心恋战。17 日，曾泽生率第六十军 26000 余人起义。18 日，郑亦率部投降。长春解放。

第二阶段，激战辽西。锦、长之战结束，蒋介石认为东野要经过休整和补充后才能再战，以重占锦州，实现决战计划。东野置东进兵团与沈阳守敌于不顾，以主力八千纵队秘密回师东进，将国民党西进兵团包围在辽西厉家窝棚地区，敌先后向营口和沈阳方向作突围努力，均失败。战至 28 日，这支美式机械化兵团全军覆没。

第三阶段，解放沈阳。营口，西进兵团被歼，国民党沈阳守军如惊弓之鸟，卫立煌于 30 日乘机逃离，蒋介石令第八兵团司令官周福成率残部十四万人“固守”。11 月 1 日，东野发起进攻，在军事打击与政治攻势下，守敌纷纷投降。2 日，沈阳解放。与此同时，营口、新民、辽阳、抚顺、鞍山、本溪等地也被解放。辽沈战役结束。

4、淮海战役

于 11 月 5 日，华野主力进抵滕县、临沂一线，6 日全线出击，战役正式开始，至 1949 年 1 月 10 日结束。战役共分三个阶段：

第一阶段，中间突破，歼灭黄百韬兵团。战役开始，中野以主力向宿县地区迂回，华野自东、北、西三面同时进击徐州。其中，华野主力 7 个纵队，直扑徐东新安镇一带黄百韬兵团，实施纵深穿插，迂回包抄。8 月，中共地下党员张克侠，何其泮率国民党第三绥靖区 23000 人在贾汪起义。华野乘势而入，将黄兵团包围于碾庄圩地区。蒋介石强令邱清泉、李弥西兵团沿陇海路东进解围，并令参谋总长顾祝同亲临督战，但始终未能突破华野阻击防线。19 日，华野发动总攻，经三日激战，全歼黄兵团，黄百韬兵败自戕身亡。

第二阶段，诱敌深入，歼灭黄维兵团。15 日，中野攻克津浦路重镇宿县，切断徐州国民党军南撤之路。蒋介石决定以徐州、蚌埠一带之国民党军主力及刚到安徽蒙城的黄维兵团，实行南北对进，打通浦津路。对此，中共前委决定，以中野全部及华野一部围歼黄兵团；华野划为南北集团，分别阻击增援徐州与蚌埠之敌。

战斗开始后，中野先顽强阻击黄兵团进攻，继而退出，诱敌深入浍河以北，随即以主力突然反击，将其合围于双堆集地区。于是，蒋介石又决定放弃徐州，由杜聿明率部向西南撤退，绕道永城至阜阳，以淮河为依托固定二线，伺机与自蚌埠北进的国民党军，共解黄部之围。30 日，杜弃城西走。次日，徐州解决。但杜集团甫至永城，蒋即令其转道东南，解救黄维，遂被追击而至华野所捕捉。

杜集团中精锐，奋力反扑未成，被困于永城陈官庄地区。在同时包围两个敌重兵团的情况下，中共对杜集团以围困为主，对黄维兵团则以“紧密饿困”和“壕沟战术”，不断发动攻势，至 12 月 15 日，敌全军覆没，黄维被俘。

第三阶段，围困杜聿明集团。杜集团被围之时，正直平津战役开始，中共中央为拖住华北之敌，指示刘邓对杜集团暂缓攻击。故自 12 月 14 日华野围歼部队转入休整，但同时发起强大政治攻势。饱受饥寒，斗志瓦解的国民党纷纷投降。1949 年 1 月 3 日，蒋介石令杜集团于 10 日全军突围。6 日，达成战备目的的华野抢先发动总攻。10 日，全歼杜集团，杜聿明被俘，击毙邱清泉。

本年的三大战役，各自成果。

济南战役：是中共第一次攻打坚固高防的大城市，它以伤亡 26991 人的代价，取得歼敌十余万，生俘王耀武等国民党高级将领，缴获大量物资的巨大胜利。它策应了辽沈战役，锻炼和加强了部队的攻坚能力，动摇了国民党军固守大城市的信心，为淮海战役的进行创造了条件。

辽沈战役：中共歼敌 47.2 万人，俘虏范汉杰、廖耀湘等国民党高级将领，解放东北全境，使国共两党军事实力发生根本性变化，加快了解放战争的进程。

淮海战役：中共歼敌国民党这最精锐的机械化兵团五个，击退两个，歼灭敌人 55.5 万，使国民党军丧失大兵团作战能力，也使国民党政权的政治经济中心京沪地区“全部失去了屏障”。

1949 年己丑，“中华民国三十八年”

1、平津战役

12 月 11 日，中共中央军委发出《关于平津战役的作战方针》的指示，1949 年 11 月 10 日，中共中央又决定以林彪、罗荣桓、聂荣臻组成平津战役总前委，林彪为前委书记，统一指挥东北野战军、华北野战军的部 100 余万人的对敌作战事宜。

平津战役亦分三个阶段：

第一阶段，分割包围。11 月 29 日，华北野战军第三兵团首先在平绥线发起攻势，对张家口形成强大的包围态势，平津战役开始。傅以嫡系一部增援张市，旋因东野先遣兵团进逼北平，又令其回师东援，但遭节节阻击，于 8 日被围于新保安。同时，中共在八达岭、白羊城一带歼敌前来接应第 35 军，完成对张家口的包围，敌西撤之路被切断。此时，东野八十万大军以迅雷不及掩耳之势，自喜峰口、冷口、山海关穿长城而入。东路扑林诚津塘，陆续占领唐山、杨林等地，截断敌人海上逃跑的道路。中路攻占廊坊、安定，割断平津联系。西路攻克通县、香山、丰台等地，前锋直抵北京德胜门。至21日，傅作义集团已被分割包围在塘、津、平、新、张诸点。

第二阶段，各个歼灭。根据毛泽东“先打西头，后取中间”的指示，西线解放军首先于12月22日向新保安发起进攻，全歼守敌第35军，军长郭景云自戕。次日，张家口守军仓皇弃城逃跑。解放军跟踪追击，将其包围于朝天洼，西甸子一带。至24日，除孙兰峰率少数骑兵逃脱外，其余54000余人被歼，傅作义嫡系部队损失殆尽。东线，中共中央军委以东野参谋长刘亚楼为天津前线司令员，根据“东西对进，拦腰斩断，先南后北，先分割后围歼”的攻坚作战方针，集中224师，于1月14日对国民党守军发起总攻。经24小时激战，全歼守敌十三万，生擒陈长捷等人。16日，蒋介石急令侯镜如率塘沽守军36000余人登舰南撤，塘沽解放，傅作义在东西两线作战均告失败。

第三阶段：和平解放北平，早在1948年春中共即开始与傅作义接触，希望和平解放北平。塘、津、新、张诸敌被歼后，中共继续向其施加压力，发出最后军事通牒，运动学生、知识分子、市民向傅请愿游行。同时，通过傅的亲友继续做其工作。在兵临城下的情况下，傅终于与中共签订《关于和平解决北平问题的协议》，1月22日，除蒋介石的几个亲信将领李文、石觉等人乘飞机南撤，继续追随蒋氏外，国民党北平守军二十余万人，全部撤出北平城。北平和平解放，平津战役结束。

辽沈、淮海、平津三大战役是解放战争期间震动世界的战略大决战。在142天的连续作战中，中共歼灭国民党军183个师154万多人，基本上消灭了国民党的主力军，给国民党政权以毁灭性的打击，为进军江南，解放全国创造了决定性的条件。

2、国共谈判破裂

中国共产党同意了国民党的请求，派出由周恩来、林彪、林伯渠、叶剑英、李维汉、聂荣臻组成的中共代表团，与张治中、邵力子、黄绍闳、章士钊、刘斐、李燕等人等组成国民党代表团进行谈判。4月1日，谈判在北平举行。但在谈判之前，李宗仁为国民党确定了“平等”、“隔江而治”的和谈原则。因此，会谈中围绕中共所提《国内和平协定》进行激烈争论。中共在战犯、国民军改编、解放军过江等问题上做出让步，但拒绝了其“就地停战”与“划江而治”的要求。15日，中共代表团提出《协定》的最后修正案，并通知国民党4月20日为最后签字期。国民党认为“接受和谈，无异于投降”，在请示蒋介石后，于20日致电张治中等人，拒绝在最后修正案上签字。当晚，中国人民革命军事委员会主席毛泽东、人民解放军总司令朱德发出《向全国进军的命令》，人民解放军开始强渡长江，国民党“和平攻势”破产。

3、渡江战役

人民解放军组成以邓小平为书记，包括刘伯承、陈毅、粟裕、谭震林在内的渡江战役总前委，决定：由粟裕指挥三野8、10兵团35万余人组成东作战集团，在南京东则渡江；谭震林指挥三野第7、9兵团30万余人组成中集团，在裕溪口至枞阳镇之间渡江；刘、邓指挥二野第3、4、5兵团35万余人组成西集团，在湖口至枞阳镇之间渡江；另以四野先遣后团及江汉等军区部队20余万人，向武汉等地展开正面攻击，牵制白崇禧。

4月20日，渡江部队中集团在强大的炮火掩护下，率先在荻港对岸之太洲、黑沙洲一带强渡长江。一时万船竞发，“首尾相接，络绎不绝”。次日佛晓，渡江部队突破敌队地，登上长江南岸。同日晚，渡江部队之东西集团又同时发起进攻，并在预定地区顺利登陆。汤恩伯亲临芜湖指挥国民党海陆空军拼死堵截，英国“紫石英”号等四艘兵舰也自上海赶来协助国民党守军，炮击渡江部队。但解放军攻势迅猛，英舰一艘被击伤搁浅于镇江江面，其余仓皇逃跑。国民党江阴要塞守备部队，海防第二舰队先后起义，其余全线溃退。国民党被迫将其党政军机关撤往广州、上海等地，李宗仁等人也纷纷南逃。4月23日夜，人民解放军攻占国民党政府首都南京。5月3日，攻占广州，控制浙赣线。在此前后，芜湖、上饶、金华、镇江、常州等也被解放。5月15日，国民党华中“剿总”副总司令张轸率所部2万余人在金口起义。四野先遣兵团乘势渡江，解放武汉、九江、南昌。上海陷入人民解放军重围之中。

国民党调集了残余兵力25万人，修筑了大量“永久”性工事，并配备装甲车，舰艇等重型武器，以陈大庆为淞沪警备司令，不惜一切代价“保卫大上海”，表示至少坚守一年。“引退”溪口的蒋介石也在长江口外的复兴岛上设立指挥所，坐镇指挥。中共决定以三野第9、10兵团为主力，沿京沪线、沪杭线两路钳击上海之敌，另以二野集结浙赣线，防备美国进行武装干涉。5月12日，解放军发起对上海的进攻。战至27日，守敌除五万余人从上海逃跑外，其被全歼。中国最重要的工商业中心上海得到解放。

渡江战役，人民解放军歼敌四十余万，解放国民党统治的政治中心京沪杭地区。自此之后，国民党军“风声鹤唳，草木皆兵”，其在大陆统治的彻底失败，已指日可待。

国民党军继续败逃。

华东，6月2日，国民党将领青岛守军刘安祺兵团南撤台湾基隆、青岛解放。7月，叶飞兵团自沪抗一带南进，先后发起福州战役、漳厦等战役，歼敌10万余人，解放福州、漳州、厦门等地。

中南，华中军政长官白崇禧、长沙程潜、鄂西宋希濂等部共五十万人以确保川黔。解放军四野主力于4月中旬自平津地区南下，6月20日，发动全面攻势，迫于压力，程潜和国民党第一军团司令陈明仁率部6万余人起义，长沙等地解放。

10月15日，华南最大的工业城市广州解放。

西南，国民党在该地区有各种武装90余万。以胡宗南20余万人马构筑秦岭、大巴山防线；将川湘鄂"绥署"主任宋希濂部及川东"绥署"主任孙震部置于施恩、奉节一线，扼守川东大门；以贵州"绥署"谷正伦部控制贵阳，防守川黔边境，以卢汉所部防守云南：加调罗广文、杨森等部增防重庆，梦想凭借险要地势，建都重庆，效仿吴三桂，割据西南。

4、中国人民政治协商会议

于6月15日至19日在北平召开。来自23个单位的134名代表出席会议。会议通过《新政治协商会议筹备会组织条例》和《关于参加新政治协商会议的单位及代表名额的规定》两个文件，选举毛泽东任常务委员会主任，负责领导草拟新政协的组织条例，参加单位及名额，共同纲领以及中华人民共和国政府国旗、国徽、国歌方案等。

9月17日，中国人民政治协商会议第一届全体会议在北京中南海开幕。中央、民革、民盟、民建、民进、农工民主党、救国会、三民主义同志联合会、中国国民党促进会、致公党、九三学社、台湾民主自治同盟、青年团、无党派民主人士、地方、军队、人民团体、少数民族、海外华侨、宗教界等方面代表，以及特邀人士宋庆龄等共计正式代表580名，候补代表77人出席会议。毛泽东主持会议并致开幕词，他说：这是一个全国人民大团结的会议，它将表明："占人类总数四分之一的中国人民从此站起来了。""我们将以一个具有高度文化的民族出现于世界。"

会议通过了《中华人民共和国国都、纪年、国歌、国旗的决议》、《中华人民共和国中央人民政府组织法》、《中国人民政治协商会议组织法》，规定：中华人民共和国政府是民主集中原则基础上产生的人民代表大会制的政府，它对外代表中国，对内领导国家政权，政务院为国家最高政务执行机关，人民革命军事委员会为国家最高军事统辖机关，最高人民法院、最高人民检察署为国家最高审判及检察机关；中国人民政治协商会议是全中国人民民主统一战线组织，凡赞成这个原则的民国党派及人民团全体均可参加，在普选的全国人民代表大会召开以前，代行其职权，中华人民共和国定都北平，改北平为北京，采公元纪年，在国歌正式制定前，以《义勇军进行曲》为国歌，国旗为五星红旗。

29 日，全体代表又一致通过《中国人民政治协商共同纲领》。

30 日，大会选出由毛泽东等 180 人组成的第一届中国人民政治协商会议全国委员会，选举毛泽东为中华人民共和国中央人民政府主席，朱德、刘少奇、宋庆龄、李济深、张澜、高岗为副主席，选举陈毅等 56 人为中央人民政府委员会委员，其中各类民主人士接近半数。

5、中华人民共和国成立

10 月 1 日，中央人民政府委员会在北京举行第一次会议，中央人民政府主席、副主席及委员就职。会议推选林伯渠为秘书长，任命周恩来为政务院总理兼外交部长，毛泽东为人民革命军事委员会主席，朱德为中国人民解放军总司令，沈均儒为最高人民法院院长，罗荣桓为最高检查署检察长。会议决定接受《中国人民政治协商会议共同纲领》为中央人民政府的施政方针。毛泽东在《义勇军进行曲》和礼炮声中亲手升起五星红旗，并宣读了《中华人民共和国中央人民政府公告》，宣布中华人民共和国中央人民政府成立，它是“代表中华人民共和国全国人民的唯一合法政府”，凡愿遵守平等、互利及互相尊重领土主权等项原则的任何外国政府，“均愿与之建立外交关系”。朱德宣读《中国人民解放军总部命令》，命令全体指战员迅速肃清国民党反动军队的残余，解放一切尚未解放的国土，同时肃清土匪和一切反革命匪徒，镇压他们的一切反抗和捣乱行为。另外，还进行了盛大的阅兵式和群众游行。游行队伍共约 30 万人。是为“开国大典”。

6、全国大陆解放

蒋介石妄想割据西南，建都重庆。中共中央正确采取：“出敌不意，从川南、川东进军，对敌实施战备大迂回，先插至敌后，完成包围，再往回打”的作战方针。并以刘伯承、邓小平、贺龙等人组成中共中央西南局，统一指挥西南战事。于 11 月初，二野及四野一部分别沿川鄂、川湘、湘黔公路，突然对敌发起攻击，这时国民党在西南的各种武装共有 90 余万人，连克巴东、贵阳、毕节等地。蒋介石自台北急飞重庆，下令胡宗南等部火速回撤，拱卫重庆。解放军乘胜追击，将来希濂部主力歼灭于川南地区，完成对重庆的战略包围。蒋介石只得放弃重庆，率“政府”逃往成都。逃跑之前，国民党进行了大破坏、大屠杀。11 月 30 日，西南最大的城市重庆解放。

逃到成都的蒋介石还想在成都同解放军决战，但解放军攻势迅猛，将四十余万国民党军团团围住，在中共强大的压力下，国民党军土崩瓦解。12月8日，“行政院”紧急会议决定，“国民政府”撤离大陆，迁往台北。随后阎锡山等人飞赴台北。9日，国民党云南省主席卢汉，西康省主席刘文辉，西南军公署副长官邓锡侯、潘文华通电起义，云南、西康和平解放。10日，蒋介石逃离成都到台湾。随后，孙元良、罗广文、陈克非、裴昌会、李振等兵团先后起义。胡宗南率残兵数千人逃往西昌。12月27日，成都解放，西南战役结束。